《"十三五"国家重点图书、音像、电子出版物出版规划》项目

《国家"十一五"时期文化发展规划纲要》项目

《国家"十二五"时期文化改革发展规划纲要》项目

《少数民族事业"十二五"规划》项目

中国
少数民族古籍总目提要

国家民族事务委员会全国少数民族古籍整理研究室

傈僳族卷

普米族卷

怒 族 卷

独龙族卷

民族出版社

《中国少数民族古籍总目提要》
领导小组

组　　长：	郭卫平	国家民委副主任
副 组 长：	李晓东	国家民委全国少数民族古籍整理研究室主任
成　　员：	李春林	国家民委办公厅主任
	宋　全	国家民委政策法规司司长
	张志刚	国家民委经济发展司司长
	武翠英	国家民委文化宣传司司长
	甘玉贵	国家民委财务司司长
	温　军	国家民委全国少数民族古籍整理研究室副主任
	周景晓	北京市民族宗教事务委员会副主任
	沈淑娟	天津市民族和宗教事务委员会副主任
	李红芳	河北省民族事务委员会专职委员
	刘国庆	山西省委统战部副部长、省民族事务委员会主任
	萨楚日勒图	内蒙古自治区民族事务委员会副主任
	赵　瑞	辽宁省民族和宗教事务委员会副主任
	孟庆东	吉林省民族事务委员会副主任
	陈　青	黑龙江省民族宗教事务委员会副主任
	何昌林	江苏省民族宗教事务委员会副主任
	钟新章	浙江省民族宗教事务委员会副主任
	时先政	安徽省民族事务委员会副主任（正厅级）
	宋　哩	福建省民族与宗教事务厅副厅长
	王希贤	江西省民族宗教事务局副局长
	马　辉	山东省民族宗教事务委员会副主任
	黄旭东	河南省民族宗教事务委员会副主任
	吴红娅	湖北省民族宗教事务委员会副主任

何其雄	湖南省民族宗教事务委员会副主任
黄心怡	广东省民族宗教事务委员会党组成员、省民族宗教研究院院长
沈永明	广西壮族自治区民族宗教事务委员会副主任
彭家典	海南省民族宗教事务委员会副主任
向远道	重庆市民族宗教事务委员会副主任
刘文芝	四川省民族宗教事务委员会副主任
张和平	贵州省民族宗教事务委员会副主任
李正洪	云南省民族宗教事务委员会副主任
黄云素	西藏自治区民族事务委员会副主任
雷西明	陕西省民族宗教事务委员会副主任
海占德	甘肃省民族事务委员会副主任
马志敏	青海省民族宗教事务委员会副主任
张　廉	宁夏社会科学院院长
陆　健	新疆维吾尔自治区民族事务委员会（宗教事务局）副主任（副局长）

《中国少数民族古籍总目提要》
编纂委员会

主　　任：李晓东　　　　　　国家民委全国少数民族古籍整理研究室主任
主　　编：张公瑾　　　　　　全国高等院校古籍整理研究工作委员会委员、
　　　　　　　　　　　　　　　中央民族大学教授
副 主 编：李晓东　　　　　　国家民委全国少数民族古籍整理研究室主任
　　　　　温　军　　　　　　国家民委全国少数民族古籍整理研究室副主任
　　　　　聂鸿音　　　　　　中国社会科学院民族学与人类学研究所研究员
　　　　　黄建明　　　　　　中央民族大学教授
　　　　　苍　铭　　　　　　中央民族大学教授
成　　员：马　兰　　　　　　北京市民族古籍整理出版规划小组办公室主任
　　　　　农笔耕　　　　　　天津市民族和宗教事务委员会民族二处处长
　　　　　耿栋良　　　　　　河北省民族事务委员会文教科技处处长
　　　　　薛俊仙　　　　　　山西省民族事务委员会民族处调研员
　　　　　苏雅拉图　　　　　内蒙古自治区民族事务委员会少数民族古籍与
　　　　　　　　　　　　　　　《格斯尔》征集研究室主任
　　　　　谭东广　　　　　　吉林省少数民族古籍整理研究室主任
　　　　　谷文双　　　　　　黑龙江省社会科学院民族研究所所长、研究员
　　　　　鲍蜀生　　　　　　江苏省民族宗教事务委员会民族处处长
　　　　　吴梦宝　　　　　　浙江省民族宗教事务委员会民族一处处长
　　　　　张旭东　　　　　　安徽省民族事务委员会民族二处处长
　　　　　杨文法　　　　　　福建省民族与宗教研究所副所长
　　　　　杨庆华　　　　　　江西省民族宗教事务局民族社会事业处主任科员
　　　　　段　利　　　　　　山东省民族宗教事务委员会民族一处处长
　　　　　陈正论　　　　　　河南省民族宗教事务委员会民族一处处长
　　　　　王政道　　　　　　湖北省民族宗教事务委员会民族二处副处长
　　　　　丁卿林　　　　　　湖南省少数民族古籍整理研究中心主任

张菽晖	广东省民族宗教研究院古籍室主任
韦如柱	广西壮族自治区少数民族古籍工作办公室主任
黄友贤	海南省民族研究所所长
何松涛	重庆市民族宗教事务委员会文宣处副处长
刘劲松	四川省少数民族古籍整理办公室主任
包　翔	贵州省民族古籍整理办公室主任
起国庆	云南省少数民族古籍整理出版规划办公室副主任
李祖春	西藏自治区民族事务委员会社会事业处处长
徐立群	陕西省民族宗教事务委员会民族一处处长
牧　仁	甘肃省民族事务委员会少语古籍处处长
马小琴	青海省民族宗教事务委员会少数民族古籍保护中心主任
雷晓静	宁夏回族自治区少数民族古籍整理出版规划工作领导小组办公室主任
伊斯拉木·伊萨合	新疆维吾尔自治区民族事务委员会（宗教事务局）新疆少数民族古籍搜集整理出版规划领导小组办公室主任
惠　峰	国家民委全国少数民族古籍整理研究室综合处处长
孙继为	国家民委全国少数民族古籍整理研究室业务处处长
王　君	国家民委全国少数民族古籍整理研究室综合处副处长
努尔加玛力·买买提	国家民委全国少数民族古籍整理研究室综合处调研员
杨　硕	国家民委全国少数民族古籍整理研究室业务处调研员
孙瑞阳	国家民委全国少数民族古籍整理研究室业务处干部
邓永攀	国家民委全国少数民族古籍整理研究室综合处干部

《中国少数民族古籍总目提要》
云南编纂委员会

主　任：李四明
副主任：李正洪

专家委员会：（排名不分先后）

普学旺	谢沫华	沙云生	资　铁	赵雄峰	郭子孟	高力青
和丽峰	何杨波	左玉堂	史军超	郭大烈	杨福泉	李国文
黄建明	苍　铭	杨海涛	杨利先	刘　怡	孙　敏	何少林
丰庆忠	刘劲荣	赵秀兰	祁德川	玉罕娇	胡文明	曹先强
亚　娜	沙晓桑	赖永良	李金明	肖惠华	李德静	刀金平
和树军	快永胜	师有福	王明富			

主　编：起国庆
副主编：李克忠　龙江莉　依旺的　和六花　艾　芳　杨筱奕
编　务：保俊萍　刘　琳　王向松　陶开祥　李国琼

总 序

　　《中国少数民族古籍总目提要》(以下简称《总目提要》)是我国第一部少数民族古籍解题书目套书。全书约60卷，110册。《总目提要》作为少数民族古籍整理工作的一项重要科研项目，于1997年正式立项，1998年付诸实施。2006年，这一项目正式列入《国家"十一五"时期文化发展规划纲要》(中办发〔2006〕24号)；2012年，列入《国家"十二五"时期文化改革发展规划纲要》(中办发〔2011〕40号)和《少数民族事业"十二五"规划》(国办发〔2012〕38号)；2016年，列入《"十三五"促进民族地区和人口较少民族发展规划》(国发〔2016〕79号)。该项目完成后，少数民族落之于笔墨、传之于口头的各种古籍文献将被一一清点入册。这是承前启后的一项巨大文化建设工程，是"盛世修典"的壮举。这一跨世纪工程的实施，充分体现了党中央、国务院对保护和传承少数民族优秀传统文化的高度重视，顺应了中国特色社会主义文化事业发展的需求，对于铸牢中华民族共同体意识、促进各民族交往交流交融、构建各民族共有精神家园、推进民族团结进步事业、实现"中华民族一家亲，同心共筑中国梦"，具有重大的现实意义和深远的历史意义。

一

　　中国少数民族在长期的历史发展过程中，创造和积累了丰富多彩的历史文化，留下了涵载历史、卷帙浩繁的文献典籍和口传古籍。这些少数民族古籍弥足珍贵，从不同角度记录了中华各民族的社会进程、历史走向和文化内涵，从不同侧面反映了各民族的文化传承、文明成果和气质风貌，是中华文化总结与传承的历史记忆，是中华民族智慧与创造力的结晶，是我国多元一体历史格局的真实映射。经世致用是中华民族历史血脉延绵不息的优良传统，全面保护、整理、研究、传承少数民族古籍，让书写在古籍里的文字都活起来，既是建设新时代文化、创造幸福美好新生活、全面建设社会主义现代化强国可资借鉴的宝贵历史遗产，也是增进各民族文化认同、坚定文化自信、推进民族团结进步事业、提升中华文化软实力的基础性工程。

中国少数民族古籍，是指我国少数民族在历史上形成的文献典籍和碑刻铭文及口头传承资料等，其内容涉及政治、经济、哲学、法律、历史、宗教、军事、文学、艺术、语言、文字、地理、天文、历算、医学等诸多领域。少数民族古籍主要分为两大类：一是有文字类；二是无文字类。有文字类的少数民族古籍，主要包括三类：一是各少数民族文字及少数民族古文字记载的历史文书和文献典籍；二是用汉文记载的有关少数民族内容的古代文献典籍；三是用少数民族文字和汉文记载的有关少数民族内容的碑刻铭文。无文字类的少数民族古籍，主要是指各少数民族在历史上口头传承下来的具有历史和文化价值的各种资料。

中国少数民族古籍，尤以少数民族文字古籍最具特色。我国古代少数民族创制使用的文字有30种左右，以这些文字形成的典籍文献汗牛充栋，形式千姿百态，内容博大精深，蕴含着丰富的历史内容和对实践经验的深刻体察。有许多闪烁着不朽光芒的著作，曾经照耀着各民族先民披荆斩棘、艰苦创业、生息繁衍的历程，为后人留下了关于自然、社会和人生的特殊认知与深邃思考。由于各民族先民所处的自然、人文和社会环境不尽相同，他们对事物的认知体验也存在着差异。正是由于这种差异的存在，构成了中华民族文化的多样性和兼容性。但基于少数民族文字流传空间狭窄等因素的制约，少数民族文字古籍一直鲜为世人所了解。

中国有关汉文记载的少数民族古籍，历来是研究我国古代少数民族历史和文化的主要依据。这些汉文古籍包括二十四史和《清实录》，各个朝代史家的记述，各地的地方志书，旅行家的笔录，赴边官员向朝廷的述职报告，当地政要、文人的著作等。倘若没有这些记载，后人既无从知道古代的三皇五帝、夷蛮戎狄，也无法了解春秋战国时期北方的匈奴、南方的百越，以及后来数千年中各少数民族的演变历程。这些典籍文献记载一代又一代地延传下来，勾勒出了我国多民族历史的主要脉络，蕴涵着十分丰富的文化资源，对其进行系统的整理、编纂，既可丰富《总目提要》的信息储备，也可拓展少数民族古籍的研究空间。

中国少数民族在历史上口耳相传的各种史料，以其独特而浓厚的民族性、群众性、文学性，充实和完善了各民族优秀传统文化。这部分口传古籍形成的时间较为久远，大都可以追溯到相关民族的起源、早期历史和最初的宗教信仰、原始的文学形式等。原始宗教的颂词最初都是以口头形式传承的，无文字的少数民族一代代地口耳相传，有文字的少数民族则以文字的形式固定下来，成为宗教经典，形成了这些民族最早的古籍文献。在传播过程中，少数民族口传古籍具有很强的变异性。无文字的少数民族口传原始宗教资料，有的演绎为神话故事，有的变化为创世史诗，有的成为这些民族迁徙流变的历史记述。随着时间的推移，少数民族口传古籍日益丰富，还囊括了诸如战争的传说、反抗压迫奴役的故事、发明创造的掌故、生产活动经验的积累和生活习俗的叙述等方面内容。在表达形式上，少数民族口传古籍纷繁多样，既有神话、史诗、故事，还有歌谣、谚语和谜语等诸多文体。因此，在一定程度上，少数民族口传古籍所包含的历史文化信息并不逊色于文字古籍，同样是我们不应该忽视的重要文化遗产。

二

中国少数民族古籍这笔价值难以估量的宝贵遗产，自古以来就发挥着积极的文化传承价值和经世致用的社会功能，是中华民族文化遗产的重要组成部分。尤其是各民族代表性的古籍作品，承载着一个民族的知识系统和历史记忆，其价值已超越了地域和时代的限制，成为中华文化和人类文明的宝贵财富。

首先，少数民族古籍蕴藏着我国各民族丰富的史实知识，充实了中国历史和中国文化的内容。毋庸置疑，中国历史和中华文化如果仅依靠汉文古籍，而没有各少数民族古籍作为必要补充，必定是不全面、不完整和不客观的。少数民族古籍不仅是对少数民族个体历史的客观记录，而且也是真实反映整个中国历史和中华文化发展进程的重要依据，具有汉文古籍无法替代的重要价值。这些具有代表性的少数民族古籍，光彩夺目，不胜枚举。居住在我国北部辽阔草原上的"马背上的民族"——蒙古族，在探寻本民族历史方面成绩卓著，《蒙古秘史》《蒙古黄金史》《蒙古源流》被誉为蒙古族古代三大历史著作，为后人研究该民族的历史源流、文化风貌和社会形态提供了第一手资料；历经漫长岁月而孕育于青藏高原的藏文古籍，其数量之多，居我国少数民族古籍之冠，其中成书于13世纪的大藏经《甘珠尔》《丹珠尔》堪称藏译佛典的集大成者；地处欧亚大陆交接处的新疆维吾尔自治区曾是中西文化的荟萃之地，11世纪前后，是维吾尔族文化发展史上的辉煌时期，涌现了大量传世之作，其中《突厥语大词典》《福乐智慧》《金光明经》三部作品被后人誉为维吾尔族古典著作三大瑰宝；纳西族先民在古代创造的东巴文化，就是依靠东巴文文献记录下来的，其中的东巴文是现今世界上最完整、沿用时间最长的图画——象形文字，已成为东西方学术探讨的热点；少数民族的三大史诗——藏族的《格萨尔王传》、蒙古族的《江格尔》和柯尔克孜族的《玛纳斯》，完全可以与古希腊《荷马史诗》和印度史诗《摩诃婆罗多》相媲美，它们以宏大的篇幅、精湛的语言、丰富的内容，表现了草原民族和高原民族雄健的气魄、炽热的情感和灿烂的文化。这些优秀少数民族古籍所蕴含的文化象征内涵，已成为国内外历史文化研究的重要领域。特别值得一提的是，元、明、清及民国中央政府赐封西藏地方政府最高权力的金印、金册等档案，有力地证明了西藏自古以来就是我国领土不可分割的一部分，成为铁的历史事实。因此，少数民族古籍还被赋予了重要的政治意涵。

其次，少数民族古籍是我国各民族对特定环境的适应能力及适应成果的映射，为人们认识世界提供了新视角和新方法。少数民族古籍是我国各民族创造的文化成果，可为学术研究提供真实可信的资料，有利于中华各民族优秀传统文化的继承和弘扬。中华文化源远流长、博大精深，把包括汉族和少数民族在内的文化遗产妥善保存下来，传承下去，这是历史赋予古籍工作者的重要使命。少数民族古籍内容广博，涉及领域众多，带有浓郁的地方特色和民族特色，大多是汉文文献鲜有记录的内容。随着少数民族古籍挖掘、整理和研究工作的深入开展，历史真相将更完整地再现，中华文化宝库也将更全面地展现。由于各民族所处的自然环境不同，与之相适应的观察世界的视角、处理问题的方式也会不同，不同时代、不同民族的古籍文献，就是对那个时代、那个民族生存方式的真实反映。在认知方式上，游牧民族可能比农耕民族认识更多的动物种类，渔业民族可能比山地民族认识更多的水生动物；在思维方式上，有的民族更注重整体思维，有的民族更注重形象思维，即使是同一民族，因其所处的社会历史阶段不同，思维方式也会有所差异。在社会进程上，原始氏族社会里神本主义明显占据主导地位，随着生产力发展和社会的进步，人们认知能力不断提高，人本主义逐渐兴起，人们对自然界、社会及人类自身的认识也更趋于客观、准确。因此，若从人类进化史的角度考量，可以借助少数民族古籍研究，发现少数民族思维方式的变迁模式，把握少数民族文化的特点和规律，深刻理解中华文化的丰富性和多样性，全面提高人类认识世界的能力，准确把握客观世界的发展规律。

最后，挖掘、整理少数民族古籍，有助于增强文化自信和爱国主义意识。现实是历史的延续和发展，文化是民族的灵魂和根源。一个民族要屹立于世界民族之林，必须对本民族优秀传统文化有充分的了解、理解和尊重，才能从文化自觉走向文化自信。一部中国史，就是一部各民族交融汇聚成多元一体中华民族的历史，就是各民族共同缔造、发展、巩固统一的伟大祖国的历史。我国是一个统一的多民族国家，各民族的祖先几千年来就在这块辽阔富饶的土地上劳作、繁衍、生息。各民族相互交往、交流、交融，既留下了异彩纷呈的民族文化，又共同缔造了灿烂无比的中华文明。中华民族精神是各族人民共同培育、继承、发展起来的，已深深地融进了各族人民的血液和灵魂，各民族人民共同熔铸了以爱国主义为核心的伟大民族精神，成为推动中国发展进步的强大精神动力。各少数民族古籍文献记录了这一历史进程，记录了少数民族文化的丰富内涵，阐释了少数民族文化对中华文化的特殊贡献。通过有效开展少数民族古籍挖掘、整理和研究工作，深入挖掘蕴含在少数民族古籍中的民族团结进步思想内涵，阐释中华民族不断成长和发展壮大的光辉历程，证明各民族源远流长、血肉相连的中华一家亲关系，可为实现建成社会主义现代化强国和中华民族伟大复兴中国梦提供不竭的源泉动力。因此，保护、挖掘、整理、阐释少数民族古籍，对于弘扬中华民族精神、推动中华文化大发展大繁荣、促进各民族思想文化交流、维护民族团结和国家安全统一、铸牢中华民族共同体意识、培育爱国主义情怀、坚定文化自信和建设社会主义文化强国具有十分重大的意义。

三

19世纪末至20世纪中叶，一些外国传教士、探险家和研究者曾经到中国民族地区搜集资料，做过一些有关少数民族历史、文化和古文献研究工作。随着现代人文社会科学和自然科学体系逐步在我国确立，从20世纪三四十年代起，国内一些专家学者开始关注少数民族研究领域，陆续深入到民族地区进行田野调查和研究工作，抢救和发掘了一批珍贵的少数民族古籍。相对于浩瀚的少数民族古籍资源而言，这只是沧海一粟。由于历史的原因，大量的少数民族古籍资源长期陷于被埋没的境地，甚至遭到不同程度的破坏，损毁和散失情况十分严重。

中华人民共和国成立后，党中央、国务院坚持大力发展少数民族文化事业的方针，高度重视少数民族古籍的保护、整理和研究工作。在百废待兴的20世纪50年代初期，国家就开展了全国范围的少数民族社会历史和语言调查，在调查过程中发现和搜集到了大量的少数民族古籍文献，为进一步开展少数民族古籍整理研究工作奠定了良好的基础。

改革开放以来，我国少数民族古籍工作迎来了发展的黄金时期，党和政府对少数民族古籍工作的重视程度不断提升，相关政策措施不断完善。1981年，中共中央在《关于整理我国古籍的指示》（中发〔1981〕37号）中指出："整理古籍，把祖国宝贵的文化遗产继承下来，是一项十分重要的、关系到子孙后代的工作。"1984年，《国务院办公厅转发国家民委关于抢救、整理少数民族古籍的请示的通知》（国办发〔1984〕30号）中强调："少数民族古籍是祖国宝贵文化遗产的一部分，抢救、整理少数民族古籍，是一项十分重要的工作。"同年，全国少数民族古籍整理出版规划领导小组成立，下设办公室。1989年，该办公室更名为全国少数民族古籍整理研究室，隶属国家民族事务委员会，负责"组织、协调、联络、指导"全国少数民族古籍工作。同时，相关省、自治区、直辖市逐步建立、健全了少数民族古籍工作的领导机构，有13个民族建立了协作组织，确保了少数民族古籍工作得到宏观指导和具体落实。与此同时，大力加强少数民族古籍专业人才队伍建设，不断加大工作经费投入，推动少数民族古籍工作全面走上科学化、规范化、制度化的轨道。

党的十八大以来，以习近平新时代中国特色社会主义思想为指导，认真贯彻习近平总书记关于"让书写在古籍里的文字都活起来""弘扬和保护各民族传统文化，要去粗取精、推陈出新，努力实现创造性转化和创新性发展""开展少数民族特色文化保护工作，加强少数民族语言文字和经典文献的保护和传播，做好少数民族经典文献和汉族经典文献互译出版工作"等一系列重要论述，积极推动少数民族古籍事业发展，加大指导协调工作力度，取得了显著的工作成就。经过30多年的发展建设，国家民族事务委员会、各地政府和各级古籍领导机构，密切合作，统筹安排，少数民族古籍的抢救、保护、整理、出版和研究工作成绩斐然。从"七五"一直到"十三五"，国家民族事务委员会陆续制定并组织实施了少数民族古籍工作7个重点项目五年出版规划，抢救、发掘、保护了一大批濒临消失的少数民族古籍，整理出版了一大批优秀的少数民族古籍精品。与此同时，吸引和带动了一批社会和学术界的精英投身少数民族古籍研究，民族院校还设立了少数民族古籍文献本科班和研究生班，通过培养高层次专业人才，为少数民族古籍队伍不断输送新鲜血液，不断加强少数民族古籍专业人才的培养，从而提升了少数民族古籍工作的研究能力和水平。这一切都表明，我国少数民族古籍整理和研究体系已经基本形成，为新时代少数民族古籍事业创新发展打下了坚实基础。

四

中国自古以来就有整理古籍、编纂目录的传统。西汉时期，我国历史上出现了第一部大型汉文图书目录《七略》。此后，各个朝代都有目录版本存世，其中尤其以清代乾隆年间编纂的《四库全书总目提要》最具代表性。可以说，它是中国历史上汉文古籍解题书目最重要的成果。与之形成巨大反差的是，在我国数千年文明发展的漫长岁月中，历朝历代的中央王朝从未对少数民族典籍文献进行过系统整理和研究，更没有编纂过一部全面反映少数民族历史文化精髓的古籍目录或提要，这是中国文化史上的一大缺憾。

虽然少数民族古籍浩如烟海，但是抢救、保护、整理、研究并非易事。具体来讲，有哪些少数民族有自己的文献古籍，这些古籍以何种形式存在，保存在哪里，是什么内容，谱系关系如何？这些问题的解答，绝非轻而易举之事，也绝非依靠少数专家学者个人或者某些团体的努力就能实现。幸运的是，随着我国改革开放的不断深化、国家综合实力的不断增强以及社会主义物质文明建设和精神文明建设的全面发展，作为社会主义文化建设重要组成部分的少数民族古籍工作，越来越受到各方面的关注和重视。

1996年，国家民族事务委员会在北京召开全国少数民族古籍工作会议，提出集中力量编纂《总目提要》的设想。会后，经过充分酝酿、论证，于次年正式立项编纂《总目提要》。为了全面推进这项工作，国家民族事务委员会下发了《关于印发〈中国少数民族古籍总目提要〉编写纲要的通知》（民办文宣字〔1997〕114号），对编纂工作进行全面部署。文件下发后，各地迅速行动，有20余个省、自治区、直辖市先后制定了《总目提要》分卷实施方案及编写计划，就编纂工作的重要意义、完成项目的可行性、项目实施步骤及经费来源等进行立项论证，并在加强普查、强化领导机制、培训人才队伍、实施计划、筹措经费等方面予以积极落实。在具体运作过程中，各省、自治区、直辖市还广泛进行合作，不同省、自治区、直辖市对同一民族的古籍总目编写分工协作，相互支持、相互补充。为保证这项工作的顺利实施，2002年，经国家民族事务委员会批准成立《总目提要》领导小组和编纂委员会，进一步健全了对这一重点文化工程项目的组织领导和工作机构。

通过编纂《总目提要》，一方面全面梳理我国各少数民族古籍的整体情况，为后续古籍研究工作打下良好基础，突出重点，目标明确，保质保量；另一方面，能够增强我国各民族之间的相互了解、相互学习、相互尊重，做到文献资源共享、文化遗产共有，为进一步巩固和发展各民族平等团结互助和谐的社会主义民族关系、铸牢中华民族共同体意识、促进各民族交往交流交融、构筑各民族共有精神家园提供有力支撑。同时，也进一步使我国少数民族古籍资源为世界所了解、分享，增强国外研究者对我国少数民族文化的关注和兴趣，增进世界对中华文化多样性和丰富性的认识，推动国际社会对我国各民族"像石榴籽一样紧紧拥抱在一起"的认识，为继承和弘扬少数民族优秀传统文化、实现"中华民族一家亲，同心共筑中国梦"奠定坚实基础。

五

编纂《总目提要》，是中国历史上对少数民族古籍资源进行的首次全面普查，是一次全新、有益的尝试和探索。由于少数民族古籍历史久远，内容广泛，形式多样，情况复杂，在编排体例方面很难完全套用以往传统的形式一以贯之，除了遵循古籍文献学和目录学等学科的理论规范外，还必须从实际出发，因势利导，体现自身的风格和特色。

顾名思义，古籍必然要体现"古"的性质。《总目提要》收录的古籍下限，原则上与汉文古籍一样止于1911年。考虑到各少数民族的历史发展阶段和古籍存世情况的差异，对收录的部分古籍时间下限适当放宽。这部分少数民族古籍主要包括：一些没有确切时间记载而又只见到后期写本的书册；一些20世纪前期用本民族文字追记历史事件和历史掌故的旧文体著述；一些从古代延续到现代的编年体著作或族谱、家谱；一些曾在本民族中长期口头流传，到了近现代才有文字记录的口传资料等。总之，只要这些古籍有价值，则其下限可延伸至1949年。

《总目提要》全书以民族为单元分卷，如《鄂温克族卷》《白族卷》《纳西族卷》等等。对于古籍体量特别多的民族，一个民族卷又可包括若干分册；对于古籍体量比较少的民族，也可以几个民族卷合为一册；古代民族文献一般按文种分卷，如《西夏卷》。鉴于少数民族古籍文献载体形式不同，《总目提要》每卷一般包括四编：甲编书籍类，乙编铭刻类，丙编文书类，丁编讲唱类。各编再按具体内容分类排列，排列方法尽量与《中国图书馆分类法》保持一致，但有的也可以根据少数民族古籍的具体情况适当调整。这里需要特别说明的是，有的民族对本民族古籍原来就有传统的分类编排方法，因此仍按该分类编排方法排列。

经过各方面的积极努力，各民族《总目提要》陆续与读者见面了。在此，由衷感谢社会有关方面的关注和支持。正是因为有这些关注和支持，编纂《总目提要》这一宏伟构想才得以变为现实。同时，我们要特别感谢各分卷编委会成员和编写人员的辛勤付出，正是大家的通力合作、奋力耕耘、默默坚守，才使昔日沉寂的少数民族古籍得以再现辉煌。

只有民族的，才是世界的。中国少数民族古籍，不仅属于创造它的民族，也属于整个中华民族，更属于全人类。随着《总目提要》诸卷的相继推出，少数民族先辈经世致用的智慧，必将越来越显现出其对人类无可估量的价值贡献。古可喻今，古可鉴今，古为今用，少数民族古籍必将对中华文化乃至世界文化造福无穷。

《中国少数民族古籍总目提要》编纂委员会
2019 年 11 月 28 日

总目录

傈僳族卷 …………………………………………………………………（1）
 《中国少数民族古籍总目提要·傈僳族卷》编纂委员会 ……………（3）
 序　言 …………………………………………………………………（5）
 凡　例 …………………………………………………………………（15）
 条目分类目录 …………………………………………………………（17）
 正　文 …………………………………………………………………（33）
 条目汉语音序索引 ……………………………………………………（253）
 后　记 …………………………………………………………………（269）

普米族卷 …………………………………………………………………（271）
 《中国少数民族古籍总目提要·普米族卷》编纂委员会 ……………（273）
 序　言 …………………………………………………………………（275）
 凡　例 …………………………………………………………………（285）
 条目分类目录 …………………………………………………………（287）
 正　文 …………………………………………………………………（295）
 条目汉语音序索引 ……………………………………………………（431）
 后　记 …………………………………………………………………（441）

怒族卷 …………………………………………………………………（443）
 《中国少数民族古籍总目提要·怒族卷》编纂委员会 ………………（445）
 序　言 …………………………………………………………………（447）
 凡　例 …………………………………………………………………（457）
 条目分类目录 …………………………………………………………（459）
 正　文 …………………………………………………………………（465）
 条目汉语音序索引 ……………………………………………………（551）
 后　记 …………………………………………………………………（557）

独龙族卷 ·· （559）
　《中国少数民族古籍总目提要·独龙族卷》编纂委员会 ············ （561）
　序　言 ·· （563）
　凡　例 ·· （575）
　条目分类目录 ·· （577）
　正　文 ·· （583）
　条目汉语音序索引 ·· （641）
　后　记 ·· （647）

彩色插页
　傈僳族卷 ·· （1）
　普米族卷 ·· （33）
　怒族卷 ··· （57）
　独龙族卷 ·· （73）

中国
少数民族古籍总目提要

国家民族事务委员会全国少数民族古籍整理研究室

傈僳族卷

民族出版社

《中国少数民族古籍总目提要·傈僳族卷》
编纂委员会

主　　编：起国庆　　　　和六花
副 主 编：杨利先　　　　刘　怡　　　　高志英　　　　丰庆忠
编　　委：左玉堂　　　　龙江莉　　　　王春桥　　　　杨筱奕　　　　艾　芳
　　　　　汉　刚　　　　密英文　　　　霜现月　　　　李克忠　　　　依旺的
　　　　　刘　琳　　　　保俊萍　　　　王向松　　　　陶开祥　　　　李国琼

序 言

傈僳族是我国民族大家庭中不可或缺的一员，是一个"盐，可以一天不吃；歌，不能一天不唱"的以歌为伴的古老民族，他们从先秦时期的氐羌族群走来，在汉晋时期演变为叟、昆明，在唐代印下了自己的族名——栗粟。在悠悠的历史长河中，勇于进取、富于创造的傈僳族与周边各民族兄弟一道为祖国西南边疆的巩固和发展作出了不可磨灭的贡献，并创造了绚丽多彩的民族历史文化。傈僳族独具个性、内涵深厚的民族文化，是先民智慧的结晶，是中华文化的重要组成部分。

一

傈僳族是一个历史悠久的民族，跨境而居，根据2010年全国人口普查数据，傈僳族总人口702839人。傈僳族主要居住在云南省怒江傈僳族自治州的泸水、福贡、贡山、兰坪四县，在丽江、保山、迪庆、德宏、大理、楚雄等地州也有傈僳族聚居地。此外，在四川省的西昌、凉山以及其他部分省市区也有一部分傈僳族的居住地。

傈僳族源于我国古代氐羌系统乌蛮部落，其族称的演变与他们的迁徙历史有着密切的联系。唐代，怒族、傈僳族的先民"施蛮""顺蛮"同是"乌蛮种类"，在唐贞元（785年）之前同属于"三浪诏"，共同居住于洱海以北地区。贞元以后，在唐王朝、南诏、吐蕃的势力争夺中，一部分被迫向南诏的东北地区迁徙"散隶于东北诸川"，即今永胜县一带；一部分向西北迁徙至九赕川、罗眉川直至剑寻城，即今滇西北三江并流地带，并持续迁徙流动。唐以后"施蛮""顺蛮"迁徙到"泸北（金沙江以东）"，汉文史籍中开始用"卢蛮"取代以往史籍中的"施蛮""顺蛮"。元代，在"西部之南北多有之"的"卢蛮"逐渐分化成了"傈僳"和"怒"两个民族共同体。有学者认为，从"施蛮""顺蛮"到"栗粟""卢"的演变，居住地从"三浪诏"洱海以北地区到主要向北、向东、向西方向迁徙，其原因是此前居住在洱海北部的乌蛮"三浪诏"中的"施蛮""顺蛮"的一部分，顺着横断山脉民族迁徙走廊向西迁徙到怒江，因迁徙的路线不同，而分化出傈僳、怒两个民族共同体，元代的史籍中开始出现"卢蛮""撬蛮"两个不同的族称，而今天兰坪、福贡一带的傈僳族和怒族至元代尚未从"卢蛮"中分化出来。

唐代，傈僳族的先民被称为"栗粟"，如樊绰《蛮书·名类第四》载："栗粟两姓蛮，雷蛮、梦蛮，皆在邛部、台登城，东西散居，皆乌蛮、白蛮种类。"大理国时期，据《元史·地理志》和正德《云南志》卷十一的记载，傈僳族先民主要分布在今丽江、怒江及迪庆藏族自治州一带。至元代，傈僳族的先民仍被称为"卢蛮"，如《元一统志·丽江路·风俗》中记载："丽江路蛮有八种：曰么些，曰白，曰罗落，曰冬闷，曰峨昌，曰撬，曰吐蕃，曰卢，参错而居。"著名历史学家方国瑜先生考证"卢即傈僳族"。由此可知，元代的傈僳族先民主要分布在丽江路境内及其以东、以西的地带。有明一代，部分"卢蛮"也被称为"栗些""力些"，景泰《云南图经志书》卷四载北胜州（今云南省丽江市永胜县）"有名栗些者，亦罗罗之别种也"，过着"居山林，无室居，不事产业，常带药箭弓弩，猎取禽兽。其妇人则掘取草木之根以给日食"，以狩猎为主辅以采集的生活，而部分的"力些"已开始从事纺织手工业。到了清代，关于傈僳族的记载不断增多，汉文史籍中的名称与近代的记载基本一致，散居在大理、丽江、姚安、永昌四府，《皇清职贡图》载："傈僳，散居姚安、大理、永昌、（丽江）四府。其居六库（今属泸水县）山者……其居赤石崖（今宾川县北部）、金沙江边地与永北（今永胜县）连界者，迁徙无常……"又光绪《云龙州志·秩官志·夷地风俗人情》载："傈僳，性悍顽不驯。……概系刀耕火种，射猎为生。"可知，清代大部分傈僳族地区的农业生产都有一定程度的发展，开始种植黍、稷、荞、稗等山区旱地作物。此外，清朝的汉文史籍中还出现了"力苏""力梭""栗苏""栗粟"等族称。

中华人民共和国成立后，经民族识别，根据名从主人的原则，定名"傈僳族"，作为一个民族共同体，与其他民族和谐共处，共同缔造了多元一体的中华民族。

傈僳族有本民族的语言。傈僳语属汉藏语系藏缅语族彝语支，分怒江、永胜、禄劝三个方言。怒江方言分布在怒江傈僳族自治州、德宏傣族景颇族自治州、迪庆藏族自治州、大理白族自治州、丽江市，操怒江方言的傈僳族人口最多。永胜方言分布在丽江市彝族苗族自治县的永胜、华坪、宁蒗和四川的会理、盐边、盐源等县。禄劝方言分布在禄劝、武定等县。三个方言区的语音差别不大，主体词汇、语法结构基本一致，因而各地傈僳族之间都能用母语交流。怒江傈僳族自治州等地的怒族、独龙族、白族、彝族等都兼通傈僳语。

古时，傈僳族没有文字，只能靠口耳相传、刻木记事传递信息、交流沟通。20世纪，在傈僳族聚居地区分别创造出了四种文字。20世纪初，维西县傈僳族青年汪忍波创制了共有1051个字的象形文字（学界称傈僳族音节文字），这是傈僳族历史上的第一种文字；20世纪20年代初，英国传教士傅能仁和缅甸克伦族传教士巴托以大写字母的正、反、倒写形式创制出第二种文字，即老傈僳文，用于基督教传教活动；1913年，英国传教士王慧仁根据云南省武定、禄劝两县自称傈坡 [Li phoj]、他称傈僳 [Li su] 人的语言，以武定县滔谷村语音为基础创制出一种"格框式"的拼音文字，也称"伯格理文字"，用于该地区基督教传教活动；第四种文字是1954年由中国科学院语言研究所和中央民族学院组织我国语言学专家及傈僳族知识分子等，以《现代汉语拼音方案》为基础创制，并经国务院批准使用的新傈僳文。目前，傈僳族聚居地区新傈僳文和老傈僳文"并存并用"。

二

傈僳族有着深厚的文化传统，傈僳族古籍文献亦丰富多彩，以讲唱类古籍为主，也保存了少量的傈僳族音节文字古籍。

20世纪初，云南省迪庆藏族自治州维西傈僳族自治县农民汪忍波创造了音节文字，共有1051个字（包括部分异体字），作为记录语音之用，基本可将当地傈僳语的全部音节反映出来。书写音节文字时，用竹笔或毛笔写在竹片、木板、白绵纸或白色书写纸上，由左往右竖行读写。汪忍波还编写了歌谣式的识字口诀《傈僳文识字课本》，推广、普及、运用这种文字，后期在维西傈僳族自治县流传、使用较为广泛。他还用音节文字完整地记录了在其家乡流传了近千年、每三年举行一次的傈僳族传统"乌萨尼古"，即祭天仪式中唱诵三天三夜的"乌萨尼古俄"——《祭天古歌》，撰写了《汪忍波自传》，记录整理了反映傈僳族珍贵传统文化的《故事集》《创世传说》《种树经》《打仗经》《射杀九个黑太阳》《晒盐》《造太阳月亮》等数十部文献。其中，云南省迪庆藏族自治州维西傈僳族自治县档案馆藏10余册，维西傈僳族自治县图书馆藏10余册，云南省少数民族古籍整理出版规划办公室收藏5册，云南民族博物馆收藏数册，中央民族大学古籍研究所收藏数册，并有少量木刻印刷板和音节文字木牌流传。

因傈僳族早期没有文字，本民族诸多的文化现象和文化形式都以口头传承的方式代代相传、袭宗承源。口传古籍这个民族多功能的记录工具，成了各种文化现象的集中代表和集中智慧的结晶。内容丰富多彩，形式多样，琳琅纷呈，举凡傈僳族的社会历史、政治经济、语言文字、民间习惯法、传统军事、宗教信仰、伦理道德、意识心理、审美方式、生活哲理、气象天文、历法计数、美术、音乐、舞蹈等无所不包、无所不含。这些讲唱类的古籍伴随着傈僳族越过了久远的历史，直到现在还对民族的心理、宗教、社会、生活、民俗、经济等方面起着重要的作用。这些讲唱类的古籍可分为两大部分，一是以讲说为主的神话、传说、故事、寓言等。二是以演唱为主的长诗歌谣，这些歌谣中既有长诗和短歌，也有长调和祭词等。

傈僳族是一个古老的民族，其神话传说和民间故事十分丰富、独特，它对傈僳族的宗教、民族心理及民族认同感产生着十分重大的作用，对人们的价值观和道德观形成了潜移默化的影响，并对人们的行为产生了一定程度的约束。其一，傈僳族对天地的形成、人类的出现和繁衍，以及自然界中所出现的种种状况都有自己独特的认知和解释。这方面的神话有《木布帕捏地球》《天地人的来历》《天地分开》《依采和依妞的故事》《狗吃月亮》等。其二，傈僳族是个敬奉祖先的民族，他们往往把各支系分成熊氏族、虎氏族、猴氏族、蜂氏族以及余姓氏等，并拥有丰富的祖先神话，如《熊氏族的故事》《虎氏族的来历》《傈僳族猴氏族》《阿宝与蜜蜂》《木筒里出来的人》等。其三，傈僳族是一个喜欢狩猎的民族，他们将自己称为动物的后代，这和他们热爱狩猎，崇拜祭祀猎神，让猎神赐予他们更多猎物也有一定的关系，如最具代表性的狩猎神话《猎神传奇》。其四，在傈僳族口耳相传的古籍中，人物传说和故事也占有一定的比重，这些人物从英雄到平民，从猎人到机智人物都囊括其中，有《山神岩桑》《木必帕》《密罗沙》等，其中以木必帕的传说最为著名。这些人物传说的主角往往保护弱小者，为弱小者、受欺负者打抱不平，成为人们心目中的英雄游侠，而被人们世世代代传颂。此外，机智人物刮加三的故事也在傈僳族群众中广为流传，这些故事分别是《巧取银子》《太阳和月亮打架》《偷裤子》《春碓》《先笑后哭》《巧斗山官》等。故事中刮加三聪明机智，多次挫败了山官、土司、财主、贪财作恶者的阴谋和诡计，维护了普通百姓及自己的利益，因而受到人们的喜爱。其五，历史传说也是傈僳族神话传说和民间故事的重要内容，诸如关于恒乍绷的传说在金沙江沿岸傈僳族群众中流传甚广，这些传说多是根据清代傈僳族农民起义领袖恒乍绷的真实历史事件创作的，如《挨打遇医》《怒杀蔡思主》《攻占维西城》《鲁甸突围》《英勇就义》等，将恒乍绷如何起事、打土司、杀赃官，又如何攻打和占领维西县城，后又如何中了敌人奸计，如何落入敌手，最后英勇就义等史实叙述得详尽清楚，令人扼腕叹息。其六，在傈僳族的地方风物传说中，也有着许多流传深远、奇妙美丽的传说，如《怒江的传说》《松江的传说》《石月亮》《石公鸡》等。这些地方风物传说凝聚着傈僳族人民的智慧，是傈僳族人民对自己所处环境的美好想象，从一定程度上反映了傈僳人的道德观、社会观、宗教观、自然观等，成为口耳相传、一代代流传下来的经典，有着较高的学术研究价值。其七，傈僳族关于土特产的传说也很多，其中《口弦的传说》《葫芦笙的传说》等较有代表性。其八，傈僳族风俗民情方面的传说也不少，其中较有代表性的是《刀杆节》的传说。其九，傈僳族还有许多生活故事和动植物故事，这些故事都和他们所处的地理环境和生存环境息息相关，这方面的故事有《分牛分毯》《孤儿与琵琶》《蛤蟆智胜小花兔》等，都颇具民族特色。

在傈僳族口传古籍中，数量最多、影响最广的应该是歌谣，这些歌谣有长诗和短歌，有传统大调和丰富多彩的情歌。首先，很多傈僳族民众聚居在山寨中，他们世代传承着许多古老的创世歌谣，以及反映狩猎、采集生活的歌谣。如《创世纪》中分别讲述了太阳和月亮的来源、天地的形成、人类的诞生、人种的繁衍等等。其次，由于傈僳族原始宗教活动频繁，各类祭祀、驱邪、送鬼、解咒、占卜等仪式歌流布面很广，如《老鬼祭》《抽签调》《猎神调》《驱凶神》《卸邪祭词》《解咒词》等，都直接反映了傈僳人的原始宗教观念，具有很高的研究价值。"老鬼祭"是傈僳族传统祭祀活动中较为特殊的一种祭祀，规模较大，时间较长，是为那些被认为鬼缠身而生病卧床的人进行的祭祀，据称祭祀后病人会痊愈。《猎神调》为猎人出猎前在猎神面前祭祀时吟唱的，以让猎神保佑自己此次狩猎满载而归。

傈僳族的歌谣如按曲调和形式特征分类，大致有以下五种类型：

一是传统大调，傈僳族语称"木刮布"，意为吟唱古调。这类大调用木刮调演唱，并以对唱、领唱和合唱的形式进行，非常讲究押韵和对仗。一般以七言四句为基础，领唱与合唱，亦即上句与下句在词性、词义、句式、节奏等方面都对仗工整，节奏明朗，便于记忆和流传。有名的传统大调有《生产调》《打猎调》《找菜调》《请工调》《盖房调》《过年调》《串亲调》《生日调》《请媒调》《送嫁调》《娶亲调》《重逢调》《逃婚调》等。这些传统大调中最有代表性、最具影响力的是《生产调》和《逃婚调》。《生产调》是傈僳族地区流行最广、演唱场合最多的传统大调，把生产经验和生产技能融合在歌谣中，从古至今流传沿袭下来，是《生产调》的重要特色。《生产调》在傈僳族生活中的重大影响，也奠定了《生产调》在傈僳族歌谣中的重要地位。傈僳族生活在高山峡谷、山林坡地之间，过去生产力水平相对低下，经济发展相对缓慢，民众生活较为艰苦。同时受传统观念、封建意识等束缚，青年男女的婚姻往往受家族和父母的影响较大，包办婚姻较为普遍，从而导致一些青年男女为了追寻自由婚姻而逃婚，《逃婚调》就是这种现象的具体反映和表现。《逃婚调》是傈僳族地区反映逃婚内容歌谣的总称，有代表性的逃婚调有数十种之多，内容也不尽相同，但总的基调是反映青年男女们以逃婚的方式来反抗封建包办婚姻。

二是情歌调，傈僳语称"优叶叶"，这是男女青年成群结对在一起进行情歌对唱的调子。这类调子感情细腻，比喻形象，隐喻贴切，动人心弦。以琵琶或口弦伴奏的"口弦调"和"琵琶调"也属此类。这类调子传统的比较多，歌调和歌词都相对固定，人们口耳相传，沿袭至今，有的流传较广，在傈僳族地区具有一定的代表性，这类歌谣应视为傈僳族口耳相传的古籍。但也有大量的是新编的情歌，这一类就不属于古籍的范畴。

三是赛歌调，这是年节或集会上男女青年相邀对歌常用的调子，傈僳语称"拜细拜"或"刮本热"，曲调欢快奔放，即兴填词对唱。这一类曲调固定，也有一定相对固定的传统唱词，但也有现时按传统曲调填词的，后一种应仔细分辨和甄别。

四是祭歌调，是在各种祭仪上祭祀神鬼或祖先时唱的调子，曲调庄严，节奏缓慢。

五是葬歌调，是丧葬仪式上演唱的调子，有《哭歌》《送灵歌》《挽歌》等，曲调悲苦，委婉动人，多展现对亡者的怀念和追思，也有为亡灵指路之意。

傈僳人民能歌善舞，节庆日或集会时，常聚于山头、草坪或场院上围圈而舞，这种集歌、舞、乐于一体的集体舞蹈，傈僳语称"其布刮且"，意为用三弦伴奏的歌舞，也有用琵琶、口弦或笛子伴奏的。传统的"其布刮且"内容丰富多彩，曲调、舞步、唱词都相对固定，如《乌鸦喝水》《鸡啄食舞》《鸟王舞》《械斗舞》《割小米舞》《秋收舞》《开火山地舞》《猎人舞》《婚礼舞》《洗衣舞》《砸核桃舞》《脚跟舞》等等。这些歌舞的曲调和唱词多为代代相传，沿袭至今，应纳入古籍范畴予以保护。

三

傈僳族研究是民族研究的重要内容，傈僳族人民在长期历史发展过程中创造和积累了丰富多样的民族古籍，涉及傈僳族社会、经济、政治、文化、医药、艺术等方方面面的内容，是傈僳族重要的文化遗产，也是研究傈僳族社会历史文化不可多得的珍贵史料，所以，开展傈僳族古籍的搜集整理研究势在必行、意义深远。

20世纪初始，傈僳族古籍搜集整理研究工作从无到有，口传古籍的研究方兴未艾，取得了令人瞩目的成果。特别是中华人民共和国成立以后，党和政府高度重视民族问题和民族工作，为了摸清少数民族的社会历史状况，抢救濒临消失的珍贵历史文化资料，大规模的民间文学搜集整理工作有组织地展开，民间文学的专业机构，包括组织、研究、教育、宣传机构逐步建立，乘着轰轰烈烈的民间文学研究的东风，极大地推动了傈僳族口传古籍的整理研究。1949年，中国人民解放军滇黔桂边纵队的文艺团队在云南搜集民族民间歌谣并加以改编和再创作。1953年，全国人大民族委员会和中央民族事务委员会组织进行全国性的民族识别调查，1956年又开始少数民族语言、少数民族社会历史调查。1950年至1955年，中共云南省委边疆工作委员会、云南省民族事务委员会对全省少数民族社会历史情况进行调查研究，同时对云南各少数民族的婚姻习俗、宗教信仰和文学艺术开展研究。经过多次的民间文学调查，发掘、整理了大量的傈僳族口传古籍，仅民间歌谣就搜集了一千多首，较有代表的长诗如《生产调》《逃婚调》《重逢调》，还分别出版了单行本。可以说，中华人民共和国成立以后，伴随着民间文学搜集整理研究的步伐，傈僳族古籍整理研究工作也开始启程。

20世纪50年代以后，云南民间文学传承发展步伐基本与全国同步，呈现多元化的发展趋势，民间文学得到国家和省级各部门、各地高校和研究院所的高度重视。1958年，云南省委宣传部发出了《关于立即组织搜集民歌的通知》，从而开启了大规模的采风运动。这一时期，全省有组织有计划地进行了6次调查，共派出25个调查队（组）到民族地区发掘、整理民间文学，抢救了10余万件民族民间文学资料，整理、编选、出版了云南各民族及各地、州的民间歌谣选、民间故事选、民间长诗选。改革开放以后，各部门积极开展各种类型的民间文学调查，尤其是1984年，在钟敬文等学者的倡导下，文化部、国家民委等部门组织编纂"三大集成"，即《中国民间故事集成》《中国歌谣集成》《中国谚语集成》，云南17个地州（市）128个县相继成立了民间文学集成办公室，组织民间文学的发掘工作，此项工作一直持续到1992年，共收集故事、谚语、歌谣上亿字，掀起民间文学研究的新高潮。在云南组织实施"三大集成"工作的带动下，傈僳族古籍调查研究特别是口碑古籍的研究成果如雨后春笋般涌现，呈现一片欣欣向荣之态。傈僳族学者搜集整理了大量的民间故事、民间谚语、民间神话及民间歌谣，整理加工并印刷出版，长期被泥土掩盖的傈僳族古籍被挖掘出来，绽放出夺目的光芒。与此同时，1984年8月，按照国务院要求，经云南省人民政府批准成立云南省少数民族古籍整理出版规划办公室，隶属云南省民族宗教事务委员会，负责组织、联络、协调、指导全省少数民族古籍的抢救保护、翻译整理和出版工作。傈僳族作为云南25个世居少数民族之一，傈僳族古籍的抢救整理是云南民族古籍工作的重要内容。云南省民族古籍办积极联络，依托云南省傈僳族学会、各州、市、县傈僳族学会和相关专家，有序推进傈僳族古籍的调查研究、搜集整理工作。

总的说来，这时期傈僳族古籍整理研究成果丰硕。挖掘、抢救和翻译整理了一批傈僳族古籍文献，德宏民族出版社设立傈僳文编辑室，出版了数十种傈僳文书籍，云南民族出版社也成立了傈僳文编辑组，用新老傈僳文出版了各类图书近两百种。云南省少数民族古籍整理出版规划办公室抢救了数本珍贵的傈僳族音节文字古籍和木牌，并将分散收藏于迪庆藏族自治州维西傈僳族自治县和云南省少数民族古籍整理出版规划办公室的傈僳族音节文字古籍纳入《云南少数民族古籍珍本集成》影印出版，在傈僳族文献古籍保护中具有里程碑式的意义。此外，木玉璋、汉刚、余宏德搜集、译注、出版了汪忍波的《祭天古歌》；高慧宜的《傈僳族竹书文字研究》以汪忍波编写的《识字课本》为对象，通过田野调查，第一次对傈僳族竹书文字作了较为全面系统的研究；傈僳族学者相继翻译整理了《阿考诗经》《祭祀经》《盘歌》《狩猎歌》等傈僳族古籍。

1997年，国家民委确立了《中国少数民族古籍总目提要》跨世纪民族文化建设重点项目，并印发了《〈中国少数民族古籍总目提要〉编写纲要》，正式开始动员部署编目工作，傈僳族古籍编目工作正式提上日程。1998年5月，国家民委在广西桂林举办全国少数民族古籍编目培训班。2000年3月，云南省民族古籍办在昆明海埂举办了云南省少数民族古籍编目培训班。会后，云南省民族古籍办组织了云南省民间文学集成编辑办公室的杨利先、刘怡、杨海涛等长期从事民间文学研究的专家，共同探讨傈僳族古籍编目的相关事宜，并落实了编写人员，正式开始集中的编撰工作。因云南少数民族众多，财力、物力和人力相对紧张，云南省民族古籍办采取全面部署、全面指导、逐一落实、逐一推进的原则,《中国少数民族古籍总目提要·纳西族卷》《中国少数民族古籍总目提要·白族卷》《中国少数民族古籍总目提要·哈尼族卷》等先行完成编目工作,并相继公开问世,为云南其他民族古籍编目工作的开展奠定了坚实基础、积累了成功经验。2007 年,包括傈僳族在内的其他少数民族古籍编目完成了讲唱类的编目工作,囿于经费和工作重点变化,审定修改、出版发行工作暂时搁置。2008 年,云南省民族古籍办将各民族讲唱类词条汇集成《云南民族口传非物质文化遗产总目提要》出版发行,初步完成了各民族讲唱类词条的补充完善和审定工作,为最终纳入《中国少数民族古籍总目提要》出版发行奠定了坚实的基础。2015 年,经过多方努力,云南省民族古籍办复将《中国少数民族古籍总目提要》彝族卷、傣族卷、佤族卷、傈僳族卷、怒族卷等 13 个民族的古籍编目工作提上日程,指定专人负责,积极开展词条审读审定、修改完善、序言撰写、图片采集等一系列工作。2016 年,《国务院关于印发"十三五"促进民族地区和人口较少民族发展规划的通知》(国发〔2016〕79 号),要求开展少数民族古籍抢救保护工程,加大抢救保护濒临失传少数民族古籍力度,加强少数民族古籍翻译整理研究出版工作,继续编纂《中国少数民族古籍总目提要》,推进少数民族古籍数字化。在国家民族事务委员会全国少数民族古籍整理研究室的指导下,《中国少数民族古籍总目提要·傈僳族卷》的编撰进入攻坚收官阶段。

《中国少数民族古籍总目提要·傈僳族卷》从编写到完成历时十余载,采借历代傈僳族先民、傈僳族研究者的智慧结晶和辛劳之作,几代民族古籍工作者、民间文学研究者、傈僳族学者为之付出了艰辛的努力,历经数十人之手,是集体智慧的结晶,是一项重要的民族文化研究成果。该书的出版发行提纲挈领式地展示了傈僳族丰富多彩的民族历史文化遗产,展现了傈僳族群众在共同缔造中华文明中所作出的贡献。"让收藏在博物馆里的文物、陈列在广阔大地上的遗产、书写在古籍里的文字都活起来,让中华文明同世界各国人民创造的丰富多彩的文明一道,为人类提供正确的精神指引和强大的精神动力。"我们期冀本书的出版,对弘扬傈僳族优秀传统文化,促进各民族交往交流交融,增进民族团结发展起到积极的作用。

《中国少数民族古籍总目提要》云南编纂委员会
《中国少数民族古籍总目提要·傈僳族卷》编纂委员会
2019 年 1 月 20 日

凡　例

一、本书按照《〈中国少数民族古籍总目提要〉编写纲要》规定的收录范围，共收录傈僳族古籍条目 1043 条。其中，书籍类，收录 59 条；铭刻类，收录 3 条；文书类，收录 7 条；讲唱类，收录 974 条。

二、讲唱类分为神话传说、民间故事、长诗歌谣三部分，每一部分按我国民间文学传统分类方法分类。

三、编撰人员姓名均在各条目末括号内注明。

四、本书根据《〈中国少数民族古籍总目提要〉编写纲要》的要求编写，以确保丛书整体统一。

条目分类目录

书籍类

蛮书	35
元一统志	35
云南图经志书（景泰）	35
云南志（正德）	35
滇志（天启）	35
南诏野史	36
天下郡国利病书	36
重印大理府志	36
云南通志（康熙）	36
滇夷图说	36
宾川州志（雍正）	37
古今图书集成	37
云龙州志（雍正）	37
滇小记	37
云龙记往	38
滇云历年传	38
丽江府志略（乾隆）	38
皇清职贡图	38
滇南新语	38
滇黔志略	39
维西见闻纪	39
滇南闻见录	39
云南营制苗蛮图册	39
滇省迤西迤南夷人图说	39
御制外苗图	40
滇南夷情汇集	40
滇省夷人图说	40
云南通志（道光）	40
云南三迤百蛮图	40
滇中琐记	41
怒俅边隘详情	41
纂修云南上帕沿边志	41
泸水志	41
征集菖蒲桶沿边志	41
清实录	42
新纂云南通志	42
创世纪	42
洪水滔天	42
制盐经	43
呼唤太阳经	43
神瓜经	43
播树种经	43
造纸经	43
养畜经	43
八卦经·历算	44
八卦经·趋吉避凶	44
八卦经·择吉	44
音节文字识字歌（一）	44
音节文字识字歌（二）	44
汪忍波自传（一）	44
汪忍波自传（二）	45
祭山神经	45
求雪经	45
打仗经（一）	45
打仗经（二）	45
占卜经（一）	46
占卜经（二）	46

| 骰子占卜经 | 46 |
| 测天阴天晴经 | 46 |

铭刻类

平彝碑	49
平彝碑记	49
傈僳族音节文字木牌	49

文书类

朱老二卖契	53
二官地契	53
李应福当契	53
李应洪契	53
栋二卖契	53
栋五卖契	54
刘姓换田合同	54

讲唱类

一、神话传说

（一）神话

木布帕捏地球	57
明补扒	57
猕猴变人	57
创世传说	57
创世纪（一）	58
创世纪（二）	58
冰天鹅、冰蚂蚁造天地	58
天地和人类的起源	59
天管师造人类	59
万物寿命的来历	59
太阳和月亮	59
射太阳月亮	60
公鸡请太阳	60

天地人的来历	60
来刹与比刹	60
兄妹配偶	61
洪水	61
洪水滔天的故事	61
繁衍人类的故事	62
洪水泛滥	62
洪水滔天	62
洪水滔天和兄妹成家	62
依采和依姐的故事	62
葫芦生人	63
一个瓜里的人	63
不同民族的由来	63
繁衍人类	63
天地分离的神话	64
天地分开	64
日食的来历	64
天狗吃月亮	64
狗吃月亮	65
鸡窝星的传说	65
彩虹	65
岩石月亮	65
米斯和水神	66
山神岩桑	66
达克布爬的獐皮书	66
神匠	66
天管师两口子和张古老	67
神药的故事	67
粮食种子的由来	67
天管师传给人间包谷种	67
三朝人的变化	68

（二）氏族传说

七姐妹割草	68
木筒里出来的人	68
里吾底木氏族的传说	68
猫头鹰氏族的传说	69

鸟氏族的传说 …… 69	怒江的传说 …… 77
阿宝与蜜蜂 …… 69	怒江和澜沧江的传说 …… 77
虎氏族的来历 …… 69	怒江为什么哗啦哗啦响 …… 77
荞氏族的由来 …… 70	怒江为什么山多箐多 …… 77
恒玛塔 …… 70	大宝龙潭的传说 …… 78
竹氏族的由来 …… 70	大墩子的传说 …… 78
麻氏族的由来 …… 70	飞人洞 …… 78
鱼氏族的由来 …… 70	木昵玛 …… 78
熊氏族的故事 …… 71	云和雾的来历 …… 78
李那、李克射魔王 …… 71	"四十驮"村的来历 …… 79
诸葛亮与傈僳族 …… 71	白牛山的传说 …… 79
	仙人沟的由来 …… 79

（三）风俗与风物传说

刀杆节 …… 71	姐妹温泉的传说 …… 79
米斯的彩礼 …… 71	三不成仙 …… 79
祭山神的由来 …… 72	打卦坡的来历 …… 80
不同方式的祭祀活动 …… 72	"苗干田"的来历 …… 80
猎神传奇 …… 72	罗通村的来历 …… 80
阔时节的传说 …… 73	念布依奔和欠谷龙潭 …… 80
澡塘会的来历 …… 73	借银洞的传说 …… 81
火把节 …… 73	亮墨塘 …… 81
吃新米的传说 …… 73	天银洞 …… 81
琴和舞的来历 …… 73	竖石找羊 …… 81
傈僳族跳脚的由来 …… 74	傈僳人别长刀的由来 …… 81
达叽达哏 …… 74	美丽的红腰带 …… 82
吹木叶的来历 …… 74	一日三餐的来历 …… 82
傈僳族人为什么爱打猎 …… 74	米娘娘告状 …… 82
傈僳族祭母的来历 …… 75	天狗吃日、月 …… 82
吐唾沫的来历 …… 75	撒草子 …… 83
色水的由来 …… 75	安耳朵 …… 83
傈僳族花衣服的由来 …… 75	老虎、水獭、家猫的来历 …… 83
做毡子 …… 75	家禽家畜的起源 …… 83
草烟的来历 …… 76	野兽同人打官司 …… 83
抽兰花烟的来历 …… 76	黄谷的祖宗 …… 84
连心鱼 …… 76	猪狗找稻种 …… 84
横断山脉的传说 …… 76	人与水牛分红 …… 84
金沙江哥哥和澜沧江弟弟 …… 76	鸡枞的由来 …… 84
	兰花烟的来历 …… 84

金竹子为啥会发响 …… 85	送鬼 …… 92
从丽江坝子到碧罗雪山 …… 85	射箭比赛 …… 92
吴井桥的酒 …… 85	挨打遇医 …… 93
蜜地萝 …… 85	善恶有报 …… 93
葫芦笙的由来 …… 86	被害 …… 93
分家定姓氏 …… 86	阿亚扒和阿夸扒为恒乍崩报仇 …… 93
祖先留下的竹子 …… 86	腊它底古 …… 93
	枪炮打不进 …… 94
（四）人物传说	英雄岩七 …… 94
阿撒 …… 86	岩七降生 …… 94
王鄂的故事 …… 87	神箭穿石 …… 94
包文正断案 …… 87	被捕遭害 …… 95
木必帕 …… 87	康普喃土司的来历 …… 95
木比杀妖怪 …… 87	鲁基曼 …… 95
木比妙用火把 …… 88	楚沙扒起事 …… 95
木比射鹰 …… 88	密罗沙 …… 95
木必还活着 …… 88	维木青和他的朋友 …… 95
打虎 …… 88	降到人间 …… 96
鸡叫定居 …… 89	怀中九月 …… 96
扯直弯羊角 …… 89	试放宝刀 …… 96
拆布织布 …… 89	创造文字 …… 96
跳马吃酒 …… 89	传教文字 …… 96
上山打虎 …… 89	一夜编七扇大簸箕 …… 97
要下嘴壳 …… 89	汪忍波造字故事 …… 97
率众起义 …… 90	阿弓玛 …… 97
大破官兵 …… 90	阿弓玛的故事 …… 97
火烧怪物 …… 90	四滴水 …… 97
木必扒的传说 …… 90	赶石头造田 …… 98
练功和行医 …… 91	赶石造桥 …… 98
官逼民反 …… 91	石上落迹传千古 …… 98
攻占维西城 …… 91	僧尼弱出世 …… 98
痛打那总兵 …… 91	威慑县太爷 …… 98
结拜黑旋风 …… 91	六块梁子拔松树 …… 99
劫官粮 …… 92	尼纠大白水的来历 …… 99
大战锣鼓箐 …… 92	僧尼弱之死 …… 99
鲁甸突围 …… 92	鲁班与赵巧 …… 99
英勇就义 …… 92	

二、民间故事

（一）幻想故事

条目	页码
一只宝船的故事	100
一只金鞋	100
一颗金豆子	100
人们讨厌羊辣刺的由来	101
三个木箱里的人	101
三兄弟	101
孤儿与小人国	101
小人国	101
小孩和老虎	102
五兄弟	102
六个能干的人	102
月亮上的木瓜树	102
月亮上的姑娘	103
六个朋友除妖魔	103
碓儿	103
爷爷借羊打鬼	103
孤儿救姐	104
龙女和孤儿	104
苦命的孤儿	104
石马	104
白马、神鹰和孤儿	104
机智的孤儿	105
被喂熊的大爹	105
白发老人	105
兄弟俩和花松鼠	106
生意人奇见	106
禾乃巴降伏恶鹫	106
半节梳子	106
闪光的弓箭	106
四台坡的传说	107
寻找太阳头发的故事	107
竹笛姑娘	107
花牛牛和天鹅姑娘	107
绣鞋姑娘	107
猴子的祭礼	108
守芋头	108
两兄弟与猴	108
贪心的哥嫂	108
贪心的哥哥	108
狠心哥哥	109
兄弟俩	109
两对朋友	109
儿女心	109
两兄弟与小青蛙	110
报应	110
姐妹俩	110
两颗宝珠	110
卖香香屁	110
两兄弟（一）	111
两兄弟（二）	111
阿于和龙姑娘	111
猎人和鱼姑娘	112
吹拉弹唱	112
阿普的故事	112
阿恩和阿负	112
说话的石人	112
宝葫芦	113
火烧腊门	113
借碗	113
宝碓	113
鱼姑娘	113
吃蜜糖	114
国王和一百个儿女	114
岩神配婚	114
阿普与阿邓	114
兔媒	115
青蛙娶媳妇	115
青蛙伙子	115
青蛙和达玛姑娘	115
青蛙吐银子	116
依娜儿学织布	116

目录	页码	目录	页码
金银为什么少	116	蚱蜢和猴子	124
卖牛皮	116	救命葫	124
孤儿和七公主	116	娶亲三件礼	124
七姑娘	117	猫头鹰和赶马人	125
嫁给穷小伙	117	绿斑鸠的故事	125
孤儿和五个伙伴	117	善恶有报	125
孤儿阿开	117	牛身上的苍蝇	125
孤儿和仙女	118	寻找母亲的故事	125
孤儿和起本	118	花母牛的来历	126
孤儿与琵琶	118	长角生毛的儿媳	126
奇异的琵琶	118	智除妖精	126
孤儿与龙姑娘	118	隐身帽	127
孤儿和龙女	119	嘎士比叶和灰雁姑娘	127
孤儿龙女斗土司	119	赶马人除妖	127
孤儿奇遇记	119	打山匠与虎妖精	127
百鸟羽衣人	119	金狐狸皮	127
孤儿奇遇	120	十六张虎皮	128
孤儿皇帝	120	聪明的姐姐	128
孤儿报仇	120	老变婆	128
两股清泉	120	枪杀老变婆	128
狗猫巧夺金银镯	120	打山匠收拾老变婆	129
割草	121	饶鬼一条命	129
大姐和三姐	121	雷神讲私情	129
三妹嫁蛇郎	121	奇怪的儿子	129
说话的门坎	121	癞疙宝长角	129
复活的人	122	癞疙宝孙孙	130
茨帕妞姑娘	122	沙龙生与乔幺妹	130
降妖树	122	花孙儿和花孙女	130
神斧	122	李杂和蚂蚁的故事	131
神磨	122	金花鸟	131
神脚、神鼻和神斧	123	李贵阳和杜鹃	131
益桑的宝琴	123	三颗包谷籽	131
笛子和龙女	123	穷苦人变龙的故事	132
猎人与猎神	123	神奇的三龙箫	132
聂沃	123	九道彩虹降恶龙	132
猎人智斗妖雕	123	收租的龙	133
仙女降妖怪	124	小小蚂蚁除恶龙	133

神奇的葫芦笙 …………………… 133	两兄弟分家产 …………………… 141
吹葫芦笙找女婿 ………………… 133	没有不敢斗的人 ………………… 141
雷蚣虫除害 ……………………… 134	纵容不是爱 ……………………… 141
孤儿与雷蚣虫 …………………… 134	择女婿 …………………………… 141
孤儿和龙姑娘 …………………… 134	净赚一两 ………………………… 141
孤儿找伴 ………………………… 134	蛇肉奇方 ………………………… 141
孤儿认妻 ………………………… 135	寨主上当 ………………………… 142
孤儿的奇遇 ……………………… 135	指蜂为鹿 ………………………… 142
阿普救乡亲 ……………………… 135	偷来的酒肉不香 ………………… 142
偷羊 ……………………………… 136	孩子嘴里吐实话 ………………… 142
姐姐黑心肠 ……………………… 136	金子不如粮食 …………………… 142
	别为新粮撒旧粮 ………………… 143
（二）生活故事	金花雀和银花雀 ………………… 143
七匹马和两只野猫 ……………… 136	变牛的儿媳 ……………………… 143
人命和金子 ……………………… 136	四子吟诗 ………………………… 143
江松的故事 ……………………… 136	农家女 …………………………… 143
土司娶母猴 ……………………… 137	啃鱼背的婆娘 …………………… 144
无根的话信不得 ………………… 137	孤儿尼格子 ……………………… 144
生病杀羊子的来由 ……………… 137	孤儿和老虎 ……………………… 144
木刻母亲 ………………………… 137	孤儿卖炭 ………………………… 144
儿大娘三岁 ……………………… 137	贪财人的结果 …………………… 144
父与子 …………………………… 138	两母女和两个盐井 ……………… 144
父亲怎么做，儿子怎么做 ……… 138	脉侄养母 ………………………… 145
紧跟老子脚印 …………………… 138	铁心儿 …………………………… 145
家教 ……………………………… 138	高人有短处，矮人有长处 ……… 145
记三岁娃娃的仇不值得 ………… 138	酒肉朋友和兄弟 ………………… 145
仙人洞除害 ……………………… 138	酒酒肉肉不是真朋友 …………… 145
兄弟情 …………………………… 139	猎人和花鹿 ……………………… 146
哥与弟弟 ………………………… 139	猎人的礼物 ……………………… 146
用死虎娶媳妇 …………………… 139	骑虎的人 ………………………… 146
寻找幸福的人 …………………… 139	偷马骑虎 ………………………… 146
年命登找金银 …………………… 139	普普乃乃 ………………………… 146
地里有金宝 ……………………… 140	碓舂心 …………………………… 147
男孩和老虎 ……………………… 140	母猴学人 ………………………… 147
聪明的小孩 ……………………… 140	骗子 ……………………………… 147
两老庚 …………………………… 140	算账 ……………………………… 147
三兄弟 …………………………… 140	自炒锅和生死棒 ………………… 147

绿衣秀才 …… 148	拔牛尾 …… 155
只要上六块的 …… 148	智斗大力士 …… 155
穿裤儿的男子汉 …… 148	刮加桑之死 …… 155
两老表结伴打山 …… 148	娃花帕的土锅 …… 156
"鬼"撵东巴 …… 149	神拐杖 …… 156
后娘起黑心 …… 149	捉贼 …… 156
骗人招人恨 …… 149	舂碓 …… 156
世上没得后悔药 …… 149	祭鬼 …… 156
"闷"男人 …… 150	偷马 …… 156
阿爸的眼睛像床下的羊眼睛 …… 150	棒打苍蝇 …… 157
鼻子擤粉条没学到 …… 150	惩治恶鬼 …… 157
没有记性的人 …… 150	赌钱罐 …… 157
懒汉和蕨果 …… 150	智娶富人姑娘 …… 157
巧语联姻 …… 151	跺土成肉的拄棍 …… 157
儿子和木头阿妈 …… 151	巧取银子 …… 157
天干三年能活命 …… 151	太阳和月亮打架 …… 158
不抽烟得"两头" …… 151	打赌 …… 158
勤劳的两姐弟 …… 151	找金子 …… 158
能干的女当家 …… 152	麂子爬树 …… 158
好心的两弟兄 …… 152	快来打偷猪贼 …… 158
桃树坡的故事 …… 152	赶羊 …… 159
抢亲的风波 …… 152	种金子 …… 159
	合种地 …… 159
（三）机智人物故事	趁热吃了 …… 159
土司的衣裳 …… 153	山官比狗凶 …… 160
土官输了小老婆 …… 153	谁的嘴最馋 …… 160
木锄 …… 153	拜寿 …… 160
巧斗山官 …… 153	鸡蛋和鸡 …… 160
巧治山官 …… 154	拔秧 …… 161
巧偷金银罐 …… 154	去分肉 …… 161
白熊 …… 154	
先笑后哭 …… 154	（四）动植物故事
羊换牛 …… 154	"漏"的故事 …… 161
报复 …… 154	老虎怕"漏" …… 161
狗换牛 …… 155	老虎、小偷和漏 …… 162
宝棍（一） …… 155	狐狸妖精和人偷马的故事 …… 162
宝棍（二） …… 155	医筋骨疼的网袋 …… 162

条目	页码
小白兔智斗大老虎	162
青蛙和老虎比武	162
腊玛登	163
癞蛤蟆和老虎	163
老虎、狐狸和青蛙的故事	163
兔子和老虎	163
牛为什么没有上门牙	163
牛为什么没有上牙	163
水牛和老虎	164
白兔和老虎	164
老虎和兔子比赛摇尾巴	164
比赛爬坡	164
比赛过河	164
老虎困进旋风洞	165
跳树杈	165
獐子和老虎	165
谁的亲戚多	165
狗熊的眼睛	165
熊的眼睛为什么小小的	165
熊的眼睛	166
兔子和老熊	166
兔子为什么长耳短尾	166
兔子巧斗老熊	166
兔子和狐狸	166
短尾巴兔子和花脸狐狸	167
愚蠢的狮子	167
小兔和豹子	167
狗找朋友	167
狗为什么恨猫	167
懒狗贪功	168
狗和猫	168
猪和狗	168
狗、猫、山羊	168
蛤蟆智胜小花兔	168
兔子断官司	169
兔子帮助孤儿娶媳妇	169
兔子的红眼睛和短尾巴的由来	169
骗人的兔子	169
猴子与水牛的故事	169
麂子的皮毛为什么是红的	170
蚂蚱智斗猴子	170
猴子屁股为什么红	170
猴国与蚱蜢国的战争	170
谁的过错	170
蛇皮的演变	171
蛇的毒性为什么比土蜂大	171
鸡的故事	171
麻鸡和野鸭	171
乌鸦为什么害怕弩弓	171
乌鸦和箐鸡	172
乌鸦与青蛙	172
青蛙和乌鸦	172
乌鸦的来历	172
"国夺罗"雀和"阿窝罗"雀的故事	172
喜鹊和布谷鸟	173
背背笼与布谷鸟	173
骂哥雀	173
小蚂蚁和蜻蜓的故事	173
蚊子、跳蚤的来历	173
跳蚤和虱子	174
蝉肚子为什么是空的	174
螳螂与蜥蜴	174
鱼为什么没有牙齿	174
棕树和青树	174
花荞秆为什么是红的	175
荞子和麦子	175
蚊子的故事	175
毒蛇变银子	175
蜜蜂作见证	175
麂子和穿山甲打赌	176
狗哥哥和猫兄弟	176
猫和老鼠的故事	176
兔子和野猫	176
毛狗、兔子学本领	177

| 撵山狗的由来 …… 177
| 狗为什么撵麂子 …… 177
| 猴子屁股为啥不长毛 …… 177
| 猴子学抽烟 …… 177
| 狗屎貂和貂翎子比念经 …… 178
| 同野猪算账 …… 178
| 智胜毛狗和老鹰 …… 178
| 铁甲鸟为啥打老鸹 …… 178
| 四脚蛇和山壁猴儿 …… 178
| 蚂蚱为啥吊脖子 …… 179
| 蚊子、虼蚤大变小 …… 179
| 蚂蚁和老虎比力气 …… 179
| 蚂蚁教懒人 …… 179
| 蚂蚁抬粮 …… 179
| 螳螂和乌龟赛跑 …… 180
| 青蛙大争论 …… 180

三、长诗歌谣

（一）创世歌

开天辟地 …… 181
造太阳月亮 …… 181
造日造月 …… 181
洗日洗月 …… 181
射太阳经（一）…… 182
射太阳经（二）…… 182
射太阳经（三）…… 182
射太阳经（四）…… 182
射太阳经（五）…… 182
射太阳经（六）…… 183
射太阳经（七）…… 183
射太阳经（八）…… 183
射日射月 …… 183
生存和死亡 …… 183
猿猴与野鼠 …… 183
不劳动者不得吃 …… 184
创世纪（一）…… 184
创世纪（二）…… 184

（二）祭祀歌

猎神调（一）…… 184
猎神调（二）…… 184
许猎神经 …… 184
抽签调 …… 185
获猎调 …… 185
米斯尼 …… 185
老鬼祭 …… 185
卸邪祭词 …… 185
解咒词 …… 186
庄令 …… 186
寺兹色 …… 186
摆俄袯词 …… 186
骂龙调 …… 186
接祖 …… 186
接祖祭词 …… 187
扫墓 …… 187
尼比 …… 187
招魂调（一）…… 187
招魂调（二）…… 187
招魂调（三）…… 187
招魂调（四）…… 188
招魂调（五）…… 188
招魂调（六）…… 188
招魂调（七）…… 188
招魂调（八）…… 188
招魂调（九）…… 188
招魂调（十）…… 189
喊魂词 …… 189
初哈枯 …… 189
尼白殊祭词 …… 189
尼另 …… 189
祭灶神 …… 189
祭三脚架 …… 190
祭风词 …… 190

夺早玛底	190
叫粮魂	190
新年扫地祭	190
新年贺词	190
驱凶神	191
寻盐祭盐	191
新年射箭占卜咒语	191
求签调	191
怀亲	191
劝孝子唱的歌	192
丧葬歌	192
送灵歌	192
挽歌	192

（三）习俗歌

烧火歌	192
迎客歌（一）	193
迎客歌（二）	193
迎客歌（三）	193
迎客歌（四）	193
训女歌（一）	193
训女歌（二）	193
训女歌（三）	194
训女歌（四）	194
散伙歌	194
媒人歌	194
讨酒歌	194
虎咬鹰啄调	195
娶亲调	195
配亲歌	195
迎亲歌	195
嫁姑娘调	196
酒歌	196
过年调（阔时木刮）	196
过年歌（初一的歌）	196
过年歌（初二的歌）	196
过年歌（初三的歌）	197

生日调	197
请媒调	197
送嫁调	197
求婚调（一）	197
求婚调（二）	198
求婚调（三）	198
求婚调（四）	198
求婚调（五）	198
求婚调（六）	198
求婚调（七）	199
求婚调（八）	199
求婚调（九）	199
求婚调（十）	199
求婚调（十一）	199
求婚调（十二）	200
求婚调（十三）	200
求婚调（十四）	200
求婚调（十五）	200
婚礼歌（一）	200
婚礼歌（二）	201
结婚调（一）	201
结婚调（二）	201
逃婚调（一）	201
逃婚调（二）	201
逃婚调（三）	201
逃婚调（四）	202
逃婚调（五）	202
逃婚调（六）	202
逃婚调（七）	202
逃婚调（八）	202
逃婚调（九）	203
逃婚调（十）	203
逃婚调（十一）	203
逃婚调（十二）	203
逃婚调（十三）	203
逃婚调（十四）	204
逃婚调（十五）	204

逃婚调（十六） …………………… 204
逃婚十二月 ……………………… 204
心和心合成一颗了 ……………… 204
从今天起啊 ……………………… 204
月亮活着十五就会圆 …………… 205

（四）叙事歌
开战打战 ………………………… 205
然迟然目刮 ……………………… 205
养狗驯狗 ………………………… 205
造纸 ……………………………… 205
驯养牲畜 ………………………… 206
炼铁打铁 ………………………… 206
开荒种地 ………………………… 206
猎手的歌 ………………………… 206
牧羊歌 …………………………… 206
鱼姑泪 …………………………… 206
荞氏族祖先歌 …………………… 207
阿克吉 …………………………… 207
琅总督 …………………………… 207

（五）劳动歌
晒盐经 …………………………… 207
造盐场 …………………………… 207
背盐水 …………………………… 208
收盐 ……………………………… 208
生产调（一） …………………… 208
生产调（二） …………………… 208
生产调（三） …………………… 208
生产调（四） …………………… 209
生产调（五） …………………… 209
生产调（六） …………………… 209
生产调（七） …………………… 209
生产调（八） …………………… 209
生产调（九） …………………… 209
生产调（十） …………………… 210
请工调 …………………………… 210
盖房调（一） …………………… 210

盖房调（二） …………………… 210
盖房调（三） …………………… 210
放牧歌 …………………………… 211
种瓜歌 …………………………… 211
种菜调 …………………………… 211
找菜调 …………………………… 211
打猎调（一） …………………… 211
打猎调（二） …………………… 211
打猎歌 …………………………… 212

（六）时政歌
在黑暗的日子里 ………………… 212
不是官家还有谁 ………………… 212
上身没有衣裳穿 ………………… 212
穿的衣服是烂蓑衣 ……………… 212
到深山里找黄连 ………………… 212
一天路也不敢走 ………………… 213
鸡蛋来不及抱小鸡 ……………… 213
天天躺在火塘边 ………………… 213
找些野菜当饭吃 ………………… 213
什么都卖掉了 …………………… 213
火塘作被子 ……………………… 213
歇脚的地盘也上税 ……………… 214
儿女不见父母的面 ……………… 214
翻山越岭去砍柴 ………………… 214
父母一天累到晚 ………………… 214
种菜不见菜 ……………………… 214
年年都有税 ……………………… 214
拦在那里跳一夜舞 ……………… 215
起义歌 …………………………… 215
马夫吟 …………………………… 215

（七）生活歌
串亲调 …………………………… 215
入人调 …………………………… 215
聘牛调 …………………………… 215
悔婚歌 …………………………… 216

女流歌 …… 216
十二月调 …… 216
十二属 …… 216
放羊调 …… 216
孤儿调 …… 216
从小生活很痛苦 …… 217
苦歌 …… 217
身世苦歌 …… 217
同胞分离曲 …… 217
老大歌 …… 217
长子歌 …… 217
啊喔咯呀喔喔喔 …… 218
全家歌 …… 218
越荒年 …… 218
打菜歌 …… 218
姑娘打猎 …… 218
好过的日子 …… 218
咖叭嗒 …… 218
达玛达 …… 219
新岁姐姐到来了 …… 219
拦路歌 …… 219
迎客调 …… 219
划拳调 …… 219
学瓦庆谣 …… 219
大伙一齐（起）踏歌来 …… 219
识别族人谣 …… 220
点兵歌 …… 220
采歌 …… 220

（八）情歌

恋歌 …… 220
槟榔江为我们作证 …… 220
一气飞到哥那里 …… 220
邀请歌 …… 221
我俩就像一双筷 …… 221
悄悄语 …… 221
跟着背长刀的阿哥走 …… 221

哥约妹子去赶街 …… 221
阿妹，我想念你 …… 221
阿哥阿妹心连心 …… 222
跟随哥哥来 …… 222
竹筏调 …… 222
猎鸟情歌 …… 222
请给捻上三根弩绳来 …… 222
大竹做梁也有心 …… 222
泉边的歌 …… 222
口弦歌 …… 223
阿秀调 …… 223
婚歌 …… 223
假如 …… 223
恋药祈歌 …… 223
甜甜的龙潭水 …… 224
架天桥 …… 224
想你想在心窝窝 …… 224
有心相交学白雪 …… 224
我只爱上你一个 …… 224
悠悠的白云 …… 224
成亲调（一） …… 225
成亲调（二） …… 225
成亲调（三） …… 225
成亲调（四） …… 225
成亲调（五） …… 225
成亲调（六） …… 225
成亲调（七） …… 226
成亲调（八） …… 226
成亲调（九） …… 226
成亲调（十） …… 226
成亲调（十一） …… 226
成亲调（十二） …… 227
成亲调（十三） …… 227
成亲调（十四） …… 227
成亲调（十五） …… 227
成亲调（十六） …… 227
情歌对唱 …… 228

你打动了我的心	228
我俩种粮能增产	228
我俩同意就结成对	228
你心中莫害怕	228
镰刀给你打一把	228
七月太阳晒死了	229
房头茅草我来割	229
三月烧地如何烧	229
你活我也活	229
小妹累了大哥背	229
种地种子你去要	230
穿着棉布想爱情	230
千年万年爱你了	230
娃娃背来父亲看	230
千千万万不离开	230
种棉能穿好花布	230
世间人生是花园	231
永远和你在一起	231
如果心里不相爱	231
如果你不想念我	231
我俩却不能离开	231
我的身体瘦下去	231
今后还是能相见	232
我俩谈过一次	232
我不想回去了	232
你对我非常爱	232
我最喜欢你了	232
你倒是不会老了	232
以后就不能相见	233
双方真心的爱	233
向往幸福的日子	233
思念歌	233
牧羊歌	233
傈僳情歌	233
鹅花玛的歌	234
五送情郎	234
掐菜舀水调	234
难找的地石榴才甜呀	234
口弦调	234
对唱山歌	235
庄稼人爱庄稼人	235
分别久了话也多	235
喜欢帮人挖荒地	235
妈妈为我熬苦药	235
荞子好打难扬糠	235
要想开荒算良辰	235
斩断乱麻心自由	236
就怕花开蝶不到	236
昨夜过你竹林地	236
瞧到口弦治肚疼	236
金竹口弦这一副	236
羊啃青草我雕弦	237
竹弦变成鼠早点	237
合不合意招招手	237
气疯那些小心眼	237
竹鸟机灵会避箭	237
半天才到你身边	237
手掌打泡生茧花	238
有了弩弓没弦索	238
声声叶哨传我情	238
火山地里猪草旺	238
森林地里老熊多	238
披星戴月不知归	238
板锄唱歌谷回音	239
快求你妈祭祭鬼	239
闪亮镰刀蝉蝉叫	239
闺房安得织布机	239
竹鸟有翅飞得快	239
捕猎满载回到家	239
香甜蜜汁流成河	240
白白等了那么久	240
咱俩相伴不分开	240
枝繁叶茂杆标直	240
口弦调调扣心弦	240

黄金不兴铸犁头	241
心心相印命相连	241
只要打猎满载归	241
哪有鱼儿不上钩	241
竹篾竹片播佳音	241
捉鹰不要怕失鸡	241
银燕成对也筑巢	242
白腹锦鸡会唱歌	242
哪里种树树成林	242
哪里有铁到哪里	242
一天盖好金竹楼	242
辞别爹娘进新居	242
满山歌声满山情	243
傈僳族情歌（一）	243
傈僳族情歌（二）	243
傈僳族情歌（三）	243
傈僳族情歌（四）	243
傈僳族情歌（五）	243
傈僳族情歌（六）	244
短歌（一）	244
短歌（二）	244
短歌（三）	244
短歌（四）	244
短歌（五）	244
短歌（六）	245
短歌（七）	245
短歌（八）	245
短歌（九）	245
短歌（十）	245
花儿开放蜜蜂乐开怀	245
望妹来	246
碧罗雪山能为凭	246
一对白鹤	246
捕蜂与猎獐	246
这情赛过麝芳香	246
像刻木刻在心上	246
想念的曲子唱不完	246
小妹不嫁闲荡人	247
弓弦与刀带	247
歌儿装在我俩心底	247
想交才说真情	247
捕鱼	247

（九）儿歌

摇篮曲	247
阔时秋千	247
放牧秋千歌	248
约玩歌	248
爷爷不吃我不吃	248
宁吃野菜不卖女	248
舅爹买来小花糖	248
可爱的小姑娘	248
崖头上	248
讲卫生	248
昨晚狗儿为啥叫	249
十指歌	249
荡秋千（一）	249
荡秋千（二）	249
秋千谣	249
阿拜歌	249
小妞妞，吃饭了	249
黄果丫丫	250
哄小鸡	250
捉知了	250
蚕豆豌豆歌	250
阿诂白	250
数星星	250
猜谜歌	250
盘歌	251
逗娃娃歌	251
除害谣	251

书籍类

蛮书

10卷,唐代樊绰撰。此书分为《云南界内途程》《山川江源》《六诏》《名类》《云南管内物产》《蛮夷风俗》《南蛮教条》等。卷4《名类第四》载:"栗栗两姓蛮、雷蛮、梦蛮,皆在茫部台登城,东西散居,皆乌蛮、白蛮之种类。"是研究唐代傈僳族历史的重要史料。据乾隆武英殿聚珍版原本影印本。本色宣纸,线装,楷体,墨书。页面24.5厘米×15.7厘米,版框17.3厘米×13.2厘米,上下单栏,左右双栏,10行,每行22字。白口,有书名、页码。保存完好。云南省社会科学院图书馆藏本。现有《蛮书校注》,向达校注本,中华书局1962年版。

(和六花)

元一统志

原名《大元大一统志》,元世祖至元二十三年(1286年)开始编纂,至元三十一年(1294年)成书,755卷,大德七年(1303年)续修,增至1300卷。札马剌丁、虞应龙、孛兰盼、岳铉等主持编撰,元代官修全国性地理总志。综合了唐《元和郡县图志》、宋《太平寰宇记》《舆地纪胜》等书的体例,分为建制沿革、坊郭乡镇、里至、山川、土产、风俗形势、古迹、宦迹、人物、仙释诸门类。《丽江路二州》载:"丽江路……蛮有八种:曰么些,曰白,曰罗落,曰冬闷,曰峨昌,曰撬,曰吐蕃,曰卢,参错杂居。"对研究傈僳族历史源流、发展演变、分布等具有重要的参考价值。今存至正六年(1346年)杭州刻本残本。近人赵万里将元刻残帙、各家钞本与群书所引,汇辑为一本,以《元史·地理志》为纲,厘为10卷,题为《元一统志》,中华书局1966年版。

(和六花)

云南图经志书(景泰)

10卷。明代陈文、王毅纂修,卷1至卷6为地理志,按各府、州、宣慰司、宣抚司、指挥司、长官司,分载其建制沿革、郡名、风俗、土产、山川、学校、古迹、人物等22目。卷7至卷10为艺文志,载元、明人诗文。卷四《北胜州风俗》载:"有名栗些者,亦罗罗之别种也……"此书为云南现存最早的一部方志,对研究傈僳族的社会、历史、风俗有重要参考价值。据明景泰六年(1455年)抄本于1956—1960年云南少数民族社会历史研究所油印本。黄色绵纸,线装,楷体,墨色。页面25.2厘米×18.5厘米,版框20厘米×14厘米,无边栏,10行,每行22字。白口,有书名、卷次、页码。保存完好。云南省社会科学院图书馆藏本。

(和六花)

云南志(正德)

44卷,明代周季凤纂修,首为《地理志》14卷,次《事要》1卷,次《列传》7卷,次《文章》11卷,次《外志》11卷,全面反映社会经济文化,颇多可取,开明清地方志书的新体例。卷112《风俗·北胜州》载:"有蛮栗些,亦罗罗种。巢处山林,猎取禽兽以食。"对研究傈僳族历史源流、发展演变、分布等具有重要的参考价值。文选楼刊本《天一阁书目》著录四明范氏藏原刊本正德《云南志》12本,清光绪薛福成刻《天一阁见存目录》著录正德《云南志》44卷。云南省图书馆、云南大学图书馆有复抄本。《云南史料丛刊》收录该书,云南大学出版社2001年版。

(和六花)

滇志(天启)

33卷。明代刘文征(字懋学,号右吾)撰,撰写时间及经过史载不详。记载了战国时楚将庄蹻开滇至明代天启五年(1625年)有关云南古代政治、经济、文化、军事、民族等方面的史实,是一部学习和研究云南历史的重要著作。天启《滇志》为明代《云南省志》最后纂修之本,体例大都沿旧志。全书约110万字,总分14类,每类各具分目，共104目。卷10《羁縻志·种人》载："力些，惟云龙州有之……"对研究傈僳族历史源流、发展演变、分布等具有一定的参考价值。《滇志》流传民间，辗转传抄，讹误甚多。北京大学图书馆收藏清季巴陵方氏藏书，云南省图书馆、云南大学图书馆存覆抄本，缺地图。有古永继校点本《滇志》，云南教育出版社1991年版。

（和六花）

南诏野史

2册，246页。明胡蔚增订。按史迹内容分标题记述，以纪年体记述南诏、大理国时期历代君主事迹、更替、源流等。该书下卷《南诏各种蛮夷》载："力些，即傈僳。衣麻披毡，岩居穴处。"对研究傈僳族历史文化具有参考价值。本色宣纸，线装。页面27.5厘米×16厘米，墨框17厘米×13厘米，四周单栏，9行，每行22字。白口，有书名、鱼尾、卷次。保存完好。今藏云南省大理白族自治州图书馆。有木芹《南诏野史会证》，云南人民出版社1990年版。

（和六花）

天下郡国利病书

全书共120卷。明末清初顾炎武所著历史地理著作。是书搜集了大量史籍、实录、方志及奏疏、文集中与国计民生相关的资料，并实地考察了这些资料中所载的山川要塞、风土人情等，全面反映了明代的舆地山川、南北直隶、十三布政使，对赋役、屯垦、水利、漕运等方面的记载也相当丰富，是研究明代社会政治经济的一部重要史籍，其中涉及傈僳族的史实，如《云南五》载："力些，惟云龙州有之……"对研究傈僳族民族史有一定的参考价值。收入《四库丛刊三编·史部》，上海书店出版社1935年版。

（和六花）

重印大理府志

31卷。清康熙二十九年（1690年）大理府通判黄元治、太和知县扎太交纂。该志包括地图、星野、沿革、疆域、山川、城池、户口、田赋、课程、职官、学校、风俗、官师、选举、兵防、封建、祠祀、名宦、人物乡贤、忠烈教义、烈女、物产、古迹、流寓、隐逸、仙释、寺观、灾祥、艺文、杂异等30个分支，规模宏大，资料丰富。卷12《风俗》载："云龙州……栗粟，于诸彝中最悍。……浪宋，栗粟居多，壤据丽江兰州之石门关。旧有十二寨，缘土州段表章妻罗氏兰州酋之女，表章昵其妾，故罗氏携其子奔归兰州，割去七寨，遂久据……"对研究傈僳族历史源流、发展演变、分布等具有重要的参考价值。民国二十九年（1940年）重印。本色宣纸。页面25厘米×14.5厘米，无边栏，13行，每行19字。白口，有书名、鱼尾、卷次、卷名、页码、纪年。有山川、地理插图。见云南省图书馆藏本。北京图书馆藏清康熙三十三年（1694年）刻本。

（和六花）

云南通志（康熙）

30卷。清代范承勋、丁炜纂修。范承勋于康熙二十五年（1686年）任云贵总督，在滇9年，捐俸建学宫，聘名士纂修通志。是志大多录自（天启）《滇志》《滇志补遗》。卷27《土司·种人》载："力些，惟云龙州有之……"对研究傈僳族历史源流、发展演变、分布等具有一定的参考价值。刻印本，未注明刻印时间。本色绵纸，线装，楷体，墨书。页面27.5厘米×17厘米，版框20厘米×14.3厘米，四周双栏，9行，每行19字。白口，有书名、鱼尾、卷名、卷次、页码。保存完好。见云南省图书馆藏本。

（和六花）

滇夷图说

1卷，图47幅。佚名绘，约成书于清康熙至雍正年间。是书收录撒桓猓猡、古宗、俅人、怒人、结些、沙人等47种名目，表现各种人生产生活情景，少则二人，多则五六人，不拘男女老少，生动形象。是清代最早的一本滇夷图册，对研究傈僳族民族历史有一定的参考价值。书高38厘米，宽38厘米，彩绘绢本，每种都有说，纸本47页，画页有虫蛀。原本藏台湾"中央"研究院历史语言研究所傅斯年图书馆。台湾学者宋光宇撰辑，《华南边疆民族图录》，台湾"中央"图书馆1991年版。

（和六花）

宾川州志（雍正）

12卷。清雍正五年（1727年）知州周钺纂修。分别记述了地图、星野、沿革、疆域、山川、城池、田赋、秩官、学校、名宦、选举、风俗、艺文等专题。内有星野图、地图、祭器、乐器（金钟、玉磬等）、舞器图。卷4《疆域山川》载："盘口箐，飞崖峭壁，人亦罕至。种人傈僳，蓬首黎面，春夏临江穴处，秋冬岩居，无尺地可耕，以野药充饥。近亦有愿入内为农矣。"对研究傈僳族历史有参考价值。云南省大理白族自治州白族文化研究所据清雍正五年（1727年）写本复印。原本线装，楷体墨书，页面27厘米×17厘米，版框11厘米×21厘米。白口。有书名、卷次、页码。保存完好。今藏云南省图书馆。

（和六花）

古今图书集成

1万卷，原名《古今图书汇编》，清康熙时期福建人陈梦雷编辑，后经蒋廷锡重新编校，历时28年，共分6编32典，是我国现存的规模最大、资料最丰富的类书，也是最大的一部铜活字印本。其中卷1519《方舆汇编职方典·云南土司部汇考五》、卷1503《方舆汇编职方典·武定府土司考·种人》、卷1505《方舆汇编职方典·丽江府风俗考》、卷1498《方舆汇编职方典·姚安府土司考·种人》等都有对傈僳族族源、族称、分布和风俗等的记载，对研究傈僳族历史源流、发展演变、分布等具有重要的参考价值。是书版本众多，第一次印于雍正六年（1728年），武英殿铜活字版；第二次由英国人美查等发起，在光绪十四年（1888年）成书，上海铅活字翻印版；随后，清廷又面谕上海道筹印新本，光绪二十年（1894年）完成，石印本，附《考证》20册；1934年，上海中华书局以原活字本缩小影印，加了考证8册。

（和六花）

云龙州志（雍正）

12卷。清雍正六年（1728年）云龙知州陈希芳纂修。卷1凡例、目录、星野、地图，卷2沿革，卷3疆域，卷4建置，卷5风俗，卷6赋役，卷7物产，卷8学校、选举，卷9官师、土司，卷10人物、仙释，卷11灾祥、杂志，卷12艺文、诗歌。该志记载了云龙州境内的政治、经济、文化、边防及风俗人情，如卷5《风俗附种人》载："傈僳，于诸夷中最悍，不栉不沐，语亦与诸彝别。处兰州界，连云龙，依山负谷，射猎为生。"对研究傈僳族民族历史有参考价值。云南省云龙县图书馆抄本。本色绵纸，包背线装，楷体墨书。页面27厘米×19厘米，无边栏。白口，有书名、卷名、页码。抄自云南省图书馆晒蓝复制本。有地图、公署图、文昌阁图，文中有朱色句读号。保存完好。今藏云南省大理白族自治州图书馆、云南省云龙县图书馆。有周祜1987年《云龙州志》校点本，云南省云龙县志编纂委员会编，1987年联合印刷厂印刷。

（和六花）

滇小记

2卷。清乾隆年间倪蜕纂录。倪蜕留心滇中掌故，杂采轶事遗文成书。是书杂录掌故，多出自旧文，亦有新知，反映了清代云南的历史文化、风土人情等。其中《滇云夷种》载："力些，迤西皆有之，大理曰栗粟、姚安名傈㑇，有生、熟二种。"

对研究傈僳族民族历史有一定的参考价值。录自赵藩主编《云南丛书》史部之八，光绪二十五年（1899年）云南省图书馆藏本。本色宣纸，线装，页面20厘米×15厘米，版框16厘米×12厘米，15行，每行31字。白口，有书名、卷次、鱼尾、页码。赵藩题书名并作序。仅存1卷。云南省图书馆、云南省大理市图书馆皆有藏本。

（和六花）

云龙记往

原名《云龙野史》，别名《云龙记》。1册，14页。据考为清顺治八年（1651年）至乾隆二年（1737年）白族董善庆撰。白族聚居地方方志。分"记""摆夷传""阿昌传""段保世职传"4节。其中"段保世职传"载："（嘉靖）三十五年，（段）文显卒，（段）耀率傈僳五百人余，抄其家，尽杀其妻子。……"该书对研究该地区的建置、白族土司历史以及民族关系具有参考价值。录自《云南备征志》，清宣统二年（1910年）云南官报局排印版。本色印刷纸，线装。页面21厘米×15.1厘米，版框18.7厘米×12.3厘米，四周单栏，12行，每行32字。白口，有书名、鱼尾、卷次、页码。各种史书署名作者为王凤文，其实王为修订者。保存完好。今藏云南省图书馆、云南省大理白族自治州图书馆。有周祜《〈云龙记往〉笺注》，考证3种写、印本的来历、异同，注释，中国社会科学出版社1993年版。

（和六花）

滇云历年传

12卷。清倪蜕撰。编年体史书，记自远古，迄于清乾隆元年（1736年）云南史事。撰者于康熙末年随云南巡抚甘国壁赴滇，得见官署档案文牍，益以本人见闻，因撰此书。书中涉及很多有关少数民族的史事，对研究傈僳族民族历史有一定的参考价值。道光二十六年（1846年）镌印本，昆明倪氏藏版。本色绵纸，线装，楷体，墨书。页面25.3厘米×11厘米，版框13厘米×8厘米，四周双栏，10行，每行21字。白口，有书名、鱼尾、卷次、页码。间有残损。今藏云南省社会科学院图书馆。

（和六花）

丽江府志略（乾隆）

上、下2卷。官学宣（字未亭，江西安福人）、万咸燕（字舒仲，云南石屏人）纂修。清乾隆八年（1743年）成书。全书共计十略，为图像略、建置略、山川略、财用略、官师略、学校略、人物略、兵防略、礼俗略、艺文略，为丽江府第一部官修志书，详细记载了丽江府的历史沿革、山川风物等。《官师略·种人》载："傈僳，有生熟二种，岩居穴处，或架木为巢。……近惟居澜沧江边者，称为熟傈。"对研究傈僳族历史有重要参考价值。书版存丽江雪山堂。收入《中国地方志集成·云南府县志》（辑41），凤凰出版社2009年版。

（和六花）

皇清职贡图

9卷。一名《清职贡图》，清乾隆十六年（1751年）敕撰，成书于乾隆二十二年（1757年）。第一卷载朝鲜、日本、越南、泰国、缅甸等20余国，第2卷以下分载我国周边苗、瑶、黎、僮等少数民族或部落，各绘其男女图像，及其衣冠服饰，每图附以简短说明，叙述各族的历史、风俗、生活、生产等情况。"姚安等府傈僳蛮"条载："傈僳，相传楚庄蹻开滇时，便有此种。无部落，散居姚安、丽江、大理、永昌四府。其居六库出谷者，在诸夷中为最悍。其居赤石崖、金江边地，与永江连界者，依树木岩穴，迁徙无常。"16开。广陵书社2008年版。

（和六花）

滇南新语

1卷。清乾隆二十年（1755年）张泓（号西潭）

著。作者时为剑川州牧，是书六十余条，大都为亲历见闻随笔，事多琐碎，条理略显混乱。"夷异"条："滇夷种多，而俗异性殊。……惟丽郡、中甸、维西之把俅、傈僳、模俅剽悍……"对研究傈僳族民族史有一定的参考价值。收入《云南史料丛刊》（第11卷），16开，云南大学出版社2001年版。

（和六花）

滇黔志略

30卷。清代谢圣纶撰。谢圣纶于乾隆初年，历官滇、黔两省，根据方志资料，并益以亲身见闻，乾隆二十八年（1763年）撰成此书。1至16卷为《滇志》，后14卷为《黔志》，撰述滇黔两地沿革、山水、风俗、土司、种人等等。其中，《云南·种人》载："栗粟，散入姚安、丽江、大理、永昌四府。……圣纶按：栗粟凶悍，在宾川州赤石崖、永北金沙江边者为甚。……维西亦有栗粟，其性颇淳……"对研究傈僳族历史文化具有重要的参考价值。（清）谢圣纶辑，古永继点校，杨庭硕审定，《〈滇黔志略〉点校》，贵州人民出版社2008年版。

（和六花）

维西见闻纪

1卷。清代余庆远（字景度，湖北安陆人）撰。乾隆三十四年（1769年），余庆远随其兄游宦至云南丽江府维西厅（今维西傈僳族自治县），以目睹、采访成书，内容包括当地气候、道路、夷人、物器等，并记述了麽些、古宗、那马、巴直、栗粟、怒子等民族的风俗及宗教。文曰："栗粟，近城四山、康普、弓笼、奔子栏皆有之。……维西者杂处于各夷中，而受治于么些长，犹较驯顺。"对研究傈僳族历史文化有重要参考价值。有道光二十三年（1843年）刻本、《小方壶斋舆地丛钞》第8帙本、《云南备征志》本、《丛书集成初编》本等。

（和六花）

滇南闻见录

上、下2卷。清代吴大勋（字建猷，江苏青浦人）撰。吴大勋于乾隆三十七年（1772年）四月抵滇，乾隆四十七年（1782年）四月离滇，以其在云南为官10年的见闻所撰。上卷天部、地部、人部，下卷物部，各若干条，内容涉及风俗、好尚、物产、土宜、种人等。其中《人部·丽夷》载："丽郡夷人有九种，如民家、白夷、鲁俅之类，散处各乡。山外江外，则俅人、怒子、生、熟栗粟四种，已远于人类，有茹毛饮血，巢居穴处之风。……《居易录》：栗粟作栗苏，云多百余岁者，死辄化为虎、豹、熊……"对研究傈僳族历史有一定的参考价值。云南省图书馆存抄本。收入《云南史料丛刊》（第12卷），云南大学出版社2001年版。

（和六花）

云南营制苗蛮图册

1套，6本。清乾隆朝云南鹤丽镇标中军游击兼中营事赵九州绘，成书时间不详。是书第一本有67张彩页重彩描绘了清代云南各民族，包括鹤庆府猓猡、僰夷，丽江府麽些、怒子、傈僳、喇嘛、侬人、土獠、摆夷、窝泥、瑶人等。对研究傈僳族历史有一定的参考价值。书题在边栏上，破损。作者署名"标下云南鹤鹿镇标中军游击兼中营事军功加一级造九州造呈遵将镇标疆城"。开面24厘米×16.5厘米。今藏英国威尔康图书馆（Wellcome Library）。

（和六花）

滇省迤西迤南夷人图说

1卷。清乾隆五十三年（1788年）贺长庚撰。描绘了清代侬人、大头猓猡、山苏、卡瓦、麽些、俅人、怒子等44种分布在迤西迤南的夷人。对研究傈僳族民族史有一定的参考价值。彩绘本，摺装，本夹封套，长31厘米，宽26.9厘米，厚度3.5厘米，内含彩色图画44幅，每幅画中，左半为图，右半为文字。由 Hermann Speck von Stemburg 男爵担任德皇特使期间（1891—1896 年）在北京购入收藏，今藏德国莱比锡民族学博物馆。

（和六花）

御制外苗图

上、下 2 卷，共收图 104 幅。嘉庆后期绘制，著者不详。是书共收录夷、缅人、磨些、古宗、傈僳、俅人、遮些、蒲人、怒人等 104 种，每图均以人物活动为中心，配以山水、场景，呈现山水画风格，反映了清代嘉庆年间云南各民族的真实风貌，是嘉庆年间云南民族集大成之图册。对研究傈僳族民族史具有一定的参考价值。藏中央民族大学图书馆善本库，红木板豪华封装，封板正中上方竖刻隶书体"御制外苗图"，烫金。正图摺装，绵白纸，彩绘，版心高 26.3 厘米，宽 23 厘米。

（和六花）

滇南夷情汇集

上、下 2 册，108 幅图。清代李诂（字仰亭，昆明人）绘。为李诂到云南许多民族地区观察民情，就地取材所绘，绘制了子间、普特、白人、撒弥、倮罗、壮人、怒人、么些、傈僳等 108 种。每幅有画有跋，全面展现了清代云南民族社会生活的掠影。对研究傈僳族民族历史有一定的参考价值。今藏中国国家博物馆。

（和六花）

滇省夷人图说

上、下 2 册，共 108 幅图。云贵总督伯麟奉上谕主持绘制的官修图册，故又称为《伯麟图说》，主要绘图者为李诂。嘉庆二十三年（1818 年）成书。是书效仿《皇清职贡图》绘制而成，是清代中叶云南民族图录大全，体例上改变每种二幅一男一女的模式，每个名目代表一种，在生产生活场景中展现描绘对象的特色，图说简略，清晰展现了当时各民族分布及民风。同时增加《滇省舆地图说》，将"夷图"和"舆图"合为一体，开创绘制图册的一个先例。是研究傈僳族民族历史不可多得的珍贵史料。中国社会科学院民族学与人类学研究所图书馆藏，木板封套，封板左上方竖刻隶书体"滇省夷人图说"，浅蓝色。书宽 26 厘米，高 36 厘米，图幅高 22.8 厘米，宽 30.3 厘米。摺装，绵白纸，彩绘。

（和六花）

云南通志（道光）

共 216 卷，首 3 卷。清代阮元、伊里布等修，王崧、李诚等纂。道光十五年（1835 年）成书刻行。分类 15、子目类 68，明清两朝所修云南省志以此书最为精善，记云南各民族社会、历史、风俗甚详。卷 15《云南·种人》摘录了历代文献对傈僳族的记载，如《皇朝职贡图》《丽江府志》《维西闻见录》《武定府志》《永北府志》等，对研究傈僳族历史文化具有重要参考价值。本色宣纸，线装，楷体，墨书。页面 26 厘米 ×17 厘米，版框 22.3 厘米 ×16.2 厘米，四周双栏，10 行，每行 22 字。白口，有书名、鱼尾、卷名、卷次、页码。保存完好，见云南省社会科学图书馆藏本。

（和六花）

云南三迤百蛮图

全 4 卷。清人吴振棫（字仲云，浙江钱塘人）根据伯麟《滇省夷人图说》原底本抄绘，成书时间在咸丰七年（1857 年）至八年（1858 年）间。是书分两部分，卷 1、卷 3 为云南三迤舆地图说，收舆图 11 幅，并附说。卷 2、卷 4 为云南三迤百蛮图说，收人物图像 108 幅，图上均有说。图像名目包括猓猡、白人、普特、子间、土人、罗缅、苗子、怒人、傈僳、磨些等，展现了清代云南民族的生活图景。对研究傈僳族民族史有一定的参考价值。中央民族大学图书馆善本库藏，摺装，棉白纸，彩绘，版心高 37 厘米，宽 26 厘米，图幅高 33.5 厘米，宽 21.5 厘米。黄木板封装，封板左上方粘贴白棉纸题签。中国社会科学院历史研究所、英国牛津大学博德利图书馆皆有藏本。

（和六花）

滇中琐记

1 册。清光绪三十三年（1907 年）杨琼撰。记述明清二百余年间云南遗闻、国故、风俗、物产、冥怪等。其中多傈僳族和傈僳族地区史事，还专门有"栗粟"条，记录了明代傈僳族的分布、风俗、土产和经济生活状况。文曰："栗粟，维西、中甸、剑浪、云龙、腾越各地皆有之。……性刚狠、嗜杀。然么些头目土官能治之。年奉头目麦黍多升，新春必率而拜焉。"记述多为亲见、亲闻、亲历，是研究傈僳族历史文化的重要参考资料。收入《云南史料丛刊》（第 11 卷），云南大学出版社 2001 年版。

（和六花）

怒俅边隘详情

1 卷。清人夏瑚（字荫善，湖南人）撰，光绪三十四年（1908 年）任阿墩子弹压委员，兼办理怒江事宜，前往白汉洛视察，到达坎底（今缅甸葡萄县）归，为"履勘边隘，绘图贴说，并陈管见"而作，记述巡边沿线的山川地貌、气候物产、社会现状和风土人情等，涉及怒、傈僳、藏等民族。据方国瑜考证，此稿旧存洋务局档库，尹明德附录于《云南北界勘察记》，题《怒俅边隘详情》。又丽江有传抄本，蜀南野鹤校刊，题《边著拾遗》，原稿有图，印本无。方国瑜主编的《云南史料丛刊》第 12 卷收木芹校勘本，云南大学出版社 2001 年版。

（和六花）

纂修云南上帕沿边志

不分卷，共 33 章。民国时期上帕行政公署应云南省政府之命编纂的一部地方志书，是福贡有史以来编纂的第一部志书，记述了福贡的历史概貌、地理环境、民族、政治、经济和教育等方面，内容完整系统，具有重要的史料价值。其中有 10 章的内容涉及民族方面，第 5 章"种族"、第 6 章"言语"、第 7 章"性质"、第 8 章"风俗"、第 9 章"生活"、第 12 章"武器"、第 13 章"争斗"、第 14 章"工艺"、第 18 章"人口"、第 32 章"巫觋"记述了上帕地区的怒、独龙、傈僳等民族的民族源流、宗教信仰、衣食住行、风土人情等，全面展现了民国时期傈僳族的社会历史发展情况，具有重要的史料价值。今吴光范校注的《怒江地区历史上的九部地情书校注》一书收录和鉴彩标点本，云南人民出版社 2014 年版。

（和六花）

泸水志

2 册，126 页。民国年间段承钧纂修。共 24 章，分别记述疆域、大事记、天文、地舆、职官、民政、司法、财政、教育、交通、农政、工业、物产、氏族、方言、礼俗、宗教、金石、艺术、人物、诗文征、本志纂修始末。记述多有前辈开疆固土事迹及家事沉浮。对研究傈僳族历史文化具有参考价值。民国腾冲惠怡和老石印局民国二十一年（1932 年）印本。本色宣纸，线装。页面 25 厘米 ×14.5 厘米，版框 16 厘米 ×12 厘米，四周单栏，9 行，每行 19 字。白口，有书名、鱼尾、分志名、页码、象鼻、承印单位名。第 9 章无文字。内有疆域图。保存完好。今藏云南省怒江傈僳族自治州图书馆。

（和六花）

征集菖蒲桶沿边志

20 卷，第 19 卷佚。此志为民国年间按云南省政府统一要求撰写的志书，由民国十九年（1930 年）至二十年（1931 年）任菖蒲桶委员的杨作栋、继任者陈委员修纂。全面记述了菖蒲桶（今怒江傈傈僳族自治州贡山独龙族怒族自治县）的建制沿革、大事记、天文舆地、职官、民政、物产、氏族等内容。其中《第十五氏族》《第十六方言》《第十七礼俗》记载了境内古宗、喇嘛、怒子、傈僳、曲子的历史、分布、语言、习俗等内容，对研究民国时期傈僳族的社会历史发展、文化习俗变迁等具有重要的参考价值。今吴光范校注的《怒江地区历史上的九部地情书校注》一书收录校注了由怒江州公安局提供的草稿本，云南人民出版社2014年版。

（和六花）

清实录

全书分12部，共4484卷。是一部清代官修的编年体清朝历史。记载了自清太祖努尔哈赤起到清德宗（光绪皇帝）共11朝皇帝的历史，其中包括全局总目、序、凡例、目录、进实录表、修纂官等51卷、《满洲实录》8卷、《太祖实录》10卷、《太宗实录》65卷、《世祖实录》144卷、《圣祖实录》300卷、《世宗实录》159卷、《高宗实录》1500卷、《仁宗实录》374卷、《宣宗实录》476卷、《文宗实录》356卷、《穆宗实录》374卷、《德宗实录》597卷以及《宣统政纪》70卷。其中，如《清实录·仁宗实录》卷98记载了嘉庆七年（1802年）平康普地区傈僳族匪患的史实。见《清实录》，中华书局2008年版。

（和六花）

新纂云南通志

266卷。周钟岳纂，龙云、卢汉民国三十三年（1944年）修。卷首附有龙云、卢汉、周钟岳、秦光玉序文，《新纂云南通志》刊印记略，纂修、校印职名，主要内容分大事记、图、表、考、传共5部分，卷末附有编纂、校印始末和跋文。该志资料翔实，是研究傈僳族历史重要的参考资料。民国三十七年（1948年）铅印本，封面有卢汉题签、钤印。本色绵纸，线装，楷体，墨书。页面25.7厘米×15.6厘米，版框20厘米×12.7厘米，四周单栏，11行，每行26字。白口，有书名、鱼尾、卷名、卷次、页码。保存完好。见云南省社会科学院图书馆藏本，今有李春龙、牛鸿斌点校本，云南人民出版社2009年版。

（和六花）

创世纪

不分卷，1册，51页。佚名撰。傈僳族音节文字古籍。流传于云南省维西傈僳族自治县叶枝、巴迪、白济汛、康普和德钦县霞若、拖顶等地傈僳族地区。讲述了从猿演变为人的人类进化史和傈僳族的创世史：远古时候，天地混沌一片，宇宙空旷无物，天神创造了傈僳族的始祖，始祖随后又造出了山川河流和世间万物。近代抄本。本色构皮纸，线装，墨书。首页有插画。边角有破损。由云南省维西傈僳族自治县汉刚收藏。有彩色影印本，收入《云南少数民族古籍珍本集成》（第5卷），云南出版集团公司、云南人民出版社2013年版。

（和六花）

洪水滔天

不分卷，1册，31页。佚名撰。傈僳族音节文字古籍。流传于云南省维西傈僳族自治县叶枝、巴迪、白济汛、康普和德钦县霞若、拖顶等地傈僳族地区。讲述了傈僳族的洪水神话：洪水过后，两兄妹成婚，生下九男七女，子女们长大后又各自成婚。还讲述了傈僳族先祖寻找小米、种植小米的故事。近代抄本。本色构皮纸，线装，墨书。页面15厘米×17厘米。第1、2页破损严重，全书有水渍印。今藏云南省维西傈僳族自治县图书馆。有彩色影印本，收入《云南少数民族古籍珍本集成》（第5卷），云南出版集团公司、云南人民出版社2013年版。

（和六花）

傈僳族琵琶（高志英　摄影）

傈僳族口弦与竹笛（高志英　摄影）

傈僳族迎客酒（高志英　摄影）

火塘边的傈僳族女子（高志英　摄影）

磨盘（高志英　摄影）

同心酒（高志英　摄影）

维西傈僳族村落建筑
（高志英 摄影）

怒江东岸傈僳族村落
（高志英 摄影）

腾冲傈僳族村寨
（高志英 摄影）

怒江傈僳族石头房（高志英　摄影）

石月亮——傈僳族创世神话发源地（高志英　摄影）

维西傈僳族音节文字过年对联（高志英　摄影）

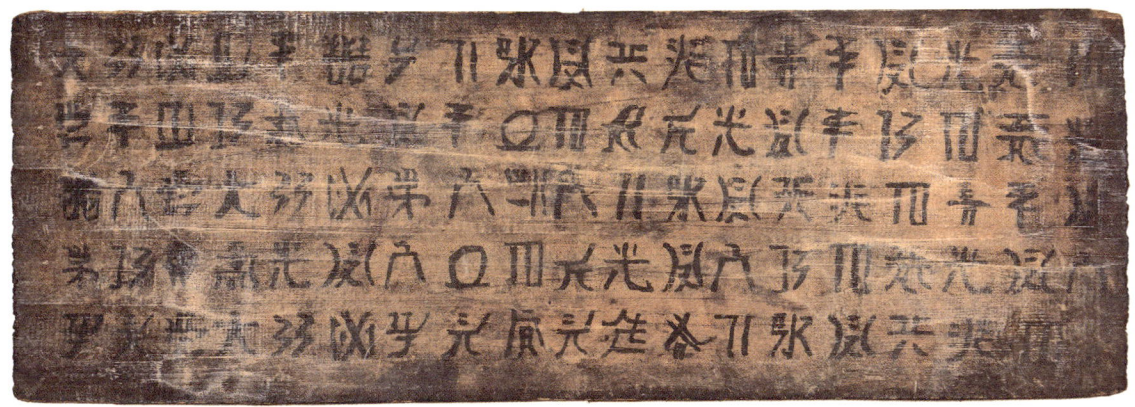

《祭天古歌》提纲（一）（和六花 摄影）

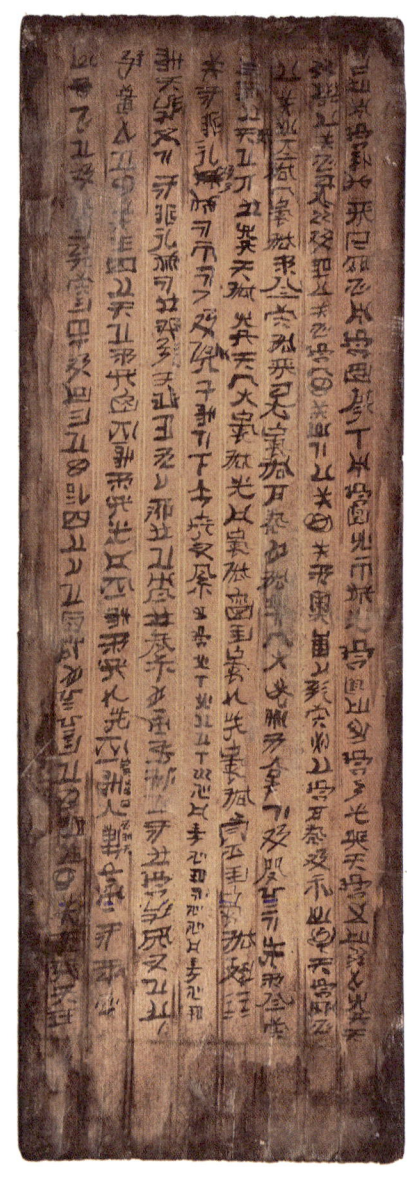

《祭天古歌》提纲（二）（和六花 摄影）

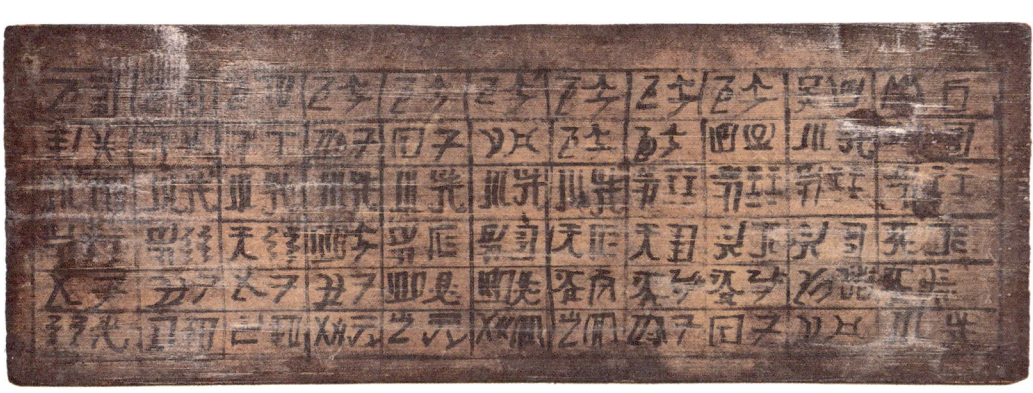

《祭天古歌》提纲（三）（和六花 摄影）

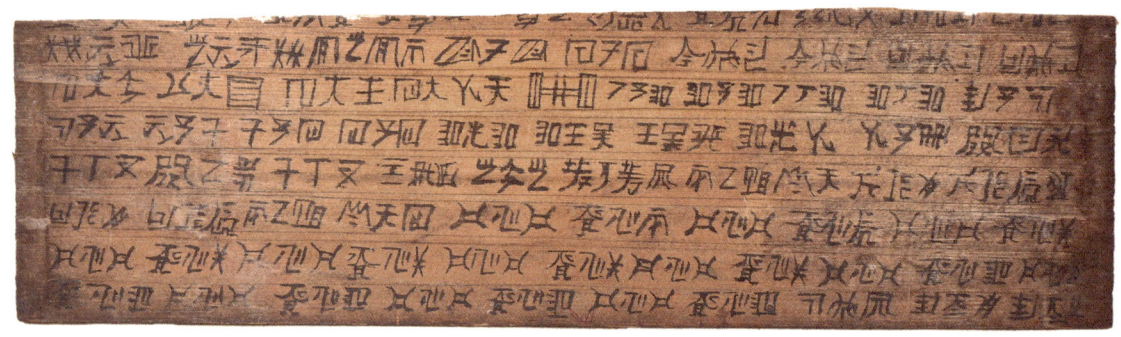

《祭天古歌》提纲（四）（和六花　摄影）

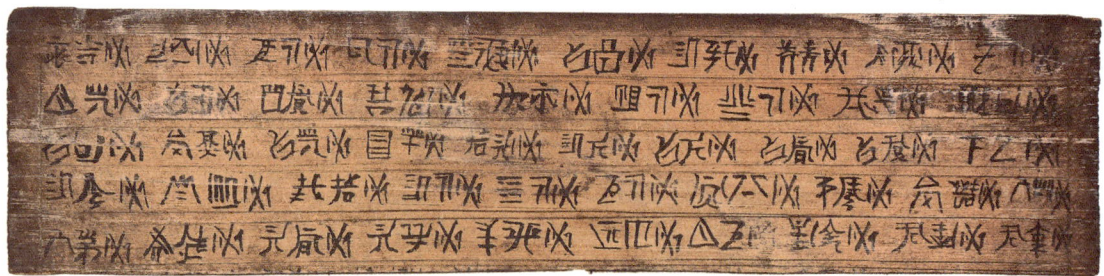

《识字歌谣》节选（和六花　摄影）

《识字歌谣》节选雕刻印刷板（和六花　摄影）

《创世纪》节选（和六花 摄影）

《洪水滔天》节选(和六花 摄影)

《制盐经》节选(和六花 摄影)

《呼唤太阳》节选（和六花 摄影）

《种瓜》节选（和六花 摄影）

《播撒树种》节选（和六花　摄影）

《造纸》节选（和六花 摄影）

《养畜》节选（和六花　摄影）

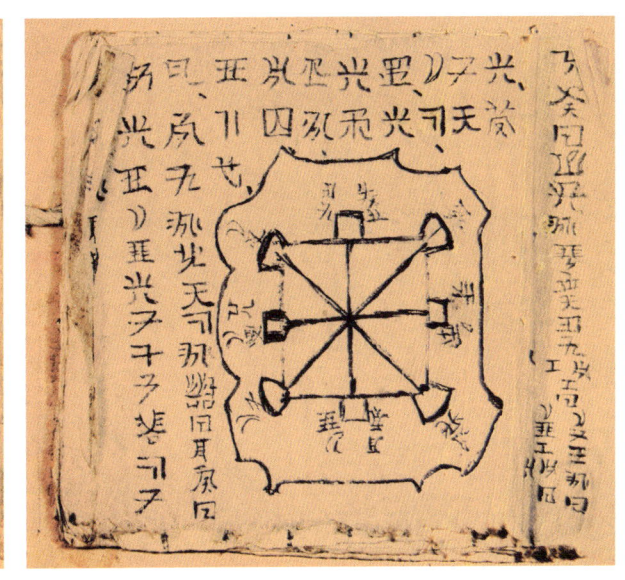
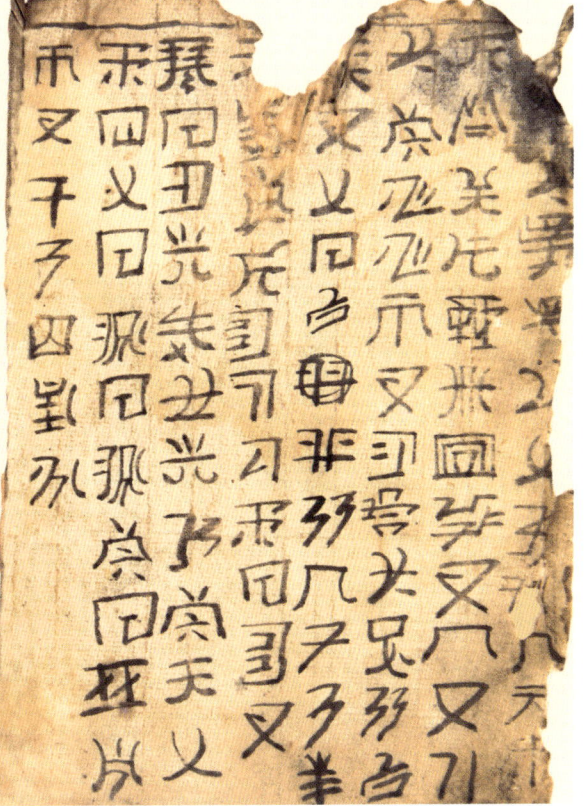

《八卦经》节选（一）（和六花 摄影）

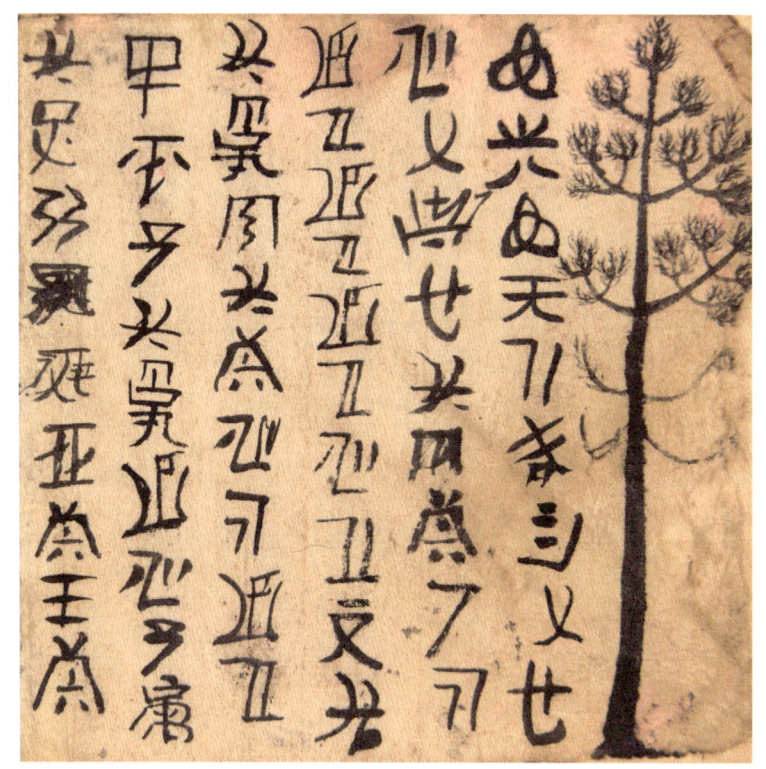
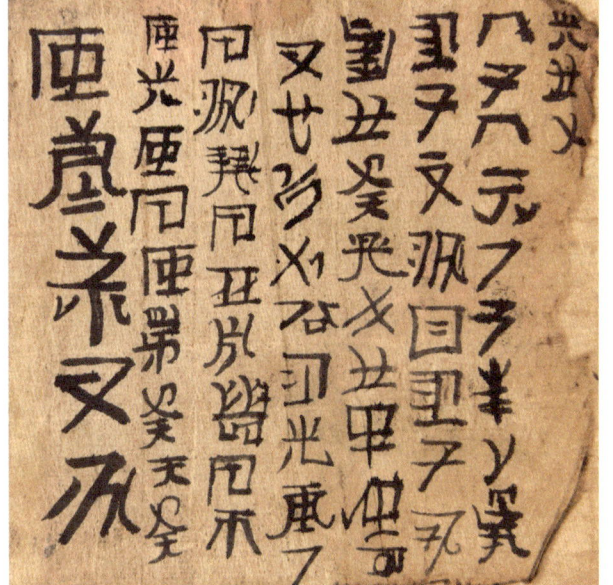

《八卦经》节选(二)(和六花 摄影)

《骰子占卜经》节选（和六花 摄影）

《占卜经》节选（和六花 摄影）

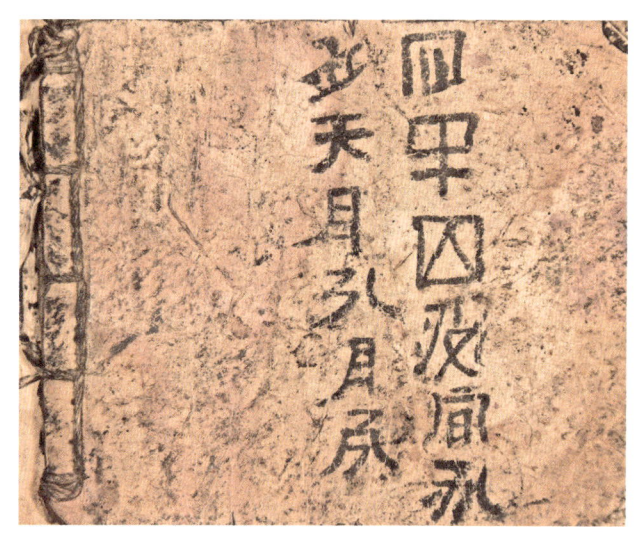

《测天阴天晴经》节选(和六花 摄影)

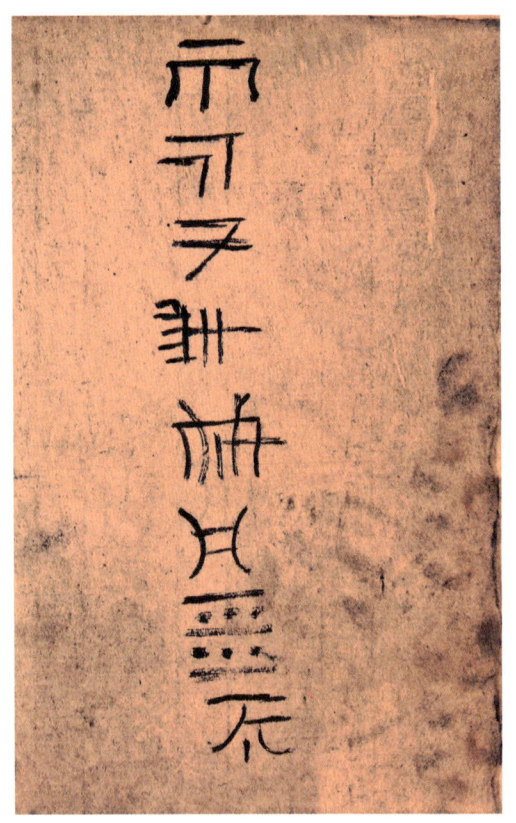
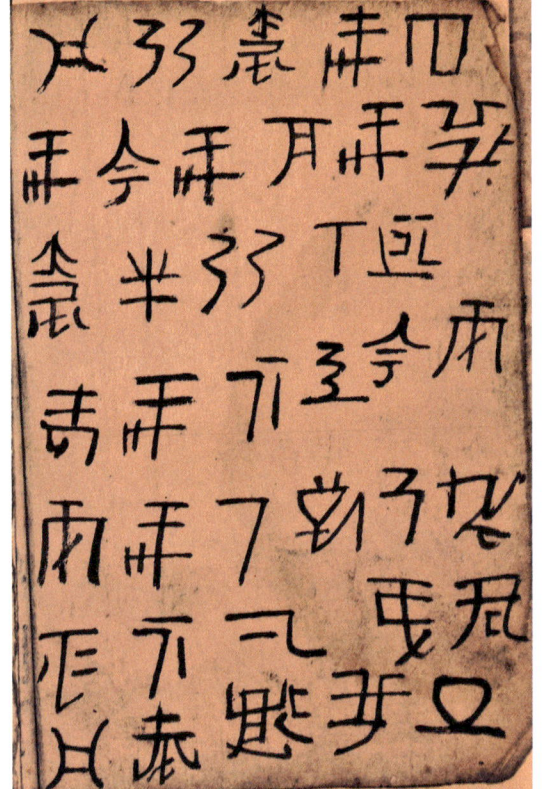
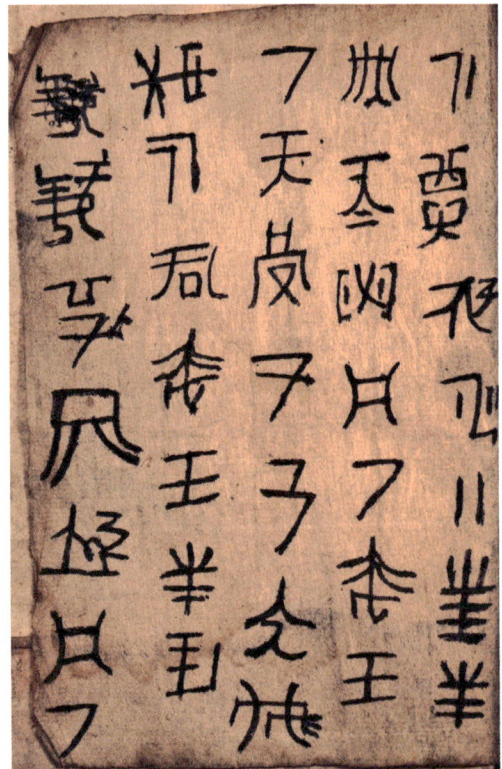

《祭山神经》节选（和六花 摄影）

《求雪经》节选（和六花 摄影）

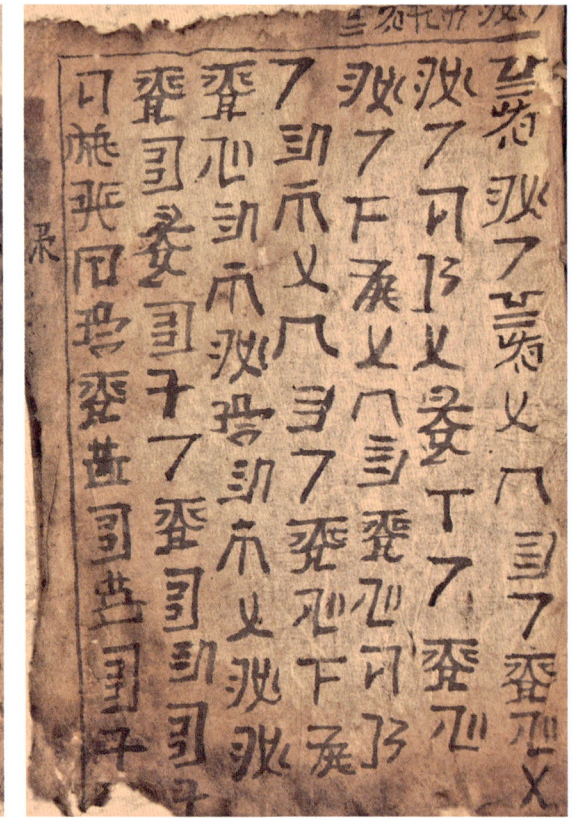
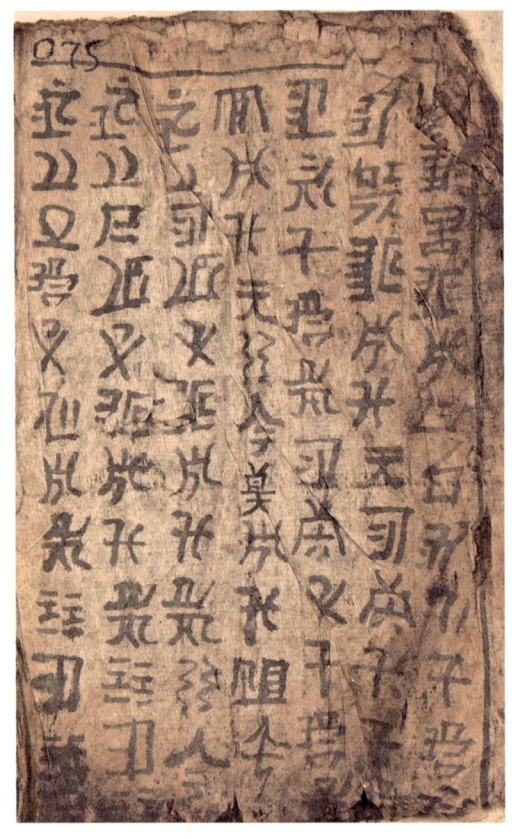
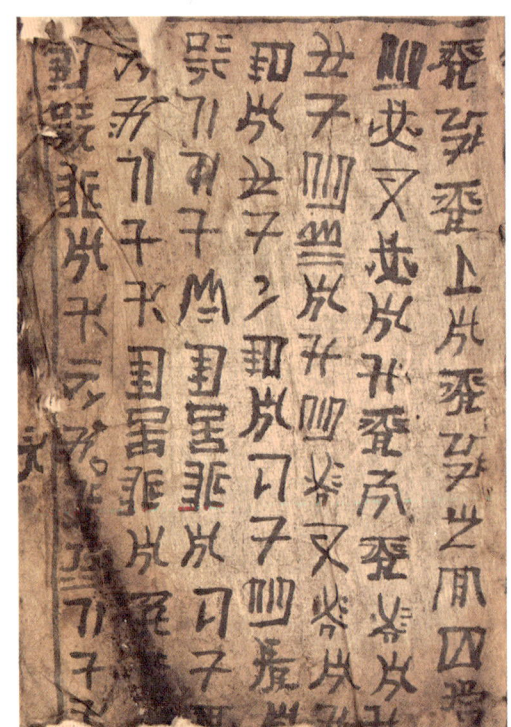

《打仗经》节选（和六花 摄影）

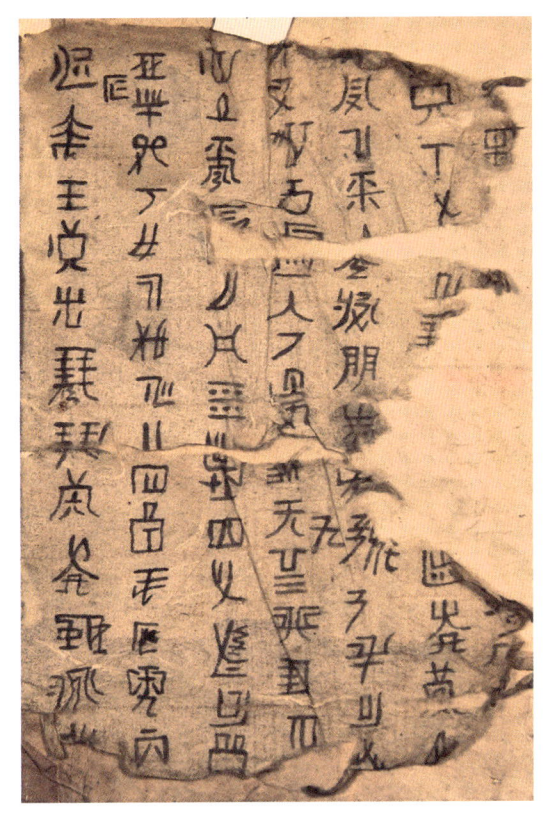

《音节文字识字歌》节选（一）（和六花 摄影）

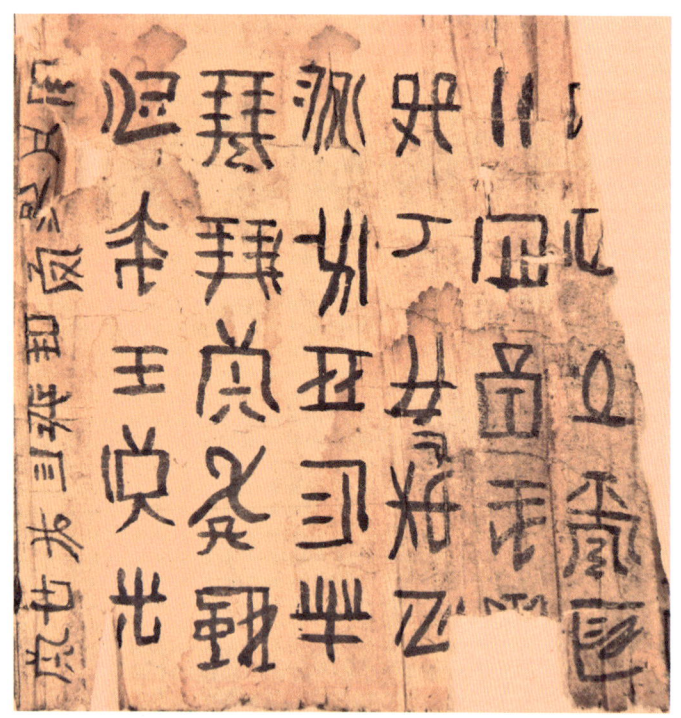

《音节文字识字歌》节选（二）（和六花 摄影）

《汪忍波自传》节选（一）（和六花 摄影）

《汪忍波自传》节选(二)(和六花 摄影)

傈僳族音节文字创造者——汪忍波
（高志英 摄影）

汪忍波创造的傈僳族音节文字
（高志英 摄影）

《山茶》封面
（和六花 摄影）

《傈僳族民间故事》封面（和六花 摄影）

《傈僳族阿考诗经》封面（和六花 摄影）

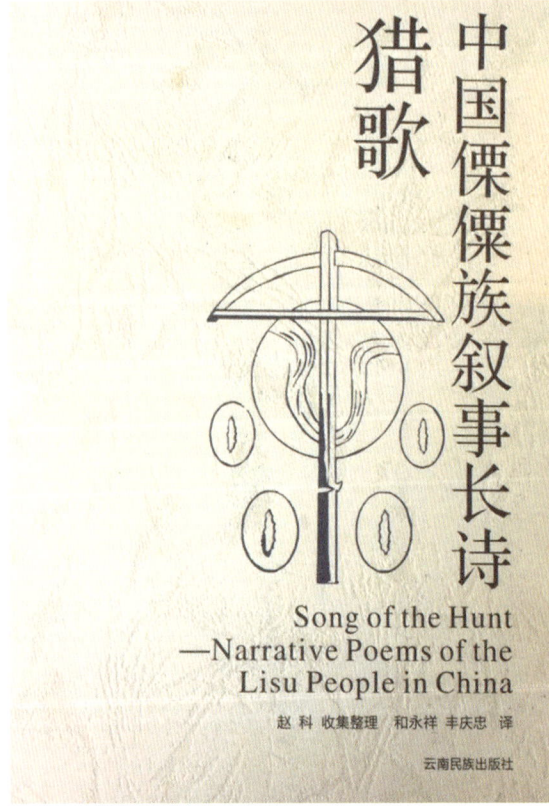
《猎歌：中国傈僳族叙事长诗》封面（和六花 摄影）

《德昌傈僳族民俗故事》封面（和六花 摄影）

《中国傈僳族》封面（和六花 摄影）

《傈僳族》封面（和六花 摄影）

《大理傈僳族概览》封面
（和六花 摄影）

《怒江地区历史上的九部地情书校注》封面
（和六花 摄影）

《高山之子》封面（和六花　摄影）

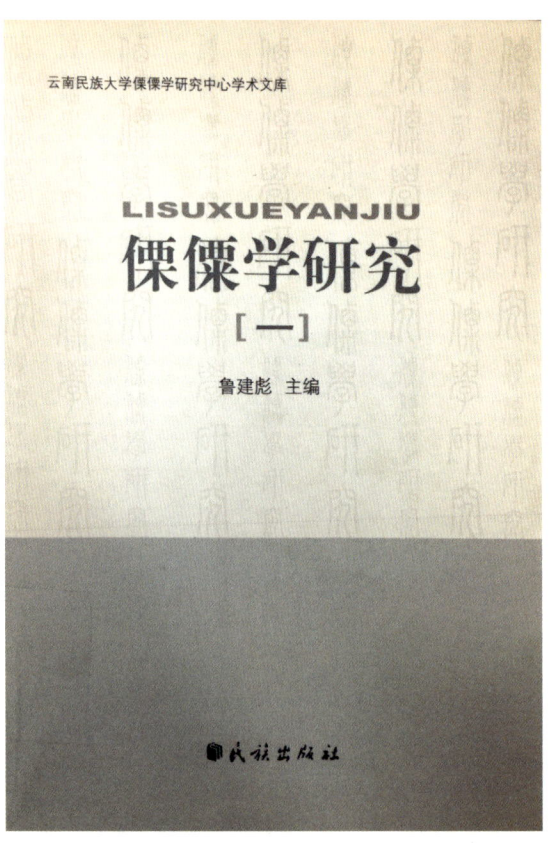
《傈僳学研究》封面（和六花　摄影）

《维西傈僳族自治县攀天阁傈僳族民间传统文化》封面
（和六花　摄影）

《傈僳族——泸水上江乡百花岭村》封面
（和六花　摄影）

制盐经

不分卷，1册，38页。佚名撰。傈僳族音节文字古籍。流传于云南省维西傈僳族自治县叶枝、巴迪、白济汛、康普和德钦县霞若、拖顶等傈僳族地区。该书前半部分记述了先民们寻找盐水的经过及制盐工艺，后半部分记载了人们在天神的帮助下，以人的模样制造太阳和月亮的过程。近代抄本。本色构皮纸，线装，墨书。页面17厘米×13厘米。书籍首尾破损严重。今藏云南省维西傈僳族自治县图书馆。有彩色影印本，收入《云南少数民族古籍珍本集成》（第5卷），云南出版集团公司、云南人民出版社2013年版。

（和六花）

呼唤太阳经

不分卷，1册，28页。佚名撰。傈僳族音节文字古籍。流传于云南省维西傈僳族自治县叶枝、巴迪、白济汛、康普和德钦县霞若、拖顶等傈僳族地区。记述人们向天神诉说人间正在经受着旱灾、虫灾、瘟疫等各种灾难，祈求天降甘霖，解救人类。近代抄本。本色构皮纸，线装，墨书。页面17厘米×13厘米。书籍首尾破损严重。今藏云南省维西傈僳族自治县叶枝乡同洛村。有影印本，收入《云南少数民族古籍珍本集成》（第5卷），云南出版集团公司、云南人民出版社2013年版。

（和六花）

神瓜经

不分卷，1册，15页。佚名撰。傈僳族音节文字古籍。流传于云南省维西傈僳族自治县叶枝、巴迪、白济汛、康普和德钦县霞若、拖顶等傈僳族地区。远古时有一对老夫妇无儿无女。有一天，从箭囊里跳出一颗南瓜子，老夫妇把它种在地里。不久，瓜藤便爬满大地，并结出一个房子一样大的大南瓜，从大南瓜里走出各民族先民。近代抄本。本色构皮纸，线装，墨书。页面15厘米×11厘米。保存基本完好。今藏云南省维西傈僳族自治县图书馆。有彩色影印本，收入《云南少数民族古籍珍本集成》（第5卷），云南出版集团公司、云南人民出版社2013年版。

（和六花）

播树种经

不分卷，1册，11页。汪忍波撰。傈僳族音节文字古籍。流传于云南省维西傈僳族自治县叶枝、巴迪、白济汛、康普和德钦县霞若、拖顶等傈僳族地区。讲述了树木的起源和神树的来历。近代抄本。本色构皮纸，线装，墨书。页面16厘米×12厘米。封面、首页破损严重。今藏云南省维西傈僳族自治县图书馆。有彩色影印本，收入《云南少数民族古籍珍本集成》（第5卷），云南出版集团公司、云南人民出版社2013年版。

（和六花）

造纸经

不分卷，1册，9页。佚名撰。傈僳族音节文字古籍。流传于云南省维西傈僳族自治县叶枝、巴迪、白济汛、康普和德钦县霞若、拖顶等傈僳族地区。讲述傈僳族古代先民制造祭祀用纸的历史，详细记录了寻找造纸树及剥树皮、晾树皮、舂树皮、熬纸浆等造纸工艺。近代抄本。本色构皮纸，线装，墨书。页面17厘米×13厘米。封面、首页破损严重。今藏云南省维西傈僳族自治县图书馆。有彩色影印本，收入《云南少数民族古籍珍本集成》（第5卷），云南出版集团公司、云南人民出版社2013年版。

（和六花）

养畜经

不分卷，1册，65页。佚名撰。傈僳族音节文字古籍。流传于云南省维西傈僳族自治县叶枝、巴迪、白济汛、康普和德钦县霞若、拖顶等傈僳族地区。讲述鸡、狗、羊、猪、牛、马等畜种的来历和驯养历史。线装，墨书。页面18厘米×15

厘米。原书已佚，仅存汪忍波弟子现代抄本。今由云南省维西傈僳族自治县汉刚收藏。收入《云南少数民族古籍珍本集成》（第5卷），云南出版集团公司、云南人民出版社2013年版。

（和六花）

八卦经·历算

1卷，1册，15页。佚名撰。傈僳族音节文字古籍。流传于云南省维西傈僳族自治县叶枝、巴迪、白济汛、康普和德钦县霞若、拖顶等傈僳族地区。记载了一年12个月的不同称谓、节令以及历算方法。近代抄本。本色构皮纸，线装，墨书。第1、2页有八卦图。保存完好。今藏云南省维西傈僳族自治县图书馆。有彩色影印本，收入《云南少数民族古籍珍本集成》（第5卷），云南出版集团公司、云南人民出版社2013年版。

（和六花）

八卦经·趋吉避凶

1卷，1册，3页。佚名撰。傈僳族音节文字古籍。流传于云南省维西傈僳族自治县叶枝、巴迪、白济汛、康普和德钦县霞若、拖顶等傈僳族地区。记载了八个不同方位的鬼神居所以及趋吉避凶的方法。近代抄本。本色构皮纸，线装，墨书。保存相对完好。今藏云南省维西傈僳族自治县图书馆。有彩色影印本，收入《云南少数民族古籍珍本集成》（第5卷），云南出版集团公司、云南人民出版社2013年版。

（和六花）

八卦经·择吉

1卷，1册，58页。佚名撰。傈僳族音节文字古籍。流传于云南省维西傈僳族自治县叶枝、巴迪、白济汛、康普和德钦县霞若、拖顶等傈僳族地区。记载八方十二兽所居方位，介绍了婚嫁、丧葬、祭祀、出行、狩猎、劳作等的择吉方法。近代抄本。本色构皮纸，线装，墨书。页面18厘米×15

厘米。卷首绘有八卦图，卷尾亦有多幅绘画及印鉴。卷首头5页破损严重，其余保存基本完好。今藏云南省维西傈僳族自治县图书馆。有彩色影印本，收入《云南少数民族古籍珍本集成》（第5卷），云南出版集团公司、云南人民出版社2013年版。

（和六花）

音节文字识字歌（一）

不分卷，1册，30页。佚名撰。傈僳族音节文字古籍。流传于云南省维西傈僳族自治县傈僳族地区。本书为音节文字识字歌。在研究傈僳族文字史、教育史方面具有重要参考价值。近代抄本。本色构皮纸，线装，墨书。页面15厘米×11厘米，共2184字，有破损。今藏于云南省维西傈僳族自治县图书馆。有彩色影印本，收入《云南少数民族古籍珍本集成》（第6卷），云南人民出版社2013年版。

（杨筱奕）

音节文字识字歌（二）

不分卷，1册，18页。佚名撰。傈僳族音节文字古籍。流传于云南省维西傈僳族自治县傈僳族地区。本书为音节文字识字歌。在研究傈僳族文字史、教育史方面具有重要参考价值。近代抄本。本色构皮纸，线装，墨书。前3页破损严重，其余保存完好。今藏于云南省维西傈僳族自治县图书馆。有彩色影印本，收入《云南少数民族古籍珍本集成》（第6卷），云南人民出版社2013年版。

（杨筱奕）

汪忍波[①]自传（一）

不分卷，1册，67页。佚名撰。傈僳族音节文字古籍。流传于云南省维西傈僳族自治县傈僳族地区。记述了历史上傈僳族人民过着衣不蔽体、食

---

① 汪忍波，又译作"洼忍波""汪恩波""哇恩波"等。

不果腹的悲惨生活、没有文字的苦楚以及汪忍波创造文字的历程。在研究傈僳族文字史、文化史方面具有重要参考价值。近代抄本。本色构皮纸，线装，墨书。页面14厘米×13厘米，共4160字，外边单栏。内文有插画。页面有破损。今藏于云南省维西傈僳族自治县图书馆。有彩色影印本，收入《云南少数民族古籍珍本集成》（第6卷），云南人民出版社2013年版。

（杨筱奕）

汪忍波自传（二）

不分卷，1册，40页。佚名撰。傈僳族音节文字古籍。流传于云南省维西傈僳族自治县傈僳族地区。记述了历史上傈僳族人民过着衣不蔽体、食不果腹的的悲惨生活、没有文字的苦楚以及汪忍波创造文字的历程。在研究傈僳族文字史、文化史方面具有重要参考价值。近代抄本。本色构皮纸，线装，墨书。页面17厘米×12厘米，共3780字，第1~2、35~40页破损严重，已修复。其余保存完好。今藏于云南省维西傈僳族自治县图书馆。有彩色影印本，收入《云南少数民族古籍珍本集成》（第6卷），云南人民出版社2013年版。

（杨筱奕）

祭山神经

不分卷，1册，19页。佚名撰。傈僳族音节文字古籍。傈僳族祭祀仪式经书。流传于云南省维西傈僳族自治县傈僳族地区。记述了天神、日神、月神、风神、雷神、山神、水神、寨神、路神、灶神等神祇的司职与职责。在研究傈僳族宗教文化方面具有重要参考价值。近代抄本。本色构皮纸，线装，墨书。页面16厘米×13厘米，保存完好。今藏于云南省维西傈僳族自治县图书馆。有彩色影印本，收入《云南少数民族古籍珍本集成》（第6卷），云南人民出版社2013年版。

（杨筱奕）

求雪经

不分卷，1册，19页。佚名撰。傈僳族音节文字古籍。流传于云南省维西傈僳族自治县傈僳族地区。该书为傈僳族求雪仪式经书。用以祈求雪神多降瑞雪，实现风调雨顺。在研究傈僳族宗教和传统文化方面具有重要参考价值。近代抄本。本色构皮纸，线装，墨书。第1~3页破损严重，其余保存完好。今藏于云南省少数民族古籍整理出版规划办公室。有彩色影印本，收入《云南少数民族古籍珍本集成》（第6卷），云南人民出版社2013年版。

（杨筱奕）

打仗经（一）

不分卷，1册，10页。佚名撰。傈僳族音节文字古籍。流传于云南省维西傈僳族自治县傈僳族地区。该书为傈僳族打仗出征前祈福仪式经书。记述了傈僳族历史上的战争事件和祈求天神派战神助战，保佑凯旋。对研究傈僳族宗教、军事史和传统文化具有重要参考价值。近代抄本。本色构皮纸，线装，墨书。第1~2页破损严重，整本页面底边破损，外边单栏。今藏于云南省少数民族古籍整理出版规划办公室。有彩色影印本，收入《云南少数民族古籍珍本集成》（第6卷），云南人民出版社2013年版。

（杨筱奕）

打仗经（二）

不分卷，1册，37页。佚名撰。傈僳族音节文字古籍。流传于云南省维西傈僳族自治县傈僳族地区。该书为傈僳族打仗出征前祈福仪式经书。记述了傈僳族历史上的战争事件和祈求天神派战神助战，保佑凯旋。对研究傈僳族宗教、军事史和传统文化具有重要参考价值。近代抄本。本色构皮纸，线装，墨书。整本书稿破损严重。今藏于云南省维西傈僳族自治县图书馆。有彩色影印本，收入《云南少数民族古籍珍本集成》（第6卷），云南人民出版社2013年版。

（杨筱奕）

占卜经（一）

不分卷，1册，22页。佚名撰。傈僳族音节文字古籍。流传于云南省维西傈僳族自治县傈僳族地区。傈僳族历算书。记述了傈僳族婚丧嫁娶、出行劳作、宗教祭祀等生产生活活动趋吉避凶的历算方法。对研究傈僳族传统文化具有重要参考价值。近代抄本。本色构皮纸，线装，墨书。外边单栏。封面有插图。第19~22页破损。今藏于云南省维西傈僳族自治县图书馆。有彩色影印本，收入《云南少数民族古籍珍本集成》（第6卷），云南人民出版社2013年版。

（杨筱奕）

占卜经（二）

不分卷，1册，24页。佚名撰。傈僳族音节文字古籍。流传于云南省维西傈僳族自治县傈僳族地区。傈僳族历算书。记述了傈僳族婚丧嫁娶、出行劳作、宗教祭祀等生产生活活动趋吉避凶的历算方法。对研究傈僳族传统文化具有重要参考价值。近代抄本。本色构皮纸，线装，墨书。页面17厘米×13厘米，共计4200余字，第23、24页有插画，第1~7、17、20~24页破损严重，其余保存基本完好。今藏于云南省维西傈僳族自治县图书馆。有彩色影印本，收入《云南少数民族古籍珍本集成》（第6卷），云南人民出版社2013年版。

（杨筱奕）

骰子占卜经

不分卷，1册，21页。佚名撰。傈僳族音节文字古籍。流传于云南省维西傈僳族自治县叶枝、巴迪等傈僳族地区。记述了傈僳族摇骰子预测吉凶福祸的历算方法。在研究傈僳族历史文化方面具有重要参考价值。近代抄本。本色构皮纸，线装，墨书。页面17厘米×13厘米，第17、18页有插画，整本保存完好。今藏于云南省维西傈僳族自治县图书馆。有彩色影印本，收入《云南少数民族古籍珍本集成》（第6卷），云南人民出版社2013年版。

（杨筱奕）

测天阴天晴经

不分卷，1册，28页。佚名撰。傈僳族音节文字古籍。流传于云南省维西傈僳族自治县傈僳族地区。记述了傈僳族天气预测的方法。对研究傈僳族科学技术、气象学等具有重要参考价值。近代抄本。本色构皮纸，线装，墨书。页面12厘米×14厘米，共计1750字，首页有印鉴，整本保存完好。今藏于云南省维西傈僳族自治县图书馆。有彩色影印本，收入《云南少数民族古籍珍本集成》（第6卷），云南人民出版社2013年版。

（杨筱奕）

铭刻类

平彝碑

石碑1通。嘉庆八年（1803年）岁次癸亥九月□日，觉罗琅玕撰文。讲述云贵总督觉罗琅玕平维西恒乍绷事。嘉庆八年（1803年）维西大饥，坚持两年多的恒乍绷义军乏粮绝食，傈僳族兵牺牲者颇众，最后恒乍绷壮烈牺牲。是年九月，觉罗琅玕获胜，乃立《平彝碑》以记其"功"。《平彝碑》远在云南省丽江市石鼓西15公里金沙江畔。原录自云南省编辑委员会编《纳西族社会历史调查（二）》，转录自古永继《傈僳族古代史料汇编》，参见《西南古籍研究》，云南大学出版社2011年版。

（和六花）

平彝碑记

石碑1通。嘉庆八年（1803年）十月立，觉罗琅玕撰文。讲述云贵总督觉罗琅玕平维西恒乍绷事。"惟我尚书督帅觉罗琅玕公之平傈匪，前后几及二载，卒能擒巨魁，清余孽，边民绥□，功德巍然。方将勤彝鼎而载旗常，岂舆言所能颂扬于万一者。"碑高1.733米，广1米，文28行，行70字，正书。原在旧云南府城隍庙（今云南省昆明市五一电影院）附近。《新纂云南通志》卷六《大事记》，嘉庆四年（1799年）录旧志。碑记原载《云南文物》1975年第6期，转录自方国瑜主编《云南史料丛刊》（第13卷），云南大学出版社2001年版。

（和六花）

傈僳族音节文字木牌

佚名撰。傈僳族音节文字古籍。流传于云南省维西傈僳族自治县傈僳族地区。本牌保存了傈僳族音节文字传承的早期形态。对研究傈僳族文字史、文化史具有重要参考价值。近代抄写。墨书。保存完好。今藏于云南省少数民族古籍整理出版规划办公室，云南省维西傈僳族自治县图书馆、档案馆等单位。有彩色影印本，收入《云南少数民族古籍珍本集成》（第6卷），云南人民出版社2013年版。

（杨筱奕）

文书类

朱老二卖契

1纸，同治十三年（1874年）十一月初三，讲述了朱老二卖田的原因、地界、买卖约定等内容。契文记载："立杜卖田契文约人崩林寨朱老二，情因家中应用不敷，情愿将自己本田一段，立约出杜卖与李应忠名下，实接受杜价银净纹银五十两整，入手应用，其田坐落：东至齐坡脚，南至坡脚，西至齐朱老六田格垦[隔埂]，北至齐控沟外。田头左右两小漕子，俱在契内，四至书明在据。自杜卖之后，任随授主管业耕种，永为世代子孙之耕业。杜主之子孙，永远有力不能取赎，无力不得加找。此系二比情愿，于中井无私债准折等情。德有内外异言争竞，立有杜主一力承当。恐后代人心不古，故此立下杜卖文约，存照为据。实杜本田一段，接受杜价纹银五十两净整，所杜是实。同治十三年十一月初三日立。"收入《傈僳族古代史料汇编》，参见《西南古籍研究》，云南大学出版社2011年版。

（和六花）

二官地契

1纸，光绪二年（1876年），讲述崩林二官因家用不足将水扳田当予大头目之事。契文记载："立典当田契文约人崩林二官，为因家中应用不足，情愿立约出字，将己面水扳田一断[段]，坐落地黑泥塘边，当与大头目双至名下，田一段接受田价钱二十千文净整。钱净九七八，其田当主又租种，每年冬收水利谷子，每千谷子一斗，不得短少。如有短少，钱主插犁耕种，当主不得异言。系实二比情愿，中间并无逼迫等情。今恐人心不古，立下天契为据。实是。光绪二年四月十五日立。"收入《傈僳族古代史料汇编》，参见《西南古籍研究》，云南大学出版社2011年版。

（和六花）

李应福当契

1纸，光绪八年（1882年），记述了李应福将田当予熊头人，田的位置、地界、地价和纷争解决方式等。契文记载："立当田契文约人李应福，为因家中应用不敷，情愿立约当到熊头人名下，实接受田价钱二十三千文净整，入手愿用。其田坐落黑泥塘河边田一段，东至齐李姓田，南至齐沟，北至齐本家田，西至齐李姓田，四至开明在契。自当之后，任随钱主插犁耕种，田主不得异言。不论年月远近，钱到契归，二比不得刁难，有力取赎，无力加找，系是二比情愿，中间并无逼迫等情。今恐人心不古，立此当契为据。实是。光绪八年三月十六日立。"收入《傈僳族古代史料汇编》，参见《西南古籍研究》，云南大学出版社2011年版。

（和六花）

李应洪契

1纸，光绪三十三年（1907年），记述了李应洪将田当予本寨冻六名下，田的位置、地界、地价和纷争解决方式等。契文记载："立卖杜契文约人李应洪，为因家中应用不足，情愿将自己本田一段，立约杜卖到本寨冻六名下，实接受杜卖田价钱一百吊零三十一千文入手应用。其田坐落黑泥塘河头田一段，秧田沛[配]足。自杜之后任随杜[钱]主耕种为业，杜主不至异言。有力不得取赎，无力不得加找。其田倘有外人等争竞，有杜主一人承担。此系二比情愿，中间并无逼迫等情。今恐人心不古，立此杜契为据。实是。光绪三十三年正月十八日立。"收入《傈僳族古代史料汇编》，参见《西南古籍研究》，云南大学出版社2011年版。

（和六花）

栋二卖契

1纸，光绪三十四年（1908年），记述了杨柳栋二将田当予本寨栋六名下，田的位置、地界、地价和纷争解决方式等。契文记载："立卖杜契田文约人杨柳栋二，为因家中应用不敷，情愿将自己本田一段，立约杜到与本地栋六名下，实接受杜价钱三十二千文净整，入手应用。其田坐落龙塘河边，东至齐坡脚，南至齐沟，西至齐坡脚，北至齐坡脚，四至开明在契。其田自杜之后，随钱主插犁耕种管业，杜主不致异言。系是二比情愿，并无相强，倘有内外人等争竞，有杜主一力承担。田杜主子子孙孙，世世代代永久不得异言过问。日后有力不得取赎，无力不得加找。今恐人心不古，立此杜契为据。是实。光绪三十四年五月初一日立。"收入《傈僳族古代史料汇编》，参见《西南古籍研究》，云南大学出版社2011年版。

（和六花）

栋五卖契

1纸，光绪三十四年（1908年），记述了沧桐栋五将田卖予本地栋六名下，田的位置、地界、地价和纷争解决方式等。契文记载："立卖杜契田文约人沧桐栋五，为因家中应用不敷，情愿将自己本田一段，立约卖到与本地栋六名下，实接受卖田价钱二十五千文整，入手应用。其田坐落龙塘河边，东至齐坡脚，南至齐泡桐栋六格垦〔隔埂〕，西至齐栋三格垦〔隔埂〕，北至齐栋三田，四至开明在契。秧田配足。自杜之后，认随钱主插犁耕种管业，卖主不致异言。系是二比情愿，并无相强，倘有内外入等争竞，有卖主一力承担。卖主子孙后代不得过问，日后有力不得取赎，无力不得加找。今恐人心不古，立此杜卖为据。实是。光绪三十四年二月初十日。"收入《傈僳族古代史料汇编》，参见《西南古籍研究》，云南大学出版社2011年版。

（和六花）

刘姓换田合同

1纸，光绪三十三年（1907年），记述刘世发、申朝芳二人因围墙田一段发生争议，刀思鸿助司主大人调停平分，后二人因田地放水问题说合的合同。合同载："立合同凭据立约人刘世发、申朝芳二人。因有围墙田一段，祖父首二姓争论，至于鸣官理论。凭刀思鸿助司主大人亲驾到关，将此田均分二分。至后刘姓亦难放水，情愿请凭亲族人等于中说合，申姓情愿将自己面分田让与刘姓开沟放水，其刘姓情愿将自己面分田河边二丘吐出与申姓为业。自立凭据之后，二姓不得异言争论反悔。如有哪边反悔者，罚银三十六两。今恐人心不古，立此合同凭据，永远存照。是实。光绪三十三年三月初八日立。"收入《傈僳族古代史料汇编》，参见《西南古籍研究》，云南大学出版社2011年版。

（和六花）

讲唱类

一、神话传说

（一）神话

木布帕[①] 捏地球

傈僳族创世神话。流传于云南省泸水县傈僳族地区。讲述的是：远古时代没有地只有天，天像一块浮动的云彩。天神木布帕决心要捏个大地撑稳天。他辞别父母妻儿，背着天泥来捏大地。他每捏好一块平地，就在上面种上花草树木，又捏些飞禽走兽。就在他不停地捏大地的时候，魔王尼瓦帝跑来告诉他，他的儿子死了。天神尽管很伤心，但仍未停止造地运动。不久，魔王又告诉木布帕，他妻子死了。为了完成自己的心愿，天神强忍悲痛坚持捏大地。眼看大地就要捏完了，魔王又来告诉他："你的父母也死了。"木布帕终于受不了，把没有捏完的泥团扔向造好的大地，有的落在地面上成了高山奇峰，有的砸进地里成了峡谷深涧，还有一块成了河水流淌的地方。地球虽然没有天那么大，但可以支撑天，天笼罩着地球。天地成了一对夫妻。木布帕后来又用泥土捏了一对猕猴，于是大地上才有了人。猴人对天念下咒语："树不倒呀，没有地方再生；人不死呵，地上容纳不下。"从此地上有生有死。佚名讲述，刘辉豪、胡贵搜集、整理。收入《傈僳族民间故事》，32开，3页，1350字，云南人民出版社1984年版。

（刘怡）

明补扒

傈僳族自然神话。流传于云南省福贡县部分地区。讲述的是：远古时，只有天没有地，天王就派明补扒来造地。明补扒造了很多平地，造到怒江一带时，有人想试探他的毅力，便骗他说他的父母都死了。明补扒想到自己的父母都没有，造地还有什么意义呢？于是他返回天上去了。据说怒江峡谷便是明补扒未来得及修整完的地方。都玛恒讲述，和四海记录、整理。收入《云南民间文学集成·福贡县民间文学集成卷》，32开，1页，200字，福贡县文化局、福贡县民委1989年编印。

（刘怡）

猕猴变人

傈僳族创世神话。流传于云南省傈僳族聚居地区。讲述的是：天神木布帕造出大地后，还用泥土捏了一对猕猴；猕猴长大后慢慢变成了人。猴人背着儿子外出采集食物时，儿子被鹦鹉啄落的松球砸死了。他们诅咒说："树不倒没有地方再生，人不死地上容纳不下。"从此地上的人开始有生有死。佚名讲述，刘辉豪、胡贵搜集、整理。收入《傈僳族民间故事》，32开，1页，300字，云南人民出版社1984年版。

（刘怡）

创世传说

傈僳族创世神话。流传于云南省傈僳族聚居地区。讲述的是：洪荒时代，人类经历了三代。第一代叫"楚甫迦"。他们只有五寸高，用的锅只有鸡蛋

[①] 木布帕，又译作"明补扒"。

般大，碗细如栗壳。人小力气小，这代人做不了大事，便被冻死、饿死了。第二代叫"缪书缪休迦"。这代人身高一尺五寸，矮小得像猴子。他们住岩洞，用树叶做衣服，摘野果当粮食。那时天上出了九个太阳七个月亮，天旱三年后，又下了三年的大雨，洪水泛滥，把这代人给毁灭了。第三代叫"汪恩行美迦"，当时由魔王汪恩行美主宰宇宙。魔王身高力大，人类织三年的布不够他做一条裤子，煮七大甑饭不够他吃一顿。人们为了躲避魔王，便逃进深山，变成了猿猴。天神乌萨叫天使恩仪下凡帮助人类。恩仪在大地上种了一粒南瓜籽，结了一个大瓜。剖开后，东面跳出来两个鬼，南面跑出来两只狼，西面爬出两条蛇，北面跑出两只狗。恩仪又将瓜划成两半，半边瓜瓢里是个男孩，半边瓜瓢里是个女孩。两个孩子长大后，通过滚磨盘"验证"天意结为夫妻，生了三个孩子。大儿子明断勇敢，成了傈僳族的宰官；二儿子机智聪明，成了尼扒；三儿子多才多艺，成了工匠。他们同心协力，建立了一个大部落。佚名讲述，张征东记录。收入《傈僳族文化大观》，32开，2页，800字，云南民族出版社1999年版。

（刘怡）

创世纪（一）

傈僳族创世神话。流传于云南省傈僳族聚居地区。讲述的是：远古时，天地相连，人们背着柴都会碰到天。一个妇女对此不满，便不断咒骂天。天一怒之下连降了九天九夜大雨，世间被洪水淹没。雨后，天地分开了，人类基本也被毁灭，只留下一对兄妹——哥哥列喜列刹和妹妹沙喜沙刹。他们躲在大葫芦里得以幸存下来。为了繁衍后代，哥哥向妹妹求婚，妹妹不允。兄妹俩各自去找配偶，都未果。哥哥再次向妹妹求婚。妹妹说要征得上天同意。他们按天意经射针孔、滚磨盘"验证"后，才结为夫妻。两人共生了五个儿子：生第一个孩子时，丢一块白布在地上说，让孩子变成汉族；生第二个孩子时，丢一根竹签卦在地上说，让孩子变成傈僳族；生第三个孩子时，丢一块黑布在地上说，让孩子变成诺苏（彝族）；生第四个孩子时，丢一根木棍在地上说，让孩子变成俅扒（独龙族）；生第五个孩子时，用簸箕盖在地上说，让孩子变成怒族。列喜列刹叫五个孩子把自己的语言书写下来，汉族便写在白布上，所以至今还保存有汉字；诺苏写在黑布上，成为今天的老彝文；傈僳族写在麂皮上，麂皮被狗吃了，所以没有文字传下来。熊大、曹四、船三讲述，左玉堂记录。收入《中国各民族宗教与神话大词典》，16开，1页，500字，学苑出版社1990年版。

（刘怡）

创世纪（二）

傈僳族创世神话。流传于云南省傈僳族聚居地区。讲述的是：远古时期，大地混沌一片，天和地连为一体。汪洋大海中只有一只巨型葫芦。葫芦漂了七十七天，又浮了九十九夜后搁浅，出来一对同胞兄妹。为了传宗接代，哥哥提出要与妹妹婚配。妹妹说，两人分别从两座山顶往下滚一扇石磨，若两扇磨能合在一起，说明上天同意自己可以与哥哥成亲。兄妹两人到山顶滚了三回石磨，每回石磨皆能合拢，于是结成夫妻。佚名讲述。收入《傈僳族文化大观》，32开，1页，200字，云南民族出版社1999年版。

（刘怡）

冰天鹅、冰蚂蚁造天地

傈僳族创世神话。流传于四川省傈僳族地区。讲述的是：古时候，没有天地，只有一根很长的冰葫芦藤，总共五个冰葫芦。一天，从第一个细腰杆葫芦的上层飞出一只天鹅，从下层爬出一对大蚂蚁。天鹅和蚂蚁约定，天鹅去上层造蓝天，蚂蚁去下层造绿地，天鹅还将长毛给蚂蚁造绿景，蓝天和绿地造好了。天鹅又用翅膀撞破两个圆葫芦造出太阳、月亮和星星，又撞破长葫芦造出树种和粮食的种子。最后,天鹅用大翅膀扇破最后一个椭圆形的长葫芦,造出分开天地、照管天地的俄沙扒莫,自此,天地分开,日月各有其规律。张长贵讲述,李国才采录。收入《中国民间故事集成·四川卷》,32开,3页,2000字,中国ISBN中心1998年版。

（和六花）

天地和人类的起源

傈僳族起源神话。流传于四川省傈僳族地区。讲述的是:尚无天地之时,一对雁鹅去做天,蚂蚁去做地盘。蚂蚁一点点运来渣渣和灰尘,用自己的口水和成泥巴造地,雁鹅衔来桠枝和草叶造天。俄沙扒莫用天星米子造出星星,用草造了三次人,并做了七个太阳、九个月亮,人都死绝了。俄沙扒莫下凡查看,在火塘边刨出三颗南瓜子,四十九天后,南瓜叶长得跟大斗笠一样大,南瓜像大囤包,砍开南瓜,一个里面飞出一对察嘞,一个里面走出一对男女。这对男女长大后婚配,并养育了三个聪明却不会说话的儿子。俄沙扒莫用水灌进刺竹在火塘里烧,竹子烧爆后,竹子里的水溅到坐在火塘边的三个儿子的皮肉上,三个儿子惊恐地喊叫,学会了讲话。三个儿子演变成汉族、彝族和傈僳族的祖先,分别居住在平坝、高山和半山腰。李国才讲述,贾斌采录。收入《德昌傈僳族民俗故事》,32开,4页,2350字,中国文史出版社2007年版。

（和六花）

天管师造人类

傈僳族起源神话。流传于四川省傈僳族地区。讲述的是:相传人类居住的大地是中层,还有上、下两层。天管师造上、下层很顺利,中层的人却前后造了三回才满意。第一代人个个脸朝天、头顶朝背后,他们的眼睛闭不拢,脑壳转不动,没法生活;第二代人膝盖生来朝后面,摔倒站立不起来,没法做活路;后来,在地上的渣渣堆里刨出一颗南瓜,南瓜长大后从里面刨出一对雁鹅、一个扑对随和一对男女,男女长大后婚配并养育了九个孩子,九个儿子各住一方,各说一种话,成为不同民族的祖先。谷万才、贺正荣讲述,李文华、熊国秀采录。收入《德昌傈僳族民俗故事》,32开,5页,2350字,中国文史出版社2007年版。

（和六花）

万物寿命的来历

傈僳族起源神话。流传于云南省维西傈僳族自治县。讲述的是:古时候,万物都没有寿命。当天神给万物寿命时,人类的祖先哇布去晚了,领到的寿命只有十三岁,但得到管理天地间万物的权力。哇布养的一条狗去得早,领到七八十岁的寿命;养的猪去得最晚,领到的寿命最短。狗为了感谢哇布的喂养之恩,就与他换了寿命。从此,人可以活到七八十岁。傈僳族很感激狗,所以从不吃狗肉;而认为猪贪吃,所以就吃它的肉。佚名讲述,余友德搜集。收入《云南省民间文学集成·维西傈僳族自治县民间文学集成资料》,32开,3页,1300字,维西傈僳族自治县民间文学集成办公室1988年编印。

（刘怡）

太阳和月亮

傈僳族自然神话。流传于云南省傈僳族聚居地区。讲述的是:远古时期,天上同时出现了九个太阳和七个月亮,它们给人类和大地万物带来了巨大灾难。人们只好请来一位最有智慧的人,请他设法制服这些太阳和月亮。这个智人用大弩射下了八个太阳和六个月亮。留下的一个太阳和一个月亮害怕地躲了起来,天地一片漆黑。智人便请百鸟啼鸣,想将太阳和月亮哄出来,可它们始终不敢露面。智人只好请出大公鸡。雄鸡三声啼鸣,终于将太阳和月亮一前一后地叫了出来,于是大地有了光明,也有了白天和夜晚。佚名讲述。收入《中国各民族宗教与神话大词典》,16开,1页,

300字，学苑出版社1990年版。

（刘怡）

射太阳月亮

傈僳族自然神话。流传于云南省傈僳族聚居地区。讲述的是：洪水退了以后，人间只剩下兄妹俩，天上出现了九个太阳和七个月亮。金色小鸟带来了金榔头、银火钳，还教给兄妹俩制服龙王、获取金弩银箭的办法。兄妹俩敲打礁石激怒龙王，打败了龙王派来的小白鱼、鲫鱼、镰刀鱼，最后抓住了龙王。龙王只好将金弩和银箭给了他们。兄妹俩来到最高的山上，哥哥拉弦，妹妹搭箭，一连射落了八个太阳和六个月亮，大地恢复成原来的模样。佚名讲述，刘辉豪、胡贵记录。收入《傈僳族民间故事》，32开，2页，1100字，云南人民出版社1984年版。

（刘怡）

公鸡请太阳

傈僳族自然神话。流传于云南省维西傈僳族自治县部分地区。讲述的是：远古时，天上出现了十二个太阳，热得地上岩石熔化，万物遭殃。从海里出来了汪咱扒，他从龙宫借来神弩宝箭，一连射落了十一个太阳。最后一个太阳躲在洞里不敢出来，大地一片漆黑。牛、马、猪、狗去请它出山，但都失败了；公鸡到它躲藏的洞口去叫唤，终于将它叫了出来。此后，生灵们就请公鸡担任迎接太阳的使者。公鸡没有辜负大家的期望，一直忠实地履行着自己的职责。余明讲述，和春富搜集。收入《云南省民间文学集成·维西傈僳族自治县民间文学集成资料》，32开，2页，900字，维西傈僳族自治县民间文学集成办公室1988年编印。

（刘怡）

天地人的来历

傈僳族创世神话。流传于云南省陇川县傈僳族聚居地区。讲述的是：很久以前，宇宙为一团混沌的气体，天神派男女二神去开天辟地。造地的女神用梭子将地织得泾渭分明，造天的男神却把天造小了。天地便合不拢，天神只好将地抓揉起来，使地变成了皱巴巴的一块。他又用泥捏成人，让地上长了一种上面长着高粱和稻谷、中间挂着包谷、下面长着芋头的树，人们不愁吃。天神见人类让吃不完的粮食烂在地里，一怒之下收走了全部粮食。狗为人类找回了谷种，所以人让狗吃饭。那时天和地离得很近，人很容易到天上去，天界的秩序被打乱了。天神将人赶下地来，还派差官告诉人类："用金碗银碗，三天吃一顿饭。"差官传错话，说成："用土碗篾筷，一天吃三顿饭。"人们吃得多拉得多，臭气熏到天上，天神就把天升高了。人有怨恨，就咒骂天神。天神发洪水毁了人类，只留下一对兄妹。兄妹俩躲在葫芦里得以存活，他们成亲繁衍了人类。天上出现了七个太阳，将地烤得燃起了大火。天神将五个太阳捉走，只留下一男一女两个太阳。男太阳只是晚上才出来走动，人们将它叫做月亮。女太阳出来时害羞，天神给了它一包金针，谁看它就刺谁的眼。人间的兄妹俩生下九男九女。九男九女互相婚配，各自又生下九个孩子，成了九个民族。老大是傈僳族，老二是景颇族，老三是汉族……傣族是最小的兄弟。傈僳族分得弩；景颇族分得长刀，他们比较强悍，住在山上；汉族分得书和笔，精于计算；傣族分得扁担，善挑，住在坝子里。九个民族都有一个习惯，就是每年都要过节。李有华讲述，黄云松、任玉华、陈梅记录。收入《中国民间故事集成·云南卷》，16开，3页，4500字，中国ISBN中心2003年版。

（刘怡）

来刹与比刹

傈僳族创世神话。流传于云南省福贡县部分地区。讲述的是：两兄妹种了一地的瓜，结了一个房子般大的瓜。洪水泛滥时,哥哥与妹妹带着猪、牛、羊、鼠、鸡、乌鸦、鸽子、狗等动物一起躲到瓜里面。他们在水上漂了九天九夜后,哥哥打开瓜,让乌鸦先去外面看看洪水进退的情况,但乌鸦一直没有回来。哥哥又叫鸽子去看,不久鸽子衔着一片树叶回来,兄妹俩知道洪水退了。他们走出瓜壳,将木梳分成两截,一人拿一截,一南一北去找人。待他们重逢时,也没找到其他人。两兄妹在一起生活,哥哥提出与妹妹婚配。妹妹说,如果哥哥的箭能穿过针眼和脚趾缝就同意。哥哥将箭射过了针眼和脚趾缝,从此兄妹二人结为夫妻。婚后他们生下七男七女。儿女长大后,成了藏族、白族、汉族、傈僳族、独龙族等民族的祖先。此付俄讲述,霜现月记录。收入《云南民间文学集成·福贡县民间文学集成卷》,32开,2页,1400字,福贡县文化局、福贡县民委1989年编印。

（刘怡）

兄妹配偶

傈僳族创世神话。流传于云南省怒江傈僳族自治州。讲述的是:洪水过后,两兄妹分头去寻找其他人类,一个往南走,一个向北行。但到他们重逢时,没有发现任何人的踪迹。一只金色小鸟飞来,告诉他们世上已经没有其他人,劝他们成婚。它让他们用两个贝壳占卜,如果一个底面朝上,一个底面朝下,则就可以成婚。兄妹俩占卜了三次,结果都一样,两个贝壳面的朝向不一样,于是他们顺天意结成夫妻。婚后两人生了六男六女,六男六女长大后结成六对夫妻:一对往北走,成了藏族;一对往南走,成了白族;一对往西走,成了缅甸克钦人;一对往东走,成了汉族;一对往怒江方向走,成了怒族;一对留在父母身边,就是傈僳族。佚名讲述,刘辉豪、胡贵搜集、整理。收入《傈僳族民间故事》,32开,1页,600字,云南人民出版社1984年版。

（刘怡）

洪水

傈僳族创世神话。流传于云南省怒江傈僳族自治州。讲述的是:远古时期,人世间被洪水淹没,只剩下哥哥、弟弟和妹妹三人。有一次发生了一件奇怪的事:他们头天挖过的山地第二天又恢复原状,原来是一位菩萨在捣鬼。菩萨告诉他们,洪水还要淹没大地,并给了他们两个牛皮袋。哥哥独自躲在一个牛皮袋中,将袋拴在树上;弟弟和妹妹躲在另一个牛皮袋中,他们将袋子拴在岩石上。洪水来时,老大被淹死了,弟弟和妹妹幸存下来。留下的两人找不到同类,经滚磨盘、滚锅"验证"天意后,配为夫妻。可两人一直没有子女。一天,兄妹俩的瓜地上结了个房子般大的瓜。他们将瓜砍开,瓜里出现两个鬼,其中一个被砍死,另一个跑了。瓜里还走出一些人,分别是怒族、独龙族、傈僳族、纳西族、白族、彝族的祖先。他们说着各自民族的话,唱着各自民族的歌,成双成对地朝四面八方走开了。佚名讲述。收入《中国各民族宗教与神话大词典》,16开,2页,1000字,学苑出版社1990年版。

（刘怡）

洪水滔天的故事

傈僳族创世神话。流传于云南省维西傈僳族自治县。讲述的是:古时有两兄弟去挖地,他们头天挖好的地到了第二天就跟没挖过一样。后来,他们发现是天神将地复原了。天神告诉他们,将要发大水,最好用牛皮缝个皮囊躲避。弟弟不听哥哥的劝告,没进皮囊,淹死了。洪水过后,世上只有哥哥一人。他遇到了好心的天女,完成了天神交给的各项事情。天神让他们结为夫妻。他们生了六个孩子,成了傈僳族、汉族、藏族、纳西族、白族、怒族的祖先,并分别有了自己的语言。鱼亲龙讲述,汪忍波用音节文字记录,木玉璋译注。收入《傈僳族音节文字文献资料汇编》,16开,3页,4000字,中国社会科学院民族研究所1995年编印。

（刘怡）

繁衍人类的故事

傈僳族创世神话。流传于云南省维西傈僳族自治县。讲述的是：洪水滔天后，只有一人幸存下来，他劳动了一天，播完了天神交给的全部谷种。在天神的授意、天女的帮助下，他又收回了谷种。不久，天神又让他去播其他种子，种下的东西都长得很好。经过多次考验，天神让他与天女成了家。夫妻俩种了一地南瓜，只结了一个房子般大的瓜。瓜里面走出来五个人，他们不会说话。天神让天女夫妻俩祭天。祭天后，五个人说出了五种语言，成了五个民族，分别是傈僳族、汉族、藏族、纳西族、白族。这五人本没有妻子，天神又送给他们五位天女。佚名讲述，汪忍波用音节文字记录，木玉璋译注。收入《傈僳族音节文字文献资料汇编》，16开，2页，2000字，中国社会科学院民族研究所1995年编印。

（刘怡）

洪水泛滥

傈僳族洪水神话。流传于云南省怒江傈僳族自治州。讲述的是：在一个只有十来户人家的村子里，一对从小失去父母的兄妹过着无依无靠的生活。一天，兄妹俩正在煮野菜充饥，一只金光闪闪的鸟飞到他们住的窝棚顶上说起话来。它告诉兄妹俩，不久将要洪水泛滥，赶快准备好葫芦逃生。兄妹俩将这个可怕的消息告诉了乡亲们，但村子里没有一个人相信他们的话。没多久，天就开始干旱，九十九天后，突然下起了瓢泼大雨。洪水冲毁了所有的庄稼、房屋和人畜。兄妹俩躲进葫芦里，随洪水漂流。不知过了多少个日夜，金鸟停在葫芦上唱着歌，叫兄妹俩出来。后来兄妹俩成婚，繁衍了人类。佚名讲述，刘辉豪、胡贵搜集、整理。收入《傈僳族民间故事选》，32开，2页，1030字，上海文艺出版社1985年版。

（龙江莉）

洪水滔天

傈僳族创世神话。流传于云南省禄劝彝族苗族自治县。讲述的是：有一次，弟兄七人下扣子准备扣野兽，结果扣住了一位白发老者。这老者便是掌管天地的神俄松波。俄松波见老七心地善良，便送给他一个葫芦，叫他发洪水时躲在里面逃命。果然，不久洪水滔天，老七躲进葫芦，逃过了一劫。洪水过后，俄松波从高高的山崖上取下葫芦，让老鼠咬破葫芦救出老七，并让他繁衍人类。杞正华讲述，钱春林翻译、整理。收入《禄劝民间故事》，32开，3页，2600字，禄劝彝族苗族自治县文化局1991年编印。

（杨利先）

洪水滔天和兄妹成家

傈僳族创世神话。流传于云南省怒江傈僳族自治州。讲述的是：古时候，一根葫芦藤上结了一个巨大的葫芦。双赤双散和勒赤勒散两兄妹为了逃避洪水，躲进大葫芦。洪水退后，两兄妹把梳子劈成两半，将棍杖截成两节，各带一半分别往南北两方去找人。两人相遇时都老了，互相不认识，他们拿出半截梳子和棍杖才认出对方。哥哥提出要与妹妹成家，妹妹认为要问天地允许不允许。哥哥提出用滚磨盘来"验证"天意，结果两人滚出的磨盘合拢了。妹妹还要哥哥射破麻团心，击穿麻捆心，射中针眼。哥哥一一照办。于是，兄妹俩成了亲。他们生了五个孩子，一个是傈僳族，一个是汉族，一个是独龙族，一个是怒族，一个是白族。五个孩子分别讲五种语言，人类就这样繁衍下来了。佚名讲述，木玉璋记录、整理。收入《傈僳族民间故事》，32开，3页，1500字，云南人民出版社1984年版。

（刘怡）

依采和依妞的故事

傈僳族创世神话。流传于云南省保山市傈僳族聚居区。讲述的是：古时候有两姐弟，他们相依为命。一天，弟弟养了三年的青蛙告诉他们，天下要发大水，让他们将牛皮缝成袋囊躲避。洪水到来时，姐弟俩带上大公鸡和大母鸡，躲进牛皮袋里。他们按青蛙的吩咐，一直待到大公鸡叫了两遍、敲着牛皮发出"咚咚"的声音时才出来。姐弟俩见世上没有其他人，就把手镯和梳子分为两半，一人拿着一半到处去找。他们找了三个月也没有找到，只好成亲。两人生下九男九女，九男九女长大后成双成对，繁衍了人类。余学珍讲述，杨忠实搜集、整理。收入《散落的珍珠》，32开，4页，2200字，保山地区群众艺术馆1983年编印。后编入《中国民间故事集成·云南卷》，中国ISBN中心2003年版。

（刘怡）

葫芦生人

傈僳族创世神话。流传于云南省龙陵县傈僳族聚居区。讲述的是：远古时，大地发生了特大洪灾，怒江峡谷中的两兄妹钻进葫芦得以逃生。洪水过后，人类几乎灭绝，兄妹俩问龙王如何使人类得以繁衍。龙王让他们各背一扇磨来到相对的两座山顶上，将磨滚下，如果磨合拢，他们就可成夫妻。结果磨合拢了。兄妹俩成婚后，生了五个儿子。老大叫傈僳，在荒山上开垦很多耕地，感动了仙女小七妹。小七妹来到凡间与他一起生活，生养了很多孩子。老二体格较弱，叫汉人，父母让他在小坝区生活。老三体格较强，叫景颇，到大山上去安家。老四叫傣族，体格最差，又怕冷，被分到大坝子河谷地带生活。老五叫藏族，体格最强，又最不怕冷，到边远的高寒地区生活。直到现在，这五兄弟的后代还在各自的地方生活着。余云秀讲述，郑韬搜集，许可都、赵刚整理。收入《云南民族民间文学集成·龙陵县综合资料卷》（一），32开，3页，2000字，龙陵县文化局1989年编印。

（刘怡）

一个瓜里的人

傈僳族创世神话。流传于云南省贡山独龙族怒族自治县。讲述的是：狐狸告诉霜起和霜扇两兄妹，快要涨洪水了，让他们躲进山洞。兄妹俩带着两只黄狗、一对鸡在洞里躲了三天三夜，出来时世上没有人烟。星星告诉寂寞的两兄妹，各抱一扇磨，分别从东山和西山上往下滚，如果两扇磨合在一起，他们就可以成婚。竹子让他们各拿一把弩，互相用箭射对方手中的针孔，若三箭都射中，他们就可成家。兄妹俩照着做，果然磨合在一起，每人三箭都射中针孔，于是他们结了婚。夫妻俩种了许多南瓜。南瓜长得很大，里面还有各种语言。他们将南瓜抬回家后祈求天神，傈僳族就穿着麻布衣服跑出来，独龙族披着花条围裙跑出来……各民族从瓜里跳出来后，霜起和霜扇让他们自己去找地盘，于是他们生活在四面八方。佚名讲述，余光荣记录。1000字，载《怒江报》1987年2月28日。

（刘怡）

不同民族的由来

傈僳族创世神话。流传于云南省禄劝彝族苗族自治县。讲述的是：老七和七仙女生的十九个孩子不会说话，天神俄松波便教他们让孩子说话的办法。结果，夫妻俩用不同的办法教出了不同的话：老大说的是苗话，老二说的是彝话，老三说的是汉话，其他依次为傈僳话、傣话、哈尼话等。由于孩子们的语言不同，就形成了不同的民族。杞正华讲述，钱春林翻译、整理。收入《禄劝民间故事》，32开，2页，2100字，禄劝彝族苗族自治县文化局1991年编印。

（杨利先）

繁衍人类

傈僳族创世神话。流传于云南省禄劝彝族苗族自治县。讲述的是：天神俄松波从葫芦里救出老七后，让他做了一盘磨秋，并点上火把，让磨秋在夜里飞快地转动。天上的七姐妹见了，认为人间很好玩，便下凡来玩磨秋。结果，七妹就留下来和老七结为夫妻。三年后，七妹生下一个南瓜，俄松波用长刀切开南瓜，从里面跑出十一个活蹦乱跳的小娃娃，九男二女。这些孩子后来繁衍了人类。杞正华讲述，钱春林翻译、整理。收入《禄劝民间故事》，32开，1页，540字，禄劝彝族苗族自治县文化局1991年编印。

（杨利先）

天地分离的神话

傈僳族自然神话。流传于云南省怒江傈僳族自治州。讲述的是：天神乌桑创造了天地和万物。他造的天很轻，像碗形的云朵浮在大地上；天地间靠气体支撑。支撑天的气体逐渐少了，天就落下一截，离大地很近。一位背柴的老妇不时顶着天，一气之下就咒骂天。一向高高在上的天听见后受不了，哭了九十九个昼夜，它的泪水变成了大海，大海把天托得很高。海水退后，空气填充在天地间，天降不下来，天地就分开了。佚名讲述。收入《傈僳族民间文学概论》，32开，1页，500字，云南教育出版社2002年版。

（刘怡）

天地分开

傈僳族自然神话。流传于云南省福贡县。讲述的是：很久以前，天和地离得很近，人一伸手就可以摸着天。那时，人和树是好朋友，树常来人家里玩，走时还留下一些树枝树叶，人不必自己去找柴火。后来人贪心了，不满足于树留下的枝叶，要将树砍了烧。树从此不再敢来人家里了，人只好自己上山去砍柴背柴。人背柴时，柴顶着天，人就骂天，让天离远点。于是天就离地越来越远了。天离开时，山也跟着升高。山越来越高，把人留在山沟里了。都玛恒讲述，和四海记录。收入《中国民间故事集成·云南卷》，16开，1页，400字，中国ISBN中心2003年版。

（刘怡）

日食的来历

傈僳族自然神话。流传于云南省怒江傈僳族自治州。讲述的是：一个孤儿结婚不久，便得了麻风病，被村民们隔离在山洞里。一天，他看见一条大蟒蛇，嘴里含有一颗宝石。他杀了蟒蛇，得到了宝石。他用宝石往自己的身上一擦，就治好了麻风病，再往死去的狗身上一擦，结果救活了狗。他回家后，媳妇得知了这事，觉得奇怪，便将宝石拿到太阳下观看，结果宝石不见了。孤儿认为是太阳将宝石收回去的，就准备了很多竹子，一根根接在一起；他和狗要爬到太阳上去找回宝石。临行前，他嘱咐媳妇，每隔十天往竹竿上浇一次水，不然竹竿将被虫蛀断。孤儿和狗沿着竹竿往上爬。当狗爬上了太阳、孤儿爬到半空时，媳妇忘了给竹竿浇水，竹竿便断了，孤儿跌了下来。狗住在太阳旁边，很想念主人，有时想到忍不住就咬太阳一口，于是有了日食。人们在地上看到日食时，就"唔、唔、唔"地叫。狗听到叫声，以为主人来给它送饭，就不再咬太阳了，太阳才得以慢慢复原。佚名讲述，李益康记录、整理。收入《傈僳族民间故事》，32开，2页，1000字，云南人民出版社1984年版。

（刘怡）

天狗吃月亮

傈僳族自然神话。流传于云南省怒江傈僳族自治州。讲述的是：远古时期，怒江边的山崖上住着一对夫妻，丈夫格士力将龙竹竿连接成长梯，准备爬上天去看月亮。临走前，他让妻子都玛吾每天给竹梯脚浇三次水。盼咐完后，他和心爱的大黑狗就一前一后往竹梯上爬。大黑狗在前面爬，格士力紧随其后。爬了很多天，都玛吾分娩了，不能给竹梯浇水，龙竹渐渐枯干了。这时格士力和大黑狗已经爬到月亮边上，狗跃上了月亮，而格士力的手刚摸到月亮，竹梯就断了，格士力跌死了。从此以后月亮上只有一只大黑狗，它饿了就啃吃月亮，人间便看到月食。佚名讲述，郭鸿才、李剑泉搜集、整理。收入《傈僳族民间故事》，32开，3页，1500字，云南人民出版社1984年版。

（刘怡）

狗吃月亮

傈僳族自然神话。流传于云南省福贡县。讲述的是：一天，一个得了麻风病的男人砍死一条蛇，不一会儿，他发现另一条蛇衔来一片绿叶，将死蛇救活了。他好奇地用这片绿叶往自己身上一擦，结果治好了自己的病，并救活村里很多人。后来叶子被太阳偷走，他便搭了一架很长的梯子，将梯子的一端放在月亮上，想爬上去找太阳算账。他让自己的狗在前面爬。当狗爬上月亮时，梯子断了，人摔死了，狗也回不来了。每当狗想念主人时，就大口大口地咬月亮。每当出现月食，人们就要舂碓，意为煮饭给狗吃，让狗不要再咬月亮。恒白此讲述，霜现月、李向才记录、整理。收入《云南民间文学集成·福贡县民间文学集成卷》，32开，2页，700字，福贡县文化局、福贡县民委1989年编印。后编入《中国民间故事集成·云南卷》，中国ISBN中心2003年版。

（刘怡）

鸡窝星的传说

傈僳族自然神话。流传于云南省怒江傈僳族自治州。讲述的是：古时有个贫穷的孤儿，只有一只母鸡和七只小鸡。他精心饲养了三年，但小鸡都长不大。一天，家里来了一位要饭的老人。孤儿没有东西招待他，决定杀掉母鸡。老人怜惜小鸡，不让孤儿杀母鸡。孤儿只好将母鸡送给老人，以表自己的诚意。老人临走时，母鸡突然说，山下有一缸金子和一缸银子，让两人取来用。老人和孤儿取回金银，过上好日子。那只母鸡则带着小鸡飞上天，变成鸡窝状的星群，傈僳人叫"鸡窝星"。佚名讲述，木劲松搜集、整理。收入《傈僳族民间故事》，32开，2页，900字，云南人民出版社1984年版。

（刘怡）

彩虹

傈僳族自然神话。流传于云南省怒江傈僳族自治州。讲述的是：远古之时，洪水淹没了人间，天神从天缝中投下两个葫芦、一柄金刀、一把银斧。两个葫芦被劈开后，出来一个叫西沙的男人和一个叫勒沙的女人。两人在魔女的帮助下，搭棚捞鱼充饥。他们恳求魔女与他们一起生活。后来，魔女怀孕了。魔王得知女儿恋慕人间，很生气，便又让人间发了洪水。三个人只好呼唤天神搭救。天神送来一个竹筏，并要他们每人做一件好事，只有这样才能生存下来。三个人带着在竹筏上生的九个儿子、七个女儿艰难地生活着。后来西沙用竹筏上的弩和箭射穿了崖壁，泄了洪，大地才有了万物。勒沙则变成了彩虹，只将两个小儿子留在身边，而让其他的儿女成双成对走向四面八方。其中一对成了汉人，一对成了彝人，一对成了傣人，一对成了藏人，一对成了景颇人，一对成了缅甸人，一对成了纳西人。佚名讲述，曹德旺、周忠枢搜集、整理。收入《傈僳族民间故事》，32开，5页，3000字，云南人民出版社1984年版。

（刘怡）

岩石月亮

傈僳族创世神话。流传于云南省怒江傈僳族自治州福贡县。讲述的是：远古时，洪水淹没了人间，天神投下两个葫芦。从葫芦中出来一男一女，男的叫西沙，女的叫勒沙。他俩艰难地生活着。世界的主宰路帕的女儿决定帮助他们。她帮他们盖房，为他们捉鱼。后来，三人在一起生活。路帕得知女儿爱上了人间，并怀孕了，一怒之下发了洪水。三人祈求上天搭救，天神给了他们一个竹筏，并让他们各做一件好事，只有这样才能生存下来。三个人带着在筏上生的九个儿子、七个女儿艰难地生活着。后来西沙用筏上的弩和箭射穿了崖壁，泄了洪，大地才有了万物。勒沙则变成了彩虹，只将两个小儿子留在身边，而让其他的儿女成双成对走向四面八方。他们一对成了汉人，一对成了彝人，一对成了傣人，一对成了藏人，一对成了景颇人，一对成了缅甸人，一对成了纳西人。西沙射穿的岩石至今还有一个洞，夜晚就像月亮一样，人们称为"岩石月亮"。佚名讲述，曹德旺、周忠枢记录。收入《中华民族故事大系》第7卷，32开，5页，3200字，上海文艺出版社1995年版。

（刘怡）

米斯和水神

傈僳族创世神话。流传于云南省维西傈僳族自治县。讲述的是：洪水过后，只有阿恒扒、阿恒玛兄妹俩活下来。他们一个住在江头，一个住在江尾，各自寻找自己的配偶，可都未找到合适的。当他们相逢时，已经不能生儿育女了。天神让他们种下一粒南瓜种子，结果结出一个房子般大的南瓜。瓜里走出了傈僳族、怒族、独龙族、藏族等各种人，还出来了米斯和水神。米斯住在悬崖峭壁上，水神住在陆地。他们为争地盘不停地打斗，扰得人们无法生活。天神派戛玛巴来巡视。戛玛巴带来一只大鹏鸟，帮米斯打败了水神；水神许诺不再翻腾。大鹏鸟死了，停在空中，遮住了天。地上一片黑暗，庄稼长不出来。戛玛巴放出绿头苍蝇吃了大鹏鸟的尸体，又送给人间公鸡、猪和南瓜。世上平静下来，人类开始安居乐业。后来，水神变成美男子，与人成了亲，生了孩子。人成了水神的舅舅，没有水喝就找水神借泉水。从此人和神都过上了好日子。佚名讲述，木玉璋记录。收入《迪庆民间故事集成》，32开，4页，2600字，云南民族出版社1997年版。

（刘怡）

山神岩桑

傈僳族图腾神话。流传于云南省鹤庆县傈僳族聚居区。讲述的是：古时，若偌山上住着能看透天地神灵的尼帕。天神怕尼帕看见自己做坏事，想把他除掉。他逐个将虎、蛟龙、老熊等派去若偌山，都被尼帕收服了；最后，只得派女儿太阳去杀害尼帕。太阳来到若偌山，见尼帕领着儿孙们唱歌，又用心喂养后代和动物，便不忍心杀他。天神只好自己动手，用太阳的神弓将尼帕射死。太阳觉得对不起尼帕，就天天到埋葬他的地方哭泣。她的眼泪滴在尼帕心上，长出了一棵尼桑树。尼帕的子孙们常来尼桑树前求教。后来，人们就用尼桑树叶来问吉凶，尊尼帕为山神，逢年过节或家中有喜事，都要到尼桑树前祭祀。唐三妹讲述，鹤庆县民间文学集成办公室记录。收入《中国民间故事集成·云南卷》，16开，2页，2500字，中国ISBN中心2003年版。

（刘怡）

达克布爬的獐皮书

傈僳族起源神话。流传于云南省维西傈僳族自治县。讲述的是：古时，人类有语言，但没有文字，做什么全凭脑子记。天神选定了吉日，通知各民族来领取自己的文字。他把文字写在石板、粑粑等不同的物品上。有的民族领到了写在石板上的文字，并一直流传至今。领着写在粑粑上的文字的民族，因回去时肚子饿，将粑粑吃了，就没有了文字。傈僳族的祖先达克布爬领到的是写在獐皮上的文字。他回家后没有将獐皮保管好，被狗吃了，傈僳族的獐皮书就失传了。阿德讲述，余友德记录。收入《迪庆民间故事集成》，32开，1页，600字，云南民族出版社1997年版。后以"傈僳族没有文字"为题，编入《中国民间故事集成·云南卷》，中国ISBN中心2003年版。

（刘怡）

神匠

傈僳族创世神话。流传于云南省怒江傈僳族自治州。讲述的是：远古时，人世间只有神匠夫妇和女儿三人。神匠觉得很寂寞，就进山削木偶做伴，共削了十二个，每个都同他本人一模一样。他用法术使这些木偶有了生命，并让它们和山林中的猿猴交配。木偶生下的后代就是现在各民族的祖先。因此傈僳族认为自己的男祖先是木偶，女祖先是猿猴。佚名讲述、记录。收入《中国各民族宗教与神话大词典》，16开，1页，300字，学苑出版社1990年版。

（刘怡）

天管师两口子和张古老

傈僳族创世神话。流传于四川省德昌县傈僳族地区。讲述的是：天和地分别是月亮九兄弟和太阳七姊妹创造出来的，因人数不同、用力不均天地很难配得合适。俄沙扒莫只好把大地拉皱和天相配，使得大地上水流不止，淹成大海。俄沙扒莫便派天管师去疏通九河，结果两次都因老母猪王作怪，使疏通的河道又堵起来。天管师为了能顺利疏通九河，完成俄沙扒莫安排的差事，勉强应允同老母猪王成亲。成亲数年后，两人相互熟悉脾性，老母猪王变成一个漂亮姑娘，帮助天管师疏通九河。天管师的老表张古老垂涎老母猪王的美貌，和天管师打赌，结果天管师输掉了自己的婆娘。老母猪王将自己化身为又老又丑的模样，使张古老心生厌弃。天管师两口子才得以安然地在一起看管大地。张国全、谷老四讲述，李文华、熊国秀采录。收入《德昌傈僳族民俗故事》，32开，3页，1568字，中国文史出版社2007年版。

（和六花）

神药的故事

傈僳族自然神话。流传于云南省怒江与德宏两州傈僳族聚居区。讲述的是：阿四婚后生活得很幸福，不料丈夫得病瘫痪了。她将丈夫背到一个山洞住下，自己出去寻活计。丈夫在洞口打死了一条大蟒蛇，见另一条大蟒蛇衔来一些树叶一擦，死蟒就活了回来。于是，他就用蟒蛇衔来的树叶擦洗身体，几天后居然成了一个强健的人。他摘下树上的叶子和果实，救活了很多人和动物。他把神药放在柜子里，嘱咐妻子，有太阳、月亮的时候不能打开。阿四好奇，几次打开柜子，结果神药被太阳和月亮各拿走了一半。丈夫想去月亮上把神药要回来，就用麻秆做成梯子往上爬。行前，他嘱咐阿四，每天中午往梯脚浇冷水，晚上浇热水。第七天中午，阿四忘了给梯子浇水，晚上又把冷水当热水浇。结果梯子断了，丈夫摔死了，他带去的小花狗爬上了月亮。从此，神药没有了；狗想起主人时就咬月亮，这时就发生月食。佚名讲述，祝发清翻译，徐嘉瑞记录。收入《傈僳族民间故事》，32开，5页，3000字，云南人民出版社1984年版。后编入《中华民族故事大系》第7卷，上海文艺出版社1995年版。

（刘怡）

粮食种子的由来

傈僳族起源神话。流传于云南省怒江傈僳族自治州。讲述的是：洪水泛滥后，大地上只剩下了两兄妹和一只狗，也没有粮食。为了繁衍后代，两兄妹结成夫妻。他们叫狗到天上向天神要粮食种子。狗到天上要到了种子，放在耳朵里带回了大地，人间才有了粮食。为了报答狗，人们每逢新米节和过年时，都要先喂狗。佚名讲述。收入《中国各民族宗教与神话大词典》，16开，1页，300字，学苑出版社1990年版。

（刘怡）

天管师传给人间包谷种

傈僳族创世神话。流传于四川省德昌县傈僳族地区。讲述的是：很早以前，天神天管师来到人间，看到人们吃野果野草，个个黄皮寡瘦的，便给了人们一些包谷种子。天管师给的包谷种子，蔸巴上结洋芋、中间结包谷、顶上结谷子。人间的粮食一年比一年多，人们便不再爱惜粮食，乱丢、乱踩，淋些屎尿在上头，甚至抱怨是天管师整人们，一个种子结三个花样，害得人背也背不完，重又重得很。秋熟熟（包谷）听到后很生气，只留下洋芋那么大的果子就返回天上了。秋熟熟走后，包谷和谷子也分家了，粮食也只结一点点。张兴才讲述，李国才采录。收入《德昌傈僳族民俗故事》，32开，3页，700字，中国文史出版社2007年版。

（和六花）

三朝人的变化

傈僳族起源神话。流传于四川省盐边县傈僳族聚居区。讲述的是：很久以前，两眼生长在头顶上的第一朝人和白寒鸡、兔子生活在一起，但后来天上的皇帝被惹怒了，派了七个太阳来，想要晒死他们。大耳朵兔子和白寒鸡都晒脱了形，第一朝人也被晒死了。皇帝遭不住第一朝人骨架散发出的尸臭，让雨水冲刷大地。白寒鸡和兔子都活了过来，第一朝人的骨架也变成了第二朝人——猴子。由于猴子繁衍太快，天上的皇帝又用洪水来淹他们，最后只有躲在岩洞里的猴子活了下来，变成了第三朝人，也就是傈僳族自认的祖先。杨兴华讲述，李文光、繁锦城搜集整理。收入《中国民间文学集成·攀枝花市故事卷》，32开，2页，300字，四川民族出版社1990年版。

（艾芳）

（二）氏族传说

七姐妹割草

傈僳族氏族传说。流传于云南省怒江傈僳族自治州。讲述的是：一位老妈妈养了七个女儿，有一次她背草时遇到一条大蛇。蛇要与她女儿成亲。六个姐姐一个也不愿嫁给蛇，只有小女儿心疼妈妈，答应与大蛇成婚。大蛇变成一个英俊的小伙子，与七姑娘过上了幸福生活。七姑娘回娘家后遭大姐嫉妒。大姐设法害死了她，并冒充她与蛇郎生活。后来七妹变成鸟儿，回到蛇郎家，大姐又将它烧死。七妹又变成木炭、剪刀、饭勺等，想回到蛇郎身边，都没有如愿。最后，她得到一位老妇人的帮助，变成姑娘找回了蛇郎。蛇郎惩治了大姐，和七妹过上了平安、快乐的日子。他们的后代成了蛇氏族。佚名讲述，李务迁、祝华生、巴子搜集、整理。收入《傈僳族民间故事》，32开，8页，4500字，云南人民出版社1984年版。

（刘怡）

木筒里出来的人

傈僳族氏族传说。流传于云南省福贡县。讲述的是：傈僳族的祖先叶木言住在金沙江边，靠卖江中的木柴过活。一次，他从江里捞上一个木筒，劈开得到了一个男孩子，取名斯尼冉。斯尼冉很能干，为人善良，与龙公子是好朋友。因他本领太大，官兵怕他造反，便来捉他。龙公子教他造兵的方法，斯尼冉就到森林里去砍木头造兵。妻子、儿子老不见斯尼冉回来，就背着粮食去森林里找他。他们没找到斯尼冉，因为林中所有的木头人都是照着他的模样造的。妻子告诉儿子，鼻尖上冒汗的就是他父亲。斯尼冉听见，觉得自己造兵的秘密连女人都知道，太没面子，就骑着老虎上了玉龙山。他的后代和造的木人，有的留在玉龙山下，组成纳西族中的木氏家族；有的来到怒江峡谷，成了傈僳族中的木氏家族。普阿冒讲述，木玉璋整理。收入《傈僳族民间故事》，32开，4页，2300字，云南人民出版社1984年版。后编入《中国民间故事集成·云南卷》，中国ISBN中心2003年版。

（刘怡）

里吾底木氏族的传说

傈僳族氏族传说。流传于云南省怒江傈僳族自治州。讲述的是：很多年前，金沙江西边住着一位叫言明言的傈僳老人，他和老伴言明斤到老都没有生孩子。一天，他们在香樟树中破出个男婴，取名"四女然"（木生之意）。四女然长大后外出读书，与龙子交了朋友，并为龙王治好了病。回到家乡后，他与减斯老爷的女儿相恋。为了能盖房，四女然征服了江东，并取来减斯想要的宝物。可减斯仍不断刁难他。在一次比赛中，四女然喝光了减斯为他准备的三锅铁水，减斯吃完了四女然为他准备的牛皮针。结果牛皮针发胀，撑死了减斯。四女然和恋人成了亲，生了三个儿子。老大和老三留在丽江，老二木坦益来到了兰坪安家落户。木坦益的儿子腊者娶勒墨姑娘为妻，生下夺若。后来夺若一家和岳父一起来到了碧罗雪山。而夺若的两个儿子顺江南下进入怒江：腊毕在里吾底生活，腊六则经泸水翻越高黎贡山进入缅甸安家。佚名讲述，史富相记录。收入《福贡文史资料选辑》第8辑，32开，20页，12000字，福贡县政协文史资料委员会2001年编印。

（刘怡）

猫头鹰氏族的传说

傈僳族氏族传说。流传于云南省怒江傈僳族自治州。讲述的是：一个到有钱人家上门的傈僳族穷小伙子，因受不了妻子的谩骂和侮辱而离家出走，在途中与一个穷困潦倒的姑娘结为夫妻。后来妻子有了身孕，小伙子只能让她住在山洞里。妻子生下了一个男孩，小伙子每天去打猎，想给她补充营养，可几天下来什么也没打到。产后的妻子没东西吃，快饿昏了；孩子也因此没有奶吃。正当小伙子焦急时，洞外传来猫头鹰的叫声。他出去一看，一只肥大的山鸡掉到他面前。这是猫头鹰叼来的。妻子与孩子终于有东西吃了。小伙子为了感谢猫头鹰帮他一家渡过难关，便给自己的孩子取名"咕扒"（猫头鹰小子之意），同时把猫头鹰视作神鸟加以保护。后来"咕扒"氏族发展为一个大氏族，取汉姓为欧氏。欧民全讲述，杨春茂记录。收入《傈僳族民间文学概论》，32开，2页，1200字，云南教育出版社2002年版。

（刘怡）

鸟氏族的传说

傈僳族氏族传说。流传于云南省怒江傈僳族自治州。讲述的是：古时候有位妇人，她刚生下一个孩子。丈夫为了给她补充营养，上山打鸟给她吃，可一连三天都未获得任何猎物。鸟王得知这一情况后，便每天赐他可以猎获鸟儿。由于他的孩子是吃鸟肉长大的，所以长大后就成了鸟氏族的祖先。佚名讲述，左玉堂记录。收入《中国各民族宗教与神话大词典》，16开，1页，200字，学苑出版社1990年版。

（刘怡）

阿宝与蜜蜂

傈僳族氏族传说。流传于云南省怒江傈僳族自治州。讲述的是：砍柴少年阿宝捡到了一个银圈，没有拿它去换钱买牛，而是一直寻找失主。后来有个牧女说银圈是她的，阿宝就还给了她。牧女回赠他一个蜂巢，叫他回去养蜂，并说等他请大家吃蜂蜜的时候她就来看他。过了几年，阿宝养了很多蜂，请乡亲们都来吃蜂蜜。这时牧女也来了，和阿宝成了家。阿宝的后代都在山上养蜂，人们称他们为蜂氏族。佚名讲述，杨学贤搜集、整理。收入《傈僳族民间故事》，32开，3页，1500字，云南人民出版社1984年版。后以"傈僳蜂氏族"为题，编入《中国民间故事集成·云南卷》，中国ISBN中心2003年版。

（刘怡）

虎氏族的来历

傈僳族氏族传说。流传于云南省怒江傈僳族自治州。讲述的是：古时有一个女子上山砍柴，遇到一只老虎。老虎变成一个英俊的青年，与她成了亲，生了儿女。当女子和孩子们发现自己的亲人是老虎时，男人就离开了妻子与儿女。儿女长大后，人们便称他们为"拉扒"——虎氏族。佚名讲述，毓才、光民、辛闻搜集、整理。收入《傈僳族民间故事》，32开，3页，1600字，云南人民出版社1984年版。后编入《中国民间故事集成·云南卷》，中国ISBN中心2003年版。另传，老虎变成青年男子后与女子交配，所生子女就成了虎氏族。虎氏族的成员上山不猎虎，虎也不咬虎氏族的人。还有一说：虎氏族的祖先拾到一张虎皮，做成衣裳让孩子穿，后来还以虎作为他们氏族的名称。这两种传说均收入《傈僳族文化大观》，云南民族出版社1999年版。

（刘怡）

荞氏族的由来

傈僳族氏族传说。流传于云南省怒江傈僳族自治州。讲述的是：荞氏族的祖先括木必力膝下无子，便收一个哑巴为养子。他让养子每天上山砍柴，而哑巴总是能很快砍完三背柴回来。括木必力很奇怪，有一次他发现哑巴有一把铜斧，就拿着铜斧亲自上山砍柴。他听见一棵树内有小孩的哭声，便将树砍开，得到一个孩子，把他也收做养子。第二个养子长大后生了七子，他们就是后来荞氏族的祖先。另传，古时一个女子食荞受孕，生下的后代成为荞氏族的祖先。佚名讲述。收入《中国各民族宗教与神话大词典》，16开，1页，300字，学苑出版社1990年版。

（刘怡）

恒玛塔

傈僳族氏族传说。流传于云南省怒江傈僳族自治州。讲述的是：一对夫妻成亲十年未生孩子。一天，妻子梦见一只雌猴扑入自己的怀中，结果醒后得一女儿，取名恒玛塔。恒玛塔长大后，夫妻俩以为她是天神赐的，便不让她干活。姑娘好吃懒做，后来父母被迫将她赶入森林。恒玛塔在森林中遇见一公猴，说自己也是猴家的后代，与它成了亲，生下很多儿女。儿女们有的逆江而上，住在怒江上游；有的顺江而下，住在怒江下游。他们都是猴氏族的成员。阿普讲述，余新、赵秉良搜集、整理。收入《傈僳族民间故事》，32开，4页，2000字，云南人民出版社1984年版。后以"傈僳族猴氏族"为题，编入《中国民间故事集成·云南卷》，中国ISBN中心2003年版。

（刘怡）

竹氏族的由来

傈僳族氏族传说。流传于云南省怒江傈僳族自治州。讲述的是：很久以前，有个人从竹筒里生出来，长大后号称"竹王"。竹王的后代就成为竹氏族（"马打扒"），他们把"竹"作为自己的姓氏。佚名讲述，左玉堂记录。收入《中国各民族宗教与神话大词典》，16开，1页，100字，学苑出版社1990年版。

（刘怡）

麻氏族的由来

傈僳族氏族传说。流传于云南省怒江傈僳族自治州。讲述的是：傈僳族的另一个分支——麻氏族（"直扒"）的祖先善于种麻和织麻，他们就把"麻"作为自己的姓氏，还把麻作为氏族的标志。至今，麻氏族的成员都喜欢和麻打交道。佚名讲述，左玉堂记录。收入《中国各民族宗教与神话大词典》，16开，1页，100字，学苑出版社1990年版。

（刘怡）

鱼氏族的由来

傈僳族氏族传说。流传于云南省怒江傈僳族自治州。讲述的是：鱼氏族（"旺扒"）的祖先擅长捕鱼，他们的后代就将"鱼"作为自己的姓氏，并把鱼作为本氏族的象征。傈僳人认为，凡鱼氏族的成员都善捕鱼。佚名讲述，左玉堂记录。收入《中国各民族宗教与神话大词典》，16开，1页，100字，学苑出版社1990年版。

（刘怡）

熊氏族的故事

傈僳族氏族传说。流传于云南省怒江傈僳族自治州。讲述的是：从前有位傈僳族寡妇，她的女儿遇到一头公熊变的俊美小伙子，两人生下一个男孩，取名"乌帕饶"。后来，公熊被猎人打死，姑娘只好带着孩子回到母亲身边。乌帕饶在放牛时，打死了一头牦牛，为了逃避责任，只得逃走。途中他降服了兴风作浪的恶龙，制服了抢粮食吃的黑猩猩，射死了吃人的老虎，又打败了以抢劫为生的部落，救出一名被抓的姑娘。就在与姑娘成亲的夜晚，他遭到敌人的偷袭。乌帕饶杀出重围，带着阿妈和妻子逃到怒江大峡谷。他在这里定居下来，生儿育女。后来这个家族人丁兴旺，组成了强大的熊氏族。欧学兴讲述，剑恒翻译、整理。收入《傈僳族民间故事》，32开，9页，6500字，云南人民出版社1984年版。后编入《中国民间故事集成·云南卷》，中国ISBN中心2003年版。

（刘怡）

李那、李克射魔王

傈僳族氏族传说。流传于云南省兰坪白族普米族自治县部分地区。讲述的是：一对夫妻无安身之地，只好顺澜沧江漂流，途中生下一个男孩。在石登乡靠岸后，他们又生了一个男孩，一家人在此定居。夫妻俩给老大取名"李那"（傈僳语，江心），给老二取名"李克"（傈僳语，江畔）。两兄弟从小就跟着父亲上山打猎，练就了百发百中的本领。后来一个魔王占领了大竹箐一带，附近的人成了它的口中食。李那、李克通过观察掌握魔王的生活规律，将它射死了。兄弟二人为民除害，官府就把石登江边一带的千顷良田划给他俩。他们执意不受，最后干脆搬到山上定居，成了石登傈僳族的祖先。曹长路讲述，罗栋记录。收入《兰坪民间故事集成》，32开，2页，1000字，云南民族出版社1994年版。

（刘怡）

诸葛亮与傈僳族

傈僳族氏族传说。流传于四川省德昌县傈僳族聚居区。讲述了傈僳族"傈僳"称呼的来历与诸葛亮的关系，诸葛亮南征时，挑选手艺高超的泥匠塑了很多泥人打扮成兵士站哨，吓住了敌军。泥人在风吹日晒十余日后变成了人，诸葛亮给他们布衣服和米粮，他们都不要，反而喜欢穿火草衣和打猎。这些泥人打仗十分英勇。后来诸葛亮回蜀国后，泥人们都留下来，住在半山上，渐渐地，"泥塑"也写成了"傈僳"。汤崇德讲述，汤应照采录。收入《德昌傈僳族民俗故事》，32开，2页，400字，中国文史出版社2007年版。

（杨筱奕）

（三）风俗与风物传说

刀杆节

傈僳族风俗传说。流传于云南省怒江与保山两地的傈僳族聚居地区。讲述的是：明朝年间，兵部尚书王骥受朝廷派遣，率兵进驻云南边疆傈僳族地区。他引导人们保护耕地，饲养牲畜，时刻准备抵御外侮。后来他被诬企图谋反，被皇帝召回，于农历二月初八被杀害。傈僳人立誓为他申冤报仇，决心练好上刀山下火海的本领，保卫好边疆。他们将二月初八这天定为刀杆节，并世世代代传了下来。佚名讲述，杨尚礼搜集、整理。收入《傈僳族民间故事》，32开，3页，1500字，云南人民出版社1984年版。

（刘怡）

米斯的彩礼

傈僳族风俗传说。流传于云南省怒江傈僳族自治州。讲述的是：亚瓦玛村有两个姑娘，名为片普玛和甘普玛。她俩擅长洗麻织布。一天，两人出去洗麻后就没回来。人们找了几天，才在山崖上发现她们。两人让乡亲们回去准备好畜圈，叫父母煮好酒。那天，村里来了很多客人，赶来很多牲畜，成双成对的飞禽走兽把所有的畜圈装得满满的。片普玛和甘普玛嘱咐大家，看客人跳舞时不要笑，否则客人会不高兴而去。后面来的乡亲不知道这一情况，看见客人跳到奇怪处就笑了起来。客人以为村里人生气，就带着他们的飞禽走兽跑光了。片普玛和甘普玛也要走了，她们告诉乡亲们："你们不喜欢飞禽走兽，以后我们就送岩蜂给你们。"从此，亚瓦玛村附近的悬崖上有很多岩蜂巢，村民每年都有吃不完的蜂蜜。据说，这是神主米斯娶走片普玛和甘普玛后送给村里人的彩礼。后来每年七八月采蜜季节，人们要在取蜜的地方进行祭祀，这样取蜜方才顺利。佚名讲述，木玉璋、禹尺搜集、整理。收入《傈僳族民间故事》，32开，4页，2400字，云南人民出版社1984年版。后编入《中国民间故事集成·云南卷》，中国ISBN中心2003年版。

（刘怡）

祭山神的由来

傈僳族风俗传说。流传于云南省泸水县傈僳族聚居地区。讲述的是：堂兄弟阿的和阿甲买统管着大地上所有的四脚动物，每天都到山上放牧。阿甲买的父亲给两人送来饭菜，他偏爱自己的儿子，给儿子的是米饭，而阿的吃的是包谷饭。阿甲买发现后，很过意不去，便背着父亲把米饭给阿的吃。阿的知道这事后，决定不再回家。他认大树为父、大石为母，将牛、羊、猪、狗等动物分给阿甲买，而自己只要虎、豹、狼、鹿、麂子、岩羊、野牛等。动物没分完，阿的有点烦了，对阿甲买说："你少得一点好管理，余下的都归我管，往后你需要就上山来杀我的野物。"阿甲买分到的就成了家畜，阿的留下的就成了野物。从此，人们猎取山上的野物，就要祭祀阿的山神。佚名讲述，左玉堂记录。收入《中华民族故事大系》（第7卷），32开，2页，1000字，上海文艺出版社1995年版。

（刘怡）

不同方式的祭祀活动

傈僳族风俗传说。流传于云南省禄劝彝族苗族自治县。讲述的是：在洪水泛滥的时代，被葫芦救下来的老七与七仙女成婚后，生下十九个孩子。这些孩子长大后，其中的九个姑娘分别嫁给了她们的九个弟兄，剩下一个姑娘落了单，没人嫁。她羞愧地跑到山林里，变成了白虎精。后来白虎精见人们生活得很和睦，非常嫉妒，便常来扰乱他们的生活，弄得苗族到处搬家，使彝族用树桩作记号，让汉族用石头垒墙……它并不就此停手，继续捣乱，让人们生病、折财、死牲畜。没办法，人们只好祭祀它，以求平安。在祭祀时，苗族是老大，可以坐着进行；彝族是老二，可以站着进行；汉族及其他民族按年龄应排在白虎精后面，所以需要跪着祭祀。杞正华讲述，钱春林翻译、整理。收入《禄劝民间故事》，32开，1页，480字，禄劝彝族苗族自治县文化局1991年编印。

（杨利先）

猎神传奇

傈僳族风俗传说。流传于云南省贡山独龙族怒族自治县。讲述的是：很久以前，山上的动物都是女猎神米斯的家禽家畜。没有她的恩准，任何人都打不到猎物，所以，猎人们都很敬重她。阿普、阿登和阿肯都是勇敢的猎人，他们每次上山打猎前，先给米斯献上最洁净的贡品，她就赐给他们岩羊。有一次，阿普去捕鱼，遇到一个年轻女人，便不知不觉跟着她来到打猎时经常睡觉的地方。他醒后，发现鱼不见了，便认为是被米斯拿走了。从此以后，三个猎人祭米斯时少不了鱼。他们发现，只要头天晚上与妻子同房，第二天去捕鱼、打猎都不顺利。从此，傈僳男人在打猎前一定要将祭品准备好，也不和女人同房；同时，妇女也不得靠近猎人枕边的猎角。这些作为习俗传了下来。打登讲述，余友诚记录。收入《贡山县各族民间故事选》，16开，3页，1500字，贡山独龙族怒族自治县民间文学集成编委会 1991 年编。

（刘怡）

阔时节的传说
傈僳族风俗传说。流传于云南省怒江傈僳族自治州。讲述的是：古时，人世间遭洪灾。洪水过后，人畜死尽，五谷被毁，只有兄妹两人幸存下来。他们结为夫妻。两人开渠引水，拓荒垦地，但到春播时却找不到谷种。这时，一只黄狗向玉帝讨来了五谷，奉献给夫妻俩。后来，人们为了纪念夫妻俩艰苦创业和狗的功劳，便在每年的农历十一月间过阔时节。佚名讲述，左玉堂记录。收入《中国各民族宗教与神话大词典》，16 开，1 页，500 字，学苑出版社 1990 年版。

（刘怡）

澡塘会的来历
傈僳族风俗传说。流传于云南省怒江傈僳族自治州。讲述的是：很久以前，怒江西岸住着一对姐妹。她们常用歌声安慰穷苦的乡亲，很受大家的爱戴。天女嫉妒她们，就把她们变成了尖山和团山。姐妹俩没有屈服。尖山往上长，要刺破青天；团山往下伸，想堵住怒江淹没天宫。天神大怒，便在尖山顶上钉了九颗铜钉，罩上一口铜锅；在团山脚下钉了七颗铁钉，罩上一口铁锅。后来，两座山的山脚流出两股滚烫的泉水，人们说这是姐妹俩胸腔里流出来的热血。为了祭奠姐妹俩，在每年的农历正月初一到初十，附近的人们穿着盛装，带着佳肴美酒，跋山涉水，来到两股泉边赶澡塘会。待祭祀活动结束后，人们又自然地组成上百个歌场，进行赛歌、跳舞、荡秋千等活动。佚名讲述，左玉堂记录。收入《中国各民族宗教与神话大词典》，16 开，1 页，800 字，学苑出版社 1990 年版。

（刘怡）

火把节
傈僳族风俗传说。流传于云南省维西傈僳族自治县。讲述的是：很久以前，维西地区石头多、树多、野兽多，而人少、地少、粮食少。当地的大鬼主还一个劲地向人们要粮、兽皮等各种东西。有一次诸葛亮带兵来到了维西，和大鬼主在澜沧江边打了一次大仗。蜀军得胜后，诸葛亮教当地人耕种。他带来的四川籍士兵与当地人一起，搬石平土，垒埂修渠，开垦出不少水田。后来从四川运稻种来的蜀军遇上了瘴气，维西人们便点着火把去迎接，从而形成了农历六月二十四日过火把节的习俗。和会计讲述，周樵记录。收入《中华民族故事大系》第 7 卷，32 开，6 页，4000 字，上海文艺出版社 1995 年版。

（刘怡）

吃新米的传说
傈僳族风俗传说。流传于云南省怒江傈僳族自治州。讲述的是：古时，天底下黄谷堆积如山，人们播下一种谷物后能长出三种不同的粮食。他们吃不完，用不尽，日子过得很富足。天神看见后，便生了坏心，将全部粮食收回天上，连种子也未留下一粒。这时，一条狗跳过河，追到天边，咬下三粒种子。人们把这些种子播到地里后，它们一粒发十棵，一蓬发十蓬。人间又有了粮食。人们记着狗的功劳，在每年谷子黄时，要到田里掐谷穗来"吃新米"，吃新米饭前要先喂狗。佚名讲述，左玉堂记录。收入《中国各民族宗教与神话大词典》，16 开，1 页，500 字，学苑出版社 1990 年版。

（刘怡）

琴和舞的来历
傈僳族风俗传说。流传于云南省怒江傈僳族自治州。讲述的是：一户傈僳人家有七兄弟，阿爸叫他们外出学本领，三年后回家。老大学会了开山种地，老二学会了起房盖屋、打造犁耙，老三学会了编织篾器，老四学会了射弩下扣子，老五学会了织网捕鱼，老六学会了看病抓药，老七阿迪学会了弹琴跳舞。阿爸认为阿迪学的本事没有用，气得把他赶出了家门。流浪的途中，阿迪吹奏起悠扬的乐曲，唱起了优美的调子，得到龙王的欢心。龙王将龙女嫁给他，又帮他开良田、建楼房。阿爸和六个哥哥才知道阿迪学的也是一种本领。阿迪毫无保留地把自己的才艺教给大家，从此怒江两岸有了歌舞，有了欢乐。佚名讲述，杨正文搜集、整理。收入《傈僳族民间故事》，32开，2页，1200字，云南人民出版社1984年版。

（刘怡）

傈僳族跳脚的由来

傈僳族风俗传说。流传于云南省维西傈僳族自治县部分地区。讲述的是：一个傈僳孩子在帮财主放牛时吹笛子，牛就随着乐曲跳舞。牛越来越瘦。财主告到衙门，县官判孩子死罪。行刑时，孩子要求再吹一次笛子。当笛声响起时，在场的人都随着乐曲跳了起来。县官在人们的强烈要求下放了孩子。从此，傈僳人只要一听到欢快、热烈的笛声，就会随着节拍跳起来；每逢节庆，他们都要由笛子手领头跳脚狂欢。佚名讲述，和春富搜集。收入《云南省民间文学集成·维西傈僳族自治县民间文学集成资料》，32开，2页，1200字，维西傈僳族自治县民间文学集成办公室1988年编印。

（刘怡）

达叽达哏

傈僳族风俗传说。流传于云南省维西傈僳族自治县。讲述的是：从前，傈僳族中有个很有才华的人，全族所有的乐器曲子都是由他谱写的。他还精通各种乐器的演奏。一次，他想作一首新的乐曲，却想不出好的音节，后来还是一只小鸟的叫声启发了他。他觉得自己不如一只小鸟，从此不再作曲。所以，傈僳族乐曲的最后一调就是小鸟的叫声"达叽达哏"。余明讲述，和春富搜集。收入《云南省民间文学集成·维西傈僳族自治县民间文学集成资料》，32开，1页，500字，维西傈僳族自治县民间文学集成办公室1988年编印。

（刘怡）

吹木叶的来历

傈僳族风俗传说。流传于云南省维西傈僳族自治县。讲述的是：孤儿叶撒靠砍柴过日子，空闲时靠吹木叶解闷。仙女得知他勤劳孤苦，就下凡来和他成亲。两人过起了男耕女织的美好生活。从那时起，傈僳族男女就兴起了吹木叶谈恋爱的习俗，有时还用木叶声抒发心中的喜怒哀乐。熊仔义讲述，马玉堂搜集。收入《云南省民间文学集成·维西傈僳族自治县民间文学集成资料》，32开，2页，1000字，维西傈僳族自治县民间文学集成办公室1988年编印。

（刘怡）

傈僳族人为什么爱打猎

傈僳族风俗传说。流传于云南省龙陵县部分地区。讲述的是：很早以前，一个傈僳人结交了老虎、野猪和老熊三个朋友。相处久了，三个动物朋友觉得人爬山攀崖时很笨拙，就想吃掉人，便与人相约月圆时比武，谁输了就吃掉谁。比武时，老虎以最快的速度下山，赢得了大家的称赞；野猪用嘴皮拉犁犁田，也得到了赞美；老熊抱着头从山顶滚到山脚，露了一手。傈僳人认为，比蛮力自己肯定不是动物们的对手，于是放起了火，将三个野兽烧死了。人吃到了香喷喷的兽肉，从此与野兽成了仇敌，见了野兽就追打，养成了上山打猎的习惯。佚名讲述，胡万才搜集，许可都、赵刚记录。收入《云南民族民间文学集成·龙陵县综合资料卷》（一），32开，2页，720字，龙陵县文化局1989年编印。

（刘怡）

傈僳族祭母的来历

傈僳族民间传说。流传于云南省禄劝彝族苗族自治县。讲述的是:从前有个傈僳族小伙子,经常在山地里干活,母亲负责给他送饭。他要么嫌饭送早了,要么嫌饭送晚了,经常打骂母亲。有一天,他在地里干活时,无意间看见了乌鸦在哺育自己的雏鸟,不禁想起了母亲对自己的养育之恩。于是,他良心发现,决心不再打骂母亲,而且要好好孝敬她,服侍她。正在这时,年迈的母亲又来送饭了,小伙子赶忙跑过去迎接。不料想,老人见儿子朝自己跑来,以为儿子又要打她,就一头撞在一棵树上自尽了。小伙子伤心欲绝,就把这棵树拿回家,雕成母亲的模样,整日供奉。久而久之,祭母便成了傈僳族的一种习俗。杨绍聪讲述,钱春林翻译、整理。收入《禄劝民间故事》,32开,1页,700字,禄劝彝族苗族自治县文化局1991年编印。

(杨利先)

吐唾沫的来历

傈僳族风俗传说。流传于云南省兰坪白族普米族自治县。讲述的是:一个妖精曾同人一起居住,一次它和约翁扎一起去撵野兽。途中,它想吃掉约翁扎,就让他多喝酒。约翁扎趁机骗妖精说出制服它的方法。按照这种方法,约翁扎往妖精身上吐唾沫,妖精身上着起火,被烧死了。从此,傈僳人碰着不好的事,就要吐唾沫。桑嘎讲述,李龙江搜集。收入《傈僳族民间故事》,32开,2页,1200字,云南人民出版社1984年版。

(刘怡)

色水的由来

傈僳族风俗传说。流传于云南省福贡县。讲述的是:有一次,阿娜姑娘被吃人的魔鬼抢走,后来在哥哥阿普的帮助下跑了出来。魔鬼追来,阿普连续射出了二十七支毒箭,都被魔鬼抢去。兄妹俩躲在树叶后,魔鬼找不到他们的脚印,就用那二十七支箭杆算卦。卦的结果很不理想,最后它失望地走了。村里人得知这一消息后,也学着魔鬼用二十七根竹签卜算祸福。解白此讲述,霜现月、李向才、管云东记录、整理。收入《云南民间文学集成·福贡县民间文学集成卷》,32开,2页,1100字,福贡县文化局、福贡县民委1989年编印。

(刘怡)

傈僳族花衣服的由来

傈僳族风俗传说。流传于云南省龙陵县部分地区。讲述的是:无依无靠的两姐妹日子过得很艰苦,她们捡别人砍剩的麻桩打麻织布,又用各种植物将布染成花花绿绿的颜色,然后裁成衣服。一个男人选妻时,看到姐妹俩做的衣服十分好看,就看中了小妹。从此以后,人们就跟着小妹学做花花绿绿的衣服穿。曹明才讲述,许可都记录、整理。收入《云南民族民间文学集成·龙陵县综合资料卷》(一),32开,1页,200字,龙陵县文化局1989年编印。

(刘怡)

做毡子

傈僳族风俗传说。流传于云南省龙陵县部分地区。讲述的是:从前有两个穷姐妹,有一年冬天很冷,姐妹俩买不起被子,姐姐就把从羊身上掉下的羊毛捡来,垫着睡。因她夜里尿床,羊毛搓来搓去就黏在了一起。她就四处去捡羊毛,积攒到一定程度后,再将羊毛用温水浇,用木头擀,做成羊毛毡子,晚上做垫子垫或当被子盖,很暖和。后来,大家就学着她做,这就有了毡子。曹明才讲述,许可都记录、整理。收入《云南民族民间文学集成·龙陵县综合资料卷》(一),32开,1页,200字,龙陵县文化局1989年编印。

(刘怡)

草烟的来历

傈僳族风俗传说。流传于云南省福贡县。讲述的是：傈僳山寨曾有一对相亲相爱的夫妻，妻子死后，丈夫想念她时，就到坟前痛哭。后来，坟上长出了一棵长满绿叶的植物，丈夫将叶子烘干后揉碎，放在烟斗里吸。从此，居住在高山上的傈僳人有了草烟，并养成了吸草烟的习惯。王阿相讲述，木成香记录。收入《云南民间文学集成·福贡县民间文学集成卷》，32开，1页，600字，福贡县文化局、福贡县民委1989年编印。另收入《傈僳族民间故事》，云南人民出版社1984年版。

（刘怡）

抽兰花烟的来历

傈僳族风俗传说。流传于云南省怒江傈僳族自治州。讲述的是：有一对青年男女常在一起玩耍，但因女方富、男方穷，受外界阻挠而不能成亲。后来姑娘的家人逼她另嫁，姑娘被逼无奈，趁人不备自尽了。小伙子听到这个消息，大病了一场。一天，他撑着病体来到姑娘坟前，发现坟上有一株小树，上面的花香气扑鼻。他就摘了一片叶子，卷起来放在嘴上吮吸。他发现越吸越香，叶子干了，点上火吸，味道更美。吸完后，他的病也好了。他认为这是心上人送的礼物，就把小树移栽到自家的园子里。从那以后，傈僳人就有了抽兰花烟的习俗。三才付讲述，和万兴整理。收入《傈僳族民间故事》，32开，2页，800字，云南人民出版社1984年版。

（刘怡）

连心鱼

傈僳族风物传说。流传于云南省大理白族自治州。讲述的是：很早以前，在一个傈僳村寨里有个叫阿妮妹的姑娘，爱上邻寨的彝族小伙子鱼哥。两个村寨的人也因他们相爱而亲热起来。土司黑扒粟担心两寨的人联合起来抗租，就极力阻止他们交往。他发现彝家山官和傈僳头人都想娶阿妮妹，就想出了毒计。他让彝家山官抢走阿妮妹，并放出话，若傈僳人来抢亲，让他们与彝家人成为冤家。傈僳头人不服气，带领众人来抢阿妮妹。阿妮妹用古老的山歌劝住了械斗的两族。当山官和头人再来抢夺她时，她跳进了江中。鱼哥赶来了，他杀了土司、山官和头人后，也跳进江水。不久，江中游来一对红鱼和青鱼，它们口尾相衔，形影不离，人们称之为"连心鱼"。杨阿石讲述，张泉整理。收入《傈僳族民间故事》，32开，4页，2500字，云南人民出版社1984年版。后编入《中华民族故事大系》（第7卷），上海文艺出版社1995年版。

（刘怡）

横断山脉的传说

傈僳族风物传说。流传于云南省怒江傈僳族自治州。讲述的是：远古时代，没有天地，一位大神右手往上一撑开了天，左手往下一按辟成地。他还造了很多高山大河。他到滇西北，想在这里造一块美丽的平坝。这时，有人带信给他说，他家的牛马全死光了，兄弟姐妹和父母也不在了。大神悲痛欲绝，趴在地上大哭。他的手指在地上扒出了四道深深的沟，它们变成了四条河流；手指缝间留下三座高山。四条河流就是独龙江、怒江、澜沧江、金沙江；三座高山就是高黎贡山、怒山和云岭，它们是横断山脉的一部分。佚名讲述。收入《中国各民族宗教与神话大词典》，16开，1页，300字，学苑出版社1990年版。

（刘怡）

金沙江哥哥和澜沧江弟弟

傈僳族风物传说。流传于云南省怒江傈僳族自治州。讲述的是：远古时，海王有两个儿子，大儿子叫金沙，二儿子叫澜沧。金沙和澜沧长大后，海王叫他们到东海去住。兄弟俩同时出发，比赛谁先到达目的地。金沙哥哥一天就到了目的地，而澜沧弟弟七天七夜才赶到。见面后，金沙哥哥说，自己走得快，是因为见山就冲，见坝子就闯。澜沧弟弟说，自己见山绕着走，把坝子留给人们种庄稼，所以走得慢。哥哥听了很羞愧。直到今天，金沙江水流湍急、浑浊，而澜沧江水流平缓、清澈。佚名讲述，云南大学民族民间文学怒江调查队记录，阿南整理。收入《中华民族故事大系》（第7卷），32开，2页，700字，上海文艺出版社1995年版。

（刘怡）

怒江的传说

傈僳族风物传说。流传于云南省福贡县部分地区。讲述的是：远古时，怒江和澜沧江是两姐妹，有一次要远行。她们向南一路同行，妹妹怒江至福贡地界，突然不见了姐姐，就问空中的雨雀。雨雀让她往保山方向去追。怒江使劲追去，追到保山，但还是不见姐姐，只好放慢脚步等；待澜沧江赶到，两人又相伴前行。因此，怒江由福贡至保山一段水流湍急，水声咆哮怒吼，而出了保山向南就悄无声息。雨雀曾骗了怒江，因而怒江不让它喝自己的水，它只好喝雨水。怒江两岸的人们认为，雨雀一叫，就要下雨。妹付思讲述，木成香记录、整理。收入《云南民间文学集成·福贡县民间文学集成卷》，32开，1页，500字，福贡县文化局、福贡县民委1989年编印。后编入《中国民间故事集成·云南卷》，中国ISBN中心2003年版。

（刘怡）

怒江和澜沧江的传说

傈僳族风物传说。流传于云南省怒江傈僳族自治州。讲述的是：远古时，青藏高原住着怒江和澜沧江姐妹俩。姐姐怒江和大海相爱后，大海要远游南方，两人相约三年后成亲。三年后，大海未归，怒江便约妹妹澜沧江一同去找。刚开始，姐姐心急如焚，一路奔跑；而妹妹贪玩，走得很慢。于是，怒江上游水流湍急，澜沧江上游水流缓慢。后来怒江进入高黎贡山区和碧罗雪山峡谷，因而姐妹俩互相看不见。她们便都抬头张望，江水也就越涨越高。姐妹俩再次见面后又分头上路。姐姐想等妹妹，便放慢了脚步；而妹妹认为姐姐思念大海心切，一定走得很快，便跑了起来。所以，怒江下游水流平缓，澜沧江下游水流湍急。佚名讲述，李剑泉、郭鸿才整理。收入《傈僳族民间故事》，32开，3页，1600字，云南人民出版社1984年版。

（刘怡）

怒江为什么哗啦哗啦响

傈僳族风物传说。流传于云南省怒江傈僳族自治州。讲述的是：远古时，有三姐妹住在大雪山顶。大姐性情温和，二姐性格开朗，唯有小妹性情暴躁。大姐、二姐想和小妹分开住，可小妹不同意。有一天，两个姐姐趁小妹未睡醒，悄悄地下山去了。小妹醒来不见姐姐们，就吼叫着追赶下去。大姐一直向东跑，成了金沙江。二姐则突然朝南拐了弯，成了澜沧江。小妹则沿着山谷先是往南后是往西追赶，一路大吼大叫，被人们称为怒江。佚名讲述，云南大学民族民间文学怒江调查队记录，阿南整理。收入《中华民族故事大系》（第7卷），32开，2页，1000字，上海文艺出版社1995年版。

（刘怡）

怒江为什么山多箐多

傈僳族风物传说。流传于云南省怒江傈僳族自治州。讲述的是：傈僳族曾有个大力士，决心为人类谋福祉。他辞别了父母，用泥捏就高山、平坝、河谷，给人类造了很多好地方。当他造到丽江、兰坪一带时，父亲得了病，家里人叫他回去。他认为造大地是最要紧的，所以没有回家。不久，父亲去世，他仍忍着悲痛为人类造福。当造到怒江地区时，他又得知母亲病故，便再也忍不住悲痛，将捏好的山箐胡乱一扔就赶回家。所以，怒江地区山多箐多,少有平坝。佚名讲述,左玉堂记录。收入《中国各民族宗教与神话大词典》,16开,1页,300字,学苑出版社1990年版。

(刘怡)

大宝龙潭的传说

傈僳族风物传说。流传于云南省维西傈僳族自治县部分地区。讲述的是:在雪龙山顶的龙潭中,住着老龙王一家。龙女在龙潭周围种了一丛丛珊瑚。山下的人知道龙潭边有珊瑚,就成群结队上山来找。待他们千辛万苦来到龙潭时,龙女早把珊瑚收起来了。人们把石头砸进龙潭,惹恼了脾气暴躁的老龙王。它就用暴雨夹着冰雹向人砸下来。此后雪龙山周围的村庄经常遭灾,只要有人动了山上的一草一木,就会遭到冰雹、洪水的袭击。人们不得不经常祭祀龙王。几个年轻人气不过,便找来几只狗,杀死后扔进龙潭。老龙王更怒了,用冰雹砸死了这几个人。但龙潭的水也脏了,老龙王不得不带着一家人逃走了。据说,雪龙山顶的龙潭虽然干涸了,但只要人往里面扔石头,就会下大雨。李月光讲述,余国华搜集。收入《迪庆民间故事集成》,32开,2页,800字,云南民族出版社1997年版。

(刘怡)

大墩子的传说

傈僳族风物传说。流传于云南省怒江傈僳族自治州。讲述的是:有一次,龙王扮成全身长脓疮的老妇,来到大墩子村讨饭。村里的很多人不但不理她,还放狗咬她。只有一户人家给她饭吃,留她在柴房中过夜,还把她引见给自己的亲戚。临睡前,老妇叮嘱这家人,晚上不管听到什么动静都不要打开门看。结果半夜发起山洪,除这家人和他们的几个亲戚外,整个村子都被冲进了怒江。从那以后,这一带就变得沟壑纵横、土墩林立,被人们称作大墩子。佚名讲述。收入《傈僳族民间文学概论》,32开,1页,500字,云南教育出版社2002年版。

(刘怡)

飞人洞

傈僳族风物传说。流传于云南省丽江市傈僳族地区。讲述的是:很久以前,在丽江西部山区的岩洞里,住着一个飞人,经常出来吃人畜,方圆几十里的傈僳族村寨的人大都逃走了。傈僳族汉子切本帕练就一身好功夫,不怕飞人。一天,飞人抢走了他的女儿。切本帕想救女儿,可惜他上不了悬崖,找不到飞人洞。飞人抢来姑娘后,害怕她随身携带的火镰。切本帕利用飞人急于娶自己女儿的心理,救出了姑娘,烧死了飞人。不久,傈僳百姓一家跟着一家搬了回来。佚名讲述,赵净修搜集、整理。收入《傈僳族民间故事》,32开,4页,2600字,云南人民出版社1984年版。

(刘怡)

木昵玛

傈僳族风物传说。流传于云南省福贡县。讲述的是:怒江边右泉村有一个长1000米、宽300米,呈两头尖的小岛,人们称之为"木昵玛"。远古之时,天神木布帕来怒江造好地后,发现江东边的土地多些,就用手指把这里的土地拨了一块给江西边,这块土地就是木昵玛。直到现在,怒江水还要在木昵玛的东西两面擦岛而过。三只叶讲述,霜现月、管云东、李向才记录、整理。收入《云南民间文学集成·福贡县民间文学集成卷》,32开,1页,300字,福贡县文化局、福贡县民委1989年编印。

(刘怡)

云和雾的来历

傈僳族风物传说。流传于云南省怒江傈僳族自治州。讲述的是:从前有姐弟俩相依为命。弟弟为了减轻姐姐的负担,决定到雪山上去打猎。有一天他发现山上来了一个妖怪，便悄悄下山让乡亲们准备酒、粑粑和鹅卵石，骗妖怪吃下。人们趁机将妖怪打死，并把它烧成灰。烧妖怪的烟变成了云和雾。佚名讲述，祝德玉、祝发清、车凯搜集、整理。32开，3页，2000字。收入《傈僳族民间故事》，云南人民出版社1984年版。

（刘怡）

"四十驮"村的来历

傈僳族地名传说。流传于云南省维西傈僳族自治县。讲述的是：明代丽江的木天王派人在维西大宝山脚下开矿挖银，总共挖了四十驮。回丽江时，他数了几遍，都只有三十九驮银子，忘了自己还坐着一驮。他脾气倔，就把银子全部推下洞底。时隔几年后，有一个牧童见洞内闪闪发光，就走了进去。他在石台的油灯上添了油，看到了很多银子。可奇怪的是，只要他想拿走银子，就怎么也找不到洞口，最后只得空手出来。出来后，他又找不到洞口了，但地上留下一些碎银，碎银上面写道是他添油所得的工钱。从此，牧童所在的村庄就得名"四十驮"。佚名讲述，李建新搜集。收入《迪庆民间故事集成》，32开，2页，1000字，云南民族出版社1997年版。

（刘怡）

白牛山的传说

傈僳族地名传说。流传于云南省维西傈僳族自治县。讲述的是：一座山的半山腰有宝，一头白牛每天早上出现在山坡上。一个老板知道后，就派人在这里挖银子，把山肚子掏空了，留下一个大洞。观音变成卖桃的老妈妈来提醒挖矿的人们出洞避难，可有的人不听，结果山洞塌了。后来仍有人不死心，来此挖银子。观音老母担心他们被埋进山里，就将山肚子里的白牛收走了，从此这里就再也挖不出银子了。阿鲁讲述，李理搜集。收入《维西傈僳族自治县民间文学集成资料》，32开，3页，1700字，维西傈僳族自治县民间文学集成办公室1988年编印。

（刘怡）

仙人沟的由来

傈僳族地名传说。流传于云南省兰坪白族普米族自治县部分地区。讲述的是：古时澜沧江西岸有一片荒坝，住着两家人，日子都过得很艰难。有一年，从邻村来了一位白胡子老倌，提议两村共同挖沟引水，合伙开垦荒坝。大家同意。水流到荒坝后，他们再也没见到那位老倌。后人将这条水沟叫做"仙人沟"。佚名讲述，施中林记录。收入《兰坪民间故事集成》，32开，2页，1000字，云南民族出版社1994年版。

（刘怡）

姐妹温泉的传说

傈僳族风物传说。流传于云南省怒江傈僳族自治州。讲述的是：怒江边上曾有一对年过半百的夫妻，膝下有一对孪生姐妹——尖姑娘和团姑娘。村里的青年男女天天围着姐妹俩唱歌跳舞。天上的仙女们忌恨姐妹俩，便让天神将她们变成尖山和团山，并在两座高山上罩上铁锅，钉上铁钉。两姐妹没有屈服，她们让山上长满花果，流出温泉，以此解救受苦受难的乡亲们。村民们可从温泉中借到煮饭用的炊具和碗筷。后来，有个恶人玷污了两姐妹洁净的身体，温泉边的岩洞崩塌，将他埋在其中。从此以后，人们再也不能到温泉借炊具了。佚名讲述，祝华生、欧志明记录。收入《中华民族故事大系》（第7卷），32开，5页，2800字，上海文艺出版社1995年版。

（刘怡）

三不成仙

傈僳族风物传说。流传于云南省维西傈僳族自治县。讲述的是：叶枝林根村边住着小两口，丈夫常与江对面的有夫之妇幽会。有夫之妇的男人知道以后，将妻子砍成两截丢入江中。仙人原本要让这两对夫妻成仙，发生了这些事后，他气得让剩下的三人变成了石头。人们称这三块石头为"三不成仙"。佚名讲述，杨润娟搜集。收入《云南省民间文学集成丛书·维西民间文学集成资料》，32开，1页，500字，维西傈僳族自治县民间文学集成办公室1990年编印。

（刘怡）

打卦坡的来历

傈僳族风物传说。流传于云南省维西傈僳族自治县。讲述的是：从前有一个叫吕木正的读书人，体力单薄，父母早早就给他娶了媳妇。父母去世后，媳妇好吃懒做，嫌吕木正穷，离他而去。后来，吕木正进京赶考，做了大官，衣锦还乡。前妻想再续前缘，吕木正让她覆水再收。结果她办不到，被兵马踏死。人们将她的尸体放在半山腰。男人们为了不让她转世，就在尸体上放树枝和石头；而女人们为了给自己的同性解脱罪孽，就捡去石头和树枝。后人路过这里，喜欢算上一卦，看看自己的运气。于是，当地人将这里改名为"打卦坡"。蔡春方讲述，吴旭三搜集。收入《迪庆民间故事集成》，32开，2页，1000字，云南民族出版社1997年版。

（刘怡）

"苗干田"的来历

傈僳族风物传说。流传于云南省怒江傈僳族自治州部分地区。讲述的是：六库北面两千米处有一片田坝，俗称"苗干田"。人们说这是一块宝地。很早以前，有一对傈僳夫妻离这里不远安了家。丈夫死后，妻子拉低妹与儿子起早摸黑在地里忙碌。一天，有位白发老人来问路，并要求拉低妹送他一程。拉低妹请他在家里歇几天，等自己薅完秧再送他。可老人不允。拉低妹只好搀着他，送他上路。走了不久，老人拿出一把扇子，对着荒凉干燥的地块扇了三下，地里枯黄的谷子一下子变得绿油油的。这块地种在后，收在前，不用担心误节令，而且收成很好，人们叫它"苗干田"。佚名讲述，欧阳明华、华生、智敏搜集、整理。收入《傈僳族民间故事》，32开，3页，1500字，云南人民出版社1984年版。

（刘怡）

罗通村的来历

傈僳族风物传说。流传于云南省维西傈僳族自治县。讲述的是：保大村有一户富甲乡里的人家，全家人心地善良。一天，来了几个借粮的人，他们不说出自己的住处，只说来年一定加倍偿还。借到粮后，他们趁夜悄悄走了，秋后也不来还。第二年又是如此。到第三年，富人在借粮给这伙人的时候，多了一个心眼，在背粮的箩底凿了一个洞；然后，顺着落下的粮食找到了他们居住的村庄。富人发现，这里的人有很多牛羊，耕地却很少，他们的确缺粮，就不要他们还粮了。因这个村庄一直不为外人所知，是因箩通洞才被找到的，所以，人们就叫它"罗通"。傈大和罗通两村的村民一直和睦相处。丁争讲述，崇武搜集。收入《迪庆民间故事集成》，32开，2页，1000字，云南民族出版社1997年版。

（刘怡）

念布依奔和欠谷龙潭

傈僳族风物传说。流传于云南省兰坪白族普米族自治县。讲述的是：吉达鲁村有个叫念布的小伙子，有一次上山打猎，在水潭边见一头白牛和一头黑牛相斗。他发现白牛体弱，很快就败下阵来，就出手相救。后来，白牛引念布来到另一口水潭边，并变作一位老翁，把他带到龙宫。老翁告诉念布，自己是白龙，为报答他的相救之恩，送他一袋鸡屎鸭屎，让他在回去的路上一边走一边撒。念布照着做了，到家时，一股清水沿着他走过的路奔腾而下，汇入澜沧江。村民们饮水思源，将两口水潭分别取名为"念布依奔""欠谷龙潭"。佚名讲述，杨寿发、罗凤禧记录。收入《兰坪民间故事集成》，32开，3页，1300字，云南民族出版社1994年版。

（刘怡）

借银洞的传说

傈僳族风物传说。流传于云南省维西傈僳族自治县。讲述的是：当年，丽江木天王为扩大木家的势力，把女儿许配给远方叶枝的土司王天脚。娶亲这天，当新人来到戛拉石龙转弯处时，一阵狂风吹过，新娘骑着马朝大岩子飞去，进了一个崖洞后就不见了。此后，过路人若盘缠不够，朝洞口喊一声，就可借到银子；有人在这里吃饭遇到碗不够时，还能从洞口借到碗。大家若把借过的东西归还，以后还可以再借。有个过路人不想还上所借的银子，就用狗血封了洞口。从此再也没人借到银子和碗了。佚名讲述，和春富、和学君搜集、整理。收入《云南省民间文学集成丛书·维西民间文学集成资料》，32开，1页，600字，维西傈僳族自治县民间文学集成办公室1990年编印。

（刘怡）

亮墨塘

傈僳族风物传说。流传于云南省福贡县。讲述的是：从前有一个叫亮墨的人，靠用生胶粘雀鸟度日。一天，他挖了一口小水塘，在塘边放上生胶，但每次粘住的只是鸟毛。后来他发现是妖怪取走了雀鸟，就用箭射死了它。至今，附近上山的人还取亮墨挖的水塘里的水来解渴，他们叫它"亮墨塘"。阿车讲述，李卫才、木顺江记录、整理。收入《云南民间文学集成·福贡县民间文学集成卷》，32开，1页，500字，福贡县文化局、福贡县民委1989年编印。

（刘怡）

天银洞

傈僳族风物传说。流传于云南省维西傈僳族自治县。讲述的是：很久以前，一位姓徐的师傅带领一帮人在天银洞挖银子。他为人很好，平日里给手下人吃豆腐，而自己只吃豆腐渣。但挖了几年都没挖到银子，他觉得无法向大家交代而逃走了。就在他走的那一天，有人挖到了银子。人们把他追了回来，让他给大家分银子。后人把徐师傅挖银子留下的洞叫"天银洞"。佚名讲述，段茂松搜集、整理。收入《云南省民间文学集成丛书·维西民间文学集成资料》，32开，2页，1200字，维西傈僳族自治县民间文学集成办公室1990年编印。

（刘怡）

竖石找羊

傈僳族风物传说。流传于云南省维西傈僳族自治县。讲述的是：清雍正年间，雪龙山顶有座塔，离塔不远处有一口龙潭，潭边有一棵珍珠树。有个放羊人为了将羊赶拢，随手在珍珠树上掰了一根树枝，结果他的羊都不见了。他向仙人求助，仙人让他将珍珠树枝还回去，并边走边竖石头。放羊人用这种方法找回了自己的羊。据说，雪龙山上竖着的一排石头就是他留下的。杨润讲述，和学君搜集。收入《云南省民间文学集成丛书·维西傈僳族自治县民间文学集成资料》，32开，1页，600字，维西傈僳族自治县民间文学集成办公室1988年编印。

（刘怡）

傈僳人别长刀的由来

傈僳族风俗与风物传说。流传于四川省德昌县傈僳族聚居区。讲述了傈僳人别长刀的由来。内容为：被俄沙扒莫派去治理大地上事务的罗英秀才总是受到龙王的欺负，心有不甘。有一天，罗英秀才捏出的泥人托梦给他说他们可以帮助他去攻打龙王。果真，泥人变成兵士与龙王大战，龙王被降服。而泥人们也成了真正有血有肉的人，被称为傈僳人。因为当初是泥人拿着长刀打败龙王，所以傈僳人就保留着别长刀的习惯。张正顺讲述，李文华、熊国秀采录。收入《德昌傈僳族民俗故事》，32开，2页，600字，中国文史出版社2007年版。

（杨筱奕）

美丽的红腰带

傈僳族风俗与风物传说。流传于四川省德昌县傈僳族聚居区。讲述了傈僳族妇女红腰带的由来及彩虹的来历。内容为：被称为安山匠的傈僳族小伙子在一次"取山"的时候捕获了一只红棕狐狸。原来狐狸是天管师的女儿，她在天上被小伙的勤劳善良打动，下凡来考验他。心地善良的小伙子与仙女结成夫妻并生育了一双儿女。一日，仙女因为没有衣服换洗决定外出寻觅。不久后，天空下起了雨。丈夫回来后，一直不见妻子归家，十分焦急，便拿上青布伞外出寻找。最终，丈夫在山洞寻到妻子并把伞衣裁成裙子给妻子穿上，但裙子松垮不是很方便。天管师知道二人真心相爱便抛出一条珍奇的仙绳，仙女把空中的仙绳剪一段下来当做腰带把裙子扎起来，而剩下的一半便留在了空中成为彩虹，只是要在雨过天晴时才能看见。李国才讲述，胥勋和采录。收入《德昌傈僳族民俗故事》，32开，3页，1600字，中国文史出版社2007年版。

（杨筱奕）

一日三餐的来历

傈僳族风俗与风物传说。流传于四川省德昌县傈僳族聚居区。讲述了人一天吃三餐的由来。内容为：原本水牛是住在天上的，一日，俄沙扒莫派它到人间考察，看看人类有什么请求。人对水牛说，希望能三天吃一顿，一天换三次衣服。水牛记下后便边玩边走慢慢地回天庭复命。结果水牛向俄沙扒莫回复时，说得颠三倒四，说成了人类请求一天吃三顿饭，三天换一次衣服。俄沙扒莫思考之后只好派水牛到人间帮助人类耕种，以满足人类对粮食的需要。又担心水牛乱说话，便在牛下巴钉了一根钉子。从此以后，水牛不仅留在人间成天犁田还不会说话了。李国才讲述，贾斌采录。收入《德昌傈僳族民俗故事》，32开，2页，800字，中国文史出版社2007年版。

（杨筱奕）

米娘娘告状

傈僳族风俗与风物传说。流传于四川省德昌县傈僳族聚居区。讲述了原来粮食是俄沙扒莫从天上撒下来的，人类很容易得到因此很浪费。一户人家的媳妇还经常让孩子在米上大便，并因此还跟前来劝她的婆婆闹起了矛盾。正巧米娘娘见到，十分心痛，只好上天向俄沙扒莫禀报。俄沙扒莫派雷神下来巡查，雷神发现人类糟蹋大米的行径比米娘娘说的有过之而无不及。雷神打死了糟蹋大米的媳妇向俄沙扒莫交差。天管师知道后告诉米娘娘，只给人类谷种，让人们自己栽种；而那些糟蹋粮食的没良心的人要罚他们遭雷劈。从此以后，好人、勤劳的人才有吃的，而懒人就要饿肚子，没良心的人会受到惩罚。贺英秀讲述，李国才采录，收入《德昌傈僳族民俗故事》，32开，2页，700字，中国文史出版社2007年版。

（杨筱奕）

天狗吃日、月

傈僳族风俗与风物传说。流传于四川省德昌县傈僳族聚居区。讲述了日食、月食的由来。内容为：丈夫在救被母蟒蛇吞噬的妻子的过程中，杀死了母蟒蛇，却意外地跟随公蟒蛇得到了能死而复生的药。他用药救活了妻子后便把药带回家收进了柜子里。儿子讨了媳妇后，公婆二人交代媳妇不要打开柜子，否则里面的宝贝会被月亮和太阳抢走。媳妇出于好奇心，趁二人不在打开了柜子，结果药真的被太阳、月亮抢走了。丈夫为了上天取回神药，栽种了铁树和铜树，三年后，他决定带着狗爬树上天取药，并交代媳妇每天都要给两棵树浇温水。结果懒媳妇不仅不浇水甚至有时还浇冷水。狗爬得快，到了天上，而公公爬得慢在树倒下之时都还没有爬到天上。狗看着主人摔死后十分伤心，大吼大叫地去和太阳、月亮拼命，从此便有了天狗吃太阳、月亮。纪天富、贺龙长讲述，纪泽银、贾斌采录。收入《德昌傈僳族民俗故事》，32开，3页，850字，中国文史出版社2007年版。

（杨筱奕）

撒草子

傈僳族风俗与风物传说。流传于四川省德昌县傈僳族聚居区。讲述了农田里杂草的由来。内容为：远古时候人类很懒，俄沙扒莫只好向人间的庄稼地里撒下草子，一年不去田里薅两三次杂草，是不能收获粮食的。从此以后，地里不管要种什么都要薅草，还要浇水施肥才能有好收成。蓝国英讲述，李国才采录。收入《德昌傈僳族民俗故事》，32开，1页，250字，中国文史出版社2007年版。

（杨筱奕）

安耳朵

傈僳族风俗与风物传说。流传于四川省德昌县傈僳族聚居区。讲述了人耳朵的由来。内容为：原本人的脑壳皮就像戴帽子一样可以随意取下。人类经常一堆堆坐着相互找虱子而不干活，十分懒惰。俄沙扒莫知道后便打造了很多的锁把人的脑壳皮和脖子皮拉拢，让人们多多去干活，变得勤快起来。现在我们的耳朵就是天神打造的锁。熊万德讲述，李国才采录。收入《德昌傈僳族民俗故事》，32开，1页，250字，中国文史出版社2007年版。

（杨筱奕）

老虎、水獭、家猫的来历

傈僳族风俗与风物传说。流传于四川省德昌县傈僳族聚居区。讲述了老虎、水獭和家猫的来历。内容为：天管师放到人间的五只老鼠，扰乱人间。米扒寺只好请猴子上天请教天管师。天管师猜想是那五只老鼠为非作歹后，派老虎、水獭和家猫跟随猴子一起到人间收服老鼠。老虎、水獭和家猫抓到了老鼠后去拜见米扒寺，老虎不小心放跑了抓到的两只老鼠。米扒寺担心老鼠再作乱，便让老虎、水獭和家猫分别到山里、水里和地上寻找，从此以后，老虎、水獭和家猫便留在了人间。张清明讲述，李文华、熊国秀采录。收入《德昌傈僳族民俗故事》，32开，2页，900字，中国文史出版社2007年版。

（杨筱奕）

家禽家畜的起源

傈僳族风俗与风物传说。流传于四川省德昌县傈僳族聚居区。讲述了家禽家畜的来历。内容为：天管师派两个神仙到人间查看还剩多少动物。神仙变成一对喜鹊，还没落脚便遭到了人类的追捕。就在人们要抓到喜鹊之时，天管师丢出一块泥巴，泥巴钻进人脚，马上鼓起两个包包，成了膝盖头。天管师告诉人们，喜鹊是来报喜的，不能捕杀。还告诉人们，膝盖头朝前的动物都不能吃，膝盖头朝后的动物才能吃。人们要多喂一些鸡、猪、牛、羊等动物，这样就不用到处去撵山了。蓝友成讲述，李国才采录。收入《德昌傈僳族民俗故事》，32开，1页，400字，中国文史出版社2007年版。

（杨筱奕）

野兽同人打官司

傈僳族风俗与风物传说。流传于四川省德昌县傈僳族聚居区。讲述了野兽们恨打山匠，死后结伙向阴间判官状告打山匠。打山匠死后，判官把他们召集起来，然后对野兽们说，打山匠睁一只眼闭一只眼都能打（死）两只眼睛都睁着的动物，就是动物们没本事，还让动物们告诉自己的子孙，一旦看见打山匠举起枪拉起箭就赶紧跑。于是，动物们败诉,而打山匠们依旧打山。张荣才讲述,李文华、熊国秀采录。收入《德昌傈僳族民俗故事》,32开,1页,350字,中国文史出版社2007年版。

(杨筱奕)

黄谷的祖宗

傈僳族风俗与风物传说。流传于四川省德昌县傈僳族聚居区。讲述了谷种的由来及傈僳族"七月半"的来历。内容为:阿宝发和两个儿子在打山途中发现了谷种并取名"老虎草"带回家种植,还发现了浇灌谷种的方法。阿宝发一家还把谷种送给别家。丰收之后,家家户户都去感谢阿宝发。百岁的阿宝发和大家又给老虎草改名为"七月黄谷"。阿宝发两口子死后,家家户户都带着白米饭去祭献,并许愿让他们俩每年七月十一日开始到每家每户吃一点白米饭。于是傈僳族开始过"七月半",同时还要献新米饭和酒肉。李国才讲述,罗从军采录,夏承政整理。收入《德昌傈僳族民俗故事》,32开,3页,1500字,中国文史出版社2007年版。

(杨筱奕)

猪狗找稻种

傈僳族风俗与风物传说。流传于四川省德昌县傈僳族聚居区。讲述了谷种的由来。内容为:住在九条大江边、没有谷种的人们看见对岸长势喜人的稻种十分羡慕,总寻思着如何渡江取种。猪和狗知道了主人家的心思,便商量一起渡江取谷种。渡过九条大江之后,猪和狗在谷种上打架玩耍,只为粘住谷种。猪和狗再蹚水回到家之后,发现猪身上一粒种子都没有,狗也是。但是最终在狗尾巴上发现还粘着三粒种子。主人家靠这三粒种子一年年耕种,于是谷子越来越多。由于狗找稻谷有功,于是每年腊月三十的晚饭和大年初一的早饭,人们在敬献祖先之后便要给狗喂饭,以示尊敬和感谢。而没带回一粒种子的猪则不好意思出门,只能等主人给一些剩饭菜。谷老汉讲述,李国才、罗从军采录。收入《德昌傈僳族民俗故事》,32开,2页,500字,中国文史出版社2007年版。

(杨筱奕)

人与水牛分红

傈僳族风俗与风物传说。流传于四川省德昌县傈僳族聚居区。讲述了人吃大米、牛吃谷草的由来。内容为:人和牛一起合作耕作,收获之后人问牛要吃得多还是吃得少。牛回答自己干得多,很累,要多吃一些。于是,人就吃稻谷尖上的稻米,牛就吃大捆大捆的谷草。蓝国英讲述,李国才采录。收入《德昌傈僳族民俗故事》,32开,2页,150字,中国文史出版社2007年版。

(杨筱奕)

鸡枞的由来

傈僳族风俗与风物传说。流传于四川省德昌县傈僳族聚居区。讲述了鸡枞的由来。内容为:一户傈僳族穷苦人家为了招待来客,准备把家里的母鸡杀了。母鸡听说后,赶忙对小鸡交代如何生存。当主人家端上母鸡肉请客人吃的时候,客人将听到的母鸡对小鸡的叮嘱告诉主人,主人十分不安,便挖了个坑把鸡肉埋了。第二年六七月间,在倒鸡肉的地方长出了菌子,主人家食用后觉得味道跟鸡肉一样,十分鲜美,于是就把它称为鸡枞。从此以后鸡枞成为人们最爱的菌子。而六七月间母鸡下蛋少了就是拿鸡蛋去换鸡枞了。张清明讲述,李文华、熊国秀采录。收入《德昌傈僳族民俗故事》,32开,2页,600字,中国文史出版社2007年版。

(杨筱奕)

兰花烟的来历

傈僳族风俗与风物传说。流传于四川省德昌县傈僳族聚居区。讲述了兰花烟的由来。内容为:打山匠到兰花姑娘家借宿,兰花姑娘听见哥嫂回来害怕误会，便让打山匠躲起来了。嫂嫂发现了打山匠便误会了兰花姑娘做了见不得人的事，便和丈夫把兰花许配给了一个半瞎的人。不屈服的兰花被夫家关在岩坎边的包谷楼上，最终兰花跳楼自尽。夫家为了掩盖真相，一把火烧了包谷楼。打山匠听说了兰花的事情之后，便到包谷楼处寻找兰花尸身，最终只找到了一颗绿油油的苗牙。在打山匠的精心照顾下，苗牙长出了宽大厚实的叶子。打山匠把叶子摘下晒干，叶片香气四溢。每次打山匠打山归来都要闻闻叶子的香气，后来打山匠把叶片卷起插进竹管点燃后吸上一口，顿时口齿生香，精神也好了。为了纪念兰花这个好姑娘，打山匠便将这种叶子叫做兰花烟。李光友讲述，贾斌采录。收入《德昌傈僳族民俗故事》，32开，3页，1200字，中国文史出版社2007年版。

（杨筱奕）

金竹子为啥会发响

傈僳族风俗与风物传说。流传于四川省德昌县傈僳族聚居区。讲述了傈僳族葫芦笙的由来。内容为：一只会说话的兔子问放鸭子的傈僳娃水塘有多深。娃儿告诉兔子水不深，结果兔子跳下水塘差点被淹死，好不容易才回到岸上。兔子觉得自己被一个娃儿骗了，非常不好意思便上吊死了。后来在兔子吊死的地方长出了一棵竹子。有五兄弟晓得这棵竹子树会发出声响，于是将金竹砍成一节一节的并拿来吹奏。五兄弟又把不同声响的竹节拴在一起，声音更加优美动听。他们又找来一个干葫芦把他们组合在一起，不仅声音更加悦耳动听，还方便携带。从此以后便有了葫芦笙。杨华富讲述，罗林华采录。收入《德昌傈僳族民俗故事》，32开，2页，400字，中国文史出版社2007年版。

（杨筱奕）

从丽江坝子到碧罗雪山

傈僳族风俗与风物传说。流传于四川省攀枝花市盐边县岩门乡傈僳族聚居区。讲述的是：从前古时候，住在丽江坝子的傈僳族被孔民、康、雷三个作恶的兄弟赶到了碧罗雪山上。孔民追到雪山上想把傈僳族赶尽杀绝，没想到被逼到雪山上的傈僳族一个个手拉手欢欢喜喜跳舞，孔民觉得是天不亡傈僳，自己也不能杀他们，并在退下雪山生病后坚持教傈僳族种茶种洋芋、织麻布做衣裳。从此雪山就成了傈僳族的家乡。丁正华、贺海清讲述，叶大槐搜集整理。收入《中国民间文学集成·攀枝花市故事卷》，32开，2页，400字，四川民族出版社1990年版。

（艾芳）

吴井桥的酒

傈僳族风物传说。流传于四川省攀枝花市仁和区永富乡傈僳族聚居区。讲述的是：一个姓吴的老板在昆明东部，距城约三公里处的吴井桥开了一个酒铺，全家靠烤酒、喂猪为生。吴老板对老主顾很随和，赊账也不催账，长此以往，吴老板的酒生意经营不下去，正考虑做其他买卖时，经常到店里喝酒赊账的张三疯把吴老板凿出来的井水变成了酒，让他继续做酒水买卖。井水变的酒用之不竭，醇香可口，吴老板成了附近首富。张三疯一天再到酒铺来喝酒时，听吴老板的女人抱怨没有酒糟喂猪后，在墙上留下一首诗。第二天，井里的酒变成了水，吴老板也只能改行卖茶叶了。张云芬讲述，龙泽周记录，蒋元军整理。收入《中国民间文学集成·攀枝花市故事卷》，32开，2页，400字，四川民族出版社1990年版。

（艾芳）

蜜地萝

傈僳族风物传说。流传于四川省攀枝花市盐边县强胜乡傈僳族聚居区。讲述的是：之前在四川岩下，住着蔡、徐两家人。徐家是有钱有势的汉族地主，蔡家以租种徐家的地为生。有一年，蔡家萝卜地里长出了一个上百斤重的萝卜王，蔡家老头让两个儿子将此萝卜进贡给皇帝，得到了皇帝丰厚的赏赐。徐家老头也想得到厚赏，便搜罗了家中价值连城的东西，带着儿子亲自去献宝，没想到皇帝将蜜地萝卜王赏赐给了他们。父子俩将萝卜王供奉起来，并叫蔡家父子把萝卜烂后流出的汁液拿去泼地肥土，凡经萝卜汁泼过的地方，就长出香甜酥嫩的萝卜，蜜地萝也成为地名，流传千古。杜克刚讲述、搜集整理。收入《中国民间文学集成·攀枝花市故事卷》，32开，3页，600字，四川民族出版社1990年版。

（艾芳）

葫芦笙的由来

傈僳族风物传说。流传于四川省攀枝花市米易县新山乡傈僳族聚居区。讲述的是：住在云南永北地区的傈僳族人当中，有五个兄弟，在长大后要离开父母分别之际，依依不舍，决定用长短不一的五根金竹和葫芦做成葫芦笙，笙笛最长的一根代表大哥，其它四根依次排序代表四个兄弟。兄弟五人带着葫芦笙分别到了云南的华坪，四川的盐源、德昌、盐边和米易。李金禄讲述，杨慎元采录，管树华整理。收入《中国民间文学集成·攀枝花市故事卷》，32开，2页，200字，四川民族出版社1990年版。

（艾芳）

分家定姓氏

傈僳族风俗传说。流传于四川省攀枝花市盐边县岩门乡傈僳族聚居区。讲述的是：一个姓熊的傈僳族妇女，生了七个儿子，一个姑娘。七个儿子都很勤快，唯独女儿却懒惰成性，因此到了婚嫁的年龄，都没有人愿意娶走这个懒姑娘。姑娘不仅埋怨是因为七个哥哥太勤快自己才会被别人嫌弃懒惰，还在背地里挑拨哥哥间的感情，最终七个哥哥决定分家，好好的一家人就这样分开了，从此傈僳族有了蛍、陈、熊、丁、贺、吴、海七个姓氏，但那好吃懒做的懒姑娘谁也不愿意养活

她，最终被活活饿死了。从此也有了儿子结婚后就要另立门户出去住的习俗。丁正祥讲述，叶大槐搜集整理。收入《中国民间文学集成·攀枝花市故事卷》，32开，2页，400字，四川民族出版社1990年版。

（艾芳）

祖先留下的竹子

傈僳族风俗传说。流传于四川省攀枝花市仁和区新生乡新民村傈僳族聚居区。讲述的是：汉族、苗族和傈僳族在早时候是一家，三兄弟分家分乐器时，祖先留给他们的是每家六根竹管，让他们用竹管自己制作乐器。汉族用卖剩的三根竹管分别做了笛子、萧和唢呐，傈僳族用卖剩的五根竹管做了葫芦笙，苗族用六根竹管做成了芦笙。这就是今天各民族的乐器。谷海氏讲述，管树华搜集整理。收入《中国民间文学集成·攀枝花市故事卷》，32开，2页，200字，四川民族出版社1990年版。

（艾芳）

（四）人物传说

阿撒

傈僳族人物传说。流传于云南省福贡县。讲述的是：天王让阿撒上天商量事情，可他总是不到，反让天王派来的羊、马为他干活。天王只好自己下来请阿撒，看见他给羊套笼头、给马上鞍，觉得很奇怪。阿撒让天王骑着马，自己骑羊，说看谁在江边沙滩上走得快。结果马不如羊。天王就与阿撒换了坐骑，并换了衣服。阿撒装扮成天王上天，并让门卫杀了真正的天王。他当上天王后，为人类废除了很多不合理的规定。邓阿双讲述，霜现月、管云东、李向才记录、整理。收入《云南民间文学集成·福贡县民间文学集成卷》，32开，2页，1000字，福贡县文化局、福贡县民委1989年编印。

（刘怡）

王鄂的故事

傈僳族人物传说。流传于云南省永胜县傈僳族地区。讲述的是：傈僳族大力士王鄂凭着一身好力气，帮人家放羊、种地。他能把一块三四个人才抬得动的石板夹在腋下从容行走，可以用手指头弹死老虎，勒死石牛，还能用双手把大树撕开。有一次，县官把他捆在柱子上，他只需轻轻一动，就震得柱摇屋晃。县官只好放了他，而乡亲们更加崇拜他。石开呈讲述，祝发清、尚仲豪搜集、整理。收入《傈僳族民间故事》，32开，4页，2200字，云南人民出版社1984年版。后以"大力士王鄂"为题，编入《中华民族故事大系》（第7卷），上海文艺出版社1995年版。

（刘怡）

包文正断案

傈僳族人物传说。流传于云南省禄劝彝族苗族自治县。讲述的是：包文正饱读诗书，满腹才学，但每次应试都落第。他掐指一算，原来自己的运气在傈僳寨头人家的一根顶门棍上。于是，他便来找那根顶门棍。他来到这个寨子，发现寨民们都得了一种怪病。包文正一推算，知是寨中空心树里的恶鬼在作怪，便教人家用热油烫死了恶鬼，寨民们的病就好了。寨民们为了感谢包文正，送给他很多东西。但他一概不要，只要头人家那根顶门棍。有了顶门棍，包文正后来果然中了状元，当了大官，审理天下的案子。李朝贵讲述，钱春林翻译整理。收入《禄劝民间故事》，32开，2页，1600字，禄劝彝族苗族自治县文化局1991年编印。

（杨利先）

木必帕①

傈僳族人物传说。流传于云南省怒江傈僳族自治州。讲述的是：古时，傈僳族住在三塔江边，荞氏族中有位老人，叫荞朴子。荞朴子捕鱼时，从江里捞起一个木筒。木筒里有个男婴，老人收养了他，取名木必子。木必子长大后，与女头领米斯玛相爱。后来，各民族间发生战争，傈僳人被藏人和纳西人抓去打仗。米斯玛劝说本族人停战，可很多人不同意。她只好提议，以武艺的高低来说话。于是，她背上背板，丈夫木必子站在百步之外，一箭射中妻子身上的背板。大家十分佩服，便跟从木必子夫妇迁徙到了怒江峡谷。他们从此称木必子为"木必帕"。木必帕带着众人在怒江两岸安了家，过上了安稳的日子。可过了不久，内地的官家派来腊云、甲俄两个人管理他们，负责收捐派款。木必帕见父老兄弟受欺压，就领着大家与腊云和甲俄斗。腊云、甲俄看斗不过，便提出比技艺。木必帕与他们比扯弯羊角、跳马喝酒、射恶隼，他都赢得了胜利。腊云和甲俄只得逃出怒江峡谷。裴阿欠讲述，周忠枢、木玉璋、赵秉良记录。收入《中国民间故事集成·云南卷》，16开，5页，6500字，中国ISBN中心2003年版。

（刘怡）

木比杀妖怪

傈僳族人物传说。流传于云南省福贡县傈僳族地区。讲述的是：古时，从遥远的南方来了一群妖怪，住在福贡一带。它们常出来吃人，甚至连埋进土里的死人也不放过。为了除掉这些妖怪，木比想出了一个办法。他托人带口信给老妖，说江东的百姓对它很崇敬，愿意送一个漂亮的姑娘给它儿子做媳妇，请它马上到江东来定亲。老妖就高兴地带了一群妖怪过江来喝酒定亲。它喝得半醉，无意中说出自己最害怕"西腊玛"（一种植物）。不久，木比又托人带信给老妖，说自己已病入膏肓，死时请它来送葬。他装成死人，乡民们给他穿上七套衣服，外裹九层牛皮，两腿各绑七把小刀，身后藏一把斧子，装入棺材下葬了。老妖得知木比已死，就带着众妖怪来刨吃他的尸体。

---

① 木必帕，又译作"木比""木必""木必扒"。

当它们用刀划开木比的七件衣服、九层牛皮后，木比跳起来用小刀和斧子杀死了它们。狡猾的老妖趁乱逃走，木比带着一群年轻人手拿西腊玛树枝紧追其后，一直将它赶到一个叫巴玛的地方。他们把西腊玛树全栽在巴玛，从此妖怪再不敢越过这里到傈僳寨子残害百姓了。王阿相讲述，木成香记录、整理。收入《云南民间文学集成·福贡县民间文学集成卷》，32开，2页，960字，福贡县文化局、福贡县民委1989年编印。

（龙江莉）

木比妙用火把

傈僳族人物传说。流传于云南省福贡县傈僳族地区。讲述的是：一个寨子里的人都喜欢下扣子捕捉飞禽走兽，但每次扣到的野物都不翼而飞。有一次，木比躲在暗中，发现是一个妖怪偷吃了野物。他决定除掉这个妖怪，便热情邀请它来家里吃肉。妖怪正想吃掉木比，便满口答应了。木比带着它回到家时，天已黑了。他拿出一块腊肉给妖怪吃，并悄悄倒掉竹筒和木缸里的水。妖怪吃完腊肉后口渴得不行，到处找水喝，可屋里一滴水也没有。木比告诉它，自己要在家里杀猪招待它，叫它去外面打水喝。可外面很黑，木比就在妖怪手上绑了一个火把，然后交给它一个漏葫芦去取水。妖怪来回跑了几趟都没把葫芦装满水，火把快烧着它的手了。它心想水能灭火，就跑到水塘边。它发现水塘里也燃着一个火把，便不敢把手伸进水里，最后被烧死了。妹付思讲述，木成香记录、整理。收入《云南民间文学集成·福贡县民间文学集成卷》，32开，2页，550字，福贡县文化局、福贡县民委1989年编印。

（龙江莉）

木比射鹰

傈僳族人物传说。流传于云南省福贡县傈僳族地区。讲述的是：从前在一个傈僳族寨子里，有位专门敲诈百姓的头人，叫木戛扒。木戛扒家养了一只恶狗，常常跑出来咬伤穷人。他以此为乐。可他也有一件极不顺心的事：每当他家摆宴请客时，总有一只老鹰在上空盘旋，把屎拉在宴席上。后来，他就请来擅长射箭的木比。木比答应射鹰，但要头人答应今后不再放恶狗出来伤人。木戛扒只好同意。木比张弓搭箭，一箭射下了老鹰。头人再也不敢让恶狗咬人。妹付思讲述，木成香记录、整理。收入《云南民间文学集成·福贡县民间文学集成卷》，32开，2页，490字，福贡县文化局、福贡县民委1989年编印。

（龙江莉）

木必还活着

傈僳族人物传说。流传于云南省福贡县傈僳族地区。讲述的是：木必老了，有人想暗害他，趁他不备将一种毒性很强的鸟毛插在他手上。他发现自己中毒后，让妻子将他扶正坐着，并在他胸前的琵琶弦上放两只大蜘蛛，在他嘴边的笛管中放两只蜜蜂。毒害木必的几个人跑来偷看他是怎样死的，却见他悠闲地弹琴吹笛。他们以为鸟毛没毒，便一个个在自己手上试验，结果把自己给毒死了。佚名讲述，云南大学民族民间文学怒江调查队记录，左玉堂整理。收入《中华民族故事大系》（第7卷），32开，8页，4800字，上海文艺出版社1995年版。

（刘怡）

打虎

傈僳族人物传说。流传于云南省怒江傈僳族自治州。讲述的是：官人腊云和甲俄被木必斗败后，又想出"借虎杀人"的毒计，要他去打死碧罗雪山上那只经常伤人的猛虎。木必以此作为条件，要他们答应离开怒江；两人同意了。木必带着弩箭上山，骑在虎身上，在它的头上打了几十拳，又将毒箭插进它的脖子，将它毒死。腊云和甲俄只得离开怒江峡谷。裴阿欠讲述，木玉璋、赵秉良整理。收入《傈僳族民间故事》，32开，2页，

1180字，云南人民出版社1984年版。

（刘怡）

鸡叫定居

傈僳族人物传说。流传于云南省怒江傈僳族自治州。讲述的是：为了让自己的父老兄弟过上好日子，木必率众人不断迁徙。他对众人说，自己背着的是一只吉祥的大红公鸡，若它在哪里叫了，哪里就是大家定居的地方。结果，公鸡在腊哄窝都（今福贡县匹河怒族乡境内）鸣叫了三声，傈僳族就在这个地方安了家。裴阿欠讲述，木玉璋、赵秉良整理。收入《傈僳族民间故事》，32开，2页，400字，云南人民出版社1984年版。

（刘怡）

扯直弯羊角

傈僳族人物传说。流传于云南省怒江傈僳族自治州。讲述的是：腊云和甲俄找来一只弯弯扭扭的绵羊角给木必，要他在一夜之间将它扯直；若扯不直，今后不准再打搅他们。乡亲们都为木必捏了把汗，木必却不以为然。晚上，他把羊角放在火塘旁，一边烤一边往上面擦核桃油。几个小时后，羊角变软了，木必用力一拉，将它扯直了。第二天，腊云和甲俄看到直羊角后无话可说。这时木必拿出一只嫩的弯葫芦来，要他们把它扯直。两人以为扯葫芦肯定比扯羊角容易，谁知他们刚一用力，葫芦就被扯断了。木必在一旁哈哈大笑。裴阿欠讲述，木玉璋、赵秉良整理。收入《傈僳族民间故事》，32开，2页，600字，云南人民出版社1984年版。

（龙江莉）

拆布织布

傈僳族人物传说。流传于云南省怒江傈僳族自治州。讲述的是：腊云和甲俄拿出一块布，要木必在一个晚上把它拆成线，然后又织还原；如果他做不到，就要认输。木必手脚麻利地把线拆下后，又在天亮之前将它们织成布。第二天，木必拿出布给腊云和甲俄看的同时，还拿出一张棕皮，要他们把它拆了后，再还原，否则他们要认输。腊云和甲俄手忙脚乱地拆起棕皮来。可棕线一扯就断，因而棕皮就无法还原了。裴阿欠讲述，木玉璋、赵秉良整理。收入《傈僳族民间故事》，32开，1页，270字，云南人民出版社1984年版。

（龙江莉）

跳马吃酒

傈僳族人物传说。流传于云南省怒江傈僳族自治州。讲述的是：木必与腊云、甲俄要进行第三局比赛。腊云、甲俄在院子中间拴了一匹大骡子，两边摆上酒菜，要木必一边在大骡子身上跳来跳去，一边吃菜喝酒。木必成天在峡谷中来回攀越，对他来说跳过大骡马根本不算难事，所以很轻松地赢了。裴阿欠讲述，木玉璋、赵秉良整理。收入《傈僳族民间故事》，32开，1页，270字，云南人民出版社1984年版。

（刘怡）

上山打虎

傈僳族人物传说。流传于云南省怒江傈僳族自治州。讲述的是：皇帝见木必有勇有谋，担心他威胁到自己的地位，便想把他除掉。当时皇宫的后山出了一只猛虎，伤害了很多人畜。皇帝想借猛虎除掉木必，便派木必去擒虎。木必看出了皇帝的歹心，但为了百姓的安危，他还是上山去了。太阳落山时，木必扛着死虎回来了。皇帝见了，吓得两腿像弹琵琶一样颤抖起来。佚名讲述，左玉堂整理。收入《傈僳族民间故事选》，32开，2页，540字，上海文艺出版社1985年版。

（龙江莉）

要下嘴壳

傈僳族人物传说。流传于云南省怒江傈僳族自治州。讲述的是：有一次，皇帝以为木必要杀他，吓得跑了。木必追上皇帝后，皇帝问他要什么，他说要皇帝的下嘴壳。皇帝以为要砍他的下巴，吓得落魂失魄。木必告诉他，是要他统管下的一半百姓。皇帝无可奈何地照办了，于是天下一半的百姓归木必管辖。佚名讲述，云南大学民族民间文学怒江调查队记录，左玉堂整理。收入《中华民族故事大系》（第7卷），32开，2页，1200字，上海文艺出版社1995年版。

（刘怡）

率众起义

傈僳族人物传说。流传于云南省怒江傈僳族自治州。讲述的是：木必从皇帝那里分得一半百姓，就指挥他们攻打皇帝的地盘。皇帝派来大量士兵守护。木必在羊角上绑上明子，点燃后将羊赶上山坡。皇帝见漫山遍野都是亮光，以为木必的兵马比他的多，便不战而逃。木必的兵马最后在果科寨驻扎下来。佚名讲述，云南大学民族民间文学怒江调查队记录，左玉堂整理。收入《中华民族故事大系》（第7卷），32开，2页，1000字，上海文艺出版社1995年版。

（刘怡）

大破官兵

傈僳族人物传说。流传于云南省怒江傈僳族自治州。讲述的是：皇帝派兵来捉拿木必，木必灵机一动，钻进了一家铁匠铺。铁匠嗜酒，此时正在别人家喝酒。木必在自己脸上抹了一些炭灰，装成铁匠的模样。官兵们进来盘问"铁匠"，"铁匠"装聋作哑，并抡起大锤把烧红的铁块捶得火星四溅。官兵们吓得扭头就跑。过了一会儿，他们累得坐在江边歇息，木必悄悄爬到旁边的山坡上，往下滚石头，砸得他们死的死伤的伤。残兵败将逃命之时，木必又冲出来，挥起长刀将他们一个个杀翻了。从此以后，皇帝再也不敢来攻打木必统管的地方。佚名讲述，左玉堂整理。收入《傈僳族民间故事选》，32开，2页，460字，上海文艺出版社1985年版。

（龙江莉）

火烧怪物

傈僳族人物传说。流传于云南省怒江傈僳族自治州。讲述的是：木必居住的山寨里出了一个怪物，木必故意把它领回家，煮了一大锅腊肉给它吃，同时将家中的水倒光。怪物要喝水，木必让它到箐里去打水。趁它不备，木必用绳子绑住它的手，并在它的手上捆上明子。火在怪物的身上烧，木必要它跳下水去灭火。可它见水里有火的影子，不敢往下跳，就往山上跑。结果火越烧越旺，怪物被烧死了。佚名讲述，云南大学民族民间文学怒江调查队记录，左玉堂整理。收入《中华民族故事大系》（第7卷），32开，2页，1000字，上海文艺出版社1995年版。

（刘怡）

木必扒的传说

傈僳族人物传说。流传于云南省怒江傈僳族自治州。讲述的是：古时，怒江两岸的傈僳族与妖怪混居在一起。妖怪装成傈僳人，想骗木必扒说出自己的秘密，被识破。木必扒骗妖怪说自己怕鹞子、飞鼠、芭蕉树和倒钩刺，妖怪就变成这些东西来害他，哪知却中了计，元气大伤。木必扒为了彻底赶走妖怪，就请它们坐木筏来家里赴宴，然后设法让它们被江水冲走。为了报复木必扒，妖怪从他第七个妻子嘴里得知他受了伤，将他丢入江中。幸亏木必扒识水性，没被淹死。他病得奄奄一息，可还没等他完全康复，官兵们又来了，将他害死后，在他身上钉了九根木桩。后来，傈僳人在死去的男人坟上要立九根木桩，提醒后人记住九根木桩的血债；在死去的女人坟上立七根木桩，警示人们不要忘记木必扒第七个妻子说话不慎的教训。胡导生讲述，张祖武记录、翻译。收入《中华民族故事大系》（第7卷），32开，6

页，3800字，上海文艺出版社1995年版。

（刘怡）

练功和行医

傈僳族人物传说。流传于云南省迪庆、丽江两地的傈僳族聚居区。讲述的是：恒乍绷①出生在一个叫绵古的傈僳村寨，他的父亲不但精通药草，还擅长射术。他从小就跟父亲练功、行医，十五岁的时候，就已练得一手好箭法，能在二十步之外射中筛子眼、树叶、铜钱孔。他还能让远处的刀刃将他射出的箭头劈为两半。后来他的医术也很高超，寨里人有病都请他来看，基本上药到病除。佚名讲述，王正觉搜集、整理。收入《傈僳族民间故事选》，32开，2页，1160字，上海文艺出版社1985年版。

（龙江莉）

官逼民反

傈僳族人物传说。流传于云南省维西傈僳族自治县。讲述的是：恒乍绷得到了人们的尊敬，而惹恼了女土千总阿空孟。她扣押了恒乍绷，激起傈僳人的反抗，只好放了他。不久她请来官兵镇压，被傈僳人打败了。后来她又借口向恒乍绷赔礼道歉，再次抓了他，逼他骗傈僳人投降。恒乍绷不干。傈僳人为了救出恒乍绷，再次冲进了千总衙门。恒乍绷得救了，他杀了女千总，领头起来造反。富加扒讲述，王正觉整理。收入《傈僳族民间故事》，32开，4页，2800字，云南人民出版社1984年版。后编入《中华民族故事大系》（第7卷），上海文艺出版社1995年版。

（刘怡）

攻占维西城

傈僳族人物传说。流传于云南省维西傈僳族自治县。讲述的是：滇西北大旱时，康普的土司仍不减租减税，澜沧江两岸全是饥民。恒乍绷率众人冲入土司府去借粮，土司不答应。恒乍绷就杀了土司，带领大家直逼维西县城。守城的官兵弃城而逃，恒乍绷不损一兵一卒就进了城，将库粮分给饥民，并组织人们练兵备战，准备长期斗争。富加扒讲述，王正觉整理。收入《傈僳族民间故事》，32开，5页，1400字，云南人民出版社1984年版。后以"开仓济贫"为题，编入《中华民族故事大系》（第7卷），上海文艺出版社1995年版。

（刘怡）

痛打那总兵

傈僳族人物传说。流传于云南省维西傈僳族自治县。讲述的是：恒乍绷进驻维西城后，准备攻打丽江府。当时，总兵那麟泰带兵到了丽江的鲁甸乡。恒乍绷在太平台设下埋伏，将官兵打得大败而归。后来云贵总督亲率大军前来镇压。恒乍绷发出木刻信请后方派人支援，并利用复杂地形和官兵展开斗争，最后将他们打得落花流水。富加扒讲述，王正觉整理。收入《傈僳族民间故事》，32开，3页，2000字，云南人民出版社1984年版。后以"对峙"为题，编入《中华民族故事大系》（第7卷），上海文艺出版社1995年版。

（刘怡）

结拜黑旋风

傈僳族人物传说。流传于云南省维西傈僳族自治县。讲述的是：有一次，山官要好汉韦林上交豹子腿。韦林交不出，被逼得没法，就杀了山官，逃到山上靠打家劫舍过活。正当他被官兵追得无路可逃时，恒乍绷的劫粮队救了他。恒乍绷给他治伤，还与他结拜为兄弟。两人一同造反，韦林赢得了"傈僳黑旋风"的雅号。富加扒讲述，王正觉整理。收入《傈僳族民间故事》，32开，2页，810字，云南人民出版社1984年版。后以"收服韦林"为题，编入《中华民族故事大系》（第7

---

① 恒乍绷，又译作"恒乍崩"。

卷），上海文艺出版社 1995 年版。

（刘怡）

劫官粮

傈僳族人物传说。流传于云南省维西傈僳族自治县。讲述的是：恒乍绷的义军人数越来越多，粮食成了问题。他得知官兵的运粮队将从松坪坡经过，就带领义军拉起绊马索，挖好陷坑，结果缴获了三十九驮粮食和一驮银子。此后松坪坡改叫"四十驮"。富加扒讲述，王正觉整理。收入《傈僳族民间故事》，32 开，1 页，700 字，云南人民出版社 1984 年版。后以"劫取四十驮"为题，编入《中华民族故事大系》（第 7 卷），上海文艺出版社 1995 年版。

（刘怡）

大战锣鼓箐

傈僳族人物传说。流传于云南省维西傈僳族自治县。讲述的是：清嘉庆年间，琅总督调集三军围剿义军。义军首领恒乍绷派彪饶扒和韦林各带五百弟兄去堵截。彪饶扒中了官兵的埋伏，战死在沙场。韦林率部队在锣鼓箐一带与官军展开决战，最后杀死了敌方的头领，大败清军。此后人们把锣鼓箐改名为"败死沟"。富加扒讲述，王正觉整理。收入《傈僳族民间故事》，32 开，2 页，900 字，云南人民出版社 1984 年版。后以"大战败死沟"为题，编入《中华民族故事大系》（第 7 卷），上海文艺出版社 1995 年版。

（刘怡）

鲁甸突围

傈僳族人物传说。流传于云南省维西傈僳族自治县。讲述的是：清嘉庆八年（1803 年），琅总督调集六万兵马攻占了维西；后来直逼义军总部所在地——丽江的鲁甸。恒乍绷在鲁甸苦守一个月，弹尽粮绝，只得率众突围。突围时，韦林和他所率领的五百将士全部战死，恒乍绷和二十一个兄弟拼死杀出一条血路逃了出来。富加扒讲述，王正觉整理。收入《傈僳族民间故事》，32 开，2 页，900 字，云南人民出版社 1984 年版。后以"雨夜突围"为题，编入《中华民族故事大系》（第 7 卷），上海文艺出版社 1995 年版。

（刘怡）

英勇就义

傈僳族人物传说。流传于云南省维西傈僳族自治县。讲述的是：恒乍绷从鲁甸突围出来后躲在家中。新任土千总喃朱得知这一消息，假意请他做客。恒乍绷觉得自己与喃朱过去的交情不错，就去了。喃朱趁机将恒乍绷灌醉，将他和两个弟兄拿下。恒乍绷宁死不屈，英勇就义，成为傈僳人民心中的英雄。富加扒讲述，王正觉整理。收入《傈僳族民间故事》，32 开，3 页，1300 字，云南人民出版社 1984 年版。后编入《中华民族故事大系》第 7 卷，上海文艺出版社 1995 年版。

（刘怡）

送鬼

傈僳族人物传说。流传于云南省维西傈僳族自治县。讲述的是：恒乍崩是绵羊古寨一带有名的尼扒（祭司）。清朝时，绵羊古属康普女千总的势力范围。有一年种下包谷后，人们都没有粮食了，全靠打猎挖野菜过活。这时，女千总病了，怀疑是被鬼缠上了，便要恒乍崩去送鬼。恒乍崩借此机会要女千总杀猪宰牛，做九天九夜的饭菜祭鬼。他让四面八方的穷人吃了九天的饱饭。佚名讲述，石奇程搜集。收入《迪庆民间故事集成》，32 开，4 页，2500 字，云南民族出版社 1997 年版。

（刘怡）

射箭比赛

傈僳族人物传说。流传于云南省维西傈僳族自治县。讲述的是：要过年了，村村寨寨比赛射粑粑。女千总传下旨意，要把自家那头举世无双的大骟牛奖给最有本领的人。恒乍崩是这一带有名的射手，他决定去比赛。赛场上他一箭射中粑粑心；女千总又用麻线拴着铜钱，他一箭就把铜钱射了下来。女千总假意让恒乍崩牵回大骟牛，恒乍崩知道她没安好心，便推辞说自己家没有牛圈，仍把牛留在她家。佚名讲述，石奇程搜集。收入《迪庆民间故事集成》，32开，3页，1600字，云南民族出版社1997年版。

（刘怡）

挨打遇医

傈僳族人物传说。流传于云南省维西傈僳族自治县。讲述的是：每年农忙季节，女千总都要对辖区内的穷人派工。恒乍崩想方设法让大家都少做事。时间长了，女千总很恨他，百姓却尊重他。大伙觉得他要是能读点书，就更有本事了，于是就凑钱送他去西藏上学。女千总得知这一消息后，假意送恒乍崩马匹钱财，支持他去读书，实际上想报复他。恒乍崩果然中计，在过黄草坝塘口时没有下马，被守关的兵丁打得皮开肉绽，差点死去，幸好遇到了为人善良的小头目段应贤。段应贤不仅为他治伤，还教他不少医药知识。此后，两人成了莫逆之交。段学敏讲述，余国华、余光华搜集。收入《迪庆民间故事集成》，32开，2页，1300字，云南民族出版社1997年版。后编入《中国民间故事集成·云南卷》，中国ISBN中心2003年版。

（刘怡）

善恶有报

傈僳族人物传说。流传于云南省维西傈僳族自治县。讲述的是：恒乍崩起义后，带兵攻打黄草坝塘口。他事先叫人送信给段应贤，让他在门口插一根树枝，不管外面有什么动静都不要出来。后来，恒乍崩率起义军全歼了塘口的守兵，杀了塘官蔡思主后，才叫段应贤出来。段应贤听从恒乍崩的劝告，从此弃兵回乡务农。段学敏讲述，余国华、余光华搜集。收入《迪庆民间故事集成》，32开，2页，1300字，云南民族出版社1997年版。后以"怒杀蔡思主"为题，编入《中国民间故事集成·云南卷》，中国ISBN中心2003年版。

（刘怡）

被害

傈僳族人物传说。流传于云南省维西傈僳族自治县。讲述的是：有一年，恒乍崩率众作战失利，退守澜沧江西岸箐头妥洛一带。他想弄点盐，摸进村中找自己的老庚。老庚让官兵吓怕了，夜里发现恒乍崩病了，就将他装进皮袋，交给经常赊酒给他喝的四老爷。四老爷将恒乍崩交给官兵后，趁夜将恒乍崩的老庚也装进皮袋丢下江。佚名讲述，石奇程搜集。收入《迪庆民间故事集成》，32开，3页，1500字，云南民族出版社1997年版。

（刘怡）

阿亚扒和阿夸扒为恒乍崩报仇

傈僳族人物传说。流传于云南省维西傈僳族自治县。讲述的是：康普女千总有一个女奴，女奴向儿子阿亚扒和阿夸扒诉说了他们的父亲被女千总点天灯烧死的往事。兄弟俩很恨女千总，他们找到恒乍崩，很尊重他，跟随他造反。后来，恒乍崩被官兵杀了，兄弟俩逃到怒江，几年后回来替他报了仇，并将女千总抓住，丢进了澜沧江。佚名讲述，鲍丽辉搜集。收入《迪庆民间故事集成》，32开，3页，2000字，云南民族出版社1997年版。

（刘怡）

腊它底古

傈僳族人物传说。流传于云南省维西傈僳族自治县。讲述的是：恒乍绷组织一些年轻人准备起兵造反，当时他们只有腰刀、弩弓和白箭。这些东西根本对付不了全副武装的官兵，大家决定制造毒箭。恒乍绷就和伙伴们商量，把草乌汁挤出来涂在箭头上。这种方法让很多造箭的人中了毒，恒乍绷为此一筹莫展。一天凌晨，他在半梦半醒中听见早起人家的推磨声，便灵机一动，心想如能用石磨榨出草乌汁，人就不用手接触草乌，也不会中毒了。他赶忙起床，找伙伴们把自家的石磨抬到大羊场上，用它磨草乌做毒箭。这种造毒箭方法既快捷又安全。从此以后，人们把大羊场碾草乌的地方叫"腊它底古"，意为安磨之地。佚名讲述，余国华搜集、整理。收入《云南省民间文学集成丛书·维西民间文学集成资料》，32开，2页，670字，维西傈僳族自治县民间文学集成办公室1990年编印。

（龙江莉）

枪炮打不进

傈僳族人物传说。流传于云南省维西傈僳族自治县。讲述的是：恒乍绷带领年轻人起兵造反，有一次他将自己挖来的草药熬成汤，让每人喝一碗，说喝下后能"枪炮打不着，弩弓射不进"。大家半信半疑地把药喝光，恒乍绷就带着他们出发了。起义军来到黄草坝塘口时，守卫的蔡思主不以为然地对手下说："几个死猴子有什么可怕，架起两排空炮放放就能把他们吓跑。"起义军只听发炮声，但"炮弹"却打不着自己，以为真的是药汤起了作用，他们便毫不畏惧地朝官兵的驻地杀去。佚名讲述，余国华搜集、整理。收入《云南省民间文学集成丛书·维西民间文学集成资料》，32开，2页，650字，维西傈僳族自治县民间文学集成办公室1990年编印。

（龙江莉）

英雄岩七

傈僳族人物传说。流传于云南省维西傈僳族自治县部分地区。讲述的是：清嘉庆年间，傈僳族出了个少年英雄岩七。他是念里米村的老阿妈从朽木堆里捡来的。岩七很聪明，六岁就能帮阿妈干活。在给山官放牛时，他将牛尾巴戳进泥巴里，让牛只能站着吃草，不能到处跑动。待他玩够了，又将牛尾巴一根根拔出来，吆喝着牛回家。九岁时，他得到神人给的神弩，用神箭射穿了岩石，因此得到村民们的崇拜。后来，他与恒乍崩一起起兵造反。由于叛徒出卖，岩七被官兵抓了。他视死如归，最后被杀害，年仅十八岁。余正义、和锡珍、和德华、和胜华讲述，江默搜集。收入《迪庆民间故事集成》，32开，7页，5000字，云南民族出版社1997年版。

（刘怡）

岩七降生

傈僳族人物传说。流传于云南省维西傈僳族自治县部分地区。讲述的是：念里米村的阿俄玛在山上捡柴时，听到松树林里传来娃娃的啼哭声，结果从一堆碎木片中扒出个胖小子，给他取名岩七。岩七很小就能帮阿妈干活，给山官放牛。后来，因受不了山官的欺诈，流浪到冲不登村，在那里过了三年。余正义、和锡珍、和德华、和胜华讲述，江默搜集。收入《云南省民间文学集成·维西傈僳族自治县民间文学集成资料》，32开，2页，600字，维西傈僳族自治县民间文学集成办公室1988年编印。

（刘怡）

神箭穿石

傈僳族人物传说。流传于云南省维西傈僳族自治县部分地区。讲述的是：岩七在冲不登村给头人放牛时，一位慈眉善目的老人介绍他结识了绵羊古村的恒乍绷，并拿来一把腰刀和一张弩，他俩各取一件。岩七取了弩，与一起放牧的小伙伴们在牧场比赛射箭。他用箭射穿了岩石。神箭穿石的故事传开，人们把岩七当做山神一般崇拜。余正义、和锡珍、和德华、和胜华讲述，江默记录。收入《云南省民间文学集成·维西傈僳族自治县民间文学集成资料》，32开，1页，510字，维西傈僳族自治县民间文学集成办公室1988年编印。

（刘怡）

被捕遭害

傈僳族人物传说。流传于云南省维西傈僳族自治县部分地区。讲述的是：清嘉庆年间，维西一带闹灾荒，岩七和恒乍绷相约三年后率众造反。两人分头联络百姓。后来恒乍绷在没通知岩七的情况下率先起兵，结果被镇压。由于叛徒出卖，岩七也被抓了。他宁死不屈，十八岁就英勇就义。余正义、和锡珍、和德华、和胜华讲述，江默搜集。收入《云南省民间文学集成·维西傈僳族自治县民间文学集成资料》，32开，3页，1500字，维西傈僳族自治县民间文学集成办公室1988年编印。

（刘怡）

康普喃土司的来历

傈僳族人物传说。流传于云南省维西傈僳族自治县。讲述的是：喃珠原是恒乍绷的运粮官，在一次运粮途中被清军抓住。为了要他引路，清军给了他一件红袍。喃珠穿着红袍赶路，引来的清军越来越多。后恒乍绷的义军失败，喃珠就将所运的粮食送给清军。清军总督当即委任他做了康普的土司。佚名讲述，和春富、和学君搜集、整理。收入《云南省民间文学集成丛书·维西民间文学集成资料》，32开，2页，700字，维西傈僳族自治县民间文学集成办公室1990年编印。

（刘怡）

鲁基曼

傈僳族人物传说。流传于云南省泸水县。讲述的是：清光绪年间，鲁基曼的父母被土官逼死，成了土舍的家奴。他以天神下书为由扯旗造反，率众冲进土舍家，杀猪宰牛，邀请穷人们来吃喝。土舍趁乱逃走，连夜报告土司。土司派兵包围了村子，鲁基曼躲在一个岩洞里，逃过了搜捕。后来他因病被抓，被土舍杀死。佚名讲述，祝华生、欧志明搜集、整理。收入《傈僳族民间故事》，32开，6页，3500字，云南人民出版社1984年版。

（刘怡）

楚沙扒起事

傈僳族人物传说。流传于云南省丽江市傈僳族聚居区。讲述的是：中华民国初年，天下大旱，一个傈僳寨子的村民因交不起地租，只得背井离乡，一位一百四十岁的奶奶在途中去世。临死前，她告诉楚沙扒做弩箭为民除害。楚沙扒回到老家后，就带着村民与财主木老虎算账。木老虎挑拨彝人，要他们与傈僳人打架。结果，楚沙扒获得胜利，他趁机率人烧了木老虎的家。后来，木老虎搬来了民团，楚沙扒又率众打败了他们。官府派兵来镇压，楚沙扒掩护人们撤退到深山，他自己却被活捉，拉到石鼓杀了。木成恩讲述，王震亚记录。收入《傈僳族民间故事》，32开，8页，4400字，云南人民出版社1984年版。

（刘怡）

密罗沙

傈僳族人物传说。流传于云南省保山市傈僳族聚居区。讲述的是：傈僳族英雄密罗沙是一个远近闻名的猎手，喜欢打抱不平，劫富济贫。一次他在抢劫江土司的金库时，被捉住。夜里，他扯断铁镣，顺手抱上农奴们交来的一百匹布逃走了。江土司把密罗沙的朋友山翁找来，许下重赏，让他将密罗沙杀死。山翁找到密罗沙，用酒将他灌醉，然后杀了他。他提着密罗沙的头到江土司处领赏，结果让江土司给杀了。这时，密罗沙的头大笑起来，江土司让人将头放进锅里煮。一个时辰后，江土司去看究竟。不料，密罗沙的头突然飞起来，一口咬住他的脖子，他一声没吭就送了命。余老七讲述，杨忠实搜集、整理。收入《散落的珍珠》，32开，3页，1500字，保山地区群众艺术馆1983年编印。

（刘怡）

维木青和他的朋友

傈僳族人物传说。流传于云南省怒江傈僳族自治州。讲述的是：傈僳族大力士维木青三岁就长成小伙子的模样，能把几个成人都围不过来的杉树扛起就走。有一年，出了怪事，老百姓开垦出的地几天又变成了荒坡，种下的庄稼几天长成了草窝，颗粒无收。维木青发现是一个妖魔在作怪，便与渔夫、铁匠、猎手一起杀了它。佚名讲述，杨国璋、木顺江、李卫才搜集、整理。收入《傈僳族民间故事》，32开，5页，3000字，云南人民出版社1984年版。

（刘怡）

降到人间

傈僳族人物传说。流传于云南省维西傈僳族自治县。讲述的是：从前，傈僳族只有语言，没有文字，人们都以刻木记事的方式来记录日常生活。为此，天神派汪忍波降生到傈僳族中间。汪忍波变成一条猎狗，翻山越岭来到维西的米俄坝村。他觉得很累，便在一棵木瓜树下睡着了。这一睡就是三个月。他醒来时，发现自己已经躺在母亲的肚子里。佚名讲述，余友德搜集。收入《云南省民间文学集成丛书·维西民间文学集成资料》，32开，1页，250字，维西傈僳族自治县民间文学集成办公室1990年编印。

（龙江莉）

怀中九月

傈僳族人物传说。流传于云南省维西傈僳族自治县。讲述的是：汪忍波的母亲怀上他以后，因家中困难，加之夫妻感情不和，便想把孩子打掉。她把下腹压在大水槽上，可没什么反应；后来又用大石头压住腹部，胎儿仍安然无恙。在大年初一，汪忍波出世了，但他父亲毫不理会离家出走。母亲很伤心，也想抛弃婴儿远走他乡。一个叫怒朋的女人知道这事后，就劝住她，要她善待自己的亲生骨肉。母亲这才留了下来。佚名讲述，余友德搜集。收入《云南省民间文学集成丛书·维西民间文学集成资料》，32开，2页，390字，维西傈僳族自治县民间文学集成办公室1990年编印。

（龙江莉）

试放宝刀

傈僳族人物传说。流传于云南省维西傈僳族自治县。讲述的是：汪忍波的母亲无法养活他，便将他丢在野外。但他没死，后来母亲把他捡了回来，带着他出外卖工。汪忍波五六岁时，有一次撒尿，小便在地上淌成了奇怪的文字。人们给他取名汪忍波。汪忍波有一把宝刀，用它一指，可使人畜断为两截。父亲怕出事，将宝刀插到最高的岩缝中。佚名讲述，余友德搜集。收入《云南省民间文学集成丛书·维西民间文学集成资料》，32开，2页，600字，维西傈僳族自治县民间文学集成办公室1990年编印。

（刘怡）

创造文字

傈僳族人物传说。流传于云南省维西傈僳族自治县。讲述的是：汪忍波的父亲在去世前，汪忍波父亲交代儿子偿还用木刻符号所记的债务。债主见汪忍波父亲已死，就硬要汪忍波多还一倍的银子。汪忍波吃了不识字的亏，便立志要自己创造文字。他用了十多年的时间，造出傈僳文字。佚名讲述，余友德搜集。收入《云南省民间文学集成丛书·维西民间文学集成资料》，32开，2页，800字，维西傈僳族自治县民间文学集成办公室1990年编印。

（刘怡）

传教文字

傈僳族人物传说。流传于云南省维西傈僳族自治县。讲述的是：汪忍波创造了文字后，每天晚上都在村子里试教。很多人来学习，他们觉得这种文字既好认又好学，十分方便。有一次汪忍波的学生把本地区发生的事情用文字记录下来，拿给大土司王家禄看。王家禄问这种文字是从哪里来的，学生就把汪忍波造字的事禀报给他。王家禄想，一个穷傈僳娃竟敢自造字，太不像话。他叫人传话给汪忍波，不准再向人们传授文字。汪忍波并不理会，他的学生也越来越多。王家禄只得请学问渊博的汉人对汪忍波所教的文字进行论证。他这才知道，汪忍波所教的文字同汉文基本一致，只好默认汪忍波的所作所为了。佚名讲述，余友德搜集。收入《云南省民间文学集成丛书·维西民间文学集成资料》，32开，2页，700字，维西傈僳族自治县民间文学集成办公室1990年编印。

（龙江莉）

一夜编七扇大簸箕

傈僳族人物传说。流传于云南省维西傈僳族自治县。讲述的是：汪忍波不仅是傈僳文字的创造者，而且很能干，竟一夜编了七扇大簸箕。土司听说后不相信，让他来编篮子。汪忍波一天编好了六十对篮子，让土司心服口服。佚名讲述，余友德搜集。收入《云南省民间文学集成丛书·维西民间文学集成资料》，32开，2页，600字，维西傈僳族自治县民间文学集成办公室1990年编印。

（刘怡）

汪忍波造字故事

傈僳族人物传说。流传于云南省维西傈僳族自治县。讲述的是：汪忍波在父亲去世后，向别人借了一坛酒和一头猪办丧事。由于没有文字记录，归还时，债主硬说他借了两坛酒两头猪。为了不再受骗，汪忍波开始造字。当造到"三"字时，他认为若写三横，易被人加一横来骗人，就在中间加一竖，变成"王"字。佚名讲述，和春富、和学君记录。收入《云南省民间文学集成丛书·维西民间文学集成资料》，32开，1页，300字，维西傈僳族自治县民间文学集成办公室1990年编印。

（刘怡）

阿弓玛

傈僳族人物传说。流传于云南省维西傈僳族自治县。讲述的是：阿弓玛是澜沧江边的傈僳女神，善于变化，不仅会带兵打仗，还会种田种地。她以食铁为生。打仗时，只要把她的刀拿去，架在敌人所在的山口上，一夜间敌人就被杀光。阿弓玛给傈僳人盖房子，为他们开垦田地，帮他们纺线织布。她想为傈僳人造一座石桥，却中途遭到皇帝的阻挠，她用来架桥的残墩现在还在澜沧江边。佚名讲述，和正华、余友德、木玉璋记录。收入《傈僳族民间故事》，32开，3页，1700字，云南人民出版社1984年版。后编入《中华民族故事大系》（第7卷），上海文艺出版社1995年版。

（刘怡）

阿弓玛的故事

傈僳族人物传说。流传于云南省维西傈僳族自治县。讲述的是：如来佛到雪龙山漫游，信手在一块大青石上画了个女子，这个女子就是阿弓玛。阿弓玛本领高强，可以随意将石头变成兵士。但她喜怒无常，人们很怕她，就找她丈夫打听她什么时候不能施展神通。丈夫说她梳头时最怕遭袭击。人们就趁阿弓玛梳头时将她杀死，将她的头埋在北边，手埋在西边，脚埋在东边，身子埋在南边。从此，大家不再担心她生气了。老鸠讲述，和永生搜集。收入《云南省民间文学集成·维西傈僳族自治县民间文学集成资料》，32开，2页，1000字，维西傈僳族自治县民间文学集成办公室1988年编印。

（刘怡）

四滴水

傈僳族人物传说。流传于云南省维西傈僳族自治县。讲述的是：有一次阿弓玛路过火箐顶村，见那里大旱，人们大都逃走了，只剩下老弱病残。她决定为他们引一股水来。管水的妖精让小妖精在夜里头更时就学鸡叫，不让阿弓玛引水。结果阿弓玛一锄头只挖四滴水。这四滴水变成了四眼井，火箐顶的人就靠这四眼井喝水。有姐法讲述，余光华搜集。收入《云南省民间文学集成·维西傈僳族自治县民间文学集成资料》，32开，2页，600字，维西傈僳族自治县民间文学集成办公室1988年编印。

（刘怡）

赶石头造田

傈僳族神话传说。流传于云南省维西傈僳族自治县。讲述的是：阿弓玛发现火箐顶村到处都是乱石，村民只好靠种点苦荞过日子。她使出神通，将石头赶开，然后造出梯田，让百姓在上面种上包谷和麦子。有姐法讲述，余光华搜集。收入《云南省民间文学集成·维西傈僳族自治县民间文学集成资料》，32开，1页，180字，维西傈僳族自治县民间文学集成办公室1988年编印。

（刘怡）

赶石造桥

傈僳族神话传说。流传于云南省维西傈僳族自治县。讲述的是：阿弓玛站在尔朵朵那里，看见澜沧江两岸的人们用溜索很吃力地过江，就将石头堆在尔朵朵，准备将它们赶到江边造桥。老妖精得知这一消息后，便让小妖精们在江面上划筏子。阿弓玛见了，以为人们可以在江面上自由地漂流，就不再搭桥了。从此澜沧江两岸的人只好用溜索和羊皮筏子过江，而现在尔朵朵一堆堆的石头就是阿弓玛留下的。有姐法讲述，余光华搜集。收入《云南省民间文学集成·维西傈僳族自治县民间文学集成资料》，32开，2页，380字，维西傈僳族自治县民间文学集成办公室1988年编印。

（刘怡）

石上落迹传千古

傈僳族神话传说。流传于云南省维西傈僳族自治县。讲述的是：阿弓玛要离开火箐顶时，村里的人送给她一些鸡、猪、狗、羊。她赶着家禽家畜来到三里外的耳坪沟，在一块大石头上站了一会儿。从此，这里留下了她和禽畜的脚印。有姐法讲述，余光华搜集。收入《云南省民间文学集成·维西傈僳族自治县民间文学集成资料》，32开，1页，210字，维西傈僳族自治县民间文学集成办公室1988年编印。

（刘怡）

僧尼弱出世

傈僳族人物传说。流传于云南省禄劝彝族苗族自治县。讲述的是：土司家的姑娘和小白龙变的小伙子频频幽会。后来，姑娘怀孕了。她的母亲知道后，便用计使小白龙现了身。小白龙说："你们已经知道我是谁，我就不能再待下去了。希望你们把孩子好好养大，他长大后会是个了不起的人。"十个月后，孩子在母亲肚子里说："妈妈，我要出来了，是横着出来还是竖着出来呢？"姑娘说："竖着出来吧！"她想看看孩子竖着出来是怎么回事。孩子撞断了母亲三根肋骨，竖着出来了。这孩子就是僧尼弱。李金付、杨绍聪、钟吉光讲述，钱春林翻译、整理。收入《禄劝民间故事》，32开，2页，920字，禄劝彝族苗族自治县文化局1991年编印。

（杨利先）

威慑县太爷

傈僳族人物传说。流传于云南省禄劝彝族苗族自治县。讲述的是：僧尼弱长大后，苦练武艺，勤学法术，力大无穷。六七个大人才抬得起的木头，他一次就可以抬三根。他在当地的名气越来越大。县太爷怕僧尼弱将来会夺自己的位子，便带着兵丁来抓他。他们看见僧尼弱一手夹一头牛准备给牛洗澡，吓坏了。接着，他们看见僧尼弱用拳头舂米，几拳就捶出白花花的一大堆米，就再也不敢打他的主意了。李金付、杨绍聪、钟吉光讲述，钱春林翻译、整理。收入《禄劝民间故事》，32开，2页，900字，禄劝彝族苗族自治县文化局1991年编印。

（杨利先）

六块梁子拔松树

傈僳族人物传说。流传于云南省禄劝彝族苗族自治县。讲述的是：僧尼弱路过一个叫六块梁子的地方，看见很多人在很费力地砍树刨根开垦耕地，就对他们说："我帮你们拔树，若你们要的地够了就喊一声。"众人正疑惑时，他不管大树小树拔了起来。他正拔得起劲，众人齐声说："够了！你拔的地我们三天都挖不完。"大家正要感谢他时，他早已走了。李金付、杨绍聪、钟吉光讲述，钱春林翻译、整理。收入《禄劝民间故事》，32开，1页，300字，禄劝彝族苗族自治县文化局1991年编印。

（杨利先）

尼纠大白水的来历

傈僳族人物传说。流传于云南省禄劝彝族苗族自治县。讲述的是：僧尼弱路过一个叫尼纠的村子，见村民要到远处去背水，非常辛苦，便产生了帮他们凿岩通水的念头。他向一位老奶奶借了钉耙，奋力凿通了石崖，引出一大股水。水流太大，他怕冲着人们的房舍，便顺手捡了一块大红石头一丢，把水洞堵住一半。直到现在，那块红石还在那里，虽然可以摇动，但拔不出来。僧尼弱凿出的那股水顺崖而下，像一块白色的帘子，人们便把它叫做"大白水"。李金付、杨绍聪、钟吉光讲述，钱春林翻译、整理。收入《禄劝民间故事》，32开，1页，500字，禄劝彝族苗族自治县文化局1991年编印。

（杨利先）

僧尼弱之死

傈僳族人物传说。流传于云南省禄劝彝族苗族自治县。讲述的是：僧尼弱见人们赶街时要过一条河，非常不便，便想在河上造一座桥。可造桥时，一个女妖经常故意来捣乱，僧尼弱便和它斗起来，最后用宝剑杀死了它，为百姓除了一害。可僧尼弱杀女妖后，宝剑掉进了河里，怎么捞也捞不着。他捞剑时着了凉，家人杀了一头大黑牛，把牛肝炒给他吃，想让他早日康复。不料僧尼弱吃了牛肝，中毒死了。村民们感激他为大家做了很多好事，便修了一座很大的坟来葬他，并把那座坟叫"仙人坟"。李金付、杨绍聪、钟吉光讲述，钱春林翻译、整理。收入《禄劝民间故事》，32开，2页，600字，禄劝彝族苗族自治县文化局1991年编印。

（杨利先）

鲁班与赵巧

傈僳族人物传说。流传于四川省攀枝花市米易县新山乡傈僳族聚居区。讲述的是：鲁班不仅能做一手好木活，还很有想法。有个木活不行、又不虚心的木匠赵巧想跟鲁班比手艺，他躲到鲁班床下想偷师，无意中偷听到了鲁班是如何让木人木马木牛动起来的秘密，于是赵巧连夜把鲁班做好的木人木牛木马打上楔子，担上山里的奇珍异宝，逃跑到国外去了。这就是中国好多好东西都在国外的原因。李金禄讲述，管树华搜集整理。收入《中国民间文学集成·攀枝花市故事卷》，32开，2页，300字，四川民族出版社1990年版。

（艾芳）

二、民间故事

（一）幻想故事

一只宝船的故事

傈僳族幻想故事。流传于云南省保山市傈僳族聚居区。讲述的是：一个孤儿在寒冷的河水中救起一位落水的老人。老人送给他一只宝船，并告诉他，不久要发大水，可以乘船躲避，船只能救动物，但不能救人。六月间果真发了大水，孤儿乘宝船顺水漂流。他救了一条大蛇，又救了一窝蜜蜂和一团蚂蚁，最后还救了一位少爷。大水过后，人们生活很艰难，少爷将宝船拿去献给国王，得到了重赏。他怕孤儿揭穿他，就命人将孤儿打死。但孤儿被蛇救了，他还用蛇给的灵芝救活了国王的女儿。国王准备把女儿嫁给他，少爷又去挑拨，用计怂恿国王为难孤儿。孤儿在蚂蚁和蜜蜂的帮助下，拣好了拌在一起的糠和稗子，认出了混在一群姑娘中的公主。他终于与公主成婚。婚后孤儿向国王讲述了少爷偷献宝船的事，国王杀了少爷。孤儿带着公主回家，和母亲一起过上了好日子。沈金明讲述，余世珍、卢培义记录。收入《散落的珍珠》，32开，3页，2000字，保山市文化局1983年编印。

（刘怡）

一只金鞋

傈僳族幻想故事。流传于云南省福贡县傈僳族聚居区。讲述的是：从前，有个孤儿捡到一只金鞋，拿到街上去卖。财主见了金鞋，就说孤儿抢走了自己的女儿。孤儿有口难辩，只得逃到深山里躲起来。夜里，孤儿梦见一个老妈妈叫他去摘一棵树上的果子吃，再去一个有七道门的洞里救财主的女儿。天亮后，孤儿按照梦中老妈妈的指点，吃了树上的果子，得到了钥匙、小锤、皮鞭和太阳镜等东西。他用钥匙打开了一个山洞的七道门，在洞内看见了被鬼抢来的财主的女儿。他与鬼展开了搏斗，用小锤、皮鞭将鬼打得伤痕累累，最后又用太阳镜将它化成一块小石头，救出了财主的女儿。财主为表示感谢，留下孤儿做了女婿。开旧迪讲述，管云东、霜现月、李向才记录、整理。收入《云南民间文学集成·福贡县民间文学集成卷》，32开，2页，730字，福贡县文化局、福贡县民委1989年编印。

（龙江莉）

一颗金豆子

傈僳族幻想故事。流传于云南省华坪县傈僳族聚居区。讲述的是：两兄弟分家，哥哥要了牛，弟弟只好得了狗。弟弟只能用狗拉犁。哥哥不喂牛，不久牛死了，他就找弟弟借狗耕田。因狗不听使唤，哥哥将它打死了。弟弟埋了狗，在坟堆上栽上竹子。竹子长成后，他编了一个竹兜，每天捡一兜鸟蛋。哥哥又借走竹兜，得到的却是鸟屎。哥哥烧了竹兜，弟弟从残灰中找到一颗金豆子，吃后放出的屁是香的。不久人们便请他到客厅去放屁。哥哥知道后，也学着去做，结果放出的屁是臭的。蓝秀珍讲述，张华雄记录。收入《傈僳族民间故事》，32开，2页，900字，云南人民出版社1984年版。

（刘怡）

人们讨厌羊辣刺的由来

傈僳族幻想故事。流传于云南省维西傈僳族自治县。讲述的是：山寨里有一对年轻夫妻，丈夫一次去烧蜂子时被妖怪吃了。妖怪变成丈夫的模样来骗妻子。妻子从妖怪的眼睛里看出了问题，就借口要哄孩子走出屋，用火烧死了妖怪。烧死妖怪的地方长出了羊辣刺，所以后来人们很讨厌羊辣刺。黄志忠讲述，张家政记录。收入《云南省民间文学集成·维西傈僳族自治县民间文学集成资料》，32开，2页，1100字，维西傈僳族自治县民间文学集成办公室1988年编印。

（刘怡）

三个木箱里的人

傈僳族幻想故事。流传于云南省怒江傈僳族自治州。讲述的是：一个鳏夫在江边靠捞鱼砍柴度日，他从江里先后捞起三个木箱里的两男一女共三个小孩，并将他们养大。后来鳏夫病了，他告诉孩子们去找"欢乐国"，找到就能得到幸福。三个孩子按阿爸的嘱咐去寻找"欢乐国"，途中两个男孩先后死去，妹妹阿娜没有灰心，在放牛娃、老爷爷、老奶奶的帮助下，终于找到了"欢乐国"。她带回一只鸟、一勺水、一棵树苗，救活了死去的两个哥哥，并将水倒入水池，种下树苗，放飞了鸟。从此阿娜的家乡变得山清水秀、鸟语花香、五谷丰登，人们过上了幸福的日子。佚名讲述，木劲松记录。收入《傈僳族民间故事》，32开，6页，3400字，云南人民出版社1984年版。

（刘怡）

三兄弟

傈僳族幻想故事。流传于云南省怒江傈僳族自治州。讲述的是：三兄弟一起生活，两个哥哥躲在家里好吃懒做，全靠弟弟劳动。庄稼快成熟时，哥哥将弟弟换回家，结果他们在山上遇到了黑熊。弟弟怕包谷被黑熊吃了，赶上山去，砍伤了黑熊。黑熊求弟弟饶了它，许诺给他需要的一切。哥哥就逼弟弟去要东西，但弟弟要回的白马和粮食被他们偷走了。弟弟又要来了房子和日常用具，后来还娶了媳妇。两个哥哥吃光卖光后，又回来找弟弟。佚名讲述，余福生记录。收入《傈僳族民间故事》，32开，3页，1500字，云南人民出版社1984年版。

（刘怡）

孤儿与小人国

傈僳族幻想故事。流传于云南省怒江傈僳族自治州。讲述的是：有一次，财主为了抢走孤儿的妻子，派人将他推进了一个大风洞。哪知孤儿跌到了小人国，帮那里的人干活、打野兽，深得人们的喜欢。日子长了，小人们见他思妻心切，就找来鹰王，将他送回了家乡。孤儿找回了妻子，离开了财主的地盘，到远方去寻找幸福生活。佚名讲述，盖兴之、胡贵记录。收入《中华民族故事大系》（第7卷），32开，5页，3000字，上海文艺出版社1995年版。

（刘怡）

小人国

傈僳族幻想故事。流传于云南省怒江傈僳族自治州。讲述的是：有两兄弟，哥哥奸诈，弟弟老实。两人有一次一起出去找粮食，没有收获，绝望时遇到一个老人，带他们到一山洞，让他们随便取洞里的东西。哥哥选了金银财宝，弟弟背了粮食。路上弟弟有粮食不挨饿；哥哥饥饿难忍，又舍不得放弃财宝，便将弟弟推下深渊，夺走了他的粮食。弟弟落到了小人国，他的善良受到了小矮人的欢迎。小矮人找来神鹰将他带出洞。哥哥被老人收回了财产，重新变成了穷人。他认识到自己的卑劣，深感内疚而自杀了。佚名讲述、记录。收入《傈僳族民间文学概论》，32开，4页，3000字，云南教育出版社2002年版。

（刘怡）

小孩和老虎

傈僳族幻想故事。流传于云南省维西傈僳族自治县。讲述的是：一个与老母亲相依为命的小孩上山背柴，途中一只老虎要吃他。他恳求老虎等他把柴背回家、安置好母亲后再吃，老虎同意了。在回家的路上，小孩想到母亲今后无人照顾，很伤心。他遇到了一个鸡蛋，鸡蛋问明情况后要帮助他。一会儿小孩又遇到了羊皮、马鹿和猎狗，大家都给他出主意。到了晚上，鸡蛋、羊皮、马鹿和猎狗都到小孩家来。鸡蛋钻进火塘，羊皮躺在门外，马鹿和猎狗躲在房外。老虎来了，在火塘边被鸡蛋炸瞎了一只眼，跳出门又踏上羊皮滑了一跤，马鹿踢瞎了它的另一只眼，猎狗咬住了它的咽喉，最后小孩用长刀把它砍死了。余华讲述，李兴、密英文记录。收入《中华民族故事大系》（第7卷），32开，2页，1200字，上海文艺出版社1995年版。

（刘怡）

五兄弟

傈僳族幻想故事。流传于云南省怒江傈僳族自治州。讲述的是：寡妇的儿子能降龙伏虎，他结交了四个神通广大的兄弟。五人想到一个财主家里做工筹盘缠，可财主仗着有三个本领非凡的女儿，提出与他们比赛：若五弟兄赢了，就由他们任取自己的金银，输了就给他白干活。财主的大女儿力大无比，二女儿行走如飞，三女儿攀树胜过猿猴。财主提出先比拔树种树。寡妇的儿子见财主的大女儿手脚较快，就利用自己力气更大的特点，一次拔三棵树，赢了第一场。财主又提出比提水，他的二女儿很快提来一桶，五兄弟中的独脚人一跳就跳到了河边，几跳就提回了大量的水，财主又输了。他又提出比爬树，还让三女儿在树干上涂油。五兄弟中有一个爬树如履平地，轻松战胜了财主的三女儿。财主不甘心，趁五兄弟睡觉时放火烧他们。五兄弟中有一人能用毡帽呼风唤雨，他让火烧了财主的房，而自己和伙伴则毫发无损。财主只好眼看着五兄弟把自己的财产拿走。但他很不甘心，便带一帮人去追杀。五兄弟中有一位用鼻孔吹起磨盘，将财主一帮人吹得滚的滚，爬的爬，有的掉进河，有的跌下悬崖，没一个生还。阿普·永祥讲述，阿约·然丁冉、李汝忠记录、翻译。收入《中华民族故事大系》（第7卷），32开，6页，4000字，上海文艺出版社1995年版。

（刘怡）

六个能干的人

傈僳族幻想故事。流传于云南省怒江傈僳族自治州。讲述的是：一个力大无比的人得知皇宫里有无数的金银，便离开家乡，要去皇宫背些金银分给穷人。半路上，他遇到一个抬木头的大力士，两人结为知己。他们先后遇到四个有奇异本事的人。六人结为朋友，一同前往皇宫，并将来意告诉皇帝。皇帝要他们与自己的女儿比赛，胜了才能拿走金银。六个朋友最后取得了胜利。气急败坏的皇帝把他们关进一间铁房子里放火烧，六人凭借自己的非凡本领化险为夷。他们制服了皇帝，把许多金银装进一只大口袋里抬走，一路上分发给穷人。他们走到独龙江边时，金银分光了，便留下来，一个管土地，一个管风雨，一个管打猎，一个管修路架桥，两个管开山种地，为百姓造福。佚名讲述，左玉堂记录。收入《中国传说故事大辞典》，16开，1页，500字，中国文联出版公司1992年版。

（阿南）

月亮上的木瓜树

傈僳族幻想故事。流传于云南省维西傈僳族自治县。讲述的是：澜沧江畔的深山里住着一家人，一次丈夫出去打熊后一直没回来，剩下孤儿寡母相依为命。一天，山里的妖怪吃了外出干活的母亲，并变成她的模样要来吃两个孩子。尽管两个孩子十分小心，还是被妖怪骗了。夜里哥哥被妖怪吃了，妹妹假借去上厕所跑了出来，爬上一棵木瓜树。妖怪找来时，天上突然放下一条银链子，将姑娘和木瓜树接上了天。妖怪抓住天上垂下来的草链往上爬，升到半空中，草链起火，将妖怪烧死了。此后，每当农历十五月圆时，人们就可以看到月亮上的木瓜树。佚名讲述，唐世华、禾开记录。收入《迪庆民间故事集成》，32开，3页，1800字，云南民族出版社1997年版。

（刘怡）

月亮上的姑娘

傈僳族幻想故事。流传于云南省保山市傈僳族聚居区。讲述的是：从前有祖孙三人一起生活，一天奶奶去玉米地时被妖怪吃了，妖怪又变成她的模样吃了她的孙子。孙女咱比利借口上厕所逃了出来，爬上一棵娑罗树。妖怪想吃她，就往树上爬，结果被她用针刺死。青蛙和蛇帮咱比利把妖怪流出的血吸干了，咱比利从此在娑罗树上生活。她热心帮助太阳喝水，得到了太阳的赞美。太阳便告诉月亮，凡间有个善良的姑娘叫咱比利。月亮到人间亲自感受了咱比利的善良，就把她接到了自己身边。从此，月亮里有了一棵娑罗树，还有个姑娘咱比利。蔡国秀讲述，余世珍、卢培义记录。收入《散落的珍珠》，32开，2页，1300字，保山地区群众艺术馆1983年编印。

（刘怡）

六个朋友除妖魔

傈僳族幻想故事。流传于云南省怒江傈僳族自治州傈僳族聚居区。讲述的是：从前，有两兄弟住在高山上。一次，弟弟出去打猎，不幸被魔鬼吃了。哥哥找了三天三夜，最后只找到弟弟留下的一摊血迹。他伤心极了，决心要去杀死魔鬼为弟弟报仇。一路上，他先后遇到了竹笋壳、大公鸡、红辣椒、金鱼和大麻袋。它们十分同情哥哥的遭遇，要和他一起去杀魔鬼。不久，六个朋友在天黑时来到魔鬼家。大公鸡叫醒了魔鬼。魔鬼起床后就去吹火准备烧肉吃。金鱼便在炭灰里甩动尾巴，扬起的灰眯住了魔鬼的眼睛，魔鬼忙去舀水洗眼睛。红辣椒早已泡在水缸里，辣得魔鬼捂住眼睛往外跑。不料它正好踩在竹笋壳上，滑倒了，掉进大麻袋里。哥哥眼疾手快，将魔鬼砍成了几百块。杀死魔鬼后，六个朋友从它家搜出一缸金、一缸银和其他许多珠宝。哥哥要将这些东西送给五个朋友，但它们都婉言谢绝了。哥哥为它们助人为乐、不图回报的品质感动得热泪盈眶。大普四叶讲述，胡士成口译，杨正文整理。收入《傈僳族民间故事》，32开，4页，2250字，云南人民出版社1984年版。

（龙江莉）

碓儿

傈僳族幻想故事。流传于云南省福贡县部分地区。讲述的是：两位老人养了一个胃口很大的儿子，取名"碓儿"。因儿子每天要吃很多粮食，父母没法养活他，几次三番要弄死他，可都没成功。老人只好让儿子去山里以捕食野兽为生。后来村里闹鬼，人都差不多被鬼吃光了，父母便跑到山上找碓儿。碓儿用计跟鬼比本事，战胜了鬼，让它将抓去的人还回来。村里的人都感激他，愿意一起供养他。李长寿讲述，李向才、管云东记录。收入《云南民间文学集成·福贡县民间文学集成卷》，32开，3页，1500字，福贡县文化局、福贡县民委1989年编印。

（刘怡）

爷爷借羊打鬼

傈僳族幻想故事。流传于云南省福贡县部分地区。讲述的是：爷爷打猎时遇到了一个鬼，鬼要吸他的血。爷爷骗它先用竹筒去河里打水，自己则悄悄跑回村里。他躲在羊圈中，可还是被鬼找到了，爷爷只好随手抓起一只小羊砸鬼。鬼一看，以为是羊来顶它，就吓跑了。邓阿双讲述，霜现月、李向才、管云东记录。收入《云南民间文学集成·福贡县民间文学集成卷》，32开，1页，400字，福贡县文化局、福贡县民委 1989 年编印。

（刘怡）

孤儿救姐

傈僳族幻想故事。流传于云南省福贡县部分地区。讲述的是：姐弟俩被鬼收养，弟弟年幼不能干活，就被鬼关在猪圈里。姐姐趁鬼不在家，把弟弟放走了。后来在神人的帮助下，弟弟有了一切。姐姐来找弟弟，得到了一头牛。鬼也来找弟弟，除得到一头最大的牛外，还得到了一个竹筒。半路上，鬼按弟弟的吩咐，将牵牛的绳子拴在自己的大腿上后，迫不及待地打开竹筒。竹筒打开后，成群的马蜂飞了出来。牛被马蜂叮咬后疯狂地奔跑，把鬼拖死了。霜福讲述，霜现月、管云东、李向才记录。收入《云南民间文学集成·福贡县民间文学集成卷》，32 开，2 页，520 字，福贡县文化局、福贡县民委 1989 年编印。

（刘怡）

龙女和孤儿

傈僳族幻想故事。流传于云南省福贡县。讲述的是：一个以捕鱼为生的孤儿捕到了一条小鱼，将它养在家中的水槽里。小鱼变成一个漂亮姑娘为他烧水做饭。有一次孤儿求她留下和自己一起过日子，鱼姑娘答应了，并为孤儿带来了满圈的牛羊，让他过上了幸福的生活。后来孤儿听信谗言，赶走了鱼姑娘，可满圈的牛羊也跟着鱼姑娘走了。孤儿后悔了，几年后在青蛙的帮助下，他又找到了鱼姑娘，并向她认了错，得到了她的谅解，夫妻团圆。批阿加讲述，李向才、管云东、你金普记录。收入《云南民间文学集成·福贡县民间文学集成卷》，32 开，3 页，1700 字，福贡县文化局、福贡县民委 1989 年编印。

（刘怡）

苦命的孤儿

傈僳族幻想故事。流传于云南省维西傈僳族自治县。讲述的是：孤儿钓到一条小花鱼，将它养在水槽里。小鱼变成一个漂亮姑娘为他做饭，他就娶鱼姑娘做媳妇。鱼姑娘将沙子变成猪、马、牛、羊，与孤儿过上了好日子，并生下一个儿子。孤儿的姑妈心生嫉妒，让他将鱼姑娘撵走，说将自己的女儿嫁给他。孤儿撵走了鱼姑娘，圈里的猪、马、牛、羊也跟着她走了。可姑妈反悔，不让女儿嫁给孤儿。孤儿后悔赶走妻子，到江边去哭。一只蛤蟆听说此事后，让孤儿炒三斗黄豆给它吃下，它帮他把江水吸干。孤儿见到了妻子。妻子将他变成一根针别在内衣上，留在龙宫。一年后，龙王知道孤儿来了，想方设法要置他于死地。在鱼姑娘的帮助下，孤儿多次幸免于难。后来，龙王让孤儿用铜枪去赶雀，孤儿没有将此事告诉妻子，结果枪管爆炸，孤儿再没活着回来。佚名讲述，和向东记录。收入《云南省民间文学集成丛书·维西民间文学集成资料》，32 开，4 页，2800 字，维西傈僳族自治县民间文学集成办公室 1990 年编印。

（刘怡）

石马

傈僳族幻想故事。流传于云南省怒江傈僳族自治州。讲述的是：孤儿有一次救了龙公主变的小蛇，他听从龙公主的吩咐，向龙王要了它含在嘴里的宝珠。龙王告诉孤儿，带着宝珠可以听懂动物的话；但若泄密，自己就会变成石马。孤儿带着宝珠来到山里，听到动物说三天后要发洪水。他不忍心看见大家遭殃，就把这事告诉了村里人，让乡亲们避难。乡亲们得救了，可孤儿却变成了石马。祝秀仙讲述，尚仲豪、祝发清记录。收入《傈僳族民间故事》，32 开，3 页，1400 字，云南人民出版社 1984 年版。

（刘怡）

白马、神鹰和孤儿

傈僳族幻想故事。流传于云南省怒江傈僳族自治州。讲述的是：孤儿骑着天边飞来的白马，拿着它带来的宝刀，救了土司的独生女和两匹仙马。姑娘骑着白马回到了家，可孤儿骑着黑马到了黑世界。为回到家乡，孤儿在老人的指点下，找到了神鹰，救了神鹰的孩子。神鹰将孤儿送回了白世界，后来又将他送到了土司女儿的身边。孤儿和姑娘骑着大白马，离开了土司衙门，寻找自由自在的地方。和文发讲述，张秀朋记录。收入《傈僳族民间故事》，32开，4页，2100字，云南人民出版社1984年版。

（刘怡）

机智的孤儿

傈僳族幻想故事。流传于云南省福贡县傈僳族聚居区。讲述的是：有一年，一个孤儿种了一块糯谷田，眼看就要丰收了，可稻穗却一天比一天少。孤儿便想了一个办法，看看是谁偷走了自己的粮食。一天，他把煮熟的糯米饭涂在自己的身上，然后躺在地里等盗贼。刚过三更，魔鬼父子俩来了。它们闻到饭的香味，就伸出舌头舔孤儿。孤儿一动不动，魔鬼以为他死了，就将他背回山洞里准备祭祀金银。来到山洞里，老魔鬼叫儿子去请"偷偷"。不一会儿，偷偷来了，魔鬼便搬出两簸箕金子和银子，摆在孤儿身边，偷偷则开始做祭祀金银的法事。孤儿再也憋不住了，便猛地跳起来大叫一声，把正低头念经的偷偷吓得跌下了悬崖，魔鬼父子也被吓得屁滚尿流地逃走了。孤儿高高兴兴地抬了两簸箕金银回家。批阿加讲述，管云东、李向才、金甫记录、整理。收入《云南民间文学集成·福贡县民间文学集成卷》，32开，1页，620字，福贡县文化局、福贡县民委1989年编印。

（龙江莉）

被喂熊的大爹

傈僳族幻想故事。流传于云南省福贡县傈僳族地区。讲述的是：有个孤儿住在大伯家，大伯常常虐待他。有一天，他到家对面的岩洞里去玩。洞里住着一个老人。老人见孤儿可怜，就让他留宿，并嘱咐他睡觉时不要做声。到了夜里，来了一只狐狸、一只见腊（一种吃蜂蜜的小动物）和一只老熊。老熊无意中说了两件事：一是搬掉村前的大石头，就有清泉流出；二是一位姑娘身上生满了疮，可用其家门前的草擦好。第二天，孤儿离开岩洞回到村里。他到村前搬掉了大石头，泉水就流了出来。久旱的村民们高兴极了，送给孤儿很多牛羊。孤儿又来到一户人家门前，这家的姑娘全身长满了脓疮，眼看快要死了，孤儿便找来一些草给她擦身子，不一会儿，姑娘的病全好了。不久两人成了亲，过着富裕的生活。大伯知道侄子致富的秘密后很眼红，就学他到家对面的岩洞睡觉，结果被老熊吃了。霜福讲述，霜现月、管云东、李向才记录、整理。收入《云南民间文学集成·福贡县民间文学集成卷》，32开，2页，760字，福贡县文化局、福贡县民委1989年编印。

（龙江莉）

白发老人

傈僳族幻想故事。流传于云南省双柏县傈僳族聚居区。讲述的是：有个心地善良的年轻农夫没了父母，有一次见一位白发老人在路边呻吟，就将他背回家，并决定永远侍候他。老人要求农夫一切得听从他的安排，农夫答应了。过了三年，老人突然要求农夫将刚刚含苞的谷子割了，农夫不忍，可老人说不听话就离开，农夫只好忍痛照办。后来，来了个骑白马的人，正要找这种青谷子喂马。第二天，农夫发现他所有的东西都变成了金子，老人却不见了。农夫失去了老人，心中闷闷不乐。老人又变成穿着破烂衣服的母女俩来试探他。农夫将她们领回家，让老妇做他的母亲，姑娘做他的妹妹。老人见农夫果真善良，就说明了真情，并将女儿许配给他。孙元康讲述，毕开华、苏锡纬记录。收入《双柏民间文学集成》，32开，

3 页，1200 字，云南民族出版社 1992 年版。

（刘怡）

兄弟俩和花松鼠

傈僳族幻想故事。流传于云南省怒江傈僳族自治州。讲述的是：两兄弟钓到一条会说话的黄皮鱼。他们按鱼的吩咐，将它放在筏子上，砍成两半，筏子也变成两半，每人乘半只筏子漂走。哥哥逆江而上，到了猴子和鼠类生活的地方，学会了它们的语言，并与花松鼠变的姑娘成了婚。弟弟顺江而下，来到一个坝子里，救了阿柯玛、阿施玛两姐妹，杀了害人的大蟒，救活了被大蟒吃掉的众乡亲。后来，他与阿施玛成了亲。他同两姐妹一起去找哥哥。找到哥哥后，弟弟无意射死了嫂嫂花松鼠。不久哥哥与阿柯玛成了亲。三才苍帕、肯波妹扒讲述，祝华生、普建苍记录。收入《傈僳族民间故事》，32 开，4 页，2500 字，云南人民出版社 1984 年版。

（刘怡）

生意人奇见

傈僳族幻想故事。流传于云南省福贡县部分地区。讲述的是：五个生意人来到一个村子住宿。夜里，他们中的一个睡不着，无意中看见主人在家里让狗、猫在灶灰上犁田种麦子，收割麦子后又磨出面做成馍。第二天，另外四个生意人吃下这种馍，都变成马。知道真相的生意人立即将这事报告了县官。县官让自己的手下吃了生意人带来的馍，他们也变成了马。他一气之下带兵杀了做馍的一家人。邓阿双讲述，霜现月、管云东、李向才记录。收入《云南民间文学集成·福贡县民间文学集成卷》，32 开，2 页，900 字，福贡县文化局、福贡县民委 1989 年编印。

（刘怡）

禾乃巴降伏恶鹫

傈僳族幻想故事。流传于云南省怒江傈僳族自治州。讲述的是：青年猎手禾乃巴见恶鹫叼着一个人，就用箭射中了它的肛门。恶鹫又想叼禾乃巴，结果被禾乃巴降服，被斩去半截长嘴和尾巴。从此以后，恶鹫只叼毒蛇不吃人。被它叼的那个人是首领的女儿。为感谢猎手的救命之恩，首领将女儿嫁给了他。佚名讲述，杨春茂记录。收入《傈僳族民间故事》，32 开，2 页，1200 字，云南人民出版社 1984 年版。

（刘怡）

半节梳子

傈僳族幻想故事。流传于云南省怒江傈僳族自治州。讲述的是：孤儿邓沙认一位做柜子的孤独老人为义父。有一次他弄丢了义父的斧头。他在找斧头杀巨蟒的过程中，救了土司的女儿，自己却陷入绝境。后来在一条小龙的帮助下，孤儿回到了家。孤儿得知，阿三冒充土司女儿的救命恩人，要娶她。孤儿赶去找小姐说明实情。小姐不知到底谁是自己真正的救命恩人，情急之下，她让孤儿当众拿出自己送的半节梳子相对，使大家得知孤儿确是自己的救命恩人。李大怪讲述，司仙华记录。收入《傈僳族民间故事选》，32 开，8 页，4500 字，云南人民出版社 1984 年版。

（刘怡）

闪光的弓箭

傈僳族幻想故事。流传于云南省怒江傈僳族自治州。讲述的是：饱受欺凌的孤儿得到神人送的一把弓和三支箭。他射出第一箭，得到香美的饭菜；射出第二箭，得到了房屋和田地；射出第三箭，得到漂亮贤惠的妻子。财主得知这事后，也学孤儿去江边哭，同样得到了一把弓和三支箭。可他一箭射出了一块石头，两箭射死了自己的妻子。他一怒之下，丢弃弓箭。弓箭变成了老虎，将他咬死了。普仕夺讲述，和荣春记录。收入《傈僳族民间故事》，32 开，5 页，2800 字，云南人民出版社 1984 年版。

（刘怡）

四台坡的传说

傈僳族幻想故事。流传于云南省维西傈僳族自治县。讲述的是：一个叫四台的孤独老人，靠乡亲们的帮助，生活得很快乐。后来，全村人都死了，只有他一人活着。他救了龙子的命，龙王答应满足他一个愿望。老人要龙王让自己去死，而让乡亲们活过来。佚名讲述，和文林记录。收入《云南省民间文学集成·维西傈僳族自治县民间文学集成资料》，32开，2页，800字，维西傈僳族自治县民间文学集成办公室1988年编印。

（刘怡）

寻找太阳头发的故事

傈僳族幻想故事。流传于云南省泸水县。讲述的是：一个孩子出生时，寨中长老祝福他长大后升官发财。土官听说后，担心孩子将来要与自己争夺官位，就想方设法暗害他。若干年后土官要孩子去找三根太阳的头发，不然就杀了他。孩子往太阳落山的方向去找，沿途答应了人们向太阳打听三件事。他历尽艰辛找到了太阳妈妈，太阳妈妈解答了沿途人们提出的难题，并给了他太阳的三根金发。土官拿到太阳的头发后，又听人说只有亲自找到这样的宝贝，方能长命百岁，于是决定自己去找太阳。他到了江边，鬼使神差地接替了划船的老人，变成一个天天在江边摆渡的船夫。和大光讲述，祝发清、尚仲豪记录、翻译。收入《中华民族故事大系》（第7卷），32开，9页，5500字，上海文艺出版社1995年版。

（刘怡）

竹笛姑娘

傈僳族幻想故事。流传于云南省怒江傈僳族自治州。讲述的是：高黎贡山下有个叫阿切的孤儿，拿着父母留下来的一支竹笛去给富人放羊。饿了他就吹竹笛，百鸟都飞来为他唱歌。一次一只乌鸦抢走了竹笛，孤儿在蚂蚁的帮助下将竹笛找了回来。后来竹笛变成一位姑娘，为他做饭洗衣，最后成了他的妻子。富人逼阿切说出姑娘的来历后，也学着做了一根竹笛来吹，可他的竹笛就是变不成人。富人要杀孤儿，再抢走竹笛姑娘，却被竹笛变的大蛇咬死了。佚名讲述，李文华、余新记录。收入《傈僳族民间故事》，32开，5页，3000字，云南人民出版社1984年版。

（刘怡）

花牛牛和天鹅姑娘

傈僳族幻想故事。流传于云南省怒江傈僳族自治州。讲述的是：有两兄弟，父母去世后，哥哥时常欺负弟弟。哥哥成亲后，将弟弟赶了出去。弟弟想念自己养大的花牛牛，哭了起来，不一会儿花牛牛就出现在他眼前。花牛牛帮他耕地，又教他去龙潭抱走天鹅姑娘的衣服，娶天鹅姑娘为妻。天鹅姑娘与弟弟成亲后，生下一个儿子。她不得不回娘家了。孩子长大后，想找妈妈。一位先生告诉他，农历十五这天太阳出来时，在龙潭可以找到妈妈。孩子依计果真找到了妈妈。第二次他又去找，妈妈给了他一袋小米、一颗红珠。他照妈妈的吩咐，在回家的路上一边走一边撒小米。他到家时回头一看，发现路上长满了刺蓬，堵住了找妈妈的路。他把红珠交给那位先生，珠子变成了大火，烧掉了先生占卜用的书。先生从此再也算不出天鹅飞来人间的日子，孩子再也见不到妈妈了。佚名讲述，段伶翻译，木春富记录。收入《傈僳族民间故事》，32开，5页，2800字，云南人民出版社1984年版。

（刘怡）

绣鞋姑娘

傈僳族幻想故事。流传于云南省福贡县部分地区。讲述的是：有一天，一个靠砍柴为生的孤儿，遇见有人用自己做的鞋招亲。他正巧穿得上那鞋，就娶了绣鞋姑娘。孤儿常常挂念，时刻离不开她，就让人画了她的像，干活时挂在地头。一次画被风吹跑了。皇帝得到画后，便抢走了画中的人。

孤儿按照妻子的计谋，穿上兽皮衣进宫，巧妙地与皇帝换了服装，从而取代了皇帝，后来让百姓们都过上了好日子。迪付华讲述，木成香记录。收入《云南民间文学集成·福贡县民间文学集成卷》，32开，4页，2500字，福贡县文化局、福贡县民委1989年编印。

（刘怡）

猴子的祭礼

傈僳族幻想故事。流传于云南省怒江傈僳族自治州。讲述的是：山村里有两兄弟，分家时，哥哥拉走了牛，弟弟只攥到一只牛虱子。虱子被公鸡吃了，鸡主人赔给了弟弟一只鸡。鸡又被狗咬了，狗主人将狗送给了弟弟。弟弟教狗耕田。在耕田比赛中，狗帮他赢得不少金银。哥哥来借狗耕田，狗不听话，他便打死了它。埋狗的土堆上长出了竹子，弟弟用它编了鸟笼，鸟就飞到笼里来下蛋。哥哥来砍竹子，被竹叶刺了，就烧了竹林。弟弟守小米地，被猴子当祭礼抬到猴洞。弟弟得到了猴洞中的金银财宝。哥哥照着去做，却被猴子甩下了悬崖。李中功、胡贵记录。收入《傈僳族民间故事》，32开，4页，2500字，云南人民出版社1984年版。

（刘怡）

守芋头

傈僳族幻想故事。流传于云南省泸水县。讲述的是：孤儿的芋头地被野兽们糟蹋得不成样子。为了看个究竟，他就躺在地里装死，野兽们将他抬回洞去祭神，他便得到了野兽们的金杯银碗。邻居富人知道了孤儿发财的经过后，也学他的样，结果被野兽抬了回去。途中，野兽们将他放在岩石顶上休息。富人忍不住笑了一声，吓跑了野兽，自己也摔下了崖。祝英妹讲述，祝德玉、李汝忠记录、翻译。收入《中华民族故事大系》（第7卷），32开，2页，1200字，上海文艺出版社1995年版。

（刘怡）

两兄弟与猴

傈僳族幻想故事。流传于云南省维西傈僳族自治县。讲述的是：哥哥农吉把弟弟农布赶出了家门。农布到哥哥家借了一些糯米，煮熟后涂在身上，到猴群出没的地方装死，被猴子抬回去祭祖。农布把猴子吓跑了，得到了它们的财宝。农吉知道真相后，就学着弟弟去做，结果被猴子丢下了悬崖。阿六讲述，次里旺堆记录。收入《云南省民间文学集成·维西傈僳族自治县民间文学集成资料》，32开，3页，1300字，维西傈僳族自治县民间文学集成办公室1988年编印。

（刘怡）

贪心的哥嫂

傈僳族幻想故事。流传于云南省福贡县部分地区。讲述的是：兄弟俩从小相依为命。哥哥长大后娶了媳妇，与弟弟分了家。弟弟在山坡上搭一个草棚住了下来。在神仙的帮助下，他得到了一对石磨，能磨出饭和菜来。弟弟请哥嫂来做客，不料让贪心的嫂子看到了石磨，硬说这是祖宗留下的宝物，被他私吞了。弟弟只好把石磨给了嫂子。哥嫂把石磨拿回家，磨出很多金银财宝。可他们仍不满足，使劲把磨磨得通红，起了火，把他们烧死了。娜雄鹰讲述，李向才记录。收入《云南民间文学集成·福贡县民间文学集成卷》，32开，1页，400字，福贡县文化局、福贡县民委1989年编印。

（刘怡）

贪心的哥哥

傈僳族幻想故事。流传于云南省维西傈僳族自治县。讲述的是：两兄弟小时候相依为命，哥哥娶妻后却把弟弟撵出家门。饥荒之年，弟弟向哥哥借甑子，想从中抖出一点剩饭充饥，可他只抖出七粒饭。他把这七粒饭分别放进眼、耳、鼻、口后，在太阳底下睡着了。野兽发现他，以为是死人，就按虎王的吩咐，将他抬回洞去。途中他醒了，吓得放出一个臭屁。野兽们说，死人都有臭味了。虎王用他祭山神时，他乘机咬了虎尾巴一口，把其他野兽都吓跑了。弟弟得到了野兽的金银财物。哥哥听说后，也学着弟弟去做，结果被野兽们推下山崖。佚名讲述，和春富记录。收入《云南省民间文学集成·维西傈僳族自治县民间文学集成资料》，1500字，32开，3页，维西傈僳族自治县民间文学集成办公室1988年编印。

（刘怡）

狠心哥哥

傈僳族幻想故事。流传于云南省福贡县。讲述的是：兄弟二人自小相依为命。后来哥哥娶了一个好吃懒做的妻子。她经常虐待小叔子，分家时只给了他一个烂甑子和一床破麻毯。弟弟没有粮食种子，嫂嫂便借给他煮熟的种子，种在地里不发芽。不久弟弟得到老鹰的帮助，取到了金银财宝，换回了粮食。哥哥得知后，也学弟弟祈求老鹰帮助。可他太贪心，只管使劲装洞里的金银财宝，老鹰怎么叫也不出来。结果他被烧死在洞里。后来人们知道，那个洞是太阳出来的地方。结腊讲述，赫有恒记录。收入《云南民间文学集成·福贡县民间文学集成卷》，32开，3页，1300字，福贡县文化局、福贡县民委1989年编印。

（刘怡）

兄弟俩

傈僳族幻想故事。流传于云南省保山市傈僳族聚居区。讲述的是：宝三大和克三益两兄弟以乞讨为生。宝三大觉得弟弟占了自己的便宜，便丢下他单干。克三益在讨饭途中，先后救了一条冻僵的小花蛇和一只失掉翅膀的小蜜蜂，还帮一个老奶奶挖出一棵枯死的梨树。他得到了一对金镯子。他想找到哥哥卖了金镯子一起过日子。可宝三大见到金镯子后起了坏心，一次趁弟弟睡觉偷了一只去卖给山官，并告诉山官，自己还有一只，被人偷走了。弟弟拿着另一只金镯子去卖，结果被山官抓了起来。在小花蛇和小蜜蜂的帮助下，克三益救了山官女儿的命，并娶了她。小花蛇咬死了贪心的宝三大，拿回了金镯子，让克三益过上了幸福的生活。下三金讲述，三道宝、杨应全记录。收入《散落的珍珠》，32开，3页，2000字，保山市文化局1983年编印。

（刘怡）

两对朋友

傈僳族幻想故事。流传于云南省怒江傈僳族自治州。讲述的是：一对做生意的朋友一同背货到远方去卖，途中捡到一罐银子。他们将其埋在路边，想回来时再取。往前走了两天，其中一人贪心，想独占银子，就称病折转来取。不料银子变成了水，他失望地把水喝光了。晚上他到同伴家借宿，半夜拉肚子。朋友回家后，发现自己的园子里有一堆银子，询问妻子后才得知事情的经过。另外一对种庄稼的朋友在砍柴的路上捡到一坨银子，两人你推我让，谁也不愿独占，就叫老农夫去捡。老农夫没有发现银子却见一条蛇，便举锄将它砸成两截。他回村把这事告诉那一对朋友。三人回来一看，只见地上有碗口大的两块银子。那对朋友要农夫拿回去，农夫不肯。三人正推让时，老农夫见自己的锄头上也黏着一小块银子。他们便认为是老天给了每人一份财物。收入《傈僳族民间故事》，32开，3页，1400字，云南人民出版社1984年版。后编入《中华民族故事大系》（第7卷），上海文艺出版社1995年版。

（刘怡）

儿女心

傈僳族幻想故事。流传于云南省德宏傣族景颇族自治州。讲述的是：姐弟俩外出寻找失踪的父母，在一老太婆的帮助下，跟着会滚动的线团找到了父母。但父母被妖怪关着。妖怪要姐姐吞针、弟弟吞箭，才会释放他们的双亲。姐姐藏起了针，骗过了妖怪；弟弟吞下了箭，头肿得像猪头。姐姐趁妖怪外出时救出弟弟，叫他往河的上游逃命。

弟弟要姐姐看见鸡毛鸭毛漂下来时就去找他。后来弟弟得到天神木特瓦萨的帮助,过上了幸福生活。姐姐按照弟弟的吩咐,沿河而上找到了他。最后两人用土蜂和牛降服了妖怪,终于与父母团圆。佚名讲述,余德清、袁祖仁搜集、整理。收入《傈僳族民间故事》,32开,5页,3000字,云南人民出版社1984年版。

（刘怡）

两兄弟与小青蛙

傈僳族幻想故事。流传于云南省怒江傈僳族自治州。讲述的是:怒江边有两兄弟,哥哥对弟弟很不好,每天要弟弟钓鱼给他吃。弟弟一直钓不到鱼,只钓到一只小青蛙,并把它放了。青蛙在弟弟床上屙的屎变成了金子。哥哥逼弟弟再去找到小青蛙,然后贪心地套上大麻袋,跟着青蛙去捡金子。他在不知不觉中跟在青蛙后面跳进了江中,被淹死了。佚名讲述,李剑泉、郭鸿才搜集、整理。收入《傈僳族民间故事》,32开,2页,1000字,云南人民出版社1984年版。

（刘怡）

报应

傈僳族幻想故事。流传于云南省禄劝彝族苗族自治县。讲述的是:后母经常虐待兄妹俩,最后找借口将哥哥赶出了家。哥哥在流浪中救了一条小青蛇——龙王的小儿子。龙子为了报答哥哥的救命之恩,便给了他很多金银财宝,使他过上了富裕的生活。哥哥不计前嫌,让后母和父亲、妹妹来自己家中共同生活。后母见哥哥家境不错,又起了歹心,多次想方设法要害死他们兄妹,最后反而把自己弄死了。杨光能讲述,钱春林记录、翻译。收入《禄劝民间故事》,32开,4页,3200字,禄劝彝族苗族自治县文化局1991年编印。

（杨利先）

姐妹俩

傈僳族幻想故事。流传于云南省怒江傈僳族自治州。讲述的是:姐姐富有但很刻薄。妹妹为了一家的生计来给她干活,她却借口衣服没洗干净不给妹妹粮食。妹妹只好掐野菜准备回家给孩子吃,结果遇到一条大蛇。蛇怎么也赶不走,她只好将它背回家,准备煮给孩子吃。哪知蛇被煮后变成一锅金银。姐姐见妹妹家生活好了,探明原由后也去找蛇,结果被蛇吃了。腊基赛讲述,汉永生翻译,左玉堂整理。收入《中华民族故事大系》（第7卷）,32开,3页,1800字,上海文艺出版社1995年版。

（刘怡）

两颗宝珠

傈僳族幻想故事。流传于云南省华坪县傈僳族聚居地区。讲述的是:两兄妹父母早亡,他们靠割草为生。有一次两人发现有一窝草色深味美,永远割不完,牲口吃了还长膘,就准备将它挖回来种在屋边。兄妹俩挖草时,发现草根下有两颗宝珠,草离珠就死,得珠就发。不久财主来他们家拔走了那窝草,但没有发现宝珠,草怎么也栽不活。而兄妹二人院子的草又长了起来。财主第二次来偷时,发现了宝珠。这时兄妹俩从外面回来,财主忙把宝珠放在嘴里,不小心吞了下去。霎时他四肢抽搐,肚皮肿胀,说不出话来。他只好写字告知家人自己不幸吞珠。他老婆拿狗屎来给他闻,又往他嘴里塞狗屎,珠子仍吐不出来。不久,财主就死了。夫吉妈、娃四妈讲述,蔡应福记录。收入《傈僳族民间故事》,32开,3页,1600字,云南人民出版社1984年版。后编入《中华民族故事大系》（第7卷）,上海文艺出版社1995年版。

（刘怡）

卖香香屁

傈僳族幻想故事。流传于云南省禄劝彝族苗族自治县。讲述的是:有兄弟二人,哥哥奸诈,弟弟老实。分家时，哥哥只给弟弟一只小黄狗和一间茅草房，其他的自己留着。有一天，他找借口打死了弟弟的小黄狗，埋狗的地方长出一蓬竹子。弟弟来到埋狗的地方哭，结果竹子上掉下一些银子。哥哥知道后，也来效仿，结果落了一身的雀屎。他气坏了，便砍了竹子。弟弟用竹子编了鸟笼，结果很多鸟来笼里下蛋。哥哥又眼红了，便霸占了弟弟的鸟笼，不久很多鸟来笼里拉屎。他又气又急，把鸟笼烧了。弟弟在烧鸟笼的地方扒出一颗蚕豆，吃了下去，从此能放出香气四溢的屁。很多人都拿钱来闻他的屁，他赚了不少金银。哥哥知道后，便吃了半升蚕豆，他放的屁却臭气熏天，受到人们责骂，被撵得到处躲。杞正华讲述，钱春林记录、翻译。收入《禄劝民间故事》，32开，3页，1900字，禄劝彝族苗族自治县文化局1991年编印。

（杨利先）

两兄弟（一）

傈僳族幻想故事。流传于云南省维西傈僳族自治县。讲述的是：兄弟俩分家，哥哥把牛留给自己，只给弟弟两只狗。有一次弟弟用狗犁地参加比赛，赢了马锅头的马。哥哥借狗去犁地比赛，却输了，气得将狗杀了。埋狗的地方长出了一棵树，弟弟能摇下钱，而哥哥只会摇下石头。哥哥又把树砍了。弟弟用树条编了一个雀窝，从此每天收获很多鸟蛋。哥哥借了雀窝去，雀儿却在窝里拉屎。他把雀窝烧了。弟弟从灰中扒出两颗豆，吃后放出香屁，卖得很多金银。哥哥学着做，可放的是臭屁，被人用麻线把屁眼缝了起来。佚名讲述，李仕银记录。收入《云南省民间文学集成丛书·维西民间文学集成资料》，32开，4页，2200字，维西傈僳族自治县民间文学集成办公室1990年编印。

（刘怡）

两兄弟（二）

傈僳族幻想故事。流传于云南省维西傈僳族自治县。讲述的是：两兄弟为了发财，邀一个叫春头的人共同做生意。可赚了钱后，他们用计将春头推下山坡。春头大难不死，并在无意中听到了神人的谈话。他按神人所说的方法救了国王的女儿，并娶了她。他又帮一个缺水的村子找到水源，帮一对贫穷的老夫妻挖出金银，让他们过上了幸福的生活。和学义讲述，和建忠记录。收入《云南省民间文学集成·维西傈僳族自治县民间文学集成资料》，32开，4页，1600字，维西傈僳族自治县民间文学集成办公室1988年编印。

（刘怡）

阿于和龙姑娘

傈僳族幻想故事。流传于云南省福贡县。讲述的是：一位傈僳族老倌有七个儿子，他们出去学艺几年后回来，老大学会了开山种地，老二学会了打铁，老三学会了射箭打猎，老四学会了做木匠活，老五学会了烧砖瓦，老六学会了放牛羊，老七阿于学会了吹笛、唱歌、跳舞、弹琵琶。老人认为老七学的不是手艺，要他重新学。阿于在途中听到小鸟在欢唱，就吹起了笛子，弹起了琵琶，跳起了舞，惊动了龙王。龙王让女儿请阿于去龙宫吹、弹。龙姑娘嘱咐阿于，待龙王赏赐时，一定要小花狗和葫芦。阿于的吹奏得到了龙王的赞赏，龙王满足了他，赏给他小花狗和葫芦。结果小花狗变成了龙姑娘，葫芦则能变出他想要的一切。阿于去大官寨买东西送龙姑娘，在用葫芦变布时，遇到一位贪心的大官。大官想要葫芦变出金银财宝，未成，就将阿于砍成两截，丢在寨后的山坡上。龙姑娘用葫芦救活了阿于，惩罚了大官。她和阿于接来他的父亲，一家人过上了好日子。傈僳族人从此喜爱上了吹笛、唱调子、弹琵琶、跳舞，有了老人与小儿子一起生活的风俗。黑阿则讲述，和振文翻译，左玉堂记录。收入《中华民族故事大系》（第7卷），32开，13页，9000字，上海文艺出版社1995年版。

（刘怡）

猎人和鱼姑娘

傈僳族幻想故事。流传于云南省贡山独龙族怒族自治县。讲述的是：阿肯和双目失明的母亲靠打猎采野果生活。阿肯是个好猎手，有一次帮助鱼族打败了老鹰。鱼王为了感谢他，让白鹤带他到鱼国王宫游玩。阿肯在王宫玩了三天，要回家照顾母亲。他谢绝了鱼王送的金银，只要了只小玉壶。小玉壶是鱼王的女儿。她跟阿肯一起回家，与婆婆过上了幸福的生活。吴阿登讲述，吴永尚、彭兆清记录。载《山茶》杂志1987年第2期，16开，2页，3000字。

（刘怡）

吹拉弹唱

傈僳族幻想故事。流传于云南省维西傈僳族自治县。讲述的是：三兄弟出外学手艺，老大做了木匠，老二做了铁匠，老三学会吹拉弹唱。父亲认为老三学的本事没用。可老三的歌声感动了龙王，得到了龙王的宝葫芦。宝葫芦给老三带来了一切。老三有了房子和日常用品后，吹拉弹唱一样也不搞了。一年后，宝葫芦不见了，他又只好背着乐器去流浪。佚名讲述，李建英记录。收入《云南省民间文学集成·维西傈僳族自治县民间文学集成资料》，32开，2页，1000字，维西傈僳族自治县民间文学集成办公室1988年编印。

（刘怡）

阿普的故事

傈僳族幻想故事。流传于云南省福贡、贡山等地。讲述的是：傈僳族小伙阿普为土司家翻修房屋时，与土司的女儿一见钟情。他让母亲去提亲，母亲三番五次去，都无法开口。等她终于开口，却遭到土司嘲笑。土司刁难阿普，要他拿一对虎须、一根半截银子半截金子的手杖、一对玉枕头做聘礼。阿普听说碧罗雪山上有一位神通广大的白发神仙，便决定找他帮忙。途中，人们纷纷托他请教神仙解答疑惑之事，他全都应下来。阿普找到神仙，神仙只让他问三件事。阿普觉得自己应守信用，结果只问了别人的事，自己的事一件也没提。神仙让他住下。夜里他却听到了所有问题的答案，既帮助别人解决了问题，自己也得到了所需的聘礼。黑阿南讲述，李兴、阿南记录、翻译。收入《中华民族故事大系》（第7卷），32开，9页，5500字，上海文艺出版社1995年版。

（刘怡）

阿恩和阿负

傈僳族幻想故事。流传于云南省泸水县。讲述的是：怒江边有个老倌，生下女儿阿娜和阿尼，还收养了孤儿阿恩和阿负。一日，阿尼被妖怪卷走。老人对两个孤儿许诺，谁救回阿尼，就将她嫁给谁。阿恩爬下山崖，杀了妖怪救出阿尼；阿负拉上阿尼后砍断绳子，丢下了阿恩。阿恩又在崖下救了龙子，得到龙王一家的帮助，回到了家。他找到阿尼，揭穿了阿负背信弃义的丑行。阿恩和阿尼成了亲。祝英妹讲述，祝德玉、王志方记录、翻译。收入《中华民族故事大系》（第7卷），32开，9页，5000字，上海文艺出版社1995年版。

（刘怡）

说话的石人

傈僳族幻想故事。流传于云南省怒江傈僳族自治州。讲述的是：有两兄弟，父亲死得早。分家时，哥嫂只给了弟弟一小块地，其他什么也没给他。弟弟的地边有块像人一样的石头，告诉他到它嘴里掏银子。哥嫂得知情况后，趁黑来掏银子。两人太贪，结果被石人咬住了手。祝秀英讲述，祝发清、尚仲豪记录。收入《傈僳族民间故事》，32开，2页，1200字，云南人民出版社1984年版。后以"石人的传说"为题，编入《中华民族故事大系》（第7卷），上海文艺出版社1995年版。

（刘怡）

宝葫芦

傈僳族幻想故事。流传于云南省怒江傈僳族自治州。讲述的是：孤儿用两只小狐狸换来一个宝葫芦，又用宝葫芦换了一根会拖东西的麻绳。他让麻绳将宝葫芦拖了回来，再用它换来神奇的铁锤和长刀。孤儿带着这些宝物将皇帝拖到江心，杀光皇帝的兵马，打碎了皇宫和城墙，踏平了都城。佚名讲述，叶世富记录。收入《傈僳族民间故事》，32开，4页，2600字，云南人民出版社1984年版。后编入《中华民族故事大系》（第7卷），上海文艺出版社1995年版。

（刘怡）

火烧腊门

傈僳族幻想故事。流传于云南省泸水县傈僳族聚居区。讲述的是：腊门和腊迪两兄弟从小在一起过日子。哥哥腊门娶妻后独占了家产，将弟弟赶进了深山。腊迪在山中得到山鹰的帮助，获得一扇宝磨，变成了富人。腊门得知后，逼弟弟讲出事情的经过，也进山背回了不少金银财宝。但他还不满足，又骗走了弟弟的宝磨，贪婪地想磨出一切。结果宝磨越转越快，最后喷出了火焰，把两口子都烧死了。妹玛四、李玉声讲述，胡贵记录、翻译。收入《中华民族故事大系》（第7卷），32开，5页，3200字，上海文艺出版社1995年版。

（刘怡）

借碗

傈僳族幻想故事。流传于云南省维西傈僳族自治县。讲述的是：很久以前，澜沧江边有一个山村，人们去地里干活时不用带碗，只要对着一个山坡喊几声，就有几个碗摆在面前。后来，有人悄悄把喊来的碗带走了，从此人们再也借不到碗了。杨吉遇讲述，吉丽梅记录。收入《云南省民间文学集成·维西傈僳族自治县民间文学集成资料》，32开，1页，200字，维西傈僳族自治县民间文学集成办公室1988年编印。

（刘怡）

宝碓

傈僳族幻想故事。流传于云南省怒江傈僳族自治州。讲述的是：腊霉和腊底两兄弟分家，哥嫂只给了腊底一把弩、一把砍刀。腊底在深山里开荒种地，一次，一只神鹰将他带到了一个地方，让他任意取那里的金银财宝。可腊底什么也不要，最后神鹰送给他一副宝碓。宝碓给了腊底所需的一切。腊霉知道后，就找到弟弟去过的地方，拼命地拿金银财宝。后来他还不满足，又抢走了弟弟的宝碓。当他向宝碓提出要送天上的星星、月亮给妻子时，宝碓春出大火，将他们两口子烧成了灰烬。佚名讲述，张秀朋记录。收入《傈僳族民间故事》，32开，4页，2200字，云南人民出版社1984年版。

（刘怡）

鱼姑娘

傈僳族幻想故事。流传于云南省怒江傈僳族自治州。讲述的是：孤儿捞到一条小红鱼，带回家养在水槽里。小鱼变成美丽的姑娘，与他成了亲。后来孤儿在舅父的挑拨下遗弃了鱼姑娘。鱼姑娘带着她所有的财产回到江里。孤儿后悔了，在青蛙的帮助下又找到了鱼姑娘，得到了她的谅解。可鱼姑娘的父亲龙王不愿女儿嫁人，因而百般刁难孤儿。在鱼姑娘的帮助下，孤儿先变成针让龙王找不到；后又和龙王比种庄稼、打猎、射石崖，并赢了。龙王又要孤儿去借猴子的锣。孤儿借来后，用锣声震死了龙王，和鱼姑娘得以团聚。佚名讲述，木玉璋等记录。收入《中华民族故事大系》（第7卷），32开，10页，6000字，上海文艺出版社1995年版。

（刘怡）

吃蜜糖

傈僳族幻想故事。流传于云南省怒江傈僳族自治州。讲述的是：有一次，砍柴少年阿宝在山上捡到一个银圈，等了一个多月也不见失主来找。阿妈让他用银圈去换一头牛，他不同意，说别人的东西不能占有。在蜜蜂的帮助下，神女阿尼找到了丢失的银圈。为了感谢阿宝，她送给他一个蜂巢。巢中的蜜蜂不断产蜜，寨子里的人都吃上了蜜糖。后来，阿尼来到阿宝家，决定和他共同生活。佚名讲述，杨学贤记录。收入《中华民族故事大系》（第7卷），32开，3页，1600字，上海文艺出版社1995年版。

（刘怡）

国王和一百个儿女

傈僳族幻想故事。流传于云南省贡山独龙族怒族自治县。讲述的是：有个国王娶了七个妻子，都没有生下一男半女。巫师告诉国王，只有娶娜妈妞才有后代。国王千方百计娶回了娜妈妞。他的七个妻子都嫉妒新王后，趁她生孩子昏迷时，将刚出生的一百个孩子扔进了猪圈，并抱来一只狗放在被窝里。国王不知道真相，大怒，将娜妈妞关进了马厩。在母猪、大象和白胡子老爷爷的照料下，一百个孩子都活了下来。可七个坏女人找到了他们，骗他们吃有毒的甜饼，害死了他们。白胡子老人把孩子们埋在山上，山上开满了五颜六色的鲜花。七个女人又挖了鲜花，丢进江中。鲜花顺江漂到下游，有一对老夫妻将它们捞起来，栽在房屋周围。大雨过后，一百个孩子全活了。白胡子老人来了，带着他们救出娜妈妞。最后，国王、王后娜妈妞和他们的一百个儿女在一起过上了幸福的日子。麦锁讲述，李松、彭兆清记录。收入《贡山县各族民间故事选》，16开，5页，4000字，贡山独龙族怒族自治县民间文学集成编委会1991年编印。

（刘怡）

岩神配婚

傈僳族幻想故事。流传于云南省贡山独龙族怒族自治县。讲述的是：很久以前，有个叫阿普迪的猎人打完猎后很疲惫，在山崖旁睡觉。梦中他听见岩神给两个才生下的女孩安排婚事，说一个配给他，一个配给睁眼瞎。阿普迪万分恼怒，想方设法要解除岩神为他配的婚约。他请人给岩神送去熊腿、虎腿，岩神不允。阿普迪没法，只好上吊，可两次系好的绳子都让松鼠咬断了。他投江，不料又被救了。他只好杀掉要配给自己的那个女孩，然后逃进深山。十年后，阿普迪遇到岩神，问起自己的姻缘。岩神说，十年前就已配好，他下山遇到的第一个背水的女孩就是他将来的妻子。阿普迪找到了女孩，可不久她却跑了。又过了十多年，阿普迪打猎时被熊伤了，一个砍柴的少女救了他。他与女孩相互照顾，成了夫妻。婚后阿普迪才知，现在的妻子还是岩神配给他的那个女孩。从此，阿普迪相信，岩神安排的命运是无法改变的。曲阿嘎讲述，余新记录。收入《贡山县各族民间故事选》，16开，7页，4000字，贡山独龙族怒族自治县民间文学集成编委会1991年编印。

（刘怡）

阿普与阿邓

傈僳族幻想故事。流传于云南省怒江傈僳族自治州。讲述的是：阿普与阿邓两兄弟乘坐筏子去捕鱼。结果筏子被浪打成两半，他们只好各乘一半顺水漂流。弟弟阿邓上岸后，杀了蟒蛇精和老妖怪，救了两姐妹，三人成了一家人。哥哥阿普上岸后，救了龙子小青蛇，得到了龙女。后来兄弟相见，五人一起过上了好日子。佚名讲述，盖兴之、胡贵记录。收入《傈僳族民间故事》，32开，7页，4000字，云南人民出版社1984年版。

（刘怡）

兔媒

傈僳族幻想故事。流传于云南省怒江傈僳族自治州。讲述的是：一位孤儿要一只白兔做自己的弟弟，白兔要他娶皇帝的女儿为妻。孤儿按白兔所说，将白面倒入水井让马喝。皇帝觉得孤儿不平常，就同意将女儿嫁给他。迎亲时，孤儿按白兔的吩咐，将皇帝的人马领到魔鬼的家园。白兔将魔鬼吓走，让孤儿夫妻住下来。两年后，夫妻二人生了一个男孩。白兔为了试探他们待自己如何，说要吃孩子的肉。孤儿想到它是自己的恩人，忍痛同意了。白兔发现孤儿夫妻是真心对待自己，便骗准备回来的魔鬼说，要等石头长叶开花时才能回家，再一次帮助了他们。佚名讲述，范新光记录。收入《傈僳族民间故事》，32开，5页，2800字，云南人民出版社1984年版。

（刘怡）

青蛙娶媳妇

傈僳族幻想故事。流传于云南省福贡县部分地区。讲述的是：一只从老婆婆腿上蹦出来的青蛙要娶头人的女儿做媳妇，头人不答应。青蛙便大哭，大雨差点冲毁了头人的房屋；青蛙又大笑，太阳几乎将头人晒死。头人只好应允亲事。成亲后，头人的女儿想用抱着的手磨将青蛙砸死，没成功。她不愿和青蛙一起参加村里人的婚礼，独自去。婚礼中，他见到一位英俊的小伙子，原来他就是自己的青蛙丈夫。她发现丈夫只要脱去青蛙皮就成了英俊的小伙子，就设法将皮撕了。从此她有了一位英俊的丈夫。恰哪夸讲述，霜现月、管云东、李向才记录。收入《云南民间文学集成·福贡县民间文学集成卷》，32开，2页，800字，福贡县文化局、福贡县民委1989年编印。另文《癞蛤蟆娶妻》流传于贡山独龙族怒族自治县，褚维勤、王玉洗讲述，王四军记录。收入《贡山县各族民间故事选》，16开，4页，2500字，贡山独龙族怒族自治县民间文学集成编委会1991年编印。

（刘怡）

青蛙伙子

傈僳族幻想故事。流传于云南省贡山独龙族怒族自治县。讲述的是：一老奶奶膝盖上长了疮，疼得受不了，只好把它割开。疮包中跳出一只青蛙来，自称是她的孙子，要与她一起生活。青蛙会打鸟，还让老奶奶有了用不完的银子。一次它安排好老奶奶的生活后，到很远的地方去了。它想娶皇帝的女儿做妻子，皇帝不允，它就哭得洪水滔滔，皇帝只好假装同意。待一切平静后，皇帝又变卦，青蛙便大笑，笑出了几个太阳，热得人们受不了。皇帝只好让女儿嫁给青蛙。离开王宫后，公主按父皇所教的办法几次想打死青蛙，但都未成功，只得跟它一起住在山洞里。一次公主去旁边的寨子里玩，喜欢上一个英俊小伙子。三天后，她在赛马场又见到他，并听到大家欢呼他的名字，发现他与自己的青蛙丈夫同名。她回洞后，看见有一张青蛙皮，拿起来就烧。烧了一半，英俊小伙子牵着马回来了。他从火中抢出半张青蛙皮，自己的半身也变成了青蛙样子。公主方知这英俊小伙就是自己的丈夫，于是恳求他不要再变成青蛙样。她真诚的心真的使青蛙永远变成了小伙子。从此两人幸福地生活在一起。佚名讲述，李文华、王强生记录。收入《中华民族故事大系》（第7卷），32开，7页，4600字，上海文艺出版社1995年版。

（刘怡）

青蛙和达玛姑娘

傈僳族幻想故事。流传于云南省贡山独龙族怒族自治县。讲述的是：青蛙千方百计要娶头人的女儿做老婆，头人不得不同意。成亲后，妻子在别人的婚礼上看见一个英俊的小伙子，后得知是自己的青蛙丈夫所变。于是她设法将他的青蛙皮毁掉，得到了英俊的丈夫。李文华、王强生记录，收入《傈僳族民间故事》，32开，7页，3900字，云南人民出版社1984年版。

（刘怡）

青蛙吐银子

傈僳族幻想故事。流传于云南省丽江市傈僳族聚居地区。讲述的是：孤儿受不了土司的虐待，逃到没有人烟的地方。可那里缺水，只有一个铁锅大小的水塘，里面还是青蛙造的水。孤儿每天捉虫给青蛙吃。青蛙胖了，水塘里的水也多了。后来，青蛙每天给孤儿吐一锭银子，让他过上了好日子。土司得知后，抢走了青蛙。可青蛙吐出的银子突然发出比太阳还强烈的光，把土司全家都晒死了；它跳进河里，河水冲走了土司家的全部财产。蔡学珍讲述，蔡应福记录。收入《中华民族故事大系》（第7卷），32开，2页，1000字，上海文艺出版社1995年版。

（刘怡）

依娜儿学织布

傈僳族幻想故事。流传于云南省保山市傈僳族聚居区。讲述的是：傈僳族姑娘依娜儿在山上找野菜时，见一母猴在剥一种树皮，就问它干什么。母猴说，自己在剥麻，可以用来织布做衣服。依娜儿就跟着母猴学种麻、剥麻、纺麻线。后来，母猴又让她跟蜘蛛学织布。依娜儿将木片削成楔状，穿上线，织起了布。织好后，她又按母猴所说，把布放在锅里用锅灰煮，再用包谷面、核桃仁蒸，将布染成青黑色。从此，傈僳族学会织布做衣服，不用再穿兽皮和树叶了。余学珍讲述，杨忠实、王艳钧记录。收入《散落的珍珠》，32开，2页，1000字，保山市文化局1983年编印。

（刘怡）

金银为什么少

傈僳族幻想故事。流传于云南省福贡县。讲述的是：一个孤儿和两个伙伴上山打猎，每次将打到的猎物平均分配。天神看了很高兴，就让山神把石崖下的一罐金子和一罐银子送给他们。三个人得到了金银，决定买些酒来痛饮后平分。孤儿和一个伙伴去买酒，两人想霸占这份金银，就在酒里下了毒。守金银的人也想独吞这份财物，就准备好木棒，趁两人不备，将他们打死了。当他慢慢享用酒肉时，也被毒死了。对世人的贪婪，天神感到很难过，就把金银埋藏起来，让他们轻易得不到。阿格讲述，李卫才、木顺江记录。收入《云南民间文学集成·福贡县民间文学集成卷》，32开，2页，800字，福贡县文化局、福贡县民委1989年编印。

（刘怡）

卖牛皮

傈僳族幻想故事。流传于云南省怒江傈僳族自治州。讲述的是：很久以前，怒江边的一个寨子里住了七户人家。有一家父母死了，只剩一个孤儿，其他六家常欺负他。有一年，孤儿的包谷长得好，其他人就把牛赶进他的地里。孤儿很气愤，也将自己的牛赶进邻居的地里，六家人就杀了孤儿的牛。孤儿要回了牛皮。他在卖牛皮的途中遇到两个鬼正在分金子，吓得躲在树上。牛皮从他手中落下，把鬼吓跑了。孤儿得到了金子，寨子里的其他六家眼红了。孤儿告诉他们，金子是卖牛皮所得。六家人就把自己的牛都杀了，牛皮却卖不出去。施路格讲述，郭鸿才记录。收入《傈僳族民间故事》，32开，2页，1000字，云南人民出版社1984年版。

（刘怡）

孤儿和七公主

傈僳族幻想故事。流传于云南省怒江傈僳族自治州。讲述的是：有一天，算命先生告诉孤儿，他的命相不好。不久，孤儿在洪水中先后救了一个老人以及落水的青蛙、蚂蚁、青蛇、蜜蜂等。老人告诉他，他的命相很好。青蛙给了孤儿一颗从皇宫里偷出来的宝石，导致他被皇帝关了起来；蜜蜂设计让青蛇咬伤了七公主，又找来蛇药让孤儿救活她。七公主爱上了孤儿，要嫁给他。皇帝为了不让女儿嫁给平民，就叫七个女儿穿上一模一样的衣服，让孤儿从中挑出老七。在蜜蜂的帮助下，孤儿挑出了七公主，并带她回了家。佚名讲述，杨国璋、李卫才记录。收入《傈僳族民间故事》，32开，5页，3000字，云南人民出版社1984年版。

（刘怡）

七姑娘

傈僳族幻想故事。流传于云南省保山市傈僳族聚居区。讲述的是：一个傈僳族山官有七个女儿。一次，他问姑娘们打算靠什么过一辈子。六个大女儿都回答要靠父母过，只有七姑娘说要靠自己的本事生活。山官便将老七赶了出去。后来七姑娘嫁给一个穷人。一天，她拿出一块银子让丈夫去买米，丈夫却拿它去打狗。第二天，丈夫又拿她给的银子去打雀。她告诉丈夫，银子来之不易。可丈夫说，这种东西山里有的是，并带妻子去取。夫妻俩因此成了当地最富的人。七姑娘请父母来做客。山官一看小女儿比自己还富有，羞愧得上吊了。下三金讲述，三道宝、杨应全记录。收入《散落的珍珠》，32开，2页，1300字，保山市文化局1983年编印。

（刘怡）

嫁给穷小伙

傈僳族幻想故事。流传于云南省福贡县。讲述的是：财主的女儿吸引了众多的求婚者，而她却不把那些富有的年轻人放在眼里。财主将她赶走。她在山脚下遇到一个憨厚的小伙子，就留下来和他一起过日子。小伙子每天上山砍柴，换米来养活姑娘；姑娘也勤快地帮助他洗衣做饭。后来，没有米了，姑娘将手镯交给小伙子去卖，然后买粮食。手镯换回了很多粮食。小伙子得知手镯是金子做的，就说自己砍柴的山上有很多这些东西。他俩将金子背回来，过上了好日子，还救济那些无家可归的人。王玛博讲述，霜现月记录。收入《云南民间文学集成·福贡县民间文学集成卷》，32开，2页，850字，福贡县文化局、福贡县民委1989年编印。

（刘怡）

孤儿和五个伙伴

傈僳族幻想故事。流传于云南省怒江傈僳族自治州。讲述的是：孤儿和五个伙伴出外做工。回来时，其他五人想占有孤儿省吃俭用买来的牛，就谎称口渴，让孤儿下岩洞去舀水，然后把他埋在了洞里。一个老妇人将孤儿救了出来，让他睡在楼台上。夜里，孤儿听人说起山下大坝子的水源的位置。第二天，他就告别老妇人，到坝子去为人们找到了水源。后来，五个伙伴听说孤儿过上了好日子，就找他问原因。孤儿把经过告诉了他们。他们也去找老妇人，结果丢了性命。佚名讲述，木春富、段伶记录。收入《傈僳族民间故事》，32开，4页，2000字，云南人民出版社1984年版。

（刘怡）

孤儿阿开

傈僳族幻想故事。流传于云南省贡山独龙族怒族自治县。讲述的是：阿普和阿开两兄弟在父母去世后分家，哥哥阿普占了大部分财产，只给弟弟一小点。后来他还经常算计阿开。一天，阿普叫弟弟帮自己上山垦地。吃午饭时，他只管自己吃，不管阿开。阿开向他要，被打得滚下了山。一位白胡子老爷爷救了阿开，让他听见老虎和狼的谈话，得到了黄金和宝葫芦，过上了好日子。阿普也想得到宝物，就让弟弟将他打下山去。他怕神仙不来救他，滚下山就大喊大叫，结果喊来了虎和狼，将他咬死了。保查事讲述，吴金光记录、翻译。载《怒江》杂志1984年第1期，16开，2页，1800字。

（刘怡）

孤儿和仙女

傈僳族幻想故事。流传于云南省保山市傈僳族聚居区。讲述的是：以放牛为生的孤儿遇到一个美丽的姑娘，姑娘要嫁给他。他认为自己太穷，怕连累姑娘，便谢绝了。姑娘用计让孤儿接受了她。山官的儿子看见姑娘后，想霸占她，可姑娘不让他进门。后来山官让女儿跟姑娘学手艺，可什么都没学到。姑娘怀孕了，孤儿非常高兴。可姑娘说自己是仙女，不能长久与他做夫妻。姑娘生下儿子后，留下两个红绿果子就离开了。儿子长大后想见母亲，在一先生的指点下，他实现了梦想。小伙到天上去玩，仙女送给他葫芦种，让他顺着葫芦藤上天找妈妈。小伙撒下种子，可它长成了刺蓬，他再也找不到上天的路了，只好和阿爸相依为命过日子，最后成了一个勇敢的猎手。下三金讲述，三道宝、杨应全记录。收入《散落的珍珠》，32开，5页，2800字，保山市文化局1983年编印。

（刘怡）

孤儿和起本

傈僳族幻想故事。流传于云南省福贡县。讲述的是：孤儿得到一把琵琶（起本），放羊时弹起来，羊儿都跟着他的琵琶声跳舞。头人见羊瘦了，派家丁去看。家丁也跟着琵琶声狂跳不止，不小心被刺蓬划破了脸。他回去报告说，孤儿打羊，还打了他。头人要杀孤儿，孤儿要求让他再弹一次琵琶。孤儿弹起了琵琶，所有的人都狂跳起来，头人也不例外。头人最后放了孤儿，将家丁杀了。友麦恒讲述，霜现月、管云东、李向才记录。收入《云南民间文学集成·福贡县民间文学集成卷》，32开，2页，650字，福贡县文化局、福贡县民委1989年编印。

（刘怡）

孤儿与琵琶

傈僳族幻想故事。流传于云南省福贡县部分地区。讲述的是：从前，有一个靠给富人放马为生的孤儿，有一次他得到了一把神奇的琵琶，琵琶声能让动植物应声起舞。富人用金银换走了琵琶，却得不到那种神奇的效果，他一怒之下将孤儿关进水牢。在神人的帮助下，孤儿逃离了水牢，惩罚了富人，带着琵琶游走四方。妹付思讲述，木成香记录。收入《云南民间文学集成·福贡县民间文学集成卷》，32开，3页，1500字，福贡县文化局、福贡县民委1989年编印。

（刘怡）

奇异的琵琶

傈僳族幻想故事。流传于云南省怒江傈僳族自治州傈僳族聚居区。讲述的是：有个孤儿给富人家放牧，常遭富人打骂。他做了一把琵琶，弹着它解闷。有一天，他挎着心爱的琵琶去放牧。牛羊们吃草时，他弹起了琵琶。顿时间，周围的牛羊和花草树木都情不自禁地跳起舞来。后来，优美的琵琶声使牛羊忘了吃草，日渐消瘦下来。富人见了很不高兴，就派管家去监视孤儿放牧。管家见孤儿不管牛羊，却弹起了琵琶，就提着皮鞭要去教训他。但他听到琵琶声后就情不自禁地在刺蓬里跳起舞来，全身的衣服被撕得破破烂烂，皮肉也被划出了血。孤儿停止弹奏，他才如梦方醒。他将这事报告了富人。晚上，孤儿赶着牛羊回到家，富人就骂开了，还拿一根大木棒朝他打来。孤儿连忙弹起琵琶，富人一家与未进圈的牛羊纷纷跳起舞来，院子里乱得一团糟。富人跳得口吐白沫，只好连连求饶。佚名讲述，李尚华搜集、整理。收入《傈僳族民间故事》，32开，2页，1400字，云南人民出版社1984年版。

（龙江莉）

孤儿与龙姑娘

傈僳族幻想故事。流传于云南省福贡县部分地区。讲述的是：孤儿阿坡利得到龙王的同情，龙王将女儿许配给他。在龙王的帮助下，阿坡利挫败了头人想占有他家产和媳妇的阴谋,还在比武场上打败了头人。阿坡利将头人的财产分给村里的穷人,自己和龙女一起过着幸福的生活。高常青讲述,木成香记录。收入《云南民间文学集成·福贡县民间文学集成卷》,32开,3页,2000字,福贡县文化局、福贡县民委1989年编印。

(刘怡)

孤儿和龙女

傈僳族幻想故事。流传于云南省福贡县傈僳族聚居区。讲述的是:靠打鸟扣雀维持生计的孤儿救了龙子,娶到了龙女。为了时时能见到龙女,他在干活时将她的画像挂在地头,结果被风吹走了。画像落入皇宫,皇帝见了垂涎三尺,派人抢走了龙女。孤儿按龙女的吩咐,三年后穿着鸟皮衣服,吹着笛子去皇宫找她。龙女一见孤儿就笑了。皇帝三年未见她一笑,便想穿上鸟皮衣,博取她的欢心。他用自己的龙袍换来孤儿的鸟皮衣。孤儿穿上龙袍,让人将穿着鸟皮衣的皇帝杀了,自己和龙女过上了幸福生活。光干富讲述,汉永生翻译,左玉堂记录。收入《中华民族故事大系》(第7卷),32开,6页,3600字,上海文艺出版社1995年版。

(刘怡)

孤儿龙女斗土司

傈僳族幻想故事。流传于云南省福贡县部分地区。讲述的是:一位善良的孤儿乐意帮助老人,便得到了龙王送的一面鼓。鼓给孤儿带来了一切。原来鼓是龙王的女儿变的,后来孤儿恳求姑娘和他一起生活。土司知道后,不断给孤儿出难题,想得到他的一切。在龙女的帮助下,孤儿砍断了河中的大木头,让河水将土司一家冲走。两人过上了安稳的日子。霜福讲述,霜现月、管云东、李向才记录。收入《云南民间文学集成·福贡县民间文学集成卷》,32开,2页,1000字,福贡县文化局、福贡县民委1989年编印。

(刘怡)

孤儿奇遇记

傈僳族幻想故事。流传于云南省维西傈僳族自治县部分地区。讲述的是:一个靠砍柴为生的孤儿得到了一把宝斧。一天,他见黑风卷走了一个姑娘,就用宝斧奋力朝黑风砍去,将风魔砍伤。后来他杀死了风魔,救出了姑娘。但姑娘的父亲违背诺言,不想将女儿嫁给孤儿,反恩将仇报想用石头砸死他。孤儿躲过一劫后救了龙子,得到龙王给的竹笛和白鸡。他回家后,发现每日都有人为他做好可口的饭菜,才知自己得到了龙女。孤儿迷恋龙女,出门干活时常常跑回来,龙女就让丈夫将自己的画像带在身边。画像被风刮到国王那里。国王打伤了孤儿,抢去了龙女。孤儿按龙女的吩咐穿上一件百鸟衣,吹着竹笛到了王宫。国王与孤儿交换了衣服,龙女让人杀了国王。孤儿做了国王,为百姓做了很多好事。木才保扒讲述,余胜祥、李汝春、木玉璋记录。收入《云南省民间文学集成·维西傈僳族自治县民间文学集成资料》,32开,9页,6000字,维西傈僳族自治县民间文学集成办公室1988年编印。后编入《迪庆民间故事集成》,云南民族出版社1997年版。

(刘怡)

百鸟羽衣人

傈僳族幻想故事。流传于云南省禄劝彝族苗族自治县。讲述的是:三姑娘虽然聪明美丽,但因得罪了父母,被赶出家门。她后来与一穷小伙子结婚,两人过着甜蜜的生活。有一天,三姑娘的画像被风吹跑了,官员们捡到后交给了皇帝。皇帝见画像上的女子很漂亮,便下令四处查找。结果三姑娘被抓进了皇宫。她不吃不喝不笑,把皇帝急坏了,便设法想让她笑。有一穿百鸟羽衣的人把三姑娘逗笑了。皇帝也想仿效,便穿上了百鸟羽衣服,结果被卫士当怪物杀死了。其实穿百鸟羽衣人是穷小伙子扮的。皇帝被杀后,穷小伙子便坐了他的位置,夫妇二人过着幸福的生活。杞正华讲述,钱春林记录、翻译。收入《禄劝民间故事》，32开，3页，2700字，禄劝彝族苗族自治县文化局1991年编印。

（杨利先）

孤儿奇遇

傈僳族幻想故事。流传于云南省维西傈僳族自治县。讲述的是：以打猎为生的孤儿见江中有一条大黑鱼追食一条小金鱼，便用弩射中了大黑鱼。小金鱼是龙王的儿子，它让孤儿需要帮助时找它。后来孤儿又救下了被虎追赶的黑狐狸以及大蟒口下的三只小雕。黑狐狸、大雕都很感激孤儿，让他有难时找它们。孤儿听说皇帝招婿，条件是躲藏三次，若被找到就要杀死，若没人找到公主就嫁给他。孤儿决定去试试。他先躲在龙王变的大鱼嘴里，被找到了；又躲在狐狸凿的石洞里，也被找到了；后来大雕把他驮到月亮上，公主找不到他，但皇帝仍要杀他。孤儿眼明手快射死了皇帝，又杀了他全家。后来他与龙女成了亲。余耀华讲述，祝发清、尚仲豪记录。收入《中华民族故事大系》（第7卷），32开，7页，3800字，上海文艺出版社1995年版。

（刘怡）

孤儿皇帝

傈僳族幻想故事。流传于云南省怒江傈僳族自治州。讲述的是：古时，有个孤儿跟叔叔一起去逃荒。叔叔觉得他是累赘，便在路上想法支开了他。走投无路的孤儿听到了老虎、兔子、猴子的谈话，知道了金银所在的位置。后来他到了皇宫，因为为人老实，得到了皇位。新的皇上让人取回了金银，并将它们分给了所有的百姓，其中包括他的叔叔。腊登扒讲述，汉永生翻译，阿南记录。收入《中华民族故事大系》（第7卷），32开，3页，1800字，上海文艺出版社1995年版。

（刘怡）

孤儿报仇

傈僳族幻想故事。流传于云南省怒江傈僳族自治州。讲述的是：从前，有一个孤儿，他的父母被妖怪吃了，他决心为他们报仇。路上孤儿先后结交了冲天辣、笋叶、鸭子。他们到了妖怪住处后，笋叶躺在门槛下，鸭子蹲在火塘边，冲天辣跳进水桶里。孤儿吹口哨惊醒了妖怪。妖怪到火塘边点火，被鸭子扇灰眯了眼；它用水洗眼，水因被冲天辣染辣了，使它的眼睛疼痛难忍；它跨出门时踩在笋叶上，跌了一跤，被守在门外的孤儿一刀砍死。李当忠讲述，赵师简翻译，阿南记录。收入《中华民族故事大系》（第7卷），32开，3页，1800字，上海文艺出版社1995年版。

（刘怡）

两股清泉

傈僳族幻想故事。流传于云南省兰坪白族普米族自治县傈僳族聚居区。讲述的是：美丽善良的傈僳族姑娘乔普珍不愿嫁给财主的儿子，却喜欢上在山中遇见的猎人克帕山。克帕山的真诚帮助，让她最终决定嫁给他。后来乔普珍的阿妈病故了，阿爹娶了个寡妇。后娘私自收下了财主的彩礼。乔普珍只得和克帕山一起逃走。财主知道后派人来追，用毒箭害死了他们。一条老龙很同情这对为追求自由、幸福而丧生的情侣，让他们复活了。但两人情愿变成一对小龙，为干旱的贫苦乡亲引来泉水，让他们开田种粮，过上好日子。因而当地有了两股清泉。佚名讲述，朱发德、胡贵记录。收入《兰坪民间故事集成》，32开，8页，5000字，云南民族出版社1994年版。

（刘怡）

狗猫巧夺金银镯

傈僳族幻想故事。流传于云南省贡山独龙族怒族自治县。讲述的是：有两兄弟，哥哥贪得无厌，霸占了所有的家产，弟弟只好到处乞讨。后来，弟弟救了一只狗、一只猫及一个遇难的姑娘。姑娘的父亲送给他一只要什么有什么的金银镯。土司想霸占这只金银镯。他骗得姑娘的信任，拿走了镯子，并将弟弟锁了起来。狗和猫救出了弟弟，并设法将土司咬在嘴上的金银镯取回。姑娘也识破了土司的诡计，和弟弟一起，带着狗和猫回到了家乡。二人成家后，幸福地生活在一起。佚名讲述，朱文勇记录。载《山茶》杂志1989年第6期，16开，1页，1000字。

并冒充她到了蛇郎家。孩子长大了，放牛时总见一只鸟儿对着他唱歌。蛇郎将鸟带回家，大姐将鸟摔死，鸟便变成了剪子。大姐丢了剪子，被一婆婆拾到，剪子又变成姑娘为婆婆做事。婆婆得知真相后，帮助三妹回到了自己的家。佚名讲述，木荣先、和育春记录。收入《中华民族故事大系》（第7卷），32开，8页，5000字，上海文艺出版社1995年版。

（刘怡）

割草

傈僳族幻想故事。流传于云南省怒江傈僳族自治州。讲述的是：龙王看中了天天来割草的三姊妹，就变成蛇藏在她们背的草中。三姊妹背不动草，发现里面有条会说话的蛇。蛇要三姊妹中的一个嫁给它，否则将咬死她们的父亲。大姐、二姐不愿意，三妹为了救父亲，答应了亲事。她跟着蛇回家。途中，蛇说自己先回家做准备，并拿着三妹的半截梳子作为以后见面的信物。三妹独自沿蛇说的方向走，遇到一英俊小伙挡路。三妹要求小伙别拦她，并告诉他，尽管自己的丈夫是蛇，她也要守信用，找到丈夫。待小伙子拿出半截梳子，三妹才知小伙就是自己的丈夫。三妹跟着蛇郎到了龙宫，过上了好日子。佚名讲述、记录。收入《傈僳族民间文学概论》，32开，3页，1500字，云南教育出版社2002年版。

（刘怡）

三妹嫁蛇郎

傈僳族幻想故事。流传于云南省漾濞彝族自治县。讲述的是：有三姊妹，个个长得楚楚动人。小蜜蜂来做媒，要选一个姑娘嫁给蛇郎。大姐、二姐都不愿意，只有三妹答应了。三妹嫁给蛇郎后不久，大姐、二姐来她家玩，见她家中富丽堂皇，金银满柜，蛇郎也很英俊，便起了歹心。她们趁三妹送行之时，把她推下了山崖。二人争着顶替妹妹，大姐又把二姐推下了山崖。大姐顶替三妹来和蛇郎生活，不久被蛇郎发现了。这时，小蜜蜂把未摔死的三妹和二姐送回来，终于真相大白。大姐和二姐羞愧难当，捂着脸跑回了家。三妹和蛇郎又过上了幸福的日子。罗成文讲述，马紫钟记录、翻译。收入《漾濞民间文学选》（第1集），32开，5页，2900字，漾濞彝族自治县文化局1986年编印。

（杨利先）

大姐和三姐

傈僳族幻想故事。流传于云南省福贡县傈僳族聚居区。讲述的是：碧罗雪山上住着一位寡妇，养了三个女儿。一次母女四人上山割草，遇到一条蛇。蛇要寡妇将三个女儿中的一个给它做妻子，否则咬死她。在两个姐姐都不愿意的情况下，三妹只得答应蛇的亲事。蛇领着她回到家后，变成一小伙子，二人过上了幸福生活。一年后，三妹背着孩子去看外婆。大姐妒忌她，设法将她害死，

说话的门坎

傈僳族幻想故事。流传于云南省怒江傈僳族自治州。讲述的是：很久以前，有个靠打猎为生的孤儿，一次他打死了一只变做女人的狐狸。狐狸的丈夫要同孤儿去京城皇帝那里讲理。在途中，孤儿遇到了会说话的门坎，教他救了富人女儿的命。孤儿得了那道门坎，并按照门坎的吩咐，买下一对鹰。在皇宫，孤儿在那对鹰的帮助下，杀了变成人的狐狸丈夫，并做了官。后来，孤儿不听门

坎的劝告，决定回家，途中遇山洪，门坎被冲走了。最后，孤儿历尽艰辛，回到了家乡。佚名讲述，木春富、段伶记录。收入《傈僳族民间故事》，32开，4页，2000字，云南人民出版社1984年版。

（刘怡）

复活的人

傈僳族幻想故事。流传于云南省怒江傈僳族自治州。讲述的是：一个叫阿明的汉子得病死了，妻子将他丢进了岩洞。一条大花蛇救了他，喂了他起死回生的药。阿明复活后，救活了千千万万死于疾病的人。一天，国王的女儿得病死了。阿明救活了她，得到了国王给的快马和宝剑。他用剑斩除妖魔，骑着快马去救得病的人。阿明路过家乡时，妻子让他回去。他说自己的家是整个碧罗雪山。佚名讲述，杨国璋、李卫才记录。收入《傈僳族民间故事》，32开，3页，1200字，云南人民出版社1984年版。

（刘怡）

茨帕妞姑娘

傈僳族幻想故事。流传于云南省怒江傈僳族自治州。讲述的是：一个寡妇带着两个姑娘生活，妖怪吃了寡妇，还想吃她的两个女儿。妹妹不懂事，也被妖怪吃了。姐姐茨帕妞用计支走了妖怪。后来，她让针、柱子、碓帮忙骗妖怪，自己则爬到梨树上。妖怪拿来长矛，茨帕妞则用它将妖怪戳死了。月亮帮助茨帕妞吸干了妖怪流出的血，并将她和梨树一齐带到了月亮上。咱平讲述，汉永生翻译，左玉堂记录。收入《傈僳族民间故事》，32开，9页，5500字，云南人民出版社1984年版。后编入《中华民族故事大系》（第7卷），上海文艺出版社1995年版。

（刘怡）

降妖树

傈僳族幻想故事。流传于云南省怒江傈僳族自治州。讲述的是：很久以前，从南方来了一群妖怪。江东边有个叫莫比的汉子，谎称帮其中的一个妖怪的儿子娶妻，请所有的妖怪过江东来定亲。妖怪喝醉了，说出自己最怕斯拉玛树的秘密。后来莫比装死，待妖怪挖开他的坟墓时，杀了它们。不久大家都在自家的周围栽上了斯拉玛树，妖怪再也不敢来残害傈僳族人了。佚名讲述，云南大学中文系民族民间文学调查队搜集，杨举整理。收入《傈僳族民间故事》，32开，2页，1000字，云南人民出版社1984年版。

（刘怡）

神斧

傈僳族幻想故事。流传于云南省福贡县部分地区。讲述的是：孤儿得到神人的一把斧子，砍了河边所有的柴。回家时，他看见一位大汉扛着一个姑娘跑来，便砍了大汉一斧。沿着血迹，孤儿找到了大汉住的山洞，救出了姑娘，但自己陷在洞里。后来他又救了小龙，骑上它飞出了鬼洞，并得到了龙王的馈赠，过上了好日子。恒扒普讲述，霜现月、管云东、李向才记录。收入《云南民间文学集成·福贡县民间文学集成卷》，32开，2页，780字，福贡县文化局、福贡县民委1989年编印。

（刘怡）

神磨

傈僳族幻想故事。流传于云南省怒江傈僳族自治州。讲述的是：阿普和阿此两兄弟分了家，阿普经常欺负弟弟，一次还将他的饭甑子砸碎了。阿此取下甑子碎片上面黏着的饭粒，将它们捏成小团放在木桩上。乌鸦飞来啄，饭团滚进一个山洞。阿此进山洞找，洞中有一老人用磨推出饭菜给他吃，后来又把石磨送给了他。阿普知道此事后，也学着阿此找到老人，结果被老人用矛刺死了。佚名讲述，叶世富记录。收入《傈僳族民间故事》，32开，2页，1000字，云南人民出版社1984年版。

（刘怡）

神脚、神鼻和神斧

傈僳族幻想故事。流传于云南省永胜县傈僳族地区。讲述的是：从前有一个跛脚青年，能从一座山跳到另一座山。他在向土司家姑娘求亲的路中，遇到一位用鼻孔就能吹动磨盘的神鼻汉子和一个挥起神斧就能砍倒一片森林的青年，三人成了好朋友。他们用各自的本领杀了土司和他的家丁。最终跛脚青年娶到了土司的女儿。黑路有讲述，郭鸿才记录。收入《傈僳族民间故事》，32开，4页，2200字，云南人民出版社1984年版。

（刘怡）

益桑的宝琴

傈僳族幻想故事。流传于云南省怒江傈僳族自治州。讲述的是：益桑做了一把四弦琴，能让动物跟着琴声起舞。后来琴声引来了一位姑娘和一个妖怪。妖怪听着琴声跳舞，结果崴了脚，被益桑打死了。姑娘爱慕益桑，最后嫁给了他。窦桥福讲述，祝发清、车凯记录。收入《傈僳族民间故事》，32开，3页，1500字，云南人民出版社1984年版。

（刘怡）

笛子和龙女

傈僳族幻想故事。流传于云南省福贡县部分地区。讲述的是：孤儿的笛声打动了龙王，龙王将女儿给他做了媳妇。从此以后孤儿留恋妻子，不愿外出做活。龙女只好给了他一张自画像，让他干活时看。不料风吹走了画像，让财主得到了。财主抢走了龙女。孤儿在江边吹起凄惨的笛声。龙王知道后，帮助孤儿打败了财主，找回了龙女。孤儿和龙女又过上了幸福的生活。邓阿双讲述，霜现月、管云东、李向才记录。收入《云南民间文学集成·福贡县民间文学集成卷》，32开，2页，880字，福贡县文化局、福贡县民委1989年编印。

（刘怡）

猎人与猎神

傈僳族幻想故事。流传于云南省福贡县。讲述的是：从前有一个优秀的傈僳族猎人，有一次他发现自己猎获的雀鸟都被猎神姑娘取去铺床，便将猎神姑娘带回家，用最好的东西招待她。作为回报，猎神姑娘就让他经常捕到野牛。猎人的妻子不知内情，产生了嫉妒心，用扫把将猎神姑娘打跑了。阿格讲述，李卫才、木顺江记录。收入《云南民间文学集成·福贡县民间文学集成卷》，32开，2页，730字，福贡县文化局、福贡县民委1989年编印。

（刘怡）

聂沃

傈僳族幻想故事。流传于云南省兰坪白族普米族自治县傈僳族聚居区。讲述的是：开天辟地时，人和鬼在一起生活。后来鬼身上长毛，人和鬼相互残杀，鬼最后只剩下一个鬼婆和它的儿子。鬼母子俩被人们撵到了一个叫"打搭奥"的地方。有一次猎人聂沃从打塔奥经过，见山梁上有一个小鬼，就一箭将它射死了。第二天聂沃去打猎，见鬼婆在哭儿子，又将其射死。从此，世上便没了鬼。乔玉华讲述，施中林记录。收入《兰坪民间故事集成》，32开，1页，250字，云南民族出版社1994年版。

（刘怡）

猎人智斗妖雕

傈僳族幻想故事。流传于云南省傈僳族地区。讲述的是：古时有一只妖雕，专门吃人。一天，它抓到一个姑娘，正巧被一个猎人看见了。猎人听完姑娘的哭诉后，便与妖雕打赌啄头。他用石头换下自己的人头，使妖雕认输，制服了它。从此妖雕不敢再抓人吃。佚名讲述，余福生记录。收入《傈僳族民间故事》，32开，3页，1500字，云南人民出版社1984年版。

（刘怡）

仙女降妖怪

傈僳族幻想故事。流传于云南省维西傈僳族自治县。讲述的是：很久以前，一位寡妇带着七个儿子过日子。有一次，大儿子出远门，后来带回一个漂亮姑娘，但不久他自己失踪了。过了一段时间，那位姑娘又嫁给寡妇的二儿子，但二儿子又神秘失踪了。之后，她先后嫁给老三、老四、老五、老六，四兄弟也莫名其妙地不见了。寡妇责怪儿媳妇是妖精，害死了自己的六个儿子。姑娘有苦难言，哀求婆婆同意自己再与老七成婚。她告诉丈夫，妖精害死了他的母亲，并扮成她的模样，吃了他的六个哥哥。她还说，自己本是天上的仙女，奉母命来到人间为民除害。后来，在仙女的指点下，老七发现了事情的真相，一切如仙女所说。当妖精变成一头牛向老七进攻时，老七用利斧将它的头砍成两半，妖精因此而丧命。仙女又回到了天上，老七另娶新妻过日子。黄志忠讲述，张家政搜集。收入《云南省民间文学集成·维西傈僳族自治县民间文学集成资料》，32开，3页，1960字，维西傈僳族自治县民间文学集成办公室1988年编印。

（龙江莉）

蚱蜢和猴子

傈僳族幻想故事。流传于云南省福贡县。讲述的是：两兄弟死了父母，各自娶妻成家。老大见弟媳漂亮，就起了坏心。他用芭蕉树做了一只船，约弟弟一起去打鱼。到江心激流处，他把船砍成两截，让弟弟被水冲走，可他自己的那半截船也不听使唤，顺流而下。后来弟弟漂到了草地上，娶蚱蜢为妻子。老大漂到一山脚下，娶猴子做了老婆。弟弟想念哥哥，就沿江而上寻找他。他向一猴子打听，猴子不理。他一气之下射死了猴子，后得知是自己的嫂子。哥哥为此带来许多猴子要与弟弟打架见高低。弟弟只好把蚱蜢带来。蚱蜢尽往猴群身上乱跳，猴子用棍棒乱敲，结果将自己的同伴打死了。哥哥最后只好逃走。友麦恒讲述，霜现月、管云东、李向才记录。收入《云南民间文学集成·福贡县民间文学集成卷》，32开，2页，1000字，福贡县文化局、福贡县民委1989年编印。

（刘怡）

救命葫

傈僳族幻想故事。流传于云南省保山市傈僳族聚居区。讲述的是：一个孤儿救了龙子，龙王送给他起死回生的救命葫芦。孤儿用它救活了已死的蜜蜂、小狗和四脚蛇。一次一个大官请他给太太治病，让他在室外拴线摸脉。在小蜜蜂的帮助下，孤儿治好了官太太的病。大官却恩将仇报，指使狗腿子把孤儿推进石洞，还夺走他的救命葫芦。孤儿被洞壁上凸出的大石头救了命。小蜜蜂引来无数同伴酿蜜供他吃，小狗衔来虎皮给他盖，四脚蛇把石洞挖开使他脱了险。孤儿回到大官家，用计夺回了救命葫芦。后来，他在小狗、蜜蜂的帮助下，娶了大官的女儿，过上了幸福的生活。桑道保讲述，祝发清、尚仲豪记录。收入《中华民族故事大系》（第7卷），32开，8页，5000字，上海文艺出版社1995年版。

（刘怡）

娶亲三件礼

傈僳族幻想故事。流传于云南省怒江傈僳族自治州。讲述的是：阿普看上了土司的姑娘阿娜，就让母亲去提亲。土司向他要三件物品做彩礼：一对虎须，一根半截银子半截金子做的手杖，一对玉枕头。阿普决定去找神仙老人帮忙。途中，喜鹊、富人和一对老夫妻托他请神仙老人帮忙解答难题。但神仙老人同他见面后，只答应帮他解决三件事。孤儿就只问了别人求的三件事，神仙老人一一作了解答。后来，神仙老人让孤儿自己的问题也得到了解决，送给他三件聘礼，孤儿终于娶到了阿娜姑娘。佚名讲述，李兴、阿南记录。收入《傈僳族民间故事》，32开，9页，5300字，云南人民出版社1984年版。

（刘怡）

猫头鹰和赶马人
傈僳族幻想故事。流传于云南省怒江傈僳族自治州。讲述的是：从前有个叫斯阿友的汉子靠经商致富，让一些人眼红。阿冷要跟他学做生意，并趁他不备，将他踢到江里。猫头鹰救了斯阿友。阿冷卖了两人的货，带着金银回家。路上，他在一石洞中睡觉，遇一猛虎出来觅食。猫头鹰让猛虎吃了阿冷，并带斯阿友找回了自己的金银。迪阿富讲述，和荣春记录。收入《傈僳族民间故事》，32开，3页，2000字，云南人民出版社1984年版。

（刘怡）

绿斑鸠的故事
傈僳族幻想故事。流传于云南省怒江、德宏两地的傈僳族聚居区。讲述的是：小山主和穷小子一起坐着芭蕉树编的筏子去河里打鱼。小山主见到一条大鱼，用力一劈，将筏子劈成两半。两人各坐一半筏子顺水漂流。穷小子漂到一个遭受大蟒、大鹰侵害的村庄，搭救了躲藏在柜子里的两姐妹，并砍死大蟒，射杀大鹰。他领着两姐妹找到了小山主。小山主与姐姐成亲，穷小子与妹妹结为夫妻。回家后，小山主觉得小姨妹比自己的妻子漂亮，就起了歹心。他约穷小子上山打猎，引诱他跌进了悬崖边的风洞里，并逼小姨妹嫁给自己。穷小子落到了蚂蚁国，因思念家乡，将竹棍做成笛子吹，引来了各种飞禽走兽。在绿斑鸠和其他动物的帮助下，穷小子回到了家乡，杀死了小山主，救出了自己的妻子。佚名讲述，祝发清、徐嘉瑞记录。收入《中华民族故事大系》（第7卷），32开，6页，3800字，上海文艺出版社1995年版。

（刘怡）

善恶有报
傈僳族幻想故事。流传于云南省福贡县部分地区。讲述的是：怒江边有一个叫阿邓的小伙子，母亲亡故，父亲重新娶了妻。后娘经常虐待他，他只好跟牛住在一起。放牛时，阿邓救了龙子小青蛇，得到龙王的赏赐，娶到了龙女。在龙女的帮助下，他有了一切。龙女还将他变成了一个英俊的小伙子。后娘也想让自己亲生的儿子变得好看，便学着龙女的样子，将亲子用水煮，结果把儿子煮熟了，后娘气死了。阿邓将父亲接过来，一家人和和美美地过日子。普冷页讲述，管云东记录。收入《云南民间文学集成·福贡县民间文学集成卷》，32开，3页，2200字，福贡县文化局、福贡县民委1989年编印。

（刘怡）

牛身上的苍蝇
傈僳族幻想故事。流传于云南省双柏县傈僳族聚居区。讲述的是：古时有老两口，因生活艰难，想丢弃小女儿。一次他们将小女儿带到深山砍柴，给她一个通洞的葫芦，让她去箐里背水。姑娘来回跑了几次，每次水都漏光了。天黑后，鸟儿告诉她，葫芦通了底，爹妈不要她了。姑娘就往有光的地方走去，最后做了另一户人家的养女。她长大成家后，日子过得不错。父母和哥哥来找她，她送给他们一头牸子牛。牸子牛在她手中听话得很，可一离开她就发狂，将她父母拖死了。父母被牛拖断的手就变成苍蝇叮牛。李秀芝讲述，毕开华、苏锡纬记录，收入《双柏民间文学集成》，32开，2页，1200字，云南民族出版社1992年版。

（刘怡）

寻找母亲的故事
傈僳族幻想故事。流传于云南省怒江傈僳族自治州。讲述的是：有一对失去父母的姐妹，妹妹美丽善良，姐姐丑陋狠毒。后来妹妹成了王后，姐姐很嫉妒。妹妹生了三个孩子，姐姐偷偷将他们装进木箱丢到江里，然后抱来小猪、小狗、小猫，说是妹妹生下的，使妹妹被国王打入黑牢。三个孩子被一对老夫妻捞了起来，并抚养长大。老夫妻听到王后的故事，就要三个孩子去找自己的父母。两个哥哥因忘记了老人的告诫，变成了石头。妹妹阿娜闯过了妖魔山，救活了变成石头的哥哥，见到了父王。国王知道了真相，放出了王后，一家人终于团圆。王后的姐姐惊恐万状，投江自尽。哭玛木、阿南迪讲述，杨正文记录。收入《傈僳族民间故事》，32开，6页，3600字，云南人民出版社1984年版。

（刘怡）

花母牛的来历

傈僳族幻想故事。流传于云南省兰坪白族普米族自治县。讲述的是：一个死了丈夫又瞎了双眼的老妇人与儿子相依为命。儿子长大娶妻后，为了早日还清欠债，便外出打工。日子一长，儿媳起了坏心，百般虐待婆婆，不为她洗衣缝补，还往荞糠中掺牛屎做饼给她吃。此举触怒了天神，他派三位神仙下凡查明此事。三个神仙骗老妇人说是她儿子的朋友。他们询问情况后，给了她一件衣服和一些生活费用。儿媳从外面回来，见了衣服就赶紧穿上，结果变成了一头花母牛；而她婆婆的眼睛突然好了，她精心饲养着这头花母牛，等着儿子回来。佚名讲述，朱发德记录。收入《兰坪民间故事集成》，32开，2页，1300字，云南民族出版社1994年版。

（刘怡）

长角生毛的儿媳

傈僳族幻想故事。流传于云南省维西傈僳族自治县部分地区。讲述的是：瓜咪经常虐待瞎眼婆婆，中午在火塘边做牛屎粑粑，却说是苦荞粑粑，让她吃。丈夫打回野猪，瓜咪只让婆婆吃肉皮和骨头。婆婆想吃猪肠子，瓜咪却让她吃猪尿泡。瓜咪回娘家时，在苦荞粑粑中裹块鹅卵石让婆婆啃。白发老神仙看见这一切，便给瞎眼婆婆一件衣衫，让她送给儿媳穿。瓜咪穿上后，就长出了牛角和毛。丈夫回来，知道媳妇虐待母亲，就按神的吩咐，领着媳妇顺江走。瓜咪受不了人们的讥笑和唾沫，跳江死了。她婆婆的眼睛好了，那块裹在粑粑里的鹅卵石变成了金子。李啊老讲述，李学仁记录。收入《迪庆民间故事集成》，32开，2页，1200字，云南民族出版社1997年版。

（刘怡）

智除妖精

傈僳族幻想故事。流传于云南省怒江傈僳族自治州傈僳族聚居区。讲述的是：古时候，某村寨里住着一户妖精，它们能做酒药和取火种，样子也长得和人一样，村民们都当它们是好邻居。村里不时有小孩失踪，人们一直以为是被野兽叼走了。妖精家有一位漂亮姑娘，远近的小伙子都来求亲，妖精姑娘独独看中了射得一手好箭的孤儿。两人成亲后，孤儿每天辛勤地干活，两人过着衣食无忧的日子。但不久妻子日渐消瘦下来，孤儿不解，便去向岳父讨教。岳父便瞒着女婿抓了一个小孩来，将他杀死后放在盒子里，让女婿拿回去给女儿吃，并嘱咐他自己千万不能打开盒盖。看见妻子吃了岳父送的东西后精神好了起来，孤儿便每隔十天半月去找岳父。一次偶然的机会，孤儿发现了盒中的秘密，才知道妻子一家竟是妖精。妖精姑娘见自己的身份被丈夫识破，便想将他吃了。但孤儿早有防备，他在箭上抹上毒药，一箭将它射死了。他拔出箭头，用蜂蜜抹在妖精的伤口上，然后再去岳父家报丧，说自己的妻子病死了。老妖精见女儿身上无伤，就相信了女婿的话。后来，孤儿主动提出，要给老妖精找一个和它女儿很相像的姑娘做干女儿，老妖精答应了，孤儿就领着妖精一家过江去"认亲"。他装作推船的样子，将所有妖精推到江中，自己跑了。一个大浪冲来，妖精一家被淹死了。邓阿冷讲述，阳关记录。收入《傈僳族民间故事》，32开，5页，2800字，云南人民出版社1984年版。

（龙江莉）

隐身帽
傈僳族幻想故事。流传于云南省怒江傈僳族自治州。讲述的是：有一次，孤儿腊宝得到一顶隐身帽，就去土官家里偷粮食。他便有吃有穿，还换回了一头耕牛。一富人得知腊宝有隐身帽的消息后，一定要跟他买。腊宝气不过，把隐身帽剪了两刀，给了他。富人戴着隐身帽，去土官家里背粮食，可剪过的口子让他露出了破绽，被土官抓住打死了。佚名讲述，木春富、段伶记录。收入《傈僳族民间故事》，32开，3页，1500字，云南人民出版社1984年版。

（刘怡）

嘎士比叶和灰雁姑娘
傈僳族幻想故事。流传于云南省傈僳族地区。讲述的是：一个叫嘎士比叶的孤儿救了一只被蛇咬伤的灰雁，灰雁变成姑娘与他成了亲。土司想得到灰雁姑娘，就要孤儿将森林里的鸟都抓来。在灰雁姑娘的帮助下，孤儿做到了。土司又叫他去抓野猪、拉老虎、扛长木。在妻子的指点下，孤儿又一一照办。但最后土司还是设法抓走了灰雁姑娘。孤儿喝了岳父送来的酒，变得力大无比，杀了土司。可他妻子还是让土司烧死了。孤儿伤心极了，便化为一朵彩云，而灰雁姑娘的灵魂也复活了，并与彩云永远在一起。友早恒讲述，李剑泉记录。收入《傈僳族民间故事》，32开，5页，2800字，云南人民出版社1984年版。

（刘怡）

赶马人除妖
傈僳族幻想故事。流传于云南省福贡县傈僳族聚居区。讲述的是：有个赶马人路过一个村子时，发觉天色已晚，便向村里人求宿。但村民都不愿留他，说村里有蛇鬼和利齿鬼出没。赶马人听后，决定帮村民们除妖。他把自己的小尖刀插在蛇鬼出没的地方，然后学着猪叫了几声。蛇鬼听到猪叫声就来了，它爬过插着小尖刀的地方，被割开肚皮死了。不久，赶马人又躲在礁石洞里，叫了几声，利齿鬼便来到礁石边。赶马人跳出来几刀就将它砍死了。因除了两妖，村民们对赶马人感激不尽，好酒好肉地招待他。霜福讲述，霜现月、管云东、李向才记录、整理。收入《云南民间文学集成·福贡县民间文学集成卷》，32开，1页，310字，福贡县文化局、福贡县民委1989年编印。

（刘怡）

打山匠与虎妖精
傈僳族幻想故事。流传于四川省德昌县傈僳族地区。讲述的是：从前，有一个本领高强的华逮姑扒，打了很多老虎，一天，算命先生告诉他：你打的老虎太多，以后会被老虎吃掉的。此后，华逮姑扒仍上山打虎，但没有什么收获。一天，他在山林里的一个岩洞发现一张很好看的虎皮，就把虎皮藏在岩缝里，路遇化作漂亮姑娘的老虎精，老虎精因寻不得虎皮变不回老虎，便和华逮姑扒成亲，一起生活了十几年，养育了六个儿子。一日，华逮姑扒提起当日捡得虎皮的故事，并按婆娘的指示取回虎皮，他的婆娘变成老虎，带着小儿子回到了山林。华逮姑扒为了防止老虎祸害百姓，用计杀死了老虎精。贺英秀讲述，李国才采录。收入《德昌傈僳族民俗故事》，32开，2页，980字，中国文史出版社2007年版。

（和六花）

金狐狸皮
傈僳族幻想故事。流传于四川省德昌县傈僳族地区。讲述的是：从前有个打山匠，祖孙三代靠打猎为生。一天，打山匠上山打猎，走进深山里便听到一声吓人的怪叫声，远远地看到一个金黄色的怪物坐在坪子中央，百十种雀鸟和野兽围着它跪着。打山匠躲在一棵树上，趁怪物不注意的时候，拉弓射向怪物。鸟兽四散逃走，猎人向前查看，是一只金色的狐狸。次日，打山匠将金狐狸皮拿到街子上售卖，被一个县官看上，县官请来四邻的县官来鉴宝，最终以两千两买下了这珍稀的狐狸皮。打山匠靠这些钱修房造屋、买田买地、发财致富，也不再打猎。黎万明讲述，李文华、熊国秀采录。收入《德昌傈僳族民俗故事》，32开，3页，1260字，中国文史出版社2007年版。

（和六花）

十六张虎皮

傈僳族幻想故事。流传于四川省德昌县傈僳族地区。讲述的是：有个傈僳人家，几代人都是打山匠，阿巴死后传下了一把金把子刀、一把银把子刀和一把弩弓。阿爸带着五个儿子打山，声名在外。皇帝听说后，要打山匠两个月内交上十六张虎皮。阿爸在街子上听说虎群山有老虎出没，为了为民除害，完成皇帝的任务，同时锻炼一下儿子们的胆识和本领，派儿子们一个个单独去打虎。大儿子带回一节马狗的尾巴，老三砍回一个野猪脑壳，老二、老四半路就被吓回来了。老幺和虎群山上的人们同心协力打老虎，取得十六张虎皮，父子俩到皇宫去交差，皇帝跟老幺打赌输了，老幺当上了皇帝。李国才讲述，贾斌采录，夏承政整理。收入《德昌傈僳族民俗故事》，32开，4页，2464字，中国文史出版社2007年版。

（和六花）

聪明的姐姐

傈僳族幻想故事。流传于四川省德昌县傈僳族地区。讲述的是：古时候人熊很多，常常出来吃人。有一户傈僳人家，阿爸阿妈上山种包谷的路上被人熊吃了，去送饭的阿牙也未逃过一劫。人熊还装成阿牙找上门来，留守在家的姐弟二人，弟弟也被人熊吃了，姐姐发现了人熊不是阿牙后，想尽办法从屋里逃出来，躲在了门外的山楂树上。聪明的姐姐最终把人熊杀死了。人熊的血流了一地，姐姐下不来，最终得到月亮的帮助，住到了月亮上。因为姐姐缝衣服给月亮穿，月亮温温和和的不刺眼，太阳没有人帮她织布缝衣服，所以很刺眼睛。李老幺讲述，李国才、罗从军采录。收入《德昌傈僳族民俗故事》，32开，3页，1904字，中国文史出版社2007年版。

（和六花）

老变婆

傈僳族幻想故事。流传于四川省德昌县傈僳族地区。讲述的是：从前一个傈僳人家有九个娃娃，娃娃们天天吵着阿爸要吃马蜂儿。听说老变婆家侧边的粗糠树上有一窝马蜂，阿爸告诉家人：若火烧得旺旺的不用担心，若火燃得小就要警觉，给家门闩捆上九道索子。阿爸便去烧马蜂包了。家人远远地看到火熄灭了，知道阿爸被老变婆吃了，赶紧拴了九道索子。老变婆又伪装成阿爸吃了八个娃娃，阿妈背着小儿子逃脱了。三年后，阿妈思念八个娃娃，回来看屋基，转世变成苦马叶的老变婆又把小儿子吃了，逃命中的阿妈幸得松树的帮助，藏身于松树皮堆下逃生。贺英秀讲述，李国才采录。收入《德昌傈僳族民俗故事》，32开，2页，1232字，中国文史出版社2007年版。

（和六花）

枪杀老变婆

傈僳族幻想故事。流传于四川省德昌县傈僳族地区。讲述的是：四个打山匠结伴去打山，因连日下雨潮湿，烧不起火堆没饭吃。老远地看到有一家屋顶在冒烟，一个伙伴去找火种未归，第二、第三个伙伴去了也一直没回来。留下的打山匠前去查看，疑惑同伴是进入了老变婆的屋子，便回到寨里约了五六个同伴，大家里应外合，枪杀了老变婆和她的两个孩子，并按老变婆救孩子的方法救活了昏厥过去的第二、第三个同伴。第一个同伴却被老变婆吃了。贺英秀讲述,李国才采录。收入《德昌傈僳族民俗故事》,32开,2页,812字,中国文史出版社2007年版。

(和六花)

打山匠收拾老变婆
傈僳族幻想故事。流传于四川省德昌县傈僳族地区。讲述的是:有个老变婆会变南瓜、牛屎和石头,骗吃了很多的人。有一个聪明的打山匠遇到老变婆,用钎子刀砍了两节竹筒套在手颈上,老变婆只抓住两节竹筒,打山匠得以逃脱。打山匠告诉老变婆竹钎刀砍不动南瓜和牛屎,老变婆信以为真,变成南瓜和牛屎。老变婆被打山匠一刀砍成两半,打山匠又在山楂树上用竹竿子戳死了老变婆。打山匠到老变婆家发现老变婆会换心、肺,便毁了老变婆家中一塘子的心肺,使得老变婆因无心肺可换而真正死去。蓝德才讲述,贾斌采录。收入《德昌傈僳族民俗故事》,32开,2页,952字,中国文史出版社2007年版。

(和六花)

饶鬼一条命
傈僳族幻想故事。流传于四川省德昌县傈僳族地区。讲述的是:从前,鬼神跟活人混在一起做买卖,一起过日子。一次,人杀了一只羊来献神,被鬼偷吃得一干二净,人又相继宰杀了一头猪和一头牛来献神,又被鬼偷吃了。人大骂鬼,结果鬼用很多纸钱做成的绳子来捆活人,活人又用篾条挽成箍箍来箍鬼,双双跌到河里。纸钱做的绳索遇水就化,而篾条做的绳索越泡越紧。鬼向人求饶,承诺不再吃人类献的东西。傈僳族人也就此相信人是能打赢鬼神的。张国全、李明祥讲述,李文华、熊国秀采录。收入《德昌傈僳族民俗故事》,32开,2页,532字,中国文史出版社2007年版。

(和六花)

雷神讲私情
傈僳族幻想故事。流传于四川省德昌县傈僳族地区。讲述的是:很久以前,山里住着母子二人相依为命的一户傈僳人家,阿妈生了很长时间病,孝顺的儿子想尽一切办法救治却未见母亲好转。母亲说想吃一顿雷肉便死而无憾了,儿子按母亲说的方法,把酒米蒸好后铺在院子里,赶着牛把米踩成跟糍粑一样,雷果然飞了下来,儿子拉着牛朝前冲了两步,落下的雷被黏在糍粑上,原来雷是一只嫩公鸡。儿子将雷交给母亲,母亲因想多活几天,借口将雷养大些再吃,便将雷抓了锁在柜子里。一日,家里来了一伙强盗,打开了柜子,雷趁机飞回了天上。后来,有人认为强盗做了坏事应该遭雷劈,但雷因为强盗对它有救命之恩而饶恕了他们。张正华讲述,李文华、熊国秀采录。收入《德昌傈僳族民俗故事》,32开,2页,812字,中国文史出版社2007年版。

(和六花)

奇怪的儿子
傈僳族幻想故事。流传于四川省德昌县傈僳族地区。讲述的是:从前有一对傈僳族夫妻,年满八十八了膝下无子。这一年,阿牙玛莫的膝头慢慢肿起来,越肿越大,一日不小心弯刀砍在膝头上,从里面滚出一个癞疙宝,开口就叫阿牙玛莫阿妈。老夫妻俩以为癞疙宝是妖怪,想了很多办法未能把他除掉,便将他养着。有一天,癞疙宝想要成亲,并自己去提亲娶了波扒家的幺姑娘。后来波扒家的幺姑娘发现癞疙宝是一个体面的小伙子。纪树明讲述,李国才采录。收入《德昌傈僳族民俗故事》,32开,4页,1876字,中国文史出版社2007年版。

(和六花)

癞疙宝长角
傈僳族幻想故事。流传于四川省德昌县傈僳族地区。讲述的是:很久以前,癞疙宝长得很大,人们种的粮食常常被它糟蹋。雷公爷爷想要惩罚一下作恶的癞疙宝，便托梦给一个打山匠，请打山匠们协助。次日清晨，刮风下雨、下冰雹，打山匠们按雷神的安排用火枪朝大风大雨最猛的一方射击。直到中午风停雨停后，打山匠们看到癞疙宝死了，便拿安山刀砍下那对长角，装在獐皮口袋里背回家。自此以后，打山匠家要粮食有粮食，要钱有钱，都富裕起来。隔壁汉族人家将两只角借去却百无一用，干脆把它搬到房子上，在屋脊两角做了两个翘起的角。张荣才讲述，李文华、熊国秀采录。收入《德昌傈僳族民俗故事》，32开，2页，924字，中国文史出版社2007年版。

(和六花)

癞疙宝孙孙

傈僳族幻想故事。流传于四川省德昌县傈僳族地区。讲述的是：从前有一家儿媳妇怀孕怀了三年六个月才生产，生下了一个癞疙宝，儿媳妇想提出去扔掉，见多识广的公公让儿媳妇好好养癞疙宝孙孙。公公挑着盐巴扁担出去做生意，一走就是几年，一日他见到波扒家的告示，上头说谁帮忙打赢大波扒，便将自己的幺女嫁给他。公公赶回家中，将癞疙宝挑到波扒家帮忙。聪明的癞疙宝打退了大波扒家的人马，娶了波扒家的幺女，原来癞疙宝孙孙白天是癞疙宝，晚上在铺上滚三滚，就变成很英俊的小伙子。殷子才讲述，李国才采录。收入《德昌傈僳族民俗故事》，32开，2页，840字，中国文史出版社2007年版。

(和六花)

沙龙生与乔幺妹

傈僳族幻想故事。流传于四川省德昌县傈僳族地区。讲述的是：从前有两个相邻的国家，一个叫木巴拉国，国王沙独扒有一个独生儿子叫龙生；一个叫沙达拉国，国王乔松林有九个漂亮的女儿，最小的女儿叫乔幺妹。沙独扒受老鹰精大臣俄勒扒的挑唆，将龙生看管起来。龙生在月圆之夜逃出住房来到花山，和乔幺妹遥相对歌，互生情愫，并相约下个月圆之夜再对歌。又一个月圆之夜，二人如期赴约，互诉爱意，决定相爱相守。乔幺妹跟着龙生来到木巴拉国。龙生十分不舍，却按沙独扒的安排，留下乔幺妹去沙达拉国学习武术。龙生走后，沙独扒又被俄勒扒挑拨，说乔幺妹是妖女，将其送给山神。幸得武将和打山匠相救，乔幺妹平安逃回沙达拉国。龙生学成归来，得知一切后，又赶回沙达拉国提亲，最终龙生和幺妹有情人终成眷属。婚后，沙独扒和乔松林协商，将两国合为一国，沙龙生继承了王位。李国才讲述，贾斌采录，夏承政整理。收入《德昌傈僳族民俗故事》，32开，9页，6216字，中国文史出版社2007年版。

(和六花)

花孙儿和花孙女

傈僳族幻想故事。流传于四川省德昌县傈僳族地区。讲述的是：从前有个白胡子的阿巴莫，在山岩上种了很多的花，花丛中有一朵最好看的花，见到阿巴莫越来越老，就变成一个小姑娘陪伴、照料阿巴莫，做了阿巴莫的孙女。又有一个小伙子从阿巴莫的杯子里出世，是护佑阿巴莫的孙儿。有一天刮大风，花岩上最为珍贵的花（花姑娘和她的妈妈）被吹到皇宫，皇帝欣喜若狂，还想要第二第三朵，便派人到处寻找。花姑娘变成一只雀儿飞回阿巴莫那里报信。皇帝来到花岩，阿巴莫拼了命要保护他的孙儿、孙女，最后被捆回皇宫。孙儿、孙女带着花兵前去营救阿巴莫，得到蚂蚁和蜜蜂的帮助，最终打败皇帝。阿巴莫回到花岩后，为孙子、孙女操办了婚礼，花岩越来越美。李国才讲述，贾斌采录，夏承政整理。收入《德昌傈僳族民俗故事》，32开，4页，2600字，中国文史出版社2007年版。

(和六花)

李杂和蚂蚁的故事

傈僳族幻想故事。流传于四川省德昌县傈僳族地区。讲述的是：从前一个山头上的十余户傈僳人家，因遭受洪灾交不起地租，村里一个叫李老汉的被收租的人活活吊死。李老汉的儿子、儿媳只有跑到深山中靠打山为生，生下一个儿子取名李杂，李杂四岁时父亲病死了。三年后，皇帝差人找到相依为命的母子二人，要求清算地租，只要金银不要粮食。母子二人背着包谷去交租的路上，母亲又被差人害死了。贪心不足的皇帝要求李杂一个月内用金银交清所有地租。伤心欲绝的李杂在撵麂子、公獐时遇到一个阿巴莫，让他留在那里种田安居。一年又一年，李杂收获了很多粮食，却孤苦一人，阿巴莫便告诉他可以在门前种两棵贵树。李杂在找贵树苗的途中拯救了蚂蚁，蚂蚁又帮助他寻得皇宫里的金树、银树。皇帝得知后寻到李杂这里，金树银树又被拿走了。在去解救金树银树的过程中，李杂拯救了雁鹅，在蚂蚁和雁鹅的帮助下，李杂救回了金树、银树，和金树里走出的姑娘又团聚了，李杂和蚂蚁的关系也更为亲密了。张长贵讲述，李国才采录，夏承政整理。收入《德昌傈僳族民俗故事》，32开，6页，4000字，中国文史出版社2007年版。

（和六花）

金花鸟

傈僳族幻想故事。流传于四川省德昌县傈僳族聚居区。讲述了有家穷苦的傈僳，养了七个女儿。阿爸时常抱怨家里活重，许诺谁能将后山的一码柴搬回家便把一个姑娘嫁给他。龙王变做蟒蛇来提亲，聪明的七姑娘为不让父母受惩罚，自愿代替被选中的六姐嫁给了蟒蛇。七姑娘被花轿抬到海里，与龙王成了亲，过上了如意的日子。六姐顺着长起天星米的路去找七妹，想看看她与蟒蛇日子过得如何。当看见妹妹日子过得很好，妹夫又是个英俊懂礼貌的小伙后，心生嫉妒，将妹妹害死后自己冒充她与龙王做夫妻。冤死的妹妹变作一只金花鸟叫着"沙朵"，被姐姐烧死后变作一把金剪刀，向龙王说明了冤情，并转世为人揭露了六姐的恶行。六姐无脸回家，在七妹屋后吊死了。张正华、张福云讲述，李文华、熊国秀采录，夏承政整理。收入《德昌傈僳族民俗故事》，32开，5页，2500字，中国文史出版社2007年版。

（艾芳）

李贵阳和杜鹃

傈僳族幻想故事。流传于四川省德昌县傈僳族聚居区。讲述了古时波扒家有一男一女两个长工，男的叫李贵阳，以打柴为生，女的叫杜鹃，以洗衣服为生。一次李贵阳救了摔下河的杜鹃，帮她把衣服烤干，并叮嘱她以后做事要仔细点。杜鹃很感动，两人慢慢有了感情。波扒家的狗腿子看到杜鹃上山帮李贵阳打柴，便在波扒面前污蔑两人不规矩。李贵阳被打得半死不活，丢到山里，不知死活。杜鹃为寻找李贵阳，饿死在了山林里。死后她的心变作阳雀，每年开春时都在山里边飞边喊"李贵阳"，流血的脚印长出了山茶花，一路开得红艳艳。贺学才讲述，李国才采录。收入《德昌傈僳族民俗故事》，32开，2页，500字，中国文史出版社2007年版。

（艾芳）

三颗包谷籽

傈僳族幻想故事。流传于四川省德昌县傈僳族聚居区。讲述了从前有一家傈僳族，很爱惜粮食，一次不小心掉了三颗包谷籽到床下，因为觉得费事，又只有三颗包谷籽，便没有去捡它。一天晚上，雷神变作红公鸡钻到床下，用它的雷铧围着三颗包谷籽犁了三转才飞走。原来是雷神用泥巴把包谷籽壅起来了。这家人赶紧把三颗包谷籽捡起来才没有遭雷打。后来满寨的人就以此教育后代，要像爱惜自己的生命一样爱惜粮食。蓝国英讲述，李国才采录。收入《德昌傈僳族民俗故事》，32

开，1页，200字，中国文史出版社2007年版。

（艾芳）

穷苦人变龙的故事

傈僳族幻想故事。流传于四川省德昌县傈僳族聚居区。讲述了火把节的来历。内容为：穷困的娘俩靠四处借东西过活，欠下了很多债。波扒让儿子到他家做长工、放牛，阿妈只好答应。娃儿放牛发现每次牛吃完草，第二天再去，草又长出来了。于是便每天去割草，省了放牛的活。后来娃儿决定把草挖回家，认为这样就更方便了。娃儿挖草的时候发现了草丛里的珠子，带回家来放在米袋里，米袋里的米变多了。有了珠子，娃儿想什么有什么，慢慢的还清了债，还盖了三间瓦房。得知娃儿有颗神奇的珠子，人人都想得到。娃儿把珠子含在嘴里，不小心吞进肚里。娃儿一直觉得口干，喝干了九十九条河、九十九条江，最后跳进大海变成了龙。他变成龙的日子正好是六月二十四，条条大江涨水流向大海的日子。到了第二年六月二十四，人们打好铁链丢下海，捆住龙的手脚，以后每隔一年就要换一条新铁链。每年的六月二十四日，家家户户都要打起火把，纪念穷苦人变龙的日子。张国全讲述，李文华、熊国秀采录。收入《德昌傈僳族民俗故事》，32开，3页，1000字，中国文史出版社2007年版。

（杨筱奕）

神奇的三龙箫

傈僳族幻想故事。流传于四川省德昌县傈僳族聚居区。讲述了傈僳族不能对着东方吹箫的由来。内容为：有一对做箫很厉害的夫妇。一天妻子给丈夫做了一支三龙箫，并叮嘱丈夫要到时机成熟才能吹奏。一日夜里，丈夫梦见小龙出生，龙妈妈喂了三口奶，留下小龙给爸爸就走了。一个雷惊醒了丈夫，他才知道原来妻子已经生了孩子。此时妻子让丈夫吹箫，要求他要把七十二种调子接连吹完不能出错，否则就会有灾难。可是丈夫在吹第三十三种调子时，出了错误。一年后，妻子留下儿子阿沙便离开了人世。丈夫一个人带大儿子，他动听的箫声总能感染听箫的人，周围很多人都来跟他学吹箫。阿沙十六岁时，父亲外出久久未归，等阿沙找到他时，他交代了几句也离开了人世。孤儿阿沙想念父母，依照梦中的情境朝着对面的山吹了七十二种调子，突然东方的山垮了，龙王出来认罪，还将自己的女儿许配给他。阿沙与龙女成亲后恶龙再也不作恶，世上就太平了。自此傈僳人代代相传，吹箫不对着东方吹，谁要是对着东方吹完七十二种调子，那方的山就会垮掉。李国才讲述，罗从军采录，夏承政整理。收入《德昌傈僳族民俗故事》，32开，4页，2200字，中国文史出版社2007年版。

（杨筱奕）

九道彩虹降恶龙

傈僳族幻想故事。流传于四川省德昌县傈僳族聚居区。讲述了三兄弟外出打山来到林中一处有九条恶龙的海子，三兄弟不知情，大哥打枪惊动了恶龙，恶龙出来吃掉了走在前面的大哥和二哥。老三一路走一路哭，眼泪变成了一朵朵花。后来老三如梦中所示，生育了九个儿子。为了替哥哥们报仇，老三不停地锻炼儿子们，个个练就了一身好本领。此事惊动了天管师的儿子，他让九个妹妹打听得知原因后，让妹妹们带着九根金条子下凡帮助兄弟们制服了九条恶龙。由于老九表现英勇还被推举为寺扒。九仙女过来围观英雄们，称赞他们勇敢，为大家做了好事，腼腆的哥哥们不知所措，还是机灵的老九看出仙女用化作彩虹的金条帮他们制服恶龙的玄机，感谢了仙女们。阿爸看见儿子和仙女们刚好配成对，便让他们在海子边成了亲。从此，山林和大海都太平了。李国才讲述，贾斌采录，夏承政整理。收入《德昌傈僳族民俗故事》，32开，4页，1900字，中国文史出版社2007年版。

（杨筱奕）

收租的龙

傈僳族幻想故事。流传于四川省德昌县傈僳族聚居区。讲述了癞疙宝在天干年辰修炼成精，变成了一条黑龙。每年收成时，他变成人样向庙里的菩萨借鼓带到天上敲打，鼓声变成雷声，庄稼、牲口都遭到糟蹋和破坏。傈僳人相约与黑龙拼命，打得黑龙无处可逃。因为黑龙作恶太多，最后又变回了癞疙宝，躲回河沟里，到现在都不敢见人。直到现在它脚都是弯的就是那时候被火枪打断的。张清明讲述，贾斌采录。收入《德昌傈僳族民俗故事》，32开，2页，400字，中国文史出版社2007年版。

（杨筱奕）

小小蚂蚁除恶龙

傈僳族幻想故事。流传于四川省德昌县傈僳族聚居区。讲述了阿普山海子里一条恶龙作恶，淹没了庄稼和田地，还让海水一直涨，眼看人们就没有生路了。人们合计挖一个缺口放水，一个月后缺口放水冲走了几个人；恶龙又把缺口堵上，海水又涨了。大家继续挖，挖到恶龙变的大青石，恶龙吃了几个人，剩下的人不知所措。最后大家还是听从老爷爷的建议，请蚂蚁来帮忙。老人的孙子照着老人的指引来到蚂蚁山，请出蚂蚁王，告知它的来意。蚂蚁王很乐意帮忙。在蚂蚁王和蚂蚁们的帮助下，不仅水位降下去了，恶龙也被蚂蚁除了。人们感谢蚂蚁的功劳，背来各种肉和饭，吹起葫芦笙，跳起七十二种舞蹈庆祝。李国才讲述，罗从军采录，夏承政整理。收入《德昌傈僳族民俗故事》，32开，4页，2000字，中国文史出版社2007年版。

（杨筱奕）

神奇的葫芦笙

傈僳族幻想故事。流传于四川省德昌县傈僳族聚居区。讲述了恶龙卷走了阿妈的女儿，阿妈为此哭瞎了双眼。阿妈的儿子长大得知原委后决定找到恶龙救回姐姐。弟弟梦见阿巴莫告诉他吹起葫芦笙便能找到姐姐。醒来以后便按照阿巴莫的话，吹起葫芦笙。姐姐听到动听的芦笙，走到海子边，姐弟相认。姐姐骗恶龙到海边，恶龙被弟弟的葫芦笙吸引，跟着音乐跳舞，结果恶龙跳了一天一夜，累死了。姐弟二人把龙鳞扳下带回家盖房子。后来，人们还是用泥巴照着龙鳞的样子做成瓦片来盖房子。贺学才讲述，贾斌采录。收入《德昌傈僳族民俗故事》，32开，2页，1100字，中国文史出版社2007年版。

（杨筱奕）

吹葫芦笙找女婿

傈僳族幻想故事。流传于四川省德昌县傈僳族聚居区。讲述了傈僳族姑娘出嫁请芦笙手吹奏、男方搭青棚待客、男方到女方家上门、上门不改姓的由来。内容为：一对夫妻到三十多岁才得一女，女儿生得十分美丽，提亲的人络绎不绝，夫妻二人为了挑个好女婿一直犹豫不定。一天，女儿在织布时被妖怪变的大岩鹰抓走了。丈夫为了宽慰妻子做了葫芦笙，夫妻二人在舒缓的音乐下才能稍微宽心一点。一日，夫妇张贴告示，告知谁能救出女儿便将女儿许配给他。打山的孤儿听说以后觉得即使不能娶姑娘，能救出姑娘也是好事一桩。就在他打山的时候，他追逐大岩鹰，救出姑娘，杀死了大岩鹰。姑娘和父母一直为找不到救命恩人耿耿于怀，阿爸便在阔时节这天请大家来跳阔时舞，让更多的人来寨子里，希望能够找到恩人。姑娘认出了孤儿，感谢他的救命之恩，孤儿觉得自己配不上姑娘，阿爸便让他上门，阿妈也说搭个青棚待客也可，孤儿只好答应做上门女婿。大年初二这天，大家都来帮忙搭青棚，姑娘阿爸高兴地吹起了葫芦笙。从此以后傈僳姑娘出嫁都要请葫芦笙手吹《领亲调》和《送亲调》；男方要搭青棚待客；男方可以到女方家上门，上门不改姓。贺学才、李国才讲述，贾斌采录。收入《德昌傈僳族民俗故事》，32开，4页，1500字，中国文史出版社

2007年版。

（杨筱奕）

雷蚣虫除害

傈僳族幻想故事。流传于四川省德昌县傈僳族聚居区。讲述了阿巴莫养了一对雷蚣虫，并用它们给人们治好了病，人们都很敬重他。一日，他去给人治病，路上爬上一个梁子休息。在梁子上休息的他听见有人喊他，并答应了；他在罗汉树下休息又听见有人喊他，也答应了。晚上他到店里投宿，结果店主告诉他，梁子上的妖怪要吃了他，因此不敢收留他。他好说歹说，店主勉强收留了他。雷蚣虫对阿巴莫说，为了感谢他对它们二十多年的养育，今天它们舍命也会救他并教给他如何处置的办法。夜里，恶龙进来，被这对雷蚣虫咬死。母雷蚣虫死了，公虫把从龙角上咬下来的三颗宝珠一颗给了店主，两颗给了主人后便飞走了。从此以后，路过的人再也听不到奇怪的喊声了。贺英秀讲述，李国才采录。收入《德昌傈僳族民俗故事》，32开，2页，800字，中国文史出版社2007年版。

（杨筱奕）

孤儿与雷蚣虫

傈僳族幻想故事。流传于四川省德昌县傈僳族聚居区。讲述了雷蚣虫报恩的故事。内容为：穷苦娃从要交学费的13个铜板中拿了12个，从财主儿子手中救了雷蚣虫并饲养了好几年，直到穷苦娃要进城考试不便再带它。穷苦娃把雷蚣虫带到山上放生，雷蚣虫非常不舍，告诉主人，遇到危难只要叫它，它便会来帮忙。主人后来当官上任，路上遇到一条大蟒蛇，眼看就要被蟒蛇吃掉，他大喊雷蚣虫。雷蚣虫果然赶来咬死了蟒蛇，救出了主人。雷蚣虫和蟒蛇一起滚下山崖死了，主人在它身上哭了很久，村里人知道雷蚣虫的事迹后，将它埋葬。主人在当地做官，也常常替百姓办好事。贺英秀讲述，李国才采录。收入《德昌傈僳族民俗故事》，32开，2页，700字，中国文史出版社2007年版。

（杨筱奕）

孤儿和龙姑娘

傈僳族幻想故事。流传于四川省德昌县傈僳族聚居区。讲述了孤儿与龙女婚配的故事。内容为：孤儿在海子边遇到阿巴莫。阿巴莫告诉他五月十五那天清水龙和浑水龙打架，清水龙赢了风调雨顺，浑水龙赢了祸害穷人。孤儿想帮助清水龙。阿巴莫告诉他，到那天只要见到黄泥巴一样的就对准打。在孤儿的帮助下清水龙胜了，为了感谢孤儿，清水龙邀请孤儿到家里做客并承诺给他一件宝贝。孤儿记住了阿巴莫的话，除了神台上的一朵花，其他都不要。清水龙虽然不愿意，但还是将花给了孤儿。原来这朵花是清水龙王幺女。孤儿和龙女成婚后舍不得离开她，便不去打山。龙女让孤儿带上自己的画像去打山，想她的时候看一眼画像。谁知龙女的画像被县寺扒看到，便想为难孤儿以此得到龙女。孤儿在龙女的帮助下，用红公鸡赢了县寺扒的马。县寺扒又为难孤儿，要看"害死人"，孤儿在龙女帮助下用计烧死了黑心的贪官。从此，龙女和孤儿相亲相爱过着美满的生活。张长贵讲述，李国才、贾斌采录。收入《德昌傈僳族民俗故事》，32开，4页，2100字，中国文史出版社2007年版。

（杨筱奕）

孤儿找伴

傈僳族幻想故事。流传于四川省德昌县傈僳族聚居区。讲述了打山孤儿与神女婚配的故事。内容为：不会打山的孤儿想约朋友一起打山，可是人们总是不等他就去了，他一个人又不敢去。一日，他看到两个最会打山的人外出便立马追赶，一直到大山里才赶上他们。他们不给没带粮食的孤儿吃食，也不教他打山，还说各自打到的东西归各自所有。孤儿在山洞附近套住了岩羊和獐子，而最会打山的两人却一无所获。两人路上心生歹念，在陷阱边对孤儿痛下杀手后各自抢走了孤儿的岩羊和獐子。孤儿掉入陷阱却意外获得了葫芦花姑娘，二人种包谷、织麻布，过着美满幸福的生活。陷害孤儿的两人再次见到孤儿，不记仇的孤儿盛情款待。二人得知了孤儿的奇遇便想让孤儿帮忙让他们也见见稀奇事。到了陷阱边，两人争相跳进去，结果死了。原来，好心人进去才会得救，而黑心肠的人进去则没得救。熊德英讲述，顾才秀采录。收入《德昌傈僳族民俗故事》，32开，3页，1300字，中国文史出版社2007年版。

（杨筱奕）

孤儿认妻

傈僳族幻想故事。流传于四川省德昌县傈僳族聚居区。讲述了孤儿与毛狗妻子的故事。内容为：孤儿远远看见几个漂亮姑娘在凫水，便悄悄藏起了一个姑娘的衣服。姑娘们凫水后出来穿衣服，六个穿好衣服的变成毛狗走了，剩下一个找不到衣服的姑娘独自哭泣。孤儿上前询问，不知情的姑娘说孤儿不帮她，她就一直跟着孤儿。姑娘不嫌弃孤儿贫困与他结为夫妻并生育了两个娃娃。有一天，姑娘的父母前来看望女儿并邀请女婿大年初一到家里做客，还告诉他如果那天自己不能认出妻子，便要吃了他父子三人。孤儿到了岳父家，虽然妻子姐妹七人打扮得一模一样，但是孤儿还是凭借自己的智慧和办法认出了自己的妻子。岳父遵守诺言，放走了他们，并告诉他自己是毛狗精，以后不要相认。从此以后，孤儿一家四口在一起亲亲热热地过日子。张忠英讲述，李国才采录。收入《德昌傈僳族民俗故事》，32开，3页，1000字，中国文史出版社2007年版。

（杨筱奕）

孤儿的奇遇

傈僳族幻想故事。流传于四川省德昌县傈僳族聚居区。讲述了孤儿在地下小人国的奇遇与柳树的来历。内容为：爱吃竹鼠的孤儿在抓竹鼠的过程中意外掉落地下小人国并在小人国帮助人们砍柴、挑水等。一开始因为孤儿勤劳能干大家都争相让他做自家女婿，后来因为孤儿能吃又都不要他当女婿。再后来，在小人国居住的孤儿又见到竹鼠，没追到竹鼠却摘了很多柳树条。就在这时发了大水，孤儿边跑边丢柳树条，最后只剩两根柳条之时，他也跑出了地洞，回到了地面。后来孤儿一看，根本没有地洞，只有一个竹笼子，而自己手中却是一块金子和一根柳条。于是孤儿把柳条插在河边，便成了现在的柳树。李国才、李才秀讲述，贾斌、罗从军采录。收入《德昌傈僳族民俗故事》，32开，2页，850字，中国文史出版社2007年版。

（杨筱奕）

阿普救乡亲

傈僳族幻想故事。流传于云南省福贡县傈僳族聚居区。讲述的是：阿普与母亲相依为命。一天，他上山砍柴，回家发现母亲不见了。他找遍了全村，发现村里一个人也没有，便急得大哭。一只小鸟告诉他，全村的人都被吸血鬼抓走了。为救母亲和乡亲们，阿普带上砍斧出门。路上，他先后遇到了辣椒、小鱼、竹笋叶和篮子。它们都愿意随他一起去。他们来到吸血鬼家，它还在睡觉。阿普便叫小鱼埋伏在火塘边，辣椒躲在竹水筒里，竹笋叶把守楼梯，篮子蹲在楼梯下。吸血鬼被鸡叫醒了，它先到火塘边去吹火。小鱼翻身跳起来，灶灰飞进了吸血鬼眼睛里。吸血鬼忙去拿竹筒里的水洗眼睛，辣椒水辣得它大叫起来。它知道中计了，就慌慌张张顺楼梯往下跑，正好踩着竹笋叶，滑进了篮子里。阿普赶紧用绳子扎紧篮子口，大声追问吸血鬼把村民们关在哪里了。吸血鬼只好招认。阿普举斧把它砍死，和四个朋友一起解救了被关在山洞里的母亲和众乡亲。王玛博讲述，霜现月记录、整理。收入《云南民间文学集成·福贡县民间文学集成卷》，32开，2页，990字，福贡县文化局、福贡县民委1989年编印。

（龙江莉）

偷羊

傈僳族幻想故事。流传于云南省福贡县。讲述的是：一个孤儿在财主家放了三年羊，没得到任何报酬，就想偷一只羊报复财主。有一次他遇见一个偷羊的，就相约一起去偷。偷羊的摸到孤儿身上的蓑衣，以为他长着粗硬的长毛，就甘愿听他的指挥。偷出羊后，偷羊的给了孤儿一半，然后抓起自己的一半就啃。孤儿才知这位是鬼，赶忙丢下羊悄悄跑了。开四迪讲述，景山、霜现月、李向才、管云东记录。收入《云南民间文学集成·福贡县民间文学集成卷》，32开，1页，500字，福贡县文化局、福贡县民委1989年编印。

（刘怡）

姐姐黑心肠

傈僳族幻想故事。流传于四川省德昌县傈僳族地区。讲述的是：古时候有一家人有两个女儿，姐姐心不好，妹妹心肠好。有一天，阿爸去捡掉进地裂口里的镰刀，被一条蛇咬住不放，求告龙王爷爷方得逃生，回到家，姐姐对阿爸不闻不问，妹妹则端水喂饭，很是孝顺。第二天，一只蜂子飞来向姐姐求亲，被姐姐打落在地；下午，一只老鸹来向妹妹求亲，妹妹答应了。过几天，妹妹嫁到蛇家，男才女貌，生活安逸，姐姐很是嫉妒。妹妹带孩子回娘家返回的路上，被姐姐推入大海丧命，姐姐还冒充妹妹到蛇家。妹妹两次转世，先变成一根木棒，后变成一个和生前一样长相的女子，妹夫认出了妹妹，姐姐畏罪上吊死了，妹妹、妹夫和孩子又团圆了。蓝友成讲述，李国才采录。收入《德昌傈僳族民俗故事》，32开，2页，1092字，中国文史出版社2007年版。

（和六花）

（二）生活故事

七匹马和两只野猫

傈僳族生活故事。流传于云南省贡山独龙族怒族自治县。讲述的是：有个叫阿肯于的小伙子抓住两只野猫。他用绳牵着它们，将其他野物装进口袋背着往家走。两个赶着七匹马的人见阿肯于有很多野物，便打听原因。阿肯于告诉他们，自己的野物是这两只野猫撵来的。两位赶马人便用七匹马跟他换了两只野猫。他们带着两只野猫来到山头，将它们放去撵野物。哪知野猫撒腿就跑，还将赶马人的裤子带跑了。阿所讲述，余友诚记录。收入《贡山县各族民间故事选》，32开，2页，1000字，贡山独龙族怒族自治县民间文学集成编委会1991年编印。

（刘怡）

人命和金子

傈僳族生活故事。流传于云南省福贡县。讲述的是：四个人结伴去找金子，可找到金子后，粮食吃完了。其中两人去找粮食，另外两人留下守金子。守金子的二人决定打死找粮食的同伴，独吞金子；找粮食的两人也想毒死守金子的同伴，得到财宝。结果，守金子的打死了找粮食的，找粮食的毒死了守金子的。阿麦恒讲述，霜现月、管云东、李向才记录。收入《云南民间文学集成·福贡县民间文学集成卷》，32开，2页，500字，福贡县文化局、福贡县民委1989年编印。

（刘怡）

江松的故事

傈僳族生活故事。流传于云南省贡山独龙族怒族自治县。讲述的是：很久以前，有个名叫娜的孤女和后娘一起过日子。娜是个勤快的姑娘，后娘却是一位贪婪、懒惰、坏心眼的人，对娜非常刻薄，让她包揽所有的活计。全靠寨子里一个叫普的小伙帮忙,娜才能干完后娘交代的所有事情。娜长大后,和普相爱,可后娘要将她嫁给富人。一次,后娘将普灌醉推入江中。娜看透了她的坏心肠,跟着普跳入江中。贪婪、懒惰的后娘再没人帮她干活,饿死了。普和娜落水的地方冒出了一块岩石,上面长着一棵松树,人们说它是普和娜的化身。佚名讲述,杨力记录。收入《贡山县各族民间故事选》,16开,2页,1000字,贡山独龙族怒族自治县民间文学集成编委会1991年编印。

(刘怡)

土司娶母猴

傈僳族生活故事。流传于云南省怒江傈僳族自治州。讲述的是:一个老妇人独自养大了两个儿子,重病后吩咐他们为自己准备后事。两个儿子上山打猎,抓到一只母猴。他们用花轿抬着母猴到了土司家门口,说是李大商人准备去买马,向土司先借三百两银子,并用女儿做抵押。土司为了得到李大商人的女儿,就给了两人银子,将轿子抬进家,结果他被母猴抓伤了。褚正华讲述,和万兴记录。收入《傈僳族民间故事》,32开,4页,2100字,云南人民出版社1984年版。

(刘怡)

无根的话信不得

傈僳族生活故事。流传于云南省怒江傈僳族自治州。讲述的是:一个卖鱼的人在回家的途中发现自己的箩筐里还有一条小鱼没卖掉,就顺手将它放进一个有水的树洞中。路过的人发现鱼,感到很奇怪,都说它是神鱼。于是四面八方的人都来此烧香,求神灵保佑。卖鱼人再次路过那里时,才让人们知道自己相信了无根的话。祝秀仙讲述,祝发清、车凯记录。收入《傈僳族民间故事》,32开,3页,850字,云南人民出版社1984年版。

(刘怡)

生病杀羊子的来由

傈僳族生活故事。流传于四川省傈僳族聚居区。讲述的是:天管师平分治病的药物给汉人和傈僳人。汉人拿到后放到箱子里保管起来,傈僳人没处放,只得卡在做墙壁的劈柴块子里,结果被第二天放出的羊群吃了个精光。傈僳人认为只有宰杀吃了药物的羊子,才能治好病。以后,傈僳生病时就要杀羊子,还要请东巴喊魂、送鬼,意思是请羊子替人去死。蓝国英讲述,李国才采录、翻译。收入《四川风俗传说选》,32开,1页,200字,四川民族出版社1992年版。

(艾芳)

木刻母亲

傈僳族生活故事。流传于云南省维西傈僳族自治县。讲述的是:有一对母子相依为命,儿子动不动就冲母亲发火,打骂她。一次儿子见雀妈妈给刚出窝的小雀喂食,受到感动。这时母亲来送饭,他赶忙跑去接她。可母亲误认为儿子又要来打她,吓得往树桩上撞去,结果撞死了。儿子非常悲痛,埋了母亲后,把那根树桩抱回家刻成母亲的样子,放在屋外晒太阳。一天下大雨,他顾不上收麦子,忙回家把木桩抱进屋。据说他如果不先把木桩抱回家的话,雷就会劈死他。佚名讲述,朱燕记录。收入《云南省民间文学集成丛书·维西民间文学集成资料》,32开,2页,900字,维西傈僳族自治县民间文学集成办公室1990年编印。

(刘怡)

儿大娘三岁

傈僳族生活故事。流传于云南省禄劝彝族苗族自治县。讲述的是:有一个老实善良的种田人救了山中的一个精怪。精怪变成一个漂亮姑娘来做他的媳妇。四年后,他们的儿子快三岁了。一天,种田人在一个老太婆的教唆下,发现媳妇的真实身份,便用三道符来镇住她。媳妇非常伤心,只好再去投胎,准备十五年后再来做种田人的媳妇。

十五年后，经过重重周转，种田人再次与原来的媳妇成婚。这时，他儿子比娘还大三岁。杨绍民讲述，钱春林记录、翻译。收入《禄劝民间故事》，32开，2页，1100字，禄劝彝族苗族自治县文化局1991年编印。

（杨利先）

父与子

傈僳族生活故事。流传于云南省维西傈僳族自治县。讲述的是：中年丧妻的汉子和儿子一起生活。他成天只会斗犁架子，不会教育孩子。一次他领儿子去砍犁弯，儿子趁机暗示他："小时不握，大来不弯；小时不育，大来不成器。"佚名讲述，和世新记录。收入《云南省民间文学集成丛书·维西民间文学集成资料》，32开，1页，300字，维西傈僳族自治县民间文学集成办公室1990年编印。

（刘怡）

父亲怎么做，儿子怎么做

傈僳族生活故事。流传于云南省怒江傈僳族自治州。讲述的是：从前有个孽子，因父亲年老多病，就将他背到偏僻的山洞中，想让他自生自灭。他的儿子发现了，便偷偷跟着去。他发现后骂孩子，这时他的父亲醒过来了。孽子忙要拉孩子走，孩子却说："爸爸，背爷爷的布带不能丢，将来我好用它来背你。"佚名讲述，杨春茂记录。收入《傈僳族民间故事》，32开，2页，500字，云南人民出版社1984年版。

（刘怡）

紧跟老子脚印

傈僳族生活故事。流传于云南省双柏县傈僳族聚居区。讲述的是：有父子两人，老子经常骂儿子不成器，嫌他跟不上自己的步伐。一次两人去买瓦缸，每人挑着两只回家。儿子跟不上老子，老子就不停地骂。为了跟上老子，儿子只得咬着牙慢跑。在过一条深沟时，老子刚跳过去，儿子紧急停下来，结果他的两只缸因惯性往前一甩，撞到了老子的一担缸，四只瓦缸顿时破碎。老子大骂，儿子反驳说："我是紧紧跟着你的脚印走的。"李秀芝讲述，毕开华、苏锡纬记录。收入《双柏民间文学集成》，32开，2页，600字，云南民族出版社1992年版。

（刘怡）

家教

傈僳族生活故事。流传于云南省维西傈僳族自治县。讲述的是：从前有两口子，他们生了一个儿子。孩子八岁时，爷爷瘫痪在床。父亲就把爷爷装在篮子里，要背去扔到江里。孩子跟着去，他让父亲不要把篮子丢了，说留着以后自己装父亲用。父亲听后，把爷爷背了回来，尽了一辈子的孝。杨吉遇讲述，吉丽梅记录。收入《云南省民间文学集成·维西傈僳族自治县民间文学集成资料》，32开，1页，300字，维西傈僳族自治县民间文学集成办公室1988年编印。

（刘怡）

记三岁娃娃的仇不值得

傈僳族生活故事。流传于云南省怒江傈僳族自治州。讲述的是：虎氏族和熊氏族两家是邻居。有一次两家的孩子打架，熊氏族的大人见了，就帮自家的孩子打虎氏族的小孩。两家人为此发生了械斗，双方死了不少人。可还没等双方把死了的人埋好，两个孩子又在一起玩开了。所以傈僳人常告诫自己：记三岁娃娃的仇不值得。佚名讲述，杨春茂记录。收入《傈僳族民间故事》，32开，1页，350字，云南人民出版社1984年版。

（刘怡）

仙人洞除害

傈僳族生活故事。流传于云南省维西傈僳族自治县。讲述的是：古时仙人洞中有一对蛇精，经常危害百姓。人们得知福贡的怒族人有杀蛇的本事，就请来两人帮助除害。两个怒族人找到了蛇精去河中喝水的必经之路，就在那里插上竹签。竹签将一条蛇精划成两半；另一条蛇精逃到康普村，最后被修路的人们打死了。华玉忠讲述，王治国记录。收入《云南省民间文学集成丛书·维西民间文学集成资料》，32开，2页，800字，维西傈僳族自治县民间文学集成办公室1990年编印。

（刘怡）

兄弟情

傈僳族生活故事。流传于云南省怒江傈僳族自治州。讲述的是：有两兄弟，哥哥成家后对弟弟很不好，对一位朋友倒很真诚。一次，三人上山打猎，哥哥独自打翻一只岩羊。他为了考验朋友和弟弟对他的情意，就取出羊肠，抹些羊血在自己身上，然后装死躺在地下。朋友来了，见他全身是血，以为他死了，转头就走。弟弟回到家后，听说哥哥摔死在山上，心里很难过，点着火把连夜去找他。哥哥深感兄弟情深，从此与弟弟一起过着和睦快乐的生活。佚名讲述，光平记录。收入《傈僳族文化大观》，32开，2页，950字，云南民族出版社1999年版。

（刘怡）

哥与弟弟

傈僳族生活故事。流传于云南省维西傈僳族自治县。讲述的是：弟弟打到一只熊，想试试朋友待他如何，就对朋友说，自己不小心打死了一个小孩，让大家帮他出出主意。朋友都走了。他又去找哥哥，哥哥马上拿起锄头准备帮弟弟。弟弟觉得还是哥哥对他真心，就带着他去把熊抬了回来。两兄弟从此和睦相处。佚名讲述，余友德记录。收入《云南省民间文学集成丛书·维西民间文学集成资料》，32开，1页，600字，维西傈僳族自治县民间文学集成办公室1990年编印。

（刘怡）

用死虎娶媳妇

傈僳族生活故事。流传于云南省福贡县部分地区。讲述的是：一个不会打猎的孤儿想娶一位美丽的姑娘，受到众人讥笑。姑娘的哥哥提议，与孤儿上山打鸟。打了一天，别人打了一大袋鸟，孤儿却一箭都没射出。回村时，他见到大树压着一只死老虎，就将箭全插在它身上，谎称是自己射的，赢得了那位姑娘的芳心。开四迪讲述，霜现月、李向才、管云东记录。收入《云南民间文学集成·福贡县民间文学集成卷》，32开，2页，650字，福贡县文化局、福贡县民委1989年编印。

（刘怡）

寻找幸福的人

傈僳族生活故事。流传于云南省福贡县。讲述的是：碧罗雪山下有两兄弟，他们为了寻找幸福和欢乐，哥哥在父母留下的地里勤奋地劳作，弟弟弹着琵琶浪迹在遥远的地方。到了收获季节，忧伤的弟弟空手而归，哥哥用满仓的粮食告诉他，幸福和欢乐就是用勤劳的双手获得需要的一切。从此两兄弟起早摸黑地劳动，都获得了自己想得到的幸福和欢乐。阿格讲述，李卫才、木顺江记录。收入《云南民间文学集成·福贡县民间文学集成卷》，32开，2页，1100字，福贡县文化局、福贡县民委1989年编印。

（刘怡）

年命登找金银

傈僳族生活故事。流传于云南省兰坪白族普米族自治县部分地区。讲述的是：富翁有一个漂亮的女儿，想找个有才能的女婿。他在十字路口修一块路碑，碑下埋一罐金银，碑上写道，谁找到金银，愿意送钱又嫁女。无依无靠的穷小伙子年命登砍柴路过此地，念完碑上的字后，硬说富翁骗人，便用斧头朝碑打去，结果无意发现了金银。他抱上金银去富翁家求婚，富翁只得把女儿嫁给了他。张四全讲述，崔吉贵记录。收入《兰坪民间故事集成》，32

开，1 页，500 字，云南民族出版社 1994 年版。

（刘怡）

地里有金宝

傈僳族生活故事。流传于云南省怒江傈僳族自治州。讲述的是：有一个懒汉和一个孤儿是朋友。懒汉的父母见自己的孩子不劳动，心里很难过。孤儿就教了他们一个办法。一天，老人对儿子说，地里有一罐金子，让他去挖出来，将来一辈子就有吃的了。懒汉挖了几天，把一块地都挖完了，但没找到金子。父亲让他在地里种下包谷，待明年再挖。第二年，懒汉又去挖地里的金子，还是没挖到，只好再次种上了庄稼。到收割时，孤儿指着金黄的庄稼对懒汉说，这不就是金子吗？懒汉恍然大悟，从此不再懒惰了。佚名讲述，何大昌、丁惠兰记录。收入《傈僳族民间故事》，32 开，2 页，800 字，云南人民出版社 1984 年版。

（刘怡）

男孩和老虎

傈僳族生活故事。流传于云南省怒江傈僳族自治州。讲述的是：一个瘦小的男孩被老虎叼走，他说服虎将自己养胖后再吃；并告诉它，用针扎在他头上，针头沉入肉里看不见就说明长胖了。虎依计而行，可他总不见男孩长胖。后来男孩挖一陷阱，用计使老虎掉在里面，自己则安全回了家。佚名讲述、记录。收入《傈僳族民间文学概论》，32 开，3 页，2000 字，云南教育出版社 2002 年版。

（刘怡）

聪明的小孩

傈僳族生活故事。流传于云南省怒江傈僳族自治州。讲述的是：一个十二三岁的小孩非常聪明。他爷爷养了数不清的鸡，山官要爷爷送一个公鸡蛋去，否则就没收他的鸡。爷爷无计可施，小孩却说自己有办法对付山官。小孩到了山官处，说自己的爷爷来不了，在家生孩子。山官骂他胡说。小孩反驳道，男人不能生孩子，公鸡如何会下蛋？佚名讲述，汉永生翻译，左玉堂记录、整理。收入《中华民族故事大系》（第 7 卷），32 开，2 页，1000 字，上海文艺出版社 1995 年版。

（刘怡）

两老庚

傈僳族生活故事。流传于云南省维西傈僳族自治县。讲述的是：有两个热心肠的老庚，其中一个很冒失，说话不注意分寸，经常让人扫兴。一次两人去帮一户人家埋死娃娃。冒失的那位想安慰这家大人，叫他们不要难过，说今后死了人只管叫他来扛，让那家人很不高兴。又有一次，去喝另外一家人的周岁酒时，冒失的那位事先保证一句话也不说，可临走时还是说了一句扫兴的话，惹得大家都不高兴。佚名讲述，王瑞记录。收入《云南省民间文学集成丛书·维西民间文学集成资料》，32 开，2 页，1000 字，维西傈僳族自治县民间文学集成办公室 1990 年编印。

（刘怡）

三兄弟

傈僳族生活故事。流传于云南省维西傈僳族自治县。讲述的是：三兄弟早时家里很穷，有一次他们把家中仅剩的半罐豆子煮了，准备分着吃，不料被羊弄翻，豆子撒了一地。三人只好用刺尖戳着吃。他们分开后，老大当了县官，老二来找他，但因不会说话被赶了出去。会说话的老三来了，大哥听了他的一番言论后，心里很高兴，把他留了下来，并把老二也接来一起生活。佚名讲述，王瑞记录。收入《云南省民间文学集成丛书·维西民间文学集成资料》，32 开，2 页，1000 字，维西傈僳族自治县民间文学集成办公室 1990 年编印。

（刘怡）

两兄弟分家产

傈僳族生活故事。流传于云南省怒江傈僳族自治州。讲述的是：两兄弟的父亲死时，只留下一床被子和一头乳牛。哥哥说，被子白天给弟弟，晚上算他的。弟弟晚上冻得直哭。赶马人问明原因后，教他白天将被子放在水里泡。哥哥占不到便宜，只好和弟弟合盖那床被子。哥哥又提出了分乳牛的办法：牛头分给弟弟，牛身子算他的。弟弟每天要喂牛却不能喝牛奶。他又求助于赶马人。赶马人教他，不要喂牛食。牛没有乳汁，哥哥没法责怪弟弟，只好不分牛了。黑阿子讲述，汉永生翻译，左玉堂记录、整理。收入《中华民族故事大系》（第7卷），32开，1页，300字，上海文艺出版社1995年版。

（刘怡）

没有不敢斗的人

傈僳族生活故事。流传于云南省怒江傈僳族自治州。讲述的是：南北两个村子的小伙子比赛摔跤。北村的大力士赢了南村所有的对手后，便问："还有谁敢跟我摔？"这时走出一个少年，说："我敢！"可他一上场就输了，北村的人挖苦他。少年回答说："世上只有斗不赢的人，没有不敢斗的人！"佚名讲述，杨春茂记录。收入《傈僳族民间故事》，32开，2页，1000字，云南人民出版社1984年版。

（刘怡）

纵容不是爱

傈僳族生活故事。流传于云南省怒江傈僳族自治州。讲述的是：一对夫妻过于溺爱自己的独生子，要什么给什么。一次，儿子偷了国王的宝剑，被判死刑。他要求见父母最后一面，说是他们害了他。父母不解。儿子说："小时我偷别人的东西，你们总是护着我，这是把我往死路上推。"他还对阿爸说："我就像一棵歪曲的小树，没有人扶正，就长不成材。"最后他咬下了母亲的奶头，要父母明白"纵容不是爱"的道理。佚名讲述，杨国璋、李卫才记录。收入《傈僳族民间故事》，32开，3页，1500字，云南人民出版社1984年版。

（刘怡）

择女婿

傈僳族生活故事。流传于云南省双柏县傈僳族聚居区。讲述的是：父亲想为女儿择个称心的女婿，就放出话来，要把女儿许配给能找到装满一屋子东西的人。多少提亲的人挖空心思，都没办到。有个聪明的小伙子，在屋里点亮一盏灯，灯光撒满了屋子。姑娘的父亲认为他是最聪明的人，就将女儿嫁给了他。李开富讲述，毕开华、苏锡纬记录。收入《双柏民间文学集成》，32开，1页，300字，云南民族出版社1992年版。

（刘怡）

净赚一两

傈僳族生活故事。流传于云南省维西傈僳族自治县。讲述的是：一个爱占小便宜的人去买肉，少给了卖肉的人钱。卖肉的人将他扭送到县衙门。县官问买肉的人，愿罚二十两银子还是愿挨打。买肉的人不愿罚银子，愿挨打。二十大板打得他皮开肉绽。后来伤口化脓，他买治伤的药花了十九两银子，还高兴地认为自己净赚一两银子。李宗宇讲述，王治国记录。收入《云南省民间文学集成丛书·维西民间文学集成资料》，32开，1页，300字，维西傈僳族自治县民间文学集成办公室1990年编印。

（刘怡）

蛇肉奇方

傈僳族生活故事。流传于云南省维西傈僳族自治县。讲述的是：土司家有个漂亮姑娘，不愿嫁给富家子弟，父亲气得叫她嫁给一个害麻风病的叫花子。姑娘真的跟着叫花子在一个岩洞里住下。她用手镯换来鸡和米，在岩洞里煮。一条乌梢蛇想吃鸡肉，便爬进锅里。叫花子吃了锅里的肉和汤，高烧了三天后，褪了一层皮，变成了一个英俊的小伙子。姑娘告诉丈夫，他的病是蛇肉治好的。佚名讲述，和世新记录。收入《云南省民间文学集成丛书·维西民间文学集成资料》，32开，2页，1200字，维西傈僳族自治县民间文学集成办公室1990年编印。

（刘怡）

寨主上当

傈僳族生活故事。流传于云南省兰坪白族普米族自治县部分地区。讲述的是：寨主的大儿子荡秋千时摔死了。一外来的算命先生在路边看见了他的新坟，就对寨主说，寨子背后的森林里住着魔鬼，若寨主给他一百两银子，他便帮忙驱妖除魔。寨主听信了他的话，凑齐了钱，并按他的吩咐，烧了自家的羊圈，砍了寨子背后的森林，种上庄稼。当年粮食丰收了。第二年，由于树木被砍光，遇上天旱，原来盛产大米的坝子变成了荒凉的干地。寨民的生活越来越困难，寨主也不得不带着小儿子去讨饭。后来寨主得了重病，临死前告诫自己的小儿子，再也不要听信算命先生的话。佚名讲述，朱发德、胡贵记录。收入《兰坪民间故事集成》，32开，3页，1800字，云南民族出版社1994年版。

（刘怡）

指蜂为鹿

傈僳族生活故事。流传于云南省双柏县傈僳族聚居区。讲述的是：贪心的主人对家奴很苛刻，家奴憨宝就想了一个办法治他。憨宝对主人说，他看见一窝马鹿在睡觉。主人便带着手下上山置网，想抓到马鹿。憨宝指挥着主人跑上跑下，把主人累得要死，但未见马鹿的踪影。后来飞来几只蜂，憨宝叫主人快看马鹿。主人气急败坏，骂憨宝连蜂和鹿都分不清。杨庆光讲述，毕开华、苏锡纬记录。收入《双柏民间文学集成》，32开，2页，600字，云南民族出版社1992年版。

（刘怡）

偷来的酒肉不香

傈僳族生活故事。流传于云南省泸水县。讲述的是：有一对好吃懒做的朋友偷了酒肉正准备吃，有人来串门，他们吓得将酒肉藏起来。后来，他们又听见门外有动静，以为是失主来打探，就一直没敢拿出来吃。等他们拿出来时，已酒淡肉臭了。两人感叹"偷来的酒肉不香"，从此不再干不干不净的事了。阿巴李、三才帕讲述，杨春茂记录。收入《中华民族故事大系》（第7卷），32开，2页，1200字，上海文艺出版社1995年版。

（刘怡）

孩子嘴里吐实话

傈僳族生活故事。流传于云南省怒江傈僳族自治州。讲述的是：一人将偷来的一只羊藏在屋里，被顽皮的儿子看见。第二天失主来找，跟他儿子聊起来。小偷怕儿子说漏嘴，不时朝儿子使眼色。儿子见到后，天真地说，爸爸的眼睛鼓起来就像昨晚扛来放在屋里的那只死羊的眼睛一样。八贵才讲述，杨春茂记录。收入《中华民族故事大系》（第7卷），32开，2页，1000字，上海文艺出版社1995年版。

（刘怡）

金子不如粮食

傈僳族生活故事。流传于云南省福贡县。讲述的是：穷人和富人相约出门，一个要找粮山，一个要找金山。当他们找到金山和粮山后，富人使劲装金子，穷人只背了一袋粮食。回家的路上，穷人煮熟了饭。富人饿了，只好用金子与他换。到家时，富人什么也没有，不过他也因此明白了金子不如粮食这个道理。佚名讲述，高志登记录。收入《云南民间文学集成·福贡县民间文学集成卷》，32开，2页，700字，福贡县文化局、福贡县民委 1989 年编印。

（刘怡）

别为新粮撒旧粮

傈僳族生活故事。流传于云南省怒江傈僳族自治州。讲述的是：很久以前有个男人，妻子生了两个孩子后不如过去漂亮，就想趁家境好重新讨个俊俏姑娘。他把原配妻子赶走后，将俊俏姑娘接回家。哪知这姑娘是个好吃懒做的人，半年工夫就将家里的钱粮花光吃光，跟一个有钱的人溜了。喜新厌旧的男人过着吃了上顿没下顿的日子，气出一场大病来。他临死前告诫朋友，千万别为新粮撒旧粮，为了新欢丢老婆。肯才富玛讲述，杨春茂记录。收入《中华民族故事大系》（第 7 卷），32 开，2 页，1000 字，上海文艺出版社 1995 年版。

（刘怡）

金花雀和银花雀

傈僳族生活故事。流传于云南省维西傈僳族自治县。讲述的是：有个叫古查哇第的傈僳族青年和拉玛姑娘一起读书，后来两人产生了爱慕之情，便私订婚约。拉玛的母亲和嫂嫂认为她触犯了族规，逼她交出定情的金镯头。姑娘和古查哇第私奔时被追赶，两人走投无路，只得自焚。死后，两人的坟头上各长出一棵松树，上面分别有一只金花雀和一只银花雀。据说花雀就是两人变的。阿那笛讲述，王少充、陈荣祥、杨秉礼记录。收入《傈僳族民间故事》，32 开，3 页，1500 字，云南人民出版社 1984 年版。

（刘怡）

变牛的儿媳

傈僳族生活故事。流传于云南省福贡县傈僳族聚居区。讲述的是：古时候怒江边住着一家三口，即老大爷和他的儿子、儿媳。后来儿子死了。老大爷很伤心，天天望着儿子的坟堆哭，哭得双目失明了。从那以后，儿媳妇就虐待公公，常给他吃牛屎。有一天，儿媳出门做活去了，老人在门前晒太阳，有个人送了一件衣服给他，叫他拿给儿媳穿。儿媳回来后，老人把衣服给了她。儿媳穿好衣服后，变成了一头野牛，狂叫着冲进江里淹死了。娜雄鹰讲述，李向才记录、整理。收入《云南民间文学集成·福贡县民间文学集成卷》，32 开，1 页，280 字，福贡县文化局、福贡县民委 1989 年编印。

（龙江莉）

四子吟诗

傈僳族生活故事。流传于云南省兰坪白族普米族自治县。讲述的是：有个老倌膝下有四子，儿子们对他百依百顺，而他总怀疑他们背着他做好东西吃。一天，儿子们在火塘边聊天，有人顺口吟诗一首，其中有一句"有鸡杀一只，有酒干一杯"，结果被隔壁的老父听到。他就到衙门告儿子忤逆不孝。县官庭审，四子说出缘由，并当场作诗一首。县官相信他们无罪，便要治老倌的罪。四子又说："屋里只有老父亲，昨天告状是担心。县官大人莫再问，从此安稳享现成。"见儿子们果然孝顺，县官也就不再追究此事了。李阿纳讲述，和丽金记录。收入《兰坪民间故事集成》，32 开，2 页，800 字，云南民族出版社 1994 年版。

（刘怡）

农家女

傈僳族生活故事。流传于云南省双柏县傈僳族聚居区。讲述的是：有个浪荡公子见农家女在河边淘米，便吟道："有木便是桥，无木也是乔。弃木添个女，添女变成娇。阿娇休避我，我最爱阿娇。"农家女回答："有米便是粮，无米也是良。弃米添个女，添女变成娘。老娘虽爱子，子不敬老娘。"气得浪荡公子灰溜溜地走了。杨庆光讲述，毕开华、苏锡纬记录。收入《双柏民间文学集成》，32 开，1 页，500 字，云南民族出版社 1992 年版。

（刘怡）

啃鱼背的婆娘

傈僳族生活故事。流传于云南省维西傈僳族自治县。讲述的是：一个又馋又懒的婆娘，干活拣轻的，吃时挑好的、大的。有一天，丈夫煮了一锅肉后出去干活，回来只剩一小点。又有一次，他钓了两条同样大小的鱼，煮熟后说每人吃一条。婆娘吃完自己的一份后，还在丈夫的鱼的背上啃上一口。两人上山砍柴，砍了两根一样大的木头。婆娘想找小的扛，可分不出大小。丈夫戏弄她，叫她啃一口再扛。婆娘羞得无地自容，从此成了勤快的人。佚名讲述，和顺昌记录。收入《云南省民间文学集成丛书·维西民间文学集成资料》，32开，1页，600字，维西傈僳族自治县民间文学集成办公室1990年编印。

（刘怡）

孤儿尼格子

傈僳族生活故事。流传于云南省怒江傈僳族自治州。讲述的是：孤儿为了糊口，长年累月帮有钱的舅舅放牛羊。舅舅非常刻薄、吝啬，从来不让他吃饱。一天，孤儿故意把一头壮牛赶进山箐，然后骗舅舅杀鸡煮饭打卦祭鬼。他趁机吃了一顿饱饭后，带舅舅找回了牛。孤儿就用类似的办法多次教训吝啬的舅舅。帅益子讲述，汉永生、阿南记录、翻译。收入《中华民族故事大系》（第7卷），32开，3页，1500字，上海文艺出版社1995年版。

（刘怡）

孤儿和老虎

傈僳族生活故事。流传于云南省怒江傈僳族自治州。讲述的是：一只老虎想吃掉孤儿，见他手中有砍柴刀，就提出与他赛跑。孤儿跑不过老虎，被老虎抓住了。老虎想将他养胖后再吃。孤儿用计让老虎找来竹子，他用砍刀削成竹签，再插在篾笆下。老虎纵身跳上篾笆吃孤儿，却被竹签给戳死了。孤儿把虎皮剥下，请村里人吃了一顿虎肉。佚名讲述，祝发清、思清记录。收入《傈僳族民间故事》，32开，2页，800字，云南人民出版社1984年版。

（刘怡）

孤儿卖炭

傈僳族生活故事。流传于云南省福贡县。讲述的是：一个讨人嫌的孤儿，一次偷了铁匠的钱，骗村里人说是卖木炭得的，叫大家烧了自己的房去卖木炭。受骗的人将他打了一顿后，装进麻袋准备扔进江里。孤儿趁人们吃饭的工夫，又骗路过的赶马人，说自己是在治眼病，让赶马人进了麻袋。赶马人被扔进江里，孤儿赶着他的马，骗众人说马是龙王给的，让村里人快去龙宫赶马。村里的人纷纷跳进了江中。邓阿双讲述，霜现月、管云东、李向才记录。收入《云南民间文学集成·福贡县民间文学集成卷》，32开，2页，1000字，福贡县文化局、福贡县民委1989年编印。

（刘怡）

贪财人的结果

傈僳族生活故事。流传于云南省怒江傈僳族自治州。讲述的是：一孤儿与三个伙伴以打猎为生。一次他得一老人相告，知道自己住的地方埋着一罐银子，就邀其他三人一起来挖。三个伙伴都想独得这罐银子，便互相使毒计，结果都死了。最后无私心的孤儿独得了这罐银子。木顺江讲述，祝发清、徐演记录、翻译。收入《中华民族故事大系》（第7卷），32开，2页，1200字，上海文艺出版社1995年版。

（刘怡）

两母女和两个盐井

傈僳族生活故事。流传于云南省漾濞彝族自治县。讲述的是：有母女俩，母亲叫盐母，女儿叫盐姑。她们搬到一个叫乔后的地方后，这里就产盐了。消息传到一个盐老板那里，他就设法将母女俩请来看戏,还好饭好菜招待她们,目的是让自己的盐井多出盐。戏演了五十六天,可最后母女俩还是走了。从此盐老板的盐井再也不出盐了,贪心的他竹篮打水一场空。熊寿华讲述,马紫钟记录、翻译。收入《漾濞民间文学选》(第1集),32开,3页,1100字,漾濞彝族自治县文化局1986年编印。

(杨利先)

脉侄养母

傈僳族生活故事。流传于云南省福贡县。讲述的是:一个被人从江中捞起来的孩子,长大后当了将军,深得国王的欣赏。后来王后觉得他与自己的女儿很像,就带着女儿找到他家。将军得知自己是公主遗弃的私生子后,不愿再在国王手下干事,也不认亲生母亲,宁愿回去和自己的养母一起生活。亥本此讲述,霜现月、管云东、李向才记录。收入《云南民间文学集成·福贡县民间文学集成卷》,32开,2页,750字,福贡县文化局、福贡县民委1989年编印。

(刘怡)

铁心儿

傈僳族生活故事。流传于云南省维西傈僳族自治县。讲述的是:逆子有根,因母亲被人邀去做客没等他,就要杀母亲。在邻居的帮助下,母亲逃走了。有根当官娶妻后,得知母亲没死,就逼她为自己带小孩。他深明大义的媳妇知道了缘由后,告了丈夫忤逆不孝之罪,有根被判死刑。行刑后,人们才知有根的心是一颗铁心。媳妇担心自己的儿子也是铁心人,将来对自己不好,就杀了他。她儿子果真也有一颗铁心。朝廷见她忠奸分明,将她和她的婆婆一同接进京城。张香菊讲述,赵松艳记录。收入《云南省民间文学集成·维西傈僳族自治县民间文学集成资料》,32开,3页,1800字,维西傈僳族自治县民间文学集成办公室1988年编印。

(刘怡)

高人有短处,矮人有长处

傈僳族生活故事。流传于云南省怒江傈僳族自治州。讲述的是:一个大个子青年看不起小个子。他上山砍柴时,见到一小个子猎人,就想拿他开心。大个子提出两人比砍柴、爬山、扛树,小个子都不是他的对手。这时来了一只老虎,小个子一下就钻进了洞里,大个子却钻不进去,只好爬上树,差点被老虎吃了。最后还是小个子用箭射死了老虎。大个子方知"高人有短处,矮人有长处"的道理。佚名讲述,李剑泉、郭鸿才记录。收入《傈僳族民间故事》,32开,2页,810字,云南人民出版社1984年版。

(刘怡)

酒肉朋友和兄弟

傈僳族生活故事。流传于云南省福贡县。讲述的是:两兄弟在一起生活,哥哥热衷于结交酒肉朋友,而不喜欢弟弟。当父母留下的家产被吃完后,酒肉朋友扬长而去。后来哥哥想试试朋友和弟弟到底谁对他好,就在自己身上抹了一些臭豆腐,再躺在路边装死。朋友们一见他扭头就走,唯有弟弟抱着他痛哭。这时哥哥才感到骨肉情深。王玛博讲述,霜现月记录。收入《云南民间文学集成·福贡县民间文学集成卷》,32开,1页,300字,福贡县文化局、福贡县民委1989年编印。

(刘怡)

酒酒肉肉不是真朋友

傈僳族生活故事。流传于云南省怒江傈僳族自治州。讲述的是:两兄弟在一起生活,哥哥是个能干的猎人,弟弟是个诚实的庄稼汉。一次,兄弟俩为小事闹别扭,哥哥便觉得朋友好,常常和他们一起吃吃喝喝。叔叔为了让两兄弟和好,就劝说大侄子。哥哥也想试试朋友和弟弟究竟哪个对他好。一次,他在陷阱里戳死了一只马鹿,便对朋友谎称自己戳到了人,要吃官司。朋友离他而去。弟弟听说后,马上让哥哥将他的牛牵去卖了,以应付官司。哥哥这才知道吃吃喝喝不是真朋友。兄弟俩又和好如初。佚名讲述，杨春茂记录。收入《傈僳族民间故事》，32开，2页，850字，云南人民出版社1984年版。

（刘怡）

猎人和花鹿

傈僳族生活故事。流传于云南省福贡县部分地区。讲述的是：两姐弟被一老太婆收养，受尽了虐待，有一次他们偷跑出来。途中，弟弟因口渴喝了会变花鹿的河水。姐姐便带着花鹿弟弟在树林里居住。有一位猎人射伤了花鹿。猎人因爱恋姐姐，又救活了花鹿。后来，两人过上了好日子。娜雄鹰讲述，李向才记录。收入《云南民间文学集成·福贡县民间文学集成卷》，32开，2页，600字，福贡县文化局、福贡县民委1989年编印。

（刘怡）

猎人的礼物

傈僳族生活故事。流传于云南省维西傈僳族自治县傈僳族地区。讲述的是：有个小孩，从小跟着爷爷和父亲上山打猎，长大后成了远近闻名的好猎手。一天，他上山去打猎，翻了好几座山都见不到一头野兽，便丧气地蹲在大树下休息。突然，他听到一阵"窸窣"声，抬头一看，看见一只马鹿。小伙子高兴地跳了起来，枪响之后马鹿应声倒地。猎人走过去，看见马鹿躺在地上一动不动，便从肩上取下枪挂在它的犄角上，又回到大树下休息。正当他美滋滋地抽着烟时，马鹿突然站起来跑了。原来马鹿没有死！小伙子急得到处找枪，这才想起枪还挂在鹿角上。佚名讲述，和吉昌搜集、整理。收入《云南省民间文学集成丛书·维西民间文学集成资料》，32开，1页，570字，维西傈僳族自治县民间文学集成办公室1990年编印。

（龙江莉）

骑虎的人

傈僳族生活故事。流传于云南省怒江傈僳族自治州傈僳族地区。讲述的是：一天，一个孤儿正在锄地，发现一匹野马来地边吃草。他便放下锄头去捉马，可马钻进山洞不见了。他吃过晚饭后又去那个山洞找马。他进洞后到处乱摸，摸到了老虎的屁股，以为是马，就骑了上去。老虎受到了惊吓，驮着他就跑了出来。奔跑中，孤儿被树枝挂了起来，借着月色向下一看，原来自己骑的是虎。老虎回头一看，见自己曾被人骑，很气愤，就咆哮着想爬上树捉孤儿。可它爬了几次也没爬上去。它正着急时，猴子过来拍马屁，说愿意帮它的忙。猴子拉了绳子的一端爬上树去，事先告诉老虎，看见它眨眼就拉绳子的另一端赶紧跑。孤儿等猴子爬到一半，朝它撒了一泡尿。猴子被尿辣着眼睛，便使劲地眨眼。老虎见后赶紧拉起绳子跑，把猴子拉下树摔死了。孤儿在树上大喊"猎人来了"，老虎吓得赶紧逃跑。邓阿杜讲述，郭鸿才整理。收入《傈僳族民间故事》，32开，2页，840字，云南人民出版社1984年版。

（龙江莉）

偷马骑虎

傈僳族生活故事。流传于云南省福贡县。讲述的是：一个小偷在偷马时，误骑了一只来偷马吃的老虎。老虎不知什么东西骑在背上，只得拼命地跑。小偷认为自己偷到了一匹少有的好马。天亮时，他才知骑的是虎，吓得吊在一树枝上，得以逃脱。待老虎跑远后，小偷在树下祭奠树枝。老虎跑回来了，见到偷马人，以为是鬼，又吓跑了。开四迪讲述，霜现月、李向才记录。收入《云南民间文学集成·福贡县民间文学集成卷》，32开，1页，500字，福贡县文化局、福贡县民委1989年编印。

（刘怡）

普普乃乃

傈僳族生活故事。流传于云南省福贡县部分地区。

讲述的是：富人家丢了聚宝盆，便让两个家丁去叫一个很会算计的孤儿帮忙寻找。途中，孤儿自言自语地叫"普普乃乃，普普乃乃"。话音未落，两个家丁吓得跪地求饶。原来，聚宝盆正是这两个叫普普、乃乃的家丁所偷。过了三天，富人的金拐杖又丢了，他又叫普普和乃乃去找孤儿。两人知道孤儿的本事，只好告诉了他金拐杖的藏处。尽管他们没有受到惩罚，但他们对孤儿怀恨在心。不久，他们放跑了富人家的肥猪。富人又让孤儿来找。孤儿不知肥猪的去处，只好在吃饱喝足后悄悄跑了。晚上，他在睡觉的山洞里发现了那头肥猪。肥猪找到了，可富人依旧没有什么表示，孤儿再也不愿为他做事了，从此远走他乡。汪阿都讲述，霜现月、李向才、管云东记录。收入《云南民间文学集成·福贡县民间文学集成卷》，32开，2页，680字，福贡县文化局、福贡县民委1989年编印。

（刘怡）

碓舂心

傈僳族生活故事。流传于云南省龙陵县傈僳族地区。讲述的是：一个妇女轻信陌生人的话，以为自己的孩子犯碓舂心，就将孩子交给陌生人改运。陌生人让妇女踩着碓尾，将孩子放进碓窝里。只要妇女一松脚，孩子势必被舂死。陌生人趁机将妇女家中值钱的东西都拿走了。妇女只能踩着碓尾干着急，一直等到丈夫收工回来，方将孩子抱出来。余付有讲述，董绍有记录。收入《云南民族民间文学集成·龙陵县集成综合卷》，32开，1页，400字，龙陵县文化局1989年编印。

（刘怡）

母猴学人

傈僳族生活故事。流传于云南省维西傈僳族自治县。讲述的是：一位在江边干活的妇女发现对岸有只母猴在模仿自己的动作，很气愤，就决定教训它。她悄悄捡一根木头抱在怀里，母猴也学着把猴仔抱在怀中。妇女将木头扔下江，那只母猴也将猴仔扔下去。后来，见妇女抱自己的孩子喂奶，母猴凄惨地嘶叫着顺江追去。佚名讲述，和永智记录。收入《云南省民间文学集成·维西傈僳族自治县民间文学集成资料》，32开，1页，300字，维西傈僳族自治县民间文学集成办公室1988年编印。

（刘怡）

骗子

傈僳族生活故事。流传于云南省维西傈僳族自治县。讲述的是：一个骗子看见来了马帮，就在路边煮了一锅肉和一锅饭，然后用筷子敲着锅念念有词。赶马人很奇怪。骗子说，这是两口宝锅，可源源不断地蒸出肉和饭。赶马人便用自己的马换了这两口锅。和付昌讲述，和向兵记录。收入《云南省民间文学集成·维西傈僳族自治县民间文学集成资料》，32开，1页，500字，维西傈僳族自治县民间文学集成办公室1988年编印。

（刘怡）

算账

傈僳族生活故事。流传于云南省福贡县部分地区。讲述的是：有两兄弟相依为命，哥哥到财主家干活，三年后因完不成财主要求做的事，空着手回了家。弟弟又去财主家干了三年，财主又提出同样的三个问题为难他。早有准备的弟弟一一完成了，财主只好将工钱给了他。邓阿双讲述，霜现月、管云东、李向才记录。收入《云南民间文学集成·福贡县民间文学集成卷》，32开，2页，500字，福贡县文化局、福贡县民委1989年编印。

（刘怡）

自炒锅和生死棒

傈僳族生活故事。流传于云南省维西傈僳族自治县。讲述的是：一个聪明人为了教训贪官，打了一口石锅，染了一红一绿两根木棒。他事先把石锅烧得滚烫，贪官来时将菜一放进去就熟了。他又骗贪官说，红棒是打死棒，一指人就死；绿棒是打生棒，一指人就活。他还装模作样拿自己的媳妇做实验品。贪官信以为真，用二十万两银子把"自炒锅"和"生死棒"都买了回去。结果菜没炒熟，反打死了自己的老婆。林志德讲述，王治国记录。收入《云南省民间文学集成丛书·维西民间文学集成资料》，32开，2页，900字，维西傈僳族自治县民间文学集成办公室1990年编印。

（刘怡）

绿衣秀才

傈僳族生活故事。流传于云南省维西傈僳族自治县。讲述的是：古时，女人聪明，男人憨笨，只能做粗活。有一位妇女打到老虎，背回虎肉，把虎皮剥下挂在树桩上晒，回家后让丈夫去拿。丈夫将套绳套上虎皮背着就走，可折腾到晚上也没回来。一次，丈夫挖地，路过的绿衣秀才问他一天挖多少锄，他答不出，回家请教媳妇。媳妇让他问秀才一天骑马走多少坡。绿衣秀才一直没难倒这个女人，就给了她一对耳环、一对手镯、一块围腰。女人戴上这些东西后，就只会在家做家务了。佚名讲述，余利全记录。收入《云南省民间文学集成·维西傈僳族自治县民间文学集成资料》，32开，3页，1800字，维西傈僳族自治县民间文学集成办公室1988年编印。

（刘怡）

只要上六块的

傈僳族生活故事。流传于云南省禄劝彝族苗族自治县。讲述的是：从前有个父亲，叫儿子去买三升包谷种，并吩咐他，只要上六块（地名）的，不要下六块（地名）的。儿子以为是价格超过六块钱的才要，低于六块钱的就不要，就到处打听六块钱以上的包谷种在哪里买。可包谷种的价格都在三四块之间，因而他没法买到。最后他只好坚持用六块钱去买别人的一升包谷种，共买了三升，让卖的人捡了大便宜。儿子回来将事情告诉父亲，父亲差点把鼻子气歪了。李光华讲述，钱春林记录、翻译。收入《禄劝民间故事》，32开，2页，850字，禄劝彝族苗族自治县文化局1991年编印。

（杨利先）

穿裤儿的男子汉

傈僳族生活故事。流传于四川省德昌县傈僳族地区。讲述的是：从前在一个山沟里住着几户傈僳人家，其中有两家人，一家穷一家富，富人家的儿子叫财财，穷人家的娃娃叫穷儿。一日，两人为娶几个媳妇争论不休，财财说要娶两个，穷儿说怕管不起只娶一个。财财说穿裤儿的男子汉哪有管不了婆娘的道理。路过的阿巴莫劝说：想发财的喂两头母猪，想穷、想饿、想怄气的就娶两个婆娘。后来，娶了两个婆娘的财财，娃娃生多了，家里乌烟瘴气的，变成了穷光蛋；穷儿却慢慢发财了，成为穿裤儿的男子汉。李才秀、李国才采录。收入《德昌傈僳族民俗故事》，32开，2页，850字，中国文史出版社2007年版。

（和六花）

两老表结伴打山

傈僳族生活故事。流传于四川省德昌县傈僳族地区。讲述的是：从前，在一个傈僳村寨里有两个老表，一个聪明人一个半哑人，两人感情很好，聪明人不管找到什么都要和半哑人平分，还鼓励套不到猎物的半哑人。一日，聪明人说："我们两老表着实相好，以后死也死在一起。"半哑人便觉着聪明人人好、心不好，陷害他，并常常在人前说聪明人陷害他，日久天长，聪明人觉得很是冤枉，两老表自此便分手不再一起打猎。经两人的媳妇劝诫，半哑人主动去向聪明人认错，两人又和气了，一起上山打猎，一起分享猎物。熊万德讲述，李国才采录。收入《德昌傈僳族民俗故事》，32开，3页，1750字，中国文史出版社2007年版。

（和六花）

"鬼"撵东巴

傈僳族生活故事。流传于四川省德昌县傈僳族地区。讲述的是：很久以前有一个姓贺的东巴，说自己会撵鬼，成天帮人去撵鬼，骗取了很多的财产，还天天鼓吹鬼神的凶恶。有一天，吉家大姑娘得了重病，病情严重。吉家父母信鬼神，认为是被山神缠住了，便请贺东巴去撵鬼。贺东巴来到吉家，看到姑娘病情严重，无力回天，便慌慌张张地收拾自己的家什放在背篓里就往家赶。一路上，背篓里的司刀、令牌、石斧、酒杯等相互碰撞，发出"咣当、咣当"的声音，以为被鬼撵了。仓皇跑回家里，背篓又被卡在门外，贺东巴挣不脱，以为被鬼抓住了，直至背带断了才明白了是自己心中有鬼。自此往后，贺东巴不再好意思出门撵鬼，安心劳作。张蓝氏讲述，李国才采录。收入《德昌傈僳族民俗故事》，32开，2页，1260字，中国文史出版社2007年版。

（和六花）

后娘起黑心

傈僳族生活故事。流传于四川省德昌县傈僳族地区。讲述的是：从前有一个傈僳男子娶妻生子，儿子才一岁多，发妻便因病去世。男子又娶了一位妻子，生了一个儿子。两个儿子十分和睦，继母却十分不待见前妻的儿子。有一年，她各拿了两升黄豆种子让两个儿子分别去南山和北山种豆子，给亲儿子的豆种是生的，给前妻儿子的是炒过的，并告诉两个儿子种不出黄豆不许回家，心想可以将前妻的儿子赶走。可善良的小儿子知道母亲起了黑心，半途中和兄长换了种子。次年，大儿子回来了，小儿子没回来，黑心的母亲让大儿子上山去寻小儿子，结果两个儿子都未归家，后娘自己也死在上山寻子的路上，变成一只包谷雀。贺学才讲述，李国才采录。收入《德昌傈僳族民俗故事》，32开，2页，616字，中国文史出版社2007年版。

（和六花）

骗人招人恨

傈僳族生活故事。流传于四川省德昌县傈僳族地区。讲述的是：从前有个人老爱捉弄人，大家都不待见他。他欺骗卖木瓜瓢的阿巴莫把瓢的手柄锯掉，说这样更好卖，结果瓢一个也卖不出去；他让卖鞋子的汉族大嫂把鞋后跟剪掉，结果没人买没跟的鞋子；他摘了会导致腹泻的野果子给阿爸吃，还诓自己的姑妈说阿爸是因为和自己吵嘴想不开，害阿爸屙脏了裤子；他还买几尺白布包在脑壳上，欺骗自己的妻子老岳父过世了。如此种种，他总是想尽办法欺骗他人，很是招人恨。罗正云讲述，李国才采录。收入《德昌傈僳族民俗故事》，32开，2页，868字，中国文史出版社2007年版。

（和六花）

世上没得后悔药

傈僳族生活故事。流传于四川省德昌县傈僳族地区。讲述的是：古时候山里住着一家人，有几个儿女，父亲对大的儿女管教很严，却对小女儿娇生惯养。有一天，全家人出门去了，留小女儿守屋，从山里跑来一只公猴骗她到深山岩洞游玩。自此以后，小女儿时常偷了家里的东西去岩洞，还和公猴生下了一只小猴子，父母发觉有些许异样，却还一味娇惯，舍不得打骂。直至后来父母起了疑心，尾随小女儿才发现真相，事情败露，公猴和小猴掉下悬崖死了，小女儿羞愧难当上吊死了，父母追悔莫及。张正顺讲述，李文华采录。收入《德昌傈僳族民俗故事》，32开，2页，756字，中国文史出版社2007年版。

（和六花）

"闷"男人

傈僳族生活故事。流传于四川省德昌县傈僳族地区。讲述的是：从前有一对夫妻，女的聪明、能干，男的却很"闷"。一日，夫妻二人上山打野牛，男人拿着弓弩藏在垭口上守候，女人去追赶野牛，让男人看到野牛后瞄准"诗噶"（致命部位）射。女人将野牛追赶到垭口，男人却一箭射在苦葛藤里（傈僳语也叫"诗噶"）。二人互换角色，女人一箭射死了野牛，二人分割野牛，并将牛皮晒在一棵黄泡树上。次日，女人砍下一条野牛腿，让男人送去给岳父岳母，男人转身看到自己的影子，以为是儿女撵路，便一路割下一坨坨的肉丢给"儿女"，到岳父母家，野牛腿只剩下一个骨头。岳父母让男人一路捡着野牛肉回去，煮给孩子吃。过几天，他上山去取野牛皮，连牛皮带刺树一起捆紧，背也背不动，身上还被挂了很多口子。于是，男人赌气守着刺树不走了，用手去掐刺，说："你戳我，我就掐你；你戳得我流血，我就掐得你脱皮。"女人上山来找他，才一起把野牛皮收回了家。黎万明讲述，李文华、熊国秀采录。收入《德昌傈僳族民俗故事》，32开，3页，1120字，中国文史出版社2007年版。

（和六花）

阿爸的眼睛像床下的羊眼睛

傈僳族生活故事。流传于四川省德昌县傈僳族地区。讲述的是：从前有个人爱干偷鸡摸狗的事情，家里人劝说也无济于事。一天晚上，他去偷来一头羊杀来吃掉了，只剩下一个羊头。第二天，一群抓贼的人顺着脚印找来，他正在和儿子烧羊头，他慌忙将羊头踢到床下，假装在火塘边烤火。找羊的人进来询问，他矢口否认，来人问他一旁的儿子，儿子说肚子里装的是羊肉，他瞪儿子的眼睛像床下的羊眼睛。于是，他偷盗的事情败露了，受到了应有的惩罚。谷老四讲述，熊国秀、李文华采录。收入《德昌傈僳族民俗故事》，32开，2页，560字，中国文史出版社2007年版。

（和六花）

鼻子擤粉条没学到

傈僳族生活故事。流传于四川省德昌县傈僳族地区。讲述的是：有一个傈僳族父亲很重视孩子学规矩，舀饭、夹菜等餐桌礼仪、接人待物都事无巨细地教给儿子。一天，父亲带儿子去做客，儿子老老实实地按父亲教的去做，父亲很是满意。突然，父亲打了一个喷嚏，刚吃进去的粉条从鼻子里飞了出来，儿子傻呆呆地说鼻子擤粉条没学到，一旁的人哄堂大笑。李国才讲述，贾斌采录。收入《德昌傈僳族民俗故事》，32开，1页，336字，中国文史出版社2007年版。

（和六花）

没有记性的人

傈僳族生活故事。流传于四川省德昌县傈僳族地区。讲述的是：有一个傈僳族男子记性十分不好，他的婆娘很心焦，喊他骑马去城里看病，他骑上马走了。走出村口，他想方便，便将马拴在树上，并在地上插了一支箭作记号。等他方便完看到箭，以为是谁要害他，转了一大圈，没见人，自己却被刚刚屙的大便滑倒，他气得大骂在此方便的人。转身看到马，欣喜地以为自己捡到一匹马，骑着往村子里走。回到家里，婆娘问他原因，他对自家婆娘说：我又不认得你，你骂我干啥？李国才讲述，罗从军采录。收入《德昌傈僳族民俗故事》，32开，1页，420字，中国文史出版社2007年版。

（和六花）

懒汉和蕨果

傈僳族生活故事。流传于四川凉山彝族自治州德昌县傈僳族地区。讲述的是：古时候有个懒汉，光吃饭不做活路，懒到极致，大家都喊他猪懒汉。那时候，山上的蕨苔像树子，蕨果里尽是蕨粉面。这一年，懒汉饿得受不住，到打架山上摘蕨果。结果他懒得伸手摘蕨果，倒在蕨苔上，让蕨果落到他嘴里。蕨果看到他的样子很生气，一个也不落给他吃。自此，蕨苔变小了，不再结蕨果，好蕨粉全部回到根里，让勤劳的人去挖。猪懒汉因为懒，活活饿死了。李魏氏讲述，李国才采录。收入《德昌傈僳族民俗故事》，32开，1页，440字，中国文史出版社2007年版。

（和六花）

巧语联姻

傈僳族生活故事。流传于四川省德昌县傈僳族聚居区。讲述了有一户贫穷的人家，老两口都七八十岁了，膝下的独儿子却还娶不到媳妇。一位从邻村来的好心的阿牙玛莫愿意帮他家说个媳妇。在阿牙玛莫的巧语做媒下，一个姑娘嫁到了小伙家。看到男方家如此贫穷，姑娘后悔不已，但生米已煮成熟饭，小伙又勤劳爱惜自己，姑娘也就留下一起过了一辈子。张荣才讲述，李文华收录。收入《德昌傈僳族民俗故事》，32开，1页，380字，中国文史出版社2007年版。

（艾芳）

儿子和木头阿妈

傈僳族生活故事。流传于四川省德昌县傈僳族聚居区。讲述了从前有家傈僳，只有两娘母。阿妈很爱儿子，但儿子慢慢长大了却不尊重阿妈，甚至打骂阿妈。后来，儿子看到自家大松树上的乌鸦喂食后，深感羞愧，觉得自己连乌鸦都不如，决定要照顾好阿妈。一天，阿妈给儿子送饭，看到手拿条子忙着来接应自己的儿子，以为又要被打，慌忙逃跑中撞死在了木桩上。儿子悔恨不已，将阿妈撞的木桩做成阿妈的雕像，天天背着去做活，细心照顾。一次遭遇雷雨天，他先将木头阿妈抱进屋去后才收谷子，感动了本来要打死他的雷神菩萨，饶过了他。李国才讲述，罗从军采录。收入《德昌傈僳族民俗故事》，32开，3页，700字，中国文史出版社2007年版。

（艾芳）

天干三年能活命

傈僳族生活故事。流传于四川省德昌县傈僳族聚居区。讲述了从前傈僳人住的地方三年天干，庄稼种不下去，但有一家人却全家活得好好的。原来干旱的头一年，这一家人每逢赶场都上街收很多耐旱的芋子回来种。把芋头心吃掉后又把自家和别人家丢的芋头皮贴在墙壁上，一张叠一张地贴，等到第三年天干得连芋头都种不活时，就铲下墙上的芋头皮煮着吃。其他人不知道他们的这种做法，还去他们家里搜粮食，结果什么也没搜出来。李国才讲述，罗从军采录。收入《德昌傈僳族民俗故事》，32开，2页，300字，中国文史出版社2007年版。

（艾芳）

不抽烟得"两头"

傈僳族生活故事。流传于四川省德昌县傈僳族聚居区。讲述从前一家两口，男人刚成亲不久就学抽烟，不仅不听婆娘的劝，还反骂婆娘是蠢东西。从此以后，每当男人抽一匹烟，婆娘就拿一匹烟放在旁边。日积月累，男人抽的烟变成烟灰不见了，女人积攒起来的烟叶卖掉后换回来一头牛。后来，男人也慢慢不抽烟了，并悟出了道理点醒了很多人，好多人都跟着他戒了烟。张才珍讲述，熊国秀、李文华采录。收入《德昌傈僳族民俗故事》，32开，2页，370字，中国文史出版社2007年版。

（艾芳）

勤劳的两姐弟

傈僳族生活故事。流传于四川省德昌县傈僳族聚居区。讲述有一家穷苦的傈僳姐弟两，种不起麻也喂不起羊。聪明的弟弟在路边放了些刺，将路过的羊挂上的羊毛凑积起来。姐姐也请附近的姑娘来捻麻，将丢下的烂麻丝收拢起来。日积月累，姐姐给兄弟缝了一身新衣服，自己也缝了一条漂亮的裙子。姐姐穿着自己缝的漂亮裙子去给新姑娘做陪伴，结果新姑娘因为太懒被新郎家撵走了，而姐姐因为又勤快又好看，被新郎家看中，和新郎成了亲，过上了美满的日子。张吉氏讲述，熊国秀、李文华采录。收入《德昌傈僳族民俗故事》，32开，3页，800字，中国文史出版社2007年版。

（艾芳）

能干的女当家

傈僳族生活故事。流传于四川省德昌县傈僳族聚居区。讲述有一对傈僳夫妻，为了让日子过得好些，女的主张喂养家畜、种庄稼，男的主张安山、打猎。两人各说各有理，决定各搞各的，一年后拿出东西来比输赢。第二天，男的带着刀枪等出门安山、打猎去了，女的在家带着两个娃娃开荒种地，搭棚圈养家畜，十分辛苦。一年后，男的空手而归，女人收获满满，男人只得点头认错，从此放下刀枪，拿起农具，一家人种庄稼、养家畜，慢慢日子也过得宽裕了。贺老者、张述林讲述，熊国秀、李文华采录。收入《德昌傈僳族民俗故事》，32开，2页，500字，中国文史出版社2007年版。

（艾芳）

好心的两弟兄

傈僳族生活故事。流传于四川省德昌县傈僳族聚居区。讲述很早以前，娶婆娘都是到街上去买。有两兄弟，家里很穷，只能打伙去买一个。兄弟摸了八个装有婆娘的麻袋，最终摸中了一个骨骼大能做家务的。结果解开麻袋一看，里面是个五十多岁的老妈妈。两兄弟像对待自己的妈妈一样对待她。有一天，老妈妈去井边打水时，摔死在了打滑的石板上。两兄弟为了不再让其他人跌跤，便打算把石板撬掉，没想到石板下面埋了好大一堆银子。兄弟俩用银子安埋了老妈妈，修了新房子，还各自买回了婆娘成了家。张荣才讲述，熊国秀、李文华采录。收入《德昌傈僳族民俗故事》，32开，2页，400字，中国文史出版社2007年版。

（艾芳）

桃树坡的故事

傈僳族生活故事。流传于四川省德昌县傈僳族聚居区。讲述了受姑表舅婚影响的傈僳族女子的悲剧故事。内容为：谷家姐姐英秀因为要遵从"逮猪份子"（舅舅家儿子要娶孃孃家女儿）习俗嫁给了舅舅家的哑巴兄弟为妻，虽然英秀也曾逃婚三次，但都被抓了回来。出嫁以后的英秀遭到了公公婆婆和丈夫的欺凌，最终吊死在了一棵大桃树下。英秀母亲听说女儿的死讯，非常自责，搬到女儿吊死的桃树林住下，每年都去吊唁。英秀的弟弟讨厌阿妈每年哭丧姐姐，便将桃树砍倒，可却被倒下的树枝挂到，流血过多死了。英秀的妹妹友秀结识了黎家娃儿，两情相悦。但是舅舅家在姐姐死后三年又来"逮猪份子"，一定要娶到友秀。阿妈心疼女儿，决定带着女儿一起自杀。友秀半夜被落下的火渣烫醒，逃出草房。就在此时舅舅家前来强抢友秀，友秀冲进着火的草房救阿妈，娘俩都被烧垮的房屋埋了。黎家娃儿想念友秀，最终思念成疾。从此以后，附近的人们总是梦到黎家娃儿和友秀在桃树坡放羊唱歌的快乐日子。李国才讲述，夏承政采录。收入《德昌傈僳族民俗故事》，32开，4页，2200字，中国文史出版社2007年版。

（杨筱奕）

抢亲的风波

傈僳族生活故事。流传于四川省德昌县傈僳族聚居区。讲述了受"要留老姑娘"习俗影响的傈僳族女子的故事。内容为：要"留老姑娘"的黎秀与吉家老三双财双双被选为对歌人，歌还没对完，谷四就带着儿子谷保文到黎家提亲。黎老二因为要留老姑娘拒绝了谷家，谷家便计划抢亲。黎秀被谷家抢走关在草房，谷家两姑娘不忍，便制造机会让黎秀逃跑了。谷保文得知消息，带着人马一路追踪，追到大家都不敢进的山林，便只好放弃了。黎秀走过老虎山、豹子洞，在狼窝山又苦又闷，情不自禁唱起了歌。歌声恰好被进山打猎的吉双财听到，认出了唱歌的姑娘就是和自己对歌的姑娘。吉双财唱歌，黎秀担心是谷家的人，于是不敢出声，直到双财借歌表意后，黎秀才出来见面。吉家把黎秀送回家时，正巧遇到黎家请勒扒，在给女儿办丧事。黎老二见到女儿喜出望外，得知女儿的经历后，杀猪宰牛感谢吉家，还宴请了亲朋好友。宴会上，吉老三替儿子吉双财提亲，希望能够迎娶黎秀。黎家上下都同意这门亲事，从此以后黎家再也不留老姑娘了。李国才讲述，夏承政采录。收入《德昌傈僳族民俗故事》，32开，10页，4500字，中国文史出版社2007年版。

（杨筱奕）

（三）机智人物故事

土司的衣裳

傈僳族机智人物故事。流传于云南省怒江傈僳族自治州。讲述的是：土司与刮加桑打赌，让他三天内将自己的衣服偷去。刮加桑连续在土司家附近闹了两晚，让土司无法入睡。第三晚，趁土司睡着了，刮加桑往他的脖子里倒了一包龙竹粉。土司痒得受不了，就把衣服脱了。刮加桑将他的衣服穿上，大摇大摆走出去。土司发现自己的衣服不见了，便穿着刮加桑留下的破衣服跑出来大叫，被手下当成刮加桑打死了。佚名讲述，杨国璋、木顺江、李卫才记录。收入《傈僳族民间故事》，32开，3页，1500字，云南人民出版社1984年版。

（刘怡）

土官输了小老婆

傈僳族机智人物故事。流传于云南省怒江傈僳族自治州。讲述的是：土官被刮加桑作弄后，一直找机会报复。有一次他告诉刮加桑，若偷不走自己的小老婆，就惩罚他。刮加桑趁夜将羊肠子放进灶里，引得土官来看；又装成土官的声音用布裹走了他的小老婆。从此，寨子里将土官赌输小老婆的事当成笑料。佚名讲述，赵鉴新记录。收入《傈僳族民间故事》，32开，2页，1000字，云南人民出版社1984年版。

（刘怡）

木锄

傈僳族机智人物故事。流传于云南省福贡县。讲述的是：刮加桑将山官的牛杀了，吃不完的肉分几处理了起来。一天干活时，他见一富商驮着货物经过，就装模作样祈求老天爷，让他的神锄挖出肉来。富商看见他果真挖出了肉，便上前一试，也挖出了一堆肉，就用自己的货物和银子换走了他的木锄。刮加桑把银子和货物分给了长工们，自己则拿着富商的文明棍远走他乡。邓阿双讲述，霜现月、管云东、李向才记录。收入《云南民间文学集成·福贡县民间文学集成卷》，32开，2页，1000字，福贡县文化局、福贡县民委1989年编印。

（刘怡）

巧斗山官

傈僳族机智人物故事。流传于云南省福贡县。讲述的是：一次，富人们将刮加桑告了，山官罚刮加桑去犁地。刮加桑饿了，就将山官的大公牛杀了吃。他将牛尾巴插在岩石缝中，然后告诉山官牛不见了。山官心疼地到处找牛，天黑时才在山上看见牛尾巴。刮加桑说牛拉不回来，让山官自己去拉。结果牛尾巴拉出来了，而山官也掉下了悬崖。邓阿双讲述，霜现月、管云东、李向才记录。收入《云南民间文学集成·福贡县民间文学集成卷》，32开，3页，1500字，福贡县文化局、福贡县民委1989年编印。

（刘怡）

巧治山官

傈僳族机智人物故事。流传于云南省福贡县。讲述的是：刮加桑偷走了山官老婆的裤子后，还想惩罚一下山官。有一天，他趁夜将山官的一只肥羊杀了煮着吃，然后把羊肠放在睡熟的山官怀里，把羊皮铺在楼梯上，再大叫，吓得山官跌坏了腰。邓阿双讲述，霜现月、管云东、李向才记录。收入《云南民间文学集成•福贡县民间文学集成卷》，32开，2页，400字，福贡县文化局、福贡县民委1989年编印。

（刘怡）

巧偷金银罐

傈僳族机智人物故事。流传于云南省怒江傈僳族自治州。讲述的是：被刮加桑教训过的富人们到土官处告状，土官想试试刮加桑的才智，便让他来偷自己的金银罐。晚上，土官叫手下严密防守，这还不放心，自己和老婆轮流抱着罐子睡。刮加桑偷偷进了土官的住处，刚见土官出屋，就装成土官的模样，从土官老婆怀中抱走了金银罐。佚名讲述，明星记录。收入《傈僳族民间故事》，32开，2页，800字，云南人民出版社1984年版。

（刘怡）

白熊

傈僳族机智人物故事。流传于云南省福贡县。讲述的是：一次，刮加桑邀了一伙人去富人家偷肉和米。他偷出几块肉后扔了出来，同伴为了拣肉，松开了撬门的棍子，刮加桑出不来了。他便用蜂蜜和棉花将自己弄得全身白绒绒的，吓跑了富人，逃了出来。邓阿双讲述，霜现月、管云东、李向才记录。收入《云南民间文学集成•福贡县民间文学集成卷》，32开，2页，300字，福贡县文化局、

福贡县民委1989年编印。

（刘怡）

先笑后哭

傈僳族机智人物故事。流传于云南省福贡县。讲述的是：富人想让刮加桑当众出丑，在一次宴席上，要他当着大家的面，设法把自己全家逗哭。刮加桑借口说，酒席上没有鱼，他做不到。富人便跟他去河里捕鱼。不一会儿刮加桑偷偷跑了回来，告诉大家说，富人掉到河里了。富人全家大哭起来。刮加桑又在房子外面放了一把火，跑到河边告诉富人，他家起火了。富人哭喊着往家跑。后来富人全家才知上了当，刮加桑又赢了。邓阿双讲述，霜现月、管云东、李向才记录。收入《云南民间文学集成•福贡县民间文学集成卷》，32开，3页，1500字，福贡县文化局、福贡县民委1989年编印。另有杨国璋、木顺江、李卫才的记录文章，收入《傈僳族民间故事》，云南人民出版社1984年版。

（刘怡）

羊换牛

傈僳族机智人物故事。流传于云南省福贡县。讲述的是：富商发现上了刮加桑的当，就告了官。土司派兵去捉刮加桑。刮加桑骗士兵说自己的羊要屙银子，暂时不能离开。士兵们将这事禀报了土司。土司想得到银子，就亲自来到刮加桑家，并按照他的话脱了自己的衣服，穿上了他的破衣。刮加桑穿上土司的衣服，命人把土司给杀了。邓阿双讲述，木顺江、李卫才记录。收入《云南民间文学集成•福贡县民间文学集成卷》，32开，3页，1600字，福贡县文化局、福贡县民委1989年编印。

（刘怡）

报复

傈僳族机智人物故事。流传于云南省怒江傈僳族自治州。讲述的是：一次，刮加桑被富人抓住。趁夜逃跑时，他看见了一罐蜂蜜和一篮子棉花，

就将蜜倒在身上，粘上棉花后，坐在富人祭神的台子上。富人见了，忙杀牛祭神。刮加桑将祭祀用的牛腿偷偷扛走了。佚名讲述，左玉堂、祝发清记录。收入《傈僳族民间故事》，32开，2页，1000字，云南人民出版社1984年版。

（刘怡）

狗换牛

傈僳族机智人物故事。流传于云南省怒江傈僳族自治州。讲述的是：刮加桑见乡亲们没有耕牛犁地，就去骗土官说，自己的狗一晚能犁三亩地。土官信以为真，便将自己的耕牛换走了刮加桑的狗。佚名讲述，赵鉴新记录。收入《傈僳族民间故事》，32开，2页，1200字，云南人民出版社1984年版。

（刘怡）

宝棍（一）

傈僳族机智人物故事。流传于云南省怒江傈僳族自治州。讲述的是：刮加桑将一个摔烂的土锅藏在荞秆堆中，硬说锅是富人的娃娃打烂的。刮加桑说他有一根棍子，用它指谁，谁就将家中的金子给棍子的主人，他的棍子是宝棍，谁拥有它谁就享福。富人信以为真，就用两驮金子换走了"宝棍"。佚名讲述，苗苗记录。收入《傈僳族民间故事》，32开，3页，1500字，云南人民出版社1984年版。

（刘怡）

宝棍（二）

傈僳族机智人物故事。流传于云南省怒江傈僳族自治州。讲述的是：山官时常在人前炫耀银杖，刮加桑很是看不惯。一次山官要来寨子，刮加桑事先在他回去的路上埋了一竹筒饭和一葫芦水。山官返回时，走得又饿又渴。刮加桑便装模作样地用棍一指，取出了饭，再一指，又得到了水。他还将打到的鸟悄悄丢进草丛中，让山官试着用棍得到了鸟。山官就用自己的银手杖换了这根"宝棍"。佚名讲述，祝发清、左玉堂记录。收入《中华民族故事大系》（第7卷），32开，3页，1800字，上海文艺出版社1995年版。

（刘怡）

拔牛尾

傈僳族机智人物故事。流传于云南省怒江傈僳族自治州。讲述的是：刮加桑为了惩罚土官，就帮他家放牛。他将牛养得膘肥体壮，赢得了土官的信任。后来刮加桑说山上的草不多，土官便同意他将牛赶往远处放牧。他趁机将牛杀的杀、送的送，给了穷苦百姓，然后将牛尾巴插在石缝里，告诉土官说，牛群钻进了地底。土官抓住牛尾巴往外拔，牛尾巴拔出来了，他自己也跌伤了。佚名讲述，杨春茂记录。收入《傈僳族民间故事》，32开，2页，1000字，云南人民出版社1984年版。

（刘怡）

智斗大力士

傈僳族机智人物故事。流传于云南省怒江傈僳族自治州。讲述的是：刮加桑用计让老爷跌伤，然后背他回家。回来后，刮加桑赶忙跑上山去看牛肉煮熟了没有，哪知同伴娃尼扒正在大吃特吃，一点也没有给他吃的意思。他只好向娃尼扒要了一个牛尿泡。刮加桑把牛尿泡吹胀后，走到树林里一边使劲抽打它，一边发出求饶的声音。五大三粗的娃尼扒以为土官带人来捉拿盗牛贼了，吓得赶快逃命，留下了那锅煮好的牛肉供刮加桑享用。佚名讲述、记录。收入《傈僳族民间文学概论》，32开，2页，1000字，云南教育出版社2002年版。

（刘怡）

刮加桑之死

傈僳族机智人物故事。流传于云南省福贡县。讲述的是：有一天，受了刮加桑骗的富人们请他喝酒，暗中在酒里下了毒。刮加桑知道自己中了毒，回到家后让人找来一只笛管状的竹筒，在里面放上几只大马蜂。他到了村边坐下，将竹筒放在嘴上做出吹笛子的样子后，就死了。因为竹筒中的马蜂不停地叫着，富人们以为刮加桑没死，还能吹竹笛，就把他没喝完的酒喝了。结果他们也死了。邓阿双讲述，霜现月、管云东、李向才记录。收入《云南民间文学集成·福贡县民间文学集成卷》，32开，1页，500字，福贡县文化局、福贡县民委1989年编印。

（刘怡）

娃花帕的土锅

傈僳族机智人物故事。流传于云南省怒江傈僳族自治州。讲述的是：刮加桑一直想惩治善于鼓唇弄舌、喜欢舔土官屁股的娃花帕。一次，刮加桑见他背着土锅，就骗他说，太阳和月亮正在打架。娃花帕抬头去看，将背上的土锅摔烂了。佚名讲述，杨春茂记录。收入《傈僳族民间故事》，32开，2页，800字，云南人民出版社1984年版。

（刘怡）

神拐杖

傈僳族机智人物故事。流传于云南省福贡县。讲述的是：有一天，刮加桑邀岳父来做客，去时他沿路埋好了水、酒、饭。待岳父跟他一起回来时，他装模作样挥起拐杖，从路边取出水、酒、饭来。他告诉岳父，这是一根神拐杖。岳父回家时，什么都不要，只向女婿要了这根神奇的拐杖。可一路上用它什么也挥不出来，他又累又渴又饿地回了家。邓阿双讲述，霜现月、管云东、李向才记录。收入《云南民间文学集成·福贡县民间文学集成卷》，32开，2页，750字，福贡县文化局、福贡县民委1989年编印。

（刘怡）

捉贼

傈僳族机智人物故事。流传于云南省怒江傈僳族自治州。讲述的是：土官将搜刮来的金银藏在柴堆后的洞里，刮加桑假装去为他帮工，探得秘密，将金银搬走了。然后，他用计将土官当贼装进麻袋里，叫人痛打了一顿。佚名讲述，左玉堂记录。收入《傈僳族民间故事》，32开，4页，2100字，云南人民出版社1984年版。

（刘怡）

春碓

傈僳族机智人物故事。流传于云南省福贡县。讲述的是：刮加桑想惩治村里一个叫臭婆辣的人，就假装帮她抱着娃娃春碓。待米春好后，他让臭婆辣踩着碓，自己帮她把碓里的米捞上来。米捞完后，刮加桑将娃娃放在碓里，自己背着米走了。为了自己的孩子，臭婆辣踩着碓不能动，急得又哭又骂。邓阿双讲述，霜现月、管云东、李向才记录。收入《云南民间文学集成·福贡县民间文学集成卷》，32开，2页，300字，福贡县文化局、福贡县民委1989年编印。

（刘怡）

祭鬼

傈僳族机智人物故事。流传于云南省怒江傈僳族自治州。讲述的是：刮加桑帮富人干活，想吃一顿饱饭，轻松一天。在犁地时，他故意将一头牛顺着架，一头牛反着架，让两头牛犁不成地，然后装神弄鬼地骗富人去杀鸡祭鬼。佚名讲述，赵鉴新记录。收入《傈僳族民间故事》，32开，1页，1200字，云南人民出版社1984年版。

（刘怡）

偷马

傈僳族机智人物故事。流传于云南省福贡县。讲述的是：刮加桑惩治了山官两次。山官为了报复他，便派人严守马厩，要他再来偷一次马。山官暗中命令手下，看见刮加桑来偷马就打死他。刮加桑待马厩的人守了几天已疲惫不堪时才行动。

他混在守马人中睡觉，将他们挤到角落，然后偷偷地将马牵了出去。邓阿双讲述，霜现月、管云东、李向才记录。收入《云南民间文学集成·福贡县民间文学集成卷》，32开，1页，400字，福贡县文化局、福贡县民委1989年编印。

（刘怡）

棒打苍蝇

傈僳族机智人物故事。流传于云南省怒江傈僳族自治州。讲述的是：刮加桑在帮富人干活时，偷偷跑到他家，把炖好的一锅肉吃了个精光，并放了一只绿头苍蝇在里面。富人见肉没了而多了一只苍蝇，很奇怪。刮加桑说锅里有怪物，骗富人去打苍蝇。富人追来追去打苍蝇，苍蝇忽然飞到他老婆头上，富人又饿又恨，眼花看不真切，一棒子打过去，将自己老婆头上打出一个大血泡。佚名讲述，王学佐记录。收入《傈僳族民间故事》，32开，2页，1000字，云南人民出版社1984年版。

（刘怡）

惩治恶鬼

傈僳族机智人物故事。流传于云南省怒江傈僳族自治州。讲述的是：刮加桑装扮成一位漂亮姑娘，诱使一个荒淫成性的土官上当。土官钻进了放有马蜂的被窝里，被叮得直叫。刮加桑借口打马蜂，将他痛打了一顿。佚名讲述，左玉堂记录。收入《傈僳族民间故事》，32开，3页，2000字，云南人民出版社1984年版。

（刘怡）

赌钱罐

傈僳族机智人物故事。流传于云南省福贡县。讲述的是：一次，刮加桑找富人借钱。富人与他打赌，若他能偷到自己的一罐钱，便送给他。当晚富人守着钱罐一动不动。刮加桑在他家房后的山上放了一把火，待富人出去看究竟时，趁机偷走了钱罐。富人又输了一罐钱给刮加桑。邓阿双讲述，霜现月、管云东、李向才记录。收入《云南民间文学集成·福贡县民间文学集成卷》，32开，1页，400字，福贡县文化局、福贡县民委1989年编印。

（刘怡）

智娶富人姑娘

傈僳族机智人物故事。流传于云南省怒江傈僳族自治州。讲述的是：富人家有两个女儿，都长得很漂亮，但从不和陌生人说话。富人夸口，谁能和其中的一个女儿说上三句话，就将她嫁给谁。刮加桑便来到一位姑娘面前用石头杀猪，让她看不下去而责怪他。然后，他用刀子杀猪，而用筛子接猪血。姑娘一边责难，一边自己拿木盆来接猪血。接着，刮加桑在富人的房子旁边堆上干柴准备烧猪毛，姑娘赶来劝阻。刮加桑与这位姑娘对上了三句话，便娶了她。佚名讲述，左玉堂记录。收入《傈僳族民间故事》，32开，2页，1000字，云南人民出版社1984年版。后编入《中华民族故事大系》（第7卷），上海文艺出版社1995年版。

（刘怡）

跺土成肉的拌棍

傈僳族机智人物故事。流传于云南省怒江傈僳族自治州。讲述的是：刮加桑和富人的儿子到外地做生意。他事先在途中要歇息的地方埋好饭菜。到了歇息地，富人的儿子忙着做饭；刮加桑睡完觉后，用棍子敲着地"叫"出了饭菜。富人的儿子便用两袋银子换他那根可叫出饭菜的棍子。佚名讲述，王学佐记录。收入《傈僳族民间故事》，32开，2页，1300字，云南人民出版社1984年版。

（刘怡）

巧取银子

傈僳族机智人物故事。流传于云南省怒江傈僳族自治州。讲述的是：刮加桑的爷爷听见人们称赞自己的孙子，想试试他究竟有多聪明。爷爷将一小块银子含在口中，要孙子设法取出来。刮加桑趁爷爷不注意，取几个辣椒丢进火塘里，呛得爷爷连打了几个喷嚏，银子也就从嘴里掉出来了。佚名讲述，祝发清、左玉堂记录。收入《中华民族故事大系》(第7卷)，32开，2页，800字，上海文艺出版社1995年版。

（刘怡）

太阳和月亮打架

傈僳族机智人物故事。流传于云南省怒江傈僳族自治州。讲述的是：刮加桑走亲戚时，遇到一个背着土罐的小商贩。小商贩一再要求刮加桑展示一下自己开玩笑的本事。刮加桑便说，连太阳和月亮打架自己都忙不得瞧，哪有时间哄他玩。小贩光顾抬头看天空，跌了一跤，将背上的土罐全打碎了。佚名讲述，祝发清、左玉堂记录。收入《中华民族故事大系》(第7卷)，32开，2页，900字，上海文艺出版社1995年版。

（刘怡）

打赌

傈僳族机智人物故事。流传于云南省怒江傈僳族自治州。讲述的是：有一天，山寨里的富人想戏弄刮加桑，与他打赌，谁看人吃东西流口水就算输。结果刮加桑看富人吃完了一桌好酒好菜也没流一滴口水，而富人看他吃了半个酸橘子就口水直淌了。佚名讲述，祝发清、左玉堂记录。收入《中华民族故事大系》(第7卷)，32开，2页，1200字，上海文艺出版社1995年版。

（刘怡）

找金子

傈僳族机智人物故事。流传于云南省怒江傈僳族自治州。讲述的是：两个懒汉听说刮加桑拿了富人好多金子，就来向他要。刮加桑告诉他们，金子掉在山箐里了，并让他们帮着自己一起找。找不到金子，刮加桑提出将树砍倒后再找。树砍倒后，金子还是找不着。刮加桑又提出，把树烧了后再找。树烧了，金子仍没找到。刮加桑就提议，在地里撒一些谷种。他领着两人又是拔草又是锄地。秋后他在地里收了一箩箩谷子，然后告诉两人说，金子找到了。两个懒汉这才知道，刮加桑所说的丢失在山箐的金子，就是金黄的谷子。佚名讲述，祝发清、左玉堂记录。收入《中华民族故事大系》(第7卷)，32开，2页，1300字，上海文艺出版社1995年版。

（刘怡）

麂子爬树

傈僳族机智人物故事。流传于云南省陇川县傈僳族聚居区。讲述的是：富人的儿子欺负穷孩子，把穷孩子扣到的麂子换成自己在树上扣住的鸟。穷孩子便让刮加桑来评理。刮加桑未按约定的时间来，说自己见沙滩起火，便用篮子装水灭火，因而来迟了。富人的儿子听了大笑，责问刮加桑，沙滩怎么会起火？篮子怎么能装水？刮加桑马上反问他，麂子为什么会上树？富人的儿子只得认输。佚名讲述，祝发清、尚仲豪记录。收入《中华民族故事大系》(第7卷)，32开，2页，900字，上海文艺出版社1995年版。

（刘怡）

快来打偷猪贼

傈僳族机智人物故事。流传于云南省怒江傈僳族自治州。讲述的是：有一年，刮加桑家乡发生灾荒，庄稼颗粒无收，穷苦人家日子难过。寨子里有个富人，家里粮食堆得像小山，并养了一大群又肥又大的猪。穷人向他借粮充饥，可他不允。刮加桑听说后，很生气。一天夜里，他邀约了一大伙穷人，带上杀猪家什，在寨脚底的山箐里等着。他自己拿着一条大麻袋，悄悄走进富人家的猪圈，将几头大肥猪拴在一扇磨盘上，然后把磨盘往山箐一滚，猪被磨盘拖下去了。刮加桑轻手轻脚地摸进富人睡处，将他套在麻袋中，拴住袋口，拖到猪圈门口。刮加桑连声大喊："快来打偷猪贼！"刻薄的富人挨了家人的一顿棍棒。穷人们分了猪肉，个个开心地笑了。佚名讲述，祝发清、左玉堂记录、翻译。收入《云南少数民族机智人物故事选》，32开，2页，1300字，中国民间文艺出版社1981年版。

（阿南）

赶羊

傈僳族机智人物故事。流传于云南省怒江傈僳族自治州。讲述的是：从前，有个贪心、吝啬的富人，附近寨子里的穷人都被他搜刮得一干二净。可他不知足，见财如命，贪心得很。刮加桑想找个机会整整他。一天，他从一个牧羊老人那里借来一大群羊。富人见了眼红得很，便问他从哪里赶来的羊。刮加桑故意神秘地说，是从龙王家里赶来的。贪心的富人便要刮加桑带他去龙王家赶羊。于是，刮加桑带富人来到江边，把他拴在一扇磨盘上，指着漩涡告诉他，那里就是龙王家。财迷心窍的富人果真跳进江里，一个巨浪把他卷走了。佚名讲述，祝发清、左玉堂记录、翻译。收入《云南少数民族机智人物故事选》，32开，3页，1900字，中国民间文艺出版社1981年版。

（阿南）

种金子

傈僳族机智人物故事。流传于云南省怒江傈僳族自治州。讲述的是：刮加桑在江边的竹林挖竹鼠，不久走到一片沙滩坐下来歇息。有个土官看见，便走过来问他正在干什么。刮加桑说是在种金子。土官感到很奇怪，刮加桑叫他过几天来看。几天后，土官半信半疑地来了。他见刮加桑像挖芋头一样从沙滩里挖出了几坨黄灿灿的金子，便眼红了。他提出要与刮加桑合伙种金子。刮加桑故意推诿了几句就同意了，并提出，自己出力，要土官出种子。土官答应了，但提出分金子时要三七开，他要七成。他把柜子里藏有的金子都拿给了刮加桑。到了"收获"时节，刮加桑垂头丧气地来见土官，说因天不下雨，金子苗都被晒死了，颗粒无收，连种子都赔上了。这时，土官才明白自己因贪财而上了刮加桑的当。佚名讲述，左玉堂记录。收入《聪明小子刮加桑》，32开，4页，1100字，晨光出版社2003年版。

（阿南）

合种地

傈僳族机智人物故事。流传于云南省怒江傈僳族自治州。讲述的是：刮加桑与一富人合伙种地，富人出地、出种子，他出劳力。播种前，两人商定种出的庄稼谁分哪部分。富人是个结巴，他想说要庄稼的上半部分，便张大嘴说"上……上……上……"，后面的话好半天说不出来。刮加桑连忙说："好！种出的庄稼你要上，我要下。"这年刮加桑种下了芋头。收获时，刮加桑将芋头秆背到富人家。第二年开种时，富人因去年要"上"吃了亏，便喊要"下……下……下……"。刮加桑忙接过话头说："好！你要下，我要上。"这一年刮加桑种了旱谷。收获时，他将割掉了谷穗的光秆秆背到富人家。富人连吃了两年亏，第三年，他既要上，也要下。这年刮加桑种了包谷。他收了包谷后，把包谷秆背到富人家里，说："庄稼收了，你要的上上上、下下下我都背来了，请你收下吧！"结巴富人气得目瞪口呆。佚名讲述，左玉堂记录。收入《聪明小子刮加桑》，32开，2页，1000字，晨光出版社2003年版。

（阿南）

趁热吃了

傈僳族机智人物故事。流传于云南省怒江傈僳族自治州。讲述的是：有一天，刮加桑帮土官犁地。他收工回来，看见土官手忙脚乱地往火塘撮盖冷灰，知道土官又在耍小名堂了。刮加桑坐在火塘边，顺手拿起一截柴火头，在火塘里扒来扒去比划着做犁地的动作，意思是说今天那块地很难犁。这一来，他把土官烧熟的洋芋给扒了出来，还故意喊道："洋芋烧熟了，趁热吃了！"一边说，一边捡起一个最大的洋芋吃起来。土官羞得面红耳赤。佚名讲述，左玉堂记录。收入《聪明小子刮加桑》，32开，2页，600字，晨光出版社2003年版。

（阿南）

山官比狗凶

傈僳族机智人物故事。流传于云南省怒江傈僳族自治州。讲述的是：山官正在寨场上训练一只大黑狗，见刮加桑走过来，便问他，自己的狗凶不凶。刮加桑装作正儿八经的样子，蹲在狗旁，眯起眼睛左瞧瞧右看看，然后惊讶地大叫起来："我看出来啦！"山官问他看出什么了，刮加桑答道："这只大黑狗凶得很！"山官问他是怎样看出来的？刮加桑说："有比狗凶恶的官爷驯狗呀！"山官很不乐意地问："老爷我比狗凶恶？"刮加桑嘿嘿一笑，说："官老爷不比狗凶恶，怎能训出凶恶的狗呢？"佚名讲述，左玉堂记录。收入《聪明小子刮加桑》，32开，1页，600字，晨光出版社2003年版。

（阿南）

谁的嘴最馋

傈僳族机智人物故事。流传于云南省怒江傈僳族自治州。讲述的是：刮加桑和寨子里的一伙人在地里搭粮架，准备收庄稼。休息时，刮加桑摘了一大篮黄瓜，大伙吃了解渴。碰巧，寨中的富人走来，跟大伙要黄瓜吃。他见刮加桑吃得津津有味，想起自己被他奚落的事，想报复一回，就把自己啃下的瓜皮放在刮加桑吃过的瓜皮堆里，并怪声怪气地大叫道："大伙瞧瞧，刮加桑的嘴多馋，他跟前的瓜皮这么一大堆，比哪个都吃得多啊！"刮加桑哈哈一笑，指着富人说："我吃瓜还啃下瓜皮，你吃瓜连瓜皮都吃下去！大家看，他面前一小块瓜皮都没有剩下！"逗得大伙哄堂大笑。佚名讲述，左玉堂记录。收入《聪明小子刮加桑》，32开，1页，600字，晨光出版社2003年版。

（阿南）

拜寿

傈僳族机智人物故事。流传于云南省怒江傈僳族自治州。讲述的是：每年土司都要做寿，村民、佃户、仆人都要来给他拜寿。有一年，土司做六十大寿。他在衙署前碰见了刮加桑，便嬉皮笑脸地问："你来不来拜老爷我的六十大寿？"刮加桑说："官爷，一生做六十大寿只一回，我怎么不来拜？"土司要刮加桑带两样地方特产：一样重重的，一样轻轻的。拜寿这天，刮加桑背着一个圆溜溜、沉甸甸的东西，肩上扛着一麻袋鼓鼓的、轻飘飘的物品，大声叫道："官爷，小民刮加桑给你拜寿来了！"然后将在怒江边捡来的一块圆溜溜的石头和一大袋炸包谷花恭敬地摆到土司面前。土司气得吹胡子瞪眼睛，但又不好发作。佚名讲述，左玉堂记录。收入《聪明小子刮加桑》，32开，3页，1500字，晨光出版社2003年版。

（阿南）

鸡蛋和鸡

傈僳族机智人物故事。流传于怒江和保山两地的傈僳族聚居区。讲述的是：刮加桑的妻子生了个胖娃娃，他很高兴。但家境贫寒，又遇上灾年，家里连一个鸡蛋也没有。他提着一个空篮子，到富有的岳父家报喜，同时想要上十个八个鸡蛋给妻子吃。可吝啬的岳父对他说，自己家里的鸡都不下蛋，只给了他一小筲豌豆。刮加桑接过豌豆走进厨房，炒起豆来。趁岳父没注意，他把炒烫的豆都撒给一群鸡吃了。不一会儿，岳父的院子里到处都是烫死的鸡。岳父不知其原因，只好叫女婿捡几只死鸡回去。刮加桑捡了几只肥大的母鸡，乐呵呵回家去了。佚名讲述，祝发清、左玉堂记录。收入《聪明小子刮加桑》，32开，3页，

1300字，晨光出版社2003年版。

（阿南）

拔秧

傈僳族机智人物故事。流传于怒江和保山两地的傈僳族聚居地区。讲述的是：刮加桑的岳父很有钱，却舍不得雇人栽秧，他想到了自己的女婿，便托人捎口信，叫刮加桑赶紧来帮忙。刮加桑来到岳父家，刚坐下来想歇歇脚，岳父就催他下田。劳动间歇时，刮加桑回岳父家喝水，见岳父岳母正在吃腊肉。两人一见刮加桑，连忙把一锅腊肉藏进柜里。刮加桑假装什么都没有看见。他心里很不痛快，回到秧田，就用稻草把秧苗尖尖绑拢，远远望去，好像秧苗拔完了。第二天，岳父派人去挑秧，发现秧苗根本没有拔起来。他便质问女婿。刮加桑反问道："煮好的腊肉锅会回到柜里，秧根怎么就不会回泥里呢？"岳父气得面红耳赤，却哑口无言。佚名讲述，祝发清、左玉堂记录、翻译。收入《聪明小子刮加桑》，32开，3页，1600字，晨光出版社2003年版。

（阿南）

去分肉

傈僳族机智人物故事。流传于云南省怒江傈僳族自治州。讲述的是：一天，刮加桑匆忙地从寨子旁的小路上走过。几个在山箐边打雀的年轻人一定要他哄他们一回。刮加桑推说没有空闲与他们开玩笑。年轻人便追问他有何要紧事。刮加桑抬头望着山坡上冒烟的地方，用埋怨的口气说，猎人们在山坡那头打到了一头野牛，他要赶去分一份肉，若去迟了便没有他的份了。年轻人警觉地问刮加桑，是不是哄他们，刮加桑装模作样往前跑了几步。年轻人便信以为真，一同来到山坡冒烟处，却不见有什么猎人，只见刮加桑在挑树洞里的蜂蜜。原来刮加桑早就看好一窝蜂，便烧了一堆火，然后回家拿竹筒来掏蜜。几个年轻人见这情景，忙问他猎人们在哪里分肉？刮加桑笑呵呵地说："你们不是要我哄你们一回吗？"佚名讲述，祝发清、左玉堂记录、翻译。收入《云南少数民族机智人物故事选》，32开，2页，1200字，中国民间文艺出版社1981年版。

（阿南）

（四）动植物故事

"漏"的故事

傈僳族动物故事。流传于云南省维西傈僳族自治县。讲述的是：李财主家买了一匹马，老虎想去吃。老虎偶尔听到人们谈"漏"，不知是什么。正巧一个偷马贼骑到它背上，它以为碰上了"漏"，吓得乱跑。偷马贼见自己骑在虎背上，吓得半死，赶快跳到一棵树上。老虎约来了狼、熊、猴和狐狸找"漏"算账，结果反被吓得屁滚尿流的偷马贼给吓跑了。佚名讲述，罗天诚记录。收入《云南省民间文学集成丛书·维西民间文学集成资料》，32开，4页，2200字，维西傈僳族自治县民间文学集成办公室1990年编印。

（刘怡）

老虎怕"漏"

傈僳族动物故事。流传于云南省怒江傈僳族自治州。讲述的是：碧罗雪山三岔口有间破漏的哨房，来往的行人都来这里歇息。有一天，一伙商贩到了哨房。卖骡马的人说怕老虎，卖纸的人说不怕老虎只怕"漏"。老虎听见了，认为"漏"一定比自己凶猛得多，便不敢乱跑，躲进了马棚。夜里小偷来偷马，摸到了老虎背，以为是匹好马，便骑上去。而老虎以为是"漏"来了，吓得没命地往山上跑。天亮时，小偷一看骑在虎背上，连忙抱着树干上了树。老虎仍不停地跑，后来遇到一只大青猴。猴子不相信世上有比虎还厉害的东西，便要去看究竟。两个动物把自己的尾巴拴在一起前去看"漏"。小偷在树上看到老虎又来了，吓得尿了裤子。尿滴进爬树的猴子眼里。猴子一眨眼，老虎以为它在暗示自己快逃，便拖着它拼命跑，把猴子拖死了。从此老虎和小偷都不敢来哨房偷马了。佚名讲述，云南大学民族民间文学怒江调查队记录，左玉堂整理。收入《中华民族故事大系》（第7卷），32开，3页，1800字，上海文艺出版社1995年版。

（刘怡）

老虎、小偷和漏

傈僳族动物故事，流传于云南省禄劝彝族苗族自治县。讲述的是：一只老虎趁雨夜摸进马厩里偷马吃。楼上传来老两口说话的声音。老妇人担心下雨天有小偷来偷马；老大爷说，不用怕这些，只怕"漏"（房子漏雨）。老虎心想，"漏"连人都怕，肯定本事大。正在这时，一个小偷摸进马厩偷马。老虎以为"漏"来了，就赶紧蹲在墙角。小偷摸到老虎，以为是一匹肥马，赶快骑了上去。老虎大惊，以为是"漏"在骑自己，就没命地跑。小偷被老虎驮着，开始还以为这次收获不少。等到天亮，他见自己骑着一只老虎，吓得半死。幸亏后来他被树枝挡了一下，掉下虎背，才捡了一命。老虎因为被"漏"骑过，再也不敢来偷马了。杨绍聪讲述，钱春林记录、翻译。收入《禄劝民间故事》，32开，2页，850字，禄劝彝族苗族自治县文化局1991年编印。

（杨利先）

狐狸妖精和人偷马的故事

傈僳族动物故事。流传于云南省维西傈僳族自治县。讲述的是：一次，狐狸妖精和人去偷马。人告诉狐狸妖精，只要抓住马脚就可以偷到马。结果妖精遭马踢。后来它发现有虎在圈里想偷马吃，就让人去摸着背部平坦的马骑。结果人骑在虎背上，吓得拉了一裤子屎。老虎甩下人后乱跑，遇见了狐狸妖精。狐狸要陪老虎去找骑它的人，就将自己的尾巴与它拴在一起。路上它们受到惊吓，老虎拼命逃，把狐狸给拖死了。佚名讲述，余友德记录。收入《云南省民间文学集成丛书·维西民间文学集成资料》，32开，2页，1200字，维西傈僳族自治县民间文学集成办公室1990年编印。

（刘怡）

医筋骨疼的网袋

傈僳族动物故事。流传于云南省维西傈僳族自治县。讲述的是：牧人逮住一只偷蜜吃的白兔，把它装进网袋，吊在棚子上。一只狐狸也来偷蜜，见白兔吊在袋子里，觉得很奇怪。白兔告诉它，自己在治筋骨疼的毛病。狐狸也想治，就把白兔放下来，自己钻了进去，成了白兔送给牧人的礼物。李德明讲述，吕宝成记录。收入《云南省民间文学集成丛书·维西民间文学集成资料》，32开，2页，1200字，维西傈僳族自治县民间文学集成办公室1990年编印。

（刘怡）

小白兔智斗大老虎

傈僳族动物故事。流传于云南省怒江傈僳族自治州。讲述的是：老虎占了其他动物歇息的岩洞，小白兔决心和它斗一斗。一天，它见老虎给虎崽喂食，就说老虎太辛苦，自己去送只小兔给虎崽吃。白兔趁老虎睡着了，将虎崽砸死，烧成黑黑的一坨，送给老虎吃了。待老虎发现情况不对时，白兔早已跑远了。肯波妹扒、欧计才扒讲述，祝华生、普建苍记录。收入《傈僳族民间故事》，32开，2页，800字，云南人民出版社1984年版。

（刘怡）

青蛙和老虎比武

傈僳族动物故事。流传于云南省福贡县部分地区。讲述的是：一次青蛙和老虎比赛跳江。比了三次，青蛙都咬着老虎的尾巴过江了。见老虎不服气，青蛙提议比赛吐东西。老虎用尽力气只吐出了一点草渣，而青蛙吐出了老虎的毛。老虎一看吓跑了。王玛博讲述，霜现月记录。收入《云南民间文学集成·福贡县民间文学集成卷》，32 开，2 页，600 字，福贡县文化局、福贡县民委 1989 年编印。

（刘怡）

腊玛登

傈僳族动物故事。流传于云南省兰坪白族普米族自治县部分地区。讲述的是：老虎在江东边挨饿，想上碧罗雪山找野物吃。在江边，它遇到了蛤蟆。聪明的蛤蟆用计激怒了老虎。老虎提出比赛过江。蛤蟆悄悄咬着老虎的尾巴，老虎跳跃时，将它也抛过了江。蛤蟆胜了老虎，从此以后每年春夏两季（蛤蟆繁殖季节）老虎都不敢上山。后来澜沧江东岸的"卧牛滩"就更名为"腊玛登"（傈僳语，意即"老虎跳"）。周正文讲述，施中林记录。收入《兰坪民间故事集成》，32 开，4 页，1800 字，云南民族出版社 1994 年版。

（刘怡）

癞蛤蟆和老虎

傈僳族动物故事。流传于云南省维西傈僳族自治县。讲述的是：一次母老虎下山时，遇到了癞蛤蟆。癞蛤蟆故意激怒它，让它与自己比赛。先比过河，癞蛤蟆赢了；又比爬山，癞蛤蟆悄悄跳在虎背上，又赢了老虎。最后老虎提出，把各自肚子中的东西吐出来，看谁本事大。老虎吐出了禽兽的皮毛和骨头；癞蛤蟆事先偷偷将红泡果含在嘴里，然后拔了几根虎毛含在口中，比赛时，癞蛤蟆说自己吐出了老虎的眼睛和毛，把虎吓跑了。和润讲述，李兴、李维翰记录。收入《中华民族故事大系》（第 7 卷），32 开，3 页，1800 字，上海文艺出版社 1995 年版。

（刘怡）

老虎、狐狸和青蛙的故事

傈僳族动物故事。流传于云南省维西傈僳族自治县。讲述的是：老虎跳跃前喜欢甩尾巴，青蛙根据它的这一习性，在比赛中赢了它，还把它吓得拼命逃走。狐狸得知这一情况后，也将老虎的尾巴和自己的拴在一起，带老虎去收拾青蛙。结果老虎再次被青蛙用计吓跑，狐狸也被拖死了。佚名讲述，唐世华、禾开记录。收入《云南省民间文学集成·维西傈僳族自治县民间文学集成资料》，32 开，4 页，2500 字，维西傈僳族自治县民间文学集成办公室 1988 年编印。

（刘怡）

兔子和老虎

傈僳族动物故事。流传于云南省福贡县部分地区。讲述的是：老虎经常上兔子的当，就将兔子抓来挂在树上，准备饿时吃了它。老虎不在时，兔子骗路过的狐狸说，自己挂在树上是为了治眼病。狐狸信以为真，便放了兔子，自己钻进挂在树上的网袋中。老虎将网袋中的东西吃了。不久，他又看见兔子，觉得奇怪。兔子告诉它，自己刚吃了另一只老虎，把这只老虎吓跑了。恒扒普讲述，霜现月、管云东、李向才记录。收入《云南民间文学集成·福贡县民间文学集成卷》，32 开，1 页，500 字，福贡县文化局、福贡县民委 1989 年编印。

（刘怡）

牛为什么没有上门牙

傈僳族动物故事。流传于云南省怒江傈僳族自治州。讲述的是：虎看见牛犁地，就嘲笑它。牛说人本领强，虎不信，非要与人比试。人就让虎来犁地，将它往烂泥处赶。虎被陷在烂泥中，人将它打死了。牛在一旁笑，将上门牙笑掉了。杨文林讲述，朱文勇记录。收入《傈僳族民间故事》，32 开，2 页，730 字，云南人民出版社 1984 年版。

（刘怡）

牛为什么没有上牙

傈僳族动物故事。流传于云南省双柏县傈僳族聚居区。讲述的是：牛魔王是天上的神仙，一次受玉帝的委派，到凡间告诉人们怎样吃如何穿。玉帝让他告诉地上的人,三天吃一顿饭。牛魔王错传成"一天吃三顿"。玉帝心想,一天吃三顿,人类怎么挣得那么多吃的,便让牛魔王下地来帮凡人找吃的。牛的上牙就是从天上掉下来时摔掉的。牛受到玉帝的惩罚,从此辛勤地耕耘,以青草充饥,不与人争粮食。王述珍讲述,刘银昌、苏锡纬记录。收入《双柏民间文学集成》,32开,1页,400字,云南民族出版社1992年版。

(刘怡)

水牛和老虎

傈僳族动物故事。流传于云南省陇川县傈僳族地区。讲述的是:老虎看见水牛让人驾着犁地,就嘲笑它。牛说人本领强,若不听人的话要受苦。老虎认为自己比人厉害。人让老虎来犁地,老虎不听话。人生气,就在它背上捆了一捆干草,点火想把它烧死。老虎满山跑也没把火弄熄。黄牛嘲笑它,说它不听水牛的话。水牛让老虎在水里滚,救了它一命。所以老虎至今不咬水牛。窦乔富讲述,祝发清、尚仲豪记录。收入《中华民族故事大系》(第7卷),32开,2页,1200字,上海文艺出版社1995年版。

(刘怡)

白兔和老虎

傈僳族动物故事。流传于云南省泸水县。讲述的是:有一次,老虎要吃白兔,白兔提出要与它比赛挖山药、洗山药。老虎中计,闭着眼在江河的上游用脚洗山药。结果山药被冲到了下游。白兔在下游将山药捞起来,装了一篮子。老虎睁开眼,却不见了山药,只有一粒野果。白兔说是野果偷吃了老虎的山药,叫老虎烧野果。老虎在烧野果时炸瞎了自己的眼,跌下悬崖摔死了。祝英妹讲述,祝德玉记录、翻译。收入《中华民族故事大系》(第7卷),32开,4页,2500字,上海文艺出版社1995年版。

(刘怡)

老虎和兔子比赛摇尾巴

傈僳族动物故事。流传于云南省怒江傈僳族自治州。讲述的是:老虎想吃掉兔子,便提出与它比赛摇尾巴,谁赢了就吃掉对方。兔子说自己个子太小,要到茅草地里摇。老虎同意,兔子就跑了。山风把茅草吹得不停地晃动,老虎以为是兔子在摇尾巴,自己也不停地摇,结果累倒了,再也没有力气吃兔子。佚名讲述,祝发清、徐演记录。稿存于云南省民间文学集成办公室,32开,2页,1000字。

(刘怡)

比赛爬坡

傈僳族动物故事。流传于云南省怒江傈僳族自治州傈僳族地区。讲述的是:古时候,公丁山上有一只无恶不作的大老虎。一天,它看见几只青蛙在溪里欢蹦跳跃,馋得口水直流。领头青蛙识破了老虎的诡计,决定整整它。它向老虎提出比赛爬坡。老虎爽快地答应了。领头青蛙回家召集了七十七只癞蛤蟆和九十九只蟾蜍。它叫它们和其他青蛙事先在公丁山上各处藏好。比赛时,老虎每到一个关口,这些伙伴装成领头青蛙的口气,在前面喊老虎"加油"。老虎以为领头青蛙真的跑得比自己快,便气昏了过去,结果跌下山摔死了。叶茂恒讲述,朱文勇整理。收入《傈僳族民间故事》,32开,2页,950字,云南人民出版社1984年版。

(龙江莉)

比赛过河

傈僳族动物故事。流传于云南省怒江傈僳族自治州。讲述的是:老虎要吃青蛙,青蛙让它与自己比赛过河,谁输就吃谁。比赛时,青蛙利用老虎喜欢甩尾巴的习惯,咬住它的尾巴,让它将自己甩过了河。老虎不信青蛙能吃下自己,青蛙就从嘴里吐出两颗红刺果,说这是虎父虎母的头,结果将老虎吓跑了。佚名讲述,唐世华、何侃记录。

收入《傈僳族民间故事》，32开，3页，1000字，云南人民出版社1984年版。

（刘怡）

老虎困进旋风洞

傈僳族动物故事。流传于云南省怒江傈僳族自治州。讲述的是：一只白兔躲过了饿虎的爪子，又跌进了旋风洞。它爬不出洞，就说天地要打架，将虎骗入洞里。为了出洞，它让老虎与自己玩抓痒逗笑游戏，并提议谁输就将谁丢到上面让天地夹死。老虎上当，将白兔丢了上去。佚名讲述，木劲松记录。收入《傈僳族民间故事》，32开，2页，600字，云南人民出版社1984年版。

（刘怡）

跳树杈

傈僳族动物故事。流传于云南省怒江傈僳族自治州。讲述的是：老虎上了白兔的当，一心想吃掉它。白兔也做好了准备，想除掉老虎。白兔提出与老虎比跳有树杈的麻果树。老虎为了吃白兔，就跟着它跳，结果被卡在了树杈上。它向白兔求救，白兔让它缩紧肚皮左右转动，结果越夹越紧。肯波扒妹、欧计才扒讲述，祝华生、普建苍记录。收入《傈僳族民间故事》，32开，2页，800字，云南人民出版社1984年版。

（刘怡）

獐子和老虎

傈僳族动物故事。流传于云南省华坪县傈僳族聚居地区。讲述的是：獐子要和老虎交朋友，大家都阻止它，它不听。獐子的牙齿本来就能摇动。老虎饿了，便借口帮獐子看牙，将它按倒在地上吃了。丁清明讲述，张华雄记录。收入《傈僳族民间故事》，32开，1页，200字，云南人民出版社1984年版。

（刘怡）

谁的亲戚多

傈僳族动物故事。流传于云南省怒江傈僳族自治州。讲述的是：老虎想吃青蛙，就提出比谁的亲戚多，亲戚多的吃掉对方。老虎大叫，只有几声回应。而青蛙一叫，漫山满箐的青蛙都跟着叫了起来。老虎一听，吓得赶快跑了。佚名讲述，祝发清、思清记录。收入《傈僳族民间故事》，32开，1页，600字，云南人民出版社1984年版。

（刘怡）

狗熊的眼睛

傈僳族动物故事。流传于云南省怒江傈僳族自治州。讲述的是：古时狗熊的眼睛很大，常欺凌弱小的动物。白兔便决定帮助这些弱小者。一次它请狗熊到自己家做客，趁机让马蜂蜇它。狗熊的眼皮被蜇得睁不开，跌倒在黄豆地里。它摸到两颗黄豆，想用黄豆将眼皮撑开。哪知黄豆进入了眼睛出不来，狗熊的眼睛从此只有黄豆大。佚名讲述，张祖武、张建林记录。收入《傈僳族民间故事》，32开，2页，1500字，云南人民出版社1984年版。

（刘怡）

熊的眼睛为什么小小的

傈僳族动物故事。流传于云南省维西傈僳族自治县。讲述的是：熊原来有一对拳头大的眼睛，还有一双利爪。它常欺侮其他动物，所以山里的动物都恨它。一次，熊看到狐狸正在吃东西，就问它吃什么。狐狸骗熊说，自己在抠眼睛吃，并递给它一块蜂蜜。熊觉得味道不错，要狐狸再给它一个。狐狸说没有，叫熊抠自己的眼睛吃。熊就把自己的一双眼睛抠出来吃了，从此变成了熊瞎子。狐狸又故意将它引到石崖边，让它踩空滚下石崖。熊滚到村民打黄豆的场边，狐狸跑过来，拣了两颗黄豆嵌在它的眼窝里，从此熊的眼睛就变得小小的。余胜祥、余耀清、林祥寿讲述，李兴、阿登记录、翻译。收入《傈僳族民间故事选》，32开，1页，500字，云南人民出版社1984年版。后编入《傈僳族文化大观》，云南民族出版社1999年版。

（刘怡）

熊的眼睛

傈僳族动物故事。流传于云南省福贡县部分地区。讲述的是：蜜蜂因熊常偷吃它的蜜，便请兔子来帮忙惩治它。兔子找了几块糖，站在熊的家门口吃。熊也想吃。兔子就让它闭着眼睛，喂给它糖，并告诉它，它吃的是眼睛。贪吃的熊就让兔子挖了自己的眼，还让它带自己去找眼睛吃，结果被兔子带到山崖上摔了下去。熊摸到了两颗黄豆，就安到自己的眼眶里。从此以后，熊的眼睛很小，视力非常差。王玛博讲述，霜现月记录。收入《云南民间文学集成·福贡县民间文学集成卷》，32开，2页，900字，福贡县文化局、福贡县民委1989年编印。

（刘怡）

兔子和老熊

傈僳族动物故事。流传于云南省维西傈僳族自治县。讲述的是：精明的兔子叫作恶多端的老熊敲打黄蜂窝，结果被蜂狠狠蜇了一下；后来又骗它把蛇放到嘴里吸。老熊知道上当后，气急败坏地要吃兔子。兔子就用计让它跌下了悬崖，用石灰粉弄瞎它的眼睛。老熊滚到打黄豆的场中，两颗黄豆钻进了它的眼里，从此它的眼睛变成了只有黄豆般大。和付昌讲述，和向兵记录。收入《云南省民间文学集成·维西傈僳族自治县民间文学集成资料》，32开，3页，2000字，维西傈僳族自治县民间文学集成办公室1988年编印。

（刘怡）

兔子为什么长耳短尾

傈僳族动物故事。流传于云南省怒江傈僳族自治州。讲述的是：兔子想吃鹿茸炖鸡，就用人丢下的红糖和皮靴去骗老虎和熊。老虎穿上皮靴走了。白兔又掏出红糖吃，骗熊说这东西是眼睛蘸盐巴。熊贪吃，就将自己的眼睛抠出来，让兔子为它蘸盐巴吃。它什么也看不见，跌倒在地里，顺手拣了两颗黄豆做眼睛。兔子用熊眼换回了鹿茸，装成跛脚的样子。农夫放下手中的鸡去追它。兔子又得到了鸡。它将鸡与鹿茸炖着吃，不小心烧红了眼。米斯神得知兔子做了许多缺德事，就让野牛和山驴将它的耳朵拉长，又让闪电劈去了它的半截尾巴。佚名讲述，何君义记录。收入《傈僳族民间故事》，32开，4页，2500字，云南人民出版社1984年版。

（刘怡）

兔子巧斗老熊

傈僳族动物故事。流传于云南省维西傈僳族自治县。讲述的是：兔子用红糖骗老熊说是眼睛，喂给它吃，让它挖出自己的眼睛吃。兔子又骗熊去摇树上的葫芦蜂窝，让蜂蜇了个半死。老熊为了报复兔子，不停地追赶它，结果自己滚下坡去。佚名讲述，和永智记录。收入《云南省民间文学集成·维西傈僳族自治县民间文学集成资料》，32开，2页，700字，维西傈僳族自治县民间文学集成办公室1988年编印。

（刘怡）

兔子和狐狸

傈僳族动物故事。流传于云南省怒江傈僳族自治州和德宏傣族景颇族自治州的傈僳族地区。讲述的是：狡猾的狐狸遇上兔子，说旁边的一座山是自己的，兔子也是它的财产。兔子便说，这里有十座山，自己有十兄弟各守一座山，并叫狐狸去看。等狐狸一走，兔子就把脸抹花，跑在狐狸前面，坐在山顶上。狐狸找了十座山，而每座山都有一只兔子。它认为兔子兄弟真的多，从此不敢打兔子的主意了。佚名讲述，祝发清记录。稿存于云南省民间文学集成办公室，32 开，2 页，800 字。

（刘怡）

短尾巴兔子和花脸狐狸

傈僳族动物故事。流传于云南省永胜县傈僳族地区。讲述的是：狐狸约兔子去偷蜂蜜，结果被人逮住。狐狸骗人说，自己是受兔子指使。结果兔子被人砍去一截尾巴。狐狸趁机嘲笑兔子。后来，兔子偷菜吃，又被人抓到。人将它装在网袋中，挂在树上。兔子就骗路过的狐狸进网袋中乘凉。狐狸上当，将兔子放了，自己钻进袋中，被人打得青一块紫一块，成了大花脸。石开呈讲述，李兴记录。收入《傈僳族民间故事选》，32 开，3 页，1600 字，上海文艺出版社 1985 年版。后编入《中华民族故事大系》（第 7 卷），上海文艺出版社 1995 年版。

（刘怡）

愚蠢的狮子

傈僳族动物故事。流传于云南省怒江傈僳族自治州。讲述的是：从前，一座山上有只凶恶的狮子，村里每年都要送一个人给它吃。这一年轮到一个叫拖拉的青年去送死。拖拉决心为民除害，便故意拖延时间。到了狮子住处，他告诉狮子，自己是因见到另一头更凶猛的狮子才来迟了。狮子便让他带自己去见另一头狮子。拖拉将它带到湖边，上了独木船。到了湖心，他指着水中的影子叫狮子看。狮子见了自己的影子，大怒，扑进了湖里，结果淹死了。佚名讲述，云南大学民族民间文学怒江调查队记录，左玉堂整理。收入《中华民族故事大系》（第 7 卷），32 开，2 页，1200 字，上海文艺出版社 1995 年版。

（刘怡）

小兔和豹子

傈僳族动物故事。流传于云南省保山市傈僳族聚居区。讲述的是：残忍的豹子要与小兔交朋友，问它家住在哪里。小兔告诉豹子，自己住在黄土包上，让豹子来找它时大声叫。豹子来找小兔，在黄土包上打了两下，又吹了一口气，结果引来无数从土包中飞出的土蜂，被蜇得半死。豹子于是想吃掉小兔。小兔说，自己睁着眼睛时不能吃。豹子答应了，想等到小兔闭上眼睛时行动。哪知小兔是睁着眼睛睡觉，豹子一直没法吃它。一次，小兔烧板栗吃。豹子也咬了一粒，结果被炸伤了眼。它去找医生，医生让它用奶浆擦伤处。它错用辣子汤擦，因此疼得只好把眼睛抠掉了。余老大讲述，杨忠实记录。收入《散落的珍珠》，32 开，2 页，900 字，保山市文化局 1983 年编印。

（刘怡）

狗找朋友

傈僳族动物故事。流传于云南省泸水县。讲述的是：狗独自在山林中生活，感到很孤独。它听说小兔是个博学的机灵鬼，便想与它做朋友。后来它发现小兔很怕狼，就觉得应该再找狼来做朋友。狗先后结交了狼、狐狸、熊、老虎、狮子、大象，发现它们一个怕一个，并都怕人。最后，狗决定找人做朋友。它找到了人，晚上汪汪地叫了起来。人以为它饿了，就叫它自己去饭锅里吃东西。狗觉得人真够朋友，就永远留在他们的身边，成为他们忠实的朋友。因为狗曾经和兔、狼、狐狸、熊、老虎、狮子、大象打过交道，知道它们的行踪，后来就帮助人猎捕这些野兽。李才妹扒讲述，李兴、蜜英文记录、翻译。收入《中华民族故事大系》（第 7 卷），32 开，4 页，2500 字，上海文艺出版社 1995 年版。

（刘怡）

狗为什么恨猫

傈僳族动物故事。流传于云南省怒江傈僳族自治州。讲述的是：有一次主人叫狗和猫去捕山鸡。猫自己在路口守着，叫狗上山去撵山鸡。狗费了很大的劲，总算把山鸡给撵过来了。可猫却忙着吃老鼠，错过了捕山鸡的时机。狗将它骂了一顿后,又去撵山鸡。山鸡撵来了,而这次猫又睡着了。狗就这样一次次给猫创造机会,却被猫一次次地浪费了。猫吃饱喝足后,跑回家反说狗不尽力。主人一气之下,就不再给狗喂食,而让它吃屎。狗气不过,后来一见猫就扑咬。佚名讲述,佚名记录。收入《傈僳族民间文学概论》,32开,2页,1000字,云南教育出版社2002年版。

(刘怡)

懒狗贪功

傈僳族动物故事。流传于云南省怒江傈僳族自治州。讲述的是:主人叫猪和狗上山犁地,说谁干得好就回来吃白米饭。猪一到地里就认真地犁起地来,而狗却东逛逛西转转。待猪犁完地回家后,狗把它的脚印刨平,留下自己的脚印。主人看到满地的狗脚印,就听信了狗的话,让它吃米饭而让猪吃糠。佚名讲述,张祖武记录。收入《傈僳族民间故事》,32开,2页,1000字,云南人民出版社1984年版。

(刘怡)

狗和猫

傈僳族动物故事。流传于云南省福贡县部分地区。讲述的是:一家人养了一只猫和一条狗;还有一件宝贝,要什么有什么。一次,宝贝被人偷了,主人让狗和猫去把它找回来。路上,狗驮着猫过河。找到宝贝后,猫趁狗累睡着了跑回家报喜。它强调自己的功劳,说狗懒得很,现在还在睡懒觉呢。主人很生气,从此就叫狗吃屎。狗也对猫记恨在心,一见它就追着咬。王玛博讲述,霜现月记录。收入《云南民间文学集成·福贡县民间文学集成卷》,32开,1页,400字,福贡县文化局、福贡县民委1989年编印。

(刘怡)

猪和狗

傈僳族动物故事。流传于云南省维西傈僳族自治县。讲述的是:猪和狗去地里干活,猪不停地用嘴拱地,而狗却在地边睡大觉。待猪拱出一片地,狗就跑上去乱蹦乱跳。回家后主人问起白天的情况,猪说狗睡懒觉,狗让主人自己去瞧。主人一看地里都是狗的脚印,就相信了狗的话,让狗吃米饭,而让猪吃糠。余胜祥、余耀清、林祥寿讲述,李兴、阿登记录。收入《中华民族故事大系》(第7卷),32开,2页,800字,上海文艺出版社1995年版。

(刘怡)

狗、猫、山羊

傈僳族动物故事。流传于云南省禄劝彝族苗族自治县。讲述的是:从前,狗头上长着角,而山羊头上没有。有一次,狗为了吃东西方便,便把角放在一旁,没想到让猫给偷走了。猫把偷来的角与山羊换了一碗青菜。狗不见了角,便到处找,结果发现它已长在山羊头上,便和山羊打了起来。山羊仗着自己有角,把狗打跑了。从此狗再也不敢向山羊讨要角了,角也就一直长在山羊头上。狗很恨猫偷了自己的角,因此一见猫就追着咬。杨绍聪讲述,钱春林记录、翻译。收入《禄劝民间故事》,32开,1页,600字,禄劝彝族苗族自治县文化局1991年编印。

(杨利先)

蛤蟆智胜小花兔

傈僳族动物故事。流传于云南省漾濞彝族自治县。讲述的是:小花兔见蛤蟆爬得慢,就讥笑它。蛤蟆不服气,提出要和它赛跑。双方约定,兔子跑到什么地方,喊一声"朋友",如果蛤蟆答应了,就算兔子输,反之就算蛤蟆输。比赛开始后,兔子跑一阵喊一阵,但箐沟里总有蛤蟆答应。等兔子跑不动了,喊最后一声"朋友"时,箐沟里的蛤蟆又回应了。结果兔子输了。罗成文讲述,马紫钟记录、翻译。收入《漾濞民间文学选》(第1集),32开,2页,800字,漾濞彝族自治县文化局1986年编印。

（杨利先）

兔子断官司

傈僳族动物故事。流传于云南省福贡县傈僳族地区。讲述的是：一次，咱虎和咱吃一起上山支扣子，咱虎在树上支，咱吃在有鹿脚印的地方支。他们支好扣子后就回家了，并约定第三天一同去看。但第二天一大早，咱虎就一个人悄悄来到支扣子的地方。他看见自己支的扣子夹住一只小鸟，而咱吃支的扣子夹住一头小鹿，就把两个扣子夹住的东西互换了。到了第三天，咱虎、咱吃相约去看扣子。咱吃看了看，就知道一定是咱虎做了手脚，便要找县官告状。在去县衙的路上，兔子知道了他俩的事，就决定帮助咱吃。到了衙门，县官听了咱虎、咱吃两人的辩解后，不知如何断案。这时兔子来了，它告诉县官，自己看见沙滩着火、鱼上树、鸟吸花。在场的人都不相信。县官听后则眼睛一亮，知道是咱虎撒了谎，便判咱吃赢了官司。普付邓讲述，霜现月、管云东、李向才翻译、整理。收入《云南民间文学集成·福贡县民间文学集成卷》，32开，2页，890字，福贡县文化局、福贡县民委1989年编印。

（龙江莉）

兔子帮助孤儿娶媳妇

傈僳族动物故事。流传于云南省福贡县。讲述的是：一只兔子和一位善良的孤儿交了朋友，并帮他娶了媳妇。孤儿生了儿子后，越发勤劳持家。一次兔子又来到他家，说要吃他的孩子。孤儿真的要杀了孩子给它吃，它才相信人的真诚，从此就与人类生活在一起。此阿子讲述，霜现月、管云东、李向才记录。收入《云南民间文学集成·福贡县民间文学集成卷》，32开，2页，600字，福贡县文化局、福贡县民委1989年编印。

（刘怡）

兔子的红眼睛和短尾巴的由来

傈僳族动物故事。流传于云南省福贡县部分地区。讲述的是：兔子和山鸡成了朋友。山鸡为了让它笑，就飞落在地里薅草的女人头上。男人想吃山鸡，用锄朝老婆头上打去。山鸡飞走了，女人却给打倒了。兔子笑红了眼。山鸡又让兔子随着它的叫声往村子里跳，叫声引来了村里的狗，狗追着兔子咬。兔子的尾巴被咬断了，从此兔子和山鸡成了冤家。王玛博讲述，霜现月记录。收入《云南民间文学集成·福贡县民间文学集成卷》，32开，2页，900字，福贡县文化局、福贡县民委1989年编印。

（刘怡）

骗人的兔子

傈僳族动物故事。流传于云南省华坪县傈僳族地区。讲述的是：兔子在山上烧了蜂巢，骗一家人说山上有人杀羊，请他们去吃饭。待这家人走后，兔子吃完了他们家做好的饭菜。后来，它又骗人的豆浆喝，被识破。它又想骗娃娃，反被娃娃给骗了。它才知道，自己靠这样骗人将无法生存，便上吊了。王开文、贺明发讲述，张华雄记录。收入《傈僳族民间故事》，32开，2页，800字，云南人民出版社1984年版。

（刘怡）

猴子与水牛的故事

傈僳族动物故事。流传于云南省保山市傈僳族聚居区。讲述的是：居住在江边的猴子和水牛成了朋友。江对面有很多桃子和包谷，猴子想吃桃子，便骑在水牛背上过了江，自己吃到了桃子，让水牛去吃包谷。猴子吃饱后叫来了守包谷的人，将水牛打了一顿。水牛知道上了猴子的当。准备回家时，猴子又叫水牛驮它。游到江中间，水牛责问猴子为什么要骗自己去偷包谷。猴子说是自己病发了。水牛大怒说："我病发了就要在水里睡觉。"于是它在水里滚了三滚，猴子便掉到水里淹死了。余有成讲述，余世珍、卢培义记录。收入《散落的珍珠》，32开，1页，600字，保山市文化局1983年编印。

（刘怡）

麂子的皮毛为什么是红的

傈僳族动物故事。流传于云南省泸水县。讲述的是：很久以前，老虎和麂子是邻居，常常相互帮助。后来，老虎将小麂子煮了当午饭吃，麂子也将小虎煮了给老虎吃。老虎要找麂子算账，麂子请野猪来帮忙。老虎以为自己是兽中之王，不把野猪放在眼里。野猪滚了一身厚泥，老虎只咬到了一嘴泥，而野猪却把它咬死了。野猪让麂子帮忙把死虎抬回家。麂子说什么也不敢背，只能端虎血。它把虎血给打泼了，自己身上的皮毛也被染红了。佚名讲述，李伍久记录。收入《中华民族故事大系》（第7卷），32开，3页，1300字，上海文艺出版社1995年版。

（刘怡）

蚂蚱智斗猴子

傈僳族动物故事。流传于云南省维西傈僳族自治县。讲述的是：猴子们常去糟蹋稻田，引起蚂蚱的不满。它们相约决斗。猴子们拿着木棒打蚂蚱，蚂蚱跳到它们的身上。结果猴子们你打我，我打你，而蚂蚱没一个受伤。猴子狼狈地返回到属于自己的山沟。和付昌讲述，和向兵记录。收入《云南省民间文学集成·维西傈僳族自治县民间文学集成资料》，32开，1页，300字，维西傈僳族自治县民间文学集成办公室1988年编印。

（刘怡）

猴子屁股为什么红

傈僳族动物故事。流传于云南省怒江傈僳族自治州。讲述的是：猴子在松树上剥松果吃，吃一个扔一个，浪费不少。松树劝它不听，就让它在自己的伤疤上坐。猴子站起来时，屁股被松脂粘住了，挣脱了一层毛。为了将松脂弄干净，它就在石头上擦，将屁股磨出了血，因此到现在还是红的。刘文普讲述，马玉堂记录。收入《傈僳族民间故事》，32开，2页，600字，云南人民出版社1984年版。另文《猴子的屁股为什么没有毛》编入《中华民族故事大系》（第7卷），上海文艺出版社1995年版。

（刘怡）

猴国与蚱蜢国的战争

傈僳族动物故事。流传于云南省怒江傈僳族自治州。讲述的是：两兄弟捕鱼，结果被浪卷走。后来，哥哥娶猴为妻，做了猴国的国王；弟弟娶蚱蜢为妻，当了蚱蜢国的头。弟弟找哥哥时，拍了一下猴子屁股，哥哥说他戏弄了嫂嫂，将他赶走。后来猴国为侵占蚱蜢国的土地，常来挑衅。蚱蜢出来迎战，纷纷跳到猴子身上。猴子为了打蚱蜢，就举起长棍往自己同伴身上打，结果很多猴子自己受了伤，从此再也不敢侵犯蚱蜢国。佚名讲述，李中功记录。收入《傈僳族民间故事》，32开，3页，1300字，云南人民出版社1984年版。

（刘怡）

谁的过错

傈僳族动物故事。流传于云南省福贡县。讲述的是：财主女儿的脚被蚱蜢的断腿戳了，就去找它算账。蚱蜢说自己的腿是被龙竹震断的。姑娘去找龙竹。龙竹说是被野猪撞了。她又去找野猪。野猪申诉，自己是被核桃打的。姑娘去找核桃。核桃说让南瓜撞了。她去找南瓜。南瓜说自己是被蜥蜴吓的。再去找蜥蜴，蜥蜴吓得钻进了石缝。所以现在蚱蜢的腿易折，野猪遇险喜欢横冲直闯，核桃、南瓜一成熟就会落蒂，蜥蜴一有风吹草动就钻洞。邓阿前讲述，霜现月、管云东、李向才记录。收入《云南民间文学集成·福贡县民间文学集成卷》，32开，2页，550字，福贡县文化局、福贡县民委1989年编印。

（刘怡）

蛇皮的演变
傈僳族动物故事。流传于云南省福贡县。讲述的是：兔子想惩治大白蛇，先用计将它捆在大木头上，然后点火烧它。绳子烧断了，大白蛇得以逃生。为了报复，它追到了兔子。兔子靠在有大马蜂的树下等它，然后骗它上树看"宝贝"，让它挨马蜂蜇。大白蛇不甘心，仍旧去追兔子。最后兔子被吓得认了输。从此，蛇每年要换一次皮，它身上的斑纹是被火烧的。阿恰讲述，霜现月记录。收入《云南民间文学集成·福贡县民间文学集成卷》，32开，2页，880字，福贡县文化局、福贡县民委1989年编印。

（刘怡）

蛇的毒性为什么比土蜂大
傈僳族动物故事。流传于云南省怒江傈僳族自治州。讲述的是：蛇和土蜂本来是一对兄弟。长大后，它们要分家。父亲把祖传的剧毒平均分给它们，并把地上分给土蜂管理，地下分给蛇居住，地面作为两兄弟的共同领地。土蜂说自己怕冷，争着要住地下。父亲只好把地盘分成山坡和山谷，让土蜂住山坡，蛇住山谷。蛇很懒，吃饱了就在洞里睡觉，完好地保持了父亲给它的毒性。蜂在地下安了家，非常勤劳，天天外出采食，身上的毒液在风吹雨淋中流失了不少，所以毒性就没有蛇的大。佚名讲述，佚名记录。收入《傈僳族民间文学概论》，32开，1页，500字，云南教育出版社2002年版。

（刘怡）

鸡的故事
傈僳族动物故事。流传于云南省福贡县傈僳族地区。讲述的是：一天，有户人家来了客人。男女主人背着客人商量说，明天要把家里的母鸡杀了待客。这话被母鸡听到了。晚上，母鸡哭着告诉小鸡们："今后吃食喝水时要注意安全，多留意天上的老鹰和旁边的野猫。"第二天一早，男主人正准备杀母鸡，客人急忙从他手中把它夺下放了。客人吃过早饭就告辞了。路上，母鸡一直跟着他，并不断啄他的裤子。后来它把客人拉到一个地方，用爪扒出了一块金子送给他。王玛博讲述，霜现月记录、整理。收入《云南民间文学集成·福贡县民间文学集成卷》，32开，1页，340字，福贡县文化局、福贡县民委1989年编印。

（龙江莉）

麻鸡和野鸭
傈僳族动物故事。流传于云南省怒江傈僳族自治州。讲述的是：古时候，麻鸡有羽衣，住在江里；野鸭住在山箐中。野鸭骗麻鸡说，山箐里可以吃到天底下最好吃的东西。麻鸡就和它换了地盘。野鸭穿上麻鸡的羽衣，到了江里就不起来了。麻鸡到了山箐，发现这里远没有野鸭说的那么好，可又无法让野鸭还回自己的羽衣，只好一直待在那里。佚名讲述，云南大学民族民间文学调查队记录，左玉堂整理。收入《中华民族故事大系》（第7卷），32开，2页，1200字，上海文艺出版社1995年版。

（刘怡）

乌鸦为什么害怕弩弓
傈僳族动物故事。流传于云南省维西傈僳族自治县。讲述的是：天神涡撒想考验女婿的本事，让他造弩弓。女婿到森林里做弩弓，涡撒派乌鸦去看。乌鸦搞不清女婿在做什么。女婿削弩背，它报告说他在削自己的手。女婿削弩把，它报告说他在削手臂。女婿凿弓眼，它报告说他在手上凿洞。女婿搓弩绳，它报告说他在抽自己的肠子。女婿得知乌鸦向岳父谎报情况后，便用做好的弩箭射死了它，并用它的肠子做弩绳。后来乌鸦一见弩弓就害怕。佚名讲述，鱼亲龙、木玉璋记录、翻译。收入《中华民族故事大系》(第7卷)，32开，2页，1200字，上海文艺出版社1995年版。

（刘怡）

乌鸦和箐鸡

傈僳族动物故事。流传于云南省维西傈僳族自治县。讲述的是：乌鸦和箐鸡原是好朋友，它们都长着一身白毛。为了把自己打扮得更好看，它们相约给对方描上色彩。乌鸦细心地将箐鸡画得漂亮极了。箐鸡担心若把乌鸦描漂亮了，便显示不出自己的美丽，因而将半瓶墨水泼在乌鸦身上，使它全身变成了黑色。佚名讲述，段茂松记录。收入《云南省民间文学集成·维西傈僳族自治县民间文学集成资料》，32开，1页，500字，维西傈僳族自治县民间文学集成办公室1988年编印。

（刘怡）

乌鸦与青蛙

傈僳族动物故事。流传于云南省怒江傈僳族自治州。讲述的是：饥饿的乌鸦叼着一只小青蛙，想吃了它。小青蛙让乌鸦先听它唱一首歌。乌鸦将青蛙踩在脚下，听它唱。青蛙用歌声赞美乌鸦，使其放松警惕，趁机逃脱了。佚名讲述，史富相记录。收入《傈僳族民间故事》，32开，2页，700字，云南人民出版社1984年版。

（刘怡）

青蛙和乌鸦

傈僳族动物故事。流传于云南省维西傈僳族自治县。讲述的是：乌鸦抓住了青蛙要吃它。青蛙说自己的肉又苦又涩，让乌鸦边喝水边吃。乌鸦听了青蛙的话，便将它衔到河边的一块石头上，青蛙趁机逃走了。乌鸦正后悔时，青蛙反来嘲笑它。乌鸦就说青蛙的眼睛像豆子鼓在头顶，自己不稀罕吃它的肉。余耀清讲述，李兴、阿登记录、翻译。收入《傈僳族文化大观》，32开，2页，200字，云南民族出版社1999年版。

（刘怡）

乌鸦的来历

傈僳族动物故事。流传于云南省福贡县。讲述的是：古时人可以像鸟一样飞翔；乌鸦是人的好朋友，替人看房子。乌鸦向人借了翅膀，并将它弄得又脏又臭。人见了乌鸦还回的翅膀，说宁可不飞也不要它了。乌鸦虽得到了翅膀，但与人结了仇。人听见乌鸦叫，就拿弓箭射它。鲁啊叶讲述，余福生记录。收入《傈僳族民间故事》，32开，2页，600字，云南人民出版社1984年版。

（刘怡）

"国夺罗"雀和"阿窝罗"雀的故事

傈僳族动物故事。流传于云南省保山市傈僳族聚居区。讲述的是：槟榔江畔有个傈僳族妇女，和一子一女生活在一起。儿子成亲后，她总嫌儿媳妇家里穷，房子不漂亮。儿媳妇久久未能生育，她便产生了恶念。她给儿媳妇一包炒过的火麻籽，给女儿一包生的火麻籽，然后叫她们出去种，待出芽后才能回家。在路上，姑嫂二人嗑火麻籽，小姑觉得嫂子的好吃，就与她换了。种下后，嫂子的火麻籽发芽了，而小姑地里毫无动静。等来等去，山里没有了粮食。嫂子回家取粮食，结果一到家被婆婆打了一顿。嫂子拿了粮食连夜往山里赶。小姑这时已明白了母亲想害嫂嫂，又气又饿又伤心，便变成"阿窝罗"雀。嫂嫂连日奔跑，想尽快找到小姑，不慎在途中摔死了，变成了"国夺罗"雀。嫂子整天在高山丛林中喊着"国夺罗"（傈僳语，意为"我来"），小姑则伤心地答着"阿窝罗"（傈僳语，意为"苦够"）。此后傈僳人在山上听到这两种雀叫，都非常同情它们。蔡成才、吴隆振记录。收入《散落的珍珠》，32开，4页，2100字，保山市文化局1983年编印。

（刘怡）

喜鹊和布谷鸟

傈僳族动物故事。流传于云南省泸水县傈僳族聚居区。讲述的是：波才和波妹两兄妹从小相依为命，后来哥哥上山打猎，妹妹在家织布。一天，他们同时做了一个梦：小兔姑娘和一位小伙子教他们种粮食。醒后，他们手中都有几粒种子。兄妹俩把种子撒在地里，便长出了庄稼。后来他们就教乡亲们开荒种地。但人们掌握不了节令，庄稼收成不好。不久波才又梦见小兔姑娘让他变成一只报春鸟，为人们报告春耕播种的季节。波才同意，变成鸟飞走了。他见妹妹到处找他，心里很难过，就忘了给人报节令，结果他成了给人报喜的喜鹊。波妹在梦里从小伙子的口中得知哥哥的事后，请求小伙子把她变成报春鸟，替哥哥报春。她真的变成一只鸟，飞进一个个村寨，一边对人们说"春耕时候到了"，一边"阿哥，阿哥"地喊着。时间长了，嗓子叫哑了，"阿哥"变音为"布谷"。人们称它为"布谷鸟"。李三妞扒讲述，李兴、密英文记录。收入《中华民族故事大系》（第7卷），32开，5页，3000字，上海文艺出版社1995年版。

（刘怡）

背背笼与布谷鸟

傈僳族动物故事。流传于云南省双柏县傈僳族聚居区。讲述的是：后娘想置前娘所生的老大于死地，就要他和自己的亲生儿子各背上一斗芝麻去撒，等芝麻长芽后顺着苗回家。她给亲儿子的芝麻是生的，给老大背的是炒过的。在路上，两人换了芝麻。兄弟俩撒完芝麻后都迷了路，互相找不到。后来哥哥顺着芝麻苗回了家。后娘又气又急，限他三天之内把弟弟找回来。结果两兄弟又冷又饿，都死在深山里。老大变成了背背笼雀，每逢清明前后，不停地叫着"背背笼，背背笼"（快靠拢，快靠拢）；而弟弟变成了布谷鸟，不停地叫着"咕咕，咕咕"（哥哥，哥哥）。周兴发讲述，毕开华、苏锡纬记录。收入《双柏民间文学集成》，32开，2页，900字，云南民族出版社1992年版。

（刘怡）

骂哥雀

傈僳族动物故事。流传于云南省双柏县傈僳族聚居区。讲述的是：有兄弟俩，老大心狠；老二憨厚，经常受哥哥虐待，重活累活都是他去干，还时不时没有饭吃。一次，哥哥去帮人杀猪，弟弟跟着去。哥哥嫌弟弟碍手碍脚，将一锅开水踢翻在他身上。弟弟被烫死了，变成"骂哥雀"，整天骂："狠心哥哥，碎米不给一颗……"杨庆光讲述，毕开华、苏锡纬记录。收入《双柏民间文学集成》，32开，1页，500字，云南民族出版社1992年版。

（刘怡）

小蚂蚁和蜻蜓的故事

傈僳族动物故事。流传于云南省福贡县。讲述的是：小蚂蚁爱劳动，不停地盖房和储藏食物；而蜻蜓成天东游西逛。到了冬天，蜻蜓被饥寒夺去了生命，而小蚂蚁活了下来。阿格讲述，李卫才、木顺江记录。收入《云南民间文学集成·福贡县民间文学集成卷》，32开，1页，500字，福贡县文化局、福贡县民委1989年编印。

（刘怡）

蚊子、跳蚤的来历

傈僳族动物故事。流传于云南省怒江傈僳族自治州。讲述的是：一个姑娘被妖婆掰了指头吃，她不仅不敢把这事告诉别人，反将父亲给她的獐子腿悄悄送给妖婆。后来，她父亲领着儿子将妖婆杀了，砍成碎肉。风将肉末吹走，变成了吸血的虫子。从此，人间有了苍蝇、蚊子、蚂蟥、虱子、跳蚤。佚名讲述，和君义记录。收入《傈僳族民间故事》，32开，3页，1800字，云南人民出版社1984年版。

（刘怡）

跳蚤和虱子

傈僳族动物故事。流传于云南省福贡县部分地区。讲述的是：跳蚤和虱子成了朋友。一天，它们找到了一窝鸡蛋。为了独占所有的蛋，跳蚤提出比背柴。它背着柴一蹦一跳地走。柴撒了一地，它只好一次次地拾起来再走。虱子虽慢，但还是先到了家。它吃完鸡蛋后，跳蚤才回来。跳蚤一气之下，用锅狠狠地打了虱子。虱子满身的黑点就是跳蚤用锅打的。王玛博讲述，霜现月记录。收入《云南民间文学集成·福贡县民间文学集成卷》，32开，1页，400字，福贡县文化局、福贡县民委1989年编印。另文《白虱和跳蚤》编入《中华民族故事大系》（第7卷），上海文艺出版社1995年版。

（刘怡）

蝉肚子为什么是空的

傈僳族动物故事。流传于云南省傈僳族地区。讲述的是：有一个猎人猎获一只熊。他背着熊头往家赶，一只蝉飞进了他的耳朵。他一惊，熊头掉下地滚下山坡打倒了木栅。木栅倒地时压住了一只老鼠。老鼠疼得咬断了瓜藤，南瓜滚下坡推倒了芭蕉树，惊飞了栖息在树上的蝙蝠。蝙蝠钻进了大象的耳朵。大象闯进村里，踩死了狗、羊等家畜。村民向天神告大象的状。天神问大象为何闯进村子，大象申辩说是蝙蝠惹的祸。天神又问蝙蝠，蝙蝠责怪芭蕉树，可芭蕉树又怪南瓜。天神一一追问下去，才知是蝉惹的祸。他一怒之下，下令掏空蝉的肚子。从此蝉的肚子就是空的了。佚名讲述，普国才记录。收入《傈僳族民间故事》，32开，2页，1200字，云南人民出版社1984年版。

（刘怡）

螳螂与蜥蜴

傈僳族动物故事。流传于云南省福贡县部分地区。讲述的是：螳螂和蜥蜴到江边钓鱼。螳螂把蚯蚓穿在手上伸入江中钓；而蜥蜴听信了螳螂的话，用自己的尾巴钓，结果被大鱼咬住往水里拖，吓得大叫。螳螂把眼睛都笑得凸了出来。蜥蜴很生气，咬紧牙将自己的尾巴拉出水面，结果原来又粗又长的尾巴变成了细长的一条。后来只要有东西拉住蜥蜴的尾巴，它就会毫不痛惜地丢下一截逃走。而螳螂的眼睛凸起后就再也缩不回去了。阿恰叶讲述，霜现月记录。收入《云南民间文学集成·福贡县民间文学集成卷》，32开，1页，400字，福贡县文化局、福贡县民委1989年编印。另文《螳螂眼睛为什么是鼓鼓的》编入《傈僳族民间故事》，云南人民出版社1984年版。

（刘怡）

鱼为什么没有牙齿

傈僳族动物故事。流传于云南省怒江傈僳族自治州和德宏傣族景颇族自治州的傈僳族地区。讲述的是：很早以前，鱼都有牙齿。怒江里的小金鱼贪吃，结果把牙吃坏了。它找断肠虫治，可断肠虫也治不好。它又去找螃蟹，螃蟹把它的牙全拔了。从此鱼再也长不出牙齿。佚名讲述，祝发清、车凯记录。收入《中华民族故事大系》（第7卷），32开，3页，1300字，上海文艺出版社1995年版。

（刘怡）

棕树和青树

傈僳族植物故事。流传于云南省福贡县。讲述的是：一次，青树和棕树相约去找安身之地。它们来到一片石头堆上，棕树让青树等着它，自己到前面看看。青树一等就等了多年，后来在石头堆上生了根；而棕树却在人家的屋檐下找到了湿润平坦的土地。上帝为了惩罚棕树的不义，让人们每年剥它一层皮。从此青树就长在石头堆上，棕树长在房前屋后。桑里叶讲述，霜现月、管云东、李向才记录。收入《云南民间文学集成·福贡县民间文学集成卷》，32开，1页，400字，福贡县文化局、福贡县民委1989年编印。

（刘怡）

花荞秆为什么是红的

傈僳族植物故事。流传于云南省维西傈僳族自治县。讲述的是：一个傈僳族孤儿梦见土地神告诉他，拉着犁向东走，哪里绳子断就在哪里住。孤儿照着去做。结果绳子在泥塘边断了，他就在泥塘边住下。不久他撒了一些荞子。秋收时，他怎么也收割不完，手上的血染红了荞秆。天上的七仙女看见后，让小麻雀帮他收完了荞子。第二年，孤儿就把花荞撒到山上，让土地神生了气。所以花荞如今不再长在湿热的地方，而它的秆也变成红色。为了报答麻雀，傈僳人虽爱打猎，却从不吃麻雀肉。咱宝讲述，和娇龙记录。收入《迪庆民间故事集成》，32开，2页，700字，云南民族出版社1997年版。

（刘怡）

荞子和麦子

傈僳族植物故事。流传于云南省福贡县。讲述的是：荞子和麦子原是好朋友，后来翻了脸。麦子打了荞子一拳，让它滚成了三面；荞子给了麦子一刀，让它身上永远留下一道缝。桑里叶讲述，霜现月、管云东、李向才记录。收入《云南民间文学集成·福贡县民间文学集成卷》，32开，1页，200字，福贡县文化局、福贡县民委1989年编印。

（刘怡）

蚊子的故事

傈僳族动物故事。流传于四川省德昌县傈僳族地区。讲述的是：从前，有一个村寨的蚊子像狗一样大，晚上大家都睡在木箱或布袋中，有一天来了一位外地客人，要在寨子里住一夜，主人让他住在木箱里，客人坚持要睡在床上，第二天发现客人被吃了只剩一堆白骨。后来皇帝差人将蚊子吆到蚊子洞，每隔几天还要送一个人给它们吃，有一个人不甘被蚊子吃，脱下身上的棉袄将蚊子洞塞住。比狗大的蚊子因为没吃的变瘦了，从蚊子洞里钻出来的都是小小的蚊子。纪天富讲述，纪泽银采录。收入《德昌傈僳族民俗故事》，32开，2页，476字，中国文史出版社2007年版。

（和六花）

毒蛇变银子

傈僳族动物故事。流传于四川省德昌县傈僳族地区。讲述的是：从前有两兄弟分家后，哥哥家里很富裕，弟弟家里贫困，靠砍柴卖柴维持生计。一天，弟弟两口子背柴下山，在半坡歇气时似听到人语声，寻声而去找到一坛银子。按照祖辈的训诫：在外面看到金银不能独食，于是回家告诉自己的哥嫂，相约第二天一起去分。结果贪心的哥嫂天没亮就去起了坛子，打开看是一罐小毒蛇，于是心生怨恨，把毒蛇倒到弟弟家，结果毒蛇一着地就变成了银子。弟弟和弟妹二人虽有了钱，日子过得越来越好，但一直很勤俭。张国全、黎明华讲述，李文华、熊国秀采录。收入《德昌傈僳族民俗故事》，32开，2页，840字，中国文史出版社2007年版。

（和六花）

蜜蜂作见证

傈僳族动物故事。流传于四川省德昌县傈僳族地区。讲述的是：从前有一户傈僳人家，母子二人相依为命，生活很穷苦。十五岁的时候，儿子提出不再去帮人做工，要招蜂子来喂，一个多月，天天上山找蜂子，却发现蜂子都被黄腰狸扒走了，一无所获。一天他坐在一个石包上，看到对面一个岩洞前，有两只黄腰狸在扒蜂包，一只钻到洞里扒，一只在外面接应。小伙子悄悄地跑过去，接应的黄腰狸跑了，他不声不响地接住黄腰狸递出的蜂列子，等取完蜂子，另一只黄腰狸发现是人也跑了。小伙子把蜂子找回去喂养，越养越旺，有了一百窝蜂子，日子也越过越好。财主的包谷丢失，怀疑是小伙子偷的，把小伙子送到县衙。审案过程中，小伙子养的蜜蜂纷纷飞来作证，解救了小伙子。李才秀讲述，李国才采录。

收入《德昌傈僳族民俗故事》，32开，2页，812字，中国文史出版社2007年版。

（和六花）

麂子和穿山甲打赌

傈僳族动物故事。流传于四川省德昌县傈僳族地区。讲述的是：从前，麂子的脸长得漂漂亮亮，额头上光光生生，没有一条皱纹；穿山甲有一身硬壳和一口整齐的牙齿。有一天，麂子和穿山甲打赌，穿山甲让麂子从山脚下放火烧它，看它怕不怕。大火烧起来后，穿山甲钻洞藏地下，没受一点伤。换穿山甲放火，麂子在大火中无处逃生，火熄灭后，穿山甲去找麂子，发现麂子的额头被烟火熏出了很多皱纹，穿山甲忍不住大笑，牙齿都全笑掉了。自此，麂子都是皱额头的，穿山甲都没有牙齿。张长贵、李国才讲述，夏承政采录。收入《德昌傈僳族民俗故事》，32开，2页，560字，中国文史出版社2007年版。

（和六花）

狗哥哥和猫兄弟

傈僳族动物故事。流传于四川省德昌县傈僳族地区。讲述的是：从前狗哥哥和猫兄弟来到人间，帮助人们看守家屋和撵山，狗哥哥个头大、跑得快、牙齿长，野生动物都怕它，猫兄弟则个小、嘴小、牙齿短，只有耗子怕他。狗哥哥觉得猫弟弟捡了便宜，于是两人协商各干各的，狗哥哥管外面，猫兄弟守家。结果野生动物下来糟践家里的粮食，猫兄弟无能为力，狗哥哥回来后就怪罪猫兄弟，猫兄弟一气之下离家出走，靠逮耗子为生，搞得老鹰逮不到耗子，就和猫兄弟结了仇。过后，猫兄弟觉得自己很冤枉，见到狗哥哥就要打架。李张氏讲述，熊国秀、李文华采录。收入《德昌傈僳族民俗故事》，32开，2页，980字，中国文史出版社2007年版。

（和六花）

猫和老鼠的故事

傈僳族动物故事。流传于四川省德昌县傈僳族地区。讲述的是：很古的时候，地上没有耗子，地上一个神仙到天上，在如来家见到两只耗子跳来跳去，觉得很稀奇，就问如来要耗子到人间，并让耗子吃人吃的，睡在洞里。接着神仙就出去游历了，等神仙回来，人们状告神仙带回来的耗子偷吃粮食，在墙脚打洞。神仙又到如来家里，看到猫儿就讨了来，专门用来捉耗子。耗子觉得自己又没吃猫肉，猫却吃耗子肉，气不过就来讨说法。猫说是因为耗子偷吃粮食、打洞才捉的。如来说耗子干坏事，人人喊打，猫是在人间除害，受人爱戴，但耗子繁殖太快，猫怎么也抓不完，只能抓在家里偷东西的耗子。张忠英讲述，李国才采录。收入《德昌傈僳族民俗故事》，32开，2页，980字，中国文史出版社2007年版。

（和六花）

兔子和野猫

傈僳族动物故事。流传于四川省德昌县傈僳族地区。讲述的是：一天，野猫和白兔相遇比美。白兔认为自己尾巴短，最漂亮；野猫觉得自己的尾巴长，有用处。苍蝇来了，野猫用尾巴吆苍蝇，短尾巴兔子只能用后腿赶苍蝇。白兔又辩说自己的毛衣像雪一样白净，很漂亮，嫌弃野猫杂七杂八的毛；野猫说它的花衣裳可以护身。兔子的白毛引来了老鹰，野猫缩成一团有效地躲避了老鹰，兔子雪白的毛却使它逃无可逃，只有躲到洞里。兔子问野猫它的花衣裳是哪个给的，野猫说生下来就有的，结果兔子坚信是野猫在花山上滚脏的，于是自己在花山上滚来滚去，没滚成花衣裳，倒把自己的眼睛滚红了。李国才讲述，李贾斌采录。收入《德昌傈僳族民俗故事》，32开，2页，644字，中国文史出版社2007年版。

（和六花）

毛狗、兔子学本领

傈僳族动物故事。流传于四川省德昌县傈僳族地区。讲述的是：毛狗和兔子到老虎家里学咬野兽的本领，老虎让它们记住三个动作，一是咬的时候背脊上的鬃要竖，二是眼睛要睁得像血一样红，三是尾巴要高高立起，咬野兽的致命部位。兔子说害怕不敢咬，毛狗说它学到了，带着兔子走了。在林子里遇到一只麂子，毛狗得意地学着老虎的三个动作咬，未领会兔子说它的三个动作都没到位，结果麂子两脚一蹬，把毛狗的眼睛蹬出血来跑掉了。以后，毛狗的眼睛都有点红红的。贺学才讲述，李国才采录。收入《德昌傈僳族民俗故事》，32开，2页，784字，中国文史出版社2007年版。

（和六花）

撵山狗的由来

傈僳族动物故事。流传于四川省德昌县傈僳族地区。讲述的是：很久以前，所有的野生动物都是吃肉的，有一天一头牛摔死在山沟，很多动物都赶去分肉吃。狗来迟了，不好意思挤过去分肉，一只麂子见到了，取笑狗吃不到肉，急得伸舌头、甩尾巴。狗心中很不爽快，翻脸就和麂子打起来，其他动物过来劝架，麂子趁机逃跑了。狗更生气，对动物们一顿乱咬，有些动物懒得搭理狗，咬着肉从野葱地走了。狗以为自己胜利了，闻着野葱子味撵去。狗和麂子自此成了天敌，后来，傈僳族打山匠都会养一种猎狗去捉野兽，叫它们撵山狗。张正顺讲述，李文华采录。收入《德昌傈僳族民俗故事》，32开，2页，420字，中国文史出版社2007年版。

（和六花）

狗为什么撵麂子

傈僳族动物故事。流传于四川省德昌县傈僳族地区。讲述的是：有一天，兔子、狗和麂子三个在一起煮肉吃，兔子在切蒜，狗在添柴加火，只有麂子无所事事跳来跳去，结果把锅蹬翻了，狗很生气，拿着一根树枝要打麂子，得意的麂子又把切好的蒜也弄翻了，还踩了一蹄子蒜片。狗和兔子很生气，闻着蒜味去撵麂子。贺学才讲述，李国才采录。收入《德昌傈僳族民俗故事》，32开，1页，336字，中国文史出版社2007年版。

（和六花）

猴子屁股为啥不长毛

傈僳族动物故事。流传于四川省德昌县傈僳族地区。讲述的是：很久以前有一个傈僳人家住在高山上，养育了很多儿女，姑娘容易嫁出去、媳妇很难讨进来。老人费了很大的力为大儿子讨了一个满脸麻子的媳妇，老人去世后，小姑子、小叔子嫌弃她丑，取笑他。丑大嫂常常坐在岔路口哭，遇到罗英秀才，给了她一块手帕洗脸，大嫂越洗越漂亮。后来，小姑子、小叔子把手帕抢去洗脸，一个个脸上长出了毛，便都躲到山林里了。大嫂日日煮饭给他们吃，累得要死，又得罗英秀才指点，将薄石板烧红后放在饭桌周围，待小姑子、小叔子们像饿鬼样跑回来，端起饭碗一坐下，屁股烫得直跳，肉皮子也烧烂了，都不敢再回来吃白饭。据说小姑子和小叔子就是猴子的祖先。张顺祥、蓝正华讲述，李文华、熊国秀采录。收入《德昌傈僳族民俗故事》，32开，2页，1000字，中国文史出版社2007年版。

（和六花）

猴子学抽烟

傈僳族动物故事。流传于四川省德昌县傈僳族地区。讲述的是：古时，猴子常成群结队下来糟践庄稼，很是烦人。有一天，一个傈僳拿起弯弯枪去收包谷地，一直在地里转悠，猴子不敢来偷包谷，人疲惫不堪，抽了一根草烟后睡着了。猴子们趁人睡着又开始为非作歹，一只猴子学着人抽烟的样子使劲抽枪管，另一只猴子不小心点燃了引线，"砰"的一声，学抽烟的猴子死了，其他猴子也全被吓跑了。自此,猴子见到扛着弯弯枪的人都躲得远远的。张清明讲述,熊国秀、李文华采录。收入《德昌傈僳族民俗故事》,32开,2页,336字,中国文史出版社2007年版。

(和六花)

狗屎貂和貂翎子比念经

傈僳族动物故事。流传于四川省德昌县傈僳族地区。讲述的是:从前,天管师喊狗屎貂和貂翎子比念经,貂翎子只会念"呱达达,呱达达",天管师觉得貂翎子太笨,把它拿来垫屁股,貂翎子的脑袋就被坐扁了。聪明的狗屎貂专挑好的念,"包谷起牛角,谷子起索索",天管师很是欣喜,抱着狗屎貂亲来亲去,狗屎貂的嘴就伸得长长的。自此,貂翎子的脑壳都是扁的,狗屎貂个个都是尖嘴巴。杨德明讲述,李国才采录。收入《德昌傈僳族民俗故事》,32开,2页,280字,中国文史出版社2007年版。

(和六花)

同野猪算账

傈僳族动物故事。流传于四川省德昌县傈僳族地区。讲述的是:一只野猪在楮木树下找果子吃,却怎么也找不到,抬头看到一只貂翎子在树上跳来跳去摘果子吃,野猪馋得直流口水,就开口让貂翎子摘点果子给它吃。貂翎子说野猪三代欠了三笔账,掏吃了貂翎子储藏起来的楮木果子,吃了人类的包谷、洋芋,咬死过很多的人和狗,坚决不给野猪果子吃。野猪争不过貂翎子,肚子也饿扁了,只好焉塌塌地走了。贺英秀讲述,李国才采录。收入《德昌傈僳族民俗故事》,32开,3页,1148字,中国文史出版社2007年版。

(和六花)

智胜毛狗和老鹰

傈僳族动物故事。流传于四川省德昌县傈僳族地区。讲述的是:貂翎子很机灵,一天它跳下楮木树找水吃,在沟边看见一小坨岩凌羊肉,就咬着肉爬上大树吃。一只饿了三天的毛狗见到貂翎子在吃肉,激貂翎子把肉丢下来给它吃。聪明的貂翎子举着帮毛狗再找新的食物的旗号在树上耗了毛狗三天,又让毛狗去刨黄鼠狼,去坝子里吃两只脚屋里的冷饭粑粑。将毛狗支走后,貂翎子见一只老鹰掉了一只小貂翎子,便引着老鹰一家去吃放了"箭药"的羊子肉,母老鹰和两只小鹰吃了羊肉后一命呜呼,公老鹰也被安山匠活捉。贺英秀讲述,李国才采录。收入《德昌傈僳族民俗故事》,32开,3页,1904字,中国文史出版社2007年版。

(和六花)

铁甲鸟为啥打老鸹

傈僳族动物故事。流传于四川省德昌县傈僳族地区。讲述的是:从前,铁甲鸟养了一只弯脚杆羊,一天它出门办事,请老鸹帮忙照料羊子。当面应允的老鸹在铁甲鸟走后,对羊子不管不顾,使羊子被一只老鹰叼走了。铁甲鸟回来后寻羊子不得,盯着老鸹要羊子,老鸹没还的,气得铁甲鸟动手打了老鸹,老鸹"哇哇"干叫唤,更激起铁甲鸟的怒气。自此,铁甲鸟见到老鸹就要打它、骂它。杨德明讲述,李国才采录。收入《德昌傈僳族民俗故事》,32开,2页,308字。中国文史出版社2007年版。

(和六花)

四脚蛇和山壁猴儿

傈僳族动物故事。流传于四川省德昌县傈僳族地区。讲述的是:从前,山壁猴又大又凶恶,随时都想咬人、吃人。一天,它想咬一个打山匠,打山匠跑得很快,又得四脚蛇护佑,跑掉了。山壁猴儿心头很冒火,屁股朝天滗了一泡尿,惹怒了天管师,一个炸雷把树子打断,山壁猴儿也打死了。天管师让人们日后见到山壁猴儿就打,但要爱护四脚蛇。熊长生讲述,李国才采录。收入

《德昌傈僳族民俗故事》，32开，2页，320字，中国文史出版社2007年版。

（和六花）

蚂蚱为啥吊脖子

傈僳族动物故事。流传于四川省德昌县傈僳族地区。讲述的是：很早的时候，挨在一起的陡子山和火焰山打架，眼看要输的火焰山突然喷出一股烈火，把山都烧红了。山下的傈僳族老两口怕火烧到家里，上山打火，结果被烈火烧成灰灰。老两口转世后，男的变成包谷雀，女的变成阳雀。第二年，烧过的土地上长出一片嫩草，包谷雀和阳雀啄嫩草填肚子，结果有一群蚂蚱来争草吃，惹怒了两个雀儿，就去捉蚂蚱，剩下的蚂蚱求饶，答应每年六七月间送吃的给雀儿。自此，每年六七月间，没法给阳雀送食物的蚂蚱就吊死在蒿枝上，送了食物的则穿着雀儿送的绿衣裳过到来年。李张氏讲述，李文华、熊国秀采录。收入《德昌傈僳族民俗故事》，32开，2页，644字，中国文史出版社2007年版。

（和六花）

蚊子、虼蚤大变小

傈僳族动物故事。流传于四川省德昌县傈僳族地区。讲述的是：很古的时候，蚊子有老鸹那么大，虼蚤有狗那么大，喝人血、吃人肉。有一个十几户人家的傈僳村庄，家里人被蚊子、虼蚤吃去了很多，实在没办法就各家轮班，一晚上给一个人让它们吃。村尾一家母女二人相依为命，女儿争着去送命。第二天，聪明的姑娘去山上拉来很多干柴堆在一间房子里，又找来一节和自己一样高的木头扮成自己的样子，蚊子、虼蚤进入房间后，姑娘把门紧紧拉上，并引燃了房子，大蚊子、大虼蚤们被活活烧死，一些小的从门缝里钻出来，找不到吃的，一挨到人身上就被人狠命地打一巴掌，它们又痛又饿，就慢慢变小了。李才秀讲述，李国才采录。收入《德昌傈僳族民俗故事》，32开，2页，672字，中国文史出版社2007年版。

（和六花）

蚂蚁和老虎比力气

傈僳族动物故事。流传于四川省德昌县傈僳族地区。讲述的是：很古的时候，老虎身子又长又大，指甲又尖又快，觉得自己很了不起。一天，老虎遇到蚂蚁，很是小看蚂蚁，蚂蚁就和老虎打赌，若蚂蚁抬得动老虎，则老虎永远躲在深山老林里，不许跟人见面，若抬不动，蚂蚁就躲到深山老林。蚂蚁趁老虎睡着，叫来很多很多的伙伴，一齐咬住老虎用力，老虎真的被抬起来了。从此，老虎躲进深山老林，蚂蚁则爬到了世间各处。李才秀讲述，李国才采录。收入《德昌傈僳族民俗故事》，32开，2页，630字，中国文史出版社2007年版。

（和六花）

蚂蚁教懒人

傈僳族动物故事。流传于四川省德昌县傈僳族地区。讲述的是：从前有个孤儿，年纪不大却懒得要命，一天啥都不做就晒太阳，谁都教不好他。一天，他又在地头晒太阳，一只蚂蚁爬到他耳朵边，将他咬醒，蚂蚁告诉懒汉：自己天天做活，还不够吃，他天天晒太阳，日后定要饿肚子。懒汉还想反驳，蚂蚁说：若懒汉不听，它就要天天撑着懒汉，咬懒汉。经过蚂蚁这么一遍，很多懒人都慢慢变勤快了。杨德明讲述，李国才采录。收入《德昌傈僳族民俗故事》，32开，2页，326字，中国文史出版社2007年版。

（和六花）

蚂蚁抬粮

傈僳族动物故事。流传于四川省德昌县傈僳族地区。讲述的是：从前有个打山匠在家捏了一个碗口大小的饭粑坨上山打山，上山后遇到一只野兔，一直撵到下午。他肚子很饿，就三口两口将饭粑坨吃了，还掉了几颗饭在地上，他嫌脏没捡起来吃。走出没多远就听到后面在喊"抬不起啰，抬不起啰"，他转回去看到几只蚂蚁在抬地上的几颗饭，直到他把饭捡起来吃掉，才没听到喊声。以后，傈僳族就有传统：在山上吃饭不能洒饭，洒的饭蚂蚁抬不动，就会责怪人没有良心。李才秀讲述，李国才采录。收入《德昌傈僳族民俗故事》，32开，2页，364字，中国文史出版社2007年版。

(和六花)

螳螂和乌龟赛跑

傈僳族动物故事。流传于四川省德昌县傈僳族地区。讲述的是：一天，螳螂遇见乌龟，要和乌龟比赛谁先到花山，争得那朵花王。一开始，连跳带飞的螳螂就把乌龟甩得老远，一会儿又停下来等乌龟，等着等着睡着了。醒来后，螳螂没见乌龟的影子，便先和青蛙、雀儿唱唱跳跳，又跑去和泥鳅玩耍。泥鳅告诉螳螂，乌龟已经过去很久了，螳螂心慌了，拼命朝花山赶，看到乌龟已经爬到花王身边，螳螂追悔莫及。李国才讲述，贾斌采录。收入《德昌傈僳族民俗故事》，32开，2页，700字，中国文史出版社2007年版。

(和六花)

青蛙大争论

傈僳族动物故事。流传于四川省德昌县傈僳族地区。讲述的是：从前，青蛙家的姑娘是任随哪家都可以领去做媳妇的，也不给彩礼。渐渐的，只有女儿没有儿子的父母便孤苦无依、无人赡养。一天，老青蛙相约去找青蛙王，青蛙王组织了一个齐团会，商定以后娶妻要给十吊钱的彩礼。第二天，家里只有儿子没有姑娘的青蛙听到了，又去找青蛙王争论，说只能给九吊。第三天，青蛙王又开了个齐团会，双方争执不下，一连争了三天三夜。青蛙王听之任之，让它们一直争下去，所以，此后一到热天，青蛙就在田间聚会争论，永不停歇。李魏氏讲述，李国才采录。收入《德昌傈僳族民俗故事》，32开，2页，756字，中国文史出版社2007年版。

(和六花)

三、长诗歌谣

（一）创世歌

开天辟地

傈僳族创世歌。流传于云南省丽江市傈僳族地区。远古的时候，天地不分，没有太阳和月亮，宇宙间空旷无物。天神娥萨用金竹棒造出了九兄弟和七姐妹，又造出了天和地，接着九兄弟造出了太阳，七姐妹造出了月亮。在娥萨的帮助下，九兄弟和七姐妹又造出了山川河流和世间万物，还成功地阻止了天塌和地裂，天地终于成形了。蔡应福唱述，丁发荣、熊顺林采录。收入《中国歌谣集成·云南卷》，16开，2页，109行，中国ISBN中心2003年版。

（杨利先）

造太阳月亮

傈僳族创世歌。流传于云南省维西傈僳族自治县傈僳族聚居区。歌谣唱述：远古的时候，没有太阳的光辉，没有月亮的普照，人类无法繁衍和生息。太阳和月亮被天神锁在岩洞石穴中，无法出头和露面。人们只好用金南瓜和银南瓜做成太阳头和月亮头，又用宝石和珠子分别做成太阳和月亮的眼睛。接着，人们又分别给太阳和月亮做了鼻梁、舌头和双手，用金银做了太阳和月亮的心，用泥块做了太阳和月亮的肝，又造了太阳和月亮的五脏六腑。太阳和月亮造好了，人们用金撬杠和银撬杠把太阳和月亮撬上天，人类开始繁衍，万物开始生长。佚名唱述，木玉璋翻译，李汝春整理。收入《维西民间文学资料》（第2集），32开，8页，176行，维西傈僳族自治县民间文学集成办公室1990年编印。

（杨利先）

造日造月

傈僳族创世歌。属传统大调。流传于云南省维西傈僳族自治县傈僳族聚居区。歌谣唱述了傈僳族有两代见不到太阳和月亮了，占卜打卦都不灵。因为天神把金太阳银月亮禁在岩缝中，太阳月亮的头压碎了。傈僳人取来南瓜做成太阳月亮的头，用银纸片接好太阳月亮的鼻，拿金银珠、金银杉木片安好太阳月亮的眼和耳，拿金银桶、金银片做成太阳月亮的嘴和舌，取金银木、金银浆板做成太阳月亮的手和脚，用金银纺锤造成太阳月亮的心，抓来金银蝙蝠做成太阳月亮的肝，取金银皮囊做成太阳月亮的胃，拿金银丝线作为太阳月亮的肠……终于将太阳月亮造好请出来。汪忍波用音节文字记录，光那巴等补遗唱述，木玉璋、汉刚、余宏德搜集、记录、翻译。收入《祭天古歌》，32开，11页，330行，云南民族出版社1999年版。

（刘怡）

洗日洗月

傈僳族创世歌。属传统大调。流传于云南省维西傈僳族自治县傈僳族聚居区。歌词唱述了傈僳族为洗日月寻找清澈的泉水，他们用贝壳卜出了出水处和接水处，然后去背水、烧水为太阳月亮洗尘。歌谣用拟人的手法为太阳洗脸、洗手、洗身子。告诉人们人类生存要靠太阳，祭太阳为的是祈求丰收。汪忍波用音节文字记录，光那巴等补遗唱述，木玉璋、汉刚、余宏德搜集、记录、翻译。收入《祭天古歌》，32开，7页，200行，云南民族出版社1999年版。

（刘怡）

射太阳经（一）

傈僳族创世歌。流传于云南省维西傈僳族自治县傈僳族聚居区。歌谣唱述的是：古时候，天空同时连串地出现了红、黑、黄、白、花、蓝、灰的七个太阳和月亮，烤焦了万物，使人类无法生存。于是，各个部落和支系的人们都齐心协力，推举出九位有智慧的人和七位本领高强的人来杀太阳和月亮。歌中唱道："人不能繁衍，万物不能长；坏日要得杀，坏月要得宰。"汪忍波、鱼亲龙唱述，木玉璋记录、翻译。收入《维西民间文学资料》（第2集），32开，1页，25行，维西傈僳族自治县民间文学办公室1990年编印。

（杨利先）

射太阳经（二）

傈僳族创世歌。流传于云南省维西傈僳族自治县傈僳族聚居区。歌谣唱述的是：古时候七个太阳连续出，七个月亮连串升，人类被晒死，万物被晒干，天地间的各种动物和植物都在劫难逃。因此，"红日一定要杀，红月一定要宰"，否则人类不能活，万物不能长。有一姓古的人家，用草做箭羽，用蒿秆做箭杆，用棉线做弓弦，来射太阳和月亮。歌中唱道："弯弓射太阳，箭镞穿月亮，落在蒿枝地，掉在菁草地。"反映了傈僳族的创世观念。汪忍波、鱼亲龙唱述，木玉璋记录、翻译。收入《维西民间文学资料》（第2集），32开，2页，96行，维西傈僳族自治县民间文学办公室1990年编印。

（杨利先）

射太阳经（三）

傈僳族创世歌。流传于云南省维西傈僳族自治县傈僳族聚居区。歌谣唱述的是：古时候升的太阳和月亮，是黑太阳和黑月亮，人类和万物都不能生存。因此，一定要杀太阳和宰月亮。歌中唱道："出的黑太阳，升的黑月亮；是个老日公，是个衰月婆；该杀老日公，应宰衰月婆。"汪忍波、鱼龙亲唱述，木玉璋记录、翻译。收入《维西民间文学资料》（第2集），32开，1页，12行，维西傈僳族自治县民间文学办公室1990年编印。

（杨利先）

射太阳经（四）

傈僳族创世歌。流传于云南省维西傈僳族自治县傈僳族聚居区。歌谣唱述的是：古时候，天上有七个太阳和月亮，它们连串地出现在天空，人类和万物不能生存。人们请了有智慧和有本领的人，用蒿枝做箭，用蓝线做弓，来射杀多余的太阳和月亮。歌中唱道："瞄准出日口，对准升月口；中指贴山口，食指贴垭口；杀了老太阳，宰了衰月亮。"汪忍波、鱼龙亲唱述，木玉璋记录、翻译。收入《维西民间文学资料》（第2集），32开，2页，46行，维西傈僳族自治县民间文学办公室1990年编印。

（杨利先）

射太阳经（五）

傈僳族创世歌。流传于云南省维西傈僳族自治县傈僳族聚居区。歌谣唱述的是：天上出现了过多的太阳和月亮，使人类和天地万物无法生存，因此需要杀太阳和宰月亮。歌中唱道："坏太阳要杀，坏月亮要宰；是个老太阳，是个衰月亮；是个黄太阳，是个黄月亮。"汪忍波、鱼龙亲唱述，木玉璋记录、翻译。收入《维西民间文学资料》（第2集），32开，1页，12行，维西傈僳族自治县民间文学办公室1990年编印。

（杨利先）

射太阳经（六）

傈僳族创世歌。流传于云南省维西傈僳族自治县傈僳族聚居区。歌谣唱述的是：天上出现了很多的太阳和月亮，使人类和万物无法生存。人们祈求天神，帮助射杀多余的太阳和月亮。歌中唱道："请帮杀太阳，请帮宰月亮；日出旋转出，月亮连串升；坏日一定杀，坏月必须宰。"汪忍波、鱼龙亲唱述，木玉璋记录、翻译。收入《维西民间文学资料》（第2集），32开，1页，12行，维西傈僳族自治县民间文学办公室1990年编印。

（杨利先）

射太阳经（七）

傈僳族创世歌。流传于云南省维西傈僳族自治县傈僳族聚居区。歌谣唱述的是：天上出现了过多的太阳和月亮，人们祈求天神帮助消灭多余的太阳和月亮。歌中唱道："荒古出太阳，古时升月亮；是个太阳公，是个月亮婆；是个花太阳，是个花月亮。"汪忍波、鱼龙亲唱述，木玉璋记录、翻译。收入《维西民间文学资料》（第2集），32开，1页，15行，维西傈僳族自治县民间文学办公室1990年编印。

（杨利先）

射太阳经（八）

傈僳族创世歌。流传于云南省维西傈僳族自治县傈僳族聚居区。歌谣唱述的是：当天上出现过多的太阳和月亮的时候，人类各部落各支系都情同手足，团结起来，推选出智者和能人去射杀多余的月亮和太阳。人们用草做箭，用线做弦，拉开弩弓，射落了太阳和月亮。太阳和月亮都出了血，需要盐水洗，需要圣水净。人们便到北方、南方去找盐，找到盐后又需要晒盐。有了盐，人们才能洗净太阳和月亮流的血。汪忍波、鱼龙亲唱述，木玉璋记录、翻译。收入《维西民间文学资料》（第2集），32开，3页，105行，维西傈僳族自治县民间文学办公室1990年编印。

（杨利先）

射日射月

傈僳族创世歌。属传统大调。流传于云南省维西傈僳族自治县傈僳族聚居区。歌谣唱述了古时候天上出了七个太阳，升起九个月亮，树枯死，石熔化，泉水干，禽兽死，人类难以繁衍和发展。三个支系的傈僳人祈求天神帮忙，射杀太阳和月亮。他们用桑木做弓背，红麻线做弓弦，黑蒿枝做箭，著草做箭羽，最先射杀了黑太阳和黑月亮，随后又射杀了红太阳和红月亮、蓝太阳和蓝月亮、黄太阳和黄月亮、恶太阳和恶月亮、浑太阳和浑月亮……一共射杀了六个太阳、八个月亮，使人类得以生存。汪忍波用音节文字记录，光那巴等补遗唱述，木玉璋、汉刚、余宏德搜集、记录、翻译。收入《祭天古歌》，32开，5页，150行，云南民族出版社1999年版。

（刘怡）

生存和死亡

傈僳族创世歌。流传于云南省怒江傈僳族自治州傈僳族地区。歌谣唱述了创造宇宙万物虽然伟大，但没有创造起死回生的药，没法让人返老还童，让人活得不痛快和心不甘。歌中最后唱道："该造长生不死药，该创返老还童药。"裴阿欠唱述，徐琳、木玉璋翻译。收入《中国歌谣集成·云南卷》，16开，1页，14行，中国ISBN中心2003年版。

（杨利先）

猿猴与野鼠

傈僳族创世歌。流传于云南省怒江傈僳族自治州傈僳族地区。歌谣唱述：太阳和星星如何出现，人类什么时候开始繁衍和劳动等问题，问遍了谁都不知道，谁也不明白。最后才探听到：是大鹏鸟讲下的，是老鼠教下的，是猿猴创造的，是野鼠发明的。裴阿欠唱述，徐琳、木玉璋翻译。收入《中国歌谣集成·云南卷》，16开，1页，20行，中国ISBN中心2003年版。

（杨利先）

不劳动者不得吃

傈僳族创世歌。流传于云南省怒江傈僳族自治州傈僳族地区。歌中唱道:"造物者是老猿猴,发明者是老野鼠……不死地上住不下,不老住处盛不了……创造下劳动吃饭,发明下做活喝酒。不劳动的不得吃,不生产的不得喝。"裴阿欠唱述,徐琳、木玉璋翻译。收入《中国歌谣集成·云南卷》,16开,1页,14行,中国ISBN中心2003年版。

(杨利先)

创世纪(一)

傈僳族创世歌。流传于云南省怒江傈僳族自治州傈僳族地区。歌词唱述了古代人类的生存状况及傈僳人对劳动与生活、生与死的看法,描述了古代洪水泛滥、寻找人种、生儿育女及民族的起源,追述了怒江地区历史的一些片段,歌颂了荞氏族首领——木必的英雄事迹。全诗采用了大量的隐喻、排比、复踏等表现手法,将各种神话传说、历史典故及劳动生产技术编织在一起,是傈僳族人民了解自己生存环境和传承劳动生产技能的重要手段之一。裴阿欠唱述,木玉璋记录、翻译。收入《人类金色的童年》,32开,62页,900行,云南民族出版社2004年版。

(刘怡)

创世纪(二)

傈僳族创世歌。流传于云南省怒江傈僳族自治州傈僳族地区。这是歌颂傈僳族荞氏族首领木必英雄业绩的长诗。由"就是木必不答应""正直羊角""木必变活""取出一块银子来""取出一块羊毛毡""取出一块棕毛来""院子里拴骝马""桌子上面摆食物""拿出橘子来""还叫木必杀老虎""甲俄瞧了很服输""空中鹰也射下来"等章节组成。长诗热情地讴歌了木必的英雄业绩,颂扬了傈僳族人民不屈不挠的反抗精神和对美好生活的执着追求。裴阿欠唱述,木玉璋记录、翻译。收入《傈僳族文化大观》,32开,21页,272行,云南民族出版社1999年版。

(杨利先)

(二)祭祀歌

猎神调(一)

傈僳族祭祀歌。流传于云南省怒江傈僳族自治州傈僳族地区。歌谣是猎人狩猎前,对猎神祭祀时唱的歌。希望猎神保佑,让猎人们能打到野兽,获得猎物。歌中唱道:"大的野兽杀得着,高的野兽打得着,让我一把就捏到兽的前腿,让我一把就抓住兽的前蹄。"佚名唱述,李汝忠记录、翻译。16开,1页,34行,收入《云南民族文学资料集》(第16集),云南大学中文系少数民族语言文学教研究室1964年编印。

(杨利先)

猎神调(二)

傈僳族祭祀歌。流传于云南省怒江傈僳族自治州傈僳族地区。这是猎人出发前祭祀猎神的歌。歌谣唱述:祈求猎神赐给野兽和野味,让猎人一到山林就撵出公鹿和公獐,让猎人的箭射中这些野兽,让猎人的刀把大动物砍翻,让猎人满载而归。佚名唱述,云南大学中文系怒江民间文学调查队采录,李汝忠翻译,左江文字校正。收入《中国歌谣集成·云南卷》,16开,1页,46行,中国ISBN中心2003年版。

(杨利先)

许猎神经

傈僳族祭祀歌。流传于云南省怒江傈僳族自治州傈僳族地区。这是傈僳族打猎前向猎神祈求的歌,歌中唱道:"管着七山兽的神王,辖着九岭万禽的灵首!以往由于您的慷慨慈悲,把您心爱的禽兽施舍给我们。……今天我们有饥向您请求,今天大家有饿向您乞讨。把最大的山驴赐福给我们吧!把最肥的马鹿施舍给我们吧!"表现了傈僳族所做仪式的实质，是为了保障自己的物质需求。佚名唱述，杨春茂记录。收入《傈僳族民间文学概论》，32开，1页，20行，云南教育出版社2002年版。

（刘怡）

抽签调

傈僳族祭祀歌。流传于云南省怒江傈僳族自治州傈僳族地区。这是猎人出发时，需要抽签明白猎物在什么地方，以及祈求神灵保佑让自己满获猎物的祭祀活动时唱的歌。歌谣唱述：让签明白七架山外的事情，知晓九条箐内的情况；签的眼像山鹰的眼睛一样敏锐，像老虎眼睛一样明亮，什么都看得到，什么野兽都能发现，签知道野兽躲在什么地方，可以让猎手打到大野物，满载回村。佚名唱述，云南大学中文系怒江傈僳族民间文学调查队采录，木春富翻译，左江文字校正。收入《中国歌谣集成·云南卷》，16开，1页，58行，中国ISBN中心2003年版。

（杨利先）

获猎调

傈僳族祭祀歌。流传于云南省怒江傈僳族自治州傈僳族地区。这是猎手们捕获猎物后所唱的歌，以感谢神灵赐予猎物。歌谣唱述：感谢各方神灵，托神灵们的福气，今天捕获了动物和野兽，所以先祭献众神。佚名唱述，木春富、左江记录、翻译。收入《傈僳族文化大观》，32开，2页，18行，云南民族出版社1999年版。

（杨利先）

米斯尼

傈僳族祭祀歌。流传于云南省怒江傈僳族自治州傈僳族地区。傈僳族认为，"米斯尼"掌管着人们的农业生产和狩猎活动及自然界的一切，因此新年到来的时候，人们要祭祀"米斯尼"，以祈求庄稼丰收、狩猎满载而归。歌中唱道："喜喜欢欢地生产，快快乐乐地劳动，没有什么烦恼的事情，没有什么忧愁的事情。"佚名唱述，密英文记录、翻译。收入《傈僳族文化大观》，32开，2页，19行，云南民族出版社1999年版。

（杨利先）

老鬼祭

傈僳族祭祀歌。流传于云南省福贡县傈僳族聚居区。这是傈僳族传统祭祀活动中较为特殊的一种祭祀歌，是为那些长期卧病不起，或危重病人祭祀唱的。一般祭祀规模较大，时间较长，先试祭，如病情好转则大祭。歌谣唱述了天地形成的过程，告诫鬼不准来侵犯人，让鬼享受完祭品后回到树洞里，让鬼把某某的灵魂放回来。同时，祭词中还告诉被鬼放回的某某灵魂，该从哪座山、哪条河、哪条路回来。届时，祭司将挥起长刀，斩断某某灵魂与鬼魔的联系，确保灵魂返体，病人病除。三只叶唱述，霜现月、管云东等采录。收入《中国歌谣集成·云南卷》，16开，3页，180行，中国ISBN中心2003年版。

（杨利先）

卸邪祭词

傈僳族祭祀歌。流传于云南省泸水县傈僳族聚居区。傈僳族认为，人生病或死亡是人身上有邪气，因此要举行祭祀活动，把人的邪气"卸"给树，人才健康或避免死亡。这是"卸邪"祭祀活动时唱的歌。唱述的内容是：请了九个小伙子和七个姑娘，请了狗熊、野猪等猛兽，也请了野蜂和家蜂，统统来帮助卸邪。同时动用了各种药草和刀具、弩箭来卸邪，也准备了祭品、寿衣、碎银等来卸邪。歌中唱道："死壳卸下来，病壳驱下来；克星覆盖过的地方，让它像天空一样地明朗；灾难弥漫过的场所，使它如大地一般地清新。"肯波扒唱述，李四明采录。收入《中国歌谣集成·云南卷》，16开，3页，137行，中国ISBN中心2003年版。

（杨利先）

解咒词

傈僳族祭祀歌。流传于云南省泸水县傈僳族聚居区。这是解除仇人或仇家咒语时唱的歌。歌谣唱述：这家人挨了诅咒，粮食不丰收，家业不兴旺，还咒生儿变哑巴，生女变傻瓜。如今用木棍、木片、裹脚布、种猪和公鸡来解咒。用木棍敲昏你，用木片打烂你，用裹脚布绊倒你，让种猪咬断你，让公鸡啄瞎你。让诅咒覆盖的地方，像晴天一样晴朗；让咒语弥漫的场所，像大地一般清新。楞此扒唱述，李四明采录。收入《中国歌谣集成·云南卷》，16开，2页，62行，中国ISBN中心2003年版。

（杨利先）

庄令

傈僳族祭祀歌。流传于云南省泸水县傈僳族聚居区。"庄令"意为"解咒"，是傈僳族举行解咒活动时唱的歌。歌谣唱述：解咒者自称有非凡的本事，能解除任何鬼咒，并用各种器械和术语来解咒，使各种咒消除。楞此扒唱述，李四明记录、翻译。收入《泸水民间文学》（第1辑），16开，8页，120行，泸水县文化局1990年编印。

（杨利先）

寺兹色

傈僳族祭祀歌。流传于云南省泸水县傈僳族聚居区。"寺兹色"意为"卸咒"，是傈僳族卸咒时唱的歌。歌谣唱述：请来了众多的神来帮助卸咒，因为碰到了克星和灾难，需要把咒解除，要赶克星，驱灾难。肯波扒唱述，李四明记录、翻译。收入《泸水民间文学》（第1辑），16开，12页，180行，泸水县文化局1990年编印。

（杨利先）

摆俄袯词

傈僳族祭祀歌。流传于云南省福贡县傈僳族聚居区。傈僳族把因受他人的嫉妒、咒骂及与人争吵后所得的疾病称为"摆俄"。为使病人恢复健康，他们要举行一种祭祀，由德高望重的老人为其祈祷驱邪。歌词唱述自己用三龄的肥猪血、丰盛的烈酒、流不尽的江水为病人清洗那噬吮心脾的精灵，驱逐脸颊上、脑髓中、手脚筋骨上作孽的邪恶。让病人"体质像瓷一样结实"，"心灵像碗一样纯洁"。王露兹演唱，和永祥、景山记录、整理。收入《福贡县民间文学集成卷》，32开，6页，117行，福贡县文化局、福贡县民委1989年编印。

（刘怡）

骂龙调

傈僳族祭祀歌。流传于云南省维西傈僳族自治县傈僳族聚居区。傈僳人认为，人的四肢生疮或发痒是龙咬的结果，因此患者要请一个会骂龙的人，手拿灶灰，到水塘或河边，边撒灶灰边骂，这样龙就不敢再咬人了。这是骂龙时唱的歌。歌谣唱述：开天辟地的时候，你没有出力，现在却有数不完的江河和水塘。民间百姓警告你，不准再咬人和伤人。你管好江河、雨水，不准再发怒。人家脚上起泡、手上生疮，都是你咬的。你再这样，我们用铜牛把水塘犁翻，把河沟填平，再让各种动物来拱你、撵你。我们再用铜刀剁你的肉，把肉煮烂，还要剁你的龙崽，使你绝种。看你还敢不敢咬人和伤人。佚名唱述，赵秉良记录、翻译。载《山茶》1982年第2期，16开，2页，98行。

（杨利先）

接祖

傈僳族祭祀歌。流传于云南省泸水县傈僳族聚居区。傈僳人认为人死灵魂不死，因此大年三十要接祖宗的灵魂回来，这是接灵魂时唱的歌。歌中唱道：祖先祖辈们，新的一年来到了，请你们回家探子孙，盼你们回来大团圆。家里准备好了大米、松香、桃花酒和年猪，我们共同度新春，迎新年。楞此扒唱述，李四明采录。收入《中国歌谣集成·云南卷》，16开，1页，16行，中国ISBN中心2003年版。

（杨利先）

接祖祭词

傈僳族祭祀歌。流传于云南省福贡县傈僳族聚居区。傈僳族过年时要举行接祖仪式，请祖宗回家共餐。全寨由一个德高望重的祭司领一童子到各家行此仪式。祭司用一木碗装上肉、饭、酒、粑粑置于屋角，呼唤已故长辈，唱诵祭词。祭词邀请祖宗来用餐，说明过去一年的不顺，希望今年能获得好收成、子女健壮、五谷丰盛、六畜兴旺。祭祖后将酒洒向天空、屋内，在门板、柱子、篾笆上沾粑粑后吃年饭。佚名唱述，木劲松记录、翻译。收入《福贡文史资料选辑》（第2辑），32开，2页，44行，福贡县政协文史委员会1990年编印。

（刘怡）

扫墓

傈僳族祭祀歌。流传于云南省泸水县傈僳族聚居区。这是清明节傈僳族扫墓时唱的歌。歌中唱道：人死变成鬼，变成茅草蓬，变成酸角根。我们年年来扫墓，月月来祭祖。请你们尽量吃喝，你们饱了和够了，我们才吃得饱、喝得足。伍生华扒唱述，李四明、伍华三采录。收入《中国歌谣集成·云南卷》，16开，1页，18行，中国ISBN中心2003年版。

（杨利先）

尼比

傈僳族祭祀歌。流传于云南省泸水县傈僳族聚居区。这是大年三十进行接祖仪式时唱的歌，尼比意为"接祖"。歌中唱道：皇帝算年年到了，傈僳数月月满了，请祖先们回家，与子孙们大团圆，大家一块愉愉快快度新春。楞此扒唱述，李四明记录、翻译。收入《泸水民间文学》（第1辑），16开，2页，18行，云南省泸水县文化局1990年编印。

（杨利先）

招魂调（一）

傈僳族祭祀歌。流传于云南省原碧江县傈僳族地区。这是招魂时唱的歌。以男女各唱一段祭词的方式进行。歌中唱道：魂挂在树枝上，挂在岩壁上，要把魂喊回来。用猪羊来祭，用板栗树枝和麻栎树枝来喊魂，魂不要着急，不要乱跑。有金书银书，把布贴在金书上，把钱拴在银书上，魂就招回来。佚名唱述，云南大学民族民间文学怒江调查队采录。收入《中国歌谣集成·云南卷》，16开，3页，134行，中国ISBN中心2003年版。

（杨利先）

招魂调（二）

傈僳族祭祀歌。流传于云南省怒江傈僳族自治州傈僳族地区。以男女各唱一段的方式唱述，这是傈僳族招魂时唱的歌。歌中唱道：魂挂在树梢上或崖壁上，我们用公猪和山羊把它喊回来。用各种食物来祭祀，妹的魂、哥的魂都招回来了。今后魂不再乱跑了，不再乱逃了。佚名唱述，夏文、何振强记录、翻译。收入《云南民族文学资料集》（第16集），16开，4页，182行，云南大学中文系少数民族语言文学教研室1964年编印。

（杨利先）

招魂调（三）

傈僳族祭祀歌。流传于云南省怒江傈僳族自治州傈僳族地区。以男女各唱一段的方式唱述，为傈僳族招魂时唱的歌。歌中唱道：魂挂在板栗和麻栎树枝上，祭不回来不用愁，有金书和银书可以把魂祭回来。灵不回来不放你，魂不回来不饶你。佚名唱述，夏文、何振强记录、翻译。收入《云南民族文学资料集》（第16集），16开，1页，

16 行，云南大学中文系少数民族语言文学教研室 1964 年编印。

（杨利先）

招魂调（四）
傈僳族祭祀歌。流传于云南省怒江傈僳族自治州傈僳族地区。以男女各唱一段的方式唱述，为傈僳族招魂时唱的歌。歌谣唱述：让掉魂者拿来布和麻线，去送给打卦和祭鬼的人，让他们把掉魂者的魂招回来。歌中唱道："我并不是拿给哪个姑娘，我并不是拿给哪个女人，我要拿给打卦的，我要拿给祭鬼的；现在我们的灵回来了吧！现在我们的魂到家了吧！"佚名唱述，夏文、何振强记录、翻译。收入《云南民族文学资料集》（第 16 集），16 开，1 页，26 行，云南大学中文系少数民族语言文学教研室 1964 年编印。

（杨利先）

招魂调（五）
傈僳族祭祀歌。流传于云南省怒江傈僳族自治州傈僳族地区。以男女各唱一段的方式唱述，为傈僳族招魂时唱的歌。男女祭司边唱边把布匹和麻线拴在板栗树上，并表示不把魂招回就决不停歇。歌中唱道："你用牙猪腿来祭，你用山羊肉来祭，牙猪腿放在那里，山羊肉擦在那儿。"佚名唱述，夏文、何振强记录、翻译。收入《云南民族文学资料集》（第 16 集），16 开，1 页，14 行，云南大学中文系少数民族语言文学教研室 1964 年编印。

（杨利先）

招魂调（六）
傈僳族祭祀歌。流传于云南省怒江傈僳族自治州傈僳族地区。以男女各唱一段的方式唱述，为傈僳族招魂时唱的歌。歌中唱道：不把掉魂者的魂招回来，小妹（同祭者）就会怪我和难我，所以不把魂招回来就不罢休。告诉你，猪腿放在佚箩

上和怒篮里，赶快把魂放回来。佚名唱述，夏文、何振强记录、翻译。收入《云南民族文学资料集》（第 16 集），16 开，1 页，14 行，云南大学中文系少数民族语言文学教研室 1964 年编印。

（杨利先）

招魂调（七）
傈僳族祭祀歌。流传于云南省怒江傈僳族自治州傈僳族地区。以男女各唱一段的方式唱述的歌。男女祭司边唱边把糯米饭煮好，又把饭倒在祭器（簸箕）里进行祭祀，以把魂招回来。歌中唱道："虽然是糯米饭了，虽然是粳米饭了，虽然是腌猪肉了，可是我的魂还不回来！"佚名唱述，夏文、何振强记录、翻译。收入《云南民族文学资料集》（第 16 集），16 开，1 页，22 行，云南大学中文系少数民族语言文学教研室 1964 年编印。

（杨利先）

招魂调（八）
傈僳族祭祀歌。流传于云南省怒江傈僳族自治州傈僳族地区。以男女各唱一段的方式唱述，为傈僳族招魂时唱的歌。歌中唱道：我们是一族人和一家人，我们不到哪里去招魂，我们就站在松门槛上祭，就站在东瓜树门槛上招。卜卦的和招魂的都来了，祭品也都摆上了，我们的魂叫来了！妹的魂也到了！哥的魂也到了！佚名唱述，夏文、何振强记录、翻译。收入《云南民族文学资料集》（第 16 集），16 开，1 页，22 行，云南大学中文系少数民族语言文学教研室 1964 年编印。

（杨利先）

招魂调（九）
傈僳族祭祀歌。流传于云南省怒江傈僳族自治州傈僳族地区。以男女各唱一段的方式唱述，为傈僳族招魂时唱的歌。歌中唱道：祭司问了板栗枝和麻栎枝，要是魂不回来，我头上的腊白和依玛从哪里来？用腊白来祭，用依玛来喊，魂一定会

招回。佚名唱述,夏文、何振强记录、翻译。收入《云南民族文学资料集》(第16集),16开,1页,12行,云南大学中文系少数民族语言文学教研室1964年编印。

(杨利先)

招魂调(十)

傈僳族祭祀歌。流传于云南省怒江傈僳族自治州傈僳族地区。以男女各唱一段的方式唱述,其中两段为合唱,是傈僳族招魂时唱的歌。歌谣唱述:把板栗枝插在房椽上,把麻栎枝挂在屋椽上,把腊白和依玛放在木碗里,男女祭司共同来祭祀和招魂,魂终于招回来了。歌中唱道:"这回魂回来后,永远也不会分离了!永远幸福了!不再乱跑了!不再乱逃了!"佚名唱述,夏文、何振强记录、翻译。收入《云南民族文学资料集》(第16集),16开,1页,17行,云南大学中文系少数民族语言文学教研室1964年编印。

(杨利先)

喊魂词

傈僳族祭祀歌。流传于云南省福贡县傈僳族聚居区。为让失魂者的魂回到自身时唱的歌,同时配有饭、肉、酒等类祭品。歌谣唱述:魂回呀!你不要到处走,树林里的蚊虫会叮你,石头垮下会砸着你,荨麻会刺着你。你赶快回来,回到爸爸妈妈身边来。回来给你吃米饭、肥肉、鸡蛋等,快回来!王博早唱述,霜现月、管云东、李向才记录、整理。收入《云南民间文学集成·福贡县民间文学集成卷》,32开,2页,24行,福贡县文化局、福贡县民委1989年编印。

(杨利先)

初哈枯

傈僳族祭祀歌。流传于云南省怒江傈僳族自治州傈僳族地区。"初哈枯"意为叫人魂。傈僳族认为,人在地里劳动了一年,到处留下脚印,庄稼收完后,怕人的魂留在脚印里,因此要举行叫人魂活动。这是叫人魂时所唱的歌。歌中唱道:庄稼收完了,粮食背回家了,某某的魂不要贪恋地里的脚印和窝棚,赶快归家尝新饭和喝酒。不要在岩石下站着,不要在路口上停留,喜喜欢欢地回去!佚名唱述,左玉堂记录。收入《傈僳族文化大观》,32开,2页,13行,云南民族出版社1999年版。

(杨利先)

尼白殊祭词

傈僳族祭祀歌。流传于云南省福贡县傈僳族聚居区。这是傈僳族为人、畜得暴病时临时性唱的祭歌,祭祀时配有肉、饭、酒等较简单的祭品。歌中唱道:某某的魂不见,上下村找了都不见,必定是被鬼所缠。现给你们(鬼)肉、饭、酒、汤等东西,你们吃完以后快去快走,吃不完的你们包上捧着带走,走!走!走!都玛恒唱述,和四海记录、整理。收入《云南民间文学集成·福贡县民间文学集成卷》,32开,2页,46行,福贡县文化局、福贡县民委1989年编印。

(杨利先)

尼另

傈僳族祭祀歌。流传于云南省泸水县傈僳族聚居区。"尼另"意为扫墓,这是傈僳族春节或清明扫墓时唱的歌。歌中唱道:人死变成鬼,变成茅草蓬,变成酸角根。我们今天是祭祀祖先,请你们尽量吃、尽量喝。听天神言,你们吃饱了,我们才吃得饱。伍生华扒唱述,李四明、伍华三记录、翻译。收入《泸水民间文学》(第1辑),16开,2页,20行,云南省泸水县文化局1990年编印。

(杨利先)

祭灶神

傈僳族祭祀歌。流传于云南省泸水县傈僳族聚居区。这是祭灶神时唱的歌。歌谣唱述:祈求主宰万物的神仙和保护人畜的灶神，护佑一家大小平平安安。歌中唱道："上天拖住脚杆，入地抓住头发，没有力气给力气，缺乏勇敢赠勇敢，让全家大小，给全家老少，个个平安，人人快乐！"肯扒波唱述，李四明采录。收入《中国歌谣集成·云南卷》，16开，2页，20行，中国ISBN中心2003年版。

（杨利先）

祭三脚架

傈僳族祭祀歌。流传于云南省福贡县傈僳族聚居区。傈僳族过年时要将猪头肉、酒、糯米粑粑放在三脚架上，由家长或族长祭祀三脚架。祭词将三脚架比做"守家的百岁老人，看家的千岁长者"。歌词唱述它是"防鬼的卫士，守灵的哨兵，养子的祖先，育孙的长辈"，表述自己在新年时节，要献上美酒香肉，奉上新米熟饭，请三脚架保佑，赐福予我们。佚名唱述，木劲松记录、翻译。收入《福贡文史资料选辑》（第2辑），32开，1页，20行，福贡县政协文史委员会1990年编印。

（刘怡）

祭风词

傈僳族祭祀词。流传于云南省怒江傈僳族自治州傈僳族地区。这是举行祭风时所唱的歌。在包谷开花时节如遇刮大风，即要举行祭风驱灾仪式。由氏族长者手端一碗酒，用一小把树枝蘸酒泼洒向四方。歌词唱道："管岩石的神，管树林的神……我用花花的碗盛着我没有喝过的酒，先给你喝，你别让风吹倒我们的庄稼，你要保护我们的庄稼，让风吹到山头上去吧！酒中无毒，酒味很好，你先喝吧，你喝了我也喝。"同时还迎风向吹牛角号或羊角号。佚名唱述，左玉堂记录。收入《傈僳族文化大观》，32开，11行，云南民族出版社1999年版。

（阿南）

夺早玛底

傈僳族祭祀歌。流传于云南省泸水县傈僳族聚居区。这是逢年过节祭灶神时唱的歌，"夺早玛底"意为祭灶神。歌中唱道：全家烧香磕头祭灶神，是灶神给了我们力气和勇敢，请保佑我们个个平安。背波扒唱述，李四明记录、翻译。收入《泸水民间文学》（第1辑），16开，2页，20行，泸水县文化局1990年编印。

（杨利先）

叫粮魂

傈僳族祭祀歌。流传于云南省怒江傈僳族自治州傈僳族地区。傈僳人认为，不仅人有魂，连山、石、树、水、粮等都有魂。因此，粮食收完后，要把粮魂叫回家去，不然魂跑到别家的地里，自己家的地来年就会歉收。这是举行叫粮魂活动时唱的歌。歌中唱道：粮魂啊，你不要乱跑，快随我归家进屋。今年收一背箩，明年让我收七背箩；今年收九背箩，明年让我收十二背箩。佚名唱述，左玉堂记录。收入《傈僳族文化大观》，32开，2页，14行，云南民族出版社1999年版。

（杨利先）

新年扫地祭

傈僳族祭祀歌。流传于云南省福贡县傈僳族聚居区。傈僳族新年前要用栎树枝打扫自家的房前屋后，意为驱除邪恶迎来吉祥。扫地前家长要念咒语，唱述年满了要扫尘，将病魔死神、灾难邪恶驱除，留下儿孙财宝、牛羊猪鸡、油盐柴米，迎来幸福吉祥。佚名唱述，木劲松记录、翻译。收入《福贡文史资料选辑》（第2辑），32开，1页，12行，福贡县政协文史委员会1990年编印。

（刘怡）

新年贺词

傈僳族祭祀歌。流传于云南省泸水县傈僳族聚居区。歌中唱道："一年十二月，一月三十天。老年不好换新年，旧月不吉换新月。在新的一年里，让这家人吉祥如意，别让病魔瘟疫进家来，莫让意外事故入家里；让背财宝的进家来，使带酒肉的入家里；做生意能大发财；让老人白发长寿，使孩子能上学成才。"佚名唱述，杨春茂记录。收入《傈僳族民间文学概论》，32开，1页，13行，云南教育出版社2002年版。

（刘怡）

驱凶神

傈僳族祭祀歌。属传统大调。流传于云南省维西傈僳族自治县傈僳族聚居区。歌词唱述了傈僳族过节祭天时驱凶神的习俗，傈僳族认为各种禽兽身上都附有凶神，歌手用歌谣祭送每一种附有凶神的禽兽，其中有雪鸟、山雀、啄木鸟、狐狸、貂鼠、松鼠、鹦鹉、花黑猛兽、野猪、老熊、雌麂雄麂、雌鹿雄鹿、雌虎雄虎……因情节雷同，意译时略去很多。汪忍波用音节文字记录，光那巴等补遗唱述，木玉璋、汉刚、余宏德搜集、记录、翻译。收入《祭天古歌》，32开，6页，为傈僳文与汉文对照本，汉文约190行，云南民族出版社1999年版。

（刘怡）

寻盐祭盐

傈僳族祭祀歌。属传统大调。流传于云南省维西傈僳族自治县傈僳族聚居区。是傈僳族祈求天神赐盐的祭祀歌，歌词唱述了找盐井、建晒盐场、夯晒场、背盐水、刮盐、背盐、祭天神的全过程。表明这些盐出在藏区，尽管找盐很辛苦，但为了祭天时能供上这种祭品，傈僳人真心诚意地寻找盐，以期求得天神的保佑。汪忍波用音节文字记录，光那巴等补遗唱述，木玉璋、汉刚、余宏德搜集、记录、翻译。收入《祭天古歌》，32开，7页，200行，云南民族出版社1999年版。

（刘怡）

新年射箭占卜咒语

傈僳族祭祀歌。流传于云南省福贡县傈僳族聚居区。傈僳族过年时要射三支箭预测新年的吉凶，这是射箭前老人要念的咒语。祭词唱述的是：自己的弓箭是金银所制，是天神和上帝所给，祈望神灵假箭显灵，如一切顺意，就让箭中靶；否则就出各种预兆。佚名念诵，木劲松记录、翻译。收入《福贡文史资料选辑》（第2辑），32开，1页，14行，福贡县政协文史委员会1990年编印。

（刘怡）

求签调

傈僳族仪式歌。流传于云南省怒江傈僳族自治州傈僳族聚居区。傈僳族猎人狩猎前抽签时所唱的歌，祈求知道今日出猎将会遇到什么情况，如签不好，则可能取消今日出猎。歌中唱道："你明了七架山以外的事，你知道九架雪山那面的事；你的眼像虎眼一样灵活，你的眼像鹰一样锐利，你的眼追踪兽的足迹。"同时求签调唱述了：让猎人出猎顺利，能猎获到野兽，让猎人满载而归。佚名唱述，木春福记录、翻译。收入《云南民族文学资料集》（第16集），16开，4页，104行，云南大学中文系少数民族语言文学教研室1964年编印。

（杨利先）

怀亲

傈僳族仪式歌。流传于云南省香格里拉市傈僳族聚居区。这是傈僳族举行丧葬仪式时唱的歌，歌词唱出了对已故父母的怀念和悲痛之情。歌中唱道："听到布谷鸟叫就伤心，听到蝉声就焦愁；昏昏糊糊睡着了，梦见爹妈在梦中；起来吃饭不好吃，起来喝酒不好喝。"刘德华唱述，松秀清记录、翻译。收入《中甸县民间歌谣》，32开，2页，28行，中甸县文化局、中甸县民委1990年编印。

（杨利先）

劝孝子唱的歌

傈僳族仪式歌。流传于云南省香格里拉市傈僳族聚居区。这是傈僳族举行丧葬仪式时，人们劝孝子的歌。歌谣唱述了世上没有不老不死的道理，劝孝子不要老是伤心，不要让心跟着爹妈走，要好好种庄稼，好好活下去。歌中唱道："老人已翻阴间九个坡，老人已过阴间九条河；布谷鸟叫莫心寒，蝉虫叫了莫伤心；我们还得种庄稼，我们还得过下去。"刘德华唱述，松秀清记录、翻译。收入《中甸县民间歌谣》，32开，1页，21行，中甸县文化局、中甸县民委1990年编印。

（杨利先）

丧葬歌

傈僳族仪式歌。流传于云南省泸水县傈僳族聚居区。在成年人正常死亡并举行隆重丧葬仪式时由两个必扒（祭司）一唱一和对唱的歌，一个必扒扮演死者（即歌中的甲，亦称"逃亡者"），以死者的身份和口吻吟唱；另一个必扒扮演活人（即歌中的乙，也称"追赶者"），以生者的身份和口吻吟唱。一唱一和，一问一答，叙事传神，抒情意深，诗句委婉动人，富有感染力。如乙唱："你叫我不要追不要追，你叫我不要堵不要堵，怎么忍心这样说啊！怎么忍心这样讲啊！别人丢了一颗针还要找，旁人掉了一股线还要寻，银块怎么能不找？金块怎么能不寻？同胞兄弟要把你领回来，同胞姊妹要把你接回来；让你守在父亲的火塘边，让你站在母亲的锅庄旁。"楞此扒唱述，李四明、左玉堂、刮普四、密帕东记录、翻译。收入《丧葬歌》，32开，101页，为傈僳文汉文对照本，汉文2800行，云南民族出版社1992年版。

（阿南）

送灵歌

傈僳族仪式歌。流传于云南省傈僳族聚居地区。在丧葬仪式上下葬前由死者的亲友、邻人唱述的歌。按傈僳族社会习俗，平时禁唱此歌。演唱时以男女对唱、对答的形式，一边用活着的乡邻的口吻，一边用死者的口吻展开情节。以活着的乡邻口吻的唱词，多是沉痛的语言，鼓励死者的灵魂远行回归到祖先的住地，不要做游荡的精灵扰害活人等。以死者口吻所唱的唱词，表示要怎样踏上远行的长途，不避行途艰难，决心回到远祖的住地等。佚名唱述，左玉堂记录。16开，100页，1100行，文稿由云南民族出版社左玉堂保存。

（阿南）

挽歌

傈僳族仪式歌。又称"施俄木括"，是傈僳族"木括"调中最长的一类叙事歌。流传于云南省福贡县傈僳族聚居区。这是福贡傈僳族虎氏族中的挽歌，一般由代表"病者"和"医者"的歌手对唱。先由"医者"提问病因，"病者"叙述得病前的经历，"医者"为其驱鬼治病。接着根据"病者"的叙说，去除影响病人的猪和鸡，砍伐准备祭祀用的材料，到七条路、九条路的交叉口祭"克"猪和"克"鸡，再由"医者"去请远处的巫师来为"病者"除妖。但病人终因无法治愈而死，"医者"继续唱办丧事的整个过程，一直唱到入葬、喊魂方完。李斤痛、三更普唱述，胡玉兰记录、翻译。收入《福贡文史资料选辑》（第4辑），32开，31页，900行，福贡县政协文史编辑室1992年编印。

（刘怡）

（三）习俗歌

烧火歌

傈僳族习俗歌。流传于云南省维西傈僳族自治县傈僳族聚居区。这是傈僳族定亲时所唱的歌。为了迎接来定亲的客人，火塘里的火烧得旺旺的，并准备好了美酒。歌中唱道："火也烧大了，酒也倒满了；人也团圆了，歌也唱起了。"佚名唱述，刘文品记录、翻译。收入《维西民间文学资料》（第2集），32开，1页，4行，维西傈僳族自治县民间文学集成办公室 1990 年编印。

（杨利先）

迎客歌（一）

傈僳族习俗歌。流传于云南省维西傈僳族自治县傈僳族聚居区。这是傈僳族定亲时唱的歌。定亲者来到村寨时，主人要唱这首歌，以示对客人们的尊敬和欢迎。歌中唱道："我把好酒敬给你们，我把女儿许给你们，我把心交给你们，我把歌唱给你们。"佚名唱述，刘文品记录、翻译。收入《维西民间文学资料》（第 2 集），32 开，1 页，8 行，维西傈僳族自治县民间文学集成办公室 1990 年编印。

（杨利先）

迎客歌（二）

傈僳族习俗歌。流传于云南省维西傈僳族自治县傈僳族聚居区。这是傈僳族定亲时唱的歌。歌谣唱述的是：转了多少回，你们终于到了我的家。火亮的地方，小虫子才会扑过来。有姑娘的地方，小伙子才会踏门坎。好马要有金鞍，好猎手还要有好猎枪。看得起我们丑姑娘，你们要仔细地想一想。佚名唱述，刘文品记录、翻译。收入《维西民间文学资料》（第 2 集），32 开，1 页，16 行，维西傈僳族自治县民间文学集成办公室 1990 年编印。

（杨利先）

迎客歌（三）

傈僳族习俗歌。流传于云南省维西傈僳族自治县傈僳族聚居区。这是傈僳族定亲时唱的歌。歌谣唱述的是：女方主人婉转地向客人说明了婚姻大事要女儿自己愿意才行的道理，反映了父母对子女婚姻的宽容和豁达。歌中唱道："姑娘咋个想只好由她想，姑娘咋个做只好由她做；她的心藏在她的肚子里，她的脚长在她的身子上，姑娘爱上你我也没有办法，姑娘跟你走我也不能阻挡。"佚名唱述，刘文品记录、翻译。32 开，1 页，8 行，收入《维西民间文学资料》（第 2 集），维西傈僳族自治县民间文学集成办公室 1990 年编印。

（杨利先）

迎客歌（四）

傈僳族习俗歌。流传于云南省维西傈僳族自治县傈僳族聚居区。这是傈僳族定亲时唱的歌。歌谣唱述的是：女方主人谦虚地说明自己没有教出好女儿，女儿不会的地方男方要教，做得不对的地方男方要说。歌中唱道："我的姑娘不懂事，要怪我不会理家；姑娘是我的宝贝，你也是我的心肝；大狗的脚杆长小狗才跑得快，能干的父母才能教出好娃娃。"佚名唱述，刘文品记录、翻译。收入《维西民间文学资料》（第 2 集），32 开，1 页，10 行，维西傈僳族自治县民间文学集成办公室 1990 年编印。

（杨利先）

训女歌（一）

傈僳族习俗歌。流传于云南省维西傈僳族自治县傈僳族聚居区。这是傈僳族定亲时唱的歌。傈僳族青年男女定亲时，女方主人为了表示谦虚，要在人们面前教育自己的女儿，好让女儿遵循家教，将来出嫁后好好做人和劳动。歌中唱道："我心疼的女儿啊，终于把你拉扯大；你还很小的时候，我就没有把你领好；把你放在院坝里，你就跟狗玩一天；把你放在房背后，你就跟猫玩一天。对你没有尽到父母的责任，今天见到客人脸都没处装。"佚名唱述，刘文品记录、翻译。收入《维西民间文学资料》（第 2 集），32 开，2 页，12 行，维西傈僳族自治县民间文学集成办公室 1990 年编印。

（杨利先）

训女歌（二）

傈僳族习俗歌。流传于云南省维西傈僳族自治县傈僳族聚居区。这是傈僳族定亲时唱的歌。歌谣唱述了女方主人当着客人的面，教育自己的女儿，说明婚姻大事要女儿自己拿主张的道理。歌中唱道："人家的酒已经倒在碗里，味道好不好自己尝一尝；你敢喝你就自己喝下去，不敢喝你就自己拿主张；是苦酒你就泼在火塘边，是辣酒你就泼在心里边。"佚名唱述，刘文品记录、翻译。收入《维西民间文学资料》（第2集），32开，1页，8行，维西傈僳族自治县民间文学集成办公室1990年编印。

（杨利先）

训女歌（三）

傈僳族习俗歌。流传于云南省维西傈僳族自治县傈僳族聚居区。这是傈僳族定亲时唱的歌。歌谣唱述了斧子总要砍在树上，盐巴总要撒进汤里，姑娘长大了总要离开家的道理，告诫女儿不要顾恋父母和家中，该出嫁就要出嫁。歌中唱道："瓜藤越长结的瓜越多，地方越远嫁的人越好；燕子翅膀硬了就要离开妈，姑娘长大了总要离开家。"佚名唱述，刘文品记录、翻译。收入《维西民间文学资料》（第2集），32开，2页，6行，维西傈僳族自治县民间文学集成办公室1990年编印。

（杨利先）

训女歌（四）

傈僳族习俗歌。流传于云南省维西傈僳族自治县傈僳族聚居区。这是傈僳族定亲时唱的歌。歌谣唱述了女方父母循循告诫女儿放心出嫁，不要顾恋父母，父母的心随时在女儿身上，女儿啥时想回来就回来。字里行间，充满了父母对女儿的无限深情和爱意。歌中唱道："以前你只有包谷核大，现在你成了大姑娘；我不晓得哪天日子好，你想啥时回来你就来；像补丁连在衣裳上，你时时在我的心中。"佚名唱述，刘文品记录、翻译。收入《维西民间文学资料》（第2集），32开，2页，14行，维西傈僳族自治县民间文学集成办公室1990年编印。

（杨利先）

散伙歌

傈僳族习俗歌。流传于云南省维西傈僳族自治县傈僳族聚居区。这是傈僳族定亲仪式结束时唱的歌。歌中唱道："火也要熄了，酒也喝完了；鸡也要叫了，人也要睡了。"佚名唱述，刘文品记录、翻译。收入《维西民间文学资料》（第2集），32开，1页，4行，维西傈僳族自治县民间文学集成办公室1990年编印。

（杨利先）

媒人歌

傈僳族习俗歌。流传于云南省怒江傈僳族自治州傈僳族地区。又称"求女歌"，这是在儿女婚事的头晚上，由叔叔或伯伯代表父母同媒人对唱的歌，主家和媒人各唱四句。主人唱：穿山甲入土最会钻，你有什么事情到我家？媒人唱：一条瓜藤引我来，会遇到一家亲戚吧！接着主、媒双方围绕是不是亲戚、嫁不嫁姑娘展开了对唱，最后主家唱道："百灵鸟的嘴最会唱，没有媒人的嘴会唱；我家姑娘（嫁）去了，还望媒人多指教。"蔡有权、海呼买扒唱述，蔡应福、蔡学珍等记录、翻译。收入《中国歌谣集成·云南卷》，16开，2页，52行，中国ISBN中心2003年版。

（杨利先）

讨酒歌

傈僳族习俗歌。流传于云南省怒江傈僳族自治州傈僳族地区。这是傈僳族来做客时客人要唱的讨酒歌。歌词共25段，每段5行，每段结尾时都有衬词"加拉耶"。歌词的唱述者以长者自居，叙述了自己与这家人的关系，如亲眼看见这家人的姑娘长大，现在要出嫁了，要来讨碗喜酒喝。歌词还叙述了自己曾为这个姑娘招过魂和为这个姑娘的成长所付出的心血，并引为自豪。歌词最后唱道："我来讨碗玉米酒，我送来稻米一样的歌，好歌背来七大块，喜歌背来九箩筐。加拉耶！"佚名唱述，周忠枢采录。收入《中国歌谣集成·云南卷》，16开，3页，125行，中国ISBN中心2003年版。

（杨利先）

虎咬鹰啄调

傈僳族习俗歌。流传于云南省怒江傈僳族自治州傈僳族地区。按傈僳族风俗，男方要娶女方家的姑娘，双方家长和本族人要围坐在一起，一边喝酒，一边唱歌，进行以牛为聘礼的谈判。届时，双方都陈述理由，都想说服对方，措词虽然委婉，但含义尖刻和巧妙，一方似虎咬，一方像鹰啄，互不相让，故名"虎咬鹰啄调"。这是聘礼谈判时唱的歌，以男女对唱的形式进行。内容是：男方家劝女方家的女儿该出嫁了，女方家答女儿还小不懂事。男方家细说了该出嫁的理由后，女方家虽然同意了，但又诉说了养大一个女儿的种种艰辛，最后提出以三架牛（六头牛）为聘礼。男方家说六头牛太多了，接着双方用歌声讨价还价，最后双方商定以一架牛为聘礼，外加两匹土蓝布。歌词唱道："把新娘迎进新寨，这比金银贵重，这比黄牛贵重，两家人变成一家人，两条心连成一条心。"该歌比喻巧妙，情感细腻，一问一答，含意深刻，妙趣横生，极富傈僳族生活特色。佚名唱述，周忠枢记录、翻译。载《山茶》1983年第8期，16开，7页，410行。

（杨利先）

娶亲调

傈僳族习俗歌。流传于云南省腾冲县傈僳族聚居区。这是傈僳族娶亲时唱的歌。歌谣以媒人、男和女三方唱述。媒人唱述了今天是个吉祥的日子，该办的事情已办完，媒人该尽的责任已尽到。媒人同时叙述了这场婚姻的过程和看各种卦的情况，告诫男女双方要珍惜这场婚姻。男的唱述了这场婚姻的过程和不容易，并向所有的亲友保证："活着就该同吃一锅饭，死后也该同埋一口棺。"女的唱述了对家和父母的眷恋，并对家里人和亲友一一作了嘱咐，决心不忘父母的养育之恩，到夫家后好好过日子，不让父母挂念。麻正仓、余二妮唱述，余国成、余广汉、沈金明等记录、翻译。收入《中国歌谣集成·云南卷》，16开，3页，180行，中国ISBN中心2003年版。

（杨利先）

配亲歌

傈僳族习俗歌。流传于云南省丽江市傈僳族地区。这是傈僳族举行婚礼时唱的歌。歌谣唱述：卦和长辈亲朋都问过了，媒人也找好了，迎亲送亲的都来了，你们俩配成亲了。你们像蜻蜓双双飞，石蚌对对抱；三年有个胖娃娃，爷爷乐，奶奶笑。婚后要勤俭，喂养好多的家畜，供养好父亲，赡养好母亲。灭堵唱述，蔡应福、蔡学珍、谭应忠等记录、翻译。载《山茶》1982年第2期，16开，2页，36行。

（杨利先）

迎亲歌

傈僳族习俗歌。流传于云南省德宏傣族景颇族自治州、怒江傈僳族自治州傈僳族地区。迎亲歌以男女对唱的方式进行，男女各唱一段，每段4句至14句不等，共25段。歌谣唱述了傈僳族婚俗中迎亲的整个过程，从女方怎么送亲到男方怎么迎亲，都做了详细的叙述。其中送亲和迎亲的人们，一路上互相说笑和对歌，上坡下坡，又互相鼓励和帮助，其间不乏互相开玩笑、猜谜和打情骂俏，生动地描绘出一幅傈僳族迎亲的风俗画。歌中唱道："一个头上不能裹两条包头，一双手上不能戴两对镯头。阿妹啊，你是一片叶子，你是一朵鲜花，我要把你藏在挎包里，我要把你藏在袖子里。"佚名唱述，朱光灿、祝华生、杨国璋记录、翻译。载《山茶》1982年第4期，16开，5页，210行。

（杨利先）

嫁姑娘调

傈僳族习俗歌。流传于云南省大姚县傈僳族聚居区。这是唱述姑娘出嫁时的情景和父母心情的歌。歌中唱道：姑娘长大了，被小伙子瞄上了，要藏藏不住，要留留不住，只好接受人家的定亲。羊羔离不开母羊，小牛离不开母牛，但姑娘却要离开爹娘，要挡挡不住，只好让小伙子来领人了。迎亲的长号、唢呐吹响了，姑娘要出嫁了，女儿成了别家的人了。李杏叶唱述，杨有成翻译，黄自权采录。收入《中国歌谣集成·云南卷》，16开，2页，42行，中国ISBN中心2003年版。

（杨利先）

酒歌

傈僳族习俗歌。流传于云南省宾川县、祥云县傈僳族聚居区。这是傈僳族向客人敬酒时唱的歌。歌中唱道：我爹的岳父做得窝棚大的酒缸，我妈的婆婆烧得满当当的一缸酒；我家大小一起吃，亲朋好友一起吃，过往客人一起吃，看得起的都来吃。李发昆唱述，菡芳记录、翻译。收入《中国歌谣集成·云南卷》，16开，1页，9行，中国ISBN中心2003年版。

（杨利先）

过年调（阔时木刮）

傈僳族习俗歌。傈僳语称"阔时木刮"，属传统大调。流传于云南省腾冲县胆扎乡等傈僳族聚居区。这是欢度一年一度的新年时节唱述的一部长调。原为祭祀祖先时的祷词，后发展为年节之夜集体祈年的仪式歌。过年调以代表群众的"甲"和代表祖先神灵的"乙"对唱的方式唱述，气氛庄重而又热烈。歌谣细致地述说了傈僳族如何在过年时聚集在一起虔诚地等候祖先神的降临的过程，他们对祖先神灵反复祈祷，表达他们的愿望，请求祖先神灵给傈僳族带来不死的神药、不老的灵药；带来打猎、采集的运气，种庄稼、养牲畜的福气。又以神灵的口吻告诉傈僳族，不老不死的药本来是有的，但让太阳月亮拿走了。傈僳族只有天不亮就起床，跟着鸡叫出门狩猎和耕种，福气才会降临。生动地反映了傈僳族祖先崇拜的历史内容，概括了傈僳族先民对天人关系、生与死、命运与现实等一系列事物相互关系的认识，它所叙述的宇宙、太阳、月亮、早晨、夜晚、神界、人类等构成了一个十分圣洁、壮观的史诗般的境界。此歌已列入云南省非物质文化遗产保护名录。蔡付云、蔡文富唱述，蔡成才、余国成翻译，立清、吕晴、余祥生记录。收入《傈僳族风俗歌集成》，32开，90页，1200行，云南民族出版社1988年版。

（刘怡）

过年歌（初一的歌）

傈僳族习俗歌。流传于云南省腾冲县傈僳族聚居区。这是唱述大年初一傈僳村寨的热闹情景的歌。歌谣唱述：人们早就盼着、数着日子，今天初一终于到了。各种包头的人，各种腰围裙子花带的人，各种背弩箭长刀和脚戴套筒添箍的人，都来了。大家喝着甜酒，吃着香饭，点着火把，说着吉祥的话，唱着欢乐的歌。不需要青春常在的药，不需要长生不老的汤，傈僳人家里有各种家畜，山上有野兽可猎，男人有福气，女人有爱情，傈僳人的日子不会沉落。蔡文芳唱述，唐沛泽采录。收入《中国歌谣集成·云南卷》，16开，2页，88行，中国ISBN中心2003年版。

（杨利先）

过年歌（初二的歌）

傈僳族习俗歌。流传于云南省腾冲县傈僳族聚居区。歌谣唱述：今天是初二了，大家手牵手来跳舞，众人肩靠肩来唱歌。太阳拿走了青春常在的药，月亮背走了长生不老的汤，我们不害怕、不着急。天地山水使我们青春常在，力气使我们长生不老。蔡文芳唱述，唐沛泽采录。收入《中国歌谣集成·云南卷》，16开，2页，48行，中国ISBN中心2003年版。

（杨利先）

过年歌（初三的歌）

傈僳族习俗歌。流传于云南省腾冲县傈僳族聚居区。歌谣唱述：过年只过了三天和三夜，我们数着日子要完了，我们过得很开心。过了这三天三夜，我们就把歌声和舞蹈收起，老人要管好家，小孩要听话，男人要收起长刀和铜炮枪，女人要收起项珠和裙子，要把力气和汗水用到田里。我们要用力气让牛羊满山，鹅鸭成群，庄稼丰收，这是祖辈传下来的。让阿公阿祖和我们在一起，回想以前很远很远的日子，算计以后很长很长的日子。蔡文芳唱述，唐沛泽采录。收入《中国歌谣集成·云南卷》，16开，2页，72行，中国ISBN中心2003年版。

（杨利先）

生日调

傈僳族习俗歌。属传统大调。流传于云南省腾冲县明光乡傈僳族聚居区。这是傈僳族为老人祝寿时主人与客人对唱的歌。歌词唱述了傈僳族老人过生日时欢快的场面和主人对来客的热情欢迎，表达了众人对老人衷心的祝福和对主人盛情款待的真诚感谢。反映了傈僳族礼仪中的一些观念和方式。麻正仓唱述，沈金明、余世珍翻译，余国成、晓黎、余广汉记录。歌词翻译时参考了1982年由歌手蔡成文唱述的资料。收入《傈僳族风俗歌集成》，32开，21页，300行，云南民族出版社1988年版。

（刘怡）

请媒调

傈僳族习俗歌。属传统大调。流传于云南省腾冲县傈僳族聚居区。这是傈僳族婚嫁习俗中唱述的歌，由媒人或特邀的歌手在定亲之夜作为一种传统仪式的组成部分专门演唱。传统唱法中有请"十二媒"，即"十二对媒人"，除第一对是"寨邻媒"外，其余的十一对媒人则是二十二种森林中的小动物。而这些动物又因其特殊的生活习性没能做成媒。歌词通过做媒的过程表现了傈僳族婚姻习俗及礼仪交往中的一些观念和方式。蔡成文唱述，余世珍、余国成翻译，张青、刘辉豪记录。翻译、校正时参考了1985年收录于腾冲县瑞滇乡蔡发枝、余占全唱述的资料。收入《傈僳族风俗歌集成》，32开，60页，800行，云南民族出版社1988年版。

（刘怡）

送嫁调

傈僳族习俗歌。属传统大调。流传于云南省腾冲县和怒江傈僳族自治州傈僳族地区。这是傈僳族婚嫁过程中唱述的调子，由新娘的母亲、婶婶、嫂子及女伴们同新娘对唱。唱词中除了表达难舍难分之情外，女眷们要对新娘到婆家后的为人处世进行训导。"送嫁调"反映了傈僳族婚姻习俗及礼仪交往中的一些观念和方式，在不同的家庭和地区唱词不尽相同。资料来源于沈金明在婚礼上收录的新娘与母亲的对唱，其他部分由余世珍回忆修正，余世珍翻译，胡应舒、晓黎等记录。收入《傈僳族风俗歌集成》，32开，29页，400行，云南民族出版社1988年版。

（刘怡）

求婚调（一）

傈僳族习俗歌。流传于云南省维西傈僳族自治县傈僳族聚居区。歌谣大部分以男女的口吻进行演唱，其中有女方的爹妈和男方姐姐的唱段，全歌以轮唱的方式进行。歌谣唱述的是：小郎到小妹家求婚，讲了自己家里的情况，又表达了自己对小妹的爱慕之心。小妹先是推父母不同意，后被小郎的真诚感动，同意了，两人立下了海誓山盟。接着男方送来了彩礼，女方父母也同意出嫁女儿。歌中唱道："爹妈：姑娘今日嫁给你，从小抚养不容易；要点洗水喂奶钱，十两银子九匹马。男：姑娘给我兴出钱，要骡要马自来拉；要金要银自来取，我家不说二句话。"佚名唱述，张文臣、杨海生、赵延章记录、翻译。收入《云南民族文学资料集》（第16集），16开，5页，198行，云南大学中文系少数民族语言文学教研室1964年编印。

（杨利先）

求婚调（二）

傈僳族习俗歌。流传于云南省维西傈僳族自治县傈僳族聚居区。以男女的口吻进行对唱，这是傈僳族求婚时唱的歌。女方对男方唱道："你来求婚，我家的鸡会啄你、狗会咬你，大门也要关闭七道。"男方回唱："金鸡啄来丢大米，花狗咬来丢骨头；使你金鸡点点头，使你花狗摇尾巴；门窗本是木匠做，带把凿子便能开。"佚名唱述，张文臣、杨海生、赵延章记录、翻译。收入《云南民族文学资料集》（第16集），16开，1页，11行，云南大学中文系少数民族语言文学教研室1964年编印。

（杨利先）

求婚调（三）

傈僳族习俗歌。流传于云南省维西傈僳族自治县傈僳族聚居区。以男女的口吻进行对唱，这是傈僳族求婚时唱的歌。女方为了考验男方，故意唱道：你来求婚，我的爹妈会不理你，爹不给你茶喝，妈拿眼睛瞪你。男方回答：你爹不给我茶喝，我可以倒酒给你爹喝；你妈瞪眼睛，我会给她银珠子。歌中唱道："哄哄阿妈会同意，捧捧阿爹会同意。"佚名唱述，张文臣、杨海生、赵延章记录、翻译。收入《云南民族文学资料集》（第16集），16开，2页，22行，云南大学中文系少数民族语言文学教研室1964年编印。

（杨利先）

求婚调（四）

傈僳族习俗歌。流传于云南省维西傈僳族自治县傈僳族聚居区。以男女的口吻进行对唱，这是傈僳族求婚时唱的歌。女方故意唱道：她家的朋友十二万，亲戚十三万，问男方有没有那么多的礼来送？男方回唱道："亲戚面前摆满酒，朋友面前摆满银；请你小妹好好点，你心你意是否足？"男女双方还就证婚、待客等事项用歌声作了商讨。佚名唱述，张文臣、杨海生、赵延章记录、翻译。收入《云南民族文学资料集》（第16集），16开，2页，48行，云南大学中文系少数民族语言文学教研室1964年编印。

（杨利先）

求婚调（五）

傈僳族习俗歌。流传于云南省维西傈僳族自治县傈僳族聚居区。以男女的口吻进行对唱，这是傈僳族求婚时唱的歌。歌谣唱述的是：女方说自己家里穷，没有好丝带；又说自己又憨又笨，心又野，怕将来难当家。男方说自己家里也穷，心野我来教，做错事我来挑，没有好丝带我来送。歌中唱道："妹有心来搭我走，我把小妹领回家；路上同你好好说，我家正是穷身汉。"佚名唱述，张文臣、杨海生、赵延章记录、翻译。收入《云南民族文学资料集》（第16集），16开，2页，16行，云南大学中文系少数民族语言文学教研室1964年编印。

（杨利先）

求婚调（六）

傈僳族习俗歌。流传于云南省维西傈僳族自治县傈僳族聚居区。歌谣叙述了男女两家商讨彩礼的过程，这是傈僳族求婚时唱的歌。女方提出了彩礼的条件，男方经过商讨后同意了。歌中唱道：

"（女）拉马笼头抬来了，备骡金鞍带来了；取金取银人到了，看你情哥哪里拿？（男）你母求讨喂奶钱，你父求索养身价；你父你母逼着要，备骡拉马任随你。"佚名唱述，张文臣、杨海生、赵延章记录、翻译。收入《云南民族文学资料集》（第16集），16开，2页，28行，云南大学中文系少数民族语言文学教研室1964年编印。

（杨利先）

求婚调（七）

傈僳族习俗歌。流传于云南省维西傈僳族自治县傈僳族聚居区。歌谣以男女的口吻进行对唱，主要唱述举行婚礼时如何招待客人和亲戚朋友，是傈僳族求婚时唱的歌。歌词唱述了待客的场景："要了小妹亲戚多，亲戚坐了十火塘；朋友坐了十三桌，亲戚朋友都要认。亲戚坐满火塘边，朋友围满桌子旁；看你母亲掉眼泪，看你父亲焦愁脸。"佚名唱述，张文臣、杨海生、赵延章记录、翻译。收入《云南民族文学资料集》（第16集），16开，1页，24行，云南大学中文系少数民族语言文学教研室1964年编印。

（杨利先）

求婚调（八）

傈僳族习俗歌。流传于云南省维西傈僳族自治县傈僳族聚居区。以男女双方及男方姐姐的口吻进行演唱，是傈僳族求婚时唱的歌。歌词唱述了男方父母为付出的彩礼流泪和忧愁，新过门的媳妇也在一旁陪着掉泪。男方的姐姐则劝父母不要忧愁，将来人丁兴旺，财富自然会来。男方则豪气的唱道："金银骡马为妹付，何必伤心又掉泪；千牛万马我能放，扫尽金银我乐意。"佚名唱述，张文臣、杨海生、赵延章记录、翻译。收入《云南民族文学资料集》（第16集），16开，2页，16行，云南大学中文系少数民族语言文学教研室1964年编印。

（杨利先）

求婚调（九）

傈僳族习俗歌。流传于云南省福贡县傈僳族聚居区。以男女的口吻进行演唱，男女各唱一段，轮流进行。歌谣唱述了：男方的父亲教他各种本事，也教他来寻找心上人。因此，他要向女方求爱，以让父母欢喜和高兴。女方则考验了男方的本事，如射弩、养猎狗、打猎等，又询问了男方家的情况，最后终于答应了男方的求爱。歌中唱道："摘了栗木叶吹了吹，摘了野山茶叶吹了吹，吹的就是打猎调，吹的就是找情调。"佚名唱述，张西道、和付生记录、翻译。收入《云南民族文学资料集》（第16集），16开，5页，210行，云南大学中文系少数民族语言文学教研室1964年编印。

（杨利先）

求婚调（十）

傈僳族习俗歌。流传于云南省福贡县傈僳族聚居区。以男女的口吻进行对唱，男女各唱一段，轮流进行。歌谣唱述的是：男女双方先从种小麦唱起，一直唱到打猎、吹木叶和跳舞等，接着又互相了解了家庭情况，最后互诉衷肠，终成情人。歌词唱道："男的不能变心，女的也不能变心；现在可以成亲了，现在可以成家了。"佚名唱述，吴广田、肖怡燕、光付益记录、翻译。收入《云南民族文学资料集》（第16集），16开，8页，370行，云南大学中文系少数民族语言文学教研室1964年编印。

（杨利先）

求婚调（十一）

傈僳族习俗歌。流传于云南省福贡县傈僳族聚居区。以男女的口吻进行演唱，是傈僳族求婚时唱的歌。歌词中，男方以种小麦和大麦为借口，向女方求婚。女方则举出种种理由，故意不答应。男方又提出送礼物（獐子骨头和牙齿）给女方，但女方又故意不要。双方言来辞往妙趣横生，极有傈僳族生活情趣。歌词中女方故意唱道："你的牛是有的，你的粮食是有的，我的牛比你的牛多，我的粮食比你的粮食多。"佚名唱述，吴广田、肖怡燕、光付益记录、翻译。收入《云南民族文学资料集》（第16集），16开，2页，70行，云南大学中文系少数民族语言文学教研室1964年编印。

（杨利先）

求婚调（十二）

傈僳族习俗歌。流传于云南省福贡县傈僳族聚居区。以男女的口吻进行演唱，是傈僳族求婚时唱的歌。歌谣唱述：男子想结婚成家，向女子求婚，并要女子去看猪肝和羊肝（卦），并说女子家穷，不要到时候你父母又来让我娶你。女子唱道：再穷也不求你，你家虽然有猪羊，但猪是惊猪，羊是惊羊，这些猪羊我们不要。佚名唱述，吴广田、肖怡燕、光付益记录、翻译。收入《云南民族文学资料集》（第16集），16开，1页，34行，云南大学中文系少数民族语言文学教研室1964年编印。

（杨利先）

求婚调（十三）

傈僳族习俗歌。流传于云南省福贡县傈僳族聚居区。以男女的口吻进行演唱，是傈僳族求婚时唱的歌。歌词中，男子向独女儿求婚，并说已准备好了高粱酒和其他礼物，要女方拿出勇气来。女方则表示穷富都不怕，但现在还不想结婚和成家，因为没有请求过上帝。佚名唱述，吴广田、肖怡燕、光付益记录、翻译。收入《云南民族文学资料集》（第16集），16开，2页，56行，云南大学中文系少数民族语言文学教研室1964年编印。

（杨利先）

求婚调（十四）

傈僳族习俗歌。流传于云南省福贡县傈僳族聚居区。以男女的口吻进行演唱，是傈僳族求婚时唱的歌。歌谣唱述的是：男方向女方求婚，竹子上拴好了金纸和银纸，想和女方一同请求上帝同意他们的婚事。女方则摆好了花瓷碗，盛上高粱酒，想和男方一同请求上帝同意。佚名唱述，吴广田、肖怡燕、光付益记录、翻译。收入《云南民族文学资料集》（第16集），16开，2页，70行，云南大学中文系少数民族语言文学教研室1964年编印。

（杨利先）

求婚调（十五）

傈僳族习俗歌。流传于云南省福贡县傈僳族聚居区。以男女的口吻进行演唱，是傈僳族求婚时唱的歌。歌谣中，男女双方一问一答，对婚事进行了详细的讨论，最后双方情投意合，终成眷属。歌中唱道："我的猪肝很好，我的羊肝也很好；男的不能变心，女的也不能变心；现在可以成亲了，现在可以成家了。"佚名唱述，吴广田、肖怡燕、光付益记录、翻译。收入《云南民族文学资料集》（第16集），16开，2页，70行，云南大学中文系少数民族语言文学教研室1964年编印。

（杨利先）

婚礼歌（一）

傈僳族习俗歌。流传于云南省香格里拉市傈僳族聚居区。这是傈僳族举行婚礼时唱的歌，主人和客人各唱一段。主人唱道：今天是吉日，来了这么贵客，老的长寿，小的年轻，贵客们在这里玩耍吃喝不会出错。贵客的家乡一切都好，无灾无病，人畜平安。今天到我家，我们要待好客等。客人在歌词中称赞道：主人家老少安康快乐，庄稼长得好，牛羊五畜旺，家境富足，并祝福主人家更加兴旺，无病魔缠身等。刘德华唱述，苏朗甲楚记录、翻译。收入《中甸县民间歌谣》，32开，4页，164行，中甸县文化局、中甸县民委1990年编印。

（杨利先）

婚礼歌（二）

傈僳族习俗歌。流传于云南省香格里拉市傈僳族聚居区。又名"鸡叫时候唤醒新娘调"，这是傈僳族婚礼中唱的歌。除头一段外，其余各段由接亲人和送亲人轮流唱述。歌谣唱述的是：鸡叫三遍了，新姑娘起来，敬水摘香叶，去请福财神。用三年喂的肥猪和三月酿的酒，去请福财神。歌中唱道："云儿让它回去，雁儿往回飞；福爷请转回，财神请转回。"和阿甲唱述，苏朗甲楚记录、翻译。收入《中甸县民间歌谣》，32开，1页，33行，中甸县文化局、中甸县民委1990年编印。

（杨利先）

结婚调（一）

傈僳族习俗歌。流传于云南省怒江傈僳族自治州傈僳族地区。以男女对唱的形式进行，是傈僳族举行结婚仪式时唱的歌。歌谣唱述了男女双方定亲、聘礼、迎亲、送亲、娶亲的过程，同时唱述了男女双方今后要盖房子、要用努力劳动来换取幸福生活的设想和憧憬。佚名唱述，夏文、张华、王士仁记录、翻译。收入《云南民族文学资料集》（第16集），16开，4页，156行，云南大学中文系少数民族语言文学教研室1964年编印。

（杨利先）

结婚调（二）

傈僳族习俗歌。流传于云南省怒江傈僳族自治州傈僳族地区。以男方父母和女方父母进行对唱，是傈僳族举行婚礼时唱的歌。歌谣唱述：男方父母唱述了婚礼的准备情况和宴请宾客的小米酒、糯米酒等，女方父母唱述了嫁女时的心情和对男方家婚礼准备情况的赞许。歌中唱道："该吃的都吃掉了，该喝的都喝完了，两家的心像金桥银桥一样，永远不变心了。"佚名唱述，左玉堂、汉永生记录、翻译。收入《云南民族文学资料集》（第16集），16开，2页，60行，云南大学中文系少数民族语言文学教研室1964年编印。

（杨利先）

逃婚调（一）

傈僳族习俗歌。流传于云南省贡山独龙族怒族自治县傈僳族聚居区。以男女对唱的方式进行，男女各唱一段，轮流进行。歌谣共分相遇、定情、私奔和定居四部分。相遇、定情叙述了双方互相爱慕，从而盟订了终生。私奔叙述了男女为了追求爱情和幸福的婚姻，只好进行私奔的理由和过程。定居部分则叙述了男女双方在远方依靠勤劳的双手，去开创幸福生活的经历。皮阿真、尼阿家、庆自理、庆自学唱述，杨开应、张文臣、木逊元记录、翻译。收入《云南民族文学资料集》（第16集），16开，8页，390行，云南大学中文系少数民族语言文学教研室1964年编印。

（杨利先）

逃婚调（二）

傈僳族习俗歌。流传于云南省怒江傈僳族自治州傈僳族地区。是男子邀约表妹去逃婚而唱的歌。歌谣唱述的是：男子在邀约姨妈的女儿——自己的表妹去逃婚，劝表妹不要愁，不要去跳江，跟哥去逃婚，死也死在一块。同时，男子还详细地叙述了逃婚的方式、路线、要带的东西，以及逃婚后如何开始新的生活等。佚名唱述，肖怡燕记录、翻译。收入《云南民族文学资料集》（第16集），16开，6页，192行，云南大学中文系少数民族语言文学教研室1964年编印。

（杨利先）

逃婚调（三）

傈僳族习俗歌。流传于云南省怒江傈僳族自治州傈僳族地区。歌谣以男女对唱方式进行，唱述了男女主人公之间坚贞的爱情和相约去逃婚的过程，以及在逃婚路上的种种经历。最后，男女主人公经过九年的逃婚，终于又回到了自己的故乡，并过上了稳定的生活。佚名唱述，夏文、和振祥记录、翻译。收入《云南民族文学资料集》（第16集），16开，8页，416行，云南大学中文系少数民族语言文学教研室1964年编印。

（杨利先）

逃婚调（四）

傈僳族习俗歌。流传于云南省怒江傈僳族自治州傈僳族地区。歌谣以男女对唱进行唱述，是傈僳族逃婚习俗的风俗歌。歌词唱述了男方遇到了女方，向她诉说了自己的思念。女方则诉说了自己不幸的婚姻，称自己从小就被父母嫁出去了，整日遭受熬煎，正想改变婚姻，但心事和悲伤谁能知道。歌中唱道："父亲嫁的我不算，母亲订的我不愿；我要再改一次婚，我要再改一次嫁。"佚名唱述，夏文、和振强记录、翻译。收入《云南民族文学资料集》（第16集），16开，1页，32行，云南大学中文系少数民族语言文学教研室1964年编印。

（杨利先）

逃婚调（五）

傈僳族习俗歌。流传于云南省怒江傈僳族自治州傈僳族地区。歌谣以男女对唱进行唱述，是傈僳族逃婚习俗的风俗歌。歌谣唱述：男子约自己相恋的心上人去逃婚，并说生生死死也不怕，半路上生病了也不怕，只要两个人一条心，一个肺呼吸就行了。女方还有些犹豫，一怕男子哄她，二怕逃婚路上的凶险难测，经男子再三表明决心，女子终于同意去逃婚。佚名唱述，夏文、和振强记录、翻译。收入《云南民族文学资料集》（第16集），16开，2页，24行，云南大学中文系少数民族语言文学教研室1964年编印。

（杨利先）

逃婚调（六）

傈僳族习俗歌。流传于云南省怒江傈僳族自治州傈僳族地区。歌谣以男女对唱进行唱述，是傈僳族逃婚习俗的风俗歌。歌谣唱述：男子约一名已生了一儿一女的女子去逃婚，女子考虑再三后，毅然决定和这名男子去逃婚，并决定把儿女寄托在公公和婆婆的家里。歌中唱道："儿子没有背在我的头上，女儿没有拖在我的脚上；难道我生过儿子，难道我生过女儿，就不能改嫁了吗？就不能再嫁了吗？"佚名唱述，夏文、和振强记录、翻译。收入《云南民族文学资料集》（第16集），16开，1页，26行，云南大学中文系少数民族语言文学教研室1964年编印。

（杨利先）

逃婚调（七）

傈僳族习俗歌。流传于云南省怒江傈僳族自治州傈僳族地区。歌谣以男女对唱进行唱述，是反映傈僳族逃婚习俗的风俗歌。歌谣唱述了一对恋人相约去逃婚，他们过桥，过溜索，跋山涉水，经过了种种艰险，跌倒了不叫一声，病了不喊一声痛。逃婚中他们互相鼓励，并发誓永不变心。歌中唱道："如果你变卦的话，如果你变心的话，我要服毒死掉，我要吊死掉。"佚名唱述，夏文、和振强记录、翻译。收入《云南民族文学资料集》（第16集），16开，2页，32行，云南大学中文系少数民族语言文学教研室1964年编印。

（杨利先）

逃婚调（八）

傈僳族习俗歌。流传于云南省怒江傈僳族自治州傈僳族地区。歌谣以男女对唱进行唱述，是反映傈僳族逃婚习俗的风俗歌。歌谣唱述：男子约心上的女子去逃婚，他买了刀子和弩弓，做好了准备。他去找心上人时，见她正在纺线。他左等右等，脚都等酸了，但女方没有机会逃出来。幸亏狗没有叫，鸡没有啼。最后，女子找准机会，逃出来了。佚名唱述，夏文、和振强记录、翻译。收入《云南民族文学资料集》（第16集），16开，

2页，58行，云南大学中文系少数民族语言文学教研室1964年编印。

（杨利先）

逃婚调（九）

傈僳族习俗歌。流传于云南省怒江傈僳族自治州傈僳族地区。歌谣以男女对唱进行唱述，是反映傈僳族逃婚习俗的风俗歌。歌谣唱述了一对相恋的男女去逃婚，女子把从家里带出的线搓成了弓弦绷在弩弓上，表示两人永不分离。歌中唱道："抓着弩弓跟来吧，拉着刀鞘随后走，拉着箭囊跟来吧；拉着弩弦随来了；合心就合心吧，合肺就合肺吧！"佚名唱述，夏文、和振强记录、翻译。收入《云南民族文学资料集》（第16集），16开，2页，36行，云南大学中文系少数民族语言文学教研室1964年编印。

（杨利先）

逃婚调（十）

傈僳族习俗歌。流传于云南省怒江傈僳族自治州傈僳族地区。歌谣以男女对唱进行唱述，是反映傈僳族逃婚习俗的风俗歌。歌谣唱述：一对逃婚的恋人为了互相鼓励，去战胜逃婚过程中的种种困难，他们把誓言刻在木头上和石板上，最后刻在双方的指头上。同时，女方割头发给男方，男方则撕衣角给女方，表示不管遇到什么困难，两人都永不分离。体现了傈僳族男女对爱情的忠贞和决心。佚名唱述，夏文、和振强记录、翻译。收入《云南民族文学资料集》（第16集），16开，2页，34行，云南大学中文系少数民族语言文学教研室1964年编印。

（杨利先）

逃婚调（十一）

傈僳族习俗歌。流传于云南省怒江傈僳族自治州傈僳族地区。歌谣以男女对唱进行唱述，是反映傈僳族逃婚习俗的风俗歌。歌谣唱述：一对逃婚的男女逃到一个地方后，在那里开垦荒地，种植庄稼，但庄稼被野兽和老鼠糟蹋光了。没办法，他们又搬了新地方，但庄稼同样长不好。最后他们逃到剑川、丽江等地，都难以落脚。反映了逃婚过程的艰辛及男女主人公忠于爱情的不屈不挠的精神。佚名唱述，夏文、和振强记录、翻译。收入《云南民族文学资料集》（第16集），16开，2页，62行，云南大学中文系少数民族语言文学教研室1964年编印。

（杨利先）

逃婚调（十二）

傈僳族习俗歌。流传于云南省怒江傈僳族自治州傈僳族地区。歌谣以男女对唱进行唱述，是反映傈僳族逃婚习俗的风俗歌。歌谣唱述：一对逃婚的男女来到一个地方种庄稼，他们在田头地尾支起扣子，捕获猎物，同时也保护了庄稼。他们同时用鹰皮来赶老鼠，用鸟皮来赶鸟，终于有了收获，并找到了他们心目中理想的居住地方。佚名唱述，夏文、和振强记录、翻译。收入《云南民族文学资料集》（第16集），16开，2页，16行，云南大学中文系少数民族语言文学教研室1964年编印。

（杨利先）

逃婚调（十三）

傈僳族习俗歌。流传于云南省怒江傈僳族自治州傈僳族地区。歌谣以男女对唱进行唱述，是反映傈僳族逃婚习俗的风俗歌。歌谣唱述：一对逃婚出来的男女，在找到新的地方后，他们盖新房、围竹篱、养鸡喂猪、种植庄稼……过上了艰辛、终日劳作但心里甜蜜的日子。佚名唱述，夏文、和振强记录、翻译。收入《云南民族文学资料集》（第16集），16开，1页，16行，云南大学中文系少数民族语言文学教研室1964年编印。

（杨利先）

逃婚调（十四）

傈僳族习俗歌。流传于云南省怒江傈僳族自治州傈僳族地区。歌谣以男女对唱进行唱述，是反映傈僳族婚姻习俗的风俗歌。歌谣描述了一对已逃婚九年的男女，在有了儿子和女儿后，又回到了家乡。他们分别给两家的父母送去了礼物，同时给两个孩子完成了祭鬼习俗，好让两个孩子不生病，健康成长。他们的逃婚终于有了圆满的结果，从此过上了稳定的生活。佚名唱述，夏文、和振强记录、翻译。收入《云南民族文学资料集》（第16集），16开，2页，74行，云南大学中文系少数民族语言文学教研室1964年编印。

（杨利先）

逃婚调（十五）

傈僳族习俗歌。流传于云南省泸水县傈僳族聚居区。歌谣唱道：舅舅的姑娘哟，娘娘的姑娘哟，寨头不要转了，寨脚不要转了，赶快逃来赶快逃。爸妈爹娘知道要来打和骂，把弩弓和长刀准备好，要打雪鸡和山鸡当饭吃。我俩要翻碧罗雪山，要过高黎贡山，自自由由做一家。乔付益唱述，邬兴家记录、翻译。收入《泸水民间文学》（第1辑），16开，2页，18行，泸水县文化局1990年编印。

（杨利先）

逃婚调（十六）

傈僳族习俗歌。流传于云南省怒江傈僳族自治州傈僳族地区。因受父母或族人的反对，有情人难以成婚，于是就发生了逃婚的现象。歌谣以男女对唱的方式进行，男方唱4段，女方唱3段，共7段，每段11句至47句不等。歌谣唱述了男女双方的情意，诉说了各自家中的不幸。女方嫁给父亲许配给她的男人，家庭生活悲凉而凄惨，整天"眼泪当茶饭"。男方也娶了一个父母指定的女人为妻，家庭生活极不幸福。为了挣脱这种父母包办的婚姻，有情人终成眷属，男女双方先是商议一块去跳河、服毒，后又担心父母伤心，于是决定双双去逃婚。普吉、开富杨唱述，徐琳、木玉璋、曾芒采录。收入《中国歌谣集成·云南卷》，16开，5页，240行，中国ISBN中心2003年版。

（杨利先）

逃婚十二月

傈僳族习俗歌。流传于云南省维西傈僳族自治县傈僳族聚居区。歌谣从正月起唱，每月一段歌词，一直唱到腊月，最后又有一段结尾，共13段歌词。歌词以男女对唱的方式，唱述了一对有情人去逃婚的经历。逃婚前准备了草鞋，男女双方喝了鸡血酒；逃婚后想起爹娘，眼泪汪汪抹不干；逃婚逃到外乡，逃到大山，又过河水，寒冬腊月只好烧火御寒，逃婚过程中还不免帮人家干活。但这一切是值得的。歌中唱道："哥妹逃婚出了头，凤凰坡下把屋修；男耕女织勤劳动，幸福日子乐悠悠。"反映了傈僳族男女勇敢追求爱情的精神。冷文芝唱述，和学君记录、翻译。收入《维西民间文学资料》（第1集），32开，2页，52行，维西傈僳族自治县民间文学集成办公室1988年编印。

（杨利先）

心和心合成一颗了

傈僳族求婚调。流传于云南省傈僳族聚居区。这是一首男女青年对唱求婚的情歌调子，男子直白、奔放地向心爱的女子表白求婚，"我有一颗永远不变的心，高黎贡山万年不会变；我的情是一条长流的水，像怒江的水千年都长流"；女子则是羞羞答答，几次试探男子的感情。歌词生动优美，情感真挚，表现傈僳族平实质朴的婚恋观。祝发清、徐家瑞搜集整理。收入《中国民间情歌·少数民族卷》，32开，3页，82行，上海文艺出版社1989年版。

（和六花）

从今天起啊

傈僳族求婚调。流传于云南省傈僳族聚居区。热恋中的男女青年先唱诵两人之间的浓情蜜意、你侬我侬，"我和你像一双筷子，一同起呀一同落；我和你像一对燕子，一同飞呀一同歇脚……今天唱了山歌，两颗心呀变成一颗；今日对了调子，两个人呀变成一个。从今天起，一块獐肉分两半；从今日起啊，一碗米饭分两碗"。李兴、阿登搜集整理。收入《中国民间情歌·少数民族卷》，32开，1页，20行，上海文艺出版社1989年版。

（和六花）

月亮活着十五就会圆

傈僳族求婚调。流传于云南省傈僳族聚居区。男女青年回忆女方接受男方所赠口弦、弦筒定情的过往，因有爱情的力量，脚勤手快心眼亮，浑身力气使不完。阿哥向阿妹求婚，阿妹宽慰阿哥，"太阳不死日子就还有，月亮活着十五就会圆"，阿哥不要心急。普付妹唱述，阿南整理。收入《中国民间情歌·少数民族卷》，32开，3页，46行，上海文艺出版社1989年版。

（和六花）

（四）叙事歌

开战打战

傈僳族叙事歌。属传统大调。流传于云南省维西傈僳族自治县傈僳族聚居区。歌谣唱述了傈僳族过去的争战过程，歌手代表父母兄妹请求天神帮助，让自己带上桑木弩和栎木做的盾牌，用弓弩和刀剑去同敌人作战，祈盼在天神的帮助下战胜敌人，取得财物，扩大村寨。同时祈求天神保佑他们多狩猎、粮丰收、人兴旺、得长寿。汪忍波用音节文字记录，光那巴等补遗唱述，木玉璋、汉刚、余宏德搜集、记录、翻译。收入《祭天古歌》，32开，6页，为傈僳文与汉文对照本，汉文180行，云南民族出版社1999年版。

（刘怡）

然迟然目刮

傈僳族叙事歌。流传于云南省泸水县傈僳族聚居区。"然迟然目刮"意为孤儿孤女歌。歌谣唱述：一个叫高黎的孤儿救了一只小鹿，小鹿又变成一个漂亮的姑娘。当姑娘知道高黎苦难的身世后，也把自己的身世告诉他，原来她是龙女。高黎和龙女相爱了，他们依靠勤劳和勇敢，开拓着幸福的生活。龙王知道后，便从中作梗，设置重重困难想拆散高黎和龙女，但都失败了。后来龙王设毒计害死了高黎，高黎的身躯化成了高黎贡山。忠贞的龙女为了陪伴高黎，也把自己化成了碧罗雪山。从此，两山相依，永不分离。歌谣故事曲折，叙述生动，语句朴实，读来令人荡气回肠，极富傈僳族民歌特色。波才扒、此三益扒唱述，李四明记录、翻译。收入《泸水民间文学》(第1辑)，16开，76页，1140行，泸水县文化局1990年编印。

（杨利先）

养狗驯狗

傈僳族叙事歌。属传统大调。流传于云南省维西傈僳族自治县傈僳族聚居区。歌谣叙述了傈僳族养狗驯狗的技术，还传授了一些狩猎的技能。包括找窝、找碗槽、喂狗食、编狗绳、驯猎狗、造弩弓、撵猎、射獐、卖麝香等过程。汪忍波用音节文字记录，光那巴等补遗唱述，木玉璋、汉刚、余宏德搜集、记录、翻译。收入《祭天古歌》，32开，19页，500余行，云南民族出版社1999年版。

（刘怡）

造纸

傈僳族叙事歌。属传统大调。流传于云南省维西傈僳族自治县傈僳族聚居区。歌谣叙述了傈僳族造纸的过程，包括剥扭码皮、背扭码皮、晒扭码皮、舂扭码皮、筛扭码粉、熬扭码浆、撵浆、压浆、晒纸、收纸、点纸、裁纸、用纸祭天神等，传授了造纸的技能。汪忍波用音节文字记录，光那巴等补遗唱述，木玉璋、汉刚、余宏德搜集、记录、翻译。收入《祭天古歌》，32开，7页，200余行，云南民族出版社1999年版。

（刘怡）

驯养牲畜

傈僳族叙事歌。属传统大调。流传于云南省维西傈僳族自治县傈僳族聚居区。歌谣唱述了傈僳族驯养牲畜的过程，包括养鸡要防野猫，养狗要防花豹，养猪要防黑狼，养山羊要防灰狼，养牛要防豺狗，养马要防马跑。歌谣还传授了养羊剪羊毛、擀毡子的技能。汪忍波用音节文字记录，光那巴等补遗唱述，木玉璋、汉刚、余宏德搜集、记录、翻译。收入《祭天古歌》，32开，8页，200余行，云南民族出版社1999年版。

（刘怡）

炼铁打铁

傈僳族叙事歌。属传统大调。流传于云南省维西傈僳族自治县傈僳族聚居区。歌谣唱述了傈僳族炼铁打铁的过程，包括采铁凿铜、砍柴晒柴、背炭砌炉、炼铁炼铜、打刀铸犁等，传授了有关冶炼的技能。汪忍波用音节文字记录，光那巴等补遗唱述，木玉璋、汉刚、余宏德搜集、记录、翻译。收入《祭天古歌》，32开，8页，240行，云南民族出版社1999年版。

（刘怡）

开荒种地

傈僳族叙事歌。属传统大调。流传于云南省维西傈僳族自治县傈僳族聚居区。歌谣唱述了傈僳族开荒种地的全过程，包括鸟鸣兽叫开始砍火烧地、放火烧渣、平地、修埂、犁地、育秧、撒种、耙田、栽秧、薅秧、割稻、打谷、舂碓、酿酒、喝酒等，传授了大量有关农耕的知识。汪忍波用音节文字记录，光那巴等补遗唱述，木玉璋、汉刚、余宏德搜集、记录、翻译。收入《祭天古歌》，32开，15页，450行，云南民族出版社1999年版。

（刘怡）

猎手的歌

傈僳族叙事长诗。流传于云南省保山市傈僳族地区。诗词以甲、乙轮唱方式进行唱述，共分31首，甲、乙轮流各唱一首，依次进行，最后一首由甲演唱。诗词叙述了打猎的男子和捕蜂的男人一块出门打猎、捕蜂的经历。他们抬着火枪、带着捕蜂工具走进了高山密林中，经过种种艰辛和曲折，终于打到了野兽、捕到了山蜂，当他们把野物肉背在身上、大蜂群抱在胸前回到阿爸、阿妈身边的时候，受到了人们的称赞。接着他们把捕获的猎物与人们共同分享，心中充满了男子汉的自豪。余祥生唱述，祝发清、蔡鸿英、左玉堂记录、翻译。载《山茶》1982年第6期，16开，12页，1080行。

（杨利先）

牧羊歌

傈僳族叙事长诗。流传于云南省怒江傈僳族自治州傈僳族地区。歌谣完整地唱述了傈僳族古老的婚俗礼仪，承传了新人结婚、成家立业、生儿育女及牧羊等各种劳动生产技术，把各种傈僳族人民熟悉并喜爱的富有哲理性的事物列于诗中，采用了大量的隐喻、排比、复踏等艺术表现手法，格律严谨，对仗工整，具有很强的艺术感染力。黑达唱述，木玉璋记录、翻译。收入《人类金色的童年》，32开，193页，2800行，云南民族出版社2004年版。

（刘怡）

鱼姑泪

傈僳族叙事长诗。流传于云南省泸水县傈僳族聚居区。叙事诗共分10部分，叙述了孤儿饶其和鱼姑的爱情悲剧。长诗叙述的是：饶其将网到的一只小鱼养在水缸里，小鱼化成人形变成鱼姑，每天给孤儿做饭和操持家务。后来，饶其和鱼姑结为夫妻，两人男耕女织，辛勤劳动，日子过得很甜美。饶其的阿叔妒忌侄儿过着好日子，便从中挑拨和破坏，并威逼鱼姑跳进了怒江。饶其归来不见鱼姑，四处寻找，杳无音讯。最终，饶其化作一只鸟，整天在怒江边飞来飞去，不停地叫着："鱼姑！鱼姑！"佚名唱述，杨国璋记录、翻译。载《山茶》1990年第1期，16开，4页，268行。

（杨利先）

荞氏族祖先歌

傈僳族叙事长诗。流传于云南省怒江傈僳族自治州傈僳族地区。这是傈僳族荞氏族歌颂其首领木必英雄业绩的长诗。长诗叙述了英雄木必率领傈僳族人战胜种种艰难险阻，开创了新的家园，并为人们做了大量的好事，使他们的部落过上了稳定生活的过程。全诗气势磅礴，以高亢激昂的基调，悲壮豪迈的感情，热情地讴歌了傈僳族人民勇敢、勤劳的品格和对美好生活的追求。佚名唱述，佚名记录、翻译。收入《傈僳族文化大观》，开本和页码不详，4000余行，云南民族出版社1999年版。

（杨利先）

阿克吉

傈僳族叙事歌。流传于云南省西北部傈僳族地区。歌谣叙述了傈僳族农民起义首领恒乍绷的英雄业绩，记录了义军的作战历程和与官军作战的情况。"阿克吉"意为好。歌中唱道："恒乍绷、恒乍绷，领头造反杀千总；杀千总，救穷苦，恒乍绷啊阿克吉。恒乍绷，胆如斗，攻了维西城，又打丽江府；开粮仓，救穷苦，一路挥刀杀官府。"佚名唱述，佚名记录、翻译。收入《傈僳族文化大观》，32开，1页，10行，云南民族出版社1999年版。

（杨利先）

琅总督

傈僳族叙事歌。流传于云南省西北部傈僳族地区。歌谣歌颂了清嘉庆年间率领傈僳族人民起义的首领恒乍绷的英雄事迹，同时描绘了义军和琅总督的军队作战的情景。歌中唱道："琅总督，心狠毒！不要民，只要官。你官大，我山大；你兵多，我树多。大军炮，奈我何。"佚名唱述，佚名记录、翻译。收入《傈僳族文化大观》，32开，1页，10行，云南民族出版社1999年版。

（杨利先）

（五）劳动歌

晒盐经

傈僳族劳动歌。流传于云南省维西傈僳族自治县傈僳族聚居区。傈僳族居住的地方如四川盐边、云南大理云龙、怒江兰坪、迪庆德钦等都有井盐，《晒盐经》反映了掏盐、制盐和晒盐的生产劳动过程，体现了傈僳族的另一种劳动方式。歌谣由《造盐场》《背盐水》和《收盐》三首组成。各首歌谣叙述的内容和劳动过程不同，为人们展示了一幅傈僳族人民制盐的生动劳动场面。汪忍波、鱼龙亲唱述，木玉璋记录、翻译。收入《维西民间文学资料》（第2集），32开，3页，124行，维西傈僳族自治县民间文学集成办公室1990年编印。

（杨利先）

造盐场

傈僳族劳动歌。流传于云南省维西傈僳族自治县傈僳族聚居区。歌谣叙述了造盐场的整个劳动过程，如要把土铲平，用扫把把场扫干净，再铺上石板才好晒盐等。歌词描写细腻，节奏明快，极富劳动气息，让人有身临其境的感觉。歌中唱道："场子缓清理，暖风呼呼吹；正适合清理场子，湿气吹干了；场也裂了缝，本应能晒盐。"汪忍波、鱼龙亲唱述，木玉璋记录、翻译。收入《维西傈傈族自治县民间文学资料》(第 2 集)，32 开，2 页，52 行，维西傈僳族自治县民间文学集成办公室 1990 年编印。

(杨利先)

背盐水

傈僳族劳动歌。流传于云南省维西傈僳族自治县傈僳族聚居区。歌谣叙述了背盐水劳动的场面，如背盐水的有白族、彝族和傈僳族的男子；他们背着铁杉桶，用绵羊皮做垫，用碗把盐水舀进桶里，再背在身上。他们把盐水背到仓库旁，倒在盐场上，让暖风吹去水分，把盐晒在盐场。歌中唱道："取来巴俄碗（指大碗），做舀盐水碗；舀进铁杉桶，桶里盛满盐；轻轻松松背，高高兴兴背。"汪忍波、鱼龙亲唱述，木玉璋记录、翻译。收入《维西民间文学资料》(第 2 集)，32 开，2 页，46 行，维西傈僳族自治县民间文学集成办公室 1990 年编印。

(杨利先)

收盐

傈僳族劳动歌。流传于云南省维西傈僳族自治县傈僳族聚居区。歌谣描述了收盐的劳动场景：盐晒好了，人们取来了麻布口袋，用大木碗舀进袋中，然后背到仓库旁，又倒进盐仓中。这时候的仓库已经堆满了白白的盐，像一座座小山。歌中唱道："背来倒仓中，仓库盛满盐；饭中开盛花，长年盐粮多。"汪忍波、鱼龙亲唱述，木玉璋记录、翻译。收入《维西民间文学资料》(第 2 集)，32 开，1 页，28 行，维西傈僳族自治县民间文学集成办公室 1990 年编印。

(杨利先)

生产调（一）

傈僳族劳动歌。流传于云南省福贡县傈僳族聚居区。歌谣以客人和主人轮唱的方式进行唱述，客主各唱一段，轮流进行。客人为羊群的牧者，在受到主人家的热情接待后，对主人家的一切进行了称颂和赞美。主人则谦虚地回唱道：这是祖辈传下的规矩，要努力劳动，才能有丰足的日子。佚名唱述，张西道、肖怡燕、和付生记录、翻译。收入《云南民族文学资料集》(第 16 集)，16 开，6 页，228 行，云南大学中文系少数民族语言文学教研室 1964 年编印。

(杨利先)

生产调（二）

傈僳族劳动歌。流传于云南省福贡县傈僳族聚居区。歌谣以客人和主人轮唱的方式进行唱述，客和主各唱一段。歌谣唱述的是：客人自谦为小山羊和小绵羊，问天上为什么有那么多的星宿，地上的人们为什么要做那么多活？主人答道：从古以来就是这样做的，要吃饭就要劳动。我父亲见到李子开花，知道季节到头了，他就睡不着。见到白牛和花牛，他就想到要干活，他也睡不着。所以，我的父母亲什么活都会干，通过劳动，他们样样都有。佚名唱述，张西道、肖怡燕、和付生记录、翻译。收入《云南民族文学资料集》(第 16 集)，16 开，2 页，36 行，云南大学中文系少数民族语言文学教研室 1964 年编印。

(杨利先)

生产调（三）

傈僳族劳动歌。流传于云南省福贡县傈僳族聚居区。歌谣以客人和主人轮唱的方式进行唱述，客人和主人各唱一段。歌词中，主人向客人介绍了自己的父亲劳动时吹的小笛子。小笛子挂在牛角上，经常擦上黄蜡，以便生产时来吹奏。如果七年不吹，九年不用，笛子里就会有蚕。歌中唱道："父亲用籼米汤洗了它，母亲用小米汤冲了它，吹出来的笛声，像知了的声音一样。"佚名唱述，张西道、肖怡燕、和付生记录、翻译。收入《云南民族文学资料集》(第 16 集)，16 开，2 页，56 行，云南大学中文系少数民族语言文学教研室

1964年编印。

（杨利先）

生产调（四）

傈僳族劳动歌。流传于云南省福贡县傈僳族聚居区。歌谣以客人和主人轮唱的方式进行唱述，客人和主人各唱一段。歌谣叙述了煮好饭、做好菜，然后去放羊的过程，反映了傈僳族人民对劳动的态度，说明了只有通过生产劳动才能过上好日子的道理。佚名唱述，张西道、肖怡燕、和付生记录、翻译。收入《云南民族文学资料集》（第16集），16开，2页，36行，云南大学中文系少数民族语言文学教研室1964年编印。

（杨利先）

生产调（五）

傈僳族劳动歌。流传于云南省福贡县傈僳族聚居区。歌谣以客人和主人轮唱的方式进行唱述，客人和主人各唱一段。歌谣叙述了主人请来帮工，需要给帮工们做饭和帮工们吃饭的整个过程。歌中唱道：主人做好小米饭和籼米饭，做好了鸡蛋和鸭蛋，然后摆在竹簸箕里，请帮工们围过来吃，让帮工们吃得饱饱的，好再去干活。佚名唱述，张西道、肖怡燕、和付生记录、翻译。收入《云南民族文学资料集》（第16集），16开，1页，38行，云南大学中文系少数民族语言文学教研室1964年编印。

（杨利先）

生产调（六）

傈僳族劳动歌。流传于云南省福贡县傈僳族聚居区。歌谣以客人和主人轮唱的方式唱述，客人和主人各唱一段。歌谣叙述了主人领着一群帮工在平坝里劳动的过程，劳动中有领头的、招呼的，大家齐心协力，进行生产劳动。佚名唱述，张西道、肖怡燕、和付生记录、翻译。收入《云南民族文学资料集》（第16集），16开，2页，28行，云南大学中文系少数民族语言文学教研室1964年编印。

（杨利先）

生产调（七）

傈僳族劳动歌。流传于云南省福贡县傈僳族聚居区。歌谣以客人和主人轮唱的方式进行唱述，客人和主人各唱一段。歌谣描述了一群扛着条锄、生产劳动归来的傈僳族人，回到家中的竹楼上，喝小米酒、籼米酒的过程。佚名唱述，张西道、肖怡燕、和付生记录、翻译。收入《云南民族文学资料集》（第16集），16开，1页，22行，云南大学中文系少数民族语言文学教研室1964年编印。

（杨利先）

生产调（八）

傈僳族劳动歌。流传于云南省福贡县傈僳族聚居区。歌谣以客人和主人轮唱的方式进行唱述，客人和主人各唱一段。歌谣唱述了一群劳动的人对主人的盛情款待表示感谢，同时说主人这块地的森林里鬼最多，地边岩石上的鬼也最多。主人说，你们不要怕鬼，我已经让驯鬼的人把鬼驯好了。你们不会头痛和肚疼，就放心地喝酒和做活吧。佚名唱述，张西道、肖怡燕、和付生记录、翻译。收入《云南民族文学资料集》（第16集），16开，2页，21行，云南大学中文系少数民族语言文学教研室1964年编印。

（杨利先）

生产调（九）

傈僳族劳动歌。流传于云南省德宏傣族景颇族自治州、怒江傈僳族自治州傈僳族地区。歌谣多为老年人唱，唱时分男女两排，主人当女方，客人当男方，以换工劳动或收工后唱的居多。歌谣唱述的是：布谷鸟叫了，春耕到了，大家赶快去生产劳动。该打刀的打刀，该砍树的砍树，乱蓬蓬的树叶该收掉就收掉，要从地底砍到地上面，要从地东边砍到地西边。我们开垦出一块新土地，播种、守护，期待着丰收……佚名唱述，祝发清、蔡鸿英采录。收入《中国歌谣集成·云南卷》，16开，3页，143行，中国ISBN中心2003年版。

（杨利先）

生产调（十）

傈僳族劳动歌。流传于云南省兰坪白族普米族自治县傈僳族聚居区。以男女对唱的形式进行，男女各唱二至四句不等，轮流唱述，最后一段为合唱。歌谣唱述的是：兄弟姐妹们都是勤快人，撒荞、种麻、织布、耕田，大家都努力做活。兄弟姐妹们用劳动换来了丰收，粮满柜子麻堆山，有肉有酒日子多自在。歌词最后唱道："太阳啊就是早上亮，月亮啊就是半夜明。我们称心如意欢唱生产调，我们真心诚意祈祷幸福年。"余金发、李秀英唱述，崔吉贵、施中林记录、翻译。收入《兰坪歌谣集成》，32开，5页，108行，云南美术出版社1994年版。

（杨利先）

请工调

傈僳族劳动歌。属传统大调。流传于云南省保山市潞江坝、腾冲县古永、瑞滇等傈僳族聚居区，此调收录于腾冲县明光乡。"请工调"一般是在请工劳动回家后，宾主围坐在火塘边喝酒时对唱的歌。歌手在唱述傈僳族农耕生产过程的同时，传授了傈僳族的生产生活知识，是一首反映傈僳族初期农耕生产全过程的长调。歌谣唱述的是：请工、砍树、割草、铲地、烧荒、播种、守地吓雀、收获、晒粮、舂米、煮饭、酿酒及杀鸡宰羊酬谢帮助劳动的朋友的每一个过程，是对傈僳族人民生产过程及习俗的真实记录。余二妮、麻正仓唱述，余世珍翻译，余国成、张楠记录。收入《傈僳族风俗歌集成》，32开，44页，600行，云南民族出版社1988年版。

（刘怡）

盖房调（一）

傈僳族劳动歌。流传于云南省维西傈僳族自治县傈僳族聚居区。这是盖房的过程和新房建盖好后所唱述的歌。歌谣叙述了人们砍倒了树，截成板子，然后请工来盖房子。房子盖好后要喝浓苦茶，要敬烟花酒，进行一系列的祭房习俗。歌中唱道："爬上新竖的房头，拴好七十七道篾子，把划来的板子盖上，新的住房就盖好了。"新房盖成后，人们要围着新房喝酒、跳舞和唱歌，进行庆祝。佚名唱述，和春富记录、翻译。收入《维西民间文学资料》（第1集），32开，2页，37行，维西傈僳族自治县民间文学集成办公室1988年编印。

（杨利先）

盖房调（二）

傈僳族劳动歌。属传统大调。流传于云南省腾冲县胆扎乡傈僳族聚居区。这是在新房落成，住进新房时由嘎头代表女主人和寨邻亲友对唱的歌。歌谣唱述了盖房的全过程，包括砍树、拉木、架梁、砍竹、割茅草、盖房。歌谣对傈僳族古老的盖房习俗、住房结构、盖房时的劳动场面均作了生动细致的描述。余建发、蔡文珍唱述，余祥生、沈金明、余国成、立清、张青记录、翻译。收入《傈僳族风俗歌集成》，32开，43页，600行，此大调还搜集到另外三个版本，详细情况见作品附记，云南民族出版社1988年版。

（刘怡）

盖房调（三）

傈僳族劳动歌。流传于云南省怒江傈僳族自治州傈僳族地区。是傈僳族盖竹篾房时唱的歌，以主人和客人的轮唱形式对唱，主客各唱一段，每段4行到12行不等。歌谣叙述了盖房的整个过程：从选地基、准备材料，到亲朋好友和乡亲们帮忙，直到主人酬谢宾客和大家对新房的赞美都一一作了描述。歌中唱道："蚂蚁搭起斑鸠窝，蚂蚁架起了鸽子窝；斑鸠窝明亮了，鸽子窝放光了！斑鸠有了避风处，鸽子有了躲雨窝。"和付生唱述，左玉堂、张亚萍记录、翻译。载《山茶》1986年第6期，16开，4页，244行。

（杨利先）

放牧歌

傈僳族劳动歌。流传于云南省维西傈僳族自治县傈僳族聚居区。歌谣以第一人称的方式，唱述了一个牧人劳动的艰辛和欢乐。歌谣唱述了主人公七岁开始放牧，是爸爸教的放牛，妈妈教的放羊。历尽人生的沧桑，养出一群群肥壮的牛羊。现在，又该他（她）来教子女放牧牛羊了，子女又将当放牛倌和牧羊人。佚名唱述，余秀芝采录。收入《中国歌谣集成·云南卷》，16开，1页，22行，中国ISBN中心2003年版。

（杨利先）

种瓜歌

傈僳族劳动歌。流传于云南省怒江傈僳族自治州傈僳族地区。以男女对唱的方式唱述，是传授种瓜生产经验的歌。歌谣传授了从选种、选地、下种、浇水、培育、看护、防止野兽偷食等方面有关种瓜的一系列生产经验。佚名唱述，左玉堂、和付生记录、翻译。收入《云南民族文学资料集》（第16集），16开，6页，306行，云南大学中文系少数民族语言文学教研室1964年编印。

（杨利先）

种菜调

傈僳族劳动歌。流传于云南省怒江傈僳族自治州傈僳族地区。以男女对唱的方式唱述，是傈僳族传授种菜生产技术的歌。歌谣唱述了选地、育苗、栽菜、看护、防止牲畜来糟蹋等生产过程。在男女对唱中，还夹有部分爱情的内容，更增添了歌谣的趣味性。佚名唱述，夏文、和付生记录、翻译。收入《云南民族文学资料集》（第16集），16开，4页，146行，云南大学中文系少数民族语言文学教研室1964年编印。

（杨利先）

找菜调

傈僳族劳动歌。属传统大调。流传于云南省腾冲县傈僳族聚居区。歌谣以男女对唱的方式唱述了傈僳族采集生活中的各种习俗，包括采集季节、采集种类、食用方法等传统的生活方式。歌词还用隐喻及双关的话语表达了男女之间相爱的情意。故"找菜"又有"找姑娘""找媳妇"之意。是傈僳族青年特别喜爱的大调。《找菜调》共搜集到六份录音资料，《找菜调》的底本是1982年蔡付云、蔡付珍唱述，蔡成才、立清、余世珍翻译，晓黎、张青记录。收入《傈僳族风俗歌集成》，32开，84页，1200行，云南民族出版社1988年版。

（刘怡）

打猎调（一）

傈僳族劳动歌。属传统大调。流传于云南省保山市傈僳族聚居区。是傈僳族猎手在节日或做客吃酒等场合传唱的传统调子。生动地反映了傈僳族打猎撵山的古老生活习俗。歌谣唱述了约伙狩猎、追赶野兽的全过程，把打猎技能、猎物分配、猎手素养等古老的打猎规矩通过甲乙对唱的方式一代代往下传。这部歌谣是傈僳族有关狩猎的宪章和道德规范，具有不可更改和替代的严肃性，深得傈僳族男子的喜爱，成为在傈僳族地区流传极广的歌调之一。余祥生唱述，祝发清、蔡鸿英翻译，左玉堂、余广汉记录。收入《傈僳族风俗歌集成》，32开，76页，1050行，云南民族出版社1988年版。

（刘怡）

打猎调（二）

傈僳族劳动歌。流传于云南省怒江傈僳族自治州傈僳族地区。这是以追者和射者的方式进行演唱的歌。追者唱述了邀约朋友去打猎，当发现猎物出现时大家拉弓拔刀的场景。射者唱述了猎手们射中公獐，并吹响了吓岩羊和野牛的号角，最后唱述狩猎成功的过程。歌词最后唱道："今年我们运气最好，今年我们运气最巧，麝香像捡松子一样捡回来，蜂蜡像石板一样的找回来。"佚名唱述，李汝忠、李蓉珍、叶仕富记录、翻译。收入《云南民族文学资料集》（第16集），16开，2页，72行，云南大学中文系少数民族语言文学教研室1964年编印。

（杨利先）

打猎歌

傈僳族劳动歌。流传于云南省福贡县傈僳族聚居区。歌谣唱述了傈僳族男子出门打猎的整个过程。男子扛着弩弓带着小花狗出门打猎，密林中顺着獐子的脚印追踪，终于射杀了一只大公獐子，剥皮后取了麝香，满载而归受到了父母的夸奖。东四恒唱述，霜现月、管云东、李向才记录、整理。收入《云南民间文学集成·福贡县民间文学集成卷》，32开，2页，26行，福贡县文化局、福贡县民委1989年编印。

（杨利先）

（六）时政歌

在黑暗的日子里

傈僳族时政歌。流传于云南省傈僳族地区。歌谣抨击了旧社会黑暗的制度，诉说了傈僳族生活的苦情。歌中唱道："人啊，越活越老；地啊，越种越瘦；哪年哪月人才能长生不老，大地才能越种越青。"佚名唱述，佚名记录、翻译。收入《傈僳族文化大观》，32开，1页，4行，云南民族出版社1999年版。

（杨利先）

不是官家还有谁

傈僳族时政歌。流传于云南省傈僳族地区。歌谣抨击了旧社会的黑暗统治，述说了傈僳族人民的痛苦。歌中唱道："一出西门雾腾腾，西山坡坎埋死人。害死小郎的哪一个？不是官家还有谁。"佚名唱述，佚名记录、翻译。收入《傈僳族文化大观》，32开，1页，4行，云南民族出版社1999年版。

（杨利先）

上身没有衣裳穿

傈僳族时政歌。流传于云南省怒江傈僳族自治州傈僳族地区。歌谣揭露了旧社会人民遭受的残酷压迫和剥削，描绘了傈僳族人民在那个时期的悲惨生活。歌中唱道："没有盖的被子，把火塘当做被盖；上身没有衣裳穿，把阳光当做衣裳；只因没衣裳，冻死在雪山上的人比头发还多，在火塘边烧死的比沙子还多。"佚名唱述，夏文、阿开甲、何正强记录、翻译。收入《云南民族文学资料集》（第16集），16开，1页，9行，云南大学中文系少数民族语言文学教研室1964年编印。

（杨利先）

穿的衣服是烂蓑衣

傈僳族时政歌。流传于云南省怒江傈僳族自治州傈僳族地区。歌谣唱述了旧社会傈僳族人民所遭受的痛苦和所过的悲惨生活。歌中唱道："把竹筒拿来当碗用，土锅烂罐就是煮饭吃的锅，穿的衣服是蓑衣，吃的是达格勒（难咽的野菜）。"佚名唱述，夏文、阿丌甲、何正强记录、翻译。收入《云南民族文学资料集》（第16集），16开，1页，5行，云南大学中文系少数民族语言文学教研室1964年编印。

（杨利先）

到深山里找黄连

傈僳族时政歌。流传于云南省怒江傈僳族自治州傈僳族地区。歌谣描述了旧社会傈僳族人民的悲惨生活及父辈所遭受的苦难。歌中唱道:"父亲的那辈,到深山里找黄连,就死在找黄连的地方。"佚名唱述,夏文、阿开甲、何正强记录、翻译。收入《云南民族文学资料集》(第16集),16开,1页,3行,云南大学中文系少数民族语言文学教研室1964年编印。

(杨利先)

一天路也不敢走

傈僳族时政歌。流传于云南省福贡县傈僳族聚居区。歌谣描述了旧社会傈僳族人民所遭受的苦难和社会动荡不安中的生活。歌中唱道:"阿爸那一代,盗贼多;阿妈那一生,强盗多;一天路也不敢走,一日路也不敢行。"佚名唱述,左玉堂、汉永生等记录、翻译。收入《云南民族文学资料集》(第16集),16开,1页,10行,云南大学中文系少数民族语言文学教研室1964年编印。

(杨利先)

鸡蛋来不及抱小鸡

傈僳族时政歌。流传于云南省福贡县傈僳族聚居区。歌谣唱述了旧社会傈僳族人民所过的悲惨生活。歌中唱道:"使鸡蛋来不及抱小鸡,小猪来不及脱胎皮,所以阿爸饿死了,阿妈苦死了。"佚名唱述,左玉堂、汉永生记录、翻译。收入《云南民族文学资料集》(第16集),16开,1页,12行,云南大学中文系少数民族语言文学教研室1964年编印。

(杨利先)

天天躺在火塘边

傈僳族时政歌。流传于云南省福贡县傈僳族聚居区。歌谣唱述了旧社会一个孤儿所遭受的苦难。歌中唱道:"天天躺在火塘边,肚子烤起了火泡;天天偎在黄土里,脊背磨出了血;谁也不会关心你,谁也不会心疼你。"佚名唱述,左玉堂、汉永生等记录、翻译。收入《云南民族文学资料集》(第16集),16开,1页,20行,云南大学中文系少数民族语言文学教研室1964年编印。

(杨利先)

找些野菜当饭吃

傈僳族时政歌。流传于云南省福贡县傈僳族聚居区。歌谣唱述了旧社会傈僳族人民所遭受的苦难以及所过的悲惨生活。歌中唱道:"白天没有东西吃,找些野菜当饭吃;晚上偎在火塘边,白日出来晒太阳;死不得才长大了,鬼不要才长成人。"佚名唱述,左玉堂、汉永生记录、翻译。收入《云南民族文学资料集》(第16集),16开,1页,22行,云南大学中文系少数民族语言文学教研室1964年编印。

(杨利先)

什么都卖掉了

傈僳族时政歌。流传于云南省维西傈僳族自治县傈僳族聚居区。歌谣揭露了旧社会傈僳族人民遭受的压迫和剥削,致使生下孩子无法喂养,只能拿野菜充饥。歌中唱道:"缴不完的租子呵,手镯卖去了,儿女卖掉了,什么都卖掉了。"佚名唱述,李子贤、李玉成记录、翻译。收入《云南民族文学资料集》(第16集),16开,1页,16行,云南大学中文系少数民族语言文学教研室1964年编印。

(杨利先)

火塘作被子

傈僳族时政歌。流传于云南省维西傈僳族自治县傈僳族聚居区。歌谣唱述了旧社会傈僳族人民所遭受的剥削和所过的凄惨生活。歌中唱道:"父亲三代人,母亲三代人,都是这般苦;木板当垫子,火塘作被子,太阳当衣服,就这样过了一辈子。"佚名唱述,李子贤、李玉成记录、翻译。收入《云南民族文学资料集》(第16集),16开,1页,18行,云南大学中文系少数民族语言文学教研室1964年编印。

(杨利先)

歇脚的地盘也上税

傈僳族时政歌。流传于云南省维西傈僳族自治县傈僳族聚居区。歌谣唱述了旧社会横征暴敛的现实，内容具有极大的针砭时政性。歌中唱道："放牛放羊有草税，耕田种地有土地税，砍块木板要上税，歇脚的地盘也上税；只有生儿养女没有税，拉壮丁时没有税。"佚名唱述，李子贤、李玉成记录、翻译。收入《云南民族文学资料集》（第16集），16开，1页，10行，云南大学中文系少数民族语言文学教研室1964年编印。

（杨利先）

儿女不见父母的面

傈僳族时政歌。流传于云南省维西傈僳族自治县傈僳族聚居区。歌谣揭露了旧社会傈僳族人民所遭受的苦难和所过的凄惨生活。歌中唱道："儿子被拉去当壮丁，父母不见儿女的面，儿女不见父母的面；我们被逼得妻离子散，我们被逼得倾家荡产。"佚名唱述，李子贤、李玉成记录、翻译。收入《云南民族文学资料集》（第16集），16开，1页，5行，云南大学中文系少数民族语言文学教研室1964年编印。

（杨利先）

翻山越岭去砍柴

傈僳族时政歌。流传于云南省维西傈僳族自治县傈僳族聚居区。歌谣唱述了旧社会傈僳族人民的悲惨生活，他们被剥夺了其他生存条件，只好去砍柴度日。歌中唱道："没有吃的只能砍柴卖，翻山越岭去砍柴；想的是叫儿女们活下去，汗流浃背卖了一背柴，只能换回来一点豆腐渣。"佚名唱述，李子贤、李玉成记录、翻译。收入《云南民族文学资料集》（第16集），16开，1页，5行，云南大学中文系少数民族语言文学教研室1964年编印。

（杨利先）

父母一天累到晚

傈僳族时政歌。流传于云南省维西傈僳族自治县傈僳族聚居区。歌谣唱述了在旧社会，傈僳族劳动人民一天累到晚，仍过着衣不蔽体、食不果腹的凄惨生活。歌中唱道："父母一天累到晚，儿女在家等着父母，巴望着带来点吃的东西；有了菜呵没有盐，有了盐呵没有米，一年到头流着眼泪过日子。"佚名唱述，李子贤、李玉成记录、翻译。收入《云南民族文学资料集》（第16集），16开，1页，6行，云南大学中文系少数民族语言文学教研室1964年编印。

（杨利先）

种菜不见菜

傈僳族时政歌。流传于云南省维西傈僳族自治县傈僳族聚居区。歌谣唱述了旧社会傈僳族人民的艰难生活和遭受剥削的情况。歌中唱道："一年苦到头，忙到头；种粮食不见粮食，种菜不见菜，种烟不见烟；都被土司、地主收去了。"佚名唱述，李子贤、李玉成记录、翻译。收入《云南民族文学资料集》（第16集），16开，1页，5行，云南大学中文系少数民族语言文学教研室1964年编印。

（杨利先）

年年都有税

傈僳族时政歌。流传于云南省维西傈僳族自治县傈僳族聚居区。歌谣唱述了旧社会苛捐杂税严重的状况和傈僳族人民的凄惨生活。歌中唱道："年年都有税，天天都有税；火把节时要上税，要给土司送上银子十二两；过年时要上税，要给土司送上银子十二两。"佚名唱述，李子贤、李玉成记录、翻译。收入《云南民族文学资料集》（第16集），16开，1页，8行，云南大学中文系少数民族语言文学教研室1964年编印。

（杨利先）

拦在那里跳一夜舞

傈僳族时政歌。流传于云南省维西傈僳族自治县傈僳族聚居区。歌谣唱述了旧社会傈僳族人民所遭受的压迫和剥削。每逢六月二十五和十二月二十五日，家家户户都要背一背柴送到土司家，大家又累又饿的时候，土司还要把大家拦住跳一夜的舞。歌中唱道："肚子里是空空的，但不敢说不跳舞；身上是冷冰冰的，但不敢说不跳舞；挨饿受冻也得跳舞，连跳舞也得受压迫。"佚名唱述，李子贤、李玉成记录、翻译。收入《云南民族文学资料集》（第16集），16开，1页，12行，云南大学中文系少数民族语言文学教研室1964年编印。

（杨利先）

起义歌

傈僳族时政歌。流传于云南省怒江傈僳族自治州傈僳族地区。歌中唱道："官公不干活，百姓生产的粮归他；官娘不挣钱，百姓挣来的财归她。十个官家九个恶，不杀官家没法活；杀了官家活不成。"揭示了旧社会统治阶级不劳而获，劳动人民的反抗与无奈。佚名唱述，杨春茂记录。收入《傈僳族民间文学概论》，32开，1页，7行，云南教育出版社2002年版。

（刘怡）

马夫吟

傈僳族时政歌。流传于云南省怒江傈僳族自治州傈僳族地区。歌中唱道："官家官家骑大马，百姓百姓当马骑。骑大马的忙收税，当马骑的忙着找草吃。官家百姓两样人，苦日子要熬到哪年时？"揭示了旧社会苛捐杂税多，傈僳族人民灾难深重。佚名唱述，佚名记录。收入《傈僳族民间文学概论》，32开，1页，6行，云南教育出版社2002年版。

（刘怡）

（七）生活歌

串亲调

傈僳族生活歌。属传统大调。流传于云南省保山市及怒江傈僳族自治州。傈僳族在历史上是一个频繁迁徙的民族，亲友们常常在迁徙途中失散，他们常常花很多时间去串亲访友。歌手在唱叙时描述了探亲途中各种各样的困难，刻画了他们盼望与亲友相见的心情，反映了傈僳族在迁徙的过程中时刻记挂着亲人。歌词列举了十二座桥，每一座都用他们熟悉的树木搭成，并由动物守护，这涉及傈僳族与动植物之间的利害关系，包含了丰富的生活经验和生产知识。余二妮唱述，蔡成才、沈金明、余世珍、余国成、卢培义、张楠记录、翻译。收入《傈僳族风俗歌集成》，32开，95页，1300行，云南民族出版社1988年版。

（刘怡）

入人调

傈僳族生活歌。流传于云南省维西傈僳族自治县傈僳族聚居区。歌谣述说了女子嫁到夫家后的生活是：春碓春到半夜，推磨推到五更，但婆婆还嫌做得不够。烧水刷锅打水，一天忙到晚，服侍一家老小，但婆婆还随时瞪着眼睛，还嫌媳妇手脚慢。这时候才明白，"入人"有那么难。疙瘩唱述，马玉堂记录、翻译。收入《维西民间文学资料》（第1集），32开，2页，28行，维西傈僳族自治县民间文学集成办公室1988年编印。

（杨利先）

聘牛调

傈僳族生活歌。流传于云南省怒江傈僳族自治州傈僳族地区。歌中唱道："……不用怕，三头牛的聘礼哥哥打，三两银的聘金哥哥下。江头有我的好朋友，江尾有我的好相知；去江头打上七两麝香，到江尾打来九张麂皮……"表现了傈僳族小伙遵守"婚以聘牛"的习俗求助于亲朋好友打到了麝香、蜂蜡等到腾冲、保山交易，换来聘牛使女方父母答应了婚事。佚名唱述，杨春茂记录。收入《傈僳族民间文学概论》，32开，1页，26行，云南教育出版社2002年版。

（刘怡）

悔婚歌

傈僳族生活歌。流传于云南省怒江傈僳族自治州傈僳族地区。歌中唱道："阿爸毁掉了我的姻缘，阿妈破坏了我的幸福；襁褓头上许了婚，氆氇边上联了姻。我伤心不过吃毒药，偏偏吃着那芋头小疙瘩；我伤感无奈去跳河，偏偏跳进那浅水滩。"表现了傈僳族青年在"婚姻由父母做主"的制度下的悲愤与无奈。佚名唱述，杨春茂记录。收入《傈僳族民间文学概论》，32开，1页，8行，云南教育出版社2002年版。

（刘怡）

女流歌

傈僳族生活歌。流传于云南省保山市傈僳族地区。歌中唱道："做场姑娘多可悲啊，从小得名'臭女人'。出嫁七头牛的聘礼归阿爸，婚配九两银的聘金归阿妈。要是嫁着个犯傻的醉汉，挣钱制物也白搭。只要有钱换酒喝，妻儿老小全无份，回来酗酒打妻子，还说打的是聘牛皮。"歌谣唱述了傈僳族妇女从小受歧视，长大出嫁时父母收了身价钱，姑娘就落入了身不由己的境地。佚名唱述，杨春茂记录。收入《傈僳族民间文学概论》，32开，1页，10行，云南教育出版社2002年版。

（刘怡）

十二月调

傈僳族生活歌。流传于云南省维西傈僳族自治县傈僳族聚居区。歌谣叙述了一年十二月中，每月的气候特点和相对要做的农活。其曲调优美，词句朴实，极富生活特色。歌中唱道："公孙吃雀便八月，九月秋收粮满库，十月北雁南飞满山红，十一月寒冬织麻布，十二月品尝丰年酒。"余国良唱述，和宪斌记录、翻译。收入《维西民间文学资料》（第2集），32开，2页，12行，维西傈僳族自治县民间文学集成办公室1990年编印。

（杨利先）

十二属

傈僳族生活歌。流传于云南省维西傈僳族自治县傈僳族聚居区。歌谣从正月唱到十二月，每个月唱一个属相，从鼠一直唱到猪，刚好把十二属相唱完。歌谣唱述了每个属相的特点和相应的环境，听来妙趣横生，极富生活特色。歌中唱道："冬月里来逛个街，八哥吃水把头抬；成狗咬着阿郎腿，阿妹心疼包起来。"佚名唱述，李宪兵记录、翻译。收入《维西民间文学资料》（第1集），32开，2页，48行，维西傈僳族自治县民间文学集成办公室1988年编印。

（杨利先）

放羊调

傈僳族生活歌。流传于云南省维西傈僳族自治县傈僳族聚居区。歌谣叙述了放羊生活的艰辛和忧愁，从一月唱到十二月，每个月唱一段，分别唱述每个月份气候的特点，放羊地的景色和放羊者的艰苦生活。歌中唱道："八月放羊八月中，梁横山水顺山冲；早上点羊双双在，晚上点羊少二双。左手拿着吆羊鞭，右手拿着撵毡棍；再生莫吃放羊饭，死了莫做放羊魂。"佚名唱述，段茂松记录、翻译。收入《维西民间文学资料》（第1集），32开，3页，60行，维西傈僳族自治县民间文学集成办公室1988年编印。

（杨利先）

孤儿调

傈僳族生活歌。流传于云南省怒江傈僳族自治州傈僳族地区。歌谣唱述了孤儿无依无靠无人管，生活比黄连还苦，无家可归的生活。歌中唱道："有娘小鸡跟娘去，无娘小鸭水上漂。有娘小鸡墙头歇，无娘小鸡墙根蹲。"桑春付唱述，邬兴家采录。收入《中国歌谣集成·云南卷》，16开，1页，12行，中国ISBN中心2003年版。

（杨利先）

从小生活很痛苦

傈僳族生活歌。流传于云南省傈僳族地区。歌谣唱述了生活的艰辛，诉说了傈僳族在旧社会的苦难。歌中唱道："从小生活很痛苦，为了生活到处跑；像麻雀一样到处觅食，像蜜蜂一样四处寻找。"佚名唱述和记录、翻译。收入《傈僳族文化大观》，32开，1页，4行，云南民族出版社1999年版。

（杨利先）

苦歌

傈僳族生活歌。流传于云南省傈僳族地区。歌谣描绘了傈僳族人民在旧社会终年苦到头，却过着吃不饱穿不暖的艰苦生活。歌中唱道："苦是苦到头，吃是吃不够，苦是苦饱了，吃是吃不饱。"佚名唱述，佚名记录、翻译。收入《傈僳族文化大观》，32开，1页，4行，云南民族出版社1999年版。

（杨利先）

身世苦歌

傈僳族生活歌。流传于云南省傈僳族地区。歌谣唱述了主人公身世的苦难，是旧社会傈僳族人民凄苦生活的真实记录。歌中唱道："长到缸大的时候要背缸，长到桶大的时候要背桶，我们这一生，没有一日不在受穷苦。"佚名唱述，张征东记录、翻译。收入《傈僳族文化大观》，32开，1页，8行，云南民族出版社1999年版。

（杨利先）

同胞分离曲

傈僳族生活歌。流传于云南省保山市傈僳族地区。歌中唱道："我们的祖先像原始森林中的蜂儿，我们的祖先像天然深潭中的鱼儿；栖身林间数百年，游荡水中数千载；自由自在地采花酿蜜，无拘无束地植株培果……"表现了他们"虽落天涯同藤瓜，即撒海角同株叶；探亲不必带口粮，访友不需带盘缠"的情谊。歌谣唱述了傈僳族的生活状况和被迫迁徙的情景，表达了他们对同胞兄弟的无限希望和深情，他们相劝共勉，不论走到哪里都要牢记民族手足情意。佚名唱述，杨春茂记录。收入《傈僳族民间文学概论》，32开，2页，40行，云南教育出版社2002年版。

（刘怡）

老大歌

傈僳族生活歌。流传于云南省保山市傈僳族地区。歌中唱道："做牛莫做大子，做人别做大儿子；兄弟姊妹一大群，从小忙断骨头筋，长大分家撑长子，好田好地全留下……"歌谣述说了老大帮助父母养活众多弟妹，可长大娶亲分家产时，偏心的父母却把好田好地留给弟弟。佚名唱述，杨春茂记录。收入《傈僳族民间文学概论》，32开，1页，6行，云南教育出版社2002年版。

（刘怡）

长子歌

傈僳族生活歌。流传于云南省福贡县傈僳族聚居区。歌谣唱述了大儿子去山里打柴，掏到了鸟蛋，回来让爸爸妈妈吃得高兴的整个过程。歌中唱道："爸爸高兴拍胸膛，胸膛红得似火燃；妈妈欢笑流眼泪，眼泪多得叫人醉。爸爸分给我家产，妈妈划给我地盘。"邓六里唱述，霜现月、景山记录、整理。收入《云南民间文学集成·福贡县民间文学集成卷》，32开，2页，22行，福贡县文化局、福贡县民委1989年编印。

（杨利先）

啊喔咯呀喔喔喔

傈僳族生活歌。流传于云南省保山市傈僳族地区。歌谣暗中表述了一个傈僳族女子受婆婆刁难上山种麻，将炒过的麻种给她，而小姑子跟嫂子换麻种后麻不发芽，姑嫂俩饿死在山里变成鸟的故事。歌中唱道："啊喔咯呀喔喔喔，咕哚咯哟喔喔喔！人们白白等一场哟，喔喔喔。大家空空等一阵哟，喔喔喔！夜夜等她不见回，喔喔喔。日日盼她不见归，喔喔喔！"佚名唱述，杨春茂记录。收入《傈僳族民间文学概论》，32开，1页，10行，云南教育出版社2002年版。

（刘怡）

全家歌

傈僳族生活歌。流传于云南省福贡县傈僳族聚居区。歌谣唱述：当爸爸、妈妈、哥哥、姐姐、叔叔、舅舅、弟弟、妹妹不在时，孩子就喊棉被为爸爸、蜘蛛为妈妈、狗獾为哥哥、笋叶为姐姐、老熊为叔叔、酒罐为舅舅、蜂蛹为弟弟、老虎为妹妹等。王玛博唱述，霜现月采录。收入《中国歌谣集成·云南卷》，16开，1页，24行，中国ISBN中心2003年版。

（杨利先）

越荒年

傈僳族生活歌。流传于云南省保山市傈僳族地区。歌中唱道："我们居住的这个地方，不隔三年闹饥荒。毛团糠皮和着吃，树叶粗面掺着喝。卖儿卖女去逃荒，卖地卖房走他乡。"歌谣唱述了傈僳族在旧社会遇到灾荒时出卖子女逃荒的悲惨情景，反映了他们艰难的生活状况。佚名唱述，杨春茂记录。收入《傈僳族民间文学概论》，32开，1页，6行，云南教育出版社2002年版。

（刘怡）

打菜歌

傈僳族生活歌。流传于云南省保山市傈僳族地区。歌中唱道："篮子篮子在哪里，背着篮子去要菜。打菜的姑娘请跟着来，打水的姑娘请随着来！"佚名唱述，杨春茂记录。收入《傈僳族民间文学概论》，32开，1页，4行，云南教育出版社2002年版。

（刘怡）

姑娘打猎

傈僳族生活歌。流传于云南省保山市傈僳族地区。歌中唱道："我是阿妈的独姑娘，我是阿妈的幺姑娘。爬上山崖去打猎，下到山谷去射猎。为的是阿爸不挨饿，为的是阿妈不受饿。"歌谣表现了傈僳族女青年勤劳勇敢，爱护、孝敬老人的优良品德。佚名唱述，杨春茂记录。收入《傈僳族民间文学概论》，32开，1页，6行，云南教育出版社2002年版。

（刘怡）

好过的日子

傈僳族生活歌。流传于云南省祥云县傈僳族聚居区。歌谣唱出了经过劳动创造出美好家园的艰辛和自豪。歌中唱道："山上的花朵，是一朵一朵开出来的；山下的芭蕉，是一串一串结出来的……房前的香椿，是一年一年发出来的；好过的日子，是一点一点苦出来的。"谷顺成、奎汝义唱述，菡芳采录。收入《中国歌谣集成·云南卷》，16开，1页，10行，中国ISBN中心2003年版。

（杨利先）

咖叭嗒

傈僳族生活歌。流传于云南省怒江傈僳族自治州傈僳族地区。咖叭嗒是一种竹器，放在田边溪流里发声，用以驱赶野物，保护庄稼。这种发声竹器驱赶了猴子、乌鸦和其他损坏庄稼的禽兽，做咖叭嗒的是胆大心细的姑娘们。歌中唱道："上江人爱吹葫芦丝，下江人爱弹土琵琶；弹奏应奏出肝肠里的歌，说话应说出真心话。"佚名唱述，周忠枢记录、翻译。载《山茶》1982 年第 3 期，16 开，2 页，30 行。

（杨利先）

达玛达

傈僳族生活歌。流传于云南省香格里拉市傈僳族聚居区。达玛达是傈僳族民歌的歌调名，也可作为衬词使用。歌谣唱述了人们相遇时的喜悦心情。歌中唱道："不唱啊！不唱啊！不唱不得的达玛达；我们这伙相遇了，相遇如金比金贵；达玛达！达玛达！"刘德华、老金唱述，苏朗甲楚记录、翻译。收入《中甸县民间歌谣》，32 开，2 页，15 行，中甸县文化局、中甸县民委 1990 年编印。

（杨利先）

新岁姐姐到来了

傈僳族生活歌。流传于云南省傈僳族地区。歌谣唱述了新岁到来时，傈僳族人家祥和的节日气氛。歌中唱道："新年哥哥来到了，新岁姐姐来到了，糯米粑粑摆给你，大胖猪肉招待你；看看屋外欢欢乐乐，瞧瞧屋内温温暖暖，今年格外热闹，今年分外欢腾。"余世珍唱述，段月华记录、翻译。收入《傈僳族文化大观》，32 开，2 页，26 行，云南民族出版社 1999 年版。

（杨利先）

拦路歌

傈僳族生活歌。流传于云南省泸水县傈僳族聚居区。歌中唱道："吸水酒的吸管已插好，喝烧酒的酒碗已斟满，来送亲的群燕，尝尝这迎亲的喜酒吧！条条岔路被我拦，个个路口被我堵。千万别想跳过去，万万莫想飞过去。不喝水酒你跳不过，不饮烧酒你飞不走！"佚名唱述，杨春茂记录。收入《傈僳族民间文学概论》，32 开，1 页，10 行，云南教育出版社 2002 年版。

（刘怡）

迎客调

傈僳族生活歌。流传于云南省泸水县傈僳族聚居区。歌中唱道："阿呀，哦阿！喜鹊叫，山羊跳，客人到。客人哟，像凤凰，飞来了！客人噢，请进屋，喝碗酒！"佚名唱述，杨春茂记录。收入《傈僳族民间文学概论》，32 开，1 页，10 行，云南教育出版社 2002 年版。

（刘怡）

划拳调

傈僳族生活歌。流传于云南省泸水县傈僳族聚居区。歌中唱道："离别了！你伤心，我留恋！伤心留恋怎么办？翘起手指划一拳，伸出手掌划一拳。翘起来，伸开来，划一拳呀喝一口，兄弟从此不忘怀！"佚名唱述，杨春茂记录。收入《傈僳族民间文学概论》，32 开，1 页，10 行，云南教育出版社 2002 年版。

（刘怡）

学瓦庆谣

傈僳族生活歌。流传于云南省维西傈僳族自治县傈僳族聚居区。歌谣叙述了主人公学"瓦庆"民间舞蹈的过程。歌中唱道：别人跳得很齐整，但他乱跳不合拍，像只独角鹿，这边倒，那边歪。别人笑他，姑娘们也笑他脸皮厚，但他继续学习跳，最后终于学会了，一直跳到天发白还余兴未减。佚名唱述，和宪斌记录、翻译。收入《维西民间文学资料》（第 2 集），32 开，2 页，24 行，维西傈僳族自治县民间文学集成办公室 1990 年编印。

（杨利先）

大伙一齐（起）踏歌来

傈僳族生活歌。流传于云南省宾川县傈僳族聚居区，是傈僳族举行民间舞蹈踏歌时唱的歌。歌谣唱述：快快快，大家一起踏歌来，竹笛芦笙音乐起，阿哥阿妹围拢来。唱起来呀踏起来，脚斗脚来排对排，今晚踏了明晚来。谷应章、罗秀美等唱述，张信采录。收入《中国歌谣集成·云南卷》，16开，1页，11行，中国ISBN中心2003年版。

（杨利先）

识别族人谣

傈僳族生活歌。流传于云南省福贡县傈僳族聚居区。歌谣唱述了傈僳族周边几个民族的特点，并以这些特点来识别各个民族及支系。歌中唱道：怒族人我分得清，独龙族人我看得明……系花腰带的是阿昌女，挎花包包的是王巴（地名，在维西县）妇。王玛博唱述，霜现月、景山采录。收入《中国歌谣集成·云南卷》，16开，1页，8行，中国ISBN中心2003年版。

（杨利先）

点兵歌

傈僳族生活歌。流传于云南省维西傈僳族自治县傈僳族聚居区。歌谣从正月唱到十月，每个月一段歌词，唱述了如何去抽丁当兵，如何辞别爷爷奶奶和父母，如何辞别哥嫂妻妹等。字里行间充满了对家的眷恋和不放心：怕家里柴无人砍，水无人挑，妻独守空房，父母思念等。歌中唱道："五月点兵辞我父，我去当兵父悲伤；租米赋税交不起，铁锁链子免不脱。"邓世昌唱述，余光华记录、翻译。收入《维西民间文学资料》（第1集），32开，2页，40行，维西傈僳族自治县民间文学集成办公室1988年编印。

（杨利先）

采歌

傈僳族生活歌。流传于云南省怒江傈僳族自治州傈僳族地区。歌谣叙述了采蕨菜、摘酸果的劳动过程，同时对采集生活的艰辛发出了感叹。歌中唱道："宁愿吃野菜，不愿卖儿子；宁愿吃野果，不愿卖女儿。"佚名唱述，左玉堂记录。收入《傈僳族文化大观》，32开，1页，10行，云南民族出版社1999年版。

（杨利先）

（八）情歌

恋歌

傈僳族情歌。流传于云南省丽江市傈僳族地区。歌谣以男女对唱的方式唱述，男女各唱四句，轮流进行，共17段。歌谣述说了男方对女方的爱慕之情和思念，提出："铧铁与犁架离不开，我俩能不能在一起？"女方也表述了对男方的爱怜之心，并对男方作了赞美。歌中唱道："（女）我像小鹿样跑，跑进你的怀窝里。""（男）我像纺车样转，转进你的怀窝里；日日夜夜天天转，相亲相爱到白头。"王政学、王政芬唱述，蔡应福、蔡学珍、谭应忠等采录，王开文等翻译。收入《中国歌谣集成·云南卷》，16开，2页，68行，中国ISBN中心2003年版。

（杨利先）

槟榔江为我们作证

傈僳族情歌。流传于云南省腾冲县傈僳族聚居区。歌谣以男女对唱的方式唱述，男女各唱两段，共4段。男方唱道：鹦哥、画眉叫了，山箐湾湾走一起，高坡陡陡走一起。女方接唱：山风把歌吹来，你用歌声吸引我，画眉不及你唱的好听。男方又唱：阿妹是个伶俐人，跟着阿哥走吧，阿哥一步妹一步。女方又唱：只要阿哥有意和我在一起，画眉鸟就是我们的媒人，槟榔江为我们作证，我们在狼牙山下成婚。蔡成才唱述，唐沛泽采录。收入《中国歌谣集成·云南卷》，16开，1页，36行，中国ISBN中心2003年版。

（杨利先）

一气飞到哥那里

傈僳族情歌。流传于云南省腾冲县傈僳族聚居区。歌谣唱述了男女之间的爱恋和思念，尤其女方和男方诉说了思念之苦，并恨不得立即飞到心上人身边。女方从小没有爹娘，受尽了生活的折磨，叔叔娘娘们不让她去找心上人，使她像麻绳捆住、鸟笼关着。在男方的鼓励下，她终于鼓起勇气"像鸟一样，飞过七十七架山，飞过九十九条河……乘着星星的闪光，像鸟一样，一气飞到你那里来"。蔡文芸唱述，唐沛泽采录。收入《中国歌谣集成·云南卷》，16开，2页，84行，中国ISBN中心2003年版。

（杨利先）

邀请歌

傈僳族情歌。流传于云南省福贡县上帕镇傈僳族聚居区。是一首用阿秀调唱述的传统情歌。歌中唱道："蕨枝动情舞翩翩，江水即兴歌滔滔。山石无情也扭腰，手脚有灵哪不骚？阿哥有情来唱唱，阿妹有意来跳跳。"表现了傈僳族青年男女相恋时的激情。恰妮唱述，和永祥记录、整理。收入《云南民间文学集成·福贡县民间文学集成卷》，32开，1页，6行，福贡县文化局、福贡县民委1989年编印。

（刘怡）

我俩就像一双筷

傈僳族情歌。流传于云南省德宏傣族景颇族自治州傈僳族地区。歌谣唱述了恋人间的依赖关系，说明谁也离不开谁的道理，体现了傈僳族男女对爱情的坚贞。歌中唱道："到不用舂米的地方去生活吧，到不必挑水的地方去过日子吧，两只筷子成一双呀，我俩就像一双筷。"佚名唱述，倪国强采录。收入《中国歌谣集成·云南卷》，16开，1页，8行，中国ISBN中心2003年版。

（杨利先）

悄悄语

傈僳族情歌。流传于云南省福贡县傈僳族聚居区。是傈僳族情歌的一种类别，意在男女双方悄悄地唱，不让别人听见。歌谣是男子邀约自己已相中的姑娘去谈情说爱的歌。歌中唱道："爱慕的火种哪能抹灭，钟情的相思哪能更异。我要逗撩起你深藏的情火，把飞走的心紧紧缠住。"邓路哈唱述，和永祥采录。收入《中国歌谣集成·云南卷》，16开，1页，11行，中国ISBN中心2003年版。

（杨利先）

跟着背长刀的阿哥走

傈僳族情歌。流传于云南省保山市傈僳族聚居区。是傈僳族恋爱过程中唱的调子，一般是男女对唱。唱词充分表达了双方深切的爱恋和相思之情。歌谣唱道：姑娘带着比天还大的胆子，比风还轻的脚步来见阿哥，她不怕豹子和老熊，一心盼望着像布谷鸟一样地飞，像背箩鸟一样唱。阿哥则不怕江水和大山阻挡来见阿妹，只要有了阿妹，日子就像太阳一般亮，像蜂蜜一样甜。佚名唱述，蔡文芳、唐沛泽记录。收入《散落的珍珠》，32开，4页，90行，保山市文化局1983年编印。

（刘怡）

哥约妹子去赶街

傈僳族情歌。流传于云南省宾川县傈僳族聚居区。是傈僳族举行民间舞蹈踏歌时唱的歌。歌谣唱述：鸡叫头遍，哥就约妹去赶街。阿妹背起小竹箩，哥扛猎枪跟着来。买来耳环给妹戴，阿哥美酒醉一台。今天赶街同一路，明天后天接着来。谷应章、罗秀美、熊秀英等唱述，张信采录。收入《中国歌谣集成·云南卷》，16开，1页，11行，中国ISBN中心2003年版。

（杨利先）

阿妹，我想念你

傈僳族情歌。流传于云南省保山市傈僳族地区。歌中唱道："鸟儿落在苇草梢，晃晃悠悠唱情歌。

布谷布谷跟着唱，杜鹃杜鹃随着歌。雀儿歇在竹枝头，扭扭弯弯跳情舞。鸟儿歌舞在眼前，心上阿妹在天边；想死阿哥在荒野！……"表现了青年男子对情人的思念。佚名唱述，杨春茂记录。收入《傈僳族民间文学概论》，32开，1页，9行，云南教育出版社2002年版。

（刘怡）

阿哥阿妹心连心

傈僳族情歌。流传于云南省宾川县傈僳族聚居区。是傈僳族举行民间舞蹈踏歌时唱的歌。歌中唱道："箐边黄竹根连根，隔皮隔叶一家亲。阿哥阿妹手牵手，钥匙连锁锁连门……难分难舍成双对，阿哥阿妹心连心，心连心。"谷应章、罗秀美、熊秀英等唱述，张信采录。收入《中国歌谣集成·云南卷》，16开，1页，11行，中国ISBN中心2003年版。

（杨利先）

跟随哥哥来

傈僳族情歌。流传于云南省怒江傈僳族自治州傈僳族地区。歌中唱道："妹妹莱露玛呀，妹子莱咋吗！跟着哥哥来吧，让你烧鸟肉烧得拇指起疱疱；随着哥哥走吧，让你吃蜂蜜吃得舌头火辣辣！"佚名唱述，杨春茂记录。收入《傈僳族民间文学概论》，32开，1页，8行，云南教育出版社2002年版。

（刘怡）

竹筏调

傈僳族情歌。流传于云南省怒江傈僳族自治州傈僳族地区。歌中唱道："划竹筏呀划竹筏，要造两具竹筏一起划；过溜索呀过溜索，要拉两股溜索一道过！这边大哥划过去，对岸老妹溜过来；七重谷里得相会，七里坪中得相见。"佚名唱述，杨春茂记录。收入《傈僳族民间文学概论》，32开，1页，10行，云南教育出版社2002年版。

（刘怡）

猎鸟情歌

傈僳族情歌。流传于云南省泸水县傈僳族聚居区。歌中唱道："你家门前的'几尼'树哟，一个枝头落着两只鸟。真想装作猎鸟来会你哟，就怕你家厉狗抽脚筋罗！"表现了傈僳族青年天真、浪漫的爱情生活。佚名唱述，杨春茂记录。收入《傈僳族民间文学概论》，32开，1页，4行，云南教育出版社2002年版。

（刘怡）

请给捻上三根弩绳来

傈僳族情歌。流传于云南省怒江傈僳族自治州傈僳族地区。歌中唱道："种麻能手阿大姐啊，捻麻巧手阿大姐呀！请给捻上三根弩绳来呀，哥射三只松鼠带给你。心心肝肝让你尝，后腿前腿你的份！"表现了傈僳族小伙通过要弩绳的方式接近姑娘、试探姑娘的过程。佚名唱述，杨春茂记录。收入《傈僳族民间文学概论》，32开，1页，6行，云南教育出版社2002年版。

（刘怡）

大竹做梁也有心

傈僳族情歌。流传于云南省龙陵县傈僳族聚居区。歌谣唱述了恋人间要交心和心心相印的道理，体现了傈僳族男女对爱情的真诚和专一。歌中唱道："问你细柴烧火可有炭？大竹做梁可有心？细柴烧火也有炭，大竹做梁也有心。"欧押珍、余祥梅唱述，杨云丛采录，许可都、赵刚文字校正。收入《中国歌谣集成·云南卷》，16开，1页，10行，中国ISBN中心2003年版。

（杨利先）

泉边的歌

傈僳族情歌。流传于云南省泸水县傈僳族聚居区。歌谣以男女对唱的方式唱述，男女各唱一段，每段6句至10句不等，共20段。歌谣唱述：男女双方在温泉边相遇了，双方都用歌声表达了情意，双方同时还用歌声询问了各自的父母和家庭情况，最后情投意合，彼此都成了意中人。歌中唱道："我踏遍了所有的山坡，遇不着一个称心的人；我踩遍了所有的山谷，见不着一个如意的人。今天遇着了合心的人，今夜见着了合肝的人。"歌句优美，比喻形象生动，极具傈僳族生活特色。李四盖唱述，李兴、左玉堂记录、翻译。收入《中国歌谣集成·云南卷》，16开，3页，133行，中国ISBN中心2003年版。

（杨利先）

口弦歌

傈僳族情歌。流传于云南省怒江傈僳族自治州傈僳族地区。歌谣以男女对唱的方式进行，男女各唱四句，共46段。男女双方在歌声中询问了对方的情况，如阿爸养了多少牡牛，阿妈又养了多少羊、栽了多少果林等，接着都对对方作了试探，结果令人满意。接下来，双方都述说了对对方的爱慕之心，最后情投意合，男方送给女方一把亲手做的口弦，作为定情信物。歌中唱道："当你在回家路上喘粗气时，那就是阿妹给阿哥的思念；当你在回头路边脚麻木时，那就是妹妹给哥哥的向往。"词句优美，比拟生动，含意巧妙，极富傈僳族情歌特色和生活特色。茶凤英唱述，熊泰河记录、翻译。载《山茶》1989年第6期，16开，5页，210行。

（杨利先）

阿秀调

傈僳族情歌。流传于云南省福贡县傈僳族聚居区。歌谣以男女对唱的方式唱述，男女各唱一段，每段11句到12句不等，共7段。歌谣唱述的是：女方心中有忧愁，比山高，比谷深，谁来分忧？男方愿来分忧，碧罗雪山作证，怒江峡谷担保，但不知女方的忧愁是什么？当女方委婉说出"只想阿哥能开口"之愁时，男方唱道："你心中的忧是我的忧，你肺中的愁是我的愁。你同我是同心人，你与我是合心人。"阿迟唱述，霜现月、和立新采录。收入《中国歌谣集成·云南卷》，16开，2页，78行，中国ISBN中心2003年版。

（杨利先）

婚歌

傈僳族情歌。流传于云南省香格里拉市傈僳族聚居区。歌谣唱述了姑娘和小伙子在吉日的夜晚相见的情景：这对心上人互诉衷肠，又盟定了终身，并憧憬着用劳动来换取日后甜蜜幸福的生活。歌中唱道："有心有意记在心，再冷也是心不冷；雪山阻隔隔不住，大树阻挡挡不住；今日相见是金子，今晚相遇似银子。"刘德华唱述，苏朗甲楚记录、翻译。收入《中甸县民间歌谣》，32开，1页，29行，中甸县文化局、中甸县民委1990年编印。

（杨利先）

假如

傈僳族情歌。流传于云南省维西傈僳族自治县傈僳族聚居区。歌谣唱述了男女间坚贞的爱情，体现了傈僳族男女对美好爱情的追求和渴望。歌中唱道："假如像高山那样，你心实意坚；就是穿草木衣，我也情愿与你终身相伴；就是以泥土为食，我也情愿与你终身共餐。"佚名唱述，吉林记录、翻译。收入《维西民间文学资料》（第1集），32开，1页，12行，维西傈僳族自治县民间文学集成办公室1988年编印。

（杨利先）

恋药祈歌

傈僳族情歌。流传于云南省福贡县傈僳族聚居区。傈僳族男女失恋时，往往会求助于恋药，据说将此药抹在对方手上，恋人就会回心转意，两人重归于好。这是为采摘恋药时所唱的歌。歌谣唱述：翻过了高山大河，经过多少磨难，来找恋药，因为恋人和我分手，使我心碎肺炸。为了使恋人依恋我，特向恋神祷告：采你一片叶子或一朵花，以让恋人回心转意。歌中唱道:"让情人飞燕似的飞向我,让情人弩箭般地冲向我。醉在我腿上,醉在我怀中。"开阿俄、墨阿加、此阿觉唱述,霜现月、管云东、李向才等采录。收入《中国歌谣集成·云南卷》,16开,3页,82行,中国ISBN中心2003年版。

(杨利先)

甜甜的龙潭水

傈僳族情歌。流传于云南省怒江傈僳族自治州傈僳族地区。歌谣以男子的口吻,唱述了翻山越岭来到龙潭边与情妹相会的情景,以及自己愉悦的心情。歌中唱道:"甜甜的龙潭水我们喝个够,滑滑的青石板我们挤成堆,不喝干龙潭水不放你阿妹走,不坐烂青石板不放你小妹回。"佚名唱述,祝发清、申凡记录、翻译。载《山茶》1989年第6期,16开,1页,12行。

(杨利先)

架天桥

傈僳族情歌。流传于云南省怒江傈僳族自治州傈僳族地区。歌谣唱述:哥和妹隔河相恋,心心相印,但中间隔河难相会。哥想用弩箭搭桥又怕断,妹想用腰带当桥又怕让水漂走,于是哥妹只好分别到东山和西山背、撬石头,用青石架天桥。歌中唱道:"天桥架好小哥会小妹,石板砌好哥妹永相交。"反映了傈僳族青年男女对爱情执著追求和决心。佚名唱述,祝发清、申凡记录、翻译。载《山茶》1989年第6期,16开,1页,12行。

(杨利先)

想你想在心窝窝

傈僳族情歌。流传于云南省怒江傈僳族自治州傈僳族地区。歌谣中男子唱述了对情妹的爱恋和思念:给女方带过七回信,一夜想妹九回醒,把妹爱在心窝窝,但不知妹是否把哥放心上?歌中唱道:"想你喝茶茶无味,想你吃饭饭不香,犁地忘了架犁架,挖地忘了扛锄头。"佚名唱述,祝发清、申凡记录、翻译。载《山茶》1989年第6期,16开,1页,12行。

(杨利先)

有心相交学白雪

傈僳族情歌。流传于云南省怒江傈僳族自治州傈僳族地区。歌谣唱述的是:男子对阿妹的爱恋,并对爱情立下了铮铮誓言。歌中唱道:"千年的藤子绕着万年树,实心的阿哥缠着多情的妹;雪山的白雪千年不会化,怒江的流水百年不会干;有心相交学白雪,有情相亲学流水。"佚名唱述,祝发清、申凡记录、翻译。载《山茶》1989年第6期,16开,1页,12行。

(杨利先)

我只爱上你一个

傈僳族情歌。流传于云南省怒江傈僳族自治州傈僳族地区。歌谣唱述了:男子对意中人的爱恋,反映了傈僳族青年男女对爱情的忠贞和慎重态度。歌中唱道:"美丽的杜鹃花遍山坡,我想摘的只有一朵;甜蜜的甘蔗一片片,我想啃的只有一棵;寨子里的姑娘那么多,我只爱上你一个。"佚名唱述,密英文记录、翻译。载《山茶》1988年第3期,16开,1页,6行。

(杨利先)

悠悠的白云

傈僳族情歌。流传于云南省怒江傈僳族自治州傈僳族地区。歌谣唱述了对心上人的思念和对爱情的痴心。歌中唱道:"悠悠的白云要飘到哪里?托着我对你的许久思念;长长的溪水要流向何方?载着我对你的默默恋情。"佚名唱述,密英文记录、翻译。载《山茶》1988年第3期,16开,1页,8行。

(杨利先)

成亲调（一）

傈僳族情歌。流传于云南省维西傈僳族自治县傈僳族聚居区。歌谣以男女对唱进行唱述，男女各唱一段，轮流进行。歌谣唱述了男女双方各自向对方作了试探，又诉说了爱慕之情，最后双方情投意合，愿意结亲。歌中唱道："你的刀壳可以丢失掉，但你我永远丢失不掉；你的箭盒可以解掉，但你我永远解不掉。"佚名唱述，李子贤、李玉成记录、翻译。收入《云南省民族文学资料集》（第16集），16开，8页，384行，云南大学中文系少数民族语言文学教研室1964年编印。

（杨利先）

成亲调（二）

傈僳族情歌。流传于云南省维西傈僳族自治县傈僳族聚居区。歌谣以男女对唱的方式唱述，男女各唱一段。歌谣唱述的是：男方向女方诉说了倾慕之意，但故意说反话，说自己老了。女方听出话中之意，也故意说自己老了，但还要来跳舞。歌中唱道："可爱的小姑娘啊，你生得很美丽，就像树上的苹果一样，我虽然老了，却很喜欢你。"佚名唱述，李子贤、李玉成记录、翻译。收入《云南省民族文学资料集》（第16集），16开，1页，13行，云南大学中文系少数民族语言文学教研室1964年编印。

（杨利先）

成亲调（三）

傈僳族情歌。流传于云南省维西傈僳族自治县傈僳族聚居区。歌谣以男女对唱进行唱述，男女各唱一段，轮流展开。歌谣唱述了男女互相中意后，各自诉说了自己的家庭情况、兄弟姐妹及属相等等，结果让两人都满意，于是便盟定了终身。歌中唱道："我们两个愿意好，你有几岁我不知道，我有多大你不知道，我们互相来相告。"佚名唱述，李子贤、李玉成记录、翻译。收入《云南省民族文学资料集》（第16集），16开，2页，38行，云南大学中文系少数民族语言文学教研室1964年编印。

（杨利先）

成亲调（四）

傈僳族情歌。流传于云南省维西傈僳族自治县傈僳族聚居区。歌谣以男女对唱进行唱述，男女各唱一段。歌谣叙述了一对相亲相爱的男女，决心排除一切困难，去争取自由和甜蜜的爱情。歌中唱道："我既然成了你的妻子，你有了妻子我也不管；她用刀砍我用脖子抵，她用弩箭射我用身子挡。"佚名唱述，李子贤、李玉成记录、翻译。收入《云南省民族文学资料集》（第16集），16开，1页，8行，云南大学中文系少数民族语言文学教研室1964年编印。

（杨利先）

成亲调（五）

傈僳族情歌。流传于云南省维西傈僳族自治县傈僳族聚居区。歌谣以男女对唱的方式进行唱述，男女各唱一段，轮流展开。歌谣唱述了男子决定把心上人领回家，并嘱咐女方要"像口弦那样呵！老弦、子弦要配合"。女方心领神会，并盟誓唱道："现在我已经找到丈夫，我就跟着你的脚印走；你走一步我行一步，再也不回头。"佚名唱述，李子贤、李玉成记录、翻译。收入《云南省民族文学资料集》（第16集），16开，1页，28行，云南大学中文系少数民族语言文学教研室1964年编印。

（杨利先）

成亲调（六）

傈僳族情歌。流传于云南省维西傈僳族自治县傈僳族聚居区。歌谣以男女对唱的方式唱述，男女各唱一段。歌谣唱述了男子采了一片青叶送给心上人，女子当礼物双手接过，然后用叶片吹出了多情的调子。歌中唱道："（男）你吹的比蝉鸣好听，你吹的比鸟叫好听；世上没有另外一个姑娘，再比你的嘴巴巧。""（女）在高山听到蝉鸣，在箐沟听到鸟叫；全村子的人呵，都在想念着我们两个。"佚名唱述，李子贤、李玉成记录、翻译。收入《云南省民族文学资料集》（第16集），16开，2页，28行，云南大学中文系少数民族语言文学教研室1964年编印。

（杨利先）

成亲调（七）

傈僳族情歌。流传于云南省维西傈僳族自治县傈僳族聚居区。歌谣以男女对唱的方式唱述，男女各唱一段，轮流展开。歌谣唱述的是：男子领着心上人回家，逢沟过箐时，男子都要向女方介绍这里的情况。走累了，双双坐在石头上休息，双双抽烟。歌中唱道："我本来就爱抽烟，走在路上不好说；抽锅阿哥的烟，烟味越发香。"佚名唱述，李子贤、李玉成记录、翻译。收入《云南省民族文学资料集》（第16集），16开，1页，24行，云南大学中文系少数民族语言文学教研室1964年编印。

（杨利先）

成亲调（八）

傈僳族情歌。流传于云南省维西傈僳族自治县傈僳族聚居区。歌谣以男女对唱进行唱述，男女各唱一段，轮流展开。歌谣唱述了阿哥和阿妹一对心上人抽烟，他们越抽越有味，一连抽了十二锅。歌中唱道："（女）我在父亲家吃米，没有抽你的烟香；我在父亲家吃肉，没有抽你的烟香。""（男）你想抽烟尽管抽，我父亲的烟抽不完；要抽得烟灰堆成雪山样，烟子都飘成白云般。"佚名唱述，李子贤、李玉成记录、翻译。收入《云南省民族文学资料集》（第16集），16开，2页，40行，云南大学中文系少数民族语言文学教研室1964年编印。

（杨利先）

成亲调（九）

傈僳族情歌。流传于云南省维西傈僳族自治县傈僳族聚居区。歌谣以男女对唱进行唱述，男女各唱四句一段，轮流进行。歌谣唱述了男子领着女子来看他家的羊，并让女子数有多少只白山羊和红山羊，女子数完后，发现山羊和绵羊都成双成对。歌谣中女方唱道："我见到了白山羊，就抓一把白盐给它吃；我见到了红山羊，就抓一把红盐给它吃。"佚名唱述，李子贤、李玉成记录、翻译。收入《云南省民族文学资料集》（第16集），16开，2页，28行，云南大学中文系少数民族语言文学教研室1964年编印。

（杨利先）

成亲调（十）

傈僳族情歌。流传于云南省维西傈僳族自治县傈僳族聚居区。歌谣以男女对唱方式唱述，男女各唱一段。歌谣唱述了男子领着心上人回家里，父母和姐妹们都非常高兴。歌中唱道："父亲看着我们说，儿子已领回媳妇了；父亲乐得笑嘻嘻，母亲心头也高兴。"佚名唱述，李子贤、李玉成记录、翻译。收入《云南省民族文学资料集》（第16集），16开，1页，16行，云南大学中文系少数民族语言文学教研室1964年编印。

（杨利先）

成亲调（十一）

傈僳族情歌。流传于云南省维西傈僳族自治县傈僳族聚居区。歌谣以男女对唱进行唱述，男女各唱一段，每段二至四句不等。歌谣唱述了一对新人婚后开始的新生活。他们栽烟、种菜、养羊、养鸡、播种……崭新的生活使他们愉快和奋发并憧憬着更加甜蜜和幸福的未来。歌中唱道："（男）走过烟地菜地边，想起以前我没有妻子，薅烟地的人没有，薅菜地的人没有。""（女）现在不用愁了，我就是栽烟人，我就是种菜人，我从小就是在地里头长大的。"佚名唱述，李子贤、李玉成记录、翻译。收入《云南省民族文学资料集》（第16集），16开，1页，36行，云南大学中文系少数民族语言文学教研室1964年编印。

（杨利先）

成亲调（十二）

傈僳族情歌。流传于云南省维西傈僳族自治县傈僳族聚居区。歌谣以男女对唱的方式展开，男女各唱一段，每段二至四句不等。歌谣描述了男方领着女方回到家的详细经过和进家时的种种礼节，向人们展示了一幅浓郁的傈僳风俗画：女子拿肉喂小白狗，家里人入座并敬烟、炒菜和做糖粑粑等。歌词中男方唱道："你已是我们家的人，一定要抽上七锅烟；就是烟灰堆得像灶灰，也抽不了一箱子烟叶。"佚名唱述，李子贤、李玉成记录、翻译。收入《云南省民族文学资料集》（第16集），16开，1页，36行，云南大学中文系少数民族语言文学教研室1964年编印。

（杨利先）

成亲调（十三）

傈僳族情歌。流传于云南省维西傈僳族自治县傈僳族聚居区。歌谣以男女对唱进行唱述，男女各唱一段。歌谣唱述：一对刚成家的夫妻，决心勤劳动和努力生产，用双手和汗水换取美好明天。歌中唱道：我们两个已成一家，应该齐心干生产；家里的田地由我们来管，家里的事由我们来做，父母由我们来赡养。佚名唱述，李子贤、李玉成记录、翻译。收入《云南民族文学资料集》（第16集），16开，1页，8行，云南大学中文系少数民族语言文学教研室1964年编印。

（杨利先）

成亲调（十四）

傈僳族情歌。流传于云南省维西傈僳族自治县傈僳族聚居区。歌谣以男女对唱进行唱述，男女各唱一段，轮流进行。歌谣唱述：一对新婚的夫妇要去生产劳动，他们割牛草、喂好牛，然后赶着两架犁牛，扛着犁头，带着种子，去耕地和播种。描绘出一幅傈僳族山地耕作的劳动画面。佚名唱述，李子贤、李玉成记录、翻译。收入《云南民族文学资料集》（第16集），16开，2页，20行，云南大学中文系少数民族语言文学教研室1964年编印。

（杨利先）

成亲调（十五）

傈僳族情歌。流传于云南省维西傈僳族自治县傈僳族聚居区。歌谣以男女对唱的方式唱述，男女各唱四句，轮流展开。歌谣唱述：男女一对心上人赶着羊、吆着牛，去山地里劳动。他们要在父母耕种过的地里耕作播种，以求得秋天的收获，也象征着他们播下的爱情种子，会结出甜美的果实。佚名唱述，李子贤、李玉成记录、翻译。收入《云南民族文学资料集》（第16集），16开，1页，28行，云南大学中文系少数民族语言文学教研室1964年编印。

（杨利先）

成亲调（十六）

傈僳族情歌。流传于云南省维西傈僳族自治县傈僳族聚居区。歌谣以男女对唱的方式唱述，男女各唱一段，轮流展开。歌谣唱述了一对新人的父母早已逝去，他们在父母留下的地里辛勤耕作，终于获得了好收成，并过上了好日子。这时，他们又再次怀念父母亲。歌中唱道："父母亲是早死，这样的好生活是过不上；我们过着好生活，时时想念着早死的双亲。"佚名唱述，李子贤、李玉成记录、翻译。收入《云南民族文学资料集》（第16集），16开，2页，32行，云南大学中文系少数民族语言文学教研室1964年编印。

（杨利先）

情歌对唱

傈僳族情歌。流传于云南省怒江傈僳族自治州傈僳族地区。歌谣以男女对唱的形式进行唱述。歌谣唱述的是：男方向女方询问家庭和生产情况，然后向女方表达了爱慕之心。女方也询问了男方的家庭和生产情况，然后也表示愿意接受男方的爱情。歌中唱道："一月翻田翻得好，三月犁地犁得好；吃的粮食有大米，穿的衣服有棉布；吃着大米想大哥，穿着棉布想爱情。"佚名唱述，朱宜初、扩大普记录、翻译。收入《云南民族文学资料集》（第16集），16开，7页，336行，云南大学中文系少数民族语言文学教研室1964年编印。

（杨利先）

你打动了我的心

傈僳族情歌。流传于云南省怒江傈僳族自治州傈僳族地区。歌谣以男女对唱的方式进行唱述，男女各唱一段，轮流展开。唱述的内容是：男方看上了女方，向女方发出了爱慕的信息。但女方说爱情要说到做到，怕男方做不到。男方唱道："我们男人思想没有二样，说到哪里做到哪里，今天走也行，明天走也得。"佚名唱述，朱宜初、扩大普记录、翻译。收入《云南民族文学资料集》（第16集），16开，1页，27行，云南大学中文系少数民族语言文学教研室1964年编印。

（杨利先）

我俩种粮能增产

傈僳族情歌。流传于云南省怒江傈僳族自治州傈僳族地区。歌谣以男女对唱的方式进行唱述，男女各唱一段，轮流展开，叙述的内容是：男方向女方表达爱慕之心，说我俩很般配，如果我俩在一起，种棉会丰收，种粮能增产，包谷上节节都长两个包，南瓜藤每个疙瘩上都能结两个瓜。女方机智地反问：节节都长两个包，每个疙瘩上都结两个瓜，那里有鬼吧？字里行间，机智幽默，颇有意味。佚名唱述，朱宜初、扩大普记录、翻译。收入《云南民族文学资料集》（第16集），16开，2页，18行，云南大学中文系少数民族语言文学教研室1964年编印。

（杨利先）

我俩同意就结成对

傈僳族情歌。流传于云南省怒江傈僳族自治州傈僳族地区。歌谣唱述：男方向女方求爱，唱道："我两人要好，脚不舂碓吃得白米，手不织布穿得上衣。"女方唱："天和地不同意，我俩就不能在一起。"男方唱道："天不要它同意，地也不要它同意，只要我俩同意就能结成对。"佚名唱述，朱宜初、扩大普记录、翻译。收入《云南民族文学资料集》（第16集），16开，1页，18行，云南大学中文系少数民族语言文学教研室1964年编印。

（杨利先）

你心中莫害怕

傈僳族情歌。流传于云南省怒江傈僳族自治州傈僳族地区。歌谣叙述了一个男子向钟情的女子表达爱慕，女方却担心男方家有没有可耕种的土地，男方向女方说明了家中土地的情况。歌中唱道："（男）江上的土地是我们的土地，我们种大片的土地；我们种粮种棉种不完，我们织棉织不完。""（女）只要两人好，一年织棉穿二三个月也不怕，一年苦来吃三四个月也不怕。"佚名唱述，朱宜初、扩大普记录、翻译。收入《云南民族文学资料集》（第16集），16开，1页，30行，云南大学中文系少数民族语言文学教研室1964年编印。

（杨利先）

镰刀给你打一把

傈僳族情歌。流传于云南省怒江傈僳族自治州傈僳族地区。歌谣唱述了男子向倾慕的女子表达爱慕之意，女方则以将来做活没有镰刀和锄头为由故意考验男方。男方唱道:"我父亲这代没有打镰刀,我母亲这代没有打锄头;锄头给你打一把,镰刀给你打一把;三月去磨锄头,七月去磨镰刀。"佚名唱述,朱宜初、扩大普记录、翻译。收入《云南民族文学资料集》(第16集),16开,1页,22行,云南大学中文系少数民族语言文学教研室1964年编印。

(杨利先)

七月太阳晒死了

傈僳族情歌。流传于云南省怒江傈僳族自治州傈僳族地区。歌谣唱述了男子约自己爱恋的女子去种包谷、薅包谷,尽管费了很大的劲,但被"七月的太阳晒死了,九月的太阳晒焦了"。歌词寓意较深,意思是说男子虽然费了很大的劲,但不一定能成功,要取得女子的芳心和爱情的成功,不是一帆风顺的,爱情需要考验、挫折和执著的追求。佚名唱述,朱宜初、扩大普记录、翻译。收入《云南民族文学资料集》(第16集),16开,2页,22行,云南大学中文系少数民族语言文学教研室1964年编印。

(杨利先)

房头茅草我来割

傈僳族情歌。流传于云南省怒江傈僳族自治州傈僳族地区。歌谣唱述了一对恋人要来山中开创自己的新生活,他们盖房子,砍火烧地,耕耘播种……歌声充满了对未来新生活的自信和憧憬。歌中唱道:"(男)房头板我会抬,房头竹子我会砍。""(女)房头茅草我来割,刀子丢给我,绳子丢给我。"佚名唱述,朱宜初、扩大普记录、翻译。收入《云南民族文学资料集》(第16集),16开,1页,38行,云南大学中文系少数民族语言文学教研室1964年编印。

(杨利先)

三月烧地如何烧

傈僳族情歌。流传于云南省怒江傈僳族自治州傈僳族地区。歌谣唱述:一对恋人来到深山老林开垦荒地,他们烧地、下种、薅苗……好不容易等到庄稼成熟了,但种的庄稼又被野猪和老熊吃掉了,他们白辛苦了一场。寓意为爱情并不一帆风顺,需要经受挫折和考验。佚名唱述,朱宜初、扩大普记录、翻译。收入《云南民族文学资料集》(第16集),16开,1页,24行,云南大学中文系少数民族语言文学教研室1964年编印。

(杨利先)

你活我也活

傈僳族情歌。流传于云南省怒江傈僳族自治州傈僳族地区。歌谣唱述了一对恋人在遭受挫折之后,毫不气馁,又勇敢地面对现实,并再次对爱发出了铮铮誓言。歌词中男的唱道:"你吃得来我也吃得来,你活得来我也活得来,你死得来我也死得来;你死我也死,你活我也活。"女的唱道:"我是坚决听你的话,跑长路也不怕;为爱情难得和你一起走,走路累了想爱情。"佚名唱述,朱宜初、扩大普记录、翻译。收入《云南民族文学资料集》(第16集),16开,2页,36行,云南大学中文系少数民族语言文学教研室1964年编印。

(杨利先)

小妹累了大哥背

傈僳族情歌。流传于云南省怒江傈僳族自治州傈僳族地区。歌谣唱述了一对恋人走在山路上,互相表达对对方的爱意,同时又互相帮助,共同翻过陡峭的山崖,又一同走过崎岖的山路。歌中唱道:"山上风刮我不怕,大哥背起翻陡岩;雪花白白我不爱,我最爱的是大哥。小妹累了大哥背,千千万万想着你;最爱的是我两个,我俩相爱不分离。"佚名唱述,朱宜初、扩大普记录、翻译。收入《云南民族文学资料集》(第16集),16开,1页,20行,云南大学中文系少数民族语言文学教研室 1964 年编印。

（杨利先）

种地种子你去要
傈僳族情歌。流传于云南省怒江傈僳族自治州傈僳族地区。歌谣唱述：一对恋人要去平地生产劳动，但没有牛、犁具和种子等。男方主动去借来了牛、犁具和种子，他们齐心协力，播下了希望的种子。歌词象征意义明显，是敦促男子主动地去寻找和播种爱情的含义。佚名唱述，朱宜初、扩大普记录、翻译。收入《云南民族文学资料集》（第16集），16开，1页，26行，云南大学中文系少数民族语言文学教研室1964年编印。

（杨利先）

穿着棉布想爱情
傈僳族情歌。流传于云南省怒江傈僳族自治州傈僳族地区。歌谣唱述了经过艰辛的耕耘和播种，一对恋人的劳动结出了丰硕的果实，他们的爱情也经受住了考验。歌中唱道："一月翻犁翻得好，三月犁地犁得好；吃的粮食有大米，穿的衣服有棉布；吃着大米想大哥，穿着棉布想爱情。"佚名唱述，朱宜初、扩大普记录、翻译。收入《云南民族文学资料集》（第16集），16开，1页，11行，云南大学中文系少数民族语言文学教研室1964年编印。

（杨利先）

千年万年爱你了
傈僳族情歌。流传于云南省怒江傈僳族自治州傈僳族地区。歌谣唱述了一对相爱很深的恋人谈到了生小孩，他们甚至已经想好了小孩的名字，生女取"富玛那"，生男取"阿富普"，并且要宴请亲戚朋友等。佚名唱述，朱宜初、扩大普记录、翻译。收入《云南民族文学资料集》（第16集），16开，1页，22行，云南大学中文系少数民族语言文学教研室1964年编印。

（杨利先）

娃娃背来父亲看
傈僳族情歌。流传于云南省怒江傈僳族自治州傈僳族地区。歌谣唱述了一对逃婚四年的夫妻背着已经三岁的孩子回到了家乡，受到了父母及家人的欢迎，全家沉浸在一片团聚的喜庆气氛中。歌中唱道："马上回来看父亲，马上回来看母亲；娃娃背来父亲看，小孩背来母亲看。"佚名唱述，朱宜初、扩大普记录、翻译。收入《云南民族文学资料集》（第16集），16开，1页，18行，云南大学中文系少数民族语言文学教研室1964年编印。

（杨利先）

千千万万不离开
傈僳族情歌。流传于云南省怒江傈僳族自治州傈僳族地区。歌谣唱述：一对逃婚在外的夫妻想回到家乡，但又怕路远和爬雪山，经过激烈的思想斗争后，最终决定还是返回家乡。歌中唱道："到了五月想家乡，到了五月想爱情；你死我死就一样，你活我活就一样，千千万万不离开。"佚名唱述，朱宜初、扩大普记录、翻译。收入《云南民族文学资料集》（第16集），16开，1页，24行，云南大学中文系少数民族语言文学教研室1964年编印。

（杨利先）

种棉能穿好花布
傈僳族情歌。流传于云南省怒江傈僳族自治州傈僳族地区。歌谣唱述了一对经过患难的夫妻回到家乡后，决心努力劳动，用双手和汗水换来幸福的生活和美好的明天。歌中唱道："种棉能穿好花布，种粮能吃好大米；吃着大米爱生产，我俩生生死死不离开。"佚名唱述，朱宜初、扩大普记录、翻译。收入《云南民族文学资料集》（第16

集），16开，1页，28行，云南大学中文系少数民族语言文学教研室1964年编印。

（杨利先）

世间人生是花园

傈僳族情歌。流传于云南省福贡县傈僳族聚居区。歌谣以男女对唱的方式进行，最后一段合唱。对唱中，男女双方都表达了对对方的爱恋，都愿与对方结成连理。他们请天地作证，证明自己对爱情的忠贞。他们祈愿双方父母允许，让一对心上人能结姻缘。如果婚姻受阻，他们就选择逃婚。歌中唱道："你种地来我打猎，你织布来我做饭。五谷丰收堆满仓，猪肉晒干放满筐。天配地造咱一对，心心相连度时光。"阿迟、霜现月唱述，和立新记录、整理。收入《云南民间文学集成·福贡县民间文学集成卷》，32开，7页，182行，福贡县文化局、福贡县民委1989年编印。

（杨利先）

永远和你在一起

傈僳族情歌。流传于云南省福贡县傈僳族聚居区。歌谣以男女对唱的方式进行，唱述的内容为：男方遇到了仙姿诱人的姑娘，女方碰见了多愁善感的小哥，他们彼此看中，便互相打听对方的情况，对方的家庭等。接着他们彼此成了心上人，愿结姻缘，永远都在一起。歌中唱道："你愿和我一辈子，我愿和你活一世。头发白似雪山雪，牙齿脱落在一起。"王早叶夫妇唱述，霜现月、李向才、管云东记录、翻译。收入《云南民间文学集成·福贡县民间文学集成卷》，32开，4页，96行，福贡县文化局、福贡县民委1989年编印。

（杨利先）

如果心里不相爱

傈僳族情歌。流传于云南省怒江傈僳族自治州傈僳族地区。歌谣唱述了女子对远方恋人的思念，她非常思念远方的心上人，但路途太遥远，思念也不能相见。歌中唱道："虽然看不见远方的人，但心里时时在思念；即使我们谈过恋爱，如果心里不相爱，现在也不会这样思念。"佚名唱述，夏文、赵名武记录、翻译。收入《云南民族文学资料集》（第16集），16开，1页，14行，云南大学中文系少数民族语言文学教研室1964年编印。

（杨利先）

如果你不想念我

傈僳族情歌。流传于云南省怒江傈僳族自治州傈僳族地区。歌谣叙述了一名女子对心上人的思念，并回忆了童年时期的生活和与心上人在一起时的幸福时光，急切地盼望着与心上人相会。歌中唱道："只要你我相会，我也不怕爬雪山、下火海；你我能够相见，即使父母打我，我也要和你相见。"佚名唱述，夏文、赵名武记录、翻译。收入《云南民族文学资料集》（第16集），16开，1页，18行，云南大学中文系少数民族语言文学教研室1964年编印。

（杨利先）

我俩却不能离开

傈僳族情歌。流传于云南省怒江傈僳族自治州傈僳族地区。歌谣唱述了急切思念自己心上人的女子，决心不顾路途险阻和山高路远，去与自己相恋的人相会。歌中唱道："父母能离开，我俩却不能离开；要是你我能相会，即使喝一碗菜汤，我也是快乐的。"佚名唱述，夏文、赵名武记录、翻译。收入《云南民族文学资料集》（第16集），16开，1页，7行，云南大学中文系少数民族语言文学教研室1964年编印。

（杨利先）

我的身体瘦下去

傈僳族情歌。流传于云南省怒江傈僳族自治州傈僳族地区。歌谣唱述了一名女子对心上人的思念，语句朴实，情感真挚，让人动容。歌中唱道："我的身体瘦下去了，如果我们能相爱，我的身体就壮起来了；如果我俩不能相见，我的身体一天天就衰下去了。"佚名唱述，夏文、赵名武记录、翻译。收入《云南民族文学资料集》(第16集)，16开，1页，5行，云南大学中文系少数民族语言文学教研室1964年编印。

（杨利先）

今后还是能相见

傈僳族情歌。流传于云南省怒江傈僳族自治州傈僳族地区。歌谣唱述了傈僳族妇女对爱情的忠诚和执着的追求。歌中唱道："既然我俩谈过了，父母亲的饭是喜欢吃了；我俩已经谈过了，我坚定不移；人家怎么调唆，我也不会动摇。"佚名唱述，夏文、赵名武记录、翻译。收入《云南民族文学资料集》(第16集)，16开，1页，15行，云南大学中文系少数民族语言文学教研室1964年编印。

（杨利先）

我俩谈过一次

傈僳族情歌。流传于云南省怒江傈僳族自治州傈僳族地区。歌谣唱述的是：女方思念男方，认为男方已经把"我的话像石头丢朝一边"，但女方却把男方的话"深深地记在心里"。佚名唱述，夏文、赵名武记录、翻译。收入《云南民族文学资料集》(第16集)，16开，1页，4行，云南大学中文系少数民族语言文学教研室1964年编印。

（杨利先）

我不想回去了

傈僳族情歌。流传于云南省怒江傈僳族自治州傈僳族地区。歌谣唱述了傈僳族妇女对爱情的忠贞和执着的追求。歌中唱道："以前没有相见过的情人，现在相见，胜过吃肉；以前没有见过面的情人，现在见过面，我不想回去了。"佚名唱述，夏文、赵名武记录、翻译。收入《云南民族文学资料集》(第16集)，16开，1页，6行，云南大学中文系少数民族语言文学教研室1964年编印。

（杨利先）

你对我非常爱

傈僳族情歌。流传于云南省怒江傈僳族自治州傈僳族地区。歌谣唱述了女子对相恋的男子又恨又爱，并产生了忧愁和谴责。歌中唱道："你我相会时，你对我非常爱；当你回去之后，心就变了，作为我是一个女子，却时时在想念你。"佚名唱述，夏文、赵名武记录、翻译。收入《云南民族文学资料集》(第16集)，16开，1页，6行，云南大学中文系少数民族语言文学教研室1964年编印。

（杨利先）

我最喜欢你了

傈僳族情歌。流传于云南省怒江傈僳族自治州傈僳族地区。歌谣唱述女子谴责负心的男子，同时表示要继续去追求属于自己的爱情。歌中唱道："你我相见时，我最喜欢你了；但你回去了，又重新找了一个；我天天来，你关门都关不赢。"佚名唱述，夏文、赵名武记录、翻译。收入《云南民族文学资料集》(第16集)，16开，1页，6行，云南大学中文系少数民族语言文学教研室1964年编印。

（杨利先）

你倒是不会老了

傈僳族情歌。流传于云南省怒江傈僳族自治州傈僳族地区。歌谣唱述了女子对负心的男子作了谴责，认为男子不应该欺骗自己。歌中唱道："你我相见以后，你后来不爱我；你倒是不会老了，我却一年比一年老了。"佚名唱述，夏文、赵名武记录、翻译。收入《云南民族文学资料集》(第16集)，16开，1页，8行，云南大学中文系少数民族语言文学教研室1964年编印。

（杨利先）

以后就不能相见

傈僳族情歌。流传于云南省怒江傈僳族自治州傈僳族地区。歌谣唱述了女子对男子的口是心非产生了忧愁，并表示今后不再和男方相见。歌中唱道："人们都是一样的，说时是一样，但是想成两样，以后就不能相见了。"佚名唱述，夏文、赵名武记录、翻译。收入《云南民族文学资料集》（第16集），16开，1页，7行，云南大学中文系少数民族语言文学教研室1964年编印。

（杨利先）

双方真心的爱

傈僳族情歌。流传于云南省怒江傈僳族自治州傈僳族地区。歌谣唱述：女方并不担心与男方隔着几千几万里，而是担心男方嘴里一样，心里又是另一样。女子唱道："双方真心的爱，即使隔着大山大河，也没有关系。"反映了傈僳族妇女对爱情的忠贞和执着的追求。佚名唱述，夏文、赵名武记录、翻译。收入《云南民族文学资料集》（第16集），16开，1页，9行，云南大学中文系少数民族语言文学教研室1964年编印。

（杨利先）

向往幸福的日子

傈僳族情歌。流传于云南省怒江傈僳族自治州傈僳族地区。歌谣以男女对唱的形式进行，男女各唱一段，每段4句，轮流进行。歌词讲述一对深情相爱的男女，因为父母反对，他们无法自由恋爱和结为夫妻。他们只能利用打猎捕蜂的空隙和捻麻织布的机会，偷偷出来相见，互诉衷肠。他们向往和憧憬着他们能生活在一起，过着幸福、甜蜜的生活。歌中唱道："大雪有融化的一天，太阳会从雪山上升起；冰雹有停下的一夜，月亮会从天边上升起。"李四益唱述，段伶记录、翻译。载《山茶》1986年第3期，16开，5页，256行。

（杨利先）

思念歌

傈僳族情歌。流传于云南省傈僳族地区。歌谣以男女对唱的方式唱述，男女各唱一段，每段四至十五句不等，轮流进行。歌谣述说了男女双方对对方的思念：布谷催春，燕子衔泥都引起了双方的思念，他们爬山过河，去桥上、路边苦苦等候；当见面的时候，他们又觉得相处的时间太短，有绵绵的情话诉不尽。歌中唱道："天下的大路走不完，相爱的话儿说不完；把信物装进挎包，把情意装进心中。"佚名唱述，曹大正记录、翻译。载《山茶》1993年第5期，16开，2页，110行。

（杨利先）

牧羊歌

傈僳族情歌。流传于云南省怒江傈僳族自治州傈僳族地区。歌谣以男女对唱的方式唱述，男女各唱一段，轮流对唱。歌谣内容是：阿哥和阿妹在放牛场、牧羊地相见了，他们谈情说爱，向对方吐露心声，结果心心相印，彼此盟定了终身。他们还互相勉励，去战胜追求爱情道路上的困难；他们还向往着如何用勤劳的双手，去创造美好的未来。歌中唱道："我妈也答应了，我爸也同意了，现在盼你来接，如今望你来娶；一天不见你，我想你十遍；一夜不遇你，我梦你十回。"佚名唱述，李中功记录、翻译。载《山茶》1980年第3期，16开，9页，720行。

（杨利先）

傈僳情歌

傈僳族情歌。流传于云南省傈僳族地区。歌谣共分5个部分，男子进行唱述。歌谣内容是：哥思念妹妹，现在相会了，不坐烂青石板哥不放小妹走。哥和妹间有座桥，哥妹天天来挑石头砌石桥，好和小妹永相交。哥思念妹妹，常暗自伤心，妹是否也思念哥？哥妹相交要学白雪和流水，白雪流水与日月长存。歌中唱道："隔山望见花影摇，隔河听见小妹笑；哥有心采花难过河，妹有心过河偏无桥。"佚名唱述，祝发清、申凡记录、翻译。载《山茶》1984年第6期，16开，1页，68行。

（杨利先）

鹅花玛的歌

傈僳族情歌。流传于云南省怒江傈僳族自治州傈僳族地区。歌谣叙述了傈僳族姑娘鹅花玛和傈僳族青年猎手华华扒之间的爱情故事，唱述了青年猎手被姑娘甜美的歌声吸引住，便有意来到姑娘身边，故意责怪姑娘的歌声惊走了麂子，使自己没有获得猎物。姑娘便把自己悲苦的身世告诉了猎手，使猎手深受感动。接着他们互诉衷肠，终于彼此仰慕，便盟定了终身。歌中唱道："两个心酸人在一起，两个苦命人做一家，咪苏果会变香，橄榄果会回甜。"佚名唱述，蔡文芳、唐沛泽记录、翻译。载《山茶》1988年第4期，16开，3页，216行。

（杨利先）

五送情郎

傈僳族情歌。流传于云南省永平县傈僳族聚居区。歌谣唱述的是：一送情郎不忍哥离去，出门不比在家中；二送情郎相思苦，送郎几文做本钱；三送情郎赠白草帽，愿要哪顶哥来挑；四送情郎吃橄榄，橄榄回味妹想哥；五送情郎五里路，鞋尖脚小难见哥。丁秀成唱述，周显堂记录、翻译。收入《中国民族民间文学集成·永平县卷》，32开，2页，34行，德宏民族出版社1989年版。

（杨利先）

掐莱舀水调

傈僳族情歌。流传于云南省兰坪白族普米族自治县傈僳族聚居区。以男女对唱的方式唱述，男女各唱四句，轮流唱，最后一段为合唱。歌谣唱述：在掐莱舀水过程中，男女间进行谈情说爱，最后一名有夫之妇被无妻男子爱上，并最终成了一对美满的夫妻。男女最后唱道："世间情恋男女事，爸妈不教花自香；人生难得寻知己，找上知心永不离。"和国妙唱述，施中林记录、翻译。收入《兰坪歌谣集成》，32开，8页，192行，云南美术出版社1994年版。

（杨利先）

难找的地石榴才甜呀

傈僳族情歌。流传于云南省怒江傈僳族自治州傈僳族地区。歌谣以男女对唱的方式唱述，男女各唱四句，轮流对歌。歌谣内容是：男女双方利用盖房子、过年和洗澡的机会见面了，双方都试探对方。男的以找地石榴为比喻，要赢得女方的芳心。女的暗示找地石榴要花力气，要扒开叶子找。男女间后来相互爱慕，终成一对心上人。歌中唱道："树上美丽的花朵呀，开得更加美丽了；阿妹你说的这些话呀，像木刻一样刻在我的心上了。"佚名唱述，祝发清记录、翻译。收入《傈僳族文化大观》，32开，3页，40行，云南民族出版社1999年版。

（杨利先）

口弦调

傈僳族情歌。流传于云南省怒江傈僳族自治州傈僳族地区。歌谣以男女对唱的方式唱述，男女各唱一段，轮流展开。对唱时，由口弦伴奏，更增添了情歌的特色。歌谣内容是：男女青年一边劳动，一边谈情说爱，一边拔着红小米谷和糯小米谷，一边说着绵绵的情话。女方暗喻红小米鸟和糯小米鸟没人去撵，男方则答应去撵。女方说，阿哥去撵，我也跟着去撵。歌中唱道："你走一步，我也应该走一步；红小米鸟呀，你赶我也赶；糯小米鸟呀，你撵我也撵；但愿糯小米粑粑对坐吃一锅，希望红小米酒并嘴喝一碗（意为喝同心酒）。"佚名唱述，周忠枢记录、翻译。收入《傈僳族文化大观》，32开，2页，32行，云南民族出版社1999年版。

（杨利先）

对唱山歌

傈僳族情歌。流传于云南省傈僳族地区。歌谣共3段,男女各唱一段,最后一段为合唱。歌谣唱出了傈僳族青年男女选择情侣的标准。男方唱道:"野火烧山遍地光,青草发芽放绵羊;绵羊不吃姜鞭草,小哥不讨懒婆娘。"女方唱道:"高高山上一冬青,冬青结籽绿茵茵;喜鹊不吃冬青籽,小妹不嫁闲荡人。"佚名唱述,褚维繁记录、翻译。收入《傈僳族文化大观》,32开,1页,12行,云南民族出版社1999年版。

(杨利先)

庄稼人爱庄稼人

傈僳族情歌。流传于云南省傈僳族地区。歌中唱道:"小哥好比是青松,小妹好比是青藤;青藤缠着青松树,庄稼人爱庄稼人。"佚名唱述,碧青记录、翻译。收入《傈僳族文化大观》,32开,1页,4行,云南民族出版社1999年版。

(杨利先)

分别久了话也多

傈僳族情歌。属傈僳族山歌中的"爬坡调"。流传于云南省怒江傈僳族自治州傈僳族地区。歌谣由领唱和合唱两部分组成。领唱部分男女各自唱出了见到对方时的喜悦之情,合唱部分则唱出了双方早已仰慕和思念对方的恋情。歌中唱道:"分别久了话也多,离别久了歌也甜;今天这里才相遇,脸像烈火熊熊烧;今日这里才相逢,心像浪花朵朵开。"李四益、八梅唱述,杨文凤记录、翻译。稿件存云南省民间文艺家协会,16开,2页,30行。

(杨利先)

喜欢帮人挖荒地

傈僳族情歌。属傈僳族山歌中的"爬坡调"。流传于云南省怒江傈僳族自治州傈僳族地区。歌谣以男女一问一答的对唱方式唱述,对歌时男女以哥妹相称,并唱出对方的名字,以加重语气和感情。歌词表述了男女双方互相试探,同时通过歌声了解对方的情况。歌中唱道:"(女)山腰杜鹃才绽蕾,你地菜花早开放;山谷菜花刚含苞,你地水花早盛开。""(男)上村菜花金亮亮,菜花盛开有主守;下寨水花银闪闪,水花怒放有客护。"李四益、八梅唱述,杨文凤记录、翻译。稿件存云南省民间文艺家协会,16开,5页,110行。

(杨利先)

妈妈为我熬苦药

傈僳族情歌。属傈僳族山歌中的"爬坡调"。流传于云南省怒江傈僳族自治州傈僳族地区。歌谣以男女对唱的方式唱述了阿哥阿妹心中的苦闷,同时对爱情发了誓言。歌中唱道:"(男)爹爹为我配苦方,妈妈为我熬苦药,懂事以来苦在心,长大以后愁满身,心里有病天天痛,不如短疼斩一节。""(女)碰上灾难莫埋怨,灾难缝中互搭救,砍开胸房可看看,哪儿不真你说说。"李四益、八梅唱述,杨文凤记录、翻译。稿件存云南省民间文艺家协会,16开,4页,88行。

(杨利先)

荞子好打难扬糠

傈僳族情歌。属傈僳族山歌中的"爬坡调"。流传于云南省怒江傈僳族自治州傈僳族地区。歌谣以男女对唱的方式互相吐露心声,同时互相勉励:要挣脱各种羁绊,勇敢地去追求纯真的爱情。歌中唱道:"要等荞糠扬干净,毒箭早就射穿心;要等麦秸全解开,长刀早就砍破头;漏桶盛水心会冷,渐渐冷了就可抛。"李四益、八梅唱述,杨文凤记录、翻译。稿件存云南省民间文艺家协会,16开,4页,72行。

(杨利先)

要想开荒算良辰

傈僳族情歌。属傈僳族山歌中的"爬坡调"。流传

于云南省怒江傈僳族自治州傈僳族地区。这是以男女对唱的方式演唱的歌。男女通过对唱，来了解对方的属相、出生年月和生辰八字等，反映了傈僳族青年男女对婚姻的慎重态度和庚辰相配在傈僳族婚姻中的作用。歌中唱道："要想开荒算良辰，年月不对会生病；要想挖荒测良机，生肖相克不到老；属相还得好好问，做人需得跟上伴。"李四益、八梅唱述，杨文凤记录、翻译。稿件存云南省民间文艺家协会，16开，4页，72行。

（杨利先）

斩断乱麻心自由

傈僳族情歌。属傈僳族山歌中的"爬坡调"。流传于云南省怒江傈僳族自治州傈僳族地区。是以男女对唱的方式演唱的歌。男女主人公表达了两人结伴爬坡下坎的愉悦心情，并作了种种暗喻和比方，向对方表达了爱恋之情，同时互相告诫途中不要赌和押，以免惹是生非。歌中唱道："我俩同唱爬山调，两心相愿自配对；我俩同哼登山曲，两情相映自成双。"李四益、八梅唱述，杨文凤记录、翻译。稿件存云南省民间文艺家协会，16开，3页，66行。

（杨利先）

就怕花开蝶不到

傈僳族情歌。属傈僳族山歌中的"爬坡调"。流传于云南省怒江傈僳族自治州傈僳族地区。是以男女对唱的方式演唱的歌。男女主人公通过蜜蜂、蝴蝶和花的关系，来比喻自己纯洁的爱情。歌中唱道："蜜蜂虽然爱花树，蝴蝶就算恋花丛；就怕花开蝶不到，误了良事花凋谢。蜜蜂恋蜜歇花树，蝴蝶爱花居花丛；顾虑蝶来花不开，蝴蝶飞舞白奔忙。"李四益、八梅唱述，杨文凤记录、翻译。稿件存云南省民间文艺家协会，16开，2页，30行。

（杨利先）

昨夜过你竹林地

傈僳族情歌。属傈僳族山歌中的"爬坡调"。流传于云南省怒江傈僳族自治州傈僳族地区。是以男女对唱的方式唱述的歌。男女通过过竹林地和梦见吹口弦等，抒发了自己对对方的爱恋和思念之情。歌中唱道："昨夜过你竹林地，今晚梦住竹丛林，梦里听见竹弦声，梦得正香被惊醒。梦醒来到竹林地，快步进入竹丛林；微风徐徐花扑鼻，借讨口弦散散心。"李四益、八梅唱述，杨文凤记录、翻译。稿件存云南省民间文艺家协会，16开，2页，28行。

（杨利先）

瞧到口弦治肚疼

傈僳族情歌。属傈僳族山歌中的"爬坡调"。流传于云南省怒江傈僳族自治州傈僳族地区。是以男女对唱的方式唱述的歌。男女主人公通过互相试探，来了解对方对爱情是否忠诚。歌中唱道："亲上加亲缘上缘，千万别再找麻烦；好像金枝配绿叶，千万别去生事端。仙女送给相思药，仙姑赠给合伙刃；看到竹弦除心病，瞧到口弦治肚疼。"李四益、八梅唱述，杨文凤记录、翻译。稿件存云南省民间文艺家协会，16开，3页，56行。

（杨利先）

金竹口弦这一副

傈僳族情歌。属傈僳族山歌中的"爬坡调"。流传于云南省怒江傈僳族自治州傈僳族地区。是以男女对唱的方式唱述的歌。男女主人公围绕着口弦的制作、赠送和吹奏，来表达自己对对方的情意，同时也提醒对方防止口弦换了旧货，毁了名声。歌中唱道："金竹口弦这一副，雕好等了你七年；竹篾口弦这三只，赠送候了你九月。常恋竹弦不到手，心似刀绞有谁知；瞧起旁人抓口弦，肝像针扎谁清楚。"李四益、八梅唱述，杨文凤记录、翻译。稿件存云南省民间文艺家协会，16开，4页，78行。

（杨利先）

羊啃青草我雕弦

傈僳族情歌。属傈僳族山歌中的"爬坡调"。流传于云南省怒江傈僳族自治州傈僳族地区。是以男女对唱的方式唱述的歌。男方通过一边放羊一边雕口弦,以送给心爱的姑娘,来表达对姑娘的爱恋。女方则抒发了看到鸟窝被毁的忧伤,带有难辨男方情意真假的意味。歌中唱道:"放羊来到茅草地,羊啃青草我雕弦;坚韧茅杆雕弦舌,巧雕弦舌口也甜。"李四益、八梅唱述,杨文凤记录、翻译。稿件存云南省民间文艺家协会,16开,5页,110行。

(杨利先)

竹弦变成鼠早点

傈僳族情歌。属傈僳族山歌中的"爬坡调"。流传于云南省怒江傈僳族自治州傈僳族地区。以男女对唱的方式叙述了男方要将自己精心制作的口弦送给女方,以作为信物。女方则对男方反复进行试探,表现了傈僳族妇女对婚姻的慎重和对真挚爱情的追求。歌中唱道:"(男)金竹口弦这一副,人人看着抢着要;竹篾口弦这三只,个个瞧着争着讨。""(女)老鼠爱啃芦苇竹,竹弦变成鼠早点;毛虫爱蛀芦苇秆,口弦变成虫美餐。"李四益、八梅唱述,杨文凤记录、翻译。稿件存云南省民间文艺家协会,16开,4页,68行。

(杨利先)

合不合意招招手

傈僳族情歌。属傈僳族山歌中的"爬坡调"。流传于云南省怒江傈僳族自治州傈僳族地区。是以男女对唱的方式唱述的歌。男方反复将作为信物的口弦送给女方,但女方以种种理由拒绝接受,双方一问一答,一送一推,充满了无限情趣。歌中唱道:"(男)实心竹子可雕琢,称不称心点点头;铁心竹杆可雕弦,合不合意招招手。""(女)竹质坚硬不坚硬,下刀需得弄清楚;竹性坚韧不坚韧,剥篾还需弄明白。"李四益、八梅唱述,杨文凤记录、翻译。稿件存云南省民间文艺家协会,16开,5页,110行。

(杨利先)

气疯那些小心眼

傈僳族情歌。属傈僳族山歌中的"爬坡调"。流传于云南省怒江傈僳族自治州傈僳族地区。是以男女对唱的方式唱述的歌。女方故意考验男方,说有流言蜚语和父母不同意等。男方则执着追求,无视流言蜚语等,表现出傈僳族男子对爱情执着的追求和勇气。歌中唱道:"人正不怕影子歪,行正不怕人取笑;是非越多越相爱,气疯那些小心眼。"李四益、八梅唱述,杨文凤记录、翻译。稿件存云南省民间文艺家协会,16开,4页,78行。

(杨利先)

竹鸟机灵会避箭

傈僳族情歌。属傈僳族山歌中的"爬坡调"。流传于云南省怒江傈僳族自治州傈僳族地区。是以男女对唱的方式唱述的歌。男方将自己的爱比做箭,要去射竹林中的竹鸟,并夸耀自己的箭法如何准等。女方则巧妙地比喻竹鸟会避箭,没有高超的本领是射不着的。双方妙问巧答,言语间充满了无限的爱恋和情趣。女方唱道:"竹鸟机灵会避箭,没有超人的本领射不着;竹鼠机灵会逃跑,没有超群的匠艺砍不着。"李四益、八梅唱述,杨文凤记录、翻译。稿件存云南省民间文艺家协会,16开,2页,28行。

(杨利先)

半天才到你身边

傈僳族情歌。属傈僳族山歌中的"爬坡调"。流传于云南省怒江傈僳族自治州傈僳族地区。是以男女对唱的方式唱述的歌。男方叙述了自己带着新弓去打猎的过程:上山下箐,爬坡攀岩,历经艰险去获取猎物。女方则表现出对男方的担心:生怕男方在打猎的过程中有什么闪失,从而失去心上人。歌中唱道:"(女)胆子再大须小心,本领再高要慎重;攀岩莫忘带竹梯,飞渡莫忘带麻绳。""(男)顺着竹梯往下爬,半天才到你身边;拉着麻绳往下溜,半夜溜入你怀抱。"李四益、八梅唱述,杨文凤记录、翻译。稿件存云南省民间文艺家协会,16开,5页,110行。

(杨利先)

手掌打泡生茧花

傈僳族情歌。属傈僳族山歌中的"爬坡调"。流传于云南省怒江傈僳族自治州傈僳族地区。是以男女对唱的方式唱述的歌。男方诉说了造弩的辛苦,女方则表示关心和体贴,双方你来我往的歌声中,渗透着互相关爱和理解的深情。歌中唱道:"(男)可怜不过造弩人,备足木料得削刨;手臂麻酸会抽筋,手掌打泡生茧花。""(女)远看新弓亮晶晶,身靠弩弓甜蜜蜜;近瞧新弓银闪闪,搂起弩弓银闪闪。"李四益、八梅唱述,杨文凤记录、翻译。稿件存云南省民间文艺家协会,16开,4页,86行。

(杨利先)

有了弩弓没弦索

傈僳族情歌。属傈僳族山歌中的"爬坡调"。流传于云南省怒江傈僳族自治州傈僳族地区。是以男女对唱的方式唱述的歌。男方强调有了新弩弓,但还缺弦索。女方心领神会,表示不辞辛苦要去种麻,好让心上人配一根满意的弦索。歌谣中透出双方的爱恋和对爱情的追求。歌中唱道:"有了弩弓没弦索,就如鸳鸯丧失偶;思念弩弦白了头,何日满足弩心愿。"李四益、八梅唱述,杨文凤记录、翻译。稿件存云南省民间文艺家协会,16开,4页,70行。

(杨利先)

声声叶哨传我情

傈僳族情歌。属傈僳族山歌中的"爬坡调"。流传于云南省怒江傈僳族自治州傈僳族地区。是以男女对唱的方式唱述的歌。歌谣叙述了男女双方用树叶传情,并让树叶的声声叶哨把两颗相爱的心紧紧连在一起。歌中唱道:"叶哨声声引我路,听到叶哨魂牵去;树叶声声导我游,看见路标心勾走。"李四益、八梅唱述,杨文凤记录、翻译。稿件存云南省民间文艺家协会,16开,4页,70行。

(杨利先)

火山地里猪草旺

傈僳族情歌。属傈僳族山歌中的"爬坡调"。流传于云南省怒江傈僳族自治州傈僳族地区。是以男女对唱的方式唱述的歌。女方为了心上人弩弓上的弦索去种麻,历尽了千辛万苦。沙土田里麻被虫啃,火山地里猪草太旺,最后终于在荒坡地里种出了麻。歌中唱道:"火山地里猪草旺,荒坡田中绿叶肥;荒坡田中可撒种,这田不会遭到灾。"李四益、八梅唱述,杨文凤记录、翻译。稿件存云南省民间文艺家协会,16开,5页,98行。

(杨利先)

森林地里老熊多

傈僳族情歌。属傈僳族山歌中的"爬坡调"。流传于云南省怒江傈僳族自治州傈僳族地区。以男女对唱的方式唱述。歌中女方诉说了种麻的艰辛,男方则表示关心和爱护,双方都表示了对爱情的坚贞。歌中唱道:"森林地里老熊多,密林丛中狐狸密;老熊嗡嗡舞狂曲,狐狸汪汪唱骗调;麻枝麻叶被踩踪,麻树上当遭欺凌。"李四益、八梅唱述,杨文凤记录、翻译。稿件存云南省民间文艺家协会,16开,4页,78行。

(杨利先)

披星戴月不知归

傈僳族情歌。属傈僳族山歌中的"爬坡调"。流传于云南省怒江傈僳族自治州傈僳族地区。是以男女对唱的方式唱述的歌。女方为了坚贞的爱情,不辞辛苦，披星戴月地去种麻，体现了傈僳族妇女对爱情的执着追求。男方则挥刀帮自己的心上人砍地，架起黄牛帮心上人犁田等。歌谣描绘了一幅生动的劳动画面。歌中唱道："浓烟滚滚遮了天，烈焰熊熊烧荒地；布谷鸟叫催播种，架起黄牛下到地；金蝉开鸣催撒籽，牵起花牛先下田。"李四益、八梅唱述，杨文凤记录、翻译。稿件存云南省民间文艺家协会，16开，5页，98行。

（杨利先）

板锄唱歌谷回音

傈僳族情歌。属傈僳族山歌中的"爬坡调"。流传于云南省怒江傈僳族自治州傈僳族地区。是以男女对唱的方式唱述的歌。男女双方通过对歌，交流了生产劳动的经验，既是情歌对唱，也是生产劳动经验的交流。歌中唱道："花开棚里砍火山，候鸟啼鸣撒下种；种子饱满土肥沃，保险水苗出得快；深耕细作地湿润，肯定苗势长得好。"李四益、八梅唱述，杨文凤记录、翻译。稿件存云南省民间文艺家协会，16开，4页，62行。

（杨利先）

快求你妈祭祭鬼

傈僳族情歌。属傈僳族山歌中的"爬坡调"。流传于云南省怒江傈僳族自治州傈僳族地区。是以男女对唱的方式唱述的歌。歌谣述说了庄稼遭受灾害，只好请妈妈来祭鬼，好让庄稼苗壮成长。歌中唱道："从小长成这么大，心里着急无主意；快求你妈祭祭鬼，快请你娘喊喊魂。"李四益、八梅唱述，杨文凤记录、翻译。稿件存云南省民间文艺家协会，16开，4页，82行。

（杨利先）

闪亮镰刀蝉蝉叫

傈僳族情歌。属傈僳族山歌中的"爬坡调"。流传于云南省怒江傈僳族自治州傈僳族地区。是以男女对唱的方式唱述的歌。男女双方通过对唱，叙说了丰收后的喜悦和热烈的劳动场景。请来了很多朋友和伙伴来帮助收割，大家砍的砍、割的割、运的运、码的码。歌中唱道："砍完了麻田一片片，割完麻田一坡坡；堆码麻秆一排排，堆起麻秆一山山；爬上麻头摘月亮，爬上麻山吻星星。"李四益、八梅唱述，杨文凤记录、翻译。稿件存云南省民间文艺家协会，16开，3页，56行。

（杨利先）

闺房安得织布机

傈僳族情歌。属傈僳族山歌中的"爬坡调"。流传于云南省怒江傈僳族自治州傈僳族地区。以男女对唱的方式唱述。歌谣叙述了纺麻织布做衣服以及出售等过程，言词之间充满了劳动收获的喜悦，也标志着男女间的爱情趋向成熟。歌中唱道："闺房安得织布机，女屋架起纺织器；织布机旁来领麻，纺织器边来取货；缺物兴帮找物店，缺货兴帮找货源。"李四益、八梅唱述，杨文凤记录、翻译。稿件存云南省民间文艺家协会，16开，4页，66行。

（杨利先）

竹鸟有翅飞得快

傈僳族情歌。属傈僳族山歌中的"爬坡调"。流传于云南省怒江傈僳族自治州傈僳族地区。以男女对唱的方式唱述。歌谣唱述了男方带着弩弓去打猎，誓要射中竹鸟。女方则提醒竹鸟飞得快，不一定能射中。体现了男方对爱情追求的信心和女方对男方的考验。歌中唱道："发现不一定射中，竹鸟有翅飞得快；瞧真不一定捕着，竹雀展翅逃得早。"李四益、八梅唱述，杨文凤记录、翻译。稿件存云南省民间文艺家协会，16开，2页，26行。

（杨利先）

捕猎满载回到家

傈僳族情歌。属傈僳族山歌中的"爬坡调"。流传

于云南省怒江傈僳族自治州傈僳族地区。以男女对唱的方式唱述。歌谣叙述了男方狩猎满载而归，打回来熊、竹雀等猎物；女方则处理着这些猎物，还同男方商量处理猎物的办法和方式。男女双方还在谈恋爱，但已对未来的家庭生活充满了甜蜜的向往。歌中唱道："捕猎满载回到家，射鸟胜利返回屋；辛苦不过射鸟人，劳累不过捕猎匠。"李四益、八梅唱述，杨文凤记录、翻译。稿件存云南省民间文艺家协会，16开，6页，122行。

（杨利先）

香甜蜜汁流成河

傈僳族情歌。属傈僳族山歌中的"爬坡调"。流传于云南省怒江傈僳族自治州傈僳族地区。以男女对唱的方式唱述。歌谣唱述了男女主人公种竹的过程，象征着他们在播种甜蜜的爱情，同时也是种竹生产技能的经验交流。歌中唱道："咱们选的这竹地，土层要厚土质好；阳光充足需透风，满足不了莫播种。假如没有种竹地，赶快散伙不为迟；若是没有田播种，急忙分手不见晚。"李四益、八梅唱述，杨文凤记录、翻译。稿件存云南省民间文艺家协会，16开，4页，88行。

（杨利先）

白白等了那么久

傈僳族情歌。属傈僳族山歌中的"爬坡调"。流传于云南省怒江傈僳族自治州傈僳族地区。是以男女对唱的方式唱述的歌。通过对唱，相互了解了对方家中兄弟姐妹和父母的情况，同时也交流了家里菜园的情况及种菜的经验。说明傈僳族青年男女在择偶过程中，对劳动生产的技能是很重视的。歌中唱道："瓜地靠它种菜吃，菜园靠它熬汤喝；你爹种瓜瓜满地，你妈栽菜菜满园。"李四益、八梅唱述，杨文凤记录、翻译。稿件存云南省民间文艺家协会，16开，4页，72行。

（杨利先）

咱俩相伴不分开

傈僳族情歌。属傈僳族山歌中的"爬坡调"。流传于云南省怒江傈僳族自治州傈僳族地区。是以男女对唱的方式唱述的歌。歌谣唱述了种坡地、吆牛马、施肥、锄地、祭庄稼等方面的经验，最后彼此对对方满意，愿结为连理。歌中唱道："只要银锄一起舞，弯腰打塘不抬头；只要歌声一唱响，播种盖土不吭声。条条道路有岔道，咱俩相依不岔开；只只松鼠离开林，咱俩相伴不分开。"李四益、八梅唱述，杨文凤记录、翻译。稿件存云南省民间文艺家协会，16开，3页，68行。

（杨利先）

枝繁叶茂杆标直

傈僳族情歌。属傈僳族山歌中的"爬坡调"。流传于云南省怒江傈僳族自治州傈僳族地区。是以男女对唱的方式唱述的歌。歌谣叙述了种竹的艰辛。要挖地、除草、防洪、防野兽糟蹋等等，暗示爱情来之不易，要倍加珍惜。歌中唱道："乌云滚滚雷声急，阴雨绵绵万物生；杂草还比金竹高，杂枝再比竹叶密。七月金竹变七样，九月竹貌长九容；枝繁叶茂杆标直，转眼可以收金竹。"李四益、八梅唱述，杨文凤记录、翻译。稿件存云南省民间文艺家协会，16开，6页，122行。

（杨利先）

口弦调调扣心弦

傈僳族情歌。属傈僳族山歌中的"爬坡调"。流传于云南省怒江傈僳族自治州傈僳族地区。是以男女对唱的方式唱述的歌。女方用口弦声去打动男方，男方也用竹弦向女方倾露心声，两人心领神会，情意绵绵。歌中唱道："（男）手捏竹片展开嘴，搂在怀里甜蜜蜜；指抓竹弦弦靠脸，吻在嘴边舒坦坦。""（女）竹弦声声传情意，山羊听了不乱动；口弦调调扣心弦，绵羊听起不乱跑。"李四益、八梅唱述，杨文凤记录、翻译。稿件存云南省民间文艺家协会，16开，5页，122行。

（杨利先）

黄金不兴铸犁头

傈僳族情歌。属傈僳族山歌中的"爬坡调"。流传于云南省怒江傈僳族自治州傈僳族地区。是以男女对唱的方式唱述的歌。述说了男女双方已情投意合，正用歌声来商量彩礼的事情。男方告知女方不用愁彩礼；女方则说男方家爹金做屋柱、妈银子铺楼，要大彩礼。歌中唱道："（男）哥是山里打猎匠，别怕彩礼找不着；我是谷中掏蜂人，别愁身价寻不到。""（女）要出彩礼脸拉长，找到彩礼再来娶；要付身价嘴上锁，寻足身价再来讨。"李四益、八梅唱述，杨文凤记录、翻译。稿件存云南省民间文艺家协会，16开，2页，40行。

（杨利先）

心心相印命相连

傈僳族情歌。属傈僳族山歌中的"爬坡调"。流传于云南省怒江傈僳族自治州傈僳族地区。以男女对唱的方式唱述。歌谣叙述了男方猎狗的来历，女方则提醒男方如何照顾猎狗。男女双方语句纯朴，表面在谈论猎狗，但话语之间情意绵绵，充满了深沉的爱。歌中唱道："咱俩同路那么长，咱俩相伴那样久；心心相印命相连，变了心的乱刀劈；身身相依不分裂，反了口的乱箭射。"李四益、八梅唱述，杨文凤记录、翻译。稿件存云南省民间文艺家协会，16开，5页，122行。

（杨利先）

只要打猎满载归

傈僳族情歌。属傈僳族山歌中的"爬坡调"。流传于云南省怒江傈僳族自治州傈僳族地区。是以男女对唱的方式唱述的歌。男方叙述去打猎的经历，女方则在焦急地等待。当男方满载而归，并猎回一只公獐子时，大家都非常高兴。女方帮助男方解剖公獐并取得麝香，男女双方在筹划着到哪里卖个好价钱。歌中唱道："麝香可以兑黄金，蜂蜡也能换白银。撵蜂取蜡会不会，蜜汁也卖好价钱。"李四益、八梅唱述，杨文凤记录、翻译。稿件存云南省民间文艺家协会，16开，16页，352行。

（杨利先）

哪有鱼儿不上钩

傈僳族情歌。属傈僳族山歌中的"爬坡调"。流传于云南省怒江傈僳族自治州傈僳族地区。是以男女对唱的方式唱述的歌。男女各自叙述了出门在外的经历和相互的思念。男方随马帮出门做生意，历尽了艰辛；女方则害怕男方赚了钱后变心，内心思念更加矛盾重重。歌中唱道："渔夫上下找塘钓，哪有鱼儿不上钩；渔翁见水就撒网，哪有鱼儿不落网。"李四益、八梅唱述，杨文凤记录、翻译。稿件存云南省民间文艺家协会，16开，10页，214行。

（杨利先）

竹篾竹片播佳音

傈僳族情歌。属傈僳族山歌中的"爬坡调"。流传于云南省怒江傈僳族自治州傈僳族地区。是以男女对唱的方式唱述的歌。男女主人公通过弹口弦叙述了彼此间绵绵的爱情，小小的竹篾片成了他们之间传达爱的信息的工具。歌中唱道："口弦口弦传情意，竹篾片片播佳音；弹弦要到捕猎地，那里弹唱人不知；验音得去竹丛林，那儿验音鸟伴唱。"李四益、八梅唱述，杨文凤记录、翻译。稿件存云南省民间文艺家协会，16开，2页，32行。

（杨利先）

捉鹰不要怕失鸡

傈僳族情歌。属傈僳族山歌中的"爬坡调"。流传于云南省怒江傈僳族自治州傈僳族地区。以男女对唱的方式唱述。歌谣叙述了男方要去狩猎，女方提醒男方：捕老虎要用白羊作诱饵，捕老鹰也要用白鸡作陷阱，要男方"捉鹰不要怕失鸡"。对唱的寓意很深，意思是让男方明白：得到爱情是要付代价的。歌中唱道："情花刚刚才开放，浇水施肥开不败；趣味情情才升温，生火添柴永不灭。"李四益、八梅唱述，杨文凤记录、翻译。稿件存云南省民间文艺家协会，16开，6页，126行。

（杨利先）

银燕成对也筑巢

傈僳族情歌。属傈僳族山歌中的"爬坡调"。流传于云南省怒江傈僳族自治州傈僳族地区。以男女对唱的方式唱述。歌谣叙述了一对已终身相许的男女在商量结婚时的盖房问题。从选址、式样、居室安排到亲友们跳舞、喝酒的场所都考虑到了，体现了傈僳族青年男女对婚姻大事的慎重态度和自立精神。歌中唱道："银燕成对也筑巢，斑鸠成双也作窝，结婚早该建好房，成家早需建好屋。"李四益、八梅唱述，杨文凤记录、翻译。稿件存云南省民间文艺家协会，16开，4页，86行。

（杨利先）

白腹锦鸡会唱歌

傈僳族情歌。属傈僳族山歌中的"爬坡调"。流传于云南省怒江傈僳族自治州傈僳族地区。以男女对唱的方式唱述。歌谣叙述了男子要去山中砍栎树，好回来盖房子。女子恋恋不舍，对他叮咛又嘱咐，生怕男子有什么闪失。歌中唱道："白腹锦鸡会唱歌，长尾花雀会跳舞；自唱自跳自欢乐，自舞自叫自欢喜。"李四益、八梅唱述，杨文凤记录、翻译。稿件存云南省民间文艺家协会，16开，3页，56行。

（杨利先）

哪里种树树成林

傈僳族情歌。属傈僳族山歌中的"爬坡调"。流传于云南省怒江傈僳族自治州傈僳族地区。以男女对唱的方式唱述。歌谣叙述了一对相爱的男女去种树，象征着播下甜蜜的爱情。他们从选种、松土、下种、浇水到防病虫害都作了叙述，表示要精心呵护爱情之树。歌中唱道："坡地总还称我心，赶快挖坑播松种；草坪也还算如意，连忙打塘撒栗树。"李四益、八梅唱述，杨文凤记录、翻译。稿件存云南省民间文艺家协会，16开，4页，82行。

（杨利先）

哪里有铁到哪里

傈僳族情歌。属傈僳族山歌中的"爬坡调"。流传于云南省怒江傈僳族自治州傈僳族地区。以男女对唱的方式唱述。歌谣叙述了男子家有许多刀和斧，但女子不喜欢这些旧刀斧；她要男子打一把新的好刀，才能去砍树盖结婚的新房。于是男子找了许多地方，终于找到好铁，又不辞劳苦地打成了好刀。歌中唱道："为造斧头哥磨难，心疼妹的心上人；为锻宽刀哥受苦，心爱妹的相思伴。"李四益、八梅唱述，杨文凤记录、翻译。稿件存云南省民间文艺家协会，16开，7页，154行。

（杨利先）

一天盖好金竹楼

傈僳族情歌。属傈僳族山歌中的"爬坡调"。流传于云南省怒江傈僳族自治州傈僳族地区。以男女对唱的方式唱述。歌谣描述一对青年男女要盖结婚新房子，男女老幼、大小姐妹和高矮伙伴们都兴高采烈地来帮忙。大伙拉木料的拉木料、割草的割草、上房架的上房架、扎茅草的扎茅草……一天就把新房盖起来了。歌中唱道："金竹楼旁人如潮，欢天喜地人欢笑；过年没有它欢腾，街天没有这热闹。"李四益、八梅唱述，杨文凤记录、翻译。稿件存云南省民间文艺家协会，16开，4页，46行。

（杨利先）

辞别爹娘进新居

傈僳族情歌。属傈僳族山歌中的"爬坡调"。流传

于云南省怒江傈僳族自治州傈僳族地区。以男女对唱的方式唱述。歌谣叙述了一对新人辞别父母进入自己的新房，开始了他们的新生活。他们的心里充满了对未来生活的信心，也对今后的生活充满了幸福的憧憬。歌中唱道："咱们两个福气在，咱俩二人运气好；像是春蚕吐真丝，真丝越抽情越生；像是蜘蛛纺织网，网线越强爱越深。"李四益、八梅唱述，杨文凤记录、翻译。稿件存云南省民间文艺家协会，16开，2页，24行。

（杨利先）

满山歌声满山情

傈僳族情歌。属傈僳族山歌中的"爬坡调"。流传于云南省怒江傈僳族自治州傈僳族地区。以男女对唱的方式唱述。歌谣叙述了一对刚结婚的夫妻憧憬着未来的幸福。他们要勤劳动，使粮食堆满仓；他们要孝敬父母，关照弟妹；他们要生儿育女，并把子女抚养成人。歌中唱道："枋树桩桩生白菌，黄树根根冒灵芝；咱俩相信到白头，白头至老也甘心；死了同埋一座坟，就像活时那样亲。"李四益、八梅唱述，杨文凤记录、翻译。稿件存云南省民间文艺家协会，16开，6页，136行。

（杨利先）

傈僳族情歌（一）

傈僳族情歌。流传于云南省维西傈僳族自治县傈僳族聚居区。歌谣叙述了男子对情妹的思念和失去爱情的烦闷，字里行间表现了忧伤情绪和对爱情的渴望。歌中唱道："情妹抛下我一人独自离去，不曾留下只言片语。爱情的葛藤为什么要斩断？让我留在这烦闷的人间。"佚名唱述，吉林记录、翻译。收入《维西傈僳族自治县民间文学资料》（第1集），32开，1页，4行，维西傈僳族自治县民间文学集成办公室1988年编印。

（杨利先）

傈僳族情歌（二）

傈僳族情歌。流传于云南省维西傈僳族自治县傈僳族聚居区。歌谣述说了男子失去心上人的悲伤，体现了傈僳族男子对爱情的执着和追求。歌中唱道："美丽的'美腊玉'谢了还能重新开放，心上人却永远也不能回到我的身旁。亲爱的妹啊，高山青松就是我俩爱情的见证。"佚名唱述，吉林记录、翻译。收入《维西傈僳族自治县民间文学资料》（第1集），32开，1页，6行，维西傈僳族自治县民间文学集成办公室1988年编印。

（杨利先）

傈僳族情歌（三）

傈僳族情歌。流传于云南省维西傈僳族自治县傈僳族聚居区。歌谣述说了男子对爱情的渴望，字里行间充满了对爱情的憧憬。歌中唱道："光芒四射的'那课'（指耳环）已在我眼前消失，黑暗中的孤舟怎能驶向远方？奔腾翻流的澜沧江，我能向什么人诉说知心话？"佚名唱述，吉林记录、翻译。收入《维西傈僳族自治县民间文学资料》（第1集），32开，1页，6行，维西傈僳族自治县民间文学集成办公室1988年编印。

（杨利先）

傈僳族情歌（四）

傈僳族情歌。流传于云南省维西傈僳族自治县傈僳族聚居区。歌谣述说了爱情失落后的悲凉和忧伤。歌中唱道："天气转凉还能加件衣裳，我冷寂的心大火也烤不暖和；最冷的莫过于冬天，我冰凉的心已经冻僵。"佚名唱述，吉林记录、翻译。收入《维西傈僳族自治县民间文学资料》（第1集），32开，1页，4行，维西傈僳族自治县民间文学集成办公室1988年编印。

（杨利先）

傈僳族情歌（五）

傈僳族情歌。流传于云南省维西傈僳族自治县傈傈僳族聚居区。歌谣唱述了男子对心上人的思念和失去爱情的悲伤。歌词问月亮、问繁星、问老天爷和天神，为什么要失去心上人？为什么要留下难言的创伤？体现了傈僳族男子对爱情的忠贞和执着。佚名唱述，吉林记录、翻译。收入《维西傈僳族自治县民间文学资料》（第1集），32开，2页，16行，维西傈僳族自治县民间文学集成办公室1988年编印。

（杨利先）

傈僳族情歌（六）
傈僳族情歌。流传于云南省维西傈僳族自治县傈僳族聚居区。歌谣叙述了男子对心上人"阿妹"的思念，以及见不到心上人的忧伤。歌中唱道："屋外传来秋天的风声，可是阿妹在低声吟唱？秋风拂过简陋的木屋，我当成是你轻轻的脚步。白天没有你我失去一切，夜晚梦见你寸步不离。"佚名唱述，吉林记录、翻译。收入《维西傈僳族自治县民间文学资料》（第1集），32开，1页，18行，维西傈僳族自治县民间文学集成办公室1988年编印。

（杨利先）

短歌（一）
傈僳族情歌。流传于云南省德钦县傈僳族聚居区。歌谣唱述了迪庆高原优美的风光和青年男女们的甜蜜爱情。歌中唱道："为了我心中的阿哥，鲜花开在明镜般的湖边；雪山座座相屹立，高原上的鲜花千万种，对对鲜花对对开。"杂季唱述，腊剑记录、翻译。收入《中国歌谣集成·云南卷》，16开，1页，16行，中国ISBN中心2003年版。

（杨利先）

短歌（二）
傈僳族情歌。流传于云南省德钦县傈僳族聚居区。歌谣唱述了男女间爱情的纯洁和高尚，反映了傈僳族对纯真爱情的追求和憧憬。歌中唱道："莽莽林海树千万，青翠不过扁柏树；隆冬雪花常飘飘，柏树叶儿常青青；乔木自古飘落叶，柏树常绿自高洁。"杂季唱述，腊剑记录、翻译。收入《中国歌谣集成·云南卷》，16开，1页，8行，中国ISBN中心2003年版。

（杨利先）

短歌（三）
傈僳族情歌。流传于云南省德钦县傈僳族聚居区。歌谣唱述了男女之间的爱恋和相思之情，反映出傈僳族青年男女对爱情的忠贞和执着。歌中唱道："相思飞禽比翼飞，碧空高翔多自在；对对栖息在树梢，相依为命永不离。"杂季唱述，腊剑记录、翻译。收入《中国歌谣集成·云南卷》，16开，1页，8行，中国ISBN中心2003年版。

（杨利先）

短歌（四）
傈僳族情歌。流传于云南省德钦县傈僳族聚居区。歌谣唱述了阿哥阿妹家乡和各自家庭的情况；阿哥家住在九座雪山相连的地方，阿妹家住在七条江河相汇的地方。阿哥家住的是金河和银河，牧场里有壮牛肥马。歌词最后唱道："对生活有热烈的爱，青春才显出这般锦绣；对爱情有执着的追求，劳动才酿出甜蜜的酒。"杂季唱述，腊剑记录、翻译。收入《中国歌谣集成·云南卷》，16开，1页，24行，中国ISBN中心2003年版。

（杨利先）

短歌（五）
傈僳族情歌。流传于云南省德钦县傈僳族聚居区。歌谣唱述了阿哥阿妹一对恋人互相称赞对方：阿哥称赞阿妹像鲜花一样美丽，容貌比石榴花还美；阿妹称赞阿哥比蜜蜂还勤劳，相貌俊美，身姿英俊。歌中唱道："婀娜多姿的阿妹，你比仙女更漂亮；难依难舍的阿哥，你比神仙更神通。"杂季唱述，腊剑记录、翻译。收入《中国歌谣集成·云南卷》，16开，1页，12行，中国ISBN中心2003年版。

（杨利先）

短歌（六）
傈僳族情歌。流传于云南省德钦县傈僳族聚居区。歌谣唱述了阿哥阿妹的思念之情。阿哥看见山上的花，听到动人的歌就想起了阿妹；阿妹看见山岩上的柏树，听到悦耳的笛声和马铃声，就勾起了对阿哥的相思之情。歌中唱道："听到开镰收割的歌声，就想念阿妹；听到那犁田的阵阵歌声，就想念阿哥。"杂季唱述，腊剑记录、翻译。收入《中国歌谣集成·云南卷》，16开，1页，20行，中国ISBN中心2003年版。

（杨利先）

短歌（七）
傈僳族情歌。流传于云南省德钦县傈僳族聚居区。歌谣唱述了阿哥阿妹对爱情的坚贞和不怕挫折的执着追求。哥妹心中只有对方，哪怕等三五年、十五年都不变心。哥妹心中有真情，何惧隔九座雪山和九十九座山。哥妹真心相爱，相隔七条江也莫愁。歌中唱道："假如阿哥真有意，我愿等你十五年；满山杜鹃花开时，牵着白马来接你。"杂季唱述，腊剑记录、翻译。收入《中国歌谣集成·云南卷》，16开，1页，32行，中国ISBN中心2003年版。

（杨利先）

短歌（八）
傈僳族情歌。流传于云南省德钦县傈僳族聚居区。歌谣唱述了哥妹之间细腻的情感，以及相互间的关心和安慰。歌中唱道："阿妹有情莫忧愁，阿哥心呀清悠悠；河清水清也有渣，渣渣草草伴水流；柏树叶儿青郁郁，也有寒冬落叶时；柏树叶青有落时，心中花儿永不败。"杂季唱述，腊剑记录、翻译。收入《中国歌谣集成·云南卷》，16开，1页，12行，中国ISBN中心2003年版。

（杨利先）

短歌（九）
傈僳族情歌。流传于云南省德钦县傈僳族聚居区。歌谣唱述了一对恋人定情时的情景及男女双方各自的心态。情哥把定情物送给阿妹，但担心情妹是墙头草和石榴心。情妹接过定情信物后，对情哥发下了铮铮誓言："石榴心有九十九，阿妹只有一颗心。"杂季唱述，腊剑记录、翻译。收入《中国歌谣集成·云南卷》，16开，1页，8行，中国ISBN中心2003年版。

（杨利先）

短歌（十）
傈僳族情歌。流传于云南省德钦县傈僳族聚居区。歌谣唱述了一对恋人情投意合后，举行定亲和接亲、结婚仪式的情景。整首歌充满了对甜蜜爱情生活的追求和憧憬。男方家请了数百人来接亲，驮来金银一百驮作为彩礼，牵来牛马一千头作为嫁礼，彩虹搭桥，哥妹喜结良缘，相爱永恒。歌词充满了浪漫和夸张色彩，反映了傈僳族青年男女对甜美爱情生活的向往。杂季唱述，腊剑记录、翻译。收入《中国歌谣集成·云南卷》，16开，1页，28行，中国ISBN中心2003年版。

（杨利先）

花儿开放蜜蜂乐开怀
傈僳族情歌。流传于云南省傈僳族聚居区。这是一首男女青年对唱的情歌，青年男子将自己比作蜜蜂，将阿妹比作花儿，以歌问询阿妹是否已有心上人，得知阿妹还没有心上人，男子心中乐开怀。木顺江、李卫才搜集、整理。收入《中国民间情歌·少数民族卷》，32开，2页，26行，上海文艺出版社1989年版。

（和六花）

望妹来

傈僳族情歌。流传于云南省傈僳族聚居区。这是一首恋人互诉思念之情的情歌。恋人很难相见，男子微怨阿妹未能常来相见，让其深受相思之苦；阿妹生气了，男子又千方百计地哄阿妹开心。歌词对仗、工整，情感真挚、热烈，将热恋中的恋人一日不见如隔三秋的情感描写得淋漓尽致。木玉璋、阿此搜集、整理。收入《中国民间情歌·少数民族卷》，32开，2页，56行，上海文艺出版社1989年版。

（和六花）

碧罗雪山能为凭

傈僳族情歌。流传于云南省傈僳族聚居区。一首恋人互诉忠肠的情歌，热恋中的男女对唱倾述对恋人的爱，让碧罗雪山、怒江流水来见证对恋人忠贞不渝的爱。木顺江、李卫才搜集、整理。收入《中国民间情歌·少数民族卷》，32开，2页，24行，上海文艺出版社1989年版。

（和六花）

一对白鹤

傈僳族情歌。流传于云南省德宏傣族景颇族自治州傈僳族聚居区。歌曲简短质朴、含蓄委婉，男女青年互相试探对方的心意："（女）三只竹鸡飞过山，就怕两个成双一个单。""（男）一对白鹤飞过山，只有双来哪有单？"你来我往，最后决定携手创建家庭，"我做丈夫你当妻，天和地和百年蜜"。何发玉唱述，尹树培记录。收入《中国民间情歌·少数民族卷》，32开，2页，20行，上海文艺出版社1989年版。

（和六花）

捕蜂与猎獐

傈僳族情歌。流传于云南省傈僳族聚居区。唱诵青年男子锲而不舍地追求心仪的女子，并以捕蜂与猎獐作比喻，愿排除万难、坚定不移地追求所爱。歌词含蓄婉转、一波三折，却反映出男子对恋人的忠贞，对感情的执着。木玉璋、段伶搜集、翻译、整理。收入《中国民间情歌·少数民族卷》，32开，6页，155行，上海文艺出版社1989年版。

（和六花）

这情赛过麝芳香

傈僳族情歌。流传于云南省傈僳族聚居区。唱诵傈僳族男女青年之间真挚、感人的爱情，歌词短小精悍，运用拟人和比喻，"只有阿傈僳哥妹的恋情，能展翅飞遍碧江两岸。阿傈僳姐妹听了，像'刻木'刻在心间，这情，赛过麝芳香，这意，穿透岩石山"。阿士果搜集、翻译、整理。收入《中国民间情歌·少数民族卷》，32开，1页，10行，上海文艺出版社1989年版。

（和六花）

像刻木刻在心上

傈僳族情歌调子"优叶"。流传于云南省傈僳族聚居区。年轻美丽的阿兹玛和年轻勇敢的阿依帕在寨子里的建新房仪式中相遇，阿依帕对阿兹玛心生爱意，便对歌谈情，唱诵自己对阿兹玛的爱慕之心，最终两人情定对歌，把知心的话当着亲友的面刻在木片上，确定了正式的恋爱关系。祝发清整理。收入《中国民间情歌·少数民族卷》，32开，5页，128行，上海文艺出版社1989年版。

（和六花）

想念的曲子唱不完

傈僳族情歌。流传于云南省傈僳族聚居区。青年男子在和心爱的阿妹离别后，想念阿妹，悔恨没有早些和阿妹相识相守，最终错过了心爱的人。歌曲情感真挚、感人肺腑，错失爱人的悔恨和思念跃然纸上。王德生唱述，赵进国翻译、整理。收入《中国民间情歌·少数民族卷》，32开，1页，24行，上海文艺出版社1989年版。

（和六花）

小妹不嫁闲荡人

傈僳族情歌。流传于云南省傈僳族聚居区。歌曲简短直白地表达了男女青年互相看不上眼，拒绝对方。"（男）野火烧山遍地光，青草发芽放绵羊；绵羊不吃姜鞭草，小哥不讨懒婆娘。"（女）高高山上一冬青，冬青结籽绿茵茵；喜鹊不吃冬青籽，小妹不嫁闲荡人。"褚维繁搜集。收入《中国民间情歌·少数民族卷》，32开，1页，8行，上海文艺出版社1989年版。

（和六花）

弓弦与刀带

傈僳族打山调。流传于云南省傈僳族聚居区。年轻的猎人背弓挂刀满山跑，没有遇到心爱的阿妹，正如弓儿缺着弦、刀儿缺着带。遇到了心爱的阿妹，系上阿妹亲自纺的弦和带，从此两人共百年，共同生产共同乐，欢欢喜喜过一生。阿宝扒、利金扒、很才发扒唱述，车平章整理。收入《中国民间情歌·少数民族卷》，32开，3页，57行，上海文艺出版社1989年版。

（和六花）

歌儿装在我俩心底

傈僳族情歌。流传于云南省傈僳族聚居区。男女青年确定了恋爱关系，却因不住在一个寨子里，很难见面，十分思念恋人。又担心因不能耳鬓厮磨，恋人变心，对歌确认恋人的心意。祝发清、车凯搜集整理。收入《中国民间情歌·少数民族卷》，32开，4页，128行，上海文艺出版社1989年版。

（和六花）

想交才说真情

傈僳族情歌。流传于云南省傈僳族聚居区。歌曲分为七段，分别唱诵和阿妹相遇、爱上阿妹、追求阿妹、想念阿妹、定情、两人发誓生死相随、女方父母不同意七个阶段，并声泪俱下地哭诉自己的悲惨身世，希望得到阿妹的爱。祝发清、车凯搜集、整理。收入《中国民间情歌·少数民族卷》，32开，4页，102行，上海文艺出版社1989年版。

（和六花）

捕鱼

傈僳族情歌。流传于云南省傈僳族聚居区。唱诵青年男子以捕鱼为生，阿妈卧病在床，土司老爷又来催"门户税"，家里没有牛羊，拿不出心爱姑娘的父母索取的聘礼，娶不到自己心爱的姑娘。周忠枢搜集、整理。收入《中国民间情歌·少数民族卷》，32开，1页，17行，上海文艺出版社1989年版。

（和六花）

（九）儿歌

摇篮曲

傈僳族摇篮曲。流传于云南省怒江傈僳族自治州傈僳族地区。歌中唱道："……小牙，小牙快快长，小舌，小舌快快灵，阿爸上山去打鸟，阿妈入谷去采蜜；打得百灵喂宝宝，采得蜂蜜喂珍珍；不愁唇舌不灵便，不忧心儿不开窍。"表现傈僳族父母通过狩猎、采集获得喂养孩子的物品。佚名唱述，杨春茂记录。收入《傈僳族民间文学概论》，32开，1页，12行，云南教育出版社2002年版。

（刘怡）

阔时秋千

傈僳族儿歌。流传于云南省怒江傈僳族自治州傈僳族地区。歌中唱道："咻嗷哩，巴普哩！新年到，荡秋千；破衣烂裳荡出去，华衣贵服荡回来！"反映了傈僳族希望过年有新衣穿的美好愿望。佚名唱述，杨春茂记录。收入《傈僳族民间文学概论》，32开，1页，6行，云南教育出版社2002年版。

（刘怡）

放牧秋千歌

傈僳族儿歌。流传于云南省怒江傈僳族自治州傈僳族地区。歌中唱道："秋千悠悠，虎啸呼呼！谁人欢乐呀我欢乐，哪个舒服呀我舒服！"表现了傈僳族儿童荡秋千时向小朋友炫耀的欢乐。佚名唱述，杨春茂记录。收入《傈僳族民间文学概论》，32开，1页，4行，云南教育出版社2002年版。

（刘怡）

约玩歌

傈僳族儿歌。流传于云南省怒江傈僳族自治州傈僳族地区。歌中唱道："请到我们这里玩，来玩的礼物有挎包；请到我们这里歇，来歇的礼品有口袋！"表现了大人出工被留在家中的孩子寂寞时邀请别家儿童到自己家玩耍的心情。佚名唱述，杨春茂记录。收入《傈僳族民间文学概论》，32开，1页，4行，云南教育出版社2002年版。

（刘怡）

爷爷不吃我不吃

傈僳族儿歌。流传于云南省怒江傈僳族自治州傈僳族地区。歌中唱道："围着坐，吃鸡肉，爷爷一坨我一坨；团着坐，喝鸡汤，奶奶一口我一口。爷爷不吃我不吃，奶奶不喝我不喝。"这是傈僳族教育儿童尊老敬老的歌。佚名唱述，杨春茂记录。收入《傈僳族民间文学概论》，32开，1页，8行，云南教育出版社2002年版。

（刘怡）

宁吃野菜不卖女

傈僳族儿歌。流传于云南省怒江傈僳族自治州傈僳族地区。歌中唱道："采蕨菜吃蕨菜，采酸果吃酸果。决不因艰难把女儿卖，决不为贫穷把女儿嫁！"反映了傈僳族朴实、真切的亲情。佚名唱述，杨春茂记录。收入《傈僳族民间文学概论》，32开，1页，4行，云南教育出版社2002年版。

（刘怡）

舅爹买来小花糖

傈僳族儿歌。流传于云南省怒江傈僳族自治州傈僳族地区。歌中唱道："舅爹买来小花糖，越吃花糖越心寒。不用出门亲自去，听见三弦就回来……"表现了被舅爹收养的侄儿吃花糖时的心情和舅侄的亲情。佚名唱述，杨春茂记录。收入《傈僳族民间文学概论》，32开，1页，6行，云南教育出版社2002年版。

（刘怡）

可爱的小姑娘

傈僳族儿歌。流传于云南省怒江傈僳族自治州傈僳族地区。歌中唱道："小姑娘美丽又可爱，小姑娘可爱又美丽。小伙子见了真动心，哟咯叶哎哟咯叶！顽皮的小伙子哎哟咯叶，哟咯叶，哟咯叶！"佚名唱述，杨春茂记录。收入《傈僳族民间文学概论》，32开，1页，6行，云南教育出版社2002年版。

（刘怡）

崖头上

傈僳族儿歌。流传于云南省怒江傈僳族自治州傈僳族地区。歌中唱道："拉地洛洛台司，拉地洛洛台司。驴皮剥处崖头上，麂肉歇处石板上……"佚名唱述，杨春茂记录。收入《傈僳族民间文学概论》，32开，1页，6行，云南教育出版社2002年版。

（刘怡）

讲卫生

傈僳族儿歌。流传于云南省怒江傈僳族自治州傈僳族地区。歌中唱道："肯三夺，拉三夺！不梳头发呀像雀窝，不洗脸呀像花脸猫。羞羞羞，羞羞羞！肯三夺，拉三夺！不梳头发呀不出门，不洗手呀不吃饭。干干净净人人夸！"上段唱述肯三夺和拉三夺两人不讲卫生受嘲笑，下段讲述他们改变后受人夸奖。佚名唱述，杨春茂记录。收入

《傈僳族民间文学概论》，32开，1页，8行，云南教育出版社2002年版。

（刘怡）

昨晚狗儿为啥叫

傈僳族儿歌。流传于云南省泸水县傈僳族聚居区。这是一首绕口令式的儿歌，采用前面结尾的词语或句子做下文起头的修辞方法，训练儿童说话和记忆能力。歌中唱道："昨晚狗儿为啥叫，为的是男儿借挖锛。挖锛借来做什么，挖锛借来挖猪槽。猪槽挖来做什么，猪槽挖来喂肥猪……"佚名唱述，杨春茂记录。收入《傈僳族民间文学概论》，32开，1页，18行，云南教育出版社2002年版。

（刘怡）

十指歌

傈僳族儿歌。流传于云南省福贡县傈僳族聚居区。歌谣利用十指的摆布、打点，来训练少儿的智力。其节奏明快，易懂易记，极富儿歌特色。歌中唱道："三个汉人品绿茶，品绿茶；三匹骏马吃青草，吃青草；一根脚碓蹬起来，蹬起来；两扇簸箕团团簸，团团簸。"尼阿牌唱述，和永祥采录。收入《中国歌谣集成·云南卷》，16开，1页，8行，中国ISBN中心2003年版。

（杨利先）

荡秋千（一）

傈僳族儿歌。流传于云南省泸水县傈僳族聚居区。傈僳族喜欢荡秋千，这是春节期间荡秋千时所唱的童谣。歌中唱道："一年算月十二个，一月数天三十日；新的一年来到了，新的一月来临了。没福荡出去，有福荡回来；破麻烂衫荡出去，绸缎锦衣荡回来。"伍生华扒唱述，伍华三、李四明采录。收入《中国歌谣集成·云南卷》，16开，1页，14行，中国ISBN中心2003年版。

（杨利先）

荡秋千（二）

傈僳族儿歌。流传于云南省傈僳族地区。这是傈僳族儿童过年荡秋千时唱的歌，其节奏明快，语句简练，适合于荡秋千的动作。歌中唱道："阿爸算年十二月，阿妈数日三十天，算年算到了，数日数满了；过年的日期到了，过节的时候到了，荡秋千的日子到了，来荡秋千呵，来荡秋千！"佚名唱述，祝发清、左玉堂记录、翻译。收入《傈僳族文化大观》，32开，2页，18行，云南民族出版社1999年版。

（杨利先）

秋千谣

傈僳族儿歌。流传于云南省傈僳族地区。这是傈僳族儿童荡秋千时唱的歌。歌词唱述：把魔鬼、病鬼荡出去，把穷鬼、饿鬼荡出去！荡回来衣服和粮食，孤儿不再挨冻受饿。祝发清唱述，左玉堂记录、翻译。收入《傈僳族文化大观》，32开，1页，8行，云南民族出版社1999年版。

（杨利先）

阿拜歌

傈僳族儿歌。流传于云南省福贡县傈僳族聚居区。歌谣以一问一答的形式问阿拜去做什么，阿拜答挖猪槽、喂肥猪、娶媳妇、扛磨石、磨刀子等等。歌中唱道："守住鸡来做什么？鸡来扒找小虫子；扒了虫子干什么？吃饱虫子多生蛋。"阿恰叶唱述，霜现月、管云东、李向才采录。收入《中国歌谣集成·云南卷》，16开，1页，32行，中国ISBN中心2003年版。

（杨利先）

小妞妞，吃饭了

傈僳族儿歌。流传于云南省维西傈僳族自治县傈僳族聚居区。歌谣以一问一答的形式，唱出了红米饭、朱砂红、两头猪、啄木官、大阉鸡等等，其中问句中的最后一个字和答句中的最后一个字相同。歌中唱道："什么啄？鸡屎啄。什么鸡？大阉鸡。什么大？鹅大。"黄春联唱述，陶国珍记录、翻译。收入《中国歌谣集成·云南卷》，16开，1页，10行，中国ISBN中心2003年版。

（杨利先）

黄果丫丫

傈僳族儿歌。流传于云南省维西傈僳族自治县傈僳族聚居区。歌谣节奏明快，朗朗上口，极富儿歌特色。歌中唱道："黄果丫丫，白果丫丫，黄果树上有一家，生得儿子会写字，生得姑娘会挑花。"黄春联唱述，陶国珍记录、翻译。收入《中国歌谣集成·云南卷》，16开，1页，4行，中国ISBN中心2003年版。

（杨利先）

哄小鸡

傈僳族儿歌。流传于云南省福贡县傈僳族聚居区。这是哄小孩入睡时唱的歌，属催眠曲。歌中唱道："咯打咯打老母鸡，哎呀哎呀小鸡鸡。悄悄睡觉莫醒来，你妈出门找食去，采回果子给你吃。"阿恰叶唱述，霜现月采录。收入《中国歌谣集成·云南卷》，16开，1页，5行，中国ISBN中心2003年版。

（杨利先）

捉知了

傈僳族儿歌。流传于云南省福贡县傈僳族聚居区。歌谣节奏明快，朗朗上口，极富儿歌特色。歌中唱道："快快松下来，快快松下来，大毛虫来了，大毛虫来了，毛虫会吃你。快快松下来。"阿恰叶唱述，霜现月采录。收入《中国歌谣集成·云南卷》，16开，1页，7行，中国ISBN中心2003年版。

（杨利先）

蚕豆豌豆歌

傈僳族儿歌。流传于云南省福贡县傈僳族聚居区。歌谣唱述了蚕豆和豌豆的特点及烧煮的办法，供少儿智力启蒙教育和儿童游戏时使用。歌中唱道："豌豆的包包朝地下，的哩图来。蚕豆的包包朝天上，的哩图来。生起火来烧吃呀，的哩图来。架起锅来煮吃呀，的哩图来。"阿恰叶唱述，霜现月记录、翻译。收入《中国歌谣集成·云南卷》，16开，1页，8行，中国ISBN中心2003年版。

（杨利先）

阿诘白

傈僳族儿歌。流传于云南省泸水县傈僳族聚居区。"阿诘白"意为"荡秋千"，是春节期间荡秋千时儿童唱的歌谣。歌谣唱述：一年十二月，一月三十天，新的一年来到了，祝大家与天同在，与地共存。歌谣节奏鲜明，适于荡秋千动作。伍生华扒唱述，伍华三、李四明记录、翻译。收入《泸水民间文学》（第1辑），16开，2页，17行，泸水县文化局1989年编印。

（杨利先）

数星星

傈僳族儿歌。流传于云南省傈僳族地区。歌谣通过数星星，开启儿童的智力。歌中唱道："今晚数，明晚数，数成十，数成百……刻在心里，记在脑里，回到屋里报给阿爸，躺在床上告诉阿妈。"佚名唱述，阿约、然丁然记录、翻译。收入《傈僳族文化大观》，32开，2页，19行，云南民族出版社1999年版。

（杨利先）

猜谜歌

傈僳族儿歌。流传于云南省傈僳族地区。歌谣通过一问一答的形式，叙述了一些常见的动物和植物的特点，告诉孩童一些生活的常识，充满童趣，是开启儿童智力的歌谣。歌中唱道："什么是床不能睡？什么是布不能裁？什么果甜不能吃？什么是花不能采？河床是床不能睡，山溪瀑布不能裁，马桑果甜不能吃，浪花是花不能采。"佚名唱述，和松贵记录、翻译。载《春城晚报》1985年5月23日，24行。

（杨利先）

盘歌

傈僳族儿歌。流传于云南省怒江傈僳族自治州傈僳族地区。歌谣通过一问一答，层层盘问，层层深入的形式，叙述了一个完整的过程，一直到结尾。其中一段唱道："磨刀子做什么？磨刀子砍藤子。砍藤子做什么？砍藤子拴小狗。拴小狗做什么？拴小狗撵野猫。"佚名唱述，左玉堂记录。收入《傈僳族文化大观》，32开，2页，28行，云南民族出版社1999年版。

（杨利先）

逗娃娃歌

傈僳族儿歌。流传于云南省怒江傈僳族自治州傈僳族地区。歌谣唱述了傈僳族儿童对劳动和劳动果实的热爱。阿爸去地里干活，阿妈去箐里背水，娃娃关在屋里，不洗脸就像花脸鼠，不梳头就像小雀窝。告诫儿童要勤洗脸和勤梳头。佚名唱述，左玉堂记录。收入《傈僳族文化大观》，32开，2页，12行，云南民族出版社1999年版。

（杨利先）

除害谣

傈僳族儿歌。流传于云南省怒江傈僳族自治州傈僳族地区。歌谣唱述了庄稼除害的几种方式，具有传授生产技艺的功能。歌中唱道："江边种着瓜，老鼠夜夜咬，鼠架支起来，老鼠夹死了。山坡种包谷，老鸦日日啄，弩弓抬出来，老鸦射死了。"佚名唱述，左玉堂记录。收入《傈僳族文化大观》，32开，1页，8行，云南民族出版社1999年版。

（杨利先）

条目汉语音序索引

A

条目	页码
阿爸的眼睛像床下的羊眼睛	150
阿拜歌	249
阿宝与蜜蜂	69
阿恩和阿负	112
阿哥阿妹心连心	222
阿弓玛	97
阿弓玛的故事	97
阿诂白	250
阿克吉	207
阿妹，我想念你	221
阿普的故事	112
阿普救乡亲	135
阿普与阿邓	114
阿撒	86
阿秀调	223
阿亚扒和阿夸扒为恒乍崩报仇	93
阿于和龙姑娘	111
啊喔咯呀喔喔喔	218
挨打遇医	93
安耳朵	83

B

条目	页码
八卦经·历算	44
八卦经·趋吉避凶	44
八卦经·择吉	44
拔牛尾	155
拔秧	161
白白等了那么久	240
白发老人	105
白腹锦鸡会唱歌	242
白马、神鹰和孤儿	104
白牛山的传说	79
白兔和老虎	164
白熊	154
百鸟羽衣人	119
摆俄被词	186
拜寿	160
板锄唱歌谷回音	239
半节梳子	106
半天才到你身边	237
棒打苍蝇	157
包文正断案	87
宝碓	113
宝棍（一）	155
宝棍（二）	155
宝葫芦	113
报复	154
报应	110
背背笼与布谷鸟	173
背盐水	208
被捕遭害	95
被害	93
被喂熊的大爹	105
鼻子擤粉条没学到	150
比赛过河	164
比赛爬坡	164
碧罗雪山能为凭	246

变牛的儿媳	143		成亲调（十一）	226
别为新粮撒旧粮	143		成亲调（十二）	227
宾川州志（雍正）	37		成亲调（十三）	227
槟榔江为我们作证	220		成亲调（十四）	227
冰天鹅、冰蚂蚁造天地	58		成亲调（十五）	227
播树种经	43		成亲调（十六）	227
捕蜂与猎獐	246		惩治恶鬼	157
捕猎满载回到家	239		吃蜜糖	114
捕鱼	247		吃新米的传说	73
不抽烟得"两头"	151		舂碓	156
不劳动者不得吃	184		重印大理府志	36
不是官家还有谁	212		抽兰花烟的来历	76
不同方式的祭祀活动	72		抽签调	185
不同民族的由来	63		初哈枯	189
			除害谣	251
			楚沙扒起事	95

C

			穿的衣服是烂蓑衣	212
猜谜歌	250		穿裤儿的男子汉	148
采歌	220		穿着棉布想爱情	230
彩虹	65		传教文字	96
蚕豆豌豆歌	250		串亲调	215
草烟的来历	76		创世传说	57
测天阴天晴经	46		创世纪	42
拆布织布	89		创世纪（一）	58
蝉肚子为什么是空的	174		创世纪（二）	58
扯直弯羊角	89		创世纪（一）	184
趁热吃了	159		创世纪（二）	184
成亲调（一）	225		创造文字	96
成亲调（二）	225		吹葫芦笙找女婿	133
成亲调（三）	225		吹拉弹唱	112
成亲调（四）	225		吹木叶的来历	74
成亲调（五）	225		茨帕妞姑娘	122
成亲调（六）	225		辞别爹娘进新居	242
成亲调（七）	226		聪明的姐姐	128
成亲调（八）	226		聪明的小孩	140
成亲调（九）	226		从今天起啊	204
成亲调（十）	226		从丽江坝子到碧罗雪山	85

从小生活很痛苦	217

D

达叽达哏	74
达克布爬的獐皮书	66
达玛达	219
打菜歌	218
打赌	158
打卦坡的来历	80
打虎	88
打猎歌	212
打猎调（一）	211
打猎调（二）	211
打山匠收拾老变婆	129
打山匠与虎妖精	127
打仗经（一）	45
打仗经（二）	45
大宝龙潭的传说	78
大墩子的传说	78
大伙一齐（起）踏歌来	219
大姐和三姐	121
大破官兵	90
大战锣鼓箐	92
大竹做梁也有心	222
荡秋千（一）	249
荡秋千（二）	249
刀杆节	71
到深山里找黄连	212
笛子和龙女	123
地里有金宝	140
滇南闻见录	39
滇南新语	38
滇南夷情汇集	40
滇黔志略	39
滇省夷人图说	40
滇省迤西迤南夷人图说	39

滇小记	37
滇夷图说	36
滇云历年传	38
滇志（天启）	35
滇中琐记	41
点兵歌	220
栋二卖契	53
栋五卖契	54
逗娃娃歌	251
毒蛇变银子	175
赌钱罐	157
短歌（一）	244
短歌（二）	244
短歌（三）	244
短歌（四）	244
短歌（五）	244
短歌（六）	245
短歌（七）	245
短歌（八）	245
短歌（九）	245
短歌（十）	245
短尾巴兔子和花脸狐狸	167
对唱山歌	235
碓春心	147
碓儿	103
夺早玛底	190
跺土成肉的挂棍	157

E

鹅花玛的歌	234
儿大娘三岁	137
儿女不见父母的面	214
儿女心	109
儿子和木头阿妈	151
二官地契	53

F

翻山越岭去砍柴	214
繁衍人类	63
繁衍人类的故事	62
房头茅草我来割	229
放牧歌	211
放牧秋千歌	248
放羊调	216
飞人洞	78
分别久了话也多	235
分家定姓氏	86
父母一天累到晚	214
父亲怎么做，儿子怎么做	138
父与子	138
复活的人	122

G

嘎士比叶和灰雁姑娘	127
盖房调（一）	210
盖房调（二）	210
盖房调（三）	210
赶马人除妖	127
赶石头造田	98
赶石造桥	98
赶羊	159
高人有短处，矮人有长处	145
哥与弟弟	139
哥约妹子去赶街	221
割草	121
歌儿装在我俩心底	247
跟随哥哥来	222
跟着背长刀的阿哥走	221
弓弦与刀带	247
公鸡请太阳	60

攻占维西城	91
狗吃月亮	65
狗哥哥和猫兄弟	176
狗和猫	168
狗换牛	155
狗猫巧夺金银镯	120
狗、猫、山羊	168
狗屎貂和貂翎子比念经	178
狗为什么恨猫	167
狗为什么撵麂子	177
狗熊的眼睛	165
狗找朋友	167
孤儿阿开	117
孤儿报仇	120
孤儿的奇遇	135
孤儿和老虎	144
孤儿和龙姑娘	134
孤儿和龙女	119
孤儿和七公主	116
孤儿和起本	118
孤儿和五个伙伴	117
孤儿和仙女	118
孤儿皇帝	120
孤儿救姐	104
孤儿龙女斗土司	119
孤儿卖炭	144
孤儿尼格子	144
孤儿奇遇	120
孤儿奇遇记	119
孤儿认妻	135
孤儿调	216
孤儿与雷蚣虫	134
孤儿与龙姑娘	118
孤儿与琵琶	118
孤儿与小人国	101
孤儿找伴	134
姑娘打猎	218

古今图书集成	37
刮加桑之死	155
官逼民反	91
闺房安得织布机	239
"鬼"撑东巴	149
"国夺罗"雀和"阿窝罗"雀的故事	172
国王和一百个儿女	114
过年歌（初一的歌）	196
过年歌（初二的歌）	196
过年歌（初三的歌）	197
过年调（阔时木刮）	196

H

蛤蟆智胜小花兔	168
孩子嘴里吐实话	142
喊魂词	189
好过的日子	218
好心的两弟兄	152
禾乃巴降伏恶鹫	106
合不合意招招手	237
合种地	159
狠心哥哥	109
恒玛塔	70
横断山脉的传说	76
洪水	61
洪水泛滥	62
洪水滔天	42
洪水滔天	62
洪水滔天的故事	61
洪水滔天和兄妹成家	62
哄小鸡	250
猴国与蚱蜢国的战争	170
猴子的祭礼	108
猴子屁股为啥不长毛	177
猴子屁股为什么红	170
猴子学抽烟	177
猴子与水牛的故事	169
后娘起黑心	149
呼唤太阳经	43
狐狸妖精和人偷马的故事	162
葫芦生人	63
葫芦笙的由来	86
虎氏族的来历	69
虎咬鹰啄调	195
花儿开放蜜蜂乐开怀	245
花母牛的来历	126
花牛牛和天鹅姑娘	107
花荞秆为什么是红的	175
花孙儿和花孙女	130
划拳调	219
怀亲	191
怀中九月	96
皇清职贡图	38
黄谷的祖宗	84
黄果丫丫	250
黄金不兴铸犁头	241
悔婚歌	216
婚歌	223
婚礼歌（一）	200
婚礼歌（二）	201
火把节	73
火山地里猪草旺	238
火烧怪物	90
火烧腊门	113
火塘作被子	213
获猎调	185

J

机智的孤儿	105
鸡枞的由来	84
鸡蛋和鸡	160
鸡蛋来不及抱小鸡	213

鸡的故事	171	金狐狸皮	127
鸡叫定居	89	金花鸟	131
鸡窝星的传说	65	金花雀和银花雀	143
麂子的皮毛为什么是红的	170	金沙江哥哥和澜沧江弟弟	76
麂子和穿山甲打赌	176	金银为什么少	116
麂子爬树	158	金竹口弦这一副	236
记三岁娃娃的仇不值得	138	金竹子为啥会发响	85
祭风词	190	金子不如粮食	142
祭鬼	156	紧跟老子脚印	138
祭三脚架	190	净赚一两	141
祭山神的由来	72	九道彩虹降恶龙	132
祭山神经	45	酒歌	196
祭灶神	189	酒酒肉肉不是真朋友	145
家教	138	酒肉朋友和兄弟	145
家禽家畜的起源	83	救命葫	124
假如	223	就怕花开蝶不到	236
架天桥	224	舅爹买来小花糖	248
嫁给穷小伙	117		
嫁姑娘调	196	**K**	
江松的故事	136		
讲卫生	248	咖叭嗒	218
降到人间	96	开荒种地	206
降妖树	122	开天辟地	181
叫粮魂	190	开战打战	205
接祖	186	康普喃土司的来历	95
接祖祭词	187	可爱的小姑娘	248
劫官粮	92	啃鱼背的婆娘	144
结拜黑旋风	91	口弦歌	223
结婚调（一）	201	口弦调	234
结婚调（二）	201	口弦调调扣心弦	240
姐姐黑心肠	136	苦歌	217
姐妹俩	110	苦命的孤儿	104
姐妹温泉的传说	79	快来打偷猪贼	158
解咒词	186	快求你妈祭祭鬼	239
借碗	113	阔时节的传说	73
借银洞的传说	81	阔时秋千	247
今后还是能相见	232		

L

条目	页码
腊玛登	163
腊它底古	93
来刹与比刹	60
癞疙宝孙孙	130
癞疙宝长角	129
癞蛤蟆和老虎	163
兰花烟的来历	84
拦路歌	219
拦在那里跳一夜舞	215
懒狗贪功	168
懒汉和蕨果	150
琅总督	207
老变婆	128
老大歌	217
老鬼祭	185
老虎和兔子比赛摇尾巴	164
老虎、狐狸和青蛙的故事	163
老虎困进旋风洞	165
老虎怕"漏"	161
老虎、水獭、家猫的来历	83
老虎、小偷和漏	162
雷蚣虫除害	134
雷神讲私情	129
李贵阳和杜鹃	131
李那、李克射魔王	71
李应福当契	53
李应洪契	53
李杂和蚂蚁的故事	131
里吾底木氏族的传说	68
丽江府志略（乾隆）	38
傈僳情歌	233
傈僳人别长刀的由来	81
傈僳族花衣服的由来	75
傈僳族祭母的来历	75
傈僳族情歌（一）	243
傈僳族情歌（二）	243
傈僳族情歌（三）	243
傈僳族情歌（四）	243
傈僳族情歌（五）	243
傈僳族情歌（六）	244
傈僳族人为什么爱打猎	74
傈僳族跳脚的由来	74
傈僳族音节文字木牌	49
连心鱼	76
镰刀给你打一把	228
练功和行医	91
炼铁打铁	206
恋歌	220
恋药祈歌	223
粮食种子的由来	67
两对朋友	109
两股清泉	120
两颗宝珠	110
两老表结伴打山	148
两老庚	140
两母女和两个盐井	144
两兄弟（一）	111
两兄弟（二）	111
两兄弟分家产	141
两兄弟与猴	108
两兄弟与小青蛙	110
亮墨塘	81
猎鸟情歌	222
猎人的礼物	146
猎人和花鹿	146
猎人和鱼姑娘	112
猎人与猎神	123
猎人智斗妖雕	123
猎神传奇	72
猎神调（一）	184
猎神调（二）	184

猎手的歌	206
刘姓换田合同	54
六个能干的人	102
六个朋友除妖魔	103
六块梁子拔松树	99
龙女和孤儿	104
"漏"的故事	161
泸水志	41
鲁班与赵巧	99
鲁甸突围	92
鲁基曼	95
罗通村的来历	80
率众起义	90
绿斑鸠的故事	125
绿衣秀才	148

M

妈妈为我熬苦药	235
麻鸡和野鸭	171
麻氏族的由来	70
马夫吟	215
蚂蚁和老虎比力气	179
蚂蚁教懒人	179
蚂蚁抬粮	179
蚂蚱为啥吊脖子	179
蚂蚱智斗猴子	170
骂哥雀	173
骂龙调	186
卖牛皮	116
卖香香屁	110
脉侄养母	145
蛮书	35
满山歌声满山情	243
猫和老鼠的故事	176
猫头鹰和赶马人	125
猫头鹰氏族的传说	69

毛狗、兔子学本领	177
没有不敢斗的人	141
没有记性的人	150
媒人歌	194
美丽的红腰带	82
"闷"男人	150
猕猴变人	57
米娘娘告状	82
米斯的彩礼	71
米斯和水神	66
米斯尼	185
密罗沙	95
蜜地萝	85
蜜蜂作见证	175
"苗干田"的来历	80
明补扒	57
母猴学人	147
木比妙用火把	88
木比杀妖怪	87
木比射鹰	88
木必扒的传说	90
木必还活着	88
木必帕	87
木布帕捏地球	57
木锄	153
木刻母亲	137
木昵玛	78
木筒里出来的人	68
牧羊歌	206
牧羊歌	233

N

哪里有铁到哪里	242
哪里种树树成林	242
哪有鱼儿不上钩	241
男孩和老虎	140

条目	页码
南诏野史	36
难找的地石榴才甜呀	234
能干的女当家	152
尼白殊祭词	189
尼比	187
尼纠大白水的来历	99
尼另	189
你打动了我的心	228
你倒是不会老了	232
你对我非常爱	232
你活我也活	229
你心中莫害怕	228
年命登找金银	139
年年都有税	214
撵山狗的由来	177
念布依奔和欠谷龙潭	80
鸟氏族的传说	69
聂沃	123
宁吃野菜不卖女	248
牛身上的苍蝇	125
牛为什么没有上门牙	163
牛为什么没有上牙	163
农家女	143
怒江的传说	77
怒江和澜沧江的传说	77
怒江为什么哗啦哗啦响	77
怒江为什么山多箐多	77
怒俅边隘详情	41
女流歌	216

P

条目	页码
盘歌	251
配亲歌	195
披星戴月不知归	238
骗人的兔子	169
骗人招人恨	149

条目	页码
骗子	147
聘牛调	215
平彝碑	49
平彝碑记	49
普普乃乃	146

Q

条目	页码
七姑娘	117
七姐妹割草	68
七匹马和两只野猫	136
七月太阳晒死了	229
奇怪的儿子	129
奇异的琵琶	118
骑虎的人	146
起义歌	215
气疯那些小心眼	237
掐菜舀水调	234
千年万年爱你了	230
千千万万不离开	230
枪炮打不进	94
枪杀老变婆	128
抢亲的风波	152
悄悄语	221
荞氏族的由来	70
荞氏族祖先歌	207
荞子好打难扬糠	235
荞子和麦子	175
瞧到口弦治肚疼	236
巧斗山官	153
巧取银子	157
巧偷金银罐	154
巧语联姻	151
巧治山官	154
琴和舞的来历	73
勤劳的两姐弟	151
青蛙大争论	180

青蛙和达玛姑娘	115
青蛙和老虎比武	162
青蛙和乌鸦	172
青蛙伙子	115
青蛙娶媳妇	115
青蛙吐银子	116
清实录	42
情歌对唱	228
请给捻上三根弩绳来	222
请工调	210
请媒调	197
穷苦人变龙的故事	132
秋千谣	249
求婚调（一）	197
求婚调（二）	198
求婚调（三）	198
求婚调（四）	198
求婚调（五）	198
求婚调（六）	198
求婚调（七）	199
求婚调（八）	199
求婚调（九）	199
求婚调（十）	199
求婚调（十一）	199
求婚调（十二）	200
求婚调（十三）	200
求婚调（十四）	200
求婚调（十五）	200
求签调	191
求雪经	45
驱凶神	191
娶亲三件礼	124
娶亲调	195
去分肉	161
全家歌	218
泉边的歌	222
劝孝子唱的歌	192

R

然迟然目刮	205
饶鬼一条命	129
人们讨厌羊辣刺的由来	101
人命和金子	136
人与水牛分红	84
日食的来历	64
如果你不想念我	231
如果心里不相爱	231
入人调	215

S

撒草子	83
三不成仙	79
三朝人的变化	68
三个木箱里的人	101
三颗包谷籽	131
三妹嫁蛇郎	121
三兄弟	101
三兄弟	140
三月烧地如何烧	229
散伙歌	194
丧葬歌	192
扫墓	187
色水的由来	75
森林地里老熊多	238
僧尼弱出世	98
僧尼弱之死	99
沙龙生与乔幺妹	130
晒盐经	207
山官比狗凶	160
山神岩桑	66
闪光的弓箭	106
闪亮镰刀蝉蝉叫	239

善恶有报	93	生产调（六）	209
善恶有报	125	生产调（七）	209
上山打虎	89	生产调（八）	209
上身没有衣裳穿	212	生产调（九）	209
烧火歌	192	生产调（十）	210
蛇的毒性为什么比土蜂大	171	生存和死亡	183
蛇皮的演变	171	生日调	197
蛇肉奇方	141	生意人奇见	106
射箭比赛	92	声声叶哨传我情	238
射日射月	183	十二属	216
射太阳经（一）	182	十二月调	216
射太阳经（二）	182	十六张虎皮	128
射太阳经（三）	182	十指歌	249
射太阳经（四）	182	石马	104
射太阳经（五）	182	石上落迹传千古	98
射太阳经（六）	183	识别族人谣	220
射太阳经（七）	183	世间人生是花园	231
射太阳经（八）	183	世上没得后悔药	149
射太阳月亮	60	试放宝刀	96
身世苦歌	217	收盐	208
什么都卖掉了	213	收租的龙	133
神斧	122	手掌打泡生茧花	238
神瓜经	43	守芋头	108
神拐杖	156	竖石找羊	81
神箭穿石	94	数星星	250
神匠	66	双方真心的爱	233
神脚、神鼻和神斧	123	谁的过错	170
神磨	122	谁的亲戚多	165
神奇的葫芦笙	133	谁的嘴最馋	160
神奇的三龙箫	132	水牛和老虎	164
神药的故事	67	说话的门坎	121
生病杀羊子的来由	137	说话的石人	112
生产调（一）	208	思念歌	233
生产调（二）	208	四滴水	97
生产调（三）	208	四脚蛇和山壁猴儿	178
生产调（四）	209	"四十驮"村的来历	79
生产调（五）	209	四台坡的传说	107

四子吟诗	143	天地和人类的起源	59
寺兹色	186	天地人的来历	60
送鬼	92	天干三年能活命	151
送嫁调	197	天狗吃日、月	82
送灵歌	192	天狗吃月亮	64
算账	147	天管师传给人间包谷种	67
		天管师两口子和张古老	67
		天管师造人类	59

T

		天天躺在火塘边	213
太阳和月亮	59	天下郡国利病书	36
太阳和月亮打架	158	天银洞	81
贪财人的结果	144	甜甜的龙潭水	224
贪心的哥哥	108	跳马吃酒	89
贪心的哥嫂	108	跳树杈	165
螳螂和乌龟赛跑	180	跳蚤和虱子	174
螳螂与蜥蜴	174	铁甲鸟为啥打老鸹	178
逃婚十二月	204	铁心儿	145
逃婚调（一）	201	同胞分离曲	217
逃婚调（二）	201	同野猪算账	178
逃婚调（三）	201	痛打那总兵	91
逃婚调（四）	202	偷来的酒肉不香	142
逃婚调（五）	202	偷马	156
逃婚调（六）	202	偷马骑虎	146
逃婚调（七）	202	偷羊	136
逃婚调（八）	202	骰子占卜经	46
逃婚调（九）	203	土官输了小老婆	153
逃婚调（十）	203	土司的衣裳	153
逃婚调（十一）	203	土司娶母猴	137
逃婚调（十二）	203	吐唾沫的来历	75
逃婚调（十三）	203	兔媒	115
逃婚调（十四）	204	兔子帮助孤儿娶媳妇	169
逃婚调（十五）	204	兔子的红眼睛和短尾巴的由来	169
逃婚调（十六）	204	兔子断官司	169
桃树坡的故事	152	兔子和狐狸	166
讨酒歌	194	兔子和老虎	163
天地分开	64	兔子和老熊	166
天地分离的神话	64	兔子和野猫	176

兔子巧斗老熊 …………………… 166
兔子为什么长耳短尾 …………… 166

W

娃花帕的土锅 …………………… 156
娃娃背来父亲看 ………………… 230
挽歌 ……………………………… 192
万物寿命的来历 ………………… 59
汪忍波造字故事 ………………… 97
汪忍波自传（一）……………… 44
汪忍波自传（二）……………… 45
王鄂的故事 ……………………… 87
望妹来 …………………………… 246
威慑县太爷 ……………………… 98
维木青和他的朋友 ……………… 95
维西见闻纪 ……………………… 39
蚊子的故事 ……………………… 175
蚊子、虼蚤大变小 ……………… 179
蚊子、跳蚤的来历 ……………… 173
我不想回去了 …………………… 232
我的身体瘦下去 ………………… 231
我俩就像一双筷 ………………… 221
我俩却不能离开 ………………… 231
我俩谈过一次 …………………… 232
我俩同意就结成对 ……………… 228
我俩种粮能增产 ………………… 228
我只爱上你一个 ………………… 224
我最喜欢你了 …………………… 232
乌鸦的来历 ……………………… 172
乌鸦和箐鸡 ……………………… 172
乌鸦为什么害怕弩弓 …………… 171
乌鸦与青蛙 ……………………… 172
无根的话信不得 ………………… 137
吴井桥的酒 ……………………… 85
五送情郎 ………………………… 234
五兄弟 …………………………… 102

X

洗日洗月 ………………………… 181
喜欢帮人挖荒地 ………………… 235
喜鹊和布谷鸟 …………………… 173
仙女降妖怪 ……………………… 124
仙人洞除害 ……………………… 138
仙人沟的由来 …………………… 79
先笑后哭 ………………………… 154
香甜蜜汁流成河 ………………… 240
想交才说真情 …………………… 247
想你想在心窝窝 ………………… 224
想念的曲子唱不完 ……………… 246
向往幸福的日子 ………………… 233
像刻木刻在心上 ………………… 246
小白兔智斗大老虎 ……………… 162
小孩和老虎 ……………………… 102
小蚂蚁和蜻蜓的故事 …………… 173
小妹不嫁闲荡人 ………………… 247
小妹累了大哥背 ………………… 229
小姐姐，吃饭了 ………………… 249
小人国 …………………………… 101
小兔和豹子 ……………………… 167
小小蚂蚁除恶龙 ………………… 133
歇脚的地盘也上税 ……………… 214
卸邪祭词 ………………………… 185
心和心合成一颗了 ……………… 204
心心相印命相连 ………………… 241
新年贺词 ………………………… 190
新年扫地祭 ……………………… 190
新年射箭占卜咒语 ……………… 191
新岁姐姐到来了 ………………… 219
新纂云南通志 …………………… 42
兄弟俩 …………………………… 109
兄弟俩和花松鼠 ………………… 106
兄弟情 …………………………… 139

兄妹配偶	61	一气飞到哥那里	220
熊的眼睛	166	一日三餐的来历	82
熊的眼睛为什么小小的	165	一天盖好金竹楼	242
熊氏族的故事	71	一天路也不敢走	213
绣鞋姑娘	107	一夜编七扇大簸箕	97
许猎神经	184	一只宝船的故事	100
学瓦庆谣	219	一只金鞋	100
寻盐祭盐	191	医筋骨疼的网袋	162
寻找母亲的故事	125	依采和依妞的故事	62
寻找太阳头发的故事	107	依娜儿学织布	116
寻找幸福的人	139	以后就不能相见	233
训女歌（一）	193	益桑的宝琴	123
训女歌（二）	193	音节文字识字歌（一）	44
训女歌（三）	194	音节文字识字歌（二）	44
训女歌（四）	194	银燕成对也筑巢	242
驯养牲畜	206	隐身帽	127
		英雄岩七	94
		英勇就义	92

Y

		迎客歌（一）	193
		迎客歌（二）	193
崖头上	248	迎客歌（三）	193
岩七降生	94	迎客歌（四）	193
岩神配婚	114	迎客调	219
岩石月亮	65	迎亲歌	195
羊换牛	154	永远和你在一起	231
羊哨青草我雕弦	237	用死虎娶媳妇	139
养畜经	43	悠悠的白云	224
养狗驯狗	205	有了弩弓没弦索	238
邀请歌	221	有心相交学白雪	224
摇篮曲	247	鱼姑泪	206
要下嘴壳	89	鱼姑娘	113
要想开荒算良辰	235	鱼氏族的由来	70
爷爷不吃我不吃	248	鱼为什么没有牙齿	174
爷爷借羊打鬼	103	愚蠢的狮子	167
野兽同人打官司	83	御制外苗图	40
一对白鹤	246	元一统志	35
一个瓜里的人	63	猿猴与野鼠	183
一颗金豆子	100		

条目	页码	条目	页码
约玩歌	248	招魂调（四）	188
月亮活着十五就会圆	205	招魂调（五）	188
月亮上的姑娘	103	招魂调（六）	188
月亮上的木瓜树	102	招魂调（七）	188
越荒年	218	招魂调（八）	188
云和雾的来历	78	招魂调（九）	188
云龙记往	38	招魂调（十）	189
云龙州志（雍正）	37	找菜调	211
云南三迤百蛮图	40	找金子	158
云南通志（道光）	40	找些野菜当饭吃	213
云南通志（康熙）	36	这情赛过麝芳香	246
云南图经志书（景泰）	35	征集菖蒲桶沿边志	41
云南营制苗蛮图册	39	枝繁叶茂杆标直	240
云南志（正德）	35	只要打猎满载归	241
		只要上六块的	148
		指蜂为鹿	142
		制盐经	43

Z

条目	页码	条目	页码
在黑暗的日子里	212	智除妖精	126
咱俩相伴不分开	240	智斗大力士	155
澡塘会的来历	73	智娶富人姑娘	157
造日造月	181	智胜毛狗和老鹰	178
造太阳月亮	181	种菜不见菜	214
造盐场	207	种菜调	211
造纸	205	种地种子你去要	230
造纸经	43	种瓜歌	211
择女婿	141	种金子	159
蚱蜢和猴子	124	种棉能穿好花布	230
寨主上当	142	朱老二卖契	53
占卜经（一）	46	诸葛亮与傈僳族	71
占卜经（二）	46	猪狗找稻种	84
斩断乱麻心自由	236	猪和狗	168
獐子和老虎	165	竹笛姑娘	107
长角生毛的儿媳	126	竹筏调	222
长子歌	217	竹篾竹片播佳音	241
招魂调（一）	187	竹鸟机灵会避箭	237
招魂调（二）	187	竹鸟有翅飞得快	239
招魂调（三）	187	竹氏族的由来	70

竹弦变成鼠早点 …… 237	纵容不是爱 …… 141
庄稼人爱庄稼人 …… 235	祖先留下的竹子 …… 86
庄令 …… 186	纂修云南上帕沿边志 …… 41
捉鹰不要怕失鸡 …… 241	昨晚狗儿为啥叫 …… 249
捉贼 …… 156	昨夜过你竹林地 …… 236
捉知了 …… 250	做毡子 …… 75
自炒锅和生死棒 …… 147	
棕树和青树 …… 174	

后　记

　　《中国少数民族古籍总目提要》是在国家民族事务委员会直接领导下，由全国少数民族古籍整理研究室组织实施的一个国家级重点文化项目。在云南，这项世纪工程在中共云南省委、省政府关怀下，在省财政厅的大力支持下和省民族宗教事务委员会直接领导下，由云南省少数民族古籍整理出版规划办公室牵头组织实施。

　　国家民族事务委员会下达《中国少数民族古籍总目提要》编目任务后，云南省成立了《中国少数民族古籍总目提要》云南编纂委员会，制订了编写实施方案。1999年11月，在滇池畔召开了第三次全省民族古籍工作会议，把编目工作作为一项重要任务进行全面动员和部署。2002年1月，在云南编纂委员会领导下成立了《傈僳族卷》编纂委员会，云南省民间文学集成编辑办公室的杨利先、刘怡、霜现月、密英文等同志为《傈僳族卷》编纂负责人，并与省编纂委员会签订了编写责任合同。因云南少数民族众多，经费、人员配备不到位，云南省少数民族古籍整理出版规划办公室遵循全面部署、全面指导、逐一落实、逐一推进的原则，先行推进《纳西族卷》《白族卷》《哈尼族卷》等卷册的编纂出版。截至2007年，包括怒族在内由云南省牵头组织实施的十余个民族相继完成讲唱类词条的纂写，但囿于经费和工作安排，审定修改、出版发行工作暂时搁置。2008年，云南省少数民族古籍整理出版规划办公室组织专家对云南各民族古籍编目的讲唱类词条进行系统的补充完善和审定，参加审改的有普学旺、玉罕娇、龙江莉、李克忠、左玉堂等专家，并汇集成《云南民族口传非物质文化遗产总目提要》出版发行，为最终纳入《中国少数民族古籍总目提要》奠定了坚实的基础。

　　2015年，经过多方努力，云南省少数民族古籍整理出版规划办公室复将《中国少数民族古籍总目提要》彝族卷、傣族卷、佤族卷、傈僳族卷、怒族卷等13个民族的古籍编目工作提上日程，指定专人负责。2016年，《国务院关于印发"十三五"促进民族地区和人口较少民族发展规划的通知》（国发〔2016〕79号）要求继续编纂《中国少数民族古籍总目提要》，在国家民族事务委员会全国少数民族古籍整理研究室的指导下，《傈僳族卷》的编撰进入攻坚收官阶段，由云南省民族古籍办和六花同志负责后续审读补充、序言撰写、图片采集、统稿等事宜。

到 2017 年底，《傈僳族卷》初稿顺利完成。2018 年伊始，云南省少数民族古籍整理出版规划办公室在昆明召开《傈僳族卷》推进及审改会。会后，和六花同志对书稿进行了第一次全面修改审定。2018 年 6 月 1 日至 7 月 15 日，云南民族出版社傈僳族专家丰庆忠编审、云南大学历史与档案学院王春桥博士对书稿进行了两轮审订修改。2018 年 9 月，《傈僳族卷》装订成册上报国家民族事务委员会全国少数民族古籍整理研究室，并聘请中央民族大学苍铭教授对书稿进行了细致认真的审读。2019 年新年伊始，云南省少数民族古籍整理出版规划办公室在昆明组织召开了"《中国少数民族古籍总目提要》云南各民族卷专家审读会"，相关专家、学者对各民族的书稿进行了出版前的审读、研讨。会后，汇总专家的审读意见，和六花同志对书稿进行了最后的修改完善，并于 1 月中旬交付民族出版社。

本书书籍类、铭刻类、文书类由和六花、杨筱奕负责完成，讲唱类由杨利先、刘怡、左玉堂、龙江莉、和六花、艾芳、杨筱奕等负责完成。杨利先提供了序言部分民间文学历程的资料。和六花负责撰写序言、凡例、后记，编制书题汉语拼音索引和全书的统稿工作。图片由高志英、杨福泉、和六花等提供。民族出版社的编辑、校对人员为此书的付梓付出了辛勤的工作。

《傈僳族卷》得以付梓，是云南民族古籍工作取得的一项重要成果，也是传扬傈僳族传统文化的一项重要工程。在编写过程中，还得到了云南省民间文学集成编辑办公室、云南省民族学会傈僳族专业委员会等单位和组织的大力支持，特呈谢意。因此项工作历时十余载，辗转数人之手，几易其稿，错漏之处在所难免，恳请指正。

《中国少数民族古籍总目提要》云南编纂委员会
《中国少数民族古籍总目提要·傈僳族卷》编纂委员会
2019 年 1 月 21 日

中国
少数民族古籍总目提要

国家民族事务委员会全国少数民族古籍整理研究室

普米族卷

民族出版社

《中国少数民族古籍总目提要·普米族卷》编纂委员会

主　　编：起国庆　　李克忠　　杨照辉
副主编：胡文明　　龙江莉　　杨海涛　　殷海涛
编　　委：和六花　　何少林　　玉罕娇　　依旺的　　艾　芳
　　　　　杨筱奕　　刘　琳　　保俊萍　　王向松　　陶开祥
　　　　　李国琼　　曹新富

序 言

普米族是我国古老的民族之一，主要分布在云南省西北高原的兰坪白族普米族自治县和宁蒗彝族自治县，少数分布在丽江市的玉龙纳西族自治县、永胜县、迪庆藏族自治州的维西傈僳族自治县、香格里拉县、临沧市的云县及四川省凉山彝族自治州的盐源县、木里藏族自治县、甘孜藏族自治州的九龙县等地，与白、汉、纳西、傈僳、彝等民族居住在一起。普米族没有自己的文字，通用汉文，其语言属汉藏语系藏缅语族羌语支。

一

普米族源自我国古代西北地区氐羌游牧部落，据史书记载，战国时期许多少数民族的先民过着随水而居的生活，主要在今青海省境内黄河源头以西地区活动，经过相当一段时间后，逐渐分化为各种羌种。

秦汉时期，普米族先民迁至约今川北广汉地区至甘南武都地区，称为"白马种""白马氏"，川西南地区的称"白狼夷"。唐代生活在青海西南部地区的"白兰羌"，亦为普米族先民。

晋朝初期，张华所著《博物志》卷三《异物》中载："蜀中南高山上，有弥猴，长七尺，能人行健走，名曰猴玃，伺道行妇女，辄盗入穴，俗呼为夜叉穴，西蕃部落辄畏之。"这是当时生活在四川省境内普米族先民"西蕃"一名的最早称谓。

据《新唐书》卷一四九《刘晏传》："六姓蛮持两端，为南诏间候，有卑笼部落者请讨之，潼因出兵袭击，浮（俘）五千人，南诏大惧，自是不敢犯边。"又据《经世大典·招捕总录》云南条下有"木龙蛮"。按"卑""木"均为唇音，或系译音异字，或系"拍米"分译。故疑唐之"卑笼部落"或即元之"木龙蛮"。即"卑笼""木龙"均系族称，似为"拍米"的音转，且其地望也在今木里一带。或说"木龙"系以地名——木里为族名。这一地区至今仍有许多自称"拍米"的人（今归为藏族）居住，在历史上也系普米族先民栖息之所。

唐代以来，西蕃之名也用以称吐蕃，或说吐蕃系西蕃的别称，宋代《文献通考》则已分别记载"西蕃"与"吐蕃"的事迹。元初周致中《异域志》已将西蕃写成西番。又说，西番的另一种"阿丹"之称，来源于普米族的古谚"觉吾布知丹"（普米族父子连名制中的第一个父姓名），此"丹"，又称"阿丹"，意为总根或源头。阿丹的地域正是四川的盐源、木里与云南宁蒗三县毗连地区。

在永胜、华坪等地，西番人在明代已是一个很繁盛的民族。天启《滇志》卷三十载："西番，永宁、北胜、蒗蕖凡在金沙江北者皆是。"景泰《云南图经志》卷四《永宁府》说："所辖四长官司多西番。"维西、兰坪等地的西番见于记载较晚，《维西见闻录》说："巴苴，又名西番……浪沧江（澜沧江）内有之。"丽江的西番，道光《云南通志》引《丽江府志》说："西番，一名巴苴……"清初，元明时期的兰州（今兰坪）并入丽江府，故以上记载包括今兰坪县，当地的西番人数也较丽江县为多。

历史记载中西番名称的出现及其分布说明，元明以后，普米族已在其今天的所在地分布和繁衍了。文献记载中的西番，其所包括的成分除云南的普米族之外，其余的自称单位现已融入到藏民族之中。

普米族族源，除汉文献记载之外，本民族民间也有许多传说，以下传说有一定的说服力，与文献记载中的源流较为一致：

云南宁蒗县和四川木里县、盐源县毗邻，这三县是普米族最集中的地区，这些地区最普遍的传说其祖先的发祥地是"觉吾布知丹"，其地望在今贡嘎岭下雪水汇集之所（今雅砻江、大渡河），由那里流出一条清澈的河流，普米族最早的四个兄弟就是在雪水汇集处分开的。宁蒗永宁的普米族传说最早的四个根称为"布"，意思是四个血统或四个族群，名称是冉祖（意为绵羊羔）、拔佳、尚（汉姓熊）、搓皮。冉祖和搓皮主要分布在木里。拔佳、尚主要分布在盐源、宁蒗。四个兄弟从四座山梁分为分支下来。大哥从第一座山梁下来发展成为曹姓，二哥从第二座山梁下来发展成为马姓，三哥从第三座山梁下来发展成为熊姓，四弟从第四座山梁下来发展成为董姓，后又从四姓中发展出来何、杨、郭、王四姓，从此以后普米族有了父子连名谱系。因此各地普米族追溯祖源或背诵谱系时，开头都从"觉吾布知丹"说起，然后才说本支的谱系。由此可见，普米族来源最早追溯到旧称西番东汉时期称白狼羌，以白狼王唐蕞为首的部落联盟，正是普米族形成一个较稳定的群体基础。后其中心转移到定筰，川西"拍米"及其他西番因与藏族关系密切而后融入于藏族之中，云南普米族则保持原有习俗至今，成为一个单一的民族。

还有两则传说与普米族的源流有一定的关系，一则是说普米族来自蒙古，这与元朝初期忽必烈南征入川滇地区时将一部分蒙古人留在云南四川并融入普米族有关；另一则说普米族来自拉萨，这与普米族曾生活在川西地区，长期与藏族生活生产有密切的关系，后大部分融入藏族之中，少部分南迁后与普米族主体汇合，形成今普米族的一员，这说明中国历史上各民族间交流融合十分普遍，也说明中华民族相互吸纳包容，民族团结和谐。

二

普米族有着悠久而深厚的传统文化，其口传古籍丰富且独具特色，这些口传古籍伴随着普米族跨越上千年的历史，且在其历史发展过程中不断丰富充实，是普米族先民认识自然、适应自然和认识自我的智慧和结晶，直到现在还对民族的心理、宗教、社会、经济、生活、人生、民俗等方面起着重要的作用，是中华民族优秀传统文化遗产的重要组成部分。

普米族的讲唱类古籍可以分为史诗歌谣、神话传说、民间故事等几大类。

普米族的史诗歌谣包括创世古歌、叙事歌、仪式习俗歌、生活歌、劳动歌、情歌、儿歌等。

创世古歌有《帕米查哩》《洪水滔天》《金锦祖》《日月开天地》《人从哪里来》《起源歌》《普米四兄弟》《普米的古礼从哪里来》《迁徙歌》《巴扎贤赞》等。以下略举几例予以说明。

《帕米查哩》是一部创世史诗，全诗由二采金光、洪水朝天、青蛙舅舅、寻找仙女、勇杀魔王、英雄选亲、天神的考验、种子的由来几个部分组成，主要讲述了天地、人类和物种等形成和起源。

《普米的古礼从哪里来》讲述了普米族先民学习纺织、耕种、建寨盖房、种谷及其来历等，这些古歌反映了普米族认识天地万物，适应自然和自我的真实过程。

叙事长诗是普米族先民们对事物认识过程的完整记述。如《支萨甲布》是一部英雄史诗，叙述支萨甲布如何战胜妖魔，让普米族过上平安幸福的日子。《神奇的花鸟》叙述的是爱情故事，相传有一个叫金玛的孤女，金玛与头人的儿子岩珠相爱，其养母将金玛嫁给了岩珠后又害死了金玛，金玛死后化成美丽的花鸟，至死不渝的岩珠经过千辛万苦最后找到了花鸟后并扑向花鸟，他变成了一只花鸟，两只花鸟最终比翼双飞，成为相依为命的恋人，反映了对社会等级、礼教制度的控诉，赞美了人间坚贞的爱情。

《冗坑》是一部葬礼歌。普米族中一旦有长者过世，特别是德高望重的老人离世都要演唱《冗坑》。《冗坑》分为三十六折（段落），三十六段都以歌谣形式叙述整个葬礼仪式和过程，其内容均赞扬死者生前的功绩及生活生产知识，是一部普米族的百科全书。

普米族生产生活中的仪式较多，并随着整个民族的发展而传承，仪式歌内容丰富，有祭锅庄、祭三脚、祭柱子、敬祭调、转山歌、祭祀歌、拜龙调、喊福歌、安慰死者歌、献饭歌、指路歌、送魂调、认亲歌、新年歌、过年歌、开门关门调、祝福词等，涉及生产生活的各个领域。如祭锅庄、祭三脚唱述的是火塘边的锅庄、三脚架，杀牲祭祀时的诵词、祈祷无灾无害、五谷丰登、保佑平安；开门关门歌是在婚礼中娶亲时新娘新郎双方在门口以问答方式对生活知识的交流，并以此谆教夫妻在未来的日子相互关心体贴、互助互爱等。

普米族是一个能歌善舞的民族，无论在各种节庆典礼，还是日常生产生活中，始终歌舞相伴，对唱独唱情歌就是倾吐情意的最好表达方式。情歌内容极为丰富，有青年男女夜间在村寨公共场所，或在山间树林、耕地中进行对唱，寻找心爱之人，也有在各种节庆典礼中引歌唱述，从中寻双方互有心意之人。这些情歌中，青年男子们均以借物喻物，将女孩们比作美丽山花，或以巧嘴鸣唱的山鸟等方式，讨得她们的欢心，最终找到自己的意中人。

劳动歌、生活歌、儿歌等，则以歌唱方式重述劳动、生活的场景，以交流劳动、生活的知识与经验。

神话传说在普米族口传古籍中占有非常大的分量，它是普米族先民们认识自然、适应自然和认识自我的总结，这些内容或以神形方式表现，或以人物的形式出现，均充分反映出普米族价值观、人生观。

神话类有《杀鹿人》《太阳月亮和星星》《开天辟地》《直呆南木》《格松巴悟治太阳》《土箭射日》《狗为什么咬月亮》《月亮妹妹》《神牛喊寿岁》《人狗换寿》《人蛇换皮》《洪水滔天》《凤凰治龙王》等。这些神话均反映了普米族先民们对变幻莫测的自然现象的理解，如《杀鹿人》讲述的是普米族派人到天菩萨那里请教创造万物之法，天菩萨给人十只狗，人用十只狗追杀马鹿，人们用猎到的马鹿身躯的各个器官创造了天地万物从而变成了现在的世界。

"直呆南木"为普米族语，意为"洪水滔天"。此神话是南方各少数民族之中普遍流传的一则神话，其核心内容大多与人类繁衍有关。普米族的《洪水滔天》由采金光、直呆南木、阿克巴底、和仙女成亲、百鸟求种、狗找谷种几个部分组成。讲述的是远古时候住在海边的兄弟五人寻找海螺采金光，其中老四和老五兄妹二人在采金光路上遇见一位老奶奶，并在其点化下成了日月，于是天地间有了万物。不久天地间洪水滔天，老大老二便淹死了。老三不辞辛劳寻找人烟，又被妖魔吞食，在青蛙的劝说下得以生还并遇到了天神的三个女儿，后与三女儿成亲生养了儿女，后来天神的三女儿回到天宫再也没有返回，不过在太阳的恳求下赐予人类种子和一只狗，狗把种子带回人间，人间便有了种子，便开始了新的生活。

普米族的传说也相当丰富，有《"括鲁"石的来历》《祭三脚的来历》《山神和猎神》《打猎的来历》《猎神朗布松》《祭龙神》《"娃娃节"的来历》《年初不泼洗脸水》《"给羊子"的由来》《送披毡》《墓前插柳思亲人》《敬猫的由来》《普米姑娘"取水"》《禳鬼的由来》《女人戴耳环手镯的由来》，同时还有众多如山川风物传说，人物传说，文化起源传说等，举以下几例即见一斑。如《祭三脚的来历》，讲述古时候普米族居住的地方有一个无恶不作的妖魔，有一次村寨中有一位姑娘出嫁时半道上被其掠走并吃掉，她父亲用其女儿的手镯将妖怪制服，自己也被妖怪射出火焰烧死，随即化成三脚架，当村寨人回到家中时发现户户都有一个三脚架支在火塘上，从此普米族人将其视为保护神。

普米族多依山而居，穿山打猎是他们的主要生存手段，因此他们对山和狩猎都非常重视，祭山神和猎神是他们生活中必不可少的仪式，《山神和猎神》讲述过去有一对名叫金祖和达祖的兄弟，与后母一起生活，但后母对金祖不好，并将其赶上山放羊，弟弟常常背着后母送吃的给金祖，也把自己吃的一半分给哥哥，弟弟看到哥哥着实辛苦，将其放牧的羊圈起来，另一半则放生（后来变成各种野生动物），当达祖回到家里，发现房子被烧，后母也被烧死，于是他又回到山上和哥哥一起过着放牧的生活，他们死后便变了猎神和山神。又如"给羊子"的由来讲述的是：古时候天下有一千五百只羊，在山上自由生活，一年春天住在山洞的老母狼生了九个狼崽，后被羊踩落的石头将它们全部砸死，于是母狼结伴山上的狼将羊吃掉仅剩三只，后来羊在普米人的保护下生存下来，狼也被全部打死，羊为了感谢普米人并答应用羊毛可织衣，羊心可掏出来祭祀死者，并传承至今，于是普米族就有了"给羊子"的葬礼仪式。

《金沙江和澜沧江失约》，讲述古时候金沙江和澜沧江是一对兄妹，他们约定在叫稗子沟的地方会合。不料此消息被山神知道，于是山神骗金沙江妹妹说，她哥哥不来了，金沙江妹妹便调头往石鼓方向走了，不久哥哥来了而未见妹妹，山神也以同样的方式骗澜沧江哥哥，哥哥也生气地往维西方向去了，从此兄妹俩再走不到一起。再如人物传说的《冲格萨传奇》，讲述远古时候，有个名叫冲格萨的青蛙儿子，从小与姑母相依为命。长大成人后，从姑母那里知道了父亲是被魔王掠走并杀死，后来他的母亲也被魔王抢走，冲格萨为替父报仇夺回母亲，在菩萨的帮助下变成了小蜜蜂，于是诱骗天女、龙女、山神女成为其妻，而三个妻子将她们丈夫青蛙的皮烧掉，冲格萨变回人形，冲格萨继续寻找魔王复仇。与此同时，魔王派火格格抢夺冲格萨的妻子，期间龙女回到了海里，天女回到了天上，而山神女又被火格格抢走，冲格萨最终将火格格和魔王全部杀死救出了母亲，母亲死后与其父亲葬在一起，并将他们的灵魂送回祖先居住的地方。此类人物传说很多，大多与普米族居住的自然环境息息相关，各种人物与自然界的各种邪恶势力作斗争，最终获胜，人们过上平安的日子。有的人物传说与普米族信仰的宗教有关，有的则与游牧与狩猎生活有关联，或与文化起源有联系等。这些都反映普米族先民不畏环境艰险，不怕邪恶势力，最终战胜它们，并过上幸福生活，表达了鲜明的善恶观，追求美好生活的愿望。

民间故事在普米族口传古籍中占有相当大的分量，是其传统文化中的主要组成部分。普米族的民间故事根据内容大致可以分为幻想故事、生活故事、机智人物故事、动植物故事四大类，这些故事从各个侧面反映了普米族先民对周围环境变幻莫测的理解，对人们生活的全新诠释，人们与自然、邪恶势力、社会黑暗势力斗争的聪明才智，以及对各种飞禽走兽的认识和理解。以下的几例极具代表性。

幻想故事类如《宝猪》，讲述从前一对母子生活在海边，养了一头猪三年也不见长，有人认为那是宝猪并愿出高价购买，母子俩不从。有一天小伙子牵了猪到海边，入水后海水沸腾起来，滚烫的水惊动了龙王，在龙王的恳求下小伙子把猪拉上岸，龙王许给了小伙子房子、马匹、粮食和可变食物的茶壶和一位美丽的姑娘，过上了幸福的生活，后来美丽的姑娘被恶人抢走，小伙子又牵了小猪向海龙王求救，在龙王的帮助下除掉了恶人，救出了姑娘，一家人又过上了平静的生活。此类故事还有如《宝裤》《夜明珠》《鬼帽》《一对红头鸟》《小黑妞》《植玛姑娘》《拴鬼》《九十九驮白银》《青母牛》《小渔夫拒亲》等。

生活故事类如《财主寻笑》讲述的是从前有两个人相邻而居，一穷一富，穷人家夫妻恩爱，家庭和睦，而富人家家产万贯还嫌钱少。有一天穷人家的孩子到富人家玩，看见他们在炒燕麦并乞要了一点，灼热的燕麦烫得小孩直叫又不忍心丢弃，富人家老婆见状捧腹大笑，嗓子哑了，牙也掉了，最后死亡。此类故事还有《黄赛都除霸》《仰盼的故事》《阿波强保朵时的故事》《山神济贫》《阿炳挖金子》《敬神不如敬父母》《布比》等。

机智人物故事类如《两个太阳》，讲述的是官府老爷被一名叫常会子的人骗了几次后仍不服气，有一天又和常会子打赌说若能骗了自己，就饶了常会子，常会子说因太忙连天上出两个太阳都来不及看，无法骗人，官府老爷抬头看见只有一个太阳，才知道自己又被捉弄了一次。机智人物故事在云南少数民族中普遍流传，普米族也不例外，其余的还有如《牵羊上斑竹》《背木楞房》《治腰疼》《犁院墙》《买布》《打斑鸠》《治鹰》《哄你》《换手杖》等。

动植物故事类与普米族驯养的家畜、狩猎的猎物、种植的作物和采集的植物息息相关。如聪明的兔子，讲述冬季的一天，兔子外出觅食，看见了一只老虎，于是急中生智，将自己的耳朵顶在岩石上，并大声叫喊：危险，山石快要落下来了，老虎听见撒腿便跑，兔子便悠然吃草去了。又如《燕麦种子的故事》，讲述清朝乾隆皇帝曾来普米族地方，一天有一家人在打燕麦，不慎麦芒飞到了他的身上，奇痒难耐，便命普米人今后不许种麦，然而，到了晚上，乾隆皇帝十分饥饿，便进了一户人家。那家人给了他燕麦粑粑，他吃饱了，后来知道是燕麦做出来的，于是他命普米人将燕麦种子烫活下种，从此，普米族在下种前，将种子烫一下再种下，这样才会发，这一习俗流传至今。此类故事还有如《练爬坡》《兔子的耳朵为什么那样长》《守家》《报复山妖》《烧死老虎》《智杀妖精》《哭牛》《箐鸡与乌鸦》《狼与绵羊》《庄稼和草的故事》《牵牛花的来历》等。

普米族口传古籍还有寓言、笑话、儿歌。除上述之外，普米族还有一种特殊的古籍，它是借用藏文书写、用普米语释读的文献古籍，称为韩规古籍。普米族居住在云南西北地区，与藏、纳西、傈僳族杂居，宗教受藏传佛教影响较深，因此，韩规古籍多数为宗教经书。其内容包括社会、政治、经济、历史、地理、山川风物、文学艺术及宗教等。它是在特定环境下形成的一种特殊的文献古籍，是普米族传统文化的重要组成部分，且对现今的普米族的社会生活、文化传承、宗教活动发挥着积极的作用。

三

普米族居住云南省的西北地区及四川省西南地区，历史上对普米族记载的文献资料极少，因而对其研究、关注也少，即使到了近代也如此，要从汉文献记录中寻找到比较完整的资料十分困难，更没有完整记录普米族社会历史发展全貌的书籍。这种状况一直持续到中华人民共和国成立，从20世纪50年代起，国家组织了大批的历史学、民族学、语言学专家深入到民族地区进行对各民族的社会、政治、经济、生产生活历史、文化、宗教、习俗等进行大规模的调查，普米族古籍资料的搜集整理工作从此开始。自1957年起，全国人大民族委员会云南少数民族社会历史调查组先后派遣了林耀华、刘尧汉、黄淑娉、宋兆麟、陈久金、王钧、周裕栋等同志深入到普米族地区调研，对普米族社会历史各个领域的资料进行了全面系统的搜集，之后刊印了调查资料，使外界对普米族有了全新而全面的认识、了解。到20世纪60年代初期，为了贯彻执行中央提出的"全面搜集，慎重整理，加强研究，重点推广"的方针，抢救濒于失传的普米族古籍资料，中共云南省委宣传部组织专家又深入到普米族地区调查，搜集了大量的普米族口传古籍资料，并将其编入《云南少数民族文学资料辑》之中。期间亦培养了包括普米族人在内的研究云南少数民族古籍的一些专家。

20世纪80年代，在汉族及普米族本民族研究人员共同努力下，研究成果也不断涌现、陆续出版，先后有《普米族社会历史调查》《普米族简史》《普米族语言简志》《普米族神话传说集成》《普米族民间故事集成》《普米族民族志》《普米族文学简史》，以及一定数量的内部资料等相继出版、印刷，使普米族社会历史的研究、口传古籍的抢救与保护工作进入新的历史阶段。

四

1997年，国家民委实施《中国少数民族古籍总目提要》项目，普米族传统文化——民族古籍的抢救与保护工作进入新的一个阶段，全面抢救、保护整理普米族古籍工作正式启动。1998年，国家民委全国少数民族古籍整理研究室在广西桂林举办了全国少数民族古籍编目培训班。2000年，云南省少数民族古籍整理出版规划办公室又在云南昆明举办了全省少数民族古籍培训班，普米族古籍编写人员亦参加了培训。之后，云南省少数民族古籍整理出版规划办公室联合云南省民间文艺家协会共同开展此项工作。2004年，正式将普米族古籍编目交由云南省社科院杨照辉和云南省民族古籍办龙江莉组织实施，经过三年的工作，共完成词条三百余条，并收入《云南民族口传非物质文化遗产总目提要》一书之中，其后中断，直到2014年在国家民委全国少数民族古籍研究室和云南省民族宗教事务委员会的大力支持下，此项工作又重新启动，并继续由云南省少数民族古籍整理出版规划办公室李克忠研究员负责实施，对普米族卷进行修改、补充和完善，以图文并茂的形式全面展示丰富多彩的普米族口传古籍和传统文化遗产，充分反映了普米族人民与各民族一同缔造中华民族光辉灿烂的文化所作出的贡献，同时也为全国民族团结示范区建设、云南省民族文化强省建设，促进民族团结，维护祖国统一、边疆稳定，为实现中华民族的伟大复兴的中国梦发挥积极的作用。

《中国少数民族古籍总目提要》云南编纂委员会
《中国少数民族古籍总目提要·普米族卷》编纂委员会
2019 年 1 月 16 日

凡 例

一、本书按照《〈中国少数民族古籍总目提要〉编写纲要》规定的收录范围，共收录普米族古籍条目631条。其中，书籍类，收录100条；讲唱类，收录531条。

二、讲唱类分为神话传说、民间故事、长诗歌谣三部分，每一部分按我国民间文学传统分类方法分类。

三、编撰人员姓名均在各条目末括号内注明。

四、本书根据《〈中国少数民族古籍总目提要〉编写纲要》的要求编写，以确保丛书整体统一。

条目分类目录

书籍类

博物志 …………………………………… 297
宋史 ……………………………………… 297
经世大典 ………………………………… 297
明史 ……………………………………… 297
蜀中广记 ………………………………… 297
云南图经志书（景泰） ………………… 297
云南志（正德） ………………………… 298
云南通志（万历） ……………………… 298
滇略 ……………………………………… 298
滇志（天启） …………………………… 298
云南通志（康熙） ……………………… 299
古今图书集成 …………………………… 299
南诏野史 ………………………………… 299
明实录 …………………………………… 299
土官底簿 ………………………………… 299
滇黔志略 ………………………………… 300
滇小记 …………………………………… 300
滇云历年传 ……………………………… 300
维西见闻纪 ……………………………… 300
丽江府志略（乾隆） …………………… 300
皇清职贡图 ……………………………… 301
滇系 ……………………………………… 301
云南通志（道光） ……………………… 301
云南志钞（道光） ……………………… 301
滇南志略 ………………………………… 301
滇中琐记 ………………………………… 301
云南种人图说 …………………………… 302
永北府志（乾隆） ……………………… 302
永北直隶厅志（光绪） ………………… 302

肇域志 …………………………………… 302
读史方舆纪要 …………………………… 302
"弄卡"图经 …………………………… 303
祭祀规程经 ……………………………… 303
搭建"仲辛"祭坛经 …………………… 303
亡魂附牌经 ……………………………… 303
禳解鬼怪经 ……………………………… 303
辨识鬼魅经 ……………………………… 304
供奉祭品经 ……………………………… 304
搭建"壹冬"祭坛经 …………………… 304
祈护佑经 ………………………………… 304
搭建"弄卡"祭坛经 …………………… 304
迎接亡魂经 ……………………………… 305
献冥食经 ………………………………… 305
解除亡灵疾病经 ………………………… 305
焚灵体规程经 …………………………… 305
焚灵体祷祝经 …………………………… 305
祈求威力经 ……………………………… 305
"煨桑"经 ……………………………… 306
切断生死线经 …………………………… 306
切断地狱之线经 ………………………… 306
捣毁魔窟经 ……………………………… 306
消除男性亡者罪孽经 …………………… 306
消除女性亡者孽缘经 …………………… 307
亡灵解脱经（一） ……………………… 307
亡灵解脱经（二） ……………………… 307
亡灵转生经 ……………………………… 307
取火种经 ………………………………… 307
祭仪规程经 ……………………………… 307
亡灵定位经 ……………………………… 308
献冥绵羊经 ……………………………… 308
献冥牦牛经 ……………………………… 308

献冥马经	308	释肯干比荣	316
开门送灵经	308	润肯	316
祈愿福泽经（一）	309	拉擦布谷角	316
祈愿福泽经（二）	309	扎拉松冬	316
祈愿福泽经（三）	309	扎拉都孜	316
拆除"仲辛"祭坛经（一）	309	亨尔别开利肯	317
拆除"仲辛"祭坛经（二）	309	亨尔别松冬	317
拆除"弄卡"祭坛经	309	塔朗	317
拆除冥堂经	310	塔朗吉吉	317
清理祭物经	310	荣给帕罗	317
关闭死门经	310	查子查达	318
夏多吉杰	310	孝子孝列	318
韩规振	310	毛肯	318
则依	311	戎肯	318
年布	311	仲辛明达	319
都孜	311	仲辛都孜	319
日绵亨	311	滚肯	319
雄削	311	润准	319
滚摆	312	汝纠	319
毛穆	312	菊崃	320
给得尔准	312	宗巴拉松冬	320
滚拉松冬	312	戎峥戎崃	320
给瓦	312		
死米肯日介	312		
布楚苦塞角	313	**讲唱类**	
术切	313		
给瓦联恰	313	**一、神话传说**	
仕米博环拍	313		
仕米肯使介贡琼	313	（一）神话	
赶巴卡	314	杀鹿人	323
蒸启燕喃	314	太阳、月亮和星星	323
茨尔崩瑞	314	开天辟地	323
启若普代瑞	314	直呆南木	324
仲辛瑞	314	格松巴悟治太阳	324
省库瑞	315	土箭射日	325
弄卡端	315	日食的传说	325
撒争	315	狗为什么咬月亮	325
韩规颠奔鲜	315	月亮妹妹	326
丁巴辛饶亨查	315	狗找来了谷种	326
		人狗换寿	326

神牛喊寿岁 …… 326
神牛送五谷 …… 326
人蛇换皮 …… 327
马桑树与水牛 …… 327
洪水滔天 …… 327
凤凰治龙王 …… 327
青蛙教人祖喝智慧水 …… 327
乌鸦叫不吉利、松树死后皮腐心不烂和
　母骡不下儿的来历 …… 328
巴松吉的四个儿子 …… 328

（二）习俗传说
"括鲁"石的来历 …… 328
祭三脚的来历 …… 329
山神和猎神 …… 329
打猎的来历 …… 329
猎神朗布松 …… 330
敬龙王的来历 …… 330
祭龙神 …… 330
转山节的传说 …… 330
"娃娃节"的来历 …… 331
玛丽妞和七月半节 …… 331
年初不泼洗脸水 …… 331
"死叩"的来由 …… 331
给绵羊的来历 …… 332
"给羊子"的由来（一）…… 332
"给羊子"的由来（二）…… 332
送头发的由来 …… 333
送披毡 …… 333
拈十三节骨渣的来历 …… 333
墓前插柳思亲人 …… 334
敬猫的由来 …… 334
普米不兴扑卧地上喝水 …… 334
普米不信盅 …… 335
"放白羊奶"的由来 …… 335
挤牛奶的由来 …… 335
普米姑娘的"取水" …… 335
凶死者的后代 …… 336
点香火的由来 …… 336

"增巧木"祭奠的由来 …… 336
禳鬼的由来 …… 337
普米人为什么敬狮子 …… 337
姑娘出嫁不兴回头 …… 337
女人戴耳环手镯的由来 …… 337
衣服为什么钉纽子 …… 338
"查蹉"的由来 …… 338
稗子沟为什么没有山神 …… 338

（三）山川风物传说
青安山的传说 …… 338
大羊场红岩子的来历 …… 339
桑拉与丹都 …… 339
阿扎家族与木底箐 …… 339
血垭口的传说 …… 340
玉狮场的来历 …… 340
独石头的传说 …… 340
攀天阁的来历 …… 340
天仙桥的传说 …… 341
拉麻堆的来历 …… 341
龙家碗 …… 341
金沙江和澜沧江失约 …… 341
泸沽湖的传说 …… 342
小羊场龙潭的来历 …… 342
花母牛发现盐井 …… 342

（四）人物传说
冲格萨传奇 …… 342
冲格萨甲布 …… 343
冲格萨甲布选妻 …… 343
世篆罗大祖 …… 343
什撰何大祖 …… 344
娃巴茨茨 …… 344
不要给婆娘说真话 …… 344
干松巴情 …… 345
赤荀汝与介巴群巨 …… 345

（五）其他传说
姓氏的来历 …… 345

绵羊和二十八宿	345	姐弟俩和老虎哥	357
普米的文字到哪儿去了	346	癞疙泡	358
阿什为什么有经书	346	青蛙娶媳妇	358
普米族为什么没有土司	346	本分人和狡猾人	358
三天土司王子的由来	346	笃玛与旺天莫	359
换生孩子	346	紫花地丁	359
竹笛的传说	347	妻子的羊尾巴	359
		一盘石磨	359
		塌鼻梁的哥哥	360
		难中得福	360

二、民间故事

（一）幻想故事

		穷姐姐与富妹妹	360
宝猪	348	得义和忘恩的故事	360
宝裤	348	红桃	361
夜明珠	348	孤儿的奇遇	361
夜明珠的经历	349	两兄妹	361
鬼帽	349	异母兄弟	362
笑魔与人	350	阿舅的姑爷	362
富学穷家儿	350	秀才智斗妖精	362
一对红头鸟	350		
小黑妞	351	（二）生活故事	
植玛姑娘	351	兄弟俩挖银子	363
多海底的忏悔	352	三弟兄	363
拴鬼	352	独儿子格茸	363
九十九驮白银	352	聪明人割麝香	364
吹唢呐的员外	352	憨姑爷梦得准	364
罗多斯白的故事	353	砂粒的梦	364
青母牛	353	财主寻笑	364
黑母牛的故事	354	黄赛都除霸	365
割了舌头的小鸟	354	仰盼的故事	365
鹦哥魂	354	阿波强保朵时的故事	365
拉母与打史	355	老阿爹告状	366
可怜的打力巴	355	山神济贫	366
小渔夫拒亲	355	巧选当家人	366
雁姑娘	356	劳动出粮食	366
黑猫姑娘	356	阿炳挖金子	367
白鸽姑娘	356	敬神不如敬父母	367
神奇的桌布	356	聪明的辛期仕	367
歇在花红树上的妹妹	357	布比	367
白龙与黑龙	357	一心想做菩萨的喇嘛格史	368

忘恩负义的理发匠	368
馋嘴媳妇	368

（三）机智人物故事

牵羊上斑竹	369
背木楞房	369
会唱歌的宝葫芦	369
治腰疼	369
请喇嘛	370
捉野鸡	370
避祸事	370
吸鼻烟	370
犁院墙	371
买布	371
银子洞里的金菩萨	371
赌骑骡	371
打斑鸠	372
治鹰	372
给龙王送磨子	372
巧杀白绵羊	373
哄你	373
土罐换鞍马	373
戏财主（一）	373
戏财主（二）	374
换手杖	374
仁义值千金	374
手中无钱受狗气	374
换马	375
两个太阳	375
县官挨打	375
"烂民"受骗	375
巧杀白山羊	376
得了枣红马	376
三兽分了尸	376
少了白公羊	376
头人被埋了	377
巧斗财主	377
犁轮歇地	377
白考山主的难题	377

黄金装满东仓	378
道四句	378
机智的长工	378

（四）动植物故事

聪明的兔子	378
兔子为什么眼睛红胆子小	379
兔子的耳朵为什么那样长	379
兔子的嘴为什么是缺的	379
练爬坡	379
守家	380
报复山妖	380
教训老熊	380
惩治大猩猩	381
烧死老虎	381
智杀妖精	381
哭牛	382
健忘的兔子	382
为什么老熊的眼珠小	382
老熊为什么撕人脸	382
毛狗牵老虎	383
老虎为什么不会爬树	383
老虎和水牛比武	383
老虎和獐子	383
猫、豹、虎的故事	384
老虎学艺	384
猴子屁股为什么没有毛	384
猴子、老熊和布谷鸟的故事	384
老鼠为什么吃粮食	385
牵牛鼻子的来历	385
猫想老家	385
猫狗结怨	385
蛙鹿赛跑	386
羊膝疤的来历	386
狗吃粮、猪吃糠	386
狗为什么撵獐子	386
鸡狗喝水为什么与众不同	387
蛇怕竹竿及五色土的来历	387
刺猬身上的刺是怎样来的	387

狼与绵羊	387
乌鸦变黑的由来	387
箐鸡与乌鸦	388
乌鸦唤青蛙	388
乌鸦与啄蜂鸟	388
喜灵雀与乌鸦	388
喜鹊、乌鸦与清泉	389
公鸡报仇记	389
箐鸡借花衣	389
野鸡的脸为什么是红的	389
大画眉鸟的由来	390
多情的翠绿鸟	390
何蔚鸟	390
跳蚤与虱子	390
人参的发现	391
庄稼与草的故事	391
燕麦种子的故事	391
牵牛花的来历	391

三、长诗歌谣

（一）创世歌和古歌

帕米查哩	392
洪水滔天	392
金锦祖	392
日月开天地	393
人从哪里来	393
曹直鲁衣和泽里甲姆	393
起源歌	393
普米四兄弟	394
普米四家族	394
普米的古礼从哪里来	394
迁徙歌	394
巴扎贤赞	394

（二）史诗和叙事歌

支萨甲布	395
克里与戈桑	395
神奇的花鸟	395

冗坑	396
熊巴佳佳和他的伙伴	396
罐罐山的来历	396
赌钱调	397

（三）仪式和习俗歌

祭锅庄	397
祭三脚	397
祭柱子	398
敬祭调	398
转山歌	398
祭祖歌	398
巴扎哩哩	399
拜龙调	399
撵鬼词	399
喊福调	399
安慰死者的歌	400
弹羊毛歌	400
献饭调	400
指路调	400
送魂调	401
给绵羊（一）	401
给绵羊（二）	401
师峨调	401
认亲歌	401
迎客调	402
客气歌	402
礼物歌	402
新年歌	402
春节歌（一）	402
春节歌（二）	403
过年歌	403
说亲调	403
求亲歌	403
天亮调	404
嫁女调	404
出嫁歌	404
开门调（一）	404
开门调（二）	404

关门开门歌	405
小妹明天要出嫁	405
接亲调（一）	405
接亲调（二）	406
打开亲家的锁	406
四面山上安绳套	406
娶亲歌	406
锁门调	407
请客歌	407
聚谈调	407
果碟调	407
祝福词	407
祝福调	408
祝愿歌	408
祭中柱	408
迎亲调	408
送亲歌	409
取钥匙	409
团结花	409
五彩花是祝婚的人群	409

（四）生活歌

四季歌（一）	409
四季歌（二）	410
传教歌	410
黎明调	410
人是怎样发展的	410
人的来历	410
子孙不断根	410
思念故乡的亲人	411
油茶喷香吃不厌	411
离群的孤雁	411
媳妇怜	411
伤心调	411
养儿难	411
想娘歌	412
可怜的姑娘（一）	412
可怜的姑娘（二）	412
可怜的姑娘（三）	412

酒歌	412
苏理玛调	412
茶歌	413
今晚夜色多美丽	413
羊皮舞歌	413
打跳歌	413
"查蹉"对歌	413
我家场坝	414
吉典	414
让我们白头到老	414

（五）劳动歌

狩猎歌	414
打麦歌	414
赶马调（一）	415
赶马调（二）	415
布谷声中打麦忙	415
放羊调（一）	415
放羊调（二）	415
烧榨子	416
打奶歌	416
春毛谷	416
打豆子	416
推磨歌（一）	416
推磨歌（二）	416
砍柴调（一）	417
砍柴调（二）	417
纺麻线	417
纺线歌	417

（六）情歌

找门调	417
树根相连叶相挨	417
水中的花朵	418
不分离	418
陪哪个	418
杜鹃花满林开	418
对唱（一）	418
对唱（二）	418

欢聚 …… 419	姑娘我爱你 …… 424
思念 …… 419	我不愿离开你 …… 424
真挚纯洁的心灵 …… 419	赶马的小伙子 …… 424
爱情是越抹越亮的茶罐子 …… 419	友谊像珍珠 …… 424
爱神给了我勇气 …… 419	伤心调 …… 425
请把泉水喝个干 …… 419	你不说我也知道 …… 425
只因妹家在山箐 …… 420	忘不了你的声音 …… 425
送你什么礼物 …… 420	等着你 …… 425
水雾笼罩着水潭 …… 420	一样也别说 …… 425
离别 …… 420	阿妹的眼睛 …… 425
采蜜人的歌 …… 420	我愿 …… 426
我要把你追着 …… 421	难忘送我腰带的人 …… 426
阿哥要有妹作伴 …… 421	千里挖沟为栽秧 …… 426
金花银花一处开 …… 421	不看蜜蜂看路程 …… 426
不要错看人 …… 421	哥是茶叶妹是盐 …… 426
妹是江来哥是海 …… 421	脸儿红了 …… 426
兄妹情意断不了 …… 421	小伙伴 …… 426
想你想你不好说 …… 421	
石头打来我不飞 …… 422	（七）儿歌
永不凋谢的花 …… 422	哄娃娃调 …… 427
妹心挂在郎心上 …… 422	放猪调 …… 427
一颗心 …… 422	葵花 …… 427
路远难见有情人 …… 422	荷叶莲花根连根 …… 427
咦私咦 …… 422	放牛调 …… 427
兄妹婚姻要自主 …… 423	一物降一物歌 …… 428
阎王面前手拉手 …… 423	小伙伴，猜猜看 …… 428
相亲相爱一颗心 …… 423	要在家里乖乖玩 …… 428
搭桥 …… 423	斑鸠肚大 …… 428
真诚的姑娘接他走了 …… 423	晒太阳 …… 428
在遥远的村庄 …… 423	牧歌（一） …… 428
小伙的歌 …… 424	牧歌（二） …… 429
姑娘的歌 …… 424	风趣歌 …… 429

书籍类

博物志

10卷。张华编撰。分类记载山川地理、飞禽走兽、人物传记、神话古史、神仙方术等。卷3《异兽》载："蜀中南高山上，有弥猴，长七尺，能人行健走，名曰猴玃，伺道行妇女，辄盗入穴，俗呼为夜叉穴，西蕃部落辄畏之。"原书已佚，今本《博物志》由后人搜辑而成。常见的通行本，收在《广汉魏丛书》《古今逸史》《稗海》等丛书中。有范宁校正本《博物志》，中华书局1980年版。

（李克忠，和六花）

宋史

496卷。脱脱等撰。至正三年（1343年）三月开局，至正五年（1345年）十月成书。全书有本纪47卷，志162卷，表32卷，列传255卷，是中国二十四史中最庞大的一部史书，亦是收录宋朝官方史料和私人著述最系统、全面的一部史书。卷496《蛮夷列传四·黎州诸蛮》述及与普米族相关的内容，文曰："邛部川蛮，亦曰大路蛮，亦曰勿邓，居汉越嶲郡会无县地。其酋长自称'百蛮都鬼主'……雍熙二年，都鬼主诺驱并其母热免遣王子阿有等百七十二人以方物、名马来贡。"今见二十四史竖排版，共40册，中华书局1985年版。

（和六花）

经世大典

又名《皇朝经世大典》，全书880卷，目录12卷，附公牍1卷、纂修通议1卷。由奎章阁学士院负责编纂，赵世延任总裁，虞集任副总裁。至顺元年（1330年）开始编纂，至顺二年（1331年）五月修成。全书分十篇，君事四篇，即帝号、帝训、帝制、帝系；臣事六篇，即治典、赋典、礼典、政典、宪典、工典。其中《招捕总录·四川·西番》载："至元四年五月，崇庆等处从宜王遇等，令已降西番人大番官旁木及阿里吉，招到西番大和尚解设、三卜鲁大蒙、答谷族思蓬怯、将同组速恭麻、拘宰族鲜酌等十一族。"原书已佚，明初修《元史》时多有引用，《永乐大典》亦予辑录。《元文类》所收《经世大典序录》及中华书局影印《永乐大典》残本中存留部分内容。引录自《丛书集成初编》第3911册，中华书局1983年版。

（和六花）

明史

332卷。张廷玉等纂。记载自洪武元年（1368年）至崇祯十七年（1644年）间二百多年的历史。分本纪24卷、志75卷、列传220卷、表13卷。卷90《兵志二·卫所》、卷330《西域列传二·西番诸卫》、卷311《四川土司列传·宁番卫》等涉及西番的分布、建置沿革等内容。如"宁番卫"条载："宁番卫，元时立于邛都之野，曰苏州……环而居者，皆西番种，故曰宁番。"今有中华书局点校本《明史》，中华书局1974年版。

（和六花）

蜀中广记

108卷。曹学佺撰。明代地理著作，分名胜、边防、通释、人物、方物、风俗、诗话、画苑等十二门。资料旁征博引、搜罗宏富。卷34《边防记·宁番卫》描述了西番的生产生活概况、风土人情等内容。文曰："西番人身长大勇猛，占住山头……身著短衣，盖以羊皮。食以青稞磨面作饼，酥油煎茶为饭。"引录自《文渊阁四库全书》史部十一《地理类·杂记之属》，上海古籍出版社1987年影印本。

（李克忠，和六花）

云南图经志书（景泰）

10卷。陈文、王毅纂修，卷1至卷6为地理志，按各府、州、宣慰司、宣抚司、指挥司、长官司，分载其建制沿革、郡名、风俗、土产、山川、学校、古迹、人物等22目。卷7至卷10为艺文志，载元明诗文。卷4《永宁府》《滇蒗州》，卷5《丽江军民府·巨津州》等述及西番分布地的风俗、形胜、土产等，景泰六年（1455年）抄本，云南少数民族社会历史研究所于1956—1960年油印。黄色绵纸，线装，楷体墨色。页面25.2厘米×18.5厘米，版框20厘米×14厘米，无边栏，10行，每行22字。白口，有书名、卷次、页码。保存完好。云南省社会科学院图书馆藏本。今有李春龙、刘景毛校注本景泰《云南图经志书》，云南民族出版社2002年版。

（李克忠，和六花）

云南志（正德）

44卷，周季凤纂修，首为《地理志》14卷，次《事要》1卷，次《列传》7卷，次《文章》11卷，次《外志》11卷，全面反映社会经济文化，颇多可取，开明清地方志书的新体例。卷8《永宁府》、卷11《丽江军民府》等记载了西番及其分布地的形胜、土产、风俗等，文选楼刊本《天一阁书目》著录四明范氏藏原刊本正德《云南志》12本，清光绪薛福成刻《天一阁见存目录》著录正德《云南志》44卷。云南省图书馆、云南大学图书馆有复抄本。方国瑜主编《云南史料丛刊》卷6收录该书，云南大学出版社2001年版。

（和六花）

云南通志（万历）

17卷。邹应龙修，李元阳纂。原刊本首载李元阳自序及凡例7则；排印本增龙云重印序。书刊印于大理，传世不多。民国二十一年（1932年），云南通志馆得天津任振采天春园藏本，排印500册，方得以广泛流传。卷4《地理志·永宁府·风俗》、卷6《赋役志·北胜州》记载了西番的分布、风俗、民役等内容。曰："郡辖四长官司，皆西番……随畜迁徙。又有野西番者，倏来倏去，尤不可制。"又曰："本州所辖人户俱系西番、力些、栗人、摩些，不通汉语，原无审编均徭，其额征各衙门柴薪、马夫、隶禁等项银两，于本州高、章二土官管下通把办出。"引录自1934年龙氏灵源别墅重印本影印。方国瑜主编《云南史料丛刊》第6卷，云南大学出版社2001年版。

（和六花）

滇略

10卷。谢肇淛撰。谢肇淛于万历时任云南右参政。书分赝略、夷略、杂略等，广述云南风土史事。卷9《夷略》载："永宁诸夷住山腰，以板覆屋。俗皆披毡，富贵至二三领，暑热不去。首戴喜鹊窝帽。郡辖四长官司，皆西番……随畜迁徙。又有野西番者，倏来倏去，尤不可制。"明万历刊本抄本，1956—1960年云南少数民族社会历史研究所专人手抄，所据为民国时期昆明图书馆自江苏图书馆藏本抄录。本色绵纸，线装，楷体，墨书。页面26.5厘米×18厘米，版框19.8厘米×14.2厘米，四周双栏，12行，每行22字。白口，有书名、鱼尾、卷次、页码、抄录单位名。保存完好，云南省社会科学院图书馆藏本。今有李春龙点校本，载《正续云南备征志精选点校》，云南民族出版社2000年版。

（和六花）

滇志（天启）

33卷。刘文征撰，撰写时间及经过史载不详。记载了战国时楚将庄蹻开滇至明代天启五年有关云南古代政治、经济、文化、军事、民族等方面的史实，是一部学习和研究云南历史的重要著作。《滇志》为明代云南省志最后纂修之本，体例大都沿旧志。全书约110万字，总分14类，每类各具分目，共104目。卷4《旅途志·陆路·建昌路考》记载了西番分布地的道路交通，卷30《羁縻志·种人》记载西番的分布、形胜、风俗等内容，《滇志》流传民间，辗转传抄，讹误甚多。北京大学图书馆收藏清季巴陵方氏藏书，云南省图书馆、云南大学图书馆存覆抄本，缺地图。有古永继校点本《滇志》，云南教育出版社1991年版。

（李克忠，和六花）

普米族青年女子服饰
（殷海涛 摄影）

普米族中年妇女服饰
（殷海涛 摄影）

普米族老年妇女服饰
（殷海涛　摄影）

祭山神
（殷海涛　摄影）

祭山神场景
（殷海涛 摄影）

祭祀法器——打迪
（殷海涛 摄影）

祭锅庄（殷海涛 摄影）

锅庄神——宗巴拉（殷海涛 摄影）

四弦乐舞
(殷海涛 摄影)

粮仓养蜂(殷海涛 摄影)

水缸（殷海涛 摄影）

鼻烟盒（殷海涛 摄影）

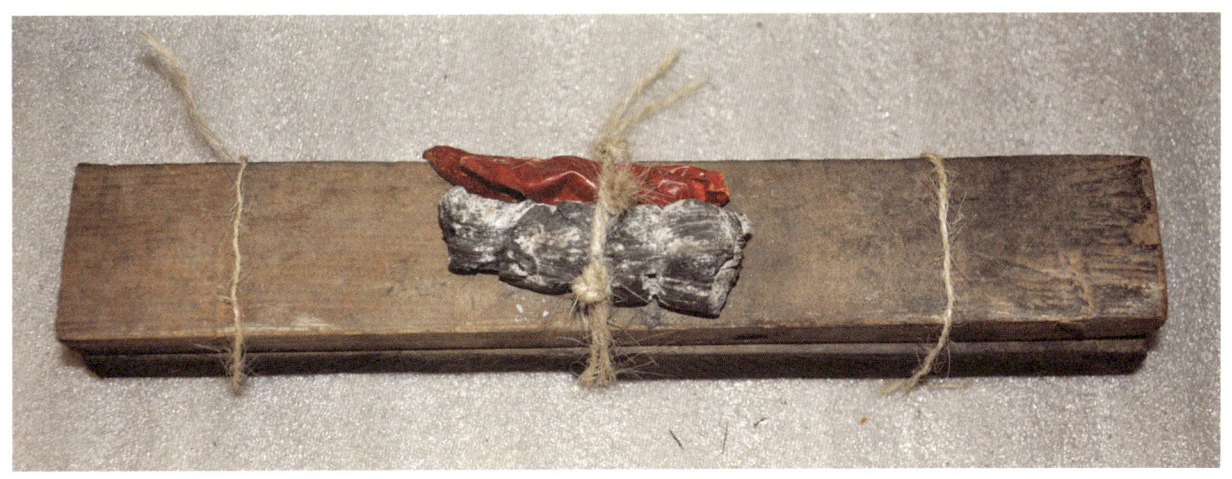

鸡毛挟火炭（殷海涛 摄影）

皮拉打（殷海涛 摄影）

马铃铛（一）（殷海涛 摄影）

马铃铛（二）（殷海涛 摄影）

葫芦笙（殷海涛 摄影）

背水桶（殷海涛 摄影）

猪膘（殷海涛 摄影）

盐焗（殷海涛 摄影）

火麻（殷海涛 摄影）

羊皮褂（殷海涛 摄影）

祭祀鼓
（殷海涛 摄影）

普米族村寨——古鲁甸（殷海涛 摄影）

维西普米族村寨（殷海涛 摄影）

普米族山寨（殷海涛 摄影）

神山——目多书古（殷海涛 摄影）

普米族聚居区——金沙江畔（殷海涛 摄影）

传统建筑木楞房
(殷海涛 摄影)

牦牛山
(殷海涛 摄影)

泸沽湖
(殷海涛 摄影)

小凉山
(殷海涛 摄影)

贡嘎岭山
(殷海涛 摄影)

吊锅山
(殷海涛 摄影)

普米族韩规古籍（一）（李克忠　摄影）

普米族韩规古籍（二）（李克忠 摄影）

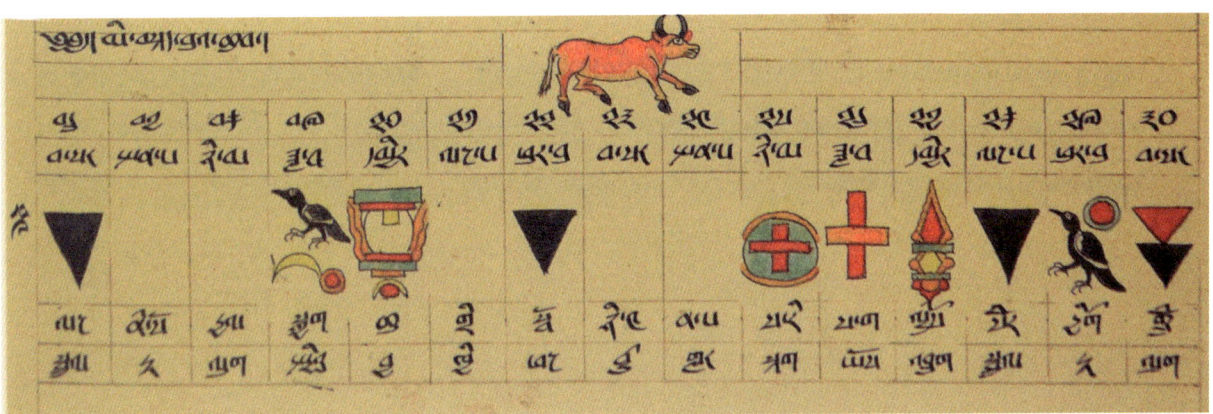

普米族韩规古籍（三）（李克忠 摄影）

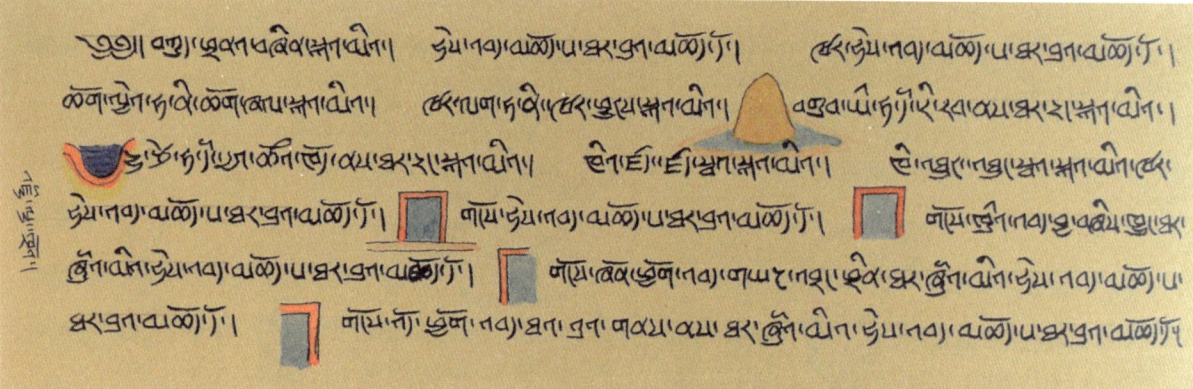

普米族韩规古籍（四）（李克忠　摄影）

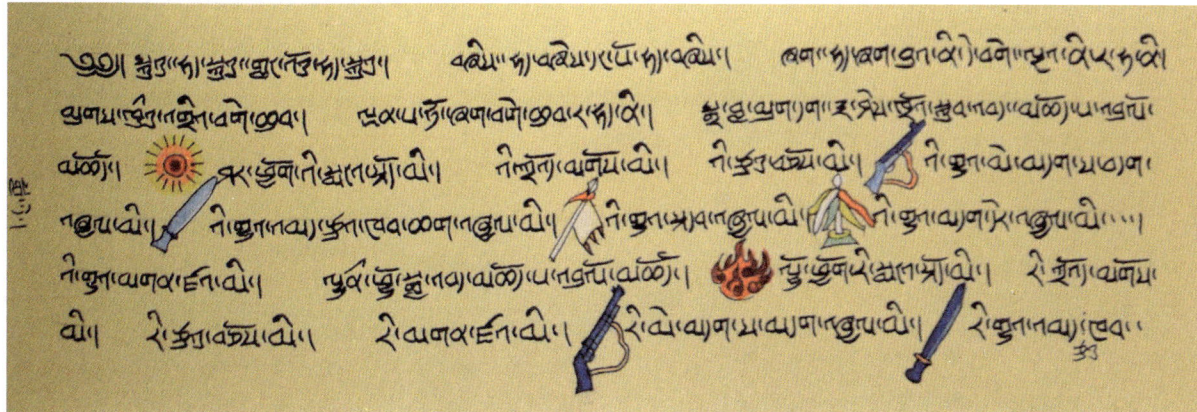

普米族韩规古籍（五）（李克忠 摄影）

普米族韩规古籍（六）（李克忠 摄影）

《普米族》封面（李克忠 摄影）

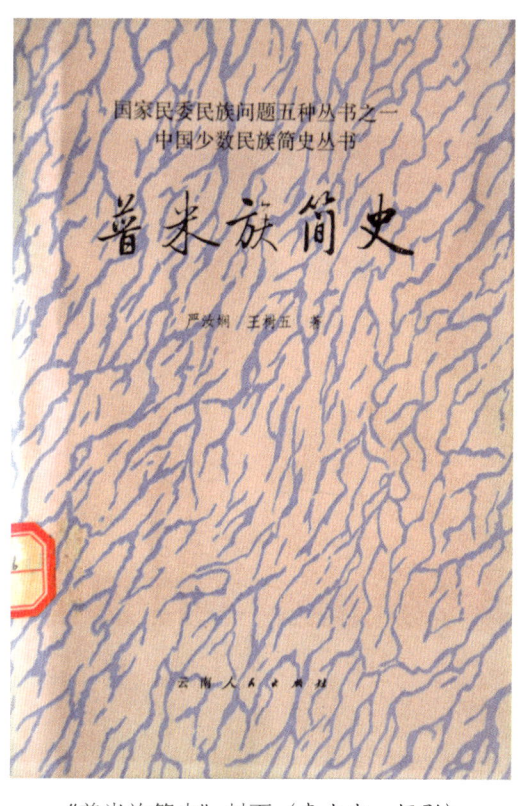
《普米族简史》封面（李克忠 摄影）

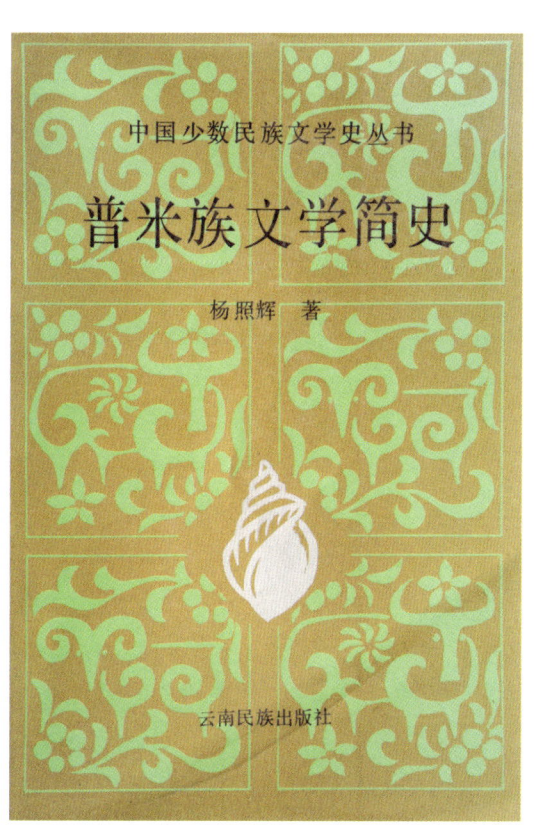
《普米族文学简史》封面（李克忠 摄影）

《普米族歌谣集成》封面（李克忠 摄影）

《普米族风俗歌》封面（李克忠　摄影）

《普米清音》封面（李克忠　摄影）

《普米研究文集》封面（李克忠　摄影）

云南通志（康熙）

30卷。范承勋、丁炜纂修。范承勋于康熙二十五年（1686年）任云贵总督，在滇九年，捐俸建学宫，聘名士纂修通志。是志大多录自天启《滇志》《滇志补遗》。卷27《土司·种人》记载西番的主要分布地、风俗等，曰："西番，永宁、北胜、蒗蕖，凡载金沙江者皆是。辫发，杂以玛瑙，铜珠为缀……有缅字经，以叶书之……"刻印本，未注明刻印时间。本色绵纸，线装，楷体，墨书。页面27.5厘米×17厘米，版框20厘米×14.3厘米，四周双栏，9行，每行19字。白口，有书名、鱼尾、卷名、卷次、页码。保存完好。云南省图书馆藏本。

（和六花）

古今图书集成

10000卷，原名《古今图书汇编》，陈梦雷编辑，后经蒋廷锡重新编校，历时28年，共分6编32典，是我国现存规模最大、资料最丰富的类书，也是最大的一部铜活字印本。其中卷1519《方舆汇编·职方典·云南土司部汇考五》、卷1514《方舆汇编·职方典·永宁府土司考》等都有对普米族族源、族称、分布、风俗、土司等的记载，版本众多，第一次印于雍正六年（1728年），武英殿铜活字版；第二次由英国人美查等发起，光绪十四年（1888年）成书的上海铅活字翻印版；随后，清廷又面谕上海道筹印新本，光绪二十年（1894年）完成，石印本，附《考证》20册；1934年，上海中华书局以原活字本缩小影印，加了考证8册。今有中华书局、巴蜀书社1985年影印本。

（和六花）

南诏野史

2册，246页。胡蔚增订。按史迹内容分标题记述，以纪年体记述南诏、大理国时期历代君主事迹、更替、源流等。该书下卷《南诏各种蛮夷》载："西番，即土番，亦名巴苴，居金沙江边……男以藤缠左肘，披琵琶毡，暑热不脱。女以海贝、砗磲、磁珠饰于项。"本色宣纸，线装。页面27.5厘米×16厘米，墨框17厘米×13厘米，四周单栏，9行，每行22字。白口，有书名、鱼尾、卷次。保存完好。今藏云南省大理白族自治州图书馆。有木芹《南诏野史会证》，云南人民出版社1990年版。

（和六花）

明实录

2911卷。佚名修。是明代历朝官修的编年体史书，记录了从明太祖朱元璋到明熹宗朱由校共16代皇帝250余年的史料，逐年记录各个皇帝的诏敕、律令，以及政治、经济、文化等大事，是研究明朝历史的基础史籍之一。涉及普米族的内容以土司朝贡、边境兵燹、归降等内容为主，《明太宗实录》卷53、卷103、卷120，《明宣宗实录》卷59，《明英宗实录》卷28、卷130、卷153，《明孝宗实录》卷130、卷154，《明世宗实录》卷177、《明神宗实录》卷511等都记述了有关普米族的内容。是研究明代普米族历史不可多得的基础性资料。方国瑜主编《云南史料丛刊》第4卷，分土司、分区域作了辑录，云南大学出版社2001年版。

（和六花）

土官底簿

佚名撰。专录明正德以前诸土司官爵世系、承袭削爵等事。载云南土司151家、广西土司167家、四川土司20家、贵州土司15家、湖广土司5家、广东土司1家，共359家。云南部分永宁府知府、宁番巡检司巡检相关土司的史料涉及普米族的内容，"永宁府知府"条即曰："卜都各吉，澜沧卫西番人。先系本州土官，洪武十六年，征南将军札拟本州知州。"是研究明代普米族及其分布区建置沿革、官爵世系、承袭削爵等的重要史料。引录自《文渊阁四库全书》史部十二《职官类一·官制之属》，上海古籍出版社1987年影印本。

（和六花）

滇黔志略

30卷。谢圣纶撰。谢圣纶于乾隆元年（1736年），历官滇、黔两省，根据方志资料，并益以亲身见闻，乾隆二十八年（1763年）撰成此书。1至16卷为《滇志》，后14卷为《黔志》，撰述滇黔两地沿革、山水、风俗、土司、种人，等等。其中，《云南·种人》载："西番，本西徼外夷，又名巴苴，流入滇境，永北、丽江所属有之。入深山，集众而处，男子以藤缠左肘，被长毡，挂短刀，伐竹为生。妇女梳发细辫，上绾砗磲，耳带铜环。"今有古永继《〈滇黔志略〉点校》，贵州人民出版社2008年版。

（和六花）

滇小记

2卷。倪蜕纂录。倪蜕留心滇中掌故，杂采轶事遗文，是书杂录掌故，多出自旧文，亦有新知，反映了清代云南的历史文化、风土人情等。其中《吐番》《滇云夷种》记载了清代西番的分布、风俗等，《滇云夷种》载："西番，永北一带，凡在金沙者皆是。辫发，杂以玛瑙、铜珠为缀，三年一梳之。"录自赵藩主编《云南丛书》史部之八，光绪二十五年（1899年）云南省图书馆藏本。本色宣纸，线装，页面20厘米×15厘米，版框16厘米×12厘米，15行，每行31字。白口，有书名、卷次、鱼尾、页码。赵藩题书名并作序。仅存1卷。今藏云南省图书馆、云南省大理市图书馆。方国瑜主编《云南史料丛刊》卷11收录该书，云南大学出版社2001年版。

（和六花）

滇云历年传

12卷。倪蜕撰。编年体史书，记自远古，迄于清乾隆元年（1736年）云南史事。撰者于康熙末年随云南巡抚甘国璧赴滇，得见官署档案文牍，益以本人见闻，因撰此书。书中涉及很多有关少数民族的史事，如卷12载："（雍正二年六月）开丽江府下井、火须等井七区，设盐课大使一员。此亦系旧有土井，夷人煎与相邻之力些、巴苴、俅人、怒人等类换易柴枝杂粮，以供用度。"道光二十六年（1846年）镌印本，昆明倪氏藏版。本色绵纸，线装，楷体，墨书。页面25.3厘米×11厘米，版框13厘米×8厘米，四周双栏，10行，每行21字。白口，有书名、鱼尾、卷次、页码。间有残损。今藏云南省社会科学院图书馆。今有李埏点校本，云南大学出版社1992年版。

（和六花）

维西见闻纪

1卷。余庆远撰。乾隆三十四年（1769年），余庆远随其兄游宦至云南丽江府维西厅（今维西傈僳族自治县），以目睹、采访成书，内容包括当地气候、道路、夷人、物器等，并记述了麽些、古宗、那马、巴苴、栗粟、怒子等民族的风俗及宗教。其中"夷人"条记载了西番的族称、族源、分布、风俗，"物器"条记载西番风物口琴、铁章、紫胶。有道光二十三年（1843年）刻本、《小方壶斋舆地丛钞》第八帙本、《云南备征志》本、《丛书集成初编》本等。辑录《丛书集成初编》第3142册，中华书局1983年影印本。

（李克忠，和六花）

丽江府志略（乾隆）

上、下2卷。官学宣、万咸燕纂修。乾隆八年（1743年）成书。全书共计十略，为图像略、建置略、山川略、财用略、官师略、学校略、人物略、兵防略、礼俗略、艺文略，为丽江府第一部官修志书，详细记载了丽江府的历史沿革、山川风物等。《官师略·种人》载："西番，一名巴苴，喜居高山……善用弩箭。种荞稗、牧牛羊为生，织褐为衣。妇垂发辫百缕，以青磁珠与砗磲相间，悬于项。"书版存丽江雪山堂。收入《中国地方志集成·云南府县志辑41》，凤凰出版社2009年版。

（和六花）

皇清职贡图

9卷。一名《清职贡图》，乾隆十六年（1751年）敕撰。卷1载朝鲜、日本、越南、泰国、缅甸等20余国，卷2以下分载我国周边苗、瑶、黎、僮等少数民族或部落，各绘其男女图像，及其衣冠服饰，每图附以简短说明，叙述各族的历史、风俗、生活、生产等情况。卷7"永北等府西番"条载："西番，本滇西北徼外夷，又名巴苴，流入永北、丽江二府。居深山，聚族而处。男子辫发，戴黑皮帽，麻布短衣，外披毡单，以藤缠左肘……"16开本。殷伟、徐大军、胡正娟点校，广陵书社2008年版。

（李克忠，和六花）

滇系

40册。师范撰。嘉庆十二年（1807年）撰成。书分12系，即疆域（沿革、形势、关驿、城池附之）、职官（兵防、循卓附之）、事略（师旅、封拜附之）、赋产（仓储、钱法附之）、山川（水利，古迹附之）、人物（选举附之）、典故、艺文、土司、属夷、旅途、杂载。取材大都出自志乘，且补之未备，搜罗宏富，《属夷系》载西番的分布、风俗，曰："西番，永宁、北胜、浪渠，凡在金沙江北者皆是。辫发，杂以玛瑙铜珠为缀，三年一栉。衣杂布革，腰束文花氁带，披琵琶毡，富者至二三领，暑热不去。"有嘉庆十三年（1808年）初刊本，光绪十三年（1887年）复刻本，《云南丛书初编》本。引录光绪复刻本，台北成文出版社1967年影印。

（和六花）

云南通志（道光）

共216卷，首3卷。清阮元、伊里布等修，王崧、李诚等纂。道光十五年（1835年）成书刻行。分类15、子目类68，明清两朝所修云南省志以此书最为精善，记云南各民族社会、历史、风俗甚详。卷184《南蛮志三之三·种人三》记载了历代文献中有关西番的史料，如《皇朝职贡图》《云南通志》《永北府志》《丽江府志》《巧家厅采访》《维西见闻录》等。本色宣纸，线装，楷体，墨书。页面26厘米×17厘米，版框22.3厘米×16.2厘米，四周双栏，10行，每行22字。白口，有书名、鱼尾、卷名、卷次、页码。保存完好。云南省社会科学图书馆藏本。

（和六花）

云南志钞（道光）

王崧撰，杜允中注。阮元任云南总督时，聘请浪穹王崧纂修云南通志，因与阮元的继任者意见不合辞任。王崧纂辑之成稿，由门人杜允中注，并收入《乐山集》刊刻。金恩辉、胡述兆主编《中国地方志总目提要》说传世极少，云南省图书馆藏本系方树梅多年访求，得零本配成全帙。卷6《边裔志下·西藏载记》记西番的族称源流、分布等。今有刘景毛点校本，云南省社会科学院文献研究所1995年印行。

（和六花）

滇南志略

6卷。刘慰三纂。又名《滇南识略》。仿《黔南识略》体例，总序之后，分府、州、厅、县，从志书简要录之，而补道光以后事，相当于省志的简编便览本。卷3《丽江府》、卷4《东川府·巧家厅》、卷4《景东直隶厅》、卷6《永北直隶厅》等有西番族称、分布、风物、土产、风俗的记载。如"维西厅"条载："夷人则有力些、西番诸种……西番，尚力善射，与牧迁移。间有向学者，以贝叶写西方经，祀神诵焉。"引录方国瑜主编《云南史料丛刊》第13卷，云南大学出版社2001版。

（和六花）

滇中琐记

1册。光绪三十三年（1907年）杨琼撰。记述明清二百余年间云南遗闻、国故、风俗、物产、冥怪等。其中记普米族和普米族分布区史事，"巴苴"条记录了西番的迁徙流动、风俗风物和经济生活状况。文曰："巴苴，又名西番，无姓氏，元世祖取滇，渡自其宗，随从中流亡至此者，不知其为蒙古何部落人也。浪沧江内有之，板屋栖山，与么些杂居，么些头目治之。"记述多为亲见、亲闻、亲历，收入方国瑜主编《云南史料丛刊》第11卷，云南大学出版社2001年版。

（和六花）

云南种人图说

光绪十八年（1892年）绘制。彩色纸本。该书以图文并茂的形式，直观、生动、形象地描绘了清代云南少数民族的真实风貌与特点，为研究云南民族史、文化史提供了一份珍稀史料。其中记载："西番，永北一带，凡载金沙江者皆是。辫发，杂以玛瑙、铜珠为缀，三年一栉之。衣杂布革，腰束文花毛带，披琵琶毡，富者至三四领，暑热不去。"今有云南大学图书馆编《清代滇黔民族图谱》，内含《云南种人图说》与《金筑百苗图》，云南美术出版社2005年版。

（和六花）

永北府志（乾隆）

28卷，首载陈奇典骈体序言，后有凡例20条。陈奇典修，刘慥纂。主要记述唐宋至清乾隆时永北府辖区内的社会状况。卷25《土司·种人附》记载了永北府蒗蕖土知州、顺州土州、北胜州土州同属西番的分布、风物风俗等内容，曰："西番一种，多住山岗，随牧迁徙。男人披发向上，头戴飞缨大帽，腰佩双刀，身披毡毯。女人辫发向下，缀系红白杂石，绩麻织缕为衣。"北京故宫博物院图书馆、上海徐家汇藏书楼、天津图书馆、南京图书馆，都各藏有《永北府志》原版全本。云南省图书馆藏有《永北府志》6至11卷残本。1993年，永胜县地方志办公室重印《永北府志》，系唐兆坤据云南省图书馆残本和上海徐家汇藏书楼藏本抄配而成。

（和六花）

永北直隶厅志（光绪）

10卷。叶如桐修，朱庭珍纂。志分天文、地舆、建置、食货、政治、职官、武备、学校、典祀、选举、人物、杂记、艺文13门。体例尚可，记事平实。卷7《人物志下·土司·种人附》详载北胜州知州辖境永宁土知府、蒗蕖土知州、顺州土州同、北胜州土州同、兰坪土千总内西番的分布、风俗、风物、土产等内容，曰北胜州知州："所属夷人种类：……西番一种，居寒山冷谷中，集众而处……男发细辫，挽髻脑后，头戴古棕帽，腰系两刀，衣仅齐膝。语言侏离，刻木为信。"今有永胜县史志委员会办公室点校本，云南大学出版社1999年版。

（李克忠 和六花）

肇域志

全国性地理总志。顾炎武撰。始纂于崇祯十二年（1639年），成书于康熙元年（1662年）。顾炎武自1639年开始收集史籍资料，明亡后，游历四方考察山川、风俗，"先取一统志，后取各省府州县志，后取二十一史，参互书之，凡阅志书一千余部"，原稿共15部分，内容涉及建置、沿革、山川、名胜、水利、贡赋等。《云南·舆考》部分述及西蕃之分布，自唐至明代的兵燹纠纷和归属，文曰："吐番，在云南铁桥之北，一名古宗，一名西蕃，一名西腰蛮。在唐尝云南、南诏不能胜，让之为兄。"原稿本20册，乾隆五十八年（1793年）许庆宗得书并携至杭州，传凡四世。云南省图书馆、四川省图书馆和上海图书馆存有全帙抄本。今有上海古籍出版社2004年版。

（和六花）

读史方舆纪要

130卷，后附《舆地要览》4卷。顾祖禹编纂，约于康熙三十一年（1692年）成书。中国古代历史地理、兵要地志专著，着重考订古今郡县变迁，详列山川险要战守利害。卷74《四川九》"宁番卫军民指挥使司"条、"镇西千户所"条、"罗罗斯土指挥使司"条皆论及西蕃。文词多系抄录旧闻成文，但在编纂、订正过程中偶有新论。乙卯蜀南桐花书屋薛氏家塾修补校正足本，敷文阁藏版。本色绵纸，线装，楷体，墨书。页面24.5厘米×16.2厘米，版框18.7厘米×12.2厘米，四周双栏，10行，每行21字。白口，有书名、鱼尾、卷名、卷次、页码、刻印单位。保存完好。今藏云南省图书馆。有贺次君、施金和点校本，中华书局2005年版。

（和六花）

"弄卡"图经

普米族韩规教超度仪式经书。不分卷，1册，佚名撰。本经书记述了15种"弄卡"（灵牌），亦即天地万物、人世间、天上、地上、阴曹地府的各种神灵的来龙去脉及其灵牌的制作方法。旧抄本，自制土纸，线订册页装，墨书。页面10.7厘米×29.8厘米。内有"弄卡"模型插图。保存完好。今藏于四川省木里藏族自治县依吉乡达杜村韩规弄克家中。收入云南少数民族古籍整理出版规划办公室编，《云南少数民族古籍珍本集成》第十五卷，云南出版集团公司云南人民出版社2015年3月版。

（李克忠，胡文明）

祭祀规程经

普米族韩规教超度仪式经书。不分卷，1册，佚名撰。该经书较为全面地记述了普米族信仰的各种神灵，并将其逐一罗列出来成谱系，以及各种神灵祭祀仪式上仪式主持人对各种面偶的制作规程。旧抄本，自制土纸，线订册页装，墨书。页面10厘米×30.9厘米。内有面偶模型画稿。保存完好。今藏于四川省木里藏族自治县依吉乡达杜村韩规弄克家中。收入云南少数民族古籍整理出版规划办公室编，《云南少数民族古籍珍本集成》第十五卷，云南出版集团公司云南人民出版社2015年3月版。

（李克忠，胡文明）

搭建"仲辛"祭坛经

普米族韩规教超度仪式经。不分卷，1册，佚名撰。该经书讲述了在葬礼仪式中为死者的超度道场上，人们用柏树、杉树、桦树等三种树木搭建"仲辛"（祖灵）祭坛的规程。旧抄本，自制土纸，线订册页装，墨书（间有墨朱混写）。页面10厘米×31厘米。保存完好。今藏四川省木里藏族自治县依吉乡达杜村韩规弄克家中。收入云南少数民族古籍整理出版规划办公室编，《云南少数民族古籍珍本集成》第十五卷，云南出版集团公司云南人民出版社2015年3月版。

（李克忠，胡文明）

亡魂附牌经

普米族韩规教超度仪式经书。不分卷，1册，佚名撰。该经书在举行葬礼时主持人为死者引导其亡魂时念诵，以期将死者的亡魂附着于韩规所编织的灵牌之上，让后世者供奉。旧抄本，自制土纸，线订册页装，墨书。页面8.5厘米×30.7厘米。保存完好。今藏四川省木里藏族自治县依吉乡达杜村韩规弄开家中。收入云南省少数民族古籍整理出版规划办公室编，《云南少数民族古籍珍本集成》第十五卷，云南出版集团公司云南人民出版社2015年3月版。

（李克忠，胡文明）

禳解鬼怪经

普米族韩规教超度仪式经书。不分卷，1册，佚名撰。普米族的韩规教认为，当人死亡后，生者为死者举行葬礼超度亡灵时，居住在村外、山林、沟谷之中的各种鬼魅便会串联至道场作祟扰乱，届时人们要请韩规念诵经书进行禳解，使祭祀仪式得以顺利完成。旧抄本，自制土纸，线订册页装，墨书。页面 10 厘米 ×35 厘米。保存完好。今藏四川省木里藏族自治县依吉乡达杜村韩规弄开家中。收入云南省少数民族古籍整理出版规划办公室编，《云南少数民族古籍珍本集成》第十五卷，云南出版集团公司云南人民出版社 2015 年 3 月版。

（李克忠，胡文明）

辨识鬼魅经

普米族韩规教超度仪式经书。不分卷，1 册，佚名撰。普米族的韩规教认为人们在为祖先祭祀奉食时，游荡于村外山野沟谷树林间的各种鬼魅会来争夺人们献祭给祖先的食物，并用种种方法来危害人类，因此，人们必须先行辨认各种鬼魅，并将其赶走禳除，以期达到为主祭人家消灾避难的目的。旧抄本，自制土纸，线订册页装，墨书（间有墨朱混写）。页面 10 厘米 ×30.8 厘米。保存完好。今藏四川省木里藏族自治县依吉乡达杜村韩规弄开家中。收入云南省少数民族古籍整理出版规划办公室编，《云南少数民族古籍珍本集成》第十五卷，云南出版集团公司云南人民出版社 2015 年 3 月版。

（李克忠，胡文明）

供奉祭品经

普米族韩规教超度仪式经书。不分卷，1 册，佚名撰。该经书记述了人们为死者举行葬礼时，生者为死者灵魂供奉的粮食作物、宰杀的各种牲口的肉食，以表达人们对死者的敬重和死者在另外一个世界如同活着时那样富有、那样幸福。旧抄本，自制土纸，线订册页装，墨书（间有墨朱混写）。页面 10 厘米 ×30 厘米。保存完好。今藏四川省木里藏族自治县依吉乡达杜村韩规弄开家中。收入云南省少数民族古籍整理出版规划办公室编，《云南少数民族古籍珍本集成》第十五卷，云南出版集团公司云南人民出版社 2015 年 3 月版。

（李克忠，胡文明）

搭建"壹冬"祭坛经

普米族韩规教超度仪式经书。不分卷，1 册，佚名撰。韩规在举行葬礼时为死者超度亡灵时，需要搭建一个叫"壹冬华"的祭坛，作为韩规自己的护法神坛，然后在神坛上摆放韩规护法神"壹冬"（本尊神）的神像面偶等。该经书在迎请"壹冬"降临祭坛时念诵，以施法助威，显示灵气。旧抄本，自制土纸，线订册页装，墨书（间有墨朱混写）。页面 10 厘米 ×30.5 厘米。保存完好。今藏四川省木里藏族自治县依吉乡达杜村韩规弄开家中。收入云南省少数民族古籍整理出版规划办公室编，《云南少数民族古籍珍本集成》第十五卷，云南出版集团公司云南人民出版社 2015 年 3 月版。

（李克忠，胡文明）

祈护佑经

普米族韩规教超度仪式经书。不分卷，1 册，佚名撰。该经书记述韩规在主持仪式时迎请天地万物之神及祖先神灵，以便祭祀典礼顺利完成，达到人们所期望的愿望。旧抄本，自制土纸，线订册页装，墨书（间有墨朱混写）。页面 10 厘米 ×30.4 厘米。保存完好。今藏四川省木里藏族自治县依吉乡达杜村韩规弄开家中。收入云南省少数民族古籍整理出版规划办公室编，《云南少数民族古籍珍本集成》第十五卷，云南出版集团公司云南人民出版社 2015 年 3 月版。

（李克忠，胡文明）

搭建"弄卡"祭坛经

普米族韩规教超度仪式经书。不分卷，1 册，佚名撰。该经书记述韩规在祭祀道场搭建"弄卡"灵牌祭坛时念诵，以祈求祖先亡灵降临并安置于此，接受人民的虔诚供奉，让人们平安幸福。旧抄本，自制土纸，线订册页装，墨书（间有墨朱混写）。页面 10 厘米 ×30.4 厘米。保存完整。今藏四川省木里藏族自治县依吉乡达杜村韩规弄开家中。收入云南省少数民族古籍整理出版规划办公室编，

《云南少数民族古籍珍本集成》第十五卷,云南出版集团公司云南人民出版社 2015 年 3 月版。

(李克忠,胡文明)

迎接亡魂经

普米族韩规教超度仪式经书。不分卷,1 册,佚名撰。该经书记述韩规在主持葬礼时,为死者亡魂迎请祭坛时念诵,以让亡灵接受人们的供奉。旧抄本,自制土纸,线订册页装,墨书(间有墨书混写)。页面 10 厘米 × 27.5 厘米。保存完好。今藏四川省木里藏族自治县依吉乡达杜村韩规弄开家中。收入云南省少数民族古籍整理出版规划办公室编,《云南少数民族古籍珍本集成》第十五卷,云南出版集团公司云南人民出版社 2015 年 3 月版。

(李克忠,胡文明)

献冥食经

普米族韩规教超度仪式经书。不分卷,1 册,佚名撰。该经书记述韩规举行典礼时,向死者亡灵供奉祭品时念诵,以求达到安抚死者的目的,生者得到平安。旧抄本,自制土纸,线订册页装,墨书(间有墨朱混写)。页面 10 厘米 × 31.2 厘米。最末 3 页边缘稍有破损,有些字迹不清。今藏四川省木里藏族自治县依吉乡达杜村韩规弄开家中。收入云南省少数民族古籍整理出版规划办公室编,《云南少数民族古籍珍本集成》第十五卷,云南出版集团公司云南人民出版社 2015 年 3 月版。

(李克忠,胡文明)

解除亡灵疾病经

普米族韩规教超度仪式经书。不分卷,1 册,佚名撰。普米族的韩规教认为,死者如果是病故,那么,在举行葬礼中祭亡道场的时候,必须要请韩规来念诵该经书,以求达到解除各种病症,以期亡灵在阴间不再受病魔缠绕,同时以让活人们远离各种灾难。旧抄本,线订册页装,墨书(间有墨朱混写)。页面 10 厘米 × 31.2 厘米。首末两页边缘有破损,字迹清晰。今

藏四川省木里藏族自治县依吉乡达杜村韩规弄开家中。收入云南省少数民族古籍整理出版规划办公室编,《云南少数民族古籍珍本集成》第十五卷,云南出版集团公司云南人民出版社 2015 年 3 月版。

(李克忠,胡文明)

焚灵体规程经

普米族韩规教超度仪式经书。不分卷,1 册,佚名撰。该经书记述了普米族葬礼仪式中,韩规将油浇在死者的遗体上,然后将其焚烧的整个过程仪式。旧抄本,自制土纸,线订册页装,墨书(间有墨朱混写)。页面 9.7 厘米 × 30.5 厘米。边缘稍有破损,字迹清晰。今藏四川省木里藏族自治县依吉乡达杜村韩规弄开家中。收入云南省少数民族古籍整理出版规划办公室编,《云南少数民族古籍珍本集成》第十五卷,云南出版集团公司云南人民出版社 2015 年 3 月版。

(李克忠,胡文明)

焚灵体祷祝经

普米族韩规教超度仪式经书。不分卷,1 册,佚名撰。该经书记述了人们将死者的遗体送往火葬场焚烧之时,韩规必须念诵焚灵体祷祝经,向天地诸神灵祝颂,以求遗体焚化顺利。旧抄本,自制土纸,线订册页装,墨书(间有墨朱混写)。页面 10 厘米 × 31 厘米。边缘稍有破损,字迹清晰。今藏四川省木里藏族自治县依吉乡达杜村韩规弄开家中。收入云南省少数民族古籍整理出版规划办公室编,《云南少数民族古籍珍本集成》第十五卷,云南出版集团公司云南人民出版社 2015 年 3 月版。

(李克忠,胡文明)

祈求威力经

普米族韩规教超度仪式经书。不分卷,1 册,佚名撰。该经书记述了人们将死者的遗体送往火葬场,将其焚烧之时,韩规必须念诵祈求威力经,向天地诸神祈祷给力助威,以求灵体焚烧顺利。旧抄本,

自制土纸，线订册页装，墨书（间有墨朱混写）。页面10厘米×31厘米。边缘稍有破损，字迹清晰。今藏四川省木里藏族自治县依吉乡达杜村韩规弄开家中。收入云南省少数民族古籍整理出版规划办公室编，《云南少数民族古籍珍本集成》第十五卷，云南出版集团公司云南人民出版社2015年3月版。

（李克忠，胡文明）

"煨桑"经

普米族韩规教超度仪式经书。不分卷，1册，佚名撰。该经书记述了在祭祀道场燃烧松枝时，在松枝上添加柏香、面粉、酥油、蜂蜜等，让其散发出缕缕香烟，以示恭请天地诸神降临祭坛享用天香"煨桑"。旧抄本，自制土纸，线订册页装，墨书（间有墨朱混写）。页面10.1厘米×30.4厘米。边缘稍有破损，字迹清晰。今藏四川省木里藏族自治县依吉乡达杜村韩规弄开家中。收入云南省少数民族古籍整理出版规划办公室编，《云南少数民族古籍珍本集成》第十五卷，云南出版集团公司云南人民出版社2015年3月版。

（李克忠，胡文明）

切断生死线经

普米族韩规教超度仪式经书。不分卷，1册，佚名撰。该经书记述了韩规以念诵方式告诫生者的灵魂不要跟随死者去阴间，死者的灵魂亦不能留恋阳间，生死两间必须分开。旧抄本，自制土纸，线订册页装，墨书（间有墨朱混写）。边缘稍有破损，字迹清晰。今藏四川省木里藏族自治县依吉乡达杜村韩规弄开家中。收入云南省少数民族古籍整理出版规划办公室编，《云南少数民族古籍珍本集成》第十五卷，云南出版集团公司云南人民出版社2015年3月版。

（李克忠，胡文明）

切断地狱之线经

普米族韩规教超度仪式经书。不分卷，1册，佚名撰。该经书记述了韩规在举行葬礼中要进行切断连接地狱仪式，届时要念诵切断地狱之线经，以使死者亡灵从魔窟之中超脱出来。旧抄本，自制土纸，线订册页装，墨书（间有墨朱混写）。页面10厘米×31厘米。边缘稍有破损，字迹清晰。今藏四川省木里藏族自治县依吉乡达杜村韩规弄开家中。收入云南省少数民族古籍整理出版规划办公室编，《云南少数民族古籍珍本集成》第十五卷，云南出版集团公司云南人民出版社2015年3月版。

（李克忠，胡文明）

捣毁魔窟经

普米族韩规教超度仪式经书。不分卷，1册，佚名撰。该经书记述了在举行捣毁魔窟仪式时，必须手持降魔之杵捣毁魔窟（铁锅），并用法刀把鬼蜮的木牌、面偶、树木砍毁。旧抄本，自制土纸，线订册页装，墨书。页面9.9厘米×31.2厘米。保存完好。今藏四川省木里藏族自治县依吉乡达杜村韩规弄开家中。收入云南省少数民族古籍整理出版规划办公室编，《云南少数民族古籍珍本集成》第十五卷，云南出版集团公司云南人民出版社2015年3月版。

（李克忠，胡文明）

消除男性亡者罪孽经

普米族韩规教超度仪式经书。不分卷，1册，佚名撰。普米族的韩规教认为，一个男人在生前有许多不良行为和劣迹，当他死亡后，在其葬礼仪式的祭亡道场上必须由韩规念诵消除男性亡者的经书，以解除死者生前犯下的种种过失，求得灵魂的安定。旧抄本，线订册页装，墨书（间有墨朱混写）。页面9.7厘米×31厘米。保存完好。今藏四川省木里藏族自治县依吉乡达杜村韩规弄开家中。收入云南省少数民族古籍整理出版规划办公室编，《云南少数民族古籍珍本集成》第十五卷，云南出版集团公司云南人民出版社2015年3月版。

（李克忠，胡文明）

消除女性亡者孽缘经

普米族韩规教超度仪式经书。不分卷，1册，佚名撰。普米族的韩规教认为，女性在世间生活时亦犯有种种过失，当她死亡后，韩规在其葬礼的祭亡道场上念诵消除女性亡者孽缘经，以消除罪孽，让其灵魂安宁。旧抄本，自制土纸，线订册页装，墨书（间有墨朱混写）。页面9.8厘米×31厘米。保存完好。今藏四川省木里藏族自治县依吉乡达杜村韩规弄开家中。收入云南省少数民族古籍整理出版规划办公室编，《云南少数民族古籍珍本集成》第十五卷，云南出版集团公司云南人民出版社2015年3月版。

（李克忠，胡文明）

亡灵解脱经（一）

普米族韩规教超度仪式经书。不分卷，1册，佚名撰。普米族的韩规教认为，一个人在死亡前都有种种罪行，一旦死亡后亡灵在"尼瓦"（地狱）要遭受折磨，因此，在举行葬礼韩规要念诵此经书，以使亡灵从地狱之油锅中解脱出来。旧抄本，自制土纸，线订册页装，墨书（间有墨朱混写），封底有插图。页面10厘米×30.9厘米。保存完好。今藏四川省木里藏族自治县依吉乡达杜村韩规弄开家中。收入云南省少数民族古籍整理出版规划办公室编，《云南省少数民族古籍珍本集成》第十五卷，云南出版集团公司云南人民出版社2015年3月版。

（李克忠，胡文明）

亡灵解脱经（二）

普米族韩规教超度仪式经书。不分卷，1册，佚名撰。普米族韩规教认为，人生在世的时候，就会犯有各种罪行，死亡后送走时会遭到各种狱卒的阻拦，因此，韩规在举行葬礼时必须念诵此经书，将亡灵从鬼神世界中解脱出来，以求安宁。旧抄本，自制土纸，线订册页装，墨书（间有墨朱混写）。页面10厘米×30厘米。边缘稍有破损，字迹清晰。今藏四川省木里藏族自治县依吉乡达杜村韩规弄开家中。收入云南省少数民族古籍整理出版规划办公室编，《云南少数民族古籍珍本集成》第十五卷，云南出版集团公司云南人民出版社2015年3月版。

（李克忠，胡文明）

亡灵转生经

普米族韩规教超度仪式经书。不分卷，1册，佚名撰。普米族韩规教认为，人死后其亡灵通过"尼瓦"地狱后还要进入另外两个世界，即"移达"（饿鬼之地）、"直松"（畜生之地），届时必须请韩规念诵此经书以帮助亡灵，使其不在这里转生而设法投身到好地方，成为好人。旧抄本，自制土纸，线订册页装，墨书（间有墨朱混写），封底有插图。页面10厘米×31厘米。边缘稍有破损，字迹清晰。今藏四川省木里藏族自治县依吉乡达杜村韩规弄开家中。收入云南省少数民族古籍整理出版规划办公室编，《云南少数民族古籍珍本集成》第十五卷，云南出版集团公司云南人民出版社2015年3月版。

（李克忠，胡文明）

取火种经

普米族韩规教超度仪式经书。不分卷，1册，佚名撰。该经书记述了火种的来历。旧抄本，自制土纸，线订册页装，墨书（间有墨朱混写）。页面10.1厘米×31.3厘米。边缘稍有破损，字迹清晰。今藏四川省木里藏族自治县依吉乡达杜村韩规弄开家中。收入云南省少数民族古籍整理出版规划办公室编，《云南少数民族古籍珍本集成》第十五卷，云南出版集团公司云南人民出版社2015年3月版。

（李克忠，胡文明）

祭仪规程经

普米族韩规教超度仪式经书。不分卷，1册，佚名撰。该经书记述了普米族举行葬礼时超度仪式的规制和程序，即如何在祭坛上布置器皿、所念诵的经书如何排序、法事如何进行等等。旧抄本，自制土纸，线订册页装，墨书。页面9.9厘米×30.2厘米。边缘稍有破损，字迹清晰。今藏四川省木里藏族自治县依吉乡达杜村韩规弄开家中。收入云南省少数民族古籍整理出版规划办公室编，《云南少数民族古籍珍本集成》第十五卷，云南出版集团公司云南人民出版社2015年3月版。

(李克忠，胡文明)

亡灵定位经

普米族韩规教超度仪式经书。不分卷，1册，佚名撰。普米族韩规教认为，人们在为死者举行杀羊指路之前，虽然死者灵魂已被引到"弄卡"上，但这种依附极其不稳定，很难安定下来，因此，必须由韩规念诵亡灵定位经，便告知死者的灵魂已稳住居所，接受亲友及韩规的祭拜，达到亡灵在归途中不迷失方向。旧抄本，自制土纸，线订册页装，墨书（间有墨朱混写）。页面10厘米×30.3厘米。边缘稍有破损，字迹清晰。今藏四川省木里藏族自治县依吉乡达杜村韩规弄开家中。收入云南省少数民族古籍整理出版规划办公室编，《云南少数民族古籍珍本集成》第十五卷，云南出版集团公司云南人民出版社2015年3月版。

(李克忠，胡文明)

献冥绵羊经

普米族韩规教超度仪式经书。不分卷，1册，佚名撰。该经书记述了绵羊是如何来的，以及死者由绵羊作伴，并如何引领亡灵在冥路上的相关故事。旧抄本，自制土纸，线订册页装，墨书（间有墨朱混写）。页面10厘米×30.6厘米。边缘稍有破损，字迹清晰。今藏四川省木里藏族自治县依吉乡达杜村韩规弄开家中。收入云南省少数民族古籍整理出版规划办公室编，《云南省少数民族古籍珍本集成》第十五卷，云南出版集团公司云南人民出版社2015年3月版。

(李克忠，胡文明)

献冥牦牛经

普米族韩规教超度仪式经书。不分卷，1册，佚名撰。该经书记述了普米族举行葬礼时道场上要宰杀牦牛，韩规用牦牛献祭死者亡灵时念诵献冥牦牛经，以示死者像生前一样享有牦牛，过着幸福生活。旧抄本，自制土纸，线订册页装，墨书。页面10厘米×30.6厘米。边缘稍有破损，字迹清晰。今藏四川省木里藏族自治县依吉乡达杜村韩规弄开家中。收入云南省少数民族古籍整理出版规划办公室编，《云南少数民族古籍珍本集成》第十五卷，云南出版集团公司云南人民出版社2015年3月版。

(李克忠，胡文明)

献冥马经

普米族韩规教超度仪式经书。不分卷，1册，佚名撰。该经书记述了普米族举行葬礼时要向死者亡灵献祭冥马，韩规边献祭冥马边念诵献冥马经书。旧抄本，自制土纸，线订册页装，墨书。页面10厘米×28.8厘米。边缘稍有破损，字迹清晰。今藏四川省木里藏族自治县依吉乡达杜村韩规弄开家中。收入云南省少数民族古籍整理出版规划办公室编，《云南少数民族古籍珍本集成》第十五卷，云南出版集团公司云南人民出版社2015年3月版。

(李克忠，胡文明)

开门送灵经

普米族韩规教超度仪式经书。不分卷，1册，佚名撰。该经书记述了在祭奠完成后，还要举行开门送灵仪式，届时韩规要念诵开门送灵经，以示祭奠仪式全部结束。旧抄本，自制土纸，线订册页装，墨书。页面10厘米×31厘米。边缘稍有破损，字迹清晰。今藏四川省木里藏族自治县依吉乡达杜村韩规弄开家中。收入云南省少数民族古籍整理出版规划办公室编,《云南少数民族古籍珍本集成》第十五卷,云南出版集团公司云南人民出版社 2015 年 3 月版。

(李克忠,胡文明)

祈愿福泽经(一)

普米族韩规教超度仪式经书。不分卷,1 册,佚名撰。该经书记述了普米族的每个家庭都信奉财富是神灵赐予的,因此,每个家庭都举行招财进宝仪式,届时韩规举行仪式时要念诵祈愿福泽经。旧抄本,自制土纸线订册页装,墨书(间有墨朱混写)。页面 10.2 厘米 ×30.8 厘米。边缘稍有破损,字迹清晰。今藏四川省木里藏族自治县依吉乡达杜村韩规弄开家中。收入云南省少数民族古籍整理出版规划办公室编,《云南少数民族古籍珍本集成》第十五卷,云南出版集团公司云南人民出版社 2015 年 3 月版。

(李克忠,胡文明)

祈愿福泽经(二)

普米族韩规教超度仪式经书。不分卷,1 册,佚名撰。该经书记述了韩规在为普米族家庭举行祈福仪式时祈求神灵保佑家庭人畜平安、五谷丰登念诵的经书。旧抄本,自制土纸,线订册页装,墨书(间有墨朱混写)。页面 10.1 厘米 ×30.7 厘米。边缘稍有破损,字迹清晰。今藏四川省木里藏族自治县依吉乡达杜村韩规弄开家中。收入云南省少数民族古籍整理出版规划办公室编,《云南少数民族古籍珍本集成》第十五卷,云南出版集团公司云南人民出版社 2015 年 3 月版。

(李克忠,胡文明)

祈愿福泽经(三)

普米族韩规教超度仪式经书。不分卷,1 册,佚名撰。普米族认为,生者在向死者献祭各种祭品祈求平安,死者会给后人留下福泽,届时韩规举行仪式时念诵此经书。旧抄本,自制土纸,线订册页装,墨书(间有墨朱混写)。页面 10.1 厘米 ×29.2 厘米。边缘稍有破损,字迹清晰。今藏四川省木里藏族自治县依吉乡达杜村韩规弄开家中。收入云南省少数民族古籍整理出版规划办公室编,《云南少数民族古籍珍本集成》第十五卷,云南出版集团公司云南人民出版社 2015 年 3 月版。

(李克忠,胡文明)

拆除"仲辛"祭坛经(一)

普米族韩规教超度仪式经书。不分卷,1 册,佚名撰。该经书记述在祭奠仪式结束后,随后要拆除主祭坛——"仲辛崩"(祖灵)祭坛,届时韩规念诵此经书。旧抄本,自制土纸,线订册页装,墨书。页面 10.1 厘米 ×30.8 厘米。边缘稍有破损,字迹清晰。今藏四川省木里藏族自治县依吉乡达杜村韩规弄开家中。收入云南省少数民族古籍整理出版规划办公室编,《云南少数民族古籍珍本集成》第十五卷,云南出版集团公司云南人民出版社 2015 年 3 月版。

(李克忠,胡文明)

拆除"仲辛"祭坛经(二)

普米族韩规教超度仪式经书。不分卷,1 册,佚名撰。普米族认为,每个家庭的福气都来自神灵的赐予,因此,家家都要举行祈神降福仪式,届时韩规要念诵此经书。旧抄本,自制土纸,线订册页装,墨书(间有墨朱混写)。页面 10.1 厘米 ×30.7 厘米。边缘稍有破损,字迹清晰。今藏四川省木里藏族自治县依吉乡达杜村韩规弄开家中。收入云南省少数民族古籍整理出版规划办公室编,《云南少数民族古籍珍本集成》第十五卷,云南出版集团公司云南人民出版社 2015 年 3 月版。

(李克忠,胡文明)

拆除"弄卡"祭坛经

普米族韩规教超度仪式经书。不分卷,1 册,佚名撰。该经书记述祭奠仪式结束后,在拆除搭建在祭亡道场上的"弄卡"及供祭的物品时,韩规在拆除过程中念诵此经书。旧抄本，自制土纸，线订册页装，墨书（间有墨朱混写）。页面 10.1 厘米 × 35.5 厘米。边缘稍有破损，字迹清晰。今藏四川省木里藏族自治县依吉乡达杜村韩规弄开家中。收入云南省少数民族古籍整理出版规划办公室编，《云南少数民族古籍珍本集成》第十五卷，云南出版集团公司云南人民出版社 2015 年 3 月版。

（李克忠，胡文明）

拆除冥堂经

普米族韩规教超度仪式经书。不分卷，1 册，佚名撰。该经书记述了在拆除祭奠仪式上布置的一切祭祀道场器具时念诵的经书。旧抄本，自制土纸，线订册页装，墨书。页面 10 厘米 × 30.9 厘米。边缘稍有破损，字迹清晰。今藏四川省木里藏族自治县依吉乡达杜村韩规弄开家中。收入云南省少数民族古籍整理出版规划办公室编，《云南云南少数民族古籍珍本集成》第十五卷，云南出版集团公司云南人民出版社 2015 年 3 月版。

（李克忠，胡文明）

清理祭物经

普米族韩规教超度仪式经书。不分卷，1 册，佚名撰。该经书记述了在祭奠仪式结束后清理栽插祭祀道场周围的各种树枝杂物以及供祭物品时，韩规念诵此经书，便告所有仪式结束。旧抄本，自制土纸线订册页装，墨书。页面 10.1 厘米 × 29.2 厘米。边缘稍有破损，字迹清晰。收入云南省少数民族古籍整理出版规划办公室编，《云南少数民族古籍珍本集成》第十五卷，云南出版集团公司云南人民出版社 2015 年 3 月版。

（李克忠，胡文明）

关闭死门经

普米族韩规教超度仪式经书。不分卷，1 册，佚名撰。普米族认为，祭祀仪式结束后必须立即关闭死门，以防生者的灵魂跟随死者的亡魂而去，因此，韩规要替主人家举行关闭死门仪式并念诵此经书。旧抄本，自制土纸，线订册页装，墨书。页面 10 厘米 × 30.5 厘米。边缘稍有破损，字迹清晰。今藏四川省木里藏族自治县依吉乡达杜村韩规弄开家中。收入云南省少数民族古籍整理出版规划办公室编，《云南少数民族古籍珍本集成》第十五卷，云南出版集团公司云南人民出版社 2015 年 3 月版。

（李克忠，胡文明）

夏多吉杰

普米族韩规教占算书之一。不分卷，1 册，麦色偏初抄写。该经书记述了一年十二个月、每月三十日的趋吉避凶择日历算方法和内容，因记载有七曜、十二属相、二十八星宿以及八方等内容，因此，亦称为韩规历书。旧抄本，黄纸，梵夹装，墨书。页面 11.5 厘米 × 28.5 厘米。内有彩色"提哩"图。保存完好。今藏云南省民族学会普米族研究委员会办公室，收入云南省少数民族古籍整理出版规划办公室编，《云南少数民族古籍珍本集成》第十六卷，云南出版集团公司云南人民出版社 2015 年 3 月版。

（李克忠，胡文明）

韩规振

普米族韩规教超度仪式经书。不分卷，1 册，麦色偏初抄写。按普米族古规，凡为死者亡灵举行超度仪式之前，死者家人必须迎请韩规前来主持仪式，其中有一段趣味性的对话，充满了恳求与恭谦之意。该经书记述了宾主之间对话的全部内容。新抄本，黄纸，梵夹装，墨书。页面 11.5 厘米 × 28.5 厘米。保存完好。今藏云南省民族学会普米族研究委员会办公室。收入云南省少数民族古籍整理出版规划办公室编，《云南少数民族古籍珍本集成》第十六卷，云南出版集团公司云南人民出版社 2015 年 3 月版。

（李克忠，胡文明）

则依

普米族韩规教超度仪式经书。不分卷，1册，麦色偏初抄写。按普米族古规，一旦人死后，必须用柏香等浸泡的温水洗浴死者的身体。该经书记述了为死者洗浴净身的所有过程。新抄本，黄纸梵夹装，墨书。页面11.5厘米×28.5厘米。保存完好。今藏云南省民族学会普米族研究委员会办公室。收入云南省少数民族古籍整理出版规划办公室编，《云南少数民族古籍珍本集成》第十六卷，云南出版集团公司云南人民出版社2015年3月版。

（李克忠，胡文明）

年布

普米族韩规教超度仪式经书。不分卷，1册，麦色偏初抄写。普米族韩规教认为，人往往因患各种疾病而导致死亡，所以必须迎请韩规念诵此经书，以去除死者生前所患的疾病。该经书记述了具体的驱除疾病的方法，即让骨头里的病魔依附到石头上，肉体中的病魔依附在土层里，血液中的病魔随水流走，气息中的病魔随风而去，藏在体温里的病魔在火中烧尽，让一切病魔都依附到鸟儿的身上，让鸟儿将所有的病魔带回云彩里，带到太阳、月亮、星宿上，带到山外翻开的土堆里，深埋地下，随水流失。新抄本，黄纸，梵夹装，墨书。页面11.5厘米×28.5厘米。保存完好。今藏云南省民族学会普米族研究委员会办公室，收入云南省少数民族古籍整理出版规划办公室编，《云南少数民族古籍珍本集成》第十六卷，云南出版集团公司云南人民出版社2015年3月版。

（李克忠，胡文明）

都孜

普米族韩规教超度仪式经书。不分卷，1册，麦色偏初抄写。醅酒是普米族自酿的一种饮料酒。祭献死者的醅酒谓之"督诅"。该经书讲述了向死者祭献"督诅"的来历，以及万物都无法逃避死亡的事实，让死者明白死亡是人生必然经历的过程。新抄本，黄纸，梵夹装，墨书。页面11.5厘米×28.5厘米。保存完好。今藏云南省民族学会普米族研究委员会办公室，收入云南省少数民族古籍整理出版规划办公室编，《云南少数民族古籍珍本集成》第十六卷，云南出版集团公司云南人民出版社2015年3月版。

（李克忠，胡文明）

日绵亨

普米族韩规教超度仪式经书。不分卷，1册，麦色偏初抄写。普米族认为，人死了之后，会有一段所谓的"昏迷"，人们在尸首前晃来晃去，死者都会有感受，所以，必须向死者解梦，并念诵此经书，告知亡灵：你所梦之事，不是噩梦，而是你的子孙正为你举行"释毕戎肯"（祭羊超度）仪式，你所获得的较多的供品，因而有所梦，请你身安魂宁。今藏于云南省民族学会普米族研究委员会办公室，收入云南省少数民族古籍整理出版规划办公室编，《云南少数民族古籍珍本集成》第十六卷，云南出版集团公司云南人民出版社2015年3月版。

（李克忠，胡文明）

雄削

普米族韩规教超度仪式经书。不分卷，1册，麦色偏初抄写。普米族的韩规教认为，人世间存在的各种肮脏、污秽的东西都会扰乱人们的安宁并污染神灵的祭坛，因此，韩规必须举行仪式念诵雄削经书来清除祭坛上的污秽。旧抄本，自制土纸，梵夹装，墨书。页面11.5厘米×28.5厘米。保存完整。今藏于云南省民族学会普米族研究委员会办公室。收入云南省少数民族古籍整理出版规划办公室编，《云南少数民族古籍珍本集成》第十六卷，云南出版集团公司云南人民出版社2015年3月版。

（李克忠，胡文明）

滚摆

普米族韩规教超度仪式经书。不分卷，1册，麦色偏初抄写。该经书记述了在祭奠仪式祈求"壹冬"（本尊神）、"松玛"（护法神）等众神降临祭坛享用祭品，并赐予祭司威力，以镇压各类妖魔鬼怪，顺利完成祭奠活动。新抄本，黄纸，梵夹装，墨书。页面11.5厘米×28.5厘米。保存完好。今藏于云南省民族学会普米族研究委员会办公室，收入云南省少数民族古籍整理出版规划办公室编，《云南少数民族古籍珍本集成》第十六卷，云南出版集团公司云南人民出版社2015年3月版。

（李克忠，胡文明）

毛穆

普米族韩规教超度仪式经书。不分卷，1册，麦色偏初抄写。该经书记述了韩规主持祭奠仪式迎请"壹冬""松玛"等神灵供奉于道场，并点燃酥油灯祭献，祈祷众神助力除魔。新抄本，黄纸，梵夹装，墨书。页面11.5厘米×28.5厘米。保存完好。今藏于云南省民族学会普米族研究委员会办公室，收入云南省少数民族古籍整理出版规划办公室编，《云南少数民族古籍珍本集成》第十六卷，云南出版集团公司云南人民出版社2015年3月版。

（李克忠，胡文明）

给得尔准

普米族韩规教超度仪式经书。不分卷，1册，麦色偏初抄写。普米族韩规教认为，人世间有23种口舌纠纷鬼常常会依附于人或家畜的身上，使其管不住自己的嘴，到处乱说乱讲、搬弄是非和无故伤害人畜，因此，韩规要举行退送口舌是非仪式，念诵此经书，以保人畜安康。新抄本，黄纸，梵夹装，墨书。页面11.5厘米×28.5厘米。保存完好。今藏于云南省民族学会普米族研究委员会办公室，收入云南省少数民族古籍整理出版规划办公室编，《云南少数民族古籍珍本集成》第十六卷，云南出版集团公司云南人民出版社2015年3月版。

（李克忠，胡文明）

滚拉松冬

普米族韩规教超度仪式经书。不分卷。1册，麦色偏初抄写。该经书记述了韩规主持祭奠仪式时向天地诸神"煨桑"祈福，期盼众神消灾除晦，保佑祭祀人家五谷丰登、子孙兴旺。新抄本，黄纸，梵夹装，墨书。页面11.5厘米×28.5厘米。保存完好。今藏于云南省民族学会普米族研究委员会办公室，收入云南省少数民族古籍整理出版规划办公室编，《云南少数民族古籍珍本集成》第十六卷，云南出版集团公司云南人民出版社2015年3月版。

（李克忠，胡文明）

给瓦

普米族韩规教超度仪式经书。不分卷，1册，麦色偏初抄写。该经书记述了安慰死者灵魂的赞词，并告诉逝者孝男孝女们已用丰富的食物献祭，希望逝者身安魂宁，同时将逝者的好运、威力和福泽留给后人，让后世兴旺发达、幸福安康。葬礼期间，韩规为逝者家人念诵该经书一般都不少于6遍，经济条件好的家庭甚至可以多念诵几遍。新抄本，黄纸，梵夹装，墨书。页面11.5厘米×28.5厘米。保存完好。今藏于云南省民族学会普米族研究委员会办公室，收入云南省少数民族古籍整理出版规划办公室编，《云南少数民族古籍珍本集成》第十六卷，云南出版集团公司云南人民出版社2015年3月版。

（李克忠，胡文明）

死米肯日介

普米族韩规教超度仪式经书。不分卷，1册，麦色偏初抄写。该经书奉劝逝者快快睡觉，以便积蓄力量回归祖地。书中诵道："天上的龙神已经睡下了，婆罗树上的大鹏鸟已经睡去了，贡嘎山的雄狮已经收拢了颈须入睡了，密林里的老虎早已收拢身上的花纹入睡了，悬崖间黑身白腰的鹰雕停止了飞翔，冷杉林中的乌鸦把头埋进了翅膀下，大山里的马鹿睡下了，麂子都已经睡去……请你也安心地、高兴地睡去吧！"新抄本，黄纸，梵夹装，墨书。页面11.5厘米×28.5厘米。保存完好。今藏云南省民族学会普米族研究委员会办公室，收入云南省少数民族古籍整理出版规划办公室编，《云南少数民族古籍珍本集成》第十六卷，云南出版集团公司云南人民出版社2015年3月版。

（李克忠，胡文明）

布楚苦塞角

普米族韩规教超度仪式经书。不分卷，1册，麦色偏初抄写。"布楚"指的是焚烧死者之地。普米族韩规教认为，一旦人死后，均会获得一处布楚。该经书记述了韩规主持仪式祈求辖区内的自然神灵赐予恩典，把守好焚烧之地，以防妖魔鬼怪进入场内扰乱。新抄本，黄纸，梵夹装，墨书。页面11.5厘米×28.5厘米。保存完好。今藏云南省民族学会普米族研究委员会办公室，收入云南省少数民族古籍整理出版规划办公室编，《云南少数民族古籍珍本集成》第十六卷，云南出版集团公司云南人民出版社2015年3月版。

（李克忠，胡文明）

术切

普米族韩规教超度仪式经书。不分卷，1册，麦色偏初抄写。该经书记述了子孙已经准备好逝者归途中所需以及给祖先带去的食物、钱粮，劝慰逝者"该吃则吃，不要饿着前行，待吃饱喝足后启程回归祖居之地"。新抄本，黄纸，梵夹装，墨书。页面11.5厘米×28.5厘米。保存完好。今藏云南省民族学会普米族研究委员会办公室，收入云南省民族学会普米族研究委员会办公室、云南省少数民族古籍整理出版规划办公室编，《云南少数民族古籍珍本集成》第十六卷，云南出版集团公司云南人民出版社2015年3月版。

（李克忠，胡文明）

给瓦联恰

普米族韩规教超度仪式经书。不分卷，1册，麦色偏初抄写。普米族韩规教认为，死者生前难免犯下各种各样的过失，死后"尼瓦"魔王及狱卒会阻挡亡魂回归的路上，因此，韩规主持葬礼时要念诵此经书，为逝者解除生前是非罪孽。新抄本，黄纸，梵夹装，墨书。页面11.5厘米×28.5厘米。保存完好。今藏云南省民族学会普米族研究委员会办公室，收入云南省少数民族古籍整理出版规划办公室编，《云南少数民族古籍珍本集成》第十六卷，云南出版集团公司云南人民出版社2015年3月版。

（李克忠，胡文明）

仕米博环拍

普米族韩规教超度仪式经书。不分卷，1册，麦色偏初抄写。该经书记述了切断生死线（黑白线）之经过。韩规举行此仪式时，需要将黑白两段麻线连在一起，并将黑色一端系在存放灵体的"苟"（棺柩）上，白色一端由孝子拉住，念诵完经书，由韩规用刀快速切断，寓意从此阻断阴阳，生者与死者永别。新抄本，黄纸，梵夹装，墨书。页面11.5厘米×28.5厘米。保存完好。今藏云南省民族学会普米族研究委员会办公室，收入云南省少数民族古籍整理出版规划办公室编，《云南少数民族古籍珍本集成》第十六卷，云南出版集团公司云南人民出版社2015年3月版

（李克忠，胡文明）

仕米肯使介贡琼

普米族韩规教超度仪式经书。不分卷，1册，麦色偏初抄写。在普米族地区凡是老人死亡，做完各种祭奠仪式后，必须举行开门出殡仪式，即将死者送往焚化之地火化，届时要请韩规念诵此经书。该经书记述了催促死者启程，尽快收回其生前所

到之处的脚印和手印，沿着先民的路线去与祖先团聚。新抄本，黄纸，梵夹装，墨书。页面11.5厘米×28.5厘米。保存完好。今藏云南省民族学会普米族研究委员会办公室，收入云南省少数民族古籍整理出版规划办公室编，《云南少数民族古籍珍本集成》第十六卷，云南出版集团公司云南人民出版社2015年3月版。

（李克忠，胡文明）

赶巴卡

普米族韩规教超度仪式经书。不分卷，1册，麦色偏初抄写。普米族韩规教认为，倘若人死后所进行的祭奠效果不好，亡魂便回不到祖居之地，甚至会沦为孤魂野鬼来作祟家人。该经书记述了劝慰逝者要听从韩规的嘱咐，平安上路，并赐予家人五谷丰登、人畜兴旺。新抄本，黄纸，梵夹装，墨书。页面11.5厘米×28.5厘米。保存完好。今藏云南省民族学会普米族研究委员会办公室，收入云南省少数民族古籍整理出版规划办公室编，《云南少数民族古籍珍本集成》第十六卷，云南出版集团公司云南人民出版社2015年3月版。

（李克忠，胡文明）

蒸启燕喃

普米族韩规教超度仪式经书。不分卷，1册，麦色偏初抄写。普米族韩规教认为，人世间各种争斗不断，都因为不分是非、颠倒黑白所致，要获得福泽的先决条件是停止争吵、平息争斗，重修和好。该经书记述了祈求逝者到了尼瓦之地后，要辨识黑白、好坏、是非，并保佑子孙信守常规，避免不必要的冲突或争斗。新抄本，黄纸，梵夹装，墨书。页面11.5厘米×28.5厘米。保存完好。今藏云南省民族学会普米族研究委员会办公室，收入云南省少数民族古籍整理出版规划办公室编，《云南少数民族古籍珍本集成》第十六卷，云南出版集团公司云南人民出版社2015年3月版。

（李克忠，胡文明）

茨尔崩瑞

普米族韩规教超度仪式经书。不分卷，1册，麦色偏初抄写。该经书记述了举行祭奠仪式时搭建"壹冬"祭坛的规程，并祷告天地诸神，祈求得到诸神的加持和保佑，使祭祀人家顺利完成"释毕戎肯"仪式。新抄本，黄纸，梵夹装，墨书。页面11.5厘米×28.5厘米。保存完好。今藏云南省民族学会普米族研究委员会办公室，收入云南省少数民族古籍整理出版规划办公室编，《云南少数民族古籍珍本集成》第十六卷，云南出版集团公司云南人民出版社2015年3月版。

（李克忠，胡文明）

启若普代瑞

普米族韩规教超度仪式经书。不分卷，1册，麦色偏初抄写。所谓"普代"即在"释毕戎肯"超度仪式上主持韩规所戴的斗笠。该经书记述了因得到了神灵的赐福，雄鹰镇住了一切想腾飞的鬼怪，刺猬驱赶了躲藏在洞穴里的妖魔，希望神灵加持"普代"，以使韩规法力无穷。新抄本，黄纸，梵夹装，墨书。保存完好。今藏云南省民族学会普米族研究委员会办公室，收入云南省少数民族古籍整理出版规划办公室编，《云南少数民族古籍珍本集成》第十六卷，云南出版集团公司云南人民出版社2015年3月版。

（李克忠，胡文明）

仲辛瑞

普米族韩规教超度仪式经书。不分卷，1册，麦色偏初抄写。"仲辛"为普米族语，亦称"仲辛窝棚"，系超度亡灵祭坛之一，由杉树、柏树和桦树各一棵组成，其中，杉树象征普米族先祖蕃米吾冬主赤得尔的头部，桦树与柏树分别代表其左右两肩。该经书记述了孝子寻找祖先遗骨的曲折故事以及搭建仲辛祭坛的来历、仪式等。新抄本，黄纸，梵夹装，墨书。页面11.5厘米×28.5厘米。保存完好。今藏云南省民族学会普米族研究委员会办公室，收入云南省少数民族古籍整理出版规划办公室编，《云南少数民族古籍珍本集成》第十六卷，云南出版集团公司云南人民出版社 2015 年 3 月版。

（李克忠，胡文明）

省库瑞

普米族韩规教超度仪式经书。不分卷，1 册，麦色偏初抄写。"省库"普米族语，亦称"省库华"，系超度亡灵的祭坛之一。该祭坛通常由四棵高约 5 尺左右的小松树构成，以象征普米族先祖蓍米吾冬主赤得尔的四肢。该经书记述了搭建"省库"祭坛之规程，然后祈求山神、龙（水）神等诸神将藏匿在屋里的鬼怪赶出，以使祭祀仪式顺利进行。新抄本，黄纸，梵夹装，墨书。页面 11.5 厘米 ×28.5 厘米。保存完好。今藏云南省民族学会普米族研究委员会办公室，收入云南省少数民族古籍整理出版规划办公室编，《云南少数民族古籍珍本集成》第十六卷，云南出版集团公司云南人民出版社 2015 年 3 月版。

（李克忠，胡文明）

弄卡端

普米族韩规教超度仪式经书。不分卷，1 尺，麦色偏初抄写。该经书记述了"弄卡"的出处和来历，然后引导亡魂附着在"弄卡"之上，最后向亡魂叮嘱：听从韩规的引导，安心坐在"弄卡"上。新抄本，黄纸，梵夹装，墨书。页面 11.5 厘米 ×28.5 厘米。保存完好。今藏云南省民族学会普米族研究委员会办公室，收入云南省少数民族古籍整理出版规划办公室编，《云南少数民族古籍珍本集成》第十六卷，云南出版集团公司云南人民出版社 2015 年 3 月版。

（李克忠，胡文明）

撒争

普米族韩规教超度仪式经书。不分卷，1 册，麦色偏初抄写。该经书是韩规在画定祭坛界标时念诵，祈求天地及四方神把守坛场不让妖魔鬼怪进入属地。新抄本，黄纸，梵夹装，墨书。页面 11.5 厘米 ×28.5 厘米。保存完好。今藏云南省民族学会普米族研究委员会办公室，收入云南省少数民族古籍整理出版规划办公室编，《云南少数民族古籍珍本集成》第十六卷，云南出版集团公司云南人民出版社 2015 年 3 月版。

（李克忠，胡文明）

韩规颠奔鲜

普米族韩规教超度仪式经书。不分卷，1 册，麦色偏初抄写。在传统的普米族社会里，凡祭祀人家举行"释毕戎肯"仪式，远近亲友纷至沓来，通常参加祭祀仪式的人员成百上千，集体宴饮，共同告慰亡灵，届时主客按次序入座后，围绕祭羊超度仪式的来历、程序等展开答辩（通常由韩规问，祭祀人家答）。该经书记述了答辩会上主持韩规分别对众韩规、孝子贤孙及亲朋好友的训诫词令，其内容多为增强修养、知恩尽孝及互帮互助等。新抄本，黄纸，梵夹装，墨书。页面 11.5 厘米 ×28.5 厘米。保存完好。今藏云南省民族学会普米族研究委员会办公室，收入云南省少数民族古籍整理出版规划办公室编，《云南少数民族古籍珍本集成》第十六卷，云南出版集团公司云南人民出版社 2015 年 3 月版。

（李克忠，胡文明）

丁巴辛饶亨查

普米族韩规教超度仪式经书。不分卷，1 册，麦色偏初抄写。该经书先讲述了拉钦朵米霖格尔时代结束后，一切鬼怪开始食人肉，喝人血……人世间一片狼藉，不得安宁。为了拯救人类于苦难之中，住在十三层天界的益西松吉丁巴辛饶带领 360 名天兵天将下凡人间，对作恶的鬼怪进行了严厉的打击和镇压；之后韩规教祖益西松吉丁巴辛饶与女妖成亲并杀死女妖的全过程；最后还叙述了丁巴辛饶之死及其灵魂升到天国而躯体入海的曲折故事。新抄本，黄纸，梵夹装，墨书。页面 11.5 厘米 ×28.5 厘米。保存完好。收入云南省少数民族古籍整理出版规划办公室编，《云南少数民族古籍珍本集成》第十六卷，云南出版集团公司云南人民出版社 2015 年 3 月版。

（李克忠，胡文明）

释肯干比荣

普米族韩规教超度仪式经书。不分卷，1 册，麦色偏初抄写。该经书记述了祭羊超度仪式的来历：人类始祖蕃米吾冬主赤得尔久病不愈，请了土地神日达玛尼蹦拉前来救助，但受巴丁（青蛙）的百般阻挠，无奈之下日达神用箭射死了青蛙，青蛙临死时"哇哇"叫了五声，惊动了天上的诸神，天空突然雷雨交加，蕃米吾冬主赤得尔被泥石淹没在滇地下，多年后，经过求占问卜，子孙们终于找到了被深埋在栗树下的蕃米吾冬主赤得尔先祖的尸骨，并举行了三天三夜的"释毕戎肯"仪式。新抄本，黄纸，梵夹装，墨书。页面 11.5 厘米 ×28.5 厘米。今藏云南省民族学会普米族研究委员会办公室，收入云南省少数民族古籍整理出版规划办公室编，《云南少数民族古籍珍本集成》第十六卷，云南出版集团公司云南人民出版社 2015 年 3 月版。

（李克忠，胡文明）

润肯

普米族韩规教超度仪式经书。不分卷，1 册，麦色偏初抄写。该经书记述了韩规在向死者献祭白牦牛时，念诵该经书，以祈求亡魂骑着白牦牛前往祖居之地，并赐福家人。新抄本，黄纸，梵夹装，墨书。页面 11.5 厘米 ×28.5 厘米。保存完好。今藏云南省民族学会普米族研究委员会办公室，收入云南省少数民族古籍整理出版规划办公室编，《云南少数民族古籍珍本集成》第十六卷，云南出版集团公司云南人民出版社 2015 年 3 月版。

（李克忠，胡文明）

拉擦布谷角

普米族韩规教超度仪式经书。不分卷，1 册，麦色偏初抄写。该经书记述了韩规在向九世神灵供奉面偶时，要念诵该经书，祈求诸神灵保佑全族平安。新抄本，黄纸，梵夹装，墨书。页面 11.5 厘米 ×28.5 厘米。保存完好。今藏云南省民族学会普米族研究委员会办公室，收入云南省少数民族古籍整理出版规划办公室编，《云南少数民族古籍珍本集成》第十六卷，云南出版集团公司云南人民出版社 2015 年 3 月版。

（李克忠，胡文明）

扎拉松冬

普米族韩规教超度仪式经书。不分卷，1 册，麦色偏初抄写。该经书记述了韩规在向战神扎拉"煟桑"祭祀时念诵，祈求战神保佑全族风调雨顺、五谷丰登、六畜兴旺、家宅清宁、子孙繁盛。经书中有若干插图，绘有战神坐骑狮子、龙、虎、蟒蛇、大鹏鸟、青蛙、日、月、星、云、虹和十二生肖，以及战神所用之枪、茅、刀等器械。新抄本，黄纸，梵夹装，墨书。页面 11.5 厘米 ×28.5 厘米。保存完好。今藏云南省民族学会普米族研究委员会办公室，收入云南省少数民族古籍整理出版规划办公室编，《云南少数民族古籍珍本集成》第十六卷，云南出版集团公司云南人民出版社 2015 年 3 月版。

（李克忠，胡文明）

扎拉都孜

普米族韩规教超度仪式经书。不分卷，1 册，麦色偏初抄写。该经书记述了韩规举行献祭战神"扎拉"仪式时，念诵该经书，祈求得到战神的护佑，使祭祀仪式顺利完成。新抄本，黄纸，梵夹装，墨书。页面 11.5 厘米 ×28.5 厘米。保存完好。今藏云南省民族学会普米族研究委员会办公室，收入云南省少数民族古籍整理出版规划办公室编，《云南少数民族古籍珍本集成》第十六卷，云南出版集团公司云南人民出版社 2015 年 3 月版。

（李克忠，胡文明）

亨尔别开利肯

普米族韩规教超度仪式经书。不分卷，1 册，麦色偏初抄写。该经书记述了韩规在向益西松吉丁巴辛饶、益冬松玛、帕拉扎拉对诸神灵供奉"开利"时，念诵该经书，祈求诸神帮助韩规将逝者灵魂从"尼瓦"中解脱出来。并送往人间或者天堂。新抄本，黄纸，梵夹装，墨书。页面 11.5 厘米 ×28.5 厘米。保存完好。收入云南省少数民族古籍整理出版规划办公室编，《云南少数民族古籍珍本集成》第十六卷，云南出版集团公司云南人民出版社 2015 年 3 月版。

（李克忠，胡文明）

亨尔别松冬

普米族韩规教超度仪式经书。不分卷，1 册，麦色偏初抄写。该经书记述了韩规在向益西松吉丁巴辛饶、益冬松玛、帕拉扎拉对诸神"煨桑"进香时，念诵该经书，祈求天地诸神为韩规举行法事保驾护航。新抄本，黄纸，梵夹装，墨书。页面 11.5 厘米 ×28.5 厘米。保存完好。今藏云南省民族学会普米族研究委员会办公室，收入云南省少数民族古籍整理出版规划办公室编，《云南少数民族古籍珍本集成》第十六卷，云南出版集团公司云南人民出版社 2015 年 3 月版。

（李克忠，胡文明）

塔朗

普米族韩规教超度仪式画卷。卷轴装，1 幅，麦色偏初绘制。普米族认为，人死后要把灵魂送回祖先居住的地方。在普米族看来，人生如一片叶子，落下来后都归于根，而生命之根就是祖先们迁徙到现在居住地之前曾经休养生息的北方。随着普米族文化与藏族文化交流的加深，关于生命归宿的观念亦随之趋于复杂化，产生了鬼地（地狱）、人间、神地（天堂）和人死后转生等观念，并形成了具体体现这种生命观的长幅画卷《塔朗图》和系列韩规经《塔朗图经》。所谓"塔朗"，"塔"意为"解脱"，"朗"意为"道路"，故亦称为《解脱之道图》。该图应在葬礼和超度亡灵仪式上铺开，韩规们立于图旁咏诵《塔朗图经》，将亡灵从图的底部逐层向上超度，仪式结束后收藏起来。整个画卷由 62 幅构成，融普米族本土宗教、传统伦理道德、本教以及藏传佛教关于地狱、人间、神地三界说等内容于一体。绘本，上浆土白布，彩绘。画面 800 厘米 ×30 厘米。保存完好。今藏云南省宁蒗县新营盘乡东风村马金荣家。收入云南省少数民族古籍整理出版规划办公室编，《云南少数民族古籍珍本集成》第十六卷，云南出版集团公司云南人民出版社 2015 年 3 月版。

（李克忠，胡文明）

塔朗吉吉

普米族韩规教超度仪式经书。不分卷，1 册，麦色偏初抄写。该经书是 64 幅塔朗图像的说明，并详尽讲述了在祭司韩规的帮助下，逝者亡灵从"尼瓦（地狱）"被引导到"甸巴（人间）"和"亨甸"天堂的全过程。新抄木，黄纸，梵夹装，墨书。页面 11.5 厘米 ×28.5 厘米。保存完好。今藏云南省民族学会普米族研究委员会办公室，收入云南省少数民族古籍整理出版规划办公室编，《云南少数民族古籍珍本集成》第十六卷，云南出版集团公司云南人民出版社 2015 年 3 月版。

（李克忠，胡文明）

荣给帕罗

普米族韩规教超度仪式经书。不分卷，1 册，麦色偏初抄写。按照普米族人的传统规矩，当"弄卡"接回家时，主人家须将主屋门反锁，并以对唱的方式与门外接"弄卡"的韩规对话。该经书讲述了韩规与祭祀家人的对唱内容，书中唱到："生命树大鹏鸟相互依存，大地与日月不分离；井水与金娃相互依存，密林与麂子、獐子不分离；岩壁雄鹰相互依存，高山草甸与白公牦牛不分离；江河与鱼儿相互依存……打开东、南、西、北、中五方之门，把一切福气都迎回家。"新抄本，黄纸，梵夹装，墨书。页面 11.5 厘米 ×28.5 厘米。保存完好。今藏云南省民族学会普米族研究委员会办公室，收入云南省少数民族古籍整理出版规划办公室编，《云南少数民族古籍珍本集成》第十六卷，云南出版集团公司云南人民出版社 2015 年 3 月版。

（李克忠，胡文明）

查子查达

普米族韩规教超度仪式经书。不分卷，1 册，麦色偏初抄写。该经书首先记述了不忘宗谱的重要性，再后讲述了创世纪。经书讲道：远古时代在茫茫的大海里漂浮着白、绿、黑三个蛋，从中分别诞生出神灵拉钦朵米霖阁尔、人类始祖斯巴尤米介布和魔鬼阿迷纳布，并以此说明：没有白无所谓黑，没有魔鬼无所谓神灵，没有好无所谓坏等宇宙人生哲理，最后还详细记述了斯巴尤米介布以下的九世神灵谱系以及人类先祖谱牒。新抄本，黄纸，梵夹装，墨书。页面 11.5 厘米 ×28.5 厘米。保存完好。今藏省云南省民族学会普米族研究委员会办公室，收入云南省少数民族古籍整理出版规划办公室编，《云南少数民族古籍珍本集成》第十六卷，云南出版集团公司云南人民出版社 2015 年 3 月版。

（李克忠，胡文明）

孝子孝列

普米族韩规教超度仪式经书。不分卷，1 册，麦色偏初抄写。该经先记述了一对兄妹的故事以此说明一个人的遗体在焚烧之时难以火化的原因，之后叙述了人类驯养的历程，制作披毡、衣冠等给死者作穿戴之用的古规习俗的来历。新抄本，黄纸，梵夹装，墨书。页面 11.5 厘米 ×28.5 厘米。保存完好。今藏云南省民族学会普米族研究委员会办公室，收入云南省少数民族古籍整理出版规划办公室编，《云南少数民族古籍珍本集成》第十六卷，云南出版集团公司云南人民出版社 2015 年 3 月版。

（李克忠，胡文明）

毛肯

普米族韩规教超度仪式经书。不分卷，1 册，麦色偏初抄写。该经书记述了火种的来历：远古时代，普米族不知道火，吃的都是生食，后来，因雷神劈击树木发生了森林火灾，普米族人尝到了火烧熟的禽兽肉，感觉味美可口，开始知道了用火，并习惯于熟食。后部分讲述了一个外甥击打彩石片引火救舅舅的动人故事：不知哪朝哪代，有一个名叫恰基·雅拉叠注的先祖曾前往大山林中狩猎，途中遭暴雨袭击而病倒在野外，后被其外甥发现并设法生火救出，由此形成了普米族人在祭祀场中由姑侄子前来打火的规矩。新抄本，黄纸，梵夹装，墨书。页面 11.5 厘米 ×28.5 厘米。保存完好。今藏云南省民族学会普米族研究委员会办公室，收入云南省少数民族古籍整理出版规划办公室编，《云南少数民族古籍珍本集成》第十六卷，云南省少数民族古籍整理出版规划办公室编，云南出版集团公司云南人民出版社 2015 年 3 月版。

（李克忠，胡文明）

戎肯

普米族韩规教超度仪式经书。不分卷，1 册，麦色偏初抄写。在普米族人看来，凡人死后，宰杀绵羊作引路就可以平安到达祖先居住之地，并为子孙后代带来福泽。该经书记述了献祭绵羊的古规由来，即远古时代，有一位普米族先祖名叫恰基·雅拉叠注，在一次狩猎中，他捕获一只绵羊，准备杀吃，但在绵羊的一再恳求下放了它，绵羊为了报答不杀之恩，承诺为其献身，并愿意成为主人死后回归祖宗途中的引路者和陪伴者。新抄本，黄纸，梵夹装，墨书。页面 11.5 厘米 ×28.5 厘米。保存完好。收入云南省少数民族古籍整理出版规划办公室编，《云南少数民族古籍珍本集成》第十六卷，云南出版集团公司云南人民出版社 2015 年 3 月版。

（李克忠，胡文明）

仲辛明达

普米族韩规教超度仪式经书。不分卷，1 册，麦色偏初抄写。该经书记述了在供祭"仲仙"神树时，回归念诵此经书，并用杉、柏、桦三种树木分别象征普米族祖先蕃米吾冬主赤得尔之头部及左右两肩。祭祀神树，以求后代有福有禄、延年益寿。新抄本，黄纸，梵夹装，墨书。页面 11.5 厘米 ×28.5 厘米。保存完好。收入云南省少数民族古籍整理出版规划办公室编，《云南少数民族古籍珍本集成》第十六卷，云南出版集团公司云南人民出版社 2015 年 3 月版。

（李克忠，胡文明）

仲辛都孜

普米族韩规教超度仪式经书。不分卷，1 册，麦色偏初抄写。在祭祀道场，韩规们将奶、蜜等洁净食物放入盛醅酒的碗中，作为圣水供祭人类始祖蕃米吾冬主赤得尔及仲仙神，届时要念诵该经书，以求先祖神降福泽给后代子孙。新抄本，黄纸，梵夹装，墨书。页面 11.5 厘米 ×280.5 厘米。保存完好。收入云南省少数民族古籍整理出版规划办公室编，《云南少数民族古籍珍本集成》第十六卷，云南出版集团公司云南人民出版社 2015 年 3 月版。

（李克忠，胡文明）

滚肯

普米族韩规教超度仪式经书。不分卷，1 册，麦色偏初抄写。普米族韩规认为，灵魂回归故里，犹如人类旅行，要翻越无数的高山，路途遥远，因此，需要为逝者供祭一匹冥马，让逝者骑马前行。该经书在举行献冥马仪式时，韩规念诵该经书，祈求亡魂骑马顺利抵达神地或者祖居之地见到九世祖灵及列祖列宗，并赐予家人以福泽。新抄本，黄纸，梵夹装，墨书。页面 11.5 厘米 ×28.5 厘米。保存完好。今藏云南省民族学会普米族研究委员会办公室，收入云南省少数民族古籍整理出版规划办公室编，《云南少数民族古籍珍本集成》第十六卷，云南出版集团公司云南人民出版社 2015 年 3 月版。

（李克忠，胡文明）

润准

普米族韩规教超度仪式经书。不分卷，1 册，麦色偏初抄写。普米族人认为，人死后，要将死者亡灵送往祖居之地。古代时候普米族有四大支系，各支系的迁徙路线有所不同，归祖路线亦不尽相同。该经书系今宁蒗县新营盘乡牛窝子村的普米族给死者亡灵指路时念诵的经书，书中记载了指引死者亡魂自牛窝子村出发，经永宁、木里，再走过贡嘎岭，最后顺利到达祖居之地的归祖路线。新抄本，黄纸，梵夹装，墨书。页面 11.5 厘米 ×28.5 厘米。保存完好。今藏云南省民族学会普米族研究委员会办公室，收入云南省少数民族古籍整理出版规划办公室编，《云南少数民族古籍珍本集成》第十六卷，云南出版集团公司云南人民出版社 2015 年 3 月版。

（李克忠，胡文明）

汝纠

普米族韩规教超度仪式经书。不分卷，1 册，麦色偏初抄写。该经书记述了寄存骨灰罐的由来。远古时代，有一户普米族人家试图将家中逝者之骨灰罐放在"尔罗里布"（地球）的顶端，但"佳日琼"（神雕）说那是它的神蛋，人们将其拿到地球中央，主管天与地之间的年神却说那是它的"仁布齐"（宝地），不同意放在那里，之后祭祀人家欲将骨灰罐寄往地球的两端，又遭到萨达（土地神）的拒绝，无奈之下，最后来到地球的下端，幸得鲁移介布（龙神）的同意，于是终于将骨灰罐放在那里。新抄本，黄纸，梵夹装，墨书。页面 11.5 厘米 ×28.5 厘米。保存完好。今藏云南省民族学会普米族研究委员会办公室，收入云南省少数民族古籍整理出版规划办公室编，《云南少数民族古籍珍本集成》第十六卷，云南出版集团公司云南人民出版社 2015 年 3 月。

（李克忠，胡文明）

菊崃

普米族韩规教超度仪式经书。不分卷，1 册，麦色偏初抄写。普米族韩规教认为：当把死者送上路时，生者的魂魄通常也会跟随亡魂而去，因此要把活人的灵魂从四方召回家里来。该经书告诫逝者的灵魂不能留恋阳间，生者的魂魄亦不要随逝者走失。新抄本，黄纸，梵夹装，墨书。页面 11.5 厘米 ×28.5 厘米。保存完好。今藏云南省民族学会普米族研究委员会办公室，收入云南省少数民族古籍整理出版规划办公室编，《云南少数民族古籍珍本集成》第十六卷，云南出版集团公司云南人民出版社 2015 年 3 月版。

（李克忠，胡文明）

宗巴拉松冬

普米族韩规教超度仪式经书。不分卷，1 册，麦色偏初抄写。该经书记述了韩规在"煨桑"祭奉宗巴拉"宇宙神"时，念诵该经书，以祈求神灵保佑祭祀人家平安康泰，粮食丰收、六畜兴旺。新抄本，黄纸，梵夹装，墨书。页面 11.5 厘米 ×28.5 厘米。保存完好。今藏云南省民族学会普米族研究委员会办公室，收入云南省少数民族古籍整理出版规划办公室编，《云南少数民族古籍珍本集成》第十六卷，云南出版集团公司云南人民出版社 2015 年 3 月版。

（李克忠，胡文明）

戎峥戎崃

普米族韩规教超度仪式经书。不分卷，1 册，麦色偏初抄写。该经书记述了迎请福泽的经过，即东、南、西、北、中五方之戎（福气）迎请到祭祀家人，并请求列祖列宗把财源、福气与恩泽留给后人，使后人兴旺发达、富裕强盛。新抄本，黄纸，梵夹装，墨书。页面 11.5 厘米 ×28.5 厘米。保存完好。收入云南省少数民族古籍整理出版规划办公室编，《云南少数民族古籍珍本集成》第十六卷，云南出版集团公司云南人民出版社 2015 年 3 月版。

（李克忠，胡文明）

讲唱类

一、神话传说

（一）神话

杀鹿人

普米族起源神话。流传于云南省兰坪白族普米族自治县普米族地区。讲述的是：很久以前，有位普米族猎人到天菩萨那里请教创造万物的办法。天菩萨给了他十只狗，要他回到凡间去追杀马鹿，以创地造天。后来猎人在这十只狗的帮助下杀死了马鹿。他抽刀砍下鹿头，鹿头变成了蓝天，鹿牙变成了星辰，鹿眼变成了大地；然后鹿身上的各个部位也发生了变化：鹿的心、肝、肺变成了谷地群山，鹿肠则变为江河和道路，鹿骨架变成了地脉，鹿胆变成了彩虹，鹿血变成了龙潭、湖海，鹿毛变成了草木，鹿皮变成了平坝大川，皮上的斑点变成了畜群，鹿肋变为仓库与房屋，鹿脚变成了房屋的支柱，鹿蹄变成皮靴，鹿尾变为祭天神的青松。从此世间有了天地万物。杨祖德讲述，杨照辉记译。收入《普米族文学简史》，32开，1页，408字，云南民族出版社1996年版。

（杨照辉）

太阳、月亮和星星

普米族自然神话。流传于云南省宁蒗彝族自治县普米族地区。讲述的是：远古时，没有日月星辰，大地上漆黑一团。老鼠和猫头鹰决心到天上寻找光明。猫头鹰叫老鼠骑在自己的背上，飞上天际。它飞了九十九天，飞到天和地的分界处，被又厚又硬的云墙挡住了。老鼠坐在猫头鹰背上，伸出尖嘴不停地啃云墙，被它啃出的点状物随风满天飘浮，变成了星星。它啃了九十九天，终于在云墙上啃出了脸盆大的一个洞。一道雪白而寒冷的亮光从洞中照射出来，便有了月亮。猫头鹰驮着老鼠继续向东飞去，不久撞在另一堵暖和的云墙上。老鼠又啃了九十九天，也啃出一个大圆洞。一道灼热的红光从洞中照射出来，就形成了太阳。从此以后，大地上有了光明和温暖。格若讲述，章渊记录。收入《普米族故事集成》，32开，2页，700余字，中国民间文艺出版社1990年版。

（杨照辉）

开天辟地

普米族起源神话。流传于云南省宁蒗彝族自治县、兰坪白族普米族自治县普米族地区。讲述的是：远古时，没有天与地，没有白天与黑夜，没有生与死，也没有人类和万物，到处是一片汪洋。不知过了多少个世纪，水底下出现了一只大青蛙，将洪水吸干，宇宙中才有了天地和日月。又不知过了多少年，太阳和月亮的儿子开天九方，米旺的儿子辟地八方，天神在上面撒下种子，于是有了生死以及万物的生长。那时普米人不会用火，雷神冬撒介匠放天火烧死马鹿和野猪后，让他们学会了用火。当时普米人都住在岩穴、树洞里，山蚂蚁和山斑鸠寻枝搭窝，教会了他们建房盖屋。那时普米人不会耕地播种，山老鼠扒土翻地，教会了他们种粮食。当时普米人没有衣服穿，蜘蛛捻丝织网，教会了他们纺线织布缝衣服。那时普米族没有贵贱之分，山猴子统领猴群，教会他们分出等级，有了族长和伙头；族长和伙头娶了老婆后就与众人分开，单独过着甜蜜的日子，其他人后来也效仿着开始娶妻分家了。佚名讲述，王震亚记录。收入《普米族故事集成》，32开，2页，870字，中国民间文艺出版社1990年版。

（龙江莉）

直呆南木

普米族起源神话。流传于云南省宁蒗彝族自治县部分普米族地区。"直呆南木"为普米语，有"洪水滔天"之意。该神话由"采金光""直呆南木""阿克巴底""和仙女成亲""百鸟求种""狗找来谷种"六个部分组成。讲述的是：远古时，天地一片漆黑。东方的海边有一棵一万年才会开花一次的海螺树，有一年它竟开起了花，花的光明照亮了整个大地。当时海边住着兄妹五人，他们见到远处海螺树金色的光亮后异常高兴。四弟和五妹决定去采那金光，将它永远留在人间。他们在黑暗中不知爬行了多少日子，但一直没找到海螺树。正当兄妹二人绝望之时，一个满头白发的老奶奶出现了。她知道了兄妹俩的想法后，就将他们分别变成了太阳和月亮，让他们永远照耀大地。自从宇宙有了日与月，地上便有了花草树木和飞禽野兽。在家的三个哥哥开始开荒，可头天砍倒的树木、开出的荒地第二天又复原了。他们决定躲在暗处看个究竟。原来这一切都是一只大青蛙所为。大青蛙告诉好心肠的老三："洪水即将来了，开荒种地是徒劳的。你赶快缝一个黑牛皮口袋，带上狗、猫、公鸡和三块石头，躲在最高的神树上逃生。"不久洪水滔天，老大和老二先后被淹死，只有老三按照大青蛙的指点活了下来。洪水退了，万物毁灭，只留下孤单的老三。一天，他来到一个峡谷，看见一对妖怪在洞穴里正面对面互相递东西吃，它们的眼皮长得拖到脚下，盖住了眼睛。老三正好饥饿难耐，便站在妖怪中间，将它们互递的东西接过来吃了。两个妖怪闻出了人味，其中的女妖一口吞下了老三。在一旁推磨的大青蛙看见这一切，便对妖怪说，老三是它的外甥，若不将他吐出来，就不再帮助它们推磨。女妖无奈，只好将老三吐了出来。老三得以生还，从那以后，普米人永远记住青蛙舅舅的恩情，尊称它为"阿克巴底"。老三逃出妖穴后遇到了天神木多丁巴的三个女儿，便向她们学习射箭的本领，后来制服了两个妖怪。三个仙女同时爱上了他，他选中最小的仙女为妻。一年后他们生了一个女儿。女儿到了十三岁，要行成年礼，三仙女准备到娘家去报喜。临走前，她用炭灰做了一个姑娘来伺候丈夫。没想到老三与灰姑娘日久生情，生下了好几个儿女。三仙女回来后知道丈夫变了心，便把自己从天宫带来的粮种收了回去，只留了一些给鸟儿们吃，从此地上的人没有吃的。住在天上的太阳妹妹知道这事，便主动为人向天神和三仙女求情，但只求来了一小点青稞种子和一条狗。后来，老三带着这条狗回到海边。他发现海的对岸有谷种，但自己游不过去，只得干着急。狗自告奋勇地游过了海，取来谷种交给老三。从此，人类有了谷种。后人为了感谢狗，吃饭时总要先将它喂饱。佚名讲述，贺兴泽、和学良等记录。收入《普米族故事集成》，32开，15页，10000余字，中国民间文艺出版社1990年版。

（龙江莉）

格松巴悟治太阳

普米族自然神话。流传于云南省丽江市普米族聚居区。讲述的是：远古时，天上出了九个太阳，大地上的石头被烤软了，河水也被晒干了。人类祖先格松巴悟受到蜘蛛结网的启发，用八根铜链、八把铜锁将八个太阳锁在东山，不让它们爬出来。可不一会儿铜锁、铜链就被太阳烧化了。第二天公鸡叫时，九个太阳又依次从东山爬出来。格松巴悟又铸造了九只铜公鸡，让它们不分昼夜地啼叫，九个太阳便不分昼夜地奔跑。后来有八个太阳跑累了，先后躲到西山峡谷休息。看见天上只剩下一个太阳，格松巴悟连忙拔了铜公鸡的舌头，让它们不会叫，于是这个太阳永远留在了天上。从此以后，早上公鸡一叫，它就从东山出来，晚上公鸡睡觉时，它就落到西山峡谷中去；人间便有了白天和黑夜之分。熊才、和福讲述，木丽春记录。收入《普米族故事集成》，32开，2页，1000余字，中国民间文艺出版社1990年版。

（杨照辉）

土箭射日

普米族神话。流传于云南省宁蒗彝族自治县普米族聚居区。讲述的是：洪水滔天之后，天空出现了九个月亮和九个太阳，人类晚上饱受寒冷之苦，白天备受高温煎熬。三位智慧超群的普米族好汉决心射落多余的八个月亮和八个太阳。他们先是用竹箭、铁箭射落了八个月亮，留下一个在晚上照明。当三人准备射落太阳时，铁箭却被它们烧化了。最后他们用土箭来射，土箭在高温中越烧越硬。八个太阳先后被射落，只留下一个在白天为人们照明取暖。可留下的这个太阳一直躲着不肯出来，三位好汉就让公鸡去请它。太阳喜欢公鸡，便送给它一把木梳，木梳变成了鸡冠。每当天快亮时，公鸡便高声啼叫，太阳听见后就赶忙出来。曹南久讲述，杨曾烈记录。收入《普米族故事集成》，32开，2页，1000余字，中国民间文艺出版社1990年版。

（杨照辉）

日食的传说

普米族神话。流传于云南省兰坪白族普米族自治县普米族聚居区。讲述的是：从前，玉坪山下住着一对年轻的普米族夫妻，男的叫阿泽，女的叫玛丽。阿泽患上了麻风病，不得不与妻子分居，独自到岩洞中居住。一天，他从外面采摘野果回洞，发现洞里有十多条蟒蛇在互相嬉戏，一直到太阳偏西才离去。此后天天如此。阿泽害怕，找妻子帮忙，玛丽给他送来一把剃头刀。他便用这把刀在洞口下了扣子，把蟒蛇王割成两半。一条花蟒蛇赶快从洞中衔来一颗黑色药丸，用它在蟒蛇王身上擦。蟒蛇王竟然活了过来。待蟒蛇走后，阿泽捡起被它们丢弃的药丸往自己身上擦，麻风病竟然治好了。回家的途中，他又用药丸救活了一只死去的黑狗，并将它带回家。到家后，他把药丸藏在一个小箱子中，并叮嘱妻子不要动它。可好奇的玛丽在丈夫外出时悄悄打开了小箱子，药丸便飞上天去了。阿泽听说后决心上天找回药丸，他用麻秆架起一架天梯，带着黑狗爬梯上天宫。就在将要到达天宫的那天，阿泽因饥饿从天梯上摔了下来，只有黑狗到了目的地。后来黑狗每次想起主人的救命之恩，就去咬太阳，让它无法放出光芒，于是就有了日食现象。佚名讲述，杨奎文搜集。收入《普米族故事集成》，32开，4页，2100余字，中国民间文艺出版社1990年版。

（杨照辉）

狗为什么咬月亮

普米族自然神话。流传于云南省兰坪白族普米族自治县普米族聚居区。讲述的是：很久以前，有个猎人带着一只狗到山里去狩猎。夜间狗狂叫不停，影响了他休息，他就将狗带到集市上换米吃。当晚，妖精很顺利地来到猎人屋里，正要扑向猎人时，那只狗及时地跑回来，咬死了妖精，救了猎人的命。从此以后，猎人对狗感激不尽，发誓要把它送上天去。他在家门口用麻秆搭了一架天梯，准备领狗上天。临走时他告诉妻子，千万不要把洗碗水倒在天梯脚下。狗在前边爬，猎人跟在后边。眼看就要到天门口了，不料猎人的妻子出于好奇，将洗碗水倒在天梯脚下，引来了很多蚂蚁。蚂蚁咬断天梯，爬在前边的狗纵身一跃，跳进了月宫里，猎人却坠地而死。后来留在月宫里的狗每月都要思念主人一次，这时它使劲地咬月亮。据说月亮出现了缺口，就是那只狗咬出来的。熊顺祥讲述，昂栋记译。收入《普米族文学简史》，32开，2页，1200余字，云南民族出版社1996年版。

（杨照辉）

月亮妹妹

普米族自然神话。流传于云南省兰坪白族普米族自治县普米族聚居区。讲述的是：远古时，天上没有日月，地上仅有两兄妹。为繁衍人类，女天神干衣米命兄妹俩结为夫妻。兄妹俩认为这样有悖伦理，就不愿结婚。女神便让二人各背一扇磨盘到高山上滚，结果滚下的磨盘合在了一起。兄妹俩只能顺应天意结为夫妻，他们生下了很多孩子。两人一直觉得羞于见人，便求女神将他们变为日月。后来哥哥变成了太阳，妹妹则成了月亮。熊美珍讲述，杨照辉采录。收入《中国民间故事集成·云南卷》（上），16开，1页，340字，中国ISBN中心2003年版。

（龙江莉）

狗找来了谷种

普米族起源神话。流传于云南省宁蒗彝族自治县普米族聚居区。讲述的是：洪水滔天后，始祖老三在天上找不到谷种，就来地上找。他听说东方大海的对岸有神仙种的谷子，就与狗来到海边。狗游过大海，在神仙的谷堆上翻了几个跟斗，让全身沾满谷子后游了回来。始祖老三发现狗毛里的多数谷子被海水冲掉了，只有狗背上还有一些。他将谷子种到田里，半年后就有了收获，人类终于有了粮食。后来，普米人为了报答狗的恩情，每年收获后吃新米时，首先要喂给狗吃。这个习俗一直传到今天。曹匹初讲述，贺兴泽、和学良、何顺明记录，王震来整理。收入《普米族文学简史》，32开，2页，216字，云南民族出版社1996年版。

（杨照辉）

人狗换寿

普米族起源神话。流传于云南省兰坪白族普米族自治县普米族聚居区。讲述的是：远古时的一天早上，万物去领受男天神恩赐的寿岁，唯独人在睡懒觉。男天神将万岁的寿命赐给石头、千岁的寿命赐给大树、百岁的寿命赐给狗后，人才醒了过来。他只分到了十年的寿岁，伤心地哭了。狗则嫌自己的寿命太长，要求天神以让人养活它为条件，将它的寿岁换给了人。从此以后，人能活百岁左右，狗则只能活十年。熊美珍讲述，杨照辉记录、整理。收入《普米族文学简史》，32开，2页，450字，云南民族出版社1996年版。

（杨照辉）

神牛喊寿岁

普米族起源神话。流传于云南省宁蒗彝族自治县普米族聚居区。讲述的是：古时候，树王、人与狗分别要求天神给自己一个合理的寿岁，天神便命令神牛通过对这三种生物提问来决定。到了晚上，人和狗感到太累，没等到神牛来就去睡觉。到了半夜，神牛才来，它问："谁要活千万岁？"没有睡觉的树王马上应了声。神牛又问："谁要活一百年？"狗睡得浅，便抢着回答自己要。神牛再问："谁要活五十岁？"人还在沉睡。神牛大声喊道："谁要活十二岁？"这时人才醒过来答应了。后来人觉得自己的寿命太短，就坐在家里哭泣。狗问清缘由后，提出与人互换寿岁，条件是人每天要给它供两顿饭。人同意了。从此狗就和人在一起生活。当神牛第二次帮天神传话时，将话传错了，被罚到人间帮人们干活。熊尔千讲述，曹银秀记录。收入《普米族故事集成》，32开，2页，1000余字，中国民间文艺出版社1990年版。

（杨照辉）

神牛送五谷

普米族起源神话。流传于云南省宁蒗彝族自治县普米族聚居区。讲述的是：古时候，神牛住在天上，一年四季耕云犁雾，以便让仙女们播种星星。一天，神牛到永宁坝上空干活，不小心将天犁了一个洞。它从洞里看见人们靠狩猎和挖山茅野菜生活，便决定把天上的五谷送给他们。它用仙女送的仙酒灌醉了守护五谷的天神，然后用自己的双角挑断铜锁，用额头撞开神柜，将里面的五谷种子放进自己的衣内。它从天洞口跳到人间，把五谷种子送给人们，并教会他们种植。从此大地上有了粮食。曹娜荃讲述，章虹宇记录。收入《普米族故事集成》，32开，2页，1400余字，中国民间文艺出版社1990年版。

（杨照辉）

人蛇换皮

普米族起源神话。流传于云南省兰坪白族普米族自治县普米族聚居区。讲述的是：古时候，人三年蜕一次皮，因而可以长生不老。有一次，两个人互相诉说蜕皮时疼痛难忍的感觉，被躲在草丛中的蛇听见了。蛇钻出来对他们说："既然你们害怕蜕皮，我愿与你们换皮。"那两个人顺口答应了。换皮后，人虽然没有了蜕皮的痛苦，但活到五六十岁就死了。他们觉得自己还有许多事没有做完，便向蛇索要自己的皮，可蛇坚决不给。愤怒的人捡起石头打蛇，蛇只好躲进山洞或草丛中去了。杨玉东讲述，黄金妹记录。收入《普米族故事集成》，32开，2页，500余字，中国民间文艺出版社1990年版。

（杨照辉）

马桑树与水牛

普米族起源神话。流传于云南省兰坪白族普米族自治县普米族聚居区。讲述的是：开天辟地时，天地间最高的是马桑树，声音最大的是水牛。马桑树的叶尖伸到天帝的门前，天帝很看不惯，让天兵天将把它压倒，让它顺着地生长。有一次水牛大叫了三声，把天帝从睡梦中惊醒。天帝气得叫天兵天将用绳索穿它的鼻子，把它拴在马桑树上。由于水牛不停地拖拉，马桑树就再也长不高了。佚名讲述，和丽金记录。收入《普米族故事集成》，32开，2页，200余字，中国民间文艺出版社1990年版。

（杨照辉）

洪水滔天

普米族创世神话。流传于云南省丽江市部分普米族聚居区。讲述的是：古时候，有兄弟三人在犁地，山神告诉他们，洪水即将来临，不用再犁了，快钻进牛皮口袋里避难。结果只有善良的老大免于一死。他在一只老鼠的帮助下，到河边娶了天神的女儿，生下三个长翅膀的孩子。若干年后，全家人到天上去看望天神夫妇。天神发现自己的女儿已经嫁给了凡人，很不高兴，便一心想害死女婿。但由于妻子从中作梗，天神的计谋一直未能得逞，最后他只好将女儿一家赶下凡间。三个孩子长大后，分别成了藏族、普米族、纳西族的祖先。金发贵讲述，杨照辉记译。收入《普米族文学简史》，32开，3页，1400余字，云南民族出版社1996年版。

（杨照辉）

凤凰治龙王

普米族神话。流传于云南省宁蒗彝族自治县普米族聚居区。讲述的是：有一次龙王长时间不让雨神下雨，大地上的沟溪全都见底，田地也已干裂，所有的生灵快渴死了。羌拉都基天神知道只有凤凰才能教训得了不讲理的龙王，便趁凤凰离窝之际，拿了一颗凤凰蛋藏在龙王家里。然后他告诉凤凰，龙王偷了它的蛋。愤怒的凤凰抓起龙王，重重地砸进海里。顿时海中溅起九千九百丈高的水柱，水柱散落成千千万万滴水珠，水珠落地变成湖泊和龙泉。从此以后，龙王就不敢再霸道了。曹乃主讲述，王震亚记录。收入《普米族故事集成》，32开，4页，2200余字，中国民间文艺出版社1990年版。

（杨照辉）

青蛙教人祖喝智慧水

普米族图腾神话。流传于云南省宁蒗彝族自治县普米族聚居区。讲述的是：远古时，司管一切动物的诺捏天神告诉大家，喇孜山上有两塘神水，一塘是蒙昧水，一塘是智慧水。动物们听见后都去寻找智慧水。人类的祖先在途中救了一只受伤的青蛙。为了报恩，青蛙告诉他，混浊的那塘神水是智慧水，找到后只要喝三口就行了。人祖找到神水后，发现那塘清水早被其他动物喝光了，而那塘浊水还原封不动地摆在那里。他高兴得忘记了青蛙的嘱咐，一口气把智慧水全部喝光了，顿觉神志清醒，耳聪目明。从此以后，人类就从其他动物中分离出来，成为有智慧的动物。为了报答青蛙，普米人将它尊称为"阿舅青蛙"。佚名讲述，杨学政记译。收入《普米族文学简史》，32开，2页，300余字，云南民族出版社1996年版。

（杨照辉）

乌鸦叫不吉利、松树死后皮腐心不烂和母骡不下儿的来历

普米族文化神话。流传于云南省兰坪白族普米族自治县普米族聚居区。讲述的是：干衣布天神说出来的话无不灵验，开天辟地后的一天，他骑着母骡来到人间。来到一片森林时，他感到浑身疲倦，就把母骡拴在一棵松树上，自己在一旁睡觉。他刚一睡着，一只乌鸦落在松树上大叫，将母骡惊跑了。天神很生气，便骂道："你这个多嘴的乌鸦，一叫就不吉利！"他又对松树说："你死后应该皮腐心不烂！"最后他又追着母骡骂道："你这头不省心的母骡，应该不下儿，一辈子替人驮东西！"后来，人们就讨厌听到乌鸦的叫声，认为不吉利；由于死后的松树皮腐心不烂，人们就从死松树里取明子点火；母骡不会生小骡，但它驮起东西来比马都厉害。熊美珍讲述，杨照辉记译。收入《普米族文学简史》，32开，2页，300余字，云南民族出版社1996年版。

（杨照辉）

巴松吉的四个儿子

普米族起源神话。流传于云南省宁蒗彝族自治县普米族聚居区。讲述的是：远古时，地上只有一个名叫巴松吉的猎人和他的猎犬。太阳神觉得巴松吉很寂寞，就请金蝙蝠到天王木多丁巴家物色一位仙女下凡，与他成亲。有一位仙女答应了金蝙蝠，下凡与巴松吉成了亲，两人过着甜蜜的日子。但三年过去了，他们仍没有孩子。金蝙蝠知道后，将这事告诉了天王。天王告诉天后说，若仙女能回天上来探望他们，就可以生儿子。仙女便赶紧带上礼物上天看望了天王夫妇。回家不久，她就怀孕了，生下四个儿子，但四个孩子都不会说话。天王转告巴松吉夫妇，让四个小孩去砍柴，然后把马群赶到蔓菁地里，他们就能说话。巴松吉照办了，四个儿子终于开口，分别说出了藏语、普米语、摩梭语、汉语，成了这四个部落（民族）的祖先。尔青打史讲述，和学良搜集，殷海涛记录。收入《普米族故事集成》，32开，2页，1000字，中国民间文艺出版社1990年版。

（龙江莉）

（二）习俗传说

"括鲁"石的来历

普米族习俗传说。流传于云南省宁蒗彝族自治县普米族聚居区。讲述的是：普米族的祖先原来住在昆仑山下的大草原上，过着游牧生活。当时他们常遭受外族的侵略，大家在惊恐和苦难中过日子。有一年，侵略者又来到草原烧、杀、抢，他们的行径惹怒了昆仑山神，顿时山摇地动，石崩崖倒，整座昆仑山飞腾起来，然后从空中落下，把侵略者全压死了。昆仑山移动了位置，恰好把普米人居住的草原盖住了。幸存的普米人只好向南迁徙。离开草原前夕，他们把死去亲人的骨头装进羊皮口袋里；另外为了感谢昆仑山神的救命之恩，他们还顺便拣了几块小岩石放在羊皮口袋中。他们日夜兼程，向南方走去。每当他们走投无路的时候，装有祖先骨头和石头的羊皮口袋总会发出指令，告诉大家克服困难的办法。普米人最后找到了宁蒗这块乐土，在这里定居下来。后

来人们打开羊皮口袋，准备将亲人的骨头拿出来掩埋，可骨头和石头已融为一体。他们只好把混合物取出来，将它们称为"括鲁"，供在家中最显眼的火塘边，随时接受祭拜，神圣不可侵犯。佚名讲述，章虹宇搜集。载《民间文学论坛》，16开，1页，550字，1986年第3期。

（普学旺）

祭三脚的来历

普米族习俗传说。流传于云南省兰坪白族普米族自治县部分普米族聚居区。讲述的是：古时候，普米族人居住的地方有个无恶不作的妖怪，专在大路上拦劫送亲的队伍，将抢来的新娘或玩弄或吃掉。一个叫毕丽妞的女孩出嫁时，阿爸送给她一只祖传的玉手镯，以求保佑她平安到达婆家。在送亲的路上，妖怪果然出现了。危急时刻，阿爸挺身而出，和妖怪扭打起来。他眼看自己就要被妖怪掐死，便忙喊女儿把玉手镯甩过来。玉手镯如长了眼睛一般，套住了妖怪的头。它喷出烈焰，将妖怪烧成灰烬。火熄灭之后，阿爸也不见了，化身成一个铁三脚。铁三脚开口了，说妖怪已除，希望女儿和乡亲们从此过上好日子。乡亲们回到家里，发现自己的灶上都有一个铁三脚。普米人从此将铁三脚视为全家的保护神，每逢传统节日或婚丧嫁娶都要祭祀它。吉良妞讲述，杨进宜、李松发记录。收入《普米族故事集成》，32开，2页，1460字，中国民间文艺出版社1990年版。

（龙江莉）

山神和猎神

普米族习俗传说。流传于云南省兰坪白族普米族自治县部分普米族聚居区。讲述的是：金祖和达祖是一对同父异母兄弟，感情很好，他们的父亲已故。哥哥金祖经常受到后母的虐待。有一年冬天刚过，后母便逼着金祖赶羊上山去放。达祖找借口跟哥哥一同上了山。母亲准备了两袋粮食，一袋装着苦荞给金祖，另一袋燕麦给亲生儿子达祖吃。在路上，达祖悄悄把哥哥的苦荞倒掉，把自己的燕麦倒了一半给他。兄弟俩每天在山上一边放羊一边弹奏四弦琴，过着逍遥的日子。不久，粮食吃完了，达祖便回家去拿。金祖在山上想到弟弟为自己受了不少苦，觉得很愧疚，决定悄悄离开他。他让羊分成两群，把弟弟的那一群围在圈里，将另外一群放了生。那些放生的羊后来变成各种野兽。达祖拿回粮食后，发现哥哥不辞而别，就到处寻找。他走了七天七夜，翻过八十一座高山，终于在一棵大杉树下找到哥哥。但他始终说服不了哥哥回家，最后只好独自回去了。他回到家，发现房子已被野火烧毁，母亲也被烧死，便学哥哥进山生活。若干年后，金祖和达祖分别成了猎神和山神，普米人总不忘祭祀他们。杨汉章讲述，鹏云记录。收入《普米族故事集成》，32开，4页，2700字，中国民间文艺出版社1990年版。

（龙江莉）

打猎的来历

普米族习俗传说。流传于云南省宁蒗彝族自治县部分普米族聚居区。讲述的是：很早以前，所有的飞禽走兽都归山神管理，人们请求山神分一些给他们圈养。山神同意了，他把所有的动物都关在一个大院子里，然后在外面呼唤它们的名字，飞出来、跳出来的就仍归他管，留在围墙里的便交给人们饲养。结果大部分的动物跟山神走了，只剩下牛、马、猪、羊归了人类。人们嫌自己可圈养的牲畜太少，又去求山神。山神告诉他们，动物们都进林子了，很难再把它们聚拢，他们可以上山去猎杀。从此以后，普米族就有了打猎的习俗。熊尔千讲述，曹银秀记录。收入《普米族故事集成》，32开，1页，590字，中国民间文艺出版社1990年版。

（龙江莉）

猎神朗布松

普米族习俗传说。流传于云南省兰坪白族普米族自治县普米族聚居区。讲述的是：很久以前，箐花、大羊两村一带森林茂密，豺狼虎豹很多，它们经常出来伤害人畜。一些勇敢的普米族猎手闯入林海杀猛兽，结果都是有去无回。在一个叫日冬波的地方，有一个名叫朗布松的神箭手，决心为死去的猎手报仇。他带上九千九百九十九支毒箭，一连几天几夜待在林中，不知射死了多少头猛兽，最后在回家的途中被一只受伤的老虎咬死了。后来，箐口、大羊的普米人就将朗布松奉为猎神，每年都要举行祭弩弓、洒黄酒的祭祀仪式，以纪念他。杨树蕃、杨继宣讲述，施中林整理。收入《普米族故事集成》，32开，3页，2000余字，中国民间文艺出版社1990年版。

（龙江莉）

敬龙王的来历

普米族习俗传说。流传于云南省宁蒗彝族自治县部分普米族聚居区。讲述的是：龙王神梭那儿青不仅吃野兽，甚至把人几乎吃光了。天王知道这事后，就派仙人昌南独几下凡惩治它。昌南独几与龙王神进行了殊死搏斗。经过九天九夜的厮杀，龙王神凭借"龙多势众"，将昌南独几打败了。天王又派甲昌下凡。甲昌本领高强，用铁钩将梭那儿青的脖子钩住，捉到天上去了。天王告诉龙王神，今后一定要善待世人，并承诺让世人祭祀它；龙王神保证今后一定听从天王的旨意。天王便命甲昌释放它。甲昌很不高兴，使劲把龙王神从空中扔了下来。龙王神落在海里，溅起了许多海水，海水落下就形成湖泊、水潭和龙湾。这些地方也有了自己的龙王神。从此以后，各地的百姓都要祭祀当地的龙王神，以求平安。祈祖讲述，殷海涛记录。收入《普米族故事集成》，32开，2页，870字，中国民间文艺出版社1990年版。

（龙江莉）

祭龙神

普米族习俗传说。流传于云南省宁蒗彝族自治县普米族聚居区。讲述的是：古时候人和龙相处得很好。一天，一对普米族父子到龙潭边抓到一头大野猪，将它开膛剖肚洗净后，背起猪肉往家走。半路上，他们发现将砍刀忘在龙潭边，父亲就返回去拿。到了那里，他遇到了出来找野猪的龙家人，把他抓进了龙宫。儿子将野猪肉背到家后，一直不见父亲回来，就返回去找。路上他遇到大神尼罗次间，尼罗次间叫他到龙宫去找父亲。儿子来到龙宫，在父亲的指使下，请来南北两个雷公。雷公们到龙宫顶上不停地打干雷，震得龙王无法睡觉。龙王只好留下父亲的灵魂，让他的肉体与儿子一起回家去。父亲由于没有灵魂，到家就死了。从此，普米族经常在龙潭附近祭祀龙王。曹乃主等讲述，王震亚记录。收入《普米族故事集成》，32开，5页，2400余字，中国民间文艺出版社1990年版。

（杨照辉）

转山节的传说

普米族习俗传说。流传于云南省宁蒗彝族自治县普米族聚居区。讲述的是：古时候，妖怪到处吃人，人们过着朝不保夕的日子。天神发现人间的灾难后，派很多天兵天将下凡，将妖怪全消灭了。天兵天将觉得人间山川秀丽、土地肥沃，就要求天神让他们留下来。天神同意了。于是天兵变成了山神，天将则变成山菩萨。山神和山菩萨每年都要定期进行射箭、赛马、摔跤、打靶比赛。谁在比赛中获胜，他所管辖的村寨便会粮丰畜旺；反之，他辖区内的村民就会灾难重重。普米族先民便在每年的农历七月十五，以村寨为单位，背上食物去山脚祭拜管辖自己的山神，祈盼他取胜而归，给大家带来吉祥。久而久之，这种活动演变成了转山节。品珠讲述，殷海涛记录。收入《普米族故事集成》，32开，2页，800余字，中国民间文艺出版社1990年版。

（杨照辉）

"娃娃节"的来历

普米族习俗传说。流传于云南省兰坪白族普米族自治县部分普米族聚居区。讲述的是：普米族先民居住的地方常年阴雨连绵，风湿病折磨得他们死去活来。当时在一个叫逼井冷的寨子里，住着一位叫阿根的少年。他只有十三岁，却身强力壮，是大人的好帮手。这年的三月初八，他领着年幼的弟妹上山捡柴，突然一只老虎跳出来要吃他们。阿根毫不畏惧，挥舞两只小拳头三下五除二就把老虎打死了。兄妹三人拖着死老虎回到村里。他们按普米族的传统，把虎肉虎骨分给乡亲们。村民们吃了虎肉虎骨后，风湿病全好了。从此以后，普米族兴起了三月初八举行"娃娃节"的习俗。届时，孩子们背上食物到山上野餐、做游戏，据说这样能使他们长得更健壮。尹文瑞讲述，尹善龙记录。收入《普米族故事集成》，32开，2页，890字，中国民间文艺出版社1990年版。

（龙江莉）

玛丽妞和七月半节

普米族习俗传说。流传于云南省兰坪白族普米族自治县普米族聚居区。讲述的是：古时候有一对普米族夫妇，他们有个女儿，名叫玛丽妞。玛丽妞长到十几岁便如花似玉。一天，她到山神住的山梁上去放羊。中午时分，一只大鹰飞到她面前，要她嫁给它，她当时没有同意。回到家里，她把这事告诉了父母。父母让她答应大鹰，条件是要它用金银铺满他们的家。第二天，大鹰又一次飞来向玛丽妞求婚。玛丽妞把父母提的条件告诉了大鹰，大鹰听后就消失了。第三天是农历七月十四，早上玛丽妞的父母起床开门时，看见自家从大门口到堂屋里全是金子、银子，便急忙去喊女儿；可玛丽妞躺在床上一动不动，她死了。悲伤的父母搬开那些金子、银子，才发现它们都是纸做的。后来神灵托梦告诉他们，求婚的大鹰是山梁上的山神变的，金子银子是其送给玛丽妞的。全寨的人便来到玛丽妞家，扎了纸亭子，连同大鹰送的金银纸，在寨边的小溪旁烧成灰。普米族农历七月十五烧金银纸的习俗就是这样来的。杨廷章、和木义讲述，和善全记录。收入《普米族故事集成》，32开，3页，800余字，中国民间文艺出版社1990年版。

（杨照辉）

年初不泼洗脸水

普米族习俗传说。流传于云南省兰坪白族普米族自治县普米族聚居区。讲述的是：从前有一对夫妻，养了一个儿子和一个女儿。儿女成家后，家里只剩下老两口。一年春节，家中没有吃的了，老大爷便提出要到儿子家过年；可老大妈不同意，坚持要到女儿家去过年。他们争执不下，只好分开过年了。儿子热情地接待了父亲。老大妈来到女儿家门口时，女儿不小心把洗脸水泼在她身上。她很伤心，含着泪转身走了。从此以后，大年初一至初三，普米族禁止往门外泼洗脸水。佚名讲述，和法宝搜集。收入《普米族故事集成》，32开，2页，700余字，中国民间文艺出版社1990年版。

（杨照辉）

"死叩"的来由

普米族习俗传说。流传于云南省宁蒗彝族自治县普米族聚居区。讲述的是：很早以前有姐弟俩，在弟弟很小时，姐姐就嫁到远方去了。很多年后，弟弟成了一个健壮勇敢的猎人。一天，他带猎狗上山追一只大山鹿，来到一户人家门前，这家人正为儿子办喜事。男主人见有生人来，便请他进屋参加婚宴。主妇安排他坐在席尾，并将一杯不太浓的苏理玛酒和两根最差的猪肋骨放在他面前。猎人生气地看着主妇，发现她正是自己远嫁的姐姐。可姐姐并未认出弟弟。弟弟十分不满，当即把酒倒了，将肋骨喂了猎狗，愤然离去。主妇在旁人的提醒下，才想起这个陌生人是自己多年不见的弟弟，便赶紧追出去道歉。但猎人毫不理会。姐姐便拉住弟弟的披毡，弟弟绝情地砍下那块披毡扬长而去。姐姐见弟弟不肯原谅自己,便气死在路旁。她的尸体一直火化不了,人们便备了厚礼请来她弟弟。弟弟见姐姐已死,十分后悔,就领着亲友一路吟唱哀歌来到火葬场。他跪在姐姐面前哭诉自己的过错,这时尸体才渐渐被火化。从此以后,"死叩"(哭丧)的仪式便在普米族中流传了下来。品珠讲述,殷海涛记录。收入《普米族故事集成》,32开,2页,1280字,中国民间文艺出版社1990年版。

(龙江莉)

给绵羊的来历

普米族习俗传说。流传于云南省兰坪白族普米族自治县普米族聚居区。讲述的是:普米族的祖先玛里、玛亮兄弟从西天取经回来,路上来到一片长有日开暮合的竹林中投宿。他们听说这里的蚊子有斑鸠大,跳蚤有人的拳头大,它们一到晚间就出来吃人,过路的人只有躲进裂开的竹子中才不致被伤害。玛亮就躲到竹子中间过夜。可玛里不听弟弟的劝告,自恃手中有刀剑,没有躲进竹子中,当晚就被蚊子、跳蚤吃了。第二天早上,玛亮从裂开的大竹子中走出来,看到哥哥的骨头,把他埋了,然后背起经书准备回家。但很奇怪,他绕来绕去,最终还是走到哥哥被吃的地方,始终走不出去。他知道这是哥哥的阴魂在作怪,就把哥哥的骨头挖了出来,与经书放在一起挑着走,才上了路。后来他遇到一位牧羊老人。老人看到他挑着很重的东西,就送给他一只能放行李的白绵羊。玛亮把哥哥的骨头放在绵羊身上,才慢慢地回到家。从此以后,普米族的成年人死了,亲人要举行"给绵羊"的仪式,让绵羊把死者的灵魂送回故乡。和国法讲述,杨照辉记译。收入《普米族文学简史》,32开,2页,500余字,云南民族出版社1996年版。

(杨照辉)

"给羊子"的由来(一)

普米族习俗传说。流传于云南省宁蒗彝族自治县普米族聚居区。讲述的是:古时候,天下共有一千五百只羊,它们每天在山坡上吃青草,过着无忧无虑的日子。一年春天,有一对老狼在山洞里生了九只小狼。一天,老母狼外出觅食,发情的羊群互相追逐,把很多石头踩落在山洞中,砸死了九只小狼。老母狼回来,发现孩子们惨死在洞内,便邀约来很多狼友吃羊,发誓要把羊群消灭掉。日复一日,羊越来越少,最后只剩下九只。它们请喜鹊、乌鸦来保护自己,但还是有六只羊没能逃脱狼口。不久,剩下的三只羊又遭狼群追捕。这时来了九个普米族猎人,帮助羊们打死了狼。为感谢猎人,羊承诺,从今往后,人可以剪羊毛织布缝衣,可将羊心掏出祭祀死者。于是普米族就兴起了"给羊子"的葬礼仪式。熊乔双讲述,熊胜祥采录。收入《中国民间故事集成·云南卷》(下),16开,2页,1060字,中国ISBN中心2003年版。

(龙江莉)

"给羊子"的由来(二)

普米族习俗传说。流传于云南省宁蒗彝族自治县普米族聚居区。讲述的是:古时候,普米族派白楚之和若咪之二人去西天取经,兄弟俩历尽千辛万苦取到了经。回家的路上,他们经过一个大山谷。那里长着茂密的竹林,竹竿比水桶还粗,白天在太阳的暴晒下裂开,太阳落山后又慢慢合拢;山谷里的蚊子和跳蚤都特别大。若咪之怕被蚊虫叮咬,就在日落前躲进一棵裂开的竹子里,天黑之后竹子就合拢了。白楚之自恃带有宝剑和弓箭,不愿躲进竹子里。到了半夜,蚊子和跳蚤将他啃得只剩下了骨头。第二天天亮,若咪之从竹子里出来,见到了哥哥的骨头后痛哭起来。他把骨头埋葬后继续往家里赶,但走了半天又莫名其妙地回到了竹林,反复几次都如此。他想一定是哥哥的阴魂不愿独自留在此地,便把哥哥的骨架挖出来挑着回家。一位放羊的老人见他挑着沉重的担子，就送了一只羊给他，羊帮他把哥哥的骨头驮回了家。后来，普米人都要给死者举行"给羊子"仪式，请羊把死者送回故里。和耀先、杨耀祖讲述，杨庆文记录。收入《普米族故事集成》，32开，2页，980字，中国民间文艺出版社1990年版。

（龙江莉）

送头发的由来

普米族习俗传说。流传于云南省宁蒗彝族自治县普米族聚居区。讲述的是：古时有一对夫妇生了两个女儿，他们一直想要一个儿子。两人求子心切，到处占卦，卦上都说只有把两个女儿遗弃才能再生儿子。狠心的丈夫不顾妻子的反对，将两个女儿带到深山老林里扔了。两个姑娘靠摘野果采野菜为生。若干年后，林中有个老妖婆，将两个姑娘哄到洞里，先把姐姐吃了。机灵的妹妹爬上一棵海棠树，施计用犁尖割断老妖婆的喉头，杀死了它。老妖婆死后变成一片荨麻缠在海棠树周围，妹妹无法下来，幸得猎人九兄弟相救。九兄弟将她带回了家，他们的妈妈非常喜欢这个姑娘，让她帮自己梳头。姑娘通过老人脖子上的痣，认出她就是自己的母亲，九个猎人就是自己的弟弟。一家人团聚非常高兴，老妈妈做了丰盛的菜肴款待女儿。席间，姑娘把肉扔到床下。原来床下藏着一个英俊的小伙子，九兄弟便要抓他。小伙子立即钻进地下去了，并死死拉住姑娘的脚不放。眼看自己就要完全陷进地里了，姑娘忙让九个弟弟割下她的几根头发，好让妈妈想念她时拿出来看。从此以后，普米族就兴起了姑娘出嫁要留一撮头发给家人的习俗；现在不再送头发，改成送羊毛，但意义都在于表达出嫁的姑娘对赡养父母的兄弟们的感激之情。和光林讲述，罗世保、段世平记录。收入《普米族故事集成》，32开，4页，2630字，中国民间文艺出版社1990年版。

（龙江莉）

送披毡

普米族习俗传说。流传于云南省宁蒗彝族自治县普米族聚居区。讲述的是：很久以前有一户普米族人家，家中有姐弟俩。由于家境贫穷，姐姐被卖到很远的地方。后来父母相继去世。有一天，弟弟到山上打猎，射中一头母山骡，让白猎狗去追赶，自己尾随其后。不久狗及母骡都消失了。隔了一段时间，弟弟偶然来到一户办喜事的人家门前，看见自己射中的母山骡的皮挂在墙上，白猎狗也站在院子里。他感到奇怪，想知道究竟，就借宿在这户人家。喜宴上，女主人怠慢了他好几次。他发现女主人就是自己的亲姐姐，于是赌气走了。姐姐知道得罪了弟弟后便追上去，拉住他的披毡认错，弟弟拿刀割断披毡的角，气愤地走了。姐姐气死在路上。火葬她时，尸体一直烧不化，亲人们只好到巫师那里占卦，得知只有让弟弟送来一件披毡盖在火堆上，死者的尸体才能化成灰。他们照办以后，尸体才烧成了灰。从此，"送披毡"的奔丧习俗就在普米族中传了下来。农布等讲述，王震亚记录。收入《普米族故事集成》，32开，4页，2400余字，中国民间文艺出版社1990年版。

（杨照辉）

拈十三节骨渣的来历

普米族习俗传说。流传于云南省宁蒗彝族自治县普米族聚居区。讲述的是：古时候，一个普米人带着外甥上山狩猎，回家时天色已晚，就在一处叫"拉麻拉岗"的山箐中过夜。山箐中的大树是日开暮合的，林中还有一种斑鸠般大的蚊子。如果来这里过夜的人不躲进大树心中，就会成为蚊子的美食。夜里，外甥躲进了裂开的大树中间，而舅舅不听劝告，躺在树外睡觉，结果被蚊子吃掉了。第二天，外甥从树中走出来，发现舅舅只剩下骨头了。他向骨架叩了几个响头后准备离去，舅舅的灵魂却在后边叫他不要走。他将点燃的火草放在骨架的太阳穴部位上，骨架就呈现出由十三节骨渣组成的模样。将十三节骨渣捡起来，安葬在一棵杉树下后回家了。过了好多年，外甥听说天王的后代都在为已故的祖先举行葬礼，便决定学着去做。他先后派乌鸦、喜鹊、红嘴鸟、绿松石鸟去请舅舅的灵魂，结果都没有请来。他又让蝙蝠去请，蝙蝠却将舅舅的灵魂打入岩洞中。最后他只好骑马去运舅舅的十三节骨渣。可他到了拉麻拉岗，却找不到埋葬舅舅的那棵杉树。这时舅舅的灵魂变成一只牛角蜂，叮了外甥拴在杉树上的马头一下，马惊跳起来拔起了杉树，现出了舅舅的骨渣。外甥把骨渣用白麻布包好，放在马背上驮回家祭拜。从此以后，普米族就有了给死者焚尸后拾十三节骨渣放进陶罐，埋在树下的习俗。熊乔双讲述，熊胜祥记录。收入《普米族故事集成》，32开，3页，1600余字，中国民间文艺出版社1990年版。

（杨照辉）

墓前插柳思亲人

普米族习俗传说。流传于云南省兰坪白族普米族自治县普米族聚居区。讲述的是：从前有一对夫妻，生了两个儿子。后来丈夫死了，妻子独自一人起早摸黑地辛勤劳动，供两个儿子读书。十多年后，大儿子考中状元，当了柳岛的总兵。母亲思儿心切，带着小儿子千里迢迢去寻亲。他们来到总兵衙门口，被门卫当成叫花子赶走了。当母子俩第三次求见时，门卫才报告了总兵。总兵盼咐保镖去看看，保镖又把母子二人吓跑了。母子俩躲进了柳林深处，总兵的手下在林中寻不到他们的踪影。后来总兵下令放火，想用火把母亲和弟弟赶出来，不料却把他们烧死了。他追悔莫及，用鲜花和柳条覆盖在亲人的坟上，借以表达对他们的思念之情。从此，插柳缅怀亲人的习俗就在普米族地区流传下来。佚名讲述，和正雄记录。收入《普米族故事集成》，32开，3页，1200余字，中国民间文艺出版社1990年版。

（杨照辉）

敬猫的由来

普米族习俗传说。流传于云南省宁蒗彝族自治县普米族聚居区。讲述的是：从前有一个人神和一个鬼神，人神的妻子长得很漂亮，鬼神一心想占有她。一次人神要上天办事，鬼神就把他的妻子抢走了。人神回家后不见了妻子，就背起弓箭去寻找。他来到阴间，遇到一位给鬼神家放猪的老太太，得知妻子被关在牢房里。他在老太太的帮助下射死鬼神，找到了妻子。鬼神的头发、四肢和骨头变成老鼠，到人间啃坏了人神的衣饰和庄稼。人神要求兽神出面制裁老鼠，兽神便送给他三只猫。人神在半路上不慎让一只猫跑了，这只猫后来就变成老虎。他来到小溪旁边，这时另一只猫也跑了，变成水獭。最后只有一只猫顺利来到人间，繁殖后代，为人们除害。直到今天，普米族人家把猫视为神兽，每逢过年过节，先要让它们吃一些好吃的东西。佚名讲述，胡革荣记录。收入《普米族故事集成》，32开，3页，1500余字，中国民间文艺出版社1990年版。

（杨照辉）

普米不兴扑卧地上喝水

普米族习俗传说。流传于云南省宁蒗彝族自治县普米族聚居区。讲述的是：从前有位普米人到山里打猎，跑了几座山后渴极了，就走到一口水塘边扑卧在地，把嘴伸到塘中喝水。喝着喝着，他突然看见清澈的水中倒映出一只张着血盆大口的老虎，便转过身看，只见一只老虎正盯着自己。他急中生智，告诉老虎，让他吃过午饭后再吃他，说完就随手拿出一个布袋，从里面拿出包谷，一粒一粒地嚼吃起来。老虎一动不动地坐在水塘边看着猎人。吓得发抖的猎人伸出双手去捧水喝，老虎以为他要来打它，吼了一声便逃进森林去了。从此以后，普米人就再也不敢扑卧在地上喝水了。和学义讲述，王丹记录。收入《普米族故事集成》，32开，1页，500字，中国民间文艺出版社1990年版。

（杨照辉）

普米不信蛊

普米族习俗传说。流传于云南省宁蒗彝族自治县普米族聚居区。讲述的是：很久以前，有一位普米族老妇人喜欢养蛊，村里人都很怕她。有一天，儿子与儿媳妇去犁山地种包谷。中午休息时，儿媳妇准备回家烧开水，刚到家门口，就听见屋里有人说话，觉得很奇怪，便从门缝往里看。只见一条大花蛇缠着婆婆的脖子，逼她把蛊喂给她的儿子吃。婆婆无奈之下答应了。大花蛇就从她的脖子上掉落下来，爬到大酒坛里去了。儿媳妇回到地里将这一情况告诉了丈夫。丈夫借口回家吃午饭，烧开一壶水，趁母亲去喂猪之时，将开水倒进大酒坛，把大花蛇烫死了。这时，他母亲也死在猪厩门口。从此，普米族就没有养蛊的人了。农布讲述，王川蓉记录。收入《普米族故事集成》，32开，1页，400余字，中国民间文艺出版社1990年版。

（杨照辉）

"放白羊奶"的由来

普米族习俗传说。流传于云南省兰坪白族普米族自治县部分普米族聚居区。讲述的是：从前有一对同父异母的兄弟，感情十分深厚。父亲去世后，兄弟俩接替他上山放牧。不久粮食吃完了，弟弟回家背粮。母亲为他准备了两份食物，一份是给他的白米细面，另一份是给哥哥的荞面、麦麸、干巴菜。他觉得母亲太偏心，就将荞面、麦麸、干巴菜丢在山垭口，与哥哥一起分享白米细面。后来他不知背过多少次粮食，每次母亲都是这样做，于是丢在山垭口的荞面、麦麸、干巴菜渐渐堆成了小山一样高。而哥哥一直蒙在鼓里，他每次吃着白米细面，都感激后母对他和弟弟一视同仁。到了秋天，兄弟俩决定一起回趟家。来到山垭口，哥哥见了堆成山的荞面、麦麸、干巴菜，就问弟弟。弟弟只好把真相告诉了他。哥哥听完便拔出三支箭，一箭射向荞面，荞面变成了黄云；一箭射向麦麸，麦麸变成了白云；一箭射向干巴菜，干巴菜变成了彩云。弟弟悲伤地哭起来，泪水涌进旁边的龙潭里，不一会儿龙潭里的水奔涌而出，淹没了整个山凹。哥哥紧紧抱住弟弟，叮嘱他经常将白羊奶洒进龙潭，这样能保六畜平安，说完就纵身跳进了龙潭。弟弟每年都带上白羊奶到龙潭边祭祀哥哥，哥哥的灵魂也一直保佑着弟弟。普米人放牧路经水潭边时，总要洒些白羊奶到水里，以求六畜兴旺。"放白羊奶"的习俗就慢慢形成了。杨芝秀讲述，施中林采录。收入《兰坪民间故事集成》，32开，4页，2740字，云南民族出版社1994年版。

（龙江莉）

挤牛奶的由来

普米族习俗传说。流传于云南省宁蒗彝族自治县部分普米族聚居区。讲述的是：从前有位老婆婆，她独自把儿子拉扯大，并为他娶了媳妇。儿媳妇进门三个月后就凶相毕露，每天逼着婆婆去背水砍柴。老婆婆整日以泪洗面。这一切被住在山里的一位老神仙看到了。他送给老婆婆一件黑色的缎子衣服，让她给儿媳妇穿上，然后在儿媳妇身上拍三下，并边拍边"哇！哇！哇！"地叫三声，这样儿媳妇便变得孝顺了。老婆婆收下衣服后回到家，儿媳妇见她拿着一件漂亮的衣服，就抢过来穿在身上。老婆婆趁机在她身上拍了三下，叫了三声，儿媳妇立刻变成一头黑母牛，"哞、哞"地叫着跑到牛厩去了。后来老婆婆没有食物的时候，那头黑母牛就来到她跟前，让她挤奶吃。从此以后，普米人就学会了挤牛奶。次里本玛基讲述，和学良记录。收入《普米族故事集成》，32开，2页，1120字，中国民间文艺出版社1990年版。

（龙江莉）

普米姑娘的"取水"

普米族习俗传说。流传于云南省兰坪白族普米族自治县普米族聚居区。讲述的是：很久以前，普米山寨里有一个自幼失去父母的姑娘，名叫仲桌。有一次当地大旱，瘟疫肆虐，人们背井离乡，四处逃荒。大年初一早晨，仲桌正要出门去讨饭，一道闪电划过天空，一条五彩缤纷的"龙王"出现在她面前。她顿时吓昏了过去，迷迷糊糊中听到有人说："姑娘你就别走了，你和乡亲们承受的苦难我很同情。我从大海里'取'来了几股清泉，往后你们的井水不会再干了。"仲桌醒来时，发现自己躺在一条清水沟边，两旁的水井全都装满了水。她飞快地跑去将这消息告诉村人。不久，普米山寨的瘟疫消除了，人们又过上安定的生活。从此以后，普米人把在大年初一到水井"取水"视为兴旺的象征；先取到"圣水"的女子，将在新的一年都吉祥。佚名讲述，熊贵宝记录。收入《普米族故事集成》，32开，2页，700余字，中国民间文艺出版社1990年版。

（玉罕娇）

凶死者的后代

普米族习俗传说。流传于云南省宁蒗彝族自治县普米族聚居区。讲述的是：从前，普米族规定，凶死者的后代不能住在村子里。有个名叫依西的男孩，七八岁时父母就双双凶死，他被赶出了村子。他只好住到建在山坡上的一间破木屋里。春去秋来，依西已长到二十岁。大年初一早晨，他拿了年夜饭到父母亲的坟上祭祀，途中救了一只卡在石头缝里的小羊羔。太阳偏西时他回到木屋里，发现桌子上摆满丰盛的佳肴和果品。第二天他外出归来后依然如此。初二下午，他躲在木屋旁边的一棵大柏树上察看究竟。太阳偏西时，他看见一只狐狸从山上跑到他家，脱下皮毛变成一个美丽的姑娘，生火煮饭炒菜。依西将狐皮偷偷藏了起来，并请求姑娘和他成亲。姑娘答应，于是依西有了温暖、幸福的家。这件事很快就传开了，村里的头人认为依西坏了规矩，要他搬离木屋，到更远的地方居住。谁知他派来的人刚想动手时，一个个都像被绳子绑着似的，无法动弹。

姑娘趁机要求头人让他们两人搬进村里，头人只好同意了。从此以后，歧视凶死者后代的规矩就在普米族中消除了。佚名讲述，人清品崇记录。收入《普米族故事集成》，32开，3页，1400余字，中国民间文艺出版社1990年版。

（杨照辉）

点香火的由来

普米族习俗传说。流传于云南省兰坪白族普米族自治县普米族聚居区。讲述的是：很久以前有个小伙子，父亲去世后，他不仅对母亲不孝顺，还经常打骂她，附近没有一个姑娘愿意嫁给他。有一天，他出去犁了一会儿地后，准备到旁边的一棵树下休息。他往树上一看，发现上面有个鸟巢，一只母鸟叼来一条虫，往小鸟的嘴里送。小伙子看到这一情景后，想到母亲含辛茹苦把他养大，自己千不该万不该虐待她。正在这时，母亲给他送饭来了。他喊了一声"妈妈"，便跑过去迎接她。母亲以为儿子又来打她了，就急得一头撞在一旁的树上死了。小伙子抱着母亲的遗体，哭得死去活来。他将遗体背回家，点起香火来祭奠，向母亲忏悔自己的过错。从此以后，普米人就有了给去世的父母点香火祭祀的习俗。佚名讲述，和正雄记录。收入《普米族故事集成》，32开，1页，700余字，中国民间文艺出版社1990年版。

（杨照辉）

"增巧木"祭奠的由来

普米族习俗传说。流传于云南省宁浪彝族自治县普米族聚居区。讲述的是：从前，有位老大妈养了一只公鸡。公鸡下了三个蛋，孵了六十天后，出了黄、白、黑三只有影无形的小鸡。从此以后，村里的人不断死去，庄稼也年年受灾。老大妈便去占卜，卜师说这三只小鸡是阴鬼，只有天神才能制服它们。她便去求天神帮忙，天神派了三位天将下凡。天将们经过千辛万苦，才抓住三个阴鬼，要求它们答应从此以后为人们做好事，并保证让人们每年春节前祭祀它们一次。三个阴鬼同意了。于是三位天将饶恕了它们,将它们放了。后来,每年农历十二月初,普米族都要祭祀阴鬼,普米语叫做"增巧木"。熊农布讲述,王震亚记录。收入《普米族故事集成》,32开,4页,2200余字,中国民间文艺出版社1990年版。

（杨照辉）

禳鬼的由来

普米族习俗传说。流传于云南省宁蒗彝族自治县普米族聚居区。讲述的是:很久以前,普米族居住的地方妖精很多,它们见人就吃,最后只剩下一个人。这个人逃了出来,路上遇到九个汗归（巫师）,他便带他们去除妖精。结果汗归们也被妖精吃了。后来这个人又遇到一位大神,大神跟着他来到村里,杀死了好几个妖精,其余妖精看到形势不妙,有的变做毛驴准备逃走。大神就变成赶驴人拴住它们,要它们帮人们耕田犁地。不久,毛驴跑到山里变成了鬼,专门让人生病。从此以后,普米人就害怕鬼,于是有了祭鬼的习俗。曹乃主、熊农布讲述,王震亚记录。收入《普米族故事集成》,32开,3页,1500余字,中国民间文艺出版社1990年版。

（杨照辉）

普米人为什么敬狮子

普米族习俗传说。流传于云南省兰坪白族普米族自治县普米族聚居区。讲述的是:古时候,一个普米族村寨附近的山上有八个妖怪,它们经常下山伤害人畜。天上的神仙知道此事后,派了一头狮子下凡,将妖怪赶走了。其中一个妖怪偷偷回来,装成耍狮人,到街上买来一个绣球,将狮子引到海边,将绣球扔进海里,狮子为追绣球跃入海中,一直没有出来。妖怪们又出来坑害人类了。有个普米族小伙子决心到海里找回狮子。他历经千辛万苦才来到大海边,在虾兵蟹将的帮助下,从海底救出了狮子。狮子回到普米族村寨,消灭了八个妖怪,让当地人过上了平安幸福的生活。从此以后,普米族就崇拜狮子。佚名讲述,周元昌搜集。收入《普米族故事集成》,32开,2页,1400余字,中国民间文艺出版社1990年版。

（杨照辉）

姑娘出嫁不兴回头

普米族习俗传说。流传于云南省兰坪白族普米族自治县普米族聚居区。讲述的是:从前,普米族山寨里出了一个美女,求亲的人络绎不绝,经过千挑万选才找到意中人。出嫁前,她母亲为她缝制嫁衣,一个线疙瘩也没起。普米族认为这是不好的预兆,意味着这段婚姻将有灾难。母亲为此非常担心。出嫁的当天,她一再嘱咐女儿骑上马后千万不要回头看。但迎亲的队伍走到一堵悬崖下,姑娘发现有一头猪正在娘家地里吃麦子,便回头朝村里大喊:"猪在麦地里!猪在麦地里!"这时一阵大风刮来,将她卷到悬崖的石缝中间。姑娘被紧紧卡住了,再也没出来。据说她后来变成了一只名叫"呛咽吾日"的鸟。自此以后,普米族兴起了姑娘出嫁时不回头的习俗。佚名讲述,周元昌记录。收入《普米族故事集成》,32开,1页,710字,中国民间文艺出版社1990年版。

（龙江莉）

女人戴耳环手镯的由来

普米族习俗传说。流传于云南省兰坪白族普米族自治县普米族聚居区。讲述的是:古时候,男人很笨,分辨不出麂子与黄牛,甚至连长胡子的老头与公山羊都弄不清楚,也不能区分河中的水与锅中沸腾的水,不知道鸡蛋到底是鸡下的还是马下的。天菩萨认为男人之所以笨,是因为女人太聪明了,于是想出让女人们戴耳环手镯来减少她们的智慧的办法。他变出无数位戴耳环手镯的天女,让她们来到人间嫁给男人们。从此男人们逐渐聪明起来,女人们则开始戴耳环手镯。熊美珍讲述,杨照辉记译。收入《普米族文学简史》,32

开，2 页，1500 余字，云南民族出版社 1996 年版。

（杨照辉）

衣服为什么钉纽子

普米族习俗传说。流传于云南省宁蒗彝族自治县普米族聚居区。讲述的是：有个人在狩猎时射中一头野牛，但野牛还是跑了，他带着猎狗追了九天九夜，最后野牛的脚印在一个寨子里消失了。猎人进寨查找，见一家门口晒着一张新鲜的野牛皮，还有几个人正在收拾野牛肉，便进去了。主人见有客人来，忙请他进屋吃野牛肉。猎人见自己辛辛苦苦追了九天九夜的猎物竟成了别人的桌上餐，非常气愤，就恶语相骂，气呼呼地提了牛头要走。这时，女主人从屋里走出来，她正是猎人多年前远嫁他乡的姐姐。姐姐认出了弟弟，就跑过去一把拉住他；可猎人毫不理会，使劲挣脱了。他很用力，将姐姐拉住的那片衣服下摆撕破了。他回到家，在衣服的破烂处缝了几针，后来又在那里钉上纽扣。从此以后，普米人按前短后长的样式缝衣服穿。三农基讲述，和学良记录。收入《普米族故事集成》，32 开，2 页，900 字，中国民间文艺出版社 1990 年版。

（龙江莉）

"查蹉"的由来

普米族习俗传说。流传于云南省宁蒗彝族自治县普米族聚居区。讲述的是：古时候，人间没有火，人们只会吃生食。有个普米族小伙子到天上求天神赐给人间火种，可天神没有答应。他就舍命去偷火种，结果让把守的天兵发现，被箭射死。小伙子变成一个火球落到人间，让百姓们用上了火，吃到了熟食，得到了温暖。后来普米人为了纪念这位小伙子，就烧起火跳"查蹉"舞。品珠讲述，殷海涛记录。收入《普米族故事集成》，32 开，2 页，900 字，中国民间文艺出版社 1990 年版。

（杨照辉）

稗子沟为什么没有山神

普米族习俗传说。流传于云南省兰坪白族普米族自治县普米族聚居区。讲述的是：从前，有个叫稗子沟的地方出了两位机智人物，一位叫勾献，另一位叫纤博。两人不但能听懂山神和猎神的话，还会听龙家和百鸟的语言。有一天，雪邦山神的两个女儿在放牧野猪，野猪把草场拱成了烂泥塘。两位智人看不惯，纤博通过弹奏口弦把两位姑娘引开了，勾献趁机射杀了所有的野猪。雪邦山神听说后，派两个神差到稗子沟去捉拿勾献和纤博。两位机智人物只好装死，才逃过一劫。后来，老君山上的山神、猎神和龙家也来帮助雪邦山神。他们商定要用雷石雨把勾献和纤博砸死。两位智人听说后，就一直隐身在一个山洞里。等得不耐烦的老君山神和龙家把雷石雨降到锣锅箐里去了。从此以后，稗子沟的普米族人家就把勾献与纤博尊为英雄的猎神，经常祭祀他们，而不再设本村的山神了。和发元讲述，施中林记录。收入《普米族故事集成》，32 开，4 页，2600 余字，中国民间文艺出版社 1990 年版。

（玉罕娇）

（三）山川风物传说

青安山的传说

普米族山川风物传说。流传于云南省兰坪白族普米族自治县普米族聚居区。讲述的是：很久以前，有一个汉族商人来青安山开金矿，把它挖得千疮百孔。汉商和工头们经常在矿洞里吃喝玩乐，而矿工们却整天要背运矿石。有一天，青安山求助于邻居牙际山："我的腰太痛了，怎么办？"牙际山说："若你坐在地上腰就不疼了。"它们的谈话被路过的观音老母听到了，她马上变成一个姑娘，背着一只装有清水和活鱼的竹箩筐，在矿洞外大声吃喝。矿工们争相跑出洞外看竹箩盛水养鱼的稀奇事。汉商和工头们以为矿工骗他们，不相信世上竟有此事，便没有出来。忽然青安山倒下来，将他们压在矿洞里。后来金矿就停办了。熊美珍讲述，杨照辉记录。收入《普米族文学简史》，32开，1页，500余字，云南民族出版社1996年版。

（杨照辉）

大羊场红岩子的来历

普米族山川风物传说。流传于云南省兰坪白族普米族自治县部分普米族聚居区。讲述的是：古时，箐花村有一个小伙子，叫良粗咪，他孝敬父母，是人见人颂的大孝子。有一次，父亲让他倒黄酒给自己喝。他倒了一些，觉得酒味太淡，就舀一勺蜂蜜搅在酒里。父亲见酒色不对，便怀疑儿子想谋害自己，从此对他耿耿于怀。几年后，父亲去世了，至死都没有消除对儿子的误会。后来良粗咪决定到阎王殿找父亲解释。他翻山越岭，走了很久才来到阎王殿。殿门前有位老人正在用篾片编织簸箕，良粗咪就向他打听父亲的下落。这时父亲在殿里闻到儿子的气味，就提刀出来要取他的性命。幸得老人用簸箕将他挡住，良粗咪才逃过一劫。父亲还是不死心，再次追杀儿子。良粗咪跑到大羊场寨的河边，河水挡住了他。他只好停下来，试图向父亲作解释，但狠心的父亲还是不容分说地将他砍成了两半。这时一场暴雨袭来。雨过天晴后，良粗咪的两半尸体变成了两堵鲜红的崖壁。后人常到红岩子脚下乞求良粗咪保佑自己平安。杨继宣讲述，施中林采录。收入《兰坪民间故事集成》，32开，2页，1260字，云南民族出版社1994年版。

（龙江莉）

桑拉与丹都

普米族山川风物传说。流传于云南省宁蒗彝族自治县普米族聚居区。讲述的是：很久以前，龙潭村有一户人家，养了三个像海螺花般漂亮的姑娘。她们长大后，天天轮流去放牧。一天，轮到三姑娘丹都去放牧，她在山路上遇见一位衣着破烂的老倌。老倌告诉丹都，他名叫桑拉，希望和她一起去放牧。丹都答应了。过了一会儿，她听见对面林中传来小伙子的歌声，便情不自禁地接过歌儿唱起来。后来一位英俊的小伙子从林中走了出来，其实他正是原先装扮成老倌的人。两个年轻人一见钟情。丹都的父亲知道三女儿爱上一个叫花子，便把她关了起来。有一次，丹都悄悄跑出去找桑拉，被父亲发现了。一对心上人被族人捆绑起来，准备烧死。丹都的母亲偷偷把两人放走了。三年后，丹都和桑拉带着许多金银回到家，全家人欢聚一堂。第三天，两人又要回去了。丹都临行前告诉母亲，想看她时，就顺着海螺花去找。这话被一个妖精偷听到了，它变成母亲来到丹都家，趁桑拉不在家把丹都吃了。桑拉回来见不到妻子，就变成一堵很高的白岩子，后人就把其称为"望妻崖"。二千独玛讲述，贺进记录。收入《普米族故事集成》，32开，5页，2300余字，中国民间文艺出版社1990年版。

（玉罕娇）

阿扎家族与木底箐

普米族山川风物传说。流传于云南省宁蒗彝族自治县部分普米族聚居区。讲述的是：很久以前，木底箐寨住着阿扎家族。一天，族人在山上围杀了一只花鹿，将鹿肉分吃后把鹿头放在一户人家的火坑上。到了晚上，村边出现了两个漂亮姑娘。她们是奉山神之命来寻找花鹿的。山神听说村民杀死了花鹿，就派一条大蟒蛇来与他们作对。大蟒蛇经常在山中发出美妙的声音，听到的人都不由自主地寻声走到山里，最后被大蟒蛇吃掉。阿扎家族的人越来越少，最终只剩下两人。其中一个小伙子想了一个办法，他用猪尿泡装满牛血后，带到山里，趁大蟒蛇张开大口吃他时，将猪尿泡扔到它嘴里，再用长刀割断它的喉管。大蟒蛇死了。不久，剩下的两人搬到别的地方去住。过了几年，他们思念故土，又回来了。这时木底箐已经有别人住了，这两人告诉新来者，自己才是这里的主人，并向他们收取地租。曹那基讲述，和学良、殷海涛记录。收入《普米族故事集成》，32 开，2 页，730 字，中国民间文艺出版社 1990 年版。

（龙江莉）

血垭口的传说

普米族山川风物传说。流传于云南省宁蒗彝族自治县普米族聚居区。讲述的是：很早以前，一个山垭口上有一条巨蟒，它张嘴一吸，附近的生灵就被它全吸进肚里。人们不得不每年送一个姑娘给它吃，才让它闭上了嘴。有一年，大家选中了达巴的女儿去喂巨蟒。达巴不忍心让女儿去送死，他磨快了刀，拉了一头水牛要去与巨蟒拼杀。他来到山垭口时，巨蟒以为人们又送食物来了，便张嘴一吸，将达巴和水牛吸到嘴边。达巴眼看自己就要被巨蟒吸进嘴里，便挥起大刀向它砍去，一刀就把它的头砍下了。蟒蛇血像河水一样流淌出来，把整个山垭口都染红了，达巴也泡在血水中被淹死了。从此以后，山垭口被称为"血垭口"。佚名讲述，胡正高记录。收入《普米族故事集成》，32 开，1 页，710 字，中国民间文艺出版社 1990 年版。

（龙江莉）

玉狮场的来历

流传于云南省兰坪白族普米族自治县普米族聚区。讲述的是：很久以前，有个村子里瘟疫流行，死了不少人畜。一天晚上，玉狮子托梦给村中的一位长老，让他在鸡叫时将村民集中起来，烧火跳锅庄舞，以便吸引瘟疫鬼，自己就会来帮助大家。这位长老照着做了。第二天清早，大家发现村边有不少瘟疫鬼被杀死了。为了记住玉狮子的功劳，村人将村名改为"玉狮场"。杨占傲讲述，杨周明、和德贵记录。收入《普米族故事集成》，32 开，2 页，900 字，中国民间文艺出版社 1990 年版。

（杨照辉）

独石头的传说

普米族山川风物传说。流传于云南省兰坪白族普米族自治县部分普米族聚居区。讲述的是：很久以前，兰坪和玉龙两县的交界处有一块宽阔平坦的牧场——大羊场，附近的各族人民都在这里自由地放牧。有一年，一个叫丁咪的普米族富人想独占这里，便不怀好意地提议，二月二十这天，牧民们把各自的牲畜牵到大羊场来，谁家牲畜首先走过的地方就归谁。有个叫匹披扎挂的小伙子识破丁咪的险恶用心，便想了一个办法来对付他。届时，匹披扎挂早早地牵着自家的猪来到大羊场，并赶着猪在场内跑。当丁咪牵着快马赶来时，他已赶着猪走完了整块牧场。丁咪一计未成又生一计，他哀求匹披扎挂让给他一块地方放牧。小伙子一时心软，就答应了。但丁咪贪心不足，一再扩大自己放牧的场地。匹披扎挂忍无可忍，有一次一边大声斥责丁咪的言而无信，一边把自己的猪提起来往地下摔，没想到竟把半个猪身摔进了地里。其他牧民纷纷围拢过来，匹披扎挂趁机将丁咪的阴谋公之于众。大家流着泪想帮匹披扎挂把猪拉出来，但猪已变成了一块巨大的石头，从此孤零零地日夜守卫着水草丰盛的大羊场。佚名讲述，和昆花记录。收入《普米族故事集成》，32 开，4 页，2440 字，中国民间文艺出版社 1990 年版。

（龙江莉）

攀天阁的来历

普米族山川风物传说。流传于云南省维西傈僳族自治县普米族聚居区。讲述的是：很久以前，攀天阁是一个干坝子，居住在那里的人们只好到龙宝山下去背水喝。坝子的东边有户人家，家中有个叫李水的小伙子。他的母亲已过世，父亲又娶了一个好吃懒做的老婆。有一天，父亲突然病倒了。李水梦见一位白胡子老人对他说："种上一棵竹子，然后用龙宝山下的水浇上三天三夜，它就会长到天高；你再顺着它爬上月亮，从那里摘几片桂花叶回来给你爹吃,他的病就会治好。"李水醒后决定照着去办。他带着狗准备上天时,对后娘说:"千万不要停止给竹子浇水。"当他与狗快爬到月亮上时,后娘懒得给竹子浇水,竹子就开始往下萎缩。狗发现后纵身跳上了月亮,李水则与竹子一起坠地死了。后来月亮每月都要缺一次,据说就是狗想念李水时咬的。后人把李水登月的地方称为攀天阁。佚名讲述,黄继武记录。收入《普米族故事集成》,32开,3页,1500余字,中国民间文艺出版社1990年版。

(杨照辉)

天仙桥的传说

普米族山川风物传说。流传于云南省兰坪白族普米族自治县部分普米族聚居区。讲述的是:从前有个叫温卜的小伙子,从小与母亲相依为命,附近的人都称赞他勤劳、孝顺。二十三岁那年,他爱上了邻寨的香妞姑娘。香妞家境富裕,她的父母亲对贫穷的温卜不屑一顾,几次拒绝了小伙子的求婚。有一天,温卜又到香妞家来提亲,香妞的舅舅故意给他出了一道难题:如能带着香妞走过鱼怕箐,就让姑娘嫁给他。鱼怕箐地势险要,常有野兽出没,据说连鸟也难飞过。温卜与香妞为了爱情,决定铤而走险。他们来到鱼怕箐,走了一会儿,发现寸步难行,便准备殉情。这时突然电闪雷鸣,从空中飘下一群穿红戴绿的人。等到雷声停闪电止,一座壮丽的石拱桥架在箐上,温卜和香妞手牵手地走上石拱桥,走过了鱼怕箐。后来他们成了夫妻。普米人给石拱桥取名为"天仙桥"。和启泰讲述,和善全、和树军记录。收入《普米族故事集成》,32开,2页,900字,中国民间文艺出版社1990年版。

(龙江莉)

拉麻堆的来历

普米族地名传说。流传于云南省兰坪白族普米族自治县普米族聚居区。讲述的是:很久以前,箐花寨有个孤儿,名叫拉麻。有一次他在附近的山垭口看见一条大蟒蛇,大蟒蛇让他爬进它的肚里,割下它的心肝为深受瘟疫之苦的乡亲们治病。拉麻心软,不听它的劝告,虽然多次爬进了大蟒蛇肚内,但不忍心割下它的心肝。最后他与大蟒蛇一起死在山垭口,变成一堆石头,后人称这堆石头为"拉麻堆"。和灿讲述,杨庆文、罗世保记录、整理。收入《普米族故事集成》,32开,2页,700余字,中国民间文艺出版社1990年版。

(杨照辉)

龙家碗

普米族山川风物传说。流传于云南省兰坪白族普米族自治县普米族聚居区。讲述的是:很久以前,玉狮场村的村民办红白喜事时,只要到村旁的水井边烧一炷香,铺些青松毛,叩个头,再闭上眼睛,就可以从龙家碗管事那里借出所需的瓷碗;办完喜事后将瓷碗洗干净,点香用烟熏三遍,再按原样摆放,又叩个头,闭上眼睛,龙家碗管事就会把碗收回去。后来有一户人家还碗时未将碗洗干净,龙家碗管事见后大声叫道:"脏!"说完离开了玉狮场,到别处居住。那些碗便全部成了碎片,井水水位也急速下降,一会儿就干涸了。从此以后,这里只留下一口枯井和遍地的白石片。佚名讲述,和利金记录。收入《普米族故事集成》,32开,3页,1500字,中国民间文艺出版社1990年版。

(杨照辉)

金沙江和澜沧江失约

普米族山川风物传说。流传于云南省兰坪白族普米族自治县普米族聚居区。讲述的是:古时候,澜沧江和金沙江是一对兄妹,有一次它们相约在通甸镇德胜村稗子沟会合后,经下甸村到剑川县境内居住。不料,这一消息被当地的山神听到了。为了不让兄妹俩从自己的地盘上流过,山神便骗先来的金沙江妹妹说:"你哥说他不来了,你就不要去剑川了。"金沙江认为哥哥失约，非常生气，掉头往石鼓方向走了。不一会儿澜沧江哥哥来了，山神又骗他。生气的哥哥也信以为真，掉头往维西方向去了。就这样，两兄妹永远走不到一起。和丽金讲述，周元昌记译。收入《普米族文学简史》，32开，2页，500余字，云南民族出版社1996年版。

（杨照辉）

泸沽湖的传说

普米族山川风物传说。流传于云南省宁蒗彝族自治县普米族聚居区。讲述的是：古时候，泸沽湖是一片美丽的草原，附近住着一个普米族哑巴牧童。一天，牧童在山脚下发现一个山洞，觉得好奇，便朝里面走去，在洞深处被一条很大的鱼挡住去路，只得折了回来。后来他每天放羊时都去洞里玩耍，饿了就用小刀割那条鱼身上的肉吃。奇怪的是这条鱼被割下肉后会很快恢复原样。牧童每天吃饱了鱼肉，回到家就不想吃饭。母亲很纳闷，有一次便跟踪儿子看究竟，这才发现了秘密。消息传开后，村民们牵来十八头水牛，想把巨鱼拉出洞来。不料，鱼刚被拉出洞口，洞里马上涌出了大水，不一会儿将整个坝子都淹没了，村民大部分被淹死了。从此，那片草原就变成了现在的泸沽湖。油抓次尔讲述，殷海涛记译。收入《普米族故事集成》，32开，2页，600余字，中国民间文艺出版社1990年版。

（杨照辉）

小羊场龙潭的来历

普米族山川风物传说。流传于云南省兰坪白族普米族自治县部分普米族聚居区。讲述的是：很早以前，青岩头村附近的南山草坝上有一个大龙潭，里面住着大龙与小龙两兄弟。大龙贪婪成性，无恶不作，每次过年都要附近的村民杀猪宰羊祭祀它，每隔三年还要送童男童女给它吃。村民们苦不堪言。而小龙非常善良，它对哥哥的所作所为非常反感，一再劝阻它，都遭到拒绝。它气得离开了大龙潭，独自来到小羊场。小羊场环境优美，但就是缺水。自从小龙在此定居后，当地的人们便得到清澈甘甜的水源，过上了好日子。每年的农历四月十五，村民们来到小龙居住的潭边焚香祭祀。而青岩头村的那个大龙潭后来日渐枯竭，最后大龙死在里面。杨灿东讲述，杨继宣搜集，施中林整理。收入《兰坪白族普米族自治县民间文学选集》，32开，3页，1500字，兰坪白族普米族自治县成立庆典编写组1988年编印。

（龙江莉）

花母牛发现盐井

流传于云南省宁蒗彝族自治县普米族聚居区。讲述的是：古时候，一个普米族姑娘在盐源坝子里放牛，其中有头花母牛经常脱离牛群跑进山中。一天，花母牛又不见了。姑娘去寻找，发现它在山谷中的一口塘里喝水。姑娘很奇怪，就到塘边尝了一口水，原来是一塘盐巴水。她将此事告诉了乡亲们，普米人就和居住在附近的摩梭人，一同前去烧鸡屎盐（将盐水泼在火堆上后，产生与火炭烧结在一起的黑白相间的碎盐）。可是鸡屎盐一直烧不好，他们只好用塘里的盐水喂牲口。后来，一位汉族的官员来这里办盐厂，他让盐工用铁锅蒸盐水，制出了白净的盐巴。后人为了纪念发现盐井的普米族姑娘，在盐井边给她和花母牛建庙宇塑像，经常祭祀。马红升讲述，杨照辉记录。收入《普米族文学简史》，32开，2页，330字，云南民族出版社1996年版。

（杨照辉）

（四）人物传说

冲格萨传奇

普米族人物传说。流传于云南省宁蒗彝族自治县部分普米族聚居区。讲述的是：远古时期，地上妖魔横行，百姓深受其害。后来出了一位叫里格萨的人，能征善战，杀得妖魔心惊胆战。但在一次与妖魔布郎的激战中，他不幸战死，留下怀有身孕的妻子。几个月后，妻子临盆，生下一个青蛙儿子，取名"冲格萨"。不久，魔王梅拉尔其把冲格萨的母亲抢走了。姑妈含辛茹苦地将冲格萨抚养成人，并将他父母的坎坷经历告诉他。冲格萨决心继承父亲的遗志，斩杀妖魔救出母亲。他勤练骑射之术，有一次在神奇的达君里马的帮助下杀死妖魔布郎，报了父仇。他将布郎的肉磨成面粉留给姑妈作为粮食，自己打算去救母亲。路上，他变成小蜜蜂躲在菩萨嘴里，诱骗魔王梅拉尔其为他娶了天女、龙女和山神女三个漂亮姑娘。梅拉尔其知道上了冲格萨的当后，便派手下火格格前去征讨。冲格萨英勇地战胜了火格格。后来，三个姑娘偷偷把丈夫的青蛙皮烧了，冲格萨就变成人形。他辞别三个妻子，继续去斩妖除魔。火格格听说这一消息后，便闯进冲格萨家，欲霸占三个美女。天女赶忙飞到天上，龙女一头跳进海里；山神女无处可逃，被火格格抢走了。过了一些日子，冲格萨回到家，见家中已人去楼空，便决心找火格格报仇。他扮成做道场的道师混进火格格家，见到了山神女。可山神女此时已变了心，她将冲格萨引入火格格设置的陷阱。但最终冲格萨还是斩杀了火格格。为了救出自己的母亲，冲格萨骑着达君里马闯过了魔王梅拉尔其布下的山阵、林阵、水阵和岩石阵，斩杀了魔王。他的母亲被魔王霸占多年，生下三个半人半妖的男孩。母亲求冲格萨不要斩杀自己的三个弟弟，但他不听，母亲最后气死了。冲格萨悲痛万分，把父母的尸骨合葬在一起，并为他们做了道场，将他们的灵魂送到祖先居住的地方。熊农布等讲述，王震亚记录、整理。收入《普米族故事集成》，32开，37页，28000字，中国民间文艺出版社1990年版。

（龙江莉）

冲格萨甲布

普米族人物传说。流传于云南省宁蒗彝族自治县普米族聚居区。讲述的是：远古时，妖魔横行，到处抢人吃人。有位普米族妇女被妖魔都莫拉二千抢去，她的儿子冲格萨甲布带上弓箭骑上神马，准备找妖魔算账。由于母亲在暗中相助，冲格萨甲布用箭射中都莫拉二千的致命处，把它杀死了。他带着母亲回家，途中母亲突然病故。他焚化了母亲的遗体，并请来道士为她念经超度，然后继续去降魔伏妖。曹二千讲述，杨照辉记录、翻译。收入《普米族文学简史》，32开，4页，2200余字，云南民族出版社1996年版。

（杨照辉）

冲格萨甲布选妻

普米族人物传说。流传于云南省宁蒗彝族自治县普米族聚居区。讲述的是：古时候，龙王为了给七个女儿找到满意的夫婿，举行赛马选婿会。结果个子矮小，骑着猪一般大的骡子的冲格萨甲布第一个到达目的地，娶走了最美的二姑娘。二姑娘发现夫婿长得很丑，个子又矮小，内心难过极了。但到了丈夫家，她发现他不是一般的人，他能将阴暗潮湿的岩洞变成富丽堂皇的宫殿，还能把自己变成英俊的小伙子。二姑娘喜出望外，从此以后与冲格萨甲布过着美满幸福的日子。马红升讲述，熊胜祥记录。收入《普米族故事集成》，32开，2页，1200余字，中国民间文艺出版社1990年版。

（杨照辉）

世篆罗大祖

普米族人物传说。流传于云南省兰坪白族普米族自治县部分普米族聚居区。讲述的是：有一对普米族老人，膝下无儿无女。一天，老倌打猎回来，见妻子没有准备饭菜，而在厨房里呼呼大睡，气得操起木铲朝她头上打去。老婆子头上马上起了一个大包。到了第七天，大包突然破裂，从里面跳出一个小男孩。老两口又惊又喜，给孩子取名为"世篆罗大祖"。世篆罗大祖与常人不一样，生下来第一天就会叫阿妈，第二天就会喊阿爹，第七天就长大成人。乡亲们都说他是怪物，劝老两口把他除掉。老两口想方设法要弄死儿子，但用了三十三种办法也没成功。世篆罗大祖知道了父母的难处，便主动离开家流浪去了。一次他来到一个村子，发现村里家家关门闭户，只有三个姑娘在屋外面哭哭啼啼，便上前询问。姑娘们告诉他，村里飞来三只大恶鹰，每隔三天要村民送三个姑娘给它们吃，否则便要给大家带来更多的灾难，今天正好轮上她们三个献身。世篆罗大祖决定为民除害，先将三个姑娘藏在自己的披毡下。不一会儿，三只大恶鹰就来了，它们不见三个姑娘，就恶狠狠地质问世篆罗大祖。世篆罗大祖毫不畏惧地向它们挑战。恶鹰们呼啸着扑向地面，抓起了他的披毡。世篆罗大祖张弓搭箭射死了一只恶鹰，其他两只见势不妙急忙逃命，但也被一一射杀。世篆罗大祖的英勇行为赢得了三个姑娘的爱情，她们便跟他一起浪迹天涯。杨汉章讲述，张鹏云搜集、整理。收入《普米族故事集成》，32开，6页，4500字，中国民间文艺出版社1990年版。

（龙江莉）

什撰何大祖

普米族人物传说。流传于云南省兰坪白族普米族自治县普米族聚居区。讲述的是：很久以前有一对年过半百的夫妻，一直没有生孩子。后来妻子额头上长出一个大肉包。九个月后，肉包破裂，从里面走出一个男婴，两口子给他取名"什撰何大祖"。什撰何大祖长得很快，饭量惊人，出生后一年就长成彪形大汉。父亲以为儿子是妖魔投胎，便想方设法要除掉他，每次都未能如愿。有一天夫妻二人将什撰何大祖赶出家门，要他自谋生路。什撰何大祖在一个岩洞前用计降服了三只食人的妖鹰，从洞中救出了三位姑娘，并将她们娶为妻子。不久他又用计征服了吸食人血的妖精，从它嘴中得知酿酒的方法，并将它传授给了普米人。

熊美珍讲述，杨照辉记录、翻译。收入《普米族文学简史》，32开，6页，3000余字，云南民族出版社1996年版。

（杨照辉）

娃巴茨茨

普米族人物传说。流传于云南省宁蒗彝族自治县普米族聚居区。讲述的是：很久以前有母女二人，对山神很虔诚。有一次姑娘砍柴回来后就怀孕了，九个月后生下一个胖儿子，取名为"娃巴茨茨"。当时木里大菩萨家有一员猛将，名叫年非江都。年非江都不可一世，到处挑衅，无恶不作，老百姓都很怕他，但竟然被娃巴茨茨打败。木里大菩萨怀恨在心，决定除掉娃巴茨茨。他施了许多毒计，但都无法害死娃巴茨茨，最后只好作罢。杨高其讲述，王震亚记录、整理。收入《普米族故事集成》，32开，3页，1600余字，中国民间文艺出版社1990年版。

（杨照辉）

不要给婆娘说真话

普米族人物传说。流传于云南省宁蒗彝族自治县普米族聚居区。讲述的是：三国时期，有个叫甲子甲那的普米族将领，率领手下与汉兵打仗，从来没有被打败过。有一次诸葛亮带兵与他交手，还是打不赢他，便施美人计，将一位汉族姑娘嫁给他。开始几年，甲子甲那一直对妻子存有戒心，可到孩子出世后，他就放松了警惕。有一次他打胜仗回来，妻子趁他高兴，问他为啥总是能打赢汉兵。甲子甲那便得意忘形地告诉妻子，汉兵要战胜他，除非找到他那颗藏在山里婆罗树上的心。他的妻子就将这秘密告诉诸葛亮，诸葛亮便派人设法找到了那颗心，最后将甲子甲那率领的普米军队打败了。马光全讲述，杨照辉记译。收入《普米族文学简史》，32开，2页，336字，云南民族出版社1996年版。

（杨照辉）

干松巴情

普米族人物传说。流传于云南省兰坪白族普米族自治县普米族聚居区。讲述的是：从前有一对老夫妻，养育了十二个儿子，全家生活得很艰难。不料，老妇人到六十岁那年，又生了一个儿子，取名"干松巴情"。干松巴情长得很快，生下十三天就能跟哥哥们一起下地劳动。当地的头人不相信他有神奇的力量，故意处处为难他，结果损失钱财不说，自己也被自家的牛顶死了。为了躲避杀身之祸，干松巴情决定离家出走。途中他征服一个拔树人和一个拦路人，打死抢人的怪物，救出三位美丽的姑娘。和灿讲述，罗世保记录。收入《普米族故事集成》，32开，5页，3500余字，中国民间文艺出版社1990年版。

（杨照辉）

赤荀汝与介巴群巨

普米族人物传说。流传于云南省宁蒗彝族自治县普米族聚居区。讲述的是：很久以前，羌塘河湟地区住着一位名叫介巴群巨的祭司。有一天，他遇到青年猎手赤荀汝。赤荀汝告诉他，自己的妹妹喇木咪久病不愈，若他能治好她的病，就可以娶她为妻。介巴群巨决定试一试，结果真的把姑娘的病治好了。两人便成了亲。婚后的一天，介巴群巨正在家门口念诵佛经准备升天，突然头上被背水回家的喇木咪泼了一瓢冷水，升天的计划被打破了。从此，他只好与妻子一起在贡嘎山住下，生儿育女，据说当今的曹姓与熊姓都是他的后代。杨尔车讲述，杨学正记译。收入《普米族文学简史》，32开，1页，400字，云南民族出版社1996年版。

（杨照辉）

（五）其他传说

姓氏的来历

普米族姓氏传说。流传于云南省宁蒗彝族自治县部分普米族聚居区。讲述的是：古时有三兄弟，老大叫普米，老二叫摩梭，老三叫汉族。父亲临终时嘱咐他们，等自己死后把心取出来，由普米保管。原来他的心是一块宝，拥有者想要什么它就能变出什么。普米有了这颗心后十分得意，经常欺负两个弟弟。老二、老三对他很不满，有一次以要祭祀父亲为借口，向他要走了父亲的心。后来老三偷偷将父亲的心藏起来，用一只绵羊的心去骗大哥。普米打开盒子，看见里面的心早已生了蛆，一怒之下把它切成几片丢了出去。其中的一片掉在虎窝里，那里就升起一股烟，烟变成了人，他就姓胡；一片掉在熊窝里，升起的烟变成了第二个人，他就姓熊；一片掉在河里，升起的烟变成了第三个人，他就姓何；最后一片掉在草丛中，升起的烟变成了第四个人，他就姓曹。于是普米族有四个主要姓氏。从那时起，普米族老人死后，晚辈不再取出其心，而是用绵羊心代替，供在其灵位前。曹乃主等讲述，王震亚记录、整理。收入《普米族故事集成》，32开，2页，790字，中国民间文艺出版社1990年版。

（龙江莉）

绵羊和二十八宿

普米族星宿传说。流传于云南省宁蒗彝族自治县普米族聚居区。讲述的是：古时候，有一位普米族猎人抓住一只绵羊，将它赶回家准备杀了吃。绵羊突然开口说话，它告诉猎人，自己能推算星宿，若猎人不杀它，它将算星宿的方法教给他。猎人同意了。绵羊便教他从第一星宿数起。数到第二十八星宿，猎人说自己肚子饿了，要到屋里吃东西。当他再次出来时，绵羊早已溜走了。因此，普米人便只会算二十八星宿。佚名讲述，胡文明记录。收入《普米族故事集成》，32开，1页，200余字，中国民间文艺出版社1990年版。

（杨照辉）

普米的文字到哪儿去了

普米族文字传说。流传于云南省宁蒗彝族自治县普米族聚居区。讲述的是：很久以前有一个普米族小伙子，他长途跋涉去拉萨取经。后来在藏族喇嘛的帮助下，他取到了"祝福"和"丧葬"方面的三部经书。不料在回家的路上，他的经书被藏人抢走了。不一会儿从路旁的老林中走来一位老翁，他送给小伙子一片印有图案的牛皮，说上面就是普米族的文字。小伙子小心翼翼将牛皮拿到家后，不慎让狗拉去撕着吃了，最后只留下几块碎片。碎片上的图案就成了后来汗归用的图画文。所以，普米族就没有文字了。独几品珠讲述，殷海涛记录。收入《普米族故事集成》，32开，2页，1100字，中国民间文艺出版社1990年版。

（杨照辉）

阿什为什么有经书

普米族宗教传说。流传于云南省宁蒗彝族自治县普米族聚居区。讲述的是：很久以前有两兄弟，一个叫普米，一个叫纳西。有一次他们准备到拉萨去取经。纳西弟弟先行，他到了拉萨后得了三本经书；普米哥哥动身较晚，等他赶到目的地时，只剩下一本经书。两人一起返回云南。有一天他们来到一条河边，普米施计骗走了弟弟的全部经书。后来，普米族的祭司阿什通经识典，而纳西族的祭司帕比则没有任何经书。汉牛马章讲述，何耀华记录、整理。收入《普米族文学简史》，32开，1页，300字，云南民族出版社1996年版。

（杨照辉）

普米族为什么没有土司

普米族史事传说。流传于云南省兰坪白族普米族自治县普米族聚居区。讲述的是：普米族迁到云南后，内部各部落间互不服管，经常争斗。后来有个部落的首领率众人战胜了其他部落，他便自称为土司。他走到哪里就吃到哪里，睡到哪里。有一天，他让四个穷汉用轿子抬着自己去娶小老婆，途中被轿夫们丢入万丈箐沟中摔死了。从此以后普米族就没有土司了。杨作舒讲述，罗世保记录。收入《普米族故事集成》，32开，2页，600字，中国民间文艺出版社1990年版。

（杨照辉）

三天土司王子的由来

普米族史事传说。流传于云南省宁蒗彝族自治县普米族聚居区。讲述的是：很久以前，木底箐的普米头人叫郭拼香布，托甸的普米头人叫搓平尼玛夹泽。前者有智谋，后者力气大，他俩与永宁的摩梭土司杰后央玛的关系不错。有一天，丽江老爷达尼明派兵进驻永宁，向杰后央玛摊粮派款，遭到了拒绝。达尼明就把杰后央玛抓了起来，关在丽江的一座大庙里，并扬言要杀死他。此事让郭拼香布知道了，他叫搓平尼玛夹泽到丽江府物色一位背水的婢子，再让杰后央玛冒充她出来背水，然后钻进麻布口袋。另外两人依计而行，待杰后央玛一钻进麻布口袋，搓平尼玛夹泽背着布口袋就跑。后来每逢摩梭土司亡故时，摩梭人就让木底箐和托甸的普米族男人来掌三天土司权，过问和处理丧事，并以厚礼相送。曹乃主讲述，王川蓉记录。收入《普米族故事集成》，32开，3页，2100字，中国民间文艺出版社1990年版。

（杨照辉）

换生孩子

普米族生活传说。流传于云南省兰坪白族普米族自治县普米族聚居区。讲述的是：很早以前，孩子是由男人从腿肚子里生出来的。生了孩子后，男人要休息三个月，吃三头牛、三十只羊、三百只鸡和三石粮食才能恢复健康。一天，有个好心肠的女人对丈夫说："你们男人生孩子太受罪，还要吃那么多的补品，把家中的粮食都吃光了，多不划算呀！如果你们把生孩子的事交给我们女人，我们只需要休息一个月，吃一只羊、三只鸡、三升米就够了。"后来，就由女人生孩子了。熊美珍讲述，杨照辉记译。收入《普米族文学简史》，32开，1页，400字，云南民族出版社1996年版。

（杨照辉）

竹笛的传说

普米族乐器传说。流传于云南省宁蒗彝族自治县部分普米族聚居区。讲述的是：很久以前有一个叫苏理的普米族小伙子，一次放牧时他觉得很无聊，就随手在地边扯了一根麦秆，在它上面划一个小洞，放在嘴唇上吹，竟发出了悦耳动听的声音。他高兴极了。吹了一阵，他觉得音调太单调，就回到家坐在火塘旁边吹边想。不久奇迹出现了，麦秆突然发出几种不同的声调。他仔细观察，发现麦秆上不知何时多了几个小孔，于是发出一连串不同的声调。后来他又反复琢磨、实践，做成了一根竹笛。从此以后，竹笛便成了普米族生活中不可缺少的东西，过年过节、男女青年谈情说爱都离不开它。品珠讲述，殷海涛记录。收入《普米族故事集成》，32开，2页，840字，中国民间文艺出版社1990年版。

（龙江莉）

二、民间故事

（一）幻想故事

宝猪

普米族幻想故事。流传于云南省宁蒗彝族自治县普米族聚居区。讲述的是：从前，生活在海边的母子俩养着一头猪，养了三年，它还是瘦瘦小小的。母子二人没办法，准备到年底就把它杀了吃。一天，儿子上山砍柴，途中遇到两个陌生人向他打听哪里有喂不大的疙瘩猪，说那是宝猪，他们愿意出高价买。母子俩没有动心，从此精心喂养自家的猪。有一天，小伙子把猪牵到海边。小猪走进海里，大海便沸腾起来。被烫得半死的龙王跑出海面，求小伙子把猪拉上岸，并许诺将满足他的一切要求。小伙子便得到了房子、马匹、粮食和一把会变出食物的茶壶，另外还有一个美丽的姑娘。母子二人过上了幸福的日子。过了不久，到海边游玩的皇家武官要抢走美丽的姑娘，姑娘骑着龙王送的骏马跳进大海里。武官逼小伙子交人，若不然就要打死他和母亲。小伙子只好再次把猪牵到海里，向龙王求救。龙王送给他一个漂亮的小箱子。小伙子照龙王的吩咐，把小箱子交给武官，并告诉他美丽的姑娘就在里面。武官打开箱子，从里面跳出来的大力神把他打死了。美丽的姑娘又骑着骏马飞出大海，回到小伙子身边，一家人又过上了平静的生活。熊光布讲述，李理记录。收入《普米族故事集成》，32开，4页，2000余字，中国民间文艺出版社1990年版。

（杨照辉）

宝裤

普米族幻想故事。流传于云南省兰坪白族普米族自治县普米族地区。讲述的是：从前，一个靠卖工度日的孤儿有条奇怪的短裤，他睡前摸一摸它，如是湿的，第二天必定是雨天；如是干的，第二天必定是晴天。有一天晚上，孤儿发现短裤是湿的，就去告诉富人说："明天要下雨，你们不要晒谷了。"富人以为孤儿说胡话。第二天他晒的粮食遭到了雨淋。晚上，孤儿睡前又摸了摸短裤，发现是干的，就去告诉富人说："明天天放晴，你可以晒粮食。"富人认为孤儿在捉弄他，第三天没有晒粮食，但却是晴空万里。富人知道秘密后，就用自家一半的田地、牲畜与孤儿换短裤，还答应把女儿嫁给他。但他拿到短裤后，短裤却不灵了。几年后，他变成了穷人，便要求女儿和女婿赡养他。孤儿同意了，于是全家团聚。杨标群讲述，和化长记录。收入《普米族故事集成》，32开，2页，1000余字，中国民间文艺出版社1990年版。

（杨照辉）

夜明珠

普米族幻想故事。流传于云南省宁蒗彝族自治县普米族聚居区。讲述的是：古时候，爬施恶山下有两个部落，一个叫东波洛，一个叫阿枝洛。东波洛部落是普米族寨子，寨中有个小伙子叫达娃，他连续三年与一只青蛙分享自己的午饭，青蛙送给他一颗夜明珠。达娃用夜明珠救活了一条死蛇、一只死老鼠和一只死蜜蜂。它们都非常感激他，叫他有难时呼叫，它们一定会帮忙。不久，达娃没有听从青蛙的劝告，救活了一个死人。那人把夜明珠骗走了，还把他推下江中。在蛇和老鼠的帮助下，达娃脱险了，蜜蜂帮他拿回夜明珠。阿枝洛部落几次来抢夺夜明珠，未果，于是施美人计：寨主亲自把女儿送来给达娃做妻子，让她设法弄到夜明珠。有一天，妻子找到夜明珠，可这时砍柴的达娃回到了家。她惊慌失措，把夜明珠投入翻滚的锅中，变成一颗黑珠子。当天她借口回家看望父母，离开了丈夫。第二天，阿枝洛寨主派兵攻打东波洛部落。达娃四处寻找夜明珠，当他在锅里找到黑珠子时，明白自己受骗了。夜明珠失去了灵性，东波洛部落让阿枝洛部落杀得只剩下达娃一人。达娃为了报仇，便对阿枝洛的士兵喊话，说要亲自把夜明珠送给他们的寨主。来到寨主家后，达娃把黑珠子丢进嘴里。忽然一声巨响，整个阿枝洛部落在半天云里翻转后落在地上。地上立即耸立起一座大山。普米人为纪念达娃，每年正月初一都要去转山、烧香、放炮。佚名讲述，凉冰记录。收入《普米族故事集成》，32开，6页，4200余字，中国民间文艺出版社1990年版。

（玉罕娇）

夜明珠的经历

普米族幻想故事。流传于云南省兰坪白族普米族自治县普米族地区。讲述的是：古时有位老人，他让四个儿子出去学艺。几年后，大的三个分别成为木匠、铁匠和裁缝，而小儿子只学会吹唢呐。老人对老四十分不满，将他逐出家门。老四离开家后一路流浪，有一天来到一个小村庄借宿，村里人让他睡在庙里。晚上，从庙里的一角钻出一个妖精，吐出一颗夜明珠，神位旁的七八个小童佛像随着宝珠的亮光翩翩起舞。老四看得眼花缭乱，便不知不觉吹起唢呐为它们伴奏。第二天天快亮时，妖精捡起夜明珠吞下，佛像也停止跳舞，一切又恢复了原样。村民们见老四没被妖精吃掉，认为他必是有神力之人，便请他除妖。老四答应了，他赶制了一把锋利的斧子。夜里，老四伺机砍死妖精，并把夜明珠收了起来。天亮后，村民们见妖精已除，非常高兴，要感谢老四。老四请他们为他做了一个木箱，将庙里的小童佛像装在里面。他带着宝贝来到海边。夜幕降临，他拿出夜明珠和佛像在海边自娱自乐。海里的龙王、龙太子、龙女看得目瞪口呆，就请他到龙宫表演。龙王高兴之余，将女儿嫁给了老四。老四带着龙女和宝贝走村串寨，为人们表演。土司听说此事，请老四去他府上表演。他被龙女的美貌迷住了，便要用自己的官位和财产换龙女。老四虽不愿意，但觉得自己敌不过土司，只好答应了。从此，土司拿着夜明珠，领着龙女和佛像到处表演。但夜明珠的光芒日渐灰暗，龙女和佛像们的舞姿也一天不如一天。土司一生气，将龙女踢死了。不久夜明珠失去光泽，土司也变成乞丐。和熊光文讲述，施中林记录。收入《普米族故事集成》，32开，6页，3900字，中国民间文艺出版社1990年版。

（龙江莉）

鬼帽

普米族幻想故事。流传于云南省兰坪白族普米族自治县部分普米族地区。讲述的是：两个村子中间有一片密林，林中常常闹鬼，村民们整日人心惶惶。一个叫华达祖的普米人不信鬼，他要亲自到林中去看看。一天晚上，他来到密林里，听见一个树洞里传出婴儿的哭声，便拔刀在洞口砍了几下。洞里跳出五个小孩，眨眼间又变成十个年轻姑娘。她们抓住华达祖围着一堆火跳起舞来。天快亮时，其他姑娘忽然不见了，只剩下华达祖抓住的两个。鬼姑娘着急了，乞求他放过她们，答应送给他一顶鬼帽，说戴着鬼帽就能隐身。华达祖动了心，便收下鬼帽，放了鬼姑娘。从此以后，他天天戴着鬼帽去偷东西，过着不劳而获的生活。有天晚上，他喝醉了酒，妻子问他为何大白天偷东西别人看不见，他便把鬼帽的事跟她说了。谁知他刚说完，鬼帽就飞走了。原来鬼帽隐身的事不能让其他人知道。佚名讲述，和丽金搜集、记录。收入《普米族故事集成》，32开，2页，1000字，中国民间文艺出版社1990年版。

（龙江莉）

笑魔与人

普米族幻想故事。流传于云南省兰坪白族普米族自治县普米族地区。讲述的是：从前，老君山下的普米族山寨里有个力大无比的年轻猎人。由于他消灭了许多吃人的豺狼虎豹，所以深受乡亲们的爱戴。为让乡亲们永远免遭伤害，他决定去山林里杀光所有的野兽。这事被另一个山寨的先知知道了，他被猎人的行为所感动，也为他担心。先知来到猎人家，给了他一些忠告，叫他在路上遇见男人不要说话，遇见女人不要笑，遇到豺狼虎豹用箭射、刀砍、绳子套。猎人出发了，一路上都按照先知的话去做，躲过了很多灾难，杀死了不少野兽。到了第二十天晚上，他累得睡着了，忘记了先知嘱咐他要在这天晚上烧一堆大火避邪的事。他醒来时，发现自己睡在小河边，一个披头散发的姑娘笑着向他走来。他忍不住笑了起来，不一会儿就笑昏了过去。姑娘立刻变成老虎把他吃了。乡亲们一直等不到他回来，就请先知占卜。先知知道猎人已遇害，便悲痛地去找他的尸骨。他走了二十天后，故意装作睡着了。第二十一天，他同样见到笑着的姑娘，可他忍住不笑，抱起一块大石头，把她的头砸烂了。姑娘一死，便现出老虎的原形。从那以后，普米族山寨里就流传着这样一句话："向你笑着走来的人，你千万要小心，他会吃你。"和光先讲述，和善全记录。收入《普米族故事集成》，32开，4页，2600字，中国民间文艺出版社1990年版。

（龙江莉）

富学穷家儿

普米族幻想故事。流传于云南省兰坪白族普米族自治县部分普米族地区。讲述的是：从前，普米族山寨有父子俩相依为命，以编篮子卖为生。一天，他们到山箐里砍竹子。儿子年轻力壮，就到箐头去砍竹；父亲体弱力小，只好在箐脚把儿子滚下来的竹子集成一堆。小伙子在滚竹子时，一根尖竹正好插在父亲的心口上，当场就把他戳死了。小伙子砍完竹子下山，看见父亲已死，悲痛地哭起来，一直哭了三天三夜。第三天太阳落山时，一位白发老人走来。他让小伙子将父亲的尸体背回家，砍成三截，装进土罐埋在地下，七天后再打开。小伙子很不情愿地照办了。七天后，他打开土罐，里面全是银子，就拿它盖起瓦房，过上了好日子。富家儿子知道了小伙子的经历后，便效仿着把自己的父亲带到山箐里去砍竹，并故意用尖竹把父亲插死。他也碰到白发老人，并照老人的吩咐，把父亲的尸体背回家砍成三截装进罐里。七天后他打开土罐，里面却跳出七只猴子。它们每天与他争抢食物，最后把他吃穷了，让他落得乞讨的下场。佚名讲述，和善全搜集、记录。收入《普米族故事集成》，32开，3页，1150字，中国民间文艺出版社1990年版。

（龙江莉）

一对红头鸟

普米族幻想故事。流传于云南省宁蒗彝族自治县普米族聚居区。讲述的是：普米族姑娘直玛放牛时，邂逅了英俊的汉族小伙子胡毅。两人一见钟情，当场交换手镯定下终身。姑娘的母亲知道此事后一病不起。她先后派三个儿子去取胡毅的心来治病。三人见了胡毅，都喜欢上这个准妹夫，谁都不愿意杀他，而是拿松鼠的心脏骗母亲。老人家吃了松鼠的心病就好了。后来她对胡毅仍然耿耿于怀，一次假装请他到家里做客，设下陷阱将他害死了。直玛悲痛万分，不顾母亲的反对，毅然将爱人的尸体用马驮到山上，按普米族的习俗把他烧化。可尸体烧了很久，烟都升不到天上。直玛纵身跳进火海，顿时，一股青烟升上天空。老妇人仍不甘心，请人把两人的骨灰分开，一个埋在路上边，一个埋在路下边。几年后路上下分别长出一棵大树，它们枝叶相连，紧紧地抱在一起。老妇人气得大发雷霆，请人把大树砍掉，分别在两根树桩上面放上猪头和狗头。不久，放猪头的树桩变成一只美丽的红头鸟，但放狗头的树桩没有动静。红头鸟成天围着树桩飞来飞去。一个好心人把树桩上的狗头踢掉，它也变成一只红头鸟。两只红头鸟自由自在地在一起。佚名讲述，凉冰、文友记录。收入《普米族故事集成》，32开，8页，5100字，中国民间文艺出版社1990年版。

（龙江莉）

小黑妞

普米族幻想故事。流传于云南省兰坪白族普米族自治县普米族地区。讲述的是：猎人腊脱和妻子哈大姐生下一个可爱的女孩，取名小黑妞。几年后，腊脱外出打猎，小黑妞与母亲在家放羊拾柴。蛇精祖玛见了这对母女，起了歹心，想把她们吃掉。它变成一个落难的妇女，来到小黑妞家乞讨。哈大姐见她可怜，就收留她。过了一些日子，祖玛借口和哈大姐进山去拾柴，吃了哈大姐，又回来骗小黑妞，说她母亲被一只大老虎吃了。小黑妞到山里去报仇，但没有找到人老虎的踪迹。她又恨又累，昏倒在草丛里。醒来时，她看见一头黑母牛正守着自己，便将它带回家喂养。腊脱回来后，祖玛变的妇女趁机大献殷勤。后来，腊脱娶她为妻。有一年端午节，小黑妞独自到树林里采药，一只老虎挡住她的去路。危急时刻，一个勇敢的小伙子打死老虎。打虎郎是金沙江边一个湖里的龙太子阿龙。他与小黑妞一见钟情，送给她一个装有画眉鸟的贝壳作为定情物，约定七月初七在龙宫举行婚礼。祖玛躲在一旁看见了事情的经过，就想除掉小黑妞去做阿龙的妻子，然后再吃掉阿龙做湖的主人。很快到了七月初七，祖玛百般刁难小黑妞，想阻止她去龙宫。其实黑母牛就是小黑妞母亲的化身，它和画眉鸟一起，帮助女儿骑上枣红马如期飞到了龙宫。阿龙的眼前突然出现两个一模一样的小黑妞，一时无法辨别。龙妹便拿来天神赏赐的一双金鞋让两人试，因为只有真正的小黑妞才能穿得进。阿龙识别出心上人后，将假小黑妞赶出了龙宫。祖玛一计不成又生一计，便以岳母的身份去见阿龙。小黑妞早已将后母是蛇精的事告诉了丈夫。夫妻俩假意热情接待"后妈"，实则处处派人看守着她。祖玛无奈，只好悻悻地准备回家。小黑妞将自己的枣红马送给她骑，设法把她的脚牢牢地拴在马镫上。阿龙也送了一个盒子给"岳母"。路上，祖玛打开盒子准备吃海味，却从里面飞出一窝马蜂，将她蜇得从马背上摔了下来。她的脚被捆住，无法脱身，最后被马拖死。枣红马回到家后在地上打了几个滚，变成哈大姐。腊脱见妻子复活，高兴得半天说不出话来。熊士寿讲述，昂栋记录。收入《普米族故事集成》，32开，14页，10000余字，中国民间文艺出版社1990年版。

（龙江莉）

植玛姑娘

普米族幻想故事。流传于云南省宁蒗彝族自治县普米族聚居区。讲述的是：植玛是独生女，母亲每天都到寺庙求神赐给她一个富有的丈夫。有个好吃懒做的小伙子知道了此事，就到寺庙里做假，让姑娘的母亲将女儿嫁给他。他与如花似玉的植玛完婚后，准备回家，在路上，突然想起自己家里很脏很乱，便要植玛停下来休息，说自己先回去收拾一下。为防止受到虎豹伤害，他让植玛坐进吊在树上的木柜里。第二天他放下木柜，里面蹿出一只老虎与一只豹子，把他吃了。原来，植玛被吊在树上后，老虎和豹子闻到人味，便来到树下打转。正巧有一个王子带人经过，他们救下植玛，又把打伤的虎、豹放进木柜。植玛随王子回到王宫，做了妃子。王子十分爱她，招来了王妃的嫉恨。王妃把植玛骗到海边玩耍，把她推进海里。植玛死后变成一只美丽的小鸟，天天到王宫的后花园啼叫。王子叫人把它抓来，养在金笼里。王妃知道小鸟是植玛所变，将它杀死后丢到火里烧。鸟儿的尸体被烧成了一块金子。王妃高兴地捡起金子藏到床头柜里。晚上，床头柜里钻出一个漂亮的姑娘，告诉王子自己便是遭到迫害的植玛，王子听了很伤心。王妃不但不认罪，还诽谤植玛是鬼。王子叫人拿钢刀验真假，王妃被划成两半。从此，植玛与王子过上了幸福的生活。车塔嘎若讲述，李理、杨海涛记录。收入《普米族故事集成》，32开，5页，2420字，中国民间文艺出版社1990年版。

（龙江莉）

多海底的忏悔

普米族幻想故事。流传于云南省兰坪白族普米族自治县部分普米族聚居区。讲述的是：母亲从小溺爱独生子多海底，让他养成了好吃懒做的习惯。她年迈多病时，希望儿子早日成家立业。但远近村子里的姑娘都知道多海底的恶习，不愿意嫁给他。一天，多海底外出游山玩水，路上看见几只小羊跪在母羊脚下吃奶，深受启发，便决定痛改前非，回报母亲的养育之恩。他背了不少酒和肉来到寺庙里，请求菩萨原谅他。菩萨说，敬神不如敬父母，要他回家好好孝敬母亲。多海底听了菩萨的话，便背着酒肉回家，准备向母亲忏悔。不料，母亲在远处见儿子回来，以为又遭到打骂，就躲在门背后。多海底推门时，将母亲推倒在地上摔死了。他后悔得大哭起来。杨作舒讲述，杨庆文采录。收入《兰坪民间故事集成》，32开，2页，1200字，云南民族出版社1994年版。

（龙江莉）

拴鬼

普米族幻想故事。流传于云南省兰坪白族普米族自治县部分普米族地区。讲述的是：从前，有个男人娶了两个老婆，大老婆不能生育，小老婆生了一个儿子。一家人将这个孩子视为掌上明珠，两位母亲精心照料他，但他却瘦骨嶙峋、面无血色。后来，两位母亲发现他是被一个妖精吸了血。男人知道后就搓了一根草绳，并涂上黑漆，还打了一根铁链，准备对付妖精。入夜，妖精又来了。男人先将石灰水泼在它身上将它镇住，然后要求与它比试本领。他让妖精先把他捆住，如果他能挣脱，妖精就要听他的吩咐；若他挣不脱，就让妖精吸血。妖精吸血心切，就答应了。男人把草绳做的"铁链"给妖精，叫它捆自己。他很容易就挣脱了。他用铁链将妖精拴在一棵黄泡刺上，将它镇住。后来普米族每逢送葬回来，都要砍些黄泡刺压在门槛上以避鬼。陶富淑讲述，施中林采录。收入《兰坪民间故事集成》，32开，2页，1150字，云南民族出版社1994年版。

（龙江莉）

九十九驮白银

普米族幻想故事。流传于云南省兰坪白族普米族自治县部分普米族地区。讲述的是：丽江的木天王很贪心。有一年，他派了一个叫龙三的管家赶着一百匹马到金顶山去挖银矿，驮一百驮白银回来。龙三到了金顶山后就强迫穷人们干活。挖矿的人们过着猪狗不如的日子。年复一年，金顶山渐渐被挖空了，眼看就要倒塌。龙三却不顾穷人们的安危，让他们日夜赶着往山洞外搬银子。从这里路过的观音菩萨十分同情矿工们的遭遇，就变成一个漂亮的姑娘，挑着一对装满水的竹篮站在洞口。矿工们见竹篮装水却不漏，觉得很奇怪，便纷纷跑出来看。他们刚跑出洞，山就塌了，将正在监工的龙三埋在洞里。这时只有一驮白银子没有搬出来。佚名讲述，黄继武搜集、记录。收入《普米族故事集成》，32开，3页，1500字，中国民间文艺出版社1990年版。

（龙江莉）

吹唢呐的员外

普米族幻想故事。流传于云南省兰坪白族普米族自治县普米族地区。讲述的是：从前，有三兄弟外出学艺，几年后，老大、老二分别学了木匠活和铁匠活，老三学会吹唢呐。父亲觉得小儿子不务正业，就将他赶出了家门。老三一直在外流浪，有一天来到一个村庄。天色已晚，村里人安排他住在庙里。夜里，来了一个披头散发的老妖婆，手里拿着一个金项圈。正当它准备吃老三时，他一骨碌爬起来，吹起了唢呐。随着动听的唢呐声，金项圈和庙里的七个铜菩萨翩翩起舞，直到天亮。第二天，村民们见老三没被妖婆吃掉，便请他帮助除妖。当天晚上，老三砍死了老妖婆。村民们便把金项圈和七个铜菩萨送给他。老三来到龙潭边歇脚时，拿出唢呐来吹，金项圈和铜菩萨又舞动起来。金项圈的光照到了潭下的龙宫里，龙王的三太子来到潭边，将老三请到龙宫做客。龙王为了得到金项圈和铜菩萨，就把女儿嫁给老三。老三带着龙女回到家，常为乡亲们表演。当地一位员外对老三的宝物和漂亮的龙女起了贪欲之心，要用万贯家财跟他换。因龙女听从父亲的安排，早对宝物有意，就说服老三与员外换。员外得了龙女和宝物之后，整日花天酒地。一天，龙女偷走宝物回了龙宫。从此，员外成了一无所有的穷光蛋，而老三则过上了好日子。杨玉发讲述，黄金妹整理。收入《兰坪白族普米族自治县民间文学选集》，32开，5页，3160字，兰坪白族普米族自治县成立庆典编写组1988年编印。

（龙江莉）

罗多斯白的故事

普米族幻想故事。流传于云南省宁蒗彝族自治县普米族聚居区。讲述的是：普米族山寨里住着一对老夫妻，日子过得很丰实，但膝下无儿无女。有一次老头用烧着的猪膘打老婆，打得她头上起了一个大水泡。不一会儿水泡炸开，从里面跳出一个小男孩。小男孩见风就长，很快长成了五六岁的样子。一位喇嘛看见此情此景，就对两位老人说，这孩子是祸害，不能留。但夫妻俩得子不易，还是将他养了起来，并取名罗多斯白。罗多斯白日渐长大，吃的也越来越多。父母无奈，三番五次想害死他，但都未果。罗多斯白知道了父母的心思后，就独自外出流浪。路上，他遇到了同病相怜的放猪娃尼多金比和放羊娃年喜娃。三人结伴，以打猎为生。有一天，他们发现家里的猎物被女魔鬼石八玛偷走，便决心整治她。不久，女魔鬼又来了。罗多斯白施计用灶灰做成的铁锤、铁钳和铁索换了它的真家什。女魔鬼上当后，要与罗多斯白比武，结果被他打得狼狈而逃。罗多斯白三人追到妖洞，逼小妖精们交出命根子金筷子。他们将金筷子砸断，妖精们全部死去，变成了荨麻。曹三农等讲述，王丹采录。收入《中国民间故事集成·云南卷》（下），16开，5页，4600字，中国ISBN中心2003年版。

（龙江莉）

青母牛

普米族幻想故事。流传于云南省兰坪白族普米族自治县普米族地区。讲述的是：有个普米族汉子讨了两个老婆，她们各生了一个女儿。汉子死后，由小老婆管家。她对大老婆母女百般虐待。大老婆经不起折磨，变成一头青母牛，常常暗中帮助女儿。小老婆知道后，就把青母牛杀了。她吃了牛肉不解恨，还把牛骨头放到火塘里烧。牛骨头结成了一坨炭，一个好心的独身阿奶要走了它。牛骨炭来到阿奶家，变成一个漂亮姑娘，帮助阿奶收拾家务。小老婆知道此事后，又想方设法加害这个姑娘。姑娘变成一只金鸟飞走了。时值坝子里赶会唱戏，小老婆带着自己的女儿赶会去了，留下大老婆的女儿小妹在家磨黄豆。小妹在金鸟的帮助下也来到赶会场上，她的美貌赢得了龙太子的爱慕。没过几天，龙太子带着彩礼来求亲。小老婆却让自己的女儿顶替小妹嫁给龙太子，将小妹赶出了家门。在金鸟的指点下，小妹翻山越岭去追赶龙太子的迎亲队伍。一阵风吹走了她的金鞋，恰被龙太子捡到。龙太子识破假新娘后，就把她赶走了。小妹追上龙太子，两人一起回到龙宫。一年后，夫妇二人回家看望小妈她们。小妈将小妹推下水井淹死，并再次让自己的女儿去顶替。金鸟飞到龙宫，把真相告诉了龙太子。龙太子大怒，拔剑杀死了假妻子，赶到水井边救活了小妹。后来，两人假意邀请小妈到龙宫做客，送给她一头壮青牛和一个银盒子。回家途中，小妈打开银盒子，看见亲女儿的头在里面，便哭了起来。她的泪水变成牛角蜂。牛角蜂蜇了壮青牛几口，壮青牛惊跑起来，将恶妇拖死了。贺兴泽、和丽金等讲述，王震亚采录。收入《中国民间故事集成·云南卷》(下)，16开，5页，4200字，中国ISBN中心2003年版。

（龙江莉）

黑母牛的故事

普米族幻想故事。流传于云南省兰坪白族普米族自治县普米族地区。讲述的是：有个男人娶了两个老婆，大老婆忠厚老实，小老婆好吃懒做。大老婆生的姑娘聪明漂亮，名叫昏祖代；小老婆生的姑娘丑陋难看，名叫昏格则。有一天，小老婆趁丈夫外出，施妖术把大老婆变成一头黑母牛。从此以后，她经常虐待昏祖代，要她每天捻完一大捆麻线。在黑母牛的帮助下，昏祖代很快就捻完了麻线。小老婆发现后，要宰杀黑母牛。黑母牛告诉女儿，将它的脚骨头埋在马槽底下，身上的骨头装进衣箱里藏好。伤心的昏祖代一一照办。国王在京城给王子选妻。小老婆把昏格则打扮得花枝招展，领着她进城参加选美去了。临走前，她拿出一大箩混杂的小麦和苦荞，倒在院子里，让昏祖代在六天内分开装好。在百鸟的帮助下，昏祖代两天就分好了小麦和苦荞，然后在喜鹊的指点下，从马厩里牵出黑母牛的脚骨头变的枣红马，赶赴京城，被选为国王的儿媳妇。小老婆以亲家的身份被请进王宫住下。喜鹊叫昏祖代交给小妈一个装有野蜂的葫芦，让她骑上枣红马回家。途中恶妇打开葫芦盖子，被飞出来的野蜂叮得摔

下了马。她的右脚还挂在马镫上，受惊的枣红马拖着她飞奔。就在那天早上，昏祖代的爸爸回家了。枣红马拖着一架人骨头跑进马厩后，在地上滚了几下，就变成了昏祖代的妈妈。她向丈夫诉说了她们娘俩被害的经过。夫妻俩把那架骨头丢进阴沟里，骨头一着地，就变成了一蓬蓬荨麻。后来，昏祖代把父母接进京城，同自己一起生活。熊美珍讲述，季志、超米记译。收入《普米族故事集成》，32开，7页，4000余字，中国民间文艺出版社1990年版。

（玉罕娇）

割了舌头的小鸟

普米族幻想故事。流传于云南省兰坪白族普米族自治县普米族地区。讲述的是：从前有老两口，大爷善良，大妈吝啬。大爷养了一只非常有趣的小鸟。有一天，老两口下地干活后，小鸟把家中的饭偷吃了。先回到家的大妈很生气，把它的舌头割掉后赶出了家门。大爷回家后不见了小鸟，就出去寻找。他通过帮人洗牛、洗菜，才找到了住在山洞里的爱鸟，但小鸟不肯回去。大爷临走时，小鸟送给他一大一小两箱礼物，他只拿了小的回家。他回家打开箱子一看，发现里面有不少金银财宝。后来大妈也去山洞找到小鸟。她临走时，小鸟又搬出一大一小两个箱子让她选，她选了大箱子。走到半路，她忍不住打开箱子一看，里面尽是毒蛇和蚊子。她被毒蛇咬死了。和清讲述，周元昌记录。收入《普米族故事集成》，32开，3页，800余字，中国民间文艺出版社1990年版。

（杨照辉）

鹦哥魂

普米族幻想故事。流传于云南省宁蒗彝族自治县普米族聚居区。讲述的是：土司的儿子和一位穷小伙子成了朋友。相比较而言，穷小伙子本事强些，土司的儿子就嫉妒他。有一天，他们出去

玩，一条蟒蛇挡住了去路。穷小伙子用分身法将自己的灵魂与身体分开，再让灵魂变成利剑，将蟒蛇杀死了。土司的儿子起了坏心，把朋友的身体藏在山洞里。穷小伙子的灵魂找不到身体，只好附在一只死鹦鹉身上。鹦鹉复活了，并且会讲话。土司听说后，抢走了鹦鹉，让儿媳喂养它。鹦鹉就用咒语杀死了土司的儿子，并将自己的灵魂附到他身上，与土司的儿媳妇过上了幸福的生活。熊光布讲述，丽曦记录。收入《普米族故事集成》，32开，3页，1400余字，中国民间文艺出版社1990年版。

（杨照辉）

拉母与打史

普米族幻想故事。流传于云南省宁蒗彝族自治县普米族聚居区。讲述的是：从前，山沟里住着两口子，妻子名叫拉母，丈夫名叫打史。打史突然得了重病。为给丈夫看病，拉母出去砍柴卖。有一天，她疲惫不堪，靠在路边的一块大石头上休息，石头突然开口说话。它让拉母从它张开的嘴中抓一把钱，去给丈夫买药。拉母照办，把打史的病治好了。不久打史也装出一副可怜样靠在那块大石头旁休息。当石头张嘴让他抓钱时，他想狠狠地抓一把。不料，他的手刚伸进石头嘴里，就被紧紧咬住。拉母寻夫来到大石头旁，想尽一切办法，但未能救出丈夫的手，只好天天给他送饭。绝望的打史悔恨自己当初不听妻子的话。正当夫妻哭得伤心时，大石头突然张开嘴放了手，哈哈大笑起来："过分贪财误性命，快回家靠劳动过日子去吧！"羞愧难当的打史头也不敢抬就回家去了。熊次里讲述，殷海涛、曹红文记录。收入《普米族故事集成》，32开，3页，1500余字，中国民间文艺出版社1990年版。

（杨照辉）

可怜的打力巴

普米族幻想故事。流传于云南省宁蒗彝族自治县普米族聚居区。讲述的是：有一年秋天，猎人打力巴安扣子捕野兽，可每次猎物都被拿走了。他后来知道是老妖婆所为，便去抓它。老妖婆逃跑时忘记带走金触棒，被打力巴拾到。它便拿银触棒来换金触棒。打力巴同意了。老妖婆很高兴，请他到洞中做客。打力巴来到洞中，发现有许多金银财宝。老妖婆告诉他，想要什么就拿。打力巴嘴上说"不要"，实际上想等老妖婆入睡后把所有的东西都搬走。谁知老妖婆关了洞门，一觉睡了三个月。打力巴出不去，早已死在洞中。据说，老妖婆原来不会吃人，只是打力巴因贪财不义死在洞里，它尝了他的尸骨烂肉后，才会吃人的。和松娜讲述，贺兴泽记录。收入《普米族故事集成》，32开，2页，1400余字，中国民间文艺出版社1990年版。

（杨照辉）

小渔夫拒亲

普米族幻想故事。流传于云南省兰坪白族普米族自治县普米族地区。讲述的是：从前，有父子俩捕到一条大鱼，拖不上河岸。老渔夫让儿子拉着网绳，自己回家拿斧头准备将鱼砍成两段。他走后，儿子将大鱼放了。大鱼临走时，对小渔夫说，有困难告诉它。老渔夫拿着斧头回来见大鱼没了，气得打了儿子一巴掌。小渔夫气冲冲跑进树林，先后救了一头熊、一窝小鹰。过了一段时间，他来到京城，听说皇帝在选女婿，条件是参选者不能出现在公主的照宝镜里，否则不仅做不了驸马，还会被杀头。为拯救许多无辜的年轻人，小渔夫决定去应选。大鱼和母鹰都帮不了他，他只好求老熊。老熊在放照宝镜的台面上打了一个洞，然后驮着他躲在台底下，使公主无法照到他。老熊拱开洞口，公主看见里面的小渔夫，非常高兴。皇帝认定小渔夫是神通广大的人，决定选他为驸马。但小渔夫拒绝了，他只要求皇帝不要再滥杀无辜，然后大摇大摆地走了。杨玉发讲述，黄金珠、王震亚记录。收入《普米族故事集成》，32

开，4页，2200余字，中国民间文艺出版社1990年版。

（杨照辉）

雁姑娘

普米族幻想故事。流传于云南省兰坪白族普米族自治县普米族地区。讲述的是：从前，一个叫阿大的孤儿过着贫困的生活。一年秋天，一只南飞的大雁落在他家的院子中死了。阿大将它埋在自己屋后的小山包上，并从它的翅膀上拔下一根毛，带回家插在墙缝中。自此以后，他干活回家，就有做好的饭菜摆在桌子上。他感到奇怪，有一次躲在屋后偷看，发现有个姑娘正在给他做饭。他就抱住了她，要求她做他的妻子。姑娘告诉他，自己是雁毛变的，要求他无论如何都要严守秘密。阿大同意了。从此以后，他俩过上了幸福的日子。善龙姆讲述，尹善龙、尹秀龙记录。收入《普米族故事集成》，32开，3页，1000余字，中国民间文艺出版社1990年版。

（杨照辉）

黑猫姑娘

普米族幻想故事。流传于云南省宁蒗彝族自治县普米族聚居区。讲述的是：从前，有个放猪娃在海边看到一条黑蛇与白蛇打架，就将黑蛇打死，救出了白蛇。白蛇其实是龙太子。龙太子带放猪娃到龙宫领赏，放猪娃只要了一只黑猫。从此以后，他想要什么，黑猫就会变给他。他想，如果黑猫变成姑娘多好。黑猫真的变成姑娘，与他成了亲。黑猫姑娘不想丈夫成天待在家里守着她，就拿了一张自己的画像给他，让他边看边干活。画像被风吹到皇宫，皇帝就派人将黑猫姑娘抓去。临走前，黑猫姑娘悄悄告诉丈夫，每天都去打猎，剥下兽皮，缝一件翻毛皮衣穿上，到京城找她。放猪娃照办了。黑猫姑娘到了皇宫后，再没有过笑脸。不久，身穿兽皮衣的放猪娃来到皇宫，她高兴不已。皇帝为取得黑猫姑娘的欢心，花很多钱买下了兽皮衣。他身穿兽皮衣来到宫门口，被门卫乱棒打死，放猪娃当了皇帝。熊龙布、曹乃主讲述，王震亚记录。收入《普米族故事集成》，32开，4页，2100余字，中国民间文艺出版社1990年版。

（杨照辉）

白鸽姑娘

普米族幻想故事。流传于云南省兰坪白族普米族自治县普米族地区。讲述的是：有个富翁为了显示自己有钱，在自己的院子中铸了一棵高达九丈的金树。他命令三个儿子轮流守树，谁丢失一片金叶就杀头。头晚老大去守，丢失了一片金叶，只好等待杀头。第二天晚上老二去守，也丢失一片金叶。第三天晚上老三去守，他忍住不睡，发现金叶是让一只白鸽叼走了。他一直追赶，途中救了一窝蚂蚁与一窝蜜蜂。蚁王和蜂王都非常感激他，就分别送给他半截翅膀，让他有困难时点燃翅膀，它们就会来帮忙。十天后，他在一座宫殿前发现了白鸽。白鸽见到他后，变成一个美丽的姑娘，说自己是天上的仙女，想嫁给他。仙女的父亲让老三到仓库清理出混杂有水稻、包谷、黄豆的粮食。在蚂蚁和蜜蜂的帮助下，老三分好三种粮食。他拿到金叶，并娶了白鸽姑娘。在回家的途中，老三遭到两个哥哥的暗算，被推入河中。他在白鸽姑娘的帮助下，脱险回到家，过上了幸福生活。而贪财的两个哥哥在掠取一座庙里的财物时，被大蟒蛇吞食了。杨玉发、黄金妹讲述，王震亚记录。收入《普米族故事集成》，32开，9页，6500余字，中国民间文艺出版社1990年版。

（杨照辉）

神奇的桌布

普米族幻想故事。流传于云南省兰坪白族普米族自治县普米族地区。讲述的是：三个穷兄弟外出流浪。一天，老大拾到一堆银子要独吞，老二、老三不想与他争夺，继续往前走。不久，老二也捡到一堆金子，不愿与小弟分享。老三只好独个继续往前走。不久，他拾到一块桌布。当时他饿极了，生气地拍了桌布一掌，不料眼前马上出现一甑子热气腾腾的馒头。他大口地吃起来，吃完后高兴地往前走。途中，一个牧人用一个可以变出七个大汉的皮包换走了他的桌布。老三让皮包变出的大汉从牧人手中抢回桌布。后来又有一个牧人用能吹起飞沙走石的牛角号换他的桌布。当他再次肚子饿时，便令牛角号将桌布吹回到自己手中。他带着三件宝物回到家，两个哥哥都不认他。他只好用皮包变出七个大汉帮他盖了一座宫殿，又让桌布变出酒席宴请乡亲们。两个哥哥见到后嫉妒极了，派人到京城向皇帝告状，说三弟的宫殿比皇宫还气派。皇帝派兵包围了老三的宫殿。老三就让皮包变出的大汉冲杀出去。皇帝的兵马太多，赶不走。老三又使劲地吹起牛角号，顿时雷鸣电闪、飞沙走石，将皇帝的兵马与两个坏哥哥吹出千里之外。和亮恒讲述，黄金妹、王川蓉记录。收入《普米族故事集成》，32开，4页，2800余字，中国民间文艺出版社1990年版。

（杨照辉）

歇在花红树上的妹妹

普米族幻想故事。流传于云南省宁蒗、兰坪等地的普米族聚居区。讲述的是：远古时，一个母亲带着两个女儿过日子。有一天，母亲去麻地赶雀，被老妖婆吃了。老妖婆变成她来到家中，把憨厚听话的大姑娘吃了。精明的小姑娘以上厕所为借口，将老妖婆用来控制她的麻绳拴在母猪脚上后逃跑了。她爬上一棵花红树上采果充饥，老妖婆追到树下。小姑娘就骗它回家将烧红的铁犁铧递给她。老妖婆照办了。小姑娘趁她躺在地上张嘴接花红果吃时，将犁铧砸到她嘴里，把她烫死。老妖婆的血、肉变成荨麻，小姑娘下不了树。后来，月亮哥哥就将她救到月宫中去了。如今，每到晚上，小姑娘就爬上花红树往地下看，是她在想念母亲和姐姐。佚名讲述，昂栋、黄金妹、玉芳等搜集，王丹记录。收入《普米族故事集成》，32开，6页，3300余字，中国民间文艺出版社1990年版。

（杨照辉）

白龙与黑龙

普米族幻想故事。流传于云南省兰坪白族普米族自治县普米族地区。讲述的是：从前，一条白龙住在一座风景优美的山上，黑龙嫉妒它，千方百计跟它争夺居住地。有一天，剑川一对白族木匠父子来到白龙所在的潭边休息。老木匠到潭边喝了一口水，觉得水臭，就对儿子说："这家主人病了，我们得赶到山寨里去。"过了几天，白龙变成一位白发老人来请老木匠治病。老木匠发现他是被一只蜈蚣咬了背部，就用铁钳把蜈蚣拿下，白龙的病就好了。它给了老木匠不少金银，并请求他在自己与黑龙打架时，给它喂饭团，给黑龙喂石头。有一天，白龙与黑龙又打起来。木匠照白龙说的做了。结果黑龙被白龙打败，逃跑了。黑龙为了报复老木匠，变成一只老鹰衔走了他的儿子。老木匠便雕了一个头上装有尖刀的假白龙放在龙潭边。黑龙以为是白龙在那里休息，便飞扑下来啄它，结果被尖刀划破喉咙死了。杨庭章讲述，和善全记录。收入《普米族故事集成》，32开，3页，1400余字，中国民间文艺出版社1990年版。

（杨照辉）

姐弟俩和老虎哥

普米族幻想故事。流传于云南省兰坪白族普米族自治县普米族地区。讲述的是：从前有姐弟俩，由于遭旱灾没吃的，姐姐便将弟弟留在家中，自己到外村去讨饭。途中，她遇到一只老虎，做了它的媳妇。后来，姐姐将弟弟带到老虎家中。她告诉弟弟，不能取笑姐夫，否则有生命危险。当弟弟看到老虎用尾巴洗碗时，还是忍不住笑了。

姐姐只好帮助他逃跑。她给弟弟一把筷子、一个碗、一块磨刀石，要他每翻过一座山放一根筷子，然后脚踩磨刀石头顶碗，这样老虎就吃不到他了。追赶小舅子的老虎每见一根筷子就捡起来送回家，结果耽误了时间。筷子丢完了，弟弟也跑不动了。他按姐姐的嘱咐，把磨刀石垫在脚下，将盛水的碗放在头顶，一动不动站着。老虎追上来，看到小舅子脚下的磨刀石，以为追到天与悬崖的中间，只好叹口气，转身回去。佚名讲述，和善全记录。收入《普米族故事集成》，32开，3页，2000余字，中国民间文艺出版社1990年版。

（杨照辉）

癞疙泡

普米族幻想故事。流传于云南省兰坪白族普米族自治县部分普米族地区。讲述的是：一对老夫妻一直未生育。有一天，老大妈正在火塘边烧水，老大爷不小心踩在火塘边的柴块上，把茶罐掀翻了，将老大妈的膝盖烫起一个大泡。两天后，大泡炸裂，从里面跳出一个小孩。夫妻俩十分高兴，给他取名癞疙泡。癞疙泡个头很小，样子也长得丑，但聪明能干。出世后第三天他就能伺候父母，第四天为他们盖了大房子。第五天，他说要出门去娶媳妇回来孝敬父母。他走了九十九天，来到一户有钱人家门口，见这家的小姐如花似玉，便要娶她为妻。富人不答应。癞疙泡就施法术，顿时天空乌云密布，狂风大作，富人屋上的瓦片被掀了下来，屋里的粮食、铺盖都被卷到门外，屋墙也东倒西歪似乎要倒塌。富人没有办法，只得赶紧答应癞疙泡的求婚，背地里却叫女儿伺机打死他。癞疙泡带着新娘子准备回家。路上，妻子两次向他头上扔去会变成磨盘的帽子，想砸死他，都被他躲过。尽管妻子不怀好意，但癞疙泡始终对她很好。不久，他们来到一户正在办喜宴的人家门前，癞疙泡向主人请求进去为新人祝福。主人家看他样子奇丑，便拒绝了。癞疙泡牵着妻子骑的马绕屋转了三圈，变成一个英俊少年。妻子见丈夫变得气度不凡，便跳下马抱住他不放。癞疙泡见妻子终于爱上他，便脱去癞疙泡皮。杨作舒讲述，杨庆文、罗世保搜集、记录。收入《普米族故事集成》，32开，5页，2800字，中国民间文艺出版社1990年版。

（龙江莉）

青蛙娶媳妇

普米族幻想故事。流传于云南省兰坪白族普米族自治县普米族地区。讲述的是：很久以前，有位无儿无女的老妈妈，在背水时遇到一只会讲人话的青蛙。青蛙自称是她的儿子，让她收留自己。老妈妈家里很穷，青蛙便施计从财主家的马帮那里弄来了许多茶叶、大米和布匹。有一天，青蛙要娶财主家的三姑娘为妻。财主不同意，青蛙便大哭，结果引来倾盆大雨。财主被迫答应。雨停后他却变卦了。青蛙又大笑，笑得赤日千里，大地上的水都被晒干了。财主口渴难忍，只得再次答应，但不久又变卦。青蛙于是又蹦又跳，弄得大地晃荡起来。财主自知斗不过它，只好同意亲事。不久当地举行赛马会，青蛙脱下皮，变成英俊的小伙子参加比赛，得了第一名。三姑娘知道真相后，便把丈夫的青蛙皮丢进火塘里烧了。从此一家人过着幸福的生活。杨学胜讲述，施中林记录，杨照辉整理。收入《普米族文学简史》，32开，5页，2000余字，云南民族出版社1996年版。

（杨照辉）

本分人和狡猾人

普米族幻想故事。流传于云南省宁蒗彝族自治县普米族聚居区。讲述的是：从前，一个本分人与一个狡猾人一起上山捕猎。第一天，他们捕到一只獐子，狡猾人想独占，就阴险地把本分人推到深谷中。本分人被大树挂住，幸免于难。大树下有一个虎洞，他无意中听到狼、豹子和麂子与老虎的谈话。他回到村里，根据动物的谈话内容，先治好了土司太太的病，得到一笔赏金。不久他又帮缺水的村子找到水源，村人送给他许多银子。过了几天，他用斧子砍断横在路中间的一棵大树，从树洞中找到一颗无价之宝。狡猾人探知本分人发财的秘密后，又约本分人上山捕猎。他自己故意摔下深谷，挂在树枝上，结果让老虎咬死了。马兵波等讲述，李乔记录。收入《普米族故事集成》，32开，4页，2000余字，中国民间文艺出版社1990年版。

（杨照辉）

笃玛与旺天莫

普米族幻想故事。流传于云南省宁蒗彝族自治县普米族聚居区。讲述的是：从前，一个村子里有个富人，他有三个儿子和一个女儿，姑娘名叫笃玛。另一个村子里有户贫苦人家，家里的小伙子叫旺天莫。笃玛和旺天莫从小在一起放牧，长大后有了感情，并私下订了婚。富人知道后，一心想害死旺天莫，先让大儿子去射死他。大儿子于心不忍，杀死一只野羊来应付。富人知道大儿子在骗他，又叫二儿子去杀旺天莫。二儿子也动了同情之心，就射了一头野猪，将它的心交给父亲。富人发现了二儿子也在骗自己，又让三儿子去行动。三儿子照样下不了手，就射杀了一只麂子，将麂心交给父亲。富人再次识破了骗局，只好亲自拿起毒箭将旺天莫射伤。没过几天，旺天莫死了。在火化旺天莫时，笃玛跳入火中殉情。富人将他俩的骨灰分别埋在大路两旁，并分别在上面放上一个狗头。两只大雕将狗头叼走了。不一会儿，两堆骨灰上各出现两只小鸟，飞向天空去了。和学良讲述，杨照辉记译。收入《普米族文学简史》，32开，3页，1500字，云南民族出版社1996年版。

（杨照辉）

紫花地丁

普米族幻想故事。流传于云南省宁蒗彝族自治县普米族聚居区。讲述的是：从前，有家人有三个姑娘，大女儿叫桑格玛，二女儿叫紫金玛，三女儿叫格木玛。桑格玛与神仙重赏巴腊相爱，引起了二妹的嫉妒。有一天，重赏巴腊来人间视察，紫金玛将草乌和麻苦草喷上妖气后，放在他的坐垫下。重赏巴腊生病了。桑格玛从两只布谷鸟的对话中知道了此事后，按布谷鸟的吩咐，找到紫花地丁草，将恋人的病治好，并与他结了婚。紫金玛怕重赏巴腊惩罚她，就躲进大山，变成了吃人的妖精。熊光布讲述，丽曦记录。收入《普米族故事集成》，32开，3页，1500字，中国民间文艺出版社1990年版。

（杨照辉）

妻子的羊尾巴

普米族幻想故事。流传于云南省宁蒗彝族自治县普米族聚居区。讲述的是：老两口有一个女儿，老大妈很关照她，老大爷却对她不理不睬。通过蜜蜂的牵线搭桥，姑娘嫁给了一个富有的小伙子。有一次，老夫妻去看望女儿和女婿。返回时，小两口送给他们一只绵羊。吝啬的老大爷到家后，与老大妈抢夺绵羊，把羊尾巴拉断了。他得到了绵羊，将尾巴给了妻子。不久两人分了家。奇怪的是，羊尾巴会说话，它对老大妈说，只要每天给它擦酥油，她想要什么就会有什么。老大妈照着做了。果然，她的房子和家什都变成了金子。老大爷看到后，便用绵羊来换羊尾巴。可羊尾巴刚到他手里，就被乌鸦叼去了。老大爷前去追，被一群乌鸦啄死了。后来，羊尾巴变成一个姑娘，一直侍候着老大妈。佚名讲述，佑米巴葅记录。收入《普米族故事集成》，32开，7页，4800字，中国民间文艺出版社1990年版。

（杨照辉）

一盘石磨

普米族幻想故事。流传于云南省宁蒗彝族自治县普米族聚居区。讲述的是：从前有两兄弟，父母去世后，哥哥种地，弟弟放牧。哥哥娶了媳妇后，与弟弟分了家。弟弟没有得到什么家产，吃不饱穿不暖。山神老人在梦中指点，叫他到小人国那里要一盘石磨。弟弟照着去做，找到了石磨。回来后，他想要什么，石磨就会给他什么。他富裕起来了。哥嫂知道这事后，偷走了石磨，放在船上，不停地向它要食盐。石磨满足了他们的要求。由于船上的食盐越来越多，夫妻俩最后与食盐和船一起沉入湖底。阿本品初讲述，殷海涛记录。收入《普米族故事集成》，32开，3页，1400余字，中国民间文艺出版社1990年版。

（杨照辉）

塌鼻梁的哥哥

普米族幻想故事。流传于云南省兰坪白族普米族自治县普米族地区。讲述的是：从前有两兄弟，哥哥富，弟弟穷。有一天，弟弟帮人背红糖，路上遇到大雨，红糖水淋湿了他全身。一群妖精抓住他，争先恐后地舔食他身上的红糖水。它们认为他是红糖人，便把他抬到洞里。弟弟担心妖精们要吃掉自己，便趁它们不在，偷了能变饭吃的铜锣跑回家。他将这事告知了哥哥，哥哥也背上红糖去骗妖精。他看见妖精舔完身上背的红糖后，找准机会想逃跑，却被妖精抓到鼻子，拉得长长的。最终妖精还是放了他。他回到家后，弟弟用敲铜锣的办法缩短了他的长鼻子。嫂嫂不停地敲铜锣，让丈夫的鼻子一个劲地往里缩。结果哥哥变成了塌鼻子。杨玉发讲述，黄金妹记录。收入《普米族故事集成》，32开，3页，1600余字，中国民间文艺出版社1990年版。

（杨照辉）

难中得福

普米族幻想故事。流传于云南省兰坪白族普米族自治县普米族地区。讲述的是：从前有兄弟俩，弟弟善良勤劳，哥哥好逸恶劳。分家后，弟弟的马匹膘肥体壮，哥哥的马匹却骨瘦如柴。哥哥要用自己的瘦马换弟弟的肥马，弟弟同情哥哥，同意了。不久，哥哥的肥马又瘦下去了。几年后，弟弟渐渐富裕起来，遭到哥哥嫉妒。有一天晚上，哥哥趁弟弟不注意，把他推下了河。可弟弟不仅没有淹死，反而在河里拾到了一个能治百病的仙水罐。他用仙水先后救活了老鼠、土蜂、麻雀，最后还医好了富家姑娘的病。富人答应将女儿嫁给他，但要求他请三十六人来抬。弟弟在老鼠、土蜂、麻雀的帮助下，终于娶到了意中人。杨作舒讲述，心页记录。收入《普米族故事集成》，32开，3页，1600余字，中国民间文艺出版社1990年版。

（杨照辉）

穷姐姐与富妹妹

普米族幻想故事。流传于云南省兰坪白族普米族自治县普米族地区。讲述的是：从前有姐妹二人，姐姐老实，妹妹狡猾。姐姐嫁了穷人，妹妹嫁了富人。有一年遭旱灾，姐姐去找妹妹借粮。妹妹不但不借，反而捉弄她一顿。姐姐只好空手回家。路上，一条蟒蛇爬进了她的背箩。到家时，蟒蛇变成了白银，于是姐姐家富裕起来。妹妹知道后，很想发财，也装着姐姐的样子背上背箩，结果被蟒蛇咬死了。杨文正讲述，施中林记录。收入《普米族故事集成》，32开，4页，2000余字，中国民间文艺出版社1990年版。

（杨照辉）

得义和忘恩的故事

普米族幻想故事。流传于云南省兰坪白族普米族自治县普米族地区。讲述的是：从前有个独生子，名叫得义。父亲怕得义势单力薄，又认了一个养子。养子忘恩年龄大，得义称他为大哥。忘恩结婚后，父母先后去世了。忘恩的妻子拿银子让小叔去娶媳妇，得义不要，说他发现山上有一堆像这样的东西。忘恩听说后，便与弟弟一起去取银子。他见财忘义，将得义推下山崖。幸好得义挂在一丛荆棘上，没有摔死。他爬下山崖时，看见白蟒蛇正缠着一位姑娘。在回家的路上，他听说皇上的女儿失踪了，朝廷承诺，谁提供线索就重赏谁。得义将自己所见告知了皇上。他用三支箭射伤白蟒蛇，救出了公主。忘恩得知此事后，再次陷害弟弟，并在皇上面前说自己才是救公主的人。最后得义在龙王三太子的帮助下飞到皇宫，找到公主，杀掉忘恩，做了驸马。他还将嫂嫂接进皇宫，让她过上幸福的生活。杨玉发讲述，黄金妹记录。收入《普米族故事集成》，32开，7页，4300余字，中国民间文艺出版社1990年版。

（杨照辉）

红桃

普米族幻想故事。流传于云南省宁蒗彝族自治县普米族聚居区。讲述的是：老两口给独生子娶了一位漂亮的媳妇。可婚后第三天，新郎就死了。新娘在坟前哭泣时，坟头上长出一棵桃树，结了一个红桃。她将红桃吃了，就怀孕生了一个儿子。孩子刚满月，他的母亲也死了。老两口给孩子取名红桃。红桃长大后，成了百发百中的神箭手。他靠打猎来维持一家人的生计。安土司担心红桃将来会对自己的地位造成威胁，便百般刁难他，想谋害他。但红桃都一一躲过了。后来，安土司逼他喝下毒酒死了。在出殡的途中，红桃靠神奇的红竹笋汁死而复活。而安土司及其随从则被自己的毒酒毒死了。佚名讲述，罗世保记录。收入《普米族故事集成》，32开，5页，3300余字，中国民间文艺出版社1990年版。

（杨照辉）

孤儿的奇遇

普米族幻想故事。流传于云南省兰坪白族普米族自治县部分普米族地区。讲述的是：孤儿心地善良，每天吃饭前，都要用饭菜祭祀大树。有一天，一位白发老翁从树后走出来，送给他一个能变任何东西的宝物"加水谷"。不久孤儿进京赶考。路上他用加水谷先后救了一窝蜜蜂、一窝老鼠和一窝黄蜂。后来他又救了一个跟自己长得很像的书生，并与他结拜为兄弟。两人来到一个庄园。庄园主有五个漂亮的女儿，但只有最小的尚待字闺中。孤儿与五姑娘一见钟情。庄园主应允了两人的婚事，并让孤儿回家请舅舅前来参加婚礼。孤儿与书生一同回乡。途中书生起了歹念，将孤儿打昏，偷走加水谷，并冒充他回到庄园，准备与五姑娘完婚。孤儿醒来后及时赶回庄园，阻止了书生的行动。书生发誓要娶到五姑娘。此时，南山王带了一万兵马来，要强娶五姑娘为妾。庄园主便让孤儿与书生带两千家兵去抵抗。狡猾的书生要孤儿先去打仗。孤儿在蜜蜂、老鼠、黄蜂的帮助下，打败了敌人。他取胜回来，书生仍然要与他相争。庄园主又想出了一个办法。他摆了九十九口棺材，将五姑娘放进其中的一口，让孤儿与书生去揭棺，揭到装有五姑娘的棺材的人才可以娶她。蜜蜂探好消息，停在五姑娘睡的棺材上，让孤儿轻易认出。忘恩负义的书生羞愧难当，只好悄悄溜走了。孤儿和五姑娘举行了婚礼，过上幸福生活。杨玉发讲述，黄金妹记录。收入《普米族故事集成》，32开，6页，3400字，中国民间文艺出版社1990年版。

（龙江莉）

两兄妹

普米族幻想故事。流传于云南省兰坪白族普米族自治县部分普米族地区。讲述的是：有个普米族汉子四十岁时死了老婆，不久又续娶了。后妻心肠歹毒，视前妻生的一儿一女为眼中钉，逼着丈夫把他俩毒死。汉子不忍心，就把两个孩子带到深山老林里后，独自回了家。夜里，两个孩子靠着一棵大树睡着了。哥哥梦见死去的母亲教他们去山后找一幢房子，设法把房里的妖精杀死后，就可以过上好日子。兄妹俩醒来后果真找到那幢房子，杀死里面所有的妖精，并在那里找到许多金银财宝，真的过上了好日子。他们的父亲和后母坐吃山空，日子过得日渐艰难。父亲听说两个儿女没死，还过上了好日子，便来找他们。兄妹俩不计前嫌接待了他，还送给他一袋金银。父亲回到家后，后母也想去看兄妹俩，顺便讨些金银。善良的兄妹俩还是接待了她，也送给她一袋金银。在路上，恶妇打开袋子，里面的金银变成千万条毒蛇，把她咬死了。和亮恒讲述，黄金妹记录。收入《普米族故事集成》，32开，4页，2000字，中国民间文艺出版社1990年版。

（龙江莉）

异母兄弟

普米族幻想故事。流传于云南省兰坪白族普米族自治县部分普米族地区。讲述的是：从前有两个同父异母的兄弟。后母总是虐待老大，老二秉性善良，常常帮助哥哥。老大成家后，后母便把他赶出了门。老大夫妇领着孩子们过着拮据的生活。老二看了很难过，便经常把母亲拿给他带到学堂吃的食物分一半给哥嫂。一天，老二又去给哥嫂送粮送油，嫂子宰了一只箐鸡款待他，不小心把鸡血弄在他身上。老二脱下衣服给嫂子洗，自己先走了。路上，他被野人抓走了。后母见儿子几天没回家，就到老大家找。她看到血衣后，便认定老大媳妇杀了自己的儿子，将她扭送官府关进了水牢。后母为了害死老大，请人写下一张假字据，说皇帝欠了她的债，要他到京城去讨要。老大只好遵命。他在路上救了一条白蛇。白蛇其实就是龙王三太子。在它的帮助下，老大不仅没被皇帝杀掉，还因向皇帝献宝而被封了敬宝状元。老二被野人掳走后，遇到一位姑娘。姑娘帮助他逃出野人窝，回到家乡。后母以为老大已死，又买通刽子手，要杀他的两个儿女。刽子手没有照办，他们写了家谱让两个小孩到外地卖唱。两个孩子唱家谱时被老大、老二听到，四人相认。他们又找到关在水牢多年的老大媳妇，一家人终于团圆。后母羞愧难当，悬梁自尽。她的骨灰变成蝎子、苍蝇和蚊子。杨玉发讲述，黄金妹记录。收入《普米族故事集成》，32开，6页，3400字，中国民间文艺出版社1990年版。

（龙江莉）

阿舅的姑爷

普米族幻想故事。流传于云南省兰坪白族普米族自治县部分普米族地区。讲述的是：丁咪年过花甲，身边有一儿一女。哥哥因从小受溺爱而娇生惯养，妹妹则贤惠又勤劳。他们成家后，哥哥在媳妇的教唆下，想独占家产。夫妻俩三番五次刁难妹夫，但老实勤劳的妹夫从不计较。哥嫂用药水将包谷籽泡红，说是珍贵的玛瑙包谷种，要妹夫拿去种。妹夫相信了他们。准备干活时，因为口渴去喝水。这时从林子里飞出许多斑鸠，把一百粒包谷籽全叼走了。在哥哥的威逼下，妹夫射杀了九十七只斑鸠，找到了九十七粒包谷籽，还有三粒被斑鸠王子和它的两个王后叼走了。妹夫找到守护着一堆珍珠宝贝的斑鸠王子和王后，说明了来意，三只斑鸠吐出了三粒包谷籽还给他。哥哥听说妹夫的经历后，想得到那堆珍珠宝贝，就去寻找斑鸠王子。斑鸠王子早料到人会再来伤害自己，便带着珠宝搬了家。哥哥没找到珠宝，而从树上掉下摔死了。他的媳妇在寻找丈夫的途中被老虎吃了。丁咪老人见贪心的儿子得到报应，便把家业传给女婿。和仕兰讲述，施中林采录。收入《兰坪民间故事集成》，32开，9页，6200字，云南民族出版社1994年版。

（龙江莉）

秀才智斗妖精

普米族幻想故事。流传于云南省兰坪白族普米族自治县普米族地区。讲述的是：一个老实的男人正在河边种田，忽然听见"救命"的呼声。他抬头一看，没有看见落水的人，只发现一个葫芦随水漂下来，声音是从葫芦中传出来的。他捡起葫芦，拔掉塞子，从里头跳出一个妖精要吃他。男人说，要问问两种东西，若它们同意了，妖精才可以吃他。他和妖精找到牛和桃树，没想到牛和桃树都同意妖精吃人。就在这时，走来一个秀才。他知道此事后，随手拿起葫芦，对妖精说："如果你真能钻进这个葫芦，我也同意你吃掉这个人。"

妖精忽然化为一股烟钻进了葫芦。秀才急忙用塞子塞住葫芦口，对男人说："对吃人的东西，千万不能心慈手软。"说完，把葫芦丢进了河里。杨作舒讲述，罗世保记录。收入《普米族故事集成》，32开，3页，800余字，中国民间文艺出版社1990年版。

（杨照辉）

（二）生活故事

兄弟俩挖银子

普米族生活故事。流传于云南省兰坪白族普米族自治县部分普米族地区。讲述的是：一对夫妻生了两个儿子，一个叫杨富，一个叫杨财。一家人过着丰衣足食的日子。两个儿子长大后，老夫妻为他们操办了婚事。不久，两个儿子另立门户，分走了父母的全部家产，老人们自己只好沿街乞讨。一天，下着大雪，老夫妻俩卧病在床。两个儿子互相推诿，谁也不管。这时，他们的舅舅来了，见老两口过着如此凄惨的日子，心里十分难过，决心教训两个不孝的外甥。他告诉杨富、杨财，他们的父母还有二百两银子埋在地下。兄弟俩一改常态，一边对父母殷勤有加，一边追问银子埋在何处。不久老两口被他们逼死了。父亲临死前手指门外的大树，儿子儿媳们以为银子埋在大树下，就争先恐后去挖树。结果大树倒下，把他们全压死了。杨文正讲述，施中林采录。收入《兰坪民间故事集成》，32开，4页，2200字，云南民族出版社1994年版。

（龙江莉）

三弟兄

普米族生活故事。流传于云南省宁蒗彝族自治县部分普米族聚居区。讲述的是：一位老人有三个儿子。老大腰圆体壮、力大惊人，但蠢笨愚钝；老二和老三都聪明伶俐，深得父亲喜爱。父亲叫老二、老三出去做生意挣些钱贴补家用，让老大留在家里做农活。过了一段时间，老二和老三满载而归，老大却把家里的粮食吃光了，庄稼也种得枯黄欲死。父亲对老大极其不满，便叫老二和老三把他带出去丢掉。老二、老三带着哥哥来到深山老林里，狠不下心，便留了很多东西给他吃。老大吃完东西后又回家。父亲见了很生气，责备两个小儿子，并要他们第二天一定要把哥哥丢掉。老大知道父亲的心思后，独自去流浪。一天，他路过一户人家，房子前面有块巨大的石头，很是不便。主人热情地请他进屋吃饭。吃过饭后，老大决定为主人搬掉大石头，以表谢意。他撬了整整十三天才把大石头搬开。主人家很是敬佩，送了他不少礼物。阿格品初讲述，殷海涛记录。收入《普米族故事集成》，32开，3页，1600字，中国民间文艺出版社1990年版。

（龙江莉）

独儿子格茸

普米族生活故事。流传于云南省宁蒗彝族自治县普米族聚居区。讲述的是：从前有位老阿妈，她与儿子格茸相依为命。她对格茸很溺爱，养成了他骄横的个性。格茸长大后，稍不顺心就对母亲又打又骂。有一年春天，母子俩去种包谷，儿子在前面吆喝牛，母亲在后面撒种子。格茸对母亲做的活挑三拣四，动不动就用牛鞭抽她。到了中午，他让母亲回家拿饭来给自己吃。母亲走后，他躺在大树下休息。大树上有一只母喜鹊正在给它的四个孩子喂食，场面十分感人。格茸联想到自己这些年来对母亲的所作所为，很后悔。不一会儿，母亲送饭来了。格茸想向她忏悔，就迎了过去。母亲见儿子走来，害怕又遭打骂，就拼命逃跑，最后跑到一条大河边。她想到自己养子不孝的悲哀，纵身跳进了河里。格茸看着滔滔的河水，流下了悔恨的泪水。品珠讲述，殷海涛、曹红文采录。收入《中国民间故事集成·云南卷》（下），16开，1页，950字，中国ISBN中心2003年版。

（龙江莉）

聪明人割麝香

普米族生活故事。流传于云南省宁蒗彝族自治县普米族聚居区。讲述的是：从前，有个自作聪明的猎人与一个老老实实的猎人经常上山去撵獐。清早，猎狗还未把獐子从森林中撵出来，自作聪明的猎人就盘算着如何将麝香拿到手。这天，两人猎到一头大公獐。还未等祭山神，自作聪明的猎人便拔出腰刀，割下公獐的睾丸走了。老实的猎人叫他一起分獐肉，他说其他什么都不要了。老实的猎人将公獐背回家，得了麝香又得了肉。第二天，他把麝香拿到集市上卖给商人，得了几百块银元。自作聪明的猎人将獐睾丸带回家，吊在火塘上方烤干，再拿到集市上去卖。不料，商人告诉他，他卖的不是麝香，麝香生在公獐的肚脐上。自作聪明的猎人听了后，灰溜溜地回家去了。和学良讲述，杨照辉记译。收入《普米族文学简史》，32开，1页，600余字，云南民族出版社1996年版。

（杨照辉）

憨姑爷梦得准

普米族生活故事。流传于云南省兰坪白族普米族自治县普米族地区。讲述的是：从前，有个穷小伙子娶了一位富家姑娘。岳父看不起他，称他为憨姑爷。憨姑爷觉得抬不起头，于是决定露一手给岳父看看。有一天，他听说岳父家快下崽的母猪不见了，就暗地去找，发现了母猪的行踪。他回家告诉岳父，自己可以"梦占"猪在什么地方。岳父按照他所说，果真找到了猪。从此憨姑爷名声大振。不久，县官的鹦鹉不见了，请他前去梦占。憨姑爷怕遭杀身之祸，就事先找到鹦鹉，再去告知县官，便又得到了县官的好评。又有一次，一个军官的珠宝被人盗了，也请憨姑爷去寻找。憨姑爷吓得不知所措，但不去又不行。在路上，他看见一黄一白两只水獭在打斗，便顺口说了一句："不是黄的死就是白的死。"恰巧前来请他去梦占的两人中一人姓黄、一人姓白，珠宝就是被他俩偷走的。他们听到憨姑爷说的话，赶忙跪地求饶。憨姑爷更是声名远扬。但"梦占"毕竟是假的，于是他只好告诉别人，"梦占"只能做三次，以后做的梦就不灵了。和爱泉讲述，和仕长记录。收入《普米族故事集成》，32开，3页，1600字，中国民间文艺出版社1990年版。

（杨照辉）

砂粒的梦

普米族生活故事。流传于云南省兰坪白族普米族自治县部分普米族地区。讲述的是：一个叫砂粒的人和妻子过着幸福的生活。员外看中了砂粒漂亮的妻子，要强行娶她。妻子急得要吃草乌自杀，砂粒阻止了她，并告诉她自己会做梦，能制服员外。妻子跑回娘家，将砂粒会做梦的事告诉了母亲。恰好丈母娘的猪丢了，就叫砂粒来做梦寻猪。砂粒到了丈母娘家，吃饱喝足后就开始睡觉。到了夜里，他悄悄地爬起来，把一坛白酒喂给猪圈里的一头小母猪，然后把醉猪连同白天杀鸡扒下的鸡毛一起丢进员外的院子里。清早，员外刚起床，一头醉醺醺的小母猪冲到他床边。他赶紧叫手下人抓猪。家仆们你争我夺，但没抓到猪。正在这时，砂粒领着一群人来了，说梦见自家的猪和鸡跑到了员外家，现在要领回去。员外气得瘫倒在床，不久便一命呜呼了。和灿讲述，罗世保记录。收入《普米族故事集成》，32开，3页，1340字，中国民间文艺出版社1990年版。

（龙江莉）

财主寻笑

普米族生活故事。流传于云南省兰坪白族普米族自治县部分普米族地区。讲述的是：从前有一穷一富两家是邻居。穷的一家连肚子都填不饱，却夫妻恩爱、家庭和睦；富的老两口家财万贯，却整日嫌自家的金银太少，愁容满面。有一天，穷人的孩子跑到富人家，见老两口正在炒燕麦，便向他们要一点吃。老太婆舀起锅里的热炒面倒在孩子的手上。小孩被烫得直叫，又舍不得丢下炒麦，急得团团转。富人夫妇大笑起来，腰笑弯了，嗓子笑哑了，牙笑掉了，最后死了。佚名讲述，杨周明搜集，施中林记录。收入《普米族故事集成》，32开，3页，840字，中国民间文艺出版社1990年版。

（龙江莉）

黄赛都除霸

普米族生活故事。流传于云南省兰坪白族普米族自治县部分普米族地区。讲述的是：黄赛都父母早亡，靠帮人打短工过日子。大恶霸常叫他做活，却不给工钱。黄赛都决定教训他。有一天，他正在砍柴，一旁监工的大恶霸看着柴堆自言自语地说："如果我能有这么多金子就好了。"黄赛都赶紧告诉他，邻村杨老爷家里有一匹"仙骡"，若把它偷到手，就能得到五百斤金子。大恶霸动心了。晚上，黄赛都领着他悄悄溜进杨老爷家，并从骡颈上取下铃铛交给他，说值三百斤金子，让他提着先走。大恶霸拿了铃铛就跑。结果铃声惊醒了杨老爷家里的人，家丁们追出来抓住大恶霸毒打了一顿。大恶霸回家躺了很长时间，但仍惦记着偷仙骡的事。他要黄赛都年底一定要把仙骡弄到手，否则就要他的命。一天晚上，黄赛都来到大恶霸家，用火点燃了厩房，然后溜到大恶霸房中，将他捆了装进麻袋里，再用一只麻袋装了银子，自己换上大恶霸的衣服躺在床上。大恶霸的儿子救火回来，看见床上的"父亲"从被子里伸出手示意床前的两个袋子，以为家里来了小贼，便把麻袋里的"贼人"打死了。家丁们解开袋口，才发现里面装的是自家的老爷。而此时黄赛都早已拿了那袋银子跑了。佚名讲述，和丽金搜集。收入《普米族故事集成》，32开，4页，2200字，中国民间文艺出版社1990年版。

（龙江莉）

仰盼的故事

普米族生活故事。流传于云南省兰坪白族普米族自治县部分普米族地区。讲述的是：很久以前，三界村无人居住。一次，一个普米族的风水先生发现这里风水好，便把家族迁了过来。他有个儿子叫仰盼，从小练就了一身好武艺，被周围的人誉为神弓手。风水先生死后，人们就推举仰盼做家族首领。由于仰盼家族占据了肥沃的土地，一伙强盗便想来夺取。仰盼率领族人设下陷阱制服了他们。强盗们仍不死心，提出要与仰盼比武，试图借机杀死他。仰盼轻而易举赢了比武，强盗头目吓得跪地求饶，再不敢带人来挑衅闹事了。从此三界的村民又过上了安居乐业的好日子。佚名讲述，和正雄搜集、整理。收入《普米族故事集成》，32开，3页，1170字，中国民间文艺出版社1990年版。

（龙江莉）

阿波强保朵时的故事

普米族生活故事。流传于云南省兰坪白族普米族自治县普米族地区。讲述的是：从前，有个叫阿波强保朵时的穷小子，靠做帮工过日子。有一天，他来到一个村庄，在一个富人家里过夜，睡觉时抓到了一只老鼠；第二天，他拿着老鼠到另一户有猫的富人家借宿，并故意让猫吃了老鼠，然后要主人将猫赔给他；第三天，他又牵着猫到一户有狗的富人家过夜，并让狗咬死了猫，要主人将狗赔给他；第四天，他牵着狗到有骡子的富人家借宿，他偷偷勒死狗，丢进马厩，然后牵走主人的骡子作为补偿；第五天，他骑着骡子经过一座大桥，迎面走来一群迎亲的队伍，他用木棍狠狠抽打骡子几下，骡子就朝对面猛冲过去，将迎亲的队伍撞得人仰马翻，新娘子也被挤下了河。这时，他跳入河中救起了新娘。新娘哭诉了自己被富人抢去做小老婆的苦楚，并说愿意做他的媳妇。而新郎误认为是新娘的亲人来救她，不敢前来过问。阿波强保朵时便与新娘骑着骡子回家去了。

木四、作舒讲述，罗世保、李石松记录。收入《普米族故事集成》，32开，3页，2400字，中国民间文艺出版社1990年版。

（杨照辉）

老阿爹告状

普米族生活故事。流传于云南省兰坪白族普米族自治县普米族地区。讲述的是：从前，有位老头老实而又固执。妻子去世后，四个儿子让他在家养老。有一天下雨，四个儿子在家休息。他们闲着无聊，就编起顺口溜来。老大说"细雨纷纷下"，老二说"活路做不成"，老三说"有酒倒一瓶"，老四说"有鸡杀一只"。躺在隔壁的老头以为儿子们瞒着他大吃大喝，便到县衙门告状。衙吏当即就传四个儿子来到公堂。四个儿子说他们是在编顺口溜，父亲冤枉了他们。衙吏听了后不信，指着门前的一蓬竹子，让他们再编编。老大便说"官家门前一蓬竹"，老二说"一年四季都长青"，老三说"砍来一根做支笛"，老四说"吹成百种百样音"。衙吏一听，觉得是老头告错了状。四个儿子见父亲在一旁站着，又编起了顺口溜。老大说"屋里老人只有他"，老二说"今天告状也是他"，老三说"自告自打就是他"，老四说"清醒一下也是他"。老头听了后，马上撤回状子，再也不怀疑儿子们了。佚名讲述，和丽金记录。收入《普米族故事集成》，32开，2页，700余字，中国民间文艺出版社1990年版。

（杨照辉）

山神济贫

普米族生活故事。流传于云南省兰坪白族普米族自治县普米族地区。讲述的是：从前，有四个以砍柴为生的穷汉，虽然一年到头累死累活，但过不上好日子。山神叫吕洞宾去救他们。吕洞宾给了他们三根金条。这四个穷汉怎么分都分不均，便各自打起了算盘。其中两个对另外两个说："我俩在家做饭，你俩去买酒。"另外两个同意了。做饭的两人先吃饱后，将毒药放进剩饭剩菜中，等另外两个伙伴来吃。买酒的两人也不怀好意，把毒药放进酒中，准备给做饭的伙伴喝。结果四个人全部被毒死了。杨玉发讲述，黄金妹记录。收入《普米族故事集成》，32开，2页，800字，中国民间文艺出版社1990年版。

（杨照辉）

巧选当家人

普米族生活故事。流传于云南省兰坪白族普米族自治县普米族地区。讲述的是：从前，有位老大爷想在三个儿媳中挑选一个来当家。一年春天，他拿了三粒黄豆分给她们，要她们保存好，以后有用处。不久，大儿媳的黄豆让老鼠吃了，二儿媳的黄豆烧着吃了，唯独三儿媳把黄豆种在园子里，秋收时得到了一碗黄豆。老头发现三儿媳聪明能干，就让她来当家。杨玉发讲述，黄金妹记录。收入《普米族故事集成》，32开，2页，600字，中国民间文艺出版社1990年版。

（杨照辉）

劳动出粮食

普米族生活故事。流传于云南省宁蒗彝族自治县普米族聚居区。讲述的是：从前有两个老头，一位辛勤劳动，粮食吃不完；另一个懒惰松懈，过着饥寒交迫的生活。有一天，懒惰的问勤快的："你为什么有那么多的东西吃？"对方回答，是靠劳动和祭菩萨得来的。懒惰的回家后便整天祭菩萨，结果还是食不果腹。他又去向勤快的打听。勤快的告诉他，祭菩萨祭不出粮食，只有靠自己劳动才能得到。懒惰的觉得有道理，便开始去劳动，结果第二年就有粮食吃了。熊茨里讲述，曹银秀记录。收入《普米族故事集成》，32开，2页，600字，中国民间文艺出版社1990年版。

（杨照辉）

阿炳挖金子

普米族生活故事。流传于云南省兰坪白族普米族自治县普米族地区。讲述的是：从前，青岩山上住着父子俩，父亲名叫阿大，儿子名叫阿炳。阿大从小溺爱儿子，阿炳长到二十岁还不会放牧种地。有一天，阿大病倒了，想到儿子一样都不会做，心里很难过，便对他说："你什么都不会做，我死后你怎么过日子呢？幸亏我在向阳坡上埋了一罐金子，我死后你自己去挖吧。"阿大去世后，阿炳就打了一把六斤重的锄头，将向阳坡挖了三遍，却没有挖到金子。看见乡亲们在布谷鸟的叫声中播种，他也把父亲留下的荞种撒了下去。秋天，他收获了不少粮食，这才体会了父亲让他挖金子的含意。杨金龙讲述，鹏云记录。收入《普米族故事集成》，32开，3页，1000字，中国民间文艺出版社1990年版。

（杨照辉）

敬神不如敬父母

普米族生活故事。流传于云南省兰坪白族普米族自治县普米族地区。讲述的是：从前有个独生子，父亲去世后，母亲很宠爱他。他长大后好吃懒做，不务正业。有一天，母亲生病了，让他去干活。他不但不去，反而打了母亲一顿。母亲想给他找个媳妇，可附近的姑娘都不愿意嫁给他。有一天，他看到小羔羊向母羊下跪后才吃奶，深受感动，认为自己不如小羔羊。从此以后他每天都下地干活，对母亲也变得孝顺。他自己想成家，姑娘们仍然不敢嫁给他。他只好带着祭品去求神保佑。神对他说："敬神不如敬父母，你将祭品背回家吧。"返回家，他发现苦难的老母亲已去世，后悔莫及。杨作舒讲述、翻译，杨庆文、罗世保记录、整理。收入《普米族文学简史》，32开，2页，700字，云南民族出版社1996年版。

（杨照辉）

聪明的辛期仕

普米族生活故事。流传于云南省兰坪白族普米族自治县部分普米族地区。讲述的是：辛期仕虽出身贫寒，但心地善良，乐于帮助穷朋友，以帮富人家放牧来维持生计。在他和伙伴们的精心照料下，牛羊长得膘肥体壮。有一天富人要他们把牛羊赶回来宰杀，辛期仕很不服气。他约了很多穷人将牛羊杀了，把肉分给大家，再将牛羊的尾巴丢到乌尔湖里，然后报告富人说，牛羊在湖边吃草时被龙王请去了。富人气急败坏地带着家丁赶到湖边，果然见湖面上漂着很多牛羊尾巴，就命人下水去拉。正巧刮来一阵狂风，好像还夹杂着牛羊的叫声，家丁吓得赶紧上岸。富人再不敢叫人去湖里拉牛羊了。辛期仕的聪明才智传到了木里国王的耳朵里。这年，邻国的使臣来到木里国，要与国王比智慧，出了三道题让他解答：一是使臣施法变成一个牛头鼠身的动物，问他是什么动物；二是使臣拿出一根弯弯曲曲的细管子，让他将线从管中穿出；三是要他算算他的国家有多少颗星星。这三道题难倒了国王，大臣便提议召辛期仕进宫。辛期仕进宫后，轻松地解答了三道难题，使臣和国王都深感佩服。国王当即封辛期仕做宰相。后来辛期仕为木里国的百姓做了许多有益的事情。杨正藩讲述，施中林记录。收入《普米族故事集成》，32开，5页，2400字，中国民间文艺出版社1990年版。

（龙江莉）

布比

普米族生活故事。流传于云南省宁蒗彝族自治县部分普米族聚居区。讲述的是：母亲辛苦地将布比养大，他却整日不学无术，还一心想离开家。他听说土司要给三女儿选一名猎手做女婿，便弄来一只死斑鸠，将它扔到土司的院子里，然后敲开院门，说找自己射中的斑鸠。土司半信半疑将他留在家里。第二天，土司叫大姑爷、二姑爷和布比一起上山打猎。一路上，他们先后遇到了麂子、獐子。布比都装模作样说这些东西太小，自己不屑去打，提议三人分头去找野物。他看见一只小豹子，就把它抱在怀里，没走几步，就听见母豹在后面狂叫。忙乱中他把枪口一抬，正好被母豹咬住。他顺手一扣扳机，把豹子打死了。土司见布比扛着一只大豹子回来，非常高兴，当即就为他和三女儿举行了婚礼。从此布比享尽了荣华富贵。一天，穷困潦倒的老母亲做了一双鞋来送给他，他不仅不认母亲，还一脚将她踢倒在地。天神见了很气愤，便让黑虎和红虎吃掉了布比的黑心肝。祖让讲述，殷海涛记录。收入《普米族故事集成》，32开，3页，1560字，中国民间文艺出版社1990年版。

（龙江莉）

一心想做菩萨的喇嘛格史

普米族生活故事。流传于云南省宁蒗彝族自治县部分普米族聚居区。讲述的是：一座经堂里住着一位佛性很高的喇嘛，人们称他为"格史"。为了使自己成为菩萨，格史每天都在念经拜佛。在经堂不远处住着一个猎人，他每天都能打到野物充饥，每次都要送一只兽腿给格史享用。久而久之，格史吃过的动物腿骨堆得很高。一天，猎人见了这堆骨头，想到这些年来自己杀害了那么多生命，便来到悬崖边准备以死赎罪。猎人往下跳时，山神将他救起来，并让他成了菩萨。格史知道这事后，心想猎人天天杀生害命，只因一时醒悟都能变成菩萨，自己整天拜佛念经，更应该成为菩萨。于是他也准备跳崖成仙。没想到山神没有帮他，让他摔死在悬崖底下。郭顺英讲述，殷海涛、曹红文记录。收入《普米族故事集成》，32开，2页，1030字，中国民间文艺出版社1990年版。

（龙江莉）

忘恩负义的理发匠

普米族生活故事。流传于云南省兰坪白族普米族自治县普米族地区。讲述的是：从前有个穷理发匠，心肠很好，给穷人理发从不收钱。观音听说了，就三次变成凡人来试探他，发现他都没收钱。于是观音在理发匠手上轻轻吹了一口气，理发匠就变成了妙手神医。一开始他还给穷人们免费看病。后来，一次知府大人请他看好了病，给了他一千两银子，让他过上了好日子。从此他心肠变坏了，成了欺穷敬富的小人，不再给穷人看病。观音见了很生气，就变成富人来找他看牙病。当他把手伸进她嘴里摸牙时，她咬掉了他能治百病的神手。从此，忘恩负义的理发匠什么也做不成，变成了叫花子。佚名讲述，周元昌搜集、整理。收入《普米族故事集成》，32开，1页，620字，中国民间文艺出版社1990年版。

（龙江莉）

馋嘴媳妇

普米族生活故事。流传于云南省兰坪白族普米族自治县部分普米族地区。讲述的是：有个刚过门的媳妇，好吃懒做，常趁家人不在时独自煮肉炒蛋吃。一天，家里杀了一头猪，其他人都出去干活，只留下公公和她在家煮肉。公公戴了眼镜坐在堂上，叫儿媳妇把肉切好等其他人回来吃。馋媳妇见公公戴着眼镜，以为他什么也看不到，就一边切肉一边偷吃。过了一会儿，公公取下眼镜板着脸出去了。馋媳妇拿过眼镜一看，才知公公什么都看得清楚。她一时又羞又急，不小心把一大块肉吞了下去，正好堵在食管里，被噎死了。家人回来后，将她安葬了。半夜，盗墓贼撬开棺材，将她身上的衣服和首饰都偷走了，临走时还往她背上猛踢了三脚。这一踢恰好让堵在食管的肉咽了下去，她"啊"的一声复活了。盗墓贼吓得屁滚尿流跑了。馋媳妇回到家，从此再也不敢贪吃了。佚名讲述，和丽金搜集。收入《普米族故事集成》，32开，2页，760字，中国民间文艺出版社1990年版。

（龙江莉）

（三）机智人物故事

牵羊上斑竹

普米族机智人物故事。流传于云南省宁蒗彝族自治县部分普米族聚居区。讲述的是：拉布头人对百姓百般盘剥，在结工钱的时候，故意刁难一位长工，要他把羊牵上斑竹梢头，否则不但不给工钱，还要让他再免费干三年。长工急得直哭。阿匹打洛知道后，决定帮助这长工。他找到拉布头人，说自己如能把羊牵上斑竹梢头，头人就要将工钱付给长工；如牵不上去，自己就义务给头人打十年工。头人答应了。阿匹打洛爬上斑竹，将竹梢坠弯下来，然后把羊拴在上面，猛一松手，羊就被弹上了枝头。拉布头人见了无话可说，只得付给长工工钱。佚名讲述，凉冰、文友记录。收入《普米族故事集成》，32开，2页，730字，中国民间文艺出版社1990年版。

（龙江莉）

背木楞房

普米族机智人物故事。流传于云南省宁蒗彝族自治县部分普米族聚居区。讲述的是：到了收获的季节，拉布头人的粮食多得粮仓都装不下。他要长工们把山后的七间木楞房背回来装粮。长工们抬了半个月，连一间也没抬来。眼看天要下雨，拉布急得要死。阿匹打洛知道了这事，就跟他说，先把粮食分给百姓保管，等秋雨过后再收回来；并答应，到时亲自帮他背回木楞房装粮。头人答应了。秋雨过后，他就叫阿匹打洛去背木楞房。阿匹打洛告诉他，木楞房是神管着的，如果移动它天就会塌下来，除非有像他这样福气大的人跟着去才行。拉布受到了奉承，就得意地跟在阿匹打洛屁股后面。两人来到木楞房前，阿匹打洛牵着拉布的手转了三十二圈后，装着要背木楞房的样子。拉布一抬头，觉得天旋地转，以为真的是天神发怒，赶紧回家，再也不敢提抬木楞房的事了。佚名讲述，凉冰、文友记录。收入《普米族故事集成》，32开，3页，1100字，中国民间文艺出版社1990年版。

（龙江莉）

会唱歌的宝葫芦

普米族机智人物故事。流传于云南省宁蒗彝族自治县部分普米族聚居区。讲述的是：一天，拉布头人见阿匹打洛抱着一个葫芦凑在耳边听，觉得奇怪，便上去询问。阿匹打洛说，自己在山洞里捡到一个会唱各种歌的宝葫芦，说着还把葫芦递给他听。拉布果真听到葫芦里有声音，就嬉皮笑脸地拿出银子要买它。阿匹打洛装作很舍不得的样子。在拉布一再乞求下，他才答应卖，并嘱咐千万不要打开葫芦盖子。拉布抱着葫芦到处炫耀，还请了好多客人来欣赏。大家把葫芦传来传去，有人不小心把它的盖子掀掉了。一窝黄蜂飞了出来，蜇得拉布和客人们鼻青脸肿。佚名讲述，凉冰、文友记录。收入《普米族故事集成》，32开，1页，470字，中国民间文艺出版社1990年版。

（龙江莉）

治腰疼

普米族机智人物故事。流传于云南省宁蒗彝族自治县部分普米族聚居区。讲述的是：一天早晨，拉布头人去找医生治腰疼病。路上他看见许多人围成一堆，便过去看究竟，发现阿匹打洛正骑在一位白发老人身上。他想到自己有如此尊贵的身份都没享受过这样的礼遇，便命手下人将阿匹打洛抓了起来。老人忙过来解释，说阿匹打洛正给自己治腰疼病，且非常有效。拉布想起自己正好要找人治腰疼，便要阿匹打洛帮他治治。阿匹打洛告诉他，若想治腰疼，需让他骑在背上绕村走三圈，另外还要吃一种"特效药"。拉布答应了。结果，拉布不仅让阿匹打洛骑着走，还喝下一大碗人尿。佚名讲述，凉冰、文友记录。收入《普米族故事集成》，32开，4页，1500字，中国民间文艺出版社 1990 年版。

（龙江莉）

请喇嘛

普米族机智人物故事。流传于云南省宁蒗彝族自治县部分普米族聚居区。讲述的是：春节快到了，拉布头人的母亲得了病，他到处找喇嘛来驱邪治病，听说另一个山寨里来了一个法术高明的喇嘛，便立即派人去请。喇嘛来到拉布家，闭上眼睛念经。过了一会儿，他把佛珠扭得噼啪响，然后表情怪异地说，老太婆是因为拿了养蛊人家的金箱子，冲撞了山神才得病的，必须在腊月二十八这天用一头白脚猪、一箱金子去送神才能康复。头人深信不疑。到了那天，喇嘛"作法"用箭射死了白脚猪，将它砍成两半挂在树上，然后叫人把一箱金子抬到山上。看见拉布回家避鬼去了，假扮喇嘛的阿匹打洛把猪肉和金子分给了穷人们过年。佚名讲述，凉冰、文友记录。收入《普米族故事集成》，32 开，2 页，890 字，中国民间文艺出版社 1990 年版。

（龙江莉）

捉野鸡

普米族机智人物故事。流传于云南省宁蒗彝族自治县部分普米族聚居区。讲述的是：冬天下着大雪，大家不敢出门，狠心的拉布头人逼放羊娃小二千出去干活。阿匹打洛很同情小二千，就捉了一只野鸡，喂它一些细碎的白石头，叫他把它交给拉布头人，并交代了一番。小二千抱着野鸡回到头人府，拉布摸摸鸡嗉子，问他在哪里找到的。小二千按交代的说，自己在山里遇见一个大汉，给了他这只嗉子里装有金子的野鸡，让他换衣服穿。拉布一听大喜，便要小二千带他进山去找大汉要野鸡。他们来到山里，果然见到了阿匹打洛扮成的大汉。大汉对拉布说，野鸡一听见声音就会飞走，只有把衣服脱光，静静地趴在地上等，才能捉住它取到金子。头人照他说的话去做，但等了很长时间也不见野鸡的

踪影。他冷得牙齿直打战，便伸手去摸衣服，发现衣服早没了，方知上当，但冻得没力气走回家。直至深夜，家仆们找到他的时候，他已经冻得说不出话来。佚名讲述，凉冰、文友记录。收入《普米族故事集成》，32 开，3 页，1200 字，中国民间文艺出版社 1990 年版。

（龙江莉）

避祸事

普米族机智人物故事。流传于云南省宁蒗彝族自治县部分普米族聚居区。讲述的是：一天，放羊娃小二千下扣子扣到了一只角鹿，拉布听说后叫人宰剥抬回了自己家，一点也没留给他。小二千一肚子委屈。阿匹打洛见了，就安慰他一番，并决定替他整治一下头人。当夜，阿匹打洛偷偷钻进拉布家的羊圈，把羊全毒死。第二天，拉布见羊全死了，就怪罪放羊的小二千，叫人把他捆了起来，正要打他时，来了一个喇嘛。喇嘛一进门，就连说拉布家不吉利，因为独吞一只捡来的麂子冲闯了山神，要赶快祭祀，否则不但羊命不保，连人命也要受到牵连。拉布信以为真，就赶紧问喇嘛如何祭祀。喇嘛说需把死羊抬到山上，再搭上一头壮牛。拉布听了，立即命人放掉小二千，准备好东西去做祭祀。祭祀完毕，拉布一家离开后，寨里的穷苦人就把牛肉分了。佚名讲述，凉冰、文友记录。收入《普米族故事集成》，32 开，3 页，920 字，中国民间文艺出版社 1990 年版。

（龙江莉）

吸鼻烟

普米族机智人物故事。流传于云南省宁蒗彝族自治县部分普米族聚居区。讲述的是：拉布头人爱吸鼻烟，有一段时间到处都买不到，便派狗腿子去老百姓家搜刮，闹得大家日夜不得安宁。一天，寨子里来了一位远客，他不仅自己在场子上吸鼻烟，还分给周围的人吸。拉布头人闻到鼻烟的香

味,高高兴兴去了,远客便送了一些给他吸。他吸过之后顿时精神大振,便要出十两银子买走远客所有的鼻烟。远客同意了。拉布买来鼻烟后,越吸越不对劲,最后鼻子里长了一个大水泡,疼痒得在地上打滚。原来远客是阿匹打洛所扮,鼻烟是他上山采集一种毒草制成的。佚名讲述,凉冰、文友记录。收入《普米族故事集成》,32开,2页,720字,中国民间文艺出版社1990年版。

(龙江莉)

犁院墙

普米族机智人物故事。流传于云南省宁蒗彝族自治县部分普米族聚居区。讲述的是:阿匹打洛路过一个汉族村寨,见一个大汉满身血迹地被捆在院墙边,便上前询问。大汉告诉他,自己向财主借了一些粮食,说好帮一年工抵债,但帮了一年又一年,财主还不放他走;昨天他要回去,财主要他把不过二尺厚的院墙犁一半下来,他办不到,就遭到毒打。阿匹打洛听了十分气愤,决定帮大汉出口气。他找到财主,说自己愿意犁院墙,如犁下来,财主就要放大汉走,并送给他三十两银子;如犁不下来,自己就给财主干十年苦活,还倒赔三十两银子。财主答应了。阿匹打洛先把一头牛拉到墙脚,然后把犁头抬上墙头,并喊财主帮忙把牛抱上来准备犁墙。财主一听急了,要反悔。阿匹打洛厉声呵斥他,说如不照做就要用自己的法宝。说着他就使劲拉牛绳,把牛绊倒在地。财主以为他有什么法宝扣下来了,吓得赶紧闭上眼睛,叫人奉上银子。阿匹打洛接过银子,递给了大汉。两人骑了院里的两匹马飞奔而去。佚名讲述,凉冰、文友记录。收入《普米族故事集成》,32开,2页,1060字,中国民间文艺出版社1990年版。

(龙江莉)

买布

普米族机智人物故事。流传于云南省宁蒗彝族自治县部分普米族聚居区。讲述的是:有一年青黄不接时,拉布头人要娶小老婆。他命令手下向百姓征收细麻布,每人交五方,不交就不给地种。百姓们雪上加霜,日子更苦了。有一天,阿匹打洛装扮成外地的商人,自称专为头人送来又细又密的好麻布。拉布亲自去验收,看后很满意,花三十两银子全部买下了。他一走,阿匹打洛就将三十两银子分给穷人。拉布回到家,马上请来各寨手艺出众的裁缝缝衣服。他们拿出麻布一看,发现全是由树皮染色制成的。佚名讲述,凉冰、文友记录。收入《普米族故事集成》,32开,3页,870字,中国民间文艺出版社1990年版。

(龙江莉)

银子洞里的金菩萨

普米族机智人物故事。流传于云南省宁蒗彝族自治县部分普米族聚居区。讲述的是:有一次,阿匹打洛被拉布头人家的管事毒打一顿后,扔进一个山洞里,幸得朋友帮忙,才得以死里逃生。不久,整个寨子都传说阿匹打洛从洞里抱回一个金菩萨。拉布头人便来到阿匹打洛家,亲热地拉着他的手打听藏金菩萨的洞的位置。阿匹打洛装着没事的样子,叫他跟自己一起去拿金子。拉布带了一个管事,跟着阿匹打洛来到金子洞,迫不及待地叫阿匹打洛用绳子将自己捆住,放下洞去。阿匹打洛放下拉布后,对管事说:"洞里金子太多,头人一人拿不完,你也下去吧。"两个恶人都下了洞后,阿匹打洛松手把绳子也丢进洞里,吹着口哨走了。佚名讲述,凉冰、文友记录。收入《普米族故事集成》,32开,2页,870字,中国民间文艺出版社1990年版。

(龙江莉)

赌骑骡

普米族机智人物故事。流传于云南省宁蒗彝族自治县部分普米族聚居区。讲述的是:一天,一群姑娘在说说笑笑地干活,贪财好色的拉布头人骑骡经过，看得心里痒痒的，就下骡在一旁闲逛，想着如何跟她们搭话。这时阿匹打洛来了，拉布便想请他去哄个姑娘出来。阿匹打洛告诉他，自己正急着要去跟他的三姨太约会。拉布不信自己的小妾会搭理他，便与他打赌，赌注是自己骑的骡。两人来到河边，看见三姨太正在洗衣服。阿匹打洛叫拉布在远处藏着，自己走了过去，对三姨太说："拉布头人说你拿了他的十两银子，还藏在腰带里。"三姨太一听，觉得冤枉，气愤地解开腰带让阿匹打洛看里面是否有银子。躲在远处的拉布见三姨太竟如此放荡，气得冲出去揪住她的头发就打。而阿匹打洛骑着赢来的骡跑了。佚名讲述，凉冰、文友记录。收入《普米族故事集成》，32开，3页，1600字，中国民间文艺出版社1990年版。

（龙江莉）

打斑鸠

普米族机智人物故事。流传于云南省宁蒗彝族自治县部分普米族聚居区。讲述的是：拉布头人家的屋对面有一条很长的田埂，上面常有斑鸠来歇息，头人每天拿着猎枪去打，可一只也打不着。一天，阿匹打洛提着一支弯弯扭扭的长枪也准备打斑鸠。他告诉拉布，自己一枪能打九只斑鸠。拉布不信。阿匹打洛一枪打去，田埂上的九只斑鸠全都飞了起来。拉布便骂他瞎吹牛。阿匹打洛不慌不忙地走过去，捡来早已准备好的九只死斑鸠，每只都血淋淋的。拉布不得不信，赶忙向他讨教。阿匹打洛告诉他，自己以前也打不到斑鸠，但自从把枪放在木楞房上扳弯以后就神了。拉布听了大喜，也把自己的长枪放在木楞房上扳弯。结果他不但没打到斑鸠，还炸掉了自己的几个手指头。佚名讲述，凉冰、文友记录。收入《普米族故事集成》，32开，2页，730字，中国民间文艺出版社1990年版。

（龙江莉）

治鹰

普米族机智人物故事。流传于云南省宁蒗彝族自治县部分普米族聚居区。讲述的是：拉布头人家养了一只老鹰，每天都要吃羊肉，附近百姓们的羊都遭了殃。阿匹打洛决定除掉这只恶鹰。这天一早，他慌慌张张来到拉布家，说自己昨晚做了一个梦，梦见拉布家的骡子被老鹰叼走了眼睛，明天老鹰还要抓拉布的双眼。拉布开始不以为然，等阿匹打洛走后他来到马厩，被眼前的情景吓了一跳，骡子双眼血淋淋的，而老鹰栖息的地方挂着一只像眼睛一样的东西。他不得不相信阿匹打洛所说，怕再殃及自己，就拔刀砍死了老鹰。不久，他仔细检查，才发现自己骡子的眼睛还好好的，只是有人在眼眶周围涂了不少猪血，才知上了当。佚名讲述，凉冰、文友记录。收入《普米族故事集成》，32开，2页，560字，中国民间文艺出版社1990年版。

（龙江莉）

给龙王送磨子

普米族机智人物故事。流传于云南省宁蒗彝族自治县部分普米族聚居区。讲述的是：拉布头人多次上阿匹打洛的当，恼羞成怒，就派人把他抓来，吊在江边的一棵树上，然后叫人把树砍倒，准备连人带树丢进江里淹死。砍树的人砍到一半时累了，就到远处休息。这时拉布的老婆和管事收租回来经过此地，阿匹打洛就在树上喊："瞎眼医得好，驼背吊得伸。"他俩正好一个瞎一个驼，听了这话就赶紧把阿匹打洛放下来，让他把他们吊上去。砍树的人回来后，看也不看上面就把树砍倒，连同上面的人掉进江里去了。第二天，拉布见阿匹打洛不但没死，还赶着三百只羊回来，十分好奇。阿匹打洛告诉他，自己掉到江里后遇见了龙王，龙王可怜他，不仅救了他，还送了他三百只羊。拉布心头一亮，也想去龙宫。阿匹打洛便告诉他，龙王家正好缺一扇磨，如果谁送去一定能得到更多的馈赠。就这样，贪财的拉布背着石磨跳进江里去了。佚名讲述，凉冰、文友记录。收入《普米族故事集成》，32开，2页，790字，中国民间文艺出版社1990年版。

（龙江莉）

巧杀白绵羊

普米族机智人物故事。流传于云南省宁蒗彝族自治县普米族聚居区。讲述的是：拉布头人替土司向老百姓摊粮派款，经常遭到阿匹打洛的反对，因而想治治他。有一天，拉布要阿匹打洛偷他家的白绵羊，如偷不成，就让他坐牢房。当晚，他将大白狗拴在羊厩门口，自己则拿一把斧头守在旁边。可阿匹打洛当天没有去偷，让拉布困了一夜。第二天后半夜，拉布支撑不住，便去睡觉了。阿匹打洛就用猪头肉将大白狗引到门外，然后杀了白绵羊。他将羊肉放在口袋里，把羊肠、羊肚摆在头人睡房的门槛下，再将橱柜里的碗碟放进一口大锅里，把锅搬到拴大白狗的地方，并在上面盖上白羊皮。他大叫一声"谢谢拉布头人"便走了。拉布听见后，抓起斧头冲了出来，一脚踩在羊肠、羊肚上，滑倒了。他爬起来冲到羊厩门口一看，白绵羊不见了，而大白狗却安静地睡在那里，便举斧向它砍去，只听见"哗啦"一声，才发现不是大白狗，而是一些坚硬零碎的东西。他这才发现是阿匹打洛捣的鬼。佚名讲述，贺兴泽记录，杨照辉整理。收入《普米族文学简史》，32开，2页，1000余字，云南民族出版社1996年版。

（杨照辉）

哄你

普米族机智人物故事。流传于云南省兰坪白族普米族自治县部分普米族地区。讲述的是：一天，父子俩去给地主家放羊。他们把羊群赶到竹林边，父亲去砍竹子，儿子看羊。午后，来了一个人。此人告诉小伙子自己叫"哄你"，有话要对他父亲说，让他进竹林去找。小伙子刚进竹林，"哄你"就赶着羊走了。儿子见了急得赶紧喊父亲。父亲问是谁赶走了羊，他说是"哄你"。父亲就毫不理会。父亲砍完竹子出来，发现羊群没有了，才知儿子不是在哄他，就赶紧去追那个叫"哄你"的人。他们追上了"哄你"，原来他正是远近闻名的聪明人——常会子。常会子对父子俩说，他不是有意要偷他们的羊，只是想试试孩子，让他今后机灵点。阿瑞讲述，昂栋记录。收入《普米族故事集成》，32开，2页，710字，中国民间文艺出版社1990年版。

（龙江莉）

土罐换鞍马

普米族机智人物故事。流传于云南省兰坪白族普米族自治县部分普米族地区。讲述的是：常会子经常惩罚为富不仁的财主。有一天，他从邻居家借来一个土罐和一个猪蹄，在官道旁生起火来。猪蹄煮熟后，正好来了一个骑马的有钱人。常会子赶忙把火灭掉，把土罐抬到路中间，坐在地上吃猪蹄。有钱人发现面前这人的土罐下不见有火，罐里的汤却在沸腾，猜想土罐肯定是一个宝物，就想用自己骑的马换它。常会子装作极不情愿的样子骑走了马。有钱人立即照他的吩咐，拿出棍子敲土罐，希望它能为自己变出一匹骏马来。可骏马没出来，土罐却成了一堆碎片。阿瑞讲述，昂栋记录。收入《普米族故事集成》，32开，2页，1000字，中国民间文艺出版社1990年版。

（龙江莉）

戏财主（一）

普米族机智人物故事。流传于云南省兰坪白族普米族自治县部分普米族地区。讲述的是：财主家养了九十九头壮牛，叫常会子来帮他放。常会子故意问财主，若有人来偷牛怎么办。财主叫他及时禀告自己。一天晚上，常会子急急忙忙跑来告诉财主，有人偷牛。财主问是谁，他说是"哄你"。财主听了便不再理会。过了一阵，常会子又跑进来禀报有人偷牛。财主问是谁，他还答"哄你"。财主很生气，威胁说要把他吊起来打，然后用被子盖住头又睡过去了。第二天一大早，常会子哭丧着脸对财主说，他家的九十九头牛全不见了。财主责问他为何不禀报。常会子委屈地说："昨晚已向您禀报过多次，一个叫'哄你'的人来偷牛，可你没有理会。"财主气得差点昏死过去。他没了牛，就将常会子打发回家了。常会子便和其他穷人分了九十九头壮牛。和丽金讲述，王震亚记录。收入《普米族故事集成》，32开，2页，730字，中国民间文艺出版社1990年版。

（龙江莉）

戏财主（二）

普米族机智人物故事。流传于云南省兰坪白族普米族自治县部分普米族地区。讲述的是：一年大旱，庄稼颗粒无收。见老母亲饿得直咽口水，常会子心里很难过，只得去找财主借粮。财主知道他的来意，便要和他打赌：屋里的桌子上有一杯酒，如果他不进屋能把酒喝光，就可赢走三斗粮；否则就要做三年长工。常会子听后，要财主赶快准备三斗粮，自己去找人来作证。他迅速回家宰了一只羊，取出羊肠，然后找了一个好朋友作为证人来到财主家。证人一进门就缠住财主，常会子趁乱爬上房顶揭开瓦，把羊肠放下去浸到酒杯里，一下子就把酒吸光了。他做完这些，就叫财主进屋去看，酒杯果然已空。财主气得不行，但最后也不得不拿出三斗粮给常会子。和丽金讲述，王震亚记录。收入《普米族故事集成》，32开，2页，780字，中国民间文艺出版社1990年版。

（龙江莉）

换手杖

普米族机智人物故事。流传于云南省兰坪白族普米族自治县部分普米族地区。讲述的是：财主老了，走路不稳当，就花几百两银子买了一根手杖，整日不离手，睡觉也抱在怀里。他警告旁人，谁动了他的手杖就要扒谁的皮，谁偷了他的手杖就要砍谁的头。常会子听了很气愤，决定治治这个可恶的老东西。他找来一根羊肠子，洗净后向里面吹气，扭成一根手杖的样子，然后趁老财主睡觉时偷偷换走了真手杖。第二天，老财主起床后就挂着羊肠手杖下楼。他一使劲，羊肠手杖就漏了气，他一头栽下楼梯，摔得只剩下一口气。和丽金讲述，王震亚记录。收入《普米族故事集成》，32开，1页，310字，中国民间文艺出版社1990年版。

（龙江莉）

仁义值千金

普米族机智人物故事。流传于云南省兰坪白族普米族自治县普米族地区。讲述的是：常会子的女儿嫁到坝区一户富裕人家。有一年快过年时，见家里揭不开锅，常会子便去找亲家讨些粮食。亲家公虽借了一斗米给他，但很不高兴，临别时说："白米一斗白如雪，送给亲家过个节，仁义莫交财，交财仁义绝。"常会子听了很生气。第二年荞子熟后，他背了一斗荞面送给亲家说："荞面一斗黄如金，送给亲家尝个新，钱财如粪土，仁义值千金。"亲家公听了十分羞愧。和昌明讲述，杨庆文、罗世保、和学盛搜集。收入《普米族故事集成》，32开，1页，250字，中国民间文艺出版社1990年版。

（龙江莉）

手中无钱受狗气

普米族机智人物故事。流传于云南省兰坪白族普米族自治县普米族地区。讲述的是：常会子去外地找活干，途中在一家客店住宿。客店里还住着一胖一瘦两个去赶考的富家子弟，他们想找常会子开心，就邀他一起吃饭。饭菜上桌后，两个富家子弟说，动筷前每人要念四句，谁不会念谁就不能动筷。他们摇头晃脑各念了四句，句句都是奚落常会子贫穷下贱。轮到常会子，他想了想，说道："直来直去口中气，有去无来肚里屁，气与屁，屁与气，手上无钱受狗气。"说完大模大样地夹了一块肉，慢慢送进自己的嘴里。和昌明讲述，杨庆文、罗世保、和学盛搜集。收入《普米族故事集成》，32开，1页，500字，中国民间文艺出版社1990年版。

（龙江莉）

换马

普米族机智人物故事。流传于云南省兰坪白族普米族自治县普米族地区。讲述的是：县官有一匹千里马，很是得意。常会子想要治治他。他从自己的羊圈里牵来一只绵羊，用竹篾给它扎了一个鞍，并用纸将它打扮一番。他来到县衙，向县官吹嘘说自己的"马"能日行万里。县官信以为真，要跟常会子换马。常会子假装不同意。县官为了得到这匹"万里马"，就表示愿意补偿他一些银子。常会子拿到银子和千里马后，对县官说，自己先骑上千里马跑一段路，然后他再骑上"万里马"去追，不一会儿就能追上。说着他骑着千里马跑了。县官刚骑上"万里马"，一屁股就把它压垮了。和昌明讲述，杨庆文、罗世保、和学盛搜集。收入《普米族故事集成》，32开，1页，300字，中国民间文艺出版社1990年版。

（龙江莉）

两个太阳

普米族机智人物故事。流传于云南省兰坪白族普米族自治县普米族地区。讲述的是：县官被常会子骗了几次之后仍不服气，有一天又要和他打赌：如果他能再骗自己一次，就饶了他，否则就要治他的罪。常会子说自己今天很忙，忙得连天上出了两个太阳都来不及看，因而没有时间骗人。县官马上抬头看天上的两个太阳，结果只看到了一个，才发现自己又被捉弄了。和昌明讲述，杨庆文、罗世保、和学盛搜集。收入《普米族故事集成》，32开，1页，140字，中国民间文艺出版社1990年版。

（龙江莉）

县官挨打

普米族机智人物故事。流传于云南省兰坪白族普米族自治县普米族地区。讲述的是：县官觉得自己的"官技"不如常会子的"贼技"高明，就要跟他学本事。常会子答应了。适逢财主家要办喜事，准备了很多酒放在楼上。夜里，常会子领着县官来到财主家楼上。两人打开酒坛，一边划拳一边喝酒。划拳声惊动了财主的三个儿子，他们上楼来看，发现一个人在东躲西藏，就把他装进皮口袋里，吊在大梁上打。袋里的人连喊自己是县官，可三人不信，继续打。常会子早已偷偷溜走了。他见县官被打，便在外面放了一把火。财主的三个儿子忙去救火，常会子赶紧把县官放了，把睡着的财主装进皮口袋。财主的三个儿子救火回来，继续打袋里的人。袋里的人又喊自己是他们的爹，三人更气愤，拼命地打，直到袋里没了声音，打开一看，里面果真是他们的爹。可他已断了气。和昌明讲述，杨庆文、罗世保、和学盛搜集。收入《普米族故事集成》，32开，2页，790字，中国民间文艺出版社1990年版。

（龙江莉）

"烂民"受骗

普米族机智人物故事。流传于云南省宁蒗彝族自治县部分普米族聚居区。讲述的是：有个大财主到处欺压百姓，人们都叫他"烂民"。有一天，他看见聪明的小伙子丹史尔千正在地里干活，便趾高气扬地说："我听说你很会骗人，今天你一定要骗骗我。"丹史尔千听后，连忙请他坐到谷草堆上讲话。待"烂民"笑眯眯地坐在谷草堆上等着丹史尔千骗自己时，丹史尔千讥笑着说："我们庄稼人有一句俗话：'要下儿的母猪才往谷草堆上跑。'"财主听了，马上站起来灰溜溜地走了。熊忠讲述，玮玮记录。收入《普米族故事集成》，32开，1页，

340 字，中国民间文艺出版社 1990 年版。

（龙江莉）

巧杀白山羊

普米族机智人物故事。流传于云南省宁蒗彝族自治县部分普米族聚居区。讲述的是：财主"烂民"告诉丹史尔千，自己家有一只白山羊，如果他能杀了它就赏他一笔钱，若杀不了他就要被杀掉。丹史尔千同意了。夜里，他偷偷来到财主的羊厩里，发现那里根本没羊。他便学羊叫了几声，财主的白山羊听到后，在灶房那边跟着叫了起来。丹史尔千就摸到灶房里把羊杀了，砍下羊头剥下羊皮，并在羊嘴里安上一根小棍，然后把羊皮铺在楼梯上，等着财主来。财主听到羊的尖叫声，就赶到灶房看。刚进门他的手就被羊嘴咬住。他发现羊已被杀，便气得跑进屋里取宝剑，下楼时因太匆忙，踩到湿羊皮滑倒了，滚到楼下，头破血流。丹史尔千却高高兴兴地提着羊肉回家了。熊忠讲述，玮玮记录。收入《普米族故事集成》，32 开，2 页，620 字，中国民间文艺出版社 1990 年版。

（龙江莉）

得了枣红马

普米族机智人物故事。流传于云南省宁蒗彝族自治县部分普米族聚居区。讲述的是：财主"烂民"屡次受骗，对丹史尔千怀恨在心，为了报复，与他打赌，看他能否把自家的枣红马牵走。丹史尔千答应了。天黑后，他偷偷来到"烂民"家，发现他正提着大刀守在马厩前，便转身摸到了柴房，拿走了枣红马的大铜铃。他把大铜铃拿到邻居聋子家，请聋子拿着它快跑。"烂民"听到铜铃响，便跑出去追。等他返回马厩时，枣红马早就被丹史尔千牵走了。熊忠讲述，玮玮、文友记录。收入《普米族故事集成》，32 开，1 页，560 字，中国民间文艺出版社 1990 年版。

（龙江莉）

三兽分了尸

普米族机智人物故事。流传于云南省宁蒗彝族自治县部分普米族聚居区。讲述的是：财主"烂民"买通官府，判丹史尔千赔他八十石粮食。丹史尔千赔不起，被迫去当长工。一天，"烂民"逼他到野兽经常出没的深山里砍柏树。丹史尔千不慎从树上掉下，幸好卡在树枝丫上。不一会儿，他听见了老虎和狮子的对话：西山的治哑草能让南山村的哑巴姑娘说话；东山的岩洞里有很多金子，挖到了就能发财。老虎和狮子走后，丹史尔千下了树。他先来东山挖走了金子，再到西山采了治哑草，然后用金子买了八十一石粮还给"烂民"，用治哑草治好了哑姑娘的病，并与她成了亲。"烂民"见丹史尔千娶上媳妇发了财，十分眼红，就来讨教。丹史尔千把自己的经历告诉了他。第二天，"烂民"也来到深山中，爬上树枝丫。不一会儿，老虎、豹子和狼来了，它们闻到树上的人味，把"烂民"拖下来吃了。熊忠讲述，玮玮、文友记录。收入《普米族故事集成》，32 开，2 页，820 字，中国民间文艺出版社 1990 年版。

（龙江莉）

少了白公羊

普米族机智人物故事。流传于云南省兰坪白族普米族自治县部分普米族地区。讲述的是：阿大从小就给头人家放羊，头人每天只给他喝一碗很稀的包谷粥，饿得他头晕眼花。一天，他到山上放羊，肚子实在饿得慌，就杀了一头白公羊烤着吃。天黑后，他用羊皮包着羊骨，放在自己割的草里，背回头人家。他趁着夜幕把羊皮、羊骨扔在院子里。没多久，头人家的一群恶狗闻到了腥味，就跑来撕扯羊皮、羊骨，弄得满院都是污物。第二天早晨，头人看见院里有血迹，又发现狗在啃羊骨头，以为羊是给狗吃了，也没怪罪阿大。尹文瑞讲述，尹善龙记录。收入《普米族故事集成》，32 开，3 页，1250 字，中国民间文艺出版社 1990 年版。

（龙江莉）

头人被埋了

普米族机智人物故事。流传于云南省兰坪白族普米族自治县部分普米族地区。讲述的是：阿大在牛肩山放牧时发现一座银矿，便叫来阿白等几个穷兄弟一起冶炼银子。他们用银子换来衣食，从此过上了好日子。阿索头人知道后，就把全寨的穷人赶到空地上，追问银矿的事情。阿大等人都不吱声。阿索只好命人到牛肩山去搜，但没找到银矿。后来，他又派人暗中盯梢阿大一伙的行动，终于发现冶炼银矿的地方。他不仅抢走所有的白银和银矿石，还把阿大和阿白关押起来。阿索严刑拷打，阿大只好告诉他，银矿就在他家正屋的墙角下。阿索立即命人来挖。挖了三天，银子没挖到，他家屋墙突然倒下来，他也被砸死了。尹文瑞讲述，尹善龙记录。收入《普米族故事集成》，32开，3页，1700字，中国民间文艺出版社1990年版。

（龙江莉）

巧斗财主

普米族机智人物故事。流传于云南省兰坪白族普米族自治县部分普米族地区。讲述的是：阿大是远近闻名的机智人物，他专为穷苦百姓打抱不平。有一天，他看见财主的老婆一手抱着娃娃，一手狠命地鞭打两个舂碓的奴隶，很是气愤。他走过去，主动要求帮助恶妇抱娃娃。恶妇不清楚阿大的身份，见他如此殷勤，就把娃娃给了他。趁他们换手之时，两个奴隶逃跑了。地主的老婆便要阿大来舂碓。舂了一会儿，阿大请她帮他踩住碓杆，说要打扫一下碓窝。他趁恶妇没注意，把她的娃娃放进了碓窝，自己则大笑着走了。恶妇踩着碓杆不敢放，急得大喊救命。又有一次，财主与阿大打赌，要他想法牵走自己的羊。财主早已准备好了，在羊圈里关了五条大黄狗等着阿大。阿大早料到他的阴谋，与伙伴们一起准备了五块糖。他们见了大黄狗，就扔糖给它们吃。狗吃了糖后，就不再吼叫。阿大等趁机在羊圈内挖了一个洞，把羊一只只牵走了。财主发现时，他的羊已变成穷人香喷喷的美餐。和继宣讲述，施中林记录。收入《普米族故事集成》，32开，4页，1650字，中国民间文艺出版社1990年版。

（龙江莉）

犁轮歇地

普米族机智人物故事。流传于云南省玉龙纳西族自治县部分普米族聚居区。讲述的是：白旦郎在吝啬刻薄的山主家做奴仆。一天，他吃喝着黄牛帮山主犁了一天的地，又累又恨，便想要治治山主。他把犁好的地又翻了过来，看上去像没动过一样。傍晚山主来察看，以为地没动过，就大骂白旦郎，说他偷懒。白旦郎不慌不忙地说，地已经犁过了，只因犁轮没擦油，犁尖没灌酒，才翻不开土块，说着扒开几处给他看。山主听了信以为真。从此以后，每次白旦郎上山犁地都能得到一截腊肉和一瓶大麦酒。干活时，他不再愁没有肉吃没有酒喝了。王润才讲述，木丽春记录。收入《普米族故事集成》，32开，2页，500字，中国民间文艺出版社1990年版。

（龙江莉）

白考山主的难题

普米族机智人物故事。流传于云南省玉龙纳西族自治县部分普米族聚居区。讲述的是：一个名叫白考的山主被白旦郎捉弄了几次，耿耿于怀，想出难题报复他。一天，他叫来白旦郎，要他做三件事：一是养出一头有基辅山一样大的肥猪，二是酿出像龙潭水一样永远舀不完的酒浆，三是织出一匹像山路一样长的麻布。若白旦郎能做好这三件事，便把卖身契还给他，还送给他九筐银子。白旦郎听了，不亢不卑地对山主说："请大人先做一把能称基辅山有多重的大秤，我才好养出那么大的肥猪；再做一只能舀出龙潭水的大斗升，我才能酿出那么多的酒浆；接着做一根能丈量山路有多长的大尺子，我才能织出那么长的麻布。"白考听了无话可说，只得不停地擦额头冒出的汗。触耀、金才福讲述，木丽春搜集、记录。收入《普米族故事集成》，32开，3页，1150字，中国民间文艺出版社1990年版。

（龙江莉）

黄金装满东仓

普米族机智人物故事。流传于云南省玉龙纳西族自治县部分普米族聚居区。讲述的是：年关快到了，山主家的帮工们纷纷结算工钱回家过年。白旦郎有好几年的工钱都没结，这一年他想全部结清。山主一算出自己将要给白旦郎一笔数目不小的工钱。于是，他起了邪念，想赖账，叫来白旦郎，要他在一袋烟的工夫内，用黄金装满自己的东仓，否则就扣掉所有的工钱。白旦郎想了想，便拿了四个松明火把，分别插在东仓的四角。火把的光亮立刻照亮了整座东仓。白旦郎请山主来看。山主发现东仓此时确实闪着金黄的光亮，便不敢再为难白旦郎了。王润才讲述，木丽春搜集、记录。收入《普米族故事集成》，32开，2页，670字，中国民间文艺出版社1990年版。

（龙江莉）

道四句

普米族机智人物故事。流传于云南省兰坪白族普米族自治县普米族地区。讲述的是：从前有个读过几年书的普米族地主，每年待帮工干完活，要他们道四句，若道不出，便扣工钱。有一年，他从剑川请来一个白族木匠和一个白族裁缝，另外请了本民族的常会子来打荞麦。三人做完工后，地主备了一桌饭菜，要他们每人道四句才可以吃，否则不仅不能动筷，还要扣掉工钱。木匠和裁缝没有被难倒；而常会子不识字，地主以为在他身上肯定能占到便宜。木匠说："我是剑川子，来到兰坪掌锯子，敲的是斧子，做的是柜子。"地主听了后允许他吃饭吃菜。裁缝说："我是剑川子，来到兰坪掌尺子，裁布摆桌子，用的是剪子。"地主照样让他动筷。最后轮到常会子，地主正准备看他出洋相。不料，常会子说道："我叫常会子，来帮东家打荞子，不让我动筷是我的儿子，扣我工钱的是我的孙子。"周围的人听了后哄堂大笑，地主只好对常会子说："动筷，动筷，发给工钱。"和昌明讲述，杨庆文、罗世保、和学盛记录、整理。收入《普米族文学简史》，32开，2页，700字，云南民族出版社1996年版。

（杨照辉）

机智的长工

普米族机智人物故事。流传于云南省兰坪白族普米族自治县普米族地区。讲述的是：有个地主雇了两个年轻力壮的长工，要他们拼命为自己挖金子。小伙子挖不动想休息，遭到无情的打骂。有一天，他们实在干不动了，商议一阵后告诉地主，大树上有一棵能遮眼的燕窝草，拿着它去偷东西，别人就发现不了。地主信以为真，对两个长工说："我让你们休息三天，你们上树将那棵燕窝草拔给我。"两个长工拔了一棵草给他就回家休息去了。地主拿着这棵草跑到菜市场上，先拿了卖菜人的一把菜，卖菜人没说什么；又拿了卖葱人的一把葱，卖葱人也没说什么。他认为草确实灵验，就到珠宝店里拿项链，不料被店主抓住，拉到了县衙。县官当即审问，地主只得从实招认。县官就让衙役打了他四十大板。佚名讲述，周元昌搜集、整理。收入《普米族故事集成》，32开，2页，700字，中国民间文艺出版社1990年版。

（杨照辉）

（四）动植物故事

聪明的兔子

普米族动物故事。流传于云南省兰坪白族普米族自治县普米族地区。讲述的是：冬季里的一天，森林里刮起大风，把树叶吹得"哗啦哗啦"直响。睡在岩洞中的兔子饿了，想到山沟里吃点青草。

这时，迎面走来一只老虎，它来不及逃跑，便急中生智，用两只长耳朵往一块岩石上一顶，显出很使劲的样子，口中大叫道："危险！危险！快逃跑呀，山岩滚下来了，我顶不住哟！"老虎信以为真，掉头跳入箐沟逃走了。兔子逃过了一劫，高高兴兴地找青草去了。熊银生讲述，杨照辉记译。收入《普米族文学简史》，32开，1页，500余字，云南民族出版社1996年版。

（杨照辉）

兔子为什么眼睛红胆子小

普米族动物故事。流传于云南省宁蒗彝族自治县部分普米族聚居区。讲述的是：兔子捡到一双草鞋、一面鼓和一个锤。它见到狼，就说自己看见山下有个牧羊人赶着一群羊，让狼拿着鼓和锤去把牧羊人吓跑，然后放心地吃羊。狼就拿着鼓和锤下山了。结果它不但没吃到羊肉，反而被牧羊人追得上气不接下气。兔子又对母鹰说，自己看见坝子里有一群鸡，让它穿上草鞋去抓鸡来吃。结果母鹰不但没抓到鸡，反而由于草鞋挂在倒刺上无法脱身，被人打死。兔子又来到乌鸦栖息的树下，对老乌鸦说，自己看见母鹰不在了，让它去把鹰蛋叼来给孩子们吃。老乌鸦走后，兔子就抓了一把蚂蚁放进乌鸦窝里。小乌鸦们被叮咬得哇哇乱叫。兔子做了这么多亏心事，既担心又害怕，就哭了起来，把眼睛都哭红了。自那以后，它非常胆小，一有响动就心惊胆战。和品初讲述，殷海涛记录。收入《普米族故事集成》，32开，2页，930字，中国民间文艺出版社1990年版。

（龙江莉）

兔子的耳朵为什么那样长

普米族动物故事。流传于云南省宁蒗彝族自治县部分普米族聚居区。讲述的是：牦牛山上有个老奶奶，每天提着木桶去挤牦牛奶。兔子很想喝牛奶，就向老奶奶讨。好心的老奶奶连续两天拿了很多牛奶给它喝。兔子有些不好意思，就在黄土里滚了几圈，让身上沾满黄土，想让老奶奶认不出自己。第三天，它又来讨奶喝，老奶奶认出兔子，便问它为何天天来要奶喝。兔子狡辩地说，白兔子有九弟兄，黄兔子也有九弟兄，自己不是前两天来要奶喝的那只兔子。老奶奶也不追究，就给了它奶喝。后来的几天，兔子每天都在自己身上滚上不同颜色的土来骗牛奶喝。有一天，老奶奶悄悄在它耳朵上敷了一块酥油。第二天她发现酥油还在，就教训了兔子一番，要它诚实些，不要骗人。兔子被揭短后很害羞，把耳朵缩了起来。老奶奶和善地把它的耳朵又拉长了。从那以后，兔子的耳朵就是长的了。和学义讲述，王川蓉整理。收入《普米族故事集成》，32开，3页，840字，中国民间文艺出版社1990年版。

（龙江莉）

兔子的嘴为什么是缺的

普米族动物故事。流传于云南省宁蒗彝族自治县部分普米族聚居区。讲述的是：兔子常被狡猾的狐狸捉弄，想报复它一下。一天，它们一起来到草坪上玩耍，发现那里有一匹马正在吃草。兔子就对狐狸说："你的尾巴是世界上最漂亮的，但还是比不上马尾巴漂亮，若不信就把你俩的尾巴拴在一起比比看。"狐狸生性好强，便同意了。兔子把狐狸和马的尾巴拴好后，马被惊动了，立刻奔跑起来。狐狸被拖在后面，苦苦哀求马跑慢些。兔子见了这情景，高兴得大笑不止，最后把嘴巴也笑裂了。甲初次里讲述，殷海涛搜集。收入《普米族故事集成》，32开，1页，330字，中国民间文艺出版社1990年版。

（龙江莉）

练爬坡

普米族动物故事。流传于云南省宁蒗彝族自治县部分普米族聚居区。讲述的是：兔子和蛤蟆性格不合，有一次发生了冲突。兔子就提议双方比赛爬坡，输了的一方要信服赢的一方。蛤蟆同意了。

当晚，它约了十个弟兄，叫它们蹲在十座山头上。第二天开始比赛后，蛤蟆一跑出树林就悄悄躲进一个树洞里休息去了；兔子则拼命往山上爬，爬到一座山头喊："蛤蟆！"一只蛤蟆回答："我在这儿呢！"兔子听到声音好像在自己的前方，又接着赶紧爬另一座山头。可结果是每一座山头都有蛤蟆等着它。十座大山爬下来，兔子还是输给了蛤蟆。从那以后，它就天天在山上练习爬坡。它越爬越快，后来比许多动物爬坡的速度都快。陈康讲述，玮玮记录。收入《普米族故事集成》，32开，2页，650字，中国民间文艺出版社1990年版。

（龙江莉）

守家

普米族动物故事。流传于云南省宁蒗彝族自治县普米族聚居区。讲述的是：兔爷爷和羊妈妈都出去觅食，留下小兔与小羊守家。过了一会儿老狼来了，要吃小兔、小羊。机智的小兔对老狼说，它还有很多伙伴，等大家到齐了，自己也长肥一些，再请它过来吃。老狼信了，便走了。过了几天，老狼来了。小兔假装没看见，盘坐在一块山石上。这时小羊跑来向它报告，猎人爷爷要十张狼皮做背心，现在才抓了九只狼，还差一只。小兔回答说，等上次来的那只老狼来，猎人爷爷就能凑够。狼听了不敢轻举妄动，便躲在一旁观察。小兔和小羊找来芭蕉叶和树棍，说把老狼的名字写好交给猎人爷爷。老狼见势不妙，立刻溜了。逃跑的路上，它遇到一只豹子。豹子要吃它，狼说，草场那边有很多兔子和羊，可去饱餐一顿。豹子便随狼来到小兔家。小兔看见豹子来了，又对小羊说，猎人爷爷还要一张豹皮做枕头，老狼已经给他带来了。豹子听了很生气，大吼一声把狼吃了。小兔和小羊齐声喊："豹子送上门！抓住它！"豹子吓得拼命地溜了。佚名讲述，光芒记录。收入《普米族故事集成》，32开，2页，890字，中国民间文艺出版社1990年版。

（龙江莉）

报复山妖

普米族动物故事。流传于云南省宁蒗彝族自治县部分普米族聚居区。讲述的是：山妖见兔子爬山走路很机灵，便把它捉来放羊。兔子每天辛苦地放羊，羊儿长得又肥又壮。山妖却从来不给兔子东西吃，为此兔子很气愤。一天晚上，山妖要杀羊吃，兔子便自告奋勇去捉最肥的那只羊。它让山妖举着火把，自己进圈去捉，可捉来捉去都说不合适，故意拖延时间。火把烧完了，烧着山妖的手，它疼得扔掉火把乱窜。不一会儿它的房子燃起来了，兔子趁机打开圈门跑了，而山妖却被烧死了。甲初次里讲述，殷海涛记录。收入《普米族故事集成》，32开，2页，390字，中国民间文艺出版社1990年版。

（龙江莉）

教训老熊

普米族动物故事。流传于云南省宁蒗彝族自治县普米族聚居区。讲述的是：兔子偷了道士的一口袋红糖，正吃得津津有味，来了一只老熊。老熊问它吃什么，兔子说在吃自己的眼睛。老熊不信。兔子便大方地说要把自己的另一只眼睛挖出来给它吃，说着扔过来一块红糖。老熊吃了糖后，舔舔嘴说好吃。兔子向它提议，自己的双眼都吃完了，把它的眼睛也挖出来吃，味道一定不错。贪嘴的老熊听信了兔子的话，把自己的双眼都挖出来吃了，只能靠兔子指引着走路。兔子引着它专走崎岖的路，让熊摔得身上青一块紫一块。天冷了，兔子烧了一堆火取暖，它一再要老熊退后，以防被火烧着。老熊后退了一步又一步，最后跌下了悬崖，被刺蓬挂住，它用嘴死死咬住刺枝。兔子在上面喊，让它把手伸上来，以便救它。它不敢开口说话。兔子又叫它应个声。老熊真的应了一声，结果嘴一张开跌下崖去了。曹金祥讲述，陶学良整理。收入《普米族故事集成》，32开，3页，1350字，中国民间文艺出版社1990年版。

（龙江莉）

惩治大猩猩

普米族动物故事。流传于云南省宁蒗彝族自治县部分普米族聚居区。讲述的是：大猩猩在森林里称王称霸。一天，它看见一只兔子，便想找机会把它吃掉。兔子知道大猩猩没安好心，它们来到草坪上，看见一条蟒蛇在睡懒觉。兔子先跑到蟒蛇身边，把嘴巴凑在它的尾巴上装作吹唢呐的样子。一会儿，它又回到大猩猩身边，恭维它是世上最有本事的，希望它能把面前这只"大唢呐"吹响。大猩猩一听，就得意地把蟒蛇的尾巴提起来凑在嘴边吹。它怎么也吹不响，就气得咬了蟒蛇一口。蟒蛇疼得翻转身，将大猩猩紧紧缠住。大猩猩费了好大劲才逃脱出来。它和兔子继续往前走，遇上一窝马蜂。兔子故伎重演，骗它捅了马蜂窝，大猩猩被马蜂蛰得全身都肿了起来。后来，它俩又来到江边，江对岸有普米人种的仙桃。大猩猩想去摘仙桃吃。兔子找来麻秆铺在水上，再在上面涂了一层泥巴，自己还在上面走来走去，说"桥"已搭好，请大猩猩过"桥"。大猩猩不知自己重而兔子轻，也上了麻秆"桥"，结果掉到江里去了。曹金祥讲述，陶学良整理。收入《普米族故事集成》，32开，3页，980字，中国民间文艺出版社1990年版。

（龙江莉）

烧死老虎

普米族动物故事。流传于云南省宁蒗彝族自治县部分普米族聚居区。讲述的是：兔子到一位老阿妈家借宿，趁夜把她家所有牲畜的尾巴拴在一起，然后赶着它们进山。路上，一只老虎把牲畜一只只偷吃了。兔子早已发现它，却装作若无其事的样子。最后只剩下兔子和它骑的马。兔子毕恭毕敬地请老虎骑马，说自己愿意赶马。不一会儿，它趁机溜掉了。老虎发现后，转回来找到兔子。后来，兔子又假扮不同的身份，骗老虎被马蜂蛰、掉入冰水中、被青蛇咬伤，将它折腾得不敢再随便作恶。老虎受伤后在洞中静养，狐狸、猴子去看望它，结果被它吃了。兔子也去看望老虎，说要帮它治好腰痛病。老虎再一次上了当，被兔子引入九丈九尺深的土坑后，四只脚被捆在坑内的木桩上。最后兔子将它烧死了。农布讲述，王震亚记录。收入《普米族故事集成》，32开，6页，4000字，中国民间文艺出版社1990年版。

（龙江莉）

智杀妖精

普米族动物故事。流传于云南省宁蒗彝族自治县部分普米族聚居区。讲述的是：妖精到处吃人，聪明的兔子决定去治治它们。一天，一对妖精夫妻要出去做客，兔子花言巧语骗得它们信任，帮其在家看孩子。妖精们走后，兔子就把小妖精杀了，把它们的皮剥下，将灶灰缝在里面，放在床上，再把肉切了煮在锅里。大妖精回来后，以为自己的孩子在睡觉，就先吃了兔子为它们煮好的肉。吃完后它们才发现自己的孩子已死，便要找兔子报仇。可它们追了几天也没追到。后来，大妖精请乌鸦帮忙。它们找来九坨松油，熬化后放在兔子常坐的石板上，把它黏住了。不久，兔子又利用妖精们的逆反心理，让它们把它装进皮口袋里，袋内还放有炒熟的麦子、三块石头和一把小刀。妖精把皮口袋吊在火塘上，下面架一口大铁锅，锅里装满水，锅下烧起火；又在东边门口放了一扇石磨，上面糊上大粪，下面搁了一把尖刀；再在西边门槛上拴了一头尖角牛。它们做好这一切后，就躺在火塘边休息。兔子先在皮口袋里吃炒熟的麦子，等下面大铁锅的水开后，用小刀割破袋子扔下三块石头。石头溅起水花，落在妖精的背上，烫得它们遍地打滚。兔子趁机跳出皮口袋跑了。一个妖精追到东门，踩到大粪，滑倒在尖刀上被戳死了。另一个妖精追到西门，由于门槛太高，一脚绊倒，摔在牛的尖角上，脑壳被撞烂，也一命呜呼了。就这样，机智的兔子杀死了两个吃人的妖精。曹乃主、熊农布、和学义讲述，王震亚记录。收入《普米族故事集成》，

32开，3页，2350字，中国民间文艺出版社1990年版。

（龙江莉）

哭牛

普米族动物故事。流传于云南省宁蒗彝族自治县部分普米族聚居区。讲述的是：从前有个非常贪心的土司，家里已经有九百九十九头壮公牛，他还不满足，成天想着让自己的公牛下崽。兔子知道了，就牵了一头公牛站在他常经过的路上。土司来了，就上去询问。兔子告诉他，自己正要拉公牛去天上吃仙草，吃过仙草的公牛才能下崽。土司听了大喜，求兔子把他的九百九十九头公牛也拉上天去吃仙草。兔子假意推辞一阵后答应了。过了三天，土司将他的牛拉来交给兔子。兔子让他三天后再来牵回牛。土司走远后，兔子就把他所有牛的尾巴割下一截，一根根插在草坪上，然后把牛分给了穷人。三天过去了，土司来牵牛，兔子告诉他，他的牛全都钻地了，让他自己去拔。结果土司使劲拔出的全是牛尾，伤心得大哭。佚名讲述，次里嘎若记录。收入《普米族故事集成》，32开，3页，1170字，中国民间文艺出版社1990年版。

（龙江莉）

健忘的兔子

普米族动物故事。流传于云南省兰坪白族普米族自治县普米族地区。讲述的是：远古时，一只狐狸正在森林里嬉戏，见一只兔子念着"一年生九窝，一窝九十只，人种人根全绝掉"走过来，就大吼一声。兔子被吓得失魂落魄，把念的话都忘了。狐狸和它寒暄一阵以后，才知道它是奉虎大人之命去兽神爷那里求圣旨回来，但由于受惊吓，把求到的圣旨忘了。狐狸想了想，说自己记得，圣旨是这样说的："九年生一胎，一胎生一只，母虎虚弱吃虎子。"兔子信了它，牢牢记住这些话后，跑到虎大人那里交差去了。从那以后，虎族就只得九年生一胎，一胎生一只，因此数量越来越少了。佚名讲述，周元昌搜集、整理。收入《兰坪白族普米族自治县民间文学选集》，32开，1页，410字，兰坪白族普米族自治县成立庆典编写组1988年编印。

（龙江莉）

为什么老熊的眼珠小

普米族动物故事。流传于云南省兰坪白族普米族自治县普米族地区。讲述的是：古时候，老熊在森林里称王称霸，欺负弱小动物，并扬言有朝一日要灭绝白兔，吞吃松鼠，杀光森林里的小动物。小兔决心治治老熊。一天中午，它蹲在老熊经常出没的三岔路口，漫不经心地边晒太阳边吃东西。老熊来了，问小兔吃什么，小兔说吃"自己的眼珠"。它让老熊闭上眼睛，用红糖将自己的眼睛抹红后，给老熊喂了一块红糖，并声称是拿"自己的眼珠"来孝敬老熊。老熊觉得"自己的眼珠"很好吃，就让小兔帮忙，把自己的两颗眼珠取出来吃了。瞎了的老熊只得在小兔的引领下磕磕碰碰行走。它一路摸着回家，路经豌豆地时，顺手捡了两粒豌豆安在自己的眼眶里。从此，老熊的眼珠就像豌豆一样小了。杨学盛讲述，施中林记录。收入《普米族故事集成》，32开，4页，1600余字，中国民间文艺出版社1990年版。

（杨照辉）

老熊为什么撕人脸

普米族动物故事。流传于云南省兰坪白族普米族自治县普米族地区。讲述的是：老熊看见一棵大栗树，便连咬带抓，但过了几十天也未能把树弄倒。一天，有个人用斧头把大栗树砍倒，并把它破成柴堆起来。老熊发现路口的大栗树不在了，不知是人砍的，便感到非常奇怪。它天天守在柴堆旁，想看看是什么东西把自己办不到的事情办成了。当砍柴人上山来背柴时，老熊扑向他，一边抓他的脸一边掰他的嘴，想看看他的牙齿有多厉害。从那以后，老熊就有了撕人脸的习惯。和丽金讲述，周元昌记录。收入《普米族故事集成》，32开，2页，300余字，中国民间文艺出版社1990年版。

（杨照辉）

毛狗牵老虎

普米族动物故事。流传于云南省宁蒗彝族自治县普米族聚居区。讲述的是：有个盗贼晚上去偷马，而一只老虎也正好到厩里要吃马。黑暗中，盗贼摸到老虎，以为是马，便骑上去。而老虎则以为骑在自己身上的是专门要它性命的"穿山箭"，吓得没命地跑。天亮时，贼看清自己骑的是老虎，吓得屎尿都出来了。他找机会跳下来躲到一个树洞里。惊魂未定的老虎将自己的遭遇告诉了一只毛狗，毛狗看到它背上有人的尿和屎，就告诉它，骑在它背上的不是"穿山箭"而是人。老虎不相信。毛狗就怂恿它说："不用怕，我拉你去看。"说着就将自己的尾巴和老虎的尾巴拴在一起，来到贼藏身的树洞旁。在毛狗的劝说下，老虎把一只脚伸进树洞，结果被贼砍掉一个脚趾。疼痛难忍的老虎撒腿就跑，将毛狗活活拖死了。死去的毛狗露出白生生的牙齿，老虎以为它在笑，又拖着它到处跑，直到把它的皮肉拖尽了才停下来。现在毛狗尾巴梢上的白毛，就是与老虎的尾巴拴在一起时留下的。杨高其讲述，王震亚记录。收入《普米族故事集成》，32开，3页，1400余字，中国民间文艺出版社1990年版。

（杨照辉）

老虎为什么不会爬树

普米族动物故事。流传于云南省兰坪白族普米族自治县普米族地区。讲述的是：很早以前，猫、豹、虎是三兄弟，它们的父亲生前把所有的生存技能都传授给了猫老大，并嘱咐它教会两个弟弟。虎虽排行第三，但仗着身强力壮，并不把猫大哥放在眼里。有一天，它要猫大哥教它爬树。猫对小弟早就记恨在心，便让它闭上眼睛，等自己爬上了树才低下头叫它。虎见猫大哥头朝下屁股朝上，便效仿它往树上爬，可怎么爬也爬不上去。虎气得咬牙切齿，猫却在树上"喵喵"地叫着，嘲笑它。佚名讲述，周元昌搜集、整理。收入《兰坪白族普米族自治县民间文学选集》，32开，2页，650字，兰坪白族普米族自治县成立庆典编写组1988年编印。

（龙江莉）

老虎和水牛比武

普米族动物故事。流传于云南省宁蒗彝族自治县普米族聚居区。讲述的是：一只老虎在水牛面前炫耀自己的本领，要它称自己为哥哥。水牛不服气，要与它比武。骄傲的老虎答应了，说比武时谁出血就算谁输。比武前，老虎用藤条将自己缠得严严实实；水牛则在泥塘里翻滚，身上沾了厚厚一层泥。三天后，它们来到约定的地点。老虎连抓带咬，但接连几次都无法让对方出血。轮到水牛出击了，它的尖角一下就把老虎的肚皮刺破。老虎鲜血直涌，便急忙认输，灰溜溜跑进山林里去了。品珠讲述，殷海涛记录。收入《普米族故事集成》，32开，2页，400余字，中国民间文艺出版社1990年版。

（杨照辉）

老虎和獐子

普米族动物故事。流传于云南省宁蒗彝族自治县普米族聚居区。讲述的是：从前，獐子有一对尖利的獠牙，显得十分可怕。老虎几次想吃一只獐子，都不敢下手。有一天，老虎问它，这对利齿有何用，它老老实实回答是用来"破菌子"的。老虎听后，知道它没有什么可怕的，就把它吃了。过了几天，老虎遇见另一只獐子，便想扑上去咬它。这只獐子急中生智，说由于老虎不守规矩，天神正派猎人四处追寻它呢。老虎转身逃跑。从此以后，只要猎人进山，老虎总是跑得远远的。

千次里讲述，殷海涛记录。收入《普米族故事集成》，32开，2页，300余字，中国民间文艺出版社1990年版。

（杨照辉）

猫、豹、虎的故事

普米族动物故事。流传于云南省宁蒗彝族自治县普米族聚居区。讲述的是：很久以前，猫、豹和虎是三兄弟。有一天，它们去打猎，猫大哥负责堵口子，豹子和老虎上山撵猎物。猫睡着了，两个弟弟撵下山的马鹿从山垭口逃走了。第二天打猎时，它们改变了分工，由豹二哥堵口子，老大和老三去撵山，赶下山的马鹿从另一个山垭口跑了。第三天轮到老虎堵口子，两个哥哥撵出来的马鹿被它抓到了。老虎和豹子让大哥先吃鹿肉。猫吃了半天，只吃了老鼠那么大的一块肉；而老虎与豹子一下就把鹿肉吃光了。最后老虎说："猫大哥吃也吃不了，做也做不成，就到人间帮人守粮食、捉老鼠吧。"于是猫成了人类的好朋友，老虎和豹子则一直生活在山林中。佚名讲述，胡正高记录。收入《普米族故事集成》，32开，2页，500余字，中国民间文艺出版社1990年版。

（杨照辉）

老虎学艺

普米族动物故事。流传于云南省兰坪白族普米族自治县普米族地区。讲述的是：一只花猫追着蝴蝶练技艺，被森林中的老虎看见了。老虎又嫉妒又羡慕，便夹起尾巴要求花猫收它为徒弟，教它学习技艺。善良的花猫同意了它的请求，早起晚睡地将跳、纵、腾、抓的本领传授给了它。一年以后，老虎认为自己的本领已经超过花猫，从此可以称王称霸了。有一天，它借口学艺，准备吃掉花猫。当它扑向花猫时，花猫立即跳上了身旁的一棵大树，然后翘起尾巴朝下望着。利令智昏的老虎看见花猫屁股朝上头朝下的样子，便效仿着往树上爬。结果它爬了三天三夜也爬不上去，只好跑到森林中去了。后来，猫做了人类的朋友；老虎虽是百兽之王，却不会爬树。杨学盛讲述，施中林记录。收入《普米族文学简史》，32开，3页，1000余字，云南民族出版社1996年版。

（杨照辉）

猴子屁股为什么没有毛

普米族动物故事。流传于云南省兰坪白族普米族自治县普米族地区。讲述的是：普米族山寨有一个能干而又孝顺的小伙子。一天，他与父亲一起上山砍竹子。考虑到山高坡陡，他让父亲在山脚下休息，自己一人上了山。他走到半山腰，踩动了一块石头，石头滚下山坡将父亲砸死了。他发现后，抱着父亲的尸体号啕大哭。一只乌鸦飞来安慰他，并让他把父亲的尸体抬回家，装在一个大罐里封藏七天七夜。小伙子照办了。当他打开罐子时，发现父亲的尸体已变成了白银。这件事被一个好吃懒做的小伙子听到了，便硬逼父亲上山砍竹子，然后将他推下山坡，再用石头砸死。当懒小伙子伏在尸体上假装大哭时，那只乌鸦也同样叫他处理父亲的尸体，他也照着去做。七天七夜后他打开罐子，却出来一群猴子。猴子在他家里乱窜，还抢饭吃。懒小伙子的母亲就捡了一些大石头回来，烧烫后放在锅边。猴子抢饭吃时，坐在石头上，被烫得嗷嗷乱叫，屁股上的毛被烫掉。从此以后，猴子的屁股不再长毛。佚名讲述，和法宝记录。收入《普米族故事集成》，32开，3页，1300余字，中国民间文艺出版社1990年版。

（杨照辉）

猴子、老熊和布谷鸟的故事

普米族动物故事。流传于云南省兰坪白族普米族自治县普米族地区。讲述的是：很早以前，有一对善良的普米族夫妇，养育着两个儿子。丈夫死后，母子三人陷入了困境。在青黄不接时，母亲为了活命，将两个儿子带到深山老林里，让他们靠摘野果维持生活。二十一天后，她讨来一小袋青稞面，准备送去给儿子吃，却发现他们已变成猴子和老熊，根本不认识她。绝望的母亲呼天唤地。突然一声雷响，她变成了一只布谷鸟。从此以后，每当青稞抽穗后，布谷鸟就"布谷布谷"地叫着，告诉人们收割的季节到了。佚名讲述，李松发记录。收入《普米族故事集成》，32开，2页，1000余字，中国民间文艺出版社1990年版。

（玉罕娇）

老鼠为什么吃粮食

普米族动物故事。流传于云南省宁蒗彝族自治县普米族聚居区。讲述的是：从前，有个妖精经常出来吃人。一个名叫格洛的小伙子打制了一把长刀，决意要为民除害。一天，妖精又出现了，早有准备的格洛挥舞着长刀迎战。不一会儿妖精就败下阵来。它跑到岩洞前，说了声"开"，洞门随即打开，它立即闪进洞里。尾随而来的格洛刚钻进洞，洞门就关上了，他被关在妖洞里。后来，一只老鼠让他抓住自己的尾巴，把他带出了妖洞。为报答老鼠的救命之恩，格洛同意让它到自己种的地里吃粮食。从那以后，老鼠就不愁吃的了。郭茨里讲述，殷海涛记录。收入《普米族故事集成》，32开，2页，800余字，中国民间文艺出版社1990年版。

（杨照辉）

牵牛鼻子的来历

普米族动物故事。流传于云南省兰坪白族普米族自治县普米族地区。讲述的是：古时候，山神老爷召集各种动物开会，专门商讨生产、生活问题。会上，人提出三日吃一餐饭的建议，山神老爷同意了。他派牛到天上把开会的结果汇报给玉皇大帝。牛的记性不好，到天上后，竟把三日一餐说成一日三餐。玉皇大帝就按照牛的汇报，给人间规定一日三餐的生活习惯。人们责怪牛传错了话，便用绳子穿它的鼻子牵着拉犁，以便生产更多的粮食。佚名讲述，和法宝记录。收入《普米族故事集成》，32开，2页，400余字，中国民间文艺出版社1990年版。

（杨照辉）

猫想老家

普米族动物故事。流传于云南省兰坪白族普米族自治县部分普米族地区。讲述的是：古时候人们以树皮为衣、以草根为食，生活得十分艰辛。天神希嘎很同情人类，就派麻雀将包谷、小麦、燕麦、青稞、花荞、苦荞的种子送给人们栽种，让他们有了粮食。老鼠偷偷从天上溜了下来，专门偷吃粮食。天神很生气，就派猫到人间将老鼠捉回。猫到人间后，很快就咬着老鼠回到天上。它才到天门口就高兴地大喊："老鼠捉到了！"结果老鼠就从它的嘴里掉到凡间。天神见猫没捉回老鼠，就罚它重回人间捉鼠，捉完后才准上天。因为老鼠有了戒心，总是躲着猫。猫没法捉完老鼠，只能在睡觉时偏着头，睁着一只眼仰望天空，思念老家。杨连章讲述，和善全整理。收入《普米族故事集成》，32开，2页，810字，中国民间文艺出版社1990年版。

（龙江莉）

猫狗结怨

普米族动物故事。流传于云南省兰坪白族普米族自治县部分普米族地区。讲述的是：从前有个叫阿黑的穷小伙子，一次打中了树上的一只小鸟，小鸟掉进富人家荒废的院子。他进去捡时，发现里面有一个金娃娃。他按了一下金娃娃的头顶，下面就掉出许多金粒，从此他过上了富裕日子。穷伙伴阿佳听说此事，就向阿黑借金娃娃。阿黑慷慨地借给了他，他却想把金娃娃占为己有。阿黑家的花猫和黑狗决定为主人拿回金娃娃。它们分了工，黑狗在门外引出阿佳家的黄狗，花猫进屋去拿金娃娃。黑狗在门外跟黄狗对咬起来，花猫趁机溜进了阿佳家。它发现金娃娃被锁在柜子后，就捉来老鼠，让它们咬开柜子取出金娃娃。阿黑见花猫抱回金娃娃，就做了好吃的喂它。黑狗要与花猫分享美食，花猫不让，黑狗一气之下咬死了它。从那以后，猫、狗就成了仇敌，狗一见猫就咬住不放。佚名讲述，周元昌搜集、整理。收入《普米族故事集成》，32开，3页，1000字，中国民间文艺出版社1990年版。

（龙江莉）

蛙鹿赛跑

普米族动物故事。流传于云南省宁蒗彝族自治县普米族聚居区。讲述的是：一只饥饿的鹿子从河边经过，看见一只刚跳上岸的青蛙，便说和它赛跑，谁赢了便可把对方吃掉。青蛙识破了鹿子的阴谋，就要求比赛必须在河里进行，而且跑在前头的一方要大喊一声。鹿子欣然同意。青蛙以回家换鞋为借口，钻到水底，召集了很多同伴，安排它们沿途对付鹿子，就和鹿子一齐跳进河里比赛。鹿子跑了一阵后，以为把青蛙远远地甩在了后边，便抬头大声喊："我跑在前头，要吃你了。"它的话音未落，前面响起青蛙的声音："我在前头呢，我要吃你了！"鹿子拼命向前冲，但它每次喊话，青蛙总在前面答应。它始终没有跑到青蛙前面，最后精疲力竭，瘫倒在河里死了。佚名讲述，陈瑛记录。收入《普米族故事集成》，32开，2页，800余字，中国民间文艺出版社1990年版。

（杨照辉）

羊膝疤的来历

普米族动物故事。流传于云南省兰坪白族普米族自治县普米族地区。讲述的是：远古时代，人是用山羊来犁地的。山羊个头小，力气弱，一天下来犁不了多少地。一天，一群牛看见山羊双膝跪地拉犁的样子，觉得很可笑，说它太无能。精疲力竭的山羊便请牛大哥帮忙，身强力壮的牛答应了。人便把轭头架在牛身上，牛果然比山羊厉害。从此以后，人们就用牛取代山羊来犁地。山羊不再拉犁，但它双膝跪地拉犁时磨成的血疤一直都在。佚名讲述，和丽金搜集、记录。收入《普米族故事集成》，32开，2页，700余字，中国民间文艺出版社1990年版。

（杨照辉）

狗吃粮、猪吃糠

普米族动物故事。流传于云南省兰坪白族普米族自治县普米族地区。讲述的是：从前，有家人养了一只狗和一头猪。粮食不够吃，主人就让它们到草坝上开荒，并规定谁开出荒地谁就吃粮。老实的猪用嘴拱出了好大一块地；而狗却不干活，躲在一旁睡觉。收工回家时，狗让猪先走，然后在它拱过的地上来回奔跑，留下自己的脚印。见到主人，猪与狗都争着报功。主人无法判断谁说的是真话，第二天来到地里察看，发现都是狗的脚印，便决定让狗吃粮，让猪吃糠。杨作舒讲述，罗世保搜集、记录。收入《普米族故事集成》，32开，2页，1000余字，中国民间文艺出版社1990年版。

（杨照辉）

狗为什么撵獐子

普米族动物故事。流传于云南省宁蒗彝族自治县普米族聚居区。讲述的是：从前，狗不会撵獐子。一次，狗跟主人上山，主人去林中砍树做房板，让它在窝棚中守东西。不料，跑来一只獐子，踩翻了主人做午饭用的汤锅，把香味扑鼻的辣椒汤弄翻了。狗便扑向獐子，獐子夺路而逃。狗就闻着獐子脚印留下的汤味穷追不舍，把它撵上了树。主人随后赶到，将獐子打死了。从那以后，狗就会撵獐子了。熊次里讲述，曹红文、殷海涛记录。收入《普米族故事集成》，32开，2页，700余字，中国民间文艺出版社1990年版。

（杨照辉）

鸡狗喝水为什么与众不同

普米族动物故事。流传于云南省宁蒗彝族自治县普米族聚居区。讲述的是：远古时代，地上没有沟渠河流，人畜饮水都困难。有一天，人想出挖沟引水的办法，召集动物来商量，大家都表示同意。牛、马、猪、羊等都来挖沟了，只有鸡和狗偷懒。经过千辛万苦，人和牲畜终于把水引到自己居住的山坡上。看见大家大口地喝着水，口干舌燥的鸡和狗也想喝，但其他动物齐声呵斥它们。狗申辩说，自己只是洗洗舌头，不饮水；鸡也申辩说，自己只是洗洗嘴巴漱漱口，说着仰面朝天，装作漱口的样子。直到现在，狗喝水总是用舌头舔，鸡喝水总是要仰脖子。曹乃主讲述，王震亚记录。收入《普米族故事集成》，32开，2页，500余字，中国民间文艺出版社1990年版。

（杨照辉）

蛇怕竹竿及五色土的来历

普米族动物故事。流传于云南省兰坪白族普米族自治县部分普米族地区。讲述的是：远古时，大地上有不少森林和洞穴。成千上万的蟒蛇与石头结为兄弟，白天出来吃人，晚上躲在石洞里睡觉。有个名叫阿纳的仙人，看到人们常遭威胁，便砍来一棵又粗又大的竹子，削成竹刀和竹箭，把竹刀插在蟒蛇经常出没的石洞口。蟒蛇闻到人的气息后爬了出来，结果被竹刀剖成了两半。它赶忙叫石头来帮忙。一块石头飞出来，滚过蛇身，让蛇体复合了。阿纳眼疾手快，赶紧射出竹箭，又把蟒蛇分成两半。石头准备来搭救，阿纳已抽出大刀将它砍得粉碎。杀死蟒蛇后，阿纳用蛇油烧起了大火，将石头烧成五色土；再把竹刀削成竹签，插在所有蟒蛇经过的路口。从此蟒蛇再不敢出来吃人了。杨四言、杨继宣讲述，施中林记录。收入《普米族故事集成》，32开，2页，950字，中国民间文艺出版社1990年版。

（龙江莉）

刺猬身上的刺是怎样来的

普米族动物故事。流传于云南省宁蒗彝族自治县普米族聚居区。讲述的是：古时候，世间妖魔横行，到处吃人，人越来越少。天神松节戈玛巴为了拯救人类，便号召所有动物团结起来对抗妖魔。几年后，妖魔基本被杀完了，只有两个妖婆逃进山洞躲了起来。松节戈玛巴拿出很多武器，悬赏勇士来除妖。刺猬自告奋勇地站出来，它把所有锋利的武器都扎在身上后，钻进了山洞，很快抓住了两个妖婆。看着洞中舒适的环境，刺猬不想出洞了。松节戈玛巴不见刺猬出来，便念了几句咒语后走了。从此刺猬就在洞里生活，它身上的兵器后来变成了锋利的刺毛。熊次里讲述，殷海涛记录。收入《普米族故事集成》，32开，2页，500余字，中国民间文艺出版社1990年版。

（杨照辉）

狼与绵羊

普米族动物故事。流传于云南省兰坪白族普米族自治县普米族地区。讲述的是：有一天，狼去吃牛，牛用角作武器，将它吓跑了。狼又去吃马，马用脚蹄抵挡，它又被吓跑了。狼接着去吃猪，猪用利牙作武器，它又灰溜溜地走开了。狼再去吃山羊，山羊说自己有牧人的保护，狼只好走开了。狼最后来找绵羊，绵羊温顺地听它摆布，最后被吃掉了。佚名讲述，和丽金搜集、记录。收入《普米族文学简史》，32开，2页，1000余字，云南民族出版社1996年版。

（杨照辉）

乌鸦变黑的由来

普米族动物故事。流传于云南省兰坪白族普米族自治县普米族地区。讲述的是：古时候，飞禽的羽毛都是白的。有一天，多嘴的乌鸦对寡言的箐鸡说："箐鸡呀，白羽毛太单调了，我们是不是找点颜料互相帮着涂涂？"箐鸡同意了。首先是乌鸦给箐鸡化妆。不到一袋烟的工夫，乌鸦就化完了。

轮到箐鸡给乌鸦着色，乌鸦一心想让自己变得更美，就不断唠叨说箐鸡的手艺太差。箐鸡很生气，随手端起黑颜料往乌鸦的身上泼去，乌鸦顿时浑身变得漆黑。它气得拍打着翅膀，准备痛打箐鸡一顿。可箐鸡早就溜进森林了。后来，它一直躲在深箐中，不敢露面。乌鸦找不到它，只好悲哀地"哇呀、哇呀"地叫。熊美珍讲述，杨照辉记译。收入《普米族文学简史》，32开，1页，500余字，云南民族出版社1996年版。

（杨照辉）

箐鸡与乌鸦

普米族动物故事。流传于云南省兰坪白族普米族自治县部分普米族地区。该故事讲述的是：箐鸡和乌鸦原本是一对亲密无间的好朋友，都长着一身雪白的羽毛。有一年春暖花开时，它们见百花五彩缤纷，便十分羡慕，想把自己的羽毛也画得绚丽多彩。它俩飞进森林里找了很多颜料。乌鸦先给箐鸡打扮。它非常认真地为箐鸡画了一身漂亮的羽毛。轮到箐鸡为乌鸦着色时，天色已晚。箐鸡就让乌鸦闭上眼睛，用黑色颜料胡乱地画了一气后，以采花为借口飞走了。第二天，乌鸦到河边一照，发现全身变成了黑色，伤心地大哭起来。从那以后，乌鸦就成了全身黑，箐鸡却五彩斑斓。它俩因此结下了仇，一旦遇上就要啄个你死我活。佚名讲述，和正雄搜集。收入《普米族故事集成》，32开，2页，890字，中国民间文艺出版社1990年版。

（龙江莉）

乌鸦唤青蛙

普米族动物故事。流传于云南省宁蒗彝族自治县部分普米族聚居区。讲述的是：青蛙和乌鸦本是好朋友，它们都有一套华丽的衣裳。有一次，乌鸦偷吃了龙王的仙桃，受到追问，它便编造谎言说青蛙也吃了。龙王不问真假，把它俩的漂亮衣服都收了回去，只留下乌鸦的黑色内衣和青蛙的花衬衫。青蛙和乌鸦也因此成了仇敌。有一天，青蛙正在石头上唱歌，乌鸦就飞下来将它抓到岩石上，准备美餐一顿。青蛙急中生智，说："吃青蛙肉要蘸着水吃才香，否则会得瞎眼病。"还说了很多赞美乌鸦的话，并告诉乌鸦，龙王听说它已改过自新，决定把漂亮衣服还给它，自己可以帮它去龙王那儿拿衣服。乌鸦听了信以为真，就放了青蛙，乐滋滋地等着重新穿上漂亮衣服。结果青蛙一去不复返。从此后，乌鸦便"哇哇"地叫，声音好像在召唤青蛙一般。次基讲述，何顺明记录。收入《普米族故事集成》，32开，3页，1120字，中国民间文艺出版社1990年版。

（龙江莉）

乌鸦与啄蜂鸟

普米族动物故事。流传于云南省兰坪白族普米族自治县部分普米族地区。讲述的是：乌鸦不会过日子，妻子坐月子了，家里却什么也没准备。它只好向啄蜂鸟借来一袋米、一只火腿，侍候妻子。但它不守信用，借了东西不还，甚至连装米的袋子也占为己有，一直挂在李子树上。后来每年李子成熟时，树上就会长出一个小袋子。啄蜂鸟也因此与乌鸦结下了仇，一见它就喊："米袋！肉腿！"佚名讲述，和昆花搜集。收入《兰坪民间故事集成》，32开，2页，480字，云南民族出版社1994年版。

（龙江莉）

喜灵雀与乌鸦

普米族动物故事。流传于云南省宁蒗彝族自治县普米族聚居区。讲述的是：每当春天来临，喜灵雀就把推屎虫当做"耕牛"，让它早早把地犁好。有一年，乌鸦前来借推屎虫，喜灵雀同意了。不料，犁完地后，它将"耕牛"杀掉吃了。喜灵雀十分难过，于是扑向乌鸦，要讨还"耕牛"。直到现在，喜灵雀见到乌鸦就追着叫："还我犁牛！还我犁牛！"坎列讲述，殷海涛记录。收入《普米族故事集成》，32开，1页，200余字，中国民间文艺出版社1990年版。

（杨照辉）

喜鹊、乌鸦与清泉

普米族动物故事。流传于云南省兰坪白族普米族自治县普米族地区。讲述的是：从前，有一对恩爱夫妻，过着清贫的日子。有一年大旱，夫妻俩因饥饿而发愁，发生了第一次争吵。妻子一气之下，背上吃奶的娃娃，带上最后一碗炒面，拉着家里仅有的一头母猪，朝着遥远的娘家走去。路上她口干舌燥，连炒面都咽不下去。孩子已饿得哭不出声，母猪也喘着粗气直吐白沫。为找水源，她将娃娃放在树阴下，把母猪拴在一边，只身前行。走了很远，她终于找到一条小溪。当她返回时，发现娃娃已变成一只喜鹊，母猪则变成了乌鸦。悲痛欲绝的她向苍天哀叹道："做人做在树尖尖，喜鹊窝头娃娃哭，母猪变了乌鸦去，我化清泉供穷人。"她话音刚落，便撞死在一棵大树下，那里立即出现一潭泉水，后来供来往的路人及动物饮用。杨正文讲述，施中林记录。收入《普米族故事集成》，32开，3页，1600余字，中国民间文艺出版社1990年版。

（玉军娇）

公鸡报仇记

普米族动物故事。流传于云南省兰坪白族普米族自治县普米族地区。讲述的是：公鸡、母鸡和小鸡同吃同住，过着温饱平安的日子。一天清早，公鸡外出觅食，途中遇到一只狐狸。狐狸打听到只有母鸡和小鸡守家后，便和公鸡道了别。傍晚，公鸡满载着山珍野味回到家，发现母鸡和小鸡不见了。它请来木棒、针、瓦片和大马蜂等几位朋友，找了许多地方都找不到。后来它们一致认为是狐狸干的坏事，于是分头准备，决定为母鸡和小鸡报仇。不久，想吃公鸡的狐狸又来了。瓦片把烫灰洒在它脸上。它逃到鸡窝时，又被针扎了两针。接着它又遭到木棒一顿暴打，被马蜂蜇，被公鸡追着啄。最后狐狸从屋顶跌落下来，摔死了。佚名讲述，和法宝记录。收入《普米族故事集成》，32开，2页，700余字，中国民间文艺出版社1990年版。

（杨照辉）

箐鸡借花衣

普米族动物故事。流传于云南省宁蒗彝族自治县普米族聚居区。讲述的是：从前，布谷鸟有一套漂亮的衣服，而箐鸡只是一身灰黑。箐鸡对布谷鸟羡慕不已。一天，它以要去舅舅家做客为借口，向布谷鸟借衣服穿，并许诺将从舅舅家带些米饭来酬谢。布谷鸟同意了。可箐鸡有借无还。布谷鸟非常生气，整天追着它要衣服，嘴里还不停地喊道："苏补！苏补！"箐鸡自从骗到布谷鸟的衣服后，一头躲到山洞里，再也不敢出来。佚名讲述，和学良记录。收入《普米族故事集成》，32开，2页，800余字，中国民间文艺出版社1990年版。

（玉军娇）

野鸡的脸为什么是红的

普米族动物故事。流传于云南省兰坪白族普米族自治县普米族地区。讲述的是：从前有一对兄弟，哥哥很富有但非常吝啬，舍不得给弟弟一针一线。弟弟仅有一块地，有一年种出来的庄稼被山上的动物吃光了，他绝望地大声痛哭。一位白发苍苍的老者来到他面前，问明情况后，便教给他一个发财的招。弟弟按照老人的吩咐，别上一把小刀，伸直四肢倒在地里装死。前来偷吃庄稼的野鸡、箐鸡、猴子和斑鸠把他抬到山洞里。他拔出小刀一阵乱刺，把猴子和斑鸠吓跑了。他发现洞里堆满了金银财宝，便装了一袋准备回家。正要出洞时，野鸡和箐鸡冲过来啄他，他顺手给了野鸡一巴掌，恰好打在它的脸上。所以后来野鸡的脸一直都是红的。和光泽讲述，和仕长记录。收入《普米族故事集成》，32 开，2 页，700 余字，中国民间文艺出版社 1990 年版。

（杨照辉）

大画眉鸟的由来

普米族动物故事。流传于云南省兰坪白族普米族自治县部分普米族地区。讲述的是：很早以前，有个普米族姑娘非常能干，一天能缝十三套嫁妆。九十九家富有的神王都来求亲，但她一家也没答应。因为她心中早有了意中人——一个贫穷但勇敢的小伙子。姑娘出嫁的那天，母亲对她说，离开娘家之后不能再回头，否则就会遭到曾经求过亲的黑风神王的报复。姑娘走到半路时，突然想到自己忘了带篦子，就回头喊母亲。结果一阵龙卷风将她卷到了悬崖上。新郎请来了祭师，用丰盛的酒肉恳求黑风神王将新娘归还她。上祭品时，有个馋鬼前来作祟，偷吃了一点祭食。黑风神王发现祭品很少便大怒，又卷走了姑娘。姑娘悲愤之极，毅然变成一只美丽的大画眉鸟飞走了。和丽梅讲述，李玉生收集。收入《普米族故事集成》，32 开，2 页，530 字，中国民间文艺出版社 1990 年版。

（龙江莉）

多情的翠绿鸟

普米族动物故事。流传于云南省兰坪白族普米族自治县普米族地区。讲述的是：从前有位美丽的姑娘，爱上了本村的小伙子李桂阳。后来，她被财主看上了，被迫做了他的小老婆。姑娘在财主家很想念李桂阳，于是骗财主说要回家看望父母。财主同意了，但暗地派了一个丫环监视她。在回家的路上，姑娘到河边饮水，可恶的丫环不怀好意，将她推下河淹死了。不久，姑娘的灵魂变成了一只翠绿鸟，不停地叫唤着"李桂阳"。佚名讲述，阿炳记录。收入《普米族故事集成》，32 开，2 页，1400 余字，中国民间文艺出版社 1990 年版。

（杨照辉）

何蔚鸟

普米族动物故事。流传于云南省兰坪白族普米族自治县部分普米族地区。讲述的是：聪明漂亮的何蔚与母亲相依为命。十八岁她出嫁时，送亲的场面十分热闹，母亲也早早地为女儿准备了丰厚的嫁妆。迎亲队伍来到一座崖壁前，漫天的风沙把新娘的头发吹散了。她突然想起自己忘了带梳子，便向娘家方向张望。在她回头的那一瞬间，狂风大作，她被卷到了悬崖上。人们惊慌失措，赶紧请巫师来作法。巫师准备了丰盛的祭品，并虔诚地祈祷了一阵，山神便把何蔚放了下来。眼看新娘快要落地，巫师见自己作法灵验，一时很得意，便尝了一下祭品。山神见状大怒，又把何蔚卷上去了。巫师连祭了三日，但山神始终不肯回心转意。人们只好向新娘的母亲叙说了此事，并为何蔚作了道场以超度灵魂。一天早上，何蔚家屋头上飞来一只鸟，喊道："何蔚来了！何蔚来了！"人们便叫它"何蔚鸟"。杨继宣讲述，施中林记录。收入《普米族故事集成》，32 开，3 页，2020 字，中国民间文艺出版社 1990 年版。

（龙江莉）

跳蚤与虱子

普米族动物故事。流传于云南省宁蒗彝族自治县普米族聚居区。讲述的是：古时候，跳蚤与虱子是一家。一天，它俩煮了一锅肉后，上山去砍柴，并说好谁先到家，谁就吃那锅肉。跳蚤动作快，很快就砍好柴，背起来往家跳。可是它还没跳几步，身上的柴就散了。它只好重新捆。这样反复多次，就将时间耽误了。虱子将柴砍好以后，背起来稳步朝家赶。当跳蚤到家时，虱子已把肉吃光了，正在晒太阳。气愤的跳蚤便将锅抬起来砸在它的屁股上。从此，虱子的屁股上就有了一个黑印。品珠讲述，殷海涛记录。收入《普米族故事集成》，32 开，2 页，300 余字，中国民间文艺出版社 1990 年版。

（杨照辉）

人参的发现

普米族植物故事。流传于云南省兰坪白族普米族自治县普米族地区。讲述的是：从前，人们还不知道什么是人参。有一次，一个猎人上山打猎，被大雪困在一棵大树下。粮食吃完了，他很饿。正在焦虑时，他在树下看到一种叶子青翠根茎肥嫩的小草，就将它抖尽土后，拿到嘴里嚼吃充饥。不料，这小草不仅甘甜，还提神。雪化后，猎人下山将此事告诉了村民。于是人们就知道了人参可用来滋补身体。杨顺清讲述，和丽金记录。收入《普米族故事集成》，32开，1页，200字，中国民间文艺出版社1990年版。

（杨照辉）

庄稼与草的故事

普米族植物故事。流传于云南省兰坪白族普米族自治县普米族地区。讲述的是：庄稼在被人发现前，与草和睦相处，它们都长得很茂盛。后来，人们发现庄稼可以充饥，就大量采集它，而对草很冷落。于是草对庄稼怀恨在心，经常和它抢东西吃，还让它抬不起头。人觉得草太过分，便把它们铲除了。但草还是不断地长出来，遮住庄稼。佚名讲述，和丽金记录。收入《普米族故事集成》，32开，2页，700余字，中国民间文艺出版社1990年版。

（杨照辉）

燕麦种子的故事

普米族植物故事。流传于云南省兰坪白族普米族自治县普米族地区。讲述的是：清朝乾隆皇帝南巡时，曾来到普米族居住地。有一天，他碰到人们在扬燕麦。麦芒飞到他的脖子上，痒得他龙颜大怒，便命令普米人以后不要种燕麦，让它绝种。当晚，乾隆一行饥肠辘辘，便走进一户普米族人家。家里没有什么好吃的，主人便将烤在火塘边的燕麦粑粑拿给他们吃。乾隆觉得它又香又脆很好吃，便问是用什么做的。主人说这是燕麦粑粑。乾隆听后说："今天我将它咒死了，以后你们就重新将它烫活后下种吧。"从此以后，普米人种燕麦前，都将种子烫一下，否则种子不会发芽。佚名讲述。周元昌记录。收入《普米族故事集成》，32开，1页，600字，中国民间文艺出版社1990年版。

（杨照辉）

牵牛花的来历

普米族植物故事。流传于云南省兰坪白族普米族自治县普米族地区。讲述的是：古时候没有耕牛，老百姓犁田翻地都靠人工。有一对相依为命的兄弟，靠父母留下的烂田薄地过日子。有一年眼看播种节令已过，兄弟俩山地迟迟翻不完，便心急如焚。突然一阵狂风吹过，一位手持金杖的白发老翁从空中降下，告诉他们说，自己是天公派来的。接着，他送给兄弟俩一朵喇叭花，让他们在第二天黄昏时到村后的山坳里吹响它，就会有一百头牛出现。他还叮嘱说，如果牛群中有一头牛牵不动，就不要去强拉它，否则会丧命。兄弟俩照做了。他们和村人牵走了九十九头牛，轮到最后一头，无论人们怎么拉都拉不动。兄弟俩为了多拉回一头牛，便忘记了老翁的叮嘱，使劲去拉。结果那头牛吼叫着跑出了山凹，顷刻间两座大山合拢，紧追其后的两兄弟再也没有出来。从那以后，人间就有了耕牛。为了纪念牵牛的弟兄俩，人们就称喇叭花为牵牛花。杨五发讲述，黄金妹记录。收入《普米族故事集成》，32开，2页，600余字，中国民间文艺出版社1990年版。

（杨照辉）

三、长诗歌谣

（一）创世歌和古歌

帕米查哩

普米族创世史诗。流传于云南省宁蒗彝族自治县普米族聚居区。该古歌由"采金光""洪水滔天""青蛙舅舅""寻找仙女""勇杀魔王""英雄选亲""天神的考验""种子的由来"八个章节组成。歌曲唱述在遥远的古代，天上没有日月星辰，地上没有花木鸟兽，天地黑茫茫。在离海边很远的地方，居住着一户普米族人家，有四个哥哥和一个妹妹。为照亮天地，四哥和妹妹去东方采金光，遇上了一个白发奶奶。老奶奶给妹妹一把火把，要她白天出去照明；又给哥哥一朵白花，要他晚上出去照亮大地。从此，天上就有了太阳和月亮。后来洪水泛滥，只剩下老三一个人，又被女妖吞食，幸亏有青蛙相助，才捡回性命。为繁衍后代，老三去找天神木多丁巴，娶天神的三女儿为妻。三女儿从天上带来了动植物的种，人们才学会了种庄稼养牲畜。尔千次里、熊巴光布、熊巴温独、熊巴将楚等唱述，汤格·萨甲博翻译，李理记录整理。收入《普米族歌谣集成》，32开，47页，1056行，中国民间文艺出版社1990年版。

（杨照辉）

洪水滔天

普米族创世歌。流传于云南省宁蒗彝族自治县普米族聚居区。该古歌唱述了普米族先民在洪水时代后如何创造了语言；又如何从雷电中得到了火；如何从蚂蚁、蜜蜂、孔雀、黄鼠狼、蜥蜴、钻山鼠、蜘蛛、鹦鹉、猴王那里模仿到了分时耕耘、储藏食物、建筑纺织、穿着打扮；又如何与藏民杂居，与纳西族和汉族先民为邻，向他们学食物加工等等。反映了普米族先民古代的社会生活，和他们与藏族、纳西族、汉族先民的交往。佚名唱述，杨学政记录，杨照辉翻译。收入《普米族文学简史》，32开，7页，124行，云南民族出版社1996年版。

（杨照辉）

金锦祖

普米族创世歌。流传于云南省兰坪白族普米族自治县普米族聚居区。该古歌唱述了普米族狩猎时代的英雄金锦祖的成长过程以及他拯救苍穹日月、人间万物的丰功伟绩。歌曲一开始即描述了天地人类所面临的灾难：一只凶恶的马鹿让生灵颤抖，让星辰无光，让大地倾斜，人间变成了"黑森森的地狱"。谁来制止恶魔施威？谁来挽救陷入绝境的天地万物？接着歌曲描述了英雄金锦祖的诞生和成长：他从青石里出来；他"拳头大的眼睛要看穿世界"；他"山神一样的本领要救生灵"；他"要把破损的天补牢""要把斜倾的地顶平""要把作恶的马鹿杀掉""要让人间万物蓬勃兴旺"。最后歌曲描述了金锦祖以威力无比的本领战胜了恶鹿："第一箭射穿了鹿心，第二箭射穿了鹿肝。""金锦祖挖出了鹿的眼睛，星星就眨眼了。金锦祖割下鹿的耳朵，月亮露出了白白的笑脸。金锦祖砍下了鹿头，太阳跳出了山头。金锦祖用马鹿的皮子，补牢了破碎的天角。金锦祖用马鹿的腿子，顶住了倾斜的大地。金锦祖将鹿血洒向万物，草木山林有了生气。金锦祖翻出了马鹿的肠子，大箐小沟有了潺潺流水。金锦祖将鹿毛撒向田野，五谷结出了金子……金锦祖把鹿肉分给人们，人们重新得到了力量。"显然，歌曲塑造了普米族狩猎时代的一个理想的、完美的英雄形象，成为普米族先民力量的代表。此歌引起读者关注的还有一点，即一向被人们认为善良温驯的马鹿，为什么在此歌中却成为凶残无比、恶力无边的灾星。和国法唱述，李玉生翻译，张鹏云整理。收入《普米族歌谣集成》，32开，7页，167行，中国民间文艺出版社1990年版。

（岩林）

日月开天地

普米族创世歌。流传于云南省宁蒗彝族自治县普米族聚居区。该古歌以问答的形式唱述："把天开成九块的是太阳的子孙，把地分成八方的是月亮的女儿，最先开荒种地的是竹鼠兄弟，最先起房盖屋的是斑鸠的后代，最先传来种子的是狗的后裔，最先剪羊毛的是白绵羊的儿孙，最先找到普米十三节骨头的是枣骝马的儿子，最先来宁蒗定居的是普米四兄弟。"反映了普米族祖先迁徙到宁蒗的历史过程。熊焦花唱述，熊胜祥记录。收入《普米族歌谣集成》，32开，1页，16行，中国民间文艺出版社1990年版。

（杨照辉）

人从哪里来

普米族创世歌。流传于云南省宁蒗彝族自治县普米族聚居区。该古歌唱述远古时候女人不会生孩子，她们完全像今天的男人一样；那时孩子是由男人生，但生下来的孩子体小力弱，长到十三岁才有兔子大。"女人怨男人没本事，从此就由女人来生娃娃，女人生的娃娃长得快，十三岁就长成了大人。能盘田种地，能修房盖屋，从此一代传一代，人类得以繁衍。"反映了古代普米族女权思想与男权思想的斗争。品珠唱述，殷海涛记录。收入《普米族歌谣集成》，32开，2页，41行，中国民间文艺出版社1990年版。

（杨照辉）

曹直鲁衣和泽里甲姆

普米族创世歌。流传于云南省宁蒗彝族自治县普米族聚居区。该古歌唱述了普米族祖先曹直鲁衣和泽里甲姆兄妹分别从相反方向去找伴侣，结果走到了一起。他们找神仙指点，神仙让他们从山上向下滚磨盘，分别到不同的方向去放羊，分别到不同的山上烧篝火，说如果两人滚下的磨盘合拢、两个羊群跑拢、两堆篝火的火烟相缠，两人就可以成亲。结果这些情况一一出现，他们就成了亲，生下了许多孩子。但由于他们内心感到羞耻，就去求神仙要求变为日月。神仙就让妹妹泽里甲姆做了太阳，哥哥曹直鲁衣做了月亮。马光全唱述，杨照辉记译。收入《普米族文学简史》，32开，4页，77行，云南民族出版社1996年版。

（杨照辉）

起源歌

普米族古歌。流传于云南省宁蒗彝族自治县普米族聚居区。该古歌唱述了普米族的诞生，和普米族先祖往南迁徙，直到到达"碧雾布赤同"（意为雄伟俊秀的大山。对于此山地处何处，目前还没有确切的考证），普米族先祖的四个儿子，便在这架山的四座山梁上分别安家。歌中唱道："老大分到第一座山梁上，这座山上住着许多老虎，虎山这支人后来就姓胡。老二分到第二座山梁上，这座山上住着许多马，马山这支人后来就姓马。老三分到第三座山梁上，这座山上住着许多老熊，熊山这支人后来就姓熊。老四分到第四座山梁上，这座山上长满了草，草山这支人后来就姓曹。"歌中还说，相互通婚的胡马熊曹四大家族延续到了如今。古歌篇幅虽小却很完整。在此还须提及的是，此歌描述的普米族诞生地与史学界曾作为定论的"普米族是从青藏高原迁徙而来"有很大不同。尔千次里唱述，胡尔千翻译，李理记录。收入《普米族歌谣集成》，32开，2页，36行，中国民间文艺出版社1990年版。

（岩林）

普米四兄弟

普米族古歌。流传于云南省宁蒗彝族自治县普米族聚居区。该古歌流传较广，一般在节日活动中都能听到老艺人的唱述，曲调古朴，描述形象生动，叙事流畅。该古歌唱述了普米族的祖公曹直鲁衣和普米族的祖母泽里甲姆原是兄妹，后来之所以成亲为一家，是因为得到神仙的指点。神仙说，如果兄妹俩分别从山上将两扇石磨滚下来，石磨还是合拢；两人分别把两群羊儿往东、往西赶，最后羊儿还是合成一群；两人点两股山火，分别向东向西烧，最后还是连成一线，那么兄妹就该结婚。这三种情况都出现了，这样，哥妹俩听了神仙的话结为夫妻。成亲后他们生了四个娃娃。"哥妹让四个儿子，分别爬到四座山上。老大爬上北方的山，老二爬上南方的山，老三爬上西方的山，老四爬上东方的山。"老大说藏语，老二说摩梭语，老三说普米语，老四说汉语。"普米四兄弟，成了四种族。一代传一代，和睦又相亲。"和品初唱述，殷海涛记录。收入《普米族歌谣集成》，32开，6页，100余行，中国民间文艺出版社1990年版。

（岩林）

普米四家族

普米族古歌。流传于云南省宁蒗彝族自治县普米族聚居区。主要是唱述了普米族四个家支的来历。该歌开头唱道："祖先有来源，普米有古规，汉族唱山歌，普米唱古礼。"这里的"古礼"，指的就是有关普米族历史的歌谣。每逢婚丧嫁娶或过年过节，普米族艺人都要唱起古礼，让人们不忘先祖，牢记历史。熊焦花唱述，熊胜祥记录。收入《普米族歌谣集成》，32开，2页，14行，中国民间文艺出版社1990年版。

（岩林）

普米的古礼从哪里来

普米族古歌。流传于云南省宁蒗彝族自治县普米族聚居区。该古歌唱述了普米族先民学会纺织、耕地、建房、种谷的过程。歌中唱道："远古又远古，我家母亲是胡家的姑娘，普米的古礼是她创造的。没有母亲纺麻织布的手艺，身上穿的衣服怎么传下来……没有父亲犁田的本领，人们劳作耕耘怎么传下来。远古又远古，斑鸠是建房师傅，普米的起房盖屋是它教会的，没有斑鸠的传教，普米的木楞房怎么传下来……没有白绵羊的指引，人死后怎能送到祖先发源的地方……没有黑母狗的功劳，谷种怎么能传下来。"熊焦花唱述，熊胜祥、熊永祥记录。收入《普米族歌谣集成》，32开，2页，25行，中国民间文艺出版社1990年版。

（杨照辉）

迁徙歌

普米族古歌。流传于云南省永胜县普米族聚居区。该古歌唱述："很古很古以前，我们普米的祖先，从遥远的地方，搬迁到高高的老虎山下。就像树枝分杈，根在一处；就像江河流淌，源在一头；就像人手五指，长在身上。普米的子孙哟，来自一个地方。"反映分居各地的普米族人都来自一个祖先。佚名唱述，张顺彩搜集，殷海涛、杨曾烈记录。收入《普米族歌谣集成》，32开，2页，12行，中国民间文艺出版社1990年版。

（杨照辉）

巴扎贤赞

普米族古歌。流传于云南省兰坪白族普米族自治县普米族聚居区。"巴扎贤"是传说中的一种神树。该古歌唱述了巴扎贤十次结金果的过程中，前面九次偷吃金果的猎神、龙王、老牛、野马等先后中毒腹泻。然后它们分别服用不同的药才得以转危为安。这让人们了解了兽医兽药知识,使家禽、牲畜饲养得到发展。歌中唱道:"当你第十次金果熟了的时候,一百颗金果子在枝头交相辉映。金马鹿赶来为你起舞祝贺……金凤凰赶来为你高唱赞歌……还是殷诚的金马鹿被你看中,于是你把神奇的金果子送了一颗给它,从此,巴扎贤的金果子留下了九十九颗。"杨学盛、杨自秀唱述,施中林记录。收入《普米族歌谣集成》,32开,6页,112行,中国民间文艺出版社1990年版。

(杨照辉)

(二)史诗和叙事歌

支萨甲布

普米族英雄史诗。流传于云南省宁蒗彝族自治县普米族聚居区。这是英雄传说《冲格萨甲布》的韵文体。该史诗唱述:支萨甲布在降妖伏魔时战死,老婆被魔王抢走。他的儿子冲格萨甲布继承父志,在神的帮助下,历经千辛万苦,闯入魔窟,杀死了魔王。歌中唱道:"魔王气断命已亡,甲布母子喜若狂,暗黑的天地变明亮,凋萎的山花吐清香。小溪欢笑着流向大海,小鸟嬉戏着自由飞翔……甲布接回了生母,与欢聚一堂。从此世间除尽魔怪,从此普米享受安康。"史诗中有些情节与藏族史诗《格萨尔王传》相同,说明《格萨尔王传》对普米族《支萨甲布》有影响。和品初、光布唱述,殷海涛、杨曾烈记录整理。收入《普米族歌谣集成》,32开,30页,700余行,中国民间文艺出版社1990年版。

(杨照辉)

克里与戈桑

普米族叙事长诗。流传于云南省宁蒗彝族自治县、永胜县等地的普米族聚居区。该史诗唱述:一对结婚多年的恩爱夫妻喜得一对男双胞,大哥叫克里,弟弟叫戈桑,克里聪明,戈桑老实。父亲去世后,母亲偏爱克里,嫌弃老实的戈桑,分家时只分给戈桑一只瘦狗。戈桑靠狗耕地,过上丰衣足食的生活。黑心的母亲和哥哥两个人却很快就坐吃山空。母亲叫克里去借戈桑的狗来耕地,但狗不听克里使唤,被克里打死。戈桑把死狗抬到房前埋葬。过了五年,狗坟上长出一棵结满金银的竹子,戈桑从此发了财。克里学着弟弟去摇狗坟上的竹子,却摇下羊屎落头上,气得他拔刀把金竹砍断。戈桑用金竹编了一个鸡笼养小鸡:"从此鸡满院,分给全村人,大家都喜欢。"克里又借去鸡笼,可放进去的鸡非但不成群,反而全死掉,克里火冒三丈,一把火将鸡笼烧成灰烬。戈桑又把灰捧回家,撒在瓜地上,结出的南瓜大如房。戈桑躲在大瓜里,又被偷瓜的猴子抬到山中。戈桑从猴子的住地得到许多金银,他把金银分给穷乡亲。克里又学弟弟的样子躲在大瓜中,却被偷瓜的猴子摔死在悬崖下。温都、光布唱述,殷海涛记录。收入《普米族歌谣集成》,32开,33页,726行,中国民间文艺出版社1990年版。

(杨照辉)

神奇的花鸟

普米族叙事长诗。流传于云南省宁蒗彝族自治县普米族聚居区。这是一部不寻常的爱情叙事诗,它反映了普米族男女青年对爱情的忠贞和对自由恋爱的追求。该史诗唱述:离现在很远的时候,一个早失双亲的孤女金玛,与养母一家生活在一起。虽然养母是金玛母亲的亲姐,但金玛却饱受她的冷眼和虐待,痛苦地熬过了一年又一年。在她十八岁的时候,不知道是上天的匹配还是一种缘分,她与头人家的儿子岩珠相恋了。由此,两颗纯洁的心相互抚慰着,相互温暖着。可在那个等级分明的社会里:"贫穷人家的姑娘,怎能和头人的儿子成亲?"丑恶的养母也处心积虑地想把自己的亲生女儿嫁给岩珠。她为达到罪恶的目的,竟以残忍的手段害死了可怜的金玛姑娘。至死不忘岩珠的金玛,化作美丽的花鸟,在高高的天空呼唤着勇敢善良的岩珠,在头人家的院墙外悲哀地诉说自己爱情的不幸。失去爱情和恋人的岩珠，不顾家人的反对和阻拦，他沿着花鸟的呼唤和悲鸣，苦苦追寻。在九座大山和九条大江的前面，在高耸入云的悬崖上，他看见了花鸟，他英勇无畏地扑向远去的花鸟……在人间不能美满结合的一对恋人，终于以死抗争，化作一对花鸟双双自由飞翔。长诗在赞美坚贞爱情的同时，也对封建的等级、礼教制度进行了沉痛的控诉。阿格光布、品珠唱述，殷海涛记录整理。收入《普米族歌谣集成》，32开，13页，262行，中国民间文艺出版社1990年版。

（岩林）

冗坑

普米族叙事长诗。流传于云南省兰坪白族普米族自治县普米族聚居区。"冗坑"是普米语的译音，意为给羊子。这是一首唱给死者的长歌，在普米族葬礼中起着举足轻重的作用，规模较大，共分36折（段落），每折有不同的主题，如：一折唱述要为祭司洁净珊瑚珠，二折唱述给祭司和帮腔人挂红珠串作记号，三折唱述洁净笾桌口袋土罐等祭器，四折交代给亡灵的铺盖、行李、路费，五折唱述割木碗十三刀作记号，六折唱述供一桌点心并交代酒面等吃食，七折唱述洁净羊子，八折交代羊子的状况，九折唱述给羊结毛十三道作记号，十折唱述割羊角十三刀作记号，十一折教导亡灵度过春夏秋冬、风雨霜雪，十二折教导亡灵对付邪魔妖怪的办法，十三折给亡灵交代羊心的好处，十四折唱述祭一桌饭菜，十五折唱述割死者衣服、行李十三刀作记号，十六折唱述在棺材上撒麦粒作记号，十七折交代吃食、盘缠、行李。唱词的内容，从普米族游牧祖先由北往南的迁徙历史，到普米族各个历史时代的生产方式和生活方式都有所涉及。歌谣以反复的嘱托和绵长而亲切的诉说，把生者对死者的哀思表达得淋漓尽致。和正殿提供手抄本，李玉生翻译，和学胜、和善全、杨冬生、杨灿恒、李曜文协助翻译，和启泰校译，张鹏云、李玉生整理。收入《普米族歌谣集成》，32开，61页，1500余行，中国民间文艺出版社1990年版。

（岩林）

熊巴佳佳和他的伙伴

普米族叙事歌。流传于云南省宁蒗彝族自治县普米族聚居区。该古歌唱述：年轻的熊巴佳佳与一群普米族伙子被征去当兵，到远方去打仗。在激烈的战斗中，伙伴们都牺牲了，只有熊巴佳佳一个人幸免于难。歌中唱道："残酷的战争结束了，幸存的佳佳，将要孤独地回故乡……佳佳临走的头晚上，伙伴们的灵魂来了，化作一只小鸟歇在桃树上。这精灵汇成的小鸟，请生前的亲密伙伴，带一个口信回到家乡。"反映出普米族人民追求和平的真诚愿望。熊绿英、熊达次里、胡尔千唱述，李理记录整理。收入《普米族歌谣集成》，32开，9页，156行，中国民间文艺出版社1990年版。

（杨照辉）

罐罐山的来历

普米族叙事歌。流传于云南省宁蒗彝族自治县普米族聚居区。该古歌唱述：兄弟俩各自告别怀孕的妻子，相约去印度取经。在返家途中的一天傍晚，他们走到一处日开暮合的大竹林中。这里有巨大的蚊子和蚂蚁，哥哥躲进竹子中，弟弟没有来得及躲进去，就被啃吃了。第二天哥哥从竹子中走出来准备回家，可总是走不出竹林，经一只小鸟提示，他将弟弟的十三节骨头拾起来才走出大竹林。快到家时，他将骨头埋在一棵香柏树下。十三年后，弟弟的遗腹子长到十三岁，就找大伯问询父亲的情况，大伯把他领到香柏树下，把当年的惨景告诉他。接着歌中唱道："儿子听了大伯的话，对着骨头直磕头，捧着骨头喊阿爸。儿子连忙跑回去，抱来家里最珍贵的土罐，拿来家里最珍贵的食物，把阿爸的骨头重新盛装。骨头罐子装好了，又重新埋在柏树下。从此年年去磕头，传下了送老的家法。"尔千次里、熊巴尔汝唱述，李理记录。收入《普米族歌谣集成》,32开,23页,600余行,中国民间文艺出版社1990年版。

(杨照辉)

赌钱调

普米族叙事歌。流传于云南省兰坪白族普米族自治县普米族聚居区。歌谣按一月到十月的顺序演唱。该古歌唱述:一个赌棍从他如何学赌钱开始,详细唱述他的赌博经历:最初,他赢了一些钱,之后竟不顾父母的教育和老婆的劝告,从三月清明赌到四月栽秧,从五月端阳节赌到七月半,一直赌到十月入冬,结果输了家产当了老婆,弄得家中五离四散,自己只好逃荒。歌谣历数了种种赌钱的丑态,告诫人们千万不能赌博。和阿昌唱述,杨照辉记录整理。收入《普米族文学简史》,32开,2页,40行,云南民族出版社1996年版。

(杨照辉)

(三)仪式和习俗歌

祭锅庄

普米族仪式歌。流传于云南省宁蒗彝族自治县普米族聚居区。"锅庄"是普米族安放在火塘边的一块石头,是祖宗、神仙的象征。祭"锅庄",即祭祖宗、神仙。每逢节日或祭祖敬神时候,普米族老人都要朝"锅庄"烧香、祈求、祭拜。日常生活中,人们每天喝茶、饮酒之前也必先敬献给"锅庄"。这类祭拜活动,无论是简单的,还是隆重的,都很庄严且充满神奇色彩。祭"锅庄"调有短有长,短则几句,长则可吟唱几小时。这首祭"锅庄"调是较长的一首,它包含丰富的内容。普米族传统观念认为,祖宗、神仙高于一切,只有祭拜了祖宗、敬献了神仙,才能把吉祥、福气招进来。在这首歌唱词中,就体现了这一点。该仪式歌唱道:"没有开头就没有结尾,没有从前就没有现在。普米祖先留下的真理,时时照亮着后代的心窝。"接着,恭敬地祈求祖宗、神仙,让"田地肥沃,禾苗根深,苗棵壮实,麦穗沉甸。丰收再丰收,年年都丰收"!让"高山草坪上,牦牛成群跑;山间竹林里,绵羊成群跑;山坡弯路上,骏马成群跑;绿草水潭里,肥猪成群跑"。歌的最后一段唱道:"庄稼不要受灾害,牲畜不要染瘟疫,人们不要得病痛。所想的都做到,所盼的都实现。保佑人间太平,保佑人类永安!央古依央泽泽(衬词,表示财富已招进来)——"这首祭"锅庄"调在宁蒗彝族自治县托甸一带普米族群众中很有影响,而且也是具有典型性、内容较完整的一首祭祀歌。品珠唱述,殷海涛记录。收入《普米族歌谣集成》,32开,11页,250行,中国民间文艺出版社1990年版。

(岩林)

祭三脚

普米族仪式歌。流传于云南省兰坪白族普米族自治县普米族聚居区。祭三脚,即祭火塘上铁铸的三脚架,这是普米族煮饭烧火及烘烤食物时用的支撑器。如同祭锅庄一样,每逢新的一年到来之时,普米族老人就要郑重其事地祭拜三脚神。该仪式歌唱道:"天上的神敬了,要祭地上的万物之神",祭"人畜生灵的保护神",祭"山川河流的保护神",祭各地的大小山神(数了很多山名)。要"用公鸡的毛祭","用公鸡的血祭","用公鸡的骨头祭","用公鸡的全身祭"。最后祭词又回到了祭三脚神。歌中这样唱道:"三脚火塘神,今天以后,请保佑我们安康,请带给我们幸福。让我们风调雨顺,五谷丰登。今天以后呵,我们对你更加崇敬。"在普米族信仰中,天神、地神、山神、水神、火神、树神、草神、鸟神、鱼神等万物之神,都是至高无上的神灵,是万万不能得罪的。同样,三脚架也是不能跨越、不能更换、不能敲打的;因为它是普米族的三脚神,火塘的神。和亚殿唱述,杨国良翻译,张鹏云整理。收入《普米族歌谣集成》,32开,4页,100行,中国民间文艺出版社1990年版。

(岩林)

祭柱子

普米族仪式歌。流传于云南省兰坪白族普米族自治县普米族聚居区。这首调子也叫《祭擎天柱歌》，在婚事中新娘家的歌手用串珠和酒食祭祀中柱时吟唱。该仪式歌唱道："家中的中柱是金柱子，金柱子上开金花，金花开放结金果，结出的金果要长寿。珠珠的价值无比贵重，珠珠的样子光彩夺目，串珠挂柱迎接妻子，是自古以来的礼俗。顶天的是金柱子，立地的是金柱子，赐给家中富裕的是金柱子，保佑人们生活的是金柱子，给人们吃喝的是金柱子，串珠挂柱到此结束，亲姑爷向舅爹舅妈叩头。"反映了普米族先民古代游牧生活时的帐篷杆崇拜转化为后来农耕时的中柱崇拜，以及过去普米族中曾经存在的姑表婚优先的婚俗特点。杨祖德、杨学盛唱述，杨照辉记译。收入《普米族祭祀歌》，32开，1页，17行，云南民族出版社1990年版。

（杨照辉）

敬祭调

普米族仪式歌。流传于云南省宁蒗彝族自治县普米族聚居区。此歌在过春节吃年饭前，由家长用酒食饭菜，祭祀象征灶神的铁三脚时吟唱。歌调先念及甘肃、青海境内的"格进哥里"山山神、"米井那瓦"山山神、"必欧宗里日"山山神，以及川西南的峨眉山山神、贡嘎山山神，云南的玉龙雪山与白马雪山诸山神；然后诵到本地区的司水之神龙子九兄弟与龙女七姐妹，以及马、熊、曹、胡四个氏族的各代祖先，请求他们在新的一年里保佑本地区人丁兴旺，庄稼丰收，牲畜增多。歌调反映了普米族的原始宗教和祖先崇拜观念。曹匹初唱述，杨照辉记译。收入《普米族祭祀歌》，32开，4页，68行，云南民族出版社1990年版。

（杨照辉）

转山歌

普米族仪式歌。流传于云南省宁蒗彝族自治县普米族聚居区。普米族人在转山节时，要杀一只公鸡敬献山神，杀鸡前要诵唱此歌。歌中唱道："金公鸡，金母鸡，银公鸡，银母鸡，派去东方的白雁回来了，派去南方的金黄天鹅回来了，派去西方的黑色花鸟回来了，派去北方的绿松石红嘴鸟回来了，派去大地中央的'公某归你子鸟'回来了……银元入箱，五谷装仓，黄牛配荒坡，白羊配草原，黑猪配沼泽。金公鸡，银母鸡，你威力无比，站起来能把十三层天顶住，低头卧下，你的翅膀能盖住神州大地。"反映了普米族传统的山神崇拜观念。熊焦花唱述，熊胜祥记录。收入《普米族歌谣集成》，32开，3页，62行，中国民间文艺出版社1990年版。

（杨照辉）

祭祖歌

普米族仪式歌。流传于云南省宁蒗彝族自治县普米族聚居区。这是一首唱述普米族祭拜祖先习俗的来历的歌。该仪式歌唱道：传说，远古的时候，普米族的一个孤儿拉算祖，在天上看到神仙死后，他的后代还为他举行了隆重的祭羊仪式，十分敬重他。拉算祖便想到，自己所在的人间的家乡，为什么不能照着这样做呢？于是，他又在"天上行了三年三月，地上走了三年三月，爬过九十九座山，越过九十九条河"，把天上的巫师电巴蝉南请到人间，为已故的祖先举行隆重的祭羊仪式："火塘右方金床上虎皮垫三层，火塘左方银床上豹皮垫三层，敬崇的电巴蝉南坐床上，念经磕头拜祭祖先。"由此，人们也懂得了应该这样做，以表达对祖先的怀念。每到祭祖时，普米族歌者就要满怀感激之情吟唱这支祭祖歌。熊焦花唱述，熊胜祥、熊永祥记录。收入《普米族歌谣集成》，32开，4页，66行，中国民间文艺出版社1990年版。

（岩林）

巴扎哩哩

普米族仪式歌。流传于云南省兰坪白族普米族自治县普米族聚居区。"巴扎"为树名，"哩哩"为调名普米族很喜欢唱这首歌。每年二月或八月，兰坪的普米族均要举行祭祀活动，既祭"巴扎"，也是祭天地。歌中唱道："哦——哩的哩——还在天和地混沌不分的时候，满目是大海滔天的巨浪。人无处栖息，兽无处藏身。山是倾斜的，日月是昏暗的。哦——哩的哩——一棵刚劲的巴扎哟，从大海的巨浪中长出。它分开了天和地，它拨正了天和地。巴扎的神威，压住了滔天巨浪。"歌谣还唱道，开花结果后的巴扎："向阳的一面，红得像火；背阴的一面，绿得像玉。它包含着智慧和诚实，它象征着兴旺和发达。它为天地增添光彩，它为生灵带来活力。"对于拯救天地人类、万物生灵的"巴扎"，普米族人民产生了无限崇敬，也就有了祭"巴扎"的习俗，有了巴扎哩哩这首歌。普米族通过祭"巴扎"（祭天地），来求得每一年的吉利安康。每次祭祀活动都要生祭一台，熟祭一台，仪式较隆重，而且有许多严格规定。唱完巴扎哩哩，祭礼活动即告结束。和正殿唱述，杨国良翻译，张鹏云整理。收入《普米族歌谣集成》，32开，5页，120行，中国民间文艺出版社1990年版。

（岩林）

拜龙调

普米族仪式歌。流传于云南省兰坪白族普米族自治县普米族聚居区。此歌在春节后的属龙日祭龙神时吟唱。春节后的属龙日，巫师用茶、酒、仙米粑粑、腊油腊肉、盐咸白米、牛羊乳汁作为祭品，拿到山泉龙潭边放好后，点香敬酒，开始祭祀公母龙神，并诵唱此歌。该仪式歌唱道："崇高的阿丝打希妈（母龙神），我们顶礼祈祷……人不能与妖魔同居，牲畜不能与野兽同行，庄稼不能与黑风交朋友哟……祝愿人间太平，祝愿人们安康。"反映普米族人传统的龙崇拜观念。和国法唱述，李玉生整理。收入《普米族歌谣集成》，32开，6页，120行，中国民间文艺出版社1990年版。

（杨照辉）

撵鬼词

普米族仪式歌。流传于云南省宁蒗彝族自治县普米族聚居区。按普米族的习俗，有人得病时，其家人要捏一具面偶，并从火塘里铲一板热火灰，将面偶放在火灰上，然后将面偶送到村外的山沟里，寓意撵走了鬼。送面偶时要念诵此歌。歌中唱道："火溜溜，火溜溜，肉上生疮的鬼，骨上生蛆的鬼，皮肤上出汗的鬼，脑袋发晕的鬼，肠子上生虫的鬼，肺上咳嗽的鬼……你这没有心的东西，你这没有肝的东西，人们被你折磨得好苦……今天叫你滚开！到很远的地方去，我们恨透了你！如果你不听劝告，再来破坏人间，我们将把你烧死。"反映了普米族人传统的鬼灵崇拜观念。阿格光布唱述，殷海涛记录。收入《普米族歌谣集成》，32开，4页，72行，中国民间文艺出版社1990年版。

（杨照辉）

喊福调

普米族仪式歌。流传于云南省宁蒗彝族自治县普米族聚居区。此歌在年节时唱诵。年节时，家长用筷子将新酥油点洒在锅庄台上，然后以此歌呼唤天地间各种神灵以及四面八方的祖先，祈求他们保佑，并降下福泽，让庄稼丰收，六畜兴旺，男女老少安康。歌中唱道："采采，采采！点一点给白发苍苍的老人，老人的黑毡氆衣穿在身上；点一点在大儿子身上，大儿子要骑上红马鹿远行……点一点给金子的扫帚上，点一点给银子的扫帚上，金银扫帚朝外转三转，把不吉利的东西扫出去，金银扫帚往外绕三绕，把吉祥的福气迎进来。点一点在银门上，点一点在金门上，今晚不吉利的东西进不了屋，明天也不能让喊到的福气跑出门外。"反映了普米族的多神崇拜观念。郭七斤唱述，石高峰、熊胜祥记录。收入《普米族歌谣集成》，32开，5页，110行，中国民间文艺出版社1990年版。

（杨照辉）

安慰死者的歌

普米族仪式歌。流传于云南省宁蒗彝族自治县普米族聚居区。普米族的葬礼十分庄重。此歌是葬礼上主祭人安慰亡灵的祭词，也称劝告歌。全歌可以分为三个段落，第一段，唱述死者去世后周围的悲凉景象，如："太阳突然不亮了，月亮突然不亮了，星星突然不亮，大地突然变黑。"第二段，告诉死者怎样走过阴界的漫漫路途。普米族人传说，人死去后感觉到的世界与活着的人是相反的。正如歌中唱道："太阳多灿烂，你却把太阳当作了月亮。""平坝子多好，你却把坝子当作了山沟。"所以要提醒死者走好。第三段，也是主要的一段，是对死者进行安慰，让死者在另一个世界安息。歌中说："'巴朵甲初'（大海湖泊）一天会干涸，'洗着'（坚硬大石）一天会裂开，'贡戈'（山名）山上的狮子一天会衰老。"所以人老了也自然会死去的。于是歌中又劝道："死去的人呵，你要想得开……不要留恋家乡，不要留恋亲人，跟着你的灵魂去，到那没有寒冷，到那没有痛苦的地方。"此歌唱、诵两种形式交替出现，即唱一节，吟诵一段，词语形象生动。和品初、和浓布唱述，殷海涛记录。收入《普米族歌谣集成》，32开，5页，80行，中国民间文艺出版社1990年版。

（岩林）

弹羊毛歌

普米族仪式歌。流传于云南省宁蒗彝族自治县普米族聚居区。普米族对死去的人要进行火化，并举行隆重的祭羊仪式。祭时，祭司一手拿弓，一手弄弦，边弹边唱此歌。歌中唱道："弯弓响三声，声似天上的老鹰叫，这个声音不是老鹰叫，是侄儿在为舅舅弹羊毛；弯弓响三声，就像老虎叫，它不是老虎的声音，是侄儿在为舅舅弹羊毛；弯弓响三声，就像豹子叫，它不是豹子的声音，是侄儿在为舅舅弹羊毛。"熊焦花唱述，熊胜祥、熊永祥记录。收入《普米族歌谣集成》，32开，2页，21行，中国民间文艺出版社1990年版。

（杨照辉）

献饭调

普米族仪式歌。流传于云南省宁蒗彝族自治县普米族聚居区。在普米族的葬礼中，死者的亲友要在出殡之前来向死者献饭，祭司把亲友所献祭品陈列在棺材旁，然后唱诵此歌。歌中唱道："你要看清楚，你要听明白！……不敬天上的神仙，不敬人间的山神，不敬地下的龙王，不敬阳间的妖魔。今晚呵，你远亲近邻……你的朋友老庚（朋友），都来给你敬献，献上世上最好的饭菜……你的亲戚，你的女儿，你的子孙，在给你敬饭……你要用双手接，你要用双眼看，你要记在心，回到阴间不要害人间！"和品初、和三农唱述，殷海涛记录。收入《普米族歌谣集成》，32开，7页，146行，中国民间文艺出版社1990年版。

（杨照辉）

指路调

普米族仪式歌。流传于云南省宁蒗彝族自治县普米族聚居区。此歌在死者火化之前由主祭人吟唱，主要内容是为死者指引回归祖先居住地之路线，希望其灵魂回到祖先居住地。该仪式歌唱道："起来了，醒来了！雄鸡已经叫了三遍，月亮要落坡了……今天你就要走了，到很远很远的地方去……路上咋个走，记住我的话，朝我指的路线走……来到山顶上，眼朝东方望，上方有条路，千万走不得……下方有条路，路上妖怪遍地，要喝你的血，千万不要走！中间有条路，路上鲜花芳香，就走这条路！"和品初、和三农唱述，殷海涛记录。收入《普米族歌谣集成》，32开，4页，

83 行，中国民间文艺出版社 1990 年版。

（杨照辉）

送魂调

普米族仪式歌。流传于云南省宁蒗彝族自治县普米族聚居区。此歌在将死者火化后吟唱，目的是为死者的灵魂指引回归祖先居住地之路。歌中唱道："属虎的老祖公啊！属牛的老祖母啊！你从这里启程，'子布河'干涸的一天，你到达'隐得多'……再往前走去，就到了'炎玛洋'，过了'炎玛洋'，翻过'直石干'，就到了'迟普洒'……钻过'雅多岩洞'，就到'布迟高劳补'……你把路线记清楚，稳稳当当朝前去，在那遥远的故乡，祖宗正把你呼唤。"吐鲁阿苏唱述，宗布泽仁翻译，李理记录。收入《普米族歌谣集成》，32 开，7 页，148 行，中国民间文艺出版社 1990 年版。

（杨照辉）

给绵羊（一）

普米族仪式歌。流传于云南省宁蒗彝族自治县普米族聚居区。此歌是祭司（韩规）在死者火化一年后的大年初一夜间，移动骨灰罐到高山岩洞之时，为死者祭羊时候唱诵的。全歌由"给绵羊""给路"两段组成。"给绵羊"告诉死者，绵羊如何优良干净，已用青蒿、杜鹃树叶、冷杉叶烟熏过，有爪、蹄的动物没有动过它，家中老小都来欢送死者归宗，并将绵羊送给他骑乘等。"给路"告诉死者，从永宁出发，通过温泉，通过盐源，通过木里谷川，通过贡嘎山，到雄巴拉祖先故地去。反映了普米族先民迁徙进入今永宁地区的过程。曹匹初唱述，杨照辉记译。收入《普米族祭祀歌》，32 开，3 页，55 行，云南民族出版社 1990 年版。

（杨照辉）

给绵羊（二）

普米族仪式歌。流传于云南省维西傈僳族自治县普米族聚居区。此歌由祭司在给死者祭羊时唱诵。由"给绵羊""指路"两段组成。"给绵羊"告诉死者：他（她）去世的时间是好年头、好光景、好日子，家里的人送他（她）一只用冷杉、杜鹃树叶烟熏干净的白绵羊（女性送白母绵羊）作为坐骑，希望他（她）骑上绵羊去归宗。接着"指路"，从本县攀天阁村开始，通过本县五区"多那谷"地方、"阿喜周"地方，丽江新主、石鼓，然后进入木里县境内。反映了维西攀天阁一带的普米族人的祖先崇拜和绵羊崇拜观念，以及他们的祖先古代从木里迁入的迁徙路线。熊世光唱述，杨照辉记译。收入《普米族祭祀歌》，32 开，3 页，24 行，云南民族出版社 1990 年版。

（杨照辉）

师峨调

普米族仪式歌。流传于云南省宁蒗彝族自治县普米族聚居区。这是托甸一带普米族在将死者送上山的头天晚上吟唱的挽歌。主要是表达人们对死者的深切哀悼，在开头和尾声还有不能忘记人类的由来，不能忘记祖先等内容。这正是师峨调的一个特点——在送走死去的人的同时，也祈求善良的祖先保佑一方平安，保佑普米族吉祥、幸福。独口品珠唱述，殷海涛记录。收入《普米族歌谣集成》，32 开，8 页，170 行，中国民间文艺出版社 1990 年版。

（岩林）

认亲歌

普米族习俗歌。流传于云南省兰坪白族普米族自治县普米族聚居区。普米族是一个能歌善唱的民族，生活中，他们喜欢用歌声来倾诉心里的希冀，就是在礼仪活动中也是如此。这支认亲歌中这样唱道："高高的青岩山上，是我可爱的家乡。我沿着山路走来，一路开满金花银花，什么地方这样美丽，是不是到了认亲的地方？站在山梁上仔细听，这方传来了唢呐声。我沿着声音走来，看见嬉闹人群从身边穿过，什么事情这样热闹，是不是到了亲家的门前？"歌词质朴清亮，给人一种亲切感，与认亲的主题也很相融。佚名唱述，李玉生记录，殷海涛校正。收入《普米族歌谣集成》，32开，1页，18行，中国民间文艺出版社1990年版。

（岩林）

迎客调

普米族习俗歌。流传于云南省兰坪白族普米族自治县普米族聚居区。此歌以主人（舅舅）与客人（外甥们）问答的形式对唱，表现了普米族的亲情关系及走亲访友的习俗。主人问："我们这里在远古的时候，就有了好客的美德。你们从很远的地方来到这里，是有事来找我们商量？"客人答："我们的规矩习惯，形成在舅舅家居住的地方。翻山越岭来到舅舅家，这是乌鸦领的路……舅舅家的大门金光闪闪，银光耀眼……这是一道吉祥的大门。让我们住到舅舅家里吧！"和正芹唱述，罗世保记录。收入《普米族歌谣集成》，32开，3页，77行，中国民间文艺出版社1990年版。

（杨照辉）

客气歌

普米族习俗歌。流传于云南省维西傈僳族自治县普米族聚居区。这是请客过程中，客人跨入房屋的时候主人向客人唱诵的歌，表示对客人的热情。歌中唱道："今天把你请来，我家没有好酒好肉，喝一碗青茶，解解一路上的辛劳；吃一坨蜂蜜，除掉满身汗水；尝一碟牛奶，打起精神好摆谈。"表现了米族人对客人的诚挚和热情。王琼璧唱述，殷海涛记录。收入《普米族歌谣集成》，32开，1页，8行，中国民间文艺出版社1990年版。

（杨照辉）

礼物歌

普米族习俗歌。流传于云南省宁蒗彝族自治县普米族聚居区。普米族在逢年过节和婚丧嫁娶中均有送礼的习俗，"礼物歌"即在送礼时唱诵，唱词只表达某种意思，并非描述实际要送的东西。此歌以自问自答的形式唱述送礼对象和所送礼物。歌中唱道："给天的礼物是什么？是三千颗星星。给地的礼物是什么？是九百个石头。给父亲的礼物是什么？是形似老鸹翅膀的黑毛褂子。给母亲的礼物是什么？是印有吉祥图案的丝绸衣。给姐姐的礼物是什么？是三尺长的珍珠玛瑙项链。"熊焦花唱述，熊胜祥记录。收入《普米族歌谣集成》，32开，2页，17行，中国民间文艺出版社1990年版。

（杨照辉）

新年歌

普米族习俗歌。流传于云南省宁蒗彝族自治县普米族聚居区。腊月二十九这天是普米族的新年。在这天，普米族的歌手要唱新年歌。忠厚的普米族人在这首歌中首先表达的是对祖先的敬重和怀念："每当新年来临，锅庄布置很庄严。"然后唱道："人们用松枝蘸着净水，洒遍大地，洒向蓝天。洒遍大地，祝今年五谷丰登，洒向蓝天，祝子孙后代健康；祝福的语言像水珠一样闪亮，句句都使人满意心甜。"从歌里，我们还可以感受到节日的气氛，如："火塘的左边摆着金杯，那是男人起坐的地方；火塘的右边摆着银碗，那是女人起坐的地方。佳节的欢乐盛满金杯银碗，全家老小挤在火塘边诉说心愿。"这是普米族的一支传统的新年歌。胡尔千次里唱述，胡尔千翻译，事民记录整理。载《山茶》，16开，1页，40行，1982年第4期。

（岩林）

春节歌（一）

普米族风俗歌。流传于云南省宁蒗彝族自治县普米族聚居区。这是一首春节时唱的喜庆的歌。普米族人过春节时，全家团圆，欢聚一堂，听老人讲古礼，听歌手唱古歌。在这不寻常的热闹气氛中，人们更觉亲爱和睦，心中充满了祝愿和希望。歌中唱道："到了春节这一天，香炉摆在锅庄前，香炉里面烧炷香，香烟袅袅上青天。香烟飘到天左边，遇着舅舅拜个年。香烟飘到天右边，遇到外侄笑开颜。春节到来这一天，神案上摆着红铜碗。铜碗里面装满干净水，用青松蘸水洒四方。净水洒到天空中，后代子孙得发达，净水洒到土地上，人财昌盛更兴旺。春节到来这一天，海螺镶在火塘边，海螺发光闪闪亮，上面摆着金杯银碗。金杯里装满酥里玛（自酿的美酒），洒向锅庄敬神仙。银碗里装满猪膘肉（又名琵琶肉），老人吃了把寿延。春节到来这一天，老人心里有希望；全家老小在一起，像鱼在碗里大团圆。春节到来这一天，年轻人心里有希望；全村男女在一起，手挽手来跳锅庄。"此歌内容广泛，生动形象。胡尔千次里唱述，胡文清翻译，陈瑛记录。收入《普米族歌谣集成》，32开，3页，52行，中国民间文艺出版社1990年版。

（岩林）

春节歌（二）

普米族风俗歌。流传于云南省宁蒗彝族自治县普米族聚居区。歌中唱道："香烟在木房上飘扬，火塘里闪着金光，火塘边围挤着幸福的人儿，在这美好的日子里，我们把遥远的祖先怀念。没有过去，就没有现在。没有开头，就没有结尾。没有真理和信念，就无法翻过重重高山。没有勤劳和勇敢，就不能越过穷苦的深渊。靠真理和信念，能达到黄金的彼岸。有勤劳和勇敢，西宁骏马能配上金鞍……普米祝福又歌赞，真理和信念随火花在飞溅，酒满碗，茶满罐，欢跳锅庄迎春天。"词句中透出深刻的哲理。和品初唱述，殷海涛记录。收入《普米族歌谣集成》，32开，2页，50余行，中国民间文艺出版社1990年版。

（岩林）

过年歌

普米族习俗歌。流传于云南省宁蒗彝族自治县普米族聚居区。此歌在过年时诵唱。歌中唱道："日子过了一天又一天，孩子已经长大成人；日子过了一月又一月，年轻人已经长得强壮……吉祥的日月来到这里。神台上碧绿的青松已开满鲜花……香炉里升起了袅袅的香烟。敬上两碗清凉的青茶，供上两杯圣洁的清水，传统的佳节来到了，普米山乡一片欢欣的气象。"熊焦花唱述，石高峰、熊胜祥记录。收入《普米族歌谣集成》，32开，2页，17行，中国民间文艺出版社1990年版。

（杨照辉）

说亲调

普米族习俗歌。流传于云南省宁蒗彝族自治县普米族聚居区。此歌是上门求亲的人唱给姑娘的爹妈听的，大多是赞美的话，如："舅舅（普米族攀亲时对对方的尊称）家的人品自古就好，舅舅家的姑娘个个都美。"用语很动听入耳，讨对方欢心。但这样的语言并非只出于礼节，同时也是求亲人心迹的真诚坦露。在赞美姑娘家的同时，求亲人还会说说己方小伙子的不足之处，唱道："可惜我家那小了，不会做人手脚笨。"可以说，这是一种聪明而又谦虚的表达。品珠唱述，殷海涛记录。收入《普米族歌谣集成》，32开，1页，8行，中国民间文艺出版社1990年版。

（岩林）

求亲歌

普米族习俗歌。流传于云南省兰坪白族普米族自治县普米族聚居区。这是一首具有浓郁民族色彩，展现传统风俗的求亲歌。歌中，求亲者与主人一问一答，幽默而坦率地交换了双方的想法和看法，也自然而然地交流了双方的真实情意。智慧较量的背后只有一个目的，那就是歌中唱道的那样："骏马奔跑是为了寻找草地，马鹿撒欢是为了痛饮甘泉；山鹰翱翔是为了觅食，蜂子采花是为了酿蜜;求亲人说尽甜言是为了拿走手上的银镯。"这首歌的每段开头都有一两句独特的比喻,充分展现了传统求亲歌的特点。杨顺昌唱述,李玉生翻译,张全发搜集。收入《普米族歌谣集成》,32开,5页,86行,中国民间文艺出版社1990年版。

(岩林)

天亮调

普米族习俗歌。流传于云南省兰坪白族普米族自治县普米族聚居区。此歌一般是接亲当天由男方家的歌手在天亮前主唱,以表明希望新娘嫁到婆家后勤劳操持家务。歌中唱道:"像牛一样大的大红公鸡,已经在屋梁上喔喔啼叫了!勤快的家主婆已经早早起来,左手点着明亮明亮的明子火,右手握起系着玉佩的钥匙串,忙着开柜取物催人下床……天亮星已经上来,黑暗的天快要亮了!房背后那块宽宽的木板桥上,牲口挤着过桥的脚步声也听着了。"和国鹏唱述,施中林采录。收入《中国歌谣集成·云南卷》下,16开,1页,19行,中国ISBN中心2003年版。

(龙江莉)

嫁女调

普米族习俗歌。流传于云南省兰坪白族普米族自治县普米族聚居区。此歌在接亲队伍来到之前,由新娘的母亲向女儿唱诵。歌中唱道:"我的姑娘哟,远方的金铃响了。接亲的马队快到了,不要为离开爹妈而悲伤,不必为离开弟妹而悲伤……到婆家后,对长辈要有礼貌,迎宾待客要热情大方,要学会织毛裁衣的本领,将温暖洒满亲人的心房。"杨祖德唱述,季志超米记录。收入《普米族歌谣集成》,32开,4页,73行,中国民间文艺出版社1990年版。

(杨照辉)

出嫁歌

普米族习俗歌。流传于云南省维西傈僳族自治县普米族聚居区。此歌表现了母亲对出嫁的女儿的难分难舍之情。歌中唱道:"小鸡长大了,离开鸡妈妈去生活……小狗长大了,离开母狗去撑山;小姑娘长大了,离开阿妈出嫁到远方;姑娘离开了家门,阿妈在后面一天想三次,愿在他乡生活美满,永把故乡的爹娘思念。"和元春唱述,王琼璧、殷海涛记录。收入《普米族歌谣集成》,32开,2页,18行,中国民间文艺出版社1990年版。

(杨照辉)

开门调(一)

普米族习俗歌。流传于云南省宁蒗彝族自治县普米族聚居区。此歌是在普米族婚礼仪式活动中唱的。举行婚礼的前三天,去新娘家过礼的媒人会被主人锁在一间屋子里。屋内还锁着主方的一位歌手,他要唱锁门调为难媒人,媒人则要用开门调来对答。歌中唱道:"东方一把海螺钥匙,神奇的海螺钥匙呀,为了善良的媒人,已把海螺锁自动打开。南方一把珍珠钥匙,吉祥的珍珠钥匙呀,为了辛劳的媒人,已把珍珠锁自动打开。西方一把黄铜钥匙,灿烂的黄铜钥匙呀,为了忠厚的媒人,已把黄铜锁自动打开。北方一把白玉钥匙,纯洁的白玉钥匙呀,为了好心的媒人,已把白玉锁自动打开。中间一把金子钥匙,高贵的金子钥匙呀,为了挨骂的媒人,已把金子锁自动打开。"如果媒人以动听而诚挚的歌赢得了主方的称赞,守门的姑娘就会连忙开门放人;反之,就得去向新娘的父母敬酒或送礼钱,求得宽恕才能脱身。尔千唱述,李理记录。收入《普米族歌谣集成》,32开,2页,40行,中国民间文艺出版社1990年版。

(岩林)

开门调(二)

普米族习俗歌。流传于云南省宁蒗彝族自治县普米族聚居区。普米族婚礼活动中有一个不可缺少的仪式：当接亲队伍来到新娘家大门前时，面对紧闭的两扇木门，随同来接亲的歌手首先放声高歌催促女方开门。然后门里门外双方即一问一答，唱起饶有趣味的开门调。歌中唱道："（守门人）我们家居住的地方，侄儿侄女们来的路上，放着一条牛。牛在路上走，牛虻来咬它，牛被牛虻咬跑了，这回你们找不到牛了。告诉你们，你们要进舅舅家的门，不交盘路钱，一切都会像梦一样，牛再也找不到了，你们再也进不了舅舅家的门。（开门人）我们来的路上，舅舅家放着一条牛，牛角上挂着一串珍珠，耀眼夺目可亲可爱。珍珠自有珍珠的美容，我们自有我们的本领。我们已带了一把金钥匙，来打开珍珠的大门。打开了珍珠的大门，打开了珍珠的金锁，欢乐就在舅舅家里，幸福就在舅舅家里。"这是一首传统特色浓厚的开门调。其实，索要盘路钱只是婚礼仪式里的一个内容，更主要的是人们想通过对唱开门调的活动，为婚礼增加喜气洋洋的气氛，同时欣赏歌手的才华。和正芹唱述，罗世保记录。收入《普米族歌谣集成》，32开，6页，150行，中国民间文艺出版社1990年版。

（岩林）

关门开门歌

普米族习俗歌。流传于云南省永胜县、宁蒗彝族自治县等地的普米族聚居区。此歌与"开门调（二）"的演唱环境、形式相类似。婚礼中，当接亲人来到女方家时，女方家即抬一张桌子拦住去路，然后与接亲人对唱关门开门歌。先由女方问，后由接亲方答，一问一答，很有特点。如果接亲方对答不上，或答错、走调，那女方家就会把接亲方的主唱人关在一间小屋里，待到第三天才准许他返回。如果接亲方对答如流，顺利地唱完全歌，主人家就会迎接他们进门来，并迎进堂屋，热情招待，宾主双方亲如手足，同欢同乐，共祝一对新人美满结合。这首歌中，女方歌手问：

"西方山上有山羊，山羊嘴巴像玛瑙。玛瑙地方的姑娘们，手拿玛瑙锁，锁了玛瑙门，三天早上，接亲的人们走不成。"接亲方歌手答："西方山上有山羊，山羊嘴巴像玛瑙。玛瑙地方的小伙子，手拿玛瑙钥匙，开了玛瑙门，三天早上，接亲的人们高高兴兴走得成。"和兴文等唱述，殷海涛记录。收入《普米族歌谣集成》，32开，3页，70行，中国民间文艺出版社1990年版。

（岩林）

小妹明天要出嫁

普米族习俗歌。流传于云南省兰坪白族普米族自治县普米族聚居区。这是普米族即将出嫁的姑娘在离别家园，告别亲人、乡亲和年轻伙伴们的前夜所唱的歌。姑娘在歌中诉说了心中依依不舍的留恋之情——恋家园，恋父母，恋乡亲，恋伙伴……她期盼离别之前的夜晚更长些。接着，姑娘又描绘了她和家人离别时的场景。歌中唱道："阿妈转过身子，阿爸低下了头，阿姐不愿望我，阿弟呆呆站着，离别的眼泪，像雨水打湿了脸庞。"最后，歌中唱道："待到满山花儿开，远方的小妹回家转。"可见姑娘的眷恋之情是多么深厚。李玉生唱述，殷海涛记录。收入《普米族歌谣集成》，32开，2页，29行，中国民间文艺出版社1990年版。

（岩林）

接亲调（一）

普米族习俗歌。流传于云南省兰坪白族普米族自治县普米族聚居区。这支接亲调以一问一答的对歌形式演唱，像流水一样顺畅，显示了普米族民间歌手丰富的生活知识和熟练的演唱技能。此歌的内容主要分为两大部分。第一，女方家很想知道接亲人是受了哪些亲友的嘱托而来，更想知道男方亲家的诚意和情意。正如他们在歌中唱道："世间最纯洁的是银子，世间最亲密的是兄弟……世间最珍贵的是黄金，世间最难得的是真心。"他们认为真心实意比金子银子更贵重，比珊瑚玛瑙更灿烂。第二，当女方家看到接亲方送来那么多贵重的礼品时，表示也想进行相应的回赠，愿意送"一匹玉点好骏马""一头紫红大母牛"，白羊黑羊随便挑。最后接亲方说出了真正想要的宝贝，唱道："只要你家的鸽子配成双。"表达了想要接走新娘的急切心情。和国法唱述，张鹏云、李玉生记录。收入《普米族歌谣集成》，32开，4页，93行，中国民间文艺出版社1990年版。

（岩林）

接亲调（二）

普米族习俗歌。流传于云南省宁蒗彝族自治县普米族聚居区。接亲是普米族婚礼中的重要仪式活动之一。此歌在男方即将要把新娘接走时由女方主婚人吟唱。歌谣描述了新娘即将跟着接亲人离别父母兄弟时的复杂心情，以及对家园的依恋。歌中唱道："辛勤的花朵，就要摘走了；养育成人的姑娘，就要领走了……送个洁白的海螺，在家祭祖先时把它吹响；送包艳丽的花籽，在春雨洒来时让它开放；送头膘壮的犁牛，在播种时节让它耕耘；送双虎皮制作的鞋子，在寒冷时温暖阿爸的脚；送件丝麻缝制的百褶裙，在吹风时给阿妈挡风霜；送把精制的弩弓，让兄弟在森林里追捕豺狼。"委婉动听，情深意长。阿格光布唱述，殷海涛记录。收入《普米族歌谣集成》，32开，2页，28行，中国民间文艺出版社1990年版。

（岩林）

打开亲家的锁

普米族习俗歌。流传于云南省宁蒗彝族自治县普米族聚居区。普米族婚礼中有一种有趣的风俗：男方接亲队伍正准备接着新娘返回时，女方家却把新娘藏起来了。按风俗，男方代表必须用歌声劝说女方家人打开东西南北四把锁，才能带着新娘起程。歌中唱道："西边山上去安套，西边山上安绳套什么？安绳套住一只大山羊。仔细看了山羊头，不是羊头是玉石头，玉石家儿女们拿着玉石锁，上锁难来开锁易。东边海螺家儿女们，拿着海螺钥匙，打开了海螺锁。西边玉石家儿女们，拿着玉石的钥匙，打开了玉石的锁。"唱词形象生动，句与句之间的衔接也很紧凑。次里戈若唱述，和学良记录。收入《普米族歌谣集成》，32开，2页，30行，中国民间文艺出版社1990年版。

（岩林）

四面山上安绳套

普米族习俗歌。流传于云南省永胜县普米族聚居区。此歌与流传在宁蒗彝族自治县普米族聚居区的"打开亲家的锁"比较相似，应该是迎亲过程中唱的歌。因为歌词不是直接表达意思，所以不太容易理解。也正因为这样，"四面山上安绳套"这类习俗歌就显得特别的古老、朴实和具有地方特色。马有清唱述，张顺彩记录。收入《普米族歌谣集成》，32开，2页，16行，中国民间文艺出版社1990年版。

（岩林）

娶亲歌

普米族习俗歌。流传于云南省宁蒗彝族自治县普米族聚居区。按普米族风俗，娶亲人来到新娘家，要打开四把"锁"方能进门。这四把"锁"就是新娘家的唱歌高手设置的难题。开"锁"实际上就是娶亲人一方的歌手和新娘家送亲人对歌的过程。如果接亲方歌手解决了对方的难题，获得女方家人的认可，就可以顺利地接走新娘了。否则，接亲方笨拙的歌手就要被女方家扣到第三天。在这首娶亲歌的末尾，接亲方歌手唱道："你家的地盘金银妆饰，天上地下的房门都被锁上。我们拿起金钥匙，东南西北的金银锁全打开！"波波唱述，张金云记录。收入《普米族歌谣集成》，32开，3页，40行，中国民间文艺出版社1990年版。

（岩林）

锁门调

普米族习俗歌。流传于云南省宁蒗彝族自治县普米族聚居区。普米族婚礼中,待新娘离开娘家后,娘家人要将来接亲的男方家的媒人锁在一间屋子里,然后由一位歌手唱诵此歌。歌中唱道:"东方一把海螺锁……南方一把珍珠锁……西方一把黄铜锁……北方一把白玉锁……中间一把金子锁……把媒人锁在这屋头了。媒人的舌头九股岔,骗走了我家一朵花,五把宝锁锁住你,看你能从门槛下爬?"媒人须唱述婚嫁的古规礼俗,才会得到主人家的"谅解"。佚名唱述,李理记录。收入《普米族歌谣集成》,32开,2页,24行,中国民间文艺出版社1990年版。

(杨照辉)

请客歌

普米族习俗歌。流传于云南省宁蒗彝族自治县普米族聚居区。此歌一般由主婚人在婚礼中唱述。歌中唱道:"啊,以哝,这喜庆的日子,是二十八座吉星带来的……侄儿到了舅舅家,舅舅家的火塘边摆好了金子方桌,金子桌上放着铜锣锅,铜锣锅上放着玛瑙珍珠,金子镶的木碗上放着银筷子。客人们把空心长竹一头放入酒罐内,醇酒就像锅里的美味醉心房。"表现了在吉祥喜庆的日子里,亲友相聚在一起的热闹场面和大家的喜悦心情。郭七斤唱述,熊胜祥、熊永祥记录。收入《普米族歌谣集成》,32开,2页,24行,中国民间文艺出版社1990年版。

(杨照辉)

聚谈调

普米族习俗歌。流传于云南省兰坪白族普米族自治县普米族聚居区。此歌是姑娘在出嫁前诵唱的。歌中唱述了父母的生养之恩,感谢爷爷奶奶和外公外婆对自己无微不至的关爱,感谢哥哥姐姐弟弟妹妹在自己成长过程中给予的帮助,并且说给每人送上一件礼物以表谢意。歌中唱道:"你们翻的是高高的山岭,你们过的是深深的箐沟……难得的聚会啊,感谢你们的盛情。请接受我们的诚意……尊敬的家族老人!敬爹爹一顶羊毡篷帽,敬阿妈一张暖和的绵羊皮,祝你们的晚年,像毡帽羊皮一样充满温暖!"杨顺昌唱述,和亮宣记录,张鹏云整理。收入《普米族歌谣集成》,32开,4页,85行,中国民间文艺出版社1990年版。

(杨照辉)

果碟调

普米族习俗歌。流传于云南省兰坪白族普米族自治县普米族聚居区。此歌是接亲队伍到新娘家后,新娘家用果碟招待客人时唱诵的。歌中唱道:"哩的哩,天上的星星已经出齐,东边山口最明亮的是七星姊妹。地上的火塘已经点燃,中间那堆最热烈的是兴旺的火神。这一天是美的日子,这一刻是吉祥的时辰……哦,在舅舅住的地方,到处都开满了含笑的向阳花。向阳花呵,结满了颗粒饱满的向阳籽。千万颗籽结成一颗心,千万颗籽呵摆在舅舅的桌上……该把辞别酒送出来了,启程的马该备鞍了。"歌词中显现了普米族过去的姑表婚风俗留下的遗迹。和顺昌唱述,和亮宣记录,张鹏云整理。收入《普米族歌谣集成》,32开,5页,94行,中国民间文艺出版社1990年版。

(杨照辉)

祝福词

普米族习俗歌。流传于云南省宁蒗彝族自治县普米族聚居区。普米族婚礼中,当新娘即将跨出娘家门槛时,要由司仪激情洋溢地向新娘唱诵祝福词。歌中唱道:"神奇的海螺锁打开,美丽的新娘走出来,采采!采采!你看,在这吉祥的日子里,龙王派人送海螺来了。送吉祥来的队伍,正行走在海螺山上……美丽的新娘哟,请接受吉祥的祝福吧!在这吉祥的时刻,你一跨过这道门槛,你一生的福气,像海螺一样圣洁,像金子一样高贵,像玛瑙一样美丽,像宝石一样耀眼,像天空一样高远，像大地一样广阔，像太阳一样温暖。"尔千唱述，宗布泽仁翻译，李理记录。收入《普米族歌谣集成》，32开，11页，176行，中国民间文艺出版社1990年版。

（杨照辉）

祝福调

普米族习俗歌。流传于云南省宁蒗彝族自治县普米族聚居区。在普米族婚礼中，当新郎家接到新娘后，要由司仪为新郎新娘唱诵祝福歌。歌中唱道："天上的月亮，有星星相伴；高峻的山峰，有白云相随；人间的男女，要结成姻缘。你俩要像月亮和星星，风里同行云里跟，你俩要像林中的画眉，清早同欢夜同眠。天塌下来，要一起去顶；地裂开了，要一同去填。"品珠唱述，殷海涛记录。收入《普米族歌谣集成》，32开，2页，18行，中国民间文艺出版社1990年版。

（杨照辉）

祝愿歌

普米族习俗歌。流传于云南省宁蒗彝族自治县普米族聚居区。在普米族热烈而又隆重的婚礼庆典上，能说会唱的媒人，要用动听的歌声向一对新人衷心祝愿。这首歌有两个主要内容，首先是对新娘的赞美，歌中唱道："在那珊瑚般的地方，盛开着五彩缤纷的鲜花。这美丽芬芳的花朵，就是新娘独玛。在那碧玉般的地方，盛开着乳白色的鲜花。这圣洁绚烂的花朵，就是新娘独玛。在那金子般的地方，盛开着金黄色的花朵。这吉祥富贵的花朵，就是新娘独玛。"以富于民族特色的比喻，把勤劳贤良的新娘的形象勾画得十分生动。第二个内容，是代表老人和亲人的美好祝福，歌中唱道："海螺花为你们盛开，吉祥如意福满门。松柏为你们搭青棚，良缘佳偶万年春。青山为你们架金桥，千年恩爱情意深。高山为你们搭云梯，天长地久永相依。江河为你铺玉路，白头到老同甘苦。酥油灯你俩来点燃，肝胆相照永和睦。火塘里火花齐跳动，相敬如宾暖心田。亲朋贵客齐祝愿，屋里屋外笑开颜。"佚名唱述，潘秉正记录。收入《普米族歌谣集成》，32开，4页，70余行，中国民间文艺出版社1990年版。

（岩林）

祭中柱

普米族习俗歌。流传于云南省兰坪白族普米族自治县普米族聚居区。此歌在婚礼中举行祭中柱仪式时由主婚人唱诵。歌中唱道："一朵美丽的鲜花开在舅舅家里，一朵洁白的鲜花开在舅舅家里，她等着有缘的情人来采，皇历中的日子翻过了，藏历中的日子测过了，请'东巴'把日子看了……在这吉祥的日子里，我们来'采'这朵鲜花……舅舅家的房子呵，光彩夺目金碧辉煌。舅舅家要做的事做好了，合力再把中柱竖好。这是一棵珍珠装饰的柱子，这是一棵碧玉凿成的中柱，这是一棵带来吉祥的中柱……祝愿舅舅住的地方呵，永远开着艳丽的鲜花。"反映了普米族人过去的姑舅表婚风俗的遗迹。和顺昌唱述，和亮宣记录，张鹏云整理。收入《普米族歌谣集成》，32开，3页，59行，中国民间文艺出版社1990年版。

（杨照辉）

迎亲调

普米族习俗歌。流传于云南省宁蒗彝族自治县普米族聚居区。当新娘被迎进新郎家时，新郎家的歌手就要吟唱迎亲调，以表示新郎家人对新娘的喜爱。此歌虽短，但其充分运用比喻手法的民歌特点，也给人很深印象。歌中唱道："你像一只吉祥的花鸟，落在我家的树枝上，吉祥的歌儿天天唱响，我家飘满了吉祥的彩云。"三农唱述，殷海涛记录。收入《普米族歌谣集成》，32开，2页，16行，中国民间文艺出版社1990年版。

（岩林）

送亲歌

普米族习俗歌。流传于云南省永胜县普米族聚居区。此歌在新娘到达新郎家时由接亲人唱诵。歌中唱道："夫妻情长吉心照，星光照耀好景长！爱神居住的地方，是慈爱和幸福的海洋；善神居住的地方充满吉祥，财神居住的地方金银遍地响。丰收神居住的地方堆满了粮食，我们居住的地方充满了阳光，来到这里就像来到了天堂。右边桌上摆满了大碗小碗，左边桌上大盘小碟数不完。新郎新娘金凤凰，愿你们白头到老地久天长。"表达了人们对新郎新娘的美好祝福。佚名唱述，张金云记录。收入《普米族歌谣集成》，32开，3页，40行，中国民间文艺出版社1990年版。

（杨照辉）

取钥匙

普米族习俗歌。流传于云南省兰坪白族普米族自治县普米族聚居区。普米族新娘的父母，会将装陪嫁的箱子的钥匙交由送亲队伍中的一个人保管。新娘到新郎家后，新郎家的人要端着放有一些钱和一瓶酒的托盘，与保管钥匙者对歌。歌中唱道："（新郎家的人）我家的母牛失踪了，找遍村子找不到。（保管钥匙者）母牛走到大河边，河上没人来搭桥。（新郎家的人）搭桥来到河中央，只见桥板不见牛。（保管钥匙者）母牛牵到河岸上，可惜没人来认牛。（新郎家的人）感谢你家好心肠，我家就是来牵牛。"唱毕，保管钥匙的人将钥匙放进托盘里交给新郎家的人，新郎家的人则将酒和钱献给他，以示感谢。佚名唱述，李玉生记录。收入《普米族歌谣集成》，32开，2页，10行，中国民间文艺出版社1990年版。

（杨照辉）

团结花

普米族习俗歌。流传于云南省宁蒗彝族自治县普米族聚居区。普米族婚礼中，新娘被接到新郎家并举行了仪式后，即由一位受人尊敬的老妇挽着她的手坐到女人坐的位置——火塘右上方。这时送亲者和新郎方的主要客人都进屋里，手牵手围坐在火塘边，一边吃喝一边唱此歌。歌词的大意是：为了寨子里的人家家成亲戚，为了年轻人结为幸福的伴侣，好心的媒人不怕奔波辛劳，不怕挨骂受冤枉。媒人的本事有多大呢？四面八方的海螺花、珍珠花、黄铜花、白玉花、金子花（比喻漂亮的姑娘），都被采来了，变成了寨子里的一大蓬艳丽的团结花。尔千唱述，胡尔千翻译，李理记录。收入《普米族歌谣集成》，32开，3页，45行，中国民间文艺出版社1990年版。

（岩林）

五彩花是祝婚的人群

普米族习俗歌。流传于云南省丽江市普米族聚居区。此歌在新娘接到新郎家后由主婚人唱诵。歌中唱道："今天天上日子好，太阳月亮放光明；今日地上日子好，高歌欢舞庆新婚。天上开的金银花，就是日月和星辰，地上开的五彩花，就是祝婚的人群。"蜂习唱述，杨曾烈记录。收入《普米族歌谣集成》，32开，1页，8行，中国民间文艺出版社1990年版。

（杨照辉）

（四）生活歌

四季歌（一）

普米族生活歌。流传于云南省宁蒗彝族自治县普米族聚居区。歌谣唱述一年四季的不同气候和景色特点，赞美人们的劳动热情和丰收时的喜悦心情。歌中唱道："布谷鸟从南方飞来，翅膀下带来了热气。春天来了，气候温和，人们开始忙着播种庄稼。夏天草木繁盛了，人们忙着薅锄庄稼……大雁从北方飞来了，翅膀下带来了冷气，包谷洋芋和荞子都熟了，人们喜悦地忙碌着收获。"胡尔千唱述，李理记录。收入《普米族歌谣集成》，31开，1页，16行，中国民间文艺出版社 1990 年版。

（杨照辉）

四季歌（二）

普米族生活歌。流传于云南省宁蒗彝族自治县普米族聚居区。歌谣唱述了一年四季的景色。歌中唱道："啊——咿啊，春天的第一个月已经来到了，地上的万物都苏醒发芽了，春天的生命都成了年轻人的伙伴。啊——咿啊，初秋的气息已经来到人间，树上的叶子都纷纷飘落下，被秋风吹落的叶子成了老年人的伙伴。啊——咿啊，炎热的夏天已来到大地上，布谷鸟和知了鸣叫着飞到了树梢，夏天里长出的嫩嫩青草成了牛马的伙伴。啊——咿啊，寒冷的冬天已经来到这里，远方的大雁在天空飞翔，雁叫声声成了冬天的伙伴。"熊焦花唱述，石高峰、熊胜祥记录。收入《普米族歌谣集成》，32 开，3 页，24 行，中国民间文艺出版社 1990 年版。

（杨照辉）

传教歌

普米族生活歌。流传于云南省维西傈僳族自治县普米族聚居区。歌谣主要是向小孩子讲一些为人处世、接物待人的礼仪。歌中唱道："做人要讲礼，这才讨人爱。大人摆谈时，不要乱插嘴；路上来客人，不要乱吼骂；村里办喜事，不要太贪吃；到人家做客，不要乱动手；见着老长辈，不要不讲礼；见着大哥哥，要叫一声哥；见着大姐姐，要叫一声姐。"佚名唱述，王琼壁采集，殷海涛记录。收入《普米族歌谣集成》，32 开，2 页，25 行，中国民间文艺出版社 1990 年版。

（杨照辉）

黎明调

普米族生活歌。流传于云南省兰坪白族普米族自治县普米族聚居区。唱述了勤劳的人们与花草虫鸟等喜迎黎明的愉悦心情，赞美黎明给世间带来的生机和希望，告诉人们"要赶快耕种"。歌中唱道："启明星从东方升起，告诉大地就要黎明……启明星从东方升起……唤醒了沉睡的山林……增添了田园的秀丽。启明星啊，是你驱散灰暗的夜晚，把美妙的黎明迎来人间！"杨芝秀唱述，施中林记录。收入《普米族歌谣集成》，32 开，4 页，73 行，中国民间文艺出版社 1990 年版。

（杨照辉）

人是怎样发展的

普米族生活歌。流传于云南省兰坪白族普米族自治县普米族聚居区。歌中唱道："人是怎样发展的？全靠妇女来传承。妇女的生活道路，像山脚下流淌的水，古往今来，只有养育后代的责任。人类不间断地代代相连，全是妇女的功劳，只有这样，才会有欢乐，才会有盘田种地的人，才会有管家的人。"赞扬了妇女对人类发展作出的贡献。佚名唱述，李玉生搜集，刘志昌、式啸记录，殷海涛校正。收入《普米族歌谣集成》，32 开，2 页，12 行，中国民间文艺出版社 1990 年版。

（杨照辉）

人的来历

普米族生活歌。流传于云南省宁蒗彝族自治县普米族聚居区。歌谣赞颂了母亲的功劳。歌中唱道："没有天，就不会有地，没有地，就不会有海洋，没有女人，就不会有人类，没有人类，就不会有普米，没有普米，就不会有舅舅，没有舅舅，就不会有外侄，就像没有草，露珠就无处依存。"熊焦花唱述，熊胜祥记录。收入《普米族歌谣集成》，32 开，1 页，9 行，中国民间文艺出版社 1990 年版。

（杨照辉）

子孙不断根

普米族生活歌。流传于云南省宁蒗彝族自治县普米族聚居区。歌谣表达了祈盼子子孙孙延续不断、兴旺发达的美好愿望。歌中唱道："九座山的树木哟，会被野火烧光。唯有竹根烧不死，竹根坚韧又刚强。九道箐的花草哟，会被洪水冲走。唯有菖蒲冲不走，菖蒲根深最牢固。九个村的老人哟，总会衰老死亡。唯有子孙不断根，世代昌盛又健壮。"曹那基唱述，杨曾烈记录。收入《普米族歌谣集成》，32开，2页，12行，中国民间文艺出版社1990年版。

（杨照辉）

思念故乡的亲人

普米族生活歌。流传于云南省宁蒗彝族自治县普米族聚居区。歌谣表现了流落他乡的人对故乡的思念之情。歌中唱道："连做梦也没有梦到，我会到这地方来。想不到会到异乡异土，没有亲也没有戚。每当布谷鸟啼叫时，我就思念故乡的亲人，思念故乡的众乡亲，连家乡的花草树木，也使我想念。"次里戈若唱述，和学良记录。收入《普米族歌谣集成》，32开，1页，9行，中国民间文艺出版社1990年版。

（杨照辉）

油茶喷香吃不厌

普米族生活歌。流传于云南省宁蒗彝族自治县普米族聚居区。歌谣唱述了普米族油茶的配方和制作方法。歌中唱道："盐巴装在木碗头，茶叶装在篾盒里，它们本来不在一起。可是到了茶罐头，盐巴和茶叶就搅在了一起。盐味跟茶味合起来，能熬出喷香的油茶，让人永远吃不厌。"曹车尔唱述，李理记录。收入《普米族歌谣集成》，32开，2页，9行，中国民间文艺出版社1990年版。

（杨照辉）

离群的孤雁

普米族生活歌。流传于云南省宁蒗彝族自治县普米族聚居区。歌谣描绘了旧社会普米族孤女悲惨的生活。歌中唱道："离群的孤雁鸣声凄，无娘的孤女受人欺。白天放羊汗水淌，夜里推磨泪水滴。麻布破衣难遮体，荞麦粑粑难充饥。没有甜蜜和欢笑，只有苦难和悲泣。"独玛唱述，杨曾烈记录。收入《普米族歌谣集成》，32开，1页，9行，中国民间文艺出版社1990年版。

（杨照辉）

媳妇怜

普米族生活歌。流传于云南省兰坪白族普米族自治县普米族聚居区。歌谣表现了旧时做儿媳的年轻妇女的艰辛困苦。歌中唱道："入门的媳妇做人难，晨鸡初啼就起床。天还不亮婆婆叫，做饭又煨茶。做出饭菜还要骂，送给婆婆还要说，给我亲娘捎句话，眼泪肚里落。"李静兰唱述，何文锦记译。收入《普米族歌谣集成》，32开，2页，8行，中国民间文艺出版社1990年版。

（杨照辉）

伤心调

普米族生活歌。流传于云南省兰坪白族普米族自治县普米族聚居区。歌谣告诫人们要孝敬父母，以免父母去世后悔莫及。歌中唱道："无父无母好孤苦，想父想母想亲人。买个父母尽孝心，不同父母不同人。父母在世儿不孝，生离死别眼泪流。祖宗牌位供饭菜，不见父母尝一口。"李玉才唱述，李玉生记录。收入《普米族歌谣集成》，32开，1页，8行，中国民间文艺出版社1990年版。

（杨照辉）

养儿难

普米族生活歌。流传于云南省兰坪白族普米族自治县普米族聚居区。歌谣唱述了父母养育儿女的艰辛以及对儿女的期望。歌中唱道："多辛苦，爹妈养育儿女难。养育儿女多艰难，受饥又受寒。爹爹牵手学走步，妈妈喂奶盼儿长。快快大啊快快长，养儿为防老。"和六双等唱述，何文锦记译。收入《普米族歌谣集成》，32开，1页，8行，中国民间文艺出版社 1990 年版。

（杨照辉）

想娘歌

普米族生活歌。流传于云南省兰坪白族普米族自治县普米族聚居区。这是一首劝世歌，劝导世人要趁父母在世时孝敬父母，否则将来后悔莫及。歌中唱道："人间的钱财，我可以找到，亲亲的爹娘，有钱难买。即使花钱买来爹娘，慈母的心买不来。父母在世时，儿女不孝敬，去世以后才把眼泪淌，佳肴摆在棺材前，爹娘不会看见你的孝心。"佚名唱述，李玉生、殷海涛记录。收入《普米族歌谣集成》，32 开，1 页，11 行，中国民间文艺出版社 1990 年版。

（龙江莉）

可怜的姑娘（一）

普米族生活歌。流传于云南省宁蒗彝族自治县普米族聚居区。此歌中，一位嫁到婆家后日夜操劳家务的女子表达了对远方父母无比思念，渴望变成蝴蝶飞回家乡，但梦想却无法实现的无奈心情。歌中唱道："我是个可怜的姑娘，父母把我嫁到远方，我的命多苦啊！昼夜推磨磨烂了我手掌。我想变作美丽的蝴蝶，飞回去探望家乡的爹娘。可是手中没有'卡巴'（礼物），希望成了美妙的空想。"熊三三唱述，李理记录。收入《普米族歌谣集成》，32 开，2 页，8 行，中国民间文艺出版社 1990 年版。

（龙江莉）

可怜的姑娘（二）

普米族生活歌。流传于云南省宁蒗彝族自治县普米族聚居区。此歌表现了一位姑娘不愿离开父母嫁到远方去的心思。歌中唱道："爹妈生下我这个姑娘，就像生下一只小狗一样。爹妈嫁出我这个姑娘，就像泼出一瓢冷水一样。阿妈生我的日子很吉祥，为什么出嫁时却像撵狗一样？！尽管爹妈讨厌我这个姑娘，爹妈养育的恩情永不能忘。即使隔着九个深箐，十架山梁，我的心永远贴在爹妈心上。"曹五斤唱述，杨曾烈记录。收入《普米族歌谣集成》，32 开，1 页，10 行，中国民间文艺出版社 1990 年版。

（龙江莉）

可怜的姑娘（三）

普米族生活歌。流传于云南省宁蒗彝族自治县普米族聚居区。此歌表现了旧社会普米族的女孩失去父母后举目无亲、衣不蔽体的悲苦生活。歌中唱道："玛达米，我是个可怜的姑娘，从小没有爹妈。一个人的日子多难过呵，吃饭饭不香，睡觉睡不着，身上没衣裳穿，耳边没亲人的声音。一年四季，春夏秋冬，我多么伤心呵，多么凄凉。"佚名唱述，殷海涛记录。收入《普米族歌谣集成》，32 开，1 页，12 行，中国民间文艺出版社 1990 年版。

（龙江莉）

酒歌

普米族生活歌。流传于云南省宁蒗彝族自治县普米族聚居区。歌曲唱述了普米族的酿酒过程，并描述男女青年在酿酒过程中的不同表现，富有生活情趣。歌中唱道："勤劳的姑娘，镇守灶台非把酒坛装满。贪婪的小伙，寻机舔吃流淌的酒滴，守在灶旁不离开。酒坛装满了，姑娘真高兴。倒一大碗让小伙喝，小伙醉倒了三天三夜。"和品初唱述，殷海涛记录。收入《普米族歌谣集成》，32 开，2 页，16 行，中国民间文艺出版社 1990 年版。

（杨照辉）

苏理玛调

普米族生活歌。流传于云南省宁蒗彝族自治县普米族聚居区。苏里玛是普米族自制的一种水酒，是普米族敬送亲友的珍品。苏理玛调一般在喜庆节日中演唱。此歌唱述了普米族在不同月份中的生产生活情景，赞美了美好的生活。歌中唱道：

"八月里，精心把耕牛饲养；十月到，山里人家种荞麦。三月艳阳天，风吹麦田荡银光；四月初，木楞房里喜气洋。阿妈阿姐酿酒忙……香醇的苏里玛，倒满金边银碗。三碗苏里玛下肚，调子赞歌唱不尽。"和品初唱述，殷海涛记录。收入《普米族歌谣集成》，32开，4页，72行，中国民间文艺出版社1990年版。

（杨照辉）

茶歌

普米族生活歌。流传于云南省宁蒗彝族自治县普米族聚居区。歌中唱道："火苗笑哈哈，茶罐吐着浓茶味，喝一口清茶哟，解除身上的疲劳。普米家的苦茶，来自很远的汉族地方……苦茶好喝，茶路遥远；喝茶时要记住茶路的艰辛，请送运苦茶的人，尝一碗苦清茶。"反映了普米族人喝茶的习俗与注重感恩的传统美德。和品初唱述，殷海涛记录。收入《普米族歌谣集成》，32开，2页，18行，中国民间文艺出版社1990年版。

（杨照辉）

今晚夜色多美丽

普米族生活歌。流传于云南省宁蒗彝族自治县普米族聚居区。歌谣表现了夜幕下男女青年聚集在一起唱歌跳舞的欢乐场景。歌中唱道："唱起来哟，别多心，今晚的夜色多美丽。跳起来呵，别起疑，今晚我们多热烈。勇敢的小伙子唱哟，勤劳的小姑娘跳呵，姑娘的眼睛在小伙子面前闪耀，小伙子的忠言在姑娘耳边回荡。会说话的眼睛哟别看我，星星看着眨了眼。会递情的言谈哟别再说，月亮看着笑眯眯。唱起来呵别多心，跳起来哟莫起疑；今晚的夜色多美丽，月亮、星星躲进了云彩。"浓布唱述，旦史迪基记录。收入《普米族歌谣集成》，32开，2页，18行，中国民间文艺出版社1990年版。

（杨照辉）

羊皮舞歌

普米族生活歌。流传于云南省兰坪白族普米族自治县普米族聚居区。羊皮舞是普米族的一种自娱性集体歌舞，每逢节庆和有婚嫁活动时，男女青年便烧起篝火，手拉手围着火堆唱跳。歌中唱道："你添柴，他添柴，篝火烧红半边天。围起来，手牵手，兄弟姐妹一起跳……跳得月亮藏山后，跳得太阳压山嘴。"反映了普米族人爱好歌舞的性格。佚名唱述，和德贵记录。收入《普米族歌谣集成》，32开，2页，21行，中国民间文艺出版社1990年版。

（杨照辉）

打跳歌

普米族生活歌。流传于云南省宁蒗彝族自治县普米族聚居区。"打跳"是普米族一种传统的集体歌舞，由吹竹笛的人引舞，人们手拉手，随着竹笛优美的曲调围着篝火边唱边舞。此歌表现了打跳场上的欢乐情景。歌中唱道："金色的场坝是打麦子的，在金场坝上打麦，麦子越扬越多。银色的场坝是跳舞的，在银场坝上跳舞，越跳越想跳……姑娘们脚板痒了，换上了美丽的彩裙，嗡嗡的石磨停止了声响，小伙子心慌了，精干的绑腿裹了又裹，劈柴的斧头早丢到地上……舞场上没有陡岩子，脚底板下没有刺，跳它个地动山也摇。"反映了普米族青年人能歌善舞、热情奔放的特点。尔千次里唱述，曹车尔翻译，李理记录。收入《普米族歌谣集成》，32开，3页，48行，中国民间文艺出版社1990年版。

（杨照辉）

"查蹉"对歌

普米族生活歌。流传于云南省宁蒗彝族自治县普米族聚居区。这是男女在打跳时以问答的形式对唱的歌谣。歌中唱道："（男）蓝天上传来欢笑声，什么在欢笑？（女）蓝天上传来欢笑声，太阳、月亮在欢笑。（男）东方传来欢笑声，什么在欢笑？（女）东方传来欢笑声，白花海螺在欢笑。（男）

北方传来欢跳声,什么在欢跳?(女)北方传来欢跳声,冰峰雪莲在欢跳。(男)白场坝上传来欢跳声,什么在欢跳?(女)白场坝上传来欢跳声,欢乐的普米人民在欢跳。"品珠、次里独玛唱述,殷海涛记录。收入《普米族歌谣集成》,32开,7页,84行,中国民间文艺出版社1990年版。

(杨照辉)

我家场坝

普米族生活歌。流传于云南省宁蒗彝族自治县普米族聚居区。歌中唱道:"我家的红土场坝是跳舞的场坝……我家的白土场坝是唱歌的场坝……我家的黑土场坝是哭泣的场坝……我家的水草场坝是赛马的场坝……"反映了古代普米族先民半牧半农的社会生活形态和崇尚红色、白色,厌恶黑色的观念。扎尔布尺唱述,杨照辉记译。原载《民间诗律》,后收入《普米族文学简史》,32开,2页,8行,云南民族出版社1996年版,北京大学出版社1987年版。

(杨照辉)

吉典

普米族生活歌。流传于云南省兰坪白族普米族自治县普米族聚居区。"吉"为现今已灭绝的一种动物,"典"意为"调"。此歌属劝世歌,以吉这种动物的习性比喻妻子对丈夫不忠的行为,反映了普米族有关婚姻家庭的伦理道德观念。歌中唱道:"我家的家主婆是贼婆,不知道她的心肝放哪里!我有一位慈悲的妈妈,双眼偏跟羊头上的眼睛一个样!嗨里布上架起沸腾的肉锅,那里面煮起山羊的排骨;龙竹桶子盛着山羊的血浆,竹编簸箕内装满山羊的肚肠。为了款待她情人儿,家主婆大着胆子料理着一切。当着坐在床上的我妈面,她又随时提防那意外时,要把一切都隐匿在嗨里布下。"和耀先唱述,施中林采录。收入《中国歌谣集成·云南卷》下,16开,1页,38行,中国ISBN中心2003年版。

(龙江莉)

让我们白头到老

普米族生活歌。流传于云南省宁蒗彝族自治县普米族聚居区。这是已婚的女子在推磨劳动时唱的一首歌,歌中借磨盘围着磨心转寓意夫妻要恩爱到白头。歌中唱道:"金黄的公鸡啼叫之声,催我起床去推磨,桐木的磨把不伤手。左推三转出金面,右推三圈出银面,磨盘虽转磨心定。磨盘也有公和母,上扇下扇成一副,磨冬磨夏不分开。"次里戈若唱述,和学良记录。收入《普米族歌谣集成》,32开,1页,9行,中国民间文艺出版社1990年版。

(龙江莉)

(五)劳动歌

狩猎歌

普米族劳动歌。流传于云南省兰坪白族普米族自治县普米族聚居区。此歌简短地唱述了古时猎人杀死马鹿后,取鹿头、鹿脖、鹿胸、鹿肺、鹿心、鹿肚、鹿肠、鹿皮的过程。歌中唱道:"在汪洋大海中,在高山峻岭中,有一只马鹿。它跳出了汪洋大海,它跳出了高山峻岭。在紫金杉大树下,高高地昂着头。等着猎人的箭弩,跳进了猎人布下的扣圈……砍下马鹿的头,像天地。砍下马鹿的脖子,像一只雁鹅的脖子。砍开马鹿的胸脯,像一扇敞开的大门。"杨顺昌唱述,和亮宣、张鹏云采录。收入《中国歌谣集成·云南卷》下,16开,1页,38行,中国ISBN中心2003年版。

(龙江莉)

打麦歌

普米族劳动歌。流传于云南省宁蒗彝族自治县普米族聚居区。歌谣唱述了普米族人打麦的劳动场景。歌中唱道:"普米山乡麦子黄……打麦时节到来了……打麦场上歌声起,白场坝上打麦忙,姑娘一排打过来,小伙一排打过去……打完一场又一场,三天三夜打不完。"反映了普米族人迎接丰收的快乐心情。阿格光布唱述，殷海涛记录。收入《普米族歌谣集成》，32开，1页，16行，中国民间文艺出版社1990年版。

(杨照辉)

赶马调（一）

普米族劳动歌。流传于云南省宁蒗彝族自治县普米族聚居区普米族人大多居住在交通闭塞的山区。在过去，他们的生活用品都靠马帮驮运进来。在长期的赶马生活中，赶马人编创了独具特色的赶马调。此歌就是一首赶马人唱述日夜兼程赶路的情景和归心似箭的心情的赶马调。歌中唱道："捆好驮子喂饱马，裹好绑腿佩好刀，赶马人离家进深山……路不回头我回头啊，赶马人无论走多远，谁不想尽快回家乡。"曹匹初唱述，李理记录。收入《普米族歌谣集成》，32开，3页，60行，中国民间文艺出版社1990年版。

(杨照辉)

赶马调（二）

普米族劳动歌。流传于云南省宁蒗彝族自治县普米族聚居区。此歌反映了赶马人的艰辛生活，也透露着赶马人的乐观主义精神。歌中唱道："备上金箍的马鞍子，佩上晶亮的银铃；驮上山里人的物品，带上亲人们的嘱托，我赶马的年轻人啊，离开家门奔他乡！赶马人出走没有家，山川河谷把身安，马儿白天和山路作伴，赶马人只有同山歌相随；夜晚草地是马儿的乐园，温暖火塘是赶马人的伙伴。异土迷人的风光，使赶马人想起遥远的故乡；思念的心像一只小鸟，早已飞回了亲人的身边。"和品初唱述，殷海涛记录。收入《普米族歌谣集成》，32开，4页，74行，中国民间文艺出版社1990年版。

(龙江莉)

布谷声中打麦忙

普米族劳动歌。流传于云南省宁蒗彝族自治县普米族聚居区。此歌反映了丰收后人们忙着打麦的喜悦场景。歌中唱道："热巴拉！热巴拉！布谷鸟儿声声叫，打麦的时节已来到，麦架下面打麦忙，连枷声中歌声高。热巴拉！热巴拉！南风吹来新麦香，轻轻颠来轻轻扬，打出新麦煮新酒，丰收的美酒醉心房。"佚名唱述，何顺明记录。收入《普米族歌谣集成》，32开，1页，10行，中国民间文艺出版社1990年版。

(龙江莉)

放羊调（一）

普米族劳动歌。流传于云南省兰坪白族普米族自治县普米族聚居区。此歌表现了放羊人悠然自得的心情，并描绘了牧场的美丽景象。歌中唱道："嘴含绿叶吹几调，吹出心中真情来。不知劳累不觉苦，吹吹唱唱好清闲。箐水山松来作伴，放羊娃娃不孤单。茶花树上吹绿叶……绿上加绿花上花。太阳落山坡背阴，数数羊儿赶回家。手打一鞭离群羊，口唱一曲放羊调。"佚名唱述，杨周明记录。收入《普米族歌谣集成》，32开，2页，16行，中国民间文艺出版社1990年版。

(杨照辉)

放羊调（二）

普米族劳动歌。流传于云南省兰坪白族普米族自治县普米族聚居区。该歌以十二月歌的形式，唱述了在旧社会，放羊娃辛辛苦苦干一年活，却吃不饱穿不暖的艰苦生活。歌中唱道："正月放羊正月正，赶着羊群又起身。羊群赶在前头走，奴家收拾随后跟。二月放羊百草山，羊群团团在山根。小羊不吃百山草，要吃河边杨柳青。三月放羊是清明，手提白纸去上坟。有钱坟头飘白纸，无钱坟上嫩草生。四月放羊四月四，身背锣锅绕山坡。羊群已到山顶上，奴家才走一半坡。五月放羊是端午，菖蒲药酒配雄黄，主人吃的雄黄酒，奴家不得半口尝。"和文星、和丽芳唱述，和仕长记录。收入《普米族歌谣集成》，32开，2页，48行，中国民间文艺出版社1990年版。

（龙江莉）

烧榨子

普米族劳动歌。流传于云南省永胜县普米族聚居区。"烧榨子"就是烧土块，即在犁过的地里，将土块、树枝放在一起烧成灰，以作肥料。此歌唱述了烧土块的方法。歌中唱道："木叉挥起来，榨子捆起来，我来背，你来背，我们大家都来背，背到地里码成行，背到地里堆成堆……烧成火灰把地肥，待到秋来好收成。"胡金才唱述，马有清翻译，焦维基、张顺彩记录。收入《普米族歌谣集成》，32开，1页，9行，中国民间文艺出版社1990年版。

（杨照辉）

打奶歌

普米族劳动歌。流传于云南省宁蒗彝族自治县普米族聚居区。此歌反映了普米族人制作酥油茶时的欢乐场景。歌中唱道："哗啦啦，哗啦啦，木桶里面像有个圆月，银白色的光圈闪闪亮，照在牧人的笑脸上。向下冲三次，向上提三下。三十再打三十，三十三十三十，黄生生的酥油出来了，我高兴地捞起酥油哟，圆圆的油饼放在清水里。养牛三季，挤奶三滴，辛勤换来了油茶。"温都唱述，殷海涛记录。收入《普米族歌谣集成》，32开，1页，14行，中国民间文艺出版社1990年版。

（杨照辉）

舂毛谷

普米族劳动歌。流传于云南省宁蒗彝族自治县普米族聚居区。此歌反映了旧社会一位舂碓人孤苦寂寞的境况。歌中唱道："木碓踏千脚，毛谷舂不熟，寒风刺骨，星星追着月亮的脚步。孤苦可怜的人呀，在黑夜的屋檐下，踩碓舂毛谷。"佚名唱述，贺进翻译，李理记录。收入《普米族歌谣集成》，32开，1页，10行，中国民间文艺出版社1990年版。

（杨照辉）

打豆子

普米族劳动歌。流传于云南省玉龙纳西族自治县普米族聚居区。歌中唱道："银白场坝里，打豆歌声起，连枷噼啪响，节拍多整齐。轻轻甩起来，重重打下去，豆秆碎成糠，筛出金豆粒。扬风吹口哨，满坝飞笑语，豆子装满仓，年丰人欢喜。"反映了普米族劳动人民在获得丰收时的喜悦心情。熊玉柱唱述，杨曾烈记录。收入《普米族歌谣集成》，32开，2页，12行，中国民间文艺出版社1990年版。

（杨照辉）

推磨歌（一）

普米族劳动歌。流传于云南省宁蒗彝族自治县普米族聚居区。这是旧社会一位普米族女子在推磨时唱的歌，描述了她的辛苦和悲伤，反映了包办婚姻对妇女的摧残。歌中唱道："离别了可爱的家乡，看不见了寨旁的小河。嫁到这难过的地方，全怨爹妈把事做错。每天鸡才叫头遍，我就被喊起来推磨。婆婆却像只大老熊，死睡在火塘边烤火。麦粒一颗颗往洞磨里掉，眼泪一滴滴朝磨盘上落。要问媳妇泪珠有多少颗？比推了的麦粒还要多。"和品初唱述，殷海涛翻译。收入《普米族歌谣集成》，32开，2页，32行，中国民间文艺出版社1990年版。

（杨照辉）

推磨歌（二）

普米族劳动歌。流传于云南省宁蒗彝族自治县普米族聚居区。此歌唱述了旧社会普米族劳动妇女推磨时的艰辛劳累，曲调深沉，深刻反映了她们想要摆脱苦难生活的厚望。歌中唱道："公鸡叫三声，婆婆叫三声。星星还没有落，东方还没有亮，我可怜的媳妇哟，穿上麻布衣，点上松明火，端着粗谷粮，来到磨房把粮磨。磨房冰冷冷，磨房黑啾啾，石磨沉甸甸，磨把粗糙糙，左边推三转，细面白花花，右边推三转，细面像雪花飘，'嗡嗡'磨声震，'刷刷'白面落。"熊绿英唱述，胡尔千翻译，李理记录。收入《普米族歌谣集成》，32开，2页，30行，中国民间文艺出版社1990年版。

（龙江莉）

砍柴调（一）

普米族劳动歌。流传于云南省宁蒗彝族自治县普米族聚居区。此歌表现了普米族男女上山砍柴的劳动场景。歌中唱道："披着彩霞上山冈，挥动利斧砍柴忙，手脚不软心不慌，汗水伴着歌声淌，哟嗬啦！哟嗬啦！普米男女砍柴忙。"何学良唱述，杨曾烈记录。收入《普米族歌谣集成》，32开，1页，6行，中国民间文艺出版社1990年版。

（杨照辉）

砍柴调（二）

普米族劳动歌。流传于云南省宁蒗彝族自治县普米族聚居区。此歌反映了古时普米族山里汉子给官家砍柴的艰辛生活。歌中唱道："哦嘿嘿，忍巴拉，上山冈，下山沟，山里汉子砍筒子。舞大斧，不怕累，哼号子，增力气，不管官家响午给什么。天天砍，三个月，山坡上，柴码满，官家赏我一斗粮。哦嗬嗬，忍巴拉，年年砍，砍到老，山里汉子筋骨硬。"和品初唱述，殷海涛记译。收入《普米族歌谣集成》，32开，1页，12行，中国民间文艺出版社1990年版。

（龙江莉）

纺麻线

普米族劳动歌。流传于云南省宁蒗彝族自治县普米族聚居区。此歌反映了普米族姑娘纺麻织布的劳动情景。歌中唱道："麻秆搭成的房子里，什么东西在旋转？麻秆搭成的房子里，普米姑娘纺麻线。双手十指纺麻线，千根万根绕成团，织出麻布缝衣裳，阿妈穿上心里暖。"次若独玛唱述，曹匹初翻译，杨曾烈记录。收入《普米族歌谣集成》，32开，1页，8行，中国民间文艺出版社1990年版。

（杨照辉）

纺线歌

普米族劳动歌。流传于云南省宁蒗彝族自治县普米族聚居区。此歌反映了劳动妇女纺线的过程。歌中唱道："木房的一角哟，有个四脚木架，勤快的媳妇在纺线，木梭穿银线，手脚来回掂，就像蜘蛛织网络，织出麻布一块块，麻布精又细，麻布牢又暖，缝成百褶裙，永世穿在身。"和品初唱述，殷海涛采录。收入《中国歌谣集成·云南卷》下，16开，1页，11行，中国ISBN中心2003年版。

（龙江莉）

（六）情歌

找门调

普米族情歌。流传于云南省宁蒗彝族自治县普米族聚居区。此歌反映了一位小伙子选择恋爱对象的心理过程。歌中唱道："早就听说了，这里的山泉甜，可我不相信，今天要亲自尝一尝。这里的山泉确实甜，这里的花儿确实艳，这里的姑娘确实好，这回总算放心了，要算好日子把亲谈。"品珠唱述，殷海涛记录。收入《普米族歌谣集成》，32开，2页，18行，中国民间文艺出版社1990年版。

（杨照辉）

树根相连叶相挨

普米族情歌。流传于云南省永胜县普米族聚居区。歌中唱道："肥土坡上长好树，树大根深枝叶茂；东坡西坡树成材，坡虽相隔叶相挨；树上花香果子大，坡下树根紧相连。"寓意相爱的人儿心连心，就像树根紧相连。胡波波唱述，杨曾烈记录。收入《普米族歌谣集成》，32开，1页，6行，中国民间文艺出版社1990年版。

（杨照辉）

水中的花朵

普米族情歌。流传于云南省宁蒗彝族自治县普米族聚居区。此歌以水中的花朵、池中的鱼群作比，表现了男子对心爱女子的仰慕和敬意。歌中唱道："江河中漂浮的泡沫，是水面上银子的花朵；池塘里畅游的鱼群，是水底下玉石的花朵。我不想捕食美味的鲜鱼，看一看鱼群心中就无比快活。"曹匹初唱述，杨曾烈记录。收入《普米族歌谣集成》，32开，1页，6行，中国民间文艺出版社1990年版。

（龙江莉）

不分离

普米族情歌。流传于云南省兰坪白族普米族自治县普米族聚居区。此歌反映了相爱的男女之间坚贞的爱情。歌中唱道："拣个石头丢下水，石头漂水才分离。摘片树叶丢下水，树叶落水才分离。"和瑞金、和汉珍、和映瑞唱述，和繁保、杨振宇录音，张鹏云整理记录。收入《普米族歌谣集成》，32开，1页，4行，中国民间文艺出版社1990年版。

（龙江莉）

陪哪个

普米族情歌。流传于云南省兰坪白族普米族自治县普米族聚居区。此歌中，一位小伙子借星星伴月亮这一自然现象，表达自己渴望与心上人相依相伴的心情。歌中唱道："月亮圆圆月亮弯，总是等星宿。星宿闪闪星宿亮，星星陪月亮。哥哥不管花多少，只是摘一朵，妹妹不说一句话，你想陪哪个？"佚名唱述，杨周明搜集整理。收入《普米族歌谣集成》，32开，1页，8行，中国民间文艺出版社1990年版。

（龙江莉）

杜鹃花满林开

普米族情歌。流传于云南省宁蒗彝族自治县普米族聚居区。此歌通过巧妙的比喻，反映了普米族青年男子的择偶观念。歌中唱道："高山松树多又多，我只砍最直的一棵做屋梁；杜鹃花儿满林开，我只采最香的一朵戴胸前；普米姑娘个个美，我只选最能干的一个做伴侣。"曹匹初、熊正文唱述，何顺明记录。收入《普米族歌谣集成》，32开，1页，6行，中国民间文艺出版社1990年版。

（龙江莉）

对唱（一）

普米族情歌。流传于云南省宁蒗彝族自治县普米族聚居区。此歌中，一对青年男女以对唱的形式相互表达爱慕之情。歌中唱道："（男）小妹哎！玛达，你是哪坡山上的红杜鹃，开在这里多艳丽，有心想把鲜花摘，不知小妹咋个想？（女）玛达，阿哥喂！妹是阴山一枝花，不鲜艳来不芬芳。四季孤独常忧伤，哥有心就戴胸前。（男）小妹哎，玛达！你是哪沟的泉水？流在这里多清甜。有心想把泉水饮，不知小妹咋个想？（女）玛达，阿哥喂！妹是羊厩后的一潭水，不清亮来带浑浊。流在路边无人看，哥有心就润歌喉。"丁都、千玛唱述，殷海涛记录。收入《普米族歌谣集成》，32开，1页，40行，中国民间文艺出版社1990年版。

（龙江莉）

对唱（二）

普米族情歌。流传于云南省宁蒗彝族自治县普米族聚居区。此歌中，一对青年男女以对唱的形式互表倾慕之情。歌中唱道："（男）玛达喂！花儿哟哪朵好哎，姑娘哟哪个美？（女）玛达喂！花儿哟要算山茶美，美的姑娘是阿妹。玛达喂！竹笛哟哪支最响，小伙哟哪个算俊？（男）玛达喂！竹笛要算阿哥的最响，俊的小伙是阿哥。"丁都、千玛唱述，殷海涛记录。收入《普米族歌谣集成》，32开，1页，12行，中国民间文艺出版社

1990年版。

（龙江莉）

欢聚

普米族情歌。流传于云南省宁蒗彝族自治县普米族聚居区。此歌以欢跳的金马鹿和健壮的黑牦牛的欢聚作比，表现了少男少女要找伙伴的心愿。歌中唱道："九座雪山上，欢跳的金马鹿，为喝箐里矿泉水，欢聚在一处。九个牧场里，健壮的黑牦牛，为喝美味盐巴水，围拢在槽头。九个寨子的，少男和少女，为找知心好伙伴，歌舞在一起。"曹匹初唱述，杨曾烈采录。收入《中国歌谣集成·云南卷》，16开，1页，12行，中国ISBN中心2003年版。

（龙江莉）

思念

普米族情歌。流传于云南省宁蒗县彝族自治县普米族聚居区。此歌表现了恋爱中的人对心上人的相思之情。歌中唱道："我白天看不见你的身影，夜里却梦见你的笑脸，我低头只见满地的花朵哟，抬头却不见天上飞翔的雄鹰。"贺进唱述，李理采录。收入《中国歌谣集成·云南卷》，16开，1页，4行，中国ISBN中心2003年版。

（龙江莉）

真挚纯洁的心灵

普米族情歌。流传于云南省宁蒗彝族自治县普米族聚居区。此歌中，一位姑娘将马帮驮的香甜茶叶和日夜守护马帮的藏狗作对比，表达了对真挚纯洁的爱情的向往。歌中唱道："赶着马帮的阿哥哟，别看你赶来的茶叶宝贵如金子，爱情不是驮在马背上的茶叶，香甜的茶叶兑不到纯真的爱情，你可别小看日夜守护马帮的藏狗呀，他有着一颗诚挚圣洁的心灵，风风雨雨跟循马帮赶路程，这般的挚心能用茶叶兑换吗？阿哥哟，爱情不是金贵的茶叶，爱情却是一颗真挚纯洁的心灵。"佚名唱述，佚名搜集整理。收入《中国歌谣集成·云南卷》，16开，1页，10行，中国ISBN中心2003年版。

（龙江莉）

爱情是越抹越亮的茶罐子

普米族情歌。流传于云南省宁蒗彝族自治县普米族聚居区。此歌以茶叶和茶罐子作对比和比喻，表达了普米族青年对纯贞爱情的期盼。歌中唱道："我心爱的姑娘呀，莫讨嫌煨在火塘边的黑茶罐，莫夸熬在罐里的茶叶香甜，熏黑了的茶罐抹洗了又会发亮，煨过了的茶叶会像腐败的叶，阿哥哟，爱情怎能像茶叶煨过一回就抛弃，爱情却是越抹越亮的茶罐子。"佚名唱述，木丽春采录。收入《中国歌谣集成·云南卷》，16开，1页，8行，中国ISBN中心2003年版。

（龙江莉）

爱神给了我勇气

普米族情歌。流传于云南省宁蒗彝族自治县普米族聚居区。此歌表现了一位小伙子对心上人的思念和真挚情感。歌中唱道："阿哩哟，我的妹妹呀！所有的朋友中我最爱你，我夜夜在月光下等着你，一夜不见你来我心急。阿哩哟，我的妹妹呀！我的生命不能没有你，无论你去到哪里，爱神已给了我找你的勇气。"佚名唱述，和学良、何顺明记录。收入《普米族歌谣集成》，32开，2页，12行，中国民间文艺出版社1990年版。

（杨照辉）

请把泉水喝个干

普米族情歌。流传于云南省宁蒗彝族自治县普米族聚居区。这是一首男女对唱的歌。歌中，一对青年男女互表爱慕之情。男的唱道："来到金鹿居住的山林，看见一眼山泉清亮透明，赶路口渴的人啊，多想喝口山泉润润心，可我又不知道，美丽的金鹿是否肯答应。"女的答道："林中的金鹿独身孤影，泉水再甜无心痛饮；孤独的林中金鹿呵,多盼有伙伴倾吐衷情;阿哥若不嫌山里冷清,请把泉水喝个干尽。"佚名唱述,何顺明记录。收入《普米族歌谣集成》,32开,1页,12行,中国民间文艺出版社1990年版。

(杨照辉)

只因妹家在山箐

普米族情歌。流传于云南省宁蒗彝族自治县普米族聚居区。此歌表述了一位小伙子在去与心上人相会途中的快乐心情。歌中唱道:"为与情妹去相会,我骑马翻山钻老林,那面翠绿的山坡多秀丽,真像她美丽的百褶裙,那条缭绕的白雾多柔美,真像她好看的缠头巾。这眼山泉多清澈,真像她的亮眼睛,这朵山茶带露水,真像她对我笑盈盈。山水花木都迷人,只因妹家在山箐。"佚名唱述,贺进翻译,李理记录。收入《普米族歌谣集成》,32开,1页,12行,中国民间文艺出版社1990年版。

(杨照辉)

送你什么礼物

普米族情歌。流传于云南省永胜县普米族聚居区。此歌中,一位小伙子向心爱的姑娘表达了愿靠勤劳的双手,与她一同创造幸福生活的决心。歌中唱道:"送你什么礼物,我心爱的姑娘?大地上送你江海,愿我们的情意,像大海一样深,像江水一样长……天空中送你日月,愿我们的情意……像太阳一样灿烂。我什么礼物也没有……父母给了我手脚,勤劳赛过黄金万两;愿我们的爱情,像蜜糖一样香甜,像天地一样长久!"胡波波唱述,徐晴、张顺彩记录。收入《普米族歌谣集成》,32开,2页,19行,中国民间文艺出版社1990年版。

(杨照辉)

水雾笼罩着水潭

普米族情歌。流传于云南省宁蒗彝族自治县普米族聚居区。歌谣表现了一位小伙子对心上人的依恋心情。歌中唱道:"水雾总是笼罩着水潭,山鹰总是恋着蓝天飞翔,猎狗总是把老熊追赶,斧头总是朝着树上砍,哪里有着大青树啊,青藤就往哪里缠,无论远走到天边,阿哥的心总连在妹身上。"尔千次里唱述,李理记录。收入《普米族歌谣集成》,32开,1页,8行,中国民间文艺出版社1990年版。

(杨照辉)

离别

普米族情歌。流传于云南省宁蒗彝族自治县普米族聚居区。这是一首男女对唱的歌,表现了热恋中的情人分别时依依不舍的心情。男的唱道:"大公鸡已经在高唱,天很快就要发亮。我却十分不情愿,离开这温暖的木楞房。"女的答道:"天亮前走吧,心爱的情郎,为了我们的爱地久天长,到明晚上月亮重新升起,你再和月光一起来到我的身旁。"曹车尔唱述,李理记录。收入《普米族歌谣集成》,32开,1页,8行,中国民间文艺出版社1990年版。

(杨照辉)

采蜜人的歌

普米族情歌。流传于云南省宁蒗彝族自治县普米族聚居区。这是一对相爱却因家庭的束缚而不能结合的恋人的对唱,表达了他们的痛苦心情,以及对自由婚姻的向往和追求。男的唱道:"来到金鹿撒欢的土地,想喝一口晶莹的泉水;清澈的泉水被搅得混浊了,我这潜行老林的孤单金鹿,喝到混浊的泉水怕呛喉咙。我心爱的姑娘呀,心想等到泉水澄清的日子,只怕等到扼杀生机的冬天,泉水冰冻了我该怎么办?"女的答道:"泉水总有澄清的时候,莫怕严冬困得泉水结冰块,相爱的人心里永远是春天……几经折磨的爱情更甜蜜。"曹匹初唱述,木丽春记录。收入《普米族歌谣集成》,32开,4页,62行,中国民间文艺出版社

1990年版。

（杨照辉）

我要把你追着

普米族情歌。流传于云南省宁蒗彝族自治县普米族聚居区。歌谣表现了一位小伙子追求心爱的姑娘的信心和决心。歌中唱道："雄鹰在蓝天高飞，我有办法捉着，鱼儿在湖底畅游，我有决心钓着。姑娘哟，你就是九天仙女，我也要把你追着。"曹匹初唱述，何顺明记录。收入《普米族歌谣集成》，32开，1页，7行，中国民间文艺出版社1990年版。

（杨照辉）

阿哥要有妹作伴

普米族情歌。流传于云南省宁蒗彝族自治县普米族聚居区。歌谣表现了一位小伙子对心上人的依恋之情。歌中唱道："阿哥是清茶哟，阿妹是白盐，阿哥没有妹作伴哟，就像茶里无盐味不香。"曹匹初唱述，何顺明记录。收入《普米族歌谣集成》，32开，1页，4行，中国民间文艺出版社1990年版。

（杨照辉）

金花银花一处开

普米族情歌。流传于云南省宁蒗彝族自治县普米族聚居区。歌谣表现了相爱的男女青年对未来生活的憧憬和向往。歌中唱道："金花银花一处开，金鸟银鸟一同飞，月亮星星一起亮，阿哥阿妹一家亲。"曹匹初、熊正友唱述，何顺明记录。收入《普米族歌谣集成》，32开，1页，4行，中国民间文艺出版社1990年版。

（杨照辉）

不要错看人

普米族情歌。流传于云南省兰坪白族普米族自治县普米族聚居区。歌谣表现了普米族姑娘择偶的标准和传统爱情观。歌中唱道："不爱小哥钱和财，只爱做人人品好。搭伙不要看错人，要做郎妹心要好。"佚名唱述，和德贵整理。收入《普米族歌谣集成》，32开，2页，8行，中国民间文艺出版社1990年版。

（杨照辉）

妹是江来哥是海

普米族情歌。流传于云南省兰坪白族普米族自治县普米族聚居区。这是一首男女对唱歌，双方在歌中互诉衷情。女的唱道："阿哥犁地辛苦了，请到妹家歇口气。没有好的招待你，喝碗黄酒提把劲。"男的答道："日头焦热人难受，犁地老牛不抬头。难为小妹好心肠，哪个来管牛两条？"随着对唱的进行，双方情感加深，最后女的唱出了"哥要有心做大海，妹要变江流入海"的愿望。佚名唱述，杨周明整理。收入《普米族歌谣集成》，32开，3页，40行，中国民间文艺出版社1990年版。

（杨照辉）

兄妹情意断不了

普米族情歌。流传于云南省兰坪白族普米族自治县普米族聚居区。歌谣表现了小伙子对恋人的执著情感。歌中唱道："跟你不吃黄烟上了瘾，不做兄妹挂了心，黄烟上瘾断得了，兄妹情意断不了。"和瑞金、和汉珍、和映瑞唱述，和繁保、和振宇录音，张鹏云整理。收入《普米族歌谣集成》，32开，1页，4行，中国民间文艺出版社1990年版。

（杨照辉）

想你想你不好说

普米族情歌。流传于云南省兰坪白族普米族自治县普米族聚居区。歌谣表现了一个小伙子恋上一个妙龄少女，但不敢开口求爱，只是干着急的情景，形象生动地反映出年轻人既渴望爱情又缺乏勇气的矛盾心理。歌中唱道:"想你想你不好说,咬咬牙齿蹬蹬脚,牙齿咬烂三五颗,草鞋蹬烂八九双。"杨汉菊唱述,张鹏云记录。收入《普米族歌谣集成》,32开,1页,4行,中国民间文艺出版社1990年版。

(杨照辉)

石头打来我不飞

普米族情歌。流传于云南省兰坪白族普米族自治县普米族聚居区。歌谣表现了一位少女追随情郎的决心和追求婚姻自由的勇气。歌中唱道:"哥是山中一棵梅,妹是小鸟天上飞,小鸟歇在梅树上,石头打来我不飞。"杨汉菊唱述,张鹏云记录。收入《普米族歌谣集成》,32开,1页,4行,中国民间文艺出版社1990年版。

(杨照辉)

永不凋谢的花

普米族情歌。流传于云南省宁蒗彝族自治县普米族聚居区。这是一首歌唱纯洁坚贞的爱情的歌。歌中唱道:"山箐里的刺油果,一年能开三次花。但谁也不夸它美好,因为经不住霜冻雪压。开在我俩心中的花哟,珍贵无价,洁白无瑕,风雨里成长,冰雪中吐艳,它是永不凋谢的鲜花。"曹匹初唱述,杨曾烈记录。收入《普米族歌谣集成》,32开,2页,8行,中国民间文艺出版社1990年版。

(杨照辉)

妹心挂在郎心上

普米族情歌。流传于云南省兰坪白族普米族自治县普米族聚居区。歌中唱道:"月亮出来月亮弯,打个金钩挂月弯,金钩挂在银钩上,妹心挂在郎心上。"是一位姑娘以形象的比喻,安慰自己的对象不要对他们的爱情产生怀疑。和瑞金、和汉珍、和映瑞唱述,和繁保、和振宇录音,张鹏云整理。收入《普米族歌谣集成》,32开,2页,4行,中国民间文艺出版社1990年版。

(杨照辉)

一颗心

普米族情歌。流传于云南省兰坪白族普米族自治县普米族聚居区。歌中唱道:"要学高山青松常年青,莫学河边杨柳一时青;要学桃子剥皮一颗心,莫学石榴剥皮又多心;莫学蚕豆开花越黑心,要学豌豆开花手牵手。一笔难画两个字,一心莫挂两个人。"告诫年轻人对待爱情婚姻要专一长久,不可花心。和瑞金、和汉珍、和映瑞唱述,和繁保、和振宇录音,张鹏云整理。收入《普米族歌谣集成》,32开,1页,8行,中国民间文艺出版社1990年版。

(杨照辉)

路远难见有情人

普米族情歌。流传于云南省兰坪白族普米族自治县普米族聚居区。歌中唱道:"砍柴遇着明子树,采花遇着明白人,天阴难见日头面,路远难见有情人。"普米族人居住分散,加之每个村寨多以一个家族为单位,所以青年人找对象只能到比较远的村寨中去找,这就难免出现"难见有情人"的情况。和瑞金、和汉珍、和映瑞唱述,和繁保、和振宇录音,张鹏云整理。收入《普米族歌谣集成》,32开,1页,4行,中国民间文艺出版社1990年版。

(杨照辉)

咦私咦

普米族情歌。流传于云南省兰坪白族普米族自治县普米族聚居区。歌谣表现了情侣相互的爱慕之情,和对纯真爱情的向往。歌中唱道:"心上只有一个人,身在牧场想着你。你总在我眼前飘,什么地方才见你……走路要走直那条,说话要说真那句。要做姊妹也不难,相爱要真心。"和全妹唱述,李玉生记录。收入《普米族歌谣集成》,32开,2页,24行,中国民间文艺出版社1990年版。

(杨照辉)

兄妹婚姻要自主

普米族情歌。流传于云南省兰坪白族普米族自治县普米族聚居区。歌中唱道:"一盘链子九十九,郎拴脖子妹拴手。郎拴脖子为情妹,小妹拴手为情郎。一盘链子九十九,郎拴脖子妹拴手。链子拴在心头上,兄妹婚姻要自主。"反映了在旧社会,普米族青年男女对婚姻自由的追求。和瑞金、和汉珍、和映瑞唱述,和繁保、杨振宇录音,张鹏云整理。收入《普米族歌谣集成》,32开,1页,8行,中国民间文艺出版社1990年版。

(杨照辉)

阎王面前手拉手

普米族情歌。流传于云南省兰坪白族普米族自治县普米族聚居区。歌中唱道:"有心跟你做姊妹,可惜阎王殿上八字不带来。这世跟你阎王面前订个婚,二世托生做一家。这世不成赶二世,二世阎王殿上就等你……和你黄泉路上笑姊妹,阎王面前手牵手。"反映了在旧社会,普米族青年对包办婚姻的无奈。和瑞金、和汉珍、和映瑞唱述,和繁保、和振宇录音,张鹏云整理。收入《普米族歌谣集成》,32开,2页,12行,中国民间文艺出版社1990年版。

(杨照辉)

相亲相爱一颗心

普米族情歌。流传于云南省兰坪白族普米族自治县普米族聚居区。歌中唱道:"打铁莫怕铁花飞,相爱莫怕讲是非。是非谣言风吹去,相亲相爱心不分。"强调相爱的人不用怕别人讲是非,要大胆地去追求自己所爱的人。和瑞金、和汉珍、和映瑞唱述,和繁保、和振宇录音,张鹏云整理。收入《普米族歌谣集成》,32开,1页,4行,中国民间文艺出版社1990年版。

(杨照辉)

搭桥

普米族情歌。流传于云南省宁蒗彝族自治县普米族聚居区。歌谣表现了一位姑娘渴望与恋人相会的心理和为爱情奉献的决心。歌中唱道:"喜鹊喳喳叫得欢,定是阿哥到门前。出门一看河桥断,阿哥隔在河那边。手臂搭桥来接你,无奈手短大河宽。身子搭桥接你过,踩断脊梁心也甘。"曹匹初唱述,杨曾烈记录。收入《普米族歌谣集成》,32开,2页,8行,中国民间文艺出版社1990年版。

(杨照辉)

真诚的姑娘接他走了

普米族情歌。流传于云南省宁蒗彝族自治县普米族聚居区。歌中唱道:"在那遥远的村庄里,住着一个憨厚的小伙,没有英貌,只有纯心,虚荣的姑娘来了,不看他,真诚的姑娘来了,高兴地把他接走了。"告诫青年人找对象不要只看貌相,还要看人品。浓布唱述,旦史迪基记录。收入《普米族歌谣集成》,32开,1页,16行,中国民间文艺出版社1990年版。

(杨照辉)

在遥远的村庄

普米族情歌。流传于云南省宁蒗彝族自治县普米族聚居区。歌谣以丰富的比喻,告诉人们:只有勤劳、坚强、勇敢、聪慧的人,才能获得美好的爱情,过上幸福的生活。歌中唱道:"在高高的山峰上,有一朵小花,谁也采不到,辛勤的蜜蜂采走了。在滔滔的大江里,有一条大鱼,谁也捕不到,坚强的水手捕到了。在宽宽的草地上,有匹骏马,谁也骑不了,英雄的牧人骑上了。在遥远的村庄,有一位漂亮的姑娘,谁也娶不到,聪慧的小伙娶走了。"浓布唱述,旦史迪基记录。收入《普米族歌谣集成》,32开,2页,20行,中国民间文艺出版社1990年版。

(杨照辉)

小伙的歌

普米族情歌。流传于云南省宁蒗彝族自治县普米族聚居区。这首歌表现了普米族赶马小伙与情人分别时依依不舍的心情，和他对爱情的忠贞。歌中唱道："蜜蜂飞出花丛中，飞得再远也把鲜花留恋；阿哥今朝赶马要远走，九天外也把阿妹装进心上。他乡的风光再迷人，没有家乡的山水美丽；异土的姑娘再多情，比不上小妹捧给哥的一颗心。小妹喂，快把离别的泪水擦干，笑着相别是吉祥的预兆，三天路上你要等着我呀，思念时唱一支山歌连哥心。"丁都唱述，殷海涛记录。收入《普米族歌谣集成》，32开，3页，32行，中国民间文艺出版社1990年版。

（杨照辉）

姑娘的歌

普米族情歌。流传于云南省宁蒗彝族自治县普米族聚居区。歌谣表现了青春少女渴望爱情的心理。歌中唱道："白天看见小哥的面，心里欢喜又不敢看；夜里梦见小哥哟，阿哥对我多深情。我真想把阿哥看个够，可恶的公鸡哟，叫醒了甜梦带走了阿哥。"拉姆唱述，殷海涛记录。收入《普米族歌谣集成》，32开，2页，25行，中国民间文艺出版社1990年版。

（杨照辉）

姑娘我爱你

普米族情歌。流传于云南省宁蒗彝族自治县普米族聚居区。这是一首小伙子向姑娘表达爱慕之情的歌。歌中唱道："雄鹰在蓝天飞翔，百灵在绿荫中欢唱，相好的姑娘哟，我爱你。我爱纯洁的心灵，我爱天真的笑靥，我爱会说话的眼睛，我爱泼辣的言行，我爱灵巧的双手，只要有了你，我死去也心甘。"浓布唱述，旦史迪基记录。收入《普米族歌谣集成》，32开，1页，10行，中国民间文艺出版社1990年版。

（杨照辉）

我不愿离开你

普米族情歌。流传于云南省宁蒗彝族自治县普米族聚居区。这是一首小伙子向姑娘表达爱慕之情的歌。歌中唱道："如果你是蓝天，我愿做小星，点缀在你的身上。如果你是太阳，我愿做朵小花，向你瞻望。如果你是垂柳，我愿是一捧泥土，撒在你的身旁。如果你是只蜜蜂，我愿是滴花汁，融化在你的心田。"浓布唱述，旦史迪基记录。收入《普米族歌谣集成》，32开，1页，12行，中国民间文艺出版社1990年版。

（杨照辉）

赶马的小伙子

普米族情歌。流传于云南省宁蒗彝族自治县普米族聚居区。在这首歌里，一位赶马小伙子用歌声向对面山顶上唱歌的姑娘表达爱意。歌中唱道："赶马的小伙子，赶马走在山路上，对面山顶上哟，小妹的歌声打动我的心。问一声小妹有伙伴？一个人唱歌实在难听，我的歌声已飞向山顶，小妹喂，我俩的歌声最优美，合成一曲世上无双。"青机唱述，殷海涛记录。收入《普米族歌谣集成》，32开，1页，10行，中国民间文艺出版社1990年版。

（杨照辉）

友谊像珍珠

普米族情歌。流传于云南省维西傈僳族自治县普米族聚居区。歌中，一位女子述说了她的爱情历程。歌中唱道："我孤独地在山林里游荡，遇上一位同样的孤独汉，我们在山林里结下情意，从此生死相依，友谊像珍珠般贵重，永远珍藏在我们心底。"吉德元唱述，王琼璧搜集，殷海涛记录。收入《普米族歌谣集成》，32开，1页，7行，中国民间文艺出版社1990年版。

（杨照辉）

伤心调

普米族情歌。流传于云南省兰坪白族普米族自治县普米族聚居县。歌谣以第一人称唱述，内容是一位普米族姑娘通过描述自己每天的言行，讲述从初一到十三这段时间内她那无父无母的未婚夫由染病到亡故的悲惨经历。包括未婚夫如何染病倒床，她又如何忍着羞耻，不怕众人议论，为他求医、请巫师、烧饭、煨汤、洗衣服；他病死后，她又如何请风水先生看坟地，请人抬棺木下葬；最后又如何伤心地上坟等。表现了她对未婚夫的深情厚意和对爱情的忠贞不渝。歌中唱道："初二早上去瞧郎，小郎卧病倒在床，问声小郎有何病，十字街上把病染……初十早上去瞧郎，小郎死在病床上，大哭三声人听见，小哭起来心不甘……十三早上去祭坟，双脚跪在坟前面，点起香烟风吹散，敬上酒茶伤心肝。"和阿昌唱述，杨照辉记录。收入《普米族歌谣集成》，16开，4页，52行，中国民间文艺出版社1990年版。

（杨照辉）

你不说我也知道

普米族情歌。流传于云南省宁蒗彝族自治县普米族聚居区。此歌表现了男女青年情投意合、心心相印的恋情。歌中唱道："你不说我也知道，那天晚上，在村旁林子里，你拿一根花带给我就走了……那天早上，在村前岔路口，你含着泪低头送我一程又一程。你不说我也知道，那天夜里，在梦游故乡的时候，你笑着向我走来。"佚名唱述，殷海涛记录。收入《普米族歌谣集成》，32开，1页，12行，中国民间文艺出版社1990年版。

（杨照辉）

忘不了你的声音

普米族情歌。流传于云南省宁蒗彝族自治县普米族聚居区。歌曲表现了一位男青年对恋人执著、真挚的情感。歌中唱道："那座青山忘记了，那条山路忘记了，那块草坪忘记了，那条小溪忘记了，忘不了你那甜甜的声音。"佚名唱述，殷海涛记录。收入《普米族歌谣集成》，32开，1页，5行，中国民间文艺出版社1990年版。

（杨照辉）

等着你

普米族情歌。流传于云南省宁蒗彝族自治县普米族聚居区。此歌中，一个姑娘劝慰将出远门的对象不要牵挂自己，并表达了对他的忠贞情感。歌中唱道："等着你，阿哥哟！哪怕去得多远，三天三夜的路程不算远，等着你，阿哥哟！哪怕去得多久，九年九月的日子不算长。"佚名唱述，殷海涛记录。收入《普米族歌谣集成》，32开，1页，8行，中国民间文艺出版社1990年版。

（杨照辉）

一样也别说

普米族情歌。流传于云南省宁蒗彝族自治县普米族聚居区。歌谣以简短的语言，表述了爱情不用千言万语，只要真心相爱就行的道理。歌中唱道："一样也别说，好好望着我，不要闭上眼睛，我的眼里有你，你的眼里有我。一样也别说，好好挨着我。不要把手松开，我的心里有你，你的心里有我。"佚名唱述，殷海涛记录。收入《普米族歌谣集成》，32开，1页，6行，中国民间文艺出版社1990年版。

（杨照辉）

阿妹的眼睛

普米族情歌。流传于云南省宁蒗彝族自治县普米族聚居区。歌中唱道："阿妹的眼睛，像一对山葡萄，又甜又酸，看一下心慌，目光像一股苏理玛酒，甜醉了我的心房。"道出了青年男子面对聪明的恋人时欣喜而略带慌张的复杂心情。佚名唱述，殷海涛记录。收入《普米族歌谣集成》，32开，1页，6行，中国民间文艺出版社1990年版。

（杨照辉）

我愿

普米族情歌。流传于云南省宁蒗彝族自治县普米族聚居区。歌曲表现了一位男青年对恋人的思念之情。歌中唱道:"隔河相望,妹像鲜花正开放。看见鲜花采不到,日夜把妹想。我愿变作一幅内衣襟,时刻穿在妹身上。我愿变作一枚绣花针,别在妹的荷包上。"曹匹初唱述,杨曾烈记录。收入《普米族歌谣集成》,32开,2页,8行,中国民间文艺出版社1990年版。

(杨照辉)

难忘送我腰带的人

普米族情歌。流传于云南省宁蒗彝族自治县普米族聚居区。歌谣表现了一个赶马的男青年对恋人的思念之情。歌中唱道:"赶着马帮出远门,山清水秀真迷人,绿水青山能忘记,难忘送我腰带人。"佚名唱述,贺进记录。收入《普米族歌谣集成》,32开,1页,4行,中国民间文艺出版社1990年版。

(杨照辉)

千里挖沟为栽秧

普米族情歌。流传于云南省兰坪白族普米族自治县普米族聚居区。这首歌里,一个小伙子大胆地向心爱的姑娘表白自己真挚的爱。歌中唱道:"千里挖沟为栽秧,万里隔河来找你,今晚看着小妹了,实话不说不散伙。雪山不化千年白,江水长流日日新。相会不图一时事,十年百岁见真情……为你过了千条河,为你爬了万架山。手脚磨烂心磨碎,哪里舍得丢开妹。等你等到月亮落,等你等到肝肠断。这回搭你同到老,死了也要头发连。"杨文翠唱述,罗世保记录。收入《普米族歌谣集成》,32开,3页,28行,中国民间文艺出版社1990年版。

(杨照辉)

不看蜜蜂看路程

普米族情歌。流传于云南省兰坪白族普米族自治县普米族聚居区。歌谣表现了相爱的男女青年情投意合的真挚情感。歌中唱道:"小小蜜蜂去采花,一飞飞到妹身旁。蜜蜂展翅妹莫慌,不是蜜蜂就是郎。蜜蜂见花展翅膀,花见蜜蜂笑着开。蜜蜂采花来路远,不看蜜蜂看路程。"佚名唱述,罗世保记录。收入《普米族歌谣集成》,32开,1页,8行,中国民间文艺出版社1990年版。

(杨照辉)

哥是茶叶妹是盐

普米族情歌。流传于云南省宁蒗彝族自治县普米族聚居区。歌中唱道:"哥是茶叶妹是盐,有茶无盐味不鲜,茶叶盐巴煨一罐,哥心妹心永相连。哥是绿叶妹是花,花不离叶叶伴花。花叶同根长一树,哥妹同心做一家。"以形象贴切的比喻,从内容到形式两方面体现了热恋情侣间的关系。曹匹初唱述,杨曾烈记录。收入《普米族歌谣集成》,32开,2页,8行,中国民间文艺出版社1990年版。

(杨照辉)

脸儿红了

普米族情歌。流传于云南省宁蒗彝族自治县普米族聚居区。歌曲通过丰富的比喻,描述了年轻人到了恋爱结婚的岁数时的表现。歌中唱道:"太阳照在云彩上,云儿红了。秋霜打在果子上,果儿红了。南瓜落了蒂,瓜皮就红了。圆根长了杆,根儿就红了。荞子开了花,秆儿就红了。小妹见了哥,脸儿就红了。"浓布唱述,旦史迪基记录。收入《普米族歌谣集成》,32开,1页,12行,中国民间文艺出版社1990年版。

(杨照辉)

小伙伴

普米族情歌。流传于云南省宁蒗彝族自治县普米族聚居区。歌谣运用了一系列的排比句，用"青山和白云""泉水和鱼儿""刀和鞘"等作比喻，表现了恋人间的爱慕之情。歌中唱道："小伙伴哟，我心中的花儿，我俩在一起，像青山和白云，缠绕一处。我俩在一起，像泉水和鱼儿，欢乐一块。我俩在一起，像麦粑粑圆圆，粘拢一团。我俩在一起，像花鸟飞翔，紧跟一线。我俩在一起，像刀和鞘，永远不分开。"布尺阿初唱述，殷海涛记录。收入《普米族歌谣集成》，32开，1页，17行，中国民间文艺出版社1990年版。

（杨照辉）

（七）儿歌

哄娃娃调

普米族儿歌。流传于云南省宁蒗彝族自治县普米族聚居区。这是一首催眠曲，唱出了母亲对孩子无私的爱。歌中唱道："小宝宝，别再闹，闭上眼睛你快睡觉，阿辽辽，阿辽辽。粗糙的山羊皮妈妈披，柔软的绵羊皮把你包，阿辽辽，阿辽辽。难嚼的猪膘肉妈妈吃，软和和的酥油喂宝宝，阿辽辽，阿辽辽。吃饱穿暖你快快睡，瞌睡从上眼皮下来了，阿辽辽，阿辽辽。"偏初唱述，李理记录。收入《普米族歌谣集成》，32开，1页，16行，中国民间文艺出版社1990年版。

（杨照辉）

放猪调

普米族儿歌。流传于云南省宁蒗彝族自治县普米族聚居区。歌谣生动地反映了普米族儿童放猪时的愉快心情。歌中唱道："肖溜溜，肖溜溜，放猪娃儿吹口哨，身背竹篮拿镰刀，追得猪群快快跑。肖溜溜，肖溜溜，大猪哼来小猪叫，爬上山坡吃野桃，下到河滩吃野草。肖溜溜，肖溜溜，肚子吃饱睡一觉，再下河塘洗个澡，猪儿长膘我欢喜。"和学良唱述，杨曾烈记录。收入《普米族歌谣集成》，32开，1页，12行，中国民间文艺出版社1990年版。

（杨照辉）

葵花

普米族儿歌。流传于云南省宁蒗彝族自治县普米族聚居区。歌中唱道："太阳出来了，小葵花仰着头。太阳落坡了，老葵花低着头。春风吹来了，小葵花挺着身，春风吹过了，老葵花弯着腰。不是小葵花英雄，只因籽粒结得太少。不是老葵花无能，只因头上的籽粒结得太多。"歌谣颂扬了老葵花成熟、谦虚的品质。浓卡唱述，旦史迪基记录。收入《普米族歌谣集成》，32开，1页，12行，中国民间文艺出版社1990年版。

（杨照辉）

荷叶莲花根连根

普米族儿歌。流传于云南省宁蒗彝族自治县普米族聚居区。歌中唱道："荷叶莲花沟边长，自古生来根连根，莲花开在水平面，荷叶盖在莲花上。莲花抬头问荷叶，为啥整天盖我身？荷叶含笑答莲花，只愿做个避雨伞。"暗示了孩子少不了大人照顾的道理。浓卡唱述，旦史迪基记录整理。收入《普米族歌谣集成》，32开，1页，8行，中国民间文艺出版社1990年版。

（杨照辉）

放牛调

普米族儿歌。流传于云南省宁蒗彝族自治县普米族聚居区。这是普米族儿童放牛时唱的歌。歌中唱道："太阳刚刚照，吹响牛角号，吆牛进山哟。呀哦呀，呀哦呀。水清嫩草肥，牛群吃得饱，盼你快长膘。呀哦呀，呀哦呀。犁地又耙田，劳苦又功高，牛是农家宝。呀哦呀，呀哦呀。"反映了普米族人半农半牧的生产生活特点。何学良唱述，杨曾烈记录。收入《普米族歌谣集成》，32开，1页，12行，中国民间文艺出版社1990年版。

（杨照辉）

一物降一物歌

普米族儿歌。流传于云南省兰坪白族普米族自治县普米族聚居区。这是一首产生于旧社会的儿歌。歌中唱道:"人是什么拉去不回来?是官僚拉去不回来。马是什么咬去不回来?是老虎咬去不回来。牛是什么咬去不回来?是灰狼咬去不回来。鸡是什么抓去不回来?是老鹰抓去不回来。老鹰是什么赶去不回来?是剪刀鸟赶去不回来。"歌谣意在让儿童懂得社会中老百姓与官吏之间的利害关系,懂得自然界中各种动物,特别是家畜家禽与野兽飞禽之间的关系,从而学会保护自己、保护家畜家禽。杨祖德唱述,杨照辉记录翻译。收入《普米族文学简史》,32开,1页,16行,云南民族出版社1996年版。

(杨照辉)

小伙伴,猜猜看

普米族儿歌。流传于云南省宁蒗彝族自治县普米族聚居区。这是一首教儿童认识身边的动植物的歌。歌中唱道:"青树上吊的是啥子?那是长长的树胡子。绿山坡上跳着的是啥子?那是机灵的公獐子。河边石头上长的是啥子?那是滑滑的水青苔。青草丛中跑的是啥子?那是一只可爱的小白兔。"佚名唱述,贺进记录。收入《普米族歌谣集成》,32开,2页,8行,中国民间文艺出版社1990年版。

(杨照辉)

要在家里乖乖玩

普米族儿歌。流传于云南省兰坪白族普米族自治县普米族聚居区。这是大人们出门时唱给孩子的歌,借一系列和动物有关的事例告诫孩子外面有危险,要孩子乖乖在家玩。歌中唱道:"马为什么没回来?是被老虎吃掉了。牛为什么没回来?是被牛虻咬跑了。羊为什么不回来?是被豹子吓跑了。小鸡为什么没回来?是被老鹰叼去了。小宝宝呀小宝宝,要在家里乖乖玩,不要在野外乱跑。"杨祖德唱述,杨照辉记录。收入《普米族歌谣集成》,32开,1页,11行,中国民间文艺出版社1990年版。

(龙江莉)

斑鸠肚大

普米族儿歌。流传于云南省宁蒗彝族自治县普米族聚居区。此歌唱述了斑鸠妈妈外出觅食,斑鸠宝宝饿死窝中的小故事,歌词字句规整、押韵。歌中唱道:"斑鸠斑鸠,肚子大大,一天三顿,尽吃谷米。斑鸠妈妈,飞出窝窝,到对面山上,寻找吃食。斑鸠娃娃,窝里挨饿,妈妈回来,娃娃饿死。"佚名唱述,殷海涛记录。收入《普米族歌谣集成》,32开,2页,12行,中国民间文艺出版社1990年版。

(龙江莉)

晒太阳

普米族儿歌。流传于云南省宁蒗彝族自治县普米族聚居区。此歌唱述一对小马鹿被雨淋湿后,出来晒太阳的场景,歌词充满了童真。歌中唱道:"一对小马鹿,来到草坪上,风吹又下雨,淋得好冷。大雨过去了,太阳出来了,一对小马鹿,跑到草坪上,晒呀晒太阳。"佚名唱述,殷海涛记录。收入《普米族歌谣集成》,32开,1页,9行,中国民间文艺出版社1990年版。

(龙江莉)

牧歌(一)

普米族儿歌。流传于云南省宁蒗彝族自治县普米族聚居区。此歌唱述了春、夏、秋、冬四个季节儿童放牧的情景。歌中唱道:"春天来了,草根发苗,枝头开花,红花绿草好放牛。夏天来了,草叶长,枝丫茂,沼泽地里好放猪。秋天来了,圆根圆了降白霜,缓坡地里好放马。冬天来了,树叶落了竹叶绿,竹林里面好放羊。"浓卡唱述,旦史迪基采录。收入《中国歌谣集成·云南卷》,16

开，1页，12行，中国ISBN中心2003年版。

（龙江莉）

牧歌（二）

普米族儿歌。流传于云南省宁蒗彝族自治县普米族聚居区。这是一首儿童放牧羊群时唱的歌，歌词表现出儿童的天真和稚气。歌中唱道："走呀走呀，前面箐里有青草；走呀走呀，小羊儿，前面箐里有青草。请你吃个饱，回家睡大觉，阿妈把我夸。"佚名唱述，殷海涛采录。收入《中国歌谣集成·云南卷》，16开，1页，8行，中国ISBN中心2003年版。

（龙江莉）

风趣歌

普米族儿歌。流传于云南省宁蒗彝族自治县普米族聚居区。传说古时有个叫韩归的人常以给孩子治病为借口，趁机拿走主人家的祭食，此歌即是普米族人用来打趣韩归的歌，之后也常用来讽刺一些人不择手段谋求私利的不良品质。歌中唱道："高的地方放不得，老鸹飞来会叼走；矮的地方放不得，蚂蚁爬来会拖走。放在不高不矮的木桩上，我俩到时揣着走。"次里戈若唱述，殷海涛采录。收入《中国歌谣集成·云南卷》，16开，1页，6行，中国ISBN中心2003年版。

（龙江莉）

条目汉语音序索引

A

阿炳挖金子 …………………………… 367
阿波强保朵时的故事 ………………… 365
阿哥要有妹作伴 ……………………… 421
阿舅的姑爷 …………………………… 362
阿妹的眼睛 …………………………… 425
阿什为什么有经书 …………………… 346
阿扎家族与木底箐 …………………… 339
爱情是越抹越亮的茶罐子 …………… 419
爱神给了我勇气 ……………………… 419
安慰死者的歌 ………………………… 400

B

巴松吉的四个儿子 …………………… 328
巴扎哩哩 ……………………………… 399
巴扎贤赞 ……………………………… 394
白鸽姑娘 ……………………………… 356
白考山主的难题 ……………………… 377
白龙与黑龙 …………………………… 357
拜龙调 ………………………………… 399
稗子沟为什么没有山神 ……………… 338
斑鸠肚大 ……………………………… 428
宝裤 …………………………………… 348
宝猪 …………………………………… 348
报复山妖 ……………………………… 380
背木楞房 ……………………………… 369
本分人和狡猾人 ……………………… 358

避祸事 ………………………………… 370
辨识鬼魅经 …………………………… 304
博物志 ………………………………… 297
不分离 ………………………………… 418
不看蜜蜂看路程 ……………………… 426
不要错看人 …………………………… 421
不要给婆娘说真话 …………………… 344
布比 …………………………………… 367
布楚苦塞角 …………………………… 313
布谷声中打麦忙 ……………………… 415

C

财主寻笑 ……………………………… 364
采蜜人的歌 …………………………… 420
曹直鲁衣和泽里甲姆 ………………… 393
茶歌 …………………………………… 413
"查蹉"的由来 ………………………… 338
"查蹉"对歌 …………………………… 413
查子查达 ……………………………… 318
拆除"弄卡"祭坛经 …………………… 309
拆除"仲辛"祭坛经（一）…………… 309
拆除"仲辛"祭坛经（二）…………… 309
拆除冥堂经 …………………………… 310
馋嘴媳妇 ……………………………… 368
惩治大猩猩 …………………………… 381
赤苟汝与介巴群巨 …………………… 345
冲格萨传奇 …………………………… 342
冲格萨甲布 …………………………… 343
冲格萨甲布选妻 ……………………… 343

春毛谷	416	滇云历年传	300
出嫁歌	404	滇志（天启）	298
传教歌	410	滇中琐记	301
吹唢呐的员外	352	点香火的由来	336
春节歌（一）	402	丁巴辛饶亨查	315
春节歌（二）	403	都孜	311
茨尔崩瑞	314	独儿子格茸	363
刺猬身上的刺是怎样来的	387	独石头的传说	340
聪明的兔子	378	读史方舆纪要	302
聪明的辛期仕	367	笃玛与旺天莫	359
聪明人割麝香	364	赌骑骡	371
		赌钱调	397
		杜鹃花满林开	418

D

		对唱（一）	418
		对唱（二）	418
搭建"弄卡"祭坛经	304	多海底的忏悔	352
搭建"壹冬"祭坛经	304	多情的翠绿鸟	390
搭建"仲辛"祭坛经	303		
搭桥	423	## F	
打斑鸠	372		
打豆子	416	纺麻线	417
打开亲家的锁	406	纺线歌	417
打猎的来历	329	"放白羊奶"的由来	335
打麦歌	414	放牛调	427
打奶歌	416	放羊调（一）	415
打跳歌	413	放羊调（二）	415
大画眉鸟的由来	390	放猪调	427
大羊场红岩子的来历	339	焚灵体祷祝经	305
捣毁魔窟经	306	焚灵体规程经	305
道四句	378	风趣歌	429
得了枣红马	376	凤凰治龙王	327
得义和忘恩的故事	360	富学穷家儿	350
等着你	425		
滇略	298	## G	
滇南志略	301		
滇黔志略	300	干松巴情	345
滇系	301	赶巴卡	314
滇小记	300		

赶马的小伙子	424		
赶马调（一）	415		
赶马调（二）	415		
哥是茶叶妹是盐	426		
割了舌头的小鸟	354		
格松巴悟治太阳	324		
给得尔准	312		
给龙王送磨子	372		
给绵羊（一）	401		
给绵羊（二）	401		
给绵羊的来历	332		
给瓦	312		
给瓦联恰	313		
"给羊子"的由来（一）	332		
"给羊子"的由来（二）	332		
公鸡报仇记	389		
供奉祭品经	304		
狗吃粮、猪吃糠	386		
狗为什么撑獐子	386		
狗为什么咬月亮	325		
狗找来了谷种	326		
孤儿的奇遇	361		
姑娘出嫁不兴回头	337		
姑娘的歌	424		
姑娘我爱你	424		
古今图书集成	299		
关闭死门经	310		
关门开门歌	405		
罐罐山的来历	396		
鬼帽	349		
滚摆	312		
滚肯	319		
滚拉松冬	312		
果碟调	407		
过年歌	403		

H

憨姑爷梦得准	364
韩规颠奔鲜	315
韩规振	310
喊福调	399
何蔚鸟	390
荷叶莲花根连根	427
黑猫姑娘	356
黑母牛的故事	354
亨尔别松冬	317
红桃	361
洪水滔天	327
洪水滔天	392
哄你	373
哄娃娃调	427
猴子、老熊和布谷鸟的故事	384
猴子屁股为什么没有毛	384
花母牛发现盐井	342
欢聚	419
换马	375
换生孩了	346
换手杖	374
皇清职贡图	301
黄金装满东仓	378
黄赛都除霸	365
会唱歌的宝葫芦	369

J

机智的长工	378
鸡狗喝水为什么与众不同	387
吉典	414
挤牛奶的由来	335
祭锅庄	397

祭龙神	330
祭三脚	397
祭三脚的来历	329
祭祀规程经	303
祭仪规程经	307
祭中柱	408
祭柱子	398
祭祖歌	398
嫁女调	404
健忘的兔子	382
教训老熊	380
接亲调（一）	405
接亲调（二）	406
姐弟俩和老虎哥	357
解除亡灵疾病经	305
今晚夜色多美丽	413
金花银花一处开	421
金锦祖	392
金沙江和澜沧江失约	341
经世大典	297
敬祭调	398
敬龙王的来历	330
敬猫的由来	334
敬神不如敬父母	367
九十九驮白银	352
酒歌	412
菊崃	320
聚谈调	407

K

开门送灵经	308
开门调（一）	404
开门调（二）	404
开天辟地	323
砍柴调（一）	417
砍柴调（二）	417

可怜的打力巴	355
可怜的姑娘（一）	412
可怜的姑娘（二）	412
可怜的姑娘（三）	412
克里与戈桑	395
客气歌	402
哭牛	382
葵花	427
"括鲁"石的来历	328

L

拉擦布谷角	316
拉麻堆的来历	341
拉母与打史	355
癞疙泡	358
"烂民"受骗	375
狼与绵羊	387
劳动出粮食	366
老阿爹告状	366
老虎和水牛比武	383
老虎和獐子	383
老虎为什么不会爬树	383
老虎学艺	384
老鼠为什么吃粮食	385
老熊为什么撕人脸	382
离别	420
离群的孤雁	411
犁轮歇地	377
犁院墙	371
黎明调	410
礼物歌	402
丽江府志略（乾隆）	300
脸儿红了	426
练爬坡	379
两个太阳	375
两兄妹	361

猎神朗布松	330
龙家碗	341
泸沽湖的传说	342
路远难见有情人	422
罗多斯白的故事	353

M

马桑树与水牛	327
玛丽妞和七月半节	331
买布	371
猫、豹、虎的故事	384
猫狗结怨	385
猫想老家	385
毛狗牵老虎	383
毛肯	318
毛穆	312
妹是江来哥是海	421
妹心挂在郎心上	422
绵羊和二十八宿	345
明实录	299
明史	297
牧歌（一）	428
牧歌（二）	429
墓前插柳思亲人	334

N

南诏野史	299
难忘送我腰带的人	426
难中得福	360
你不说我也知道	425
拈十三节骨渣的来历	333
年布	311
年初不泼洗脸水	331
撵鬼词	399
弄卡端	315
"弄卡"图经	303
女人戴耳环手镯的由来	337

P

帕米查哩	392
攀天阁的来历	340
陪哪个	418
普米不信蛊	335
普米不兴扑卧地上喝水	334
普米的古礼从哪里来	394
普米的文字到哪儿去了	346
普米姑娘的"取水"	335
普米人为什么敬狮子	337
普米四家族	394
普米四兄弟	394
普米族为什么没有土司	346

Q

妻子的羊尾巴	359
祈护佑经	304
祈求威力经	305
祈愿福泽经（一）	309
祈愿福泽经（二）	309
祈愿福泽经（三）	309
启若普代瑞	314
起源歌	393
千里挖沟为栽秧	426
迁徙歌	394
牵牛鼻子的来历	385
牵牛花的来历	391
牵羊上斑竹	369
巧斗财主	377
巧杀白绵羊	373
巧杀白山羊	376
巧选当家人	366

切断地狱之线经	306	冗坑	396
切断生死线经	306	汝纠	319
青安山的传说	338	润肯	316
青母牛	353	润准	319
青蛙教人祖喝智慧水	327		
青蛙娶媳妇	358	**S**	
清理祭物经	310		
请把泉水喝个干	419	撒争	315
请客歌	407	三弟兄	363
请喇嘛	370	三兽分了尸	376
箐鸡借花衣	389	三天土司王子的由来	346
箐鸡与乌鸦	388	桑拉与丹都	339
穷姐姐与富妹妹	360	杀鹿人	323
求亲歌	403	砂粒的梦	364
取火种经	307	晒太阳	428
取钥匙	409	山神和猎神	329
娶亲歌	406	山神济贫	366
		伤心调	411
R		伤心调	425
		烧死老虎	381
禳鬼的由来	337	烧榨子	416
禳解鬼怪经	303	少了白公羊	376
让我们白头到老	414	蛇怕竹竿及五色土的来历	387
人参的发现	391	神牛喊寿岁	326
人从哪里来	393	神牛送五谷	326
人的来历	410	神奇的花鸟	395
人狗换寿	326	神奇的桌布	356
人蛇换皮	327	省库瑞	315
人是怎样发展的	410	师峨调	401
仁义值千金	374	什撰何大祖	344
认亲歌	401	石头打来我不飞	422
日绵亨	311	世篆罗大祖	343
日食的传说	325	仕米博环拍	313
日月开天地	393	仕米肯使介贡琼	313
戎肯	318	释肯干比荣	316
戎峥戎崃	320	手中无钱受狗气	374
荣给帕罗	317	守家	380

狩猎歌	414
蜀中广记	297
术切	313
树根相连叶相挨	417
拴鬼	352
水雾笼罩着水潭	420
水中的花朵	418
说亲调	403
思念	419
思念故乡的亲人	411
"死叩"的来由	331
死米肯日介	312
四季歌（一）	409
四季歌（二）	410
四面山上安绳套	406
宋史	297
送魂调	401
送你什么礼物	420
送披毡	333
送亲歌	409
送头发的由来	333
苏理玛调	412
锁门调	407

T

塌鼻梁的哥哥	360
塔朗	317
塔朗吉吉	317
太阳、月亮和星星	323
弹羊毛歌	400
天亮调	404
天仙桥的传说	341
跳蚤与虱子	390
头人被埋了	377
土官底簿	299
土罐换鞍马	373

土箭射日	325
兔子的耳朵为什么那样长	379
兔子的嘴为什么是缺的	379
兔子为什么眼睛红胆子小	379
团结花	409
推磨歌（一）	416
推磨歌（二）	416

W

蛙鹿赛跑	386
娃巴茨茨	344
"娃娃节"的来历	331
亡魂附牌经	303
亡灵定位经	308
亡灵解脱经（一）	307
亡灵解脱经（二）	307
亡灵转生经	307
忘不了你的声音	425
忘恩负义的理发匠	368
"煨桑"经	306
维西见闻纪	300
为什么老熊的眼珠小	382
我不愿离开你	424
我家场坝	414
我要把你追着	421
我愿	426
乌鸦变黑的由来	387
乌鸦唤青蛙	388
乌鸦叫不吉利、松树死后皮腐心不烂和母骡不下儿的来历	328
乌鸦与啄蜂鸟	388
五彩花是祝婚的人群	409

X

| 吸鼻烟 | 370 |

437

媳妇怜	411	血垭口的传说	340
喜灵雀与乌鸦	388		
喜鹊、乌鸦与清泉	389	**Y**	
戏财主（一）	373		
戏财主（二）	374	阎王面前手拉手	423
夏多吉杰	310	雁姑娘	356
县官挨打	375	燕麦种子的故事	391
献饭调	400	羊皮舞歌	413
献冥马经	308	羊膝疤的来历	386
献冥牦牛经	308	仰盼的故事	365
献冥绵羊经	308	养儿难	411
献冥食经	305	要在家里乖乖玩	428
相亲相爱一颗心	423	野鸡的脸为什么是红的	389
享尔别开利肯	317	夜明珠	348
想你想你不好说	421	夜明珠的经历	349
想娘歌	412	一对红头鸟	350
消除男性亡者罪孽经	306	一颗心	422
消除女性亡者孽缘经	307	一盘石磨	359
小黑妞	351	一物降一物歌	428
小伙伴	426	一心想做菩萨的喇嘛格史	368
小伙伴，猜猜看	428	一样也别说	425
小伙的歌	424	衣服为什么钉纽子	338
小妹明天要出嫁	405	咦私咦	422
小羊场龙潭的来历	342	异母兄弟	362
小渔夫拒亲	355	银子洞里的金菩萨	371
孝子孝列	318	鹦哥魂	354
笑魔与人	350	迎接亡魂经	305
歇在花红树上的妹妹	357	迎客调	402
新年歌	402	迎亲调	408
姓氏的来历	345	永北府志（乾隆）	302
凶死者的后代	336	永北直隶厅志（光绪）	302
兄弟俩挖银子	363	永不凋谢的花	422
兄妹婚姻要自主	423	油茶喷香吃不厌	411
兄妹情意断不了	421	友谊像珍珠	424
雄削	311	玉狮场的来历	340
熊巴佳佳和他的伙伴	396	月亮妹妹	326
秀才智斗妖精	362	云南通志（道光）	301

云南通志（康熙）	299		植玛姑娘	351
云南通志（万历）	298		只因妹家在山箐	420
云南图经志书（景泰）	297		指路调	400
云南志（正德）	298		治腰疼	369
云南志钞（道光）	301		治鹰	372
云南种人图说	302		智杀妖精	381
			仲辛都孜	319
			仲辛明达	319

Z

			仲辛瑞	314
在遥远的村庄	423		竹笛的传说	347
则依	311		祝福词	407
"增巧木"祭奠的由来	336		祝福调	408
扎拉都孜	316		祝愿歌	408
扎拉松冬	316		转山歌	398
找门调	417		转山节的传说	330
肇域志	302		庄稼与草的故事	391
真诚的姑娘接他走了	423		捉野鸡	370
真挚纯洁的心灵	419		子孙不断根	410
蒸启燕喃	314		紫花地丁	359
支萨甲布	395		宗巴拉松冬	320
直呆南木	324			

后 记

《中国少数民族古籍总目提要》是国家民族事务委员会直接领导下，由国家民族事务委员会全国少数民族古籍研究室组织实施的国家级重点文化项目（本项目于1997年由国家民委正式立项，并于2006年正式列入《国家"十一五"时期文化发展规划纲要》中）。在云南，这项工作在云南省委省政府的亲切关怀下，在云南省民族事务委员会的直接领导下，由云南省少数民族古籍整理出版规划办公室具体组织实施。《普米族卷》历时五年余的时间，付梓出版。

自国家民族事务委员会全国少数民族古籍研究室下达任务后，云南省成立了《中国少数民族古籍总目提要》编纂委员会，制定了编写实施方案。2002年起启动了云南省各民族卷的工作，召集相关民族的专家召开了会议，编纂工作进行了全面部署和安排，并进行了分工。但由于种种原因，此项工作暂时停止。2015年初在国家民委全国少数民族古籍研究室和云南省民族宗教事务委员会的直接关心下，《中国少数民族古籍总目提要》云南各民族卷的工作重新启动，编写工作安排如下：李克忠负责序言、部分汉文献和韩规古籍词条的撰写，胡文明负责韩规古籍词条的撰写，和六花负责汉文书籍类词条撰写，杨海涛负责口传古籍词条的撰写，殷海涛、曾学光等提供图片，龙江莉负责汉语音序索引，李僾思琦、张涵参与图片的编辑工作。

2018年底《普米族卷》编写工作全部完成，由李克忠进行初稿汇总并初审修改、补充，云南省社会科学院胡文明副研究员和普米族研究会进行了复审，起国庆进行了终审。书稿上报国家民委全国少数民族古籍研究室后李晓东主任进行了最终审读，民族出版社的陈萱老师付出了辛勤的工作。《普米族卷》的出版是以上所有人员共同努力的结果，在此一并致谢！

《普米族卷》的最大缺憾和不足之处是没有铭刻类和文书类，若以后有机会进行修订，将其补上，以求齐全。

《普米族卷》的出版是对普米族古籍的一次大盘点和大展示，有许多不足之处，恳请读者指正。

《中国少数民族古籍总目提要》云南编纂委员会
《中国少数民族古籍总目提要·普米族卷》编纂委员会
2019年1月18日

中国
少数民族古籍总目提要

国家民族事务委员会全国少数民族古籍整理研究室

怒族卷

民族出版社

《中国少数民族古籍总目提要·怒族卷》
编纂委员会

主　　编：起国庆　　　和六花
副 主 编：亚　娜　　　李善荣　　　刘　怡
编　　委：孙　敏　　　左玉堂　　　丰卫祥　　　王春桥　　　罗新明
　　　　　彭志灿　　　龙江莉　　　李克忠　　　依旺的　　　艾　芳
　　　　　杨筱奕　　　刘　琳　　　保俊萍　　　王向松　　　陶开祥
　　　　　李国琼　　　辛翠萍　　　阿　炳

序 言

怒族是我国56个民族大家庭中的一员，是怒江、澜沧江北段沿岸的古老民族。怒族主要分布在云南省怒江傈僳族自治州，虽偏居祖国西南边陲，但在长期的历史发展过程中，与周边各民族兄弟一道为祖国西南边疆的巩固和发展作出了不可磨灭的贡献，并创造了绚丽多彩的民族历史文化。怒族独具特色、内涵深厚的民族文化，是世代怒族先民智慧的结晶，是中华文化的重要组成部分，也是绚丽多彩的人类文化中不可或缺的一环。

一

怒族是云南8个人口较少民族之一，据2016年人口统计数据，怒族有人口3.3万。主要分布在云南省怒江傈僳族自治州的贡山独龙族怒族自治县、福贡县、兰坪白族普米族自治县和泸水县，其中福贡县是怒族最大的聚居地，分布在匹河、知子罗、老姆登、普乐、果课、木古甲、固泉及鹿马登等地。此外，在云南省迪庆藏族自治州的维西傈僳族自治县和西藏自治区察隅县也有少量的怒族分布。

怒族内部各支系分布在不同的区域，有着不同的自称。分布在福贡县匹河怒族乡的怒族自称"怒苏"，分布在福贡县上帕镇、鹿马登乡等地的怒族自称"阿侬"，分布在贡山县的怒族自称"阿怒"或"怒"，分布在兰坪县兔峨乡的怒族和泸水县鲁掌镇的怒族则自称"若柔"。历史上有"怒子""怒人""怒扒""怒囊""侬子""侬波""侬蒿"等他称。自唐到清的历史文献中有关怒族先民的称谓有"卢鹿蛮""卢蛮""卢""潞蛮""怒夷""野夷"等。

怒族人口不多，但根据我国语言学工作者的调查研究认为，怒族内部使用着彼此独立的四种语言，即怒苏语、阿怒语、阿侬语和若柔语，皆属汉藏语系藏缅语族，四种语言在词汇、语法结构等方面都有着很大的差异。

怒族是分布在今云南省怒江、澜沧江两岸的一个古老民族，历史源远流长。根据文献典籍和怒族民间世代相传的口碑资料记载，怒族先民很早就迁徙到澜沧江和怒江两岸繁衍生息。云南省怒江傈僳族自治州原碧江县普乐乡蜂氏怒族老人能够背诵出六十四代家谱，原碧江县第九行政村的怒族老人能背诵自家四十一代的家谱，据这些口述历史资料来看，怒族先民在一千多年前的宋元之际便已在今怒江、澜沧江流域生产生活。根据历史文献资料来看，怒族的族源可能来自两个部分，一部分源自古代的"卢鹿蛮"，今怒江州原碧江县的怒族即来自"卢鹿蛮"中的一支"诺苏"；另一部分则可能来源于怒江北部地区、贡山一带自称为"阿怒""怒"的古老族群，今贡山怒族的先民很有可能源于此。今天怒族各支系的族称、语言、历史传说以及社会文化方面存在的差异也印证了这个推断。

唐代，怒族、傈僳族的先民"施蛮""顺蛮"同是"乌蛮种类"，在唐贞元之前同属于"三浪诏"，共同居住于洱海以北地区。贞元以后，在唐王朝、南诏、吐蕃的势力争夺中，一部分被迫向南诏的东北地区迁徙，"散隶于东北诸川"，即今永胜县一带；一部分向西北迁徙至九赕川、罗眉川直至剑寻城，即今滇西北三江并流地带，并持续迁徙流动。唐以后"施蛮""顺蛮"迁徙到"泸北"（金沙江以东），汉文史籍中开始用"卢蛮"取代以往史籍中的"施蛮""顺蛮"。元代，在"西部之南北多有之"的"卢蛮"逐渐分化成了"傈僳"和"怒"两个民族共同体。有学者认为，从"施蛮""顺蛮"到"栗粟""卢"的演变，居住地从"三浪诏"地洱海以北地区到主要向北、向东、向西方向迁徙，其原因是此前居住在洱海北部的乌蛮"三浪诏"中的"施蛮""顺蛮"的一部分，顺着横断山脉民族迁徙走廊向西迁徙到怒江，因迁徙的路线不同，而分化出傈僳、怒两个民族共同体，元代的史籍中也开始出现"卢蛮""撬蛮"两个不同的族称，而今天兰坪、福贡一带的傈僳族和怒族至元代尚未从"卢蛮"中分化出来。

明代，"怒人""弩人"之称始见于文献。钱古训、李思聪的《百夷传》载："怒人颇类阿昌。蒲人、阿昌、哈喇、哈杜、怒人皆居山巅，种苦荞为食，余则居平地或水边，言语皆不相通。"此后，怒族在汉族文献中的记载不断增多，有"怒人""弩人""怒子""怒夷"等称呼。明代的怒族社会，生产力水平总体来说相对低下，经济以定居农业为主，采集狩猎为辅。杨慎《南诏野史》载："怒人居永昌（今云南保山）怒江内外，其江深险，四序皆燠，赤地生烟，每二月瘴气腾空，两堤草头交结不开，名交头瘴。男人面多黄瘦……射猎或采黄连为生，鲜及中寿。"

大约17世纪中叶，丽江土知府木氏与中甸、维西的藏族统治集团之间，为了争夺土地和统治权发生长年累月的战争，纳西族木氏土司还强征许多傈僳族民众作为兵丁。傈僳族同胞不堪重负,在首领"木必扒"的率领下,通过维西,渡过澜沧江,翻越碧罗雪山,进入怒江地区。随着进入怒江流域的傈僳族人口不断增多,为怒族带来了先进的生产力,也推动怒族社会的分层,各分布区的社会经济发展水平开始呈现出地域性差异。居丽江府与澜沧江相近的"怒人",生产力发展水平低下,处于原始社会后期的过渡发展阶段,如乾隆《丽江府志略》载:"怒人居怒江边,与澜沧江相近,男女十岁后,皆面刺龙凤花纹……男子发用绳束,高七八寸,妇人结麻布于腰,采黄连为生,茹毛饮血,好食虫、鼠。其最远者名曰怒子,言语不通。"而居怒江边靠内地者,则农副产品较为丰富。总体说来,明清时期怒族社会的农业和手工业都有显著发展,如余庆远《维西见闻纪》记录其生产生活状况曰:"覆竹为屋,编竹为垣。谷产麦黍,蔬产薯蓣及芋。猎禽兽以佐食。无盐、无马骡、无盗,路不拾遗,非御虎豹,则户不可扃。人精为竹器,织红文麻布,麽些不远千里往购之……迩年其人以所产黄连入售,内地夷人亦多负盐至其地交易,人敬礼而膳之,不取值,卫之出,自入贡以来,受约束,知法度。"

怒族居住在怒江地区,位于祖国西南边陲,外接缅甸。清末,帝国主义的洋枪洋炮打开了中国的大门,列强不断伺机蚕食我国的领土,怒族和全国人民一道英勇抵抗外敌侵略,为维护祖国的领土完整和民族尊严作出了积极贡献。是时,帝国主义长期在滇缅边境彷徨侵犯,形势复杂、危险。1912年,蔡锷政府组织"怒俅殖边队"进入怒江地区,有效地控制了怒江地区。云南督军府分别在菖蒲桶(贡山)、上帕(福贡)、知子罗(碧江)设立殖边公署,云南地方政府正式在怒江设治。

中华人民共和国成立后,怒族人民也和其他55个民族兄弟一道掀开了新的历史篇章。1954年,怒江傈僳族自治区成立。1956年,怒江傈僳族自治区改设怒江傈僳族自治州。1956年9月24日,贡山独龙族怒族自治县宣布成立,成为我国第一个怒族民族区域自治地方。1986年,碧江县被撤销,该县所属的主要怒族聚居区并入福贡县管辖,福贡成为我国最大的怒族聚居区,匹河乡成为福贡怒族的主要聚居地。随后,根据怒族人口主要聚居在福贡县匹河、老姆登、知子罗等地的特点,成立了我国第一个怒族民族乡——匹河怒族民族乡。中华人民共和国成立以来,在党和政府的关怀、支持和帮助下,在怒族广大群众的艰苦奋斗下,怒族地区各方面均取得了长足的发展,实现了翻天覆地的历史性跨越,人民生活水平有了很大提高。

二

2008年1月17日，国家民委、文化部颁布的《关于进一步加强少数民族古籍保护工作的实施意见》明确指出："中国少数民族古籍是指中国55个少数民族在历史上所形成的古代书册、典籍、文献和口传古籍。"口传古籍，即"口碑载体古籍"，是指各少数民族在历史上通过口耳相传留下来的具有文学价值和历史价值的各种史料。

怒族拥有本民族的语言却无本民族的古老文字，但在长期的历史发展中创造和积累了丰富多彩的历史文化，通过口耳相传的方式留下了丰富的口传古籍。内容涉及怒族的政治、历史、经济、天文、历法、医药、教育、文艺、哲学、伦理、宗教和民俗等社会历史发展的各个领域，具有重要的历史和现实价值，是一宗珍贵的非物质文化遗产。怒族口碑古籍种类丰富，主要包括创世史诗、神话传说、历史故事、风俗故事、人物故事、民间工艺故事、劳动歌、仪式歌、情歌、生活歌、历史传说歌、出门调、悼祭调和劝诫曲等类型，反映了怒族的起源、历史变迁、风土人情、生活习俗、民族性格等方面的内容。以怒族古籍文献的内容构成，我们可将怒族口碑古籍划分为怒族历史发展口碑古籍、怒族文学艺术口碑古籍、怒族科技口碑古籍、怒族宗教口碑古籍、怒族伦理道德口碑古籍、怒族民俗口碑古籍六大类。

各种类型口碑古籍的起源时间、体量不等。因怒族自一定历史时期以来，长期生活在崇山峻岭、高山峡谷的怒江、澜沧江流域，面对恶劣的自然环境，怒族先民信奉自然、尊崇自然，通过神歌、民间诗歌等方式求助于自然神，便产生了以禳灾祈福为目的，蕴涵宗教思想、宗教伦理、宗教规仪等的祭祀词、祭祀歌等。可以说，以神歌、宗教仪式歌为主要形式的怒族宗教口碑古籍是怒族口传古籍的最初形态，既是怒族民间文学的源头，也是怒族口碑古籍的源头，在怒族的社会历史发展、文化传承中具有重要的地位，不仅为研究怒族万物有灵的宗教哲学思想提供了原始资料，也是研究怒族社会历史发展的翔实资料。如，最具代表性的怒族神歌《瘟神歌》，是用于祭祀瘟神的祭词，同时反映了人类远古时期的生存环境、宗族的形成、婚姻家庭生活等内容；还有《砍火山地祭词》《祭谷神》《祭亡灵》《祭牲词》《送灵词》等怒族在祭祀亡人、祖坟、祖宗、山神、社神、雨神等宗教活动中形成和使用的祭祀祭词、祭文等。此外，怒族在长期的历史发展过程中，创造了丰富多彩、独具特色的民族文化，故而也形成内涵丰富、特色显明的民族风俗习惯，诸如多姿多彩的节日风俗民情、喜庆洋洋的婚庆典礼、庄严肃穆的丧葬礼仪、神秘庄重的宗教仪式和日常生活中的各种风俗习惯,此类展现怒族民风民俗的口碑古籍是体量最大、最具生命力的,以口耳相传的方式在怒族民众中世代传承,内容涉及民族社会历史、宗教信仰、文学艺术、道德规范和民族审美等诸多方面,蕴涵深厚的民族文化底蕴,具有重要的历史研究和现实发掘利用价值。

时至今日,众多的口碑古籍仍在怒族社会中广泛流传。这里,我们采借民间文学的分类方法,从神话传说、民间故事、长诗歌谣三个大的分类,对怒族口碑古籍做一个简要介绍。

怒族的神话传说丰富多彩,有众多以韵文、散文形式传承的作品。远古时代,怒族先民认识自然、改造自然的能力低下,面对变幻万端、喜怒无常的自然界和自然现象,只能"用想象和借助想象以征服自然力,支配自然力,把自然力加以形象化"。怒族先民通过天真烂漫的幻想,以朴素的宇宙观,创造了洪水滔天、开天辟地、人类起源、民族迁徙等古老的神话传说。因今日怒江全境的怒族,并非源于一时一地,故而在宗教观念、社会结构等文化特质上存在着明显的差异,神话传说也不例外。其一,贡山地区怒族流传下来的创世神话多于福贡地区的怒族,而且故事更为完整,内涵较为丰富,如最具代表性的《创世纪》;而福贡地区怒族几乎没有独立的创世神话,大多附着于洪水神话,内容单薄,寥寥数语以记之,如《射太阳和月亮》《腊普和亚妞》等。其二,在怒江福贡怒族地区,几乎每村每寨都流传着本村寨氏族始祖由来的神话传说,数量众多;因动物崇拜是怒族自然崇拜的重要组成部分,怒族先民常常受到自然界的虎、蛇、蜂等动物的威胁,便将某种动物当做祖先,作为氏族或部落保护神,因而很多氏族神话传说与动物有关,如虎氏族、蜂氏族女始祖的传说《女始祖》,蛇始祖的神话《蛇变人》,鸟氏族的传说《纳着华》,虎氏族的《腊乌期》等。其三,怒族民间还流传着纷繁庞杂的鬼灵神话传说,讲述自然鬼灵及人鬼交往的内容,如《小阿娜》《女子崖》《木古甲山神传说》。其四,阐述天地万物起源,展现怒族朴素世界观的起源神话,如《高山和平地的由来》《打雷的由来》《月亮里的树和女人从哪里来》《天气阴晴的由来》《地震的由来》《雨水变人》《女人出嫁和生育的由来》《人为什么会死》,等等。

怒族民间故事精彩纷呈、别具特色,折射出怒族的社会历史,也蕴涵了怒族人民的生产生活、思想伦理、审美情趣和理想愿望等内容。民间故事是怒族口碑古籍中体量较大、流行最为广泛、传世版本众多的种类。对于民间故事的分类,学界也是众说纷纭,我们姑且将其分为幻想故事、生活故事和动植物故事三大类加以阐述。其一，幻想故事囊括通过丰富的想象、夸张、虚构等手法来反映人类社会生活，故事情节曲折离奇甚至光怪陆离的龙女故事、除妖故事、力士故事等，如《花鱼姑娘》《腊塞与龙女》《猎人的妻子》《雪峰洞》《孤儿的奇遇》《金花和银花》《变小狗的姑娘》等龙女故事；以及展现怒族人民勇敢、坚韧性格的《雪山丫口的女妖》《吹笛除怪》《醉妖》《守山地》《烧黄蜂》《智烧恶怪》《赌变化》《杀龙救母》等除妖故事；《大力士阿烘》《从膝盖出生的汉子》《卢让让》等力士故事。此外，怒族的孤儿主题故事也很多，往往还带有玄幻的色彩，如《蝴蝶姑娘》《仙草与公主》《梦中的仙姑》《野兔媒人》《甜甜的鹿乳》《找出路》《地神老人》《智斗富人》《复生药的故事》《孤儿宰相》等。其二，生活故事是现实性较强的民间故事，用写实的手法刻画人物和叙述故事，从日常生活中提炼故事情节。怒族的生活故事丰富多彩，反映了父子、夫妻、兄弟姐妹、恋人、朋友之间的伦理关系、社会现象、道德观念、日常生活和生产经验等，颂扬真善美，如《谷玛楚与吴第朴》《聪明的九妹》《异母姐妹》《阿马子和阿呆子》《两弟兄》《两兄弟和宝锅》《大白马》《两姐妹与大蟒蛇》《善良的穷女婿》《愚笨的丈夫》《三姑娘》《瞎子求医》等。其三，动植物是怒族生活环境中的重要因素，怒族先民以寓言、童话等刻画了虎、熊、獐、鹿、兔、乌鸦、蝴蝶等栩栩如生的动物形象，往往蕴涵着深刻的道理，如《黑熊的下巴为什么有块白点》《乌鸦与咕益》《獐子智斗老虎》《蚂蚁和蜻蜓》《麂子背虎头》《猴子和老虎》《蜘蛛的笛子》《为什么牛没有上牙》，等等。

怒族长诗歌谣内容丰富、体裁广泛。总体说来，创世歌和叙事歌的数量相对较少，仪式习俗歌、生活歌、情歌和儿歌等相对丰富、数量较多，充分展现出怒族是一个积极乐观、自由向上、能歌善舞的民族。最具代表性的创世歌是展现天地造物、万物起源和人类经历洪水滔天之后繁衍、迁徙的《创世歌》，最具影响的叙事歌是唱述碧罗雪山脚下猎人乍付赛和织麻姑娘乍付玛惊天地泣鬼神爱情故事的《欧得得》（亦称《乍付赛与乍付玛》），以及篇幅较长、影响广泛、有完整故事情节的《婚礼歌》《流浪歌》《教儿歌》等三部怒族民间长歌。仪式习俗歌、生活歌是怒族歌谣的重要组成部分，一般可分为农事歌、猎歌、年节习俗歌、婚俗歌、丧葬歌、祭祀歌等，主要传唱的有《敬猎神》《瘟神歌》《祭谷神》《祭亡灵》《祭祖歌》《亚拉整》《祭牲词》《送魂词》《招魂歌》《几悄》《饮水》《种瓜》《采花》《若登调》《邓邓夺》《阿楼西杯》《火塘边坐唱》，等等。此外，怒族民间还流传着情感饱满真挚、自由活泼的情歌和寓教于乐、短小精悍的儿歌，如《母鸡下蛋》《簸簸箕》《下扣子》《呢灿灿》等。

三

怒族研究是民族研究中的重要组成部分，中华人民共和国成立以来，围绕怒族的历史发展源流、社会组织、政治制度、宗教信仰、经济状况和文化生活等展开了一系列的科学研究，并取得了可观的研究成果。怒族偏居西南一隅、人口较少、无本民族文字，汉文典籍中有关怒族只言片语的记载是研究怒族历史文化的珍贵史志资料，"巧妇难为无米之炊"，文献史料的短缺在一定程度上影响了怒族研究的步伐。可喜的是，怒族人民在长期历史发展过程中创造和积累了丰富的口碑古籍，涉及怒族社会、经济、政治、文化、医药、艺术等方方面面的内容，是怒族一宗重要的、不可替代文化遗产，也是研究怒族社会历史文化不可多得的珍贵史料，所以，开展怒族古籍的搜集整理研究势在必行、意义深远。

清末，在帝国主义觊觎我国西南边疆的情势下，怒族所处区域的政治地位日益显著，史籍、官方文书记载的频率有所增加，甚至有了调查报告，如夏瑚经过实地考察撰写的《怒俅边隘详情》。民国年间，国体变化和西学大量传入，我国的修志事业进入变革、增长期，有关怒族和怒族分布区域的志书，如《征集菖蒲桶沿边志》《纂修云南上帕沿边志》《泸水志》等相继纂修。按照我国的修志传统，艺文、风俗都是其应有的内容，这时期的相关志书搜集整理了少量的怒族口传古籍，如《征集菖蒲桶沿边志·礼俗》收录了一首《曲子怒子歌》，同时记录了怒语歌词和汉语歌词；无独有偶，《纂修云南上帕沿边志·风俗》收录了另外一首怒子歌，并逐句翻译成汉语，阐明歌谣的用途、内容、唱诵情景等内容。可以说，清末、民国初年对怒族分布区域的调查报告、地方志书收录了第一批怒族口碑古籍，数量稀少但弥足珍贵。"五四"新文化运动为民间文学研究带来了新的视角和新的方式，特别是20世纪30年代中后期开始，大学和研究机构南迁，众多专家学者聚集云南，云南民间文学进入了他们的研究视野，开始搜集整理少数民族民间文学，遗憾的是，几乎未涉足怒族民间文学。

中华人民共和国成立以后，党和政府高度重视民族问题和民族工作，为了摸清少数民族的社会历史状况，抢救濒临消失的珍贵历史文化资料，1953年，全国人大民族委员会和中央民族事务委员会组织进行全国性的民族识别调查，1956年又开始少数民族语言、少数民族社会历史调查。1950年至1955年，中共云南省委边疆工作委员会、云南省民族事务委员会对全省少数民族社会历史情况进行调查研究，同时对云南各少数民族的婚姻习俗、宗教信仰和文学艺术开展研究。其中，在1952年和1956年的两次调查中，云南民族调查组怒江分组围绕怒族的族源、氏族组织的考察，搜集整理了相关的神话传说。诸如，《碧江县一区老姆登、普乐、知子乐三乡怒族组员和民族关系调查》对图腾传说、洪水神话、迁徙传说、生产习俗传说、民族关系传说等开展了一些调查；《碧江县怒族的氏族组织情况》调查也涉及碧江一区果课乡怒族拉乌期等氏族来源的传说。中共怒江边工委、福贡工委于1954年调查了福贡二区鹿马登乡怒族历史传说。调查结束后，国家民委《民族问题五种丛书》正式出版发行，《怒族简史》统合调查资料，对怒族文化艺术进行了系统论述，内容包括刻木、结绳记事，诗歌与故事，舞蹈和乐器、文化艺术成果丰硕四个部分，第一次完整地将怒族古籍的分布、储量、内容、特点等介绍给世人。可以说，新中国成立以后，伴随着民间文学搜集整理研究的步伐，怒族的古籍整理研究工作也开始启程。

20世纪50年代以后，云南民间文学传承发展步伐基本与全国同步，呈现出多元化的发展趋势，得到国家和省级各部门、各地高校和研究院所的高度重视。改革开放以后，各部门积极开展各种类型的民间文学调查，尤其是1984年，在钟敬文等学者的倡导下，文化部、国家民委等部门组织编纂"三大集成"，即《中国民间故事集成》《中国歌谣集成》《中国谚语集成》，云南17个地州（市）、128个县相继成立了民间文学集成办公室，组织民间文学的发掘工作，此项工作一直持续到1992年，共收集故事、谚语、歌谣上亿字，掀起民间文学研究的新高潮。在云南组织实施"三大集成"工作的调动之下，怒族古籍调查研究特别是口碑古籍的研究成果如雨后春笋般涌现，呈现一片欣欣向荣之态。相关的怒族学者搜集整理了大量的民间故事、民间谚语、民间神话及民间歌谣，整理加工并印刷出版，长期被泥土掩盖的怒族古籍被挖掘出来，绽放出夺目的光芒。如李卫才、叶世富、彭兆清等学者经过长期的搜集整理，发掘民间流传的神话传说、龙女故事、孤儿故事、爱情生活故事等，整理并出版了《猎神歌》（木玉璋）、《创世纪》（彭兆清）、《怒族民间故事》（叶世富、郭鸿才）、《婚礼歌》（叶世富）、《怒族独龙族民间故事选》（左玉堂）、《种竹歌》（李卫才）、《祭猎神调》（赵鉴新）等，并编纂了《福贡民族民间文学集成》《贡山民族民间文学集成》等系列丛书。在大量基础资料搜集整理、出版发行的基础上，《怒族文学史》（左玉堂）、《怒族文学简史》（攸延春）等研究专著相继问世，进一步推动了怒族古籍的搜集、整理和研究工作。

1984年8月，按照国务院要求，经云南省人民政府批准成立云南省少数民族古籍整理出版规划办公室（以下简称"云南省民族古籍办"），隶属云南省民族事务委员会，负责组织、联络、协调、指导全省少数民族古籍的抢救保护、翻译整理和出版工作。怒族作为云南25个世居少数民族和15个云南特有民族之一，怒族古籍的抢救整理是云南民族古籍工作的重要内容。云南省民族古籍办积极联络、依托云南省怒族学会、怒江傈僳族自治州各级怒族学会和相关专家，有序推进怒族古籍的调查研究、搜集整理工作。

1997年，国家民委确立了《中国少数民族古籍总目提要》这一跨世纪民族文化建设重点项目并印发了《〈中国少数民族古籍总目提要〉编写纲要》，正式开始动员部署编目工作。怒族古籍编目工作正式提上日程。1998年5月，国家民委在广西桂林举办全国少数民族古籍编目培训班。2000年3月，云南省民族古籍办在昆明海埂举办了云南省少数民族古籍编目培训班。会后，云南省民族古籍办组织了云南省民间文学集成编辑办公室的左玉堂、刘怡、孙敏等长期从事民间文学研究的专家，共同探讨怒族古籍编目的相关事宜，并落实了编写人员，正式开始集中的编撰工作。因云南少数民族众多，财力、物力和人力相对紧张，云南省民族古籍办采取全面部署、全面指导、逐一落实、逐一推进的原则，《中国少数民族古籍总目提要·纳西族卷》《中国少数民族古籍总目提要·白族卷》《中国少数民族古籍总目提要·哈尼族卷》等先行完成编目工作，并相继公开问世，为云南其他民族古籍编目工作的开展奠定了坚实基础和成功经验。2007年，包括怒族在内的其他少数民族古籍编目完成了讲唱类的编目工作，囿于经费和工作重点变化，审定修改、出版发行工作短暂搁置。2008年，云南省民族古籍办将各民族讲唱类词条汇集成《云南民族口传非物质文化遗产总目提要》出版发行，初步完成了各民族讲唱类词条的补充完善和审定工作，为最终纳入《中国少数民族古籍总目提要》出版发行奠定了坚实的基础。2015年，经过多方努力，云南省民族古籍办复将《中国少数民族古籍总目提要》彝族卷、傣族卷、佤族卷、傈僳族卷、怒族卷等13个民族的古籍编目工作提上日程，确定专人负责，积极开展词条审读审定、修改完善、序言撰写、图片采集等一系列工作。2016年，《国务院关于印发"十三五"促进民族地区和人口较少民族发展规划的通知》（国发〔2016〕79号），要求开展少数民族古籍抢救保护工程，加大抢救保护濒临失传少数民族古籍力度，加强少数民族古籍翻译整理研究出版工作，继续编纂《中国少数民族古籍总目提要》，推进少数民族古籍数字化。在国家民族事务委员会全国少数民族古籍整理研究室的指导下，《中国少数民族古籍总目提要·怒族卷》的编撰进入攻坚收官阶段。

《中国少数民族古籍总目提要·怒族卷》从编写到完成历时二十余载，采借历代怒族先民、怒族研究者的智慧结晶和辛劳之作，几代民族古籍工作者、民间文学研究者、怒族学者为之付出了艰辛的努力，历经数十人之手，是集体智慧的结晶，是一项重要的民族文化研究成果。是书的出版发行提纲挈领式地系统展示了怒族丰富多彩的民族历史文化遗产，展现了怒族群众在共同缔造中华文明中所作出的贡献。"让收藏在博物馆里的文物、陈列在广阔大地上的遗产、书写在古籍里的文字都活起来，让中华文明同世界各国人民创造的丰富多彩的文明一道，为人类提供正确的精神指引和强大的精神动力。"我们期寄本书的出版，对弘扬怒族优秀传统文化，促进各民族交往交流交融，增进民族团结发展起到积极的作用。

《中国少数民族古籍总目提要》云南编纂委员会
《中国少数民族古籍总目提要·怒族卷》编纂委员会
2019 年 1 月 16 日

凡 例

一、本书按照《〈中国少数民族古籍总目提要〉编写纲要》规定的收录范围，共收录怒族古籍条目355条。其中，书籍类，收录31条；文书类，收录1条；讲唱类，收录323条。

二、讲唱类分为神话传说、民间故事、长诗歌谣三部分，每一部分按我国民间文学传统分类方法分类。

三、编撰人员姓名均在各条目末括号内注明。

四、本书根据《〈中国少数民族古籍总目提要〉编写纲要》的要求编写，以确保丛书整体统一。

条目分类目录

书籍类

百夷传 …………………………… 467
南诏野史 ………………………… 467
滇志（天启） …………………… 467
滇略 ……………………………… 467
天下郡国利病书 ………………… 467
滇夷图说 ………………………… 468
滇云历年传 ……………………… 468
丽江府志略 ……………………… 468
皇清职贡图 ……………………… 468
滇南新语 ………………………… 468
滇黔志略 ………………………… 468
维西见闻纪 ……………………… 469
滇小记 …………………………… 469
滇南闻见录 ……………………… 469
滇省夷人图说 …………………… 469
滇省迤西迤南夷人图说 ………… 470
腾越州志（乾隆） ……………… 470
滇海虞衡志 ……………………… 470
滇南夷情汇集 …………………… 470
御制外苗图 ……………………… 470
云南通志（道光） ……………… 471
云南营制苗蛮图册 ……………… 471
云南三迤百蛮图 ………………… 471
滇中琐记 ………………………… 471
怒俅边隘详情 …………………… 471
清实录 …………………………… 472
新纂云南通志 …………………… 472
征集菖蒲桶沿边志 ……………… 472
纂修云南上帕沿边志 …………… 472
泸水志 …………………………… 472
永昌府文征 ……………………… 473

文书类

奏陈怒彝输诚折 ………………… 477

讲唱类

一、神话传说

（一）神话

创世纪 …………………………… 481
腊山和此山 ……………………… 481
始祖的传说 ……………………… 481
女始祖 …………………………… 482
洪水泛滥 ………………………… 482
兄妹成婚 ………………………… 482
嘎瓦格布 ………………………… 482
阿铁 ……………………………… 483
腊普和亚妞 ……………………… 483
雨水变人 ………………………… 483
射太阳和月亮 …………………… 483
高山和平地的由来 ……………… 484
打雷的由来 ……………………… 484
刮风的由来 ……………………… 484
刮风打雷的由来 ………………… 484
天气阴晴的由来 ………………… 484

天上为什么闪电雷响下雨 ……………… 485
地震的由来 ……………………………… 485
谷种的传说 ……………………………… 485
种庄稼为什么要锄草 …………………… 485
怒族为什么没有文字（一） …………… 486
怒族为什么没有文字（二） …………… 486
怒族为什么没有文字（三） …………… 486
聪明勇敢的朋更朋 ……………………… 486

（二）氏族传说

人猴成亲 ………………………………… 487
蛇氏族的传说 …………………………… 487
蛇和人结姻缘 …………………………… 487
小白蛇的恩惠 …………………………… 487
虎氏族的传说 …………………………… 488
鸟氏族的传说 …………………………… 488
蜂氏族的传说 …………………………… 488
"拉甲约"氏族的传说 ………………… 488
人变老熊 ………………………………… 489
怒族的迁居 ……………………………… 489

（三）风俗传说

山神娶妻 ………………………………… 489
民冲起 …………………………………… 489
猎人与女猎神 …………………………… 490
猎神发怒 ………………………………… 490
鲜花节 …………………………………… 490
女人出嫁和生育的由来 ………………… 490
男人生小孩 ……………………………… 491
烙火娶夫 ………………………………… 491
为什么砍树要在树桩桩上放石头 ……… 491
包包头的由来 …………………………… 491
人为什么会死 …………………………… 492
火葬的传说 ……………………………… 492
土葬的传说 ……………………………… 492
沸水捞石 ………………………………… 492
神判下毒案 ……………………………… 492

（四）山川风物传说

知子罗的传说 …………………………… 493
女子崖 …………………………………… 493
怒玛亚 …………………………………… 493
望夫崖 …………………………………… 494
仆子河的传说 …………………………… 494
俄者回 …………………………………… 494
喃鲅荬 …………………………………… 494
迪麻洛河没有鱼的传说 ………………… 495
迪麻洛河的传说 ………………………… 495
普拉河 …………………………………… 495
大蟒洞 …………………………………… 495
马蜂坑 …………………………………… 496
野人洞 …………………………………… 496
吉娜木让 ………………………………… 496
杜鹃花是怎样变红的 …………………… 496

（五）人物传说

依尼拴太阳 ……………………………… 497
大力士阿烘 ……………………………… 497
刮摩毕的故事 …………………………… 497
刮摩毕和念摩毕 ………………………… 497
刮摩毕斩筏除妖 ………………………… 498
刮摩毕打铁除妖 ………………………… 498
聪明的孜江幺弟 ………………………… 498
雪山垭口的女妖 ………………………… 499
给极 ……………………………………… 499
那麻与亚尼公主 ………………………… 499
从膝盖出生的汉子 ……………………… 499

二、民间故事

（一）幻想故事

三妹与蛇郎 ……………………………… 500
七妹嫁蛇仙 ……………………………… 500
两姊妹 …………………………………… 500
梦中的仙姑 ……………………………… 501

腊塞与龙女 …… 501	石匠的故事 …… 510
猎人与龙姑娘 …… 501	人变松鼠 …… 510
龙女种瓜 …… 501	兔子治富人 …… 510
龙姑娘 …… 502	智斗妖魔夺金山 …… 510
花鱼姑娘 …… 502	除妖 …… 511
孤儿和鱼姑娘的故事 …… 502	聪明的小姑娘 …… 511
灵芝姑娘 …… 503	小阿娜 …… 511
星星姑娘 …… 503	弟弟为哥哥报仇 …… 511
蝴蝶姑娘 …… 503	富人的女儿 …… 511
孤儿和七公主 …… 503	卖独儿子的故事 …… 512
绿青蛙娶公主 …… 504	顶松的故事 …… 512
仗义行侠的三朋友 …… 504	踏破铁鞋回家乡 …… 512
三儿救妈妈 …… 504	甜甜的鹿乳 …… 512
母女俩 …… 504	猎人的妻子 …… 513
王子娶妻 …… 505	猎人与女猎神 …… 513
卢让让 …… 505	雪峰洞 …… 513
找出路 …… 505	孤儿的奇遇 …… 513
五兄弟的故事 …… 505	变小狗的姑娘 …… 514
腊迪与野兔 …… 505	仙草与公主 …… 514
达比亚和几咪的故事 …… 506	野兔媒人 …… 514
三个弟兄的故事 …… 506	地神老人 …… 514
行善人和作恶人 …… 506	雪山丫口的女妖 …… 515
孤儿宰相 …… 506	吹笛除怪 …… 515
瞎子求医 …… 507	醉妖 …… 515
朋友俩 …… 507	智烧恶怪 …… 515
宝葫芦 …… 507	赌变化 …… 515
哥哥和弟弟捞鱼 …… 507	杀龙救母 …… 515
公鸡与宝磨 …… 507	复生药的故事 …… 516
善良的孤儿 …… 508	两兄弟和宝锅 …… 516
两弟兄 …… 508	大白马 …… 516
阿马子和阿呆子 …… 508	两姐妹与大蟒蛇 …… 516
金花和银花 …… 508	见死不救的下场 …… 516
金银花 …… 509	穷孩子和富孩子 …… 517
秋明兔的故事 …… 509	
白马的故事 …… 509	（二）生活故事
鬼帽子的故事 …… 509	谷玛楚与吴第朴（一）…… 517
吐金银的石像 …… 509	谷玛楚与吴第朴（二）…… 517

射虎洞的故事	517
善良的穷女婿	518
三姑娘	518
华而不实的女子	518
智断娃娃案	518
亏财明理	518
独儿子的故事	519
姐姐和妹妹	519
两个丞相	519
教子务农传说	519
兄弟和好	519
婆媳情	520
偏心的丈母娘	520
聪明的九妹	520
弄假成真	520
猎人之死	520
盲人驱小偷	521
不守诺言的下场	521
锁在柜子里也会死	521
弟弟取得大哥名	521
波多的故事	521
九个弟兄和一个独儿子	522
孤儿和他的三个伙伴	522
杀猫祸临头	522
下獐子	522
巧娶土司女	522
蜈蚣案	523
喜新厌旧的人	523
猎人与虎	523
闻味钱	523
巧对富人	523
憨丈夫	524
愚笨的丈夫	524
憨丈夫打猎	524
憨包取蓑衣	524
智斗富人	524
三个朋友求亲	524

（三）动物故事

烧虎	525
虎与狗	525
獐子智斗老虎	525
麂子背虎头	525
黄鼠狼骗老虎	525
兔子除虎	526
黑熊的下巴为什么有块白点	526
老熊和小兔	526
小兔整治老熊	526
贪得无厌的老熊	526
山鹰和骡子	527
猴子和老虎	527
猴子和蚂蚱打仗	527
猴子为什么不敢下山	527
狐狸和猫	527
野鸡和野兔	528
黄莺和乌鸦问路	528
乌鸦借翅膀	528
乌鸦为何一身黑	528
乌鸦与咕益	528
"俅马比勾"鸟	529
布谷鸟与金八两	529
蚂蚁和蜻蜓	529
蜘蛛的笛子	529
跳蚤和虱子比赛	529

三、长诗歌谣

（一）创世歌和叙事歌

创世歌	531
欧得得	531

（二）仪式歌和习俗歌

祭猎神调	531
敬猎神	532
祭天神	532

祭天地神词 ……………………… 532	丰收歌 ……………………… 539
祭天词 ……………………… 532	季节歌 ……………………… 539
祭山神（一） ……………………… 532	起房盖屋调 ……………………… 540
祭山神（二） ……………………… 533	创业歌 ……………………… 540
祭山鬼词 ……………………… 533	交朋友 ……………………… 540
瘟神歌 ……………………… 533	怒族山歌 ……………………… 540
祭家神 ……………………… 533	曲子怒子歌 ……………………… 540
祭天地鬼词 ……………………… 533	不怕疙瘩柴 ……………………… 540
招魂歌（一） ……………………… 534	
招魂歌（二） ……………………… 534	**（四）情歌**
叫魂词 ……………………… 534	求婚歌 ……………………… 541
祭牲词 ……………………… 534	坐在木楞房前洗衣裳 ……………………… 541
"拾车别"祭 ……………………… 534	只要阿妹答应我 ……………………… 541
指路经 ……………………… 535	驮子歇在后山脚 ……………………… 541
送灵词 ……………………… 535	艰难困苦拆不开 ……………………… 541
送葬词 ……………………… 535	打猎不打金马鹿 ……………………… 542
送魂调 ……………………… 535	满山的草发绿了 ……………………… 542
丧葬咒语 ……………………… 536	一只手不能端两碗茶 ……………………… 542
同八动 ……………………… 536	不知渔网该撒在什么地方 ……………………… 542
择地祈祷词 ……………………… 536	猎人见兽岂脱手 ……………………… 542
祭地神 ……………………… 536	哥妹相连同相随 ……………………… 542
祭神经 ……………………… 536	栗树做媒花儿笑 ……………………… 542
收粮祭 ……………………… 537	想摘黄泡怕扎手 ……………………… 543
刀卦词 ……………………… 537	哥骑骏马来采花 ……………………… 543
开年大吉歌 ……………………… 537	怕挨你老子棒子敲 ……………………… 543
祭祖歌 ……………………… 537	唱个调子就能分 ……………………… 543
过年祭祖词 ……………………… 538	我想采摘一朵金花 ……………………… 543
提亲调 ……………………… 538	阳雀你从哪里来 ……………………… 543
迎亲歌 ……………………… 538	哥妹的美名 ……………………… 543
接亲拦门调 ……………………… 538	枇杷青嫩招人瞧 ……………………… 544
结婚歌 ……………………… 538	美得像朵映山红 ……………………… 544
今天瞧你像萝卜 ……………………… 539	珍珠和丝线 ……………………… 544
不嫁不行了 ……………………… 539	怒江边上梨树多 ……………………… 544
祝福歌 ……………………… 539	寻找鲜艳的花 ……………………… 544
	能托大船九百九 ……………………… 544
（三）生活歌	把颗痴心捧哥前 ……………………… 544
峡谷歌 ……………………… 539	山豆会变白米饭 ……………………… 545

难得相会在一起 …… 545	小妹请记古言教 …… 547
在情人面前 …… 545	等到乌云散 …… 548
只是空把眼望呆 …… 545	一条心就好了 …… 548
踩着彩虹来吧 …… 545	相会却很难 …… 548
隔张树叶难相见 …… 545	世人谁知妹苦恼 …… 548
今晚正合五月五 …… 545	我想去的那座山 …… 548
日夜相思难见着 …… 546	月亮弯弯照村头 …… 548
草根深深不动摇 …… 546	
架桥要在涨水前 …… 546	（五）儿歌
哥妹亲手垒情山 …… 546	棉谷保的火把 …… 548
还是你出门来的好 …… 546	啊达里啊达的狗 …… 549
只有靠我们自己 …… 546	太阳出来 …… 549
你说的三句话 …… 546	虫子、灰尘你快掉 …… 549
老天让咱结姻缘 …… 547	快快消 …… 549
只单少双不成家 …… 547	懒汉 …… 549
留心吧，小伙子 …… 547	救小鸡 …… 549
要像圆月那么明净 …… 547	捉小鸡 …… 549
心绪再乱能澄清 …… 547	江东坪 …… 550
青青菜花有人守 …… 547	

书籍类

百夷传

1卷。明代钱古训、李思聪撰。成书于明洪武年间。洪武二十九年（1396年），钱氏、李氏奉使缅甸及百夷（今云南德宏傣族景颇族自治州境），调解云南少数民族与缅甸纠纷，后调停麓川思任法政权内部矛盾，归后著此书报告朝廷。传世有两种版本，一为钱著，一为李著，内容丰富。详记了明代麓川百夷地区傣族的历史地理、政治制度、生活习俗、风情物产、宗教信仰。旁记怒人、蒲人、阿昌、哈剌、结些等族。文曰："弩人，目稍深，貌尤黑，额颅及口边刺十字十余。"因该书为作者亲历其境的实地见闻，历来被广泛引用，有多种版本传世。1929年江苏国学图书馆影印，后有江应樑《百夷传校注》，云南人民出版社1980年版。

（和六花）

南诏野史

2卷，246页。清胡蔚增订。按史迹内容分标题记述，以纪年体记述南诏、大理国时期历代君主事迹、更替、源流等。该书下卷《南诏各种蛮夷》载："怒人，居永昌怒江内外。其江深险，四序皆燠，赤地生烟。每二月，瘴气腾空，两堤草头交结不开，名交头瘴。男子面多黄瘦，刚狠好杀，射猎或采黄莲为生，鲜及中寿。妇人披发，红藤勒首。"本色宣纸，线装。页面27.5cm×16cm，墨框17cm×13cm，四周单栏，9行，每行22字。白口，有书名、鱼尾、卷次。保存完好。云南省大理白族自治州图书馆藏本。有木芹《南诏野史会证》，云南人民出版社1990年版。

（和六花）

滇志（天启）

33卷。明代刘文征（字懋学，号右吾）撰，撰写时间及经过史载不详。记载了战国时楚将庄蹻开滇至明代天启五年（1625年）有关云南古代政治、经济、文化、军事、民族等方面的史实，是一部学习和研究云南历史的重要著作。天启《滇志》为明代《云南省志》纂修之本，体例大都沿旧志。全书约110万字，总分14类，每类各具分目，共104目。卷三十说："怒人，男子发用绳束，高七八寸，妇人结布于发。其俗大抵刚狠好杀。余与么些同。惟丽江有之。"《滇志》流传民间，辗转传抄，讹误甚多。缺地图。北京大学图书馆收藏清季巴陵方氏藏书，云南省图书馆、云南大学图书馆存覆抄本。

（和六花）

滇略

10卷。明代谢肇淛撰。谢肇淛于万历时任云南右参政。书分胪略、夷略、杂略等，广述云南风土史事。是研究明代怒族社会、经济、文化之重要史料。明万历刊本抄本，1956—1960年云南少数民族社会历史研究所专人手抄，所据为民国时期昆明图书馆自江苏图书馆藏本抄录。本色绵纸，线装，楷本，墨书。页面26.5cm×18cm，版框19.8cm×14.2cm，四周双栏，12行，每行22字。白口，有书名、鱼尾、卷次、页码、抄录单位名。保存完好。云南省社会科学院图书馆藏本。

（和六花）

天下郡国利病书

120卷。明末清初顾炎武所著历史地理著作。是书搜集了大量史籍、实录、方志及奏疏、文集中与国计民生相关的资料，并实地考察了这些资料中所载的山川要塞、风土人情等，全面反映了明代的舆地山川、南北直隶、十三布政使，对赋役、屯垦、水利、漕运等方面的记载也相当丰富，是研究明代社会政治经济文化的一部重要史籍，其中亦涉及怒族的史实，如"怒人"条载："男子发用绳束，高七八寸。妇人结布于发，其俗大抵刚狠好杀，余与么些同。惟丽江有之。"收入《四库丛刊三编·史部》，上海书店出版社1935年版。

（和六花）

滇夷图说

1卷，图47幅。佚名绘，约成书于清雍正年间。是书收录撒桓猓猡、古宗、俅人、怒人、峩常、结些、沙人等47种名目，表现其生产生活情景，少则二人，多则五六人，不拘男女老少，生动形象。是清代最早的一本滇夷图册，对研究怒族历史文化有一定的参考价值。书高38厘米，宽38厘米，彩绘绢本，每种都附图说，纸本47页，画页有虫蛀。原本藏台湾"中央"研究院历史语言研究所傅斯年图书馆。收入《华南边疆民族图录》，台湾"国立中央"图书馆1991年版。

（和六花）

滇云历年传

12卷。清倪蜕撰。编年体史书，记自远古，迄于清乾隆元年（1736年）云南史事。撰者于康熙末年随云南巡抚甘国璧赴滇，得见官署档案文牍，益以本人见闻，因撰此书。书中涉及诸多有关少数民族的史事，如记雍正八年（1730年），维西边外怒子以土产为贡的事件。道光二十六年（1846年）镌印本，昆明倪氏藏版。本色绵纸，线装，楷体，墨书。页面25.3cm×11cm，版框13cm×8cm，四周双栏，10行，每行21字。白口，有书名、鱼尾、卷次、页码。间有残损。云南省社会科学院图书馆藏本，今有李埏点校本，云南大学出版社1992年版。

（和六花）

丽江府志略

上、下2卷。管学宣（字未亭，江西安福人）、万咸燕（字舒仲，云南石屏人）纂修。清乾隆八年（1743年）成书。全书共计10略，为图像略、建置略、山川略、财用略、官师略、学校略、人物略、兵防略、礼俗略、艺文略，为丽江府第一部官修志书，详细记载了丽江府的历史沿革、山川风物等。《官师略·种人》载："怒人，居怒江边，与澜沧相近，男女十岁后，皆面刺龙凤花纹，见之令人骇异，男子发用绳束，高七八寸，妇人结麻布于腰。采黄连为生，茹毛饮血，好食虫鼠。其最远者名曰怒子，言语不通。"书版存丽江雪山堂。收入《中国地方志集成·云南府县志辑41》，凤凰出版社2009年版。

（和六花）

皇清职贡图

9卷。一名《清职贡图》，清乾隆十六年（1751年）敕撰，成书于乾隆二十二年（1757年）。第一卷载朝鲜、日本、越南、泰国、缅甸等二十余国，第二卷以下分载苗、瑶、黎、僮等少数民族或部落，各绘其男女图像，及其衣冠服饰，每图附以简短说明，叙述各族的历史、风俗、生活、生产等情况。卷七有丽江等府怒人图文："怒人，以怒江甸得名。明永乐间改为潞江长官司。其部落在维西边外，过怒江十余日，环江而居。本朝雍正八年（1730年）归附，流入丽江、鹤庆境内，随二府土流兼辖。性猛悍，能以弓矢射猎。男子编红藤勒首披发，麻布短衣，红帛为裤，而跣足。妇亦如之……"广陵书社2008年版。

（和六花）

滇南新语

1卷。清乾隆二十年（1755年）张泓（号西潭）著。作者时为剑川州牧，多为亲历，是书六十余条，大都为见闻随笔，事多琐碎，条理略显混乱。"夷异"条载："怒子善记仇，数世犹报。各居岩穴，能陟险。或刀耕火耨，或射狩为食，皆难以礼法绳。"保存完好。云南省图书馆藏本。收入《云南史料丛刊》第11卷，云南大学出版社2001年版。

（和六花）

滇黔志略

30卷。清代谢圣纶撰。谢圣纶于乾隆初年，历官滇、黔两省，根据方志资料，并益以亲身见闻，乾隆二十八年（1763年）撰成此书。1—16卷为《滇志》，后14卷为《黔志》，撰述滇黔两地沿革、山水、风俗、土司、种人等。其中，《种人·怒人》载："怒人，在维西澜沧江外数百里崇山峻岭，有江曰怒江，环江皆怒人所居，故名……男女皆用红藤勒头，以麻布裹身，不成衣制。倚岩结草庐而居。男子捕禽兽。妇人刺面如绣，云不尔则为鬼夺。俗知敬长，凡进食尊辈，率跪以献。"今有（清）谢圣纶辑，古永继点校，杨庭硕审定《滇黔志略点校》，贵州人民出版社2008年版。

（和六花）

维西见闻纪

1卷。清代余庆远（字景度，湖北安陆）撰。乾隆三十四年（1769年），余庆远随其兄游宦至丽江府维西厅（今云南省迪庆藏族自治州维西傈僳族自治县），以目睹、采访成书，内容包括当地气候、道路、夷人、物器等，并记述了麽些、古宗、那马、巴直、栗粟、怒子等民族风俗及宗教。文曰："怒子，居怒江内，界连康普、叶枝、阿墩之间，迤南地名罗麦基，接连缅甸，素号野夷。男女披发，面刺青文，首勒红藤，麻布短衣，男著袴，女以裙，俱跣。"有道光二十三年（1843年）刻本、《小方壶斋舆地丛钞》第八帙本、《云南备征志》本、《丛书集成初编》本等。

（和六花）

滇小记

2卷。清乾隆年间倪蜕纂录。倪蜕留心滇中掌故，杂采轶事遗文，是书杂录掌故，多出自旧文，亦有新知，反映了清代云南的历史文化、风土人情等。其中《种人·怒人》载："怒人，男子用绳束发，高七八寸，妇人结布于发。其俗刚狠好杀，余同麽些，丽江有之。鹤庆所属维西边外有怒子，亦怒人之一种也，风俗略同。"录自赵藩主编《云南丛书》史部之八，光绪二十五年（1899年）云南省图书馆藏本。本色宣纸，线装，页面20cm×15cm，版框16cm×12cm，15行，每行31字。白口，有书名、卷次、鱼尾、页码。赵藩题书名并作序。仅存1卷。云南省图书馆、云南省大理市图书馆藏本。

（和六花）

滇南闻见录

上、下2卷。清吴大勋（字建猷，江苏青浦人）撰。吴大勋于乾隆三十七年（1772年）四月抵滇，乾隆四十七年（1782年）四月离滇，以其在云南为官十年的见闻所撰。上卷天部、地部、人部，下卷物部，各若干条，内容涉及风俗、好尚、物产、土宜、种人等。其中《人部·丽夷》载："丽郡夷人有九种，如民家、白夷、鲁倮之类，散处各乡。山外江外，则俅人、怒子、生、熟栗粟四种……有茹毛饮血，巢居穴处之风。"云南省图书馆存抄本。收入《云南史料丛刊》第12卷，云南大学出版社2001年版。

（和六花）

滇省夷人图说

上、下2卷，共108幅。云贵总督伯麟奉上谕主持绘制的官修图册，故又称为《伯麟图说》，主要绘图者为李诂。嘉庆二十三年（1818年）成书。是书效仿《皇清职贡图》绘制而成，是清代中叶云南民族图录大全，体例上改变每种两幅一男一女的模式，每个名目代表一种，在生产生活场景中展现描绘对象的特色，图说简略，清晰展现了当时各民族分布及民风。同时增加《滇省舆地图说》，将"夷图"和"舆图"分而为册，开创绘制图册的一个先例。木板封套，封板左上方竖刻隶书体"滇省夷人图说"，浅蓝色。书宽26cm，高36cm，图幅高22.8cm，宽30.3cm。摺装，绵白纸，彩绘。中国社会科学院民族学与人类学研究所图书馆藏本。

（和六花）

滇省迤西迤南夷人图说

1卷。清乾隆五十三年（1788年）贺长庚撰。描绘了清代侬人、大头猓猡、山苏、卡瓦、麽些、俅人、怒子等44种分布在迤西迤南的夷人。彩绘本，摺装，本夹封套，长31厘米，宽26.9厘米，厚度3.5厘米，内涵彩色图画44幅，每幅画中，左半为图，右半为文字。由Hermann Speck von Stemburg男爵担任德皇特使期间（1891—1896年）在北京购入收藏，今藏德国莱比锡民族学博物馆。德国Kathrin Hirth（何凯婷）．将《滇省迤西迤南夷人图说》原本图说全部照排，印制精美。Das Yunnan-Album.Diansheng Yixi Yinan Yiren Tushuo.Illustrierte Beschreibung der YI-Stämme im Westen uns Süden der Provinz Dian.der Sammlung Hermann Freiherr Speck von Sternburg aus Lützschena.Herausgegeben vom Museum für VÖlkerkunde zu Leipzig .Leipzig2003.

（和六花）

腾越州志（乾隆）

13卷。清屠述濂修。是书分建置、疆域、山水、城署、户赋、学校、职官、列传、边防、杂志、记载等编目，是一部聚集了历代腾越历史资料的文献汇编，记载了腾越州的建置沿革、山川边陲、风物等内容。《卷十一·杂记》载："西南诸夷种类至多……其类有小伯夷、大伯夷、蒲人、阿昌、缥人、古喇、哈喇、结些、遮些、地羊鬼、哈杜、怒人、野人等名，风俗大同小异……怒人，颇类阿昌。皆居山巅，言语不通，略似人形而已。"是书版本较多，有乾隆五十五年（1790年）刻本、道光十八年（1838年）刻本、光绪二十三年（1897年）刻本和民国二十年（1931年）重印本。收入《〈云南腾越州志〉点校》，云南美术出版社2006年版。

（和六花）

滇海虞衡志

13卷。清嘉庆九年（1804年）檀萃（字岂天，号默斋，安徽望江人）辑。檀萃于乾隆四十三年（1778年）任禄劝知县入滇，是书为其离开云南途中效仿范成大《桂海虞衡志》所撰。以类分志，记述云南风物，分13目：志岩洞、志金石、志香、志酒、志器、志禽、志兽、志虫鱼、志花、志果、志草木、杂志、志蛮。其间也涉及怒族之史实，如卷十三《志蛮》"怒人"条载："男子发用绳束，高七八寸，妇人结布于发，刚狠好杀，余与麽些同。余记：无盐，无马骡，无盗，路不拾遗，非防虎豹，户可不闭。性怯而懦，傈僳侵之，因内附受约束，知法历，非刚狠好杀者。"保存完好。收入《云南丛书》，民国七年（1918年）云南省图书馆藏版。

（和六花）

滇南夷情汇集

上、下2卷，108幅。清李诂（字仰亭，昆明人）绘。为李诂到云南许多民族地区观察民情，就地取材所绘，绘制了子间、普特、白人、撒弥、倮罗、壮人、怒人、么些、傈僳等108种。其中怒人的跋曰："怒人居怒江边，力耕向化，风俗淳美，岁纳贡于朝，丽江府维西有之。"每幅有画有跋，全面展现了清代云南民族社会生活的场景。中国国家博物馆藏本。

（和六花）

御制外苗图

上、下2卷，共收图104幅。嘉庆后期绘制，著者不详。是书共收录夷、缅人、磨些、古宗、傈僳、俅人、遮些、蒲人、怒人等104种，每图均以人物活动为中心，配以山水、场景，呈现山水画风格，反映了清代嘉庆年间云南各民族的真实风貌，是嘉庆年间云南民族集大成之图册。对研究怒族民族史具有一定的参考价值。红木板豪华封装，封板正中上方竖刻隶书体"御制外苗图"，烫金。正图摺装，绵白纸，彩绘，版心高26.3cm，宽23cm。中央民族大学图书馆善本库藏本。

（和六花）

云南通志（道光）

共216卷，首3卷。清阮元、伊里布等修，王崧、李诚等纂。道光十五年（1835年）成书刻行。分类15、子目类68，明清两朝所修云南省志以此书最为精善，记云南各民族社会、历史、风俗甚详。卷十五《云南·种人》收录了历代文献对怒族的记载，如《皇清职贡图》《丽江府志》《维西见闻纪》等。本色宣纸，线装，楷体，墨书。页面26cm×17cm，版框22.3cm×16.2cm，四周双栏，10行，每行22字。白口，有书名、鱼尾、卷名、卷次、页码。保存完好。云南省社会科学图书馆藏本。

（和六花）

云南营制苗蛮图册

全6卷。清乾隆朝云南鹤丽镇标中军游击兼中营事赵九州绘，成书时间不详。是书第一本有67张彩页，重彩描绘了清代云南各民族，包括鹤庆府猓猡、鹤庆府僰夷、丽江府麽些、怒子、傈僳、喇嘛、侬人、土獠、摆夷、窝泥、瑶人等的图册。书题在边栏上，破损。作者署名"标下云南鹤鹿镇标中军游击兼中营事军功加一级造九州造呈遵将镇标疆城"。页面24cm×16.5cm。今藏英国威尔康图书馆（Wellcome Library），Allan, NIgel. Pearls of the Wellcome Library. London:Serindia Pub, 2003。

（和六花）

云南三迤百蛮图

全4卷。清人吴振棫（字仲云，浙江钱塘人）根据伯麟《滇省夷人图说》原底本抄绘，成书时间在咸丰七至八年（1857—1858年）间。是书分两部分，卷一、卷三为云南三迤舆地图说，收舆图11幅，并附说。卷二、卷四为云南三迤百蛮图说，收人物图像108幅，图上均有说明。图像名目包括猓猡、白人、普特、子间、土人、罗缅、苗子、怒人、傈僳、磨些等，展现了清代云南民族的生活图景。中央民族大学图书馆善本库藏，摺装，绵白纸，彩绘，版心高37cm，宽26cm，图幅高33.5cm，宽21.5cm。黄木板封装，封板左上方粘贴白绵纸题签。中国社会科学院历史研究所、英国牛津大学博德利图书馆皆有藏本。

（和六花）

滇中琐记

1卷。清光绪三十三年（1907年）杨琼撰。记述明清二百余年间云南遗闻、国故、风俗、物产、冥怪等。其中多怒族和怒族地区史事，还专门有"怒子"条，记录了明代怒族的分布、风俗、土产和经济生活状况。文曰："怒子居怒江内，界连康普、叶枝、阿墩之间，迤南地名罗麦基，接连缅甸，素号野夷。男女披发，面刺青文，首勒红藤，麻布短衣，男著裤，女以裙，俱跣……"记述多为亲见、亲闻、亲历，是研究怒族历史文化的重要参考资料。收入《云南史料丛刊》第11卷，云南大学出版社2001年版。

（和六花）

怒俅边隘详情

1卷。清人夏瑚（字荫善，湖南人）撰，光绪三十四年（1908年）任阿墩子弹压委员，兼办理怒江事宜，前往白汉洛视察，达坎底归，为"履勘边隘，绘图贴说，并陈管见"而作，记述巡边沿线的山川地貌、气候物产、社会现状和风土人情等，涉及怒族、傈僳、藏族等民族。据方国瑜考证，此稿旧存洋务局档库，尹明德附录于《云南北界勘察记》，题《怒俅边隘详情》。又丽江有传抄本，蜀南野鹤校刊，题《边著拾遗》，原稿有图，印本无图。木芹校勘本，收入《云南史料丛刊》第12卷，云南大学出版社2001年版。

（和六花）

清实录

全书分 12 部，共 4484 卷。是一部清代官修的编年体清朝历史。记载了自清太祖努尔哈赤起到清德宗（光绪皇帝）共 11 个清朝皇帝的历史，其中包括全局总目、序、凡例、目录、进实录表、修纂官等 51 卷、《满洲实录》8 卷、《太祖实录》10 卷、《太宗实录》65 卷、《世祖实录》144 卷、《圣祖实录》300 卷、《世宗实录》159 卷、《高宗实录》1500 卷、《仁宗实录》374 卷、《宣宗实录》476 卷、《文宗实录》356 卷、《穆宗实录》374 卷、《德宗实录》597 卷。其中，《清实录·世宗实录》卷九十八记载雍正年间怒人内附纳贡一事曰："雍正八年（1730 年）九月壬辰。云贵总督鄂尔泰奏报：'永昌府边外孟连土司，每年愿纳厂课；鹤庆府边外怒子，每年愿贡土产。'得旨：'孟连地方及怒子野夷，地处极边，自古未通中国。总督鄂尔泰化导有方，俾各输诚效顺，任土作贡，虔心向化，甚属可嘉。其孟连土司厂课每年六百两，为数太多，著减半收纳，以昭怀柔至意。怒子每年贡纳土产时，著给盐三百斤，以为犒赏。'"《清实录》，中华书局 2008 年版。

（和六花）

新纂云南通志

266 卷。龙云、卢汉修，周钟岳纂，民国三十三年（1944 年）修。卷首附有龙云、卢汉、周钟岳、秦光玉序文，《新纂云南通志》刊印记略，纂修、校印职名，主要内容分大事记、图、表、考、传共 5 部分，卷末附有编纂、校印始末和跋文。民国三十七年（1948 年）铅印本，封面有卢汉题签、钤印。本色绵纸，线装，楷体，墨书。页面 25.7cm×15.6cm，版框 20cm×12.7cm，四周单栏，11 行，每行 26 字。白口，有书名、鱼尾、卷名、卷次、页码。保存完好。云南省社会科学院图书馆藏本。

（和六花）

征集菖蒲桶沿边志

20 卷，第 19 卷佚。此志为民国年间按云南省政府统一要求撰写的志书，由民国十九年、二十年（1930—1931 年）任菖蒲桶委员的杨作栋、继任者陈应昌修纂。全面记述了菖蒲桶（今怒江傈僳族自治州贡山独龙族怒族自治县）的建制沿革、大事记、天文舆地、职官、民政、物产、氏族等内容。其中《第十五氏族》《第十六方言》《第十七礼俗》记载了境内古宗、喇嘛、怒子、傈僳、曲子的历史、分布、语言、习俗等内容。怒江州公安局提供的草稿本，吴光范校注，收入《怒江地区历史上的九部地情书校注》，云南人民出版社 2014 年版。

（和六花）

纂修云南上帕沿边志

不分卷，共 33 章。民国时期上帕行政公署应云南省政府之命编纂的一部地方志书，是福贡有史以来编纂的第一部志书，记述了福贡的历史概貌、地理环境、民族、政治、经济和教育等方面，内容完整系统，具有重要的史料价值。其中有十章的内容涉及民族，第五章"种族"、第六章"言语"、第七章"性质"、第八章"风俗"、第九章"生活"、第十二章"武器"、第十三章"争斗"、第十四章"工艺"、第十八章"人口"、第三十二章"巫觋"，分别记述了上帕地区的怒族、独龙族、傈僳族等民族的民族源流、宗教信仰、衣食住行、风土人情等，全面展现了民国时期怒族的社会历史发展情况。吴光范校注，和鉴彩标点。收入《怒江地区历史上的九部地情书校注》，云南人民出版社 2014 年版。

（和六花）

泸水志

2 卷，126 页。民国年间段承钧纂修。共 24 章，分别记述疆域、大事记、天文、地舆、职官、民政、司法、财政、教育、交通、农政、工业、物产、氏族、方言、礼俗、宗教、金石、艺术、人物、诗文征、本志纂修始末。记述多有前辈开疆固土事迹及家事沉浮。对研究怒族历史文化具有参考价值。民国腾冲惠怡和老石印局民国二十一年（1932年）印本。本色宣纸，线装。页面25cm×14.5cm，版框16cm×12cm，四周单栏，9行，每行19字。白口，有书名、鱼尾、分志名、页码、象鼻、承印单位名。第九章无文字。内有疆域图。保存完好。云南省怒江傈僳族自治州图书馆藏本。

（和六花）

永昌府文征

26册，136卷。李根源（字印泉，腾冲人）聚合众多学人之力编纂而成的一部文史资料汇编，录诗一万余首，文一千余篇，记载二百余篇，列传66篇，有正史典籍、私人信函、文人著述、金石碑刻等，全面反映了永昌（今保山、腾冲、永平、漾濞、镇康、龙陵及梁河、盈江、陇川、瑞丽等地）的历史沿革、舆地分野、民族源流等。其中有众多涉及怒族的内容，如卷十录鄂尔泰《奏陈怒彝输诚折》。云南美术出版社2008年版。

（和六花）

文书类

奏陈怒彝输诚折

1纸。清雍正八年（1730年）四月二十日云贵广西总督鄂尔泰奏。"清朝雍正八年（1730年）四月二十日，云贵广西总督鄂尔泰奏云：'鹤庆府属维西边外，有怒江三道，过江十余日路，有野夷一种，名怒子，劫杀抢掠，久居化外。新设维西通判陈权约束抚绥，颇有条理。怒子等群生感激，相率来维，将麂皮二十张、山驴皮十张、麻布三十、黄蜡八十斤，烦通事禀清，愿将此土产作赋，永远隶属圣朝。该通判加以劝谕，令将土产带回，而众怒子交颈环叩，愿将前项土产著为年例，以表倾心，请甚垦切。该通判始准收存，薄示奖赏，具报前来。臣查怒子内向，愿年纳土产，事虽微细，意颇谆诚，随经批司，准其交纳；该通判变价交司存公，并于奏销钱粮文尾叙明。其每年交纳之时，准赏给盐三百斤，以为犒劳，业已存案。'"为研究清朝统治怒族地区和处理民族关系的重要史料。收入《永昌府文征》，云南美术出版社2008年版。

（和六花）

讲唱类

一、神话传说

（一）神话

创世纪

怒族创世神话。流传于云南省怒江傈僳族自治州贡山独龙族怒族自治县部分地区。古时候，讷拉格波天神造了天地万物，但没造人。很久以后，一部分猴子慢慢变成人，学会用火，与其他动物分开住。人越来越多，天上、地上、地下都挤满了人，他们相互来往。后来，地上住的人用的脏水流到地下，地下住的人很不高兴，便把入地的洞堵住了，地上的人再也下不去了。那时，天上的人用的铁具，靠地上的讷恰格瓦彭和讷恰格瓦讷两兄妹打制。兄妹俩经常通过天梯爬上天，妹妹拉风箱，哥哥抢锤子，于是，天上就有了闪电和响雷。红蚂蚁是地上的人派去给天上的人送贡品的使者。有一次，讷恰格瓦彭从天上下来时，看见了忙碌的红蚂蚁，就讥笑它们。红蚂蚁生气了，不再给天上的人送贡品，还趁讷恰格瓦彭和妹妹再次上天之际，把天梯和顶天柱啃断了。天和地分开，兄妹俩也永远留在天上打铁。当时没有日月，人便种了两棵树，树上结的红果子成了太阳，白果子成了月亮。太阳是妻子，月亮是丈夫，太阳给人温暖，月亮掌管四季、月份，它们是世上万物的父母。再后来，人多鬼也多，人和鬼做了很多坏事。讷拉格波天神发怒了，用洪水毁灭了地球上几乎所有的生灵。人间有兄妹俩正爬上讷雅门四龙山采菌子，眼见大地被淹没，便搭一架云梯躲进了岩洞，有很多动物也爬进了岩洞。兄妹俩在洞里呆了九个昼夜后，见洪水退了，便走了出来，可世上已没有其他人。在讷拉格波天神的授意下，兄妹二人成了亲，生了九男九女，长大后配成九对夫妻。兄妹俩把动物分给儿女们后，就上天去了。九对夫妻分头到不同的地方安了家。的庚松丁都、阿保讲述，彭兆清记录。32开，6页，3500字。收入《怒族独龙族民间故事选》，上海文艺出版社1994年版。

（刘怡）

腊山和此山

怒族起源神话。流传于云南省怒江傈僳族自治州怒族聚居区。洪水泛滥后，腊山和此山两兄妹结为夫妻。不久，此山身上的丝绸、棉布、包头布、砍刀、篱笆、簸箕、蚂蚁七种东西掉落下来。绸缎一落地，又飞向天空，再飘落到大地，最后变成主宰人间的皇族，棉布变成汉族，包头布变成白族，砍刀变成独龙族，篱笆变成傈僳族，簸箕变成怒族，蚂蚁变成鬼神。因而世上各民族的祖先就是腊山和此山。佚名讲述，叶世富记译。32开，1页，400字。收入《云南少数民族生葬志》，云南民族出版社1988年版。

（阿南）

始祖的传说

怒族创世神话。流传于云南省怒江傈僳族自治州福贡县怒族聚居区。远古时，怒族女始祖茂英冲从天上降到地上，繁衍出怒族的各个部落，裁决和管理着族中的一切事务。她娶了很多男人，生下的女孩都漂亮、聪明，男孩子却比较愚笨。她每次娶亲时，都要用烧红的栗炭烫一下男人的手，只有会把手缩回去的男人，才被她认做丈夫。过了很多年后，怒族的男人便变得聪明起来。男人要出嫁时，难过得抱着自家房屋的支柱哭。女人看了伤心，便提出自己嫁到男人家。男人很高兴，便心甘情愿地承担家里的主要体力活，此后，男嫁女婚便改为女嫁男婚。阿勒、企扒冲讲述，李卫才记译。32 开，3 页，500 字。收入《云南民间文学集成•福贡县民间文学集成卷》，福贡县文化局、福贡县民族宗教事务局 1989 年编印。

（孙敏）

女始祖

怒族创世神话。流传于云南省怒江傈僳族自治州福贡县怒族聚居区。有一次从天降下来的群蜂在怒江边的腊甲底村休息，与那里的蛇交配（又传与虎交配），生下了怒族的女始祖茂英充。茂英充长大后，与虎、蛇、蜂、麂子、马鹿等动物交配，繁衍了虎氏族、蛇氏族、蜂氏族、麂子氏族、马鹿氏族，成为怒族的始祖。后来她与很多男人婚配，生下的女孩都聪明漂亮，而男孩比较愚笨。为了让怒族的男人机智起来，茂英充用烧红的栗炭来选夫婿。男人出嫁时，舍不得离开家。女人可怜他们，就主动提出自己嫁过来。从此怒族的男嫁女婚改为女嫁男婚了。企扒冲讲述，李卫才记录。16 开，1 页，500 字。收入《中国民间故事集成•云南卷》（上），中国 ISBN 中心 2003 年版。

（刘怡）

洪水泛滥

怒族创世神话。流传于云南省怒江傈僳族自治州怒族聚居区。很早以前，洪水淹没了大地，有兄妹俩背着弩箭和织布机逃进一个蜂窝躲避。洪水退去后，世上只剩下他们二人。为了繁衍人类，哥哥想要与妹妹成亲，妹妹对他说："我把织布机放在山脚，你爬上山顶。如果你能用箭射中织布机，我们就结婚。"结果哥哥射中了织布机，兄妹俩结为夫妻。后来他们生育了许多子女，这些子女成为各民族的祖先，怒族的祖先叫茂英充。从她开始，天神便不允许兄妹通婚了，她只好和会说话的蜂、猴、熊、鼠、蛇、鸟等动物交配，繁衍出怒族各部落。佚名讲述、记译，邓启耀、攸延春整理。16 开，1 页，300 字。收入《中国各民族宗教与神话大词典》，学苑出版社 1990 年版。

（刘怡）

兄妹成婚

怒族创世神话。流传于云南省怒江傈僳族自治州贡山独龙族怒族自治县、福贡县怒族聚居区。远古时，洪水滔天，大地被淹没，万物被毁灭，只剩兄妹二人藏在一个大葫芦里，才得以逃生。不久洪水退去，天上出现九个太阳、九个月亮，大地异常炎热。哥哥用弩箭射落多余的八个太阳、八个月亮，气温才降了下来。后来兄妹二人决定各拿半截木梳分别去找配偶，可他们都没找到。重逢时，二人鬓发渐白，因而互不认识，最终以半截木梳为凭才得以相认。哥哥向妹妹求婚，妹妹说："你若能射中对面的山头，我们才能婚配。"哥哥一箭射中，兄妹成了亲，他们生下七男七女。这些子女长大后，配成七对夫妻，分别住在七条江畔，最终繁衍成怒族、藏族、汉族、白族、傈僳族、纳西族等。佚名讲述，杨秉礼记录。16 开，1 页，400 字。收入《中国传说故事大辞典•怒族传说》，中国文联出版公司 1992 年版。

（阿南）

嘎瓦格布

怒族创世神话。流传于云南省怒江傈僳族自治州怒族聚居区。远古时，两兄妹为了拾菌子，来到一座叫嘎瓦格布的高山上。这时突发洪水淹没大地，万物被摧毁。洪水过后，世上只剩下这对兄妹及附近的一对蛇。兄妹俩想打死蛇，蛇说："打死我们，你们也活不了。"兄妹俩才罢手，他们一直居住在山洞里，每晚都分开睡。但不管头晚中间隔着什么，第二天他们总是躺在一起。于是，兄妹俩结为夫妻，婚后生育了九对儿女。这些儿女长大后结成九对夫妻，分别住在九条江旁。其中有一对儿女住在怒江，繁衍了怒族。最初的两兄妹后来成了嘎瓦格布山上的神。佚名讲述、记译，邓启耀、攸延春整理。16开，1页，300字。收入《中国各民族宗教与神话大词典》，学苑出版社1990年版。

（刘怡）

阿铁

怒族创世神话。流传于云南省怒江傈僳族自治州怒族聚居区。阿铁和妻子伊娃原来居住在丽江。他们的门前有一棵结黑籽的树，据说它是鬼栽的，上面的黑籽不能吃。阿铁夫妻二人不信，偷吃了黑籽，结果伊娃死了。不久，黑籽树将自己的女儿嫁给阿铁，并送给他们一个竹筐。后来发了洪水，阿铁夫妇坐在竹筐中漂流，才保住了性命。大水过后，他们生下四男四女。儿女长大后配为四对夫妻，一对到了天上，一对住在地下，独龙江旁有一对，一对到了中原地区。阿铁也迁到了独龙江，待第二任妻子死后，与那里的黄鼠狼族群通婚。从此以后，独龙江两岸的人们不再实行兄妹婚配。佚名讲述、记译，攸延春整理。32开，1页，400字。收入《怒族文学简史》，云南民族出版社2003年版。

（刘怡）

腊普和亚妞

怒族创世神话。流传于云南省怒江傈僳族自治州怒族地区。古时候洪水泛滥，人类全部被淹死，天神派腊普和亚妞兄妹来到人间，两兄妹靠采集狩猎为生，学会钻木取火。两人长大成人，因世间只剩兄妹二人，腊普说服妹妹结为夫妻，亚妞说若腊普拿弩弓射织布架上的四个桩子，若箭箭射中就结为夫妻。腊普四箭皆射中，两兄妹结为夫妻，并生于了七个子女，孩子们长大后有的兄妹结为夫妻，有的跟蛇、蜂、鱼、虎婚配，繁衍出蛇氏族、蜂氏族、鱼氏族和虎氏族，并往福贡、贡山等地迁徙。腊普和亚妞相继死去，都用火葬，怒族火葬的习俗自此开始。赛阿局讲述，光付益翻译，吴光甲记录，陈荣祥整理。16开，3页，1450字。收入《南方少数民族创世神话选集》，中国国际广播出版社2016年版。

（和六花）

雨水变人

怒族创世神话。流传于云南省怒江傈僳族自治州怒族聚居区。远古时候，天神创造了天地、太阳、月亮和星星，让大地拥有了高山平原、江河湖海、树木花草、虫鱼禽兽，但唯独没有人。地神常为此感到忧伤。天神看见后，感动得流下了两滴眼泪，两滴泪水变成了雨水，落在怒江东岸一个叫架怒的地方。其中的一滴落地后变成了英俊的男子闷有西，另一滴落地变成了美丽的女人闷有娣。这两人就是怒族的始祖。后来闷有西和闷有娣成了亲，生下西亚召。他们的子孙越来越多，架怒住不下，一部分就来到怒江东岸的腊安甲、玛祖底，另一部分迁往怒江西岸的夏打、腊美甲、架科底、甲打等地居住。若干年后他们的一部分后代分散到今怒江全州。金阿友讲述，叶世富记录。32开，2页，1000字。收入《怒族独龙族民间故事选》，上海文艺出版社1994年版。

（刘怡）

射太阳和月亮

怒族创世神话。流传于云南省怒江傈僳族自治州怒族地区。古时田地相连，举手可触天，巨人将天地分开引发洪水泛滥，剩下躲藏在葫芦里的兄妹二人。洪水退去，天空中出现了九个太阳、九个月亮，哥哥射落八个太阳、八个月亮，气候才不冷不热。兄妹二人各持半把木梳，从南北行进去寻找人类。至两鬓斑白两人才以木梳为凭相遇。兄向妹求婚，妹说要一箭射中针孔才能结婚。兄一箭射中，兄妹结为夫妻，生下七男七女，七男七女相互婚配，住在七条江畔，繁衍出怒族、独龙族、汉族、藏族、白族、傈僳族、纳西族。16开，1页，355字。收入《中国少数民族文学》，湖南人民出版社1983年版。

（和六花）

高山和平地的由来

怒族自然神话。流传于云南省怒江傈僳族自治州福贡县怒族聚居区。远古时，整个宇宙是合在一起的。后来上帝派七位神仙去造天，九个神仙来造地。造天的神仙非常勤快，九十九天就造了宽广无边的蓝天；而造地的神仙懒惰又贪吃，每天不是睡觉就是饮酒，过了九十九天后，他们只造了几块小小的平地。为此上帝对造地的神仙很不满意，就吹了一口仙气，使他们的父母全得病死了。九个造地的神仙听说父母病亡，都急着想回家看望，但又害怕耽误了造地而受到惩罚。他们只好慌慌张张地加快了造地的步伐，最后干脆每人拉了一根地脉胡乱地合在一起。这九根地脉，有的拉平了，有的没拉平。平的就成了坝子，不平的就成了高山。此阿妹讲述，叶世富、和光益、李汝忠采录。16开，1页，380字。收入《中国民间故事集成·云南卷》（上），中国ISBN中心2003年版。

（龙江莉）

打雷的由来

怒族神话传说。流传于云南省怒江傈僳族自治州怒族地区。古时天上有一个孤儿，能够准确地预报天气，而地上的人们还不能认识天气，常常遭受雨、雪、风、雹等自然灾害，人间一片凄凉。善良的孤儿看到人间遭难，想方设法地为人间预报天气，用九十九张牛皮做了一个大口袋，里面装满石子，当天阴下雨之前，他用绳子拉着口袋在天上来回走动，袋子里的石头相互碰撞，发出震天动地的响声，这样，人们一听到雷声就知道要下雨了。此阿妹讲述，叶世富、和光益、李汝忠整理，32开，1页，330字。收入《怒族民间故事》，云南人民出版社1988年版。

（和六花）

刮风的由来

怒族自然神话。流传于云南省怒江傈僳族自治州怒族聚居区。古时候地上有九个风神，分别住在九个无底洞里。他们闭目养神时，地上就风平浪静；他们轻轻呼吸时，地面上微风习习；他们喘粗气时，地面上就狂风阵阵。至今怒族还流行"风洞""风穴"的说法，认为风是从无底洞里吹来的。此阿妹讲述，叶世富、和光益、李汝忠记录。32开，1页，100字。收入《怒族独龙族民间故事选》，上海文艺出版社1994年版。

（刘怡）

刮风打雷的由来

怒族自然神话。流传于云南省怒江傈僳族自治州福贡县。古时候，九个风神分别住在地上九个无底洞里，他们喘气喘得粗，人间风就大；他们浅呼吸时，世上风就小。那时人们不懂得天气现象，常受雨、雪、风、雹的袭击。有个孤儿用九十九张牛皮做了一个大口袋，里面装上石子。每当天阴或下雨时，他就用绳子拉着口袋在天上来回走动。袋子里的石子相互碰撞，发出响声，这就是打雷。此后，人们听见打雷，就知道要下雨了，赶快躲起来。此阿妹讲述，叶世富、和光益、李汝忠记录。16开，1页，500字。收入《中国民间故事集成·云南卷》（上），中国ISBN中心2003年版。

（刘怡）

天气阴晴的由来

怒族自然神话。流传于云南省怒江傈僳族自治州怒族聚居区。古时上有九层天，下有九层地；天上有天国，地下有地国。九层天上，每一层住着一位仙女。九个仙女一齐笑时，天呈蔚蓝色，下面就晴朗；她们有的笑，有的烦闷时，天空就时阴时晴；她们都忧伤时，天空就乌云密布；她们轻轻哭泣时，天空就细雨绵绵；她们都号啕大哭时，天空就大雨倾盆。此阿妹讲述，叶世富记录。32开，1页，100字。收入《怒族独龙族民间故事选》，上海文艺出版社1994年版。

（刘怡）

天上为什么闪电雷响下雨

怒族自然神话。流传于云南省怒江傈僳族自治州贡山独龙族怒族自治县部分地区。很早以前，有个孤儿为了追赶一只受伤的豹子，来到天上，与一位白须老翁住在一起。他发现，只要老翁一出门，天空就闪光、发声、下雨。有一天，他问老翁回家的路，老翁叫他往下跳。孤儿跳了九次，才落到地上。回到家里，他将经过讲给乡亲们听，大家才知道有九重天，闪电、打雷、下雨是雷公在施法。甲母初讲述，李文富、刘建文翻译，云南大学民族民间文学贡山调查队搜集，陈荣祥、杨海生记录。32开，2页，700字。收入《怒族独龙族民间故事选》，上海文艺出版社1994年版。

（刘怡）

地震的由来

怒族自然神话。流传于云南省怒江傈僳族自治州怒族聚居区。远古的时候，地球像一座平顶屋，地面是平的，地下是空的。上帝怕地面下陷，就叫人在地下安了九根金柱、九根银柱支撑地面。为了使地球不断地转动，他又特地派人在金柱和银柱上分别拴了一对金鸡和一对银鸡。金鸡和银鸡轮流跳动时，地震就会发生。所以当发生地震时，怒族老人就说："金鸡、银鸡又在摇动金柱、银柱了。"此阿妹讲述，叶世富、和光益、李汝忠记录。32开，1页，300字。收入《怒族独龙族民间故事选》，上海文艺出版社1994年版。

（刘怡）

谷种的传说

怒族起源神话。流传于云南省怒江傈僳族自治州贡山独龙族怒族自治县怒族聚居区。很早以前，天下没有五谷杂粮，人们吃的是山茅野菜和草根树皮。有一次，一个叫勇布的小伙子在雪地上看见一只漂亮的鸟，它的脖子上吊着一个大口袋，便用弩箭射中了那个口袋，发现里面尽是白花花的种子。这时，那只神奇的鸟变成一位白发老人。老人告诉勇布，他是奉天神之命来送谷种的。说完他又变回了一只鸟，"布谷、布谷"地叫着飞走了。等雪融化之后，人们开始挖地，把种子埋在地里，等它发芽之后又锄草、施肥。到秋天，大家就有粮食吃了。从此以后，人间就有了五谷杂粮。佚名讲述，张联华记译。32开，6页，1200字。收入《七彩贡山——贡山民间故事集》，远方出版社2004年版。

（刘怡）

种庄稼为什么要锄草

怒族起源神话。流传于云南省怒江傈僳族自治州贡山独龙族怒族自治县怒族聚居区。很早以前，人们种庄稼毫不费力，只要把种子撒下后就等着收割了；那时每人一餐只要吃一粒米就够了。一天，有个孤儿上山打猎，肚子饿时，他随手舀了一碗米去煮。不久，米涨了，把土锅撑破了，泼了一地的饭。天神见了非常生气，马上向地上撒了各种各样的草。这些草比庄稼长得快，还与庄稼争地、争水、争肥。后人为了保住庄稼，只好经常锄地薅草。车言士讲述，和光益、叶世富记录。32开，1页，400字。收入《怒族独龙族民间故事选》，上海文艺出版社1994年版。

（刘怡）

怒族为什么没有文字（一）

怒族起源神话。流传于云南省怒江傈僳族自治州福贡县怒族聚居区。怒族的祖先从丽江迁到澜沧江边后，以打猎为生。一天，猎人们打到一只麂子，便去找水，准备将它煮着吃。其中一人看见箐沟里有一小股水，便喝了一口，觉得咸咸的。他把这一消息告诉了江边的白族，白族在这里找到了盐。白族认为盐是怒族猎人发现的，应分一半给他，便写文书立下字据。怒族猎人认为纸据不牢靠，要求将文书写在牛皮上。他迁居到怒江后，还可以分享那条箐沟里一半的盐。有一年，他去背盐。途中因天气炎热，他脱下装着牛皮文书的衣服去方便，没想到牛皮被一条狗吃了。从那之后，怒族就再也没有文字了。拉能讲述，李卫才记译。32开，1页，250字。收入《云南民间文学集成·福贡县民间文学集成卷》，福贡县文化局、福贡县民族事务委员局1989年编印。

（刘怡）

怒族为什么没有文字（二）

怒族起源神话。流传于云南省怒江傈僳族自治州贡山独龙族怒族自治县怒族聚居区。从前有兄弟四人，到很远的地方去学文字。老大天资聪颖，老二记性好，老四很能吃苦，他们三人各学会了一种文字；而老三虽然特别精灵，但三天两头上山看云出日落，赏花鸟虫兽，便只学会了象形文字。四兄弟学成后，老大到太阳出来的地方去传播他学到的文字，成了汉字的传播者；老二到江河的上游去传播自己学会的文字，成了藏族文字的祖师爷；老三来到江河下游传授他学来的文字，成了纳西东巴文的鼻祖；老四留在太阳落下的地方传授他学会的文字，成为怒族文字的第一个传播者。老四所传播的怒族文字，上载天文星相、神道卜卦，中载人间万事万物，下载地界鬼蜮的奇闻趣事。后来，有个叫阿昆的怒族穷小伙在打猎时遇见了一位天女。两人成家，生了一个儿子叫阿鹏。若干年后天女返回天庭。阿鹏长大后，按先生教他的办法见到了母亲。天王知道这事，送给阿鹏的先生一副眼镜，又让阿鹏将一些树种撒在自己走过的地方。第二年，树种发芽长成参天大树，把阿鹏走过的路全遮住了，而先生所有的书也被那副眼镜中射出的强光烧掉了。从此以后，怒族就没有了自己的文字。庚松丁珠店妈讲述，彭兆清记译。32开，9页，4000字。收入《七彩贡山——贡山民间故事集》，远方出版社2004年版。

（刘怡）

怒族为什么没有文字（三）

怒族起源神话。流传于云南省怒江傈僳族自治州贡山独龙族怒族自治县怒族聚居区。很久以前，有个孤儿天天上山放牛砍柴，苦得受不了，晚上就到母亲坟上哭诉。天上的七星姐妹可怜他，就派六星姑娘下凡来帮他。六星姑娘和他成了亲，十个月后生了一个儿子。儿子到了读书的年龄，她就回到天上去了。儿子被人欺负时，要找妈妈，而他的爸爸无法告诉他妈妈去哪里，就让他去问先生。在先生的帮助下，孩子找到了六星姑娘。六星姑娘给了他两个瓶子，叫他回家。儿子背着瓶子去学堂，其他孩子又欺负他，还抢走了他的瓶子。结果瓶子里喷出大火，把学堂烧了，先生的书也被烧光。从此以后，怒族就没有了文字，人们也不知道天上的事了。佚名讲述，李根祥翻译，云南大学民族民间文学贡山调查队搜集，陈荣祥记录。32开，6页，3600字。收入《怒族独龙族民间故事选》，上海文艺出版社1994年版。

（刘怡）

聪明勇敢的朋更朋

怒族英雄神话。流传于云南省怒江傈僳族自治州怒族聚居区。朋更朋是来大地上的第一个人，有一次他开垦火地时，结识了天神莫朋。莫朋想将女儿墨美嫁给他，便有意考验他的胆量和智慧。朋更朋凭着自己的机智和勇敢，在山神和老虎的帮助下战胜了重重困难，获得了莫朋的认可。莫朋就让他与墨美成了亲，还送给小夫妻包谷、谷子、小米、荞麦、洋芋等种子及各种家禽家畜。佚名讲述、记录。32开，1页，200字。收入《怒族文学简史》，云南民族出版社2003年版。

（刘怡）

（二）氏族传说

人猴成亲

怒族氏族传说。流传于云南省怒江傈僳族自治州怒族聚居区。讲述的是：古时候有兄弟俩，哥哥在家种地，弟弟出外学手艺。哥哥在地里收麦子时，有只母猴天天来帮他。后来他们成了亲，生下二男一女。不久弟弟学成归来，正好这天他的嫂子过江去背粮，到了晚上还没有回家。哥哥等急了，就叫弟弟滑溜索过江去看看。弟弟来到江边，看见一只大猴子背着口袋从溜索上滑过来，不知道它就是自己的嫂嫂，便用弩箭把它射落江中。哥哥知道后非常伤心，流了三天三夜的泪。过了几天，猴群来讨伐这对兄弟。弟弟捉来上千只蝗虫，把它们撒向猴群。猴子们吓跑了，从此再也不敢和人成亲了。李茂讲述，阿春记录。32开，6页，3500字。收入《怒族独龙族民间故事选》，上海文艺出版社1994年版。

（刘怡）

蛇氏族的传说

怒族氏族传说。流传于云南省怒江傈僳族自治州怒族聚居区。讲述的是：古时有母女四人，一天她们一起到附近的山上砍柴，回家时却怎么也不能把柴背起来。后来她们才发现是一条大蛇压在柴上面。大蛇要三个姑娘中的一个做它的老婆。大姑娘、二姑娘都不愿意，三姑娘不想让母亲为难，便嫁给了大蛇。成亲以后，三姑娘生了许多儿女，分别住在好几个地方。他们成了"明黑华"（蛇氏族）的祖先，蛇氏族是当地怒族六大部落之一。佚名讲述、记译，邓启耀、攸延春整理。16开，1页，200字。收入《中国各民族宗教与神话大词典》，学苑出版社1990年版。

（刘怡）

蛇和人结姻缘

怒族氏族传说。流传于云南省怒江傈僳族自治州福贡县怒族聚居区。讲述的是：古时候有一个姑娘，常常一边织布一边唱着动听的歌。附近许多青年男子仰慕她的歌声，有人还向她求爱，但都被拒绝。姑娘悦耳动人的歌声打动了附近的一条巨蛇，巨蛇变成一条虫子经常来她身旁听歌。后来，姑娘发现自己每次唱歌时，都有一条小虫趴在身旁，便用扫帚将它扫出去，可它又爬了进来。经过三番五次地折腾，姑娘很生气，对小虫说："你再爬到我身边我就打死你。"突然，小虫说话了："是你的歌声把我引过来，如果你能答应我一件事，我立刻变成人。"姑娘很好奇，就答应下来。小虫立刻变成一个英俊的小伙子。姑娘与小伙子结为夫妻，婚后她才知道丈夫是一条蛇。他们生下的子女便是蛇氏族的祖先。和纪堂讲述，李卫才记译。32开，1页，400字。收入《云南民间文学集成·福贡县民间文学集成卷》，福贡县文化局、福贡县民委1989年编印。

（孙敏）

小白蛇的恩惠

怒族氏族传说。流传于云南省怒江傈僳族自治州贡山独龙族怒族自治县怒族聚居区。讲述的是：远古时，怒族寨子里有俩弟兄，有一段时间，他们头天挖好的地，第二天又恢复了原样。后来他们发现是一位白发老人在作怪，老大忍不住打了他一个耳光，老二责怪哥哥不尊重老人。老人告诉两兄弟，天下就要发大水了。他用粗针穿细线缝了一个牛皮筏给老大，又用细针穿粗线缝了一个牛皮筏给老二。洪水过后，老二发现世间空无一人，后来好不容易在乱石窝里找到哥哥乘坐的牛皮筏，可他被从针眼里渗进的水淹死了。于是世间只剩下老二一人，他决心走遍天下去找同伴。一天，他见一条小黑蛇与一条小白蛇在拼命打斗，便帮了小白蛇一把，让它取胜。其实小白蛇就是龙女，龙王将女儿许配给老二。夫妻二人勤奋劳动，创造出了人间所有的财富。从此以后，大地上就有了万事万物。至今怒族还说自己是龙女的后代。佚名讲述，李文华、彭光清记译。32开，6页，2400字。收入《七彩贡山——贡山民间故事集》，远方出版社2004年版。

（刘怡）

虎氏族的传说

怒族氏族传说。流传于云南省怒江傈僳族自治州福贡县部分怒族分布区。讲述的是：果科、普洛等寨子里虎氏族的祖先叫腊乌期。最初虎氏族住在澜沧江东岸的包底寨，与其他氏族和睦相处。有一次，虎氏族的一个小孩打瞎了另一个氏族一位小孩的眼睛。为此两个氏族结下了冤仇，相互拼杀。最后，虎氏族无法再继续居住在包底，连夜逃往碧罗雪山，住在一个岩洞里。半夜传来鸡叫声，虎氏族的人以为是来追杀他们，便一窝蜂散开了，四处奔逃，其中腊乌期逃到怒江东岸的果科定居下来。他的后代在果科、格甲登生活了几十年，不幸一场大火烧毁了他们所有的财产，一部分人家就迁移到普洛附近居住至今。佚名讲述，攸延春记录。32开，1页，200字。收入《怒族文学简史》，云南民族出版社2003年版。

（刘怡）

鸟氏族的传说

怒族氏族传说。流传于云南省怒江傈僳族自治州怒族聚居区。讲述的是：远古时，一部分怒族人居住在澜沧江边一个叫打鼓洛的地方，据说他们的祖先是鸟。后来他们内部为争一棵核桃树打了起来，族中一个叫"聂得扒"的人被打败后，逃到了怒江边上，住在福贡县匹河一带。这里的鸟氏族都认为聂得扒是他们的祖先。佚名讲述、记录。32开，1页，200字。收入《怒族文学简史》，云南民族出版社2003年版。

（刘怡）

蜂氏族的传说

怒族氏族传说。流传于云南省怒江傈僳族自治州怒族聚居区。讲述的是：远古的时候，一部分怒族人从丽江迁移到兰坪，慢慢形成蜂氏族。他们干活时，将小孩装在摇篮里吊在树上。有一天，一群马蜂把摇篮里的一个孩子蜇死了。人们诱捕到一只马蜂后，跟随它来到怒江西岸一个叫托拖的地方，在那里找到了马蜂窝。他们捣毁了马蜂窝，并从里面取出九篮子蜂蛹。他们将蜂蛹分给当地人，并与当地人结为朋友住了下来。后来，蜂氏族的人打死了一个名叫巧昆的金满人，两部落之间发生了械斗。蜂氏族无法再在托拖居住下去，就迁到怒江东岸的普洛寨。32开，1页，400字。佚名讲述、记录。收入《怒族文学简史》，云南民族出版社2003年版。

（刘怡）

"拉甲约"氏族的传说

怒族氏族传说。流传于云南省怒江傈僳族自治州怒族聚居区。讲述的是：古时候，乌期约氏族的人喜欢打猎，每次他们猎到野兽后，就拿兽腿与戈甲登氏族的人换酒喝。有一次，一个乌期约人用岩羊腿换酒。一个戈甲登小孩看见他的背篓里有两只亮晶晶的眼睛，以为里面还有一只野兽，便将这事告诉大人们。戈甲登人很不高兴，说乌期约人私藏了一只野兽，就将他的眼睛刺瞎了。其实乌期约人的背篓里装的是一只用来追捕野兽的动物。为这事乌期约人和戈甲登人发生了械斗。最后戈甲登人被杀得只剩下一个男孩，乌期约人才罢手，他们给这个男孩取名"拉甲约"（种子）。这个男孩就成了拉甲约氏族的祖先。佚名讲述、记录。32开，1页，500字。收入《怒族文学简史》，云南民族出版社2003年版。

（刘怡）

人变老熊

怒族氏族传说。流传于云南省怒江傈僳族自治州福贡县。讲述的是：从前有个白族人，娶了一位怒族姑娘，生下一男一女。有一年，这一家人种了一块玉米地，玉米成熟后，一群猴子来掰。父子俩轮流去地里赶猴子。一天，父亲到地里去了很久，一直没回来。傍晚儿子去找。到了地里，他发现父亲的头和手都变成熊的样子。他的后代便成了熊氏族，据说熊氏族的人从来都不伤害熊。企扒冲讲述，李卫才记译。32开，1页，400字。收入《云南民间文学集成·福贡县民间文学集成卷》，福贡县文化局、福贡县民委1989年编印。

（孙敏）

怒族的迁居

怒族氏族传说。流传于云南省怒江傈僳族自治州福贡县怒族聚居区。讲述的是：古时候，怒族居住在丽江一带。后来由于战乱，他们迁居到大格拉和小格拉，以狩猎为生。时间长了，大格拉和小格拉的猎物逐渐稀少。有一年，他们中的一个猎人带了两条狗来到怒江附近，爬上了离江不远的一座高山，山上生长着茂密的森林，林中有一口龙潭。猎人在龙潭边撒下谷种，并念着咒语："老天保佑谷子长得好，鸟不吃来鼠不偷，明年我到这里住，打下野兽和谷子祭老天。"当他第二年来到龙潭边，谷子长得金灿灿的。后来很多怒族人便搬到龙潭附近居住，他们一边打猎，一边种地，日子越过越好。从此以后，怒族祖祖辈辈便居住在怒江两岸。拉能讲述，李卫才记译。16开，1页，400字。收入《中国民间故事集成·云南卷》（上），中国ISBN中心2003年版。

（孙敏）

（三）风俗传说

山神娶妻

怒族风俗传说。流传于云南省怒江傈僳族自治州怒族聚居区。讲述的是：从前有个叫俄色的人，与唯一的孙子相依为命。待孙子长大后，俄色为他娶了妻。两年后，小两口生下一个女孩，取名"乂梅"。小乂梅长得漂亮可爱，四五岁时，一个山神喜欢上她，想娶她做妻子。一天，乂梅的父母亲去播种，把摇篮挂在地旁的树上。傍晚去取摇篮时，发现女儿不见了。夫妻俩到处寻找，后来在一堵山崖上听见了女儿的声音。他们发现几岁的女儿已长大成人，正在绝壁上织布。乂梅说她已嫁给山神，回不了家。秋天，乂梅的舅父、叔叔在她的指点下，上山打到不少猎物。从此以后，附近的猎人每年都要带着家畜家禽去祭祀山神，以求得到更多猎物。吉益山讲述、李卫才、吴卫林记录。32开，3页，1300字。收入《怒族独龙族民间故事选》，上海文艺出版社1994年版。

（刘怡）

民冲起

怒族风俗传说。流传于云南省怒江傈僳族自治州福贡县怒族聚居区。讲述的是：从前，怒江边有一个叫民冲起的村子，村里有一对夫妇。一次他们在田里劳动时，把小女儿放在旁边的摇篮里。到了中午，夫妻俩发现孩子不见了。全村人都帮着找，但没找到。六七年后，上山打猎的人见到了这个姑娘。但她已成了山神的妻子，不能再回村了，于是村民们成了山神的亲戚。后来，外村的猎人想进山打猎，都要给民冲起的村民送上米酒，询问山里的情况。民冲起的村民也很热情地接待他们。克四益讲述，吴一子、李胜春记译。32开，2页，850字。收入《云南民间文学集成·福贡县民间文学集成卷》，福贡县文化局、福贡县民委 1989 年编印。

（孙敏）

猎人与女猎神

怒族风俗传说。流传于云南省怒江傈僳族自治州贡山独龙族怒族自治县怒族聚居区。讲述的是：从前，离里吾底村不远的高黎贡山上有个大岩洞。有一天，一个年轻的猎人来这里下扣子，他在远处发现自己的扣子先后扣住了麂子、羚羊、獐子，可每次过去一看什么也没有。他蹲守才发现猎物被一个美丽的姑娘放跑了，便追随她来到一个大树洞。不久两人成了亲。几年后，他们的儿子会走路，妻子说要照料山上的动物，便走了，从此再也没有回来。猎人独自带着孩子生活。每当他想念妻子时，就到山上去找。每次他都见不到妻子，却能猎获大量野兽。据说他的妻子是猎神的化身，她和猎人一起生活的时候，不仅教会了丈夫许多捕猎的办法，还教会男人如何驯养家畜家禽，教妇女如何纺麻织布。她一直深爱着自己的丈夫，因而猎人每次上山捕猎，都能满载而归。后来，怒族人就把这位猎人奉为自己的祖先。付加仁、谦付加讲述，木玉璋、禹尺记录。32 开，5 页，3000 字。收入《怒族独龙族民间故事选》，上海文艺出版社 1994 年版。

（刘怡）

猎神发怒

怒族风俗传说。流传于云南省怒江傈僳族自治州福贡县怒族聚居区。讲述的是：古时候有五兄弟，以打猎为生。一天，他们在山上发现四只不同颜色的麂子，猎获了其中的红、绿、黑三只，就是追不到那只全身长满斑点的。五人决定第二天再去撵。老五最性急，天不亮就独自牵着猎狗上山。在山坡上，他听到后面传来哥哥们的声音，便爬上一棵树观望，发现四个哥哥牵的猎狗都不愿上山。这时有两个人走过来，坐在树下一边抽烟一边聊天。老五从两人的嘴中得知他们就是猎神，现在正在发怒，其中的一个用头撞了一下岩石，一座山都震动了。老五回去后跟哥哥们谈起这事。大家认为既然猎神生气，就不能再打猎了，于是五兄弟改为下地种庄稼。高常春讲述，李卫才记译。32 开，2 页，800 字。收入《云南民间文学集成·福贡县民间文学集成卷》，福贡县文化局、福贡县民委 1989 年编印。

（刘怡）

鲜花节

怒族风俗传说。流传于云南省怒江傈僳族自治州贡山独龙族怒族自治县怒族聚居区。讲述的是：从前，在高黎贡山东麓的吉母登山寨，有个美丽聪明的阿茸姑娘。因寨子里缺水，乡亲们生活得很艰辛。阿茸便设法在高黎贡山的悬崖上凿了一个洞，为寨民们引来甘甜的泉水，乡亲们将她誉为仙女。土司和头人嫉妒她，便派人来抓她。姑娘只好钻进自己凿成的岩洞里。恼羞成怒的头人又叫人去放火烧山。从此，阿茸再也没有回到寨子来。有一天，她变成一尊石像站在岩洞口，纯净的泉水就从她身旁流出来。据说这一天是农历三月十五。从此以后，每年的这一天，附近的人们会采来大量鲜花，送进姑娘所凿成的岩洞中，以纪念她。久而久之，贡山怒族的传统节日鲜花节就形成了。阿称、阿旺、丁平讲述，尹善龙记录。32 开，4 页，2000 字。收入《七彩贡山——贡山民间故事集》，远方出版社 2004 年版。

（刘怡）

女人出嫁和生育的由来

怒族风俗传说。流传于云南省怒江傈僳族自治州怒族聚居区。讲述的是：怒族的始祖是一位女人，叫茂英充，当时她掌管着世间的一切。她先后与花蛇、马鹿、蜜蜂、老虎交配，繁衍了怒族。最初，女人不出嫁，由男人出嫁生孩子。有一年，一个男人在出嫁时，抱着自家的屋柱哭个不停。他的妻子可怜他，就劝他不要哭了，答应自己嫁

怒族传统服饰（丰卫祥　摄影）

怒族青年男子服饰（江河泽　摄影）

怒族青年男女服饰（江河泽　摄影）

怒族青年女子服饰（彭志灿 摄影）

兰坪怒族女子传统服饰（丰卫祥 摄影）

兰坪怒族男子传统服饰（丰卫祥 摄影）

怒族"仙女节"传统歌舞（罗新明 摄影）

怒族"仙女节"民间祭祀仪式（罗新明 摄影）

"神嘎儿"祭祀活动
（丰卫祥 摄影）

"神嘎儿"祭祀活动中
分食各家制作的美食
（丰卫祥 摄影）

每年农历二月十日"桃花节"
期间村民塑桃花神
（丰卫祥 摄影）

人背马驮曾经是怒族的重要交通方式。(彭志灿 摄影)

猪槽船(丰卫祥 摄影)

割树胶(江河泽 摄影)

背水(江河泽 摄影)

秋收(江河泽 摄影)

舂谷物(丰卫祥 摄影)

制作"咕嘟饭"(丰卫祥 摄影)

怒族"咕嘟饭"(丰卫祥 摄影)

怒族水磨
(丰卫祥 摄影)

用甜荞面制作"石板粑粑"
(丰卫祥 摄影)

烘烤"石板粑粑"
(丰卫祥 摄影)

熬煮漆油
（丰卫祥 摄影）

人工压榨漆油
（丰卫祥 摄影）

冷却后的漆油
（丰卫祥 摄影）

焖煮怒族"峡拉"（丰卫祥 摄影）

怒族"峡拉"（丰卫祥 摄影）

制作酥油茶桶（丰卫祥 摄影）

家庭内部的小火塘（丰卫祥 摄影）

编织怒族毯子——"约朵"
(丰卫祥 摄影)

加工怒族传统民居专用石板
(丰卫祥 摄影)

怒族石板屋
(丰卫祥 摄影)

怒族"堇罢"——藤箩(丰卫祥 摄影)

藤编针线盒(丰卫祥 摄影)

竹编箩筐(丰卫祥 摄影)

小木桶(丰卫祥 摄影)

怒族"夹代"——茶壶(丰卫祥 摄影)

怒族"达秋"——土罐(丰卫祥 摄影)

怒江边的怒族村落（丰卫祥 摄影）

"怒江第一湾"（丰卫祥 摄影）

人神共居丙中洛（丰卫祥　摄影）

高山冰渍湖（丰卫祥　摄影）

《怒族民间故事》封面（和六花 摄影）

《怒族简史》封面（和六花 摄影）

《怒族文化史》封面（和六花 摄影）

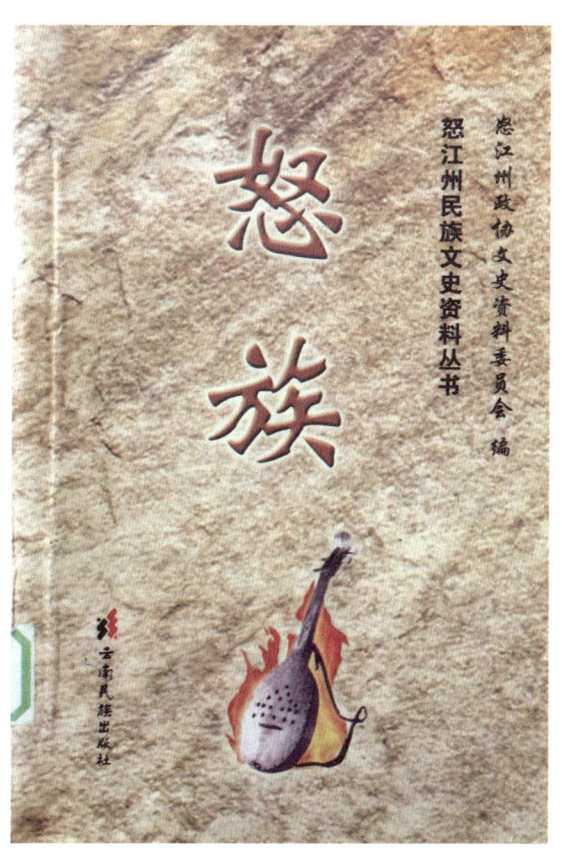
《怒族》封面（和六花 摄影）

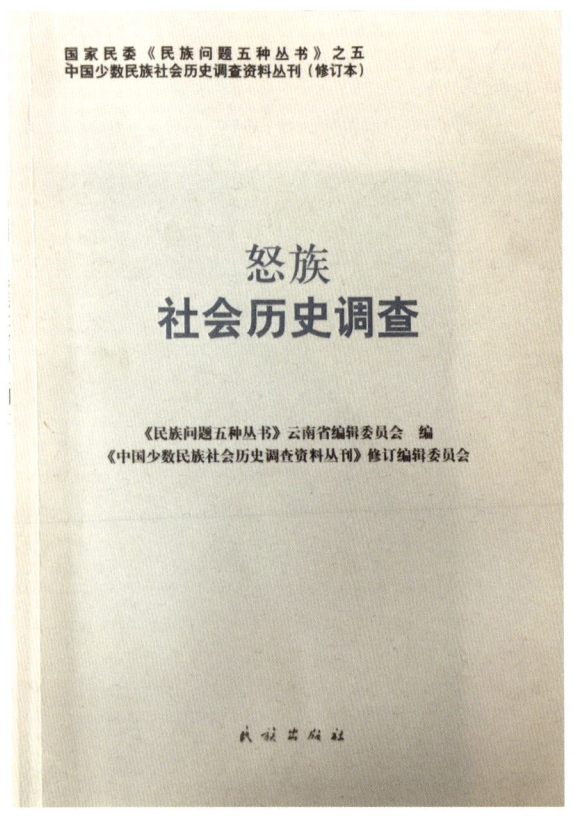

《怒族社会历史调查》封面（和六花 摄影）

《中国怒族》封面（和六花 摄影）

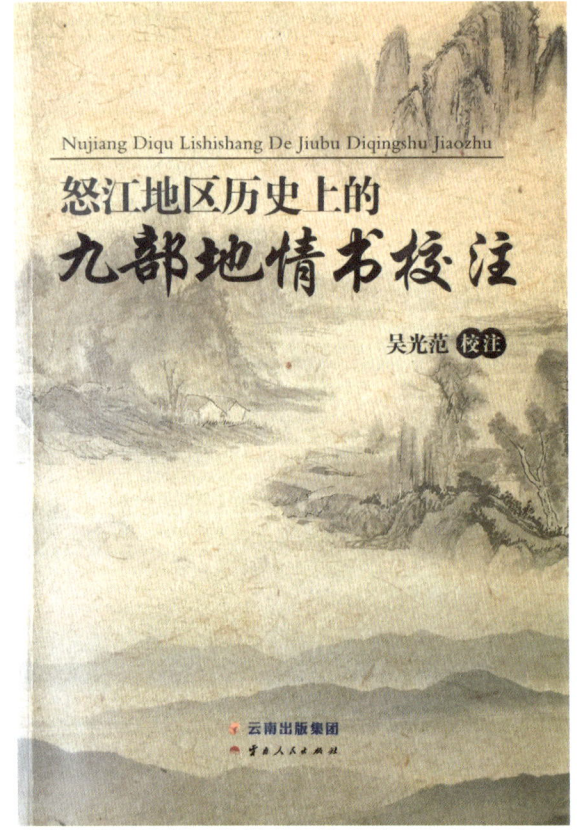

《怒江地区历史上的九部地情书校注》封面
（和六花 摄影）

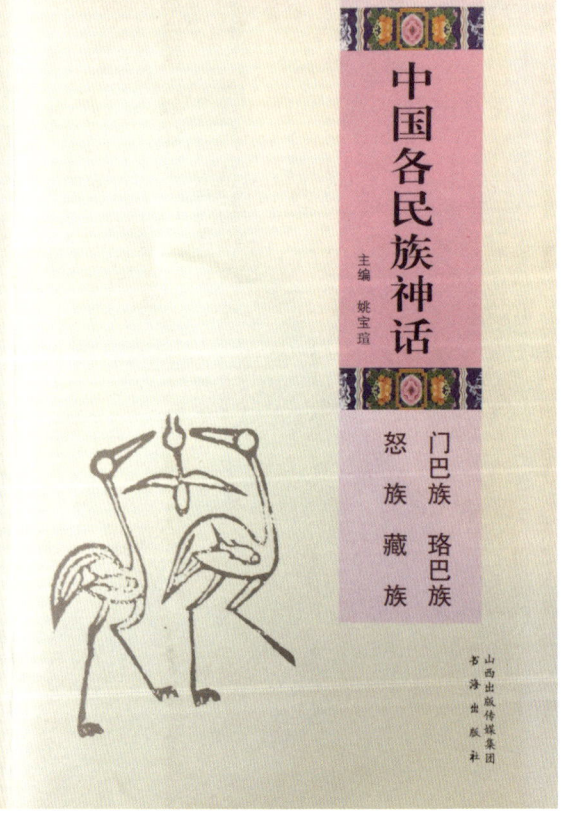

《中国各民族神话·门巴族、珞巴族、怒族、藏族》封面
（和六花 摄影）

过来。当时男人是用左小腿怀孕,坐月子时要杀一头牛来补身子。女人见男人生孩子时呻吟不止,就说不要他们生了,由自己来生。于是男人不仅不用出嫁,而且也不要生孩子了。罗沙益讲述,木顺江、李卫才记译。32开,1页,600字。收入《怒族独龙族民间故事选》,上海文艺出版社1994年版。

(刘怡)

男人生小孩

怒族风俗传说。流传于云南省怒江傈僳族自治州福贡县怒族聚居区。讲述的是:古时候,生育的任务不是由女人完成,而是由男人从自己的小腿肚里生小孩;男人坐月子时,女人杀牛来照料他。有个男人自从生了孩子后,从早到晚不吃不喝,且呻吟不止。他的妻子感到烦躁不安,后来就自己担负起生儿育女、织布、做家务等杂事。从此以后,男人只需下地劳动就可以了。娜妈菊讲述,李卫才记译。32开,1页,170字。收入《云南民间文学集成·福贡县民间文学集成卷》,福贡县文化局、福贡县民委1989年编印。

(孙敏)

烙火娶夫

怒族风俗传说。流传于云南省怒江傈僳族自治州怒族聚居区。讲述的是:古时候,怒族的男人都很笨拙,除了吃饭外,什么事都不会做;女子却聪明伶俐,主宰一切。那时怒族的男子必须嫁到女方家。女子娶亲时,先是用栗炭烙男子的手背,当他烫痛后把手缩回去,才能被选中。和玉发讲述,李卫才记译。32开,1页,150字。收入《云南民间文学集成·福贡县民间文学集成卷》,福贡县文化局、福贡县民委1989年编印。

(孙敏)

为什么砍树要在树桩桩上放石头

怒族风俗传说。流传于云南省怒江傈僳族自治州福贡县怒族聚居区。讲述的是:很久以前,有个人出门去砍树,一去就没有回来。第二天,人们发现他被悬挂在绝壁上,便设法将他救了下来。他告诉大家,山神怪他砍树不打招呼,砸死了自己的儿孙,便将他挂在绝壁上,并说三天之内若没人来救,就要将他吃掉。一位老人听了这番话,便说:"今后砍倒树后,要在树桩桩上放一块石头,让山神误认为树是由石头打断的,他的儿孙也是让石头打死的。这样大家才能免除灾难。"从此以后,怒族砍了树,就在树桩桩上放一块石头。拉能讲述,李卫才记译。32开,2页,500字。收入《云南民间文学集成·福贡县民间文学集成卷》,福贡县文化局、福贡县民委1989年编印。

(刘怡)

包包头的由来

怒族风俗传说。流传于云南省怒江傈僳族自治州贡山独龙族怒族自治县怒族聚居区。讲述的是:从前有个叫"拔王变根"的皇帝,头上长了一只角。他怕露丑,就用一条长布包着头。后来,他让各村寨的姑娘轮流来为自己捉头上的虱子,并为他包包头,然后,一个个将她们杀掉。有一天轮到一位怒族姑娘捉虱子。姑娘临走时,母亲挤出自己的奶,用面粉和成糍粑,让女儿带去吃。姑娘给皇帝捉虱子时,觉得肚子饿了,便拿出糍粑来吃。拔王变根捡了一块掉在地上的渣渣尝了尝,觉得味道不错,便要姑娘将剩下的全部给他吃。为此,他没有杀姑娘。姑娘回家后,将实情告诉了大家。人们气愤地冲向皇宫,将拔王变根杀了。后来,怒族认为会包包头的人聪明能干,便男女老少都扎起了包头。佚名讲述,杨近文翻译,杨秉礼、杨开应、陈荣祥记录。32开,2页,1000字。收入《怒族独龙族民间故事选》,上海文艺出版社1994年版。

(刘怡)

人为什么会死

怒族风俗传说。流传于云南省怒江傈僳族自治州怒族聚居区。讲述的是：古时候，人和动植物都不会死。有一天，一只松果砸在一只松鼠头上，松鼠当时就死了。人们惊恐万状地为它送葬，并为它缝葬衣，做棺材，还举行了隆重的葬礼。天神知道这事后，便对人们说："既然你们对死这样感兴趣、讲排场，那么从今天起，我就让你们有少有老，有生有死，有喜有悲。"从此以后，人就会死了。生者要为死者缝葬衣，做棺材，行葬礼，挖坟地。此阿妹讲述，叶世富、和光益、李汝忠记录。32开，1页，600字。收入《怒族独龙族民间故事选》，上海文艺出版社1994年版。

（刘怡）

火葬的传说

怒族风俗传说。流传于云南省怒江傈僳族自治州福贡县怒族聚居区。讲述的是：三百多年前，怒族人死后都要火葬。后来有个叫杨内的妇女死了，火化时尸体没有烧尽，七天后她的灵魂附着尸体回来了。复活以后，她的脸上留有被火烧过的疤痕。她刚一进寨子，就吓死了一个小孩。寨中的长老说："死人的魂可以回来，但其尸体不能遇见活着的人。因为魂附尸回来，会把小孩吓死。以后人死了，要用棺木，进行土葬。"拉能讲述，李卫才记译。32开，1页，200字。收入《云南民间文学集成·福贡县民间文学集成卷》，福贡县文化局、福贡县民委1989年编印。

（刘怡）

土葬的传说

怒族风俗传说。流传于云南省怒江傈僳族自治州怒族聚居区。讲述的是：自从开天辟地以来，怒族人死后都要火葬。有一年，一个人死了，他的尸体在火中烧了十个昼夜，不但没被烧成灰，反而站了起来。他睁开双目，吐出长舌，吓得在场的人四处躲逃。为此，大家只好从山上砍来栗木板，做成棺材，把尸体装在里面后埋入地下。从此，怒族人死后就改成土葬了。佚名讲述，叶世富记译。32开，1页，400字。收入《云南少数民族生葬志》，云南民族出版社1988年版。

（阿南）

沸水捞石

怒族风俗传说。流传于云南省怒江傈僳族自治州怒族聚居区。讲述的是：清朝末年，傈僳族姑娘双宝罗嫁给一个怒族人。她长得很漂亮，且能歌善舞，因而经常受人之邀出现在婚礼等场合。这引起了一个名叫腊食之人的嫉妒。他到处散播谣言，说双宝罗在外面"偷汉子"，败坏了怒族的风气。双宝罗矢口否认，后来她要求用"沸水捞石"的方法与腊食打赌，以便证明自己的清白。结果她的手并没有在沸水中烫烂。腊食不得不赔给她一头黄牛、一口铁锅。佚名讲述，史富相、宝山圪记译。32开，1页，400字。收入《福贡文史资料选辑》第2辑，福贡县政协1990年编印。

（刘怡）

神判下毒案

怒族风俗传说。流传于云南省怒江傈僳族自治州怒族聚居区。讲述的是：清朝末年，腊食带着几位怒族猎手，排阿增带着几个傈僳族同伴，来到马夺罗干河边的山里狩猎，双方都有不少收获。第三天，傈僳人提前回家，而腊食一行继续打猎。怒族青年不知老麻籽有毒，吃了不少，险些丧命。他们认定是傈僳人下的毒，回到家后责问排阿增等人。双方争执不下，便决定用"沸水捞石"的办法判定是非，并商定，输者要赔一头牛、一头猪、一口大铁锅给赢者。腊食他们于是烧了一锅水，让排阿增等人从里面捞石头。结果排阿增等人的手并没有起泡，证明了自己的清白。佚名讲述，史富相、宝山圪记译。32开，1页，400字。收入《福贡文史资料选辑》第2辑，福贡县政协1990年编印。

（刘怡）

（四）山川风物传说

知子罗的传说

怒族山川风物传说。流传于云南省怒江傈僳族自治州福贡县怒族聚居区。讲述的是：怒族祖先从丽江迁到澜沧江西边居住后，有一部分人发现澜沧江东面的日照时间长，就随蜜蜂过了江。这一部分人来到新址后，收获的粮食吃不完，还家家养了满圈的牛羊。他们将新村寨取名为"知子罗"，即六畜兴旺、五谷丰登的地方。有一年，棉谷村的人在知子罗村一个叫玉谷扎匡的人的担保下，向一位仍居住在澜沧江西边的怒族人赊了一背盐，说好第二年还一桶。第二年，澜沧江西边的怒族人找棉谷村人讨盐，对方却说盐已由玉谷扎匡代为转交了。澜沧江西边的怒族人便来找玉谷扎匡要，玉谷扎匡不承认有这事。双方发生了争执，玉谷扎匡用毒箭射死了澜沧江西边的怒族人。澜沧江西边的怒族人的几百个亲戚朋友来知子罗村找玉谷扎匡复仇。最后由知子罗村的老人出面，赔了很多的金银和一千六百多头牛羊给澜沧江西边的怒族人，这场纷争才得以平息。从此，知子罗村变穷了。拉能讲述，李卫才记译。32开，2页，900字。收入《云南民间文学集成·福贡县民间文学集成卷》，福贡县文化局、福贡县民委1989年编印。

（刘怡）

女子崖

怒族山川风物传说。流传于云南省怒江傈僳族自治州怒族聚居区。讲述的是：很多年以前，在一个叫甲科的村子里有一对母女，她们每天做农活时，都要从一堵陡崖下走过。一天，姑娘独自上山砍柴，一直没回来。当母亲发现她时，她正在陡崖半腰处的洞口织布，并说自己已嫁给猎神，现在回不去了，要等明年这个时候方能回来。她叮嘱母亲准备好畜圈，明年洞里的人会带彩礼去看望母亲。过了一年，姑娘真的回来了，并带来了很多野兽。她告诉母亲，等一下要来很多人，必须热情地接待他们，千万不能生气。不一会儿，母亲踩着一根火炭头，气得骂了几句，姑娘带来的所有人和野兽立即不见了。母亲见女儿也要走，便拉着她不放。姑娘告诉母亲，若自己不回去，猎神会将她撕成两半。母亲只好放了女儿。有一次她又看见女儿在陡崖上，便喊她跳下来，跟自己回家。姑娘真的跳下来，就摔死了，母亲也气死了。后来怒族就把这堵陡崖叫做"怒玛亚"（女子崖）。阿加仁、谦值班加讲述，木玉璋、宛乘记录。32开，6页，3500字。收入《怒族独龙族民间故事选》，上海文艺出版社1994年版。

（刘怡）

怒玛亚

怒族山川风物传说。流传于云南省怒江傈僳族自治州怒族地区。讲述的是：在碧江里吾底和架科村之间有一座大岩子，架科村一对相依为命的母女时常路过岩子，她们说话、砍柴，岩子上都会传来回声。有一天，姑娘外出砍柴未归，母亲找了四天才看到姑娘在岩子半山腰的山洞里。姑娘劝母亲莫伤心，回去多酿些酒，多盖些畜圈，明年回去探亲。母亲按姑娘的嘱咐准备，一年后，姑娘赶了很多的飞禽走兽回来探亲，并让母亲按她的嘱咐招待客人，母亲因为踩到一个着火的柴头生气了，把一起来探亲的客人们气走了，姑娘也被米斯（神主）带回去了。母亲后悔莫及。有一天，母亲又到岩子半山腰的山洞看到姑娘，母女俩互诉思念之情。母亲让姑娘从山崖跳下，说会接住她。姑娘说先丢一个玉镯下来，要是玉镯不断她就跳，因母亲太思念女儿，将断成两半的玉镯接起来并告诉女儿玉镯没断。姑娘便从岩子跳下，跌得粉身碎骨，母亲也伏在女儿的尸首边死了。自此，怒族将这堵岩子称作"怒玛亚"（即"女子岩"）。阿加仁、谦付加讲述，木玉璋、禺尺搜集整理。32开，5页，3051字。收入《怒族民间故事》，云南人民出版社1988年版。

（和六花）

望夫崖

怒族山川风物传说。流传于云南省怒江傈僳族自治州怒族地区。讲述的是：怒江西岸的一个怒族寨子里，住着一对夫妻，五十多岁才生下一个女儿，取名吉娜。勤劳勇敢、美丽大方的吉娜谢绝了一家又一家的提亲。直到遇到傈僳族的打虎英雄阿普，两人情投意合，结为夫妻，并生育了二女一子。有一年，怒族村寨里虎患频发，阿普自告奋勇地前去打虎除害，吉娜拖儿带女地将丈夫送到溪边，并在溪边日复一日、年复一年地盼着丈夫归来，最终化成了望夫崖。尼玛扎西、彭义良、李文华、郭鸿才搜集整理。32开，5页，3420字。收入《怒族民间故事》，云南人民出版社1988年版。

（和六花）

仆子河的传说

怒族山川风物传说。流传于云南省怒江傈僳族自治州怒族聚居区。讲述的是：清朝初年，一位怒族仆子的儿子腊贡到缅甸做生意，中途到独龙江边的敏然开家投宿。敏然开很喜欢这个能说会道、能歌善舞的小伙子，将他招为大女婿。三年后，大女儿未能生育，敏然开又将二女儿年提嫁给他。年提在腊贡家生了两男两女。后来她要回娘家探亲，按照当地的风俗，出嫁的姑娘背着婴儿回娘家时，外祖父和外祖母要送礼给婴儿。年提让丈夫只要野鸡和鸟爪子，其他什么都不要。结果敏然开就把独龙江以东的大片土地作为外孙的礼物划给了腊贡和年提，于是这些地方被认为是怒族仆子的领地。那里有一条河流，过去人们叫仆子河，现在叫普瑞河。佚名讲述，史富相、宝山圪记译。32开，1页，600字。收入《福贡文史资料选辑》第2辑，福贡县政协1990年编印。

（刘怡）

俄者回

怒族山川风物传说。流传于云南省怒江傈僳族自治州福贡县怒族聚居区。讲述的是：从前鲁门村有个叫俄者的人，喜欢猎兽捕鱼。有天一大早，他通过溜索到江对面的门究村捕鱼，在退了潮的回水湾上见到堆得像楼一样高的木头，另外还有些残肢断腿的野兽。他没有在意这些东西，只管在江面上张网捞鱼，但一无所获。他一气之下往回走，途中突然想到，若将江中漂来的木头和野兽捞起来，一定比捕鱼收获得更多。正在这时，腊比、腊格两兄弟迎面走来。三人一合计，各自回到自己的地盘，从此他们守着回水湾，靠打捞江水冲下来的东西过活。人们把俄者发现的回水湾叫"俄者回"，把腊比、腊格守着的回水湾叫"腊比腊格回"。麻益邓讲述，吴一子记译。32开，2页，900字。收入《云南民间文学集成·福贡县民间文学集成卷》，福贡县文化局、福贡县民委1989年编印。

（刘怡）

喃鲅茨

怒族山川风物传说。流传于云南省怒江傈僳族自治州怒族聚居区。讲述的是：迪麻洛河旁有一个叫普拉的山寨，寨里有一个叫甲布杰嘎的小伙子，为人忠厚老实，办事公道，深受寨民爱戴。有个叫杰玛的仙女爱上他，与他成了亲。有一年秋收季节，寨民们将新收割的粮食和捕获的肥鱼献给甲布杰嘎品尝。杰玛为丈夫制作了味道鲜美的鱼，甲布杰嘎狼吞虎咽地吃起来，不小心被鱼刺卡住了喉咙，难受得要命。为了救丈夫，杰玛向东海龙王要来一瓶甘露水和一个龙蛋。甲布杰嘎吃完这些东西，也变成了神仙。他从此就憎恨鱼，先施法术呼风唤雨，将迪麻洛河里的鱼全冲走了；第二年见鱼又从河下游游了上来，就对着色拉腊卡山吹了一口仙气，将山上的一块巨石吹到河中，堵住了河面，下游的鱼儿再也无法游到上游。后人称这块巨石为"喃鲅茨"。玛昌布、阿昆讲述，巴国强记录。32开，2页，800字。收入《怒族独龙族民间故事选》，上海文艺出版社1994年版。

（刘怡）

迪麻洛河没有鱼的传说

怒族山川风物传说。流传于云南省怒江傈僳族自治州贡山独龙族怒族自治县怒族聚居区。讲述的是：在迪麻洛河边曾有一个部落头领，名叫鹏瑟，他和妻子十分恩爱。一次吃鱼时，他不小心让一根鱼刺卡住了喉咙，被折磨得只剩一口气。妻子得到龙王给的仙药后才救活了丈夫。从此以后，鹏瑟非常恨鱼，领着部落成员搬来两块巨石，将它们横放在马场下边水势湍急的河中央，并请来山神作法，使迪麻洛河的水流在这里形成一个巨大的瀑布。于是，怒江的鱼就游不到迪麻洛河的上游来了。马场、安铺讲述，巴伟东记录。32开，4页，2000字。收入《七彩贡山——贡山民间故事集》，远方出版社2004年版。

（刘怡）

迪麻洛河的传说

怒族山川风物传说。流传于云南省怒江傈僳族自治州贡山独龙族怒族自治县怒族聚居区。讲述的是：远古的时候，青海湖龙王夫妇有五个女儿和一个儿子。有一天，五个女儿相约去大海玩。大姐金沙江挥着金斧往东南方向走了；二姐黄河舞动玉斧，从唐古拉山口往东奔去；三姐雅鲁藏布江手举银斧在喜马拉雅山脚下开出一条大道，向西跑去；四姐澜沧江和五姐怒江分别飞舞铜斧、铁斧，手挽手、肩并肩地向西南方奔涌而去。小龙王抓起龙宫门前的一把大砍刀，变成玉曲河，从四姐和五姐中间挤出一条路，也想去大海里玩一玩。当他要穿过梅里雪山的卡瓦格博峰时，惊动了当地的大山神。大山神便抽出神鞭猛抽他。小龙王吓坏了，急忙掉头往西逃去。跑了一段，它又回头绕了过来，但被山神无情的神鞭给抽了回去。就这样，小龙王跑一段，绕一段，又逃一段，一共挨了大山神五百零六鞭，变成了今日玉曲河上的五百零六个大湾。小龙王逃啊逃，最后一头撞进了五姐怒江的怀里。怒江知道小弟无故遭到大山神的鞭打，气得咆哮起来，咒骂大山神管辖的地区干燥缺水。于是本应从迪麻洛寨流下来的玉曲河返回了怒江；而卡瓦格博峰以下的地区从此滴水不流，因为缺水，那里的树木干枯，飞禽走兽都去别处了。卡瓦格博大山神知道自己铸下了大错，痛心不已，在自己手背上划了一个大口子，用鲜血去滋润万物，拯救山里的生灵。但至今迪麻洛河里仍没有鱼。阿罗讲述，彭兆清记译。32开，4页，1600字。收入《七彩贡山——贡山民间故事集》，远方出版社2004年版。

（刘怡）

普拉河

怒族山川风物传说。流传于云南省怒江傈僳族自治州贡山独龙族怒族自治县怒族聚居区。讲述的是：很久以前，怒江峡谷的半山腰上有一个山寨，寨中的人们饮水十分困难，每天要走几里的山路去背水。有一年当地大旱，寨民喝不上水，也吃不上饭，只得背井离乡去逃荒。寨中有个孤儿叫普拉，他听村里的长辈说，寨旁河道的源头有一只幸福鸟，若找到它，寨子里就会有树、有水，乡亲们就有太平日子过了。普拉克服千难万险，终于得到了幸福鸟。从此，他的家乡变得山清水秀，干枯的河道也有了水，乡亲们种下的庄稼长得绿油油的。为了纪念他，人们就把这条河叫做普拉河。阿称讲述，杨蔚蔚记译。16开，1页，1000字。收入《中国民间故事集成·云南卷》（上），中国ISBN中心2003年版。

（刘怡）

大蟒洞

怒族山川风物传说。流传于云南省怒江傈僳族自治州贡山独龙族怒族自治县怒族聚居区。讲述的是：很久以前，怒族住在怒江下游一带。有一年，一群狩猎的怒族人跋山涉水来到石门关,在它旁边的大崖洞里发现一个庞大的岩蜂巢。他们先后选出九位年轻力壮的小伙子轮流去取岩蜂蜜,但都不见回来。后来他们才发现,洞口有一条大蟒蛇在吃人。大家便射出一支支毒箭,将大蟒蛇射死。后人将这个大崖洞称为"大蟒洞"。佚名讲述,彭兆清记译。16开,1页,400字。收入《中国民间故事集成·云南卷》(上),中国ISBN中心2003年版。

(刘怡)

马蜂坑

怒族山川风物传说。流传于云南省怒江傈僳族自治州贡山独龙族怒族自治县怒族聚居区。讲述的是:石门关旁边的峭壁上曾有一条大蟒蛇,它死后,被江水冲到一个叫扒腊咱的寨子里,让一块大石头挡住了,引来许多"食客",其中有乌鸦、老鹰、黄蜂、长腰蜂、马蜂等。马蜂长得特别大,寨民们跟踪它们来到石门关,用火把它们全烧死了。因此,石门关就有了"马蜂坑"。第二天,寨民们拿来锄头挖坑里的蜂蜜,可只挖了一层就背不动。临走前,他们在刚挖开的土壤上种了几粒包谷籽和一些小麦籽。第二年,他们发现种下的包谷已经成熟了,撒下的小麦长得绿油油的,觉得这是一个好地方,于是搬到这里居住。阿罗讲述,彭兆清记译。16开,1页,500字。收入《中国民间故事集成·云南卷》(上),中国ISBN中心2003年版。

(刘怡)

野人洞

怒族山川风物传说。流传于云南省怒江傈僳族自治州贡山独龙族怒族自治县怒族聚居区。讲述的是:怒族迁到石门关后,有人在西岸的山洞内发现一个长着长尾巴、会飞檐走壁的怪物。它天天跑到邻近的村寨偷鸡摸狗、烧杀抢掠,搞得人们不得安宁。有一年,它来到那克义寨,将昆太老人的女儿抢来山洞,逼其为妻。六年后,它领着妻子儿女回来看望岳父岳母。这下那克义寨里又少不了要遭殃。人们实在忍无可忍,便以宴请为名,将长尾人灌醉,趁机打死了它。他们把长尾人居住的山洞叫"长尾人洞",又叫"野人洞"。后来洞里曾传出凄凉的哭泣声,但人们无法救出那位可怜的姑娘。许多年过去了,有人搭起绳梯爬到野人洞,发现里面还安放有石桌、石凳、石臼等。阿罗讲述,彭兆清记译。32开,1页,400字。收入《中国民间故事集成·云南卷》(上),中国ISBN中心2003年版。

(刘怡)

吉娜木让

怒族山川风物传说。流传于云南省怒江傈僳族自治州怒族聚居区。讲述的是:很久以前,在一个叫闪打的寨子里有一位美丽的姑娘,名叫吉娜,许多小伙子来向她求婚,但都遭到拒绝。一天,她到溪边去打水,途中看见一个猎人受伤倒在地上,只剩下一口气,就设法把他背回家。她的父亲懂点草药知识,医好了猎人。原来猎人名叫阿普,是傈僳人,他是在山上与老虎搏斗时受的伤。吉娜很喜欢阿普。后来两人成了亲,过着幸福的生活。有一年,老虎来侵扰闪打寨,阿普便去除害,可再也没有回来。吉娜一直等他,慢慢变成了一堵大山崖,人们把其称为"吉娜木让"。普迪讲述,尼玛扎西记译。32开,4页,2000字。收入《怒族独龙族民间故事选》,上海文艺出版社1994年版。

(孙敏)

杜鹃花是怎样变红的

怒族山川风物传说。流传于云南省怒江傈僳族自治州贡山独龙族怒族自治县怒族聚居区。讲述的是:很久以前,碧罗雪山上的杜鹃花只有黄色和白色两种。当时,山脚有个富翁,他的女儿腊姆爱上了孤儿阿松。富翁知道后,将阿松撵出寨子,又将女儿痛打一顿后关了起来。后来腊姆为见阿松，撬开了自家的地板跑了出来。两人在经常约会的地方见了面。阿松见情人遍身是伤，就将她扶到杜鹃花丛旁休息，自己则上碧罗雪山顶去采药。腊姆姑娘等啊盼啊，一直未见阿松归来，便哭干了眼泪。最终她流出的血泪染红了身边的杜鹃花。从此，碧罗雪山上就有了红色的杜鹃花。阿娜讲述，彭兆清记录。32开，3页，1200字。收入《怒族独龙族民间故事选》，上海文艺出版社1994年版。

（刘怡）

（五）人物传说

依尼拴太阳

怒族神奇人物传说。流传于云南省怒江傈僳族自治州福贡县怒族聚居区。讲述的是：很久以前，一个怒族村寨里有位庄稼人叫依尼，他聪明、能干。有一年，地里的野草长得太快，他连续薅了几昼夜也没薅完，只好请乡亲们来帮忙。可大家忙活了一天，地里还有不少杂草。眼看太阳就要落山，依尼急中生智，在地边砍了一根柚木，削成楔子钉在岩石上，然后用藤条将太阳拴在柚木上，不让它落下。等他的地薅完，乡亲们才陆续离去。不久，太阳挣断藤条飞一般地落下，大地又一片漆黑。依尼死后，人们还在传颂这位神奇人物，把他薅草的地叫做"依尼拴太阳的地方"。吉益山讲述，李卫才、吴卫林记译。32开，1页，700字。收入《云南民间文学集成•福贡县民间文学集成卷》，福贡县文化局、福贡县民委1989年编印。

（刘怡）

大力士阿烘

怒族神奇人物传说。流传于云南省怒江傈僳族自治州贡山独龙族怒族自治县怒族聚居区。讲述的是：从前有一个年轻的寡妇，吃了冬天开花结果的大桃子后怀了孕，生下一个男婴，取名阿烘。这个孩子一出生，饭量就大得惊人。继父想除掉他，把他带进深山压在一棵砍倒的大树下。可他回家不久，阿烘就扛着大树回来了。阿烘十八岁时，全家人一年的粮食不够他吃一个月。家里容不下他了，他只好辞别家人，靠打猎为生。每当他打到大猎物，就叫寨子里的人去背。每年桃花开时，他就回来看母亲。有一次怒江峡谷连续三年干旱，乡亲们没有吃的，阿烘就将财主的粮仓背到寨里分给大家。财主知道后，带人来捉他，可那些人反被他吓跑了。阿烘把碧罗雪山和高黎贡山的大小龙潭都扒开一个洞，通过洞口责骂龙王不下雨。龙王怕他，只得下了几场大雨。后来，阿烘外出打猎，不小心踩死一条小虫，小虫身上的毒刺戳进了他的脚底板，他被这只不知名的小虫夺去了生命。夏阿夺等讲述，舒文宗记录。32开，5页，3300字。收入《怒族独龙族民间故事选》，上海文艺出版社1994年版。

（刘怡）

刮摩毕的故事

怒族神奇人物传说。流传于云南省怒江傈僳族自治州福贡县怒族聚居区。讲述的是：怒族曾有一个叫刮摩毕的人，作战非常勇敢。有一年，他所在的氏族与另一氏族发生械斗，他便身披牛皮盔甲，手持长刀、强弩，独自一人闯入敌阵，一连砍死了五六人，将对方吓退。后来本族人将他推举为首领。和纪堂讲述，李卫才记译。32开，1页，150字。收入《云南民间文学集成•福贡县民间文学集成卷》，福贡县文化局、福贡县民委1989年编印。

（刘怡）

刮摩毕和念摩毕

怒族神奇人物传说。流传于云南省怒江傈僳族自治州福贡县怒族聚居区。讲述的是：刮摩毕和念摩毕是两兄弟，有一天他们在山上打到一只老虎，回家后剥下虎皮，卖给丽江的一位县长。县长见这张虎皮又宽又大，就说："打死老虎的站在我右手边。"念摩毕马上站过去。刮摩毕想不通弟弟为什么会这样。后来县长又叫来兄弟两人，说："有只老鹰总是从天上往我的饭碗里屙屎，你们二人谁能射中它，我就称谁是好汉。"他话才说完，刮摩毕一箭就把老鹰射下了。几年后，兄弟俩从兰坪的营盘镇通过溜索过了澜沧江，刮摩毕向南翻过碧罗雪山来到怒江，而他的弟弟就住在碧罗雪山脚下。芒丽讲述，霜现月、和南生记译。32开，1页，300字。收入《云南民间文学集成·福贡县民间文学集成卷》，福贡县文化局、福贡县民委1989年编印。

（刘怡）

刮摩毕斩筏除妖

怒族神奇人物传说。流传于云南省怒江傈僳族自治州福贡县怒族聚居区。讲述的是：很久以前，怒族是和鬼住在一起的，人和鬼很难分清楚。当时寨子里常常死人，乡亲们个个提心吊胆。刮摩毕想了三天三夜，终于想出一个办法。有一天，他宴请十里八寨的人和鬼。席间，他在每张桌子上都放了酒和猪血，然后将喝血的客人一一记了下来，并在他们的背上画了一个圈。吃饱喝足后，刮摩毕请大家到江边坐筏渡江玩。他先让喝酒的客人坐上木筏，将他们送过江，然后再来接背上画了圈的"人"。当这些"人"坐筏渡至江心，刮摩毕斩断捆筏的绳子，一船的鬼全掉到江中被水冲走了。从此以后，怒族寨子再也不会无缘无故地死人了。和南生讲述，景山记译。16开，1页，500字。收入《中国民间故事集成·云南卷》（上），中国ISBN中心2003年版。

（刘怡）

刮摩毕打铁除妖

怒族神奇人物传说。流传于云南省怒江傈僳族自治州福贡县怒族聚居区。讲述的是：有一次刮摩毕正在打铁，突然来了一条狗，咬着他的铁钳就跑。他抢下铁钳照狗的嘴巴打去，狗哀叫着跑了。不久又飞来一只小鹰，叼起刮摩毕的铁钳准备飞走。刮摩毕忙夺过铁钳，并打了它的脚。小鹰仓皇飞走了。接着又来了一只老鹰，凶猛地朝刮摩毕俯冲下来，刮摩毕挥手击中了它的胸部。晚上，刮摩毕变成一头猪，来到一个只有三户人家的村寨中。猪来到第一家人的竹楼下哼叫，这家人出来说自己被刮摩毕打歪了嘴，没闲心管它。猪又来到第二家的院门前叫，这家人说自己被刮摩毕打痛了脚，不想杀猪了。猪来到第三家时，听见主人正在吼叫。刮摩毕终于明白，白天来自己铺子作怪的就是这三家鬼，便放火烧了它们的房子，把它们全都烧死了。阿了双讲述，霜现月、管云东、李向才记译。16开，1页，600字。收入《中国民间故事集成·云南卷》（上），中国ISBN中心2003年版。

（刘怡）

聪明的孜江幺弟

怒族神奇人物传说。流传于云南省怒江傈僳族自治州贡山独龙族怒族自治县怒族聚居区。讲述的是：很早以前，天下除了人类以外，还有很多妖怪。有一对夫妻生了十二个男孩，最小的一个叫孜江，他聪明能干。有一年遇上百年罕见的大荒年，夫妻二人只好把孩子全送到树林里，让他们自生自灭。有一次，兄弟十二人误入妖洞中。孜江用计把小妖怪们的帽子和自己兄弟们的帽子做了交换，让老妖怪误吃了自己的孩子。后来他趁老妖怪睡熟，脱下它能日行千里的鞋子。兄弟十二人靠着这双鞋，平安回到家里。走时他们还拿了老妖怪不少金银财宝，在路上买了很多包谷面。到家时父母饿得快断气了，孜江用包谷面救了他们。并将所有的金银财宝分给穷苦的乡亲们，帮助大家度过了荒年。老妖怪因为被孜江取走了鞋，找不到吃的，便饿死在洞里。从此，天下没有吃人的妖怪了，怒族也繁衍下来。阿旺讲述，彭兆清记录。32 开，6 页，3200 字。收入《怒族独龙族民间故事选》，上海文艺出版社 1994 年版。

（刘怡）

雪山垭口的女妖

怒族人物传说。流传于云南省怒江傈僳族自治州怒族聚居区。讲述的是：从前有父子三人，相依为命。有一年遇上灾荒，父亲决定到兰坪的亲戚家去借粮食，临走时让两个儿子七天后去接他。结果他在过碧罗雪山的垭口时被女妖吃了。七天后大儿子去接他，也被女妖吃了。老二等了九天，还不见父亲和哥哥回来，就去找他们。路上他也遇到女妖，但没有被它迷惑，继续前行。他到了兰坪的亲戚家，没找到父亲和哥哥。后来他遇到一位老人，从老人那里得知碧罗雪山垭口处有女妖吃人，便返回到垭口杀死了女妖，并找到父亲和哥哥的尸体。付加仁、谦付加讲述，木玉璋、禹尺记录。32 开，7 页，4000 字。收入《怒族独龙族民间故事选》，上海文艺出版社 1994 年版。

（刘怡）

给极

怒族人物传说。流传于云南省怒江傈僳族自治州怒族聚居区。讲述的是：很早以前，人不会种庄稼，也不知穿衣裳，只会用火烤肉吃。一个叫给极的怒族人经常偷懒，有一天他的两个哥哥气得打他。给极躲闪时，不小心跌入火塘，把屁股烧起了泡。他爬起来一溜烟爬上树，并从这棵树跳到那棵树，从此再也没下来。后来他像猴子一样生活在岩洞和树林间。佚名讲述、记译，邓启耀、

攸延春整理。16 开，1 页，150 字。收入《中国各民族宗教与神话大词典》，学苑出版社 1990 年版。

（刘怡）

那麻与亚尼公主

怒族人物传说。流传于云南省怒江傈僳族自治州怒族地区。讲述的是：古时有一个怒族孤儿，以打猎为生，心地善良、乐于助人，感动了天神。有一天，那麻打猎归来遇到一条比大腿粗的蟒蛇，天神派亚尼公主前来，帮那麻脱离险境。并与那麻成亲，两人男耕女织、生了九男九女，幸福地生活了二十年。亚尼在人间的期限满了，要返回天上。那麻追出门外，只抓住一节四脚蛇的尾巴。怒族村寨里四脚蛇多，据说是亚尼公主的妹妹，是亚尼公主派来保护和陪伴子孙后代的。格赛讲述，阿一南、刘辉豪整理。32 开，5 页，2376 字。收入《怒族民间故事》，云南人民出版社 1988 年版。

（和六花）

从膝盖出生的汉子

怒族人物传说。流传于云南省怒江傈僳族自治州怒族地区。讲述的是：怒族寨子有一个叫李笑话的人，年过半百从膝盖生出一个见风就长、力大无比的儿子李得宝。李得宝惩恶扬善，运用聪明才智惩治富人、恶霸和失信的知府及其女儿，终和糟糠之妻相爱相守。张德星搜集，张德星、郭鸿才整理。32 开，12 页，8019 字。收入《怒族民间故事》，云南人民出版社 1988 年版。

（和六花）

二、民间故事

（一）幻想故事

三妹与蛇郎

怒族幻想故事。流传于云南省怒江傈僳族自治州福贡县。讲述的是：有位母亲带着三个女儿去割草，回家的路上被一条大蛇挡住。蛇要老妈妈把一个女儿嫁给它。大女儿和二女儿都不愿意嫁给蛇郎，只有三妹同意了这门亲事。蛇变成一个漂亮的小伙子，和三妹成了家，生了一个儿子。后来三妹带儿子回娘家，并拿出蛇郎送的金子银子给父母。大姐很嫉妒，就将三妹害死，装扮成她的样子到了蛇郎家。她好吃懒做，待孩子也不好，仅靠说谎骗过了蛇郎。孩子长大后放牛路过母亲死的地方，听见小鸟叫他的名字。回家后他将此事告诉了父亲。蛇郎把小鸟带回家。狠心的大姐把小鸟捏死扔了出去。小鸟变成一棵树，大姐又把树砍了当柴烧，结果被烟熏得睁不开眼。她把剩下的柴扔出去，柴变成一把剪刀。剪刀被一位老婆婆捡回家后变成了一位姑娘。有一次，蛇郎到老婆婆的村子做客，见到了这位姑娘，发现她竟是自己的妻子。三妹把大姐害死自己的经过告诉了蛇郎。蛇郎回家后将银杖一挥，大姐立刻撞死在门上。三妹与蛇郎又过上幸福的生活。和纪堂讲述，李卫才记录、整理。32开，5页，3000字。收入《云南民间文学集成·福贡县民间文学集成卷》，福贡县文化局、福贡县民委1989年编印。

（孙敏）

七妹嫁蛇仙

怒族幻想故事。流传于云南省怒江傈僳族自治州贡山独龙族怒族自治县。讲述的是：从前有七姐妹，她们的母亲在摘花时遇到一条大蟒蛇，大蟒蛇要她将女儿中的一个嫁给它。六个姐姐都不愿意，七妹为了救母亲，便答应了亲事。她跟着蟒蛇来到龙宫。蟒蛇其实就是龙子，是一个英俊的小伙子。七妹从此过上了幸福的生活。姐姐们非常羡慕她。大姐执意要去看望七妹，用计害死了七妹，并装扮成七妹的样子。龙子从远方征战回来，大姐用假话骗取了他的信任。龙子后来得到一只可爱的小鸟，大姐趁龙子外出，用火把鸟笼烧了。原来养小鸟的地方长出了一棵参天大树，大姐又命人把树砍倒烧了。有人拨开火灰，发现里面有一把剪刀，就把它放在大姐的箱子里。只要大姐一不在，就有一个美貌女子从箱子里走出来，帮龙子做家务，照料孩子。龙子终于发现了自己心爱的妻子。七妹把自己被大姐暗害的经过说给龙子听，龙子惩罚了大姐。路生业讲述，波罗记录。32开，5页，2500字。收入《七彩贡山——贡山民间故事集》，远方出版社2004年版。

（刘怡）

两姊妹

怒族幻想故事。流传于云南省怒江傈僳族自治州贡山独龙族怒族自治县。讲述的是：母女三人割茅草准备盖房子。母亲背的茅草里有一条蛇，蛇要她将自己的一个姑娘嫁给它。大女儿娅侬不愿做蛇的妻子，小女儿娅袅为了救母亲答应了这门亲事。蛇变成一个英俊的少年和娅袅成了亲。婚后夫妻二人很和睦,生了一个儿子叫斯达伊。几年后,娅衾带斯达伊回娘家。当她拿出蛇郎送给母亲的财物时,娅侬很嫉妒。娅侬趁妹妹回婆家时,在半路用计将她害死,并冒充她来到蛇郎家,骗过了蛇郎。一天,斯达伊出外玩耍,一只小花鸟向他说出了内情。娅侬几次要害死这只小花鸟。后来,一位白发老人教蛇郎将塘里的水弄干,娅衾现出身来。娅侬惊慌失措地跌进水塘淹死了。佚名讲述,杨秉礼记录。16开,1页,350字。收入《中国传说故事大辞典》,中国文联出版公司1992年版。

(阿南)

梦中的仙姑

怒族幻想故事。流传于云南省怒江傈僳族自治州贡山独龙族怒族自治县。讲述的是:有个孤儿吃了几个梨后,全身长满了黑毛。他伤心得哭个不止,哭着哭着便睡着了。梦中有个姑娘告诉他除掉黑毛的办法。孤儿醒来果真如姑娘所说,遇到了去接新娘的王子。王子吃了他的梨,也长出了黑毛,而孤儿自己身上的毛消失了。王子以为孤儿是仙人,就让他替自己去接新娘。孤儿身不由己,替王子去接公主。公主发现了真相,将孤儿关了起来。后来她发现孤儿心地善良,便和他结为夫妻。后来,孤儿继承了王位,在妻子的协助下,百姓们过上了好日子。邓四言讲述,叶世富、郭鸿才记录。32开,5页,2800字。收入《怒族独龙族民间故事选》,上海文艺出版社1994年版。

(刘怡)

腊塞与龙女

怒族幻想故事。流传于云南省怒江傈僳族自治州怒族聚居区。讲述的是:怒江龙王有两位美丽贤惠的姑娘,澜沧江龙王养育了一个阴险凶残的儿子。澜沧江龙子请求怒江龙王将大女儿嫁给他。怒江龙王答应了,可姑娘坚决不嫁。龙子决意报复。生活在怒江边的孤儿腊塞看见空中有一只老鹰叼着两条小蛇,便射伤老鹰救下小蛇。老鹰变成少年跑了,而两条小蛇变成两个美丽的姑娘。她们请腊塞到龙宫做客,并嘱咐他向龙王要个小葫芦。小葫芦其实是大龙女变的,她与腊塞做了夫妻。澜沧江龙子不甘心,又多次来找腊塞和大龙女的麻烦。腊塞和大龙女在怒江龙王的帮助下,用碧罗雪山和高黎贡山将澜沧江龙子压住。从此两人过上了好日子。邓言权讲述,叶世富、郭鸿才记录。32开,8页,4500字。收入《怒族独龙族民间故事选》,上海文艺出版社1994年版。

(刘怡)

猎人与龙姑娘

怒族幻想故事。流传于云南省怒江傈僳族自治州怒族聚居区。讲述的是:从前有个孤儿,一次因追赶一头花鹿来到了龙洞。龙王的大女儿喜欢他,与他做了夫妻。皇帝知道龙女非常美丽,而且具有神奇的能力,便想占为己有,为此要置孤儿于死地,让他一天砍一百座山的柴,一天烧一百座山的荒,一天之内把小米全都撒在一百座山上,一天之内又把撒下的小米收回来,再在一天之内把收获的小米数清楚。在大龙女的帮助下,孤儿全都做到了。皇帝又要孤儿去找一只老虎送来,大龙女便将家里的五头猪变成老虎,把皇帝吃了。孤儿与龙女从此过上了幸福生活。佚名讲述,杨近文、陈荣祥记译。16开,4页,2700字。载《山茶》杂志1984年第4期。

(孙敏)

龙女种瓜

怒族幻想故事。流于云南省怒江傈僳族自治州贡山独龙族怒族自治县。讲述的是:从前,有一个小伙子与母亲相依为命。一天,他到江边捡柴,看到从江心漂来一个年轻漂亮的姑娘。姑娘一定要跟他走。小伙子没办法,只得把她领回家。其实姑娘就是龙王的小女儿,她爱上了这个勤劳肯干、心地善良的小伙子，硬是缠着父王同意她嫁给他。龙姑娘心灵手巧，家务杂事样样能干。婚后小两口相亲相爱，小伙子一刻也舍不得离开妻子，出门犁地时，每隔一袋烟工夫就跑回来看她。龙姑娘便找来两块白布，分别绣上自己的像，让丈夫挂在地的两头。一天，疾风把其中的一幅画像卷走，财主拾到后，对画中人垂涎三尺。为了达到霸占龙姑娘的目的，他要小伙子种出三天内能结果的南瓜。龙姑娘找父王要到一粒神奇的种子，小伙子种下后第三天就长出房子大的南瓜。财主见到南瓜，先是惊得目瞪口呆；定下神后走近南瓜，听到里面传来奇怪的声音，便用斧头在南瓜上猛击。只听见"轰隆"一声巨响，南瓜炸开了，从里边跳出许多成双成对的男女青年，他们的打扮和语言互不相同。财主吓得昏死过去了。而从南瓜里出来的人，就是天神和龙王打发到人间的各民族的祖先。如丽讲述，彭兆坤记译。32开，7页，3500字。收入《七彩贡山——贡山民间故事集》，远方出版社2004年版。

（刘怡）

龙姑娘

怒族幻想故事。流传于云南省怒江傈僳族自治州贡山独龙族怒族自治县。讲述的是：孤儿钓到一条美丽的小金鱼，放在水槽里养着。从此以后，每当他外出归来，家里都有人煮好了饭菜。有一次，孤儿发现这是小金鱼蜕去鱼皮后变成的漂亮姑娘帮他做的，便忙上前拿鱼皮去烧。金鱼姑娘嘱咐他边倒鱼皮灰边说："但愿人间不要有贫富之分，也愿天下不要有高山平地之别。"可孤儿在坡脚跌了一跤，把话说反了。其实小金鱼就是龙女，她是特意来帮助孤儿的。后来，孤儿的姨妈调唆他遗弃了龙女。龙女一走，孤儿又变为穷汉，他悔恨莫及。后来在青蛙的帮助下，又找到了龙女。但龙王给他出了三道难题：一是要砍倒大片森林，将树木烧成灰，在灰地里撒遍籼米种；二是将撒好的籼米种一粒粒捡回来；三是到雪山上去找灵

芝草。在龙女的指点下，孤儿将这三件事都办到了。龙王便将女儿嫁给了孤儿，并赐给他们家畜和五谷。佚名讲述、记录。16开，1页，400字。收入《中国传说故事大辞典》，中国文联出版公司1992年版。

（阿南）

花鱼姑娘

怒族幻想故事。流传于云南省怒江傈僳族自治州贡山独龙族怒族自治县。讲述的是：从前有贫穷的母子俩，儿子三十多岁还未娶妻。一天，伙子在怒江边钓得一条花鱼，拿回家养着。从此母子二人下地劳动回来，家里都收拾得好好的，饭菜也煮好了。后来他们发现是花鱼做的。一次小伙子偷偷把花鱼脱下的鱼鳞衣烧了，花鱼姑娘只好与他成亲。婚后丈夫时时刻刻都不愿离开妻子。花鱼姑娘就画了自己的一幅画像，让丈夫放在地头。一天，大风把花鱼姑娘的画像刮走了。一个大户人家的公子拾到，看中了画中人，便想方设法抢走了花鱼姑娘。花鱼姑娘叫人捎来口信，要丈夫做一件鸟羽衣，四天后穿上去找她。花鱼姑娘到了大户人家后不说一句话，花花公子也没有办法。四天后丈夫穿着鸟羽衣来找花鱼姑娘。花鱼姑娘一见到鸟羽衣，便装出很高兴的样子。花花公子一时兴起，赶忙换了鸟羽衣，以取悦于花鱼姑娘。花鱼姑娘让家仆将花花公子当成乞丐赶走了。佚名讲述，杨秉礼记录。16开，1页，350字。收入《中国传说故事大辞典》，中国文联出版公司1992年版。

（阿南）

孤儿和鱼姑娘的故事

怒族幻想故事。流传于云南省怒江傈僳族自治州怒族聚居区。讲述的是：有个孤儿生活很艰苦。一天，他到河里捞到一条无尾巴的扁头鱼，把它养在家里。后来鱼变成了美丽的姑娘为他做饭。不久两人结成夫妻。婚后鱼姑娘变出了许多牛羊

鸡猪。村里的富人心生妒忌，就骗孤儿说鱼姑娘是妖，并承诺，若赶走鱼姑娘，就把女儿嫁给他。鱼姑娘走了，孤儿的财富也不在了。富人见孤儿没有了家产，便不再理他。孤儿知道自己上当后，天天到江边哭。青蛙帮他找回了鱼姑娘。其实鱼姑娘就是龙王的女儿。龙王生孤儿的气，出了许多难题为难他。孤儿在鱼姑娘的帮助下，一一解决了难题，他们从此后生活在一起。和纪堂讲述，李卫才记译。16 开，12 页，3000 字。存于云南省民间文艺家协会。

（孙敏）

灵芝姑娘

怒族幻想故事。流于云南省怒江傈僳族自治州贡山独龙族怒族自治县。讲述的是：很早以前，高黎贡山有个山洞，洞里住着一对山神姐妹，姐姐叫灵芝。在遥远的卡哇嘎布，有个妖精王，得知灵芝姐妹生得容貌超群，便想方设法捉拿她们。一次它终于阴谋得逞，抓走了灵芝的妹妹。姐姐决心救出妹妹。她求助于花仙老人，老人让她去太阳山下找山神王国的王子，并送给她一把宝剑。灵芝姑娘找到了王子，两人一起前往卡哇嘎布。他们杀死了妖精王，救出了灵芝的妹妹。但他们在与妖精作战时负了伤，血流过的地方都长出了树木与花草。本来荒凉的高黎贡山变得繁花似锦，绿树成荫。灵芝姐妹俩跟王子成亲后，回太阳山去了。金社讲述，李新明记录。32 开，7 页，3500 字。收入《七彩贡山——贡山民间故事集》，远方出版社 2004 年版。

（刘怡）

星星姑娘

怒族幻想故事。流传于云南省怒江傈僳族自治州贡山独龙族怒族自治县。讲述的是：很早以前，有个小伙子，靠打猎养活自己和母亲。一天，他下的扣子扣到一个姑娘。姑娘告诉他，自己是天上的星星姑娘。猎人急忙解开扣子，恳求姑娘做他的媳妇。星星姑娘答应了，让他在九天之内牢牢抓住自己。猎人便不管白天黑夜，紧紧抓住星星姑娘不松手。到了第九天晚上，他实在熬不住，便睡着了。天快亮时他醒了过来，发现星星姑娘已经不在了。他既伤心又悔恨，忽然听到天上传来叫他的声音。他抬头仰望天空，看见星星姑娘已被天神抓到天上去了。猎人知道，天上那明亮的六颗星星中，最耀眼的便是星星姑娘。甲母初讲述，李文富、刘建文翻译，陈荣祥记录。32 开，3 页，1300 字。收入《七彩贡山——贡山民间故事集》，远方出版社 2004 年版。

（刘怡）

蝴蝶姑娘

怒族幻想故事。流传于云南省怒江傈僳族自治州怒族聚居区。讲述的是：从前有个孤儿，靠讨饭过日子。一天，他刚要来两碗饭，就来了一位白发奶奶。他忙把饭给老奶奶吃，还把她背回家。老奶奶临走时给了他一只蝴蝶。蝴蝶变成一个美丽的姑娘，说自己是老奶奶的女儿，因爱孤儿心地善良，要与他结成一家。孤儿便有了美丽的妻子和漂亮的房子。富人嫉妒孤儿，要与他交战。老奶奶又给了孤儿一顶神奇的帽子，打败了富人的人马。姑娘和孤儿从此过上了幸福的生活。阿迪昌讲述，和光益、叶世富、陈荣祥、郭鸿才记录。32 开，4 页，2300 字。收入《怒族独龙族民间故事选》，上海文艺出版社 1994 年版。

（刘怡）

孤儿和七公主

怒族幻想故事。流传于云南省怒江傈僳族自治州怒族聚居区。讲述的是：有个孤儿到处流浪，一次遇到发洪水，他先后救出了落水的青蛙、蚂蚁、蜜蜂和小青蛇。不久，他又遇到了青蛙。青蛙偷来了皇宫里的宝石，担心孤儿告发它，便把他骗到皇宫，让卫兵抓住他。孤儿便燃起了蜜蜂送给他的蜡烛，蜜蜂帮他请来小青蛇。小青蛇咬伤了七公主,皇帝请孤儿为她治疗。孤儿用小青蛇给的药治好了七公主,并在蜜蜂的帮助下娶了她。从此,孤儿过上了幸福生活。阿勒、企扒冲讲述,杨国璋记译。16开,8页,2500字。存于云南省民间文艺家协会。

（孙敏）

绿青蛙娶公主

怒族幻想故事。流传于云南省怒江傈僳族自治州怒族聚居区。讲述的是:有个无依无靠的寡妇,突然腿上长出一个包,从包里跳出一只青蛙。青蛙自称是她的儿子,请她帮忙娶皇帝的小女儿。寡妇去皇宫提亲,但没成功。青蛙只好自己去。皇帝不答应亲事,它就哭。一哭就连续几天下大雨,把皇宫给淹了。皇帝没办法,只好把小女儿嫁给它。婚后青蛙变成一个小伙子,与妻子一道侍奉寡妇母亲,三人幸福地生活在一起。娜玛菊讲述,李卫才记译。16开,2页,600字。存于云南省民间文艺家协会。

（孙敏）

仗义行侠的三朋友

怒族幻想故事。流传于云南省怒江傈僳族自治州怒族聚居区。讲述的是:从前,有个力大无比的孤儿,听说远方土司家有位漂亮的姑娘,就背上祖传的宝刀去求亲。路上他杀了凶恶的龙公龙母,救出当祭品的小孩;后来又救了一个受伤小伙子的命。小伙子有顶神奇的毡帽,他愿为孤儿助威。不久他们遇到一个小男孩,小男孩有一个神奇的吹火筒,他也要同行。三人一起去土司家。土司起初认为孤儿是癞蛤蟆想吃天鹅肉,等见识了孤儿的本领后,不得不将女儿嫁给了他。佚名讲述,张秀朋、郭鸿才记录。32开,3页,1800字。收入《怒族独龙族民间故事选》,上海文艺出版社1994年版。

（刘怡）

三儿救妈妈

怒族幻想故事。流传于云南省怒江傈僳族自治州贡山独龙族怒族自治县、福贡县怒族聚居区。讲述的是:一对老夫妻让三个儿子外出读书。他们要老大读一年,老二读二年,老三读三年。三个儿子走后,老夫妻俩过江做客,船到江中时,老妇被云卷走了。一年期满,老大回来。他决心去找妈妈,路上因不听老人言,结果死了。第二年老二回来,他约上七个伙伴去找妈妈,也像大哥一样死去。第三年老三回来,他约了三个朋友去找妈妈。在龙潭边他们不让马吃草,要它们继续前行,终于在龙宫见到了妈妈。老三与龙王商议,比赛踢铁球。龙王输了,只得将他的两个哥哥和他们的伙伴救活过来。三兄弟和妈妈一起回到爸爸身边。佚名讲述,杨秉礼记录。16开,1页,300字。收入《中国传说故事大辞典》,中国文联出版公司1992年版。

（阿南）

母女俩

怒族幻想故事。流传于云南省怒江傈僳族自治州福贡县。讲述的是:有母女俩在头人家做累活,经常吃不饱。有一天母亲抱怨说,自己要是变成牛就可以吃饱了,结果真的变成了牛。这下头人对姑娘更不好了。他让姑娘边放牛边撕麻线。姑娘撕不完,小鸟让她将麻皮喂给变成牛的母亲吃。牛吃了麻皮就屙出麻线来。头人知道后,便喂了一背麻皮给牛吃,结果牛屙出来的还是屎。头人杀了这头牛。牛叫姑娘不要吃自己的肉,并将牛骨头埋在桥边。几年后,头人的女儿要嫁给一个有钱人。放牛女在埋母亲骨头的地方刨开土堆,得到一套新衣服。她穿上新衣,顺河来到头人女儿的婚礼上。新郎看到漂亮的放牛女惊呆了,宣布不要头人的女儿,要与漂亮的姑娘成亲,把头人气死了。方南子讲述,霜现月、和南生采录。16开,1页,900字。收入《中国民间故事集成·云南卷》,中国ISBN中心2003年版。

（刘怡）

王子娶妻

怒族幻想故事。流传于云南省怒江傈僳族自治州怒族聚居区。讲述的是：母女俩因饥荒逃到异乡，在富人家里做奴隶。富人自己家吃荞粉、包谷，给母女俩吃南瓜、豆子。后来富人嫌这样不划算，就念咒让逃荒的妇人变成了母牛，不久还把它杀了。母牛临死前告诉女儿，不要吃它的肉，把肉放在柜子里和床底下。多年后王子招亲。山上的青蛙告诉逃荒的女孩，在柜子里和床底下能找到好衣服，穿上以后可到皇宫参加选美。结果女孩被选上了，做了王妃。她把实情告诉了丈夫，王子叫手下将富人抓来。王妃让富人穿上自己母亲变的衣服，使他变成一头水牛。高常青等讲述，李卫才记译。16开，3页，1000字。存于云南省民间文艺家协会。

（孙敏）

卢让让

怒族幻想故事。流传于云南省怒江傈僳族自治州怒族聚居区。讲述的是：从前有两姐妹上山砍柴，听见岩石后面有个男子说"我爱你"，但又找不到人。她们觉得好奇，便开玩笑说，谁把篮子套在岩石上谁就做它的妻子。结果妹妹的篮子套上了。说来也怪，妹妹一个月后怀孕了，生了个儿子叫卢让让（石头的儿子）。一年后卢让让就长大了。他得到岩石父亲的帮助，成了力大无比的好汉。岩石父亲送给卢让让一把宝刀，让他从军打仗。卢让让用宝刀帮助贤明的县官打败了皇帝，从此他过上了幸福生活。阿迪妹讲述，和光益、叶世富、郭鸿才记录。32开，3页，2000字。收入《怒族独龙族民间故事选》，上海文艺出版社1994年版。

（刘怡）

找出路

怒族幻想故事。流传于云南省怒江傈僳族自治州怒族聚居区。讲述的是：有个孤儿找了四位朋友：一位能用鼻孔刮大风，一位能唤雨下冰雹，一位能双手拔大树，一位能一步跨过大江。一次，五人来到一个重镇，镇上有个恶霸正炫耀自己的姑娘有本事，并贴出告示：谁背水赛过他女儿，就把女儿嫁给谁；但若赛不过就砍他的头。孤儿他们五个各显身手，赢了恶霸和他的女儿。恶霸却反悔，将他们关了起来。五个人就将恶霸打死，逃了出来，和当地居民过上了安居乐业的好日子。邓言权讲述，和光益、叶世富、郭鸿才记录。32开，5页，3000字。收入《怒族独龙族民间故事选》，上海文艺出版社1994年版。

（刘怡）

五兄弟的故事

怒族幻想故事。流传于云南省怒江傈僳族自治州怒族聚居区。讲述的是：老汉要五个儿子出门学手艺。几年后，大儿子学会种庄稼，二儿子学会饲养牲畜，三儿子学会打铁，四儿子学会做生意，五儿子阿迪学的是唱歌跳舞、吹口弦、弹琵琶。老汉对阿迪学艺的结果很不满意，把他赶出了家门。从此以后阿迪经常在江边弹琵琶，龙王很喜欢听，就叫女儿来请他。阿迪在龙宫一住就是四年。临走时龙王让他娶走了自己的小女儿。不久皇帝听说此事，就抢走了龙女。阿迪在龙王的帮助下战胜了皇帝，抢回了妻子，过上了幸福生活，并与父亲和四个哥哥团聚。阿格讲述，木顺江、李卫才记译。16开，13页，3500字。存于云南省民间文艺家协会。

（孙敏）

腊迪与野兔

怒族幻想故事。流传于云南省怒江傈僳族自治州贡山独龙族怒族自治县。讲述的是：腊迪是个孤儿，有一次他救了一只被胶粘住的小兔，从此与它相依为命。兔子借妖怪的财产帮腊迪哥哥娶了妻后，就辞别远行了。两年后，兔子来看望哥嫂，见到二人和睦相处，还生了个儿子，很高兴。同时它也担心腊迪哥哥忘了自己，就装病。孤儿信以为真，非常难过，急忙到庙里祷告。兔子知道后，便提前跑到庙里，躲在菩萨背后。当腊迪祷告时，兔子装成菩萨说，只有吃他的孩子，兔子的病才会好。腊迪回到家后，几次想杀儿子给兔子弟弟吃，但始终不忍下手。最后他横下一条心，拉起儿子要砍。这时兔子急忙蹦到他面前，拉着他的手，说自己的病全好了。不久岩羊、鹿子、马鹿又来邀兔子远行，兔子便辞别了腊迪哥哥，跟同伴们走了。阿独讲述，董国华、陈凤楼记译。32开，6页，3000字。收入《七彩贡山——贡山民间故事集》，远方出版社 2004 年版。

（刘怡）

达比亚和几咪的故事

怒族幻想故事。流传于云南省怒江傈僳族自治州福贡县。讲述的是：有个孤儿为了消除寂寞，诉说苦闷，不辞辛劳找来优质的黄桑木，制成"达比亚"，还用棕毛做了弦。月色朦胧之夜，他就弹起达比亚，吸引飞禽走兽都来听。琴声感动了山泉姑娘，她也来与孤儿做伴。孤儿又把凤尾竹削成"几咪"，送给了姑娘。后来他们结成了夫妻。怒族人世代传诵着这个美好的故事，年轻人用达比亚和几咪来倾诉衷肠、赞美生活。企扒冲讲述，李卫才记录、整理。32开，1页，350字。收入《云南民间文学集成·福贡县民间文学集成卷》，福贡县文化局、福贡县民委1989年编印。

（刘怡）

三个弟兄的故事

怒族幻想故事。流传于云南省怒江傈僳族自治州怒族聚居区。讲述的是：从前有三兄弟，老大种田，老二打铁，老三学曲艺。一天，老三在江边弹达比亚，江里出现了一位美丽的姑娘。她自称是龙姑娘，说父王想听老三弹琴。老三便来到龙宫为龙王弹奏，这一弹就是九年。临走时，龙王把女儿嫁给了他。夫妻二人带着龙王的礼物回到人间，过上了幸福生活。纳玛菊等讲述，李卫才记译。16开，4页，1200字。存于云南省民间文艺家协会。

（孙敏）

行善人和作恶人

怒族幻想故事。流传于云南省怒江傈僳族自治州贡山独龙族怒族自治县。讲述的是：行善人和作恶人发现两罐金银，将它们埋在桥下。作恶人想独吞，趁行善人不备，将他推下桥。可当他来拿金银时，金银已化成水。行善人没有被淹死，他跌落到洞里，偷听到了老虎、狗熊和豹子对土地神说的话，出来后治好了公主的病，帮贫困的老两口挖到了七罐银子，为缺水的平坝居民找到了水源。他谢绝了人们送来的金银和皇帝招他做驸马的好意，只身在平坝安了家。不久他去取当初埋下的两罐金银，见罐里只有水就喝了下去。他在客栈过夜时拉肚子，天亮后觉得不好意思，便悄悄地走了，不久污物变成了金银。他回到家，撒的尿变成了银子。他靠这些银子过上了好日子。作恶人来要饭，听说了这些事，也想照着去做。可他掉进洞里后正好做了饿虎的食物。佚名讲述，云南大学民族民间文学贡山调查队搜集，武拾仕翻译，杨秉礼、杨开应、陈荣祥记录。32开，4页，2500字。收入《怒族独龙族民间故事选》，上海文艺出版社 1994 年版。

（刘怡）

孤儿宰相

怒族幻想故事。流传于云南省怒江傈僳族自治州怒族聚居区。讲述的是：有个孤儿跟着叔叔外出谋生，有一次，他在杜鹃鸟的帮助下得到了一罐金子。途中，叔叔将他推下了山崖，抢走了他的金子。孤儿没死，不久与老虎、狮子结为好友。在老虎和狮子的帮助下，他为京城的人找到了水源，皇帝便封他为宰相。在全城欢庆找到水源的宴会上，孤儿唱起了悲伤的往事，在场的叔叔听到后心惊肉跳地溜走了,后来一不小心跌下山崖摔死了。娅玖讲述,罗沙益、郭鸿才记录。32开,3页,1800字。收入《怒族独龙族民间故事选》,上海文艺出版社1994年版。

(刘怡)

瞎子求医

怒族幻想故事。流传于云南省怒江傈僳族自治州怒族聚居区。讲述的是:从前怒族山寨有两个好朋友,一位是忠厚老实的哈拉开,一位是奸诈狡猾的墨初。墨初借了哈拉开的钱不还,还叫人打瞎了他的眼睛。哈拉开请管百兽的阿里医治。阿里不仅医好了他的眼睛,还让他听到动物们的谈话。哈拉开按照动物们的话找到了金银,治好了一个姑娘的病,还为一个村子找到了水源。他和那位姑娘成亲后过上了好日子。墨初也想学着哈拉开做,哪知动物们闻闻他身上的味道后,就说他是个专门害人的东西,为了不让他再去骗人,将他吃了。麻的子讲述,和光益记录。32开,4页,2000字。收入《怒族独龙族民间故事选》,上海文艺出版社1994年版。

(刘怡)

朋友俩

怒族幻想故事。流传于云南省怒江傈僳族自治州贡山独龙族怒族自治县。讲述的是:怒江东边的老大与西边的老大的故事。江东老大到内地做生意,千辛万苦挣得两头牛回来。后来江西边的老大便约江东边的老大又到内地做生意,并提议用那两头牛做本钱。赚了钱后,江西边的老大用计将老朋友推下悬崖,独吞了二人赚来的钱财。江东边的老大摔下悬崖没死,爬出来后躲进一座山神庙。他听到了狐狸、老虎向山神报告一天的见闻,便按听到的掀开树上的铁锅,让泉水流进了缺水的寨子,又从松树上取出金银分给穷苦人。他因此富裕起来了。江西边的老大得知后也照着去做,结果在山神庙被老虎一口吞了。佚名讲述、

记录。16开,1页,350字。收入《中国传说故事大辞典》,中国文联出版公司1992年版。

(阿南)

宝葫芦

怒族幻想故事。流传于云南省怒江傈僳族自治州福贡县。讲述的是:有个孤儿救了一条大蟒,大蟒给了他一个宝葫芦。他用宝葫芦先后救了狗、蜜蜂和大鸠,以及很多村民。后来有个猎人骗走了宝葫芦,还将孤儿推下悬崖。孤儿落到大鸠的窝里,大鸠找来狗和蜜蜂,大家一齐去找猎人要回宝葫芦。猎人不给,还放自家的狗来咬他们。最后大家一起努力,把宝葫芦要了回来,狗还将猎人咬伤了。吉益山讲述,李卫才、吴卫林记录、整理。32开,2页,900字。收入《云南民间文学集成·福贡县民间文学集成卷》,福贡县文化局、福贡县民委1989年编印。

(刘怡)

哥哥和弟弟捞鱼

怒族幻想故事。流传于云南省怒江傈僳族自治州怒族聚居区。讲述的是:哥哥和弟弟正在江上捞鱼,竹筏突然断开,两人向相反的方向漂去。后来弟弟救了被妖精捉来的两姐妹,并找到哥哥,四人组成两个幸福的家庭。富人想谋害弟弟,便抢走了哥哥和姐妹俩。弟弟历尽千辛万苦,最后在小人国和老鹰的帮助下杀了富人,救出了自己的亲人。阿格讲述,木顺江记译。16开,6页,2000字。存于云南省民间文艺家协会。

(孙敏)

公鸡与宝磨

怒族幻想故事。流传于云南省怒江傈僳族自治州怒族聚居区。讲述的是:从前有两兄弟,父母去世后,哥哥霸占了几乎全部家产,只分给弟弟一只公鸡。弟弟和公鸡亲如兄弟。一天,弟弟的午饭被乌鸦叼走。他追到一个山洞里,得到一盘宝

磨，要什么它都能磨出来。后来有一个富人偷走了宝磨。公鸡在老虎和老熊的帮助下帮弟弟夺回了宝磨，还把富人啄死了。加奴讲述，和光益、叶世富、郭鸿才记录。32开，4页，2000字。收入《怒族独龙族民间故事选》，上海文艺出版社1994年版。

（刘怡）

善良的孤儿

怒族幻想故事。流传于云南省怒江傈僳族自治州怒族聚居区。讲述的是：一个孤儿生活很难，在砍柴时结识一只青蛙。青蛙帮他找到一对宝石。孤儿在卖宝石的路上救了一条小青蛇和一个人。路上被救的那人偷走了其中的一颗宝石，还到皇帝那里告状，说孤儿偷了自己的一颗宝石。孤儿被抓后，用小青蛇送的一片绿叶治好了皇后的蛇伤。皇帝感激他，要招他做驸马，并问清宝石的来由，把偷宝石的人打入大牢。拉能讲述，李卫才记译。16开，4页，1200字。存于云南省民间文艺家协会。

（孙敏）

两弟兄

怒族幻想故事。流传于云南省怒江傈僳族自治州贡山独龙族怒族自治县。讲述的是：从前有两弟兄，弟弟老实，哥哥阴险。分家时，哥哥把牛和好地划给自己，只分给弟弟一间破木板房和一块山地。后来弟弟做了哥哥的帮工。一天，弟弟放牧时，躺在一块大石头上睡着了。猴子以为是死人，把他抬进了岩洞。弟弟吓跑了猴子，得到了它们的金锅、金勺，过上了好日子。哥哥知道后，也想得到宝物，就躺在弟弟睡过的那块石头上装死，任猴子来抬。猴子把他抬到山顶上，想放下歇歇气。哥哥悄悄睁眼一看，脚下是万丈深渊，吓得大叫起来。猴子们受惊松开了手，狠毒、贪婪的哥哥摔得粉身碎骨。甲母初讲述，刘建文翻译，陈荣祥记录。32开，4页，2000字。收入《七彩贡山——贡山民间故事集》，远方出版社2004年版。

（刘怡）

阿马子和阿呆子

怒族幻想故事。流传于云南省怒江傈僳族自治州兰坪白族普米族自治县怒族聚居区。讲述的是：阿马子成家后把弟弟阿呆子撵了出去。阿呆子夜里梦见灶神让他裹一身甜米花装死人，可得到很多金子。阿呆子照着做了，被围观的猛兽吓昏过去，后来被抬到大草坪上举行宴会。他醒后一见这场景，笑了起来，吓跑了猛兽，得到了它们的金银碗筷。阿马子听说后也想一试。不料这次猛兽们吸取了上次的教训，将他抬到一个更远的地方。路过一处悬崖时，阿马子吓得放了个屁。猛兽嫌臭，将他抛下了悬崖。悬崖下的虎窝里有只母虎带着两只小虎，母虎要吃阿马子，阿马子恳求它只吃自己的皮。老虎舔吃他身上的米花，觉得味道不错，就留着他等长出新皮后再吃。阿马子找机会逃了出来。母虎带着其他动物来追他。他爬上大树，树被野猪啃倒，压死了很多动物。在返家的路上，他用未被压死的狐狸和兔子换了一驮金子，不料乐极生悲，掉进澜沧江摔断了腿。李茂讲述，李绍恩、郭鸿才记录。32开，7页，4000字。收入《怒族独龙族民间故事选》，上海文艺出版社1994年版。

（刘怡）

金花和银花

怒族幻想故事。流传于云南省怒江傈僳族自治州怒族聚居区。讲述的是：有个孤儿救了龙王和龙女，龙王便将女儿许配给他。后来有个富人想霸占龙女，便把她抓走，限孤儿在一个月内找来一朵金花和一朵银花，否则不放他妻子。孤儿用金花、银花换来一个神奇的大口袋，大口袋将金花、银花背了回来。就这样，孤儿用金花、银花先后换来了神奇的枪、斧、绳等宝贝，用它们将富人和他的手下收拾得干干净净。最后孤儿与龙女团聚，过上了幸福生活。车言士讲述，和光益、叶世富、郭鸿才记录。32开，6页，3600字。收入《怒族独龙族民间故事选》，上海文艺出版社1994年版。

（刘怡）

金银花

怒族幻想故事。流传于云南省怒江傈僳族自治州福贡县。讲述的是：山官的女儿看中了自家的帮工。山官只好许诺，若帮工找来金花、银花各一朵，就同意两人的亲事。帮工顺着河走到一个湖边，见湖里有三个少女在洗澡，便藏起她们的衣服。等三个姑娘着急万分时，他才将衣服还给她们。姑娘们带着帮工来到龙宫，让他得到了金花、银花各一朵，娶到了山官的女儿。方南子讲述，霜现月、和南生记录、整理。32开，2页，500字。收入《云南民间文学集成·福贡县民间文学集成卷》，福贡县文化局、福贡县民委1989年编印。

（刘怡）

秋明兔的故事

怒族幻想故事。流传于云南省怒江傈僳族自治州怒族聚居区。讲述的是：从前有个叫秋明兔的孤儿，寄居在叔叔家。叔叔的儿子处处刁难他，后来他被赶出了家门。一只老虎变成一匹马帮助他找到了护身的红宝石和神弓、神箭，并告诉他，只要别人射不中红宝石，他就刀枪不入。秋明兔来到皇城与异国的首领作战，战无不胜。异国首领派人探听到了他的秘密，射中了红宝石，把他杀死了。高常青等讲述，李卫才记译。32开，3页，1800字。收入《怒族独龙族民间故事选》，上海文艺出版社1994年版。

（孙敏）

白马的故事

怒族幻想故事。流传于云南省怒江傈僳族自治州怒族聚居区。讲述的是：一个小伙子经常受继母的刁难。一次在看守麦地的时候，他与一匹白色的神马交了朋友。当地的富人家要赛马招亲，白马帮助小伙子取得了胜利，让他娶走了富人家的女儿。白马带着小伙子夫妇来到一个富裕的地方，从此过上了幸福的生活。高常青讲述，李卫才记译。16开，6页，1500字。存于云南省民间文艺家协会。

（孙敏）

鬼帽子的故事

怒族幻想故事。流传于云南省怒江傈僳族自治州贡山独龙族怒族自治县。讲述的是：清朝时有个名叫查贵的单身汉，以为官府投递信件为生。一次，他送信到一个叫菖蒲桶的地方，途中得到一顶会隐身的鬼帽子。他戴上那顶帽子后，走路轻飘飘的，没人能看得见他，便到茨开的地头蛇家大吃了一顿。后来，他到处显摆自己的神通。有一次，他丢失了帽子，失去了神通，只得靠捏泥巴烧土罐度日。烧土罐的工艺也在当地传了下来。至今，在菖蒲桶家家户户都有烧制的土罐。基若讲述，余友城记录。32开，4页，2000字。收入《七彩贡山——贡山民间故事集》，远方出版社2004年版。

（刘怡）

吐金银的石像

怒族幻想故事。流传于云南省怒江傈僳族自治州贡山独龙族怒族自治县。讲述的是：从前，山坡上住着一富一穷两家人。当地有一座石像，穷人每天都要供奉它。三年后，石像吐出一袋银子给穷人，穷人变得富裕了。富人知道后，认为自己只要每天拿点肉去供奉石像，它一定会吐出肚里所有的银子。此后三年，富人每天都供奉石像。石像答应要给他吐银子，他便拿来一条又长又大的口袋。石像劝他不要贪心，但他不在意。接银子时，富人见石像的嘴慢慢合拢，但嘴里还有一锭银子，赶忙伸手去抠，结果他的手被夹住了。

他妻子只好到石像旁来侍候他。久而久之妻子不耐烦了,不想再侍候丈夫。富人便提议,两夫妻最后亲一次嘴再分手。妻子上前去和丈夫亲嘴,石像看到后"哈哈"一笑,嘴张开了,富人的手也出来了。佚名讲述,张文化翻译,云南大学民族民间文学贡山调查队搜集,杨秉礼、杨开应、陈荣祥记录。32开,4页,2500字。收入《七彩贡山——贡山民间故事集》,远方出版社2004年版。

(刘怡)

石匠的故事

怒族幻想故事。流传于云南省怒江傈僳族自治州福贡县。讲述的是:很久以前,有个石匠,他对自己的职业很不满意,幻想着自己能变成云彩。有一天,他变成云彩,被风吹散了。他又变成风。他变成风后,又被墙挡住,他就变成墙。老鼠能打通墙,他又变成老鼠。老鼠在钻墙洞时碰到一块石头,钻不过去。见石头被石匠敲掉后,他又觉得还是做石匠好,于是最后变回了石匠。和纪堂讲述,李卫才记录、整理。32开,2页,500字。收入《云南民间文学集成·福贡县民间文学集成卷》,福贡县文化局、福贡县民委1989年编印。

(刘怡)

人变松鼠

怒族幻想故事。流传于云南省怒江傈僳族自治州福贡县。讲述的是:从前怒江东岸住着一对夫妇,养育了两个儿子。有一年,父子三人滑溜索去江的西岸种地。地里的玉米快熟时,来了一群猴子,把庄稼糟蹋得不成样子。父亲白天赶猴子,晚上轮到两个儿子看守玉米地。有一天下午,兄弟俩去换班,在河边看见一只松鼠正在滑溜索,便躲在石头后面准备用弩弓射它。松鼠发现后便问:"孩子们,怎么啦?"两兄弟问:"谁是你的孩子?"并且射死了它。二人来到地里,却怎么也找不到父亲,回到家里把事情告诉了母亲。母亲听完后,看着松鼠大哭起来:"你俩好糊涂啊!这就是你们父亲变的啊!"夏益普讲述,吴华英记录、整理。32开,2页,400字。收入《云南民间文学集成·福贡县民间文学集成卷》,福贡县文化局、福贡县民委1989年编印。

(孙敏)

兔子治富人

怒族幻想故事。流传于云南省怒江傈僳族自治州怒族聚居区。讲述的是:从前有只聪明的兔子,有一次它和野猫在江边捉了两条鱼后,骗富人的帮工说江水干了,江里全是鱼,叫他去捉。等帮工走后,兔子和野猫将富人家的牛杀了,把牛肉藏起来,把牛尾巴栽在地上。帮工回来时,它们告诉他,牛钻到地里去了。后来野猫想独占牛肉,兔子假意给它,又用计得到了全部牛肉。它将牛肉埋在地里,然后骗富人用全部的财产换这块"会出牛肉的地"。它将得来的财产给了帮工,把富人气死了。车言士讲述,和光益、叶世富记录。32开,4页,3000字。收入《怒族独龙族民间故事选》,上海文艺出版社1994年版。

(刘怡)

智斗妖魔夺金山

怒族幻想故事。流传于云南省怒江傈僳族自治州贡山独龙族怒族自治县。讲述的是:从前有两兄弟,哥哥有七匹马,可是爱财如命;弟弟只有一匹瞎眼老驴,可心地善良,乐于助人。一天,弟弟在放驴时,发现了妖怪装金子的山洞。土地神变成老奶奶,让他用驴驮了一驮金子。哥哥知道后,便赶着七匹马去驮金子。妖怪认为他就是曾偷走一驮金子的人,将他打死了。弟弟将哥哥埋了,又用计将妖怪头目灌醉,把其他妖怪用开水烫死了。从此以后,他和村民靠着山洞里取不完的金子过上好日子。阿拍、阿林讲述,彭兆清、彭兆坤记录。32开,3页,2000字。收入《怒族独龙族民间故事选》,上海文艺出版社1994年版。

(刘怡)

除妖

怒族幻想故事。流传于云南省怒江傈僳族自治州福贡县。讲述的是：从前，有个寨子天天死人，死尸全都是惨白的，没有血色。寨民们个个提心吊胆。有个孤儿在帮人放牛时，不小心把牛摔死了。这时来了一群小伙子，说主人让他们来帮忙捉牛。孤儿见他们吸牛的血，知道是妖精变的。后来妖精又要吸他的血，他对它们说，生血不好喝，熟血才好喝。妖精们从没喝过熟血，就按孤儿说的去打水。孤儿用计将它们烧死了。夏益普讲述，吴华英采录。16开，2页，620字。收入《中国民间故事集成·云南卷》，中国ISBN中心2003年版。

（刘怡）

聪明的小姑娘

怒族幻想故事。流传于云南省怒江傈僳族自治州福贡县。讲述的是：从前有个聪明的小姑娘，她一边舂米一边剥麻皮。这时来了一个中年妇女来要饭。她不吃小姑娘给的剩饭，也不吃包谷花，只要吸小姑娘的血。小姑娘知道这个妇女是鬼变的，就说舂完米后让它吸。小姑娘放慢舂米的速度，一直拖到九个哥哥打猎归来。鬼只好躲到门后。哥哥们煮了很多兽肉，吃完把骨头扔在门后，九条猎狗冲过来抢着啃。饿慌了的鬼也去抢，结果被狗追得夺门而逃。它钻进树洞，九个哥哥找来柴草堆在洞口，将它烧死了。芒丽讲述，霜现月、和南生记录、整理。32开，2页，700字。收入《云南民间文学集成·福贡县民间文学集成卷》，福贡县文化局、福贡县民委1989年编印。

（刘怡）

小阿娜

怒族幻想故事。流传于云南省怒江傈僳族自治州福贡县。讲述的是：古时候，人和鬼住在一起。人开始还不知道鬼会吃人，只晓得寨子里的人常常不见了。有两个八九岁的小姑娘是好朋友，其中一个是人的孩子，叫小阿娜；另一个是鬼的孩子。鬼妈妈想吃掉小阿娜。晚上它在孩子们睡觉时，在小阿娜头上插一根黑鸡毛，在自己孩子头上插一根白鸡毛。它磨刀、烧火的时候，小阿娜被惊醒了。她觉得奇怪，就把自己头上的黑鸡毛与好朋友头上的白鸡毛换了。鬼妈妈进来误杀了自己的孩子，小阿娜趁机逃跑了。鬼发现实情后，气得大哭。从此人们知道鬼会吃人，再也不跟它们住在一起了。页路哈讲述，范进良、范新光记录。32开，2页，1200字。收入《怒族独龙族民间故事选》，上海文艺出版社1994年版。

（刘怡）

弟弟为哥哥报仇

怒族幻想故事。流传于云南省怒江傈僳族自治州怒族聚居区。讲述的是：妖精把一个小伙子吃了，小伙子的弟弟要为哥哥报仇。路上他遇到了龙竹笋壳、辣椒、公鸡和一条鱼，它们都要跟着去杀妖精。到了妖精家里，龙竹笋壳躲在水缸边，辣椒躺在水缸里，公鸡伏在屋檐下，小鱼躲在火塘边。妖精回来了，它刚到火塘边，小鱼就跳起来，扬起的灶灰蒙住了它的眼睛。妖精只好摸着到水缸边舀水喝，辣椒呛了它。它顺手扶在水缸边，又被龙竹笋壳刺着。妖精想逃走，公鸡跳起来狠狠啄它的头。它慌慌张张地从屋檐上摔了下来，弟弟趁机把它砍死了。恒放益等讲述，李卫才记译。16开，2页，600字。存于云南省民间文艺家协会。

（孙敏）

富人的女儿

怒族幻想故事。流传于云南省怒江傈僳族自治州怒族聚居区。讲述的是：富人家有个女儿，三十岁还没嫁出去。爹娘没办法，便为她准备了金银财宝和一匹马，说马在谁家门口停下来，她就是谁家的媳妇。那匹马来到深山老林里的一户穷人家门口不走了，那家的小伙子就娶了姑娘。姑娘把金子、银子交给丈夫，叫他到街上买米。半路上有狗追着小伙子咬，他便拿金锭、银锭打狗，最后空着手回到家里。妻子责怪他说，那可都是金子和银子呵！小伙子回应道，这些东西山里多的是。妻子便在丈夫的引领下，找到了山里的金银，两人从此过上了幸福生活。高常青讲述，李卫才记译。16开，3页，1000字。存于云南省民间文艺家协会。

（孙敏）

卖独儿子的故事

怒族幻想故事。流传于云南省怒江傈僳族自治州怒族聚居区。讲述的是：很久以前有夫妇俩，他们有个独儿子。有一年天大旱，连山茅野菜都找不着吃。寨中人逃的逃，死的死。夫妇俩准备把独儿子卖了换粮食糊口。他们走到一条箐沟边，丈夫坐在石板上吸烟，正好旁边的树上有一只小鸟。小鸟开口说："可怜的夫妇，掐了蕨菜吃蕨菜，别卖了独儿子！"二人听了小鸟的话，掀开石板一看，蕨菜破土而出。他们靠着蕨菜渡过了难关。高常青等讲述，李卫才记译。16开，1页，200字。存于云南省民间文艺家协会。

（孙敏）

顶松的故事

怒族幻想故事。流传于云南省怒江傈僳族自治州贡山独龙族怒族自治县。讲述的是：很早以前，怒族山寨住着一户富裕人家，善良聪明的小伙子顶松娶了一位可爱的媳妇。一天，顶松把祖传的珠宝送给了三个要饭的人，阿爸阿妈气得用木棒打他。顶松夫妇躲到森林边的岩洞里住了下来。几天后，妻子生了一个男孩，夫妻俩靠采野果、打野物艰难地养育他。不久夫妻二人又遇到那三个要饭的人，他们要带走孩子。妻子不答应，顶松不忍让他们失望，还是把孩子给了他们。又过了一段时间，三个乞丐又来要孩子的妈。顶松心想孩子要吃奶，就让妻子跟他们去了。后来，顶松把自己的眼睛给了一个瞎子，自己拄着拐棍无目的地摸着走。其实三个乞丐都是神仙，他们觉得顶松真是个心地善良的人，便还了他眼睛，让他们全家团聚，还送来了大量珠宝。从此，顶松一家过上了幸福生活。寨里的人选顶松为头人。在顶松的带领下，全寨人和睦相处，日子越过越甜蜜。32开，6页，3000字。彭义群讲述，彭义良记录。收入《七彩贡山——贡山民间故事集》，远方出版社2004年版。

（刘怡）

踏破铁鞋回家乡

怒族幻想故事。流传于云南省怒江傈僳族自治州贡山独龙族怒族自治县。讲述的是：弟弟帮姐姐家放羊，有一次，弟弟为捡一块粑粑，来到了妖怪住的地方。妖怪让他穿双铁鞋去放羊，说不穿烂鞋就不放他回家。弟弟很伤心。兔子和鸽子教他用火烧、石磨的办法磨穿了铁鞋。妖怪于是不得不放他回家。丁基拉母讲述，真补翻译，云南大学民族民间文学贡山调查队搜集，陈荣祥、杨海生记录。32开，4页，2200字。收入《怒族独龙族民间故事选》，上海文艺出版社1994年版。

（刘怡）

甜甜的鹿乳

怒族幻想故事。流传于云南省怒江傈僳族自治州怒族聚居区。讲述的是：七若左不到一岁死了妈，四岁又死了爹，身边只有一只小狗。家里没东西吃，他只好到山里摘野果，这时陪伴他的小狗也饿死了。他在山里走了好几天，也找不到任何东西吃，饿倒在马鹿洞口。马鹿用奶水养育他。几年过去了，马鹿没了奶，七若左也长大了，马鹿让他回寨子。七若左走出了林子，但觉得天热得难受，便跑回了马鹿洞，可马鹿再也没有奶供他吃了。他想打死马鹿吃它的肉，马鹿发现后就离开了。后来七若左回想起马鹿对他的养育之恩，悲伤地哭叫着"妈妈"。佚名讲述，巴国强记译。

32 开，4 页，2200 字。收入《怒族独龙族民间故事选》，上海文艺出版社 1994 年版。

（刘怡）

猎人的妻子

怒族幻想故事。流传于云南省怒江傈僳族自治州贡山独龙族怒族自治县丙中洛怒族地区。讲述的是：一个年轻的怒族孤儿，以打猎为生。一天，孤儿上山打猎，射中一头花鹿，在追赶花鹿的过程中掉进龙洞，遇上龙姑娘，两人相爱了。在征得龙王的同意后，龙姑娘和猎人回到家里，并连夜盖了座崭新的房子成亲。皇帝听说穷苦的猎人娶了个美貌能干的妻子，还一夜盖起了新房子，半信半疑，便来到猎人家里。皇帝垂涎龙姑娘的美貌，三番五次设计诡计陷害猎人。猎人在龙姑娘的帮助下，一一化解，并最终将欺压寨民的皇帝打败，猎人和龙姑娘过上了幸福美满的日子。杨近文翻译，杨秉礼、杨开应记录，陈荣祥整理。32 开，6 页，3500 字。收入《怒族民间故事》，云南人民出版社 1988 年版。

（和六花）

猎人与女猎神

怒族幻想故事。流传于云南省怒江傈僳族自治州怒族地区。讲述的是：在高黎贡山上的米陆岩，一个年轻的猎人上山支扣子打猎，亲眼看见扣到了麂子、大羚羊上前查看时扣子上却空无一物。猎人便隐蔽起来监视扣子周围的动静。中午时分，扣住了一只獐子，猎人正要起身查看，看到一个姑娘从林子里飞快地蹿出来，把獐子放了。猎人跋山涉水，一路追赶着姑娘到了她居住的树洞。年轻的猎人和姑娘相爱了，两人成亲后在树洞里居住了一段时间。后来，姑娘跟随猎人回到了村子里，两人砍柴种地，精打细算地过日子。有一天，家里来了客人。按照怒族的习惯，要杀鸡杀猪，甚至宰牛宰羊招待客人。但猎人家里没有养牲畜，晚上，猎人和妻子商量要用什么招待客人。妻子抽出一根剥了皮的麻秆子给猎人，让他插在房子背后，第二天果然刺到一只大麂子。猎人和妻子幸福地生活了几年，生了一个儿子，妻子便将儿子托付给猎人，她回到山林里去照看牲畜。猎人多次上山都未找到妻子。据说，猎人的妻子就是猎神的化身，怒族的猎人便把这位年轻的猎人奉为祖先。付加仁、谦付加讲述，木玉璋、禹尺搜集整理。32 开，5 页，2997 字。收入《云南民族民间故事选》，云南人民出版社 1981 年版。

（和六花）

雪峰洞

怒族幻想故事。流传于云南省怒江傈僳族自治州怒族地区。讲述的是：一个穷苦的孤儿在怒江边打鱼为生，食不果腹。一日，他到江边打鱼，毫无收获，哀伤地唱起歌，倾诉苦命的人生。歌声才停，就钓上来一条大鱼，大鱼上岸变成一个姑娘。姑娘是怒江龙王的小女儿，龙王贪图财物欲将其许给凶恶残暴的恩门开江的龙子。龙女同情孤儿的境遇，便委身于孤儿。龙女的行为惹怒了龙王，龙王决定将龙女抓回来狠狠惩治，先发大水，又请蟒蛇表弟捉拿龙女。龙女被蟒蛇抓住关在雪峰洞，孤儿只身前往与蟒蛇搏斗，救出了龙女。从此两人幸福地生活在一起，生儿育女，成为怒江两岸怒家人的祖先。张祖武、张建林搜集整理。32 开，5 页，3645 字。收入《怒族民间故事》，云南人民出版社 1988 年版。

（和六花）

孤儿的奇遇

怒族幻想故事。流传于云南省怒江傈僳族自治州怒族地区。讲述的是：一个善良的孤儿以支扣子打猎为生。有一天，他支扣子扣到一个老人，解了扣子并将其送下山。隔日换了地方下扣子，又扣到老人。老人被扣两次，心怀恨意将孤儿告了官。孤儿去县府听审，路宿一户人家，得到门闩帮助，指证老人是野猫，并打赢官司。回程中，又得门闩指点救了黄龙王，龙王将龙女嫁给孤儿报恩。孤儿和龙女回乡途中被头人欺负，头人还觊觎孤儿家的家产，三下战书同龙女交战。龙女向龙王搬救兵，最终战胜万恶的头人，头人死后，村民推举孤儿做了头领，孤儿和百姓都过上了幸福的生活。阿邓付讲述，和光益、叶世富、郭鸿才整理，32开，11页，8000字。收入《怒族民间故事》，云南人民出版社1988年版。

（和六花）

变小狗的姑娘

怒族幻想故事。流传于云南省怒江傈僳族自治州怒族地区。讲述的是：从前有母子二人相依为命，母亲常年生病，靠男子砍柴为生。一天，男子上山砍柴看见富人家的三个儿子在打一条小狗，冒死救下小狗并带回家细心护理。又有一天，男子在山上被富人家的三个儿子打得人事不省，被美丽的龙女救下，此前男子救下的小狗正是这位来人间玩耍的龙女。龙女临走还给了一把带有神力的斧头，母子二人日子也一天天好起来。男子便来到高山湖寻找日日思念的龙女，龙王将龙女许配给了男子，从此过上了幸福美满的日子。车言士讲述，和光益、叶世富、陈荣祥、郭鸿才整理。32开，3页，2187字。收入《怒族民间故事》，云南人民出版社1988年版。

（和六花）

仙草与公主

怒族幻想故事。流传于云南省怒江傈僳族自治州怒族地区。讲述的是：有一个孤儿，从小靠打鱼捞虾孤苦生活，后来长成一个善良、勇敢的小伙子，并和经常来河边游玩的国王的四姑娘相爱。国王知道后将四姑娘禁足。善良的孤儿曾在打鱼时帮助过负伤的小水蛇和蜜蜂，于是得到水蛇和蜜蜂的帮助，说服了国王，和四姑娘结成了恩爱夫妻。张世生搜集整理。32开，3页，2175字。收入《怒族民间故事》，云南人民出版社1988年版。

（和六花）

野兔媒人

怒族幻想故事。流传于云南省怒江傈僳族自治州贡山独龙族怒族自治县丙中洛怒族地区。讲述的是：一个孤儿才几岁就失去了双亲，靠乡亲们的帮助长成一个勤劳剽悍的小伙子。第一年，他开垦出一块山地种了苞谷，刚发芽的苞谷一夜之间就被野兔吃光了。第二年又种下苞谷，结果苞谷苗又被野兔吃光。第三年，小伙子种下苞谷后，便在地里下了活套子，并将野兔套住了。小伙准备把野兔宰了，野兔央求说会帮他讨个媳妇报恩。小伙子在野兔的帮助下，借得各种物品，杀死了吃人的妖精，并娶了富人家的三女儿。后来夫妻二人生儿育女，恩重意长地报答野兔。斯那茨利、鲁戎西纳讲述，刘建文、李根祥翻译，杨秉礼、陈荣祥记录，陈荣祥整理。32开，8页，5103字。收入《怒族民间故事》，云南人民出版社1988年版。

（和六花）

地神老人

怒族幻想故事。流传于云南省怒江傈僳族自治州怒族地区。讲述的是：一个心地善良的孤儿，辛勤劳动，赡养着病残的叔叔。有一天，孤儿在地里挖到一个东西，问过路的富人，富人说那是"穷根根"，孤儿便扔了，结果被富人捡回家里。回到家，叔叔告诉孤儿那是"富根根"黄金，于是孤儿决定按叔叔的计谋惩治富人。后来，地神老人托梦给孤儿，说孤儿的地是地神的家。在地神的帮助下，孤儿在自家地里盖了一座大瓦房，并获得一件有求必应的衣服，成为了最富的人。迪阿昌讲述，和光益、叶世富、郭鸿才整理。32开，3页，1458字。收入《怒族民间故事》，云南人民出版社1988年版。

（和六花）

雪山丫口的女妖

怒族幻想故事。流传于云南省怒江傈僳族自治州怒族地区。讲述的是：一个怒族汉子带着两个儿子艰难度日，因先后遭遇旱灾、水灾闹饥荒，父亲决定到兰坪亲戚家借粮食，交代若七日不回，老大到半路来寻，若九日不回，老二来半路接。父亲被雪山丫口的女妖所害，七日未回，老大去寻也同样被变幻成漂亮姑娘的女妖所害。聪明勇敢的老二未受女妖蛊惑，来到兰坪，得到老者指点，回到碧罗雪山丫口除妖，寻得亲人尸身回到怒江。邓四言讲述，叶世富、郭鸿才整理。32开，6页，4350字。收入《怒族民间故事》，云南人民出版社1988年版。

（和六花）

吹笛除怪

怒族幻想故事。流传于云南省怒江傈僳族自治州怒族地区。讲述的是：有一个老汉送三个儿子去学本事，老大学了打铁，老二学了做衣服，老三学了唱歌、跳舞、吹笛子。老汉觉得老三学的是懒人做的事，把他赶出了家门。老三到处流浪表演，受到乡亲们的拥戴。有一天，他到一个寨，听说箐沟里有妖怪，抓走了寨了里的很多人。老三运用自己的聪明才智抓住了妖怪，并救下富人家的儿子。富人将女儿许配给老三，并给了很多的金银，老三把父亲和两个哥哥接来，幸福地生活在一起。迪阿昌讲述，和光益、叶世富、郭鸿才整理。32开，4页，2466字。收入《怒族民间故事》，云南人民出版社1988年版。

（和六花）

醉妖

怒族幻想故事。流传于云南省怒江傈僳族自治州怒族地区。讲述的是：从前山上有不少妖怪，一个孤儿带着苦荞粑粑到山上劳作，粑粑放在山洞里，接连失踪，孤儿发现是一个妖怪在偷吃。孤儿便和表哥一起，酿制了一罐烈性酒，把妖怪醉晕逮回村里，用火把妖怪烧死了。此阿妹讲述，和光益、叶世富整理。32开，2页，1200字。收入《怒族民间故事》，云南人民出版社1988年版。

（和六花）

智烧恶怪

怒族幻想故事。流传于云南省怒江傈僳族自治州怒族地区。讲述的是：一对恩爱的夫妻和快满周岁的女儿住在山头的一间小竹楼里，丈夫去砍柴时看到岩壁上有一窝葫芦蜂，便决定夜里去烧蜂蛹来给妻儿吃。岩壁上有一个妖怪，妻子劝阻不住丈夫，丈夫告诉妻子在竹楼凉台上看岩壁的火把来判断是否顺利。妻子在家里看到丈夫被妖怪吃了，妖怪又变成丈夫的模样来到竹楼哄骗妻子。聪明的妻子把妖怪锁在竹楼里，并把妖怪烧死了。娜四言讲述，和光益、叶世富整理。32开，2页，1400字。收入《怒族民间故事》，云南人民出版社1988年版。

（和六花）

赌变化

怒族幻想故事。流传于云南省怒江傈僳族自治州怒族地区。讲述的是：从前有一对夫妻五十多岁才生下一个男孩，男孩翻一个身就长大一些，不满三个月就长成了一个大小伙子。老两口送儿子到寨子山湖里的龙王处学本领，他学了很多法术。一天，母亲生病了，儿子带着龙王给的瓶子救活了母亲。回到村子里，乡亲们告诉他怒江里有一条恶龙危害百姓，小伙子用变化的法术最终除掉了恶龙。阿此昆讲述，和光益、叶世富整、郭鸿才整理。32开，4页，2187字。收入《怒族民间故事》，云南人民出版社1988年版。

（和六花）

杀龙救母

怒族幻想故事。流传于云南省怒江傈僳族自治州怒族地区。讲述的是：怒江东岸住着老两口，有三个儿子,父亲让三个儿子外出读书。一天,老两口到江对岸亲戚家做客,船划到江心,老太太被一团云雾卷走了。一年后,老大回来得知情况,约上朋友去救母亲,一位老人告知母亲的下落并警告他千万别让马吃龙潭边的茅草。老大忘记老人的警告,让马吃了茅草,他和朋友被小龙王杀死了。老二也经历了相同的遭遇。老三谨记老人的警告,苦练技艺并找到了母亲,打败了大龙王救出母亲,又让小龙王救活了两位兄长和他们的朋友。车言史讲述,和光益、叶世富整理。32开,5页,2916字。收入《怒族民间故事》,云南人民出版社1988年版。

(和六花)

复生药的故事

怒族幻想故事。流传于云南省怒江傈僳族自治州怒族地区。讲述的是:一个孤儿和爷爷相依为命。爷爷临死时告诉他,高黎贡山最高的一块岩石上,长着一棵复生药,用它去治死了的动物,动物活过来会帮助孤儿;若用它去治死了的人,人活过来会使孤儿遭殃,所以不能去救死人。爷爷死后,孤儿历尽艰辛找到了复生药,先后救活了蜜蜂、花蛇、老熊和老虎,又心怀善意救了一个死人。结果死人活过来后恩将仇报,把孤儿告到了头人那里。在蜜蜂、花蛇、老熊和老虎的帮助下,孤儿才惩治了凶残的头人及其帮凶,拿回了复生药。车言四讲述,和光益、叶世富、郭鸿才整理。32开,4页,2618字。收入《怒族民间故事》,云南人民出版社1988年版。

(和六花)

两兄弟和宝锅

怒族幻想故事。流传于云南省怒江傈僳族自治州怒族地区。讲述的是:从前有一对孤儿兄弟相依为命,哥哥不善待弟弟。一日,弟弟将仅有的一粒米晒在架子上,一只乌鸦将其扇落在地上的裂缝里,弟弟顺着裂缝挖到一个地洞,在里面找到一口转一转就会做出饭菜的大土锅。坏心肠哥哥按弟弟的方法挖到地洞,结果被地洞的主人吓到摔死了。陆四来讲述,和光益、叶世富、郭鸿才整理。32开,2页,1458字。收入《怒族民间故事》,云南人民出版社1988年版。

(和六花)

大白马

怒族幻想故事。流传于云南省怒江傈僳族自治州怒族地区。讲述的是:有三个兄弟,两个哥哥不善待弟弟。有一年,弟弟去看守成熟的麦田,发现一匹天上飞下来的大白马偷吃麦子。白马点头认错,并给了弟弟一个口哨。有一年,头人家选女婿,在大白马的帮助下,弟弟成为头人家的女婿,并过上了幸福的日子。车言士讲述,和光益、叶世富、郭鸿才整理。32开,3页,1466字。收入《怒族民间故事》,云南人民出版社1988年版。

(和六花)

两姐妹与大蟒蛇

怒族幻想故事。流传于云南省怒江傈僳族自治州怒族地区。讲述的是:在一个怒族寨子里,住着两姐妹,姐姐心地善良,妹妹心地歹毒。姐姐嫁给一个庄稼汉,妹妹嫁给一个土司的儿子。有一年大旱,没米下锅的姐姐到妹妹家寻求救济,妹妹借给姐姐三升发霉的小米。姐姐回家途中遇一条蟒蛇,放在锅里煮,蟒蛇变成银条,姐姐一家过上了富足的生活。妹妹也模仿姐姐的方法,结果被蟒蛇咬死了。张秀朋搜集整理。32开,4页,1988字。收入《怒族民间故事》,云南人民出版社1988年版。

(和六花)

见死不救的下场

怒族幻想故事。流传于云南省怒江傈僳族自治州福贡县。讲述的是:姐姐家里很穷,眼看孩子们饿得受不了,就到妹妹家借粮食。妹妹不但不借,还骂了她一通。姐姐只好回家,路上因饥饿昏倒了。她醒来见自己背篓里有一条小蛇,便把它拿出来,蛇却又爬了进去。她只好将蛇背回家,将它砍成几截,煮着准备吃,结果蛇变成了金子。姐姐用金子换来米和肉,一家人过上了好日子。妹妹听说后,也上山去捉蛇,结果被蛇咬死了。方南子讲述,霜现月、和南生记录、整理。32开,1页,450字。收入《云南民间文学集成·福贡县民间文学集成卷》,福贡县文化局、福贡县民委1989年编印。

(刘怡)

穷孩子和富孩子

怒族幻想故事。流传于云南省怒江傈僳族自治州贡山独龙族怒族自治县。讲述的是:从前,怒族山寨有一个穷孩子和一个富孩子,经常一起在山坡上放牛。富孩子的午饭是白面馍,而穷孩子只有一个包谷面粑粑。富孩子常欺负穷孩子。有一次,穷孩子无意中发现了一个山洞,洞里有些小妖怪。他把包谷面粑粑给小妖怪吃了。它们便回赠他如意金宝盆和银筷子,并告诉他想吃什么,用银筷子在如意金宝盆上轻轻一敲就会出现。富孩子得知后也想试试,结果被妖怪抓住,让他穿双铁鞋去放牛,说要等铁鞋穿破了才放他回家。富孩子整天哭泣,一位白发老奶奶叫他在磨石上磨铁鞋。他按白发老奶奶说的做才回了家。从此以后,他再也不敢欺侮穷孩子了。安娜讲述,彭兆坤记录。32开,5页,2600字。收入《七彩贡山——贡山民间故事集》,远方出版社2004年版。

(刘怡)

(二)生活故事

谷玛楚与吴第朴(一)

怒族生活故事。流传于云南省怒江傈僳族自治州贡山独龙族怒族自治县。讲述的是:怒江东岸的放牛小伙子吴第朴与西岸的放牛女谷玛楚相爱,两人每天中午时分骑牛过江相见,互送手镯私订终身。这事被姑娘的父亲知道了,他骂女儿伤风败俗,强迫她不得再与小伙子见面。谷玛楚不愿意,父亲就杀了吴第朴。姑娘知道后伤心欲绝,并要求火葬心上人。火葬时,她跳进了火海殉情。父亲把两人葬在路的两旁。不久两座坟上各长出一棵小树,它们的枝叶挽在一起。父亲砍倒了树,树上飞出一只金色小鸟和一只银色小鸟,叫着飞走了。王双第翻译,云南大学民族民间文学贡山调查队搜集,杨秉礼、杨开应、陈荣祥记录。32开,3页,1300字。收入《怒族独龙族民间故事选》,上海文艺出版社1994年版。

(刘怡)

谷玛楚与吴第朴(二)

怒族生活故事。流传于云南省怒江傈僳族自治州怒族聚居区。讲述的是:孤儿吴第朴住在碧罗雪山下,靠给富人放牧为生。富人家的女儿谷玛楚爱上了他,悄悄把米饭装在竹筒里送给他吃。富人发现后,用计害死了吴第朴。失去情人,谷玛楚绝食而死。死后,两人的坟上各长出一棵相思树,在空中缠绕在一起。富人派人把树砍了,树中飞出一只金鸟、一只银鸟。和纪堂讲述,李卫才记译。16开,5页,1500字。存于云南省民间文艺家协会。

(孙敏)

射虎洞的故事

怒族生活故事。流传于云南省怒江傈僳族自治州怒族聚居区。讲述的是:怒江东岸的碧罗雪山脚下有个怒族山寨,昆赛和女儿克莱就住在这里。怒江西岸有个英俊勇敢的小伙子独利,他爱上了克莱。一天,克莱被老虎叼走了,独利和乡亲们都帮着寻找。独利爬到悬崖上的石洞内,射死了老虎,救出了姑娘。人们用老虎肉为这对相爱的人举行了婚礼,后人将悬崖上的岩洞称为"射虎洞"。罗生讲述，巴国强记译。32 开，4 页，2200 字。收入《怒族独龙族民间故事选》，上海文艺出版社 1994 年版。

（刘怡）

善良的穷女婿

怒族生活故事。流传于云南省怒江傈僳族自治州怒族聚居区。讲述的是：从前，有对夫妻嫌贫爱富。他们有三个女儿，大女儿聪明美丽，老两口一心想给她找个有钱人家，可她却爱上了一位英俊、勤劳、善良的孤儿。老两口软硬兼施，都无法改变女儿的主意，于是将她赶出家门。大女儿自己做主，嫁给了孤儿。婚后两人辛勤劳动，过上了好日子。几年后，家乡遭了灾，她的父母沦为乞丐。后来老父亲去世了，老母亲便想投靠两个小女儿，都被拒绝了，走投无路之时，大女儿和大女婿赶来接走了她。老母亲晚年过得很幸福。佚名讲述，张秀明记录。32 开，3 页，1300 字。收入《怒族独龙族民间故事选》，上海文艺出版社 1994 年版。

（刘怡）

三姑娘

怒族生活故事。流传于云南省怒江傈僳族自治州贡山独龙族怒族自治县。讲述的是：有个富人有三个姑娘。大女儿、二女儿都说，吃好、穿好靠父母，要嫁富人和山官；只有三姑娘说，吃穿要靠自己，甘愿嫁个勤劳善良的穷人。富人很生气，让小女儿骑在马上，说马走到哪家她就做哪家的媳妇。三姑娘真的嫁给了一户穷人家。她用自己的首饰换回了好多东西，日子还算过得去，但丈夫还是很勤劳。一天，丈夫上山砍柴，他的马不停地刨地，刨出了很多金银，他家的日子更好过了。胡利伯讲述，刘建文翻译，陈荣祥采录。16 开，3 页，1900 字。收入《中国民间故事集成·云南卷》，中国 ISBN 中心 2003 年版。

（刘怡）

华而不实的女子

怒族生活故事。流传于云南省怒江傈僳族自治州怒族聚居区。讲述的是：有一家人有个独生女儿，天天吃米饭还是骨瘦如柴，家里的女奴天天吃黄豆可长得健壮美丽。有一年，富人家的儿子要选媳妇，来到了这户人家。主人把自己的瘦女儿打扮得花枝招展，年轻人却看上了健康漂亮的女奴。娜玛菊讲述，李卫才记译。16 开，2 页，400 字。存于云南省民间文艺家协会。

（孙敏）

智断娃娃案

怒族生活故事。流传于云南省怒江傈僳族自治州贡山独龙族怒族自治县。讲述的是：从前有姐妹俩，各生了一个儿子，他们长相相仿，很像一对双胞胎。一天晚上，姐妹俩睡在一个房间，半夜时其中的一个娃娃突然得病死了。第二天，姐妹俩争着要活着的娃娃，争得没有办法便去找阿沙帮忙。阿沙沉吟了一阵说："你们把活娃娃劈成两半，每人各要一半。"姐姐同意了。妹妹忙说："莫劈！娃娃劈死了太可怜啦！姐姐要就给她。"阿沙一听，便把娃娃判给了妹妹。鲁戍西纳讲述，云南大学民族民间文学贡山调查队搜集，丁家初、丁家英翻译，杨秉礼、杨开应、陈荣祥记录。32 开，1 页，500 字。收入《七彩贡山——贡山民间故事集》，远方出版社 2004 年版。

（刘怡）

亏财明理

怒族生活故事。流传于云南省怒江傈僳族自治州贡山独龙族怒族自治县部分地区。讲述的是：从前，有三个青年结拜为兄弟，但常常为一点小事就争得不可开交。一天，三人为争论鱼的致命点在何处而大吵大闹，谁也说服不了谁。没办法，他们便抬着一条大鱼去请官家评理。官家觉得好笑，暗示他们送礼来。三人为了让官家判自己正确，纷纷将家中的贵重物品送给他。官家收了礼，说他们三人的说法都是对的。事后三人觉得为了一点小事失去了很多的财产，划不来，从此知道了争吵的害处。丙冲讲述，彭义良记录。32开，2页，1300字。收入《怒族独龙族民间故事选》，上海文艺出版社1994年版。

（刘怡）

独儿子的故事

怒族生活故事。流传于云南省怒江傈僳族自治州怒族聚居区。讲述的是：有对夫妇非常宠爱自己的独儿子。儿子长大后，成了一个好逸恶劳的小偷。有一次他去偷国王的剑，被抓住要判死刑。他在死前见了父母一面，责备他们说："我偷苞谷，你们夸我聪明；我偷母鸡，你们夸我能干；我偷羊，你们夸我本事大。是你们把我送上了死路。"夫妇二人追悔莫及。企扒冲讲述，李卫才记译。16开，6页，1500字。存于云南省民间文艺家协会。

（孙敏）

姐姐和妹妹

怒族生活故事。流传于云南省怒江傈僳族自治州怒族聚居区。讲述的是：有姐妹俩，姐姐没有儿女，妹妹生了六个儿子。妹妹贫穷但很快乐，姐姐富有但不幸福。妹妹的六个儿子长大后，个个身强力壮，能上山打猎、追蜂、背柴，一家子过得和和美美。姐姐老了后没人照顾，妹妹就把她接到自己家里过。全寨的人都夸妹妹心肠好。高常青等讲述，李卫才记译。16开，2页，500字。存于云南省民间文艺家协会。

（孙敏）

两个丞相

怒族生活故事。流传于云南省怒江傈僳族自治州贡山独龙族怒族自治县。讲述的是：从前，甲布有两个丞相，一个聪明奸诈，一个憨厚老实。他很信任老实的丞相，为此，奸诈的丞相非常嫉妒。奸诈的丞相用计让甲布命令老实的丞相缝石头衣裳。老实的丞相在妻子的帮助下，最终让甲布认识到奸诈的丞相的不良用心，并让甲布杀了他。佚名讲述，李根祥翻译，云南大学民族民间文学贡山调查队搜集，杨秉礼、杨开应、陈荣祥记录。32开，2页，1100字。收入《七彩贡山——贡山民间故事集》，远方出版社2004年版。

（刘怡）

教子务农传说

怒族生活故事。流传于云南省怒江傈僳族自治州怒族聚居区。讲述的是：从前，怒族男子不耕作，长年累月上山打猎和捕蜂。有个老汉带领全家人耕耘自家的土地，家里有了粮食吃。儿子见别家男人都去打猎，也想去。老汉对他说："野味就在你的锄棒下，埋头干你的活吧！"这天傍晚时分，一个猎人扛着一块鹿腿来老汉家换粮，老汉问儿子："你瞧，野味不就在锄棒下吗？"儿子悟出了父亲的话，一心务农。后来，老汉死了，儿子又教自己的儿子务农。这个家族的日子一直过得很红火。后来怒族人对长年累月上山打猎和捕蜂的人很鄙视，称之为"苏鲁"（流浪汉）。佚名讲述，叶世富记译。32开，2页，900字。收入《云南少数民族生产习俗志》，云南民族出版社1990年版。

（阿南）

兄弟和好

怒族生活故事。流传于云南省怒江傈僳族自治州福贡县。讲述的是：从前有两兄弟，父母死后只留下一床被子、一头牛。哥哥欺负弟弟，说被子弟弟白天用，自己晚上用；又说将牛分成两截，问弟弟要头还是要尾。弟弟说要头，哥哥就让他每天去放牛。后来，弟弟遇到一位老人。老人告诉他，晚上把被子泡湿后交给哥哥，在哥哥挤牛奶时用棍子打牛的头。哥哥发现弟弟长大了，不敢再欺负他，从此改变了对他的态度，两兄弟和好如初。方南子讲述，霜现月、和南生记录、整理。32开，2页，550字。收入《云南民间文学集成·福贡县民间文学集成卷》，福贡县文化局、福贡县民委1989年编印。

（刘怡）

婆媳情

怒族生活故事。流传于云南省怒江傈僳族自治州福贡县。讲述的是：有位婆婆对儿媳很苛刻。有一次，她叫儿媳杀鸡。鸡肉炖好后她迟迟未回来，儿媳就偷偷舀出鸡肝往嘴里塞。这时婆婆回来了，儿媳怕挨骂，急忙将鸡肝吞了下去，结果被呛得喘不出气来。家里人以为她得急病死了，便准备料理后事。丈夫给她换衣服时压着她的胸脯，一块鸡肝从她嘴里喷了出来。她喘了口气又活了过来。婆婆得知事情的经过后，改变了对儿媳的态度。娜玛菊讲述，李卫才记录、整理。32开，1页，350字。收入《云南民间文学集成·福贡县民间文学集成卷》，福贡县文化局、福贡县民委1989年编印。

（刘怡）

偏心的丈母娘

怒族生活故事。流传于云南省怒江傈僳族自治州福贡县。讲述的是：有位妇人为女儿招了一个女婿。女婿人品好，憨厚老实，只是反应稍慢一点，丈母娘总嫌他笨。一天，家里煮了一锅肥肉。妇人将锅底下的肉舀起来给女儿，而只给女婿舀汤。晚上睡觉时，女儿说肚子饿，而女婿说自己又吃肉又喝汤饱得很。女儿对母亲说了这事，妇人负疚地低下了头。后来她对女婿和女儿一样亲。娜玛菊讲述，李卫才记录、整理。32开，1页，300字。收入《云南民间文学集成·福贡县民间文学集成卷》，福贡县文化局、福贡县民委1989年编印。

（刘怡）

聪明的九妹

怒族生活故事。流传于云南省怒江傈僳族自治州贡山独龙族怒族自治县。讲述的是：一位富人有九个漂亮的姑娘，有个叫贡咱劳丁的年轻人想娶其中最聪明的一个做妻子。他把一只金戒指挂在井边的树枝上，让金戒指的影子投在井里。一天，大姑娘到井里挑水，见井里有只金戒指，便伸手去捞。可水一晃，金戒指不见了。一会儿金戒指又在井里，她又去捞。金戒指还是不见了。她捞了几回都没有捞到，只得极不情愿地回家。二姑娘、三姑娘……八姑娘个个去捞，结果都一样。轮到九妹去挑水，她最初同八个姐姐一样用手去捞井里的金戒指，什么也没捞到。她猛然醒悟过来，抬头发现树枝上挂着的金戒指，高兴地取了下来。八个姐姐嫉妒小妹，就在父母面前说她的坏话。富人生气地把小女儿赶出了家。九妹伤心地来到另一个寨子，寨中走出一个英俊的小伙子，他告诉了她一切，并将她接到了自己家。胡利伯讲述，刘建文翻译，陈荣祥记录、整理。32开，4页，2800字。收入《云南民族民间故事选》，云南人民出版社1981年版。

（阿南）

弄假成真

怒族生活故事。流传于云南省怒江傈僳族自治州福贡县。讲述的是：有个人经常开玩笑哄骗他人。一天，他和父亲上山砍柴，几次故意大声叫唤救命，骗得父亲赶快跑过来。不久，父子俩又上山，儿子不小心将尖刀滑落下来，戳在自己的肛门里，顿时鲜血直流。他大声呼救，可父亲以为他又在骗人，没理他。父亲回到家，久等不见儿子的踪影，便去找他，结果发现他已气绝身亡了。企扒冲讲述，李卫才记录、整理。32开，1页，350字。收入《云南民间文学集成·福贡县民间文学集成卷》，福贡县文化局、福贡县民委1989年编印。

（刘怡）

猎人之死

怒族生活故事。流传于云南省怒江傈僳族自治州怒族聚居区。讲述的是：有个猎人要独自进山打猎，大家劝他找个伙伴一起去，可他执意不肯。他上山扣住了一个大野兽，却来了一伙妖怪。妖怪用计吸完了他的血，他便一命呜呼了。所以，怒族老人经常告诫年轻人"在家靠父母，出门靠朋友"。佚名讲述，张世生记录。32开，2页，1300字。收入《怒族独龙族民间故事选》，上海文艺出版社1994年版。

（刘怡）

盲人驱小偷

怒族生活故事。流传于云南省怒江傈僳族自治州贡山独龙族怒族自治县。讲述的是：很久以前，盲人家的东西经常被偷，便请好心肠的和尚为他想办法抓贼。和尚到了他家，看见有只老鼠溜了进来，便信口说了几句话，并叫盲人以后听到响声，就照他这样说。几天以后，有人又来偷东西。盲人听到响声，立即说道："小偷跨进了门槛。"两个小偷听见，感到十分惊奇。这时盲人又说："小偷嘴边还长有几根胡须。"两个小偷更觉得奇怪了。接着他们又听到盲人说："小偷东张西望准备偷东西。"两个小偷呆呆地站在那里。突然传来"啪"的一声，两个小偷吓得急急忙忙跑了出去。盲人高声喊道："小偷灰溜溜地逃走了。"从此，小偷再也不敢去盲人家偷东西了。阿生芽讲述，彭义良记录。32开，2页，1000字。收入《怒族独龙族民间故事选》，上海文艺出版社1994年版。

（刘怡）

不守诺言的下场

怒族生活故事。流传于云南省怒江傈僳族自治州福贡县。讲述的是：很久以前，有个猎人在里弄湖边狩猎，几天都没有收获。他对着湖水许愿，说自己安上九个扣子，若能扣到九种野兽，就献祭九斤白酒、九斤肥肉、九个鸡蛋。过了几天，他如愿以偿，可忘了自己许下的愿。晚上他梦见一位白胡须老人向他要祭礼。他不但不给，反而对老人不客气。第二天，他和八个同伴都淹死在湖里了。腊社讲述，李善荣记录、整理。32开，2页，850字。收入《云南民间文学集成·福贡县民间文学集成卷》，福贡县文化局、福贡县民委1989年编印。

（刘怡）

锁在柜子里也会死

怒族生活故事。流传于云南省怒江傈僳族自治州福贡县。讲述的是：一对夫妻把独生子当成手中宝，生怕他冷着、饿着，一步也不让他出门。一天他们下地劳动把儿子锁在柜子里，回来打开柜子，发现儿子已憋死在柜里。拉刮讲述，李卫才记录、整理。32开，1页，200字。收入《云南民间文学集成·福贡县民间文学集成卷》，福贡县文化局、福贡县民委1989年编印。

（刘怡）

弟弟取得大哥名

怒族生活故事。流传于云南省怒江傈僳族自治州福贡县。讲述的是：兄弟俩相约到河边砍龙竹做水桶。弟弟先将砍来的龙竹打通隔节，然后放在火上慢慢烤。哥哥觉得他的做法太麻烦，就直接把竹子放在火上翻烤。不一会儿，哥哥的竹筒一根根炸开了，而弟弟却烤成了黄灿灿的竹桶。哥哥方知只有掏空的竹子才能做竹桶，便对弟弟说："你比我聪明，你就取大哥的名字吧。"芒丽讲述，霜现月、和南生记录、整理。32开，1页，200字。收入《云南民间文学集成·福贡县民间文学集成卷》，福贡县文化局、福贡县民委1989年编印。

（刘怡）

波多的故事

怒族生活故事。流传于云南省怒江傈僳族自治州怒族聚居区。讲述的是：有个勤劳的庄稼汉叫波多，他种的南瓜丰收了，拣了一个最大的做种。官家的人要拿走南瓜种，他不让，双方就冲突起来。官家打了他五十大板。为了疗伤，波多上山下扣子捕獐子，可不小心跌到深箐里摔死了。高常青等讲述，李卫才记译。16开，2页，500字。存于云南省民间文艺家协会。

（孙敏）

九个弟兄和一个独儿子

怒族生活故事。流传于云南省怒江傈僳族自治州怒族聚居区。讲述的是：一个独生子跟着能干的九兄弟上山学打猎，在林子里找到一颗宝石。不久九兄弟要赶街去卖皮毛，又约他一起。独生子不知道捡来的宝石值多少钱。有个富人看中了宝石，用家里的全部牲畜跟他换。善良的独生子邀约九兄弟把牛羊赶回家后，将它们分给了九兄弟和其他乡亲，大家都过上了幸福生活。高常青等讲述，李卫才记译。16开，6页，1500字。存于云南省民间文艺家协会。

（孙敏）

孤儿和他的三个伙伴

怒族生活故事。流传于云南省怒江傈僳族自治州怒族聚居区。讲述的是：三个伙伴约一个孤儿到山上下扣子。孤儿扣着几只老鼠，而三个伙伴什么也没扣着。孤儿把自己的猎物分给另外三人，但三个伙伴却没将带来的饭菜分给他吃。一连三天都是这样。第四天，三个伙伴知道山上有老虎，便编了一个篾笼挂在树上，钻到里面睡觉，让孤儿钻到竹篷中睡。老虎来了，没发现竹篷里的孤儿，却咬断了挂篾笼的绳子，把笼中的三个人吃了。孤儿躲在竹篷里，拿竹签把老虎戳死了。阿格讲述，李卫才记译。16开，3页，1000字。存于云南省民间文艺家协会。

（孙敏）

杀猫祸临头

怒族生活故事。流传于云南省怒江傈僳族自治州福贡县。讲述的是：从前有个人家有很多粮食，引来了不少老鼠。他借来一只猫，不久猫就把老鼠抓完了。一天，猫偷吃了一块肉，他用弩弓把它射死了。后来老鼠又多得翻了天。在他睡觉时，老鼠把梁上的凿子碰了下来，正好戳穿了他的喉咙，他在后悔中死去。企扒冲讲述，李卫才记录、整理。32开，1页，300字。收入《云南民间文学集成·福贡县民间文学集成卷》，福贡县文化局、福贡县民委1989年编印。

（刘怡）

下獐子

怒族生活故事。流传于云南省怒江傈僳族自治州福贡县。讲述的是：富人家的子弟经常欺负孤儿罗局普。一天，他们约孤儿去扣獐子，但既不给他吃的，也不准他在自家的地盘上下扣子。三天后，富家子弟什么都没有扣着，而孤儿却逮到了三只獐子。富家子弟想沾光吃点獐子肉，孤儿便对他们说："各自的粑粑各自吃，各人的麝香各人割。"肯早页讲述，范进良、范新光采录。16开，2页，1300字。《中国民间故事集成·云南卷》，中国ISBN中心2003年版。

（刘怡）

巧娶土司女

怒族生活故事。流传于云南省怒江傈僳族自治州福贡县。讲述的是：土司的女儿很骄傲，扬言只要自己和谁说话，就嫁给谁。众多前来求婚的小伙子都扫兴而归，因为姑娘始终不开口。有个孤儿决定试一试。他端了一口锅问姑娘，能不能在她身边煮饭？姑娘不理。他便用两块锅庄石架锅，可锅怎么也架不住。他装作很狼狈的样子不停地架锅打水、打水架锅。姑娘忍不住笑着说他憨，并告诉他锅庄石要有三个才能固定住锅。孤儿便向土司提亲。土司不相信女儿会对孤儿说话。第二天，孤儿又在姑娘身边补衣，他用滑稽的动作穿针引线，可线总是穿不进去。土司姑娘又说话了："要用线穿针眼。"土司不得不信，把女儿嫁给了孤儿。方南子讲述，霜现月、和南生记录、整理。32开，2页，600字。收入《云南民间文学集成·福贡县民间文学集成卷》，福贡县文化局、福贡县民委1989年编印。

（刘怡）

蜈蚣案

怒族生活故事。流传于云南省怒江傈僳族自治州福贡县。讲述的是：富人家办喜事，来祝贺的人们忙着喝酒吃饭。新郎觉得口干，出门接房顶流下的雨水喝，不幸暴死在屋檐下。富人怀疑儿子被人暗害，许下重赏捉拿凶手。这时来了一个人，看了看新郎的尸体，又望了望屋檐，就告诉富人，他的儿子是喝了蜈蚣尿死的。富人揭开房顶一看，果真有一条蜈蚣。普散才讲述，霜现月、和南生记录、整理。32开，1页，350字。收入《云南民间文学集成·福贡县民间文学集成卷》，福贡县文化局、福贡县民委1989年编印。

（刘怡）

喜新厌旧的人

怒族生活故事。流传于云南省怒江傈僳族自治州怒族聚居区。讲述的是：丈夫考上状元后抛弃原配妻子，与一位有钱的千金结了婚。前妻失望而上吊自杀。很久以后，喜新厌旧的丈夫回到家乡做生意。他找地方投宿，可所有的店都住满了，只有一间房子空着。他就住了进去，晚上在那里看见了鬼。算命先生告诉他，那是他前妻的幽灵，他便被吓死了。高常青等讲述，李卫才记译。16开，5页，1500字。存于云南省民间文艺家协会。

（孙敏）

猎人与虎

怒族生活故事。流传于云南省怒江傈僳族自治州兰坪白族普米族自治县怒族聚居区。讲述的是：两个猎人上山打猎，在一个山洞过夜。他们在洞口插上竹签，又用树干挡住洞口。夜里来了一只老虎，要吃他们。两人在洞里烧火，老虎一直不走，还将尾巴伸进洞里搅扰人。猎人拖住虎尾，直至天明。最后老虎被拖死，反而成了猎人的猎物。李兆龙讲述，施中林记录。32开，2页，800字。收入《兰坪歌谣集成》，云南美术出版社1994年版。

（刘怡）

闻味钱

怒族生活故事。流传于云南省怒江傈僳族自治州福贡县。讲述的是：有个孤儿躲在远处看富人家炒菜，富人向他要闻菜味的钱。孤儿连饭都吃不起，哪有钱给他？有个人得知了此事，决定帮孤儿。第二天，那人拿着一袋钱和孤儿一道来到富人家。他在富人耳边摇动钱袋。富人找孤儿要菜味钱，那人说要富人付听响钱。富人被气得说不出话来。方南子讲述，霜现月、和南生记录、整理。32开，1页，350字。收入《云南民间文学集成·福贡县民间文学集成卷》，福贡县文化局、福贡县民委1989年编印。

（刘怡）

巧对富人

怒族生活故事。流传于云南省怒江傈僳族自治州福贡县。讲述的是：有位老人向富人借了一些钱，一时无法还清。富人就对他说，只要能找来一只会下蛋的公鸡，就不用还钱了，否则四天后就杀了他。老人的孙子知道这事，四天后来到富人家。富人问他："你爷爷呢？"小伙子说爷爷在家生孩子。富人大怒，说他撒谎。小伙子反问富人："既然这样，公鸡怎么会下蛋呢？"富人一听目瞪口呆。方南子讲述，霜现月、和南生记录、整理。32开，1页，300字。收入《云南民间文学集成·福贡县民间文学集成卷》，福贡县文化局、福贡县民委1989年编印。

（刘怡）

憨丈夫

怒族生活故事。流传于云南省怒江傈僳族自治州怒族聚居区。讲述的是：妻子说自己身体不好，让丈夫去打猎，丈夫却在屋里射蟑螂。妻子骂他憨，要他上山去打，他却到山上装了一窝蚂蚁回来。妻子只好亲自上山，打中了一只野兽。她回家后让丈夫去山上将晒着的兽皮取回来，不料他去取时被刺戳了手，就要与刺蓬拼命。妻子找到他后，气不过便骂他。他却说妻子护着刺蓬而欺负他。后来，妻子让他上山砍柴。他用绳将树桩套起来背，却怎么也背不动。妻子见他做不成事，就叫他去放牛。结果他被斗架的牛顶死了。页路哈讲述，范进良、范新光、郭鸿才记录。32开，4页，2500字。收入《怒族独龙族民间故事选》，上海文艺出版社1994年版。

（刘怡）

愚笨的丈夫

怒族生活故事。流传于云南省怒江傈僳族自治州兰坪白族普米族自治县怒族聚居区。讲述的是：笨猎人有个聪慧的妻子。妻子叫他去扣野兽，他扣住了一头野牛。他以为牛是岳父家的，便把它放了。后来他又扣住了一只大鹿。笨丈夫便把鹿头、四肢挂在树上，想连树一起背回家。妻子气得骂他愚笨。她让丈夫送只鹿腿给父亲，丈夫便连夜赶路。他看见月光下似乎有人跟踪他，就割鹿肉丢给影子。等他到了岳父家，鹿腿只剩一根骨头。佚名讲述、记录。16开，1页，400字。收入《中国传说故事大辞典·怒族故事》，中国文联出版公司1992年版。

（阿南）

憨丈夫打猎

怒族生活故事。流传于云南省怒江傈僳族自治州福贡县。讲述的是：有一对夫妻，妻子很聪明，丈夫很憨。一天，妻子去挖地，让丈夫上山打猎。憨老公在家看到蚂蚁在地上爬来爬去，就想起妻子的话，拿一根棕毛套蚂蚁。妻子回来，见丈夫还在家里，便问他怎么没上山。他说："我不是正在打猎吗？"娜玛菊讲述，李卫才记译。16开，1页，250字。存于云南省民间文艺家协会。

（孙敏）

憨包取蓑衣

怒族生活故事。流传于云南省怒江傈僳族自治州福贡县知子罗怒族地区。讲述从前有个人憨得出奇，一天，妻子去火山地劳动忘记把蓑衣拿回来，便让丈夫去取，可天都黑了也不见丈夫回来。妻子跑去一看，丈夫一直在拼命地搬挂蓑衣的树桩。妻子取下树桩上的蓑衣，拉着憨包丈夫回家了。企扒冲讲述，李卫才整理。32开，1页，210字。收入《云南民间文学集成·福贡县民间文学集成卷》，福贡县文化局、福贡县民委1989年编印。

（和六花）

智斗富人

怒族生活故事。流传于云南省怒江傈僳族自治州怒族地区。讲述的是：一个穷孤儿有一头花牛，放牛时被养了很多牛的富人威逼挑衅。孤儿只得将花牛的牛角削尖和富人们的牛斗牛，结果富人家的牛被抵死了好几头，富人便把花牛杀了。孤儿伤心欲绝，几次智斗富人，最终贪图财物、为富不仁的富人们被怒江江水吞没了。迪阿昌讲述，和光益、叶世富、郭鸿才整理。32开，4页，2400字。收入《怒族民间故事》，云南人民出版社1988年版。

（和六花）

三个朋友求亲

怒族生活故事。流传于云南省怒江傈僳族自治州怒族地区。讲述的是：从前有一个力大无穷、英勇无比的孤儿，背上祖传宝刀去远方的土司家求亲。一路行侠仗义，路遇另外两位仗义的小伙子，义结金兰。在兄弟的帮助下，他征服了欺软怕硬的土司，最终娶得土司的女儿。张秀朋、郭鸿才搜集整理。32开，3页，2187字。收入《怒族民间故事》，云南人民出版社1988年版。

（和六花）

（三）动物故事

烧虎

怒族动物故事。流传于云南省怒江傈僳族自治州兰坪白族普米族自治县怒族聚居区。讲述的是：虎看见牛壮人小，而牛常受人欺负，便问牛原因。牛说人虽小但聪明。虎仍不解，就去问农夫。农夫答应给它聪明药吃。虎按农夫所说，闭目静候。农夫用网罩住虎，盖上草点燃，然后告诉它："聪明莫过于火。"虎困于网，挣扎逃脱后烧了一身的斑块，牛见了，笑掉了上牙。和国煊讲述，郭思九记录。32开，2页，700字。收入《兰坪歌谣集成》，云南美术出版社1994年版。

（刘怡）

虎与狗

怒族动物故事。流传于云南省怒江傈僳族自治州福贡县。讲述的是：古时候，老虎和狗常常在一起。狗爱在夜里狂叫，老虎劝它："不要叫了，人听见会来打死我们的。"狗听了老虎的话，明白了它虽然凶猛但还是怕人，于是离开了它，从此后和人住在一起。方南子讲述，霜现月、和南生记录、整理。32开，1页，150字。收入《云南民间文学集成·福贡县民间文学集成卷》，福贡县文化局、福贡县民委1989年编印。

（刘怡）

獐子智斗老虎

怒族动物故事。流传于云南省怒江傈僳族自治州贡山独龙族怒族自治县。讲述的是：老虎和马鹿交朋友，后来却把它吃了。老虎又找兔子交朋友，结果把兔子也吃了。不久老虎与獐子交了朋友。觅不到食的时候，它便打起獐子的主意。它想方设法弄清了獐子的住处后，想晚上饱餐一顿獐子肉。獐子发觉了老虎的意图，便在一块石头上敷上松香，然后将身上的毛黏在上面。老虎以为石头就是獐子，便去咬，结果咬断了牙。獐子见老虎还不死心，就用竹签戳死了它。云南大学民族民间文学贡山调查队搜集，杨近文翻译，杨秉礼、杨开应、陈荣祥记录。32开，2页，1100字。收入《怒族独龙族民间故事选》，上海文艺出版社1994年版。

（刘怡）

麂子背虎头

怒族动物故事。流传于云南省怒江傈僳族自治州怒族地区。讲述的是：古时候，老虎和麂子在山上相遇，麂子把虎仔杀了，麂子一路逃跑，野猪救了麂子，并把老虎咬死了。麂子背着虎头回家，结果被蝉鸣声吓到，虎头滚落悬崖发生连锁反应，打落了小鸟窝。小鸟告到皇帝那里，皇帝顺藤摸瓜，找到罪魁祸首蝉，并将蝉的心肝五脏掏出来请大家吃。自此，蝉的肚子就是空的。阿此迪讲述，和光益、叶世富、郭鸿才整理。32开，5页，3445字。收入《怒族民间故事》，云南人民出版社1988年版。

（和六花）

黄鼠狼骗老虎

怒族动物故事。流传于云南省怒江傈僳族自治州贡山独龙族怒族自治县。讲述的是：从前，老虎和黄鼠狼是好朋友，老虎经常请黄鼠狼到家中吃喝。黄鼠狼在酒足饭饱之后也经常请好朋友到家里做客。它想去寨子里偷鸡，又怕猎人的毒箭，于是就将老虎的幼崽骗出来杀了请客。老虎酒醒后发现吃了自己的儿子，才知道上了黄鼠狼的当，便去找它算账。黄鼠狼知道老虎饶不了它，便赶忙逃跑。一路上蟒蛇、四脚蛇都不肯帮它的忙，最后它被老虎抓住吃了。恰马哈讲述，李福元、何淑涛记录。32 开，2 页，1300 字。收入《怒族独龙族民间故事选》，上海文艺出版社 1994 年版。

（刘怡）

兔子除虎

怒族动物故事。流传于云南省怒江傈僳族自治州怒族地区。讲述的是：从前山上一只凶恶的母虎，危害禽兽，一只兔子决心除掉母虎。兔子带了一件棕衣，等母虎出去寻食，将虎仔烧死并埋在地下，又将棕衣卷成人样挂在虎洞口的松树上。兔子又伪装成报信的，说是躲在松树上的人杀了虎仔，并建议母虎猛兽们来啃树，结果作恶多端的猛兽被倒下的松树压死了。舍阿夏讲述，和光益、叶世富整理。32 开，2 页，1100 字。收入《怒族民间故事》，云南人民出版社 1988 年版。

（和六花）

黑熊的下巴为什么有块白点

怒族动物故事。流传于云南省怒江傈僳族自治州贡山独龙族怒族自治县。讲述的是：有对老夫妻请黑熊帮忙照管他们的孩子。小孩长大后，黑熊来要工钱。夫妇二人拿不出钱来，妻子就将脖子上的一串白珠子给了它。黑熊学着她将珠子挂在脖子上，从此它的下巴有了一块白点。甲母初讲述，李文富、陈建文、陈荣祥记录。32 开，1 页，500 字。收入《怒族独龙族民间故事选》，上海文艺出版社 1994 年版。

（刘怡）

老熊和小兔

怒族动物故事。流传于云南省怒江傈僳族自治州贡山独龙族怒族自治县。讲述的是：老熊认为自己力气大，经常欺侮弱小的动物，小兔想惩罚它。一天，小兔吃着蜜糖，骗老熊说是吃自己的眼睛。老熊信以为真，馋得口水直往外流。小兔拿了一块蜜糖塞进它嘴里，让它尝尝甜头，并劝它也把自己的眼睛挖下来吃。愚蠢的老熊按小兔说的做了，结果变成了瞎子。小兔牵着它，走到平处时，说是坡坡坎坎的地方，叫它慢点走；走到坑坑洼洼处，小兔又故意让它走快些。最后老熊滚下了山崖。腊基帕讲述，汉永生翻译，陈荣祥记录。云南大学民族民间文学怒江调查队搜集。32 开，1 页，500 字。收入《七彩贡山——贡山民间故事集》，远方出版社 2004 年版。

（刘怡）

小兔整治老熊

怒族动物故事。流传于云南省怒江傈僳族自治州怒族聚居区。讲述的是：经常欺负小动物的老熊上了小兔的当，挖自己的眼睛吃，成了瞎子。小兔拉着它走，又骗它去敲马蜂窝。老熊被马蜂蜇得皮泡脸肿。天黑了，小兔烧火取暖，骗老熊坐在悬崖边，并将火往它坐的地方凑。老熊热得受不了，便往后退，结果掉下悬崖摔死了。腊基帕、王双全讲述，汉永生、王双全翻译，左玉堂、杨秉礼、杨开应、陈荣祥记录。32 开，2 页，1000 字。收入《怒族独龙族民间故事选》，上海文艺出版社 1994 年版。

（刘怡）

贪得无厌的老熊

怒族动物故事。流传于云南省怒江傈僳族自治州怒族聚居区。讲述的是：老熊从小养成了好吃懒做的坏习惯，其他动物很讨厌它。兔子从远方回来，想探探老熊的品行到底如何。一天，它看见老熊把生意人的货物偷了回来，便悄悄地把其中的砂糖藏了起来。过了一会儿，兔子让老熊闭上眼睛张开嘴，给它吃了一粒糖，并骗它说是眼珠子。老熊觉得好吃，就让兔子把自己的两只眼睛挖出来吃了。结果老熊瞎了，不久摔下山崖死了。16 开，2 页，800 字。拉刮讲述，李卫才记译。存于云南省民间文艺家协会。

（孙敏）

山鹰和骡子

怒族动物故事。流传于云南省怒江傈僳族自治州贡山独龙族怒族自治县。讲述的是：古时候，天上人间都生活着各种各样的动物。天上的动物不吃不喝便可以活，但人间的动物必须饮水吃东西。山鹰和骡子都在天上，是一对好朋友。它们不必为生儿育女发愁，也不必为饮水食料着急，过着无忧无虑的生活。天王生日那天，山鹰和骡子却一起赞美起人间来。天王听了，气得把它们贬到了凡间。这样，山鹰和骡子来到了人间。山鹰开始下蛋生儿育女，骡子虽不必生育，也不得不学会喝水。马德讲述，王国华记录。32开，2页，1000字。收入《七彩贡山——贡山民间故事集》，远方出版社2004年版。

（刘怡）

猴子和老虎

怒族动物故事。流传于云南省怒江傈僳族自治州怒族地区。讲述的是：头猴领着一群猴子在湖边玩耍，一只小猴子不小心掉到水里，其他猴子跳到水里去救小猴子，结果都上不来。一只出门觅食的老虎要吃掉头猴，聪明的头猴说水里有更多的猴子可以成为老虎的美食，让老虎把所有猴子都救上来。又以冰冷的猴子会冻坏虎大王的牙齿为由，让老虎待猴子们晒干皮毛、手脚灵活后再吃，结果猴子们顺利逃脱。车言士讲述，和光益、叶世富整理。32开，2页，856字。收入《怒族民间故事》，云南人民出版社1988年版。

（和六花）

猴子和蚂蚱打仗

怒族动物故事。流传于云南省怒江傈僳族自治州贡山独龙族怒族自治县。讲述的是：很早以前，猴子没什么可吃的东西，就抓蚂蚱来吃，从此和它们结下了冤仇。双方约定开战。猴群准备了打仗用的木棒，蚂蚱们商量对付的办法。第二天，猴子手持木棒向蚂蚱群扑过去；而蚂蚱有的飞在猴子的头顶上，有的跳到猴子的脸上，有的抓住了猴子的耳朵，有的叮着猴子的鼻子咬。猴子们手忙脚乱，不分敌我地互相打了起来，这个打破了那个的脑壳，那个打断了这个的鼻梁，最后一个个躺在地上。它们才知中了蚂蚱的计。甲母初讲述，刘建文、李文富翻译，陈荣祥、杨海生记录。32开，2页，1200字。收入《怒族独龙族民间故事选》，上海文艺出版社1994年版。

（刘怡）

猴子为什么不敢下山

怒族动物故事。流传于云南省怒江傈僳族自治州贡山独龙族怒族自治县。讲述的是：有只小猴子独自下山，路上被蜻蜓捉弄。它很生气，便约蜻蜓第二天再战。第二天一大早，小猴子领着一大群猴子来到约定的地方。等到太阳老高，蜻蜓才领着一群伙伴飞来。猴子们认为自己身强力壮，举起木棍朝蜻蜓打去。蜻蜓落在它们的头上、身上。群猴挥动木棍乱打，最后竟你打我、我打你，互相打得头破血流，鼻青脸肿，甚至死的死，伤的伤。从此以后，猴子再不敢轻易下山了。安娜讲述，彭兆坤记录。32开，3页，1400字。收入《怒族独龙族民间故事选》，上海文艺出版社1994年版。

（刘怡）

狐狸和猫

怒族动物故事。流传于云南省怒江傈僳族自治州福贡县。讲述的是：从前，狐狸称猫为舅舅。一天，它们偷来一只鸡，狐狸骗猫去取火，自己却将鸡吃了，只剩下光秃秃的鸡头。猫回来后，认为狐狸太坏，觉得还是和人在一起生活好，至少能得到剩饭剩菜，从此就和人在一起生活。而后来狐狸偷吃了鸡，总要把鸡头留给猫舅舅。方南子讲述，霜现月、和南生记录、整理。32开，1页，150字。收入《云南民间文学集成·福贡县民间文学集成卷》，福贡县文化局、福贡县民委1989

年编印。

（刘怡）

野鸡和野兔

怒族动物故事。流传于云南省怒江傈僳族自治州贡山独龙族怒族自治县。讲述的是：很早以前，野鸡和野兔是好朋友。一天，野鸡说要让野兔大笑一场后再大哭一场。野兔不信，野鸡就带着它来到田边。野鸡飞到挖地的老太婆头上，老大爷为了打野鸡将老伴打死了。野兔看见哈哈大笑，把嘴皮子都笑裂了。过了一会儿，野鸡见前面有只老虎，就拼命向前跑，快到老虎面前时，它就飞上树。老虎发现野鸡后面的野兔，便猛扑过来。野兔急中生智，钻进旁边的树洞躲起来。老虎在洞口等了半天不见野兔出来，便走了。野鸡飞来告诉野兔说老虎走了。野兔走出洞口，觉得野鸡太不够朋友，害得自己险些被老虎吃了。它越想越伤心，越哭越厉害，把眼睛也哭红了。从此以后，兔子的嘴是裂的，眼睛是红的。云南大学民族民间文学贡山调查队搜集，胡利伯翻译，陈荣祥记录。32开，2页，800字。收入《七彩贡山——贡山民间故事集》，远方出版社2004年版。

（刘怡）

黄莺和乌鸦问路

怒族动物故事。流传于云南省怒江傈僳族自治州贡山独龙族怒族自治县。讲述的是：离飞禽王国很远的地方有一座歌山，飞禽只要到那里转一圈，回来就成了歌唱家。一次，乌鸦和黄莺结伴去找歌山。路上乌鸦嫌黄莺飞得慢，独自先飞了。黄莺不知往哪儿飞才好，便沿途很有礼貌地向红辣椒、青辣椒、小河、母牛及一位老人问路，大家很高兴地告诉了它。而乌鸦一路不断讥笑、讽刺别人，大家都不理会它，所以它永远也飞不到歌山。黄莺按照大家指的方向，很快到了歌山，成了一名出色的歌唱家。它用婉转动听的歌声告诉大家，要想获得别人的同情和帮助，首先要尊重他人。安那讲述，彭兆清记录。32开，3页，1500字。收入《怒族独龙族民间故事选》，上海文艺出版社1994年版。

（刘怡）

乌鸦借翅膀

怒族动物故事。流传于云南省怒江傈僳族自治州贡山独龙族怒族自治县。讲述的是：古时候人有翅膀，可以在空中飞翔；而乌鸦有两条细腿，只能行走，它非常想得到人的翅膀。一次，乌鸦骗人说自己有急事，借走了翅膀，从此再也没有归还。最后人和乌鸦成了死对头，怒族人一见乌鸦就用弩弓射。此阿妹讲述，和光益、叶世富、李汝忠记录。32开，1页，400字。收入《怒族独龙族民间故事选》，上海文艺出版社1994年版。

（刘怡）

乌鸦为何一身黑

怒族动物故事。流传于云南省怒江傈僳族自治州贡山独龙族怒族自治县、福贡县怒族聚居区。讲述的是：古时候乌鸦和咕益鸟是好朋友。乌鸦一身白，咕益鸟一身灰。它俩见树上的花雀很美丽，非常羡慕，就商量分头找来颜色打扮一下自己。咕益鸟找到红、黄、绿三种颜料，而乌鸦找到黑、蓝、青三种颜料。先是乌鸦认真地给咕益鸟着色，直到它满意。轮到咕益鸟给乌鸦涂颜色时，天色已晚，它很不耐烦地在乌鸦身上乱涂乱画。乌鸦很不高兴，便和咕益鸟争吵起来。咕益鸟一气之下，将黑颜色往乌鸦身上泼去。从此，咕益鸟身上有了红、黄、绿三种毛色，而乌鸦却变得一身黑。佚名讲述、记录。16开，1页，250字。收入《中国传说故事大辞典》，中国文联出版公司1992年版。

（阿南）

乌鸦与咕益

怒族动物故事。流传于云南省怒江傈僳族自治州怒族地区。讲述的是：在古时候，白色的乌鸦和灰色的咕益是一对好朋友。它们羡慕花雀美丽的色彩，就找来颜色相互帮忙画羽毛。乌鸦帮咕益画成红、黄、绿三色的羽毛，粗心的咕益在一气之下把乌鸦弄得全身墨黑。自此，咕益有了红、黄、绿三种毛色，乌鸦变为一身乌黑。云南大学民族民间文学调查队搜集，丁基拉母讲述，真补翻译，陈荣祥整理。32开，2页，1104字。收入《怒族民间故事》，云南人民出版社1988年版。

（和六花）

"俅马比勾"鸟

怒族动物故事。流传于云南省怒江傈僳族自治州贡山独龙族怒族自治县。讲述的是：猎人有一个好吃懒做的妻子。一天，他猎获了很多野兽回到家，又累又饿，可家里还没有煮饭。不一会儿，他就在火塘边睡着了。儿子回来要吃的，母亲让他跟父亲要。儿子进屋叫了阿爸几声，叫不醒，就用小刀在他的脖子上来回拉了几下。猎人的脖子被割开一条大口子，鲜血直流。儿子吓慌了，喊母亲赶快进来。叫了半响懒妇才进来，这时丈夫已经死了。猎人死后，变成一只"俅马比勾"鸟，不停地诉说着自己的苦衷。怒族人一直认为这种鸟是由含冤死去的人变的，所以从不轻易伤害它。佚名讲述，张联华翻译，张文军、陈荣祥记录。32开，2页，800字。收入《怒族独龙族民间故事选》，上海文艺出版社1994年版。

（刘怡）

布谷鸟与金八两

怒族动物故事。流传于云南省怒江傈僳族自治州兰坪白族普米族自治县怒族聚居区。讲述的是：布谷鸟和金八两原本是好朋友。布谷鸟不断催人耕种，叫得嘴都出了血。人们夸奖布谷鸟，金八两很妒忌。金八两认为自己个大声高，要与好朋友争功。后来，它恶人先告状，找鸟王说布谷鸟的坏话，并要它评理。鸟王看了看两只鸟的嘴角，便知道了真相，罚金八两永世为黑皮黑嘴。李兆龙讲述，施中林记录。32开，2页，800字。收入《兰坪歌谣集成》，云南美术出版社1994年版。

（刘怡）

蚂蚁和蜻蜓

怒族动物故事。流传于云南省怒江傈僳族自治州贡山独龙族怒族自治县。讲述的是：蜻蜓见小蚂蚁来去奔波，就在它面前炫耀自己如何快活。小蚂蚁告诫它："懒人没有房子住，懒牛没有青草吃。"并劝它准备好自己的粮食和住房。蜻蜓不听。到了冬天，它找不到避寒的地方，便冻死了。佚名讲述，李卫才、罗沙益、木顺江记录。32开，2页，600字。收入《怒族独龙族民间故事选》，上海文艺出版社1994年版。

（刘怡）

蜘蛛的笛子

怒族动物故事。流传于云南省怒江傈僳族自治州贡山独龙族怒族自治县。讲述的是：野蜘蛛与家蜘蛛一起去岩蜂窝里吃蜜。到了那里，野蜘蛛只顾自己吃，不管家蜘蛛。三天后，家蜘蛛发现野蜘蛛已经被蜂群吃得只剩一条小腿，便用它做了一支笛子。笛子被乌鸦骗走了，蚂蚁帮家蜘蛛去找乌鸦要。可笛子又让猴子抢走了，松鼠便帮家蜘蛛把树枝咬断，让猴子掉了下来。最后在蚂蚁和松鼠的帮助下，家蜘蛛拿回了自己的笛子。车言士讲述，和光益、叶世富记录。32开，2页，800字。收入《怒族独龙族民间故事选》，上海文艺出版社1994年版。

（刘怡）

跳蚤和虱子比赛

怒族动物故事。流传于云南省怒江傈僳族自治州贡山独龙族怒族自治县。讲述的是：跳蚤和虱子煮好大米饭后，相约去砍柴。它们约定，砍完柴后谁先到家谁就享用大米饭。砍完柴后，虱子爬得慢，而跳蚤跳得快。但跳蚤每跳一次，篮子里的柴都要撒出一些，便不得不停下来再装一次。最后还是虱子先到家，把香喷喷的饭吃完了。跳蚤回到家后很生气，把土锅砸在虱子身上。后来虱子背上有一块黑色，据说就是被跳蚤打的。锋若讲述，真补翻译，陈荣祥、杨海生记录。32开，2页，800字。收入《怒族独龙族民间故事选》，上海文艺出版社1994年版。

（刘怡）

三、长诗歌谣

（一）创世歌和叙事歌

创世歌

怒族创世歌。流传于云南省怒江傈僳族自治州怒族聚居区。唱述的是：远古洪水泛滥后，世上只剩两兄妹，他们随金银葫芦漂到了里帝巴瓦和巴里五库地方。兄妹俩得到了天地赐给的金银刀，钻出了葫芦。后兄妹经打银针、理麻团、滚石磨验证后成亲，生下九个男子、七个女子，繁衍了汉族、白族、傈僳族、怒族、藏族、纳西族、白人、黑人、俅人等各种民族、族群和一对鬼神。此歌表现了怒族特有的生活环境以及由此形成的思维方式。佚名唱述，佚名记录。16开，2页，112行。收入《中国歌谣集成·云南卷》，中国ISBN中心2003年版。

（刘怡）

欧得得

怒族叙事歌。流传于云南省怒江傈僳族自治州怒族聚居区。此歌又名"乍付赛与乍付玛"，以鲜明生动的人物、跌宕起伏的情节和饱含情感的语言，唱述了碧罗雪山脚下猎人乍付赛和织麻姑娘乍付玛惊天地泣鬼神的爱情故事。全歌分为七节，首先简要地描述了乍付赛和乍付玛的出身、家庭、成长等情况，接着唱述了他们的苦恋与结合，表现了从古至今怒族青年对真挚爱情的渴望和追求。猎人乍付赛上山打猎从来没有空手而回的时候，有一天却因怀念心上人乍付玛而什么也没有猎到；乍付玛也因想念乍付赛，织布梭子断了线也不知道。他俩隔着一条江不能相遇。天神地神知道后，让白雾笼罩了高山和江面，白云变做小白鸽为他们带信，传达着他们之间的爱恋之情。后来，天神在江上架起一棵大树，于是乍付赛和乍付玛相聚了。从此他们："山茅野菜一起吃，破烂蓑衣一起穿。吃的山茅野菜也像蜂蜜一样甜，穿的破烂蓑衣也像火塘一样暖。"佚名唱述，李卫才、段伶记录。16开，4页，237行。收入《中国歌谣集成·云南卷》，中国ISBN中心2003年版。

（刘怡）

（二）仪式歌和习俗歌

祭猎神调

怒族仪式歌。流传于云南省怒江傈僳族自治州怒族聚居区。这是怒族猎手们在猎到羚羊时赞美女猎神的歌。全歌包括七个部分：第一部分描述人们捧着美酒到雪山上迎接猎神，祈求猎神快快降临，引来飞禽走兽。第二部分赞美猎神的高大、威武和潇洒。第三部分唱述人们猎获了野兽，设宴庆祝，祈请猎神光临。第四部分请猎神饮酒、吃饭，尽情欢笑。第五部分唱述人们酒足饭饱后，请猎神安歇。第六部分唱述天亮后人们舂米、劈柴、背水，感谢猎神赐给的幸福生活。第七部分唱述人们依依不舍地送猎神回山，相约来年又恭请猎神降临，祝愿猎神年年岁岁给人们带来欢乐和幸福。阿加仁唱述，木玉璋、赵鉴新记录。32开，4页，203行。收入《中国歌谣集成·云南卷》，中国 ISBN 中心 2003 年版。

（刘怡）

敬猎神

怒族仪式歌。流传于云南省怒江傈僳族自治州怒族聚居区。怒族猎人在出猎之前一定要祭祀猎神。歌中唱道："尊敬的猎神啊！高贵的兽灵啊！你是久居在高山的猎神，你是长栖在雪山的兽灵。你巡视着所有的羚羊、马鹿，你照管着所有的飞禽走兽。今天我用杜鹃木酒杯捧着三年的美酒，专程到高山顶来接你，今日我用金竹酒杯捧着三年的甜酒，准时到雪山上来接你，让我碰上七个地方的羚羊，让我碰上九个地方的野驴。让我能打中角像月亮一样圆的羚羊，让我能射到角长得弯弯扭扭的大兽。我要用酒来向你交换，我以甜酒来向你换取。让我们每月相会一次吧！让我们每月相聚一次吧！"佚名唱述，和光益记录。32 开，1 页，64 行。收入《首届怒江大峡谷民族文化学术研讨会论文集》，首届怒江大峡谷民族文化学术研讨会组委会 2004 年编印。

（刘怡）

祭天神

怒族仪式歌。流传于云南省怒江傈僳族自治州怒族聚居区。怒族人为了祈求天神祛凶降吉、常保平安，使生活富足，要定期祭祀天神；若遇到年成不好，庄稼、家畜生长异常，或梦见不吉之事，也要祭天神。歌中唱道："太初的时候，祖先时神创造了人，祖先时就发明了人，会创造蚂蚁的神，会创造蚂蚱的神，会创造三星的神，会创造日月的神，会创造飞禽走兽的神，造就万物的神……人你赐给搓，不要捉去我的灵魂，不要用铁链拴我；我不是空话来求你，用鸡命换人命，用鸡脚换人脚，用鸡手换人手。让我找钱有钱花。"佚名唱述，佚名记录。32 开，3 页，60 行。收入《怒族文学简史》，云南民族出版社 2003 年版。

（刘怡）

祭天地神词

怒族仪式歌。流传于云南省怒江傈僳族自治州怒族聚居区。按怒族风俗，每年尝新节都要祭祀天神、地神、家神和灶神。歌中唱道："啊，天神会开恩，地神会保佑。风调又雨顺，日光照得暖。庄稼长势好，谷穗籽粒饱。包谷有树高，果实胳膊粗。芋头有头大，瓜果娃娃大。迎来好年景，迎来大丰收。尝新你先尝，品味你先品。来年多开恩，来年多保佑。开恩庄稼好，保佑大丰收。家神会开恩，灶神会保护。家神会当家，灶神会用粮，全家无伤亡，人人能劳作。家中无瘟疫，六畜也兴旺。求神定开恩，保佑人长寿。"佚名唱述，叶世富记译。32 开，1 页，28 行。收入《云南少数民族生产习俗志》，云南民族出版社 1990 年版。

（阿南）

祭天词

怒族仪式歌。流传于云南省怒江傈僳族自治州怒族聚居区。怒族人遇到年景不好或生病之时，就要祭天祈求神灵保佑。歌中唱道："因为年景不好，月亮不圆，我碰着克年。这事你主宰，这事你造就，所以我来求你。"然后进一步说明："我不是空嘴来求你。我半夜准备，鸡叫准备，卖地卖房，清洗碗盏，捧瓷碗，拿白米，倒烧酒，取鸡蛋，拿白纸，拴三岁公猪，捉三月母鸡，求你来。"词中充满了对天神的敬畏和祈求。佚名唱述，李卫才、段伶记录。16 开，3 页，128 行。收入《中国歌谣集成·云南卷》，中国 ISBN 中心 2003 年版。

（刘怡）

祭山神（一）

怒族仪式歌。流传于云南省怒江傈僳族自治州怒族聚居区。怒族人生病时，往往会认为是得罪了山神所致，所以要祭山神。歌中唱道："我手里拿着献给你的酒和肉，尊敬的山神麦腊，住在岩石和江边的山神舅舅啊，住在树林里大树上的山神麦腊，我手里拿着祭品对你喊，我拿着祭品来祭你，我手里拿的是干净的酒和肉，还供上肥大的公鸡，请您收下别嫌弃，请您收下莫客气。天下没有不病的人，病了也该让他好转。没有不下雨的天，下了还要放晴。请把套着的铁链解开，拴着的铜链解掉，请把我们的人放回来，让他的病痛快好转。"阿纳自唱述，赵师简、马文彪记录。16开，1页，30行。收入《中国歌谣集成·云南卷》，中国ISBN中心2003年版。

（刘怡）

祭山神（二）

怒族仪式歌。流传于云南省怒江傈僳族自治州怒族聚居区。歌中唱道："住在江头江尾岩石上的山神呵，山上的石头不是我们滚，山林里的大树不是我们砍。冬天草枯，山石自己滚；秋天风大，大树自己倒。请你别怪罪我们，请别叫我们生病。身上的铁链请解开，身上的铜链请除去。让病人的病痛快好转，让病人的痛苦快消除。"佚名唱述，佚名记录。32开，1页，13行。收入《红土地上的神秘歌舞》，国际文化出版公司1996年版。

（刘怡）

祭山鬼词

怒族仪式歌。流传于云南省怒江傈僳族自治州怒族聚居区。怒族人出门在外如生了病，便认为是山鬼所害，要请祭司祭山鬼。歌中唱道："今天是好日子，我特地来祭你，今后过路遇着，打水碰着，请不要为难。我们用猪身抵人身，用猪血抵人血，人身小猪身大，人血苦猪血甜，给你一次抵千次，给你一个抵十个。他家一无所有，希望你们来吃，吃完就一起约着回去。"佚名唱述，佚名记录。32开，1页，14行。收入《云南少数民族生活志》，云南民族出版社1992年版。

（阿南）

瘟神歌

怒族仪式歌。流传于云南省怒江傈僳族自治州怒族聚居区。怒族在有人得了难以治愈的风湿、肺结核、水肿、麻风等被视为瘟病的病时，其家人就会杀牲祭瘟神，求瘟神宽恕，以解除病人的痛苦。祭祀时，祭司用手指弹着酒，洒着鸡血吟诵此歌。此歌分为两个部分，前一部分叙述远古九个太阳、七颗月亮并出，大地变成火海的严酷景象以及人间勇士战胜天旱，使自己免于灾难的传说；后一部分则叙述洪水泛滥，人类灭绝及兄妹结合传人种的传说。佚名唱述，木玉璋记录。32开，7页，100行。收入《怒族文学简史》，云南民族出版社2003年版。

（刘怡）

祭家神

怒族仪式歌。流传于云南省怒江傈僳族自治州怒族聚居区。怒族在有人生病时要祭家神，祈求其保佑。歌中唱道："家神爷啊！请您帮帮忙，这家人得了病痛，快让病人的病好转，阴云邪气快驱散。身上铜链快解除，脚上铁链快打开。这家好人无罪过，请您不要再折磨他们。快把鬼雾驱散开，铁索铜链全解开，铜锁铁枷都打开。跳蚤（指野鬼）可恶又可恨，别让它钻进被窝。"黑米加唱述，赵师简、马文彪记录。16开，1页，19行。收入《中国歌谣集成·云南卷》，中国ISBN中心2003年版。

（刘怡）

祭天地鬼词

怒族仪式歌。流传于云南省怒江傈僳族自治州怒族聚居区。怒族人认为，天鬼是男性，地鬼是女性。歌中唱道："保佑人畜的天祖父呀，保佑人畜的地祖母呀，你们的儿孙病了，可是他们不愿意生病，今天用猪、鸡、盐巴和清水来祭你，这头猪已养了七年，你就当七十年吧；给你一千颗米花，就让他活一千岁吧。你的儿孙是人类的种子，是继承财产的人,你让他活下去吧,就像你一样活千岁万岁,让他白了头发。"佚名唱述,佚名记录。32开,1页,12行。收入《云南少数民族生活志》,云南民族出版社1992年版。

(阿南)

招魂歌(一)

怒族仪式歌。流传于云南省怒江傈僳族自治州怒族聚居区。怒族小孩生病时,父母要为小孩叫魂。歌中唱道:"我们的地盘里金子堆成山,我们的领地里银子流成河。他族的地盘没有我们的地盘富有,别族的领地没有我们的领地美丽……今夜孩儿不慎滚下山坡,今日我儿不幸掉落悬崖……我儿的圣灵消失了,孩儿的圣魂吓跑了。阿爸来寻找我儿的圣灵,阿妈来寻觅孩儿的圣魂……阿爸为你煮好了好吃的鸡蛋,阿妈给你备好了香喷的米饭……赶快归来吧!归来吧!"邓四昌唱述,叶世富、普利颜记录。16开,3页,122行。收入《中国歌谣集成·云南卷》,中国ISBN中心2003年版。

(刘怡)

招魂歌(二)

怒族仪式歌。流传于云南省怒江傈僳族自治州兰坪白族普米族自治县怒族聚居区。怒族人认为人有魂魄,身体出现病症可能是魂魄离开身体所致,病者家人往往会为其举行招魂仪式。歌中唱道:"甩着手儿你回来呀,迈着大步你回来呀。今日我不招别的魂,别的魂来我不认呀,别的魂来我不理呀;专喊×××的魂呀。"歌中还嘱咐病人的魂魄不要到树林深处,不要去悬崖之地,不要到河边等妖魔鬼怪在的地方;让魂魄沿着大路,朝着家门回来,并说全家人都在盼望着他的归来。李锡三唱述,李绍恩记录。32开,2页,40行。收入《兰坪歌谣集成》,云南美术出版社1994年版。

(刘怡)

叫魂词

怒族仪式歌。流传于云南省怒江傈僳族自治州福贡县。怒族人在遇到有人生病或被突然出现的事情吓着,就会认为此人的魂已游走他方,要请老人为其叫魂。歌中唱道:"哪怕你走的路无台阶,哪怕你走在没有扶手的地方,哪怕你走错了方向,我们给你做路阶,我们给你做扶手。"并嘱咐魂魄:"闪电打雷的地方你不要在,刮风下雨的地方你莫要停。不要在别人的地盘上,不要在他人的辖区里。你不要躲在岩洞里,岩洞垮下埋了你。你不要站在大树下,大树倒下压着你。"然后说叫魂者已准备好了祭品,劝魂不要怕,叫魂者会带着魂顺利地回到家乡。阿南普唱述,霜现月、和南生记译。16开,2页,80行。收入《中国歌谣集成·云南卷》,中国ISBN中心2003年版。

(刘怡)

祭牲词

怒族仪式歌。流传于云南省怒江傈僳族自治州怒族聚居地区。按怒族的风俗,凡有中老年人去世,都要杀牲祭祀亡灵。杀牲前,长者肩扛一把长刀吟唱此歌。歌中唱道:"呕——死者,死者呀死者,你别再挂家里了,你别再念家里人了,我们杀壮牛祭你了,我们宰肥猎供你了,你牵壮牛的魂走吧!你拉肥猪的灵走吧!你别再挂家里了,你别再念家人了,他们把最好的食品祭你了,他们把最佳的饮料供你了,你背着最好的食品走吧!你拿着最佳的饮料去吧!"佚名唱述,叶世富记译。32开,1页,14行。收入《云南少数民族生葬志》,云南民族出版社1988年版。

(阿南)

"拾车别"祭

怒族仪式歌。流传于云南省怒江傈僳族自治州怒族聚居区。按怒族的风俗,人死后生者要举行"拾车别"仪式,向死者供祭食物。歌中唱道:"父老乡亲原不想为你准备丰盛的佳肴,可是你听了别人（指其他已经死去的人）的话，现在做了其他家族的成员，一切都让你带走吧！不要留恋家中的亲人，你同前去的人血肉相连，迫使我们为你送行。你不听皇帝的吩咐，头人的劝告，众人的阻拦，离开了人间。今天下午按你生前的嗜好和习惯，换上人间最漂亮的衣服，做最香美的饭菜，带上足够的粮食和酒肉，愿你同祖先及已离开人间的亲友一道同吃共饮。请保佑人间的亲属平安。"兰新、李东尚唱述，亚跨、李刚才记译。32开，1页，22行。收入《福贡文史资料辑》第2辑，福贡县政协1990年编印。

（刘怡）

指路经

怒族仪式歌。流传于云南省怒江傈僳族自治州福贡县。怒族人认为人死了魂还在，魂不能久留在生者居住之地，要请有权威、懂事理、年长的男性老者为死者的灵魂指路，使其回到祖先居住之地。祭者手执公鸡吟唱此歌。歌中历数亡魂要经过的地名和村名，告诉亡魂这些都是祖宗的地盘和家乡，让亡魂顺利回到祖先在的地方。歌中唱道："没有想到你病成这样，没有想到病魔会这样快夺走你，你不知道你去的路在哪里，你不懂你去的路该怎么样走。只有我诚实地告诉你，你顺着我指的路，才能去到你该去的地方。"阿南普唱述，霜现月、和南生记译。32开，2页，34行。收入《福贡县民间文学集成卷》，福贡县文化局、福贡县民委1989年编印。

（刘怡）

送灵词

怒族仪式歌。流传于云南省怒江傈僳族自治州兰坪白族普米族自治县怒族聚居区。这是怒族葬礼中"起灵"抬棺前祭司对死者的嘱咐词。歌中唱道："奠你酒气茶气，奠你大猪肥羊，奠你八大碗菜，奠你金钱纸币。"然后指给亡灵要走的路，让他跟在祖先后面走，回到祖先的居处。怒族以瓜藤长出并蒂瓜为古怪，以鼠有猫壮为古怪，以鸡下双黄蛋为古怪，认为这些都是不吉利的东西，因此歌中特别请亡灵把这些"不吉利的东西带走""把古怪的东西带走"，为活着的人们留下六畜兴旺、五谷丰登、康乐长寿。和三才唱述，李富昌翻译，施中林记录。32开，4页，88行。收入《兰坪歌谣集成》，云南美术出版社1994年版。

（刘怡）

送葬词

怒族仪式歌。流传于云南省怒江傈僳族自治州怒族聚居区。怒族葬礼中起棺上路时，要由一位德高的老人站在房门内吟唱此歌，目的是为亡魂指点归路，一直把亡魂送归祖先居住的故土。歌中唱道："万物有兴有衰，人类有生有死。你高兴地去吧，你愉快地走吧！到阿祖住的地方去，到阿爷住的地方去。阿祖在的地方，阿爷住的地方，有雄壮的高山，有奔流的江河，有苍翠的森林，有鲜艳的山花，有唱歌的飞禽，有跳舞的走兽。"歌中把亡魂回祖先居住地的路沿途的一山一水、一草一木、一弯一坡，都描述得清清楚楚。佚名唱述，佚名记录。32开，2页，38行。节选收入《怒族文学简史》，云南民族出版社2003年版。

（刘怡）

送魂调

怒族仪式歌。流传于云南省怒江傈僳族自治州怒族聚居区。怒族风俗，成年男性死亡，要由一位长老为死者亡魂指点回祖先居住地的归路（对女性死者不指点）。歌中唱道："万事有兴衰，万物有生有死，蚂蚁都有生死，蚂蚱都有兴衰，死者不只你一个，亡者不独你一人，你高兴地去吧！你愉快地走吧！到阿祖的地方去，到阿爷的地方去，在阿祖在的地方，在阿爷住的地方，有幽静的山谷，有碧绿的江河，有青翠的草木，有艳丽的花朵，有闪光的青天，有明晃的大地……你高兴地去吧！你愉快地走吧！阿祖正在门口等你，阿爷正在门口迎你，你拉住牛尾巴去吧！你抱住猪尾巴走吧！"佚名唱述，叶世富记译。32开，2页，32行。收入《云南少数民族生葬志》，云南民族出版社1988年版。

（阿南）

丧葬咒语

怒族仪式歌。流传于云南省怒江傈僳族自治州怒族聚居区。怒族人将被洪水淹死、上吊死、被石头砸死、械斗身亡等死者视为凶死者，有很多针对这类人的忌讳，埋葬这类人时要唱诵此歌。歌中唱道："今天我已经为你找到了金房银屋，让你在这里定居，永世不移。我为了给你找安息之地，不幸脚杆被石头砸断了，不能跟你一起到阴间了，请你独自到阴间去吧！我绝不能与你生活在一起。"兰新、李东尚口述，亚垮、李刚才记译。32开，1页，22行。收入《福贡文史资料辑》第2辑，福贡县政协1990年编印。

（刘怡）

同八动

怒族仪式歌。流传于云南省怒江傈僳族自治州福贡县怒族聚居区。"同八动"是怒族人过新年时的一种祭祀活动，限男性参加。其目的是让怒族人民远离一切灾魔。凡参加祭祀的男子每人带上米、酒、粑粑和一只鸡到松林里行祭。歌中唱道："祖先也兴这样祭，爷爷也兴这样祭。今天我带来了米，今天我带来了锅。新年伊始，我祈求大神保佑，病魔灾害不沾我，粮畜钱财来找我。劳动能使粮满仓，放牧能使畜满圈。走路不会被跌倒，过河水不会冲走我。"亚垮唱述，霜现月、和南生记译。32开，2页，37行。收入《云南民间文学集成·福贡县民间文学集成卷》，福贡县文化局、福贡县民委1989年编印。

（刘怡）

择地祈祷词

怒族仪式歌。流传于云南省怒江傈僳族自治州福贡县。按怒族的风俗，选择定居地时，要占卜决定。歌中唱道："头顶的苍天呀，脚下的大地啊，我呼唤了三声，我拍打了三下，万能的神！主宰生灵的神呀！今天呀今天，今夜呀今夜，残杀的灾难未曾降临到我们的头上，械斗的幽灵未曾到我们身边。我们已离开了故乡，我们要搬到他乡。我们祈祷你，我们恳求你，当我们来到美好地方的时候，当我们到达吉祥之地的时刻，叫这只随身的公鸡啼鸣三声，让这块磨石抛地断成两截。我们将在美好的地点生活，我们将在这吉祥的地方安身。"32开，1页，20行。佚名唱述，佚名记录。收入《怒族文化史》，云南民族出版社1997年版。

（阿南）

祭地神

怒族仪式歌。流传于云南省怒江傈僳族自治州福贡县。在挖地下种前，为了种下的种有个好收成，怒族人总希望地神保佑，要行祭祀，唱诵此歌。歌中唱道："创造大地的神，教我们劳动求生。今天我们来翻地，今天我们来下种。我不是空手而来，带来好喝的米酒。圣明的米斯神王，帮助我看好鸟虫，莫让它偷吃种子。圣明的米斯神王，帮助我守好田鼠，莫让它偷吃粮薯。圣明的米斯神王，莫让狂风吹禾，莫叫暴雨打苗。等到秋收粮熟时，我带着好喝的米酒，再来敬你米斯神王。"阿南普唱述，霜现月、和南生、景山记译。32开，1页，18行。收入《中国歌谣集成·云南卷》，中国ISBN中心2003年版。

（刘怡）

祭神经

怒族仪式歌。流传于云南省怒江傈僳族自治州怒族聚居区。古时，怒族人在没有开发过的原始老林初次砍树开荒前，要祭祀树神山神，由长者面对老林，一边洒酒，一边吟唱此歌。歌中唱道："啊，树神！皇帝派谷物，皇帝要养兵；皇帝派白银，皇帝要打仗；皇帝派战马，皇帝要远征；我们没地种，我们没钱花，我们没粮交，我们没物纳。啊，树神！请你多开恩，请你多保佑。愿我们新开的土地，愿我们新种的庄稼，变成肥沃的良田，化作丰收的土地，播下的种子长出苗壮的禾苗，长出的禾苗结出丰硕的果实。"佚名唱述，叶世富记译。32开，2页，53行。收入《云南少数民族生产习俗志》，云南民族出版社1990年版。

（阿南）

收粮祭

怒族仪式歌。流传于云南省怒江傈僳族自治州福贡县。怒族人在收获季节要祭祀地神。歌中唱道："尊敬的米斯神王，今天我来收粮薯，带来香甜的米酒，谨以祭供你的圣明。因为你的保佑，我的庄稼，没有遭到风雨侵袭，没有受到鸟虫伤害，再希望你能保佑，到此收粮的人们，平安无病无灾难，平安收获无跌伤。将所有的富神，都集中到我家来，保佑我家粮食满仓，六畜兴旺。待到明年时，又来敬你米斯神王。"阿南普唱述，霜现月、和南生、景山记译。32开，1页，18行。收入《云南民间文学集成·福贡县民间文学集成卷》，福贡县文化局、福贡县民委1989年编印。

（刘怡）

刀卦词

怒族仪式歌。流传于云南省怒江傈僳族自治州兰坪白族普米族自治县怒族聚居区。怒族有刀卦、绳卦、签卦等十多种卦。刀卦主卜凶吉祸福，卜卦时巫师以黑蒿草擦手净器，以细绳拴刀悬于火塘三脚架上方，然后念诵此歌。词中念道："山神老爷、土地老爷、龙王老爷、本主老爷、母猪龙老爷、活人鬼老爷、夜游鬼、死人鬼、阴判鬼、替死鬼、口舌鬼、吸血鬼，各路神鬼都卜了，各方神鬼都点了，哪路鬼缠主人，哪路鬼咬病了人，三脚神灵显出来，三脚神灵点出来！"李兆龙唱述，施中林记录。32开，3页，52行。收入《兰坪歌谣集成》，云南美术出版社1994年版。

（刘怡）

开年大吉歌

怒族仪式歌。流传于云南省怒江傈僳族自治州兰坪白族普米族自治县怒族聚居区。兰坪碧鸡岚村的怒族人过年时要举行祭"神树"仪式，届时各家的成年男子带着祭品摆在神树前祭祀，并由祭司唱诵此歌。歌中唱道："吉祥的神树呵，竖起来啊！欢乐的锅桩呵，跳起来噫！今天是开春的头一天，蓑衣旧了，翻披过来迎新春！"歌中还唱述了人们摆放祭品时的愿望，表现了过年时欢快、幸福的场景。此外，他们认为祭司在谁家唱了这歌，这家人来年就会吉祥如意，于是家家都会抱着青松毛，欢迎祭司到自己家来唱歌、饮酒。李兆龙唱述，施中林记录。32开，2页，24行。收入《兰坪歌谣集成》，云南美术出版社1994年版。

（刘怡）

祭祖歌

怒族仪式歌。流传于云南省怒江傈僳族自治州兰坪白族普米族自治县怒族聚居区。怒族人新年时要摆祭品祭祀祖先，祈求祖先在新的一年中为自己驱灾保平安。歌中唱道："旧岁已出门，新年已到屋。在这佳节里，三年陈香已上，三年佳肴已摆，三年老酒已供。三代老祖公，三代老祖母，姓氏不详的老祖公，姓氏不明的老祖母，痛快地吃吧，尽情地饮吧。在新的一年中，让我们找钱得钱，左手拿银、右手握金；让我们六畜兴旺，五谷满屋；让我们说理占理，祈福得福。"李锡三唱述，李绍恩记录。16开，1页，45行。收入《中国歌谣集成·云南卷》，中国ISBN中心2003年版。

（刘怡）

过年祭祖词

怒族仪式歌。流传于云南省怒江傈僳族自治州兰坪白族普米族自治县怒族聚居区。怒族过年时要祭祖先，祭时吟唱此歌。歌中唱道："旧岁已出门，新年已到屋。在这佳节里，三年陈酒已上，三年佳肴已摆，三年老酒已供。三代老祖公，三代老祖先母，痛快地吃吧，尽情地饮吧。这是儿孙对你们的孝敬，这是晚辈对你们的怀念。新的一年里，祸害请你撵去，灾难请你驱除，福分请你多保护，快乐请你全留住。"佚名唱述，佚名记录。32开，1页，17行。收入《红土地上的神秘歌舞》，国际文化出版公司1996年版。

（刘怡）

提亲调

怒族习俗歌。流传于云南省贡山怒族独龙族自治县怒族聚居区。这是怒族父母为子女提亲时唱的歌。歌中唱道："从古老的年代里，在那久远的岁月中，自从有了太阳，自从有了月亮，天底下的人类，地面上的人群，神仙给我们定下，男婚女嫁的规矩。活着配成了夫妻，死后灵魂相依。世上有男婚的风俗，人间有女嫁的习惯"。将丁唱述，马文彪记录。16开，1页，20行。收入《中国歌谣集成·云南卷》，中国ISBN中心2003年版。

（刘怡）

迎亲歌

怒族习俗歌。流传于云南省怒江傈僳族自治州怒族聚居区。此歌是怒族《婚礼歌》的重要组成部分，可独立成章。一般由男歌手对唱，也可以男女对唱形式演唱。歌中唱道："（男）迎亲的时节到了，我酿好了九坛美酒；我杀翻七头肥猪，我宰好了九头壮牛；正等你的父亲来饮，正等你的小辈来吃。我派了七个兄弟来接你，我请了九个姐妹来接你；你愉愉快快地来吧！你高高兴兴地来吧！（女）我发愁你没有办法，我担心你没有本事；你是个有办法的人，你是个有本事的人；你给红马挂上金铃，你给白马系上银铃；红马打扮好了，白马装饰好了；我已全喜欢了，我已全满意了；要同阿哥度终身，要同阿哥过到老。"佚名唱述，佚名记录。32开，1页，20行。收入《怒族文化史》，云南民族出版社1997年版。

（阿南）

接亲拦门调

怒族习俗歌。流传于云南省怒江傈僳族自治州兰坪白族普米族自治县怒族聚居区。这是怒族举行婚礼时，由接亲人和拦门人对唱的歌。接亲人来到新娘家时，新娘家的拦门人堵在门口，用歌声提出一些要求"为难"接亲人，双方以歌斗智。接亲人唱："慕名远道奔你家，钱文身上带的少；敢向主人问句话，开门要钱多少文？"拦门人唱："一年三百六十天，中堂钱一百二十文，吃奶钱一百二十文，开门一百二十文。"经过一番讨价还价，最后拦门人开门让接亲人进入。李三才唱述，施中林记录。32开，2页，46行。收入《兰坪歌谣集成》，云南美术出版社1994年版。

（刘怡）

结婚歌

怒族习俗歌。流传于云南省怒江傈僳族自治州福贡县。这是怒族举行婚礼时主婚人唱的祝贺歌。歌中唱道："这是祖先兴下的，这是前人传下的，不是拉更我创造，也不是拉更我发明。遵循祖先的规矩，遵照前人的习惯，亲戚朋友来贺喜，父老兄妹来祝婚。"歌中还唱述女方父母到男方家的欢乐心情和对亲家和女儿女婿的祝福。拉更唱述，李卫才、亚娜、赵师简、马文彪记录。16开，1页，51行。收入《中国歌谣集成·云南卷》，中国ISBN中心2003年版。

（刘怡）

今天瞧你像萝卜

怒族习俗歌。流传于云南省怒江傈僳族自治州怒族地区。这是一首怒族婚礼上的逗新娘歌，参加婚礼的来客或新郎取乐逗新娘，表达新娘在结婚之前高傲娇贵，今天也嫁作他人妇。宝山益、李绍尼翻译整理。32开，1页，8行。收入《中国民间情歌·少数民族卷》，上海文艺出版社1989年版。

（和六花）

不嫁不行了

怒族习俗歌。流传于云南省怒江傈僳族自治州怒族地区。这是怒族婚礼哭嫁仪式的哭嫁歌，唱述按怒族婚俗，结婚时请喇嘛、裴拇（地方官）和帕克（村寨老人）贺信，教诲男女双方莫悔婚约。尼玛演唱，张化文翻译，杨秉礼记录整理。32开，1页，18行。收入《中国民间情歌·少数民族卷》，上海文艺出版社1989年版。

（和六花）

祝福歌

怒族习俗歌。流传于云南省怒江傈僳族自治州怒族聚居区。怒族婴儿出生后，长老一边用水给婴儿洗脸擦头，一边唱此歌祝福。歌中唱道："啊喔，小宝宝，啊喔，小生命，昨朝你走运了，昨晚你碰巧了，你降生在吉祥的日子，你出生在美好的时节，我用银水祝福你的降生，我用金水祝贺你的出世；我用银水洗你的污垢，我用金水驱赶你的病魔；祝福你的诞生，祝贺你的出世；愿你像黄瓜一样快长，愿你像南瓜一样肥胖。"佚名唱述，叶世富记译。32开，1页，22行。收入《云南少数民族生葬志》，云南民族出版社1988年版。

（阿南）

（三）生活歌

峡谷歌

怒族生活歌。流传于云南省怒江傈僳族自治州福贡县。此歌对怒江怒族的生活环境作了形象的描述。歌中唱道："看天一条缝，看地一条沟，出门听见狗叫声，行路要三天。"李卫才唱述，景山记译。32开，1页，4行。收入《云南民间文学集成·福贡县民间文学集成卷》，福贡县文化局、福贡县民委1989年编印。

（刘怡）

丰收歌

怒族生活歌。流传于云南省怒江傈僳族自治州怒族聚居区。此歌以男女对唱的形式，歌唱了怒族人民的生活与爱情。歌中唱道："（男）你错我错地不会错，你错我错山不会错。（女）曾祖父三代就这样呀，曾祖母三代就这样呀。吃过九样食物就出门了，吃过十种食物就出门了。（男）披着蓑衣出门了，披着棕榈皮出门了。（女）下雨的季节来到了，播种节令来到了，披蓑衣是我披呀，播种薅锄全靠我。（男）下雨季节来到了，披蓑衣是我披呀，你有住房全靠我呀，你有肉吃全靠我呀。"佚名唱述，李绍恩、李志恩记录。16开，2页，54行。收入《中国歌谣集成·云南卷》，中国ISBN中心2003年版。

（刘怡）

季节歌

怒族生活歌。流传于云南省怒江傈僳族自治州怒族聚居区。此歌唱述了一年中季节变化的情况和各个季节要从事的劳动，有提醒人们珍惜时间辛勤劳作的用意。歌中唱道："杏子开花的时候，春天已来到。杏花飘香的时候，洗麻织布好时机。松树发芽的时候，春耕节令已来到。柿子树发出嫩叶时，赶快育秧和播种。梨子开花的时节，正好点下包谷种。等到山坡上的刺莓成熟，栽种的节令已过去。这是先辈传下的，这是祖先教下的。"阿纳自唱述，赵师简、马文彪记录。16开，1页，13行。收入《中国歌谣集成·云南卷》，中国ISBN中心2003年版。

（刘怡）

起房盖屋调

怒族生活歌。流传于云南省贡山怒族独龙族自治县怒族聚居区。这是怒族盖房时唱的调子。歌中唱道："祖先的儿子有九个，祖先的女儿有九个，砍来东山的栗木，扛来西山的杉松，最好的栗木作中柱，最好的杉松作大梁。"表现了怒族人按照祖先的规矩建盖新房的过程，以及新房建好后大家唱起"办汝调"，跳起"素咪腊舞"庆祝的情景。将丁唱述，赵师简、马文彪记录。16开，1页，33行。收入《中国歌谣集成·云南卷》，中国ISBN中心2003年版。

（刘怡）

创业歌

怒族生活歌。流传于云南省怒江傈僳族自治州怒族聚居区。此歌以男女对答的形式演唱。歌中唱道："（女）会唱歌的阿哥哟！会说话的阿哥哟！我生来就怕衰老，我老来就怕死亡；是谁创的兴老的世道？是谁造的兴死的世理？我要问问创世主，我要问问造物主。（男）我们有宝贵的教诲，我们有珍贵的良言；不死没有地方在呀！不老没有地方活呀！世上只有这块地方，世间只有这点土地，一代死了一代生呀，一辈老了一辈青呀；不死没有再生呀，不老没有再青呀；这就是死的世道，这就是生的世理。"表现了一种豁达的人生态度。佚名唱述，叶世富记译。32开，1页，20行。收入《云南少数民族生葬志》，云南民族出版社1988年版。

（阿南）

交朋友

怒族生活歌。流传于云南省怒江傈僳族自治州福贡县。此歌借形象的比喻，说明了慎重选择朋友的重要性。歌中唱道："春耕以前选好种，种子不好苗不齐。人群当中选好人，交友不慎事无成。"腊垮唱述，和南生记译。32开，1页，4行。收入《云南民间文学集成·福贡县民间文学集成卷》，福贡县文化局、福贡县民委1989年编印。

（刘怡）

怒族山歌

怒族生活歌。流传于云南省怒江傈僳族自治州怒族聚居区。此歌反映了旧社会怒族劳动人民贫苦的生活。歌中唱道："人家富人家呀！咱们头顶压哟！我们老百姓呀！生活难过哟！看上天连天呀！地下土地，全没有我们的哟！"佚名唱述，佚名记录。32开，1页，7行。收入《中国少数民族歌谣》（资料本）下册，中国少数民族歌谣编选组1959年编印。

（阿南）

曲子怒子歌

怒族生活歌。流行于怒江傈僳族自治州贡山独龙族怒族自治县。怒族民众能歌尚舞，时常通宵达旦地唱歌跳舞。歌曲叙述友人难得再相会，相约以歌会友，不尽兴不归。怒族歌词作："立商喜辣挨，达达喜辣挨。名宗喜辣尤，四勒喜辣挨。"译作汉语即："难得今晚重相会，今晚相会要唱歌。纵唱不合你莫笑，我们今晚唱一宵。"16开，1页，8行。收入《怒江地区历史上的九部地情书校注》，云南人民出版社2014年版。

（和六花）

不怕疙瘩柴

怒族生活劝世歌。流传于云南省怒江傈僳族自治州怒族地区。歌曲劝诫民众在生活中不要畏惧挫折和人言中伤，只要做的是正确的事、心地真诚，是非黑白自在人心。歌词简短明了但寓意深刻："不怕疙瘩柴，只要斧口硬；不怕人中伤，只要人心真。柴是顺丝柴，也怕斧子钝；人是诚心人，也怕是非混。"宝山益、李绍尼整理。32开，1页，8行。收入《中国民间情歌·少数民族卷》，上海文艺出版社1989年版。

（和六花）

（四）情歌

求婚歌

怒族情歌。流传于云南省怒江傈僳族自治州福贡县。歌中唱道："姑娘啊，求婚的彩礼你莫愁，定亲的礼品你别心焦，我家的麝香像松果一样堆着，我家的蜂蜡像石板一样摞着。你我从前没有见过面，你我过去不相识。只因前世有缘分，只为前生有姻缘；今世有幸来相会，今日有幸来相逢。若是阿妹今日答应我，今生今世不离分。"拉更唱述，赵师简、马文彪记录。16开，2页，52行。收入《中国歌谣集成·云南卷》，中国ISBN中心2003年版。

（刘怡）

坐在木楞房前洗衣裳

怒族情歌。流传于云南省怒江傈僳族自治州怒族聚居区。这是一首姑娘对初次相识的小伙子发出邀请的歌，体现了怒族姑娘大方、直爽的性格。歌中唱道："我坐在木楞房前洗衣裳，小伙子悄悄把我偷看。阿爸菜园摘瓜去了，有心里话就过来讲嘛。我找柴火去到后山，小伙子像影子跟在身边转。同伴们找柴火去远了，有心里话就过来讲嘛。我背着水走在山边路上，小伙子前面装着裹绑腿模样。阿爸阿妈同去河边洗山药去了，有心里话就并排走着讲嘛。"佚名唱述，李凡人记录。16开，1页，12行。收入《中国歌谣集成·云南卷》，中国ISBN中心2003年版。

（刘怡）

只要阿妹答应我

怒族情歌。流传于云南省怒江傈僳族自治州怒族聚居区。这是一首男女对唱情歌，表现了怒族男女青年质朴率真、大胆热烈的感情。歌中男子唱道："过去的情人你莫怕，以前的恋人你也别记挂。我有祖父传下来的长刀，祖传的弩弓我随身挎。只要阿妹答应我，山倒岩崩我不怕！村头村尾的男女兴成家，我俩为何不能做一家！我们的伙伴都已成双，我们的弟妹都已成对，只有我俩不成双，只剩我俩不成对。姑娘你为啥不吭气？姑娘你为何不搭腔？你到底看上哪一村啊，你到底想嫁哪一个？"佚名唱述，佚名记译。32开，8页，220行。收入《怒族文学简史》，云南民族出版社2003年版。

（刘怡）

驮子歇在后山脚

怒族情歌。流传于云南省怒江傈僳族自治州怒族聚居区。这是一首姑娘和马帮赶马的小伙子对唱的歌。歌中唱道："（女）驮子歇在后山脚，赶马的小伙唱山歌。呵嗬嗬……一会来买马草，还要找包谷酒喝。呵嗬嗬……一会来找松明，还要借口煮饭锅。呵嗬嗬……赶马小伙子事真多，无话也要找话说。（男）呵嗬嗬……不是赶马人的事情多，是姑娘的情意牵着我。姑娘啊！请不要两手蒙住脸，露出脸来看看赶马哥。姑娘啊！只要看上赶马哥一眼，就会看见我诚挚的心一颗。"佚名唱述，李凡人记录。16开，1页，20行。收入《中国歌谣集成·云南卷》，中国ISBN中心2003年版。

（刘怡）

艰难困苦拆不开

怒族情歌。流传于云南省怒江傈僳族自治州怒族聚居区。这是一首怒族恋人间表白忠贞爱情的歌。歌中唱道："钢线扎的竹筏子，风吹浪打不散开。连根生的凤尾竹，雨淋雪压不分开。碧绿透明的山泉水，刀砍斧劈不离开。真诚相爱的伴侣，艰难困苦拆不开。"佚名唱述，李凡人记录。16开，1页，8行。收入《中国歌谣集成·云南卷》，中国ISBN中心2003年版。

（刘怡）

打猎不打金马鹿

怒族情歌。流传于云南省怒江傈僳族自治州怒族聚居区。这首歌是对在对歌时词句尖刻之人的真心劝告。歌中唱道："打猎不打金马鹿，射箭莫伤相思鸟，砍柴勿劈槐荫树，对歌不把心上人挖苦。"佚名唱述，李凡人记录。16开，1页，4行。收入《中国民间歌谣集成·云南卷》，中国ISBN中心2003年版。

（刘怡）

满山的草发绿了

怒族情歌。流传于云南省怒江傈僳族自治州怒族聚居区。这是一首小伙子赞美姑娘的歌。歌中唱道："满山的草发绿了，满箐的竹子发芽了。满箐的竹子发芽了，山中的泉水叮叮咚咚流淌了。牛吃青草奶汁多了，马吃青草精神又长膘。獐子啃吃竹叶肉更甜，老熊啃吃竹叶掌子更肥了。姑娘喝了山泉歌喉更婉转，姑娘喝了山泉更俊俏。难怪小伙子都往怒家山寨串，这里山好、水好、姑娘好。"佚名唱述，李凡人记录。16开，1页，12行。收入《中国歌谣集成·云南卷》，中国ISBN中心2003年版。

（刘怡）

一只手不能端两碗茶

怒族情歌。流传于云南省怒江傈僳族自治州怒族聚居区。反映了怒族的婚恋观。歌中唱道："一只手不能端两碗茶，一个鞍不能配两匹马，一颗针不能穿两股线，一个姑娘不能许配给两家。"佚名唱述，李凡人记录。16开，1页，4行。收入《中国歌谣集成·云南卷》，中国ISBN中心2003年版。

（刘怡）

不知渔网该撒在什么地方

怒族情歌。流传于云南省怒江傈僳族自治州怒族地区。叙述小伙子渴望一份真挚的爱情，期寄情意相投的姑娘能接受这份真情，遵循爱的足迹。歌中唱道："三条小河流在三处山沟沟，不知鱼钩该下在什么地方？七条江水流在七处山谷里，不知渔网该撒在什么地方？树上九只喜鹊哇哇唱枝头，不知该把哪只捕进网？如是贤妹有真情意，你就踩着我脚印，来我家。"宝山益、李绍尼记录整理。32开，1页，8行。收入《中国民间情歌·少数民族卷》，上海文艺出版社1989年版。

（和六花）

猎人见兽岂脱手

怒族情歌。流传于云南省怒江傈僳族自治州怒族地区。歌词运用排比的手法，表达含蓄却情意真挚地唱述了对爱情的渴望，遇到心仪的人就要如"渔家见鱼怎能脱钩，猎人见兽怎能脱手"一样，执著追求心之所爱。宝山益翻译，李绍尼整理。32开，1页，8行。收入《中国民间情歌·少数民族卷》，上海文艺出版社1989年版。

（和六花）

哥妹相连同相随

怒族情歌。流传于云南省怒江傈僳族自治州怒族地区。唱述男女青年难得有缘相见，期望两人能相遇相知、了解彼此。歌词简短明了："同寨不一定同吃饭，同乡不一定同喝水；今日相遇实难得，哥妹连情可相随。"宝山益翻译整理。32开，1页，4行。收入《中国民间情歌·少数民族卷》，上海文艺出版社1989年版。

（和六花）

栗树做媒花儿笑

怒族情歌。流传于云南省怒江傈僳族自治州怒族地区。青年男子唱述对心仪姑娘的思念之情，希望姑娘接受求婚："寒冬过后春又来，年年相思来结交。今日终得再相聚，栗树做媒花为凭。"宝山益翻译，李绍尼整理。32开，1页，10行。收入《中国民间情歌·少数民族卷》，上海文艺出版社1989年版。

（和六花）

想摘黄泡怕扎手

怒族情歌。流传于云南省怒江傈僳族自治州怒族地区。唱述青年男子想要表达对心仪姑娘的爱慕之情，却又有思虑，止步不前的忐忑心情。歌词简短明了，却生动、直接，极具现场感："哥穿树丛摘黄泡，又怕枝条刺扎手；哥想来亲口对你讲，又听你爹出门咳嗽声，我连忙退后三步，遮遮掩掩难开口。"宝山益翻译整理。32开，1页，6行。收入《中国民间情歌·少数民族卷》，上海文艺出版社1989年版。

（和六花）

哥骑骏马来采花

怒族情歌。流传于云南省怒江傈僳族自治州怒族地区。这是一首男女对唱的情歌，男子用骏马比喻自己，用兰花比喻自己心仪的女子，唱述男子有意追求女子，希望女子敞开心扉，接纳自己；女子则羞羞答答，半推半就，最后二人甜甜蜜蜜在一起。宝山益、李绍尼记录整理。32开，1页，16行。收入《中国民间情歌·少数民族卷》，上海文艺出版社1989年版。

（和六花）

怕挨你老子棒子敲

怒族情歌。流传于云南省怒江傈僳族自治州怒族地区。唱述男子有了心仪的女子，将女子比喻为花，自己则是想要采花的蜂蜜和蝴蝶，想追求女子，又担心女子的父母亲反对、阻挠，惴惴不安的心境。宝山益、李绍尼搜集整理。32开，1页，10行。收入《中国民间情歌·少数民族卷》，上海文艺出版社1989年版。

（和六花）

唱个调子就能分

怒族情歌。流传于云南省怒江傈僳族自治州怒族地区。唱述恋人用唱调子表达自己的真情实意、爱意浓厚。歌词简短明了、感情真挚："咱俩的恋情，是真心还是假心，唱个调子就能分。咱俩的情意，是短还是长，一席话语就能量。"宝山益、李绍尼记录整理。32开，1页，6行。收入《中国民间情歌·少数民族卷》，上海文艺出版社1989年版。

（和六花）

我想采摘一朵金花

怒族情歌。流传于云南省怒江傈僳族自治州怒族地区。男子把女子比作雪山顶上的鲜花，立志要排除万难、踏遍绝壁去查访属于自己的那朵金花，表达了男子对美好爱情的渴望和执著。丁四香演唱，杨秉礼搜集整理。32开，1页，9行。收入《中国民间情歌·少数民族卷》，上海文艺出版社1989年版。

（和六花）

阳雀你从哪里来

怒族情歌。流传于云南省怒江傈僳族自治州怒族地区。这是一首男女对唱的情歌，男女青年相遇，互相倾诉来历和目的，男子表达了对女子的爱慕，女子羞羞答答地以自己年轻为由相约来年再聚，婉转地表达了对男子的好感。宝山益、李绍尼整理。32开，1页，36行。收入《中国民间情歌·少数民族卷》，上海文艺出版社1989年版。

（和六花）

哥妹的美名

怒族情歌。流传于云南省怒江傈僳族自治州怒族地区。用比喻的手法，感情真挚、语句优美地唱述了男女青年真挚的爱情："纺车的轮子，在姑娘的手里日夜欢笑，哥妹的美名，像纺车的声音家喻户晓；真挚的爱情，像园林的硕果内甜外俏。"

宝山益、李绍尼记录整理。32开，1页，6行。收入《中国民间情歌·少数民族卷》，上海文艺出版社1989年版。

（和六花）

枇杷青嫩招人瞧

怒族情歌。流传于云南省怒江傈僳族自治州怒族地区。唱词含蓄委婉，感情真诚质朴地唱述了男子有了一个心仪的女子，守护心爱的女子和美好的爱情。歌中唱道："我在南山坡种了棵枇杷树，青嫩嫩鲜水淋淋招人瞧；我打了树桩里三层来外三层，不让垂涎的野兽伸魔爪！"宝山益、李绍尼记录整理。32开，1页，4行。收入《中国民间情歌·少数民族卷》，上海文艺出版社1989年版。

（和六花）

美得像朵映山红

怒族情歌。流传于云南省怒江傈僳族自治州怒族地区。唱述父母依据过往人生经验，告诫男子追求女子不要只看外表，要找心地善良的，男子告诉父母他心仪的姑娘美得像朵映山红，心儿亮得像山谷的溪水。宝山益、李绍尼记录整理。32开，1页，12行。收入《中国民间情歌·少数民族卷》，上海文艺出版社1989年版。

（和六花）

珍珠和丝线

怒族情歌。流传于云南省怒江傈僳族自治州怒族地区。歌曲运用比喻的手法，将恋爱中的男女比作珍珠和丝线："丝线根根把珍珠穿，珍珠颗颗缠住丝线；珍珠不烂丝线不断，丝线不断珍珠不散。"比喻恩爱缠绵、不离不散，情感真挚、词曲优美。余秀兰、丁玉英演唱，李根祥翻译，杨秉礼搜集整理。32开，1页，9行。收入《中国民间情歌·少数民族卷》，上海文艺出版社1989年版。

（和六花）

怒江边上梨树多

怒族情歌。流传于云南省怒江傈僳族自治州怒族地区。歌曲简短质朴、含蓄委婉，用怒江边的梨树来描述男女间的恋情："怒江边上梨树多，枝枝杈杈搭成窝，酸梨甜梨梨挨梨，有酸有甜惹人唆。"表达了各花入各眼、自由的婚恋观。宝山益翻译，李绍尼整理。32开，1页，4行。收入《中国民间情歌·少数民族卷》，上海文艺出版社1989年版。

（和六花）

寻找鲜艳的花

怒族情歌。流传于云南省怒江傈僳族自治州怒族地区。这是一首男子向心仪的女子表达爱意的情歌，怒族常常用鲜花和泡沫比喻美丽的姑娘，男子为了远方阿妹的笑脸，不畏艰险，跋山涉水、翻越雪山，以此表达男子对阿妹真挚的爱。宝山益翻译，李绍尼整理。32开，1页，8行。收入《中国民间情歌·少数民族卷》，上海文艺出版社1989年版。

（和六花）

能托大船九百九

怒族情歌。流传于云南省怒江傈僳族自治州怒族地区。这是一首唱诵男女恋人真情的歌曲，运用排比手法唱诵了男女间的深情厚谊："三天三夜织成的麻布，能绕七座雪山走。三天三夜的连情话，七凹山谷装不够。七天七夜的连情歌，能淌满七条河沟。哥妹情意深似海，能托大船九百九。"宝山益翻译，李绍尼整理。32开，1页，8行。收入《中国民间情歌·少数民族卷》，上海文艺出版社1989年版。

（和六花）

把颗痴心捧哥前

怒族情歌。流传于云南省怒江傈僳族自治州怒族地区。这是一首男女恋人借物表白、约定终身的情歌，唱述恋人在"相思泉"相会，亚赛哥哥在筒底放上银手镯向阿妹求婚，阿妹将为亚赛哥哥亲手缝制的布鞋放在青石板上，接受求婚。唱词生动活泼，故事性极强。宝山益翻译，李绍尼整理。32开，1页，20行。收入《中国民间情歌·少数民族卷》，上海文艺出版社1989年版。

（和六花）

山豆会变白米饭

怒族情歌。流传于云南省怒江傈僳族自治州怒族地区。这是一首恋人唱歌探情、约定终身的情歌。歌中唱道："小时不在一架山，今天相遇情泉边，唱歌探情对音弦。要是你我联姻缘，山豆会变白米，清水当油点得燃。"宝山益翻译，李绍尼整理。32开，1页，6行。收入《中国民间情歌·少数民族卷》，上海文艺出版社1989年版。

（和六花）

难得相会在一起

怒族情歌。流传于云南省怒江傈僳族自治州怒族地区。歌曲用夸张的手法，唱诵男女恋人感情真挚、浓情蜜意，一日不见如隔三秋，今晚难得相会，相约歌舞至天明。王双弟母演唱，张化文翻译，杨秉礼整理。32开，1页，18行。收入《中国民间情歌·少数民族卷》，上海文艺出版社1989年版。

（和六花）

在情人面前

怒族情歌。流传于云南省怒江傈僳族自治州怒族地区。表达了处于恋爱中的男女和恋人相守的幸福感："在陌生的地方，日子过得比老牛还慢；在情人面前，一眨眼太阳就落山。"余秀兰、丁玉英演唱，李根祥翻译，杨秉礼搜集整理。32开，1页，4行。收入《中国民间情歌·少数民族卷》，上海文艺出版社1989年版。

（和六花）

只是空把眼望呆

怒族情歌。流传于云南省怒江傈僳族自治州怒族地区。歌曲运用比喻的手法，将姑娘比作杜鹃花、兰花，男子就是蜜蜂和蝴蝶，唱诵男子想追求心仪的女子，又思虑重重、徘徊不前，只是空把眼望呆。宝山益搜集，李绍尼整理。32开，1页，15行。收入《中国民间情歌·少数民族卷》，上海文艺出版社1989年版。

（和六花）

踩着彩虹来吧

怒族情歌。流传于云南省怒江傈僳族自治州怒族地区。唱述了恋爱中的男子对阿妹的思念之情："阿妹呀！我们相隔七座山，想见面也难遇到；阿妹呀！我们相隔九处地方，想谈心也难做到。"表达了男子思念阿妹而魂不守舍，希望阿妹踩着彩虹来相会。宝山益搜集，李绍尼整理。32开，1页，9行。收入《中国民间情歌·少数民族卷》，上海文艺出版社1989年版。

（和六花）

隔张树叶难相见

怒族情歌。流传于云南省怒江傈僳族自治州怒族地区。歌曲运用比喻的手法，唱述对恋人的思念之情："栗木树叶一片片，大风吹叶两面翻；早思念来晚想念，隔张树叶难相见。"宝山益记译，李绍尼整理。32开，1页，4行。收入《中国民间情歌·少数民族卷》，上海文艺出版社1989年版。

（和六花）

今晚正合五月五

怒族情歌。流传于云南省怒江傈僳族自治州怒族地区。唱述男子对爱情的期盼之情，想要找到心仪的姑娘却没找到，希望趁着五月初五的吉日，遇见真爱，寻得一份人甜如蜜的爱情。宝山益翻译，李绍尼整理。32开，1页，8行。收入《中国民间情歌·少数民族卷》，上海文艺出版社

1989 年版。

（和六花）

日夜相思难见着

怒族情歌。流传于云南省怒江傈僳族自治州怒族地区。歌曲运用排比的手法，倾诉对恋人深深的思念之情，感情真挚动人："心上的情人哟，咱俩隔江又隔河，日夜思念难见着。"李卫才、木顺江搜集整理。32 开，1 页，10 行。收入《中国民间情歌·少数民族卷》，上海文艺出版社 1989 年版。

（和六花）

草根深深不动摇

怒族情歌。流传于云南省怒江傈僳族自治州怒族地区。这是一首男女对唱，运用比喻和排比的手法互诉情愫，女子表达了对恋人真挚、执著的感情，对阿哥的爱如草根深深不动摇。宝山益翻译，李绍尼整理。32 开，1 页，12 行。收入《中国民间情歌·少数民族卷》，上海文艺出版社 1989 年版。

（和六花）

架桥要在涨水前

怒族情歌。流传于云南省怒江傈僳族自治州怒族地区。唱述男女青年追求一段美好爱情的期盼和决心，要真心实意，在平常的日子表达自己对恋人的爱意。"架桥要在涨水前，水涨架桥难上难；洪水淹过石头顶，鱼儿也能爬上岸。"歌词简短精练，却寓意深刻。宝山益翻译整理。32 开，1 页，4 行。收入《中国民间情歌·少数民族卷》，上海文艺出版社 1989 年版。

（和六花）

哥妹亲手垒情山

怒族情歌。流传于云南省怒江傈僳族自治州怒族地区。歌曲运用比喻的手法，唱述了恋人发誓携手面对世事变化，共同坚守爱情的坚定信念："哥妹亲手垒情山，风吹雨打不动摇。"宝山益翻译，李绍尼整理。32 开，1 页，6 行。收入《中国民间情歌·少数民族卷》，上海文艺出版社 1989 年版。

（和六花）

还是你出门来的好

怒族情歌。流传于云南省怒江傈僳族自治州怒族地区。这是一首男女对唱歌曲，唱述恋人相约见面的情歌，歌曲风趣幽默，表现恋爱中的男女情意相投，略带调皮的调情。女子唱道："亚喽亚求呀，我家的狗恶得很；如果狗咬的话，你就从篾笆缝里进。"木顺江、李卫才搜集整理。32 开，1 页，8 行。收入《中国民间情歌·少数民族卷》，上海文艺出版社 1989 年版。

（和六花）

只有靠我们自己

怒族情歌。流传于云南省怒江傈僳族自治州怒族地区。这是一首用于求爱的情歌，歌曲平实质朴、简洁明了地唱述了男女青年自小青梅竹马，希望转变身份成为恋人，双方一起努力，共架百年爱情桥。宝山益演唱，李绍尼整理。32 开，1 页，22 行。收入《中国民间情歌·少数民族卷》，上海文艺出版社 1989 年版。

（和六花）

你说的三句话

怒族情歌。流传于云南省怒江傈僳族自治州怒族地区。运用排比的手法唱述了女子对心上哥哥的思念之情，表现怒族女子质朴率真、大胆热烈的情感。歌中唱道："异乡的哥哥，你焖的香米饭，我连一口也没尝到，可你唱的两句知心的歌儿，我早听到了。"宝山益、李绍尼记录整理。32 开，1 页，10 行。收入《中国民间情歌·少数民族卷》，上海文艺出版社 1989 年版。

（和六花）

老天让咱结姻缘

怒族情歌。流传于云南省怒江傈僳族自治州怒族地区。唱述了恋人因缘相遇，要坚守爱情、忠贞不渝的决心："蜜蜂遭逢会散群，松鼠遭箭各自奔，老天让咱结姻缘，刀劈斧剁也不分。"宝山益翻译。32开，1页，4行。收入《中国民间情歌·少数民族卷》，上海文艺出版社1989年版。

（和六花）

只单少双不成家

怒族情歌。流传于云南省怒江傈僳族自治州怒族地区。这是一首求婚歌曲，运用排比手法唱述男女青年要珍惜缘分共结连理、成家立业："林中两只相思鸟，少了一只活不下；江上要搭独木桥，只搭一岸没法架；阿哥阿妹要成亲，只单少双不成家！"宝山益翻译整理。32开，1页，6行。收入《中国民间情歌·少数民族卷》，上海文艺出版社1989年版。

（和六花）

留心吧，小伙子

怒族情歌。流传于云南省怒江傈僳族自治州怒族地区。这是一首爱情劝诫歌，运用排比、比喻的手法劝诫小伙子留心眼前走过的姑娘，别让珍珠从眼前滑落。歌词生动优美，情感真挚，表现怒族平实质朴的婚恋观。宝山益记录整理。32开，1页，8行。收入《中国民间情歌·少数民族卷》，上海文艺出版社1989年版。

（和六花）

要像圆月那么明净

怒族情歌。流传于云南省怒江傈僳族自治州怒族地区。这是一首定情劝诫歌，男子情感真挚地劝诫恋人要坚守爱情、忠贞不渝，两人之间的爱情要像圆月那样明净："要是阿妹变了心，星星出面做旁证；要是阿妹变了心，我们的名誉就会随风飘尽。"宝山益、李绍尼记录整理。32开，1页，8行。收入《中国民间情歌·少数民族卷》，上海文艺出版社1989年版。

（和六花）

心绪再乱能澄清

怒族情歌。流传于云南省怒江傈僳族自治州怒族地区。这是恋人定情盟誓的歌，唱述恋人只要真心相爱、齐心协力就能情比金坚："无心理乱麻，九天理不清；真心理乱麻，伸手理分明；哥妹真心相亲爱，心思如麻搓成绳一根。"宝山益、李绍尼记录整理。32开，1页，6行。收入《中国民间情歌·少数民族卷》，上海文艺出版社1989年版。

（和六花）

青青菜花有人守

怒族情歌。流传于云南省怒江傈僳族自治州怒族地区。这是一首男女青年以歌探情的对唱歌曲，男子试探女子是否已有意中人，女子委婉地告知男子自己已心有所属，让男子另寻良缘。歌词简短直接，男女各一段，但工整对仗，生动地表现了怒族以歌会友、以歌谈情的民俗。宝山益记录、李绍尼整理。32开，1页，16行。收入《中国民间情歌·少数民族卷》，上海文艺出版社1989年版。

（和六花）

小妹请记古言教

怒族情歌。流传于云南省怒江傈僳族自治州怒族地区。这是一首男子劝诫姑娘明辨眼前人、珍惜眼前人，莫要朝三暮四的歌曲，运用排比和比喻的手法，以简洁质朴的唱词表达男子的深情厚谊："会开的不一定是杜鹃花，会叫的不一定是太阳鸟，会说漂亮话的不一定是知交。"宝山益翻译，李绍尼整理。32开，1页，9行。收入《中国民间情歌·少数民族卷》，上海文艺出版社1989年版。

（和六花）

等到乌云散

怒族情歌。流传于云南省怒江傈僳族自治州怒族地区。唱述怒族恋人对爱情忠贞不渝，坚信无论世事变化，终会守得云开见月明："你是青松树，我是白杉树；等到乌云散，松杉会见面。"余秀兰、丁玉英演唱，李根祥翻译，杨秉礼搜集整理。32开，1页，4行。收入《中国民间情歌·少数民族卷》，上海文艺出版社1989年版。

（和六花）

一条心就好了

怒族情歌。流传于云南省怒江傈僳族自治州怒族地区。唱述男女渴望遇到真心实意、志同道合的恋人，却求之不得的心境，体现了怒族青年追求忠贞爱情的婚恋观："水要往下淌，鱼要往上游，水和鱼两个呀，一条心就好了！"余秀兰、丁玉英演唱，李根祥翻译，杨秉礼搜集整理。32开，1页，4行。收入《中国民间情歌·少数民族卷》，上海文艺出版社1989年版。

（和六花）

相会却很难

怒族情歌。流传于云南省怒江傈僳族自治州怒族地区。运用排比、比喻地手法深情唱述恋人彼此真心相爱、日夜思念对方，却因种种原因不得喜结连理、日夜享受的痛苦境遇。歌词真挚动人，听之泣然："两处山谷快乐地对着唱着山歌，冬去春来相思，相逢却很难。两地的山茶花开得艳丽多姿，朝朝暮暮相思，相会却很难。"宝山益记录整理。32开，1页，8行。收入《中国民间情歌·少数民族卷》，上海文艺出版社1989年版。

（和六花）

世人谁知妹苦恼

怒族情歌。流传于云南省怒江傈僳族自治州怒族地区。怒族少女率真质朴、大胆热烈地唱述了情窦初开、渴求爱情滋润的少女情怀："三月花开蜂知情，九月荞熟鸟分晓；妹我心里春花开，世人谁知妹苦恼！"宝山益记录整理。32开，1页，4行。收入《中国民间情歌·少数民族卷》，上海文艺出版社1989年版。

（和六花）

我想去的那座山

怒族情歌。流传于云南省怒江傈僳族自治州怒族地区。唱述怒族青年爱她的人她不爱，她爱的人却求之不得的两难心境，体现怒族青年率真质朴、敢爱敢恨的择偶观："我想去的那座山，山顶上积满了皑皑白雪；我不想去的那座山呀，阳光却照得妩媚明亮。"余秀兰、丁玉英演唱，李根祥翻译，杨秉礼搜集整理。32开，1页，4行。收入《中国民间情歌·少数民族卷》，上海文艺出版社1989年版。

（和六花）

月亮弯弯照村头

怒族情歌。流传于云南省怒江傈僳族自治州怒族地区。唱述因女方父母贪念钱财阻挠两人相爱，两人互诉衷肠、商量对策，发誓将共同面对风雨，坚守爱情、至死不渝，期寄征得双方父母同意，结秦晋之好。余秀兰、丁玉英演唱，李根祥翻译，杨秉礼搜集整理。32开，2页，40行。收入《中国民间情歌·少数民族卷》，上海文艺出版社1989年版。

（和六花）

（五）儿歌

棉谷保的火把

怒族儿歌。流传于云南省怒江傈僳族自治州怒族聚居区。这是一首自问自答的儿歌。歌中唱道："棉谷保（地名）点火把，谁在点？是称棍；称棍点火做什么？要到河边去打水；打水做什么？打水要磨刀；磨刀做什么？磨刀去裁皮；裁皮做什么？裁皮去拴狗；拴狗做什么？拴狗守刺猬；刺猬做什么？拔三根刺签；让我看刺签？刺签丢失了；重新找回来，找的人死了；再跟别人借，借的人死了。"佚名唱述，佚名记录。16开，1页，21行。收入《中国歌谣集成·云南卷》，中国ISBN中心2003年版。

（刘怡）

啊达里啊达的狗

怒族儿歌。流传于云南省怒江傈僳族自治州怒族聚居区。此歌表现了怒族儿童讨要小狗的情景。歌中唱道："啊达里啊达，啊达里啊达。奶奶在家吗？在家呢。家里有狗吗？我家确有狗。给我一只小狗嘛？我的狗还没下仔。"施瑞香唱述，霜现月、和丽妞记录。16开，1页，40行。收入《中国歌谣集成·云南卷》，中国ISBN中心2003年版。

（刘怡）

太阳出来

怒族儿歌。流传于云南省怒江傈僳族自治州怒族聚居区。这是冬天的早晨，儿童望着太阳唱的歌。歌中唱道："太阳出来、出来，飞蛾公公杀给你哩！猪蹄猪脚熬给你哩！太阳出来、出来，缎子衣服让你穿哩！绸子衣裳让你穿哩！太阳出来、出来！"佚名唱述，李绍恩、李志恩记录。16开，1页，7行。收入《中国歌谣集成·云南卷》，中国ISBN中心2003年版。

（刘怡）

虫子、灰尘你快掉

怒族儿歌。流传于云南省怒江傈僳族自治州怒族聚居区。这是放牛娃吆牛回家时唱的歌。歌中唱道："虫子灰尘掉、掉，土巴、沙石跑、跑，牛群、羊群，要滚石头了，快跑吧！"佚名唱述，李绍恩、李志恩记译。32开，1页，4行。收入《中国歌谣集成·云南卷》，中国ISBN中心2003年版。

（刘怡）

快快消

怒族儿歌。流传于云南省怒江傈僳族自治州怒族聚居区。怒族儿童发现皮肤过敏或红肿时，就唱诵此歌。歌中唱道："消、消！你的毛长还是我的毛长？你的毛多还是我的毛多？你像老虎一样凶，我比野猪还要毒。消、消！"佚名唱述，李绍恩、李志恩采录。32开，1页，6行。收入《怒族文学简史》，云南民族出版社2003年版。

（刘怡）

懒汉

怒族儿歌。流传于云南省怒江傈僳族自治州福贡县。歌中唱道："头发梳得光，满脸擦得香，你不干劳动，人人说你脏。"用来批评和教育只爱打扮不爱劳动的人。腊垮唱述，和南生记译。32开，1页，4行。收入《云南民间文学集成·福贡县民间文学集成卷》，福贡县文化局、福贡县民委1989年编印。

（刘怡）

救小鸡

怒族儿歌。流传于云南省怒江傈僳族自治州怒族聚居区。这是怒族儿童与小鸡玩耍时唱的歌。歌中唱道："唔，唔，老鹰飞走了，你别害怕！阿可阿妈给你带礼物来了，你快快醒来吧！"佚名唱述，佚名记录。32开，1页，4行。收入《怒族文学简史》，云南民族出版社2003年版。

（刘怡）

捉小鸡

怒族儿歌。流传于云南省怒江傈僳族自治州怒族聚居区。这是儿童在捕捉小鸡时唱的歌。歌中唱道："嘿咪倒倒！你的手长还是我的手长，你的手短还是我的手短。嘿咪倒倒！你的脚长还是我的脚长，你的脚短还是我的脚短。嘿咪倒倒！"佚名唱述，佚名记录。32开，1页，7行。收入《怒族文学简史》，云南民族出版社2003年版。

（刘怡）

江东坪

怒族儿歌。流传于云南省怒江傈僳族自治州怒族聚居区。这是家住江东坝子的怒族儿童对家乡的赞美之歌。歌中唱道:"江东坝子像玉箸,江东棠梨涩得慌;江东沟沟堆石头,江东沟沟种山药;种山药呀挖山药,挖了山药舂臼窝。"佚名唱述,佚名记录。32开,1页,6行。收入《怒族文学简史》,云南民族出版社2003年版。

(刘怡)

条目汉语音序索引

A

阿马子和阿呆子 ……………………… 508
阿铁 …………………………………… 483
啊达里啊达的狗 ……………………… 549

B

把颗痴心捧哥前 ……………………… 544
白马的故事 …………………………… 509
百夷传 ………………………………… 467
包包头的由来 ………………………… 491
宝葫芦 ………………………………… 507
变小狗的姑娘 ………………………… 514
波多的故事 …………………………… 521
不嫁不行了 …………………………… 539
不怕疙瘩柴 …………………………… 540
不守诺言的下场 ……………………… 521
不知渔网该撒在什么地方 …………… 542
布谷鸟与金八两 ……………………… 529

C

踩着彩虹来吧 ………………………… 545
草根深深不动摇 ……………………… 546
唱个调子就能分 ……………………… 543
虫子、灰尘你快掉 …………………… 549
除妖 …………………………………… 511
创世歌 ………………………………… 531
创世纪 ………………………………… 481
创业歌 ………………………………… 540
吹笛除怪 ……………………………… 515
聪明的九妹 …………………………… 520
聪明的小姑娘 ………………………… 511
聪明的孜江幺弟 ……………………… 498
聪明勇敢的朋更朋 …………………… 486
从膝盖出生的汉子 …………………… 499

D

达比亚和几咪的故事 ………………… 506
打雷的由来 …………………………… 484
打猎不打金马鹿 ……………………… 542
大白马 ………………………………… 516
大力士阿烘 …………………………… 497
大蟒洞 ………………………………… 495
刀卦词 ………………………………… 537
等到乌云散 …………………………… 548
迪麻洛河的传说 ……………………… 495
迪麻洛河没有鱼的传说 ……………… 495
地神老人 ……………………………… 514
地震的由来 …………………………… 485
弟弟取得大哥名 ……………………… 521
弟弟为哥哥报仇 ……………………… 511
滇海虞衡志 …………………………… 470
滇略 …………………………………… 467
滇南闻见录 …………………………… 469
滇南新语 ……………………………… 468
滇南夷情汇集 ………………………… 470

滇黔志略	468	孤儿的奇遇	513
滇省夷人图说	469	孤儿和七公主	503
滇省迤西迤南夷人图说	470	孤儿和他的三个伙伴	522
滇小记	469	孤儿和鱼姑娘的故事	502
滇夷图说	468	孤儿宰相	506
滇云历年传	468	谷玛楚与吴第朴（一）	517
滇志（天启）	467	谷玛楚与吴第朴（二）	517
滇中琐记	471	谷种的传说	485
顶松的故事	512	刮风打雷的由来	484
独儿子的故事	519	刮风的由来	484
赌变化	515	刮摩毕打铁除妖	498
杜鹃花是怎样变红的	496	刮摩毕的故事	497
		刮摩毕和念摩毕	497
		刮摩毕斩筏除妖	498
		鬼帽子的故事	509
		过年祭祖词	538

E

俄者回	494		

H

		还是你出门来的好	546

F

沸水捞石	492	憨包取蓑衣	524
丰收歌	539	憨丈夫	524
蜂氏族的传说	488	憨丈夫打猎	524
复生药的故事	516	黑熊的下巴为什么有块白点	526
富人的女儿	511	洪水泛滥	482
		猴子和老虎	527

G

		猴子和蚂蚱打仗	527
嘎瓦格布	482	猴子为什么不敢下山	527
高山和平地的由来	484	狐狸和猫	527
哥哥和弟弟捞鱼	507	蝴蝶姑娘	503
哥妹的美名	543	虎氏族的传说	488
哥妹亲手垒情山	546	虎与狗	525
哥妹相连同相随	542	花鱼姑娘	502
哥骑骏马来采花	543	华而不实的女子	518
隔张树叶难相见	545	皇清职贡图	468
给极	499	黄鼠狼骗老虎	525
公鸡与宝磨	507	黄莺和乌鸦问路	528

火葬的传说 …… 492

J

吉娜木让 …… 496
麂子背虎头 …… 525
季节歌 …… 539
祭地神 …… 536
祭家神 …… 533
祭猎神调 …… 531
祭山鬼词 …… 533
祭山神（一）…… 532
祭山神（二）…… 533
祭神经 …… 536
祭牲词 …… 534
祭天词 …… 532
祭天地鬼词 …… 533
祭天地神词 …… 532
祭天神 …… 532
祭祖歌 …… 537
架桥要在涨水前 …… 546
艰难困苦拆不开 …… 541
见死不救的下场 …… 516
江东坪 …… 550
交朋友 …… 540
叫魂词 …… 534
教子务农传说 …… 519
接亲拦门调 …… 538
结婚歌 …… 538
姐姐和妹妹 …… 519
今天瞧你像萝卜 …… 539
今晚正合五月五 …… 545
金花和银花 …… 508
金银花 …… 509
敬猎神 …… 532
九个弟兄和一个独儿子 …… 522
救小鸡 …… 549

K

开年大吉歌 …… 537
快快消 …… 549
亏财明理 …… 518

L

"拉甲约"氏族的传说 …… 488
腊迪与野兔 …… 505
腊普和亚妞 …… 483
腊塞与龙女 …… 501
腊山和此山 …… 481
懒汉 …… 549
老天让咱结姻缘 …… 547
老熊和小兔 …… 526
烙火娶夫 …… 491
丽江府志略 …… 468
栗树做媒花儿笑 …… 542
两弟兄 …… 508
两个丞相 …… 519
两姐妹与大蟒蛇 …… 516
两兄弟和宝锅 …… 516
两姊妹 …… 500
猎人的妻子 …… 513
猎人见兽岂脱手 …… 542
猎人与虎 …… 523
猎人与龙姑娘 …… 501
猎人与女猎神 …… 490
猎人与女猎神 …… 513
猎人之死 …… 520
猎神发怒 …… 490
灵芝姑娘 …… 503
留心吧，小伙子 …… 547
龙姑娘 …… 502
龙女种瓜 …… 501

卢让让 ……………………………… 505
泸水志 ……………………………… 472
绿青蛙娶公主 ……………………… 504

M

马蜂坑 ……………………………… 496
蚂蚁和蜻蜓 ………………………… 529
卖独儿子的故事 …………………… 512
满山的草发绿了 …………………… 542
盲人驱小偷 ………………………… 521
美得像朵映山红 …………………… 544
梦中的仙姑 ………………………… 501
棉谷保的火把 ……………………… 548
民冲起 ……………………………… 489
母女俩 ……………………………… 504

N

那麻与亚尼公主 …………………… 499
男人生小孩 ………………………… 491
南诏野史 …………………………… 467
难得相会在一起 …………………… 545
喃鲅苂 ……………………………… 494
能托大船九百九 …………………… 544
你说的三句话 ……………………… 546
鸟氏族的传说 ……………………… 488
弄假成真 …………………………… 520
怒江边上梨树多 …………………… 544
怒玛亚 ……………………………… 493
怒俅边隘详情 ……………………… 471
怒族的迁居 ………………………… 489
怒族山歌 …………………………… 540
怒族为什么没有文字（一）……… 486
怒族为什么没有文字（二）……… 486
怒族为什么没有文字（三）……… 486
女人出嫁和生育的由来 …………… 490

女始祖 ……………………………… 482
女子崖 ……………………………… 493

O

欧得得 ……………………………… 531

P

怕挨你老子棒子敲 ………………… 543
朋友俩 ……………………………… 507
枇杷青嫩招人瞧 …………………… 544
偏心的丈母娘 ……………………… 520
婆媳情 ……………………………… 520
仆子河的传说 ……………………… 494
普拉河 ……………………………… 495

Q

七妹嫁蛇仙 ………………………… 500
起房盖屋调 ………………………… 540
巧对富人 …………………………… 523
巧娶土司女 ………………………… 522
青青菜花有人守 …………………… 547
清实录 ……………………………… 472
穷孩子和富孩子 …………………… 517
秋明兔的故事 ……………………… 509
求婚歌 ……………………………… 541
"俅马比勾"鸟 …………………… 529
曲子怒子歌 ………………………… 540

R

人变老熊 …………………………… 489
人变松鼠 …………………………… 510
人猴成亲 …………………………… 487
人为什么会死 ……………………… 492

日夜相思难见着 …… 546

S

三儿救妈妈 …… 504
三个弟兄的故事 …… 506
三个朋友求亲 …… 524
三姑娘 …… 518
三妹与蛇郎 …… 500
丧葬咒语 …… 536
杀龙救母 …… 515
杀猫祸临头 …… 522
山豆会变白米饭 …… 545
山神娶妻 …… 489
山鹰和骡子 …… 527
善良的孤儿 …… 508
善良的穷女婿 …… 518
烧虎 …… 525
蛇和人结姻缘 …… 487
蛇氏族的传说 …… 487
射虎洞的故事 …… 517
射太阳和月亮 …… 483
神判下毒案 …… 492
石匠的故事 …… 510
"拾车别"祭 …… 534
始祖的传说 …… 481
世人谁知妹苦恼 …… 548
收粮祭 …… 537
送魂调 …… 535
送灵词 …… 535
送葬词 …… 535
锁在柜子里也会死 …… 521

T

踏破铁鞋回家乡 …… 512
太阳出来 …… 549

贪得无厌的老熊 …… 526
腾越州志（乾隆） …… 470
提亲调 …… 538
天气阴晴的由来 …… 484
天上为什么闪电雷响下雨 …… 485
天下郡国利病书 …… 467
甜甜的鹿乳 …… 512
跳蚤和虱子比赛 …… 529
同八动 …… 536
土葬的传说 …… 492
吐金银的石像 …… 509
兔子除虎 …… 526
兔子治富人 …… 510
驮子歇在后山脚 …… 541

W

王子娶妻 …… 505
望夫崖 …… 494
维西见闻纪 …… 469
为什么砍树要在树桩桩上放石头 …… 491
瘟神歌 …… 533
闻味钱 …… 523
我想采摘一朵金花 …… 543
我想去的那座山 …… 548
乌鸦借翅膀 …… 528
乌鸦为何一身黑 …… 528
乌鸦与咕益 …… 528
蜈蚣案 …… 523
五兄弟的故事 …… 505

X

喜新厌旧的人 …… 523
瞎子求医 …… 507
峡谷歌 …… 539
下獐子 …… 522

仙草与公主	514	月亮弯弯照村头	548
鲜花节	490	云南三迤百蛮图	471
相会却很难	548	云南通志（道光）	471
想摘黄泡怕扎手	543	云南营制苗蛮图册	471
小阿娜	511		
小白蛇的恩惠	487		
小妹请记古言教	547		

Z

小兔整治老熊	526	在情人面前	545
心绪再乱能澄清	547	择地祈祷词	536
新纂云南通志	472	獐子智斗老虎	525
星星姑娘	503	仗义行侠的三朋友	504
行善人和作恶人	506	招魂歌（一）	534
兄弟和好	519	招魂歌（二）	534
兄妹成婚	482	找出路	505
雪峰洞	513	珍珠和丝线	544
雪山丫口的女妖	515	征集菖蒲桶沿边志	472
雪山垭口的女妖	499	只单少双不成家	547
寻找鲜艳的花	544	知子罗的传说	493
		蜘蛛的笛子	529

Y

		只是空把眼望呆	545
		只要阿妹答应我	541
阳雀你从哪里来	543	只有靠我们自己	546
要像圆月那么明净	547	指路经	535
野鸡和野兔	528	智斗富人	524
野人洞	496	智斗妖魔夺金山	510
野兔媒人	514	智断娃娃案	518
一条心就好了	548	智烧恶怪	515
一只手不能端两碗茶	542	种庄稼为什么要锄草	485
依尼拴太阳	497	祝福歌	539
迎亲歌	538	捉小鸡	549
永昌府文征	473	奏陈怒彝输诚折	477
愚笨的丈夫	524	纂修云南上帕沿边志	472
雨水变人	483	醉妖	515
御制外苗图	470	坐在木楞房前洗衣裳	541

后 记

《中国少数民族古籍总目提要》是在国家民族事务委员会直接领导下，由全国少数民族古籍整理研究室组织实施的一个国家级重点文化项目。在云南，这项世纪工程在中共云南省委、省政府关怀下，在省财政厅的大力支持下和省民族宗教事务委员会直接领导下，由云南省少数民族古籍整理出版规划办公室牵头组织实施。

国家民族事务委员会下达《中国少数民族古籍总目提要》编目任务后，云南省成立了《中国少数民族古籍总目提要》云南编纂委员会，制订了编写实施方案。1999年11月，在滇池畔召开了第三次全省民族古籍工作会议，把编目工作作为一项重要任务进行全面动员和部署。2002年1月，在云南编纂委员会领导下成立了《怒族卷》编纂委员会，云南省民间文学集成编辑办公室的刘怡、阿炳两位同志为《怒族卷》编纂负责人，并与省编纂委员会签订了编写责任合同。因云南少数民族众多，经费、人员配备不足，云南省少数民族古籍整理出版规划办公室遵循全面部署、全面指导、逐一落实、逐一推进的原则，先行推进《纳西族卷》《白族卷》《哈尼族卷》等卷册的编纂出版。截至2007年，包括怒族在内由云南省牵头组织实施的十余个民族相继完成讲唱类词条的纂写，但囿于经费和工作安排，审定修改、出版发行工作暂时搁置。2008年，云南省少数民族古籍整理出版规划办公室组织专家对云南各民族古籍编目的讲唱类词条进行系统的补充完善和审定，参加审改的有普学旺、玉罕娇、龙江莉、李克忠、左玉堂等专家，并汇集成《云南民族口传非物质文化遗产总目提要》出版发行，为最终纳入《中国少数民族古籍总目提要》奠定了坚实的基础。

2015年，经过多方努力，云南省少数民族古籍整理出版规划办公室复将《中国少数民族古籍总目提要》彝族卷、傣族卷、佤族卷、傈僳族卷、怒族卷等13个民族的古籍编目工作提上日程，确定专人负责，《怒族卷》由和六花同志牵头实施。2016年，《国务院关于印发"十三五"促进民族地区和人口较少民族发展规划的通知》（国发〔2016〕79号）要求继续编纂《中国少数民族古籍总目提要》，在国家民族事务委员会全国少数民族古籍整理研究室的指导下，

《怒族卷》的编撰进入攻坚收官阶段。

2017年底，《怒族卷》初稿顺利完成。2018年伊始，云南省少数民族古籍整理出版规划办公室在昆明召开《怒族卷》推进及审改会。会后，和六花同志对书稿进行了第一次全面修改审定。2018年7月1日至30日，邀请云南大学历史与档案学院王春桥博士对书稿进行了第二次修改。2018年9月，云南编纂委员会聘请云南省民族学会怒族学专业委员会亚娜女士对书稿进行了专家审读。2018年9月，《怒族卷》装订成册报送国家民族事务委员会全国少数民族古籍整理研究室，并聘请中央民族大学苍铭教授对书稿进行了细致认真的专家审读。2019年新年伊始，云南省少数民族古籍整理出版规划办公室在昆明组织召开了"《中国少数民族古籍总目提要》云南各民族卷专家审读会"，相关专家、学者对各民族的书稿进行出版前的审读、研讨，云南省民族学会怒族学专业委员会副会长李善荣先生对《怒族卷》进行了全面审读。会后，汇总专家的审读意见，和六花同志对书稿进行了最后的修改完善，并于1月中旬交付民族出版社。

本书书籍类、文书类由和六花负责完成，讲唱类由刘怡、左玉堂（阿南）、孙敏、龙江莉、和六花负责完成。和六花负责纂写序言、凡例、后记，编制书题汉语拼音索引。图片由丰卫祥、彭志灿、江河泽、罗新明、杨福泉、和六花等提供。民族出版社的编辑、校对人员为该书的出版付出了辛勤的劳动。

《怒族卷》得以付梓，是云南民族古籍工作取得的一项重要成果，也是传扬怒族传统文化的一项重要工程。在编写和出版过程中，还得到了民族出版社、云南省民间文学集成编辑办公室、云南省民族学会怒族学专业委员会等单位和组织的大力支持，特呈谢意。因此项工作历时十余载，辗转数人之手，几易其稿，错漏之处在所难免，恳请指正。

《中国少数民族古籍总目提要》云南编纂委员会
《中国少数民族古籍总目提要·怒族卷》编纂委员会
2019年1月18日

中　国
少数民族古籍总目提要

国家民族事务委员会全国少数民族古籍整理研究室

独龙族卷

民族出版社

《中国少数民族古籍总目提要·独龙族卷》编纂委员会

主　　编：起国庆　　李克忠　　杨海涛
副 主 编：李金明　　丰卫祥　　杨筱奕
编　　委：左玉堂　　龙江莉　　曾学光　　杨　军　　约　翰
　　　　　依旺的　　艾　芳　　和六花　　刘　琳　　保俊萍
　　　　　王向松　　陶开祥　　李国琼　　李爱新

序 言

独龙族是云南特有少数民族之一。独龙族人口6930人（2010年第6次全国人口普查统计），也是我国人口较少的少数民族之一。独龙族主要分布于云南省西北部怒江傈僳族自治州贡山独龙族怒族自治县境内的独龙江河谷两岸，少数散居于贡山县北部的怒江两岸、迪庆藏族自治州维西傈僳族自治县的齐乐乡和西藏自治区察隅县的察瓦龙等地。

独龙族自称为"独龙阿昌"，意为独龙人。在汉文史籍中独龙族曾被称为"俅人"，把独龙族居住的独龙江称为"俅江"。傈僳族称独龙族为"俅粕"，藏族称独龙族为"洛""曲洛"等。中华人民共和国成立后，1952年中央人民政府根据本民族意愿，正式定名为"独龙族"。独龙族是跨境而居的民族，在缅甸北部也有独龙族分布人口约有两三万。他们自称是由"出太阳的地方"，即由中国迁去的。其语言、传说、原始信仰、体质特征、生活方式与我国的独龙族完全相同。

一

据独龙族老人讲述，独龙族是从"出太阳的地方"迁徙到独龙江定居的。事实正是如此。独龙族很早以前曾住在丽江、剑川、兰坪一带，后来才陆续西迁。关于独龙族的族源及其历史，由于现存的文献资料只有零星的记载，加之独龙族先民处于一种不断迁徙流动和不断融合的历史发展过程中，因此，在元、明、清以前的汉文史书中，其确切族称很难加以考订。但从语言系属上分析，依据凡属汉藏语系藏缅语族的各民族，都与我国古代氐羌部落集团有密切关系的这一观点，独龙族先民也应是古代氐羌族群的一个组成部分。从与之关系较紧密的怒、藏、景颇、傈僳等族所活动迁徙的地域来分析，独龙族的历史沿革，也应包含于这一区域发展之中。即自汉代在西南夷地区设益州郡、永昌郡以来，独龙江、怒江流域这地区，即属于当时嶲唐（今保山）、不韦（今保山南部施甸一带）两县管辖的范围。从此以后，这地区的各少数民族（包括独龙族先民）便与中央王朝发生了政治关系。此后，公元738年唐王朝册封皮逻阁为"云南王"，皮逻阁在云南建立地方政权南诏，独龙江流域属南诏剑川节度管辖，樊绰撰《云南志》亦称《蛮书》，书内《云南城镇第六》记述说："镇西城南至仓望城，临丽水，东北至弥城，西北至丽水渡……管摩零都督城，在山上……南诏特于摩零山上筑城……凡管金齿、漆齿、绣脚、绣面、雕题、僧耆等十余部落。"国内从事西南民族研究的著名学者对这一段历史地理记载作过缜密考释，证明其与独龙族关系密切。据元、明、清史书记载，这一时期独龙族地区归丽江木氏土司和丽江路军民总管府管辖，有关汉文史书也开始出现有关独龙族的记载。元《一统志》丽江路风俗条说："丽江路，蛮有八种，曰磨些、曰白、曰罗落、曰冬闷、曰峨昌、曰撬、曰吐番、曰卢，参错而居。"元代的丽江路包括今丽江地区、怒江傈僳族自治州和迪庆藏族自治州南部，其西北与今西藏自治区相接。所载"撬""吐番""卢"，正是独龙族、藏族和怒族的先民。"撬"为"俅"字的同声异写。中华人民共和国成立前，俅（撬）族居住地区的河流称为俅江或俅夷地，今贡山县独龙江上游仍称俅江。到了清代，道光《云南通志》卷一八五转引《清职贡图》有如下记载："俅人，居澜沧江大雪山外，系鹤庆、丽江西域外野夷。其居处结草为庐，或以树皮覆之。男子披发，着麻布短衣裤，跣足。妇女缀铜环，衣亦麻布……更有居山岩中者，衣木叶，茹毛饮血，宛然太古之民。俅人与怒人接壤，畏之不敢越界。"这一段记载，对当时独龙族群的生产、生活状况，作了较为真实的反映。类似记述，还见于雍正《云南通志》、乾隆《丽江府志略》等史书方志中。在这段时期内，清朝统治者曾将独龙江与怒江各分两段，使之隶属于丽江木氏土司知府所属的康普土千总和叶枝土千总管辖。辛亥革命后，划归菖蒲桶（贡山县）殖边公署。1918年改为行政委员公署，1933年又改为贡山设治局。中华人民共和国成立后，成立了贡山独龙族怒族自治县。独龙江地区一直都在祖国的统一版图之内，独龙族一直在这里繁衍生息。

中华人民共和国成立前，独龙族还处于原始的家族公社解体时期，其社会经济的基本特点是：以刀耕火种的农业为主，但采集和渔猎还占很大比重；生产工具十分简陋，小型铁器、石器、木器并用；社会分工不明显；社会内部虽有初步的贫富分化，但尚未形成对立的阶级。

1956年以前，独龙族还处于父系为主的家族公社解体时期。整个独龙江流域有木金、当生、木仁、木江、陇吴、江勒、姜木雷、凯尔却等15个父系氏族。独龙语称氏族为"尼柔"，意即由同一祖先的后代所组成的具有血缘关系的共同体。氏族的名称没有图腾的内容，但具有一种超自然的象征含意，如：木金氏族含有"天上诞生的人"之意。有的氏族名称则以人的肤色、性格为象征，如当生氏族有"红皮肤"之意，江勒氏族是"性格暴躁"之意。随着氏族组织的分解，有些较大的氏族又分裂为几个兄弟氏族（或血胞），如凯尔却氏族分裂为冷木当、阿都罗、滴朗罗勃三个兄弟氏族；姜木雷氏族分成为东根、迪政当、白丽、鲁葱、滴朗五个兄弟氏族；江勒氏族分为龙棍、熊当、数可、双拉、芒瓦、木赖、迪秀当七个兄弟氏族，各个兄弟氏族之间互称"拿努尼柔"（即兄弟氏族之意）。随着生产力的发展和私有制的萌芽，父系氏族组织已经很松弛，它仅成为一种各兄弟氏族及各个父系大家族所公认的祖先象征罢了。各兄弟氏族之间基本上是独立的，但还有着密切的政治上的和经济上的联系。如承认出自一个共同的父系祖先，经济上互相帮助，遇有外族侵袭时，组成暂时的"氏族联盟"共同抵御敌人，并严格遵守氏族外婚制，等等。

独龙族的婚姻制度也正如他们的社会性质一样，处在由原始群婚、对偶婚发展为不稳固的一夫一妻制。其间，妻姊妹婚、家族内婚、非等辈婚、转房制以及家长多妻制等多种婚姻形式并存，其中以妻姊妹婚为主要的婚姻缔结形式，在婚姻结构方面形成固定的氏族（家族）环状外婚集团。

独龙语属汉藏语系藏缅语族，语支未定，没有文字。国内与之相近的语言有怒语、景颇语、傈僳语。独龙语与贡山县丙中洛乡的怒语基本相通。

独龙族信奉万物有灵，认为人世间的一切事物和难以解释的现象，都由鬼神所支配，也认为一生中的祸福全是由鬼神所安排的，一切天灾人祸都被视为是一种超自然的力量在起作用。因之自然界的山岭、河流、大树、巨石等，都成为他们崇敬的对象。独龙语称鬼为"不朗"，在他们心目中，各种"不朗"多达十多种。为了祈福免灾，他们不惜耗费大量的粮食牲畜来祭祀鬼神和驱魔。1931年，美籍基督教传教士莫尔斯从维西来到贡山，在茨开、普根勤等地建立教堂传教，独龙江下游一带的部分独龙族群众因此信奉基督教。

中华人民共和国成立后，独龙族人民获得了新生，结束了"疾病祈求鬼神，杀牲驱鬼"的苦难岁月，在政治、经济、文化等各个方面都取得了显著的进步。而今，独龙族人民正与全国各族人民一道，为建设具有中国特色的社会主义强国，实现中华民族伟大复兴中国梦而贡献着自己的一份力量。①

二

独龙族的口传古籍十分丰富，具有本民族的历史文化特点，是独龙族非物

---

① 《独龙族简史》，昆明，云南人民出版社，1986。

质文化的重要组成部分。独龙族口传古籍主要以歌唱与叙述的形式，通过世代口耳相传而得以流传和保存。独龙族古籍中所反映的是远古时期独龙族原始先民对于天地的开辟、人类的起源、万物的起源、氏族的形成及与生存发展联系较为紧密的事物的认识和理解。独龙族古籍包括散文体和韵文体两大类。散文体的口碑文学作品如神话、传说、故事、童话、寓言、笑话等；韵文体的口碑文学作品如创世史诗、祭祀歌、劳动歌、风俗歌、情歌、儿歌等。

独龙族口传古籍主要分为如下几类：

（一）神话

神话在独龙族口头文学中占有十分重要的地位。可以说，直至1949年，在独龙族的社会生活中还存在着神话产生和发展的条件，因此，不但许多古老的神话不断在人们口中辗转流传，而且还在产生着反映独龙族如何学会了农业生产这样的神话。

独龙族神话包括天地形成，如《蚂蚁分天地》；人类起源，如《嘎姆嘎沙造人》《西坦嘎彭》《木彭九和木尼干》等；洪水滔天，如《洪水滔天》；火的发明，如《取火》；文化的起源，如《独龙族为什么没有文字》；驯养动物、种植农业等的解释以及人与鬼神抗争等内容。

（二）创世史诗

在神话的基础上，独龙族产生了创世史诗。目前已搜集到的独龙族创世史诗《创世纪》，分为"人类的起源""人与鬼的斗争""洪水滔天""祭神的由来""娶媳妇""卡雀哇"六部分，共七百余行。史诗以"创世"过程为线索，不仅把短篇的、各自独立的神话贯穿起来，而且融神话、传说、歌谣、记事为一炉，展开了史诗世界的动人描写，曲折地反映了人类早期社会发展过程。由于过去独龙族生产力水平低下，社会发展缓慢，因此，在其史诗中尚未出现一个统一的、贯穿"创世"过程的天神，也没有出现反神的形象。但史诗已成为独龙族的"根谱"，成了一种特殊的知识总汇。直至20世纪50年代，独龙族仍视史诗为"经典"及"百科全书"。

（三）歌谣

独龙族人民非常喜爱歌谣，有自己的歌唱传统。独龙族歌谣有三种：第一种叫"门竹"，这种类型的歌谣一般由一个人独唱。第二种单人吟唱的叫"阿昌乔"，这类歌的内容都是歌唱人的，其歌唱一个人的一生事迹，或者有纪念意义的一段事迹。第三种叫"普"，这是歌伴舞的歌唱形式，唱"普"调需围成圈跳舞，由一人领唱众人应和，如此一起一伏，优美动听，舞姿和谐。

独龙族歌谣贯穿于独龙族社会生活的各个方面，不论在围猎前后、砍树烧山及收获粮食，或婚丧嫁娶，抑或晚上围在火塘边取暖，人们都要歌唱。独龙人说："我们的歌哟，多得像独龙江水，永远流不尽，唱不完。"李子贤1963年到独龙江畔采风时，亲耳听到了一百多岁的孟斗老人所唱的十余首"门竹"。一位名叫丙当妮的中年女歌手，竟一口气演唱了四五个小时，从过去的苦难生活、妇女的悲惨遭遇，唱到了独龙族的新生。据调查，独龙族社会中尚未出现半职业性的歌手，但每一个自然村（过去往往就是一个家族公社），都已产生了歌手。歌手不但通晓本民族的传统歌谣，而且即兴创作的能力很强，随时都可以视发生的事件及特定环境，唱出一支支歌谣。

独龙族的歌谣，大体上可分为创世歌、祭祀歌、风俗歌、劳动歌、生活歌、情歌和儿歌等。

从目前已搜集到的情况看，独龙族的创世歌《创世纪》有两个版本。一是20世纪50年代由李子贤搜集的《创世纪》，这个版本的《创世纪》由独立成篇的六个神话组成，共有七百余行。从其内容来看，是独龙江南部一带流传的创世古歌。另一个版本，是由李金明搜集的创世歌《创世纪》，它由八个独立成篇的神话构成，共有千余行。这个版本的《创世纪》主要流传于独龙江北部一带。

独龙族祭祀歌主要由《祭土地神》《祭猎神》《祭岩鬼》《祭树神》《招魂调》《祭亡灵调》《叫谷魂调》等组成，主要反映了独龙族万物有灵的原始宗教观。

独龙族的风俗歌所反映的社会生活内容较广泛，反映婚姻习俗的有劝嫁歌、配亲歌；反映宗教信仰的有猎神歌、剽牛歌；反映风土人情的有酒歌，等等。

劳动歌是伴随着劳动而产生的最古老的歌谣。独龙族的劳动歌还明显地保留着对劳动的直接依赖性这一特征，总是人们从事什么劳动，就有什么样的歌。例如，狩猎是独龙族的重要经济活动之一，因而产生了许多猎歌。有的猎歌长达近百行，全面地叙述了狩猎前祭猎神，集体围猎，以及打到野兽时的欢乐情景等整个狩猎过程。

进入农业生产以后，独龙族劳动歌的题材内容就更为广泛。他们砍倒树木烧山，或点播包谷时，有反映刀耕火种的歌；收获粮食入仓时，也唱歌。独龙族的劳动歌，或传授生产经验，或鼓舞集体的劳动热情，能够直接为生产活动服务。

独龙族的生活歌触及社会的各个方面，有反映黑暗社会生活的《火塘边只剩三个石头了》，有反映采集生活的寻觅歌《罗低、罗低》，有反映风俗的《盖房歌》《过年歌》《织布歌》，等等。

情歌也是独龙族的传统歌谣之一。从目前已搜集到的独龙族情歌来看，已是一夫一妻制确立后的产物。1949年以前，独龙族盛行严格的氏族外婚制，即男子只固定与舅方家族联姻，并形成了较固定的婚姻集团，构成单面循环的婚姻制度。其特点是：甲家族的男子固定娶乙家族的女子为妻，但甲家族的女子绝对不能嫁给乙家族的男子。这样一来，男女青年就命定地只能与某一家族的男女结婚，丝毫没有自由选择的余地。随着父权制的强化，原始社会的解体，妇女的社会地位越来越低。1949年以前，已出现了一夫多妻的现象，买卖婚姻已开始萌芽。如独龙族过去称娶妻方"仆玛旺"，意即买女人。娶妻的聘礼叫"特布加雷"，即女方的身价。男子凭借着在经济上的主导地位和公认的特权，已在家中占支配地位，开始出现了男子对女子的奴役。从目前所搜集的资料来看，独龙族情歌以反抗现存的婚姻制度，追求婚姻自由的内容居多，如《我俩永远相爱》《死也不嫁》《阿娜与阿克》等。

此外，也流传着许多情意真挚地抒发互相爱慕之情的歌谣，如《白云和山泉》《同我心连心的只有一个》《满天星星》《爱情》和《失去》等。

独龙族的儿歌优雅、质朴，如《我俩去打鸟》《放扣子》《阿爸阿妈外出干活去了》，还有让婴儿入睡的催眠曲《啊啦啦哟啦哟啦》。

（四）传说、故事

独龙族不仅创造了神话、史诗、歌谣等口头文学样式，而且还创造了被称为"力格"的传说、故事。

独龙族的传说内容十分广泛，有的传说往往与神话结合在一起，如《聪明勇敢的朋根朋》《独龙族文字哪里去了》等；有的传说以一定的历史事件作为依据，如《夜袭土司府》《布里查坠江记》等；有的传说反映开创未来世界，如《三星座》；在动植物传说中，反映动物习性的传说，如《狗为什么常伸舌头》《猴子为什么住在树上》等；在风俗传说中，有讲述崖鬼来源的传说《几卜郎的来历》《祭仁木达》等。

独龙族的民间故事数量相当丰富，反映的生活面极广，其中动物故事、幻想故事、生活故事、斗鬼故事占的比重较大。动物故事大多短小精悍而寓意深刻，如《老虎同火赛跑》《说谎的狗》《乌鸦和老虎》《老虎和山鼠》《麂子失礼》《猴子为什么爱偷包谷》等。

幻想故事目前搜集到的有《孤儿和鱼姑娘》《姑娘与青蛙》等。

独龙族的故事中有一类专门反映人与鬼斗争的故事。这类故事与神话不同，故事中的人物形象已居于主导地位，而鬼则总是陷于失败的境地，如《草乌治鬼》《压鬼》《刺鬼》等。

独龙族的民间故事很多，内容丰富多彩。有反映善与恶的《太阳山》《大南瓜》《一只跳蚤》等，有反映忠贞爱情的《孔四迪与龙女》《金子姑娘》，有反映生产劳动的《土蚕和老鹰》等。

据学者调查研究，直到1956年以前，独龙族社会还处在原始社会末期，处于一种以父系为主的家族公社正在解体的时期。这一时期的社会生产力发展的特点是：刀耕火种的原始农业占主要地位，但采集和渔猎仍占很大比重；生产工具简陋，还未从锄耕过渡到犁耕；社会分工不明显，只有男女间的自然分工；商品交换处于原始的以物易物的阶段。

因此，独龙族古籍，呈现出以下四个特征：

一是口耳相传的口头文学构成独龙族古籍的主体。

独龙族没有文字，以独龙语为工具，以"口传心授"的方式，把集体创作的作品代代相传。由于独龙族文学是口头创作、口头流传的，没有固定的文字原文，因此在传播的过程中，必然产生许多变化，因而就产生了同一故事的许多"异文"。

在漫长的远古社会，独龙族产生和积累了许多神话和传说。在集体劳动中，为了收获或保护生产者，进行了一系列的祭祀活动，于是产生了许多原始的祭祀歌。在生产劳动中，当一些有节奏的、表现情感的劳动呼声被相应的语言代替时，呼声就有了确切的含义，语言就有了歌唱形式，这样就产生了原始歌谣。这些神话、传说、原始歌谣、民间故事流传至今，构成了独龙族古籍的主体。

二是原生性是独龙族口传古籍的特质。

这一时期，独龙族先民们的神话和歌谣都带有原生性的特征，融集体性、口头性、综合性为一体。集体性，这些讲唱古籍都是独龙族先民在集体劳动和集体生活中集体创作而产生的；口头性，这些古籍都是口耳相传，活态传承；综合性，这类古籍是以诗、乐、舞相结合的原始艺术。独龙族的《织布歌》正是诗、歌、舞三位一体的原始艺术。人们在唱《织布歌》时，一边唱一边手舞足蹈，比画着织布过程中的分线、穿梭、打织等织布动作，生动地再现了腰机织布的全过程；《盖房歌》叙述了盖房建屋的全过程，并效仿盖房程序中的某些动作加以配舞。独龙族歌谣中的"普"调均属诗、乐、舞相结合的原始艺术。

三是独龙族口传古籍与宗教关系密切。

独龙族信奉万物有灵的原始宗教。他们把生活中的各种灾变和疾病，同某一鬼魂联系起来，认为是鬼魂所为，而且通过占卜预测各种鬼魂的意旨，进行逐一祭祀，因而产生了许多祈祷词、仪式歌和鬼的由来的传说等等。独龙族的宗教仪式活动，也往往与神话联系在一起。神话在宗教活动中起着解释或说明仪式活动的作用。其后，基督教的传入冲击着独龙族社会生活的各个方面，独龙族无论是在生活习俗、思想观念，还是经济文化上均受到了很大的影响。在生活习俗和思想观念上，信教的独龙族放弃了原来的原始宗教而信奉上帝，并且改变了一些传统习惯，如信教群众不喝酒、不抽烟、礼拜天停止劳动等；此外，教规严禁教徒与非教徒间通婚，打破了独龙族固有的比较固定的氏族外婚制；在文化上，《圣经》里的神话故事不仅丰富了独龙族的民间文学，而且在《圣经》故事的影响和启示下，独龙族也产生了如《嘎美和嘎沙造人》这类上帝（神）用泥巴造人的神话。

四是独龙族口传古籍呈现与汉族及相邻怒、傈僳、藏等民族文化交融现象。

独龙族与藏、傈僳、怒等民族自古以来就是相邻而居或混杂而居，相互间的经济文化交流自然频繁。许多独龙族的民间故事和生活歌，在藏族、傈僳族、怒族中间同样流传。特别是独龙族与怒族关系更密切一些，在独龙族和怒族中同样存在《他们原来是同胞兄弟》的神话传说。独龙族与怒族之间不仅在文学上有相互影响，而且在风俗习惯上也有许多类同之处。如独龙、怒两族人民同样制造"夏辣"，喝酥油茶，织五颜六色的毯子，织布的方法、技法也均相同，这都说明了两族间的关系是如此之深。[①]

涉及独龙族方志民族民俗资料，用汉文记载的古籍有樊绰《云南志》，元《一统志》，清道光《云南通志》卷一八五引《清职贡图》，清雍正鄂尔泰《云南通志》卷二十四，清光绪《丽江府志稿》卷一等。上述古籍资料云南省图书馆，云南省档案馆有收藏。

三

20世纪50年代，全国范围内开展了各民族社会历史调查，对独龙族古籍

[①] 参阅《云南少数民族文学资料》(第2辑,《独龙族文学概况》)，中国社科院云南少数民族民间文学研究所、云南省社科院民族民间文学研究所、中国民间文艺研究会云南分会1981年编印。李金明：《独龙族文学简史》，昆明，云南民族出版社，2004。

资料的搜集工作也从此开始。1957年4—7月，全国人大常委会云南少数民族社会历史调查组派遣两个调查小组，分别由杨毓才、宋恩常带队，进入独龙江河谷，写出两篇系统的调查报告，已铅印出版。1958年秋，云南少数民族社会历史调查组怒江分组又组成独龙调查队，由洪俊领队至独龙江进行第二次调查，并写出了系统的调查报告，已铅印出版。以上两次系统的调查，为《独龙族简史》的编写奠定了基础。

1958年9月30日，独龙族调查小组行抵贡山县怒江边的布拉崖时，陈延长不幸坠入怒江。陈延长是中央民族学院语文系拉祜班四年级学生。1984年，贡山独龙族怒族自治县党政机为陈延长在贡山县烈士墓内建立一座纪念碑，以纪念之。

值得一提的是，负责独龙族语言和历史调查的两个工作组陆续进入独龙江开展田野调查工作，从中接触了大量独龙族口传古籍资料，记录作为独龙族语言文字和历史研究的资料。这些资料，有的稍加整理，便是一部（首）优秀的独龙族口传古籍，开始在报刊上和广大读者见面。如独龙族神话《大蚂蚁把天地分开》《嘎美和嘎荷造人》《猎人射太阳》《洪水泛滥》等，这便是20世纪50年代独龙族口传古籍资料的初步发掘工作。

20世纪60年代初期，为贯彻执行中央提出的"全面搜集，慎重整理，加强研究，重点推广"的民间文学工作方针，抢救濒临失传的独龙族民间文学，中共云南省委宣传部组织了"云南民族民间文艺贡山调查队"赴贡山独龙族怒族自治县开展工作。这是新中国建立后云南省第四次有计划有组织有领导地进行民族口传古籍（重点是民间文学）的调查研究工作。在这批人当中，比较有代表性的是云南大学李子贤教授，在贡山独龙族怒族自治县工作的陈凤楼、李凡人等。尤其是李子贤，20世纪60年代初，就带着一批云南大学的学生进入独龙江地区采风，搜集了不少独龙族民间故事和神话传说。此后，他把所搜集到的口传古籍陆续在各种刊物上刊登发表出来，并在此基础上撰写了《独龙族文学概况》，现收入《云南少数民族文学资料》（第2辑），中国社会科学院云南少数民族文学研究室、云南省社会科学院民族民间文学研究所、中国民间文艺研究会云南分会1981年编印。多年来，他整理发表的独龙族民间文学作品主要有《说谎的狗》《老虎同火赛跑》《刺鬼》《巧射鬼王》《猎人射太阳》等。

20世纪80年代开始的民间文学集成工作，是对独龙族口头文学的一次全面普查，所搜集的神话、史诗、民间故事、传说、歌谣和谚语，均收入《中国民间故事集成·云南卷》《中国歌谣集成·云南卷》《中国谚语集成·云南卷》，上述书籍已由中国 ISBN 中心 2003 年出版。

20 世纪 80 年代以来，在独龙族中涌现了许多搜集、翻译、整理本民族民间文学的人们，虽然他们并不是从事民间文学的工作者，但他们对本民族的民族文化和民族古籍产生了浓厚的兴趣，搜集、翻译、整理出版了许多本民族有相当价值的民族古籍和传统文化作品，对本民族古籍和文化的保存做出了极大的贡献。其中以巴国强、马文德、李新明、李金明等人比较突出。

新时期以来，相继出版的独龙族口传古籍有《独龙族民间故事》，云南人民出版社 1988 年版；《贡山各民族民间故事选》（第 1 辑），贡山县文化局民间文学集成办公室 1990 年编印；《创世神话六则》，载《云南民族民间故事选》，云南人民出版社 1981 年版；《云南民族民间故事选》，云南群众文艺编，1978 年版。

20 世纪 80 年代以来，专家学者在上述资料基础上，研究独龙族历史与文化，先后出版《独龙族简史》《独龙族社会历史调查》《独龙族文学概况》《独龙族文学简史》《独龙族文化大观》等著作。上述独龙族古籍资料的搜集、整理和出版，为我们编写《中国少数民族古籍总目提要·独龙族卷》打下了坚实的基础。

四

1997 年，国家民委确立了《中国少数民族古籍总目提要》跨世纪民族文化建设重点项目，并印发了《〈中国少数民族古籍总目提要〉编写纲要》，正式开始动员部署编写工作。独龙族古籍编目也提上了日程。1998 年 5 月，国家民委在广西桂林举办了全国少数民族古籍编目培训班。2000 年 3 月，云南省少数民族古籍整理出版规划办公室在昆明举办了全省少数民族古籍编目培训班。独龙族古籍编写人员参加了培训。

2002 年，云南省古籍办启动了《云南民族口传非物质文化遗产总目提要》编写出版工作，这为独龙族古籍总目提要篇目编写奠定了坚实的基础。在此基础上，2015 年，独龙族古籍编写正式立项。在总结前一阶段工作的基础上，有针对性地安排了下一步工作计划和目标。截至 2017 年 4 月，共收录讲唱类古籍 238 条，收录了长期以来在民间流传的神话、创世歌、民间故事、传说、歌谣等。中国少数民族古籍总目提要独龙族部分较全面、真实地反映了独龙族现存古籍的全貌。

我国自古就有编纂文献目录的传统，从西汉时中国历史上第一部汉文图书目录《七略》开始，此后历朝均有目录版本存世，其中《四库全书总目提要》可以说是中国历史上汉文古籍书目的最重要成果。但是，目录及目录学的研究始终以汉文献及其精英文化为对象，还未深入到口传活态传承文化之中，更未深入到少数民族的民间文化里，这是中国文化史上的一大缺憾。独龙族古籍目录的编写工作，从启动到完成历时多年，首次以口耳相传的民间文学为编目对象，不仅拓宽了中国古籍文献编目的视野，更丰富了古籍文献的内容。独龙族古籍的编写进一步展示了独龙族丰富多彩的历史文化遗产，对于传承、发展独龙族优秀文化，增强文化自信，增进各民族团结，实现中华民族伟大复兴中国梦都具有深远的历史意义和现实意义。

《中国少数民族古籍总目提要》云南编纂委员会
《中国少数民族古籍总目提要·独龙族卷》编纂委员会
2019 年 1 月 16 日

凡 例

一、本书按照《〈中国少数民族古籍总目提要〉编写纲要》规定的收录范围，共收录独龙族古籍条目261条。其中，书籍类，收录28条；讲唱类，收录233条。

二、讲唱类分为神话传说、民间故事、长诗歌谣三部分，每一部分按我国民间文学传统分类方法分类。

三、编撰人员姓名均在各条目末括号内注明。

四、本书根据《〈中国少数民族古籍总目提要〉编写纲要》的要求编写，以确保丛书整体统一。

条目分类目录

书籍类

元一统志 ………………………… 585
增订南诏野史 …………………… 585
滇夷图说 ………………………… 585
云南通志（雍正） ……………… 585
丽江府志略 ……………………… 585
皇清职贡图 ……………………… 585
滇南闻见录 ……………………… 586
滇黔志略 ………………………… 586
滇海虞衡志 ……………………… 586
滇云纪略 ………………………… 586
滇省夷人图说 …………………… 586
鸿泥杂志 ………………………… 586
云南通志稿（道光） …………… 586
滇南夷情汇集 …………………… 587
云南三迤百蛮图 ………………… 587
滇南志略 ………………………… 587
云南种人图说 …………………… 587
丽江府志（光绪） ……………… 587
续云南通志稿（光绪） ………… 587
怒俅边隘详情 …………………… 587
滇小记 …………………………… 588
滇西兵要界务图注 ……………… 588
云南维西县地志全编 …………… 588
滇缅北段界务调查报告 ………… 588
西康图经 ………………………… 588
云南北界勘查记 ………………… 588
新纂云南通志（民国） ………… 589

御制外苗图 ……………………… 589

讲唱类

一、神话传说

（一）神话

天地是怎样分开的 ……………… 593
大蚂蚁把天地分开 ……………… 593
雪山之神 ………………………… 593
公月亮和母太阳 ………………… 594
猎人射太阳 ……………………… 594
嘎美和嘎莎造人 ………………… 594
大树变人 ………………………… 594
棕树的传说 ……………………… 594
洪水泛滥 ………………………… 595
尼响 ……………………………… 595
人和野兽的故事 ………………… 595
聪明勇敢的朋更朋 ……………… 595
朋根朋上天娶媳妇 ……………… 596
创火人 …………………………… 596
星星姑娘 ………………………… 596
三星座 …………………………… 596

（二）传说

巨人朋得共 ……………………… 597
独龙文字哪里去了 ……………… 597
迪杉的来历 ……………………… 597
与鬼怪交朋友的人 ……………… 597
马鹿引路 ………………………… 598

几卜郎的传说 ⋯⋯⋯⋯⋯⋯⋯⋯ 598	媳妇与猎人 ⋯⋯⋯⋯⋯⋯⋯⋯ 606
仁木大的传说 ⋯⋯⋯⋯⋯⋯⋯⋯ 598	孤儿和鱼姑娘 ⋯⋯⋯⋯⋯⋯⋯⋯ 606
祭猎神 ⋯⋯⋯⋯⋯⋯⋯⋯⋯⋯ 598	一只跳蚤 ⋯⋯⋯⋯⋯⋯⋯⋯⋯ 606
猎神阿卡提 ⋯⋯⋯⋯⋯⋯⋯⋯ 598	
半边刀壳 ⋯⋯⋯⋯⋯⋯⋯⋯⋯ 599	（二）生活故事
竹筒酿酒 ⋯⋯⋯⋯⋯⋯⋯⋯⋯ 599	富裕的精灵 ⋯⋯⋯⋯⋯⋯⋯⋯ 606
鬼教人酿酒 ⋯⋯⋯⋯⋯⋯⋯⋯ 599	江布拉朋 ⋯⋯⋯⋯⋯⋯⋯⋯⋯ 606
女人吸烟的来历 ⋯⋯⋯⋯⋯⋯ 599	三弟兄 ⋯⋯⋯⋯⋯⋯⋯⋯⋯⋯ 607
独龙族的"卡雀哇" ⋯⋯⋯⋯⋯ 600	土蚕和老鹰 ⋯⋯⋯⋯⋯⋯⋯⋯ 607
大江的来历 ⋯⋯⋯⋯⋯⋯⋯⋯ 600	孤儿龚干 ⋯⋯⋯⋯⋯⋯⋯⋯⋯ 607
巨人的脚印 ⋯⋯⋯⋯⋯⋯⋯⋯ 600	
妖鬼洞 ⋯⋯⋯⋯⋯⋯⋯⋯⋯⋯ 600	（三）动物故事
夜袭土司府 ⋯⋯⋯⋯⋯⋯⋯⋯ 601	老虎同火赛跑 ⋯⋯⋯⋯⋯⋯⋯⋯ 608
勇敢的普纳木松 ⋯⋯⋯⋯⋯⋯ 601	獐子和雪鼠 ⋯⋯⋯⋯⋯⋯⋯⋯ 608
布里查坠江记 ⋯⋯⋯⋯⋯⋯⋯⋯ 601	老虎和山鼠 ⋯⋯⋯⋯⋯⋯⋯⋯ 608
	说谎的狗 ⋯⋯⋯⋯⋯⋯⋯⋯⋯ 608
二、民间故事	狗为什么常伸舌头 ⋯⋯⋯⋯⋯ 608
	猴子为什么爱偷包谷 ⋯⋯⋯⋯ 608
（一）幻想故事	猴子为什么住在树上 ⋯⋯⋯⋯ 609
人为什么打鬼 ⋯⋯⋯⋯⋯⋯⋯ 602	鸟笛 ⋯⋯⋯⋯⋯⋯⋯⋯⋯⋯⋯ 609
烧鬼 ⋯⋯⋯⋯⋯⋯⋯⋯⋯⋯⋯ 602	蛇的把戏 ⋯⋯⋯⋯⋯⋯⋯⋯⋯ 609
草乌治鬼 ⋯⋯⋯⋯⋯⋯⋯⋯⋯ 602	麂子失礼 ⋯⋯⋯⋯⋯⋯⋯⋯⋯ 609
压鬼 ⋯⋯⋯⋯⋯⋯⋯⋯⋯⋯⋯ 602	公鸡、斑鸠伴老人 ⋯⋯⋯⋯⋯ 609
"死尸"吓鬼 ⋯⋯⋯⋯⋯⋯⋯⋯ 602	猴子盖房的故事 ⋯⋯⋯⋯⋯⋯ 610
砍鬼 ⋯⋯⋯⋯⋯⋯⋯⋯⋯⋯⋯ 603	蛇王与蛇母 ⋯⋯⋯⋯⋯⋯⋯⋯ 610
巧射鬼王 ⋯⋯⋯⋯⋯⋯⋯⋯⋯ 603	水獭与金狗交朋友 ⋯⋯⋯⋯⋯ 610
刺鬼 ⋯⋯⋯⋯⋯⋯⋯⋯⋯⋯⋯ 603	
渔网的来历 ⋯⋯⋯⋯⋯⋯⋯⋯ 603	三、长诗歌谣
药神念黛娜 ⋯⋯⋯⋯⋯⋯⋯⋯ 603	
神箭手射虎 ⋯⋯⋯⋯⋯⋯⋯⋯ 604	（一）创世歌和祭祀歌
孔四迪与龙女 ⋯⋯⋯⋯⋯⋯⋯ 604	创世纪 ⋯⋯⋯⋯⋯⋯⋯⋯⋯⋯ 611
奇怪的帽子 ⋯⋯⋯⋯⋯⋯⋯⋯ 604	祭土地神 ⋯⋯⋯⋯⋯⋯⋯⋯⋯ 611
太阳山 ⋯⋯⋯⋯⋯⋯⋯⋯⋯⋯ 604	祭山神 ⋯⋯⋯⋯⋯⋯⋯⋯⋯⋯ 611
大南瓜 ⋯⋯⋯⋯⋯⋯⋯⋯⋯⋯ 605	祭猎神（一） ⋯⋯⋯⋯⋯⋯⋯ 611
金子姑娘 ⋯⋯⋯⋯⋯⋯⋯⋯⋯ 605	祭猎神（二） ⋯⋯⋯⋯⋯⋯⋯ 612
姑娘和青蛙 ⋯⋯⋯⋯⋯⋯⋯⋯ 605	祭猎神（三） ⋯⋯⋯⋯⋯⋯⋯ 612
金赛 ⋯⋯⋯⋯⋯⋯⋯⋯⋯⋯⋯ 605	呼喊福禄神 ⋯⋯⋯⋯⋯⋯⋯⋯ 612

祭岩鬼 ……………………………… 612
婴孩驱鬼调 …………………………… 612
驱鬼保命调 …………………………… 613
祭亡灵调（一）……………………… 613
祭亡灵调（二）……………………… 613
祭树神 ………………………………… 613
过年祭歌 ……………………………… 613
剽牛调（一）………………………… 614
剽牛调（二）………………………… 614
剽牛调（三）………………………… 614
剽牛调（四）………………………… 614
剽牛调（五）………………………… 614
盖新房调（一）……………………… 615
盖新房调（二）……………………… 615
运气神歌 ……………………………… 615
招魂歌 ………………………………… 615
招魂调 ………………………………… 615
送魂调 ………………………………… 616
咒亡魂歌 ……………………………… 616
叫谷魂调 ……………………………… 616

（二）风俗歌
酒歌 …………………………………… 616
配婚歌（一）………………………… 616
配婚歌（二）………………………… 616
配婚歌（三）………………………… 617

（三）劳动歌和生活歌
猎歌 …………………………………… 617
大家干活要勤劳 ……………………… 617
砍火山调 ……………………………… 617
找竹笋 ………………………………… 617
找菌子 ………………………………… 618
我们活不下去了 ……………………… 618
独龙地方 ……………………………… 618
过去的日子 …………………………… 618
受苦调 ………………………………… 618

怨恨调 ………………………………… 618
怨歌 …………………………………… 619
这是什么官哟 ………………………… 619
渴望调 ………………………………… 619
锅庄调 ………………………………… 619
杵棍歌 ………………………………… 619
动物调 ………………………………… 620
没有到顶的时候 ……………………… 620

（四）情歌
独龙人的幽情 ………………………… 620
我俩永远相爱 ………………………… 620
心中的才荣松 ………………………… 620
普娜尼南 ……………………………… 621
想起心爱的姑娘 ……………………… 621
同我心连心的只有一个 ……………… 621
倾吐 …………………………………… 621
鱼水 …………………………………… 621
蔓腊花 ………………………………… 621
既然 …………………………………… 622
心中 …………………………………… 622
敲响 …………………………………… 622
你是 …………………………………… 622
不管 …………………………………… 622
怨我 …………………………………… 622
假如 …………………………………… 623
可以 …………………………………… 623
猜不透 ………………………………… 623
山泉 …………………………………… 623
当你 …………………………………… 623
早已 …………………………………… 623
可惜 …………………………………… 624
碰击 …………………………………… 624
采摘 …………………………………… 624
山雉 …………………………………… 624
能否 …………………………………… 624
我是 …………………………………… 624

若问	625
叫我	625
那是	625
甜到	625
刚刚	625
一对对	625
缺	626
不	626
路	626
何妨	626
寻找	626
希望	627
太难	627
难道	627
真的	627
痕迹	627
在那	627
没有	627
忧伤	628
徘徊	628
哪天	628
一旦	628
少了	628
每天	628
在异乡	629
可曾	629
如今	629
穿透	629
曾托	629
线	629
也许	630
知心	630
不妨	630
岂不	630
文面	630
不如	630
因为	631
隔	631
趁	631
去问	631
竹林	631
一起	631
刻纹	632
心里	632
变	632
绝不	632
为她	632
别	632
鹿儿	633
心却	633
只要	633
深深地	633
山风	633
仍然	633
选中	634
惟愿	634
让它	634
我愿	634
老天	634
爱情	635
也是	635
纵虽	635
何必	635
一样	635
可别	635
只能	635
切莫	636
天边	636
要么	636
善于	636
淹没	636
会不会	636
小溪旁	636
那个	637

阿娜与阿克 …………………………… 637
心儿贴在一起 ………………………… 637
你的歌像蜂蜜 ………………………… 637

（五）儿歌
哄婴儿调 ……………………………… 638

爸爸妈妈快回家 ……………………… 638
催眠曲 ………………………………… 638
你妈干活没回来 ……………………… 638
找竹笋 ………………………………… 638
老鹰捉小鸡 …………………………… 638

书籍类

元一统志

原名《大元大一统志》，为元代官修的全国性地理总志。孛兰盻、岳铉等主持编撰，创修于世祖至元二十三年(1286年)，前后共历十八年之久，大德七年（1303年）成书，共600册，计1300卷。书成后藏于秘府，顺帝至正六年(1346年)始刊行。卷7《丽江路军民宣抚司·风俗形势》中记载："丽江路……蛮有八种，曰磨些，曰白，曰罗落，曰冬闷，曰峨昌，曰撬，曰吐番，曰卢，参错而居，故称一族。"撬，即元代独龙族称谓。该书至清中叶已散佚不全。民国间，金毓黻据北京图书馆、大连图书馆及各收藏家所藏零页抄得15卷，又自诸书辑佚，得4卷，此本刊入金氏所编《辽海丛书》中。新中国成立后，赵万里在金辑本的基础上，增加了从《永乐大典》中新辑出的佚文，编为10卷，中华书局1966年版。

（杨筱奕）

增订南诏野史

南诏野史，旧本题曰《昆明倪辂集》，杨慎辑，胡蔚校。无序目，崇祯六年（1633年）姜午生跋。2册。昆明，云南书局光绪六年（1880年）本。下卷《南诏各种蛮夷》中记载："俅人，丽江府鹤庆州大雪山外。男女披发，树叶为衣，耳穿七孔，坠以木环。"保存完好。今藏云南省图书馆。云南省图书馆另有民国五年（1916年）本2册。

（杨筱奕）

滇夷图说

图像古籍。于康熙、雍正年间成书。图中表现的人物均为生产、生活情境，少则二人，多则五六人，不拘男女老少，形象生动。每种均有说，纸本47页。其中记有"俅人"，即独龙族。台湾"中央"研究院历史语言研究所傅斯年图书馆藏，彩绘绢本，高38厘米，宽38厘米。有宋光宇撰辑《华南边疆民族图录》，台湾"国立"中央图书馆1991年版。

（杨筱奕）

云南通志（雍正）

30卷，首1卷。鄂尔泰修，靖道谟撰。乾隆元年（1736年）刻本。30册。属雍正对康熙《云南通志》之增修本。其中记录云南各民族社会、历史、风俗甚多。卷24《土司·附种人》记载："俅人，丽江界内有之。披树叶为衣……无屋宇，居山岩中。"本色绵纸，线装，楷体，墨书。页面25.7厘米×18.5厘米，版框22厘米×15.8厘米，上下双栏，左右单栏，10行，每行22字。白口，有书名、鱼尾、卷名、卷次、页码。间有残损。今藏云南省社会科学院图书馆。

（杨筱奕）

丽江府志略

2卷。管学宣修，万咸燕纂。乾隆八年(1743年)刻本。4册。上卷《官师略·种人》中记载："俅人，与怒人相近，言语不通。耳穿七孔，坠以木环。"下卷《艺文略》中记载："丽江古荒服地，汉西南夷裔也……江以内者……又有俅人，居澜沧江西……不知王化。"保存完好。今藏云南省图书馆。

（杨筱奕）

皇清职贡图

9卷。傅恒等撰，乾隆十六年（1751年）始修，共绘制清朝各族男女服饰图像299幅，图像后附简要说明，介绍其民族的史略及其与清王朝的关系以及生活习俗。卷7中记载："俅人，居澜沧江大雪山外，系鹤庆、丽江西域外野夷。其居处结草为庐，或以树皮覆之。男子披发，著麻布短衣袴，跣足。妇耳缀大铜环，衣亦麻布。种黍稷，剐黄连为生。性柔懦，不通内地语言，无贡税。更有居山岩中者，衣木叶……宛然太古之民。俅人与怒人接壤……"现有殷伟、徐大军、胡正娟点校本，广陵书社2008年版。

（杨筱奕）

滇南闻见录

2卷。清吴大勋撰。云南省图书馆民国年间据上海市文物保管委员会藏乾隆刻本传抄皮藏。2册。上卷《人部·丽夷》中记载："丽郡夷人有九种，如民家……山外江外，则俅人、怒子、生熟栗粟四种……巢居穴处之风。"保存完好。今藏云南省图书馆。

（杨筱奕）

滇黔志略

30卷。谢圣纶辑。云南省图书馆民国年间据中国科学院图书馆馆藏清乾隆刻本传抄皮藏，14册。卷15《云南·种人》中记载："俅人，居怒江大雪山外俅犽地方。原系西域野夷，今或偕怒人抵维西。身裹麻布，无屋宇，居山岩中，或披树叶为衣。性最柔懦，地与怒地接壤，不敢越界……"保存完好。今藏云南省图书馆。

（杨筱奕）

滇海虞衡志

13卷。檀萃撰。嘉庆九年（1804年）刻本。4册。书共分为十三个篇目，所记多为云南地方风物及物产，内容涉及云南地理地质构造及四季气象特点、动植物分布区域、金石矿类采集及应用情况、民生日用手工业的发展、云南边疆少数民族概况。卷13《志蛮》中记载："俅人，以树叶为衣，无屋宇，居山岩中。"保存完好。今藏云南省图书馆。

（杨筱奕）

滇云纪略

2卷。张若骕辑。云南省图书馆据北京图书馆馆藏清嘉庆十三年（1808年）刻本传抄皮藏。2册。卷2《彝种》中记载："俅人，在丽江雪山之外。男女披发，树叶为衣，耳穿七孔，缀以木环。与怒人接壤。"保存完好。今藏云南省图书馆。

（杨筱奕）

滇省夷人图说

图像古籍。2册。李诂绘制，嘉庆二十三年（1818年）成书。该书是一部官修图册，将人物置于山水和场景之中，收图108幅，上册54幅，下册54幅。图绘后面有文字6页。同函中还配套并存、式样一致的《滇省舆地图说》，分装为2册，上册28面，下册27面。收录云南舆图及图说22种。彩绘，没有任何印章和署名。其中记有"（狱）人"，即独龙族。该书木板封套，封板左上方竖刻隶书体"滇省夷人图说"，浅蓝色。宽26厘米，高36厘米，图幅高22.8厘米，宽30.3厘米。摺装，绵白纸，彩绘。保存完好。今藏中国社会科学院民族学与人类学研究所图书馆。

（杨筱奕）

鸿泥杂志

道光六年（1826年）马毓林著。该书记录了他由京师至丽江赴任沿途的见闻记述，其中对昆明、大理及丽江风土人情记载颇为详细。该书前2卷是沿途见闻及昆明、大理等地名胜古迹、物产丰寡、奇花异木之记述，后2卷是作者读书笔记、心得摘要。卷1中记载："丽郡夷人有九种，曰么些……曰俅人。其在郡贸易工作者，惟傈僳、罗罗、古宗三种，语言不通，惟土人稍解其语，其人亦不生事。"马银生编著《〈鸿泥杂志〉点校与研究》，云南人民出版社2017年版。

（杨筱奕）

云南通志稿（道光）

216卷，首3卷。阮元等修，王崧、李诚纂。道光十五年（1835年）刻本。112册。卷185《南蛮志三之四·种人四》中引《皇清职贡图》："俅人，居澜沧江大雪山外，系鹤庆、丽江西域外野夷。其居处结草为庐，或以树皮覆之。男子披发，著麻布短衣袴，跣足。妇耳缀大铜环，衣亦麻布。种黍稷，剐黄连为生。性柔懦，不通内地语言，无贡税。更有居山岩中者，衣木叶……宛然太古

独龙族服饰（丰卫祥 摄影）

舂玉米（丰卫祥 摄影）

磨面（丰卫祥 摄影）

取蜂蜜（丰卫祥　摄影）

同心酒（丰卫祥　摄影）

迎宾酒（丰卫祥　摄影）

制作竹质器物
(丰卫祥 摄影)

挖白山药
(丰卫祥 摄影)

鱼篓捕鱼
(丰卫祥 摄影)

独龙族传统节日"卡雀哇"节，是一年中最隆重的节日，也是独龙族最重要祭祀仪式，时间在每年农历正月前后，时间延续五至六天。图为过节前的准备工作——清洗独龙毯。
（丰卫祥　摄影）

制作"拉达尔"
（丰卫祥　摄影）

悬挂"拉达尔"
（丰卫祥　摄影）

"丢碗"占卜
（丰卫祥　摄影）

"卡雀哇"节中的
重要仪式——剽牛
（丰卫祥 摄影）

剽牛师
（丰卫祥 摄影）

跳铓锣舞
（丰卫祥 摄影）

独龙族独特的
丧葬仪式——房葬
（丰卫祥 摄影）

克劳洛河与麻必洛河在此汇合,始称"独龙江"。(丰卫祥 摄影)

独龙江河谷(丰卫祥 摄影)

独龙江上的吊桥,仅容一人通过。(丰卫祥 摄影)

过藤溜索的独龙族妇女(丰卫祥 摄影)

独龙江村寨
（丰卫祥 摄影）

独龙江上游地区的木板房
（丰卫祥 摄影）

独龙江下游地区的竹篾房
（丰卫祥 摄影）

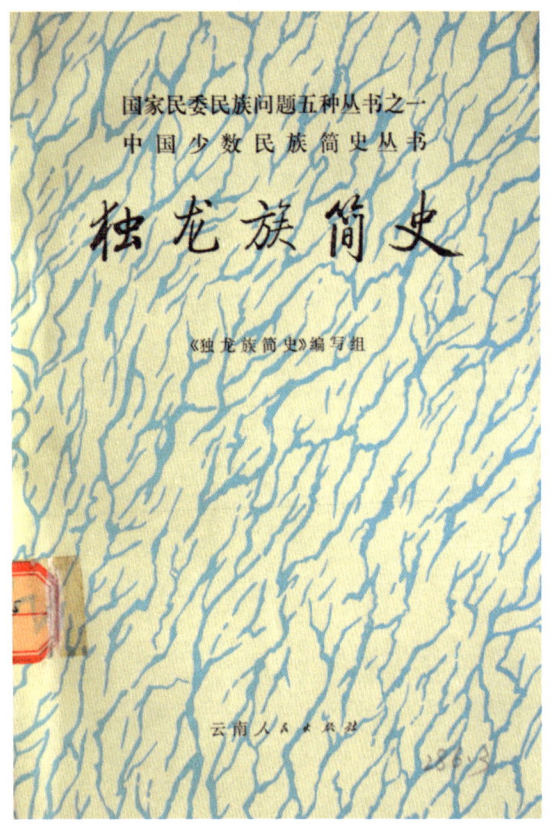
《独龙族简史》封面（李克忠 摄影）

《独龙族社会历史调查（二）》封面（李克忠 摄影）

《贡山独龙族怒族自治县概况》封面
（李克忠 摄影）

《文面密码——寻访最后的独龙族文面女》封面
（李克忠 摄影）

之民。俅人与怒人接壤……"旧《云南通志》："丽江界内有之，披树叶为衣……无屋宇，居山岩中。"《丽江府志略》："与怒人相近，言语不通。耳穿七孔，坠以木环。"伯麟《图说》："近知务耕植，常为怒人佣工。丽江府俅江外有之。"保存完好。今藏云南省图书馆。

（杨筱奕）

滇南夷情汇集

图像古籍。上下 2 册。嘉庆、道光年间成书。书中有图 108 幅，每幅有画有跋。作品采用风俗，绘其形声。下册绘制有"俅人"，即独龙族。彩绘本。保存完好。今藏中国国家博物馆。

（杨筱奕）

云南三迤百蛮图

图像古籍。4 册。吴振棫改绘《滇省夷人图说》抄本。咸丰七、八年间（1857—1858 年）成书。该书卷 1、3 为舆地图说，卷 2、4 为三迤百蛮图。卷 2 收入人物图像 54 幅，图上均有说；卷 4 收入人物图像 54 幅，图上均有说。卷 4 有"俅人"，即独龙族。绵白纸，彩绘，摺装，版心高 37 厘米，宽 26 厘米，淡黄木板封装。保存完好。今藏中央民族大学图书馆善本库。

（杨筱奕）

滇南志略

不分卷。刘慰三纂。6 册。卷 3 中记有丽江府："其民，有种类若㪍夷……俅人……皆是。"也记载了鹤庆州的种人——"怒人、么些、古倧、俅人"。保存完好。今藏云南省图书馆。

（杨筱奕）

云南种人图说

图像古籍。光绪十八年（1892 年）绘制。彩色纸本。该书以图文并茂的形式直观、生动、形象地描绘了清代云南少数民族或支系的真实风貌与特点。其中记载："俅人丽江有之。披树叶为衣……无屋宇，居山岩中。"云南大学图书馆藏本。2005 年云南美术出版社出版了《清代滇黔民族图谱》，内含《云南种人图说》与《金筑百苗图》。

（杨筱奕）

丽江府志（光绪）

8 卷，首 1 卷，附录 1 卷。陈宗海修，李福宝等纂。云南省图书馆据光绪二十一年（1895 年）稿本传抄皮藏。3 册。卷 1《种人》中记载："俅人，男女皆披发，面苍黑，不知栉沐，择树叶之大者为衣，耳穿七孔，坠以木环。不通语言。与怒人接壤……"保存完好。今藏云南省图书馆。

（杨筱奕）

续云南通志稿（光绪）

194 卷，首 6 卷。王文韶等修，唐炯等纂。光绪二十五年至二十七年（1899 年—1901 年）成书。光绪二十七年（1901 年）刻本。100 册。此书体例分目与道光《云南通志》不同，引书未详注出处。卷 162《南蛮志·种人三》中记："俅人，居澜沧江大雪山外，系鹤庆、丽江西域外野夷。其居处结草为庐，或以树皮覆之。男披发，著麻布短衣袴，跣足。妇耳缀大铜环，衣亦麻布。种黍稷，剐黄连为生。性柔懦，不通内地语言，无贡税。更有居山岩中者，衣木叶……与怒人接壤……"保存完好。今藏云南省图书馆。

（杨筱奕）

怒俅边隘详情

夏瑚著。光绪三十四年（1908 年）任云南阿墩子（今怒江境）弹压委员兼办理怒江事宜。此篇记其奉命视察俅江、木里江等大金沙江上游地区之行程及民族风土等社会情况，并陈述其设官、招垦、开矿、通商、练兵、兴学等建议，为明清以来有关云南西北边境之调查记载。原稿旧存洋务局档库，1930 年间尹明德《云南北界勘察记》采入附录。丽江有传抄本，蜀南野鹤校刊，题为《边著拾遗》。原稿有图。书中记录了分布于曲江上下的曲人的生活环境、风俗、社会等情况。收入吴光范校注《怒江地区历史上的九部地情书校注》，云南人民出版社2014年版。

（杨筱奕）

滇小记

2卷，今仅存1卷。倪蜕纂录。云南丛书，民国三年（1914年）1册。保存完好。今藏云南省图书馆。该书是清代纂录的一部云南史地著作，从其仅存的1卷来看，书中大量记载了云南各地的奇闻异事、风土民情、历史掌故、山川特产、名胜古迹、诗文墨客、寺庙道路，内容丰富详实，是研究云南文化史、民族史以及民风民俗的重要参考资料。《滇云夷种》载："俅人，丽江界内有之，披树叶为衣……无屋宇，居山岩中。"中华书局2009年版。

（杨筱奕）

滇西兵要界务图注

李根源著，李根沄于民国十九年（1930年）录。该书分别编为甲线、乙线、丙线、丁线和戊线，并依五条路线为序，参考各种志书、丛书，按五万分之一的比例，对沿途的山川、水系、村镇等进行绘图并加以详备注解，图注共分3卷存世。各卷每勘录一地，涉及地形地貌、历史沿革、民族分布、生产生活、粮食、盐务、矿产等情，有图有文，详略有别。卷2《乙线》中记载有当时居住在滇西片区的人种及风俗，其中就有对"俅人"的记载。云南大学历史系民族历史研究存《滇西兵要界务图注钞》1册。

（杨筱奕）

云南维西县地志全编

屈知春著。民国十年（1921年）维西县印抄本。《种类》中记："曲子种，即俅子，世居俅江。语言与怒族近，无文字。以耕种、织麻、采取山产物为业。性情淳朴，竹工尚良，面喜刺文。以中州为日出之地，倾心归向……"未刊稿。转引自李汝春主编《唐至清代有关维西史料辑录》，维西傈僳族自治县志编委办公室1992年编印。

（杨筱奕）

滇缅北段界务调查报告

尹明德著。《滇缅界务北段调查报告——善后意见并附表图》，1931年版。《种人》中记述："球夷又称曲子，散居于球江、狄子江、狄不勒江、骆沱江及岔角江一带。性怯懦……房屋构以竹木，上覆茅草……"书中对当时独龙族的分布、生产生活、习俗、服饰、物产等风土人情以及赋税等进行了描述。收入《中国边疆研究文库·初编·西南边疆卷4》，黑龙江教育出版社2012年版。

（杨筱奕）

西康图经

任乃强著，分为境域篇、民俗篇和地文篇。在民俗篇下编《汉族与其他民族·滇边诸族·怒子与俅夷》中记载了近代独龙族的分布、生活习俗等，并对其与怒族的差异及相互关系等做出了说明。南天书局有限公司1934年版。

（杨筱奕）

云南北界勘查记

尹明德等著。《中国地方志丛书·华南地方·第二四七号》民国二十二年（1933年）刊印。书中卷3中记录了第一组调查员杨斌铨、王继先的实地调查记录。其中记有俅民等种人的分布、习俗、生产生活、社会文化、宗教信仰等："俅民，又名曲子。此种人多沿俅江、狄子、狄不勒、骆沱各江两岸居住……其心理倾向中国，日用饮食起居器具，皆赖汉人供给，所出山货药材……其婚嫁、丧葬……在俅江上游，男女不穿衣，男子腰部围以多数竹篾细圈……女子用麻布二方，上下横直围挂胸部及下部，系以骨珠……"又记："各地土民，崇奉何种宗教。野人、傈僳、俅夷等种人，无所谓宗教，惟笃信鬼，有病则祭鬼。僰夷兼奉佛教甚谨。自英人经营后，英美教士极力宣传，各种土人亦渐有信耶稣教者。"现有《云南北界勘查记（全）》，台湾成文出版社 1974 年版。

（杨筱奕）

新纂云南通志（民国）

266 卷，首 1 卷。龙云、卢汉修，周钟嶽等纂。该书是一部卷帙巨大、门类浩繁的民国云南省志，内容集中，延续了此前历代云南省级旧志的精华，在此基础上又有一些新的增补。在体例上，延续并吸取了旧志的一些优长之处，并有所改进创新，使得云南四千数百年史事能够较为顺畅地得以分门别类地加以记述，为古代、近代云南地方史、民族史，乃至中国古代史、近代史的研究，保存下丰富的史料。卷 70《方言考五·怒子古宗栗粟语》中记载有有关怒族、傈僳族、独龙族等五个民族的语言研究："贡山属民虽分喇嘛、古宗、怒子、栗粟、曲子五种，而语言仅有三种。喇嘛、古宗均系古宗语，怒子、曲子均系怒子语，惟曲语之音稍异，栗粟纯系栗粟语。古宗、喇嘛、怒子、曲子均通栗粟语，栗粟通古宗、怒子语者绝少，全境通用栗粟语。"民国 37 年（1948 年）铅印本，封面有卢汉题签、钤印。本色绵纸，线装，楷体，墨书。页面 25.7 厘米 ×15.6 厘米，版框 20 厘米 ×12.7 厘米，四周单栏，11 行，每行 26 字。白口，有书名、鱼尾、卷名、卷次、页码。保存完好。今藏云南省社会科学院图书馆。

（杨筱奕）

御制外苗图

图像古籍。上、下 2 册。佚名撰，成书年代待考证。无序无跋，共收入图像 104 幅，上、下册各 52 幅。每图均以人物活动为中心，配以山水、场景，呈现山水画风格。其中上册绘有"俅人"，即独龙族。绵白纸，彩绘，正图摺装，版心高 26.3 厘米，宽 23 厘米，红木板豪华封装。保存完好。今藏中央民族大学图书馆善本库。

（杨筱奕）

讲唱类

一、神话传说

（一）神话

天地是怎样分开的

独龙族开天辟地神话。流传于云南省贡山独龙族怒族自治县。讲述的是：很久以前，天和地连在一起，独龙族在圣地木克木当木搭起一个九级的梯子，上天下地，来来往往，很是方便。一天，有个叫嘎木的人要上天，来到了梯子下面。这时，一只大蚂蚁也来到梯子下面，见嘎木脚上套着的藤篾脚圈很漂亮，就跟他要。嘎木见蚂蚁的脚又瘦又长，很难看，就没给它。蚂蚁便怀恨在心，趁嘎木上天之时，咬断了登天的梯子。从此，天地分开，嘎木便永远留在了天上。但他很想念人间，照管着乡亲们的庄稼；人们也想念他，一旦收获，总忘不了给他献上粮食，杀一只鸡祭他。因而，独龙族的祭天仪式传了下来。孔志清、伊里亚讲述，巴子记录。收入《中国民间故事集成·云南卷》，32开，2页，1200字，中国ISBN中心2003年版。

（海涛）

大蚂蚁把天地分开

独龙族开天辟地神话。流传于云南省贡山独龙族怒族自治县。讲述的是：在古老的年代，天和地相连在一起，圣地姆克姆达木有九级土台（另一说是人们搭了一个九级木梯），人能够上天下地。在那里住着一个名叫嘎姆朋的人。一天，嘎姆朋正要到天上去寻找金银，土台上爬来一群大蚂蚁，向他讨要他的腿箍；但嘎姆朋不给。待他上天以后，这群大蚂蚁便将土台啃塌，从此，天和地分开了，地上的人再也上不了天，嘎姆朋再也回不到地上。久而久之，嘎姆朋变成了天鬼，向地上的人要吃的喝的。地上的人在每年过"卡雀哇"节时，要剽牛祭天鬼，以免嘎姆朋发怒，降灾祸给人间。当色·顶、孔美金、鲁腊·顶讲述，孟国才、张联华、和诠翻译，李子贤、张文臣、李承明记录。收入《云南少数民族神话选》，32开，2页，800字，云南人民出版社1990年版。

（阿南）

雪山之神

独龙族创世神话。流传于云南省怒江傈僳族自治州独龙族聚居区。讲述的是：远古时期，日月交配后生下万物。但万物皆呈圆形，且无性别之差。后来，雪山之神卡窝卡莆将雪化为清水，用它来洗濯万物，才把世间万物区分开来。他在清洗时，水中出现了一男一女两人，于是世间有了人类。鸟兽虫鱼也有了雌雄之别。人类的一男一女成了亲，生育了后代。地上的人丁不断兴旺起来，但没有粮食吃。男性始祖木彭哥便乘日光升上天，在那里偷来了谷种。他想把谷种撒在自己居住的地方，但经风一吹，谷种落得到处都是。木彭哥发现大地有了谷子却无火，又向天神祈求取火之法。他祷告时手中拿着一根藤条，并无意识地将藤条和身旁的树干摩擦起来，冒出了火星，便得到了火。不久，他的子女生病，他又骑着一只蜂再次上天向天神讨药。拿到药后，他骑着蜂经过一个湖。这时蜂不听使唤，扔下他独自飞走了，木彭哥便坠入湖中，药也落进了水里，湖水变成了酒。木彭哥空手回来，儿女都病死了。他和妻子没有办法，只得再生。所以独龙族有酒无药，人丁也不兴旺。佚名讲述、搜集。收入《云南少数民族神话选》，32开，1页，530字，云南人民出版社1990年版。

（龙江莉）

公月亮和母太阳

独龙族自然神话。流传于云南省贡山独龙族怒族自治县。讲述的是：从前，天上没有月亮，只有一公一母两个太阳。那时候，两个太阳一齐出来，烤得大地直冒青烟，庄稼活不了，连小孩也被烤死了。为了拯救万物，有个大力士把公太阳射死了。这个被射死的太阳后来就变成了月亮，所以月亮是公的。公太阳被射死，母太阳哭得很伤心，每年的五六月间，眼泪总是遮住了它的脸。这就是夏天多雨的来历。孔志清讲述，苏三娜翻译，陈庆福、李绍恩记录。收入《独龙族民间故事》，32开，1页，200字，云南人民出版社1988年版。

（海涛）

猎人射太阳

独龙族自然神话。流传于云南省贡山独龙族怒族自治县。讲述的是：古时，天空有一公一母两个太阳，它们总是同时出现。阳光照射得大地像火塘一样炽热，致使草木枯槁，许多婴儿也被晒死，人们在哀号，大地呈现一片凄凉景象。有一位猎人决心为人间解除灾难，他射下了其中的公太阳。母太阳见了吓得急忙躲藏起来，大地瞬间变得一片漆黑。人们只好让公鸡去请母太阳出来。果然，公鸡叫了三遍后，躲起来的母太阳出来了；而公太阳因被射瞎了眼睛，就变成月亮。从此，太阳和月亮在白天和夜晚交替着出现。当色·顶、鲁腊·顶等讲述，孟国才、张联华、和诠等翻译，李子贤、张文臣、李承明等记录，李子贤整理。收入《独龙族民间故事》，32开，3页，600字，云南人民出版社1988年版。

（海涛）

嘎美和嘎莎造人

独龙族起源神话。流传于云南省贡山独龙族怒族自治县。讲述的是：古时候，天上的两位大神嘎美和嘎莎用泥巴造人，所造的女人比男人要聪明能干一些，那是因为他们在女人的肋骨上多放了一些泥巴。起初人生下来不会死。当第一个人死去的时候，活人听信了四脚蛇的话，找酒用肉葬送死者，从此天下的人就都有了生死，人死了以后要举行葬礼。因为人是用泥巴捏出来的，所以，死后也要用土埋。当色·顶、鲁腊·顶等讲述，李子贤、张文臣、李承明等记录。收入《怒族独龙族民间故事选》，32开，2页，700字，上海文艺出版社1994年版。

（海涛）

大树变人

独龙族起源神话。流传于云南省贡山独龙族怒族自治县。讲述的是：古时候，大地上除了森林之外，什么也没有。一天，一棵大树变成一个人，叫美嘎朋。后来，天神姆朋将他的女儿嫁给美嘎朋，大地上便逐渐开始繁衍人类。佚名讲述，李子贤记录。收入《云南少数民族文学资料·独龙族文学概况》，32开，1页，300字，中国社会科学院云南少数民族文学研究室、云南省社会科学院民族民间文学研究所、中国民间文艺研究会云南分会1981年编印。

（阿南）

棕树的传说

独龙族起源神话。流传于云南省贡山独龙族怒族自治县。讲述的是：古时候，天和地紧紧相连，连接它们的是一架九级梯子，地上的人可以爬梯子上天。木肯当是整个独龙江地区的中心，那里住着一个名叫干木普的人,他经常去天上做生意。一天,他要通过梯子到天上去造金银,突然一群蚂蚁挡住他的去路。干木普瞧不起这群蚂蚁,蚂蚁被激怒了。待他上天后,蚂蚁们咬断通天的梯子,从此天和地分开。干木普回不了地上,非常着急,便叫人们赶快种棕树,好让他扶着树下地。可地上的棕树怎么长也接不到天上。于是,干木普再也无法回到大地上。佚名讲述,马文德记录。收入《七彩贡山——贡山民间故事集》,32开,1页,448字,远方出版社2004年版。

(海涛)

洪水泛滥

独龙族创世神话。流传于云南省贡山独龙族怒族自治县。讲述的是:古时候,天神嘎木抟土造人。后来,鬼和人生活在一起。天神发现地上的人和鬼太多,有的人甚至变坏,世间杀戮、偷盗、拐骗的事经常发生,就用大水毁灭人类,消除鬼患,重新繁殖新人。洪水滔天后,地上只剩下一对兄妹。按照天神的吩咐,兄妹俩成婚。他们一共生下九男九女。九男九女配成九对夫妻,分别被送到九条江附近,成了汉族、独龙族、怒族等九个民族的祖先。伊里亚讲述,屈友诚、李道生记录、翻译。收入《独龙族民间故事》,32开,6页,4000字,云南人民出版社1988年版。

(海涛)

尼响

独龙族起源神话。流传于云南省贡山独龙族怒族自治县。讲述的是:很久以前,山鬼尼响每天都来偷吃人煮好的饭。人很生气,有一次趁它再来吃饭之机,用刀砍死了它。被抛入江中的尼响的尸体越来越大,最后堵塞了江水。洪水涨起来,淹没了大地,地上只剩下一对兄妹和一条母蛇。按照天意,兄妹俩成婚,繁衍人类,他们一共生下九男九女。九男九女又配成九对夫妻,被父母送到九条江附近,成了今天的汉族、独龙族、怒族、傈僳族等九个等民族的祖先。岩瑞松讲述,张建华翻译,李昆、孙敏记录。收入《中国民间故事集成·云南卷》,16开,2页,800字,云南省民间文艺家协会、云南省民间文学集成编辑办公室1995年编印。

(海涛)

人和野兽的故事

独龙族狩猎神话。流传于云南省贡山独龙族怒族自治县。讲述的是:古时候,木美姬从父亲天王那里为人类要来了各种动物。由于其不听父亲的劝告,在路上不断回头看,结果把很多动物吓得逃进深山,成了野兽。那时人的腿是直的,没有膝盖骨,没有大腿与小腿之分,也没有小腿肚,因而他们跑起来同野兽一样快,山上的野兽几乎被人杀光了。山神见野兽快绝种,就赶紧将人的腿砍成两节,并在中间放了一块石头,成了膝盖骨;在小腿上放了一团泥巴,成了现在的小腿肚。从此,人就跑不快,野兽因而才没有绝种。孔美金讲述,和金翻译,李子贤记录。收入《中国民间故事集成·云南卷》,16开,1页,320字,云南省民间文艺家协会、云南省民间文学集成办公室1995年编印。

(海涛)

聪明勇敢的朋更朋

独龙族起源神话。流传于云南省贡山独龙族怒族自治县。讲述的是:很久以前,巨人朋更朋娶了天神的独眼女儿墨美更。婚后,他征得岳父大人的同意,带着妻子返回人间。临行前,墨美更偷偷地将父亲的几粒粮种藏在耳坠里,还暗暗地抓了一把甜荞和苦荞种子藏在腰带内。夫妻俩把带回来的包谷、小米种子撒在火山地里,把甜荞、苦荞种在山坡地上,把谷子埋在洼地里。谷子、甜荞长势不是很好,且在成熟时,山上成群的雀鸟飞来啄吃。朋更朋和妻子只好把雀鸟吃剩的谷子、甜荞保存在竹筒里,留着做种子。今天的谷子、甜荞就是这样传下来的。伊里亚讲述，祝发清、左玉堂记录。收入《怒族独龙族民间故事选》，32开，15页，1000字，上海文艺出版社1994年版。

（海涛）

朋根朋上天娶媳妇

独龙族起源神话。流传于云南省贡山独龙族怒族自治县。讲述的是：很久以前有一个叫朋根朋的小伙子，已到了娶媳妇的年龄。一天，他发现自己砍倒的树被一位老头又复活了，便想狠狠地揍老头一顿。老头却说："我是天神木崩格，是来与你认亲的。如果你能办成我说的几件事，就可以到天上娶我的女儿做媳妇。"他先是叫朋根朋爬到一棵参天大树的树梢上，再爬下来。朋根朋不费吹灰之力做到了。老头又叫朋根朋跟着一只老虎走到天边，他也做到了。来到天边，老虎对朋根朋说："前边就是你要到的地方，快去吧！"朋根朋没走多远，就看见木崩格在那里等他。木崩格有两个女儿，朋根朋选中了只有一只眼睛的木美姬。当他和木美姬要回人间时，天神送给他们稗子、甜荞、包谷、燕麦和种子以及各种飞禽走兽。木美姬趁父亲没注意，偷偷带走了一些谷种。木崩格还叮嘱小夫妻俩，路上不管听见什么声音，都不要回头看。回家的路上，各种飞禽走兽突然大声吼叫起来。木美姬心中一惊，便回头看去，这时跟在他们身后的飞禽走兽都逃走了。两人只抓到了牛、猪、羊、狗、鸡等，它们便成了家畜家禽。当色·顶、孔美金、卜松、鲁腊·顶等讲述，孟国才、张联华、和诠等翻译，李子贤、张文臣、李承明等记录，李子贤整理。收入《云南少数民族神话选》，32开，3页，1600字，云南人民出版社1990年版。

（阿南）

创火人

独龙族起源神话。流传于云南省贡山独龙族怒族自治县。讲述的是：古时，独龙人过着树皮当衣、住岩洞、挨饿受冻的生活。有一次两个年轻人无意间敲击石块，碰出了火花，从此独龙人得到了火种。谁知好景不长，凶残的龙神鬼王得知独龙人得到了火种，便亲自驾着风雨赶来，想用狂风暴雨把火种扑灭。那两个年轻人用身体围成一个圆圈，保护着火种，使它不被大雨淋湿。不一会儿他们自己的身体被雷击成漆黑一团，再也唤醒不了。从此，独龙族为了表示对两个年轻人的敬意，家家户户里的火塘都要放上两块石头。这个习俗一直留传下来。佚名讲述，李新明记录。收入《怒族独龙族民间故事选》，32开，2页，800字，上海文艺出版社1994年版。

（海涛）

星星姑娘

独龙族自然神话。流传于云南省贡山独龙族怒族自治县。讲述的是：一天，一位猎手下扣子想扣野物，结果扣住了由天上下来喝水的星星姑娘。猎人被姑娘的美貌所打动，便向她求婚。星星姑娘答应了，但有一个条件：猎人要睁着眼睛守在她身边九天九夜，如果打瞌睡，她将被天上的姐妹拉回天宫。猎人渴望得到爱情，就答应了星星姑娘的要求。他守了九天八夜，到第九个晚上，实在坚持不住，便不知不觉地睡着了。当他醒过来时，星星姑娘早已被姐妹拉到半空中，再也回不来了。后来，猎人在夜晚遥望天空时，都能看到星星姑娘那双娇媚的眼睛在闪烁。佚名讲述，巴国强记译。收入《中国民间故事集成·云南卷》，32开，2页，1900字，中国ISBN中心2003年版。

（海涛）

三星座

独龙族自然神话。流传于云南省贡山独龙族怒族自治县。讲述的是：一个姑娘因喝了大象脚印中的水而怀孕生子，给他取名"马葛棒"，意为大象的儿子。成人后的马葛棒约了两个同伴一同上路寻找生父，结果同伴在半路上走失了。当他终于找到大象时，大象的一支象牙变成了一个姑娘。马葛棒为了能与姑娘成婚，便将她藏身的象牙丢进海里。姑娘只好答应马葛棒的求婚。当两人跳进海里捞象牙时，马葛棒无意中见到两位同伴。这时，姑娘突然化作几朵白云，将他们三人托到天宫，变成了三颗亮晶晶的星星，这就是人们今天看到的"三星座"。阿柏讲述，李凡人、陈凤楼记录。收入《独龙族民间故事》，32开，6页，3900字，云南人民出版社1988年版。

（海涛）

（二）传说

巨人朋得共

独龙族人物传说。流传于云南省贡山独龙族怒族自治县。讲述的是：从前有位名叫朋得共的巨人，有一次他背着包有多种粮食种子的袋子，沿独龙江逆江而上。他沿路在江两岸踩出了许多小平坝和台地。因为背的袋子上有洞，各种谷物种子便沿他的脚迹撒落在地上，日后长出了各种粮食。从此，独龙族有了食物吃。佚名讲述，李子贤记录。收入《中国各民族宗教与神话大词典》，16开，1页，400字，学苑出版社1990年版。

（阿南）

独龙文字哪里去了

独龙族文字起源传说。流传于云南省贡山独龙族怒族自治县。讲述的是：很久以前，独龙族的祖先和汉族的祖先是一对弟兄，大哥是有名的能工巧匠，老二是种庄稼的能手，很多人大老远跑来向他们学艺，兄弟俩也决定把自己的技艺留传下去。有一天，两人看见血染在裙子上后洗不掉，便受到启发，大哥把想出的字写在石头上，留传下来，他成了汉族的祖先；老二把想出的字写在岩羊皮上，但夜里岩羊皮被狗吃了，所以他的后代独龙族就失去了文字，只能靠刻木结绳记事。佚名讲述，杨赋记译。收入《独龙族民间故事》，32开，3页，1300字，云南人民出版社1988年版。

（海涛）

迪杉的来历

独龙族姓氏起源传说。流传于云南省贡山独龙族怒族自治县部分地区。讲述的是：古时候，木吉杜寨有一个名叫烈日的小伙子，一次他打死了察瓦龙寨土司家养的黑熊。为了防止土司对他进行报复，他的乡亲们决定讨伐土司，并规定，凡是报名参加的，每人可分得一份黑熊肉。报名的人中有两兄弟，一个叫迪，一个叫开。迪其貌不扬，开始人们根本看不起他，分给他的黑熊肉自然就少一些；开个高力大，所以分得的肉自然也多。可在讨伐土司的战斗中，迪作战勇敢，受到人们的夸赞，被取名"迪杉"；而开贪生怕死，人们给他取名"开洛"。现在，独龙族人的姓名仍以个人的品质、性格、家庭、居住地来命名，如迪杉、午岩、高来等。肯定普讲述，董茂先记录。收入《七彩贡山——贡山民间故事集》，32开，2页，675字，远方出版社2004年版。

（海涛）

与鬼怪交朋友的人

独龙族人物传说。流传于云南省贡山独龙族怒族自治县。讲述的是：远古的时候，孔氏族中有一个名叫迪机米顶的人，有一次他背着草烟、花椒、盐巴与鬼怪几李交朋友。这事传出去后，氏族中有人要杀他。在几李的帮助下，迪机米顶幸免于难。为了报答真诚的朋友，迪机米顶就在农历八月十五几李来的这一天，送给它一头纯洁的白牛。白牛的脚印至今还留在独龙江一个叫布卡娃的地方。伊里亚讲述，董国华、陈凤楼记录。收入《中国民间故事集成·云南卷》，16开，1页，1500字，中国ISBN中心2003年版。

（海涛）

马鹿引路

独龙族迁徙传说。流传于云南省贡山独龙族怒族自治县。讲述的是：很久以前，独龙族居住在西藏的察瓦洛一带。受天神的授意，马鹿将一群进山打猎的独龙族猎手们引到独龙江边。猎人们见这里土地肥沃，便每人背了一包泥土回家。他们用背回的泥土种庄稼，结果庄稼长得很好。后来，他们决定搬到背来泥土的地方居住。这样，独龙人便一个寨子接一个寨子地搬到现在的独龙江边。江边的每一个独龙族寨子都是同一个姓氏，因为全寨都是同一个猎人的后代。阿都讲述，晨宏记录。收入《中国民间故事集成·云南卷》，32开，2页，600字，中国ISBN中心2003年版。

（海涛）

几卜郎的传说

独龙族风俗传说。流传于云南省贡山独龙族怒族自治县。讲述的是：古时候，人和鬼一起参加朋更朋举办的节日盛会。在分节日礼品时，有五个人没有得到。这五个人便商议进山去打猎作为补偿。他们走到一块岩石前，其中的一个人和他的狗突然不见了。其他四人正在莫名其妙时，岩石突然讲起了人话，说他们的同伴已变成了崖鬼几卜郎，要人们以后拿一些酒、肉来祭祀它。从此，人和鬼再也不能相见了。后来，凡是有人生病、遇灾，就到山里去祭几卜郎。约翰讲述，奎国华翻译，孙敏、李昆记录。收入《中国民间故事集成·云南卷》，16开，2页，1000字，云南省民间文艺家协会、云南省民间文学集成办公室1995年编印。

（海涛）

仁木大的传说

独龙族风俗传说。流传于云南省贡山独龙族怒族自治县。讲述的是：兄弟二人进山打猎，在一堵岩子附近撵一只岩羊。岩羊跳上岩子就不见了，哥哥仁木大穷追不舍。弟弟赶到后，只见岩子背后走出个脸半黑半绿的怪人。这怪人便是仁木大。弟弟回家时，怪人也跟着来了，他的下身已变成了石头。家人拿出烧酒，怪人一饮而尽后走了。后来，弟弟又进山打猎，每次都能打到许多的野兽。从此后，独龙族在打猎之前都要首先祭祀仁木大，以求满载而归。齐建仁讲述，蔡家麒记录。收入《中国民间故事集成·云南卷》，16开，2页，600字，云南省民间文艺家协会、云南省民间文学集成办公室1995年编印。

（海涛）

祭猎神

独龙族风俗传说。流传于云南省贡山独龙族怒族自治县。讲述的是：捧更朋是个骄狂而心胸狭窄的有钱人，他见阿朋和阿顶兄弟俩天天进山打猎，日子越来越好过，便想除掉他们。这事让岩神知道了。一次，心怀鬼胎的捧更朋约阿朋一起去打猎，岩神把他们放进岩门后，捧更朋被活活饿死，而让勤劳的阿朋当上了猎神。阿顶不见了哥哥阿朋，很难过。一天，他听见哥哥在岩子上对他说，自己不能回来了，以后进山打猎，只要送些大米、水酒来，就能打到很多猎物。从此以后，独龙族打猎前都要祭祀猎神。伊里亚讲述，奎国华翻译，奎国华、陈凤楼记录。收入《中国民间故事集成·云南卷》，16开，2页，800字，中国ISBN中心2003年版。

（海涛）

猎神阿卡提

独龙族风俗传说。流传于云南省贡山独龙族怒族自治县。讲述的是：从前有一个叫阿卡提的独龙人，他一生下来就食量惊人。父母养不活他，将他丢在大山里，并在他身上罩了一口锅。一个月后，父母认为他死了，想把锅拿回家，便进山去找。可他们没想到，阿卡提不仅活着，还成为一个高大的猎人。他告诉父母，如果今后天上出现又红又圆的月亮，就说明他出事了。三年后的一个晚上，父母忽然看见天上的月亮又红又圆，急忙找上山来，发现阿卡提真的死了。后来，独龙族猎人上山打猎前，若是头晚见到月亮又红又圆，准保第二天猎获很多的野兽。因为那是阿卡提变成猎神，用自己的鲜血染红月亮来告诉天下的猎人们，打猎的吉日到了。阿柏讲述，巴子记录。收入《中国民间故事集成·云南卷》，16开，3页，1900字，中国ISBN中心2003年版。

（海涛）

半边刀壳

独龙族风俗传说。流传于云南省贡山独龙族怒族自治县。讲述的是：很久以前，洪水滔天后，幸存下来的一对兄妹成婚，他们生下两男两女。为了生存，父母让大儿子、大姑娘结为夫妻，留在身边；让二儿子、二姑娘结为夫妻后，翻越高黎贡山到怒江求生。为了以后四人好相认，父母把身边的刀壳一分两半，一半给了老大夫妇；而让老二夫妇用五个藤篾箍固定在另半边刀壳上，并叮嘱他们，再用一块樟木给留在刀壳外的一截刀子安上个刀把。老二夫妇成了独龙族的祖先，所以独龙族青年装长刀用的刀壳就只有半边。马巴恰开、伊里亚讲述，董国华、李凡人记译。收入《中国民间故事集成·云南卷》，16开，2页，1200字，中国ISBN中心2003年版。

（海涛）

竹筒酿酒

独龙族风俗传说。流传于云南省贡山独龙族怒族自治县。讲述的是：很早的时候，独龙江发了一次大水，当地只剩下一个独龙族青年猎人。天神便派一个叫迪兰的仙女下凡与猎人成亲。临行前，天神送了一只金竹筒给迪兰，并再三告诫她不能在途中打开它的盖子。仙女却把天神的话忘了，行至半路便把竹筒盖子打开了，竹筒内的蜜蜂都飞到山上，变成了岩蜂。等她到了青年猎人那里，只剩下一个空竹筒。后来，两人用空竹筒去背水，结果竹筒里的水变得特别甜。有一次，猎人试着用这只竹筒装煮熟的粮食酿酒，里面的酒又醇又香。于是，用竹筒酿酒的方法就一代一代地传了下来，直至今天。伊里亚讲述，马巴恰开、董国华、李凡人记译。收入《中华民族故事大系·独龙族民间故事》32开，2页，1560字，上海文艺出版社1995年版。

（海涛）

鬼教人酿酒

独龙族风俗传说。流传于云南省贡山独龙族怒族自治县。讲述的是：很早以前，人和鬼同住在一起。那时，人劳动一天后，吃过晚饭，等天一黑就睡觉；而鬼经常聚集在一起，直到深更半夜还"咿哩哇啦"地笑闹不停。人不知道鬼在干什么，感到奇怪。有一天，有个独龙族妇女向鬼打听它们每晚在干什么。鬼告诉她说，它们在喝酒。妇女又继续问鬼酿酒的配料和方法，鬼一五一十告诉了她。后来，独龙族也学会了酿酒。伊里亚讲述，巴国强记录。收入《中国民间故事集成·云南卷》，16开，1页，500字，中国ISBN中心2003年版。

（海涛）

女人吸烟的来历

独龙族风俗传说。流传于云南省贡山独龙族怒族自治县。讲述的是：从前有一对夫妻，女的叫娜，男的叫普。丈夫喜欢吸烟，妻子认为自己不吸烟，两人的劳动所得至少应平分。于是，他俩分了钱财。娜将分到的买了一头牛。普看见媳妇牵着一头牛回来，便想到不吸烟的好处，决心改掉吸烟的习惯。过了一段时间，娜买的牛突然死了，普又改变了不吸烟的想法。娜想，何必攒钱买牛呢，有了钱不如买烟抽，于是像普一样开始吸烟。后来，吸烟的独龙族女人逐渐多了起来。阿柏讲述，马文德记录。收入《七彩贡山——贡山民间故事集》，32开，2页，560字，远方出版社2004年版。

（海涛）

独龙族的"卡雀哇"

独龙族风俗传说。流传于云南省贡山独龙族怒族自治县。讲述的是：从前有个叫朋肯明的小伙子，居住在木肯当山上。为了生存，他打算开垦一块火山地种粮食。可不知为什么，他头天砍倒的树，第二天又复活了，且连续几天都是如此。后来他发现是山神让树复活的。山神见朋肯明不怕吃苦，勤劳向上，就让女儿门克梅与他成亲。两人举行婚礼的那天，正处农历冬腊月之间，很多人和动物前来祝贺，大家开怀畅饮。野兽、鸟雀喝醉之后，跳的跳，叫的叫，既好听又好看。独龙族的歌舞最初就是从它们那里学来的。后来，每年冬腊月间，独龙人都要择定好日子，剽牛庆贺丰收，大家尽情唱歌跳舞。这种仪式年复一年地流传下来，形成了独龙族的传统节日——卡雀哇节。孔志清、施文兴等讲述，李凡人记录。收入《中华民族故事大系·独龙族民间故事》，32开，4页，2800字，上海文艺出版社1995年版。

（海涛）

大江的来历

独龙族山川风物传说。流传于云南省贡山独龙族怒族自治县。讲述的是：远古的时候，嘎娃嘎普山上有口水潭，潭里住着会变的蛇王、蛇母，夫妻俩互敬互爱。可水潭太小，容不下它们，它们便决定分头去找一个新的安居之地。夫妻俩道别后，蛇王独自向西南方去，而蛇母则一直向南走。有一天，它们终于在宽阔无边的大海中相逢了。后来，蛇王走过的路变成了怒江，蛇母走过的路变成了独龙江，一直跟随它们的蛇子蛇孙则变成了流进这两条大江的小河。阿柏讲述，战荣、陈凤楼记译。收入《独龙族民间故事》，32开，2页，1200字，云南人民出版社1988年版。

（海涛）

巨人的脚印

独龙族山川风物传说。流传于云南省贡山独龙族怒族自治县。讲述的是：古时候，独龙江边来了三位巨人，一个叫朋德公，另外两个同名同姓，都叫布竹。有一天，他们相约分别从独龙江的江头、江尾出发，然后在峡谷中一个叫孔当的寨子里会合开辟平地。其中的一个布竹从江头出发，来到楚鹿腊卡山时，发现迪政当和龙元这两个寨子被隔在山的两边，便连跳九下，将楚鹿腊卡山踏平了一截。另一位布竹从江尾出发后，想翻越布卡腊卡山，可在山里饿死了。后来他化成布卡腊卡山北坡上的山包包。朋德公从江尾顺着江的东岸行走，他的背袋里装了许多毛团籽和野百合籽，这两种植物只从江尾长到斯拉瓦寨，其他地方一概不长。朋德公先到了孔当，在等另两人的过程中，他闲着无聊，只好来回踱步。凡是他走过的地方，都被踩出一块块平地。独龙族就在这些平地中种植庄稼，建成村落。孔志清、伊里亚讲述，段伶记录。收入《独龙族民间故事》，32开，3页，1300字，云南人民出版社1988年版。

（海涛）

妖鬼洞

独龙族山川风物传说。流传于云南省贡山独龙族怒族自治县。讲述的是：很早以前，肯丁附近的山谷中有一个大石洞，因里面住有妖鬼，人们便称它"妖鬼洞"。妖鬼洞恰好坐落在人们通往山脊的必经之处，每当有人和家畜从那里经过，便没了影儿。大家每年用很多牲畜祭祀里面的妖鬼，但仍不顶事。独龙江里的一位龙女知道了此事，便偷偷把龙宫里的镇水珠拿了出来，让独龙江水吞没了整个妖鬼洞。后来，独龙族为了纪念这位龙女，每年都要对着独龙江朝拜一次。龙女把妖鬼洞淹没后，自己变成一条清丽的溪水，从妖鬼洞流出后奔向独龙江。蓝别龙讲述，张联华翻译，张文臣记录。收入《中国民间故事集成·云南卷》，16开，1页，520字，云南省民间文艺家协会、云南省民间文学集成办公室 1995 年编印。

（海涛）

夜袭土司府

独龙族史事传说。流传于云南省贡山独龙族怒族自治县。讲述的是：一百多年前，怒江边有座喇嘛寺，寺里有位女主事，一次为医治她女儿的病，请来察瓦隆土司。不久女儿的病好了，女主事就把怒江和独龙江作为答谢之礼，割让给土司。从此以后，这两条江附近的地属察瓦隆土司的管辖范围。察瓦隆土司经常来独龙江边打猎，并在这里连年增派苛捐杂税，逼得独龙族的穷苦人家无处安身，被迫流浪到异乡当奴隶。有一年冬天，独龙人忍无可忍，便夜袭土司府；土司家的人有的被杀，有的逃得远远的。从此以后，再也没人敢在独龙江边加租逼债，做买卖的生意人也再不敢在这里短斤少两了。伊里亚讲述，段伶记录。收入《独龙族民间故事》，32 开，3 页，2100 字，云南人民出版社 1988 年版。

（海涛）

勇敢的普纳木松

独龙族史事传说。流传于云南省贡山独龙族怒族自治县。讲述的是：中华民国初期，英国兵从缅甸入侵我国怒江两岸，被傈僳族人民赶走。后来，他们又借口"勘测"，到独龙江两岸四处抢劫，并企图沿江北上。在普纳木松的带领下，独龙人砍断江上的溜索，射出利箭，把侵略者击退。从此以后，英国兵再也不敢到独龙江边为非作歹了。伊里亚讲述，段伶记录。收入《独龙族民间故事》，32 开，7 页，4900 字，云南人民出版社 1988 年版。

（海涛）

布里查坠江记

独龙族史事传说。流传于云南省贡山独龙族怒族自治县。讲述的是：中华民国初期，英国侵略者从缅甸入侵怒江两岸，并借口要到独龙江"勘测"，进行阴谋活动。当时有一位名叫勒达木的老人，组织独龙人抗击入侵者。一天，英国侵略者派五个人前来探听虚实。当他们走到孟顶寨时，突然四处飞来密集的利箭。敌人一个个中箭倒地，头目布里查见势不妙，想通过溜索跑到江对岸逃命。不料，他刚上溜索，独龙人就一刀将溜索砍断，他便坠江而亡。从此，侵略者再也不敢到独龙江为非作歹了。佚名讲述，《怒江风雷》编写小组采录。收入《怒江风雷》，32 开，13 页，4500 字，中共怒江傈僳族自治州州委宣传部 1974 年编印。

（阿南）

二、民间故事

（一）幻想故事

人为什么打鬼

独龙族幻想故事。流传于云南省贡山独龙族怒族自治县。讲述的是：很久以前，人和鬼住在一起。人对鬼很真诚，总是把最好吃的东西给鬼娃吃，鬼娃长得胖嘟嘟的。鬼却趁人不备，吸孩子的血，人的孩子变得瘦瘦的。后来，鬼的伎俩被人识破。从此，无论在哪里碰着鬼，人都要想办法惩治它。孔志清讲述，巴子记录、整理。收入《独龙族民间故事》，32开，1页，380字，云南人民出版社1988年版。

（海涛）

烧鬼

独龙族幻想故事。流传于云南省贡山独龙族怒族自治县。讲述的是：有一天，人在山上守包谷，夜间便在窝棚里住。鬼想喝他的血。人知道后，让鬼背一个漏底的竹筒去箐沟里打水，并把火把拴在它的手上。鬼舀了好一阵水，竹筒总是装不满。这时，火把已烧到它手上，疼得直叫。等鬼发觉自己上当后，人已邀约一大帮同伴来打它，它只得慌忙逃走了。孔志明讲述，李德明翻译，孙敏、李昆采录。收入《中国民间故事集成·云南卷》，32开，1页，400字，中国ISBN中心2003年版。

（海涛）

草乌治鬼

独龙族幻想故事。流传于云南省贡山独龙族怒族自治县。讲述的是：有一次，人用草乌熬制毒箭药。鬼见到人，想要吃他。人想出一计，骗鬼说自己在熬眼药水。于是鬼上当，要人为它治眼睛。人让它乖乖地睁着眼等待擦眼药水。草乌水一滴进眼眶，鬼什么都看不见，一会儿便消失了。孔志清讲述，巴子记录、整理。收入《独龙族民间故事》，32开，1页，200字，云南人民出版社1988年版。

（海涛）

压鬼

独龙族幻想故事。流传于云南省贡山独龙族怒族自治县。讲述的是：有一天，人在山地里做捕杀山鼠的扣子。鬼来了，想吸他身上的血。人骗鬼说扣子是靠椅。鬼不知是计，向扣子一靠，碰着竹片，石板塌下来把它压死了。库干·罗吉英、拉白·罗彰讲述，阿都翻译，巴子记录、整理。收入《独龙族民间故事》，32开，1页，250字，云南人民出版社1988年版。

（海涛）

"死尸"吓鬼

独龙族幻想故事。流传于云南省贡山独龙族怒族自治县。讲述的是：有几个人从地里收籼米回来，半路上在一块大岩石上休息。他们无意间听见鬼的谈话，知道它们在打人的主意，便在嘴边抹上籼米，睡在石板上。鬼见了他以为是死尸，便想吃。突然人们几声怒吼，鬼吓坏了，纷纷朝后退去，一个个掉进江里淹死了。库干·罗吉英、拉白·罗彰讲述，阿都翻译，巴子记录、整理。收入《独龙族民间故事》，32开，1页，300字，云南人民出版社1988年版。

（海涛）

砍鬼

独龙族幻想故事。流传于云南省贡山独龙族怒族自治县。讲述的是：一天，阿妈出去干农活，把两个女儿留在家中。两姐妹把门拴紧后在家玩耍。不一会儿，门外有人喊门。她们听出不是阿妈的声音，便让喊门人伸进手来看看。喊门人伸进了一只毛茸茸的手，姐妹俩一看是鬼，就用预先准备好的砍柴刀砍下了鬼手。鬼疼得拖着残肢逃走了。库干·罗吉英、拉白·罗彰讲述，阿都翻译，巴子采录。收入《中国民间故事集成·云南卷》（下），16开，1页，250字，中国ISBN中心2003年版。

（龙江莉）

巧射鬼王

独龙族幻想故事。流传于云南省贡山独龙族怒族自治县。讲述的是：很久以前，地球上到处是鬼，经常残害人类。人们去砍柴，鬼躲在大树后；人们去背水，鬼藏在河边。只要人们稍不留神，鬼就对人下毒手。人们总是提心吊胆，怕被鬼暗算。有一个叫朋的青年，射得一手好箭。一天他外出打猎，被一个鬼王跟踪。他用计让鬼王张开大口哈哈大笑，然后一箭射中了它的咽喉，把它射死了。从此，鬼再也不敢轻易暗算人了。孔美金、卜松讲述，李子贤记录、整理。收入《独龙族民间故事》，32开，1页，450字，云南人民出版社1988年版。

（海涛）

刺鬼

独龙族幻想故事。流传于云南省贡山独龙族怒族自治县。讲述的是：从前，独龙河边有位妇女，独自带着两个男孩过日子。包谷成熟的时候，鬼吃了在地里守包谷的母亲，又冒充她进了家，趁夜把哥哥也吃了。聪明的弟弟爬到梨树上。趁鬼张开大嘴的时候，弟弟狠狠地将长矛戳进它的嘴里，把它刺死了。鬼的血溅到在梨树上，弟弟怎么也下不来。月亮上的仙女飞来，将他连人带树接到了月亮上。现在，人们还能看到月亮上那棵梨树。董茂先讲述，张文臣记录，李子贤整理。收入《独龙族民间故事》，32开，2页，800字，云南人民出版社1988年版。

（海涛）

渔网的来历

独龙族幻想故事。流传于云南省贡山独龙族怒族自治县。讲述的是：很久以前，人和鬼在一起生活。开始鬼会织渔网，人不会，很想学，可鬼偏不教。人便想把渔网抢到手。一天，鬼又扛着渔网到江边捕鱼，人在后面紧紧跟着。快到大陡崖时，人学鸟叫，鬼吓了一跳，掉进江里，被江水冲走了。人马上跑过去，从江里捞起了渔网。从此以后，人便会织渔网了。伊里亚讲述，巴国强搜集、整理。收入《中国民间故事集成·云南卷》（下），32开，1页，500字，中国ISBN中心2003年版。

（海涛）

药神念黛娜

独龙族幻想故事。流传于云南省贡山独龙族怒族自治县。讲述的是：很久以前，迪政当村的一户独龙人家生了一个女孩，取名念黛娜。她整天在地上爬，摸摸这种花，闻闻那种草，并念念有词说这花能治肚子痛，那草能医头痛。起初人们都以为是小孩说胡话，没当回事。有一次，龙元村所有的人都生病，结果让念黛娜用花花草草给治好了。人们都很感激她。她只给穷人治病，对富人不予理睬。在一次外出治病回家的路上，念黛娜被富人派人杀死了。就在乡亲们准备安葬她的时候，她突然坐起来，然后慢慢地飞上天去了。原来她是天上的神仙，为解除独龙人的病痛，特化身来到独龙江畔。据说，念黛娜仍然时时刻刻在保护着独龙人。甲洛、金千昆讲述，巴国强采录。收入《中国民间故事集成·云南卷》（下），32开，3页，2800字，中国ISBN中心2003年版。

（海涛）

神箭手射虎

独龙族幻想故事。流传于云南省贡山独龙族怒族自治县。讲述的是：很久以前，山上有一只奇怪的恶虎出没。独龙寨里有个年轻的猎人想杀死恶虎，但一连几次都是正要放箭，它就没了踪影，只见一只松鼠在树上蹿上蹿下。有一天，猎人一气之下射中了松鼠。他正要去捡猎物，树下却发出"轰隆"声，他被吓得慌忙跑了。第二天他来到树下，什么也没找到；回到家却在屋后找到了那只射死的松鼠。正待去捡，松鼠竟变成那只恶虎。原来，这是一只会变幻的妖虎，它变成松鼠被猎人射中后没死，便想报复猎人。没想到它刚到猎人家，箭药发作，倒在地上死了。人们都称年轻的猎人为"独龙神箭手"。独龙人家也更喜爱弩弓了。张联华讲述，陈庆福、李绍恩整理。收入《独龙族民间故事》，32开，3页，1400字，云南人民出版社1988年版。

（海涛）

孔四迪与龙女

独龙族幻想故事。流传于云南省贡山独龙族怒族自治县。讲述的是：很久以前，孔梅当村的孔四迪有一双特别的眼睛。村里的人得了病，只要让他看看，就会痊愈。因此，老百姓都把他称作"神公"。一天，龙母带着女儿们到独龙江里玩耍，不知被什么东西叮了，浑身疼痛。最后还是神公治好了她们的病。为感谢孔四迪，龙王将小女儿许配给他。这事让天神知道了，认为人与龙成亲触犯了天规天条，便降下雨滚石，想害死孔四迪和小龙女。经麂子搭桥、神鸟引路，孔四迪与小龙女逃到更美丽的地方去了。马巴名开讲述，董国华翻译，陈凤楼整理。收入《独龙族民间故事》，32开，4页，2800字，云南人民出版社1988年版。

（海涛）

奇怪的帽子

独龙族幻想故事。流传于云南省贡山独龙族怒族自治县。讲述的是：从前，有个叫克色的小伙子无意中得到仙女赠送的一顶帽子。他戴上这顶帽子，就能听懂鸟兽们的语言，因而猎物随手可得。他没有忘记穷苦的乡亲，经常把抓来的鸟兽分给大家。四乡八邻的人们都很爱戴他。克色还经常戴上这顶能隐身的帽子，嘲弄那些贪财势利的富人。登松普讲述，巴国强整理。收入《独龙族民间故事》，32开，3页，1500字，云南人民出版社1988版。

（海涛）

太阳山

独龙族幻想故事。流传于云南省贡山独龙族怒族自治县。讲述的是：从前有两兄弟，老大心狠，老二忠厚。分家时，老二只分得一把砍刀和一个背篓，只好靠砍柴谋生。大雁见老二善良，便领他到太阳山找金子。按照大雁的吩咐，老二拿了一小坨金子。回到家后，金子马上就变成了猪、鸡、鸭、牛和马。老二吃的、穿的、用的，应有尽有。老大知道了秘密后，便冒充穷人，让大雁领着到太阳山。他装了一背篓金子还嫌少，又装了一大麻袋。他正要背起来时，太阳突然升起，把他烤死了。李新民讲述，柏春秀记录。收入《独龙族民间故事》，32开，3页，1100字，云南人民出版社1988年版。

（海涛）

大南瓜

独龙族幻想故事。流传于云南省贡山独龙族怒族自治县。讲述的是：从前有兄弟俩，老大心肠坏，把什么东西都扣在自己的名下，不给弟弟。老二忠厚纯朴，勤劳刻苦。有一年，老二在房后种了一塘南瓜，收获时猴子经常来偷。他便钻进南瓜里想看个究竟，不料被猴子抬到天王宫。老二从天王宫里带回来很多金子，从此吃穿不愁。老大见弟弟满屋子的金银财宝，非常嫉妒。他问清由来后，也像弟弟一样钻进瓜心里，以便让群猴把他抬到天王宫。可他在路上自言自语时被群猴听见，猴子们丢了南瓜便跑。大南瓜滚下悬崖峭壁，里面的老大也粉身碎骨了。李新民讲述，柏春秀整理。收入《独龙族民间故事》，32开，2页，1000字，云南人民出版社1988年版。

（海涛）

金子姑娘

独龙族幻想故事。流传于云南省贡山独龙族怒族自治县。讲述的是：有一次，孤儿棚松去砍柴，快走到森林时，见一个姑娘坐在岩洞边补衣服。当他走近观察，姑娘却消失了，而她刚才坐过的地方有一块金子。当天夜里，姑娘又来到棚松的面前。原来她是一个会变成金子的姑娘，很欣赏棚松勤劳的品德。后来，两人结成夫妻，日子越过越红火。这事传到察瓦龙一个财主的耳朵里，他便想霸占金子姑娘。金子姑娘听说后，拉起棚松往山里跑。财主在后面追，追到一个岩洞前，他跌倒变成一块大石头。金子姑娘与棚松跳进了石洞，洞里喷出了一股山泉水。这水流呀流，越流越大，变成了今天的独龙江。丁拉称讲述，彭义良、李新明整理。收入《独龙族民间故事》，32开，4页，2800字，云南人民出版社1988年版。

（海涛）

姑娘和青蛙

独龙族幻想故事。流传于云南省贡山独龙族怒族自治县。讲述的是：一个女子生下一只青蛙。青蛙长大后，将一个姑娘娶回了家中。结婚后，青蛙留在家里，媳妇与婆婆天天外出干活。每当她们回到家时，饭菜早已做好摆在桌上。后来，婆媳俩终于发现，青蛙是由一个英俊的小伙子变的。从此，三人一起过上了幸福生活。佚名讲述，李子贤记录。收入《云南少数民族文学资料·独龙族文学概况》，36开，3页，700字，中国社会科学院云南少数民族文学研究所、云南省社会科学院民族民间文学研究所、中国民间文艺研究会云南分会1981年编印。

（海涛）

金赛

独龙族幻想故事。流传于云南省贡山独龙族怒族自治县。讲述的是：从前，有一对夫妇结婚十多年一直无儿无女。妻子到了四十岁突然有喜，但到了产期迟迟不见分娩。一天，胎儿在母体中说话，随后就从母亲的大腿上蹦出来。夫妻俩给他取名"金赛"。孩子的饭量惊人，出生后三天就把家里几个月的粮食吃完了。无奈之下夫妻俩想把他送出去。第一次，父亲把金赛抱去压在大石头下，不想，他竟背着大石头回来了。第二次，父亲又把他丢在江中，不一会儿他又回来了，手中还提着一大串鱼。第三次，父亲带他到山上去，搭了一个小棚让他独自留下。一晃十年过去了，村里来了三个吃人的魔鬼，大家纷纷逃到山里躲了起来。金赛的父母竟然在深山里看见了已长大的儿子。他已盖了一幢大房子，过上了殷实的生活。他不计前嫌，收留了当年抛弃自己的父母以及其他村民，并下山灭了三个魔鬼。不久，人们过上了安居乐业的生活，金赛却不知去向。肯向夏讲述，怒学文采录。收入《中国民间故事集成·云南卷》（上），16开，2页，1300字，中国ISBN中心2003版。

（龙江莉）

媳妇与猎人

独龙族幻想故事。流传于云南省贡山独龙族怒族自治县。讲述的是：从前，独龙江畔有一对夫妻，丈夫常年在山上打猎，妻子在家种地。一次，猎人对妻子说，自己打了一只巴待，在山上吃了。妻子不知巴待是何物，想到丈夫吃独食，便很生气。猎人告诉她，那不过是一只小鸟，下一次打一只给她吃。第二天，猎人没打到巴待，妻子很失望，便不理他。为了让妻子高兴，第三天，猎人射中一只巴待，但那鸟从树枝上落下后又飞走了。猎人跟着它翻了三座大山、三条箐沟才追到，鸟却变成一个漂亮的姑娘。姑娘告诉猎人，自己是猎神，让他带妻子到山上看巴待。说完她又变成小鸟飞走了。猎人按猎神说的话做了。他的妻子见到巴待后，后悔自己的蛮横，便向丈夫赔礼道歉。从此以后两人过着幸福、甜蜜的日子。打包都讲述，马文德采录。收入《中国民间故事集成·云南卷》（下），16开，2页，1400字，中国ISBN中心2003年版。

（龙江莉）

孤儿和鱼姑娘

独龙族幻想故事。流传于云南省贡山独龙族怒族自治县。讲述的是：很久以前，独龙江畔住着一个以捕鱼为生的孤儿。有一次，他抓到了一条小鱼，从此每天回家，都有人为他做好了饭菜。原来，这是小鱼变成一位姑娘为他做的。孤儿和鱼姑娘成了亲。后来，孤儿上了富人的当，认为鱼姑娘是妖精，把她赶走了。不久，他又变得一贫如洗。在青蛙的帮助下，孤儿来到龙宫，见到了鱼姑娘。他在鱼姑娘的帮助下，一一破解了龙王出的难题，龙王只得答应把鱼姑娘嫁给了他。斯尤·都里讲述，李金明记录。载《山茶》杂志1993年第6期，16开，3页，4300字。

（海涛）

一只跳蚤

独龙族幻想故事。流传于云南省贡山独龙族怒族自治县。讲述的是：从前有两兄弟，父母刚去世，老大就闹着要与弟弟分家。为了争得父母遗留的家产，老大逼着弟弟比赛喝热粥。结果，老大施计获胜，得到了全部家产，而老二只有一只跳蚤。老二用这只跳蚤换了一条猎狗；猎狗的死又为他带来很多金子银子。分家后的老大却事事不顺，无论什么东西，在弟弟手里是宝物，到了他手里就成了废物。他百思不得其解，便去问邻居。邻居告诉他："这都怪你的心肠太坏。"斯尤·曾古鲁讲述，李金明记录。载《山茶》杂志1993年第3期，16开，2页，3500字。

（海涛）

（二）生活故事

富裕的精灵

独龙族生活故事。流传于云南省贡山独龙族怒族自治县。讲述的是：从前有个富人，看着女儿们已长大，便把她们叫到跟前，问她们的志向。大姑娘和二姑娘都回答说，要守着阿爸的富裕精灵"省那姆"，不让它丢失；而老三表示要亲自去寻找"省那姆"，过自己的好日子。富人气得叫她离开了家。三姑娘历尽艰辛，靠自己的劳动，终于找到了自己的"省那姆"，并成了家。富人觉得三女儿有出息。他终于明白：人只要有心，就可以找到"省那姆"，幸福是靠人闯出来的。依里亚讲述，阿柏翻译，巴子整理。收入《独龙族民间故事》，32开，4页，2000字，云南人民出版社1988年版。

（海涛）

江布拉朋

独龙族生活故事。流传于云南省贡山独龙族怒族自治县。讲述的是：从前有个名叫江布拉朋的人，他有九个女儿，由于家里人口多，因而生活十分贫困。有一年，家人饿得实在没有办法，江布拉朋只好拿起祖传的贝壳钱到阿杰家买粮。他没想到不仅粮食没有买到，还被阿杰嘲笑一番。一气之下，江布拉朋回到家，没日没夜地开荒，然后种上包谷、小米、高粱等庄稼。后来，他的粮食获得了丰收，人们都来向他表示祝贺。依里亚讲述，董国华、陈凤楼记录。收入《七彩贡山——贡山民间故事集》，32开，1页，600字，远方出版社2004年版。

（海涛）

三弟兄

独龙族生活故事。流传于云南省贡山独龙族怒族自治县。讲述的是：很久以前，居住在澜沧江源头的藏族小伙子日旺告别父母，顺江而下去淘金。在怒山与怒江之间的昌都，他遇到了同样准备淘金的怒族小伙子次称。两人结伴同行，前往怒江下游寻找金子。在一个三山夹两谷的地方，他们又遇到了独龙小伙子奔赛。三人结为兄弟，发誓无论死活都要一起奔到淘金谋生的地方。最后他们还是走散了。在一个叫迪兰丹瓦的三岔路口，奔赛往西北方向走去，找不到另外两个人。后来次称和日旺历尽艰辛，终于来到了澜沧江和怒江的下游。人们就把这异乡同路的三兄弟比做澜沧江、怒江和独龙江，把散居于江岸的藏族、怒族、独龙族看作同胞兄弟。熊丹奔赛讲述，尹善龙记录、整理。收入《独龙族民间故事》，32开，4页，2800字，云南人民出版社1988年版。

（海涛）

土蚕和老鹰

独龙族生活故事。流传于云南省贡山独龙族怒族自治县独龙族聚居区。讲述的是：从前有一对老年夫妇，有一天他们发现自己干不动农活，只好让两个儿子去种庄稼。晚上，两个儿子回来了，老两口就问他们在地里看到什么。小儿子说看见很多土蚕，而大儿子说看见天上的老鹰飞来飞去。两位老人听后已明白了一切，便叫大儿子不要吃晚饭。大儿子不解，他们说：“你弟弟看见土蚕，说明他只顾着看地里，忙着做农活；而你只看见天上的老鹰，说明你老望着天，肯定没干农活。”大儿子听后无话可说。从那以后，人们就常用土蚕和老鹰来比喻人的勤劳和懒惰。孔志清讲述，巴子记录、整理。收入《独龙族民间故事》，32开，1页，400字，云南人民出版社1988年版。

（龙江莉）

孤儿龚干

独龙族生活故事。流传于云南省贡山独龙族怒族自治县独龙族聚居区。讲述的是：孤儿龚干常遭邻家八兄妹的欺负。有一年，八兄妹养了七十多头牛，可哪头都没龚干养的那头壮。他们就趁龚干去割草时，把他的牛杀了，剥下牛皮晾在屋旁。龚干看见后非常生气，但他寡不敌众，只得讨回牛皮回了家。第二天，他正在树上晒牛皮，两个贼正好从树下经过，他便扔下牛皮，把贼吓跑了。龚干捡到了他们刚偷来的很多银子。八兄妹见龚干发了财，很是眼红。龚干就告诉他们，牛皮在山那边的傈僳族、怒族村子很值钱。八兄妹就把他们养的七十多头牛全杀了，剥下牛皮，拿到山那边去卖。结果人家以为他们家闹了瘟疫，连村子都不让进。八兄妹知道上了龚干的当，回来一把火把龚干的房子烧了。龚干把烧成的木炭背到不远处的一个岩洞里藏着，打算冬天取暖用。不料，洞里钻出一只刺猬，它身边还有一罐黄灿灿的金子。龚干将金子拿了回家，骗八兄妹说是卖木炭得来的。八兄妹又把自己的房子烧成木炭拿去卖。他们又上了一次当，便气急败坏，把龚干装在麻袋里，打算丢到江里去喂鱼。趁他们去吃饭的时机，龚干向路过的一位老人求救，逃脱出去了。八兄妹回来见龚干跑了，只得你怨我、我怨你地争吵起来。丁玉英讲述，朱发德、褚占光整理。收入《独龙族民间故事》，32开，5页，3500字，云南人民出版社1988年版。

（龙江莉）

（三）动物故事

老虎同火赛跑

独龙族动物故事。流传于云南省贡山独龙族怒族自治县。讲述的是：山里住着一只狂妄自大的老虎，自以为天下第一。一天，它说要同火赛跑。火同意了，却一动也不动。老虎问它，火说要等大风。老虎不相信火能跑得过自己，便满不在乎地躺在草丛里。突然山坡上刮起了大风，老虎抢先就跑。可是火乘风势烧到老虎前面，将它烧死了。学哇当·彭讲述，张文臣记录，李子贤整理。收入《独龙族民间故事》，32开，1页，300字，云南人民出版社1988年版。

（海涛）

獐子和雪鼠

独龙族动物故事。流传于云南省贡山独龙族怒族自治县。讲述的是：有一天，老虎碰见獐子，见獐子嘴上长着两根又尖又长的獠牙，想吃又不敢下手。獐子却老老实实告诉老虎，自己的獠牙只是用来割草吃，没有其他用处。老虎听后，马上把獐子吃了。又一天，老虎饿得发慌，突然看见一只胖胖的雪鼠。雪鼠嘴上的两颗大门牙正向它龇咧着。老虎心里发憷，便向雪鼠打听。雪鼠见老虎没安好心，就大声地说："天给我这对大牙是专门用来啃吃老虎、豹子的。"说完便爬上了竹竿。从此，老虎很难吃到雪鼠了。伊里亚讲述，巴子记录、整理。收入《独龙族民间故事》，32开，2页，400余字，云南人民出版社1988年版。

（海涛）

老虎和山鼠

独龙族动物故事。流传于云南省贡山独龙族怒族自治县。讲述的是：老虎身上原来没有花斑，有一次它请小山鼠打扮自己，小山鼠照着树叶的图案，在它身上画了一件美丽的衣裳。衣裳画好后，老虎就想把小山鼠吃掉。幸亏它身子小，从虎爪下逃走了。从此以后，它身上便留下了五道血痕。大家见到小山鼠身上的斑痕，就想起那忘恩负义的老虎，都不想与它交朋友。从此老虎在森林里越来越孤独了。伊里亚讲述，巴子记录、整理。收入《独龙族民间故事》，32开，1页，400字，云南人民出版社1988年版。

（海涛）

说谎的狗

独龙族动物故事。流传于云南省贡山独龙族怒族自治县。讲述的是：古时候，猪和狗在一起生活，而且都能跟人说话。猪很勤快，整天在地里干活，用嘴巴翻动土块，累了便到树阴下打个盹。狗很懒，整天东游西逛，还嘲笑猪笨。而人却听信了狗的谎话，以为猪偷懒，整天只会睡觉，把它杀了吃肉。不久，人发现狗经常撒谎，就把它的舌头割去了一半。从此以后，狗就不会说话了。兰别龙讲述，张文臣记录，李子贤整理。收入《独龙族民间故事》，32开，1页，300字，云南人民出版社1988年版。

（海涛）

狗为什么常伸舌头

独龙族动物故事。流传于云南省贡山独龙族怒族自治县。讲述的是：狗见主人的邻居吃肉，也想吃，便对邻居说："今天我们主人家也杀猪吃肉。"邻居回答说："乡亲们有互相送礼的习俗，我怎么没收到你家主人的肉？"狗的谎言被人识破，羞得伸长了舌头跑了。至今狗东奔西跑时，总是伸长着舌头。学哇当讲述，阿都翻译，巴子整理。收入《独龙族民间故事》，32开，1页，300字，云南人民出版社1988年版。

（海涛）

猴子为什么爱偷包谷

独龙族动物故事。流传于云南省贡山独龙族怒族自治县。讲述的是：从前，人去山上劳动，请猴子在家看孩子。到收割的时候，人只分给猴子一箭筒盖包谷籽。猴子把那箭筒盖扣在屁股下。据说猴子屁股不长毛的那一块，就是箭筒盖的印迹。从那以后，猴子就经常偷吃包谷。孔志清讲述，巴子记录。收入《中华民族故事大系·独龙族民间故事》第15卷，32开，1页，300字，上海文艺出版社1995年版。

（海涛）

猴子为什么住在树上

独龙族动物故事。流传于云南省贡山独龙族怒族自治县。讲述的是：古时候，人和猴子住在一起。猴子好吃懒做，成天东游西逛，还糟蹋庄稼，慢慢成了"猴害"。人想跟猴分开住，可又不便明说。盖房子时，人用竹篾捆柱子，拴楼楞，用来迷惑猴子。猴子果然上当，以为房子都是用草拴扎的，便学着做。结果它们盖的房子全都倒了，猴子伤了不少，吃了大亏。从此，懒猴不赶自走，它们离开人群，跑到大树上和石洞里去住了。伊里亚讲述，巴国强整理。收入《中国民间故事集成·云南卷》，32开，2页，800字，中国ISBN中心2003年版。

（海涛）

鸟笛

独龙族动物故事。流传于云南省贡山独龙族怒族自治县。讲述的是：森林里有一种叫铁连甲的鸟，其叫声是用笛子发出来的。猴子搬进森林后，经常欺侮弱小的邻居。它们听了铁连甲鸟吹的笛子声，非常嫉妒，就把笛子抢走了。可它们拿了笛子只会乱吹一通，怎么也吹不成调。后来，铁连甲鸟在蚂蚁的帮助下，把笛子抢了回来。从此，森林里又响起了铁连甲鸟美妙的笛声。伊里亚讲述，巴国强整理。收入《独龙族民间故事》，32开，2页，700字，云南人民出版社1988年版。

（海涛）

蛇的把戏

独龙族动物故事。流传于云南省贡山独龙族怒族自治县。讲述的是：蛇设下圈套，准备吃掉小青蛙。它的鬼把戏被树上的乌鸦看到了。就在蛇张开大嘴准备扑向青蛙的时候，乌鸦把拦水的土块扒开，大水冲了下来。蛇不但吃不着青蛙，反而被大水冲走了。布卡娃讲述，巴子整理。收入《独龙族民间故事》，32开，2页，250字，云南人民出版社1988年版。

（海涛）

麂子失礼

独龙族动物故事。流传于云南省贡山独龙族怒族自治县。讲述的是：一天，有个叫朋的人剽牛请客。地上走的麂子、马鹿、松鼠、狐狸等穿着花衣服，天上飞的锦鸡、花雉、百灵、孔雀等唱着歌，都来参加宴会。舞会上，小伙子麂子不留神踩了鹌鹑姑娘的长衣尾。鹌鹑姑娘没注意，结果长衣尾掉下来了。从此以后，鹌鹑就变成了秃尾巴。麂子不好意思见人，便红着脸，两颊羞得又瘦又长。伊里亚讲述，巴子记录、整理。收入《独龙族民间故事》，32开，1页，450字，云南人民出版社1988年版。

（海涛）

公鸡、斑鸠伴老人

独龙族动物故事。流传于云南省贡山独龙族怒族自治县。讲述的是：从前，独龙江边的树林里住着一位年过七旬的老人，名叫迪松。老人无儿无女，家里只养了一只大白公鸡。他对大白公鸡就像对自己的亲儿子一样。大公鸡很勤快，每天起床先烧好一大塘火，让老人取暖，自己则去刨地。有一天，天气非常炎热，斑鸠渴得昏了过去，纷纷掉在地上。迪松老人用水将它们救活过来。从此，大白公鸡、斑鸠一直陪伴着老人，使他幸福地活到九十九岁。约翰讲述，陈凤楼记录。收入《中华民族故事大系·独龙族民间故事》第15卷，

32开，2页，750字，上海文艺出版社1995年版。

（海涛）

猴子盖房的故事

独龙族动物故事。流传于云南省贡山独龙族怒族自治县部分地区。讲述的是：一群猴子从山上搬到江边，没房子住。一天，它们向人请教盖房子的办法。人认为猴子本来应该住在树枝上，便不教它们。结果猴子的房子盖了又倒，倒了又盖，最终没有盖起来。后来猴子为了报复人类，就偷他们的粮食吃。马库用讲述，马文德记录。收入《七彩贡山——贡山民间故事集》，32开，2页，700字，远方出版社2004年版。

（海涛）

蛇王与蛇母

独龙族动物故事。流传于云南省贡山独龙族怒族自治县。讲述的是：古时候，嘎娃嘎普山的一个岩洞里住着蛇王与蛇母。它们常常走出洞，在龙潭边寻食嬉戏。后来，它们觉得洞里的生活太孤寂，便想到山外的世界去看一看。蛇王向西南方猛冲，变成怒江，而蛇母则变成一条从北向南流的独龙江。从此，高山上就没有蛇居住了。纳汉讲述，战荣、陈凤楼记录。收入《七彩贡山——贡山民间故事集》，32开，2页，575字，远方出版社2004年版。

（海涛）

水獭与金狗交朋友

独龙族动物故事。流传于云南省贡山独龙族怒族自治县。讲述的是：一天水獭在独龙江里捕鱼，在江的源头遇见了金狗。金狗起初以为水獭是来抢自己的地盘，便对它很凶狠。水獭说明了来意后，金狗的敌意消失了。最终它们成了世世代代的朋友，独龙族同胞常说："当你不因循守旧，你的前面定会遇上好朋友。"纳汉讲述，战荣、陈凤楼记录。收入《七彩贡山——贡山民间故事集》，32开，2页，952字，远方出版社2004年版。

（海涛）

三、长诗歌谣

（一）创世歌和祭祀歌

创世纪

独龙族创世歌。流传于云南省贡山独龙族怒族自治县独龙族聚居区。全歌由"人类的起源""人与鬼的斗争""洪水滔天""祭神的由来""娶媳妇""卡雀哇"等六个部分组成。史诗从天地分离，天上的大神嘎美和嘎莎搓泥巴造人唱起，接着唱述了人的死亡和丧葬仪式的起源；又唱述了最初人和鬼是住在一起的，后来鬼吃人，人就和鬼分开住了；接下来唱述洪水滔天，世上的人只剩下一对兄妹，便结为夫妻，兄妹成亲后，生了九对子女，九男九女配成婚，分别住到九条江边，其后代成了各个民族。史诗反映了独龙族先民远古时代的世界观和对事物的丰富想象，同时反映了他们的生产、生活的状况及恋爱、婚姻、丧葬、节庆等习俗，以及与其他民族在经济、文化上的关系。约翰·阿伯唱述，鲁笛、赵师简记录。收入《中国歌谣集成·云南卷》，16开，4页，216余行，中国ISBN中心2003年版。

（海涛）

祭土地神

独龙族祭祀歌。流传于云南省贡山独龙族怒族自治县独龙族聚居区。过去独龙族常几家人合伙种火山地，在收割完毕后即举行祭土地神的祭典，祭祀时唱此歌。歌中描述了从上山点种谷种到粮食入仓的农业生产过程，并祈求土地神保佑全寨风调雨顺、五谷丰登。歌中唱道："先熟的粮食敬给你，后熟的瓜果献给你，香喷喷的包谷饭，已泼洒在地头地脚……求你保佑我们全家，男人女人，老人娃娃，有吃有穿，无病无灾。"约翰·阿伯、董国华等唱述，司仙华记录。收入《中国歌谣集成·云南卷》，16开，1页，30行，中国ISBN中心2003年版。

（海涛）

祭山神

独龙族祭祀歌。流传于云南省贡山独龙族怒族自治县独龙族聚居区。每逢年节，独龙族即祭山神。祭祀时全村参加，地点设于村外山坡上，祭祀时唱此歌。歌中唱述年节将到，全寨子的人都来向山神祈求恩赐和护佑的心愿。歌中唱道："在我们活着的晚辈里，求你来保佑，不要有灾，不要有难，不要有瘟疫，不要有病痛。你要让寨子里的老人，寿岁像麻秆线一样长。你要让寨子里的娃娃，'卜拉'（生魂）像独龙江石头一样硬。你要让寨子里的男人，撵山打得岩羊、麂子和野鸡。你要让寨子里的女人，下种收得谷子、包谷和荞子。"罗秀英唱述，司仙华、烟桥记录。收入《中国歌谣集成·云南卷》，16开，1页，32行，中国ISBN中心2003年版。

（海涛）

祭猎神（一）

独龙族祭祀歌。流传于云南省贡山独龙族怒族自治县独龙族聚居区。这是独龙族人在狩猎之前举行的祭祀猎神的活动中唱的歌。歌中唱道："司野兽之神啊,请听我们的祷告吧!我们将酒和面做的野兽献上,请你收下吧!我们是来撵山打猎的,我们用这些东西来和你换取,虎换虎,熊换熊,野牛换野牛,一点也不叫你吃亏,求你快放出你的野兽吧!如果天神因为失去了野兽而怪罪于你,就以荞面做的野兽去赔偿,就以我们的毯子和衣服当兽皮拿去吧。"佚名唱述,佚名记录。收入《中国歌谣集成·云南卷》,16开,1页,12行,中国 ISBN 中心 2003 年版。

（海涛）

祭猎神（二）

独龙族祭祀歌。流传于云南省贡山独龙族怒族自治县独龙族聚居区。这是独龙族人在狩猎之前举行的祭祀猎神的活动中唱的歌。歌中唱道:"司兽之神奶奶,司兽之神爷爷,香喷喷的水酒已经祭献在你的面前;荞面捏的飞禽,已经供奉在你面前;求你给我们点野兽吧,大的换蹄兽,小的换飞禽,长角的换长角兽,长翅的换长翅兽,让我的口袋装满野兽,让我的弓箭沾满血迹。"孔秀英等唱述,司仙华、晓风记录。收入《中国歌谣集成·云南卷》,16开,1页,33行,中国 ISBN 中心 2003 年版。

（海涛）

祭猎神（三）

独龙族祭祀歌。流传于云南省贡山独龙族怒族自治县独龙族聚居区。这是独龙族人在狩猎之前举行的祭祀猎神的活动中唱的歌。歌中唱道:"尊敬的猎神,我们都是你的子孙,求你在我们要去的密林里,成群的野牛如花一样站出来;求你在我们要去的山箐里,成伙的野兽如草一样立起来;求你在我们要去的山林中,成堆的飞禽如叶子一样落下来。求你用你的神力诱使野兽掉入陷阱,求你用你的法力诱使野兽落入绳扣。"孔自明等唱述,司仙华记录。收入《中国歌谣集成·云南卷》,16开,1页,28行,中国 ISBN 中心 2003 年版。

（海涛）

呼喊福禄神

独龙族祭祀歌。流传于云南省贡山独龙族怒族自治县独龙族聚居区。歌的内容是驱魔和求福。歌中唱道:"噢——病魔跟着死鬼走,瘟疫跟着死魂去;男福神跟着男人来,女福神跟着女人来。吃福留在房屋里,穿福留在房屋内;不要跟着病魔走,不要跟着瘟疫去。福神留下保平安,消瘟消疫顺天意;福神留下保平安,去害除灾顺地理。"佚名唱述,佚名记录。收入《中国歌谣集成·云南卷》,16开,1页,17行,中国 ISBN 中心 2003 年版。

（海涛）

祭岩鬼

独龙族祭祀歌。流传于云南省贡山独龙族怒族自治县独龙族聚居区。过去,独龙族人如果家族中有人生病,经占卜算出是居于山崖、洞穴的岩鬼作祟所致,就须请本家族的巫师"乌"来主祭禳解,为病人杀鸡占卜、驱鬼治病。此歌就是在这样的活动中唱的。歌中一方面恳请岩鬼快出来享用祭品:"今天是个大吉大利的日子,男人来了,女人来了,老人来了,娃娃来了,一家一个不少,一寨一户不缺。鸡一只,猪一头,酒一罐,一共算出这么多,你都抬去吃吧,快让病人好起来。"另一方面也责备岩鬼:"这里不是你待的地方,不要进寨,不要进家,再也不要害人,再也不要生事。"马秀群唱述,孔智华记录。收入《中国歌谣集成·云南卷》,16开,1页,42行,中国 ISBN 中心 2003 年版。

（海涛）

婴孩驱鬼调

独龙族祭祀歌。流传于云南省贡山独龙族怒族自治县独龙族聚居区。独龙族的婴孩长至一岁时,为祈求天上的鬼魂"南木"保佑婴儿的生魂"卜拉",孩子的父母要请巫师"南木萨"为婴儿祭鬼。此歌就是巫师在祭鬼时唱的。歌中唱述了巫师代婴儿的父母为婴孩举行祭鬼保命延寿的祭祀，祈求天鬼恩赐和护佑，让这个娃娃平平安安地长大。罗秀英唱述，董懂英记录。收入《中国歌谣集成·云南卷》，16开，1页，34行，中国ISBN中心2003年版。

（海涛）

驱鬼保命调

独龙族祭祀歌。流传于云南省贡山独龙族怒族自治县独龙族聚居区。独龙族在婴儿出生后，要为其举行保命延寿的祭祀仪式——"苏拉乔"。祭祀的对象是对婴儿生命构成最大威胁的"苏拉卜朗"。祭祀时须请祭司唱诵此歌。歌中首先唱述婴儿的父母把祭品酒、小米、兽肉等统统献给苏拉，并且燃香；然后，以严厉的口气，命令苏拉卜朗不要带走这个男人的生魂"卜拉"，并表示族人决心用自己的身体和刀箭来护卫他的生命，不让这类鬼来加害他，夺走他的"卜拉"。孔秀英等唱述，罗自鸣记录。收入《中国歌谣集成·云南卷》，16开，1页，39行，中国ISBN中心2003年版。

（海涛）

祭亡灵调（一）

独龙族祭祀歌。流传于云南省贡山独龙族怒族自治县独龙族聚居区。独龙族人去世时，其家属要请祭司来主持驱鬼送葬仪式。仪式中，祭司挥刀驱赶恶鬼，并唱诵此歌。首先唱述的是天神"格孟"抽走了逝者的生魂"卜拉"："在'格孟'那里，你像摘黄瓜一样地被摘掉了。"以求逝者灵魂得以安宁。然后要求逝者正视死亡，走自己的路，回自己的窝，不要带走吃福神，不要带走财富神，把幸福留给生者，欢乐留给生者。约翰等唱述，达石、司仙华记录。收入《中国歌谣集成·云南卷》，16开，2页，53行，中国ISBN中心2003年版。

（海涛）

祭亡灵调（二）

独龙族祭祀歌。流传于云南省贡山独龙族怒族自治县独龙族聚居区。独龙族人认为，死者下葬三天后，其亡魂必回来一趟；届时，就要请祭司来举行驱撵亡魂的仪式。祭祀时，须杀鸡、猪供祭于坟头，祭司手持供亡魂行路的棍杖，口中念诵此歌。歌的大意主要是告诉逝者，他已经死了，酒肉都抬给他了，让他不要来家里捣乱了，好好地回到"阿细默里"，让大家都平平安安。马秀群等唱述，俄不拉、司仙华记录。收入《中国歌谣集成·云南卷》，16开，2页，43行，中国ISBN中心2003年版。

（海涛）

祭树神

独龙族祭祀歌。流传于云南省贡山独龙族怒族自治县独龙族聚居区。独龙族人在为盖新房而选树木时，都要祭祀树神，祭祀时唱此歌。歌的内容主要是恳请树神保佑建房成功，分四个段落依次递进。第一段恳请树神："今天我要盖新房，请你赐给我树木；我要用水酒换木材，残枝剩叶还给你。"第二段恳请树神保佑"选地基的那一天，空中阳光灿烂如金光；我竖中柱的那一天，天上月亮如银亮"。第三段恳请树神保佑"我打地基的那一天，地中潮气绕道走；我盖新房那一天，天上雨水斜着落"。第四段恳请树神保佑中柱牢，建的房屋地基稳。孔自明等唱述，司仙华记录。收入《中国歌谣集成·云南卷》，16开，1页，20行，中国ISBN中心2003年版。

（海涛）

过年祭歌

独龙族祭祀歌。流传于云南省贡山独龙族怒族自治县独龙族聚居区。独龙族过年时，家家都要唱过年祭歌。歌中唱道："福神已把鸡窝抬到家，福神已把猪窝搬到家，肥鸡肥猪已宰好，甜酒香谷已煮好。族人一起同过年，祖上就有这习俗；朋友一起共欢聚，父辈就兴这规矩。今天这家来喝酒，古时就有这习俗；明天那家去吃肉，祖时就兴这规矩。有酒有肉共享受，团团圆圆顺年月；有歌有舞同相聚，欢欢乐乐顺日子。"马秀群等唱述，海涛记录。收入《中国歌谣集成·云南卷》，16开，1页，16行，中国ISBN中心2003年版。

（海涛）

剽牛调（一）

独龙族祭祀歌。流传于云南省贡山独龙族怒族自治县独龙族聚居区。独龙族剽牛，主要是祭祀天神。剽牛的时间，一般在年节的第三天。届时，主祭司要牵牛围着牛的主人家房屋转七圈，边转边唱此歌。歌中主要表达两个意思，其一是向天神表明祭献的这头牛的珍贵：是翻山越岭牵来的，是跨江过海赶来的，是黄灿灿的金子换来的，是白花花的银子买来的，以表明祭献的诚意；其二是祈求天神降福，保佑全寨五谷丰登，来年牛群像花一样长出来，来年粮食像山一样堆起来。约翰等唱述，司仙华记录。收入《中国歌谣集成·云南卷》，16开，1页，33行，中国ISBN中心2003年版。

（海涛）

剽牛调（二）

独龙族祭祀歌。流传于云南省贡山独龙族怒族自治县独龙族聚居区。此歌唱述了剽牛祭祀的过程，并向神灵祈求平安吉祥。歌中，献祭者一方面告诉牛魂，杀它是出于无奈，是天神收走了它的生魂"卜拉"，求牛魂宽恕，不要记恨；另一方面，祈求牛魂保佑来年全寨风调雨顺，人畜无病无灾，包谷荞子多多收，黄连、贝母多多地挖，全寨老小都平平安安、无忧无虑。董国华等唱述，罗自鸣记录。收入《中国歌谣集成·云南卷》，16开，1页，30行，中国ISBN中心2003年版。

（海涛）

剽牛调（三）

独龙族祭祀歌。流传于云南省贡山独龙族怒族自治县独龙族聚居区。此歌表达了人们希望通过剽牛来保佑病人早日康复的心愿。歌中唱道："牛魂，牛魂，××病了，××下不来地了。你能？还是我能？如果他是无意撞着你，我的'木格仁'就刺不了你，刺到的是坚硬的石头，刺到的是耻辱的铁砣。你强？还是我强？如果你是有意撞着他，我的'木格仁'就能刺到你，刺到的是棉花的心脏，刺到的是'乌'的荣耀。"马秀英等唱述，司仙华记录。收入《中国歌谣集成·云南卷》，16开，1页，16行，中国ISBN中心2003年版。

（海涛）

剽牛调（四）

独龙族祭祀歌。流传于云南省贡山独龙族怒族自治县独龙族聚居区。此歌表现了独龙族人在"卡雀哇"这一节日里剽牛祭天的欢乐场景。歌中唱道："今天我们欢乐地跳起'拉姆'，今天我们高兴地唱起'曼珠'，愿同族好友像我们一样幸福，愿子孙后代像我们一样长寿……全族的老小与您共欢，四方的朋友与您同庆，全寨的族人跳起来，四方的朋友唱起来。舞圈围得如月圆，舞步跳得如花开，'曼珠'唱得如洪流，余音绕着满山转。"孔秀英等唱述，司仙华记录。收入《中国歌谣集成·云南卷》，16开，1页，28行，中国ISBN中心2003年版。

（海涛）

剽牛调（五）

独龙族祭祀歌。流传于云南省贡山独龙族怒族自治县独龙族聚居区。此歌的内容，是祈求天神格蒙保佑人畜兴旺，五谷丰登；并安慰被剽的牛，颂扬它的光荣，祈求它保佑人们平安。歌中唱道："天神格蒙呀，你是我们的保佑神，我们是你的子孙，我们是从你那儿来的，我们没有什么给你的，今天杀牛祭献给你，望你保佑我们平安，保佑我们五谷丰登，人畜兴旺……祭格蒙的牛呵！这是你的荣光，你为我们献身给天神，保佑我们安康吧。"佚名唱述，李金明记录。收入《独龙族文学简史》，32开，1页，13行，云南民族出版社2004年版。

（阿南）

盖新房调（一）
独龙族祭祀歌。流传于云南省贡山独龙族怒族自治县独龙族聚居区。此歌在建新房前的选地基占卜活动中念诵，表达了建房人对新建住房的祈愿。歌中唱道："我家新房像金子，金子柜子摆房间；我家新房像银子，银子火塘立房间。贵客带进穿福来，穿福就在房中飘；族人带进吃福来，吃福就在房中烧。喝起水酒唱起歌，风吹雨打房不斜；喝起水酒跳起舞，房基牢固如生根。"佚名等唱述，司仙华记录。收入《中国歌谣集成·云南卷》，16开，1页，12行，中国ISBN中心2003年版。

（海涛）

盖新房调（二）
独龙族祭祀歌。流传于云南省贡山独龙族怒族自治县独龙族聚居区。此歌唱述了盖房的全过程及房屋的构造。歌中唱道："我们的头顶上，有太阳照暖，有月亮和繁星照明。它们分别在昼夜出来行走。天底下有个富饶的地方，那就是我们居住的地方。肥沃的土壤庄稼才茁壮生长，牢固的地基建房，房屋才又稳又牢。"佚名唱述，李金明记录。收入《独龙族文学简史》，32开，3页，45行，云南民族出版社2004年版。

（阿南）

运气神歌
独龙族祭祀歌。流传于云南省贡山独龙族怒族自治县独龙族聚居区。独龙族人认为，亡魂会把家中的"运气神"或"福气神"带走，所以在举行了送亡魂仪式后，要唱挽留家中"运气神"的歌，这是其中的一首。歌中唱道："运气呀！福气呀！别跟死人一起走！别走！……祈求你留下来吧，要跟我们代代住下。运气儿别走！别走！福气儿别走！别走！……祈求你留下来吧，祈祷你跟我们在一起吧！不要跟死者一起去，要跟着我们活人走，运气和福气呀，别跟死人走，和我们一起留下来吧。"佚名唱述，李金明记录。收入《独龙族文学简史》，32开，2页，21行，云南民族出版社2004年版。

（阿南）

招魂歌
独龙族祭祀歌。流传于云南省贡山独龙族怒族自治县独龙族聚居区。这是婴儿生病时，家人为其招魂而唱诵的歌。歌词采用叠音叠句的形式，表达了对婴儿的怜惜，期盼病婴快好起来。歌中唱道："归来吧！归来吧！野外冷，野外野鬼多。归来吧！归来吧！家里暖，家里有奶喝，家里有饭吃。快快回到家里来，母亲的怀里暖呼呼。"佚名唱述，李金明记录。收入《独龙族文学简史》，32开，1页，11行，云南民族出版社2004年版。

（阿南）

招魂调
独龙族祭祀歌。流传于云南省贡山独龙族怒族自治县独龙族聚居区。独龙族人认为，人生病是因为人的生魂被天神格蒙或鬼怪拐走所致，故要举行招魂仪式，仪式中唱此歌。歌中唱道："我们孩子的卜辣（人的生魂），被你收到格蒙木主（天神居住地）去了，这些东西是给你的，你把孩子（泛指人）的卜辣换给我们吧，让这孩子的卜辣平安地回来吧，让它好好地活着，你别伤害它了。"佚名唱述，李金明记录。收入《独龙族文学简史》，32开，1页，7行，云南民族出版社2004年版。

（阿南）

送魂调

独龙族祭祀歌。流传于云南省贡山独龙族怒族自治县独龙族聚居区。按独龙族的习俗，人死后，家人要为其举行超度亡魂的送魂仪式，并请祭司吟唱此调。歌中唱道："你已死了，这儿不再是你在的地方，你回去吧，回到你该生活的地方。这些酒肉和饭你都拿走，不要再回来了，好好地回到阿细木立（亡魂生活的地方）去，让家人平安地生活。"佚名唱述，李金明记录。收入《独龙族文学简史》，32开，1页，23行，云南民族出版社2004年版。

（阿南）

咒亡魂歌

独龙族祭祀歌。流传于云南省贡山独龙族怒族自治县独龙族聚居区。独龙族人认为亡魂送走后又会转回家来，给活着的人带来灾祸，于是要由巫师"南木萨"或家人咒亡魂，唱咒亡魂歌。歌中唱道："你怎么又回来了，为什么赖着不走？吃的喝的统统给你了，你还想要什么？你赶快走吧！快走！别再回来！阿细木立（亡魂生活的地方）才是你生活的地方！"佚名唱述，李金明记录。收入《独龙族文学简史》，32开，1页，7行，云南民族出版社2004年版。

（阿南）

叫谷魂调

独龙族祭祀歌。流传于云南省贡山独龙族怒族自治县独龙族聚居区。此歌是独龙族人在收获庄稼时唱的。歌中唱道："归来吧，谷魂。回到家里来，回到我家的仓房里来。别跑掉，好好地待在仓房里。"佚名唱述，李金明记录。收入《独龙族文学简史》，32开，1页，6行，云南民族出版社2004年版。

（阿南）

（二）风俗歌

酒歌

独龙族风俗歌。流传于云南省贡山独龙族怒族自治县独龙族聚居区。独龙族酒歌多半是即兴创作，往往在分食猎获物或杀猪酿酒请大家来吃的时候吟唱。歌中唱道："我家的猪养肥了，我家的米酒煮好了，欢迎大家一齐来，围着火塘吃肉喝酒。以后你家杀猪，大家又到你家来，这是我们的习惯，这是我们的习俗。把火塘里的火添旺，饱饱地吃多多地喝，喝够了酒好唱'曼珠'，明天砍树烧山才有力气。"佚名唱述，佚名记录。收入《中国歌谣集成·云南卷》，16开，1页，12行，中国ISBN中心2003年版。

（海涛）

配婚歌（一）

独龙族风俗歌。流传于云南省贡山独龙族怒族自治县独龙族聚居区。这是男方父母向女方父母提亲时，双方对唱的歌。歌中唱道："（甲）啊！过去我们就是亲戚，从前我们就是朋友，爷爷那一辈就打过亲家，奶奶那一代就已经通婚。今天啊！我又来到你家求婚；今夜啊！我又来到你家提亲。请你把女儿许给我的儿子，请你把姑娘配给我的儿子。彩礼我家会给你，彩礼我家会送上门，请你好好想一想，望你好好细思量。（乙）生个女儿操碎了心，养大一个姑娘也不容易，你家真的看上了，你家真的喜欢了，姑娘的身价多少？你也好好想一想，你想多给我不要，你要少给我也不得。"娜多等唱述，赵师简、马文彪记录。收入《中国歌谣集成·云南卷》，16开，1页，58行，中国ISBN中心2003年版。

（海涛）

配婚歌（二）

独龙族风俗歌。流传于云南省贡山独龙族怒族自治县独龙族聚居区。这是媒人代表男方到女方家去商定婚事时唱的歌。歌中唱道："亲戚朋友都来了，就像彩云挂在山头。亲戚朋友围坐在一起，喜喜欢欢地喝酒。雀鸟飞向茂密的树林，红雀绿鸟是亲戚。亲戚朋友不能乱交，有缘有分才成亲戚。你家的姑娘已经长大，长大的姑娘要出嫁。姑娘要是守在娘家，会孤独得像一根拐棍。亲戚朋友一家人，亲戚朋友一条心。你的姑娘嫁给我家，她的身价慢慢还。"西当妮唱述，张联华翻译，李子贤记录。收入《中国歌谣集成·云南卷》，16开，1页，16行，中国ISBN中心2003年版。

（海涛）

配婚歌（三）

独龙族风俗歌。流传于云南省贡山独龙族怒族自治县独龙族聚居区。这是男方父母向女方父母提亲时，双方对唱的一首歌。歌中唱道："（男）恳求你把女儿许配给我儿子做妻子吧！我们家族的人啊，都是以你们家族的姑娘做妻子的呀！祖祖辈辈都是这样的啊！（女）你说的有道理啊！自古以来，我们家的姑娘，都是给你们家族的人做妻子的，现在亲上加亲，我们的女儿不给你们给谁呢？"反映了独龙族的氏族外婚制。佚名唱述，佚名记录。收入《中国歌谣集成·云南卷》，16开，1页，10行，中国ISBN中心2003年版。

（海涛）

（三）劳动歌和生活歌

猎歌

独龙族劳动歌。流传于云南省贡山独龙族怒族自治县独龙族聚居区。此歌在狩猎前唱，描述了祭猎神、集体围猎的情况，以及打到野兽时的欢乐情景。歌中唱道："九条江的野牛，朝我这边走来，我击中了野牛，老老少少都光彩。茂密的树林，莫把我的眼睛遮盖，让那一头头野牛，像花一样地站起来。妇女在家中，早煮好酒在等待。我上山打来的野牛，分食给全寨。"佚名唱述，佚名记录。收入《中国歌谣集成·云南卷》，16开，1页，12行，中国ISBN中心2003年版。

（海涛）

大家干活要勤劳

独龙族劳动歌。流传于云南省贡山独龙族怒族自治县独龙族聚居区。这是过去独龙族人在进行刀耕火种农业生产时唱的歌，描绘了砍倒树木烧山的场景。歌中唱道："大家干活要勤快，砍树烧山把地开，大火烧过的土地，庄稼才能长出来。我们劳动归来，一起喝酒多痛快，盼着收获日子到，唱起'曼珠'乐开怀。"佚名唱述，李子贤记录。收入《中国歌谣集成·云南卷》，16开，1页，8行，中国ISBN中心2003年版。

（海涛）

砍火山调

独龙族劳动歌。流传于云南省贡山独龙族怒族自治县独龙族聚居区。这是过去独龙族人在刀耕火种农业生产中，砍倒树木烧山时唱的歌。歌中唱道："今天的天气这么好，烧山的吉日已选定。成排的树木已砍倒，杂乱的青草已割倒。熊熊的火焰已燃烧，黑黑的烟雾冲云霄。火焰顺风顺吉日，来年谷子堆满仓。"罗秀英等唱述，司仙华记录。收入《中国歌谣集成·云南卷》，16开，1页，8行，中国ISBN中心2003年版。

（海涛）

找竹笋

独龙族劳动歌。流传于云南省贡山独龙族怒族自治县独龙族聚居区。这是在采集竹笋的过程中唱的歌。歌中唱道："找竹笋哟找竹笋，快快长哟快快长；嫩嫩的竹笋哟，快快长出来哟；找到竹笋哟，摘给阿爸吃；找到竹笋哟，摘给阿妈吃；大大的竹笋哟，快快长出来哟；粗粗的竹笋哟，快快长出来哟；白白的竹笋哟，快快长出来哟；肥肥的竹笋哟，快快长出来哟；'波当'鸟儿在山林叫，竹笋竹笋快快长出来；'切顶'鼠已在水中捉鱼，竹笋竹笋快快长出来。"孔秀英等唱述，司仙华记录。收入《中国歌谣集成·云南卷》，16开，1页，20行，中国 ISBN 中心 2003 年版。

（海涛）

找菌子

独龙族劳动歌。流传于云南省贡山独龙族怒族自治县独龙族聚居区。这是在采集野生菌时唱的歌。歌中唱道："满山遍野长满了菌子，找到了一窝菌子好高兴，采呀、采呀，往左边采，往右边采，采呀、采呀，往上采，往下采，采到竹篮满为止，竹篮里装不下了，就装在线包里。"佚名唱述，李金明记录。收入《独龙族文学简史》，32开，1页，13行，云南民族出版社 2004 年版。

（阿南）

我们活不下去了

独龙族生活歌。流传于云南省贡山独龙族怒族自治县独龙族聚居区。此歌反映了旧社会独龙族的苦难生活。歌中唱道："我们活不下去了，身上已压着石头，大雪又不断地下，就像那冬天快枯死的小草。我们活不下去了，妇女只有一条扁约（遮羞用的麻织品），男人只有一片朗格（遮羞用的木板），到了冬天更难熬。我们活不下去了，茅草棚四面吹风，麻布衣不御严寒，火塘边只剩下三个石头了。"佚名唱述，李子贤记录。收入《中国歌谣集成·云南卷》，16开，1页，12行，中国 ISBN 中心 2003 年版。

（海涛）

独龙地方

独龙族生活歌。流传于云南省贡山独龙族怒族自治县独龙族聚居区。此歌描绘了独龙族生活的独龙江河谷地区恶劣的自然环境。歌中唱道："独龙地方蚊虫多，阿怒地方欢乐多。独龙地方毒蛇多，阿怒地方幸福多。独龙地方唱苦歌，阿怒地方喝甜酒。独龙地方高山多，阿怒地方平地多。独龙地方森林多，阿怒地方水田多。"约翰等唱述，司仙华记录。收入《中国歌谣集成·云南卷》，16开，1页，10行，中国 ISBN 中心 2003 年版。

（海涛）

过去的日子

独龙族生活歌。流传于云南省贡山独龙族怒族自治县独龙族聚居区。此歌描述了独龙族过去的苦难生活。歌中唱道："过去的独龙人，流的是苦胆水；过去的独龙山，长的是黄连草。过去的祖先哟，吃的是树皮草根，用的是木碗竹勺，困苦的日子说不完，辛酸的生活诉不尽。"孔秀英等唱述，司仙华记录。收入《中国歌谣集成·云南卷》，16开，1页，27行，中国 ISBN 中心 2003 年版。

（海涛）

受苦调

独龙族生活歌。流传于云南省贡山独龙族怒族自治县独龙族聚居区。此歌是旧社会独龙族孤儿唱的，反映了孤儿孤苦伶仃的流浪生活。歌中唱道："阿爸养下了我这个苦根子，却在打猎的林中死去；阿妈生下我这个苦苗子，却在瘟疫中抛弃了我。从此我成了枯枝中的一片叶，从此我成了高空中的一孤雁。没有亲人可靠，没有亲人可托，只有无尽的流浪，只有不停的飘荡。"孔自明等唱述，司仙华记录。收入《中国歌谣集成·云南卷》，16开，1页，53行，中国 ISBN 中心 2003 年版。

（海涛）

怨恨调

独龙族生活歌。流传于云南省贡山独龙族怒族自治县独龙族聚居区。这是旧社会的一个童养媳唱述自己被逼嫁到远方的不幸遭遇的歌，反映了包办婚姻给妇女带来的伤害。歌中唱道:"从没有到过雪山的顶峰,不知道那里的冰雪有多美,因为在我很小的时候,爹妈就把我嫁到远方。从没有到过大山的山腰,不知道那里的森林有多高,因为在我出嫁之后,婆家的事情就像麻秆一样多。从没到过奔腾的江边,不知道江水能流到哪里,因为在我做了母亲以后,繁琐的家务磨灭了好奇的心。"罗秀英等唱述,司仙华记录。收入《中国歌谣集成·云南卷》,16开,1页,12行,中国ISBN中心2003年版。

(海涛)

怨歌

独龙族生活歌。流传于云南省贡山独龙族怒族自治县独龙族聚居区。此歌反映了旧社会独龙族人的苦难生活。歌中哀伤地唱道:"阿爸呀,我想喝点酥油茶!孩子呀,酥油要给佛爷点灯,你喝白开水吧!阿妈呀,我要吃口炒面!孩子呀,喇嘛寺的租税没交够呢,你去挖点葛根吃吧!阿哥呀,给我打只松鼠吧!弟弟呀,哪有工夫上山呀!我要去给官家当背夫支差!姐姐呀,给我织件麻毯吧!妹妹呀,麻布要留着交官税,你在火塘边烤火吧!"佚名唱述,李金明记录。收入《独龙族文学简史》,32开,1页,12行,云南民族出版社2004年版。

(阿南)

这是什么官哟

独龙族生活歌。流传于云南省贡山独龙族怒族自治县独龙族聚居区。此歌揭露了旧社会统治阶级对独龙族人民的压迫与剥削。歌中唱道:"庄稼靠土壤,老百姓靠父母官。好的土壤,庄稼才长得好。好的父母官,老百姓的生活才过得好。我们的'莲布'(对察瓦洛藏族土司的称呼)哟,今天来收超度费,明天又来收香火钱粮,搅得我们鸡犬不宁。我们生活不下去哟,这是什么官哟,不管老百姓的死活!"佚名唱述,李金明记录。收入《独龙族文学简史》,32开,1页,13行,云南民族出版社2004年版。

(阿南)

渴望调

独龙族生活歌。流传于云南省贡山独龙族怒族自治县独龙族聚居区。此歌反映了旧社会独龙族人民的苦难生活,以及他们渴望自由、向往幸福的心愿。歌中唱道:"阿爹留下的茅草棚哟,挡不住豹狼的侵犯;阿妈留下的麻布片哟,遮不住冰雪的严寒。哪年哪月哟,春风才吹到独龙江畔?何时何代哟,阳光才温暖独龙人的心房?"佚名唱述,李子贤记录。收入《云南少数民族文学资料·独龙族文学概况》,32开,1页,8行,中国社会科学院云南少数民族文学研究室、云南省社会科学院民族民间文学研究室、中国民间文艺研究会云南分会1981年编印。

(阿南)

锅庄调

独龙族生活歌。流传于云南省贡山独龙族怒族自治县独龙族聚居区。此歌描述了旧社会一个孤儿孤苦伶仃的流浪生活和不幸遭遇。歌中唱道:"幼儿失去了双亲哟,冰雪压盖着破帽;幼儿没有了双亲哟,寒风吹进了破袖……幼儿没有亲人的帮助哟,兄弟离家出远门;幼儿没有熟人来依靠哟,姐妹出嫁到远方;只有在寒风中生存哟,只有在冰雪里挣扎哟。"马秀群等唱述,司仙华记录。收入《中国歌谣集成·云南卷》,16开,1页,24行,中国ISBN中心2003年版。

(海涛)

杵棍歌

独龙族生活歌。流传于云南省贡山独龙族怒族自治县独龙族聚居区。独龙族人在生产、生活中,男女老少都离不开一根用硬木做成的杵棍。此歌描述了杵棍在独龙族生产、生活中的各种用处。

歌中唱道："在那从前的岁月里，山高林密路难行，荆棘丛生毒蛇多，蚊子蚂蟥吸人血，豺狼野狗伤人命，没有杵棍寸步难行。"昆秀英等唱述，赵师简记录。收入《中国歌谣集成·云南卷》，16开，1页，30行，中国ISBN中心2003年版。

（海涛）

动物调

独龙族生活歌。流传于云南省贡山独龙族怒族自治县独龙族聚居区。此歌描绘了森林中的各种动物在一起欢聚的场景。歌中唱道："森林百花争芳斗艳，山寨旗幡迎风招展；狂欢的集会已到来，欢聚的节日已降临；林中百鸟来聚会，山中的百禽来欢庆……百鸟从花丛中飞来，百兽从森林中奔来；九天九夜的狂醉，九天九夜的狂舞；山狸摆动长长的尾巴，野牛顶着坚硬的弯角，麂子跳得脸儿红，箐鸡跳得秃了尾。"孔自明等唱述，司仙华记录。收入《中国歌谣集成·云南卷》，16开，1页，32行，中国ISBN中心2003年版。

（海涛）

没有到顶的时候

独龙族生活歌。流传于云南省贡山独龙族怒族自治县独龙族聚居区。此歌反映了独龙族对幸福生活的向往。歌中唱道："江边的冬梧树，是一节节往上长的，有到顶的时候；山上的凤尾竹，是一节节往上长的，有到顶的时候；田里头的甘蔗，是一节节往上长的，有到顶的时候；坡地上的芝麻，是一节节往上长的，有到顶的时候；独龙人的生活，是一天天好起来的，没有到顶的时候。"阿柏唱述，李凡人记录。收入《中国歌谣集成·云南卷》，16开，1页，15行，中国ISBN中心2003年版。

（海涛）

（四）情歌

独龙人的幽情

独龙族情歌。流传于云南省贡山独龙族怒族自治县独龙族聚居区。这是一首男女对唱歌谣，表现了青年男女的互相爱慕、情投意合，以及盟定终身的过程。语句朴实，比喻巧妙，所唱的内容与独龙族的生活环境融为一体。歌中唱道："（男）我看阿妹面纹似朵花，越看越是知心人；我真情真意来相见，阿妹你为何难过又伤心？勤劳善良的阿妹哟，我俩携手来把日子过吧！（女）不停地去寻找幸福源泉，幸福的源泉就是我的阿哥；我已尝遍尝尽辛酸的日子，毒蛇猛兽我也分得清；阿哥你拨动了我的心弦，我愿为阿哥留下白发三千根。"佚名唱述，李文华记录。收入《中国歌谣集成·云南卷》，16开，2页，78行，中国ISBN中心2003年版。

（海涛）

我俩永远相爱

独龙族情歌。流传于云南省贡山独龙族怒族自治县独龙族聚居区。这是一首男女对唱歌谣，内容是一对相互爱慕的男女青年，为了追求婚姻自由，相约逃到远方去寻找幸福的家园。歌中唱道："要我俩永世不分开，要我俩永世不拆散，就要反抗官府的压迫，就要挣断父母的锁链。我俩一块逃吧！我俩一块躲吧！挂着长刀走吧，到那里好去砍火山。带着种子逃吧，到那里好去种庄稼。到那自由的地方，到那幸福的所在。我俩永远相爱，我俩永世愉快。"阿娜唱述，和蕴彩、陆双美记录。收入《中国歌谣集成·云南卷》，16开，3页，97行，中国ISBN中心2003年版。

（海涛）

心中的才荣松

独龙族情歌。流传于云南省贡山独龙族怒族自治

县独龙族聚居区。此歌以第一人称如泣如诉地讲述了旧社会不合理婚姻制度酿成的一个爱情悲剧。歌中唱道："阿妈要我嫁给东家的都里，阿爸叫我嫁给西家的曾孔荣，而他们都不是我心中的恋人，死了也不想嫁给他们。我心中的恋人，是隔村的才荣松，死神都看中了他，为了我，他在雪山上冻死了。如今，孤独我一人，望着波涛汹涌的江水啊，心儿早如浪花般破碎……"佚名唱述，李金明记录。收入《独龙族文学简史》，32开，1页，17行，云南民族出版社2004年版。

（阿南）

普娜尼南

独龙族情歌。流传于云南省贡山独龙族怒族自治县独龙族聚居区。此歌表现了旧时一对恋人，由于恋情遭到双方父母的反对而双双跳江殉情的悲剧。歌中唱道："咱们的父母亲呀，不让人随便活着一生，不让人随便活着一世。我的恋人外出殉情了，我也外出准备殉情去了，把我们当成外出做买卖好了，把我们当是消失好了……"佚名唱述，李金明记录。收入《独龙族文学简史》，32开，3页，49行，云南民族出版社2004年版。

（阿南）

想起心爱的姑娘

独龙族情歌。流传于云南省贡山独龙族怒族自治县独龙族聚居区。此歌反映了独龙族青年男子对爱情的执著和向往。歌中唱道："这不是打猎的季节，我却拿起弩弓山中转；想去见心爱的姑娘，她在林中挖野菜。这不是渔猎的季节，我却拿起渔网江边转；想去见梦中的姑娘，她在江边洗麻晒麻。难得有这样的好运，我们两人见了面；难得有这样的机会，我们两人说了话。如果我俩有缘分，天神已把两瓣编；如果我俩有缘分，地神已把两心连。"董国华唱述，司仙华记录。收入《中国歌谣集成·云南卷》，16开，1页，16行，中国ISBN中心2003年版。

（海涛）

同我心连心的只有一个

独龙族情歌。流传于云南省贡山独龙族怒族自治县独龙族聚居区。此歌反映了独龙族青年男子对爱情的执著和专一。歌中唱道："灿烂的星星虽多，离月亮最近的只一颗；闪银光的雪峰虽多，离蓝天最近的只一座；香甜的桃树虽多，离我家最近的只一棵；芬芳的牡丹花虽多，离我家最近的只一朵；清秀多情的姑娘虽多，同我心连心的只有一个。"佚名唱述，李凡人记录。收入《中国歌谣集成·云南卷》，16开，1页，10行，中国ISBN中心2003年版。

（海涛）

倾吐

独龙族情歌。流传于云南省贡山独龙族怒族自治县独龙族聚居区。此歌反映了独龙族青年男女对爱情的执著与向往。歌中唱道："未落下来的雨滴哟，那是藏在白云心底的秘密；唱给情人的歌哟，倾吐着深藏在心底的秘密。"佚名唱述，陆家瑞记录。收入《独龙族情歌一百首》，36开，1页，4行，云南人民出版社1997年版。

（海涛）

鱼水

独龙族情歌。流传于云南省贡山独龙族怒族自治县独龙族聚居区。此歌反映了独龙族青年男女对爱情的执著与向往。歌中唱道："鱼悄悄地对水说，上去哟，上去，去寻找爱情的源泉。水大声回答鱼说，下来哟，下来，去投入爱情的大海。"佚名唱述，陆家瑞记录。收入《独龙族情歌一百首》，36开，1页，6行，云南人民出版社1997年版。

（海涛）

蔓腊花

独龙族情歌。流传于云南省贡山独龙族怒族自治县独龙族聚居区。此歌中小伙子借物喻人，赞美了心爱的姑娘的美丽，表达了对姑娘的爱慕之情。

歌中唱道："蔓腊花长在深深的山箐里，只要蔓腊花一开放，山箐就显得十分秀丽。姑娘家住在高高的山寨里，竹楼虽然十分破旧，遮不住姑娘一表人才。"佚名唱述，陆家瑞记录。收入《独龙族情歌一百首》，36开，1页，6行，云南人民出版社1997年版。

（海涛）

既然

独龙族情歌。流传于云南省贡山独龙族怒族自治县独龙族聚居区。此歌借物抒情，表现了独龙族青年男女对爱情的渴望。歌中唱道："身子是心灵的奴隶，既然心灵爱上了雪莲花，怎么能害怕高山的风雪？嘴巴是眼睛的奴隶，既然眼睛看上了美丽的姑娘，怎么能不唱赞美的歌呢？"佚名唱述，陆家瑞记录。收入《独龙族情歌一百首》，36开，1页，6行，云南人民出版社1997年版。

（海涛）

心中

独龙族情歌。流传于云南省贡山独龙族怒族自治县独龙族聚居区。此歌表现了小伙子与情人相会时的喜悦心情。歌中唱道："茶花含苞半开半放，鼻底闻到一股幽香；阿妹身披五彩麻毯，心中升起一道彩虹。布谷高声低声鸣叫，耳边响起一串金铃；阿妹微笑向我走来，心中流进一股清泉。"佚名唱述，陆家瑞记录。收入《独龙族情歌一百首》，36开，1页，8行，云南人民出版社1997年版。

（海涛）

敲响

独龙族情歌。流传于云南省贡山独龙族怒族自治县独龙族聚居区。此歌是剽牛集会上，姑娘向心爱的小伙子吐露爱慕之情时唱的。姑娘在歌中大胆热烈地唱道："草坝上的铓锣已经敲响，年轻的白鹤哟，快张开你银色的双翅，长刀就是你银色的翅膀。跳锅庄舞的时节到了，年轻的猎人哟，快放开你洪亮的歌喉，让你的歌声像泉水一样流淌。"佚名唱述，陆家瑞记录。收入《独龙族情歌一百首》，36开，1页，8行，云南人民出版社1997年版。

（海涛）

你是

独龙族情歌。流传于云南省贡山独龙族怒族自治县独龙族聚居区。此歌中小伙子向恋人表达了自己对爱情的忠贞。歌中唱道："我是一座青山，你是一朵依恋青山的白云。我虽然没有雪山的雄伟，千年不改我的青色。你虽然没有彩霞绚丽，我却喜欢你永远的洁白。"佚名唱述，陆家瑞记录。收入《独龙族情歌一百首》，36开，1页，6行，云南人民出版社1997年版。

（海涛）

不管

独龙族情歌。流传于云南省贡山独龙族怒族自治县独龙族聚居区。此歌以物喻人，表现了独龙族小伙子对心上人的爱慕和思念之情。歌中唱道："不管你阿爸怎么说，不管你阿妈怎么想，你这可爱的小金鱼哟，游进了我家的渡口。不管你阿爸怎么说，不管你阿妈怎么想，你这美丽的小金鹿哟，走进了我家的猎场。不管你阿爸怎么说，不管你阿妈怎么想，你是我心里黑夜的月亮，你是我心中冬天的太阳。"佚名唱述，陆家瑞记录。收入《独龙族情歌一百首》，36开，1页，12行，云南人民出版社1997年版。

（海涛）

怨我

独龙族情歌。流传于云南省贡山独龙族怒族自治县独龙族聚居区。此歌反映了独龙族青年男子对心爱的姑娘的相思之苦。歌中唱道："在弯弯的独龙江边，小金鱼向我吐露心事；怨我的面皮太薄太浅，不敢和她细细攀谈。在高高的雪山脚下，小金鹿向我吐露情感；怨我的胆子太小太怯，不敢和她慢慢攀谈。"佚名唱述，陆家瑞记录。收入《独龙族情歌一百首》，36开，1页，12行，云南人民出版社1997年版。

（海涛）

假如

独龙族情歌。流传于云南省贡山独龙族怒族自治县独龙族聚居区。此歌表现了独龙族女子盼望着在一年一度的"卡雀哇"节会上与心爱的猎人哥哥相会的急迫心情。歌中唱道："秀哇丹寨的'告克拉'哟，假如你不鸣叫，我还不知道花开月已到。丙丹寨的'夏公马巩'哟，假如你不鸣叫，我还不知道砍火山月已到。曾卡哇寨的'崩得鲁嘟'哟，假如你不鸣叫，我还不知道播种月已到。孔丹寨的猎人哥哥哟，假如不敲响过卡雀哇的铓锣，我还不知道相会的日子已到。"佚名唱述，陆家瑞记录。收入《独龙族情歌一百首》，36开，1页，12行，云南人民出版社1997年版。

（海涛）

可以

独龙族情歌。流传于云南省贡山独龙族怒族自治县独龙族聚居区。此歌反映了独龙族青年男女对爱情的执著和向往。歌中唱道："相隔一条山箐怕什么，我有一把金色的弩弓；这弩弓哟，可以搭一座相会的金桥。相隔一条江水怕什么，你有一根银色的麻线；那麻线哟，可以扯一座相会的银桥。"佚名唱述，陆家瑞记录。收入《独龙族情歌一百首》，36开，1页，8行，云南人民出版社1997年版。

（海涛）

猜不透

独龙族情歌。流传于云南省贡山独龙族怒族自治县独龙族聚居区。此歌表现了独龙族小伙子因为猜不透姑娘的心思而惴惴不安的心情。歌中唱道："姑娘送我一根圆圆的竹筒，猜不透筒里装的是蜂蜜，还是醉人的水酒？姑娘送我一张五彩的约夺，猜不透是对我怜悯，还是真心地爱我？"佚名唱述，陆家瑞记录。收入《独龙族情歌一百首》，36开，1页，6行，云南人民出版社1997年版。

（海涛）

山泉

独龙族情歌。流传于云南省贡山独龙族怒族自治县独龙族聚居区。此歌唱出了年轻男子对心爱的姑娘的相思之苦及对爱情的渴望。歌中唱道："山茶花树下，有一眼洁净的山泉；麋鹿什么时候才有福气，喝一口这甜甜的泉水。"佚名唱述，陆家瑞记录。收入《独龙族情歌一百首》，36开，1页，4行，云南人民出版社1997年版。

（海涛）

当你

独龙族情歌。流传于云南省贡山独龙族怒族自治县独龙族聚居区。此歌中姑娘借形象的比喻，对追求者是否真心进行了试探。歌中唱道："丙丹寨的猎人阿哥，两眼盯着美丽的山雀；当你射出驽箭的时候，你的手和眼商量过么？丙丹寨的猎人阿哥，莫躲在树后逗我；当你唱'玛珠'的时候，你的口和心商量过么？"佚名唱述，陆家瑞记录。收入《独龙族情歌一百首》，36开，1页，8行，云南人民出版社1997年版。

（海涛）

早已

独龙族情歌。流传于云南省贡山独龙族怒族自治县独龙族聚居区。此歌借物抒情，表达了姑娘对追求者的应允和邀请。歌中唱道："想进山采笋子么？不要老盯着竹梢的小鸟；聪明的哥哥不要问了，阿妈早已煮好待客的水酒。想下独龙江捉鱼么？不要老盯着河边的石头；聪明的哥哥不要问了，阿妈早已煮好待客的水酒。想过岭采木耳么？不要老盯着树上的叶片；聪明的哥哥不要问了，阿妈早已煮好待客的水酒。"佚名唱述，陆家瑞记录。收入《独龙族情歌一百首》，36开，1页，12行，云南人民出版社1997年版。

（海涛）

可惜

独龙族情歌。流传于云南省贡山独龙族怒族自治县独龙族聚居区。此歌借物抒情，表达了年轻男子对所仰慕的姑娘的试探。歌中唱道："面对芬芳的茶花哟，采花人虽然两手空空，想问问山茶花的心意，可惜不会唱布谷鸟的歌。"佚名唱述，陆家瑞记录。收入《独龙族情歌一百首》，36开，1页，4行，云南人民出版社1997年版。

（海涛）

碰击

独龙族情歌。流传于云南省贡山独龙族怒族自治县独龙族聚居区。此歌借物抒情，赞美了真挚的爱情。歌中唱道："火镰碰击火石的时候，会发出耀眼的火花；心碰击着心的时候，会发出什么样的火花？锣锤碰击着铓锣的时候，会响起悠扬的锣声；心碰击心的时候，会发出什么样的声音？"佚名唱述，陆家瑞记录。收入《独龙族情歌一百首》，36开，1页，8行，云南人民出版社1997年版。

（海涛）

采摘

独龙族情歌。流传于云南省贡山独龙族怒族自治县独龙族聚居区。此歌表现了相恋的独龙族青年男女相会时的喜悦及对爱情的追求。歌中唱道："我俩一前一后，走进斯纳洛深深的山谷；对人说我们去采笋子，阿妹哟，我们要采摘什么？我俩一前一后，走出斯纳洛深深的山谷；采到的笋子不满竹筐，阿妹哟，心里装得满满的是什么？我俩一前一后，爬上斯纳洛高高的山坡；对人说我们去采竹叶菜，阿妹哟，我们还要采摘什么？我俩一前一后，走下斯纳洛深深的山坡；采到的竹叶菜不满竹筐，阿妹哟，心里采摘到的是什么？"佚名唱述，陆家瑞记录。收入《独龙族情歌一百首》，36开，1页，18行，云南人民出版社1997年版。

（海涛）

山雉

独龙族情歌。流传于云南省贡山独龙族怒族自治县独龙族聚居区。此歌中姑娘借物抒情，委婉地表达了对爱情的渴望。歌中唱道："山雉唱给砍柴人，那首动听的歌哟——是悄悄地向锦鸡学的；迪兰丹阿恰哟——你唱给猎人的玛珠，可是自己心里长大的？"佚名唱述，陆家瑞记录。收入《独龙族情歌一百首》，36开，1页，6行，云南人民出版社1997年版。

（海涛）

能否

独龙族情歌。流传于云南省贡山独龙族怒族自治县独龙族聚居区。此歌表现了独龙族小伙子对爱情的执著和向往。歌中唱道："阿爸和阿妈种下的翠竹，阿妹哟，你瞧瞧，年年都长出嫩嫩的笋子。我和阿妹种下的桃树，阿妹哟，你说说，能否结出甜甜的桃子？"佚名唱述，陆家瑞记录。收入《独龙族情歌一百首》，36开，1页，6行，云南人民出版社1997年版。

（海涛）

我是

独龙族情歌。流传于云南省贡山独龙族怒族自治县独龙族聚居区。此歌中小伙子借物抒情，试探自己爱慕的姑娘的感情。歌中唱道："一树披彩的山茶花哟，我是一只远道飞来的金蜂，能否让我在花前落一落？清泉旁汲水的姑娘哟，我是过路的撵山猎人，能否给我一碗热茶解渴？"佚名唱述，陆家瑞记录。收入《独龙族情歌一百首》，36开，1页，6行，云南人民出版社1997年版。

（海涛）

若问

独龙族情歌。流传于云南省贡山独龙族怒族自治县独龙族聚居区。此歌中年轻的猎人自信而真诚地向心爱的姑娘展示自己。歌中唱道："要知鱼的性情，去问江边的打鱼人；若问我的本领，请看看我弩弓头上的血痕。要知鸟的歌声，去问山中的砍柴人；若问我的心胸，请看看广阔的大海。"佚名唱述，陆家瑞记录。收入《独龙族情歌一百首》，36开，1页，8行，云南人民出版社1997年版。

（海涛）

叫我

独龙族情歌。流传于云南省贡山独龙族怒族自治县独龙族聚居区。此歌中姑娘借物抒情，描述了自己面对小伙子的追求时，略带羞涩、紧张，又不乏甜蜜的忐忑不安的心情。歌中唱道："一夜酿不出一坛水酒，一天搭不起一座藤桥；刚刚相识就说相爱，性急的阿哥哟，叫我怎么回答才好？一夜织不完一张约斗，一天长不成一树蜜桃；刚刚相爱就要成亲，性急的阿哥哟，叫我怎么回答才好？"佚名唱述，陆家瑞记录。收入《独龙族情歌一百首》，36开，1页，10行，云南人民出版社1997年版。

（海涛）

那是

独龙族情歌。流传于云南省贡山独龙族怒族自治县独龙族聚居区。歌谣以物拟人，借物抒情，表现了独龙族小伙子对心上人的爱慕和相思之苦。歌中唱道："村头的山荔枝树绿了，那是春天来了的缘故；一见到你我就心跳，阿妹哟，这是什么缘故？园边的桃树开花了，那是布谷鸟叫的缘故；不见你时心中想你，阿妹哟，这是什么缘故？竹林里的笋子冒出来了，那是雨水降临的缘故；夜夜梦中和你在一起，阿妹哟，这是什么缘故？"佚名唱述，陆家瑞记录。收入《独龙族情歌一百首》，36开，1页，12行，云南人民出版社1997年版。

（海涛）

甜到

独龙族情歌。流传于云南省贡山独龙族怒族自治县独龙族聚居区。此歌借物抒情，表现了独龙族小伙子对心上人的爱慕和思念之情。歌中唱道："你阿爸是养蜂的吧，你可是吃蜂蜜长大？阿妹轻轻的笑声哟，甜到我的心坎上。"佚名唱述，陆家瑞记录。收入《独龙族情歌一百首》，36开，1页，8行，云南人民出版社1997年版。

（海涛）

刚刚

独龙族情歌。流传于云南省贡山独龙族怒族自治县独龙族聚居区。此歌表现了姑娘对喜爱自己的小伙子的试探，很好地将姑娘内心深处炽烈而略带羞涩与担心的情感展现了出来。歌中唱道："桃花开月哟，去狩猎是不是太早太早？刚刚见面的猎人哥哥哟，知心话是不是说得太早太早？没有见到野兽的脚印，扣子是不是下得太早太早？刚刚认识的猎人哥哥，誓言是不是发得太早太早？"佚名唱述，陆家瑞记录。收入《独龙族情歌一百首》，36开，1页，8行，云南人民出版社1997年版。

（海涛）

一对对

独龙族情歌。流传于云南省贡山独龙族怒族自治县独龙族聚居区。此歌借物抒情，反映了年轻猎人对爱情的执著和追求。歌中唱道："天上飞过一群白鹤，一对对翅膀挨翅膀；看看白鹤吧，阿妹，那是白鹤的爱情。山顶跑过一群梅花鹿；看看梅花鹿吧，阿妹，那是梅花鹿的爱情。河里游过一群金鱼，一对对尾鳍挨尾鳍；看看金鱼吧，阿妹，那是金鱼的爱情。山路上走过一群青年，只有我俩的脚印挨着脚印；你说说哟，阿妹，这是不是我们的爱情？"佚名唱述，陆家瑞记录。收入《独龙族情歌一百首》，36开，1页，16行，云南人民出版社1997年版。

（海涛）

缺

独龙族情歌。流传于云南省贡山独龙族怒族自治县独龙族聚居区。此歌中年轻猎人以恳求的语气，表达了对心爱的姑娘的炽热情感。歌中唱道："我有一张岩桑弩弓，就缺一根牢牢的弩绳；最会织麻搓绳线的姑娘哟，送给我一根弩绳行不行？我有一捧鲜艳的珠子，就缺一绺串珠子的彩线；藏有五色彩线的姑娘哟，送我一绺彩线能不能？我有一位慈祥的阿妈，就缺一位暖心的阿妹；性情温和的姑娘哟，做我知心的阿妹成不成？"佚名唱述，陆家瑞记录。收入《独龙族情歌一百首》，36开，1页，12行，云南人民出版社1997年版。

（海涛）

不

独龙族情歌。流传于云南省贡山独龙族怒族自治县独龙族聚居区。此歌以物拟人，表现了姑娘对心上人的爱慕与赞赏。歌中唱道："在高高的山崖上，有一棵挺拔的云杉；不，那不是挺拔的云杉，那是猎人阿哥魁伟的身影。在高高的山顶上，有一颗耀眼的星星；不，那不是耀眼的星星，那是猎人阿哥明亮的眼睛。"佚名唱述，陆家瑞记录。收入《独龙族情歌一百首》，36开，1页，8行，云南人民出版社1997年版。

（海涛）

路

独龙族情歌。流传于云南省贡山独龙族怒族自治县独龙族聚居区。此歌借物抒情，表现了年轻猎人对爱情的执著与渴望。歌中唱道："从江头到江尾的路，虽然很长很长，再长的路，我已走完。从山脚到山顶的路，虽然又陡又弯，再难走的路，我已走完。通到你心里的路哟，说不清是弯是直，是长是短？阿妹哟，什么时候才能走完？"佚名唱述，陆家瑞记录。收入《独龙族情歌一百首》，36开，1页，9行，云南人民出版社1997年版。

（海涛）

何妨

独龙族情歌。流传于云南省贡山独龙族怒族自治县独龙族聚居区。独龙族女子在表达爱情时，似乎比男子更大胆、直爽、热烈。这首歌中，唱歌的姑娘就毫不隐瞒心中的秘密，直白地表达了对爱情的向往。歌中唱道："我在江这边拣水冲柴，江那边的阿哥，别装数江中的石头；你有什么心事哟，何妨隔江唱上一曲。我在坡这面采竹笋，坡那面的阿哥，别装听小鸟唱歌；你有什么心事呀，何妨隔江唱上一首。"佚名唱述，陆家瑞记录。收入《独龙族情歌一百首》，36开，1页，10行，云南人民出版社1997年版。

（海涛）

寻找

独龙族情歌。流传于云南省贡山独龙族怒族自治县独龙族聚居区。此歌借物抒情，表现了年轻猎人对真挚爱情的渴望。歌中唱道："普卡哇的山坡上，长满了栗树和橡树，远看去是一片绿茵茵的山林，找一根称心的刀把可真难。斯纳洛的山箐里，堆满了大大小小的石头，远看是一条平展展的山箐，找一块播种的地却真难。秀汪丹的寨子里，姑娘像天上的星星一样，看来个个都美丽，找一个知心的却真难。"佚名唱述，陆家瑞记录。收入《独龙族情歌一百首》，36开，1页，12行，云南人民出版社1997年版。

（海涛）

希望

独龙族情歌。流传于云南省贡山独龙族怒族自治县独龙族聚居区。此歌借物抒情,反映了独龙族青年男女对美好爱情的向往。歌中唱道:"播下金色的种子,希望长出绿绿的苗子;播下爱情的种子,希望结出甜甜的果子。"佚名唱述,陆家瑞记录。收入《独龙族情歌一百首》,36开,1页,4行,云南人民出版社1997年版。

(海涛)

太难

独龙族情歌。流传于云南省贡山独龙族怒族自治县独龙族聚居区。此歌借物抒情,反映了独龙族小伙子对真挚、美好的爱情的追求与渴望。歌中唱道:"开垦一块水冬瓜的地哟,不怎么困难,找一个种小米的伴侣却太难太难;种一园黄麻哟,不怎么困难,找一个会织麻布的姑娘却太难太难。造个蜂筒哟,不怎么困难,捉一个聚合蜂子的蜂王却太难太难;盖一间竹楼哟,不怎么困难,找一位会当家姑娘却太难太难。"佚名唱述,陆家瑞记录。收入《独龙族情歌一百首》,36开,1页,8行,云南人民出版社1997年版。

(海涛)

难道

独龙族情歌。流传于云南省贡山独龙族怒族自治县独龙族聚居区。此歌中女子以一连串的问句,直爽、热烈地表达了对心爱的猎人的真挚情感。歌中唱道:"猎人追赶奔逃的岩羊,翻过三座山,穿过三条箐;请问猎人哥哥,为什么不在我家竹楼前停停,难道你不想喝一碗浓浓的盐茶?猎人追赶奔逃的黑熊,翻过六架山,穿过六条箐;请问猎人哥哥,为什么不在我家竹楼前停停,难道你不想喝一碗甜香的水酒?"佚名唱述,李凡人记录。收入《独龙族情歌一百首》,36开,1页,20行,云南人民出版社1997年版。

(海涛)

真的

独龙族情歌。流传于云南省贡山独龙族怒族自治县独龙族聚居区。此歌中小伙子以深挚、恳切的语句,表达了对心上人深深的爱慕和相思之苦。歌中唱道:"你住的寨边树下,我等哟,等不着你;阿妹,你失约一次,真的,我恨了你三回。我住的寨头溪旁,听人说是你病了;阿妹,听人提你一次,真的,我就想你九回。"佚名唱述,陆家瑞记录。收入《独龙族情歌一百首》,36开,1页,8行,云南人民出版社1997年版。

(海涛)

痕迹

独龙族情歌。流传于云南省贡山独龙族怒族自治县独龙族聚居区。此歌借物抒情,反映了独龙族青年男女思念心爱之人时的愁苦心境。歌中唱道:"山岩上的苔痕,是泉水流过的痕迹;眼角上的皱纹,是泪水流过的痕迹;心坎上的伤疤,是思念你时留下的痕迹。"佚名唱述,陆家瑞记录。收入《独龙族情歌一百首》,36开,1页,8行,云南人民出版社1997年版。

(海涛)

在那

独龙族情歌。流传于云南省贡山独龙族怒族自治县独龙族聚居区。此歌中小伙子赞美了心爱的姑娘的勤劳、美丽,并表达了对她的爱慕之情。歌中唱道:"美丽温柔的阿妹哟,你到江边背过水吧?在那清澈的江水里,我见到你苗条的身影。美丽温柔的姑娘哟,你到山箐里采过花吧?在那晶莹的花露里,我寻找到你多情的笑脸。"佚名唱述,陆家瑞记录。收入《独龙族情歌一百首》,36开,1页,8行,云南人民出版社1997年版。

(海涛)

没有

独龙族情歌。流传于云南省贡山独龙族怒族自治

县独龙族聚居区。这首歌爽朗、热烈，反映了独龙族姑娘对爱情的执著。歌中唱道："没有吃到你采来的蜜，不小心吃下了相思的虫；憨厚的捕蜂人哟，既然诚心地播下了种子，为什么又不来收获？没有吃到你捎来的乳蜂，不小心吃下了相思的虫；憨厚的捕蜂人哟，既然诚心地说下要成一家，为什么却又不派人送来求婚的水酒？"佚名唱述，陆家瑞记录。收入《独龙族情歌一百首》，36开，1页，10行，云南人民出版社1997年版。

（海涛）

忧伤

独龙族情歌。流传于云南省贡山独龙族怒族自治县独龙族聚居区。这是一首失恋者唱的歌谣，没有更多地交代失恋的原委，而是借物抒情，把失恋后的忧伤真切地表达了出来。歌中唱道："留不住天边的那颗星，落到青山那边去了，草坝上留下孤独的犀牛，忧伤地望着月亮。"佚名唱述，陆家瑞记录。收入《独龙族情歌一百首》，36开，1页，4行，云南人民出版社1997年版。

（海涛）

徘徊

独龙族情歌。流传于云南省贡山独龙族怒族自治县独龙族聚居区。此歌借物抒情，表现了小伙子对心爱的姑娘的相思之苦。歌中唱道："草儿青青的溪头旁，那成双成对的脚印，是去饮水的梅花鹿，欢快的时候留下来的。阿妹家的竹楼前，那孤孤单单的脚印，是我思念多情的阿妹，徘徊的时候留下来的。"佚名唱述，陆家瑞记录。收入《独龙族情歌一百首》，36开，1页，8行，云南人民出版社1997年版。

（海涛）

哪天

独龙族情歌。流传于云南省贡山独龙族怒族自治县独龙族聚居区。此歌借物抒情，很好地将年轻男子内心深处炽烈而略带几分羞涩的对爱情的渴望表达出来。歌中唱道："茶花开在山崖上，麂鹿来到山崖下，隔一垛崖壁麂鹿想：哪天歇脚茶花下，日夜闻着茶花香。我在这边撒苦荞，妹在那边撒甜荞，隔一层竹叶把妹瞧：哪天和妹成一家，苦荞地上撒甜荞。"佚名唱述，陆家瑞记录。收入《独龙族情歌一百首》，36开，1页，10行，云南人民出版社1997年版。

（海涛）

一旦

独龙族情歌。流传于云南省贡山独龙族怒族自治县独龙族聚居区。此歌借物抒情，赞美了情侣之间坚贞的爱情。歌中唱道："姑娘的心像麻线，那么柔韧又那么绵缠；小伙子的心一旦被麻线拴住，金刀银斧也无法把线砍断。小伙的心像弩箭，那么标直又那么锐坚；姑娘的心一旦被弩箭射中，珍禽异兽也无法把弩箭诱唤。"佚名唱述，陆家瑞记录。收入《独龙族情歌一百首》，36开，1页，8行，云南人民出版社1997年版。

（海涛）

少了

独龙族情歌。流传于云南省贡山独龙族怒族自治县独龙族聚居区。此歌借物抒情，表现了旧社会一个独龙族小伙子在心爱的姑娘被豪强夺走后的悲伤心情。歌中唱道："可恶的水獭，叼走了美丽的小花鱼，在弯弯的独龙江里哟，少了个多情的鱼妹妹，丢下个伤情的鱼哥哥；可恶的千总，抢走了美丽的枯洛·杜娜，在采笋子的竹林里哟，少了个多情的小妹妹，丢下个伤情的小哥哥。"佚名唱述，陆家瑞记录。收入《独龙族情歌一百首》，36开，1页，10行，云南人民出版社1997年版。

（海涛）

每天

独龙族情歌。流传于云南省贡山独龙族怒族自治

县独龙族聚居区。此歌直白地表现了独龙族小伙子对心上人的相思之情。歌中唱道："我每天走过你的木楼前，拿着渔具去江边捉鱼；鱼呀，捉到捉不到我不在意，只要能看一眼你多情的笑脸。"佚名唱述，陆家瑞记录。收入《独龙族情歌一百首》，36开，1页，4行，云南人民出版社1997年版。

（海涛）

在异乡

独龙族情歌。流传于云南省贡山独龙族怒族自治县独龙族聚居区。此歌表现了流落异乡的小伙子对心爱的姑娘的思念之情。歌中唱道："在故乡的小溪边上，吃过姑娘送的蜜桃；在异乡一见桃花开放，就想起送桃子的姑娘。"佚名唱述，陆家瑞记录。收入《独龙族情歌一百首》，36开，1页，4行，云南人民出版社1997年版。

（海涛）

可曾

独龙族情歌。流传于云南省贡山独龙族怒族自治县独龙族聚居区。此歌表现了小伙子对心爱的姑娘的思念之情。歌中唱道："我站在高高的高黎贡山山顶，'阿妹、阿妹！'地大叫三声；是不是阿妹没有听见？怎么没有一丝'啊——'的声音。"佚名唱述，陆家瑞记录。收入《独龙族情歌一百首》，36开，1页，6行，云南人民出版社1997年版。

（海涛）

如今

独龙族情歌。流传于云南省贡山独龙族怒族自治县独龙族聚居区。此歌表达了小伙子睹物思人，对心爱的姑娘的思念之情。歌中唱道："在清清的溪水旁边，我们曾轻轻地唱到三更；如今一听到溪水潺潺，就想起妹妹缠绵的歌声。在绿绿的竹林里，我们曾悄悄地互表衷情；如今一看到翠绿的竹子，就想起妹妹苗条的身影。在芬芳的蔓腊花树下，我们曾指着心儿发誓；如今一闻到花的香味，就忘不了妹妹的脉脉温情。"佚名唱述，陆家瑞记录。收入《独龙族情歌一百首》，36开，1页，12行，云南人民出版社1997年版。

（海涛）

穿透

独龙族情歌。流传于云南省贡山独龙族怒族自治县独龙族聚居区。此歌表现了猎人对心爱的姑娘的热情赞美和对爱情的向往。歌中唱道："姑娘那多情的双眼，像两张弯弯的弩弓，射出一支支看不见的利箭，穿透了猎人热腾腾的心胸。"佚名唱述，陆家瑞记录。收入《独龙族情歌一百首》，36开，1页，4行，云南人民出版社1997年版。

（海涛）

曾托

独龙族情歌。流传于云南省贡山独龙族怒族自治县独龙族聚居区。此歌以物拟人，表现了姑娘对相恋中的小伙子的相思之情。歌中唱道："曾托往下流的江水，给住在江尾的打鱼哥哥，捎去了一句心里话；往上游来的鱼儿哟，可带来了阿哥的回音？曾托往上吹的山风，给住在山上的猎人哥哥，捎去了一句心里话；往下飞的'夏公马巩'哟，可带来了阿哥的回音。"佚名唱述，陆家瑞记录。收入《独龙族情歌一百首》，36开，1页，10行，云南人民出版社1997年版。

（海涛）

线

独龙族情歌。流传于云南省贡山独龙族怒族自治县独龙族聚居区。此歌反映了独龙族姑娘对爱情的向往。歌中唱道："姑娘在大青树下织麻布，手中的线结成疙瘩一团；不是线和线纠缠不开哟，是姑娘的心思被鸟儿搅乱。"佚名唱述，陆家瑞记录。收入《独龙族情歌一百首》，36开，1页，4行，云南人民出版社1997年版。

（海涛）

也许

独龙族情歌。流传于云南省贡山独龙族怒族自治县独龙族聚居区。此歌中姑娘劝慰失恋的小伙子，同时暗示了自己对小伙子的爱慕之情。歌中唱道："山风带来了你忧郁的曲，山泉带来了你孤独的歌，我劝猎人不要过分悲伤，既然山箐里留下报信的蹄印，顺着蹄印也许能找到心爱的麂鹿。山风带来了你忧郁的曲，山泉带来了你孤独的歌，我劝捕蜂人不要过分忧伤，既然蜂腰上已拴好报信的草屑，盯住草屑也许能找到蜜甜的蜂窝。"佚名唱述，陆家瑞记录。收入《独龙族情歌一百首》，36开，1页，10行，云南人民出版社1997年版。

（海涛）

知心

独龙族情歌。流传于云南省贡山独龙族怒族自治县独龙族聚居区。此歌以物抒情，表现了年轻男子对真挚爱情的渴望。歌中唱道："射出一支弩箭比较容易，射准哟，比射出难得多；相识一个姑娘比较容易，相知哟，比相识难得多。寻找一窝岩蜂比较容易，采到蜂蜜，比寻找难得多；知道一个姑娘比较容易，知心哟，比知道难得多。"佚名唱述，陆家瑞记录。收入《独龙族情歌一百首》，36开，1页，8行，云南人民出版社1997年版。

（海涛）

不妨

独龙族情歌。流传于云南省贡山独龙族怒族自治县独龙族聚居区。此歌反映了独龙族青年男女对爱情的执著和向往。歌中唱道："高傲的杜鹃长在高山之顶，多情的翠竹却满山满岭；不妨挖一蓬翠竹种在房前，夏天可以采摘嫩嫩的笋子。"佚名唱述，陆家瑞记录。收入《独龙族情歌一百首》，36开，1页，4行，云南人民出版社1997年版。

（海涛）

岂不

独龙族情歌。流传于云南省贡山独龙族怒族自治县独龙族聚居区。这首歌告诫小伙子对待爱情要有冷静的头脑。歌中唱道："不要一见树枝摇动，就忙着射出你的弩箭；若是山风摇动树枝，岂不白白费了你的弩箭。不要一见姑娘露出笑脸，就忙着上前去献殷勤；若是姑娘别有心思，岂不白白费了你的精神。"佚名唱述，陆家瑞记录。收入《独龙族情歌一百首》，36开，1页，8行，云南人民出版社1997年版。

（海涛）

文面

独龙族情歌。流传于云南省贡山独龙族怒族自治县独龙族聚居区。独龙族妇女有文面的习俗。歌中小伙子赞美了文面女子的美丽，并表达了对她的爱慕之情。歌中唱道："山雀飞来向我报信：'杜洛堂'进了你家的竹楼。知道是来给你'巴杜洛'，唯愿'杜洛堂'知道我的心意，他刺的花纹哟，和我想的一样该多么好！山雀飞来向我报信，说你背着去汲水的竹筒。知道你比以前更加美丽，躲在溪边往水里偷看，你脸上的花纹哟，和我想的一样好。"佚名唱述，陆家瑞记录。收入《独龙族情歌一百首》，36开，1页，12行，云南人民出版社1997年版。

（海涛）

不如

独龙族情歌。流传于云南省贡山独龙族怒族自治县独龙族聚居区。此歌借物抒情，反映了独龙族年轻男子对爱情的执著和向往。歌中唱道："去淘金有什么好？恩梅开江没有亲友；不如在高黎贡山挖黄连，向姑娘唱一曲玛珠哟，吐吐心中的忧愁。去挖玉石有什么好？坎底坝里没有亲友；不如在高黎贡山挖贝母，向姑娘唱一曲玛珠哟，解解心中的苦愁。"佚名唱述，陆家瑞记录。收入《独龙族情歌一百首》，36开，1页，10行，云南人民出版社1997年版。

（海涛）

因为

独龙族情歌。流传于云南省贡山独龙族怒族自治县独龙族聚居区。此歌借物抒情，表现了独龙族年轻男子对相恋的姑娘的思念之情。歌中唱道："丁格山上虽然没有神仙，但我每年都要朝山一回，因为山上有一眼润喉的清泉。白丽寨子里虽然没有鲜花，但我每天都遥望一眼，因为我心中的姑娘住在那边。"佚名唱述，陆家瑞记录。收入《独龙族情歌一百首》，36开，1页，6行，云南人民出版社1997年版。

（海涛）

隔

独龙族情歌。流传于云南省贡山独龙族怒族自治县独龙族聚居区。此歌借物抒情，表达了独龙族小伙子对心爱的姑娘真挚的感情。歌中唱道："只要我俩同心合意，阿妹哟，隔一条江有什么忧愁？我去恩梅开江淘金三年，回来搭一座相会的金桥。只要我俩同心合意，阿妹哟，隔一条山又怕什么？我去坎底坝挖玉石三年，回来铺一条相会的玉路。"佚名唱述，陆家瑞记录。收入《独龙族情歌一百首》，36开，1页，10行，云南人民出版社1997年版。

（海涛）

趁

独龙族情歌。流传于云南省贡山独龙族怒族自治县独龙族聚居区。此歌中姑娘大胆、直率地向暗恋她的小伙子发出邀请。歌中唱道："嗡嗡鸣叫的小蜂哟，你若有心采蜜的话，趁花儿未凋谢的时候。常常偷瞧我的小哥，你若真的有情有意，趁阿妹未许婆家的时候。"佚名唱述，陆家瑞记录。收入《独龙族情歌一百首》，36开，1页，6行，云南人民出版社1997年版。

（海涛）

去问

独龙族情歌。流传于云南省贡山独龙族怒族自治县独龙族聚居区。此歌中姑娘劝告即将背离她的男子，要他遵守自己立下的誓言，忠于爱情。歌中唱道："我们在树林里唱过的歌，被虫子写在树叶上；要想反悔哟，阿哥，去问问写字的虫子。我们在江边说过的话，被沙虫刻在石头上，要想抛弃我哟，阿哥，去问问刻字的沙虫。"佚名唱述，陆家瑞记录。收入《独龙族情歌一百首》，36开，1页，8行，云南人民出版社1997年版。

（海涛）

竹林

独龙族情歌。流传于云南省贡山独龙族怒族自治县独龙族聚居区。此歌借物抒情，表达了独龙族青年男女相会时的喜悦及对爱情的渴望。歌中唱道："山泉流向江河，燕子飞向山崖，江河是山泉相会的地方，山崖是燕子垒窝的地方。麋鹿依恋山峦，青年人爱钻竹林，山峦是麋鹿栖歇的地方，竹林是年轻人采'笋子'的地方。"佚名唱述，陆家瑞记录。收入《独龙族情歌一百首》，36开，1页，8行，云南人民出版社1997年版。

（海涛）

一起

独龙族情歌。流传于云南省贡山独龙族怒族自治县独龙族聚居区。此歌表现了一位青年男子对心爱的姑娘真挚的感情。歌中唱道："蓝天和大地相隔很远很远，是白云把它们连在一起；雪山和大海相隔很远很远，是奔腾的江河把它们连在一起；

这山和那山相隔很远很远，是七色彩虹把它们连在一起；我和阿妹相隔很远很远，是深深的爱慕把我们连在一起。"佚名唱述，陆家瑞记录。收入《独龙族情歌一百首》，36开，1页，8行，云南人民出版社1997年版。

（海涛）

刻纹

独龙族情歌。流传于云南省贡山独龙族怒族自治县独龙族聚居区。这首歌表现了一对恋人盟定终身的场景。歌中唱道："找一根高山顶上的云杉，刻下三道深深的刻纹；对着天地和日月，刻下我们忠贞的爱情。山不能把我们分开，水不能把我们分开，就是全能的天鬼，要想分开我们也万不能。你把'刻木'缝在衣襟里，我把'刻木'藏在箭包里；假若'刻木'被火烧了，木炭上也会有三道深深的刻纹。"佚名唱述，陆家瑞记录。收入《独龙族情歌一百首》，36开，1页，12行，云南人民出版社1997年版。

（海涛）

心里

独龙族情歌。流传于云南省贡山独龙族怒族自治县独龙族聚居区。这首歌表现了一位独龙族姑娘对心爱的年轻猎人的思念之情。歌中唱道："年纪已老的阿爸哟，嘴里离不开竹节子烟锅；头发花白的阿妈哟，手里离不开织麻的木梭。少年英俊的猎人哟，腰间离不开锋利的长刀；年纪轻轻的我哟，心里离不开情意深长的阿哥。"佚名唱述，陆家瑞记录。收入《独龙族情歌一百首》，36开，1页，8行，云南人民出版社1997年版。

（海涛）

变

独龙族情歌。流传于云南省贡山独龙族怒族自治县独龙族聚居区。此歌中姑娘以丰富的想象，表达了对相恋的小伙子的思慕与怜爱。歌中唱道："阿哥上山去挖贝母，我愿变成一朵白云；阿哥上山去挖黄连，我愿变成一眼山泉。当阿哥热了的时候，白云会替你遮阴；当阿哥累了的时候，可掬一捧清澈的泉水。"佚名唱述，陆家瑞记录。收入《独龙族情歌一百首》，36开，1页，8行，云南人民出版社1997年版。

（海涛）

绝不

独龙族情歌。流传于云南省贡山独龙族怒族自治县独龙族聚居区。此歌借物喻人，表现了小伙子对爱情的专一。歌中唱道："走近盛开的杜鹃花丛，杜鹃花哟，一枝比一枝美丽；只想采摘心爱的一枝，其余的哟，绝不攀折。爬上果实累累的桃树，红桃绿桃哟，一个比一个中看；只想摘取心爱的一个，其余的哟，绝不贪求。遇到一群美丽的姑娘，姑娘们哟，一个比一个温柔；只想和心爱的一个攀谈，其余的哟，绝不沾惹。"佚名唱述，陆家瑞记录。收入《独龙族情歌一百首》，36开，1页，15行，云南人民出版社1997年版。

（海涛）

为她

独龙族情歌。流传于云南省贡山独龙族怒族自治县独龙族聚居区。此歌中小伙子通过美丽的想象，表达了对心上人真挚的爱。歌中唱道："烈日下，姑娘在泉边洗麻，健美的身影令人神往；我愿变一朵白云飘在天空，为她遮阴，为她遮凉。大树下，姑娘在飞梭织布，灵巧的双手托起一片彩霞；我愿变一只翠鸟栖在树上，为她啼鸣，为她歌唱。"佚名唱述，陆家瑞记录。收入《独龙族情歌一百首》，36开，1页，8行，云南人民出版社1997年版。

（海涛）

别

独龙族情歌。流传于云南省贡山独龙族怒族自治

县独龙族聚居区。此歌反映了独龙族姑娘对爱情的专一和执著。歌中唱道："满天的星星哟，别老眨眼睛；我的心已给了，天边最先闪亮的果玛星。寨子里的小伙子哟，别对我老献殷勤；我的心已挂着，那少年英俊的猎人。"佚名唱述，陆家瑞记录。收入《独龙族情歌一百首》，36开，1页，8行，云南人民出版社1997年版。

（海涛）

鹿儿

独龙族情歌。流传于云南省贡山独龙族怒族自治县独龙族聚居区。此歌表现了独龙族小伙子在追求心爱的姑娘时的执著。歌中唱道："鹿儿遇着肥嫩的青草，对青草兴奋地说，吃不饱哟我不歇脚。遇着心爱的姑娘，我说，不送我一张五彩的约斗，我怎么也不会松口。"佚名唱述，陆家瑞记录。收入《独龙族情歌一百首》，36开，1页，6行，云南人民出版社1997年版。

（海涛）

心却

独龙族情歌。流传于云南省贡山独龙族怒族自治县独龙族聚居区。此歌借物喻情，将年轻男子在面对心爱的姑娘时，想热烈追求，又有几分胆怯的心理很好地表现了出来。歌中唱道："酿满了蜜的蜂房哟，蜂蜜的香甜发出了诱人的气味，想把蜂房抱回竹楼又怕蜂蜇，脚想离开，心却不愿。美丽的姑娘像鲜花开放，多情的双眼多么使人迷恋；想向她吐露心思又有些胆怯，脚想离开，心却不愿。"佚名唱述，陆家瑞记录。收入《独龙族情歌一百首》，36开，1页，8行，云南人民出版社1997年版。

（海涛）

只要

独龙族情歌。流传于云南省贡山独龙族怒族自治县独龙族聚居区。此歌借物抒情，表现了独龙族青年男女对同甘共苦、生死与共的美好爱情的追求和向往。歌中唱道："喜欢美丽的小花鱼，何必怕水大浪急；只要鱼水同心合意，除非死别，不会生离。喜欢美丽的阿恰姑娘，何必请隆木萨祭鬼；只要两人情投意合，口嚼黄连，心里也甜。"佚名唱述，陆家瑞记录。收入《独龙族情歌一百首》，36开，1页，8行，云南人民出版社1997年版。

（海涛）

深深地

独龙族情歌。流传于云南省贡山独龙族怒族自治县独龙族聚居区。此歌借物抒情，表现了一位年轻猎人对心爱的姑娘的执著情感。歌中唱道："猎到了宝贵的麝香，和含血包的鹿茸，这两样东西虽然无比珍贵，阿妹哟，我只把它随便放进袋中。你对我淡淡地一笑，嘴角微微地弯了一弯，这表情虽然捉摸不定，阿妹哟，我却把它深深地藏进了心底。"佚名唱述，陆家瑞记录。收入《独龙族情歌一百首》，36开，1页，10行，云南人民出版社1997年版。

（海涛）

山风

独龙族情歌。流传于云南省贡山独龙族怒族自治县独龙族聚居区。此歌以物喻人，反映了独龙族青年对爱情的坚定。歌中唱道："野水把山胡桃冲跑，谁也不愿跟踪寻找；山风若把花儿吹去，我愿翻十架山去寻找。"佚名唱述，陆家瑞记录。收入《独龙族情歌一百首》，36开，1页，4行，云南人民出版社1997年版。

（海涛）

仍然

独龙族情歌。流传于云南省贡山独龙族怒族自治县独龙族聚居区。此歌借物抒情，表现了年轻的独龙族男子对爱情的忠贞。歌中唱道："山麂去到江边，心却给了青翠的高山；怒族的阿姐待我虽好，心爱的阿妹哟，我仍然回到你身边。池蚌上了高山，心却给了深沉的池渊；傈僳族阿姐待我虽好，心爱的姑娘哟，我仍要回到你的身边。"佚名唱述，陆家瑞记录。收入《独龙族情歌一百首》，36开，1页，10行，云南人民出版社1997年版。

（海涛）

选中

独龙族情歌。流传于云南省贡山独龙族怒族自治县独龙族聚居区。此歌反映了独龙族女子的爱情观。歌中唱道："在一百棵林木中，选中了一棵标直的董棕；不仅因为外皮牢实好看，是喜欢它实心实意。在一百个英俊的猎人中，答应了能干的猎人柯洛；不仅因为他是姑妈家的少年，是喜欢他是狩猎的能手。"佚名唱述，陆家瑞记录。收入《独龙族情歌一百首》，36开，1页，8行，云南人民出版社1997年版。

（海涛）

惟愿

独龙族情歌。流传于云南省贡山独龙族怒族自治县独龙族聚居区。此歌反映了相恋的独龙族男女青年对天长地久的忠贞爱情的向往与追求。歌中唱道："像绿竹一样窈窕的阿妹，我送你的珠子项链，你就戴它一辈子哟，鲜红的颜色永远不会变。像翠竹一样多情的阿妹，你送我的五彩'约夺'，惟愿披它一辈子，鲜艳的颜色永远不会变。"佚名唱述，陆家瑞记录。收入《独龙族情歌一百首》，36开，1页，8行，云南人民出版社1997年版。

（海涛）

让它

独龙族情歌。流传于云南省贡山独龙族怒族自治县独龙族聚居区。此歌表现了相爱的男女对爱情的执著与坚定。歌中唱道："竹林里长出嫩嫩的笋子，不要采它，不要采它，让它长成青青的竹子。笕槽里淌着清清的山泉，不要搅它，不要搅它，让它淙淙地淌进田里。寨子里悄悄地说我们闲话，不要理它，不要理它，让爱情深深地藏在我们的心里。"佚名唱述，陆家瑞记录。收入《独龙族情歌一百首》，36开，1页，9行，云南人民出版社1997年版。

（海涛）

我愿

独龙族情歌。流传于云南省贡山独龙族怒族自治县独龙族聚居区。此歌表现了一位年轻猎人对心爱的姑娘的真挚情感。歌中唱道："砍来金黄色的岩桑哟，想做一把狩猎的弩弓；美丽温柔的姑娘哟，想和她做一对亲密的朋友。岩桑弩弓射得又准又稳，我愿挎在身上一辈子；姑娘美丽而且多情，我愿把心交给她一辈子。"佚名唱述，陆家瑞记录。收入《独龙族情歌一百首》，36开，1页，8行，云南人民出版社1997年版。

（海涛）

老天

独龙族情歌。流传于云南省贡山独龙族怒族自治县独龙族聚居区。过去独龙族盛行严格的氏族外婚姻制度，并且，男女青年被规定只能与某一家族的异性结婚，丝毫没有自由选择的余地。这极大地伤害了真心相爱但按规定不能结婚的男女青年。这首歌就反映了这一情况，并体现了当时独龙族青年对这种不合理婚姻制度的不满。歌中唱道："一树鲜艳的桃花哟，为什么偏偏开在雪山上？这不是老天瞎了眼吗？聪明而多情的姑娘哟，为什么不生在舅舅的氏族，这不是老天黑了心吗？"佚名唱述，陆家瑞记录。收入《独龙族情歌一百首》，36开，1页，6行，云南人民出版社1997年版。

（海涛）

爱情

独龙族情歌。流传于云南省贡山独龙族怒族自治县独龙族聚居区。此歌反映了独龙族青年男女爱情观的一个方面。歌中唱道:"爱情有时像蜂蜜,爱情有时像黄连;不小心酿下一坛苦酒,一辈子也很难喝完。"佚名唱述,陆家瑞记录。收入《独龙族情歌一百首》,36开,1页,4行,云南人民出版社1997年版。

(海涛)

也是

独龙族情歌。流传于云南省贡山独龙族怒族自治县独龙族聚居区。此歌表现了一位失恋者伤感、忧愁的情绪。歌中唱道:"红皮皮的桃子哟,味道甜蜜甜蜜;初恋时的话语哟,也是这么甜蜜甜蜜。绿皮皮的李子哟,味道苦涩苦涩;失恋时的心窝哟,也是这么苦涩苦涩。"佚名唱述,陆家瑞记录。收入《独龙族情歌一百首》,36开,1页,8行,云南人民出版社1997年版。

(海涛)

纵虽

独龙族情歌。流传于云南省贡山独龙族怒族自治县独龙族聚居区。这首歌借物喻情,反映了一位失恋者的心境。歌中唱道:"背着一个有洞的竹筒汲水,比没有背着还要糟糕;纵虽装进十倍的泉水,到头来竹筒还是空空。答应一个虚情假意的猎人,比不答应还要糟糕;纵虽你给他十倍的温情,到头来他还是依然如故。"佚名唱述,陆家瑞记录。收入《独龙族情歌一百首》,36开,1页,8行,云南人民出版社1997年版。

(海涛)

何必

独龙族情歌。流传于云南省贡山独龙族怒族自治县独龙族聚居区。这首歌把一位失恋女子伤感、忧郁的心情表现得淋漓尽致。歌中唱道:"既然已把心给了高山,猎人哟,狩猎去吧!已和鱼儿断了缘分,何必又在江边徘徊。既然已把心给了山岩,捕蜂人哟,去捕蜂吧!已和鱼儿断了缘分,何必又在江边徘徊。"佚名唱述,陆家瑞记录。收入《独龙族情歌一百首》,36开,1页,8行,云南人民出版社1997年版。

(海涛)

一样

独龙族情歌。流传于云南省贡山独龙族怒族自治县独龙族聚居区。此歌表现了失恋者对负心者的怨恨。歌中唱道:"初恋的时候,像落雪月的雪一样洁白;反悔时的话,像化雪月的水一样冰冷。初恋的时候,像花开月的花一样可爱;反悔时的话,像涨水月的泡沫一样恶心。"佚名唱述,陆家瑞记录。收入《独龙族情歌一百首》,36开,1页,8行,云南人民出版社1997年版。

(海涛)

可别

独龙族情歌。流传于云南省贡山独龙族怒族自治县独龙族聚居区。此歌反映了恋爱中的男子担心姑娘变心的忐忑不安的心理。歌中唱道:"轻轻拨弄竹口弦哟,可以弹出五个音,可以吹出六个调。亲口许下亲事的姑娘哟,可别生出五个心,可别长出六个肺。"佚名唱述,陆家瑞记录。收入《独龙族情歌一百首》,36开,1页,6行,云南人民出版社1997年版。

(海涛)

只能

独龙族情歌。流传于云南省贡山独龙族怒族自治县独龙族聚居区。这首歌赞美了专一的爱情。歌中唱道:"爱情不是盐茶,浓浓的盐茶哟,可以招待四方的朋友。爱情不是水酒,香香的水酒哟,可以招待四方的贵客。爱情就是爱情,诚挚的爱情哟,只能献给一个心上的人。"佚名唱述,陆家瑞记录。收入《独龙族情歌一百首》，36 开，1 页，9 行，云南人民出版社 1997 年版。

（海涛）

切莫

独龙族情歌。流传于云南省贡山独龙族怒族自治县独龙族聚居区。此歌借物抒情，告诫恋爱中的姑娘对待爱情要专一。歌中唱道："山中的麂子肉哟，见者可以分到一份；姑娘哟，爱情不是麂子肉，切莫把爱情分给别人。江边的桃子树哟，可以任人采摘；姑娘哟，爱情不是桃子，切莫让人轻易采摘。"佚名唱述，陆家瑞记录。收入《独龙族情歌一百首》，36 开，1 页，8 行，云南人民出版社 1997 年版。

（海涛）

天边

独龙族情歌。流传于云南省贡山独龙族怒族自治县独龙族聚居区。此歌反映了独龙族青年男女对真挚的爱情的珍视。歌中唱道："那天边的白云哟，转眼会变成五色彩霞；画眉鸟唱给小金鹿的歌，谁知道是真是假？"佚名唱述，陆家瑞记录。收入《独龙族情歌一百首》，36 开，1 页，4 行，云南人民出版社 1997 年版。

（海涛）

要么

独龙族情歌。流传于云南省贡山独龙族怒族自治县独龙族聚居区。此歌中失恋的小伙子表达了对背弃自己的姑娘的不满。歌中唱道："一只白白的母鸡，下了一个绿皮皮的蛋；白嘛，就白得纯净一点，绿嘛，也绿得纯净一点。相识了三年的姑娘，说了一句模棱两可的话；要么，当初就别许诺，要么，如今就别反悔。"佚名唱述，陆家瑞记录。收入《独龙族情歌一百首》，36 开，1 页，8 行，云南人民出版社 1997 年版。

（海涛）

善于

独龙族情歌。流传于云南省贡山独龙族怒族自治县独龙族聚居区。此歌表现了一位失恋少女伤感、无奈的心情。歌中唱道："虫草太善于变化了，冬天是一条虫，夏天是一棵草；天麻太善于变化了，春天是一个芽，夏天是一窝果。捕蜂人太善于变化了，一会说家蜂蜜多，一会说岩蜂蜡好；狩猎人太善于变化了，一会说麻靴太大，一会说麻靴太小。"佚名唱述，陆家瑞记录。收入《独龙族情歌一百首》，36 开，1 页，8 行，云南人民出版社 1997 年版。

（海涛）

淹没

独龙族情歌。流传于云南省贡山独龙族怒族自治县独龙族聚居区。此歌表现了一位失恋者痛苦的心情。歌中唱道："曾发过誓说有情有意，如今却狠心将我抛弃；淹没河滩的是三月的春水，淹没心胸的是伤心的泪水。"佚名唱述，陆家瑞记录。收入《独龙族情歌一百首》，36 开，1 页，4 行，云南人民出版社 1997 年版。

（海涛）

会不会

独龙族情歌。流传于云南省贡山独龙族怒族自治县独龙族聚居区。此歌表现了小伙子对爱情的痴迷。歌中唱道："甜甜的蜂蜜哟，吃多了也会醉人；阿妹的玛珠如蜜甜，唱多了会不会醉人？"佚名唱述，陆家瑞记录。收入《独龙族情歌一百首》，36 开，1 页，4 行，云南人民出版社 1997 年版。

（海涛）

小溪旁

独龙族情歌。流传于云南省贡山独龙族怒族自治县独龙族聚居区。此歌表现了一位失恋者忧伤而无奈的心情。歌中唱道："在清悠悠的小溪旁，大地还未冒出笋子，我俩含羞地眼瞅着眼，希望爱情快快发芽。在清悠悠的小溪旁，绿竹刚刚冒出笋芽，我俩微笑地眼望着眼，祝愿爱情快快长出叶子。在清悠悠的小溪旁，竹笋刚刚长出叶子，我俩曾虔诚地眼对着眼，祈祷爱情快快结出果子。大地已冒出笋子，笋子也长出绿叶，唉！一场说不清的爱情哟，正像绿竹不结果子。"佚名唱述，陆家瑞记录。收入《独龙族情歌一百首》，36开，1页，16行，云南人民出版社1997年版。

（海涛）

那个

独龙族情歌。流传于云南省贡山独龙族怒族自治县独龙族聚居区。旧社会，独龙族盛行严格的氏族外婚制和包办婚姻时，此歌表达了一位姑娘面对只能嫁给姑姑家族的小伙子的命运时表达自己对未来丈夫的不满，反映了当时的独龙族青年对不合理婚姻制度的痛恨。歌中唱道："姑妈家的那个儿子，长得像一只猴子；他的那张弩弓哟，射不死一只雀子。姑妈家的那个儿子，懒得像一条虫子；他的那把长刀哟，破不开一根竹子。姑妈家的那个儿子，一副不成器的样子；见他就像吃着苍蝇，恶心得要扭断肠子。"佚名唱述，陆家瑞记录。收入《独龙族情歌一百首》，36开，1页，12行，云南人民出版社1997年版。

（海涛）

阿娜与阿克

独龙族情歌。流传于云南省贡山独龙族怒族自治县独龙族聚居区。此歌唱述了相爱的阿娜和阿克，由于父母不同意他们结婚，被迫双双跳入独龙江殉情的爱情悲剧。反映了旧时买卖婚姻给独龙族青年男女带来的不幸及他们对恋爱婚姻自由的向往。佚名唱述，李子贤记录。收入《云南少数民族文学资料·独龙族文学概况》，36开，1页，38行，中国社会科学院少数民族文学研究所、云南省社会科学院民族民间文学研究所、中国民间文艺研究会云南分会1981年编印。

（海涛）

心儿贴在一起

独龙族情歌。流传于云南省贡山独龙族怒族自治县独龙族聚居区。此歌中一对相爱的青年男女表达了相互的爱慕之情，以及对未来美好生活的憧憬。歌中唱道："（女）我站在高山下，抬头仰望蓝天，看见一颗星星落下来了；不，那不是星星，是我心爱的人跑下山来。（男）我坐在栗树下吹竹笛，忽然听到旁边有鸟儿在啼鸣，叫得很好听；我转眼一看，呵，那不是鸟在叫，是我心爱的人的声音。（女）我们相会在一起，心儿跳个不停。假若我们两人呀，能在一起挖地，那是多么的美好，好比一对星星永不分离。（男）唉，我们两个呀，心儿贴在了一起，如果你愿意的话，我们就一同到山那边去，去到没有人能看见的地方，我们到那里长久地住下去。"佚名唱述，黄镇方记录。载《山茶》1981年第3期，16开，2页，26行。

（海涛）

你的歌像蜂蜜

独龙族情歌。流传于云南省贡山独龙族怒族自治县独龙族聚居区。这是一首男女对唱的歌。在歌中，女子直爽而谨慎，对男子是否真心一一试探；男子则步步跟进，真诚地表白。歌中唱道："（女）刚冻的冰上不能跑马，刚开的花朵不能发出芳香，不要像水上叶东漂西荡。年轻的小伙子啊！真正的爱情要像林中的小河，不管刮风下雨永晶亮。（男）吃饭只要两根筷子，多了一根无法吃饭；爱人只能找你一个，再找另一个哪里像话。要问我什么时候变心，除非是晴天时没有太阳，除非是晴夜没有星星，除非是高高的山头朝下，除非是绿绿的草场变荒。"佚名唱述，马文德记录。载《山茶》1989年第6期，16开，2页，38行。

（海涛）

（五）儿歌

哄婴儿调

独龙族儿歌。流传于云南省贡山独龙族怒族自治县独龙族聚居区。这是一首摇篮曲，除了哄婴儿入睡外，还表达了希望婴儿茁壮成长、健康、长命的心愿。歌中唱道："啊略略哦略略，啊略略哦略略，小弟弟呀好好睡，小弟弟呀乖乖长，跟着花儿一起长，跟着树儿一块长。啊略略哦略略，啊略略哦略略，小弟弟呀好宝宝，小弟弟呀好乖乖，寿命像那江流水，安康似那力卡山。"马秀群唱述，司仙华记录。收入《中国歌谣集成·云南卷》，16开，1页，24行，中国ISBN中心2003年版。

（海涛）

爸爸妈妈快回家

独龙族儿歌。流传于云南省贡山独龙族怒族自治县独龙族聚居区。这是一首孩子表达不愿让父母抛下自己去劳动的想法的歌。歌中唱道："哦爸爸，我要跟你打猎去；哦妈妈，我要跟你挖地去；你们一出门，大孩欺负我。哦爸爸，我要跟你砍山地；哦妈妈，我要跟你去播种；你们不在家，大孩打骂我。哦爸爸，哦妈妈，什么时候才回家，什么时候才能来？"马秀英唱述，司仙华记录。收入《中国歌谣集成·云南卷》，16开，1页，35行，中国ISBN中心2003年版。

（海涛）

催眠曲

独龙族儿歌。流传于云南省贡山独龙族怒族自治县独龙族聚居区。这是一首成年人哄婴儿入睡时唱的歌。歌中唱道："啊勒勒哟勒哟勒，啊勒勒哟勒哟勒，宝宝，莫哭快睡吧，乖乖，莫闹快睡吧。莫害怕，快睡下吧，阿妈在你身边，阿爸在你身边，孤魂野鬼不敢来害你，安心地快睡吧。"佚名唱述，李金明记录。收入《独龙族文学简史》，32开，1页，21行，云南民族出版社2004年版。

（阿南）

你妈干活没回来

独龙族儿歌。流传于云南省贡山独龙族怒族自治县独龙族聚居区。这是一首帮人照看婴儿的少年儿童哄孩子入睡时吟唱的摇篮曲。歌中唱道："不要哭了，快睡吧，啊勒勒哟勒哟勒，你妈外出干活去了，你爸上山打猎去了。家里只剩下我和你，你妈留下一竹筒奶水，你爸留给你一筒蜂蜜，渴了，我来喂你喝，饿了，我来喂你吃。吃饱喝足就睡觉，太阳还没有落西山，还不到你妈回家的时候。"佚名唱述，李金明记录。收入《独龙族文学简史》，32开，2页，24行，云南民族出版社2004年版。

（阿南）

找竹笋

独龙族儿歌。流传于云南省贡山独龙族怒族自治县独龙族聚居区。此歌反映了独龙族儿童采竹笋时的经历及心理活动。歌中唱道："巴达鸟叫了，到了生长竹笋的季节。下雨了，背着竹篮去找竹笋。找呀找呀找，让我找到又大又粗的，觅呀觅呀觅，让我觅到阿爸吃的，让我觅到阿妈吃的，让我看见它，把它采回家，把它背回家。"佚名唱述，李金明记录。收入《独龙族文学简史》，32开，2页，22行，云南民族出版社2004年版。

（阿南）

老鹰捉小鸡

独龙族儿歌。流传于云南省贡山独龙族怒族自治县独龙族聚居区。这是一首少年儿童在玩"老鹰捉小鸡"游戏时吟唱的儿歌。歌中唱道："咕咕咕、咕咕咕，老鹰来了。赶快跑，赶快跑，老鹰莫来抓我的小鸡,小鸡们赶快躲在我的背后。叽呀、叽呀,老鹰要抓到我了,阿妈快来救救我!叮叮、叮叮,我来抓你们了,我把你们抓来,统统抓来吃掉。"佚名唱述,李金明记录。收入《独龙族文学简史》,32开,2页,12行,云南民族出版社2004年版。

(阿南)

条目汉语音序索引

A

阿娜与阿克 …………………………………… 637
爱情 …………………………………………… 635

B

爸爸妈妈快回家 ……………………………… 638
半边刀壳 ……………………………………… 599
变 ……………………………………………… 632
别 ……………………………………………… 632
不 ……………………………………………… 626
不妨 …………………………………………… 630
不管 …………………………………………… 622
不如 …………………………………………… 630
布里查坠江记 ………………………………… 601

C

猜不透 ………………………………………… 623
采摘 …………………………………………… 624
草乌治鬼 ……………………………………… 602
曾托 …………………………………………… 629
趁 ……………………………………………… 631
杵棍歌 ………………………………………… 619
穿透 …………………………………………… 629
创火人 ………………………………………… 596
创世纪 ………………………………………… 611
刺鬼 …………………………………………… 603

聪明勇敢的朋更朋 …………………………… 595
催眠曲 ………………………………………… 638

D

大家干活要勤劳 ……………………………… 617
大江的来历 …………………………………… 600
大蚂蚁把天地分开 …………………………… 593
大南瓜 ………………………………………… 605
大树变人 ……………………………………… 594
当你 …………………………………………… 623
迪杉的来历 …………………………………… 597
滇海虞衡志 …………………………………… 586
滇缅北段界务调查报告 ……………………… 588
滇南闻见录 …………………………………… 586
滇南夷情汇集 ………………………………… 587
滇南志略 ……………………………………… 587
滇黔志略 ……………………………………… 586
滇省夷人图说 ………………………………… 586
滇西兵要界务图注 …………………………… 588
滇小记 ………………………………………… 588
滇夷图说 ……………………………………… 585
滇云纪略 ……………………………………… 586
动物调 ………………………………………… 620
独龙地方 ……………………………………… 618
独龙人的幽情 ………………………………… 620
独龙文字哪里去了 …………………………… 597
独龙族的"卡雀哇" …………………………… 600

F

富裕的精灵	606

G

嘎美和嘎莎造人	594
盖新房调（一）	615
盖新房调（二）	615
刚刚	625
隔	631
公鸡、斑鸠伴老人	609
公月亮和母太阳	594
狗为什么常伸舌头	608
孤儿龚干	607
孤儿和鱼姑娘	606
姑娘和青蛙	605
鬼教人酿酒	599
锅庄调	619
过年祭歌	613
过去的日子	618

H

何必	635
何妨	626
痕迹	627
洪水泛滥	595
鸿泥杂志	586
哄婴儿调	638
猴子盖房的故事	610
猴子为什么爱偷包谷	608
猴子为什么住在树上	609
呼喊福禄神	612
皇清职贡图	585
会不会	636

J

几卜郎的传说	598
麂子失礼	609
既然	622
祭猎神	598
祭猎神（一）	611
祭猎神（二）	612
祭猎神（三）	612
祭山神	611
祭树神	613
祭土地神	611
祭亡灵调（一）	613
祭亡灵调（二）	613
祭岩鬼	612
假如	623
江布拉朋	606
叫谷魂调	616
叫我	625
金赛	605
金子姑娘	605
酒歌	616
巨人的脚印	600
巨人朋得共	597
绝不	632

K

砍鬼	603
砍火山调	617
可别	635
可曾	629
可惜	624
可以	623
渴望调	619
刻纹	632

孔四迪与龙女	604	女人吸烟的来历	599

L

老虎和山鼠	608
老虎同火赛跑	608
老天	634
老鹰捉小鸡	638
丽江府志（光绪）	587
丽江府志略	585
猎歌	617
猎人射太阳	594
猎神阿卡提	598
鹿儿	633
路	626

P

徘徊	628
配婚歌（一）	616
配婚歌（二）	616
配婚歌（三）	617
朋根朋上天娶媳妇	596
碰击	624
剽牛调（一）	614
剽牛调（二）	614
剽牛调（三）	614
剽牛调（四）	614
剽牛调（五）	614
普娜尼南	621

M

马鹿引路	598
蔓腊花	621
没有	627
没有到顶的时候	620
每天	628

Q

奇怪的帽子	604
岂不	630
敲响	622
巧射鬼王	603
切莫	636
倾吐	621
驱鬼保命调	613
去问	631
缺	626

N

哪天	628
那个	637
那是	625
难道	627
能否	624
尼响	595
你的歌像蜂蜜	637
你妈干活没回来	638
你是	622
鸟笛	609
怒俅边隘详情	587

R

让它	634
人和野兽的故事	595
人为什么打鬼	602
仁木大的传说	598
仍然	633
如今	629

若问 ……625

S

三弟兄 ……607
三星座 ……596
山风 ……633
山泉 ……623
山雉 ……624
善于 ……636
烧鬼 ……602
少了 ……628
蛇的把戏 ……609
蛇王与蛇母 ……610
深深地 ……633
神箭手射虎 ……604
受苦调 ……618
水獭与金狗交朋友 ……610
说谎的狗 ……608
送魂调 ……616
"死尸"吓鬼 ……602

T

太难 ……627
太阳山 ……604
天边 ……636
天地是怎样分开的 ……593
甜到 ……625
同我心连心的只有一个 ……621
土蚕和老鹰 ……607

W

惟愿 ……634
为她 ……632
文面 ……630

我俩永远相爱 ……620
我们活不下去了 ……618
我是 ……624
我愿 ……634

X

西康图经 ……588
希望 ……627
媳妇与猎人 ……606
线 ……629
想起心爱的姑娘 ……621
小溪旁 ……636
心儿贴在一起 ……637
心里 ……632
心却 ……633
心中 ……622
心中的才荣松 ……620
新纂云南通志（民国）……589
星星姑娘 ……596
续云南通志稿（光绪）……587
选中 ……634
雪山之神 ……593
寻找 ……626

Y

压鬼 ……602
淹没 ……636
妖鬼洞 ……600
药神念黛娜 ……603
要么 ……636
也是 ……635
也许 ……630
夜袭土司府 ……601
一旦 ……628
一对对 ……625

一起	631
一样	635
一只跳蚤	606
因为	631
婴孩驱鬼调	612
勇敢的普纳木松	601
忧伤	628
鱼水	621
渔网的来历	603
与鬼怪交朋友的人	597
御制外苗图	589
元一统志	585
怨歌	619
怨恨调	618
怨我	622
云南北界勘查记	588
云南三迤百蛮图	587
云南通志（雍正）	585
云南通志稿（道光）	586
云南维西县地志全编	588
云南种人图说	587
运气神歌	615

Z

在那	627
在异乡	629
早已	623
增订南诏野史	585
獐子和雪鼠	608
招魂歌	615
招魂调	615
找菌子	618
找竹笋	617
找竹笋	638
这是什么官哟	619
真的	627
知心	630
只能	635
只要	633
咒亡魂歌	616
竹林	631
竹筒酿酒	599
棕树的传说	594
纵虽	635

后 记

《中国少数民族古籍总目提要》是在国家民族事务委员会直接领导下，由国家民族事务委员会全国少数民族古籍整理研究室组织实施的一个国家级重点文化项目，自国家民族事务委员会全国少数民族古籍整理研究室下达任务后，云南省成立了《中国少数民族古籍总目提要》编纂委员会，制定了编写实施方案。2002年起启动了云南省各民族卷的工作，召集相关民族的专家召开会议，对编纂工作进行了全面部署和安排。由于种种原因，此项工作曾一度暂停。2015年初，在国家民族事务委员会全国少数民族古籍整理研究室和云南省民族宗教事务委员会的直接关心下，《中国少数民族古籍总目提要》云南各民族卷的工作重新启动，编写工作安排如下：杨筱奕负责书籍类词条撰写，杨海涛负责口传古籍词条的撰写，李克忠负责序言和后记的撰写，龙江莉负责条目汉语拼音索引，丰卫祥、曾学光等提供图片，杨天云、李傈思琦、张涵参与图片的编辑工作。

2018年底，《独龙族卷》编写工作全部完成，由李克忠对初稿进行汇总并进行了初审修改、补充，李金明进行了复审，独龙族研究委员会进行了终审。书稿上报国家民委全国少数民族古籍整理研究室后，李晓东主任进行了最终审读，民族出版社的陈萱老师付出了辛勤的工作，《独龙族卷》的出版是以上所有人员共同努力的结果，在此一并致谢！

独龙族是云南人口较少民族之一，汉文献中有关独龙族的记载极少，实录其中的也仅有几条，铭刻类和文书类没有，这是此书的缺憾，也是此书的最大不足之处。

《独龙族卷》的出版是对独龙族古籍的一次大盘点和大展示，有许多不足之处，恳请读者指正。

《中国少数民族古籍总目提要》云南编纂委员会
《中国少数民族古籍总目提要·独龙族卷》编纂委员会
2019年1月18日

图书在版编目(CIP)数据

中国少数民族古籍总目提要.傈僳族卷普米族卷怒族卷独龙族卷/国家民族事务委员会全国少数民族古籍整理研究室编.—北京：民族出版社,2019.9
ISBN 978-7-105-15848-5

Ⅰ.①中… Ⅱ.①国… Ⅲ.①少数民族—古籍—内容提要—中国②傈僳族—古籍—内容提要—中国③普米族—古籍—内容提要—中国④怒族—古籍—内容提要—中国⑤独龙族—古籍—内容提要—中国 Ⅳ.①Z838

中国版本图书馆CIP数据核字(2019)第219482号

中国少数民族古籍总目提要·傈僳族卷普米族卷怒族卷独龙族卷

策划编辑：李有明　罗焰
责任编辑：陈萱　马少楠
封面设计：胡建斌
版式设计：吾要
出版发行：民族出版社
地　　址：北京市和平里北街14号
邮　　编：100013
电　　话：010-64271909（汉文编辑一室）
　　　　　010-64224782（发行部）
网　　址：http://www.mzpub.com
印　　刷：北京盛通印刷股份有限公司
经　　销：各地新华书店
版　　次：2019年12月第1版　2019年12月北京第1次印刷
开　　本：850毫米×1194毫米　1/16
字　　数：1200千字
彩　　插：80面
印　　张：47
定　　价：330.00元
书　　号：ISBN 978-7-105-15848-5/Z·1551（汉243）

该书若有印装质量问题，请与本社发行部联系退换